COACHOLOGY

: Horizons, Practices and Research

[코칭학

: 지평, 실제 그리고 연구]

조성진

도서출판 창 명

머리말
PREFACE

이제 한국에서 코칭(Coaching)은 이미 생소함을 넘어 익숙한 영역이 되었습니다. 다행히 저는 코칭이 국내에 도입되던 초창기에 그 대열에 합류할 수 있는 행운을 얻었고, 그 속에서 지낸 세월이 벌써 20년이 훌쩍 지났습니다. 그동안 국내 코칭 영역에서는 상전벽해와 같은 일들이 일어났습니다. 코칭은 기업의 경영 현장뿐만 아니라 정부, 기관, 단체, 학교에까지 빠르게 퍼졌고, 개인의 경력 관리와 생활 관련 이슈까지 해결하는 데 활용되기에 이르렀습니다. 코치 자격을 얻은 분들이 17여만 명에 이르렀고, 코칭을 가르치는 대학원이 이미 10여 곳을 넘었습니다. 코칭은 연구자들의 주된 주제가 되었고, 코칭 논문들이 쏟아져 나왔으며, 코칭을 주요 연구주제로 삼아 활동하는 학회들도 많이 생겼습니다.

현장에서 직접 코칭을 진행하면서 긴 터널을 빠져나와 변화와 성장을 거듭해 가는 많은 분과 기쁨과 감동을 함께 나누었던 영광과 행복의 순간들을 잊을 수 없습니다. 이런 '코칭의 힘'(Power of coaching)은 오히려 제 성장의 자양분이 되었지만, 마치 자신의 곁을 쉽게 내어주지 않은 연인과 같아서 더 알고 싶다는 궁금증을 자아내었습니다. 깊은 속내를 잘 드러내지 않는 코칭의 매력은 제 지적 호기심을 자극하기에 충분했고, 저를 대학원으로 이끌었습니다. 그곳에서 누구도 따라갈 수 없는 학문적 열정, 제자를 사랑하는 너그러운 인품, 샘솟듯 계속 뿜어져 나오는 식견과 지혜로 가득 찬 훌륭한 스승을 만나는 기회를 얻었습니다. 이 얼마나 큰 행운이요, 복이었던지요!

코칭은 생각하는 힘을 키우는 일이고, 사람을 살리는 창조적 활동이며, 세상을 변화시키는 역동적인 과정이었습니다. 이런 행복(幸福)한 동행(同行)에 한 사람의 동역자(同役者)로서 함께 할 수 있었던 것만 보아도, 부족한 저는 분명히 행운아였습니다. 때로는 힘든 일도 있었고, 제 한계를 실감하며 인내의 끝을 보게 되는 일도 있었지만, 그런 경험들은 있는 모습 그대로의 저를 만들어가는 여정이었다는 것을 체감하는 순간의 연속이었습니다. 코칭과 함께한 지난 20년 동안의 기억들, 수많은 책과 자료 속에 숨어 있었던 코칭 선배님들의 지혜와 가르침, "아하, 이것이로구나!"라며 무릎을 치게 했던 삶의 체험 속에서 배어 나온 원리들을 한 번쯤은 제대로 정리하고 싶었습니다.

이 책은 그런 여정 속에서 보고 배우며, 경험하고 느낀 것들을 제 시선과 관점으로 정리한 것입니다. 코칭과 관련하여 앞서가신 선구자들의 경험과 관찰 속에서 밝혀진 것들은 제가 이해한 대로 정리했지만, 아쉽게도 표면으로 드러나지 않아 쉽게 찾을 수 없었던 몇 가지 부분에 관해서는 저의 주관적인 견해와 해석을 포함하지 않을 수 없었습니다. 여러모로 부족하지만, 대학원에서 코칭을 공부하는 연구자들, 현장에서 코칭의 깊이와 넓이를 더하고 계실 코치님들, 자신이 몸담은 기업이나 조직에 코칭을 도입하여 의미 있는 결과를 얻길 원하는 인적자원(HR) 분야의 실무자들, 국민의 정서적인 안녕과 심리적인 건강을 위해 밤낮으로 애쓰시는 정부나 관련 기관의 정책 입안자들, '코칭학'(Coachology)의 이론체계 정립에 이바지하길 바라며 오늘도 연구실의 불을 밝히고 계신 선배·동료 연구자들과 후학들에게 조금이나마 도움이 되길 바랍니다.

다음과 같은 방법으로 이 책을 읽어가길 권합니다. 전체적으로 볼 때, 본문에 표시된 주석의 참고문헌을 꼼꼼하게 참조하시길 권합니다. 본문에서 다루기에는 양이 많거나 이 책의 취지에서 조금 벗어난 부분에 관한 내용이나 해석, 그리고 진일보된 연구에 도움이 될 만한 선행연구에 관한 정보에 대해서는 독자들이 해당 자료나 문헌들을 참조할 수 있도록 소개했습니다. 그리고 독자들의 상황과 처지, 그리고 코칭에 대한 이해 정도에 따라서 특정 부분에 집중하여 살펴보거나 읽는 순서를 조금 바꾸어도 좋을 것입니다.

이 책은 크게 세 부분 즉, 코칭 이론에 대한 부분, 현장에서 코칭을 실제로 진행하는 것과 관련된 부분, 그리고 코칭학 연구와 코칭 산업에 대한 부분으로 나누어 정리했습니다. 그래서 독자들의 필요에 따라서 각각의 부분으로 크게 구분하여 읽거나 수업이나 연구에 활용할 수도 있을 것입니다.

제1부를 시작하는 제1장은 코칭이 필요한 상황에 대한 설명을 시작으로, 코칭의 정의와 성격 및 특징, 그리고 코칭의 다양한 역사적 배경에 관해 설명했습니다. 제2장은 코칭과 관련된 이론을 위주로 선행연구에서 언급된 내용을 소개했고, 코칭과 관련된 연구에서 자주 거론되는 변수들과 관련된 이론을 함께 소개했으며, 코칭 현장에서 자주 활용되는 접근법도 소개했습니다. 그리고 코칭학의 독창성을 살리는 이론 정립에 필요한 것들에 관한 필자의 견해를 피력했습니다. 제3장은 다양한 코칭 유형(장르)에 관해 설명

했고, 코칭 효과에 대해 집중적으로 다루었습니다. 특히, 코칭 효과는 코칭의 핵심적인 부분의 하나로서, 그와 관련된 선행연구 결과를 소개했고, 효과 측정 방법과 체계화를 위한 과제 등을 포함하여 기술했습니다. 제4장은 코칭을 구성하는 중요한 요인들인 코칭 고객, 코치, 그리고 코칭 시스템에 관한 내용을 다루었습니다. 특히, 이 부분은 다른 책에서는 비교적 잘 언급되지 않은 부분으로, 필자의 창의성을 가미하여 코칭의 구성요인을 구분했고, 그 기준에 따라 해당 내용을 기술했습니다. 나아가 국내외 코치 단체에서 강조하는 코칭 역량을 소개했으며, 코칭 과정에서 거쳐야 하는 단계인 의사결정과 관련된 내용을 선행 연구결과를 바탕으로 서술했습니다. 제5장은 코칭 철학과 코칭 모델에 관한 내용으로, 기존 코치들이 가장 많이 인지하거나 인용하는 것들과 학술적으로 검증된 일부 견해들을 선별하여 소개했습니다. 이 두 주제에 관한 현존하는 모든 견해를 소개하는 것은 책의 분량 등 여러 측면에서 무리가 있기 때문이었습니다. 따라서 이 책에서 소개되지 못한 것들에 관해서는 독자들의 추가 학습이 필요할 것입니다.

제2부에 해당하는 제6장부터 제13장까지는 코칭 현장에서 코칭을 진행할 때에 실제로 자주 활용되는 것들에 관한 내용을 서술한 부분으로, 핵심적인 코칭 기술들, 코칭 대화 절차, 코칭 스타일, 코칭 절차와 코칭 마케팅, 그리고 코치가 되는 것에 관해 설명했습니다. 선후배 코치님들의 현장 경험을 관찰한 문헌들, 거론된 내용에 관한 선행연구들을 바탕으로 소개하되, 필자의 현장 코칭 경험에 따라 서술의 강약을 조절했습니다. 여러 문헌에서 공통으로 언급되는 것들은 간략하게 서술했고, 코치로서 전문적인 수준의 학습과 이해가 필요하다고 판단되는 부분에 관해서는 자세하게 언급하기도 했습니다. 특히, 코칭 모델과 코칭 대화 절차 모델을 서술한 부분에서는 현존하는 모든 견해를 소개할 수 없는 현실적인 어려움이 있어서, 일부 견해만을 선별하여 소개했음을 이해해 주시기 바랍니다. 따라서 이 책에 포함되지 않은 의미 있는 모델 등에 관해서는 독자들의 추가 학습과 연구가 필요할 것으로 짐작합니다.

마지막인 제3부의 제14장에서는 코칭학의 이론체계 정립을 위해 필요한 이슈들을 집중적으로 다루었습니다. 코칭학이 독자적인 학문 영역으로 자리매김하는 데 필요한 주제들을 다루되, 그것을 연구하는 방법에 관한 일반적인 내용을 간략하게 서술했습니다. 연구방법론에 관한 부분은 해당하는 전문적인 서적이 많아서 코칭학 연구자들이 유념해야 할 기본적인 내용을 소개하는 정도에 그쳤습니다. 그리고 코칭학의 체계 정립에 필요한 과제와 전망을 소개하는 부분에서는 필자의 평소 견해를 많이 포함했기 때문에 당연히 주관적인 내용이 많을 것입니다. 이 부분에 대해서는 선배 · 동료, 그리고 후배 연구자들과 의미 있는 학술적 논의와 비평이 있길 바랍니다. 제15장에서는 코칭의 단순한 확산을 넘어 하나의 독자적인 산업으로 자리 잡아야 한다는 필자의 견해를 바탕으로, 코칭 산업으로 지향하는 데 필요한 논의들에 관한 제 의견과 전망을 정리해 보았습니다.

이 한 권의 책에 코칭과 관련된 모든 것을 담을 수도 없거니와 그렇게 기대하지도 않았습니다. 책을 쓰는 일은 저의 부족함을 재차 확인하는 부끄러운 순간들의 연속이었습니다. 3년 전부터 이 책을 쓰기로 마음먹고 필요한 자료들을 모으고, 전체적인 구성 등에 관해 구상하기를 시작했지만, 가장 어려웠던 점은 제 부족함으로 인해 수많은 논의와 연구결과를 모두 섭렵할 수 없다는 것이었습니다. 강 하나를 어렵게 건너면, 다음에는 높은 산이 기다리는 여행과도 같은 일이 반복되었습니다. 그렇지만, 제가 그동안 코칭 현장에서 경험한 것들과 코칭을 연구하면서 공부하고 이해한 것들을 일목요연하게 정리하려고 최선의 노력을 다했습니다. 공부와 학습에는 마침표가 없어서 어느 선에서 멈춘다는 것이 쉽지 않았지만, 일단 여기서 멈추기로 한 결정에는 여러 가지 요소가 작용했습니다. 이 책은 제게 있어 지금까지 공부한 것을 이 시점에서 한 번 정리하고 넘어간다는 것을 의미합니다. 이 과정에서 오래전부터 일찌감치 코칭의 매력과 힘에 대해 눈을 뜬 동서양 선구자들의 혜안과 지혜, 선배 · 동료 · 후배 코치님들의 경험, 탁월한 연구결과를 도출한 코칭학 연구자들로부터 큰 은혜를 입었었습니다. 아직도 부족하지만, 아직 논의가 덜 이루어진 몇 가지 주제들에 대해서는 제 생각과 소신을 밝혔습니다. 그런데도 제 경험과 식견이 짧아 미처 알지 못했거나 제대로 밝히지 못한 부분은, 훗날에 연구하고 저술하실 영민하고 탁월한 분들의 몫으로 남겨둡니다.

이 책이 출간되는 데 많은 분의 후원과 기도가 있었습니다. 석 · 박사과정 지도교수님이셨던 충남대학교 송계충 명예교수님, 현장에서 오늘도 애쓰시는 선배 · 동료 · 후배 코치님들, 모든 원고를 꼼꼼하게 읽고 교정 작업을 도와준 윤성중 코치님과 김요한 코치님, 기도와 격려로 응원해 준 가족과 친지들, 도서출판 창명의 김사설 대표님과 임직원 여러분께 깊은 감사를 드립니다. 그리고 지금도 저와 함께 코칭을 진행하면서 변화하고 성장하고 있는 고객님들께도 감사를 표하며, 진심으로 응원합니다.

책을 쓴다는 것은 제 부족함과 명민하지 못함을 다시 한번 깨닫는 과정이었습니다. 이 순간에도 코칭으로 인해 많은 사람이 건강하고 행복해지며, 이 세상이 더 아름답게 변화하는 그 날이 오길 바라는 많은 분이 곁에 있다는 사실 하나만으로도 저는 큰 힘을 얻었습니다. 앞으로도 그분들과 동행하길 바라면서 이 책을 바칩니다.

2023년 봄기운이 가득한

여백(餘白) 서실에서

차례
CONTENTS

PART Ⅰ » 코칭의 이해

CHAPTER 01 코칭이란 무엇인가?

CHAPTER 02 코칭 이론과 접근법

CHAPTER 04 코칭의 구성요인

CHAPTER 05 코칭 철학과 코칭 모델

PART Ⅱ » 코칭의 실제

CHAPTER 06 핵심 코칭 기술(1): 경청

CHAPTER 07 핵심 코칭 기술(2): 공감

CHAPTER 08 핵심 코칭 기술(3) : 질문

CHAPTER 09 핵심 코칭 기술(4): 피드백과 기타 기술

CHAPTER 10 코칭 대화 절차

CHAPTER 11 코칭 스타일

CHAPTER 12 코칭 절차와 코칭 마케팅

PART Ⅲ >> 코칭학 연구와 코칭 산업

CHAPTER 14 코칭학의 연구방법

CHAPTER 15 코칭 산업의 전망과 과제

부록 한국코치협회(KCA) 코칭 역량 해설

PART

01

코칭의 이해

CHAPTER 01

코칭이란 무엇인가?

1.1 현대사회와 코칭의 필요성

1. 사회 규범의 변화와 코칭[1)]

선조들이 살았던 시대에서 모두가 인정하는 중요한 가치 또는 사회적 규범 가운데 하나는 안정성이었다. 그들은 비교적 안정된 환경 속에서 자녀와 후손들에게 여러 가지 사회 규범을 가르쳤고, 그것이 한 가정과 사회를 지탱하는 구실을 해왔다. 그렇게 기성세대들이 중요하게 생각했던 가치와 사회 규범들은 후손들에게 전수되었고, 그런 시스템이 오랫동안 유지되어 왔다.

그러나 지금은 그렇지 않다. 그동안 선조들이 배우고 가르쳤던 수많은 사회 규범이 요즘 시대와 상황에는 잘 맞지 않게 되었다. 예전에 유효했던 것이 이제는 많이 어색해졌다. 예컨대, 가정에서는 대가족제도의 붕괴, 1인 가구의 급증, 여성의 사회 진출 급증과 맞벌이 부부의 증가라는 변화가 생겼다. 사회적으로는 글로벌(global) 경제화에 따른 노동력의 자유로운 이동, 임금생활자의 증가와 비정규직의 급증, 소득 분배의 불균형과 빈부 격차 증가 등과 같은 수많은 변화가 일어났다. 이와 같은 가정 및 사회 전반의 변화가 기존 사회 규범의 변화를 촉발했다. 이런 구조적이고 거시적인 차원의 변화와 더불어 개인의 가치관, 결혼관과 결혼 풍습, 학교 안팎의 풍경, 사제 관계 및 주거 형태 등 일상생활에서 밀접하게 접하는 모습도 급속히 변화했다. 이런 현상은 아마도 급격한 발전을 해왔거나 발전하는 중인 대개의 나라에서 경험할 수 있는 것들이다.

이처럼 우리 사회의 근간이 되었던 가족제도나 의식주 생활부터 정치 · 경제 · 사회 · 문화 전반에 이르기까지 거의 모든 부분이 급격하게 변화했다. 그러자 종전에는 익숙했던 사회 규

1) 조성진(2020). 코칭과 경력개발. 경기: 양성원. 19-20에서 발췌, 인용.

범이 함께 변화하기 시작했다. 우리는 급격한 기술 변화와 디지털 혁명 등을 거쳐 오면서 짧은 기간 동안 엄청난 변화를 경험했고, 지금도 수많은 문제를 겪으며 살아가고 있다. 그 결과 그 동안 사회를 지탱했던 가치와 사회 규범이 수시로 변화하는 불안정한 환경에 적응해가며 살아가게 되었다. 하지만, 이런 과정에서 그동안 안정된 환경에서 자라왔던 기성세대들은 안타깝게도 변화가 일상적으로 일어나는 현실에 제대로 적응하지 못한 채 하루하루를 살아가고 있다. 예컨대, 의료기술의 발달과 평균수명 연장에 따른 고령사회로의 진입은 그동안 경험하지 못했던 문제들을 낳고 있다. 특히, 종전에는 쉽게 경험하지 못했던 의사소통의 부재로 인한 세대 간의 갈등이 우리를 더욱 힘들게 하고 있다.

예전에는 전혀 예상하지 못했던 가치와 사회 규범의 급격한 변화는 수많은 사람에게 두려움으로 다가오고 있다. 그 결과 사람들 사이에 의사소통이 점점 어려워지고, 다양한 모양의 스트레스가 증가하며, 이와 관련된 질병이 날로 증가하고 있다. 우리는 이런 사실을 다양한 매체를 통해 수시로 접하고 있고, 정부는 이런 문제를 해결하기 위해 다양한 정책을 개발, 시행하고 있다. 그렇다면 이런 문제들을 푸는 데 도움이 되는 해답은 어디에 존재하는 것일까? '코칭'(coaching)이 그 대안의 하나로 떠오르고 있다.

2. 급격한 기술 변화와 코칭[2)]

우리 주변의 모든 것들이 수시로 변하고 있다. "변하지 않는 것이 없다"라는 말만 변하지 않는 것 같다. 변화 속도도 엄청나게 빠르지만, 형태도 정말 다양하다. 우리는 손에 들린 작은 휴대전화로 인터넷(internet)을 하며 정보의 바다를 헤엄치고 있고, 앉은 채로 전 세계에서 일어나고 있는 일들을 거의 실시간으로 알고 있다. 그러니 알아야 할 사실도 많고, 배워야 할 것도 정말 많아졌다. 게다가 바꾸어야 할 것들이 날마다 늘어나서 그것들을 따라가기에 정신이 없을 정도로 바쁘다. 일찍이 변화관리 분야의 세계적인 석학 존 코터(Kotter, J. P.)는 이런 현상에 대해 다음과 같이 말했다.

> "과거에는 시속 30마일로 운전하다가 지금은 70마일, 120마일, 180마일로 속도를 높인다. 전에는 직진만 하다가 지금은 좌회전, 우회전하거나 과거에 타고 다니던 승용차를 내팽개치고 이제는 오토바이를 타는 것과 같이 … (중략) … 게임 전체가 변하고 있다. 수많은 사람이 이 추세에서 낙오되지 않는 방법을 배우기 위해 노력하고 있다."(Harvard Business School)

급격한 기술 변화는 우리의 사고방식과 일상생활 등 거의 모든 부분의 모습을 변화시켰다. 사람들이 바뀌니 당연히 기업의 경영 방식도 달라지고 있다. 20세기 산업사회에서는 규모의

2) 조성진(2020). 코칭과 경력개발. 경기: 양성원. 20-22에서 발췌, 인용.

경제와 양적 효율성을 선점한 기업이 우위를 점할 수 있었다. 하지만 21세기 지식창조사회로 접어든 지금은 특정 상품이나 서비스, 기술만으로 장기적인 경쟁력을 갖추기 어렵게 되었다. 따라서 이제는 환경이 바뀔 때마다 시장에서 요구하는 새로운 상품이나 서비스를 적기에 제공할 수 있는 기업만이 지속 가능한 성장을 할 수 있게 되었다. 그에 맞추어 경영자들이나 조직 구성원들의 가치관과 관심사도 함께 변했고, 그들이 추구하는 전략도 변할 수밖에 없었다.

그러다 보니 기업들에 대한 요구도 많아지고 다양해졌다. 이들 기업은 정보기술의 급격한 발달로 인한 디지털 혁명(digital revolution)을 경험했고, 불가피하게 세계시장경제(global economy)라는 큰 틀 속에 편입된 환경 속에서 활동하고 있다. 이제는 적어도 비즈니스에 관한, 한 국가 간 경계나 산업 간 장벽은 의미가 없는 시대가 되었다. 기업들은 생존을 위한 최대한의 변화는 물론 소비자의 미세한 심리적 변화까지 파악해야 하는 부담을 안게 되었다. 심지어 외국 소비자의 기호와 취향의 변화 및 심리적인 부분까지 고려해야 하는 상황에 이르렀다. 요즘 거의 모든 사람이 언급하는 4차 산업혁명은 이런 변화를 더욱 촉발하고 있다. 그러니 기업 간 경쟁이 갈수록 치열해질 수밖에 없다. 이런 변화에도 불구하고 기업들은 원하는 성과를 달성해야 하는 과제를 여전히 떠안게 되었다. 이제 기업들은 모든 것들을 적절하고 정확하게 바꾸어 환경 변화에 신속하게 대응해야만 시장에서 살아남을 수 있게 되었다.

예컨대, 기업들은 매출 신장과 이윤 추구라는 기업 고유의 목표를 달성함과 동시에 기업을 둘러싼 다양한 이해관계를 조정해야 한다. 외부적으로는 정부와 의회의 각종 법률 규제, 윤리경영에 대한 요구 증대 및 사회적 책임에 대한 요구 증대라는 현실에 직면하고 있다. 그리고 기업 내부적으로는 지속적 성장을 추구하기 위한 혁신 가속화, 여러 가지 내부 저항 극복, 종업원의 잦은 이직과 노조의 요구 증대라는 과제를 안게 되었다. 이와 같은 다양하고 복잡한 이슈들은 기업의 최고경영자, 임원, 그리고 관리자들에게 거부할 수 없는 중압감을 가져다주었고, 종전에 기준으로 삼았던 해답(standard solution)의 한계를 실감하도록 만들었다. 이런 시점에서 '코칭'(coaching)이 의미 있는 솔루션의 하나로 주목받기 시작했다.

3. 리더십 패러다임의 변화와 코칭[3)]

앞서 언급했듯이, 기업의 경영 환경을 둘러싼 시대적 변화에 따라 인적자원 관련 분야 역시 각기 다른 모습을 취하며 진화하고 발전해 왔다. 지식창조사회로 접어든 최근에는 국가, 기업, 그리고 각종 조직의 경쟁력이 인적자원의 수준에 좌우되는 시대가 되었다. 즉, 조직구성원의 창의력과 자발성이 그 어느 때보다 강조되면서 기업이나 조직의 경영에 있어 '사람'이 가장 중

3) 조성진(2020). 코칭과 경력개발. 경기: 양성원. 22-23에서 발췌, 인용.

요한 경쟁력의 원천으로 인식되기에 이르렀다.

어떤 조직이든 리더(leader)는 조직구성원을 바람직한 방향으로 이끌어가는 가장 기본적이면서도 중요한 역할을 해 왔다. 리더가 조직구성원들의 역량, 감성, 그리고 열정을 최상의 수준으로 유지하도록 지원한다면 원하는 결과를 얻을 수 있지만, 그렇지 않다면 엉뚱한 결과를 자초할 수밖에 없다. 그래서 어떤 조직이나 집단에서든 리더는 모든 조직구성원의 역량과 감성, 그리고 열정을 좌우할 수 있는 최상의 힘을 갖추고 있어야 하는 존재이다. 그래서 점차 리더의 중요성이 부각하고 있고, 탁월하고 역량 있는 리더가 발휘하는 리더십(leadership)이 경쟁력의 핵심 원천이 되는 것이다.

이렇다 보니 기업들과 구성원들은 시장에서 생존할 수 있는 자신만의 고유한 해답을 찾기 위해 동분서주하게 되었다. 자신들이 겪고 있는 문제를 해결해 줄 수 있는 해답이 있을 만한 곳이라면, 거리와 시간을 불문하고 구성원들을 보내고 있다. 그러나 리더가 종전에 활용하던 낡은 방법으로는 리더십을 제대로 발휘할 수 없게 되었다. 그 해답이 도대체 어디에 있는지 찾기가 그리 쉽지 않고, 그동안 알고 있던 임원들이나 상사들의 지식은 답을 찾는 데 있어 이제는 먹히지 않게 되었다. 그 결과, 임원들에게 다양한 모습의 '부적응 신드롬'(maladaptivc syndrome)이 생기기 시작했다. 이른바 '대리인 문제'(agency problem)[4], '빅 브라더'(big brother) 현상[5], '일 중독증'(workaholic problem)[6], '슈퍼맨 신드롬'(superman syndrome)[7], 고독의 문제(isolation problem) 등이 바로 그것이다. 이것을 해소하는 방법은 여러 가지가 있는데, 다양한 견해들을 열거해 보면 다음과 같다.

---

4) '대리인 문제'는 기업의 소유주와 전문경영인 사이에서 나타나는 문제로서, 둘 사이에 정보의 불균형, 감시의 불완전성 등으로 인해 잘못된 선택이나 도덕적 위험이 존재하는 것을 말한다. 쉽게 말하면, 소유주가 영입한 전문경영인이 주주의 이익보다는 자신의 이익을 위해 회사 자원을 오용하는 경우에 발생하는 문제이다. 대표적인 사례가 미국의 거대기업인 '엔론'(Enron Corporation)과 '월드컴'(WorldCom)에서 발생한 사상 최대의 '회계부정 스캔들'(scandal)이다. '대리인 문제'에 관한 자세한 내용은 다음에 소개하는 논문을 참조할 수 있다. Jensen, M. C., & William, B. M.(1976). Theory of the firm: Managerial behavior, agency costs and ownership structure. *Journal of Financial Economics*, 3(4), 305-360.

5) '빅 브라더' 현상은 정보의 독점으로 사회를 통제하는 관리 권력 혹은 그런 사회체계를 일컫는 말이다. 사회적 환난을 예방한다는 차원에서 독점 권력을 가지고 있는 일부 계층이 구성원을 왜곡하고, 나아가 정보를 심각하게 왜곡하여 강력한 권력의 주체가 되는 것을 말하는 것이다. 미국에서 국방부와 맞먹는 힘을 가지게 된 '국토안보부'를 만들기 위해 애국법을 만든 것이 좋은 예라 할 수 있다. 기업의 경우, 모든 중요한 정보들의 최종 귀착지인 임원들에게 이는 곧 권력의 집중이요 권력 그 자체임을 의미한다.

6) '일 중독증'은 1980년대 초부터 사용하기 시작한 용어로 일에 대한 집념이 강하고, 강박관념이 강하기 때문에 정신적으로 자유롭지 못한 것을 말하는 것으로, 정신과적인 병명은 아니다. 이런 증상을 가진 사람들은 일반적으로 특이한 시간 개념이 있고, 일 자체가 자존심의 모체가 되므로 오로지 일에 의존하는 경향이 강하며, 일하지 않고 휴가나 휴식을 취할 때는 불안해하고, 외로움을 느끼며, 자신의 가치가 떨어진다고 생각하는 일종의 금단 현상이 나타난다.

7) '슈퍼맨 신드롬'은 모든 영역과 상황, 모든 역할에서 훌륭한 인물이 되어야 한다는 생각으로 임원들은 반드시 모든 일을 잘해야 한다는 부담감을 가진다는 것이다.

- 장기 전망과 비전을 볼 수 있는 안목을 키우는 것
- 자기반성과 자기신념에 대한 도전의식
- 지속적 경험과 학습
- 부하와 동료에 대한 믿음과 인정
- 팀워크와 협동의식
- 일과 삶 사이의 균형 유지
- 감성 지능(emotional intelligence)의 활용
- 모든 답을 안다고 하지 않는 겸손함
- 올바른 질문을 할 수 있는 능력
- 타인의 얘기를 경청하는 기술의 함양
- 부드러운 경영
- 직원에 대한 봉사와 그들의 필요를 알고 도와주는 것
- 여가를 분명히 즐기는 것
- 마음의 평정 유지

위에서 언급한 것들은 종전에 리더들에게 요구되는 것들과 다르다. 이제는 종래와 다른 방법이 필요한 시대가 된 것이다. 당연히 리더에 대한 역할 변화가 요구되었고, 새로운 과제를 떠안게 되었다. 1990년대 들어 리더십의 중요성, 급변하는 환경에 대응하는 기업 혁신과 유연성, 원활한 의사소통, 그리고 구성원들의 수평적 관계와 신뢰감 조성에 관한 관심이 높아졌다. 그러자 대부분 기업이 조직구성원들의 합리적인 측면과 감성적인 측면 즉, 'high tech'와 'high touch'를 동시에 추구하는 전략을 수립, 시행하기 시작한 지 이미 오래되었다. 종전에 리더에게 요구되던 강한 카리스마, 저돌적인 추진력, '안 되면 되게 하라'는 정신보다는 믿음, 인정, 부드러움, 겸손, 배려, 협력, 경청 등이 새롭게 주목받기 시작했다. 후자의 것들은 주로 인간관계에서 중요한 역할을 하는 심성이나 감성에 관한 것들과 봉사, 여유, 균형 등 일과 삶의 균형에 관한 것들이다. 이런 상황에서 리더가 변화의 흐름을 읽고 조직을 원하는 방향으로 이끌어가고자 한다면, 새로운 무언가를 추가로 학습하고 수행해야 할 필요성이 생겼다.

특히, 4차 산업혁명의 결과들이 곳곳에서 펼쳐지고 있는 요즘에는 사회 어느 분야든 창조가 핵심어(key word)이고, 따라서 조직도 재창조하자는 요구가 더욱 거세지고 있다. 이른바, 지식창조사회가 된 것이다. 이런 상황에서도 지속 가능한 기업이 되려면, 모든 수준의 관리자와 리더들이 먼저 자신을 재창조해야 한다. 예컨대, 글로벌 기업의 리더들은 구성원들의 목표치를 설정하고, 그것을 달성하는 데 필요한 자신의 역할과 사업을 새롭게 정의할 필요가 있다. 중앙 및 지방정부 및 학교도 예외는 아니다. 정부는 정해진 한정된 예산을 효율적으로 배분하고, 이

해관계자들 간의 갈등을 조절하며, 원만한 합의안을 도출하기 위해서는 예전과는 다른 새로운 관점과 시각이 필요하다. 학교에서는 교사 위주의 수업을 지양하고 학습자인 학생이 주도적으로 참여하는 학습 분위기와 학습 환경을 만들기 위해 새로운 방법을 마련해야 할 필요성이 강력히 제기되고 있다

이처럼 사회 전반에 걸쳐 새로운 리더십이 요구되고 있다. 기업 안에서 리더에게 새롭게 요구되는 것들은 다른 구성원에게도 마찬가지로 적용된다. 이윤 극대화를 달성하고 사회적 책임을 다하는 것은 최고경영자(CEO)와 몇몇 임원들의 힘만으로 되는 것이 아니다. 구성원 모두의 역량을 총결집해야만 가능한 것이다. CEO로부터 신입 직원에 이르기까지 모든 구성원이 목표를 향해 '한 방향으로 정렬'(alignment)되어 있어야 손쉽게 달성할 수 있다. 투입할 수 있는 모든 자원과 수단을 가장 효과적으로 동원하고 분배해야 한다. 그러기 위해서는 효율적인 의사결정이 선행되어야 하고, 구성원 간에 허물없고 원활한 의사소통이 가능해야 한다. 이런 과정에서 필수적인 것이 리더십이다. 이제 적어도 기업 안에서는 모든 구성원이 리더십을 바라보는 눈높이와 안목을 조절해야 할 때가 되었다.

기업이나 조직 내에서 어떤 의사결정을 해야 할 때, 소수 리더의 눈과 귀, 지혜와 판단에만 의존한다면 한계에 부딪힐 수 있다. 순간순간마다 최적의 의사결정을 해야만 경쟁에서 살아남을 수 있다. 최고 의사결정자, 임원과 관리자의 리더십 스타일이 변해야 하는 이유가 바로 여기에 있다. 하지만 문제를 해결할 수 있는 해답을 찾는 것은 쉬운 일이 아니다. 이처럼 예전과는 다른 방법이 필요한 시대가 되자 리더의 역할 변화에 대한 요구가 증가했고, 리더십 자체를 바라보는 패러다임이 변화하기에 이르렀다 이런 시대의 흐름에 맞추어 리더십 패러다임을 변화시키는 데 가장 적절하고 효과적인 방법의 하나로 등장한 것이 '코칭'(coaching)이다.

4. 커뮤니케이션 패러다임의 변화와 코칭[8)]

조직은 특정한 목적을 추구하는 사람들이 그것을 가장 효율적으로 달성하기 위해 함께 모인 결합체이다. 따라서 조직은 자신들의 목적을 달성하기 위해 구성원들에게 적절한 과업을 부여한다. 그리고 구성원들은 서로 협력하고 동기를 부여하며, 그것에 필요한 의사소통을 한다. 이런 과정에서 조직은 자신의 목적을 달성하는 데 가장 적합한 구조를 가지게 되는데, 기업이 그 대표적인 형태이다.

기존에 계층 위주로 경영되던 기업의 성패는 최고경영자와 관리자들이 의도한 바를 종업원들에게 잘 알려주고, 생산된 제품이나 서비스를 소비자들에게 얼마나 잘 전달하느냐에 달려

8) 조성진(2020). 코칭과 경력개발. 경기: 양성원. 23-25에서 발췌, 인용.

있었다. 따라서 그런 조직 안에서는 지배적이고 종속적인 인간관계가 가장 효율적이었다. 즉, 일부 상층부 사람들이 자신의 지휘권에 있는 대다수 하층부 사람들을 자신들의 생각대로 움직이게 함으로써 조직을 관리해 왔다. 그래서 해결책을 가지고 있는 상사가 권력을 바탕으로 부하를 지배하는 반면, 해결책을 가지고 있지 않은 부하는 상사가 내려주는 지시에 의존할 수밖에 없었다. 이런 경우 당연히 상사와 부하 사이의 의사소통은 상사가 전달하는 지시와 명령을 잘 알아듣는 것에 초점을 맞추어 행해졌다.

그런데 이제는 상황이 변했다. 기업의 중요한 과제는 고객들이 원하는 바를 효율적으로 잘 파악하는 것에 집중되고 있다. 따라서 조직 내 인간관계도 그에 맞추어 변화해야 하는 시점에 이르렀다. 그 이유는 고객들이 원하는 해답을 도출해 내기 위해서는 기존의 지배적이고 종속적인 인간관계나 커뮤니케이션이 이제는 적절하지 않기 때문이다. 따라서 고객이 원하는 해답을 효율적으로 찾기 위해서는 협동적인 인간관계를 유지하는 것 즉, 함께 일하며 마음과 힘을 합하는 것이 중요해졌다. 이런 인간관계 하에서 상사와 부하는 함께 일하며 공동의 목표를 달성하는 수평적인 차원의 파트너(partner) 관계를 유지할 필요가 있다.

오늘날 우리는 모든 사람에게 일률적으로 통할 수 있는 정답이 없는 시대에 살고 있다. 이제는 상사와 부하가 서로 유기적이고 능동적으로 움직이며, 일치단결해서 해답을 찾아가는 파트너 정신이 매우 중요한 때가 되었다. 따라서 상사는 부하를 또 한 명의 고객으로 생각하고, 그가 만족하도록 해주어야 한다. 그리고 상사는 부하와 더 효과적인 방법으로 의사소통해야 한다. 그러려면 상사와 부하 사이에서 수평적 차원의 '쌍방향'(two-way) 커뮤니케이션을 진행할 필요가 있다. 기업이나 조직 내에서 '코칭'(coaching)에 주목해야 할 이유가 여기에 있다.

5. 해답은 어디에 있는가?

1) 해답의 위치

국어사전에는 '해답'(solution)이란 질문이나 의문을 풀이하는 것으로 쓰여 있다. 이 정의를 집단이나 조직에 적용해 보면, 해답이란 '집단이나 조직이 본래 가지고 있는 능력이나 가능성을 최대한 발휘하기 위해서는 어떻게 해야 할까?'라는 특정한 질문에 대한 모범답안이다.[9] 그래서 어느 집단이나 조직에 속한 사람이든 자신들이 안고 있는 문제의 해답을 찾으려고 사용할 수 있는 자원과 역량을 총동원하며 동분서주하고 있다. 그나마 해답을 찾으면 다행이지만, 그렇지 못할 때 원치 않는 곤란을 겪거나 경쟁자에게 밀리다가 급기야 시장에서 퇴출당하기도

9) 에노모토 히데타케(황소연 역, 2004). 부하의 능력을 열두 배 키워주는 마법의 코칭. 서울: 새로운 제안. 22에서 발췌, 인용.

한다. 그래서 해답을 찾는 것은 집단이나 조직에 있어 중차대한 문제가 아닐 수 없다. 이런 점은 그 규모나 크기, 또는 상황만 조금 다를 뿐 개인에게도 마찬가지로 적용될 수 있다. 개인들도 자신의 생존을 위해 원하는 해답을 찾으려고 갖가지 방법을 동원하고 있다.

그런데 여기서 한 가지 생각해 볼 것이 있다. 해답은 단지 하나의 해답일 뿐, 반드시 모든 문제의 정답이 아니라는 점이다. 그래서 해답은 문제의 성격과 상황에 따라 얼마든지 달라질 수 있다. 그런데도 지금까지 우리는 하나의 해답이 모든 문제와 상황을 해결할 수 있는 정답인 것처럼 알고 살아왔다. 기업에 한정하여 살펴보자. 그동안 기업에서 상사는 누구나 인정하는 해답의 보유자였다. 그는 자신의 과거 경험이나 그것을 통해 얻은 지식과 기술을 기억의 상자나 책상 속에 일단 저장해 두곤 했다. 그리고 필요할 때마다 그것들을 하나씩 꺼내어 부하직원들에게 적당하게 제시해 주면, 그것이 해답이고 정답이었다. 그러다 보니 상사의 주된 역할은 부하직원에게 해답을 주면서 "이렇게 해라", "저렇게 하면 돼."라며 지시하고 명령하는 것이었다. 부하직원은 상사가 꺼내주는 해답을 아무런 거부 반응 없이 그대로 흡수해서 충실하게 행동으로 옮기기만 하면 그만이었다. 그 결과, "권력은 대개 타인에게 없는 지식이나 정보를 가짐으로써 발생한다."라고 지적했던 앨빈 토플러(Toffler, A.)의 말대로 해답을 지닌 상사는 힘을 얻었고, 권력을 쥐었으며, 부하직원들 위에서 군림했다.

그런데 지금 현실은 어떠한가? 지금까지 해답을 지니고 있다고 자부하던 리더들 즉, 경영자, 전문가, 사회지도층에 속하는 사람들조차 변화하고 진화하는 이슈와 문제들에 대한 해답을 명쾌하게 제시하지 못하고 있다. 예컨대, 그동안 기업 내 상사들이 제시한 해답에 근거하여 출시된 기성품들은 시장에서 이제는 통하지 않는 시대가 되었고, 그러자 상사들은 자신의 책상 속에서 이제는 해답을 주지 못해 난감해하고 있다. 답답해 하기는 부하들도 마찬가지다. 상사가 자신의 업무를 어떻게 처리해야 할지 몰라 쩔쩔매고 있는데도, 의존적인 부하들은 여전히 상사가 해답을 주기만을 기대하고 있다. 지식정보화시대를 넘어 창조사회로 가고 있는 지금도 우리 주위에서 어렵지 않게 목격할 수 있는 장면들이다([그림 1-1] 참조).

한편, 해답을 찾으려는 기업의 관리방식에도 많은 변화가 일어나고 있다. 수직적인 상명하복 관계에서 수평적인 상호지원 관계로, 무조건으로 비난하는 데서 공정하게 평가하는 방향으로, 외부에서 동기부여가 되다가 자기 동기부여로 바뀌었다. 또한, 팀이 만들어지면서 조직에 대한 보호 장벽이 무너졌고, 변화를 두려워하기보다는 변화를 당연한 것으로 받아들이게 되었다. 비밀과 검열은 공개와 정직으로, 업무의 중압감은 업무에 대한 도전으로, 단기적인 대응은 장기적이고 전략적인 대응으로 바뀌었다. 무엇보다 가장 큰 변화는 기업의 관심과 지향점이 시장 만족에서 고객 만족으로 바뀌었다는 것이다. 이런 변화는 우리를 둘러싼 환경의 급격한 변화에 기인한 것이다([그림 1-1] 참조).

그런데 기업을 둘러싼 급격한 환경 변화 속에서도 그들이 추구하는 목표는 달라지지 않았

그림 1-1 기업 관리방식의 변화

과거의 전통적인 관리방식		오늘날의 관리방식
상명하복	⇨	상호지원
무조건적 비난		공정한 평가
외부적 동기부여		자기(내재적) 동기부여
시장 만족		고객 만족
비밀 / 검열 / 단기 대응		공개 / 정직 / 전략적 대응

출처: 조성진(2008). 코칭ABC. 서울: 도서출판 심포지움. 24에서 발췌, 인용.

다. 따라서 자신의 문제를 해결해 줄 해답을 꾸준히 찾아야 한다는 것이다. 그렇다면 그들이 그렇게 찾기를 원하는 해답은 도대체 어디로 간 것일까? 아니면 해답 따위는 이 세상에서 영원히 사라져 버린 것일까?

2) 해답의 이동

해답은 사라진 것이 아니라 항상 존재한다. 우리가 미처 깨닫기도 전에 해답이 존재하는 위치가 아주 빠른 속도로 계속해서 바뀌었을 뿐이다. 다시 말해, 해답은 사라진 것이 아니라 다만 그것이 존재하는 장소만 변화되었을 뿐이다. 굳이 그 방향성을 따져 본다면, 위에서 아래로 내려왔다. 혹자는 이런 현상을 "해답이 상류(上流)에서 하류(下流)로 내려왔다."라고 표현했다.[10)]

예를 하나 들어보자. 1960~70년대 우리나라에서 텔레비전을 보유한 가정은 흔치 않았다. 그래서 인기 드라마나 당시 유명했던 프로레슬링 선수의 경기 장면을 보려면, 텔레비전이 있는 집으로 달려가야 했다. 당시에 텔레비전이 있는 집주인 아들의 위세는 정말 대단했다. 그런데 그보다 더 엄청난 위력을 발휘하던 사람은 텔레비전을 판매하는 가전제품 대리점 사장이었다. 개점시간과 폐점시간은 언제나 대리점 사장 마음대로였고, 심지어 텔레비전을 사려는 사람들에게 "줄을 똑바로 잘 서십시오."라고 호령하기도 했다고 한다. 한마디로 안하무인(眼下無人)이었고, 소비자 위에 군림하는 왕이었다. 텔레비전을 만들기만 하면 얼마든지 팔 수 있다고

10) 에노모토 히데타케가 사용한 '상류'와 '하류'라는 단어가 우리나라에서 가끔 소득, 문화 수준 등과 연관되어 사용되는 '상류계층'과 '하류계층'이라는 표현과 중첩되어 이해될 수도 있을 것이다. 하지만, 그도 그렇고, 본 필자도 그렇게 이해하고 있지 않다. 여기서 사용한 '상류'와 '하류'라는 표현은 단지 해답이 위치한 지점만을 의미하는 것임을 밝혀둔다. 에노모토 히데타케(황소연 역, 2004). 부하의 능력을 열두 배 키워주는 마법의 코칭. 서울: 새로운 제안. 23-25에서 발췌, 인용.

생각했던 공급자(생산자) 우위 시대의 진풍경이 아닐 수 없다.

그렇다면 지금 가전제품 대리점의 풍경은 어떤가? 굳이 독자들에게 설명하지 않아도 이미 다 알고 있을 것이다. 이렇게 바뀐 가장 큰 이유는 텔레비전의 종류가 많아졌고, 그것을 판매하는 매장도 곳곳에 널려 있기 때문일 것이다. 즉, 생산량보다 수요가 많던 시절에는 생산자가 거의 모든 해답을 지니고 있었지만, 이제 "해답은 고객이 가지고 있다."라는 것을 인정해야 하는 시대가 되었다. 이것은 어떤 상품의 가치와 효용을 최대한 발휘하기 위한 해답은 그것을 구매하는 소비자 즉, 고객이 가지고 있다는 것을 의미한다. 이제는 생산자와 영업사원이 해답을 지니지 않다는 것이다. 텔레비전에 관한 모든 해답이 공급자(상류)에서 소비자(하류)로 완전히 이동한 결과이다.

이처럼 해답의 위치를 바꾼 결정적인 계기는 급격한 환경 변화이다. 바꾸어 말하면, 환경이 변하여 해답이 있는 위치가 이동했다. 옛날처럼 공급자(생산자)가 만들고 싶은 물건을 만들어서 얼마든지 팔 수 있던 시대는 지나갔다. 소비자의 기호와 요구에 맞는 제품을 만드는 것이 상식으로 받아들여진 지 이미 오래되었다. 웬만한 생산업체는 소비자의 기호와 고객의 동향을 수시로 파악하는 시스템을 갖추고 있다. 이제 소비자는 그저 제품을 소비하는 단순 소비자에서 벗어나 제품의 생산에도 막대한 영향을 미치는 '프로슈머'(prosumer)가 되었다. 이것은 해답의 위치가 생산자에서 소비자에게로 옮겨진 것을 의미한다. 요약하면, '공급자 중심의 시대'에서 '수요자 중심의 시대'로 바뀌면서 해답을 지닌 위치가 완전히 뒤바뀐 것이다.

이런 해답의 이동 현상은 비단 생산자와 소비자 사이의 관계에서만 찾아볼 수 있는 것이 아니다. 일상생활에서 비슷한 예를 찾는 것은 어렵지 않다. 상사와 부하의 관계, 경영자와 사원의 관계, 의사와 환자의 관계, 정치인과 시민(유권자)의 관계뿐만 아니라 심지어 교사와 학생의 관계, 부모와 자녀의 관계 등에서도 얼마든지 찾아볼 수 있는 시대가 되었다. 예전에 상사와 교사가 가지고 있던 해답을 그들이 이제는 쥐고 있을 수 없는 상황이 되었다. 부하의 능력과 가능성을 최대한 발휘하게 하는 해답은 부하에게 있고, 학생의 재능과 잠재력을 최대한 발휘하게 하는 해답은 학생이 쥐고 있는 시대가 되었다. 그동안 밑(하류)에 있던 소비자, 사원, 부하, 환자, 시민들이 권력을 장악하고 있는 시대로 바뀐 결과이다. 해답이 있는 장소가 상류에서 하류로 급속하게 이동함에 따라 권력의 분포도 그에 상응하는 변화를 거듭하는 것이다. 소비자 위주의 제품 생산, 고객 위주의 영업은 이제 당연한 상식이 되었고, 환자 위주의 병원, 시민 위주의 정치를 하지 않으면 살아남을 수 없는 시대가 되었다.

이런 현상을 좀 더 예민하게 느끼는 기업이 시장에서 살아남기 위해 더욱 노력하고 있을 뿐이다. 급격한 변화 속에서 날마다 경쟁하고 있는 기업은 이미 구성원 위주의 경영을 운영해야만 하는 상황에 도달했다. 지금까지 기업 내부에서는 상류에는 경영자, 상사가 위치했고, 하류에는 사원, 부하, 구성원들이 머물러 있었다. 그런데 지금은 급격하게 바뀌고 있다. 세계 초일류기업을 지향하면서 옛날 방식대로 명맥을 유지하고 있는 기업을 찾기 어렵다. 해답의 위치가 이동했는데도 구성원을 무시하는 경영자나 부하를 무시하는 상사와 관리자, 그리고 소비자를 무시하는 생산자가 있다면, 그들은 자신이 속한 기업의 생존에 치명적인 결과를 초래하는 사람인 것이다. 다른 조직도 마찬가지다.

3) 해답의 분산

이처럼 해답이 위에서 아래로 이동하고 분산된 가장 큰 이유는 무엇보다 혁명적인 정보통신기술의 발전에서 찾을 수 있다. 전화, 텔레비전 등을 거쳐 최근에는 멀티미디어나 인터넷 등이 일반 대중들에게도 광범위하게 확산했다. 최첨단 정보통신기술을 장착한 제품들과 서비스들이 엄청나게 쏟아져 나왔다. 그러자 그동안 하류에 있던 사람들은 양질의 지식과 정보를 예전보다 손쉽게 취득할 수 있게 되었고, 당연히 각종 제품과 서비스들을 전보다 손쉽게 구매할 수 있게 되었다. 질과 양적인 측면에서 엄청난 지식과 정보를 손쉽게 접하게 된 그들은 자신들이 알게 된 것들을 바탕으로 다양한 해답을 제시하며 서서히 권력을 가지게 되었다.

그에 비해 그동안 대부분 지식과 정보를 독점했던 기존 권력자들의 힘은 상대적으로 약해졌다. 예전에는 생산자(공급자)밖에 몰랐던 정보를 이제 소비자(고객)도 알게 됨으로써 그들 사이의 힘의 관계는 크게 변했다. 기업 내부에서도 지금까지 경영자나 관리자 등 상사밖에 알 수 없었던 정보를 구성원들이 비교적 쉽게 획득하기 시작하면서 그들 사이의 힘의 관계도 변모하고 있다. 이런 예는 병원, 학교, 정치 등 우리 주변에서 얼마든지 쉽게 찾아볼 수 있다.

이처럼 일부 계층의 사람들만 해답을 누렸던 시대는 이제 끝났다. 강이 하류로 갈수록 넓어지고 결국 바다로 연결되듯이, 해답이 있는 장소가 상류에서 하류로 이동하면서 해답을 지닌 사람들도 다양하게 증가했다. 다양하고 엄청난 정보와 지식을 가지고 있는 모든 사람이 저마다 해답을 가지게 되었다. 해답이 다양한 이해관계자들에게 점점 분산되는 것이다.

4) 해답의 이동 · 분산과 관계의 변화

해답의 이동과 분산은 조직구성원 사이의 관계도 변화시킨다. 조직은 단순한 모임이 아니라 조직이 추구하는 특정한 목적을 가장 효율적으로 달성하기 위해 인간관계를 조화시켜 나가는 결합체이다. 상류계층 위주로 경영되던 기존 기업의 목적은 상류에 있는 해답을 하류에 있는 소비자나 고객들에게 얼마나 잘 내려주느냐에 있었다. 따라서 이와 같은 조직 내에서는 지배 · 종속적인 인간관계가 가장 효율적이었다. 즉, 해답을 가진 상류에 있는 일부 사람들이 해답을 가지지 못한 대다수 하류에 있는 사람들을 자신들의 생각대로 움직이게 함으로써 조직을 관리해 왔다. 그래서 해답을 장악한 상사가 권력을 바탕으로 부하를 지배하는 반면, 해답이 없는 부하는 상사가 내려주는 해답에 의존할 수밖에 없었다. 이 경우 당연히 상사와 부하 사이의 의사소통은 해답을 가진 상사가 해답이 없는 부하에게 일방적으로 전달하는 지시·명령에 따라 행해졌다.

그런데 이제 해답이 상류에서 하류로 이동했으니 기업도 당연히 변해야만 하는 상황에 이르렀다. 이제 고객이나 소비자들로부터 해답을 얼마나 효율적으로 도출하는지가 기업의 지상과제가 되었기 때문에 조직 내 인간관계도 당연히 그에 맞추어 변화하도록 적절한 조치를 해야 한다. 왜냐하면, 하류에 있는 해답을 도출하기 위해서는 세로형 조직의 지배·종속적인 인간관계가 이제는 적절하지 않기 때문이다.

하류에 있는 해답을 효율적으로 도출하기 위해서는 협동적인 인간관계가 장점인 가로형 조직이 필요하다. 즉, 같이 일하면서 마음과 힘을 합하는 것이 중요하다. 가로형 조직의 협동적인 인간관계에서 상사와 부하는 함께 일하며 공동의 목표를 달성하는 파트너이다. 인간이 자연을 통제할 수 있다는 사고방식이 환상에 불과하듯, 상사가 부하를 완전하게 통제할 수 있다는 생각도 환상에 불과하다. 모든 사람에게 통하는 정답이 없는 오늘날과 같은 시대에는 상사와 부하가 서로 유기적이고 능동적으로 움직이며, 일치단결해서 해답을 찾아가는 파트너 정신이 매우 중요하다. 이 파트너 정신이 해답을 찾는 가장 효과적인 방법이다.

따라서 상사는 부하를 또 한 명의 고객으로 생각하고, 고객인 부하가 만족할 수 있도록 해주어야 하며, 부하와 효과적인 의사소통을 해야 한다. 이런 협동적인 인간관계가 바탕이 된 의사소통은 상사가 부하에게 질문을 던지고 부하가 그 질문에 대답하는 이른바 '쌍방향'(two-way) 커뮤니케이션 형태를 띤다. 그러나 주의해야 할 것은 부하를 만족하게 해준다고 해서 부하의 비위를 맞추거나 부하가 말하는 대로 해야 하는 것은 아니다. 어디까지나 부하가 스스로 자신의 문제를 해결할 수 있는 해답을 찾을 수 있도록 상사가 지원하는 것을 말한다.

오늘날 기업의 현실이 구성원 누구나 각자 처한 상황 속에서 스스로 최상의 해답을 찾을 수밖에 없다면, 가로형 조직하에서 협동적인 인간관계를 바탕으로 구성원 간에 질문이 오가는 쌍방향 커뮤니케이션을 하는 것이 매우 중요하다. 코칭에서 강조하는 의사소통 방법이 바로 이런 것이라면, 기업에서 코칭을 도입하지 않을 이유가 없다. 조직의 형태도 그에 알맞게 바꾸어야 한다. 해답에 가까이 다가간다는 것은 종래의 세로형 조직에서 가로형 조직으로 바꾸는 것을 말한다. 즉, 조직을 넓고 평평한 조직으로 만드는 것이다. 스탭 사원이 현장에서 근무하도록 인사이동을 하고, 연구부서 직원이 영업사원과 함께 영업 현장을 방문하는 것 등이 구체적인 방안들 가운데 하나가 될 수 있다. 최근 늘어나고 있는 프로젝트 조직도 해답에 가까이 다가가는 노력의 하나로 볼 수 있다. 그렇지만 단순히 조직의 형태를 세로형에서 가로형으로 바꾸고, 상사와 부하의 접촉면을 늘리는 것만으로는 부족하다. 상사와 부하의 접촉면뿐만 아니라 사원끼리의 수평적인 접촉면도 함께 늘어나야 한다. 의사소통을 위한 효과적이고 다양한 채널이 있고, 그것을 통해 구성원들의 의견과 생각이 자유롭게 개진되는 조직이 바람직한 조직이다(〈표 1-1〉 참조).

표 1-1 세로형 조직과 가로형 조직의 차이점

세로형 조직	가로형 조직
• 상사가 해답을 지니고 있다.	• 부하가 해답을 지니고 있다.
• 지배 · 종속적인 인간관계	• 협동적인 인간관계
• 지시 명령형 한(一) 방향 커뮤니케이션	• 질문 중심형 쌍방향 커뮤니케이션

출처: 에노모토 히데타케(황소연 역, 2004). 부하의 능력을 열두 배 키워주는 마법의 코칭. 서울: 새로운 제안. 35에서 발췌, 인용하여 재정리함.

5) 해답을 찾는 길: 코칭

앞서 우리는 사회 규범의 변화, 급격한 기술 변화, 리더십 패러다임과 커뮤니케이션의 변화에 대해 언급했다. 현대를 살아가는 우리 모두에게 예전과는 전혀 다른 새로운 방식으로 생각하고, 전혀 색다른 방안을 창조할 필요성이 절실히 제기되고 있다. 기업이 시시각각으로 급변하고 있는 환경 속에서 살아남으려면, 구성원 모두가 적극적이고 자발적으로 해답을 찾아 나서야 한다. 구성원 그 누구도 예외일 수는 없다. 최고경영자와 임원은 그동안 자신이 가지고 있던 권한을 구성원들에게 과감하게 위임하고, 그들이 열정을 가지고 스스로 해답을 찾을 수 있도록 조직의 분위기와 문화를 바꾸어 나가야 한다. 그래서 모든 구성원이 자신의 잠재역량을 극대화하도록 지원해야 한다.

하지만, 이런 인식과 패러다임의 전환은 비단 기업에만 적용될 수 있는 것이 아니다. 우리 사회의 전반적인 부분에도 마찬가지로 적용되어야 한다. 정치인들은 지금보다 더욱 낮은 자세로 국민에게 다가가야 한다. 정치인들이 유권자인 국민이 정말 원하는 것이 어떤 것이고, 그들의 삶의 질을 높이기 위해 자신이 해야 할 일들이 무엇인지 해답을 찾고 싶다면, 시민들과 접촉하는 시간과 기회를 지금보다 더욱 많이 늘려야 한다. 공무원들이 시민들의 요구와 부름에 민감하고 그들의 삶의 질 향상을 진정으로 원한다면, 시민들과의 접촉하는 기회와 시간을 지금보다 더 많이 가져야 한다. 하류와의 접촉면을 늘리고 그들과 효과적으로 의사소통하는 것만이 해답에 가까워진다는 것을 깨달아야 한다는 점은, 정치가와 정부, 행정가와 지방자치단체, 의사와 병원, 교사와 학교, 부모와 가정 등 모두에게 적용될 수 있다.

이처럼 급속한 사회경제적 변화가 집행되는 과정에서 기업과 다양한 조직에서 새롭게 나타난 문제들을 해결하는 데 도움을 주는 해답을 찾는 과정에서 코칭이 부상하게 되었다고 말했다. 다시 말해, 세계의 기업과 사회 환경이 급격하게 변화하면서 인간의 요구도 변화했고, 이런 요구를 충족시키기 위해 '코칭'(coaching)이 탄생하게 된 것이다.[11] 코칭은 개인(조직구성원)과 조직이 스스로 자신의 문제를 해결하는 사람과 조직이 되도록 돕는 것이다. 기업, 정부, 기관, 단체, 학교 등에서 코칭을 도입하고, 각각의 조직문화 속에 '코칭하는 문화'가 깊숙이 자리 잡아야 하는 이유가 바로 여기에 있다.

1.2. 코칭의 정의, 성격과 특징

학술적 차원에서 어떤 새로운 것이 생겼을 때 그것을 제대로 이해하려면, 그것의 개념과 정의를 먼저 파악할 필요가 있다. 코칭도 마찬가지이다. 코칭을 잘 이해하고 효과적으로 적용하려면, 먼저 코칭의 정의(definition)에 대해 명확하게 알고 있어야 한다. 그러나 아쉽게도 지금까지 코칭의 정의에 대해 일치된 견해가 존재하지 않는다. 다양한 학문적 배경을 지닌 학자나 연구자들, 그리고 각기 다른 사회경제적 · 문화적 배경을 지닌 코치들은 코칭을 각자 다르게 정의하고 있다. 가끔 코칭의 다양한 정의는 많은 부분이 상충하는데, 그것은 코칭의 역사에 대해 철저히 이해하기보다 연구자나 코치들의 배경과 전문지식에 근거하기 때문이다.[12] 그래서 코칭을 어떤 시각과 관점에서 바라보고, 코칭의 어떤 부분을 강조하느냐에 따라 코칭에 대한 다양한 정의가 생길 수 있다.

이처럼 학자나 코치들의 다양한 배경만큼 코칭의 정의가 다르다 보니 만(萬) 가지의 뜻을 포함하는 것으로 인식될 수도 있다.[13] 실제로, Linkage 社와 국제코치연맹(International Coach Federation: ICF)이 1999년에 미국의 4,000여 개 기업을 대상으로 진행한 설문조사에 따르면, 코칭의 정의에 대한 인식이 응답자에 따라 매우 다르다는 점이 드러났다.[14] 이것은 아마도 코칭의 초기 역사에서 코치들이 여러 학문의 원칙과 기준들을 원용하다 보니 이처럼 혼란스럽고 안타까운 결과를 초래한 것으로 보인다.

여하튼 많은 학자와 코치들은 자신의 학술적인 견해나 코칭 현장에서 겪은 경험을 바탕으

11) Brock, V. G.(2012). *Sourcebook of Coaching History*. VB Coaching & Consulting(김경화 · 김상복 · 김윤하 · 남혜경 · 문효정 · 박인희 · 우성식 · 윤순옥 · 이경희 · 이동연 · 이문희 · 임기용 · 최강석 · 최동하 · 최은주 역, 2015. 코칭의 역사. 서울: 코쿱북스. 32에서 발췌, 인용).
12) Brock, V. G.(2012). 앞의 책. 46에서 발췌, 인용.
13) Brock, V. G.(2012). 위의 책. 33에서 발췌, 인용.
14) H. Johnson(2004). The Ins and Outs of Executive Coaching. *Training*, 41(5), 36-41.

로 코칭을 각기 다르게 정의하고 있다. 이 책에서는 그들 가운데 대표적인 몇 가지 견해를 소개하고자 한다.

1. 코칭의 정의[15)]

1) 협의의 정의[16)]

협의의 의미에서 코칭을 정의한 연구자들은 대체로 코칭을 성과를 개선하는 '성과향상기법'(performance improvement technique)의 하나로 생각하고 있다. 그들의 주장을 살펴보면, 다음과 같다.

먼저, 퍼니스(Fournies, F. F.)는 '코칭은 부하가 바람직하지 못한 행동을 멈추고 바람직한 행동을 하도록 도와주기 위해 관리자와 부하 간에 행해지는 대면 대화(face to face discussion)'라고 정의했다.[17)] 그리고 베르너(Werner, J. M.)와 데시몬(DeSimone, R. L.)은 '저조한 성과를 내는 부하들이 자신들의 문제들을 직면케 하고, 그들의 문제를 다루며, 그들이 저조한 성과를 내지 않도록 효과적으로 돕는 데 전념하는 감독자와 구성원 간의 파트너십'을 코칭이라고 정의했다. 즉, 코칭은 구성원들이 자신의 성과에 대한 책임을 스스로 받아들이도록 격려하고, 구성원들이 탁월한 성과를 달성하고 그것을 계속해서 유지하도록 하며, 구성원들을 조직의 목표와 효과성을 위해 함께 일을 하는 파트너로서 여기는 데 활용되는 일련의 과정이라고 생각했다. 따라서 이때 관리자들이 종업원들의 성과를 효과적으로 관리하려면, 감시자(controller)보다는 코치가 되는 것이 조직의 목표를 효과적으로 달성하는 데 좋다고 주장했다.[18)] 이들은 대체로 구성원들이 바람직한 성과를 창출하거나 원하지 않는 행동을 하지 않도록 하는 목적으로 진행하는 일대일 면담이나 상호 대화를 코칭이라고 정의하고 있다는 것을 알 수 있다.

한편, 범위를 한정하여 임원의 역량을 개발시키는 수단의 하나로 사용하거나 문제가 있는 임원과 전문가들이 올바른 길로 돌아오도록 돕는 것이 코칭이라고 보는 견해도 있다. 먼저, 월드룹(Waldroop, J.)과 버틀러(Butler, T.)는 코칭을 '실패할 우려가 있는 관리자의 행동이 변화되도록 돕는 것'으로 정의하고 있고[19)], 올리센(Olisen, M.)은 '코칭은 문제를 가지고 있는 임원들

15) 조성진(2020). 코칭과 경력개발. 경기: 양성원. 29-31에서 발췌, 인용.

16) 여기서 협의의 의미라는 것은 현재 진행되는 코칭의 수준과 범위 등을 기준으로 비교해 볼 때, 코칭의 의미를 다소 협소하게 정의했다는 뜻이다.

17) Furnies, F. F.(1978). *Coaching for Improved Work Performance*. New York: Van Nostrand Reinhold; Werner, J. M., & DeSimone, R. L.(2006). *Human Resources Development*. Thomson: South- Western. 370.

18) 조성진(2009). 코칭이 자기효능감, 성과 및 가족관계에 미치는 영향과 이에 대한 감성지능의 조절효과. 충남대학교 대학원 박사학위 논문. 14에서 발췌, 인용; Werner, J. M., & DeSimone, R. L.(2006). *Human Resources Development*. Thomson: South- Western. 372.

19) Waldrop, J., & Butler, T.(1996). The Executive as Coach. *Harvard Business Review*, 74(6), 111-117.

이 그 문제를 해결하도록 돕는 것'이라고 정의했다.[20] 또한, 헬러비크(Hellervik, L. W.), 하즈차(Hazucha, J. F.)와 슈나이더(Schneider, R. J.)는 '코칭은 관리자와 전문가들이 의미 있는 작업 행동상의 변화를 성취하는 데 부족한 기술을 익히는 것을 돕는 것'이라고 정의했다.[21] 이들은 코칭을 임원들이나 관리자들이 겪고 있는 문제나 부족한 점을 다루는 것으로 한정하고 있다.

2) 광의의 정의

광의의 의미에서 코칭을 정의한 연구자들은 코칭을 성과 관리에 도움을 주는 여러 가지 수단 가운데 하나이고, 다른 것들과 함께 구성된 것으로 이해하고 있다.

먼저, 에버드(Evered, R. D.)와 셀먼(Selman, J. C.)은 '헌신적인 파트너십(partnership)이 있는 환경하에서 생기는 코치와 선수(performer) 간의 커뮤니케이션 관계'를 코칭이라고 정의하면서, 구성원들에게 권한을 부여하는 임파워링(empowering)을 강조했다.[22] 그리고 피터스(Peters, T.)와 오스틴(Austin, N.)은 '코칭은 개인들을 서로 하나로 묶어서 그들이 책임감을 강화하고, 계속해서 성과를 내도록 하는 것'이라고 정의했다. 즉, 코칭은 서로 관련이 있으면서 다른 역할을 하는 교육(education), 후원(sponsoring), 상담(counseling), 구성원들이 성과문제에 직면하게 하는 것(confronting)을 포함하는 광범위한 개념이라는 것이다. 그리고 코치는 개인들의 완전한 파트너요 공헌자로서 취급받도록 격려하는 사람으로 묘사하고 있다.[23]

또한, 길리(Gilley), 보튼(Boughton)과 메이쿠니치(Maycunici)는 훈련(training), 멘토링(mentoring), 직면(confronting)과 커리어코칭이 포함된 개념이 코칭이라고 이해했다.[24] 그리고 킨로(Kinlaw, D.)는 '코칭은 예측할 수 있는 과정을 수행함으로써 탁월한 성과를 이끌고, 계속해서 개선하기 위한 몰입, 긍정적인 관계를 갖도록 하는 관리자와 구성원 간의 상호 대화(mutual conversation)'라고 정의했다. 그에 따르면, 코칭은 문제해결과 성과 향상이 주요 목적이고, 상담, 멘토링, 훈육(tutoring)과 직면(confronting)으로 구성된다고 주장했다.[25] 이들의 정의는 주로 코칭 역사의 초기에 정의한 것들로, 코칭을 하나의 독립된 영역으로 보려는 최근의 관점과는 약간 다른 것으로 볼 수 있다.

---

20) Olisen, M.(1996). Coaching today's executive. *Training & Development*, 50(3), 22-27.

21) Hellervik, L. W., Hazucha, J. F., & Schneider, R. J.(1992). Behavior change: Models, methods, and a review of evidence. In Dunnette, M. D., & Hough, L. M.(Eds.). *Handbook of Industrial and Organizational psychology*(2nd Ed.). Palo Alto, CA. 823-895.

22) Evered, R. D., & Selman, J. C.(1990). Coaching and the Art of Management. *Organizational Dynamic*, 18(2), 16-32.

23) Peters, T., & Austin, N.(1985). *A Passion for Excellence: The Leadership Difference*. New York: Random House.

24) Gilly, J. W., Boughton, N. W., & Maycunich, A.(1999), *The performance change: Developing management system to make employees your organization's greatest asset*, Reading, MA: Perseus Books.

25) Kinlaw, D. C.(1989). *Coaching for commitment: Managerial strategies for obtaining superior performance*. Sna Diego, CA: University Associates, Inc., 31.

3) 최근의 정의

최근에는 코칭을 더 구체적으로 정의하되, 다른 것과 확연하게 다르게 정의하는 경향이 있는 것 같다. 그것은 아마도 코칭이 비즈니스뿐만 아니라 삶의 전 영역으로 급속하게 확산하면서 코칭을 다른 인적 서비스와 구분하여 독립된 영역으로 보려는 시도들의 결과인 것으로 보인다. 특히, 코칭 현장의 전문코치들과 그들이 모인 단체를 중심으로 코칭의 체계를 잡아가려는 시도의 하나로서, 코칭을 더 정교하게 정의하는 것으로 보인다.

먼저, 게리 콜린스(Collins, G. R.)는 '코칭은 개인이나 집단을 현재 있는 지점에서 그들이 원하는 지점으로 갈 수 있도록 인도하는 기술이자 행위'라고 정의했고[26], 이언 맥더모트(McDermott, I.)와 웬디 제이고(Jago, W.)는 '사람들의 관심사나 재능, 환경 그리고 잠재력에 관련해 더 효율적으로 스스로 주도하고 관리하는 방법을 배우도록 지원하는 상호적이면서도 집중적인 훈련방식'을 코칭이라고 정의했다.[27]

티모시 골웨이(Gallwey, T.)는 '코칭은 성과를 극대화하기 위해 묶여 있는 개인의 잠재능력을 풀어주는 것이고, 사람들이 코치의 가르침에만 의존하지 않고 스스로 배우도록 도와주는 것'이라고 설명했다.[28] 영국의 코치인 존 휘트모어(Whitmore, J.)는 '고객 자신의 성과를 극대화하도록 그의 잠재능력을 발현시키는 것으로서, 가르치는 것이 아니라 스스로 학습하도록 도와주는 것'을 코칭이라고 정의했다. 그에 따르면, 코칭은 업무나 문제의 내용에 상관없이 다른 사람들의 자신감 형성을 중요한 기본목표로 하는 개입행위로 이해했다. 그래서 코칭은 특정 상황에만 제한적으로 적용되는 테크닉(technique)이 아니라 사람들을 대하는 관리방식이요, 사고방식인 동시에 존재방식이라고 주장했다.[29]

그리고 로버트 하그로브(Hargrove, R.)는 '코칭은 개인과 조직, 그리고 그들의 세계를 변화시킬 수 있는 사람들의 능력을 확장하고, 사람들의 비전과 가치에 영향을 주며, 그들이 달성해야 하는 것을 성취할 수 있도록 존재, 사고, 행동을 재창조하는 데 있어 강력한 지원을 제공하는 강력한 파트너십'이라고 정의했다. 그래서 코칭이 제대로 잘 이루어지려면 매우 중요하다고 느끼는 목표가 있어야 하고, 코치와 고객이 서로 끌리도록 만드는 개인적인 화학작용이 있어야 한다고 주장했다. 즉, 진지한 욕망과 굽히지 않는 노력을 통해 한 사람이 성공하도록 하는 코치와 그런 코치를 믿고 따르는 고객 사이에 강력한 인적 유대감이 형성되는 것이 코칭이라고 설명했다. 결국, 코칭은 고객이 성공적인 행동을 취하도록 그의 능력을 확대하는 것이고,

26) 게리 콜린스(양형주 · 이규창 역, 2011). 게리 콜린스의 코칭바이블. 서울: 한국기독학생회출판부. 27에서 발췌, 인용.

27) 이언 맥더모트 · 웬디 제이고(박정길 · 최소영 역, 2005). 코칭바이블. 서울: 웅진윙스. 28에서 발췌, 인용.

28) Whitmore, J.(2002). *Coaching for Performance*(3rd Ed.). Nicholas Brealey Publishing. 8에서 발췌, 인용; 존 휘트모어(김영순 역, 2007). 성과 향상을 위한 코칭리더십, 서울: 김영사. 17.

29) Whitmore, J.(2002). 앞의 책. 18에서 발췌, 인용.

코치는 고객에게 무언가 도움을 주고 싶은 '사고 파트너'(thinking partner)인 셈이다.[30] 그리고 앤서니 그랜트(Grant, A. M.)와 스토버(Stober, D.)는 '코칭은 코치와 고객이 상호협력적이고 평등한 관계를 유지하면서, 함께 목표를 설정하고 해결방법을 찾아 이를 실행하는 과정을 의미하며, 이것을 통해 고객의 지속적인 자기주도학습과 성장을 함양하는 것을 목표로 하는 것'이라고 정의했다.[31]

또한, 『상호협력적 코칭』(Co-Active Coaching)의 저자들은 고객들의 꿈과 욕구와 열망을 잘 표현하게 도와주고, 그들의 사명과 목적과 목표를 명확히 하도록 도와주며, 그 결과를 성취하도록 도와주는 것을 코칭이라고 정의했고, 그래서 코칭은 코치와 고객 간의 동등한 연합이라고 설명했다.[32] 비키 부룩(Brock, V. G.)은 '코칭은 사람들이 온전한 의식으로 선택할 수 있도록 의식을 고취하는 것'이라고 정의했다.[33] 에노모토 히데타케는 '코칭은 개인(부하)의 자아실현을 지원하는 시스템'이라고 간단하게 정의했다. 그래서 코칭이 목표로 하는 것은 무력한 부하를 위로 끌어 올려주는 것(help)이 아니라, 원래 유력한 부하를 아래에서 떠받쳐줘서 그 부하가 지닌 능력이나 가능성을 한층 더 발휘할 수 있도록 지원하는(support) 것이라고 설명했다.[34]

한편, 현장에서 코칭을 하는 코치들이 모여 결성한 코치 관련 단체나 기관에서도 코칭을 다음과 같이 정의하고 있다. 먼저, 국제코치연맹(International Coach Federation: ICF)에 따르면, 코칭은 '고객의 개인적, 전문적인 잠재력을 최대한 발휘하도록 영감을 불어넣고 사고를 자극하는 창의적인 프로세스 안에서 고객과 파트너 관계를 맺는 것'이다.[35] 그래서 코칭 진행 과정을 통해 고객은 배움을 보다 심화하고, 성과를 향상하며, 인생의 질을 한층 높일 수 있다고 설명하고 있다. 다음, Corporate Coach University(CCU)[36]에 따르면, 코칭은 코치와 발전하려는 의지가 있는 개인의 잠재능력을 최대한 개발하고, 발견 프로세스를 통해 목표설정, 전략적인

30) 로버트 하그로브(박재원 외 역, 2006). 불가능한 미래를 성취하는 마스터풀 코칭. 서울: 김앤김북스. 29-69에서 발췌, 인용.

31) Grant, A, M., & Stober, D.(2006). Introduction. In D. Stober & A. M. Grant(Eds.). *Evidence based coaching: Putting best practices to work for your clients*. Hoboken, NJ: Wiley and Sons. 1-14에서 발췌, 인용.

32) Whitworth, L., Kimsey-House, K., & Sandal, P.(2007). *Co-Active Coaching: New Skills for Coaching People Toward Success in Work and Life*(2nd Ed.). Mountain View, CA: Davise-Black Publishing.

33) Brock, V. G.(2012). *Sourcebook of Coaching History*. VB Coaching & Consulting(김경화 외 역, 2015. 코칭의 역사. 서울: 코쿱북스. 28에서 발췌, 인용).

34) 에노모토 히데타케(황소연 역, 2004). 부하의 능력을 열두 배 키워주는 마법의 코칭. 서울: 새로운 제안. 57에서 발췌, 인용.

35) www.coachfederation.org(2022년 1월 접속). "ICF defines coaching as partnering with clients in a thought-provoking and creative process that inspires them to maximize their personal and professional potential."

36) 국제코치연맹(ICF)이 인증하는 비즈니스 코칭 기관으로서 현대 코칭의 원조라고 불리는 토머스 레너드(Leonard, T.)가 설립했다. 현재 전 세계 36개국에서 활발하게 활동하고 있는 7,000여 명의 코치가 이 기관을 통해 배출되었다. 현재 세계적인 기업에 코칭 훈련 프로그램과 1:1 코칭 서비스를 제공하고 있다(www.ccui.com).

행동 그리고 매우 뛰어난 결과를 성취하도록 해주는 강력하면서도 협력적인 관계이다. 또한, (사)한국코치협회(Korea Coach Association: KCA)에 따르면, 코칭은 개인과 조직이 잠재력을 극대화하여 최상의 가치를 실현할 수 있도록 돕는 수평적 파트너십이라고 정의할 수 있다.[37]

그런데 여러 학자와 코치 단체의 코칭에 대한 견해들을 살펴보면, 몇 가지 공통점을 발견할 수 있다. 첫째, 코칭은 '긍정적 접근'(positive approach)에 바탕을 두고 있다는 것이다. 이것은 코칭이 일반적인 생각보다 훨씬 더 철학적이고, 다분히 인간적이며, 미래지향적이라는 것을 의미한다. 둘째, 코치는 고객의 목표 달성을 돕는 과정이라는 점이다. 즉, 코치는 고객의 목표를 달성하도록 최선을 다해 돕는 과정이라는 것이다. 셋째, 코칭은 코치와 고객 간 수평적 관계를 강조하고 있다는 점이다. 일부 학자는 코칭의 지시적인 역할을 주장하고 있지만[38], 대다수의 코칭 정의에서는 코치와 고객 간의 수평적 관계를 강조하고 있고, 따라서 코치의 비(非)지시적인 역할을 강조하고 있다. 이것은 이 두 주체 간의 수평적 관계를 지향했을 때 가능한 것이다. 마지막으로 코칭은 궁극적으로 고객의 성장과 발전을 지향한다는 점이다. 이것은 고객의 자기인식과 성찰을 통해 그가 자신의 문제를 스스로 해결할 수 있다는 자기효능감을 향상, 고객이 자신의 문제를 해결할 방법을 찾아 그것을 실행할 때 목표를 달성하는 데 그치는 것이 아니라, 향후 그가 비슷한 문제에 직면할 때 스스로 그것을 해결할 수 있는 역량을 강화하고, 그것을 통해 고객이 성장하도록 돕는 것을 의미한다.

이상에서 언급한 코칭 정의에 대한 논의를 정리한 것이 〈표 1-2〉이다. 앞서 언급했듯이, 코칭의 정의에 대한 일치된 견해는 없다. 게다가 코칭이라는 행위가 현재와 같은 의미로 쓰이기 시작한 때가 그리 오래되지 않아 코칭에 대해 합의된 정의는 아직 없는 실정이다. 다만, 자신의 코칭 경험이나 학술적인 견해에 따라 각각 코칭을 다르게 정의하고 있고, 앞으로 다양한 정의가 출현할 수 있다는 점은 확실하다.

이 책에서는 코칭을 먼저 경험하고 연구한 선배들의 정의를 기본으로 하고, 코칭을 정의할 때 대상, 목적, 방법 등 세 가지 요인을 포함해야 한다는 견해를 바탕으로[39] 새로운 시각을 추가하여 코칭을 정의하고자 한다. 즉, 코칭을 '상호 헌신하는 파트너십(partnership) 환경하에서, 코칭 고객[40]의 자기인식과 행위 변화를 통해 성과를 향상하고 목표를 달성하며 계속해서 성장

37) 한국코치협회(2022). 코칭의 정의(http://kcoach.or.kr, 2022년 1월 접속).

38) Peterson과 Hicks(1996)는 코치가 고객 자신이 개발할 수 있도록 도구, 지식, 기회를 제공하는 과정이 코칭이라고 정의하면서, 코치의 지시적인 역할을 주장했다. 이에 대해서는 다음에 소개하는 논문을 참조할 수 있다. Ives, Y.(2008). What is coaching?: An exploration of conflicting paradigms. *International Journal of Evidence Based Coaching and Mentoring*, 6(2), 100-113.

39) Cox, E., Bachkirova, T., & Clutterbuck, D.(2018). *The Complete Handbook of Coaching* (3rd Ed). London: Sage. 서문 2-3에서 발췌, 인용.

40) 코칭 고객은 코칭을 받는 사람을 뜻하는 말로, 이 책에서는 주로 고객으로 줄여서 사용한다. 이것에 대해서는 제

하고 발전하도록 코치가 효과적으로 지원하는 쌍방향(two-way) 커뮤니케이션 절차(process)이자 관계(relations)'라고 정의하고자 한다.[41] 이 정의를 조금 줄이면, '코칭은 고객의 성장과 발전, 행복 증진을 지원하는 수평적 협력관계 및 절차'라고 할 수 있으며, 다시 한 문장으로 정리하면, 코칭은 '코치와 고객 간의 자기충실화(self-fulfillment) 과정'이라 할 수 있다. 따라서 이후로 이 책에서는 이 정의를 바탕으로 모든 논의를 전개할 것이다.

표 1-2 코칭의 정의

구 분	코칭에 대한 구체적인 정의
Fournies(1978)	부하가 바람직하지 못한 행동을 멈추고 바람직한 행동을 하도록 관리자와 부하 간에 행해지는 대면 대화
Peters 외(1985)	개인들을 서로 하나로 묶어서 그들이 책임감을 강화하고, 계속해서 성과를 내도록 하는 것
Kinlaw(1989)	예측할 수 있는 과정을 수행함으로써 탁월한 성과를 이끌고, 계속해서 개선하기 위한 몰입, 긍정적인 관계를 갖도록 하는 관리자와 구성원 간의 상호 대화
Evered 외(1990)	헌신적인 파트너십이 있는 환경하에서 생기는 코치와 선수 간의 커뮤니케이션 관계
Hellervick 외(1992)	관리자와 전문가들이 의미 있는 작업 행동상의 변화를 성취하는 데 부족한 기술을 익히는 것을 돕는 것
Waldrop 외(1996)	실패할 우려가 있는 관리자의 행동이 변화되도록 돕는 것
Oilcon(1996)	문제를 가지고 있는 임원들이 그 문제를 해결하도록 돕는 것
Gallwey(2002)	성과를 극대화하기 위해 묶여 있는 개인의 잠재능력을 풀어주는 것이고, 사람들이 코치의 가르침에만 의존하지 않고 스스로 배우도록 도와주는 것
Whitmore(2002)	업무나 문제의 내용에 상관없이 다른 사람들의 자신감 형성을 중요한 기본목표로 하는 개입행위
Collins(2004/2011)	개인이나 집단을 현재 있는 지점에서 그들이 원하는 지점으로 갈 수 있도록 인도하는 기술이자 행위
에노모토(2004)	개인(부하)의 자아실현을 돕는 시스템
Grant & Stober(2006)	코치와 고객이 상호협력적이고 평등한 관계를 유지하면서, 함께 목표를 설정하고 해결방법을 찾아 이를 실행하는 과정을 의미하며, 이것을 통해 고객의 지속적인 자기주도 학습과 성장을 함양하는 것을 목표로 하는 것
Hargrove(2006)	개인과 조직, 그리고 그들의 세계를 변화시킬 수 있는 사람들의 능력을 확장하고, 사람들의 비전과 가치에 영향을 주며, 그들이 달성해야 하는 것을 성취하도록 존재, 사고, 행동을 재창조하는 데 있어 강력한 지원을 제공하는 강력한 파트너십

4장에서 자세하게 설명할 것이다.

41) 이 정의는 기본적으로 조성진(2008)의 견해에 바탕을 두고, 그 이후에 진행된 기존 문헌 검토와 필자의 학술연구 결과를 추가하여 새롭게 정의한 것이다. 조성진(2008). 코칭ABC. 서울: 도서출판 심포지움. 55-61에서 발췌, 인용.

Werner 외(2006)	저조한 성과를 내는 부하들이 자신들의 문제들을 직면케 하고, 그들의 문제를 다루며, 그들이 저조한 성과를 내지 않도록 효과적으로 돕는 데 전념하는 감독자와 구성원 간의 파트너십
McDermott 외(2005)	사람들의 관심사나 재능, 환경 그리고 잠재력에 관련해 더 효율적으로 스스로 주도하고 관리하는 방법을 배우도록 지원하는 상호적이면서도 집중적인 훈련방식
국제코치연맹(2022)	고객의 개인적 · 전문적 잠재력을 최대한 발휘하도록 영감을 불어넣고, 사고를 자극하는 창의적인 프로세스 안에서 고객과 파트너 관계를 맺는 것
Corporate Coach University(2009)	코치와 발전하려고 하는 의지가 있는 개인이 잠재능력을 최대한 개발하고, 발견 프로세스를 통해 목표설정, 전략적인 행동 그리고 매우 뛰어난 결과를 성취하도록 해주는 강력하면서도 협력적인 관계
(사)한국코치협회(2009)	개인과 조직이 잠재력을 극대화하여 최상의 가치를 실현할 수 있도록 돕는 수평적 파트너십
Brock(2012)	최고의 상태를 위한 자기인식, 행동에의 집중, 개인적 성장 및 의식적 선택을 발전시키는 역동적이고 맥락과 관련된 상호적 학습 과정
조성진(2008/2014)	상호 헌신하는 환경하에서, 고객의 자기인식과 행위 변화를 통해 성과를 향상하고 목표를 달성하며 계속해서 성장하고 발전하도록 코치가 효과적으로 지원하는 쌍방향 커뮤니케이션 프로세스이자 관계

출처: 조성진(2020). 코칭과 경력개발. 경기: 양성원. 29–31; Brock, V. G.(2012). *Sourcebook of Coaching History*. VB Coaching & Consulting(김경화 외 역, 2015. 코칭의 역사. 서울: 코쿱북스).

2. 코칭의 성격

앞서 코칭의 정의에서 알 수 있었듯이, 코칭에 관한 합의된 정의는 없다. 이것은 코칭이 생성되고 진화한 과정과 연관이 있어서 앞으로도 그럴 것이다. 코칭은 어느 날 우연히 나타난 것이 아니다. 그것에 영향을 준 많은 요소와 관련이 있다. 코칭은 지금까지 의미 있는 방향으로 진화해 왔고, 앞으로도 그럴 것이다. 이런 부분을 이해한다면, 코칭의 성격이 어떠할지 대체로 짐작할 것이다. 그런 측면에서 코칭의 성격을 정리해 보는 것은 의미 있는 일이다.

현장 코칭 경험을 바탕으로 코칭학에 관한 연구를 진행하고 있는 필자의 견해로, 코칭은 다음에 소개하는 네 가지 성격 즉, 통합성(integrity), 정체성(identity), 차별성(differentiation) 및 지속가능성(sustainability)을 지니고 있다고 생각한다. 하나씩 살펴보기로 하자.

1) 통합성

코칭은 지금까지 인류가 겪어온 다양한 상황과 사회경제적 변화를 거쳐 진화하면서 다른 인접 학문에서 발견된 원리, 지침, 가치 또는 신념체계 등을 통합하는 성격을 지니고 있다. 즉, 코칭은 인간이 일상생활이나 조직 속에서 타인과 관계를 맺으며 살아가면서 겪게 되는 다양한 이슈와 문제들을 대상으로 진행된다. 그러다 보니 먼저 코칭학[42]은 둘 이상의 다른 관련 학문 분야의 연구 성과를 토대로 독자적인 학문 분야를 구축하려는 학제적인(interdisciplinary) 응용과학(applied science)의 성격을 띨 수밖에 없다. '코칭학'이 하나의 학문적인 체계를 구축하는 데 있어 도움을 받은 학문 분야로 철학, 심리학, 교육학, 사회학, 인류학, 경제학, 경영학 등을 들 수 있다.[43] 코칭의 통합적이고 학제적인 성격은 다른 말로 '포용성'(magnanimity)이라고 부를 수도 있다.

> "코칭은 여러 개의 개별적인 출처로부터 싹을 틔웠으며, 이 싹들은 자라서 기존의 전문 분야들로 가지를 뻗쳤고, 서너 개의 분야로 뻗쳐 나간 가지들은 누구도 상상할 수 없었던 방법으로 이들을 재통합했다."[44]

앞으로도 코칭은 다른 학문의 연구결과들을 흡수하면서 영향을 받을 것이고, 한편으로는 다양한 시각과 접근방법을 제시하면서 다른 학문에 영향을 끼치면서 계속해서 진화할 것이다. 이것이 코칭학이 갖는 통합성이다.

2) 정체성

코칭이 다른 학문에 비해 역사가 그리 길지 않고 구체적이고 본격적인 연구가 적어서, 코칭에 관한 독자적인 이론 형성이나 학문적인 체계가 아직 구축되어 있지 않다. 그래서 현재 시점에서 코칭 관련 주제들을 연구하여 이론을 개발하고, 나아가 코칭만의 새로운 이론체계를 구축해 가려면, 인간의 생각과 행동과 관련된 수많은 학문의 연구 성과들을 활용할 수밖에 없다. 따라서 코칭이 또 하나의 새로운 실용과학으로서 '코칭학'으로 정립되려면, 기존의 다양한 학문 분야에 대한 소양과 적응능력이 필요하다.[45]

하지만, 코칭은 자신만의 독특한 특성 즉, 정체성을 충분히 가진 분야이다. 따라서 기존에 축적된 연구결과들을 바탕으로 하되, 앞으로 다양한 시각과 접근방법을 통해 코칭 분야의 새

42) 아직 '코칭학'에 관한 용어 정리, 학문적 구성 및 이론체계 등에 관한 구체적인 논의가 없는 실정이다. 다만, 본인은 코칭이 학제적인 성격을 갖지만, 코칭만의 독특한 정체성 등 다른 성격을 가지고 있다고 생각한다. 따라서 향후 이런 것들에 대한 다양한 논의와 연구들을 집대성하면, 코칭이 하나의 학문 즉, '코칭학'으로 거듭날 것으로 생각한다. 그런 차원에서 '코칭학'의 영어명을 '코치'(coach)와 '학'(logy)의 합성어인 'Coachology'라고 명명하고자 한다. 이에 관한 자세한 설명은 14장에서 추가로 서술할 것이다.

43) 탁진국 · 이희경 · 김은정 · 이상희 공역(2010). 코칭심리. 서울: 학지사. 108~109에서 발췌, 인용; Law, H., Ireland, S., & Hussain Z.(2007). *The Psychology of Coaching, Mentoring and Learning*, John Wiley & Sons Ltd.; Brock, V. G.(2012). *Sourcebook of Coaching History*. VB Coaching & Consulting(김경화 외 역, 2015. 코칭의 역사. 서울: 코쿱북스).

44) Brock, V. G.(2012). 앞의 책. 35에서 발췌, 인용.

45) 조성진(2013). 코칭 연구를 위한 근거이론 방법론 적용에 관한 탐색적 연구. 코칭능력개발지, 15(3), 248에서 발췌, 인용.

로운 과제들을 연구한 결과를 집대성한다면, '코칭학'은 이론적 뿌리를 갖춘 학문적 정체성(identity)을 충분히 갖추게 될 것이다.[46]

> "새로운 분야는 보통 개념들을 연구하는 어떤 기술들과 함께 묶어 새로운 개념의 한 집합으로 발달한다."[47]
>
> "가장 새로운 지식체계로서 코칭은 하이브리드(hybrid) 분야이며, 합종연횡의 정체성을 거의 달성하자마자 또한 분열의 효과를 경험하기 시작했다."[48]

3) 차별성

코칭이라는 새로운 개념의 인적 서비스는 기존의 상담(counseling), 컨설팅(consulting), 멘토링(mentoring) 등과 같은 인적 서비스들과 비교할 때, 분명한 차이점 즉, 차별성을 보인다. 특히, 참가자에 대한 인식 및 참가자의 자발성 정도, 전문가의 개입 정도, 문제해결 주체 및 방식, 의사소통의 방향 등을 기준으로 볼 때, 코칭은 주로 상의하달(上意下達) 접근방식에 익숙한 상담, 컨설팅, 멘토링 등과 확연하게 구분된다. 특히, 고객의 리더십에 대한 관심 정도는 코칭과 다른 인적 서비스 사이의 차이를 확실하게 구분하는 의미있는 기준이다.[49] 코칭의 이런 성격은 앞서 언급한 코칭의 정체성과 함께 코칭만의 고유함과 독특함을 돋보이게 하는 중요한 요소가 될 것이다. 앞으로 수많은 연구자와 학자들의 헌신과 분발이 기대되는 이유이다. 코칭의 차별성에 관한 자세한 사항에 대해서는 다음 절에서 논의하기로 한다.

4) 지속가능성(계속성)

코칭은 좁은 의미에서 '코칭 효과'(coaching effect)가 계속 유지되는 특징을 가지고 있다. 그 효과는 각각의 코칭 현장에서 점점 커지고 있고, 개인의 차원을 넘어서 조직의 성장에도 강한 영향(impact)을 끼치며, 사회 전반으로까지 점점 커지고 넓어져서 영향력(influence)으로까지 확산하고 있다는 것을 쉽게 확인할 수 있다. 나아가 코칭은 넓은 의미에서 다양성과 포용성이라는 특징을 통해 20세기 말의 개방적인 사회 분위기 속에서 다양한 분야로 가지를 뻗쳐 나갔다. 그 속도와 경로가 처음에는 느리고 좁았다가 시간이 흐를수록 더 빠르고 넓게 진행되었고, 지금도 진행되고 있다. 코칭은 하나의 분야로서, 개방적이고 유동적인 사회적 추세이며, 인간

---

46) 조성진(2013). 코칭 연구를 위한 근거이론 방법론 적용에 관한 탐색적 연구. **코칭능력개발지**, 15(3), 248에서 발췌, 인용.

47) Schein, E.(1969). *Process consultation: Its role in organization development*. Reading, MA: Addison-Wesley. 10.

48) Brock, V. G.(2012). *Sourcebook of Coaching History*. VB Coaching & Consulting(김경화 외 역, 2015. **코칭의 역사**. 서울: 코쿱북스. 239에서 발췌, 인용).

49) 조성진(2020). **코칭과 경력개발**. 경기: 양성원. 69-74에서 발췌, 인용.

상호 간의 작용과 관계 속에서 계속 뻗어 나가고, 사람들이 상호작용하는 방법이 변화하면서 함께 진화하고 있다.[50] 이런 현상은 코칭의 지속가능성을 그대로 보여주는 아주 인상적인 증거라 할 수 있다. 향후 이런 코칭 확산 추세가 계속되려면, 코칭의 뿌리와 역사를 비롯한 코칭 자체의 거침없는 혁신 등에 관한 더 깊은 이해가 필요하다.

이상에서 언급한 코칭의 네 가지 성격들이 복합적이고 유기적으로 상호작용하면서 상승효과를 발휘할 때, 코칭학은 제대로 자리 잡을 것이고, 국내외에서 코칭 산업은 계속해서 성장할 것이다. 그러기 위해서는 코칭의 학제적 성격(통합성)을 살리고, 다른 분야와 분명하게 구별되는 정체성을 확인하는 바탕 위에서 다른 학문 분야와의 차별성을 부각하고 계속해서 성장하기 위한 각고의 노력이 필요하다.

3. 코칭의 일반적인 특징

1) 코칭에 관한 인식 전환의 필요성[51]

코칭은 개인과 조직이 지닌 문제를 해결하는 데 도움을 주는 다양한 인적 서비스 중의 하나이다. 성과관리 차원에서 볼 때도 코칭은 여전히 유용하고 탁월한 도구 가운데 하나이다. 그러나 기업에서 코칭을 도입할 경우, 좀 더 진지하게 생각해 볼 필요가 있다. 왜냐하면, 코칭을 단지 특정한 낙오자들의 성과관리를 위한 하나의 기법(technique) 정도로만 쉽게 이해한다면 예기치 않은 함정에 빠질 수 있기 때문이다.

코칭이 효과적으로 이루어지기 위해서는 구성원들이 강요받지 않고 자발적인 상태에서 과업과 조직에 헌신할 수 있다는 낙관적이고 긍정적인 신념이 전제되어야 한다. 그런데도 코칭을 특정한 성과관리를 위한 하나의 기법(technique)이나 기술(skill)을 가리키는 단어 정도로만 한정하여 사용한다면, 그것은 코칭을 제대로 이해하지 못한 것이다. 이럴 경우, 무엇이든 항상 통제하고 쉽게 다룰 수 있는 위치에 있는 관리자가 낙오자들의 성과 향상을 위해서 코칭을 활용해야 하는 것으로 쉽게 생각할 수 있다. 이것은 때때로 매우 위험한 발상이 될 수 있고, 실제로 이럴 때 원만한 코칭이 진행되기 어렵다.

코칭은 단순한 기법(technique)이나 기술 이상의 무엇을 포함하고 있다. 또한, 코칭은 성과를 관리하기 위해 매일매일 행해져야 하는 접근방법이다. 그래서 기업 내에서 코치로서 활동한다는 것은 관리자나 감독자가 구성원의 파트너가 되어 그들의 성과를 촉진하는 사람이 된다는 것을 의미한다. 따라서 코치인 관리자나 감독자는 구성원들에게 헌신하는 존재이고, 구성

50) Brock, V. G.(2012). *Sourcebook of Coaching History*. VB Coaching & Consulting(김경화 외 역, 2015. 코칭의 역사. 서울: 코쿱북스. 36-37에서 발췌, 인용).

51) 조성진(2020). 코칭과 경력개발. 경기: 양성원. 67-69에서 발췌, 인용.

원들이 달성한 것에 따라 그 대가를 받는 사람이라고 스스로 인식할 필요가 있다. 그러므로 코치인 관리자들은 구성원들의 성과 향상에 관심을 가지고, 그것이 가능하도록 구성원들과 항상 상호작용하려는 수평적인 자세와 진실한 태도가 무엇보다도 필요하다.

이런 차원에서 본격적으로 코칭을 논의하기 전에 코칭에 대한 기존의 인식을 새롭게 할 필요가 있다. 지금까지 우리가 알고 있는 코칭은 단순히 문제해결과 성과 향상만을 위한 것으로 인식되어 온 것이 사실이고, 지금도 그런 인식 아래 코칭이 진행되고 있는 경우도 더러 있을 것이다. 그러나 한 개인이나 조직이 코칭을 받아들이고 활용하는 분위기와 환경, 나아가 조직 문화를 만들어 가기 위해서는 코칭에 대한 인식을 바꿀 필요가 있다.

2) 코칭의 일반적인 특징[52)]

코칭의 일반적인 특징을 다음 네 가지로 설명할 수 있다.

첫째, 코칭은 낙오자를 위한 최후의 수단이 아니라 더불어 승리하기 위한 사람들을 돕는 것이다. 코칭은 목표달성을 통해 자신이 성장하고 발전하는 데 관심이 많은 사람, 강한 의지를 갖고 원하는 목표를 이루려고 노력하는 사람, 학습에 대한 무한한 호기심과 겸손함을 기본적으로 가진 사람, 그리고 함께 일을 하는 구성원들과 함께 성공의 기쁨을 나누고자 하는 사람들을 위한 것이다. 이런 사람들은 대개 목표를 성취하기 위해 자신이 역량과 경쟁력을 가져야 한다고 생각하고 있고, 구성원들과 더불어 협력하고 결과를 공유하려는 사람들인데, 코칭을 통해서 그것을 달성할 수 있다고 믿는 경우가 많다. 이런 사람들에게 있어 코칭은 의미있는 철학적 기반을 제공하고, 효과적인 자기계발 수단이 된다. 그러나 기업이나 어떤 조직에서 성과가 떨어진 낙오자들을 관리하기 위한 수단으로서 코칭을 잘못 이해하고 있다면, 원하는 결과를 얻기 힘들 것이다. 코칭은 물을 마시기 싫어하는 말(馬)을 억지로 물가로 끌어당기는 것이 아니라, 말이 스스로 물을 마시고 싶을 때 그를 쉴 만한 물가로 안내하고 동행하는 것과 같다.

둘째, 코칭은 단순한 문제해결 차원을 넘어 미래를 창조하는 것이다. 코칭은 고객의 문제를 해결하기 위한 심리학적이고 단순한 기계적인 접근방법이 아니다. 자기 자신과 조직을 성장시키기 위한 놀라운 수단으로서 코칭을 이해하고 있을 때, 비로소 강력한 힘을 발휘한다. 특히 조직의 리더들이 많은 호기심을 가지고 있고 겸손하며 학습에 대한 우호적인 태도를 지니고 있을 때, 코칭은 더욱 큰 힘을 발휘한다. 현재 상태에 그대로 머무르며 안주하길 원하는 사람들에게 코칭은 정말 따분하고 골치 아픈 또 다른 과제일 수 있다.

셋째, 코칭은 구성원들의 업무성과와 개인적 발전을 통합하는 것이다. 일반적으로 대부분

---

52) 조성진(2008). **코칭ABC**. 서울: 도서출판 심포지움. 71-74에서 발췌, 인용; 조성진(2020). **코칭과 경력개발**. 경기: 양성원. 67-69에서 발췌, 인용.

기업에서 업무 성과와 개인의 역량 개발은 완전히 별개의 것으로 간주한다. 따라서 구성원들의 성과에 대한 책임은 관리자가 지고, 구성원들의 역량 개발에 대한 책임은 인사담당 부서가 책임진다는 접근방식을 갖고 있다. 그래서 때때로 관리자들은 성과목표를 관리하는 데 코칭이 방해가 된다고 생각한다. 성과달성을 눈앞에 둔 관리자일수록 그것을 위해 박차를 가해야지 구성원의 성장과 발전을 위해 코칭을 해야 한다고 생각하지 않는다. 그러나 장기적인 관점에서 보면 그렇지 않다. 코칭을 통해 개인적인 업무 성과뿐만 아니라 자신의 발전까지 도모할 수 있다는 많은 사례가 있다.

넷째, 코칭은 간헐적이 아닌 지속적인 과정이다. 대부분 코칭을 적용하는 기업이나 조직에서 연간 성과를 평가할 때, 1년에 한두 번 정도 코칭을 하고 피드백을 해 주는 것으로 인식하고 있다. 그러나 코칭은 이처럼 간헐적이고 의무적인 성과평가가 아니다. 어떤 일들이 일어났고, 무엇이 문제이며, 다음에 무엇을 해야 하는지 등에 관련된 질문과 답변을 주고받으면서 끊임없이 의사소통을 진행해야 하는 지속적인 과정이다. 여러 보고서에서 지적한 대로 세상에서 최고의 리더라고 부를 수 있는 사람들은 구성원들이 개인적 · 조직적 혁신을 이루어 내도록 코칭을 하고 가르치기 위해 자신이 관리할 수 있는 시간의 40~50%를 사용하고 있다는 것을 보아도 코칭이 지속적인 과정임을 잘 알 수 있다.

4. 코칭과 상담, 컨설팅 및 멘토링 간의 차이

코칭이라는 새로운 개념의 인적 서비스를 좀 더 명확하게 인식하기 위해서는 코칭과 다른 인적 서비스들 사이의 차이점을 비교해 보는 것이 도움이 된다. 특히, 코칭에서 중요하게 생각하고 있는 몇 가지 핵심적인 가치들을 활용하여 비교해 보면, 코칭이 상담(counseling), 컨설팅(consulting), 멘토링(mentoring) 등과 각각 어떤 차이점이 있는지 쉽게 알 수 있다.[53]

1) 코칭과 상담의 차이

상담자는 사람들이 우울증, 불안, 내적 혼란, 타인과의 갈등 등과 같은 문제들에 대처하도록 돕는다. 어떤 사람은 슬픔, 죄책감, 불안정, 패배의식, 분노 조절 장애, 중독, 또는 성적 고민과 같은 문제로 상담을 받는다. 대개 상담의 목적은 내담자를 부정적인 경험과 어려움에서 끌어내어 그것에 제대로 대처하고, 어떤 문제에 휘둘리지 않은 온전한 삶을 영위하도록 인도하는 것이다. 저울 눈금에 비유하면, 상담의 목표는 마이너스(−)에 있는 눈금을 영점으로 되돌리는

53) 조성진(2008). 코칭ABC. 서울: 도서출판 심포지움. 71-74에서 발췌, 인용; 조성진(2020). 코칭과 경력개발. 경기: 양성원. 67-74에서 발췌, 인용.

것이다.[54] 상담은 상담자와 내담자 사이의 의사소통 과정을 통해 문제를 이해하도록 촉진하고, 정서적으로 직면하도록 진행한다. 상담에서 내담자의 행동을 변화시키기 위해 다양한 기법들을 사용한다는 점에서 코칭과 비슷한 측면이 있다.[55]

그러나 코칭과 상담은 다음과 같은 몇 가지 점에서 차이가 있다.

첫째, 토대로 삼는 기본 철학상의 차이이다.[56] 코칭은 '인간 중심'(person-centered) 방법을 채택하지만, 상담은 임상심리에서 사용하는 '의학 모형'(medical model)을 채택하고 있다. 그래서 코칭에서는 인간은 성장하고 발전하며, 최적 상태에서 자아를 실현하려는 주체라는 것을 강조한다. 이에 비해 상담은 심리치료의 대상이 되는 사람(환자)들의 폭을 넓히는 과정에서 독립한 영역이어서, 자연스럽게 심리치료 과정에서 의학 모형을 따르게 된다. 의학 모형이란 의사가 환자의 병을 진단하고 주도적으로 이를 치유하기 위해 노력하는 과정을 의미한다. 이 과정에서 환자는 전문가적 지식이 부족해서 의사의 질문에 간단히 대답하고, 전문가인 의사가 처방하는 대로 수동적으로 따라가면 된다는 인식을 토대로 한다. 결과적으로 상담(심리)은 이런 의학 모형을 수용하는 경우가 많다.

둘째, 사람의 심리 상태를 바라보는 관점 상의 차이이다. 상담은 주로 부정심리학을 다루고, 심리적으로 건강하지 못한 사람들을 도와 문제의 영역에서 안정된 지점으로 가도록 돕는 것이다. 이에 비해 코칭은 긍정심리학(Positive Psychology)을 다루고, 심리적으로 별다른 문제가 없는 비교적 건강한 사람들이 더 높은 수준의 성취감을 맛보도록 돕는 것이다.[57]

셋째, 서비스를 받는 대상 즉, 고객의 가능성을 바라보는 관점의 차이이다. 코칭은 고객의 무한한 가능성과 잠재력에 초점을 맞추고, 사람들이 '미래'에 가고자 하는 곳을 바라보도록 한다. 즉, 기본적으로 코칭은 성장과 변화를 원하는 심리적으로 건강한 사람들을 지원하는 데 초점을 두고 있다. 그래서 코칭은 상담과 같이 '과거'의 행동을 집중적으로 탐색하는 등 심리적인 측면에 대한 해석에 초점을 맞추기보다는 고객의 존재 인식과 행동 변화, 그리고 그것을 통한 미래의 성장과 발전에 더 많은 비중을 둔다.

마지막, 의사소통의 방향과 임파워먼트의 존재 여부를 기준으로 코칭과 상담을 비교해 보

54) 게리 콜린스(양홍주 · 이규창 역, 2011). **게리 콜린스의 코칭 바이블**. 서울: 한국기독학생회출판부. 28에서 발췌, 인용.

55) 이희경(2005). **코칭입문**. 서울: 교보문고. 15에서 발췌, 인용.

56) 탁진국(2019). **코칭심리학**. 서울: 학지사. 23-24에서 발췌, 재인용; Joseph, S.(2006). Person-centered coaching psychology: A meta-theoritical perspective. *International Coaching Psychology Review*, 1(1), 47-54.

57) 긍정심리학에서는 전통 심리학이 지나치게 부정적인 인생의 문제를 다루다 보니 희망, 창의성, 낙관주의, 용기, 책임감, 용서 등과 같이 인생을 가치 있게 만드는 보다 긍정적인 주제들을 무시했다고 주장했다. 긍정심리학을 창시한 학자들은 심리학의 초점을 인생에서 최악의 상태를 고치는 데만 몰두하던 것에서 긍정적인 내적 자질들을 세우는 것으로 바꾸고 있다. 이에 관한 자세한 내용은 다음에 소개하는 책을 참조할 수 있다. 게리 콜린스(양홍주 · 이규창 역, 2011). **게리 콜린스의 코칭 바이블**. 서울: 한국기독학생회출판부. 29-30.

면, 두 서비스 사이의 차이를 쉽고 명확하게 이해할 수 있다. 코칭과 상담은 쌍방향(two-way) 의사소통을 지향한다는 점에서는 서로 비슷한 면이 있다. 하지만 고객에 대한 임파워먼트(empowerment)와 성장(또는 발전, development)이라는 측면에서 보면, 코칭과 상담은 차이점이 있다. 상담은 일반적으로 상담자가 주도하여 내담자의 과거 행동을 수정함으로써 문제를 해결하고자 노력한다. 그래서 상담자는 상담을 진행할 때, 내담자에게 문제해결 과정에서 필요한 권한을 부여하지 않는다. 즉, 상담자는 내담자에게 문제해결에 관한 임파워먼트를 제공하지 않고, 전문가인 상담자가 해결책을 제시하는 것이 일반적이다. 이에 비해 코칭은 문제해결의 주도적인 권한이 전적으로 고객에게 있음을 인정하고 진행된다. 코칭은 출발부터 고객이 찾고자 하는 해답은 그에게 있다는 것을 전제로 출발함으로써 고객의 자기주도성을 인정한다. 이 과정에서 코치는 고객을 격려하고 지지하는 데 초점을 둔다. 그래서 코치는 고객이 자신의 문제를 스스로 해결할 수 있다는 자신감을 가지도록 다양한 방법을 활용한다. 그리고 고객의 과거 행동보다는 미래 행동에 초점을 두고 궁극적으로 그의 성장과 발전을 지원한다는 점에서 상담과 큰 차이점이 있다. 〈표 1-3〉은 앞서 논의한 코칭과 상담의 차이를 정리한 것이다.

표 1-3 코칭과 상담의 차이점

코칭	상담
• 긍정심리학에 연관되어 있다.	• 부정심리학에 연관되어 있다.
• 성취, 성과 향상, 팀 세우기, 비전 설정, 직업적 성장, 목표와 꿈에 도달하는 데 초점을 둔다.	• 문제에 초점을 맞추고, 갈등, 불안감, 우울증, 불안, 분노와 같은 감정의 문제를 다룬다.
• 목표에 도달하도록 돕는다.	• 잘못된 것을 고친다.
• 현재와 미래, 가능성, 목표에 도달하는 것, 자유롭게 하는 것, 꿈을 현실로 바꾸는 것에 초점을 둔다.	• 과거에 일어난 문제의 원인과 치유와 안정을 주는 데 초점을 둔다.
• 코치와 고객은 변화를 일으키기 위해 함께 작업하며 서로 평등하다.	• 상담자는 내담자를 다루고 치유와 처방을 제공하는 전문가이다.
• 최고의 코칭은 경청, 질문, 격려와 같은 코칭 기술을 훈련받는 것으로 가능하다.	• 심리학, 정신 병리학, 치료요법 등 전문지식이 있어야 한다.

출처: 게리 콜린스(양홍주 · 이규창 역, 2011). 게리 콜린스의 코칭바이블. 서울: 한국기독학생회출판부. 30에서 발췌, 재인용.

물론 코칭과 상담 간의 차이점을 구분하는 작업이 여전히 어렵다고 보는 견해도 있다. 실제로 국내외에서 상담과 코칭을 동시에 진행하는 전문가들도 점점 많아지고 있다. 하지만 그들도 상담고객과 코칭고객을 구분하고 있는 것을 볼 때, 코치과 상담이 100% 같다고 말할 수는 없을 것이다.[58] 이 점에 대해서는 앞으로 추가적인 연구가 필요하다.

2) 코칭과 컨설팅의 차이

코칭은 기업 등에서 자주 활용되는 컨설팅과 여러 가지 측면에서 유사한 면이 있다. 모두 고객의 문제해결을 위해 도출된 실행방안을 수행하도록 돕는다는 점에서 그렇다. 하지만 둘 사이에는 분명한 차이점이 있다.

컨설팅은 일반적으로 해당 분야의 전문적인 지식을 갖춘 컨설턴트(consultant)가 주도적인 위치에 서서 개인이나 조직에 나타난 여러 가지 현상과 문제점들을 관찰하고 진단한다. 그리고 분석된 원인을 토대로 문제점을 가장 잘 해결하는 방법을 제시하는 과정을 거친다. 컨설팅은 해당 과정에서 문제해결 주체인 의뢰인의 동기, 태도, 사고, 문제해결 방식 등을 충분히 고려하기보다, 컨설턴트가 주도적으로 해답을 제시하는 일방적인(one-way) 관계에 주로 기초한다.[59]

> "컨설턴트는 변화를 만들어 내거나 프로그램을 시행할 직접적인 힘은 없지만, 협력관계를 확립하고, 문제를 해결하며, 기술적이고 업무적인 문제와 그 관계들에 모든 주의를 집중하도록 하려는 주된 목표를 가진 채, 어떤 집단이나 조직에 영향을 미치려고 하는 사람이다."[60]

따라서 컨설팅은 의뢰인이 가진 능력보다도 컨설턴트가 갖춘 지식, 경험, 견해 등에 따라 성패가 좌우되는 것이 보통이다. 특히, 비즈니스에서 컨설턴트는 의뢰인이 가진 문제들과 관행들을 분석하고, 더 나은 마케팅과 사업전략을 제안하며, 기업의 생산성을 향상하고 미래의 청사진을 계발하는 것에 초점을 둔다.

이에 비해 코치는 고객이 스스로 판단하고 결정하라고 자극할 뿐, 충고와 비판을 하지 않고 해답을 제시하지도 않는다. 그러므로 코치는 반드시 코칭 주제와 관련된 분야의 전문가일 필요가 없다. 대신에 코치는 고객의 말을 경청하고 이해하며, 통찰력 있는 질문을 하고, 들은 것을 요약한다. 그래서 코치는 고객이 자신의 상황을 둘러보고 무엇을 할지 결론을 내리고 행동하려 할 때, 안내할 수 있는 능력만 있으면 된다. 이런 측면에서 볼 때, 코치는 격려하는 사람이자 치어리더(cheerleader)이고, 도전하는 사람이며, 책임감 있는 파트너이다. 하지만 전문적인

58) 국제코치연맹(ICF)에서도 코칭을 심리치료(혹은 상담), 컨설팅, 멘토링, 훈련, 스포츠 코치와 구분하여 설명하고 있으면서도, 그 차이를 명확하게 설명하지 않는 것으로 보아 그들 간의 구분이 얼마나 예민한 이슈인지를 짐작할 수 있다. 박정영(2022). 3Cs II(중급과정) Plus. 코칭 관계 4-11에서 발췌, 인용.

59) 컨설팅의 구체적인 목적 등에 관해서는 다음에 소개하는 논문을 참조할 수 있다. Turner, A. N.(1982). Consulting is more than giving advice. *Harvaed Business Review*, 60(5), 120-129.

60) Block, P.(1999). *Flawless Consulting: A guide to getting your expertise used*(2nd Ed.). San Francisco, CA: Jossey-Bass/Pfeiffer. 2.

충고나 지시를 내리는 사람은 아니다.[61]

기업의 경우를 예로 들면, 코칭과 컨설팅의 차이가 좀 더 확실해진다. 컨설팅과 코칭은 모두 기업이 가지고 있는 바람직하지 못한 현상이나 과제를 해결함으로써 보다 나은 기업으로 발전해 나가도록 돕는다는 차원에서 공통점을 가지고 있다. 하지만 코칭은 구성원들이 자신의 문제를 새로운 시각에서 바라보고, 그것에 기초하여 구성원 스스로 해결책을 발견하여 실행하도록 지원하는 것에 집중한다. 이것이 가능한 이유는 코칭이 고객의 장점과 잠재력을 극대화하여 행동할 수 있다는 것을 철저하게 믿는 코칭 철학에서 출발하기 때문이다. 하지만 일반적으로 컨설팅은 그렇지 않다.

몇 가지 핵심가치를 기준으로 코칭과 컨설팅을 비교해 보면, 두 서비스 사이의 차이를 다른 차원에서 쉽게 이해할 수 있다. 성장과 발전을 지향하고 원활한 의사소통을 지향한다는 점에서 코칭과 컨설팅은 비슷하다. 그러나 의사소통이 진행되는 방향과 임파워먼트 측면에서 둘은 서로 분명한 차이가 있다. 일반적으로 컨설팅에서는 컨설턴트가 해결책을 찾기 위한 목적을 가지고 의뢰인들과 의사소통을 한다. 설사 컨설팅을 받는 의뢰인과의 의사소통이 원활하지 않더라도 컨설턴트가 해결책을 마련하는 데 큰 어려움을 겪지 않는다. 그래서 컨설팅에서는 의사소통이 주로 '한 방향'(one-way)으로만 흐르기 때문에 그 속에서 문제해결을 위한 임파워먼트(empowerment)를 찾아보기가 쉽지 않다. 다시 말해, 컨설팅에서 의사소통은 컨설턴트와 의뢰인 사이에서 대등하고 수평적인 관계에서 진행되는 쌍방향 의사소통 형태가 아니다. 컨설턴트가 해결책을 찾기 위해 의뢰인에게 궁금한 점들을 묻고 의뢰인이 대답하는 일방적인 대화라고 볼 수 있다.

이에 비해 코칭은 코치와 고객 사이에 이루어진 신뢰관계를 바탕으로 고객이 자신의 문제를 스스로 해결하도록 그에게 주도적인 권한을 부여하고 격려한다는 점에서 컨설팅과 크게 다르다. 이 과정에서 코치는 고객에게 동기, 태도, 사고, 문제해결 방식 등에 대한 권한을 충분히 위임한다. 그리고 대등하고 수평적인 관계에 기초한 파트너십을 바탕으로 쌍방향 의사소통을 지향한다는 점에서 컨설팅과 차이가 있다. 사람은 충고를 받거나 어떤 일을 지시받을 때보다 자신이 할 일을 스스로 결정했을 때에 더욱 확실하고 효과적으로 추진한다는 관점에서 볼 때, 후자를 강조하는 점에서 코칭과 컨설팅은 아주 다르다.

3) 코칭과 멘토링의 차이

멘토링(mentoring)은 나이와 경험이 많은 인생의 선배가 후배에게 인생 전반에 관한 모델이

61) 게리 콜린스(양홍주 · 이규창 역, 2011). 게리 콜린스의 코칭 바이블. 서울: 한국기독학생회출판부. 32.

되어 줌으로써 양육의 역할을 담당하는 일련의 과정으로[62], 역사가 상당히 오래된 개념이다. 멘토(mentor)는 역할 모델을 제시하고, 특별한 프로젝트를 세밀하게 감독하며, 개인적인 도움을 주는 사람이다.[63] 그리고 해당 영역에서 숙련된 연구와 경험의 성과를 바탕으로 권위를 얻는다. 멘토는 후배(멘티, mentee)의 성장과 발전을 돕는 관계에서 기꺼이 시간과 정력을 투자할 용의가 있는 사람이다.

멘토링은 학습자인 멘티가 멘토의 기술, 정보, 시각과 삶의 지혜를 닮도록 하는 것에 초점을 둔다는 점에서 코칭과 차이가 있다. 이에 비해 코칭은 고객이 자신의 참모습을 스스로 발견하고, 그것을 계발하도록 지원할 뿐 고객이 의도적으로 코치를 닮도록 하지 않는다. 코칭은 궁극적으로 고객 자신만의 독특하고 차별된 장점을 잘 살리는 존재로 성장하도록 지원하는 것에 초점을 둔다. 간단히 말해, 멘토가 특정 분야의 전문가로서 활동한다면, 코치는 고객 자신이 바라는 방향을 찾도록 돕는 데 필요한 최고의 능력을 지니고 있다는 점에서 차이가 있다.

몇 가지 핵심가치를 기준으로 코칭과 멘토링을 비교해 보면, 그 차이를 쉽게 이해할 수 있다. 성장과 발전을 지향한다는 점에서 멘토링과 코칭은 비슷하지만, 문제해결 과정에서 주어지는 임파워먼트와 커뮤니케이션의 방향성 측면에서 두 서비스는 차이가 있다. 멘토링은 멘토가 주도적인 권한을 가지고, 멘티에게 멘토 자신의 장점과 역량 및 문제해결 능력을 전수하는 특성이 강하다.[64] 그러다 보니 멘토와 멘티 사이에는 주로 일방적인 의사소통이 진행될 수밖에 없고, 멘티에게 문제해결을 위한 권한을 전적으로 위임한다고는 보기 힘들다.

이에 비해 코칭은 고객이 자신의 문제를 스스로 해결하는 능력이 있다는 것을 믿고, 주도적인 그에게 모든 권한을 위임한다. 코치는 고객이 문제의 해답을 스스로 발견할 때까지 그를 충

62) 멘토링이란 개념은 호머의 『오디세이』에서 유래되었다. 오디세우스 왕은 전쟁에 출전하면서 그의 어린 아들 텔레마쿠스의 교육을 자신의 친구인 멘토르에게 부탁한다. 지혜롭고 분별력 있었던 멘토르는 텔레마쿠스에게 필요한 능력을 잘 계획하여 가르쳤고, 왕이 돌아왔을 때 멘토르를 모범으로 삼았던 어린 왕자는 지혜롭고 유능한 리더이자 고결한 인격을 갖춘 사람으로 성장해 있었다. 그 이후 멘토르(멘토)는 후배의 인생 전반에 관한 모델이 되어 줌으로써 그의 양육을 맡는 사람을 지칭하는 말로 지금까지 사용되고 있다. 멘토링에 대한 자세한 내용에 관해서는 다음에 소개하는 책을 참조할 수 있다. Eby, L. T., Rhodes, J., & Allen, T. D.(2007). Definition and evolution of mentoring. In T. D. Allen & L. T.(Eds.). *Blackwell handbooks of mentoring: A multiple perspectives approach*. Oxford: Blackwell. 7-20; Murray, M.(1991). *Beyond the Myths and Magic of Mentoring: How to Facilitate an Effective Mentoring Program*. Hoboken. NJ: John Wiley & Sons. Inc.(이용철 역, 2005. 멘토링, 오래된 지혜의 현대적 적용. 경기: 김영사); Ragins, B. R., & Kram, K. E.(2007). *The Handbook of Mentoring at Work: Theory, Research, and Practice*. Thousand Oaks. CA: Sage Publications. Inc.

63) Engstrom, T. W., & Rohrer, N. B.(1989). *The Fine Art of Mentoring: Passing on to Others What God Has Given to You*. Brentwood, TN: Wolgemuth & Hyatt.

64) 멘토링은 많은 기업에서 활용되지만, 점차 그 인기가 시들고 있다. 『*Harvard Business Review*』에 따르면, 멘토링은 과도한 경쟁으로 인한 타격과 빠른 성장으로 인해 변화관리와 전략적 계획 수립에 집중하고 있는 조직에서 시간의 부족으로 외면당하는 실정이라고 한다. DeLong, T. J., Gabarro, J. J., & Lees, R. J.(2008). Why Mentoring Matters in a Hyper-competitive World, *Harvard Business Review*, 86(Jan.), 115-121.

분히 지지하고 인정하며 기다린다. 그리고 코치는 고객에게 초점을 두고 그가 자신의 이야기를 충분히 할 수 있도록 배려한다. 고객이 말하는 동안 그의 말을 헌신적으로 경청하면서 그가 원하는 것을 효과적으로 달성하도록 지원한다. 이처럼 코칭은 쌍방향 의사소통을 지향한다는 점에서 멘토링과 아주 다르다.

표 1-4 코칭과 멘토링의 차이

구분	코칭	멘토링
공식 수준	• 제3자인 외부 코치 또는 코칭 기업과 계약을 맺는 경우가 많음(더 공식적임)	• 일반적으로 조직 내에서 멘토와 멘티 양자 간 합의로 정해짐(덜 공식적임)
계약 기간	• 일반적으로 2개월에서 12개월 사이에 4회에서 12회 정도 만남(단기)	• 3년에서 5년 이상 진행되며, 만나는 횟수도 정해지지 않음(장기)
비즈니스 지식	• 코치는 특정 분야에 대한 지식이 없고, 일반적인 경영 관련 지식만 있으면 됨	• 멘토는 일반적으로 특정 분야에 관한 전문적 지식이 있음
훈련	• 코치는 일반적으로 심리학, 인적자원 관련 분야를 전공하고 전문적인 코칭 훈련을 받음	• 멘토는 일반적으로 고위 경영직 경험이 있고, 제한된 멘토링 훈련을 받음
고객	• 개인과 조직의 니즈를 모두 고려해야 함	• 개인(멘티)의 니즈에만 관심을 가지면 됨
슈퍼비전 또는 지원	• 일반적으로 코치는 다른 코치로부터 슈퍼비전을 받음	• 멘토는 인사 부서와 정기적으로 논의하거나 브리핑을 받음
의사소통 방향	• 코치와 고객 간의 쌍방향 의사소통을 지향함	• 멘토와 멘티 간의 원활한 의사소통을 지향함
임파워먼트	• 고객에게 철저하게 임파워먼트 수어짐	• 멘토가 주도적으로 권한 가지고 진행함
문제해결 주체	• 고객이 문제해결의 주체가 됨	• 멘토가 문제해결의 주체가 됨

출처: 탁진국(2019). 코칭심리학. 서울: 학지사. 26; Passmore, J., & Fillery-Travis, A.(2011). A critical review of executive coaching research: A decade of progress and what's to come. *Coaching: An International Journal of Theory, Practice, and Research, 4*(2), 70-88에서 필자가 발췌, 재정리함.

이상의 논의를 요약하면, 참가자에 대한 인식 및 참가자의 자발성 정도, 전문가의 개입 정도, 문제해결 주체 및 방식, 의사소통의 방향 등을 기준으로 볼 때, 코칭은 주로 상의하달(上意下達) 접근방식에 익숙한 상담, 컨설팅, 멘토링 등과 확연하게 구분된다. 특히, 고객의 리더십에 대한 관심 정도는 코칭과 다른 인적 서비스 사이의 차이를 확실하게 구분하는 의미 있는 기준이다. 〈표 1-5〉는 코칭의 특징과 다른 인적 서비스 사이의 차이점을 표로 정리한 것이다.

표 1-5 코칭과 다른 인적자원개발 기법 간의 비교

구분	코칭 (coaching)	상담 (counseling)	컨설팅 (consulting)	멘토링 (mentoring)	훈련 (training)
참가 인원 수	1:1	1:1	1(다수):1(다수)	1:1	1 : 다수
참가자에 대한 인식	성장과 발전의 주체	치료(치유)의 대상	문제해결의 대상	경험 전수의 대상	교재 전달의 대상
참가자의 자발성 정도	자발적 · 능동적	수동적	수동적	수동적	수동적(참여적)
참가자 · 전문가 관계	수평적 관계 (파트너십)	수직적 관계	수직적 (수평적) 관계	수직적 관계	수직적 관계
전문가의 개입 정도	최소의 개입	깊숙한 개입	부분 개입	깊숙한 개입	깊숙한 개입
문제해결 주체	코칭 고객	상담자	컨설턴트	멘토	훈련 강사
문제해결 방식	해결책 발견 지원	해결책 제시	해결책 제시	해결책 제시	해결책 제시
주목하는 시점	현재와 미래	과거와 현재	과거와 현재	현재	현재
임파워먼트 정도	최고 수준	부분적	없음	없음	없음
의사소통 방향성	쌍방향	주로 한 방향	주로 한 방향	주로 한 방향	주로 한 방향
고객의 리더십에 대한 관심	아주 많음	거의 없음	거의 없음	일부 있음	일부 있음

출처: 조성진(2013). 대학생 코칭 프로그램 운영 효과 분석과 활성화 방향 모색. 코칭능력개발지, 15(3). 236에서 재인용.

1.3 코칭의 역사적 배경

현재 코칭이 실행되는 모습과 앞으로의 발전, 그리고 미래의 가능성을 이해하기 위해서는 코칭의 근원이 어디에 있는지, 그 근원이 되는 학문이 무엇인지 이해하고 익숙해지려는 태도와 행동이 필요하다. 결론부터 얘기하자면, 코칭의 뿌리는 인류 역사의 토양 깊숙한 부분까지 이르고, 코칭은 철학과 사회과학에서 비롯된 다양한 학문과 직업이 어우러진 혼합체이다.[65)]

코칭은 다양한 학문에서 농축된 것들과 그것이 펼쳐졌던 사회적 · 문화적 · 경제적 상황의 토양 위에서 키워졌다. 대부분의 새로운 분야들이 이전의 지식으로부터 나오듯이 코칭도 많은 현존하는 이론체계에 그 뿌리가 있다.[66)] 그래서 코칭을 제대로 이해하려면, 그것을 구성하는

65) Brock, V. G.(2012). *Sourcebook of Coaching History*. VB Coaching & Consulting(김경화 외 역, 2015. 코칭의 역사. 서울: 코쿱북스. 41-48에서 발췌, 인용).

66) Irene F. Stein(2003). Introduction: Beginning a promising conversation. In Stein, I. F., & Belsten, L. A. (Eds.). *Proceedings of the First ICF Coaching Research Symposium*, November 12, 2003 Denver, Colorado USA(pp. viii, xii). Mooresville, NC: Paw Print Press.

다양한 학문체계와 그것이 펼쳐지고 발달한 역사를 먼저 살펴볼 필요가 있다.

1. 코칭의 기원

코칭의 형식을 시도한 사람들의 예를 찾으려면, 고대 이전으로 거슬러 올라간다. 개인이 사람들의 개인적인 목적을 달성하도록 돕는 코칭과 같은 행위는 오래전부터 친숙한 인간 행위였고, 오늘날 코치와 매우 흡사한 역할을 하는 사람들은 다양한 학문이 탄생하기 전부터 존재했다. 어른, 주인 혹은 멘토 등으로 불리던 그들은 인류 행동의 초기에 나타나며, 교육이 하나의 직업이 되기 훨씬 전부터 열심히 일해 왔고, 그들의 영향은 오늘날까지 면면히 이어져 왔다.[67)]

동양 철학자들과 고대의 운동 코치들은 최초의 전문 영역에 속했다. 그들은 각자의 영역에서 경쟁자들의 개인적인 우수성을 달성하도록 도왔고, 그들의 도움을 받은 사람들은 의미있는 결과를 이루었다. 그리스 철학에 바탕을 둔 서양철학과 또 다른 철학 세계를 보인 동양철학에서는 최초의 개인 코치들이 나타났다. 소크라테스, 공자, 부처, 예수 등이 코치가 아니라면 무엇이라는 말인가? 그 한 가지 예로, 코칭의 역사를 소크라테스의 문답법에서부터 찾는 사람도 있다.[68)]

그러나 현재까지 확인된 각종 문헌과 자료에 따르면, 코치의 어원은 1500년대로 거슬러 올라간다는 것에[69)] 대체로 동의하고 있다. 당시 헝가리에 '코치(Kocs)'라는 곳이 있었는데, 이곳은 최초로 '코치(kocsi)'라고 명명된 네 마리의 말이 끄는 마차가 발명된 곳이다. 즉, 코치란 사람들을 현재 있는 곳에서 가고 싶은 곳으로 실어다 주는 운송 수단인 마차를 가리키는 단어였다. 결국, '코칭하다'라는 동사의 근본적인 의미는 소중한 사람을 한 장소에서 그 사람이 가고자 하는 곳으로 이동시키는 것이다. 오랜 세월이 지나 영국에서는 좌석이 여러 줄 배치된 큰 버스를 '코치(coach)'라고 불렀다.[70)]

---

67) Brock, V. G.(2012). *Sourcebook of Coaching History*. VB Coaching & Consulting(김경화 외 역, 2015. 코칭의 역사. 서울: 코쿱북스. 40-42에서 발췌, 인용).

68) 서양에서의 철학은 지적 대화에서 질문을 던지고 대답을 이끄는 소크라테스의 기법으로부터 시작되었고, 이를 통해 사람들이 스스로 생각할 수 있도록 했다. 이것은 소크라테스의 대화법이라고 불리며, 대화 중인 사람으로부터 생각을 이끄는 이 기법은 코칭의 주요 기술이다. 이언 맥더모트 · 웬디 제이고(박정길 · 최소영 역, 2007), 코칭바이블, 웅진윙스, 37에서 발췌, 인용; Brock, V. G.(2012). 앞의 책. 92에서 발췌, 인용.

69) Evered, R. D., & Selman, J. C.(1989). *Coaching and the Art of Management*. New York, NY: American Management Association.

70) 조성진(2020). 코칭과 경력개발. 경기: 양성원. 25에서 발췌, 인용.

2. 철학의 발전과 코칭

철학이라는 단어는 고대 그리스어의 '필로소피아'(φιλοσοφία)에서 유래한 것으로, 말 그대로 '지혜 혹은 지식에 대한 사랑'을 의미한다. 세계와 인간의 삶에 대한 모든 근본적인 원리 즉, 인간과 본질, 세계관 등을 탐구하는 학문이다. 또한, 철학은 존재, 지식, 가치, 이성, 인식 그리고 언어, 논리, 윤리 등에 관한 일반적이고 기본적인 대상의 실체를 연구하는 학문이다.[71] 간단히 말해, 철학은 인간의 삶의 모든 근본적인 질문들과 관련된 의미있는 통찰을 제공한다.

철학이 모든 다양한 사상들의 기초를 두고 있는 토대라는 점을 고려하면, 코칭의 중요한 뿌리로서 철학을 인지하는 것은 매우 의미있는 일이다. 코칭의 많은 부분은 우리가 어떤 일을 하고 있는지를 관찰하고, 그 일이 우리의 정체성과 어떻게 연결되어 있으며, 어떤 부분에서 조화롭지 못한 것인지 등에 관해 묻는 것이다. 이런 점에서 모든 코칭 모델과 접근법들의 기초를 형성하고, 우리가 세상을 바라보는 관점, 사람들을 인도하는 도덕적인 원칙들, 사람들 사이의 모든 상호작용과 의사소통, 사람들의 의사결정을 위한 지침들을 제공하는 근본적인 가치, 원칙과 가정을 인식하는 데 있어 철학은 중요한 역할을 하고 있다.[72]

코칭의 굳건한 뿌리 역할을 하는 철학은 크게 동양철학, 서양철학 그리고 기타 철학적 전통을 포함하고 있다.[73] 동양철학과 서양철학은 각각 수천 년 전부터 세계의 지배적인 철학이었다. 동양철학은 일체, 조화, 그리고 적응력을 강조하는 데 비해, 서양철학은 전통적으로 과학적이며, 사물들을 엄격하게 구분하고 분해하고, 현실을 이해하려는 동시에 정복하려고 한다는 점에서 차이가 있다. 이 두 가지 철학의 개념, 가치 및 지식체계는 근대 코칭의 중요한 기초를 제공하고 있는데, 앤서니 그랜트(Grant, A. M.)의 표현에서 그것을 잘 확인할 수 있다.[74]

> "엄청난 양의 철학적 지식체계는 근거 기반 코칭의 중요한 기초가 된다. 철학은 많은 코칭 문제들 즉, 좋은 기업 소유 구조의 본질, 기업윤리, 자기정체성과 개인적 가치와 관련된 질문들의 핵심에 존재한다. 현재의 많은 코칭 교재들은 윤리와 개인적 가치에 관한 문제들을 다룰 뿐만 아니라 특정 접근법의 철학적 근거에 대한 논의들도 포함하고 있다. 또한, 코치들은 철학에서 제공하는 잘 발달한 비판적 사고기술, 기본원칙들을 분석하고 추론하는 능력, 그리고 논점을 구성하고 논리 정연하며 탄탄한 논의를 할 수 있는 능력을 지닐 필요가 있다."

---

71) 위키백과(2022). 철학(Philosophy). (http://ko.wikipedia.org/wiki/철학, 2022년 2월 접속).

72) Brock, V. G.(2012). *Sourcebook of Coaching History*. VB Coaching & Consulting(김경화 외 역, 2015. 코칭의 역사. 서울: 코쿱북스. 75-78에서 발췌, 인용).

73) Brock, V. G.(2012). 앞의 책. 75-110에서 발췌, 인용.

74) Grant, A. M.(2005a). What is evidence-based executive, workplace and life coaching? In Cavanagh, M. J., Grant, A. M., & Kemp, T. (Eds.), *Evidenced-Based Coaching: Volume 1: Theory, research and practice from the behavioral sciences*. 1-12. Bowen Hills, QLD, Australia: Australia 13 Academic Press; Brock, V. G.(2012). 위의 책. 79에서 발췌, 인용.

서양철학에 비해 오랜 역사를 가진 동양철학은 중국, 인도, 한국, 일본 그리고 동남아시아 지역의 문화, 사회구조와 철학적 체계를 가리킨다. 항상 구체적인 것보다 보편적인 것에 관심을 가져왔던 동양철학은 인간의 본성, 우주, 존재의 목적에 관한 관심을 두고, 개인 혹은 개인의 지식 축적에 초점을 맞추기보다 마음 상태, 삶에 대한 접근법, 그리고 더 큰 세상 속에서의 개인의 위치에 관심을 가져왔다. 그래서 하나가 됨, 조화, 외부 변화에 대한 적응에 중점을 두고, 깨달음에 이르는 많은 길을 인정하는 경향을 보인다.[75)]

동양철학은 힌두교, 불교, 유교, 도교를 포함하는데, 물론 각각 차이가 있다. 힌두교는 행동을 지향하고, 불교는 카르마, 융통성, 적응력, 연민, 평정심의 개념들을 제공한다. 마음 챙김(mindfulness), 현재에 살기, 과거는 놓아주기, 결과에 집착하지 않고 과정에 중점 두기 등을 포함한 선불교의 특정 개념들도 코칭의 기초가 된다. 도교는 힘들이지 않고 조화롭게 삶에 접근하는 것으로 코칭에 영향을 미치는데, 이것은 단순함, 적시 선택, 규정의 부재, 내적 자유, 행동을 취하면서도 옆으로 물러설 수 있는 것이 특징이다. 그리고 유교의 개념 가운데 하나인 황금률(Golden Rule)은 대부분의 코칭에서 가장 중요한 원칙이다.[76)]

서양철학은 전체로부터 부분을 분리하거나 사물을 구성 요소들로 분해하는 것에 기초를 두고 있다. 이런 서양철학은 현실에 대한 우리의 이해를 도울 뿐만 아니라 현실을 정복하고 통제할 수 있도록 돕는다. 서양철학에서 탐구된 개념, 신념과 지식체계는 오늘날 진행되는 코칭의 기초를 제공하고 있는데, 분석철학, 실존철학, 인본주의 철학, 현상 철학, 신학 철학, 존재철학과 통합철학 등을 포함한다.[77)]

먼저, 분석철학은 보편적 진리는 없다는 믿음에서 출발했는데, 철학을 주관적인 것에서 객관적인 것으로 혹은 형이상학에서 상식으로 이동시키기 위한 욕구에서 발전하고 성장했다. 이 분석철학에서 영향을 받은 20세기 서양철학은 사회학, 인류학, 심리학으로 나뉘었다. 이에 비해 실존철학은 개인주의, 개인적 자유, 그리고 주관성을 강조하는 것이 특징이며, 존재가 본질을 우선한다는 생각, 즉 인간은 의미를 강조하기 위해 살아야 하며, 그러므로 각각의 사람들은 선택할 수 있는 개별적인 순간들을 부여받는다는 생각을 강조한다.

다음, 인본주의 철학은 삶을 사랑하는 사람들을 위한 철학으로, 책임, 발견, 제한 없는 선택, 자유, 성장과 달성 능력과 같은 개념을 제공한다. 인본주의자들은 자기 자신이 삶을 책임지며, 새로운 지식을 추구하고 새로운 선택지들을 탐험하는 동시에 새로운 발견의 하나가 되는 모험을 즐긴다. 그리고 현상 철학은 고의성(의도성), 의식, 1인칭 관점을 제공하는데, 의식적 경험

75) Brock, V. G.(2012). *Sourcebook of Coaching History*. VB Coaching & Consulting(김경화 외 역, 2015. 코칭의 역사. 서울: 코쿱북스. 81-83에서 발췌, 인용); Stevenson, J.(2000). *The Complete Idiot's Guide to Eastern Philosophy*. Indianapolis, IN: Alpha. 27.

76) Brock, V. G.(2012). 앞의 책. 82-83에서 발췌, 인용.

77) Brock, V. G.(2012). 위의 책. 87-103에서 발췌, 인용.

은 주관적 혹은 1인칭 관점으로 경험되는 것으로서, 어떤 현상들이 실제로 사람들의 삶에 나타나는 방식에 집중하여 연구한다.

그리고, 신학 철학은 코치가 영적 지도자로서 공감, 지지, 긍정적 기대, 이성, 직면과 학습에 근거하여 자신을 다른 사람들과 특별한 관계를 갖는다는 개념을 제공한다. 자신에 대한 믿음, 평화로운 마음이 힘을 낳는다는 생각, 인간은 최고를 기대하고 그것을 가질 수 있다는 생각 등을 포함하고 있다. 신학 철학을 강조하는 사람들의 특징을 제인 크레스웰(Creswell, J.)의 표현에서 잘 알 수 있다.[78]

> "코칭은 예수가 사용하던 도구이다. 그는 적절한 사람에게 적절한 도구가 무엇인지를 매우 잘 알고 있었다. 그리고 코칭 질문이나 탐색 질문이 적합한 도구일 때에 그것을 사용하는 것을 선호했다. 예수는 인식을 창조하기 위해 은유나 우화를 사용하는 대가였고, 레이저 메시징(laser messaging)과 간결한 메시지를 사용했다."

한편, 존재철학은 존재가 사회적 · 경제적 · 정치적 차원과 함께 오직 역사적 맥락에서만 이해될 수 있다고 여기고, 이에 속하는 이들은 '무엇이 존재하는가? 무엇인가? 나는 누구인가?'라는 질문을 하는 존재와 실존에 관한 연구를 통해 존재론이라는 새로운 학문을 만들어 냈다. 존재론적 코칭방법론은 고객을 합리적인 타인으로 보는 것, 실패를 확인하는 것, 언어의 중요한 본질, 분위기와 감정의 중요성 그리고 존재의 투명성을 주장한다. 이에 비해 통합철학은 '몸-마음-정신-영혼'의 연속체를 강조하며, 완전한 이해를 위해서는 과학과 영성이 모두 필요하다고 주장한다. 통합철학의 원리에 따르면, 이런 모든 요소는 균형 잡히고 포괄적이며 상호 연결된 전체 속에 포함되어야 한다.[79]

동양철학과 서양철학에 더해 수많은 다른 철학적 전통들도 코칭의 뿌리 역할을 하고 있다. 모든 것은 서로 연결되어 있으며 인간은 전체의 작은 일부에 불과하다고 생각하는 북아메리카 원주민의 철학, 물리적 현실과 공존하는 영적 세계가 있고 감정이 중요한 역할을 하며 영혼의 병은 신체의 병이 될 수 있다고 믿는 아프리카 철학, 12단계 철학, 뉴에이지 철학 등이 있다.[80]

이상에서 살펴본 바와 같이, 모든 근대 세계의 원리를 뒷받침하고 있는 철학은 실제로 코칭의 근간을 받치고 있다. 즉, 철학은 코칭의 곧은 뿌리 역할을 하고 있고, 동양과 서양의 철학, 그리고 기타 철학적 전통을 포함하고 있으며, 코칭에 중요한 공헌을 하고 있다. 이처럼 철학적 원뿌리에서 실행자, 학생, 연구자들이 발견한 여러 가지 신념과 가정들, 그 이후 발전한 사회과학에서 발견된 이론과 모델 기법 등이 총체적으로 어우러진 것이 코칭이다. 그래서 코칭의 역

---

78) Brock, V. G.(2012). *Sourcebook of Coaching History*. VB Coaching & Consulting(김경화 외 역, 2015. 코칭의 역사. 서울: 코쿱북스. 99에서 발췌, 인용.

79) Brock, V. G.(2012). 앞의 책. 99-103에서 발췌, 인용.

80) Brock, V. G.(2012). 위의 책. 103-110에서 발췌, 인용.

사와 관련하여 의미 있는 저술을 남긴 비키 부룩(Brock, V. G.)은 "코칭은 철학과 사회과학이라는 어린 쌍둥이 묘목에 기초한 다양한 학문과 직업의 혼합물이다."라고 말했다.[81]

3. 심리학의 발전과 코칭

심리학(Psychology)은 인간의 행동과 심리과정을 과학적으로 연구하는 경험과목으로, 다양한 영역의 인간 마음과 행동을 연구하는 학문이다. 심리학은 인문과학에서부터 자연과학, 공학, 예술에 이르기까지 우리의 삶, 문화, 그리고 사회적 · 경제적 세계관에 깊숙이 침투하면서 많은 분야에 공헌하고 있다. 구체적으로 심리학이 인류에 공헌한 것 가운데 대표적인 것은 그것이 인간의 다양성과 개인차를 고려함으로써 집단적 고정관념과 편견을 해소했다는 점이다.[82] 그 결과 인간이 관계된 모든 분야에는 직접적으로나 간접적으로 인간의 행동과 사고에 관한 연구인 심리학의 학문적 뒷받침이 요구되고 있다. 한편, 심리학은 연구 분야에 따라 크게 심리학의 기초 원리와 이론을 다루는 '기초심리학'과 이러한 원리와 이론의 실제 문제를 해결하기 위한 '응용심리학'으로 나뉜다.[83]

심리학의 뿌리는 고대 그리스 철학자들에서부터 추적할 수 있다. 하지만 과학적 심리학의 시작은 독일에서 처음으로 심리학 연구소를 개소한 빌헬름 분트(Wundt, W.)에서 비롯되었다는 견해가 일반적이다. 1879년에 등장한 심리학은 분석, 실험 및 비교의 방법론과 철학적 성찰을 경험하면서 발전했고, 인간의 생각, 느낌, 삶에 접근하는 방식 등에 관한 다양한 개념과 원리들을 추출, 결합하고 진화하면서 신속하게 인간 활동의 많은 분야에 걸쳐 확산했다. 20세기가 시작될 즈음 심리학은 전문 영역으로 확장되었고, 정신분석적 · 행동주의적 · 인지적 · 인본주의적 · 초개인적 접근방법들을 활용하면서 임상, 사회, 조직, 컨설팅, 스포츠, 건강, 상담 등의 분야뿐만 아니라 교육, 개발, 생물, 긍정심리학 등의 분야로까지 확산했다.[84]

이런 과정에서 심리학의 기초와 응용 분야, 그리고 하위 분야의 연구를 통해 개발된 이론과 기술들은 코칭에 중대한 영향을 미쳤고, 코치들은 그것들을 코칭 모델, 이론과 실행법 등을 활용하는 데 다양한 조합으로 융합하여 적용하고 있다. 이처럼 심리학은 오늘날 코치가 활용하는 많은 실제적인 기술과 마찬가지로 코칭을 지원하는 여러 이론을 제공했고, 또한 코칭이 태동하기까지 발생한 다양한 사회적 · 문화적 변화에 커다란 영향을 끼쳐왔다.

먼저 심리학 발전의 초반을 차지한 구조 및 기능 심리학의 특정 이론과 기술들은 오늘날 여

81) Brock, V. G.(2012). *Sourcebook of Coaching History*. VB Coaching & Consulting(김경화 외 역, 2015. 코칭의 역사. 서울: 코쿱북스. 48에서 발췌, 인용).
82) 임성택(2015). 학부모 심리학의 제안: 그 가능성과 의미. 학부모연구, 2(1), 32에서 발췌, 인용.
83) 위키백과사전(2022). 심리학. (http://ko.wikipedia.org/wiki/심리학, 2022년 2월 접속).
84) Brock, V. G.(2012). 위의 책. 111-172에서 발췌, 인용.

전히 코치들이 사용하고 있다. 예컨대, 외적 자극이 마음에 미치는 영향에 관한 이론과 지각, 자기관찰, 생각, 감정, 앎의 의식 상태 등에 초점에 맞추는 기술들은 여전히 코치들에게 도움을 주고 있다.[85]

프로이트(Freud, S.)가 선보이면서 이름 지어진 정신 역동 심리학(정신분석학)에서는 인간의 성(性)과 심리학 발달 사이의 연관성을 연구했으며, 그는 인간 의식의 정체를 드러내는 수단으로 꿈의 해석과 최면의 사용을 옹호했다. 특히, 잠재의식을 '이드'(id), '초자아'(superego), '자아'(ego)로 구분하면서 심리학의 연구 방향을 바꾸었다. 프로이트의 동료였던 아들러(Adler, A.)는 각 개인의 삶에서 의미와 목적을 창출해 내기를 기대했고, 잘못된 것보다는 사람들이 잘하는 것의 증거를 찾았으며, 개인들은 그들이 직면한 문제에서 자신만의 해결책을 찾아낼 수 있다고 믿었다. 아들러가 기본적으로 상정한 가정들 - 사회적 연결성, 현상학, 목표 지향성, 독특성, 자기 창조성과 전체론 등–은 코칭 이론이 발전함에 따라 지금에 와서야 그 진가를 인정받고 있다. 이에 비해 칼 융(Jung, C. G.)은 꿈의 가치, 원형의 존재, 집단 무의식, 그리고 동시성과 함께 삶의 후반기에 발생하는 영적 자각을 강조했다. 이처럼 실제 코칭을 진행하면서 코치들이 고객의 삶에서 의미와 목적으로 창출하는 것, 그리고 고객들이 자기 자신에 대해 더 깊이 인식하도록 도와주는 데 있어 정신 역동 심리학이 영향을 끼쳤음은 부인할 수 없다.[86]

다음으로 행동주의 심리학은 인간의 반응에 영향을 미치는 인식할 수 있는 자극에 관한 연구에 집중하면서, 압도적인 정도의 감각, 스트레스 혹은 고통 등에 대한 의미 있는 결과들을 도출했다. 즉, 겉으로 드러나는 행동을 통제하기 위해 고안된 많은 모델과 기술, 그리고 그런 행동들이 외적 자극에 영향을 받는 방식들에 관한 연구에 초점을 맞추었다. 코칭에서 코치들은 의식적 사고, 목표 지향, 강화와 행동 수정을 돕기 위해 설계된 기술들을 활용하는데, 이것은 변화를 위한 기회가 고객 개인과 직업과 관련된 삶에서 커다란 감정적 사건의 결과로 발생하고, 고객의 반응이 행동 변화로 가는 문을 연다는 행동주의 학파의 연구결과에 바탕을 두고 있다. 예컨대, 코치들이 코칭을 진행하면서 고객에게 진정성 있는 삶을 사는 것, 새로운 목적과 의미를 찾는 것, 자기 책임을 증가시키는 것, 자기 감정을 잘 조절하는 것, 즐김과 기쁨을 수용하는 것, 삶의 성취와 목표를 재검토하는 것, 현실적으로 의미 있는 목표를 개발하는 것 등을 제시, 적용하는 것은 행동주의 심리학파의 결과들을 활용하는 좋은 예이다.[87]

그리고, 인지심리학은 개인이 단순히 외적 자극에 반응하는 것이 아니라 경험에 의존하고 있으며, 지식이 증가함에 따라 그의 접근법을 끊임없이 변화시킨다는 점을 견지했다. 오늘날

---

85) Brock, V. G.(2012). *Sourcebook of Coaching History*. VB Coaching & Consulting(김경화 외 역, 2015. 코칭의 역사. 서울: 코쿱북스. 117-118에서 발췌, 인용).

86) Brock, V. G.(2012). 앞의 책. 118-122에서 발췌, 인용.

87) Brock, V. G.(2012). 위의 책. 123-126에서 발췌, 인용.

코치들은 의식적 사고, 정서, 행복 간의 관계, 그리고 의식적인 생각들은 관찰되고 조작되며 관리될 수 있다는 확신에 의지한다. 다시 말해, 인지적 기술을 사용하는 코치는 고객이 가정, 잘못된 결론, 정신적 모델, 비생산적인 계획, 그리고 부적응적 자기 대화를 살펴보도록 돕고, 상황을 보는 대안적 방법을 배우고 실행하도록 지원한다. 그래서 고객의 의식이 고양되기만 하면 현실적인 목표를 발견할 수 있고, 목표를 향해 진전하는 것을 측정할 수 있으며, 조정이 이루어질 수도 있게 된다.[88)]

또한 인본주의 심리학은 전인적 인간에게 초점을 맞추고, 인간을 가치와 의미, 경험들을 탐구하는 의식적 존재라고 간주한다. 인본주의 심리학에서는 무조건적이고 긍정적인 존중을 바탕으로 접근하고 있으며, 이를 위해서는 진정성(genuineness), 공감(empathy), 수용(acceptance)의 세 가지를 필수요소로 정의하고 있다. 주로 성장 가설을 주장한 매슬로우(Maslow, A. H.), 고객(인간) 중심 접근법을 개척한 로저스(Rogers, C. R.), '게슈탈트 요법'과 '빈 의자 기법'[89)]을 창시한 프릿츠 펄스(Perls, F.)로 대표되는 인본주의 심리학자들은 심리학 세계에 내면의 악령이나 외적 자극 대신 개인을 위치시키는 경향을 지속시키며, 코칭을 위한 기초를 제공했다. 나아가 인본주의 심리학의 도구와 기술은 코치와 고객의 역할과 그들의 관계의 성격을 위해 중요한 지침들을 제공했고, 코칭의 이론과 기술의 발전과 확산 및 실제로 코칭 운영 체제에도 큰 영향을 미쳐서 국제코치연맹(International Coach Federation: ICF)의 핵심 역량 체계 구축에도 도움을 주고 있다.[90)]

이상에서 간단하게 언급한 심리학의 주요 흐름과 점점 증가하는 하위 분야들–임상심리학, 상담심리학, 조직심리학, 컨설팅심리학, 스포츠심리학, 발달심리학, 교육심리학, 사회심리학, 긍정심리학 등–은 코칭의 도구와 기술에 결정적인 공헌을 해왔고, 코칭의 지식 기반 구축에 귀중한 정보를 제공했다. 한편, 심리학의 거의 모든 하위 분야를 종합한 코칭심리학은 정신 역동, 행동, 인지, 개발, 시스템 기반, 그리고 해결 중심 방법론을 채택하고 있다. 또한, 이것은 신경 언어 프로그램(Neuro–Linguistic Program: NLP)과 퍼실리테이션(facilitation) 심리학을 사용하고, 목표 지향, 사람 중심, 문제해결 중심의 학문 분야로 그 핵심은 인본주의적이다.[91)]

---

88) Brock, V. G.(2012). *Sourcebook of Coaching History*. VB Coaching & Consulting(김경화 외 역, 2015. 코칭의 역사. 서울: 코쿱북스. 127-129에서 발췌, 인용).

89) 게슈탈트(Gestalt) 요법의 핵심은 '현재 순간'(the present moment)의 감각, 지각(perception), 신체 상태, 감정 및 행동에 대한 인식을 향상하는 것으로, 자아(self), 환경(environment) 및 타자 간의 접촉(contact)과 함께 하는 관계가 강조된다. 한편, '빈 의자 기법'(Empty Chair Technique)은 게슈탈트 요법에 주로 사용되는 가법 가운데 하나인데, 이것은 현재의 상담(또는 치료) 장면에 없는 사람과 관련된 사건을 다룰 때 사용되는 방법이다. 즉, 특정 인물이 빈 의자에 앉아 있다고 생각하고, 하고 싶은 말을 하도록 하는 방법이다. 이것은 다른 사람에 대한 자신의 감정을 명료화할 수 있고, 또 새로운 행동을 시도해 볼 수 있다는 장점이 있다.

90) Brock, V. G.(2012). 위의 책. 129-136에서 발췌, 인용.

91) Brock, V. G.(2012). 위의 책. 138-155에서 발췌, 인용.

이처럼 고도의 정보화 사회가 되어 가면서 인간 삶의 질과 관계된 문제들이 점점 더 그 중요성을 더하고 있고, 이러한 문제에는 감각, 지각, 사고, 성격, 지능, 적성 등의 인간 특징들이 고려되어야 해서 인간의 행동과 기저 원리를 밝히는 심리학과 그것을 적절하게 융합하여 활용하는 코칭 분야에서 심리학의 중요성은 크다 할 것이다.

4. 비즈니스의 발전과 코칭[92]

서구에서 경영학의 기본원칙들이 출현, 정리되기 시작한 것은 산업혁명 이후라고 볼 수 있다. 20세기 전반에 걸쳐 경영 현장에서 일반적으로 통용되던 패러다임은 '통제–지시–처방'이라는 것이었다. 경영자들이 결정을 내리고, 중간관리자가 그것들을 전달하며, 노동자들이 단순하게 지시들을 따르는 구조였다. 이것은 군사적인 명령체계와 유사한 것이었지만, 당시에는 당연한 사실로 받아들여졌다.

이런 체계 속에서 사람들은 그들 앞에 놓인 기계들과 유사한 취급을 받았고, 누군가에 의해 조작되는 상황에서 벗어나기 힘들었다. 일을 지시하는 사람과 그것을 수행하는 사람 사이에 단절이 생기고, 노동자들은 상사의 끊임없는 감독이 필요하다는 것을 당연하게 생각했다. 당시 상황을 알고 있는 독자라면 예상하듯이, 중간관리자들은 스스로 어떤 결정을 내리거나 나타난 결과에 대해 책임감을 지니지 않아도 되었다.

이와 같은 패러다임은 제2차 세계대전 후부터 1940년대까지 주목할 만한 경제적인 성과를 만들어 내면서 서서히 변화하기 시작했다. 새로운 기업노동자 즉, 지식노동자가 부상하면서 리더십에 관한 관심이 커지기 시작했고, 그와 관련된 모든 변화는 경영 실무와 근대 코칭의 출현에 영향을 끼쳤다. 1970년대 중반에 성행한 리더십 연구는 그런 변화들에 관한 응답의 결과였고, 대체로 참여를 촉진하는 형태로 나타났다. 경영과 리더십 영역에서 모두 커뮤니케이션, 성과 향상, 실행, 리더십 유형 및 효과적인 습관들을 위한 모델과 기법들이 생겼고, 코칭은 이런 것들을 연결하는 것으로 인식되기 시작했다. 즉, 코칭을 지속적이고 헌신적인 파트너십, 사실을 바탕으로 진행되는 대화와 관계, '비전–가치–능력'을 변화시키거나 확장하는 미래 지향적인 대화로 바라보는 경향이 생기기 시작했다. 특히, 에버드(Evered, R. D.)와 셀먼(Selman, J. C.)은 코칭을 '결과를 창출하기 위해 개인과 팀에 동기부여를 하는 풍토, 환경과 맥락을 단지 커뮤니케이션만으로 만드는 경영상의 활동'이라고 정의하면서, 코칭을 경영의 한 부분이 아니라 경영의 중심으로 인식했다.

1970년대 후반에는 경영 논문 속에 코칭이 등장하기 시작했고, 1980년대 말에는 그동안의

92) Brock, V. G.(2012). *Sourcebook of Coaching History*. VB Coaching & Consulting(김경화 외 역, 2015. 코칭의 역사. 서울: 코쿱북스. 175-185에서 발췌, 인용).

'통제-명령-처방' 패러다임에서 벗어나, '인식-창조-권한 부여'라는 패러다임을 옹호하면서 코칭이 부상하기 시작했다. 이때 코칭은 고객(선수/실행자)과 코치 사이에서 일어나는 커뮤니케이션 과정을 효과적으로 만드는 활동에 적극적으로 참여하는 것을 의미한다. 하지만, 여전히 리더의 자질로서 코칭이 언급되었다는 점은 부인할 수 없다. 1989년 코칭을 코치와 고객 간의 관계 유형으로 정의한 존 휘트모어(Whitmore, J.), 1995년 변혁적 코칭(Transformation Coaching)을 주장한 로버트 하그로브(Hargrove, R.), 같은 1995년 효과적인 리더의 자질로서 'COACH'라는 다섯 가지를 언급한 켄 블랜차드(Blanchard, K.)를 비롯하여 비즈니스에 특화된 코칭 서적들이 급증했다. 하지만 대부분 서적은 여전히 관계와 리더십 코칭(leadership coaching)을 강조하는 것들이었다. 이런 경향은 2000년대 초반까지 이어졌다.

그리고 조직개발(Organization Development) 분야에서도 현대 코칭의 선구자들을 만날 수 있다. 조직개발은 인본주의적이고 민주주의적인 가치들을 강조하면서 사람과 조직에 관한 전인적 관점을 제공했다. 조직개발은 어떤 조직의 사명, 계층 구조, 가치, 조직문화 등에 관한 현장조사와 구성원들이 조직과 그 속에서 일하는 모든 사람의 장기적 효과를 향상할 수 있다는 믿음 속에서 성장하고 발전했다. 특히, 조직개발은 작업이 실제로 일어나는 곳에서 연구를 신행했고, 개인, 팀, 조직의 인간적·사회적 과정들의 효과를 향상하려는 방법을 찾음으로써 조직의 '인간적 측면'과 관련된 사안들에 초점을 맞추었다.[93] 이런 관점에서 변화와 학습에 초점을 두는 조직개발과 코칭의 연결 지점을 발견할 수 있다. 다만, 조직개발은 조직 관점에서 변화를 살펴보고, 코칭은 개인 관점에서 변화를 살펴본다는 점에서 다를 뿐이다.

이런 상황에서 코칭을 조직학습의 새로운 차원으로 보고, 성공적인 조직 운영의 필수요소로 보는 경향이 생기기 시작했다. 실러(Sieler, A.)의 말에서 그런 견해를 확인할 수 있다.[94]

> "코칭은 훈련(training) 프로그램에서는 가능하지 않은 고객 맞춤형 학습을 위한 기회를 제공한다. 코치와 함께 작업하는 것은 특정한 하급 형태가 중요하다는 것을 임직원이 알아차릴 수 있도록 하고, 즉각적이고 실질적인 유효성을 만들어 내는 학습 과정에 참여하도록 한다. 다른 무엇보다 코칭은 학습에 관한 것이다. 이것은 코치와 고객이 함께 학습 파트너가 된다는 의미이다. 코치는 내용이나 기술을 전달하는 트레이너나 교사가 아니다. 코치는 고객의 요구, 관심 및 근심을 깊이 경청하고 반응함으로써 고객을 돕는 학습의 조력자이다. 학습의 조력자로서 코치는 고객이 중요하고 실질적이며 강력한 배움을 경험하기 위해 그에 알맞은 환경을 제공한다."

---

93) French, W. L., & Bell, C. H.(1999). *Organizational development: Behavioral science interventions for organization improvement*(6th Ed.). Upper Saddle River, NJ: Prentice-Hall.

94) Brock, V. G.(2012). *Sourcebook of Coaching History*. VB Coaching & Consulting(김경화 외 역, 2015. 코칭의 역사. 서울: 코쿱북스. 190-191에서 발췌, 재인용); Sieler, A.(2003). *Coaching to the Human Soul: Ontological Coaching and Deep Change: Vol. 1. The linguistic basis of ontological coaching*. Blackburn, VIC: Newfield Australia. 2-3.

학습조직의 주창자 피터 셍게(Senge, P.)는 시스템적 사고라는 개념을 도입, 팀 학습과 개인적 숙달에 집중했고, 그의 이런 주장은 조직개발과 비즈니스가 실행되는 방법에 크게 영향을 미쳤다. 조직개발은 개입(intervention)과 연구방법론 측면에서 코칭에 의미 있는 공헌을 했다. 즉, 사람들이 공적이고 상호 연관된 시스템의 작용 속에 있다는 가정에서 시작하는 행동 연구[95], 조직 내에서 효과적인 관리를 통해 생긴다고 믿는 행동과학, 조직의 긍정적 변화를 위한 조직의 능력에 초점을 두는 강점 탐구[96] 등이 그것이다.

한편, 경영 컨설팅(Management Consulting) 역시 코칭과 연관이 있다. 경영 컨설팅은 19세기 말에 나타나기 시작했으며, 비즈니스와 관련된 문제들을 이해하고, 기업의 활동을 최적화하는 데 외부의 관점이 유용하다는 믿음에서 태어났다. 초기의 문제해결사로 고용된 경영 컨설턴트들은 공학이나 회계 분야에 초점을 맞추고, 사업의 하청업자로 일하면서 그 회사의 인건비에 부담을 주지 않으면서 내부 직원들이 쉽게 해결할 수 없는 문제들과 관련된 전문지식을 제공했다. 1960년대 후반에 이런 경영 컨설팅 분야에서도 코칭적 접근법을 도입하기 시작했다. 즉, 전문가들이 문제를 정의하고 해결하기보다는 조직과 조직구성원의 잠재력을 최대한 활용하는 것을 모색하면서 컨설팅 영역에서도 마침내 혁명적인 변화가 일어났다. 그밖에 현대적 의미의 코칭은 직업훈련, 경력개발, 촉진(facilitation), 인적자원관리, 멘토링 등과 서로 영향을 주고받으면서 발전하고 있다.

앞 절에서 언급된 심리학이 코칭 분야의 출현을 위해 실질적인 도구와 필수적인 이론을 제공했다면, 비즈니스 영역은 그 첫 번째 활동무대를 제공했다. 즉, 비즈니스 세계가 코칭의 성장과 확산을 위해 비옥한 땅을 제공함으로써 현재와 같은 코칭의 형태가 이루어질 수 있었다. 다시 말해, 코칭은 개인 차원의 요구와 비즈니스 차원의 요구를 해결하는 과정에서 심리학과 비즈니스 세계에서 가져온 이론과 기술들이 사회경제적 상황 변화와 더불어 계속해서 발전하는 과정에서 탄생하게 된 것이다.

1980년대 이후, 기업의 리더들은 전 분야에 걸친 급격한 변화로 인한 충격, 빠른 기술의 진보, 엄청난 정보의 홍수에 직면하면서 혼자서 이 모든 것을 다 해낼 수 없다는 것을 깨닫기 시작했다. 새로운 경영방식을 발전시키는 방법, 현명한 의사결정을 내리는 방법, 어떤 사안에 대해 더 효과적으로 대처하는 방법, 변화에 직면하는 방법 등을 배워야 했고, 의사소통과 관계의 단절, 높은 이직률과 결근율, 낮은 생산성 등을 경험하면서 증가하는 스트레스를 해소하는 방법을 찾아야만 했다. 그러면서도 하위 관리자들과 구성원들을 의사결정자인 자신들처럼 생각

95) Abbott, G. N., & Grant, A. M.(2005). Evidenced-based executive coaching and cation research: A natural fit. In Stein, I. F., Campone, F., & Page, L. J.(Eds.). *Proceedings of the Second ICF Coaching Research Symposium*, November 2, 2004 Quebec City, Quebec, Canada, 22-29. Washington, DC: International Coach Federation.

96) Whitney, D., & Cooperrider, D. L.(1998). The appreciative inquiry summit: Overview and applications. *Employment Relations Today*, 25(2), 17-28.

하고 행동하도록 훈련해야 했다. 최고경영자(CEO)나 임원들은 누군가 자신들을 새로운 세계로 인도해 주기를 원했다. 예컨대, 전통적으로 기업 내 의사소통은 주로 상의하달(上意下達) 방식으로 행해졌다. CEO와 임원들이 주로 중요한 의사결정을 하고, 관리자들은 실무자들을 감독하면서 최고경영층의 지시가 잘 이행되는지를 점검하는 형태를 취해 왔다. 그런 과정에서 상의하달 방식을 가장 효율적으로 수행할 수 있는 형태의 조직이 생겨나기 시작했고, 주변 환경이 안정적인 상황 속에서 조직 형태와 의사결정 방식은 거의 변함없이 이어져 왔다.

그러나 1980년대에 접어들면서 전 세계에 걸쳐 기업을 둘러싼 제반 환경이 급속히 변화하기 시작했고, 기업 간 경쟁이 점점 치열해지면서 기업들은 살아남기 위해서 온갖 방법과 전략을 수립해야만 했다. 수시로 수많은 의사결정을 해야만 했고, 구성원들의 역할 변화에 대한 요구는 점점 거세지기 시작했다. 이런 과정에서 전통적인 의사소통 방식이었던 상의하달 방식의 한계와 문제점들이 하나씩 드러났고, 수직적인 위계질서를 바꾸어야 한다는 목소리가 높아지기 시작했다. 특히, 세계시장에서 살아남기 위해서 기업구성원 개개인의 자발성과 창의성이 그 무엇보다도 중요한 요소가 되었다. 그래서 기업의 CEO는 구성원들의 자발성과 역량을 최대로 발휘하게 하는 방법이 과연 무엇인지 고민하기 시작했고, 그 구체적인 방법을 모색하기에 이르렀다. 이런 과정에서 CEO와 임원들은 운동선수와 예술가들이 그동안 활용했던 코칭 원리들을 기업의 경영 현장에 적용하기 시작했다.

코치가 직업의 한 형태로 경영 분야와 일반인들의 삶의 영역으로 진입하게 된 효시는 토머스 레너드(Leonard, T. J.) 이후로 보는 것이 일반적인 견해이다.[97] 1980년대 초반, 재무설계사(financial planner)로서 재무컨설팅을 하던 그는 자신의 고객들이 어떤 차를 언제 구매하는 것이 좋은지, 언제까지 몇 명의 아이를 가질 것인지, 어디로 휴가를 가는 것이 좋은지, 언제 은퇴하여 어떤 삶을 누릴 것인지 등의 문제를 해결하는 데 도움을 주기 시작했다. 사람들은 그와 대화하면서 보다 나은 미래를 계획할 수 있었고, 자신이 진정 원하는 것이 무엇인지를 깨닫기 시작했다. 당시 사람들은 그와 얘기하면서 다른 그 누구와도 쉽게 이야기할 수 없었던 주제와 문제를 해결하는 데 많은 도움을 받았다. 이처럼 많은 고객이 그로부터 실질적인 도움을 받게 되었고, 그에 대한 고객들의 신뢰가 쌓여갈수록 사람들은 자신의 인생에서 소망하는 것들을 하나씩 이루었다고 한다. 그러던 중 그의 고객 중 한 명이 자신과 레너드와의 관계가 마치 코치와 선수 간의 관계와 유사하다고 생각했고, 그와 같은 역할을 하는 사람을 '코치'라고 부르자고 제안하면서 코칭은 비로소 삶(life)의 영역에 자리 잡게 되었다고 한다.

한편, 1990년대 초반에는 많은 사람이 코칭을 더 체계적이고 학습 가능한 분야로 공식화하려는 움직임을 보였다. 이런 노력을 거치면서 코칭은 오늘날 우리가 말하는 의미를 찾아가게

97) 김환영(2006). 코칭이란 무엇인가?. 공무원교육. 76에서 발췌, 인용; 이희경(2005). 코칭입문. 서울: 교보문고. 14에서 발췌, 인용.

되었고, 일반인들의 삶에도 광범위하게 적용되고 있다.

> "모든 것을 따져 볼 때, 내가 하는 가장 중요한 일은 코칭하고 가르치는 것이다. 장래에는 코치가 아닌 사람은 승진하지 못할 것이다." – 잭 웰치(Welch, J.)

요약하면, 급격한 환경 변화에 따라 기업에서 리더의 역할에 대한 변화와 구성원 간 의사소통 방법의 변화가 필요한 가운데, 기업의 목표를 효과적으로 달성하기 위한 새로운 방법이 요청되는 상황에서 코칭이 도입되기 시작했다. 그래서 지금은 전 세계적으로 기업을 이끄는 리더들이 더 나은 경영자, 리더, 대표가 되기 위해 코치들의 도움을 받고 있을 뿐만 아니라 일반인들도 그들의 삶의 질 향상과 행복을 위해 코치들의 도움을 받고 있다.

5. 스포츠의 발전과 코칭

철학, 심리학, 그리고 비즈니스에서 가져온 이론과 기술들이 현대 코칭에 가장 큰 영향을 주었지만, 스포츠의 공헌 역시 작지 않다. 실제로 심리학이 자신의 영역을 확장하기 위해 기업 환경으로 들어갈 기회가 필요했던 것처럼, 비즈니스 세계에서도 예전에 외면했거나 숨겨 왔던 스포츠 코치의 도움이 필요했던 것으로 보인다.

사실 서구에서, 스포츠 코치들은 철학이 있기 이전부터 고대 그리스에서 일찍이 나타났다. 어떤 연구자들은 고대 스포츠에서 코치가 재능 있는 선수들과 팀을 도와 최고의 역량을 발휘하여 올림픽 게임에서 승리하는 목표를 달성했다고 주장하기도 했다.[98] 코치라는 단어가 현대적 의미로 처음 사용된 것은 1888년 보트 경기에서 이기기 위해 팀을 훈련하는 코치가 생기면서부터이다. 즉, 케임브리지의 캠 강에서 대학생들에게 노 젓는 것을 지도하는 사람을 코치라고 지칭하기도 했다.[99] 그 기원이 어떠하든 그 이후, 코치는 운동선수를 지도하는 사람으로 알려지기 시작했고, 코치는 스포츠에서 매우 중요한 역할을 하는 사람으로 인식되기 시작했다. 지금은 수많은 종목에서 코치들이 개인 선수나 팀을 위해 새로운 목표를 설정하고 그것을 이루도록 돕고 있다.

스포츠 분야에서는 선수와 팀의 경기력을 향상함으로써 시합마다 최고 수준의 경기력을 발휘하는 것을 목표로 코칭이 행해진다. 즉, 선수와 팀의 경기력을 최고의 수준으로 높이지 않고서는 시합에서 좋은 성적을 거둘 수 없어서, 최고 수준의 경기력을 발휘하기 위해 코치와 선수

---

98) Logan, D., & King, J.(2001). *The Coaching Revolution: How Visionary Managers Are Using Coaching to Empower People and Unlock Their Full Potential*. Hollbrook, MA: Adams Media Corporation.

99) Evered, R. D., & Selman, J. C.(1989). *Coaching and the Art of Management*. New York, NY: American Management Association; 게리 콜린스(양형주 · 이규창 역, 2011). 게리 콜린스의 코칭바이블. 한국기독학생회출판부. 25에서 발췌, 인용.

는 온갖 노력을 다한다. 스포츠에서 코치가 하는 일은 재능 있는 선수들을 가르치고 훈련하며 자신이 할 수 있다고 생각하는 것보다 더 잘할 수 있도록 사기를 올리는 것이다.[100] 즉, 스포츠에서 코치는 코칭을 통해 선수들의 자신감을 증대시키고, 명확한 목표를 갖게 하며, 선수들이 상상하지 못한 더 큰 성취를 달성하도록 돕는 역할을 한다.

이처럼 스포츠 분야에서 코치는 우수한 경기력을 가진 선수들이 시합에서 자신의 능력을 제대로 발휘할 수 있도록 선수 개인이 효과적으로 준비하는 것을 돕고, 그 결과 선수와 팀이 시합에서 최고의 경기력을 발휘하게 함으로써 결국 선수와 팀이 원하는 결과를 얻도록 지원하는 것을 최고의 목표로 한다. 그래서 스포츠 분야에서는 코칭을 '코치가 주체가 되어 선수들에게 운동에 필요한 체력, 기술 등을 지도하면서 인격의 상호교류가 있는 가르침의 형태' 또는 '선수가 운동하는 데 관련된 지식이나 체력, 기술, 태도, 철학 등을 효과적으로 습득할 수 있도록 코치가 해야 할 총체적인 행위'라고 정의한다.[101]

스포츠에서 신체적 기술이나 체력 그 이상의 무엇이 있고, 그것이 스포츠에서의 성취와 관련이 있다는 것을 발견함으로써 스포츠 코칭에서 가장 위대한 변화를 불러일으킨 주인공은 티모시 골웨이(Gallwey, T.)였다. 스포츠에서 코칭의 뿌리는 1974년에 발간된 그가 쓴 책인 『테니스의 이너 게임』(The Inner Game of Tennis)으로 거슬러 올라간다. 이 책은 성과 개념, 인본주의 및 초개인 심리학, 그리고 개인발달에 기반을 둔 것이다. 골웨이는 테니스 코트에서 치러지는 외적 게임과 각 선수의 마음에서 치러지는 내적 게임(inner game)의 차이를 밝혀냈다. 외적 게임은 장시간의 연습과 실전을 통한 향상을 요구했으며, 선수들의 타고난 신체적 기술에 크게 의존했다. 이에 비해, 내적 게임은 전적으로 정신적인 것으로, 선수 자신과 싸우는 것이었다. 특히, 선수가 변화의 주역으로서 자신의 책임을 받아들이지 않는다면, 여러 해 동안 연습했을지라도 내적 게임이 향상되지 않을지도 모른다고 주장했다. 이런 관점으로 접근하면, 내적 게임은 선수에게 엄청난 힘의 원천일 수 있다.[102]

그는 테니스 코치로서 체험한 경험을 통해 선수에게 기술적이고 상세하게 지시하기보다, 선수가 자신의 내면적 정신 작용에 집중하도록 코치가 도와줄 때 가장 쉽게 테니스를 배운다는 것을 발견했다.[103] 다시 말하면, 코치가 선수의 내적 장애물을 제거하거나 심적 부담을 줄이는 데 도움을 줄 수 있다면, 선수는 코치의 기술 지도 없이도 천부적인 능력을 발휘한다는 것이

---

100) Shula, D., & Blanchard, K.(1995). *Everyone's a Coach*. Grand Rapids, MI: Zondervan. 12.

101) 김환영(2006). 코칭이란 무엇인가?. 공무원교육. 76에서 발췌, 인용; 이희경(2005). 코칭입문. 서울: 교보문고. 14에서 발췌, 인용.

102) Brock, V. G.(2012). *Sourcebook of Coaching History*. VB Coaching & Consulting(김경화 외 역, 2015. 코칭의 역사. 서울: 코쿱북스. 211에서 발췌, 인용).

103) 이언 멕더모트 · 웬디 제이고(박정길 · 최소영 역, 2007). 코칭바이블. 서울: 웅진윙스. 38에서 발췌, 인용.

다.[104)]

스포츠는 그 이후로 예전과 달라졌다. 프로 테니스 코치로서 골웨이의 고객들 가운데 일부는 기업의 리더들이었고, 그들은 비즈니스 세계에서 이런 원칙들을 적용할 가능성을 보았다. 1980년에 미국의 티모시 골웨이와 그에게 훈련을 받은 영국의 존 휘트모어(Whitmore, J.)가 이런 원칙들을 비즈니스 세계로 가져왔다. 그들과 함께 대학 농구 코치인 존 우든(Wooden, J.), 미국 프로 농구팀인 보스턴 셀틱스의 코치인 아우어바흐(Auerbach, A. R.), 미식축구(National Football League: NFL)의 전설적인 헤드 코치인 돈 슐라(Shula, D.) 등이 스포츠 영역의 성과를 바탕으로 강의, 세미나, 저술 등을 통해 비즈니스 실무 영역에 의미 있는 영향을 끼쳤다. 이들의 놀라운 활약은 '코치'의 역할이 재능 있는 사람들의 집단이 경기장 안팎과 관계없이 팀으로서 최고의 효율성을 이루도록 돕는 것이라는 점을 말해주고 있다. 간단히 말해, 코치의 역할은 개인의 잠재력을 끌어내고 공동의 목표에 도달하기 위해 함께 일할 수 있도록 동기부여를 하는 것이다. 이와 같은 사실이 알려지자 그들은 비즈니스 세계에서 빠르게 환영받았다.[105)] 이처럼 골웨이, 아우어바흐, 슐라의 조직적인 코칭 스타일은 코칭의 개념을 스포츠 현장에서 더 큰 비즈니스 세계로 알리는 중요한 역할을 했다. 다음 말에서 그런 사실을 더욱 확인할 수 있다.

> "코칭이 경영자 상담이나 직장 심리치료가 아니라 '코칭'이라고 불리는 중요한 이유는 출세를 위해 돌진하는 기업가(특히 남성)들이 코치를 두는 것은 기뻐하면서도 치료를 하는 것은 꺼리기 때문이다. 그들 대부분은 스포츠와 동일시하면서 자신을 운동선수 혹은 적어도 고성과자로 보이는 것을 더 좋아한다. 상담은 약점과 무능함과 관련된 데 비해, 코칭은 성공적인 스포츠 선수나 승리하는 팀과 더 밀접한 관련이 있다."[106)]

이처럼 스포츠 분야에서 활발하게 적용되던 코칭이 시간이 지나면서 음악가와 대중 연설가와 배우들에게도 사용되기 시작했고, 그들은 자신들의 기술을 향상하고 장애물을 극복하며 계속해서 성장함으로써 목표에 도달하기 위해 코치들의 도움을 받기 시작했다.[107)]

6. 성인학습의 발전과 코칭

오늘날 거의 모든 코치가 만나는 대다수의 코칭 고객은 성인이다. 그래서 성인들이 주로 겪

104) 존 휘트모어(김영순 역, 2007). 성과 향상을 위한 코칭리더십. 서울: 김영사. 6-31에서 발췌, 인용.

105) Brock, V. G.(2012). *Sourcebook of Coaching History*. VB Coaching & Consulting(김경화 외 역, 2015. 코칭의 역사. 서울: 코쿱북스. 215-216에서 발췌, 인용).

106) Peltier, B.(2001). *The Psychology of Executive Coaching: Theory and Application*. New York, NY: Brunner-Routledge. 170.

107) 게리 콜린스(양형주 · 이규창 역, 2011). 게리 콜린스의 코칭바이블. 서울: 한국기독학생회출판부. 25에서 발췌, 인용.

는 이슈가 무엇이고, 그들이 코칭을 통해 무엇을 느끼고 배우는지를 파악하기 위해서는 성인 교육과 학습, 성인의 발달 과정에 관한 지식과 지혜를 탐색해 볼 필요가 있다.[108] 성인 교육과 학습 패턴과 욕구는 젊은이들의 그것과 확연하게 차이가 있다는 점에서 더욱 그러하다. 독자가 예상했듯이, 성인 교육, 학습 및 개발과 관련된 수많은 이론과 모델들은 심리학과 비즈니스 모델에 뿌리를 두고 있다.

> "코칭 고객의 대다수가 성인이기 때문에 성인 교육의 지식 영역과 직장 학습 및 개발은 매우 중요하며, 코칭과 연결되어 있다. 따라서 코치들은 자신의 코칭을 알리기 위해 관련 분야에서 인정받는 지식을 활용할 필요가 있다."[109]

현대 교육은 아이들에게 학습을 강요하지만, 성인들은 그들에게 그럴 만한 이유가 있을 때 학습한다. 젊은이들의 교육은 일반적이고, 나이가 들수록 더 구체적이다. 그래서 성인들의 학습은 젊은이들과는 방법이 다르고, 그 차이점을 발견하여 코칭에 적용하는 것은 중요한 의미가 있다. 간단히 말해, 성인들이 스스로 가지는 흥미라는 강력한 동기부여는 더 오랫동안 많은 배움을 유지하는 데 큰 도움을 준다.

> "말콤 놀스(Knowles, M. S.)는 (성인 교육에서) 학습을 주도하는 사람들이 교사들이 가르치는 대로 반응하는 학습자들보다 훨씬 많이 배운다는 확실한 증거가 있다고 주장한다. 성인들은 목적이 더 분명하고, 큰 동기를 갖고 학습에 임한다. 그들은 반응만 하는 학습자들보다 더 오랫동안 더 많은 배움을 계속 유지하고, 이용한다."[110]

놀스가 성인학습에 관해 발견한 것들은 초기 코칭 진행에 적지 않은 도움을 주었다. 그는 성인들이 배우고 가르치면서 겪는 경험, 연대, 다시 시작한 두 번째 배움에서는 좀처럼 만나기 힘든 열정에 집중한다는 점을 처음으로 강조한 사람이었다. 또한, 그는 성인 교육은 자기 주도적이며, 더 젊은 학생들이 지니지 않은 인생 경험과 연결되어 있고, 성인 학습자들은 대개 목적 지향적이라고 주장했다. 이어서 그는 자발적이고 목표 지향적으로 확장된 성인학습의 성격이 맞춤형 학습 기회를 제공하는 코칭에도 적용되고 있다고 주장했다.

성인 교육의 이런 특징은 그런 관점을 지닌 채 성인을 대상으로 진행되는 코칭에 많은 영감을 제공했고, 의미 있는 연구결과들이 축적되었다. 이런 것들을 종합적으로 이해하는 것은 효

---

108) Brock, V. G.(2012). *Sourcebook of Coaching History*. VB Coaching & Consulting(김경화 외 역, 2015. 코칭의 역사. 서울: 코쿱북스. 216-224에서 발췌, 인용).

109) Grant, A. M.(2005a). What is evidence-based executive, workplace and life coaching? In Cavanagh, M. J., Grant, A. M., & Kemp, T.(Eds.), *Evidenced-Based Coaching: Volume 1: Theory, research and practice from the behavioral sciences*. 7.

110) Smith, M. K.(2002). *Malcolm Knowles, informal adult education, self-direction and andragogy*. The Encyclopedia of Informal Education(www.infed.org/thinkers.et-knowl.htm).

과적인 코칭을 진행하는 데 필요한 일이다.

> "성인학습은 젊은이들이 하는 것과 다른 방법이다. 성장하는 코치들은 성인발달의 여러 측면을 이해해야만 한다. 그래야 코칭 고객의 인생에서 일어나는 맥락적인 프레임(frame)을 가질 수 있다. 이런 연구를 바탕으로 한 이론들은 코치들에게 효과적인 접근법을 가져다준다."[111]

정리하면, 성인 교육, 발달 및 학습에 관한 이론 가운데 코칭을 진행하는 데 적용될 수 있는 것들은 메지로우(Mezirow, J.)의 '전환학습이론'(Transformative Learning Theory), 보우드와 워커(Boud, D., & Walker, D.)의 '성찰(reflection) 학습', 콜(Kolb, D. A.)의 '경험학습이론', 레빈슨(Levinson, D. J.)의 '인생 단계이론', 매슬로우(Maslow, A. H.)의 가치와 동기부여, 그리고 반두라(Bandura, A.)의 '자기효능감 이론' 등이다.[112]

전문코치나 코칭학을 연구하는 길로 들어선 사람들에게 있어 코칭의 정의나 역사적 배경을 충분하고 확실하게 이해하는 것은 상당히 중요한 일이다. 그것은 자신이 진행하는 코칭이나 코칭학에 관한 최소한의 태도이자 자세이며, 자신이 전개하는 코칭 활동의 뿌리이자 근거가 되기 때문이다. 특히, 대학원 등에서 코칭학을 연구하는 학자들이나 코칭 프로그램을 개발하는 사람들에게 이 부분은 자신이 연구하거나 개발하는 것의 근본이 되기 때문에 그에 관한 자신의 견해를 더 명확하게 할 필요가 있다. 이것은 궁극적으로 코칭학의 이론체계 정립과 밀접한 관련이 있는 일이고, 코칭이 다른 인적 서비스와 구별되는 코칭(학)만의 정체성과 직결되는 문제이다. 어떤 학문이든 세월의 흐름과 다양한 상황 등을 종합적으로 반영하면서 여러 가지 검토와 논쟁 등을 통해 진화하고 발전하기 마련이다. 그런 차원에서 코칭의 정의나 역사적 배경을 살펴보는 것은 의미 있는 일이고, 향후 이 부분에서도 의미있는 진전이 있길 바란다.

---

111) Flaherty, J.(2006). *Philosophical Foundations of Integral Coaching*(www.newventurewest. com/ict_philosophical.html, accessed Sep. 15, 2006); Brock, V. G.(2012). *Sourcebook of Coaching History*. VB Coaching & Consulting(김경화 외 역, 2015. 코칭의 역사. 서울: 코쿱북스. 221-222에서 발췌, 인용).

112) Cox, E.(2006). An adult learning approach to coaching. In Stober, D. R., & Grant, A. M.(Eds.) *Evidence-based Coaching Handbook: Putting best practices to work for your clients*. Hoboken, NJ: Wiley. 193-218.

2.1 코칭 이론의 전개와 코칭학

앞선 1장에서 코칭의 역사와 배경을 언급하면서 코칭에 직·간접적으로 영향을 미친 학문을 소개한 적이 있다. 대표적으로 철학, 심리학, 사회학, 교육학, 경영학 그리고 체육학 등을 언급했는데, 해당 학문에서 발견되고 정리된 원리와 방법들이 코칭의 뿌리와 기둥을 형성하는 데 큰 영향을 미쳤고, 아직도 해당 이론들은 코칭의 세포 속에서 작용하고 있다. 특히, 인간의 태도와 행동, 감정, 신념, 가치관 등에 관한 몇 가지 이론들은 코칭의 선구자들이 적절하게 활용하면서 현재 코치들에게까지 이어졌고, 지금까지 코칭의 진화에 일정한 역할을 하고 있다.

특히, 심리학은 코칭과 밀접한 관련이 있다고 언급했다. 인간의 행동과 사고 등을 포함한 심리 과정을 연구하는 심리학에서 발견되고 정리된 다양한 개념과 원리 등은 인간이 관계된 모든 분야에 걸쳐 중요한 역할을 했으며, 해당 분야의 지식 기반 구축에 적지 않은 영향력을 미치고 있다. 특히, 정신 역동, 인지, 개발, 행동, 문제해결 중심의 방법론 등에 관한 이론들은 '코칭 심리학'이라는 명칭 아래 모여져 코칭학[1]의 한 기둥으로 자리 잡으려 하고 있다.

코칭 분야에서 심리학의 중요성을 부인하기 어렵다. 심리학의 주요 부분을 차지하는 이론들이 코칭 영역에서도 일정한 역할을 하고, 그래서 코칭을 제대로 진행하기 위해서는 심리학을 미리 학습해야 한다는 견해도 있다. 하지만 이런 견해들은 대개 심리학을 학문적 배경으로 삼는 연구자들이나 전문코치들의 의견에서 쉽게 발견된다. 심지어 혹자는 코칭이 심리학의 하나의 하위 분야라고 강하게 주장하고 있고, 이런 인식에 암묵적으로 동의하는 심리학 관계자들이 적지 않은 것으로 보인다.

하지만 이런 인식에도 불구하고 현실적으로 코칭 영역은 여전히 '코칭'이라는 이름으로 발전하는 중이고, 다양한 영역으로 급속하게 확산하는 추세가 멈추지 않고 있다. 이런 현상을 어

1) 코칭학에 관해서는 이 책의 14장에서 구체적으로 논의할 예정이다.

떻게 설명할 것인가? 이런 현상을 인정한다면, 현실적으로 코칭의 존재를 무시할 수는 없을 것이다. 즉, 현재 코칭 영역에서 그동안 심리학 연구자들에 의해 발견되고 정리된 다양한 결과물을 원용한다고 해서, 코칭이 심리학의 말석을 차지하는 한 분야라거나 '아류'(亞流)쯤 된다고 계속 무시할 수는 없을 것이다. 이와 관련된 논쟁(?)에 관해 서술하는 것이 이 책의 주요 목적이 아니다. 따라서 여기에서는 코칭학의 관점에서 심리학의 주요 이론 가운데 코칭과 관련된 현상을 설명하는 데 유용하고, 코칭 현장에서 코치와 고객 사이에서 발생하는 다양한 현상과 모습을 이해하는 데 도움이 되는 선행연구 결과와 이론들을 선별하여 소개하고자 한다.

코칭학의 역사가 앞서 언급한 주요 학문의 그것에 비해 길지 않아서 내세울 만한 학문적 체계와 구성이 아직 부족한 상황이지만, 코칭학 자체의 이론체계 구축이라는 대명제하에 선행이론들을 몇 가지 기준으로 구분, 정리하여 소개하고자 한다. 어떤 이론들은 구체적으로 '~ 코칭'이라는 이름이 붙여진 이론들도 있고, 그밖에 다른 이론들은 그런 이름이 붙여져 있지는 않지만 코칭 현장에서 다루어지는 주요 이슈들과 많은 관련을 지닌 변인들에 관한 이론들도 있다. 독자들도 전자의 경우가 이 책에서 다루어지는 것은 당연하다고 생각할 것이다. 그런데도 이 책에서 후자들에 속하는 이론들을 함께 다루는 것은 코칭 현장에서 자주 거론되는 이슈들과 직접 관련되는 것들이어서, 그것들의 주요 내용을 살펴보는 것은 향후 코칭학의 이론체계 정립에 필요하다고 판단했기 때문이다.

이 책의 주요 목적은 코칭과 관련된 몇 가지 관련 이론들을 자세하게 소개하는 것이 아니다. 따라서 해당 이론들을 적절한 정도로 소개하되, 코칭의 관점에서 선별하여 해당 이론들의 요점을 중심으로 소개할 것이다. 이것은 코칭학의 이론체계 구축이라는 대명제를 완성한다는 큰 비전하에 진행되는 것이고, 이런 노력이 장기적으로 축적되면 코칭학만의 고유한 특성을 살린 자체 이론이 개발될 것이라는 희망의 실마리가 될 것이며, 그와 관련된 자양분의 일부가 되길 바라는 차원에서 진행되는 것이다.

코칭학에서 다루는 인간 행동의 범위가 어디까지인지를 살펴보려면, 사회과학에서 코칭학이 어디에 위치할 것인지를 살펴보는 것이 도움이 된다. 사회과학은 기본적으로 사람의 행동과 그들의 행동에서 비롯되는 사회 현상을 연구하는 과학이다. 그리고 인간을 연구하는 주된 마당이 무엇인지에 따라 심리학, 사회심리학, 사회학, 문화인류학, 역사학 등으로 나뉘고, 인간 행동 가운데 특정한 부분에 관심을 지니고 있는지에 따라 경제학, 경영학, 정치학, 그리고 언론학으로 나눌 수 있다.[2] 코칭학은 후자의 분류에 들어갈 수 있을 것이다. 예컨대, 심리학은 분석 수준을 개인으로 삼고, 개인의 행동과 관련된 것들이 어떤 것이며, 그들과 어떻게 관련을 맺고 있는지에 관심을 가진다. 사회심리학은 개인과 개인들이 모여서 이루는 관계에 주목하면

---

2) 박상언 · 정범구 · 김주엽 · 송계충(2020). 조직행위론(제5판). 서울: 경문사. 8에서 발췌, 인용.

서, 그런 관계들이 인간의 행동에 어떻게 영향을 미치는지에 대해 관심을 가진다. 그리고 사회학은 인간이 집단을 이루면서 나타나는 계층, 제도, 기술, 이념들과 인간 행동의 관계에 관심을 지니며, 한 사회가 시간이 지나면서 만들어 내는 문화와 인간 행동의 관계는 인류학에서 감당할 부분이다.[3)]

그런 분석 수준의 역사적 배경 차원에서 본다면, 코칭학의 연구 마당은 개인에서 출발한다. 따라서 이 책에서는 한 사람의 존재와 마음 등 심리적 측면에 초점을 맞춘 이론들을 중심으로 그것들이 코칭과 어떻게 연관되어 있는지를 먼저 살펴볼 것이다. 그리고 개인 수준에서 일어나는 인간의 마음과 행동에 대한 것들을 연구하고, 점차 개인과 개인이 모인 집단에서 발생하는 인간의 행동, 집단 속에서 생기는 인간 사이의 관계에서 파생하는 다양한 모습과 현상에 대한 것으로 범위를 넓혀갈 것이다. 나아가 여러 개의 집단이 모인 조직, 그보다 큰 사회시스템과 문화에도 눈을 돌린다면, 코칭학 영역에서 다루는 것들의 범위는 점점 넓어질 것이다. 현장에서 코칭이 존재하는 한, 앞으로 코칭학 영역에서 이런 진화와 확장 현상은 얼마든지 계속될 것이다.

이런 흐름에 맞추어 이 장에서는 선행연구들을 바탕으로 다른 학문 영역에서 발견되고 정리된 이론들의 개요를 코칭의 관점에서 설명하되, 인간 자체에 초점을 맞춘 이론들을 먼저 소개하고, 이어서 경영학적 관점에서 개인, 집단과 조직 수준으로 나누어 각각의 이론들을 소개하고자 한다. 그리고 코칭을 전개하는 방법론적 접근과 관련된 몇 가지 이론들도 함께 소개할 것이다. 이런 방식의 분류는 당연히 필자의 시선과 관점을 반영한 것이고, 다른 연구자들도 얼마든지 다른 방법으로 선행연구를 분류하려는 자신만의 고유한 관점을 가지고 있을 것이다. 여기에서 다른 학문 영역에서 축적된 몇 가지 이론들을 소개하는 것은 현장에서 코치로 활동하면서 코칭학의 독자성에 관심을 두고 있는 필자의 관점에서 쉽지 않은 선택이었다. 하지만, 이런 선택은 현실적인 차원에서 볼 때, 오늘날의 코칭이 존재하기까지 애쓰신 선배 코치들의 선택과 경험, 그리고 코칭 확산과 관련된 노력과 헌신을 존중하기 때문이다. 그리고 코칭학의 고유함을 찾아서 정체성을 확립하려면, 오늘날 이전에 펼쳐졌던 코칭의 역사적 배경과 관점을 이해할 수밖에 없었기 때문이기도 하다.

코칭을 학문적인 목적으로 연구하려는 분들이라면, 그리고 코치 자신의 코칭 활동의 깊이를 더하고 싶은 분들이라면, 여기에서 소개하는 이론들의 핵심적인 사항을 어느 정도 이해하는 것이 후속 연구 진행과 개인적인 코칭 활동의 지평을 넓히는 데 도움이 될 것이다. 그 이유는 전문코치에게 있어 하나의 접근방법 만을 고집하는 것보다 여러 가지 접근방법을 적절하게 활용하는 것이 고객의 요구에 유연하게 대처하는 능력을 높일 수 있기 때문이다.[4)] 하지만 학문

3) 박상언 외(2020). 정범구 · 김주엽 · 송계충(2020). 조직행위론(제5판). 서울: 경문사. 9에서 발췌, 인용.

4) Lee, G.(2006). The Psycho-dynamic Approach to Coaching, In Cox, E., Bachkirova, T., & Clutterbuck, D.(Eds.).

적인 열정이나 관심보다는 코칭 활동에 더 관심이 있는 분이라면, 자신의 코칭 스타일과 지금 진행하는 코칭 활동 상황에 맞는 이론들을 선별하여 학습하는 길을 선택하길 바란다. 다만, 이때도 코칭을 전문 영역으로 삼는 전문코치로서의 정체성을 잘 유지하길 바란다. 그런 선상에서 자신이 특별히 탁월함을 보이고 관심이 있는 영역과 코칭을 효과적으로 융·복합하되, 항상 코칭(학)만의 독특함과 고유함을 잊지 말기를 바란다. 특히, 코칭학을 연구하고 있거나 앞으로 연구하길 원하는 후학들께서는 코칭학의 이론 발굴과 개발 등을 비롯한 다양한 이슈들에 관한 연구에 박차를 가함으로써 궁극적으로 코칭학의 이론체계 구축과 코칭산업의 확장을 위해 자신들의 탁월한 능력을 발휘해 주시길 감히 바라마지 않는다.

2.2 인간 중심의 이론과 코칭

앞으로 소개할 인간 중심의 이론들은 말 그대로 전인적 인간에게 초점을 맞춘 것으로, 통틀어서 '인본주의 이론'(Humanistic theory)이라고도 불린다. 인본주의 이론에서 인간은 자유롭고 미래 지향적이며, 합리적이고 자아실현 경향을 지닌 존재로서, 무한히 성장하고 발전할 수 있는 존재로 본다. 즉, 인간을 가치와 의미, 경험들을 탐구하는 의식적 존재라고 간주한다. 그래서 이런 관점에 입각한 인본주의 심리학자들은 인간의 욕구, 동기, 성격, 그리고 존재 등의 의미에 초점을 맞추었고, 그 연구결과들은 긍정심리학을 거쳐 오늘날 코칭의 기초를 제공했을 뿐만 아니라 중요한 부분을 차지하고 있다.

매슬로우(Maslow, A.)의 '욕구 단계이론'(need hierarchy theory), 로저스(Rogers, C.)의 '사람중심 접근법', 올포트(Allport, G. W.)의 '특성이론'(trait theory), 그리고 메이(May, R. R.)와 부겐탈(Bugental, J. F. T.)의 '실존주의 이론' 등이 이에 속한다.[5] 여기에서는 그 가운데 몇 가지만을 선택하여 소개하고자 한다.

> "인본주의적 치료와 코칭이 공유하는 것은 긍정적 변화가 각각의 양상에서 고객을 위한 원동력이라는 생각이다. 자아실현의 인본주의적 이론은 장애를 개선하는 것보다 성장을 강화하는 데 집중하는 것과 더불어 코칭을 위한 기본적인 전제이다."[6] ☞ 스토버(Stober, D. R.)

The Complete Handbook of Coaching. London, Sage Publications Ltd. 15.

5) De Cavalho, R, J.(1990). Contributions to the history of psychology: LXIX: Gordon Allport on the problem of method in psychology. *Psychological Reports*, 67(1), 267, 275; Brock, V. G.(2012). *Sourcebook of Coaching History*. VB Coaching & Consulting(김경화 외 역, 2015. 코칭의 역사. 서울: 코쿱북스. 130에서 발췌, 인용).

6) Stober, D. R.(2006). Coaching from the humanistic perspective. In Stober, D. R., & Grant, A. M.(Eds.). *Evidence-*

1. 사람 중심 코칭 접근법

1) 사람 중심 코칭 접근법의 철학적 가정

사람 중심 코칭 접근법(person−centered approach to coaching)은 사람들이 그 자체로 최고의 전문가라고 믿는 철학적 견해를 가지고 있다.[7] 이것은 미국의 심리학자인 칼 로저스(Rogers, C.)가 창시한 '인간 중심 치료'(Person−centered therapy: PCT)에서 그 유래를 찾을 수 있다. 그 치료 방법은 기존의 정신병원에서의 명령적 지시적 요법이 아닌 비(非)지시적 요법으로서, 상담을 위주로 하여 환자를 치료하는 방법이다. 그래서 사람 중심 접근법에서는 상담 장면에서 내담자가 스스로 가지고 있는 성장 잠재력을 인정하고 이를 충분히 발휘할 수 있도록 상담자가 촉진하는 것이 중요하다는 관점으로, 인간의 가치와 존엄성, 관계를 중시한다.[8] 그러면서 점진적으로 상담의 한 기법으로서 '사람 중심 상담'(short term counseling)으로 발전했고, 코칭에도 적용하면서 오늘에 이르렀다.

사람 중심 접근법의 이론적 토대가 되는 것은 '실현화 경향'(actualizing tendency)이다. 이 개념은 칼 로저스의 사람 중심 치료법의 기본 요소로, 인간은 유기체로서 실현화 경향을 가진 존재라고 본다. 인간은 모두가 경험하는 유기체로서 자신을 실현화하기 위한 기본적인 동기를 지니고 있다는 것이다.[9] 유기체를 성장으로 이끄는 것은 모든 생명체에 존재하는 욕망이고, 인간은 모두 창의적으로 자신을 표현하고 잠재력을 최대한 발휘하기를 원한다는 것이다. 사람은 성장을 향한 욕망을 지니고 있고, 본성에 따라 살고자 하는 타고난 동기를 지니고 있다는 것이다.[10]

간단히 말하면, 사람 중심 코칭 접근법은 사람들이 근본적으로 올바른 사회적 환경 여건이 제시될 때, 최적화된 방식을 제시하는 방향에 따라 성장하고 발전하려는 동기부여를 받는다는 가정에 근거하고 있다. 그래서 개인들은 그들 내부에 자기 이해를 비롯하여 자신의 기본 관념, 태도, 자기 주도적 행동을 변화시킬 수 있는 엄청난 자원을 이미 갖추고 있다고 본다. 그래서 이것을 촉진할 만한 환경이 주어지면, 이런 자원이 드러날 수 있다고 생각한다.[11]

---

based Coaching Handbook: Putting best practices to work for your clients. pp. 17, 50. Hoboken, NJ: Wiley; Brock, V. G.(2012). 앞의 책. 134에서 발췌, 재인용.

7) Joseph, S.(2018). The Person-Centered Approach to Coaching. In Cox, E., Bachkirova, T., & Clutterbuck, D.(Eds.). *The Complete Handbook of Coaching*(3rd Ed.). London: Sage Publications. 52-65에서 발췌, 인용.

8) 주은선 · 김혜원(2013). 인간 중심 접근(person-centered approach) 관련 국내 연구의 내용 분석: 1977년부터 2012년까지의 논문을 중심으로. **한국심리학회지: 일반**, 32(2), 351-369.

9) 노안영(2018). **상담심리학의 이론과 실제(2판)**. 서울: 학지사. 340-341에서 발췌, 인용.

10) 위키백과사전(2022). 칼 로저스(https://ko.wikipedia.org/, 2022년 9월 접속).

11) Joseph, S.(2018). 위의 책. 54에서 발췌, 인용.

"고객은 자신을 치료할 수 있는 유일한 사람이다. 우리 코치들이 말하기보다 듣기를 더하는 동안 판단 없이 온전한 수용의 환경에서 사랑과 지지, 조건 없는 긍정적 존중이 고객이 말하게 할 수 있는 조건들이다."[12] ☞ 칼 로저스(Rogers, C.)

2) 사람 중심 코칭 접근법의 특징

사람 중심 코칭 접근법은 다음과 같은 몇 가지 특징을 지니고 있다.[13]

첫째, 사람 중심 코칭 접근법은 관계(relation)에 기반을 두고 있다는 점이다. 로저스는 긍정적인 치료법에 필요한 관계와 관련된 여섯 가지 조건을 제시하면서 '인간 대 인간'으로 만나는 진실한 만남으로서 관계를 중시한다.

- 두 사람은 심리적 접촉하에 있다.
- 의뢰인(고객, client)은 불일치하고(incongruence), 취약하며(vulnerable), 불안해하는(anxious) 상태에 있다.
- 치료사(therapist)는 관계에 일치하거나(congruence) 통합되어(integrated) 있다.
- 치료사는 의뢰인을 조건 없이 긍정적인 자세로 존중한다.
- 치료사는 의뢰인의 내부 준거 틀에 대한 공감적 이해를 경험하고, 이 경험을 의뢰인에게 전달하기 위해 노력한다.
- 치료사의 공감적 이해와 조건 없는 긍정적인 배려에 대한 의뢰인과의 의사소통은 최소한 달성 가능한 수준에 있어야 한다.

둘째, 현대적인 사람 중심 코칭 접근법은 인본주의 심리학과 연계되어 있다. 그래서 긍정적인 심리학자들처럼 인간의 고통과 역기능에 대해 신경 쓰기보다 '좋은 삶'(good life)에 더 관심을 지니고 있다. 하지만 사람 중심 코칭 접근법은 사람의 가능성에 대한 부정적이고 긍정적인 측면 간에 어떤 차이가 있는지 구분하지 않는다는 견해도 있다.[14] 왜냐하면, 고통과 역기능을 완화해 주는 과정이 웰빙과 최적화된 기능성을 촉진하는 과정과 유사하기 때문이다.

---

12) Brock, V. G.(2012). *Sourcebook of Coaching History*. VB Coaching & Consulting(김경화 외 역, 2015. 코칭의 역사. 서울: 코쿱북스. 132에서 발췌, 재인용).

13) Joseph, S.(2018). The Person-Centered Approach to Coaching. In Cox, E., Bachkirova, T., & Clutterbuck, D.(Eds.). *The Complete Handbook of Coaching*(3rd Ed.). London: Sage Publications. 54-55에서 발췌, 인용.

14) Joseph, S., & Worsley, R.(2005). A positive psychology of mental health: The person-centered perspective. In S. Joseph & R. Worsley(Eds.). *Person-centered psychopathology: A positive psychology of mental health*. 348-357. Rosson Wye: PCCS Book.

3) 사람 중심 코칭 접근법의 방법과 기술(technique)

사람 중심 코칭 접근법은 고객의 자기결정권에 바탕을 두고, 무엇을(what) 하는지 보다는 어떻게(how) 하는지에 대해 집중한다. 이런 측면에서 사람 중심 코칭 접근법은 인적 동기유발과 인격의 기능을 중요하게 여기는 '자기결정 이론'(Self-Determination Theory)과 유사하다.

여하튼 사람 중심 코칭 접근법에서 코치가 하는 핵심적인 일은 고객의 자기결정을 존중해 주고, 그 과정에서 코치가 적극적으로 성찰하는 경청(active reflective listening)이다. 코치는 공감적 이해에 바탕을 두고 고객이 말을 하거나 말하지 않아도 그의 모든 사항에 대해 적극적인 관심을 가진다. 그리고 코치가 고객에 대해 기본적으로 반영하는 태도를 지니기 때문에 고객은 자신의 입으로 더 많은 것을 표현하고, 좀 더 깊이 있게 자신의 문제점들을 찾아낼 수 있다. 이런 과정에서 고객은 새로운 통찰력을 갖게 되어 결과적으로 삶을 살아가는 데 필요한 새로운 대안들을 더 수월하게 선택할 수 있게 된다.[15]

4) 사람 중심 코칭 접근법의 강점과 한계

사람 중심 코칭 접근법은 라이프 코칭(life coaching), 커리어 코칭(career coaching), 리더십 코칭(leadership coaching), 동료 코칭(peer coaching) 등 다양한 코칭 영역에 적용될 수 있지만, 일반적으로 개인의 성과 측정 기준들에 관한 목표 달성을 초점을 두는 성과 코칭(performance coaching)으로는 진행되지 않는다.

사람 중심 코칭 접근법은 라이프 코칭(life coaching) 영역에서 강점을 보인다. 사람 중심 코칭 접근법을 적용하는 코치는 고객이 관계를 선택하면서 생각하고, 스트레스가 발생하는 상황을 관리할 수 있는 일을 하도록 돕는다. 이 접근법은 개인의 이상적인 가치, 신념, 가정을 찾아내는 데 적합하다.

이처럼 사람 중심 코칭 접근법은 코치 본인이든 고객이든지 간에 다른 사람에 대한 자기결정을 존중하는 철학적 원칙을 갖고, 고객이 그 자체로 최고의 전문가라고 생각하며 코칭을 진행한다. 그래서 다른 사람의 역기능을 개선하거나(repairing) 치유하는 데(curing) 관심을 두는 것도 아니고, 진단하는(diagnostic) 관점을 보이는 것도 아니다. 오로지 고객의 자기결정과 모든 기능을 촉진하는 데 초점을 준다. 그래서 '묻지만, 말해주지 말라'(ask, not tell), '듣지만, 묻지 말라'(listen, don't ask)는 접근법을 취하고 있다.[16]

---

15) Joseph, S.(2018). The Person-Centered Approach to Coaching. In Cox, E., Bachkirova, T., & Clutterbuck, D.(Eds.). *The Complete Handbook of Coaching*(3rd Ed.). London: Sage Publications. 56에서 발췌, 인용.
16) Joseph, S.(2018). 앞의 논문. 60-61에서 발췌, 인용.

하지만 코칭과 상담을 구분, 비교하고자 하는 고객에게 있어 사람 중심 코칭과 사람 중심 상담은 구분하기 어려운 일이다. 두 접근법 사이에 이론적 차이점은 없다. 그러나 일반적으로 사람들은 상담은 삶을 돌이켜보면서 무엇이 잘못되었는지를 살펴보는 것이라면, 코칭은 무엇을 바르게 이행할 것인지에 더 관심을 지니는 것으로 이해하고 있다. 그래서 이것은 둘 상의 차이점을 구분하려는 사람들에게 쉽지 않은 일이다.

사람 중심 코칭 접근법은 국외 문헌에서 제법 발견되지만[17], 앞으로 그 경험적 증거의 기반을 더 발견할 필요가 있다.

2. 존재론적 코칭

1) 존재론적 코칭의 기본 개념과 전제

존재론적 코칭(Ontological Coaching)은[18] 고객의 존재(Being) 방식에 집중한다. 즉, 인간 존재의 본질을 탐색하는 존재론을 바탕으로, 인간의 존재 방식이 그의 학습, 기능, 변화 방식, 행동, 그리고 의사소통의 근간이 된다는 인식에서 출발한다. 존재론적 코칭은 인간의 존재에 대

17) Fillery-Travis, A., & Lane, D.(2008). Research: Does coaching work?. In S. Palmer & A. Whybrow(Ed.). *Handbook of coaching psychology: A guide for practitioners*. London: Routledge. 57-70; Grant, A. M.(2008). Past, present, and future: The evolution of professional coaching and coaching psychology. In S. Palmer & A. Whybrow(Eds.). *Handbook of coaching psychology: A guide for practitioners*. London: Routledge. 23-39; Joseph, S.(2006). Person-centered coaching psychology: A meta-theoretical perspective. *International Coaching Psychology Review*, 1. 47-55; Joseph, S., & Bryant-Jefferies, R.(2008). Person-centered coaching psychology. In S. Palmer & A. Whybrow(Eds.). *Handbook of coaching psychology: A guide for practitioners*. London: Routledge. 211-228; Joseph, S., & Linley, P. A.(2006). *Positive therapy: A meta-theory for positive psychological practice*. London: Routledge; O'Broin, A., & Palmer, S.(2008). Reappraising the coach-client relationship: The unassuming change agent in coaching. In S. Palmer & A. Whybrow(Eds.). *Handbook of coaching psychology: A guide for practitioners*. London: Routledge. 295-324; Palmer, S., & A. Whybrow(2006). The coaching psychology movement and its development within the British Psychological Society. *International Coaching Psychology Review*, 1, 5-11; Passmore, J., & A. Whybrow(2008). Motivational interviewing: A specific approach for coaching psychologists. In S. Palmer & A. Whybrow(Eds.). *Handbook of coaching psychology: A guide for practitioners*. London: Routledge. 160-173; Stober, D. R., & Grant, A. M.(2006). Toward a contextual approach to coaching models. In D. R. Stober & A, M. Grant(Eds.). *Evidence based coaching handbook: Putting best practices to work for your client*. Hoboken, NJ: Wiley.

18) 한국의 일부 학자나 전문코치 가운데 존재론적 코칭을 줄여서 '존재 코칭'이라고 부르기도 한다. 박정영 코치는 인간의 존재를 몸과 마음, 정신, 영적인 영역을 포함하는 통합적인(전인적인) 개념으로 보고, 고객이 원하는 목표를 달성하도록 지원하고, 그 과정에서 고객이 진실한 자아를 찾아가도록 돕는 것이 코칭이라고 정의하고 있다. 구체적인 내용에 관해서는 다음에 소개하는 자료를 참조할 수 있다. 박정영(2022). 3Cs II(중급과정) Plus. 서울: ㈜CiT코칭연구소: 15-16.

한 현상학적 분석[19], 인지 생물학[20], 언어 철학[21] 및 신체에 대한 철학적 탐색[22]에 관한 이론에 기반을 두고 있다.[23]

존재론적 코칭은 인간의 본성과 발전에 대한 다음과 같은 열 가지 핵심적인 개념과 전제들에 기초를 두고 있다.[24]

① 인간의 학습과 변화를 성공적으로 촉진하려면, 인간의 생물학적, 언어적, 정서적, 신체적, 문화적 그리고 역사적 존재로서의 다차원적 본성을 다루어야 한다.

② 인간의 학습과 변화는 그의 신경계에서 발생하는데, 이것은 주변 세계와 직접적인 접촉이 없어서 코치는 고객을 결코 직접 변화시킬 수 없다. 하지만 코치는 긍정적인 측면에서 고객을 정중하게 동요시킴으로써 그의 신경계 구조를 변화하는 데 영향을 줄 수 있다.

③ 인간은 언어와 감정을 통해 자신, 세상의 본성, 그리고 미래의 모습이 어떻게 형성될지에 대한 의미를 만들어가며 사는 유기체이다.

④ 의미, 학습, 변화를 포함한 인간의 존재 방식은 언어, 감정, 신체의 세 가지 영역 사이의 지속적이고 역동적인 상호 작용속에서 발생한다.

⑤ 인간의 지각 패턴의 많은 부분은 그의 존재 방식 안에 있으며, 그것은 깊숙이 자리 잡고 있고 무의식적일 수도 있다.

⑥ 존재론적 코칭은 "나는 생각한다. 고로 존재한다."라는 데카르트의 개념을 넘어선다. 인간의 인지(cognition)는 생각(thinking) 이상이다. 인간을 단지 생각하는 존재로만 여긴다면, 인간을 이해하고 학습과 변화를 위해 함께 작용하는 감정과 신체 영역에 주의를 기울이지 않을 위험이 있다.

⑦ 인간의 존재 방식은 행동과 의사소통의 근본적인 동인(動因)이다. 따라서 지각 패턴의 건

---

19) Heidegger, M.(1962). *Being and time*. Trans. J. Macquarie & E. Robinson. San Francisco, CA: Harper; Heidegger, M.(1971). *On the way to language*. Trans. P. D. Hertz. San Francisco, CA: Harper; Heidegger, M.(1999). *Ontology - the hermeneutics of facticity*. Trans. J. van Buren. Bloomington, IN: Indiana University Press.

20) Maturana, H. R., & Varela, F.(1980). *Autopoeisis and cognition: the realization of the living*. Dordrecht: Reidel; Maturana, H. R., & Varela, F.(1987). *The tree of knowledge: The biological roots of human understanding*(rev. de.). Boston, MA: Shambala.

21) Austin, J. L.(1973). *How to do things with words*(2nd Ed.). Cambridge, MA: Harvard University Press; Searle, J. R.(1969). *Speech acts: An essay in the philosophy of language*. Cambridge: Cambridge University Press; Searle, J. R.(1979). *Expression and meaning*. Cambridge: Cambridge University Press; Wittgenstein, L.(1958). *Philosophical investigations*(3rd Ed.). Englewood Cliffs, NJ: Basil Blackwell and Mott.

22) Dewey, J.(1929). *Experience and nature*. La Salle, IL: Open Court; Merleau-Ponty, M.(1962). *Phenomenology of perception*. Trans. C. Smith. London: Routledge and Kegan Paul.

23) Sieler, A.(2012). *Coaching to the human soul: Ontological coaching and deep change*(Vol. III). Melbourne, Australia: Newfield Institute; Sieler, A.(2018). Ontological Coaching. In Cox, E., Bachkirova, T., & Clutterbuck, D.(Eds.). *The Complete Handbook of Coaching*(3rd Ed.). London: Sage Publications. 100, 107에서 발췌, 인용.

24) Sieler, A.(2018). 앞의 글. 96에서 발췌, 인용.

설적인 변화는 효과적인 의사소통과 행동의 개발을 위한 기초가 된다.

⑧ 인간의 존재 방식과 행동은 항상 그의 문화적 · 역사적 맥락 속에서 발생하며, 이것은 개인의 지각과 행동에 상당한 영향을 미칠 수 있다.

⑨ 인간은 삶의 다양한 영역에서 깊이 있는 문제를 계속해서 돌보기 위해 세상과 상호작용하는 관계적이고 대화적인 존재입니다.

⑩ 존재론적 코칭은 고객의 지각 및 행동 변화가 자발적으로 일어나기 위해 고객의 언어, 감정 및 신체가 활용되도록 돕는 것이다.

2) 존재론적 코칭의 특징

존재론적 코칭은 인간의 존재 방식을 언어, 감정, 신체 사이의 상호작용이라고 본다. 여기에서 코치의 가장 중요한 목적은 고객의 존재 방식의 독특함을 면밀하게 관찰하고, 고객의 존재 방식 안에서 잠재력을 촉진하도록 돕는 것이다. 그래서 존재론적 코칭에서는 코치와 고객이 코칭 대화를 통해 이슈들을 이해하는 관점, 코치의 해석과 고객의 이슈를 받쳐주는 존재 방식을 탐색한 결과를 공유하는 것을 중심으로 진행된다.[25)]

존재론적 코칭에서 코칭 대화는 다음 다섯 단계를 거치면서 진행된다.[26)]

- 1단계: 코치는 고객에 대해 가장 많은 자원을 가진 전문가로서, 항상 고객을 깊이 존중한다.
- 2단계: 명료한 대화를 통해 탐색한 이슈들에 대한 이해를 공유한다.
- 3단계: 고객이 자신의 존재 방식의 변화를 발견할 수 있도록 탐색과 가능성에 초점을 맞춘 코칭 대화를 진행한다.
- 4단계: 고객이 핵심적인 학습을 구체화하고 특정한 행동에 전념하는 데 도움이 되는 행동에 관한 코칭 대화를 진행한다.
- 5단계: 코치는 고객이 자신이 약속한 것을 계속해서 적용하는지를 한두 달 동안 사후 관리한다.

3) 존재론적 코칭의 방법과 기술(technique)

존재론적 코칭의 가장 확실한 특징은 언어, 감정, 신체를 통합적, 명시적으로 강조한다는 점이다. 각각에 대해 살펴보면 다음과 같다.[27)]

---

25) Sieler, A.(2018). Ontological Coaching. In Cox, E., Bachkirova, T., & Clutterbuck, D.(Eds.). *The Complete Handbook of Coaching*(3rd Ed.). London: Sage Publications. 96-97에서 발췌, 인용.

26) Sieler, A.(2018). 앞의 글. 98-100에서 발췌, 인용.

27) Sieler, A.(2018). 위의 글. 100-103에서 발췌, 인용.

첫째, 존재론적 코칭에서는 언어(language)가 현실을 만든다는 점을 강조하고 있다. 코치는 고객이 명시적으로 또는 암묵적으로 어떤 언어를 사용하는지, 또 어떤 언어를 사용하지 않는지를 면밀하게 잘 듣고 관찰한다. 특히, 이 과정에서 고객이 말하는 얘기를 뒷받침하는 개념, 관심거리, 핵심적인 평가를 포함한 기본적인 언어 관련 행동, 대화의 형태 및 문화적 · 역사적 이야기(narrative)를 경청한다. 이때 고객을 돕기 위해 다음과 같은 질문들을 사용한다.

- "여기 있는 당신에게 무엇이 현안인가?"
- "당신에게 중요한 것 가운데 무엇이 빠져 있는가?"
- "당신에게 매우 중요한 것들 가운데 무엇이 관리되고 있지 않은가?"

둘째, 존재론적 코칭에서 기분은 미세하지만 계속되며 널리 퍼져 있는 감정으로서, 계속해서 인지와 행동에 영향을 준다는 점을 강조하고 있다. 그래서 기분과 관련하여 '삶에서 기본적인 몇 가지 기분들'(some basic moods of life)이라고 불리는 틀을 사용하고, 여덟 가지 기분이 만들어지는 방법, 전형적인 언어나 이야기 구조, 행동 성향들, 그리고 기분의 특질을 반영하는 자세 등의 요소로 구분하여 설명한다. 코치는 고객의 기분과 관련된 언어를 경청할 뿐만 아니라 그의 자세에서 나오는 신체적 표현도 함께 관찰한다.

셋째, 존재론적 코칭에서 신체는 변화가 일어나는 장소라는 점을 강조하고 있다. 코치는 고객이 말할 때 그것이 그의 신체 자세, 감정 상태를 나타내는 목소리의 톤, 말과 연계되는 특별한 행동 등을 관찰한다.

4) 존재론적 코칭의 강점과 한계

존재론적 코칭은 사람들이 자기 자신, 세상과 삶 속에서 그들에게 가능한 것들을 이해하는 기초적인 방법들을 다루고 있어서 다양한 장르의 코칭 맥락에서 유용하고, 의미 있는 가치를 제공하고 있다.[28] 특히, 고객들이 자신의 존재 방식의 전환을 경험한다는 점에서 강점을 지니고 있다. 고객은 자기 자신, 타인 그리고 그들이 세상 속에서 어떻게 건설적으로 관여하고 있는지에 대해 독특한 경험을 하게 되고, 자신에 대한 관찰자가 된다. 존재론적 코칭은 고객이 제기하는 이슈들을 잘 다루도록 도와줄 뿐만 아니라 고객이 미래의 문제 상황을 처리하는 데도 적응하도록 도와준다. 이런 장점을 원하는 고객들에게 존재론적 코칭은 의미 있는 접근법이다.[29]

---

28) Sieler, A.(2018). Ontological Coaching. In Cox, E., Bachkirova, T., & Clutterbuck, D.(Eds.). *The Complete Handbook of Coaching*(3rd Ed.). London: Sage Publications. 103-106에서 발췌, 인용.

29) 존재론적 코칭의 방법론과 이론적 강조점들을 상세하게 제시한 내용은 앨런 실러(Sieler, A.)가 2003년(1권), 2007년(2권), 그리고 2012년(3권)에 각기 저술한 세 권의 책을 참조할 수 있다. 여기에서는 마지막 3권을 소개한

하지만, 존재론적 코칭은 감정과 신체의 영역을 탐색하는 데 익숙하지 않은 고객들을 만났을 때 한계에 봉착할 수 있다. 이 접근법을 사용하는 코치의 핵심 과제는 고객의 언어, 감정, 신체 영역의 상호작용을 해석하고, 고객이 직접 자신을 관찰한 경험을 공유하면서 고객의 관점과 행동의 전환을 일으키도록 돕는 것이다. 그런데 이런 작업에 익숙하지 않은 고객들을 만났을 때, 코치로서 지켜야 할 기본적인 책임과 한계를 잊고 치료사의 역할을 한다면, 코치와 고객 모두에게 있어 예기치 않은 상황을 만날 수 있다.

존재론적 코칭에 관한 연구결과는 일부 국내외 문헌에서 발견되지만[30], 앞으로 그 경험적 증거의 기반을 더 발견할 필요가 있다.

3. 실존주의 코칭

1) 실존주의 코칭의 기본 전제들

실존주의 코칭(Existential Coaching)은 인간이 살아가면서 부딪히는 다양한 이슈들 속에서 개별적인 고객이 '살아 있는(존재하는)' 방식으로 표현한다는 점에 초점을 맞춘다. 대부분 실존주의 코칭은 개인 또는 조직이 그들의 믿음, 가치, 포부 그리고 정체성에 대한 도전들과 맞부딪힐 때 일어나는 딜레마(dilemma)를 명확히 하도록 도움을 주는 방법을 취한다.

실존주의 코칭은 실존주의 이론에 기반을 두고 있다.[31] 실존주의는 인간의 존재에 관심을 둔다. 즉, 인간은 제한된 존재로서 세상에 던져진 존재로 본다. 던져진 존재로서 인간은 존재론적 불안에 직면하면서 성장한다. 불안을 극복하고 성장하기 위해 위엄과 자기 존중을 유지하며 자기 인생을 살고자 하는 진실성과 용기가 필요하다. 진실성이란 인간애로서 개인의 의무를 충분히 인식하고 인간의 자유와 책임을 포용함으로써 얻어진다고 본다. 이 과정은 매우 힘들며, 따라서 용기가 필요하다.[32]

실존주의 코칭은 현상학적 철학(Phenomenological philosophy)의 영향을 받은 관점들과 실

다. Sieler, A.(2012). *Coaching to the human soul: Ontological coaching and deep change(Vol. III)*. Melbourne: Newfield Institute. 실제 삶의 현장에서 존재론적 코칭을 진행하고 그 효과를 검증한 국내 연구는 흔치 않다. 국내에서는 이영선(2022)이 대학생 13명에게 10회의 코칭 세션을 진행한 후에 그 결과를 근거이론 방법론으로 관찰한 사례가 있다. 그 연구 결과는 다음 논문을 참조할 수 있다. 이영선(2022). 존재론적 코칭을 통한 대학생들의 자아 정체감 형성 과정에 대한 근거이론적 연구. **교육인류학연구**, 25(1), 1-38.

30) 이영선(2022). 앞의 논문, 1-38; Sieler, A.(2003, 2007, 2012). *Coaching to the human soul: Ontological coaching and deep change*(I · II · III). Melbourne: Newfield-Australia.

31) 혹자는 실존주의 접근법은 분리된 하나의 학파도 아니고, 깔끔하게 정의된 기법을 가진 체계적인 모델도 아니라는 주장하기도 한다. 노안영(2018). **상담심리학의 이론과 실제(2판)**. 서울: 학지사. 354에서 발췌, 인용.

32) 노안영(2018). 앞의 책. 354에서 발췌, 인용.

천들의 총합이라고 볼 수 있다.[33] 이 접근법은 고객의 주관적 관점에서 그의 행동을 이해하는 것을 추구하는데, 다음과 같은 다섯 가지 기본적인 전제들에 근거를 두고 있다.[34]

첫째, 실존은 본질에 선행한다. 즉, 우리가 하는 것이 우리가 누구인가를 결정한다. 둘째, 인간은 선택할 자유가 있으며, 선택한 결과에 책임이 있다. 셋째, 인간의 삶은 죽음에 대한 견해를 가지고 영위된다. 인간의 진실성은 이것을 자각하고 용감하게 우리의 실존에 직면할 능력에서 비롯된다. 넷째, 인간의 실존은 결코 다른 사람과 세계의 실존으로부터 완전히 분리되어 있지 않다. 역시 세계의 실존도 인간의 실존에서 완전히 분리되어 있지 않다. 마지막, 인간이 다른 사람의 주관적 관점에서 그를 이해하려고 노력할 때, 인간의 지각이 더 타당하다.

2) 실존주의 코칭의 주요 개념과 특징

실존주의 코칭에서는 인간이 갖는 궁극적 관심사에 대한 자각이 불안을 일으킨다고 본다. 실존적 불안이나 갈등은 인생이 피할 수 없는 부분이고, 성장을 위해 치러야 할 대가라고 생각한다. 즉, 인간은 성장하기 위해 안전한 생활방식을 새롭고 미지의 것으로 변화시켜야 한다는 것 자체가 불안의 원천이다. 이들과 관련된 몇 가지 개념을 간략하게 살펴보면 다음과 같다.[35]

① 실존의 방식: 관계성(relatedness)

모든 인간은 상호 관계적 맥락에 의해 구성되고, 이를 통해 인간을 표현한다는 측면에서 항상 관계 내의 존재라는 것이다. 인간 세계는 한 사람이 그 안에 존재하고, 일반적으로 알지 못하는 사이에 다른 사람과 관계를 맺는 다양한 세상 속에서 살아간다. 즉, 인간은 매 순간 주변 세계인 환경 내에서, 공존 세계인 대인관계를 맺으면서, 고유 세계인 자신을 자각하고, 그리고 영적 세계인 영적 가치를 믿으며 살아간다고 볼 수 있다.[36] 이것은 사람에 따라서는 과거나 현재의 주변 상황이 매우 다르다는 것을 의미한다. 따라서 세계는 각 개인의 실존 조건을 결정하는 과거의 사건과 그에게 작용하는 매우 다양한 결정론적 영향을 모두 포함한다.[37]

이런 관계성의 관점에서 보면, 고객이 제기한 이슈나 관심 사항들은 이제는 혼자만의 것으로 볼 수 없다. 예컨대, 어떤 조직에서 생긴 이슈는 조직 그 자체가 주관적으로 부여한 의미나

---

33) Spinelli, E.(2018). Existential Coaching. In Cox, E., Bachkirova, T., & Clutterbuck, D.(Eds.). *The Complete Handbook of Coaching*(3rd Ed.). London: SAGE Publications. 81에서 발췌, 인용.

34) 노안영(2018). 상담심리학의 이론과 실제(2판). 서울: 학지사. 355에서 발췌, 인용.

35) 노안영(2018). 앞의 책. 366-372에서 발췌, 인용; Spinelli, E.(2018). 위의 글. 82-83에서 발췌, 인용.

36) 인간은 동시에 '주변 세계'(Unwelt), '공존 세계'(Mitwelt), '고유 세계'(Eigenwelt) 및 '영적 세계'(Uberwelt)에 존재한다는 것이다. 이에 대한 자세한 설명은 다음에 소개하는 책을 참조할 수 있다. 노안영(2018). 위의 책. 367-368.

37) Spinelli, E.(2018). 위의 글. 82에서 발췌, 인용.

행동에서만 이해되는 것이 아니고, 개인은 조직과 떨어져서 존재할 수 없는 것으로 이해해야 한다는 것이다.

② 자유와 책임

각 개인이 지닌 자유와 책임을 제외하고 실존주의를 논할 수 없다. 인간의 여러 가지 선택할 수 있는 대안들 가운데 어떤 것을 선택할 수 있는 자유를 가진 자아 결정적인 존재이다. 자유는 자신의 발전에 관계하고 여러 가지 선택안 중에서 선택하는 능력이다. 그래서 개인이 스스로 결단하여 자신의 운명을 결정하고, 자신의 존재를 개척하는 것이다. 실존주의 코칭에서는 이처럼 인간의 자유, 자기결정, 의지, 결단을 인간 존재의 중심에 둔다.

하지만, 확실히 자유에는 한계가 있고, 선택은 외부 요인들에 의해 제한된다. 인간은 근본적으로 자유로워서 자신이 되고자 결심하는 대로 삶의 방향과 운명을 결정하지만, 그에 대한 책임을 져야 한다. 궁극적으로 인생은 자신의 문제에 대한 올바른 해답을 찾아내고, 각 개인에게 계속해서 부여되는 과업을 성취하는 책임을 지는 것을 뜻한다.[38] 그래서 실존주의 코칭에서 코치는 어떤 고객이 비록 인생의 대부분을 선택하는 자유를 피하며 살아왔더라도 이제는 선택하기를 시작하도록 격려한다.

③ 삶의 의미

삶의 중요성과 목적을 향한 노력은 인간의 독특한 특성이다. 그래서 인간은 의미와 개인의 정체성을 지닌다. 그리고 자신의 실존에 관한 질문 등을 할 수 있다. 나는 누구인가? 나는 이디에서 왔으며, 어떤 이유로 왔는가? 내가 여기에 있는 이유는 무엇인가? 내 삶의 목적과 의미는 무엇인가? 실존주의자에 따르면, 삶은 그 자체 내에 긍정적 의미를 지니고 있지 않고, 인간이 그 의미를 창조하느냐에 달려 있다. 결실 있는 생활을 위한 인간의 진정한 노력에 바탕이 되는 동기는 의미를 지니려는 의지이다. 이처럼 생활 속에서 의미를 발견하려는 강렬한 내부의 욕망은 인간의 행동에 불을 지펴주는 것이다. 이런 욕망이 없거나 생활에 완전히 무관심한 태도를 지니는 것을 '실존적 공허'[39]라고 한다.

그런데 인간이 겪는 어려움은 생존의 의미를 발견할 수 없다는 데서 온다. 인간의 내면적인 공허감은 그의 존재를 가치 없는 것으로 규정하고, 또한 가치 없다는 느낌을 지니게 한다. 인간이 경험하는 실존적 공허감은 극단적인 권태, 불확실성[40], 그리고 혼돈의 결과로 계속된다.

---

38) 노안영(2018). 상담심리학의 이론과 실제(2판). 서울: 학지사. 368-369에서 발췌, 인용.

39) 노안영(2018). 앞의 책. 369-370에서 발췌, 인용.

40) 여기서 불확실성은 단지 기대하지 못했던 것이 일어나고, 또한 일어날 수 있다는 인식만은 아니다. 오히려 실존적인 불확실성은 인간의 삶에서 예상할 수 있고 습관적인 것으로 나타나는 것들에 스며 있는 삶에 항상 나타나는 특성이다. 이런 불확실성은 인간 가운데 누구도 주어진 상황 안에서 세계, 타인, 그리고 나 자신까지도 무엇

이런 것은 정신적 고통 가운데 하나로 이어지고, 행동과 능력에 아주 큰 방해가 된다. 공허를 극복하려는 동기가 충분히 생기면 삶의 의미를 찾게 될 것이고, 계속 그 의미를 추구하게 될 것이다. 고객이 삶의 의미를 찾는 상황에 이르도록 돕는 것이 실존주의 코치의 주요한 활동 가운데 하나가 될 수 있다.

④ 죽음과 비존재

죽음은 실존철학의 가장 중요한 문제이다. 인간은 미래의 언젠가 자신이 죽는다는 것을 자각한다. 죽음은 누구도 대신 죽어 주기를 바랄 수 없는, 다른 무엇과도 교섭할 수 없는 항상 자신이 맞아야 할 사건이다. 또한, 죽음은 넘어설 수 없고, 가장 확실한 것이다. 그래서 인간에게 죽음은 그에게 엄습해 오는 기분 나쁜 무엇이다. 따라서 죽음은 실존할 수 없는 가능성이라서 인간에게 불안으로 다가온다.

인간의 죽음, 즉 비존재에 대한 두려움은 그 자체를 인정하기 두려워하는 사람들에게 불안으로 다가온다. 죽음을 실제로 직면하는 것을 두려워하기 때문에 점점 비존재가 되어 간다는 사실로부터 도피하려고 한다. 하지만 실존주의자들은 죽음을 부정적으로 인식하지 않는다. 인간의 특성 가운데 하나는 죽음의 불가피성을 터득할 수 있고, 미래라는 개념을 가지고 있다는 것이다. 인간은 삶의 시간을 제한받기 때문에 의미가 있다고 주장한다. 그래서 죽음은 인간에게 진지하게 삶을 살아가도록 자극한다. 최대한 현재의 삶을 긍정적으로 바라보고 살아가도록 시도한다면, 생의 종결인 죽음에 사로잡히지 않을 것이다.

⑤ 진실성

진실성이란 자신을 긍정적으로 바라보고 내부에서부터 살 수 있도록 하는 용기를 가지는 것이다.[41] 진실한 존재로 있다는 것은 인간을 정의하고 긍정하는 데 필수적인 어떤 것이든지 한다는 것을 의미한다. 인간은 진실적 실존 속에서 언젠가 일어나게 될 비존재의 가능성에 직접 직면하게 되고, 불확실성에 직면해서 결정하고 그에 대한 책임을 맡는다. 이처럼 인간이 진실적 실존에 이를 때, 인간은 계속해서 우리가 될 수 있는 능력이 있는 한 개인이 되는 것이다. 진실하게 사는 것은 인간의 한계를 알고 받아들이는 것을 수반한다.

이처럼 실존주의 코칭은 고객의 실존, 자유와 책임, 삶의 의미, 죽음에 대한 인식, 그리고 진실하게 사는 것을 깨닫도록 돕기 위해 다양한 방법과 수단을 제공해야 한다는 관점을 취하고

이 그리고 어떻게 될지 완벽하게 알 수는 없다는 점을 계속해서 상기시켜 주는 역할을 한다. 이에 대한 자세한 설명은 다음에 소개하는 글을 참조할 수 있다. Spinelli, E.(2018). Existential Coaching. In Cox, E., Bachkirova, T., & Clutterbuck, D.(Eds.). *The Complete Handbook of Coaching*(3rd Ed.). London: Sage Publications. 82-83.

41) 신학자 틸리히(Tilich, P. J.)는 이것을 '존재할 용기'라고 표현했다. 노안영(2018). 상담심리학의 이론과 실제(2판). 서울: 학지사. 371에서 발췌, 인용.

있다. 그래서 고객의 세계관 즉, 개인 또는 조직의 존재 방식을 이루고 유지하는 전체적인 믿음, 가치, 태도, 추정, 감정, 느낌, 그리고 행동들에 주요 초점을 둔다. 이런 초점을 통해 고객의 고민과 이슈가 현재 세계관의 유지에 걸림돌이 되기보다 궁극적인 표현으로 보일 수 있다는 것이다. 그리고 고객에게 부조화, 한계 그리고 무질서에 대한 표현이 현재 세계관의 바람직한 유지를 위해 필수불가결하다는 점을 제안한다. 그래서 고객의 고민과 이슈들을 제거하거나 줄여버림으로써 고객의 세계관에 개입하는 것에 대해 주의와 인내를 요청한다. 이런 개입을 통해 직접적인 변화에 집중하기보다 주어진 상황과 조건들에서 어떻게 그것이 존재하는지에 대한 서술적인 탐색에 더 관심을 지닌다. 이런 의미에서 실존주의 코칭은 고객에게 행동하는 방법을 직접 알려주려고 시도하는 것에 중점을 두기보다 고객을 이해하기 위해 연구하는 것에 더 가깝다고 볼 수 있다.[42]

3) 실존주의 코칭의 방법과 기술(technique)

실존주의 코칭은 인간 존재의 경험을 이루는 피할 수 없는 갈등과 역설들을 다루는 독특한 방식을 제공한다.[43] 즉, 고객이 경험하는 현재 겪는 고민과 포부들을 분열된 갈등적 세계관의 관점에서 다시 바라보도록 돕는다. 갈등 그 자체는 좋지도 나쁘지도 않고, 긍정적이거나 부정적이지도 않다고 본다. 그러면 고객은 자신이 경험하는 도전과 어려움의 근원인 고통으로부터 자유를 주는 가능성에 이르기까지 독특한 다른 모습을 경험하게 될 것이다.

실존주의 코치의 주요 역할은 고객과 함께 그리고 고객을 위해 존재해 주는 데 있다. 고객과 함께 존재함으로써 고객이 표출하는 세계관을 받아들이고 그것에 대해 존중을 표시한다. 이렇게 함으로써 실존주의 코치는 고객의 세계관에 도전하지만, 평가하지 않고 서술 중심의 탐색을 기꺼이 하고자 한다는 점을 표현한다.

실존주의 코치가 활용하는 방법은 크게 현상학적 방법과 서술적으로 질문하기(descriptive questioning)이다. 먼저, 현상학적인 방법은 세 단계, 즉 괄호 치기(bracketing), 서술하기(description), 수평화(horizontalization)로 나누어 진행하는 방법이다. 첫 번째 단계인 괄호 치기는 코치들이 기대하는 것과 가정, 그리고 고객에 대한 편견과 선입견을 가두는 것(잠시 괄호 치는 것)이다. 두 번째 단계는 고객에게 서술하거나 설명하지 말라는 것이다. 코치 자신이 선호하는 이론이나 가정들을 바탕으로 고객의 고민이나 이슈들을 분석하거나 변화시키려고 시도하기보다 고객의 세계관을 그가 구체적으로 서술하도록 하고, 고객의 정보에 집중하여 탐색하는 것이다. 세 번째 단계는 고객이 진술한 경험에 대해 근거 없이 구조화하거나 조직화하지 말고

42) Spinelli, E.(2018). Existential Coaching. In Cox, E., Bachkirova, T., & Clutterbuck, D.(Eds.). *The Complete Handbook of Coaching*(3rd Ed.). London: Sage Publications. 84-88에서 발췌, 인용.

43) Spinelli, E.(2018). 앞의 책. 88-91에서 발췌, 인용.

각각의 경험을 동등하게 취급하고 미리 성급하게 결론을 내리지 않는 것이다.

다음, 서술적으로 질문하기는 고객들이 느끼는 경험에 대한 관계를 구체화하려는 시도에 관심을 더 가지는 것이다. 이때 사용하는 방법은 신체의 한 부분 또는 전체에서 막혀 있다는 느낌의 경험을 찾아보도록 돕는 '형상화'(embodiment), 막혀 있다는 경험을 모양, 물건, 소리, 색깔, 노래, 어떤 말 등으로 표현하도록 하는 '은유적 균등화'(metaphorical equivalence), 고객에게 연극의 무대 장면에 세우고 자세한 사항들을 다시 집어내도록 하는 '이야기 무대 장면'(narrational scene setting)과 같은 것이다.

4) 실존주의 코칭의 강점과 한계

일반적으로 실존주의 코칭은 반성적이고 탐색적이며 도전적인 특질을 가치 있게 생각하는 고객들에게 큰 도움을 줄 수 있어서 다양한 장르의 코칭에 작용할 수 있다. 예컨대, 어떤 고객이 의미와 방향성을 상실하거나 다양한 전문적인 또는 개인적인 상황에서 갑작스럽게 큰 변화에 직면하여 삶에서 위기의 지점에 다다랐을 때, 이질적인 문화로 처음 들어간 고객이나 어떤 조직이나 문화 속에서 비주류그룹의 구성원에 속하는 고객들에게 특별한 가치가 있다. 실존주의 코칭이 고객이 삶에 대한 자신의 관점을 이해하고 그 관점 자체가 고객의 감정과 행동에 어떻게 영향을 미치는지를 더 잘 이해하는 데 관심이 많다는 것은 큰 장점이다.[44] 선행연구에 따르면, 실존주의 코칭은 삶과 일터에서의 의사결정[45], 경력 개발[46], 리더십 개발[47], 그리고 스트레스 감소[48] 등에 효과적인 것으로 나타났다.[49]

하지만, 실존주의 코칭은 성과 중심적인 해결책에 기울어져 있는 고객들에게는 적용하기

---

44) Spinelli, E.(2018). Existential Coaching. In Cox, E., Bachkirova, T., & Clutterbuck, D.(Eds.). *The Complete Handbook of Coaching*(3rd Ed.). London: Sage Publications. 91-92에서 발췌, 인용.

45) LeBon, T., & Arnaud, D.(2012). Existential coaching and major life decisions. In E. van Deurzen & M. Hanaway(Eds.). *Existence perspectives on coaching*. London: Palgrave Macmillan. 47-59.

46) Pullinger, D.(2012). Career development as a life changing event. In E. van Deurzen & M. Hanaway(Eds.). *Existence perspectives on coaching*. London: Palgrave Macmillan. 60-71.

47) Jopling, A.(2012). Coaching leaders from an existence perspective. In E. van Deurzen & M. Hanaway(Eds.). *Existence perspectives on coaching*. London: Palgrave Macmillan. 72-83.

48) Kurm, A. N.(2012). How can ideas from the existential approach enhance coaching for people with work-related stress?. *International Journal of Evidence Based Coaching and Mentoring*, Special Issue No. 6. 57-71.

49) 실존주의 코칭에 특별히 초점을 맞춘 국내외 문헌은 드물다. 하지만 실존주의 코칭에서 다루는 많은 아이디어와 실천양식은 실존주의 심리학과 심리치료를 다루는 문헌에서 구체화한 부분을 찾을 수 있고, 다음 문헌들을 참고할 수 있다. 최혜미(2020). 집단따돌림 경험을 가진 대학생 상담을 위한 통합적 상담 제안. **연세상담코칭연구**, 13, 119-139; Deurzen, E. van(2001). *Existential counseling and psychotherapy in practice*. London: Sage; Jacobsen, B.(2007). *Invitation to existential psychotherapy*. Chichester: Wiley; Spinelli, E.(1997). *Tales of un-knowing: Therapeutic encounter from an existential perspectives*. Hay-On-Wye: PCCS Books; Spinelli, E.(2007). *Practising existential psychotherapy: The relational world*. London: Sage.

어려운 한계가 있다. 즉, 실존주의 코칭은 고객이 광범위한 철학적 생각과 실천적 양식들에 몰입할 것을 요청하는데, 이런 것에 전혀 관심 없는 고객들이나 코치들의 관심을 끌지 못한다.

현재 시점에서 실존주의 코칭에 특별히 초점을 둔 문헌은 드물지만[50], 앞으로 국내를 비롯하여 그 경험적 증거의 기반을 더 발견할 필요가 있다.

2.3 개인 수준의 이론과 코칭

우리는 앞서 1장에서 심리학은 코칭과 밀접한 관련이 있다고 언급했다. 잠시 그 논의를 요약하면 다음과 같다. 인간의 행동과 사고 등을 포함한 심리 과정을 연구하는 심리학에서 발견되고 정리된 다양한 개념과 원리 등은 인간이 관계된 모든 분야에 걸쳐 중요한 역할을 하며, 해당 분야의 지식 기반 구축에 적지 않은 영향력을 미치고 있다. 그리고 심리학에서 주요한 부분을 차지하는 이론이나 앞으로 소개할 정신역동학적 접근 등이 실제 코칭 장면에서 활용되거나 코칭 이론에서 일정 부분의 역할을 하는 것은 부인할 수 없는 현실이다. 특히, 심리학 기반의 배경을 가진 학자들이나 전문코치들 사이에서 심리학의 중요성을 명시적으로 강조하고 있고, 학부에서 심리학을 전공했거나 상담(심리)학 관련 분야에 종사하는 코치들 역시 이런 주장에 암묵적으로 동의하는 것도 그런 배경에서 이해할 수 있다.

하지만, 정신역동학을 포함한 심리학 관련 이론들이 하나의 코칭 이론으로 적절한 것인지를 논하는 것은 코칭 영역에서 이와 관련된 구체적인 합일된 의견이 없는 현재 상황에서 충분히 논쟁거리가 될 수 있다. 이것은 코칭 연구자나 전문코치들 사이에 엄격한 분석과 치열한 검토를

50) Bluckert, P.(2006). *Psychological dimensions of executive coaching*. Berkshire: Open University Press; Jacob, Y.(2019). *An Introduction to Existential Coaching: How Philosophy Can Help Your Clients Live with Greater Awareness, Courage, and Ownership*. Oxfordshire: Routledge(박신후 역, 2021. **실존주의 코칭 입문: 알아차림 · 용기 · 주도적 삶을 위한 철학적 접근**. 서울: 한국코칭수퍼비전아카데미); Jopling, A.(2012). Coaching leaders from an existence perspective. In E. van Deurzen & M. Hanaway(Eds.). *Existence perspectives on coaching*. London: Palgrave Macmillan. 72-83; Kurm, A. N.(2012). How can ideas from the existential approach enhance coaching for people with work-related stress?. *International Journal of Evidence Based Coaching and Mentoring*, Special Issue No. 6. 57-71; LeBon, T., & Arnaud, D.(2012). Existential coaching and major life decisions. In E. van Deurzen & M. Hanaway(Eds.). *Existence perspectives on coaching*. London: Palgrave Macmillan. 47-59; Mandic, M.(2012). Authenticity in existential coaching. In E. van Deurzen and M. Hanaway(Eds.). *Existential perspectives on coaching*. London: Palgrave Macmillan. 21-31; Pullinger, D.(2012). Career development as a life changing event. In E. van Deurzen & M. Hanaway(Eds.). *Existence perspectives on coaching*. London: Palgrave Macmillan. 60-71.

통해 논의를 이어가야 하는 과제로 남아 있는 상태이다. 즉, 적어도 심리학의 어떤 몇 가지 분야가 코칭 장면과 코칭학의 이론체계 구축에 적절하고 유용한지에 대한 의미 있는 결론을 언젠가는 내릴 필요가 있다. 만약 그런 일을 시도하지 않는다면, 코칭과 관련된 긍정적이고 고무적인 확산 추세라는 현실과 관계없이 코칭학은 항상 심리학의 아류(亞流) 정도로 인식될 가능성이 있고, 이것은 현재와 미래에 진행될 코칭학의 이론체계 구축에 큰 영향을 미칠 것이다.

이런 차원에서 본 필자의 현장 코칭 경험과 학문적 견해를 바탕으로 볼 때, 정신역동학 등을 비롯한 심리학 이론 자체를 받아들여서 코칭 장면에 그대로 사용하기보다 그들 개념과 핵심사항 등을 적절하게 원용하고 가공하여 코칭과 관련된 새로운 개념을 개발, 발굴하는 방향으로 접근하는 노력이 필요하다고 생각한다. 다만, 이 책에서 심리학적으로 의미 있는 중요한 발견과 논의의 산물을 일부라도 소개하는 것은 그것을 잘 활용하는 전문코치나 학자들이 있고, 국내 상황으로 볼 때 개념 차용의 현실을 막을 수 없으며, 코칭 영역에서도 전문코치들의 다양한 학문적 배경과 문화적 배경 등을 존중하는 경향이 있기 때문이다.

따라서 여기에서는 심리학의 주요 이론 가운데 코칭 현장에서 코치와 고객 사이에서 발생하는 다양한 현상과 모습을 이해하는 데 도움이 되는 선행연구 결과를 선별하여 소개하고자 한다. 그 가운데 정신역동학적 접근, 인지행동 코칭에 대해 간략하게 소개하고, 자기효능감 이론, 자기결정성 이론, 동기 이론이 코칭과 어떤 연관이 있는지에 초점을 맞추어 관련 내용을 소개할 것이다.

1. 정신역동학적 접근

1) 코칭과 정신역동학

정신역동학(또는 정신역학, Psycho-dynamic)은 인간의 정서적이고 동기적인 힘들의 상호작용에 관한 분야로 정신분석학에서 발달했다. 인간 행동의 무의식적 과정의 역할에 초점을 두고, 특별히 인간 정신의 여러 가지 다른 부분들 사이의 역동적 관계에 주목한다. 즉, 정신이 행동을 어떻게 자극하는지, 정신과 행동이 개인의 사회환경과 어떻게 서로 영향을 주고받는지를 강조하는 이론이다. 요약하면, 인간 심리 현상의 배후에 본인이 의식하지 못하는 무의식적 동기나 의도가 관여하고, 이 무의식적 동기나 의도는 서로 투쟁함으로써 갈등이 야기되고, 인간 행동은 이 갈등 간의 타협으로 이해할 수 있다는 이론이다.[51)]

정신역동학은 프로이트(Freud, S.)가 주장한 초기 이론을 발판으로, 후대 학자들이 비판적이고 건설적으로 발전시킨 이론들이다. 융(Jung, C. G.)의 '분석적 심리학'(Analytical psychol-

51) Leon, J. S.(이근후 역, 2008). 정신역동적 정신치료. 서울: 하나의학사.

ogy), 아들러(Adler, A.)의 '개인 심리학'(Individual psychology), 프로이트의 딸인 아나 프로이트(Freud, A.)의 '자아 심리학'(Ego psychology), 클라인(Klein, M.)의 '대상 관계 이론'(Object relation theory) 등을 포함한다. 그리고 1960년대 이후 '증거 기반'(Evidence based)을 중시하는 학자들의 이론과 연구로 발전해 왔다.[52] 이런 역사적 배경과 선행연구를 바탕으로 정신역동학의 내용을 간단하게 소개하고자 한다.[53]

2) 정신역동학적 접근의 핵심 가정

첫 번째 가정은, 인간 행동이 무의식적 동기에 의해 강력한 영향을 받는다는 것이다. 이것은 코치가 코칭을 진행할 때, 고객에게 무엇이 암묵적이고, 고객에게 무엇이 숨겨져 있거나 사각지대에 놓여 있는지에 대해 계속해서 호기심을 가져야 한다는 의미이다. 두 번째 가정은, 많은 인간 행동은 과거 경험에 따라 무의식적으로 형성된다는 것이다. 이것은 코치가 고객과 코칭 대화를 나눌 때, 고객의 과거 경험에 관해 얘기하도록 질문하고 과거와 현재 상황 사이의 연결 부분을 탐색해야 한다는 의미이다. 세 번째 가정은, 인간 정신의 서로 다른 부분은 서로 갈등을 일으킬 수 있다는 것이다. 이것은 코치가 고객의 말과 행동이 일치하지 않는 것에 관심을 지니고, 고객 속에 혼재된 갈등을 유발하는 감정들을 인식하도록 독려해야 한다는 의미이다. 네 번째 가정은, 사람들 사이에 무의식적 의사소통이 존재할 수 있다는 것이다. 이것은 코치 자신이 가진 고유한 신체적 감각과 감정을 통해 고객과 무의식적으로 의사소통하는 것을 충분히 활용한다는 의미이다.

3) 정신역동학적 접근의 핵심 개념

첫째, 무의식(unconsciousness)이라는 개념이다. 무의식은 의식(consciousness)과 전의식(pre-consciousness)을 함께 이해해야 한다. 먼저, 의식은 우리가 느끼고 이해하며 기억할 수 있는 모든 경험과 감각을 말한다. 그런데 우리가 무언가를 인식하더라도 찰나에 불과하다. 시간이 지나거나 다른 곳으로 주의를 집중하면 그 의식 내용은 전의식이나 무의식으로 숨어 들

52) 김성준 · 이중학 · 채충일(2021). 리더십 연구의 정신역동적 접근 모색. 리더십연구, 12(2), 3-42에서 발췌, 인용.

53) 김성준 외(2021). 앞의 글. 3-42에서 발췌, 인용; Adler, K. A., & Deutsch, D.(1959). *Essays in individual psychology: Contemporary application of Alfred Adler's theories*(Vol. 180). NY: Grove Press; Freud, A.(1936). *The ego and the defense mechanisms*. ff. Psycho. Verlag. Vienna, 126; Fulmer, R.(2018). The Evolution of the Psycho-dynamic Approach and System. *International Journal of Psychological Studies*, 10(1): 1-6; Jung, C. G.(1928). *Contributions to analytical psychology*. Brace: Harcourt; Klein, M.(1950). On the criteria for the termination of a psycho-analysis. *International Journal of Psycho-Analysis*, 31: 78-80; Lee, G.(2006). The Psycho-dynamic Approach to Coaching. In Cox, E., Bachkirova, T., & Clutterbuck, D.(Eds.). *The Complete Handbook of Coaching*. London, Sage Publications Ltd. 4-15.

어가 잠재해 있다. 다음, 전의식은 바로 의식되지는 않지만, 개인이 노력하면 기억을 떠올릴 수 있는 경험과 기억을 말한다. 흔히 의식과 무의식 중간에 있는 것이라 여겨지곤 한다. 반면, 무의식은 의식이나 전의식과는 달리 쉽게 떠오르거나 기억하거나 감각되지 않는다. 인간 정신의 가장 깊은 곳에 내재해 있으면서 개인의 동기, 태도, 그리고 행동에 영향을 미친다. 인간의 많은 경험과 기억들은 인지적 노력으로 접근하여 가용할 수 있지만, 한 개인의 비합리적이고 비이성적인 충동과 행동은 의식의 세계만으로는 해석하기 어렵다. 정신역동학에서는 비이성적인 행동의 근원으로서 무의식에 주목하고 있다.[54)]

무의식적인 정신 현상에 대한 증거들은 실험 연구나 현장 연구를 통해 제시되고 있다. 특히 경영학 분야에서는 마케팅 영역에서 소비자들의 무의식적인 반응과 행동을 논의하거나 실증을 통해 증명했고[55)], 경영전략 학자들이 경영진의 직관(intuition)과 통찰(insight)을 논의하거나[56)], 경영자의 편견(bias)을 다루면서[57)] 이 개념을 활용했다.[58)]

정신역동학적 접근에 따른 코칭의 잠재력은 무의식적인 부분을 의식적인 것으로 만들게 함으로써 자기인식을 증대시키고, 고객이 자신을 제약하는 방식들을 이해하며, 증대된 자기인식과 자유를 통해 어떻게 새로운 도전에 접근할 수 있을지를 학습하는 것이다. 그리고 코칭 장면에서 코치의 역할은 고객의 감정 조절 능력을 확장하여 방어적 전략에 대한 욕구를 감소시키고, 감정에 그대로 반응하기보다 생각할 수 있도록 하는 것이다. 이런 과정을 통해 코치는 고객이 자신의 감정을 경험하고 언어로 표현할 수 있는 공간을 만들어 냄으로써 고객의 감정은 면밀하게 들여다보고 이해할 수 있는 현상이 되는 것이다.[59)]

둘째, 방어 기제(defense mechanism)라는 개념이다. 이 단어는 프로이트(Freud, S.)가 처음

---

54) 김성준 · 이중학 · 채충일(2021). 리더십 연구의 정신역동적 접근 모색. **리더십연구**, 12(2), 11에서 발췌, 인용; Kets de Vries, M. K., & Engellau, E.(2010). A clinical approach to the dynamics of leadership and executive transformation. In N. Nohria, & R. Khurana(Eds.), *Handbook of leadership theory and practice*, 183-222. Boston: Harvard Business Press; Levy, K.(2009). Psycho-dynamic and psychoanalytic psychotherapy. *Clinical psychology: Assessment treatment and research*, 181-214; Wright, J.(1993). Humanistic/object relations counseling: A personal integration. *TCA Journal*, 21(1), 39-54.

55) Greenwald, A. G.(1992). New Look 3: Unconsciousness cognition reclaimed. *American Psychologist*, 47(6), 766-779; Kihlstrom, J., Barnhardt, T., & Tatayn, D.(1992). The Psychological Unconsciousness: Found, Lost, and Regained. *American Psychologist*, 47(6), 788-791; Loftus, E. F., & Klinger, M. R.(1992). Is the unconsciousness smart or dumb?. *American Psychologist*, 47(6), 761-765.

56) Issack, T S.(1978). Intuition: An ignored dimension of management. *Academy of Management Review*, 3(4), 917-922; Simon, H. A.(1987). Making management decisions: The role of intuition and emotion. *Academy Management Perspectives*, 1(1), 57-64.

57) Weber, L., & Wiersema, M.(2017). Dismissing a tarnished CEO?: Psychological mechanisms and unconsciousness biases in the board's evaluation. *California Management Review*, 59(3), 22-41.

58) 김성준 외(2021). 위의 논문. 12에서 발췌, 인용.

59) Lee, G.(2006). The Psycho-dynamic Approach to Coaching. In Cox, E., Bachkirova, T., & Clutterbuck, D.(Eds.). *The Complete Handbook of Coaching*. London, Sage Publications Ltd. 4-5.

사용한 이래[60], 임상에서 관찰되어 발전한 개념이다. 이것은 인간의 마음이 자동으로 내적인 갈등과 외적인 스트레스에 대처하는 방식이다. 정신역동학 이론가들은 인간은 누구나 방어 기제를 가지고 있다고 가정하고, 한 개인이 사용하는 방어 기제를 알면 그에 대한 많은 정보와 시사점을 얻을 수 있다고 주장한다. 방어 기제 존재 자체가 비정상적이거나 병리적 증상을 의미하는 것은 아니고, 그것이 성숙하지 못한 채 경직되어 있거나 반복해서 같은 기제를 활용할 때 병리적이라고 본다.[61]

프로이트는 주로 억압(repression)만을 다루었지만, 그의 딸 아나 프로이트(Freud, A.)는 9개 유형으로 확장, 기술했다.[62] 그밖에 다른 학자들은 원시적 방어(primitive defense)의 10개 유형[63], 고차원적 신경증 방어(higher-level neurotic defense)의 10개 유형[64], 그리고 성숙한 방어(mature defense)의 6개 유형[65]으로 구분하기도 한다. 방어 기제는 실험심리학, 사회심리학, 신경과학 등의 분야에서 상당한 증거를 축적해 왔다.[66]

코칭에서는 고객이 보이는 이런 방어 기제를 구체적으로 명명하는 것이 중요한 목적이 아니다. 고객이 언제 방어 기제를 실행할지를 이해하는 것에 초점을 둔다. 즉, 고객이 문제가 있다고 느끼거나 격한 감정에 휩싸인 심리적 상태에 놓여 있다는 단서를 포착하는 것이 필요하다. 예컨대, 조직 내에서 고객들은 자신을 속상하게 만드는 다른 사람과의 관계 문제를 다루는 방식으로 지식화(intellectualization)를, 조직 차원의 어떤 실패에 대해 타 부서를 책망하는 방식으로 투사(projection)를, 걱정을 불러일으키는 주요한 이슈와 씨름하기보다는 중요하지 않은 자질구레한 것들을 다루면서 바쁜 척하는 방식의 회피 행동(displacement)을 활용한다. 이때 코치는 신뢰와 지지를 바탕으로 고객의 기저에 있는 감정적 이슈에 대해 이해할 수 있으며, 고

60) Freud, S.(1894). The neuro-psychoses of defense. *The Standard Edition of the Complete Works of Sigmund Freud*, 3, 43-61.

61) Lee, G.(2006). The Psycho-dynamic Approach to Coaching. In Cox, E., Bachkirova, T., & Clutterbuck, D.(Eds.). *The Complete Handbook of Coaching*. London, Sage Publications Ltd. 5-6.

62) 그녀는 퇴행(regression), 반동 형성(reaction formation), 취소(undoing), 내사(introjection), 동일시(identification), 투사(projection), 자신에게로 향함(turning against the self), 역전(reversal), 그리고 승화(sublimation)를 제시했다. 이것들에 대한 자세한 정의와 설명은 다음에 소개하는 책을 참조할 수 있다. Freud, A.(1937). The Ego and Mechanisms of Defense. *The International Psycho-analytical Library*, No. 30.

63) 원시적 방어에는 분열(splitting), 투사적 동일시(projective identification), 투사(projection), 부정(denial), 해리(dissociation), 이상화(idealization), 행동화(acting out), 신체화(somatization), 퇴행(regression), 분열적 환상(schizoid fantasy)을 포함한다.

64) 고차원적 신경증 방어는 내사(introjection), 동일시(identification), 이동(displacement), 지식화(intellectualization), 감정의 고립(isolation of affect), 합리화(rationalization), 성애화(sexualization), 반동 형성(reaction formation), 억압(repression), 취소(undoing)를 포함한다.

65) 성숙한 방어는 유머(humor), 억제(suppression), 금욕(asceticism), 이타주의(altruism), 예견(anticipation), 승화(sublimation)를 포함한다.

66) Levy, K.(2009). Psycho-dynamic and psychoanalytic psychotherapy. *Clinical psychology: Assessment treatment and research*, 181-214에서 발췌, 인용.

객이 느끼는 감정의 본질과 기원, 감정의 심화 등이 현재의 행동과 수행에 미치는 영향을 탐색할 수 있다.

코치는 실제 코칭에서 고객이 방어 기제를 보이는 모습을 접할 수 있다. 특히, CEO나 임원 등을 대상으로 진행되는 리더십 코칭에서 성숙한 방어 기제인 유머, 승화(sublimation), 이타주의 및 억제 등을 확인할 수 있다. 이때 코치는 그들의 방어 특성이 어떻게 변혁적 리더십, 진성 리더십, 그리고 섬김 리더십으로 발휘되는지를 탐구할 수 있고, 고객 스스로 자신이 갖기를 바라는 리더십 유형을 수행하도록 효과적으로 지원할 수 있다. 물론 고객에 따라서는 다른 방어 기제 유형, 특히 부정적 방어 기제를 보이기도 한다. 리더의 어둡고 부정적인 특성을 논할 때, 방어 기제는 풍성한 논의 원천을 제공할 수 있을 것이다. 그런 차원에서 애플의 전 CEO이자 공동 창업자였던 스티브 잡스(Jobs, S.)의 비합리적인 행동을 설득력 있게 해석할 수 있는 것도 방어 기제와 관련이 있고, 이와 관련된 국내 사례도 찾을 수 있다.

> "스티브 잡스는 세상에 태어나자마자 그 당시 스물세 살이었던 생물학적인 아버지로부터 버림을 받았고, 그를 낳아준 어머니는 곧바로 자기 아들을 입양 보냈다. 그는 부모가 자신을 버렸다는 사실에 상처를 받았다. 어릴 적 그의 친구들은 그가 버림받은 일, 그리고 그것이 자신에게 준 고통에 관해 얘기를 많이 했다고 증언한다. 자신이 입양되었다는 사실을 극복하기 위해 몸부림쳐야만 했다. 아버지와 똑같은 스물세 살의 나이에 여자친구를 사귀었는데 얼마 후 그녀가 임신했다는 소식을 들었다. 그는 임신 사실을 애써 외면하고자 했다. 낙태를 권하지는 않았지만, 태어난 아이가 자신의 딸이 아니라고 부인하였다. 심지어 DNA 검사로 친자일 가능성이 매우 크다는 결과가 나왔어도 이를 부정하였다. 몇 년 동안이나 법적으로도 자신의 딸을 인정하지 않았다. Sandler(2011)는 이와 같은 형태의 방어 기제를 '투사적 동일시'(projective identification)로 구분한다. 스티브 잡스는 부모로부터 버림받은 상처가 오랜 아픔으로 남아 있었다. 그리고 딸의 내면에서도 그와 같은 버림받은 감정을 그대로 느끼도록 무의식적으로 행동한 것일 수 있다. 투사적 동일시는 생물학적인 아버지를 향해서도 나타난다. 스티브 잡스는 크게 성공을 거둔 뒤에 친아버지가 어디에 살고 있는지 알고 있었다. 그리고 그 친아버지가 자신을 보고 싶다고 한다는 것을 주변 사람들을 통해 알고 있었다. 하지만 잡스는 췌장암으로 죽을 때까지 친아버지의 존재 자체를 무시한다. 어릴 적 아버지로부터 버림받은 감정을 친아버지 내면에서도 똑같이 경험하도록 만들었을 수 있다. 즉, 아들로부터 버림받은 감정을 아버지가 느끼게 하도록 한 것일 수 있다."[67]

셋째, 전이(transference)라는 개념이다. 전이는 한 사람이 다른 사람에게 갖는 느낌과 충동의 총합을 말한다.[68] 즉, 전이는 한 사람이 과거의 경험을 토대로 다른 사람들에 대해서 갖는 암묵적 가정이다. 이것은 새로운 사람과 관계를 맺으면서 생겨난 것이 아니라, 과거에 습득한

67) 김성준 · 이중학 · 채충일(2021). 리더십 연구의 정신역동적 접근 모색. 리더십연구, 12(2), 18에서 발췌, 인용; Sandler, C.(2011). *Executive Coaching: A psycho-dynamic approach*. London: McGraw-Hill Education.

68) Cabaniss, D. L.(2016). *Psycho-dynamic Psychotherapy: A Clinical manual*. NY: John Wiley & Sons.

반복적인 강박적 행동이 다시 나타나는 현상이다. 달리 말하면, 과거 경험에서 형성된 관계형 스키마(relational schemata)가 현재 다른 사람들을 대하는 태도로 활성화된 정도를 말한다.[69] 예컨대, 한 고객이 일상생활에서 자신을 못마땅해 하는 부모가 얼굴을 찌푸리는 것을 경험했다면, 실제 코칭 장면에서 코치가 혼란스러운 표현으로서 얼굴을 찌푸리는 것을 자신을 못마땅하게 여긴다고 생각할 수 있다. 전이라는 현상이 존재한다는 증거는 심리치료 과정에 관한 연구들이나 인지 및 사회심리학 연구들에서 확인할 수 있다.

우리가 코칭 장면에서 전이에 주목하는 것은 다른 사람에게도 같은 방식으로 반응할 가능성이 있기 때문이다.[70] 즉, 고객이 과거에 맺었던 중요한 관계에서 얻은 느낌을 코치에게 무의식적으로 옮겨 놓은 현상을 자주 목격한다. 코칭 장면에서 전이가 종종 관찰된다. 예컨대, 고객이 무의식적으로 마치 상사나 동료 또는 부모인 것처럼 코치에게 행동할 때, 전이가 발생한다. 이때 코치가 고객에게 어떻게 인식되고 고객이 어떻게 관련되어 있는지를 계속해서 주시한다면, 코치는 고객이 다른 사람이나 자신의 어떤 측면을 코치에게 전이하고 있는지를 이해할 수 있게 된다.

전이와 관련된 모습은 리더십 코칭 장면에서도 가끔 확인할 수 있다. 임원은 조직의 성공 여부를 결정짓는 중요한 사람들이고, 그들의 리더십 실패는 조직에 큰 영향이나 타격을 줄 수 있다. 그런 차원에서 수많은 기업에서 임원의 리더십 역량 개발과 관련하여 코칭을 도입했고, 결과적으로 코칭이 임원들의 리더십 역량 개발에 미치는 효과를 검증한 연구도 많이 축적되었다.[71]

> "그 여성인 리더는 코칭을 시작할 때부터 매우 긍정적인 태도를 보였다. 코치가 무엇을 말하든 존경스러운 태도로 이야기를 들었고, 다른 사람들에게도 그녀가 정말 훌륭한 코치를 만난 것에 기쁨을 표하곤 하였다. 그런데 문제는 그녀가 상사와 선배들에 대해서는 항시 긍정적인 견해를 표하지만, 그의 동료들에 대해서는 가차 없이 비판하는 행동이 일관되게 나타났다는 점이다. 그녀는 어릴 적부터 여러 자매와 경쟁해야 했고, 부모에게는 긍정적인 자세로 오로지 순종해야만 하는 환경에서 자라왔다. 이로 인해, 그 여성인 리더는 직장에서도 부모와 같은 권력자에게는 매우 긍정적인 태도로, 업무 동료들에게는 매우 경쟁적이고 비판적인 태도로 반응해 왔다. 코칭 장면에서도 코치를 권력자로 인식하고, 과거에 맺었던 중요한 관계에서 체득한 자동화된 반응을 코치에게 무의식적으로 옮겨 놓았다"[72]

> "리더십 코칭 장면에서 성과 부진에 헤매는 조직을 맡아서 문제를 해결해야 하는 책임을 맡은 임원을 코칭하였다. 회생시키거나, 팔아넘기거나, 청산하거나, 여러 선택지를 검토해야 했다. 그러나 그의 상

69) 김성준 · 이중학 · 채충일(2021). 리더십 연구의 정신역동적 접근 모색. 리더십연구, 12(2). 23에서 발췌, 인용.
70) Cabaniss, D. L.(2016). *Psycho-dynamic Psychotherapy: A Clinical manual*. NY: John Wiley & Sons.
71) Blackman, A., Moscardo, G., & Gray, D. E.(2016). Challenges for the theory and practice of business coaching: A systemic review of empirical evidence. *Human Resources Development Review*, 15(4), 459-486.
72) Sandler, C.(2011). *Executive Coaching: A psycho-dynamic approach*. London: McGraw-Hill Education.

사인 CEO는 구체적인 기준과 지침 주기를 꺼리는 것처럼 보였다. 그 임원은 CEO가 자신을 수단적으로 이용하고 있다고 생각했고, 그에 상당한 분노와 무력감을 느끼고 있었다. 그 감정의 원인을 살펴보니, 그의 과거에 트라우마와 같은 원형이 존재했다. 그의 삼촌이 친할아버지, 아버지와 어머니를 수단적으로 이용하여 어릴 때부터 어려운 형편에 살아와야만 했었다. 그는 삼촌과의 관계에서 형성된 감정적 경험을 고스란히 현재 CEO에게 투사하고 있었다."[73]

4) 정신역동학적 접근의 방법과 기술(technique)[74]

첫째, '안아주는 환경을 만들고 유지하기'라는 방법이 있다. 이것은 고객이 자신의 얘기를 편하게 코치에게 할 수 있도록 심리적 · 물리적 공간을 제공하고, 그것을 잘 유지하는 것을 말한다. 코칭을 시작하면서 명확한 기대사항을 설정하는 것, 현재에도 계속되는 과거의 경험, 그런 경험으로부터 체득한 학습 패턴 등을 포함하여 고객이 자신의 삶에 대해 모든 것을 얘기할 수 있도록 자유롭고 창의적인 공간을 제공하는 것이다.

둘째, '개인적인 이야기(personal stories) 도출하기'라는 방법이 있다. 대부분의 코칭은 현재 무슨 일이 일어났는지에 대해 관심을 두지만, 정신역동학적 접근에서는 고객의 과거 경험을 탐색하고 그것을 현재 상황과 연결할 가능성을 탐색하는 것도 원한다. 이것은 고객에게 어느 한 회기(session)에서 현재까지의 자신의 삶을 구체적으로 말하게 함으로써 그것들이 고객을 어떻게 형성할 수 있었는지를 파악하는 방법으로 진행된다. 또한, 고객을 관찰하면서 무의식적인 단서들을 통해 그가 자신에 대해 어떻게 얘기하는지, 무엇에 사로잡히고 무엇을 얼버무리는지에 대해 기록하는 방법을 활용할 수도 있다.

셋째, '침묵 활용과 자기성찰 하기'라는 방법도 사용된다. 코칭에서 코치와 고객이 성찰하는 시간을 가져야 하고 서로의 유대관계를 확인하고자 할 때, 침묵의 가치를 발견하는 것은 의미 있는 일이다. 구체적으로 코치는 잠깐 시간을 멈추고 말하기 전에 성찰하는 시간을 가질 수 있고, 고객에게 침묵에 대해 어떻게 느끼는지를 질문하거나 잠시 시간을 멈추고 고객 자신을 성찰하는 것(introspection)에 대해 어떻게 느끼는지를 확인하는 방법을 활용할 수 있다. 또한, 고객에게 자기성찰의 유용성을 안내하는 방법도 있다. 고객이 자신의 신체 감각과 감정을 조절하도록 도움을 주는 시간을 할애하는 자기성찰은 코칭에서 큰 도움이 된다. 대개 고객들은 자신을 돌아볼 시간이 많지 않아서 그 방법을 학습할 필요가 있다.

넷째, '과거와 현재 사이의 연결 만들기'라는 기법도 활용된다. 이것은 코치가 고객이 통합된

---

73) Kilburg, R. R.(2007). When shadows fall: Using psycho-dynamic approaches in executive coaching. In R. R. Kilburg, & R. C. Diedrich(Eds.), *The wisdom of coaching: Essential papers in consulting psychology for a world of change*, 185-205. Washington: American Psychological Association.

74) Lee, G.(2006). The Psycho-dynamic Approach to Coaching. In Cox, E., Bachkirova, T., & Clutterbuck, D.(Eds.). *The Complete Handbook of Coaching*. London, SAGE Publications Ltd. 7-10에서 발췌, 인용.

자기인식을 하고 자신의 현재 모습이 지금과 같은지에 대해 스스로 이해하고 개발하도록 돕는 것이다. 다시 말하면, 고객들이 단순히 현재 상황과 공감대를 형성하는 것이 가능한 과거의 경험을 탐색하도록 안내함으로써 고객 스스로 연결을 만드는 것이다. 그러면 고객은 자신의 행동을 이끄는 무의식적인 의제(agenda)를 이해함으로써, 자신이 겪고 있는 이슈를 객관적으로 바라볼 수 있고 나아가 그것을 해결하는 방법을 구별할 수 있게 된다.

5) 정신역동학적 접근의 강점과 한계

정신역동학적 접근은 코칭 장면에서 발생하는 상호작용의 기저에 실질적으로 무엇이 작동하는지에 대한 통찰을 제공한다. 특히, 고객이 코칭 목표를 세우고 그것을 달성하도록 하는 과정에서 무의식의 역할을 이해하는 데 비교 불가한 자원을 제공한다. 또한, 고객이 자신의 의미 형성 패턴의 근원을 탐색하는 데 흥미를 갖도록 하고, 고객의 심리적 억제(psychological containment)에 대한 깊은 경험을 제공함으로써, 자신을 성찰하고 지속적인 전환을 위해 무엇을 해야만 할지를 준비하는 맥락에서 적절한 역할을 한다.[75] 선행연구에 따르면, 정신역동학적 접근은 성과 코칭(performance coaching), 임원진에 대한 리더십 코칭(leadership coaching), 팀 코칭(team coaching) 및 이문화(異文化) 코칭(cross cultural coaching) 등에서 적절하게 활용될 수 있다.[76]

하지만 정신역동학적 접근은 다음과 같은 한계도 있다.

첫째, 이런 접근방법을 필요하다고 생각하지 않는 고객이 많다는 점이다. 즉, 대개 고객들은 과거로부터 학습된 패턴에 대해 깊게 파고들 필요 없이 현재와 미래에 초점을 두는 접근방법을 더 선호한다는 것이다. "왜 그것을 원하는가?"(과거)라는 심리 분석적 질문보다 "어떻게 할 수 있는가?"(현재), "무엇을 원하는가?"(미래)라는 질문을 더 유용하다고 생각하는 사람들이 많다는 점이다.[77] 실제 코칭 장면에서 고객의 과거에 대해 별로 관심이 없다는 견해를 가진 전문 코치들이 적지 않다. 즉, 코칭에서 고객에게 과거의 경험에 대해 자세하게 얘기하게 함으로써 그의 기저에 있는 묵은 감정이나 느낌을 끄집어 내는 것이 과연 적절한지 의문을 가지는 전문 코치들도 있다. 코칭을 진행하는 과정에서 고객의 과거보다 현재와 미래에 더 초점을 맞추고 코칭을 진행하는 것이 대체적인 현재 추세라면, 독자나 전문코치들은 코칭 현장에서 정신역동학적 접근법을 적용할 것인지에 대해 추가로 고민할 필요가 있다.

둘째, 정신역동학적 접근은 고객의 문제에 관심을 둘 가능성이 있어서 그가 지닌 강점의 가치를 외면할 수 있다는 점이다. 정신역동학적 접근법을 활용하는 전문코치들은 고객이 문제해

---

75) Lee, G.(2006). The Psycho-dynamic Approach to Coaching. In Cox, E., Bachkirova, T., & Clutterbuck, D.(Eds.). *The Complete Handbook of Coaching*. London, Sage Publications Ltd. 13-15에서 발췌, 인용.

76) Lee, G.(2006). 앞의 글. 14에서 발췌, 인용.

77) Lee, G.(2006). 위의 글. 14-15에서 발췌, 인용.

결의 주체가 아니라 고객을 치료의 대상으로 보고 병리학적 접근에 중점을 둘 가능성이 있다는 점이다. 이것은 최근에 높은 관심이 집중되는 긍정심리학 운동과 관련이 있는 현상으로 볼 수 있다.

정신역동학적 접근을 코칭에 적용한 국외 문헌이 아주 드물게 발견되지만[78], 앞으로 국내를 비롯하여 그 경험적 증거를 기반으로 한 문헌들이 더 발견되어야 할 것이다.

2. 인지행동 코칭

인지행동 코칭(cognitive behavioral coaching)은 현실적인 목표들을 성취하려는 고객(개인)들을 돕기 위해 인지행동의 이론적 틀 속에서 인지적, 행동적, 상상력을 동원한 문제해결 기법의 활용과 전략들을 결합한 통합적인 접근법이다.[79] 인지행동 코칭은 사람이 어떤 사건들에 대해 생각하는 방식이 그가 그것에 대해 느끼는 방식에 깊은 영향을 미치고[80], 이것은 다시 스트레스와 성과에 영향을 미친다는 가정에 기초하고 있다.

1) 인지행동 코칭의 특징과 주요 개념

인지행동 코칭의 주요 목표는 다음과 같다.[81]

- 고객이 현실적인 목표를 세울 수 있도록 한다.
- 목표 성취를 가로막는 저변에 깔린 인지적 · 감정적 걸림돌을 깨닫게 한다.
- 효과적인 사고와 행동 기술(skill)을 갖출 수 있도록 한다.
- 자신의 선택에 의한 행동들을 강화하기 위해 내적 자원, 안정감, 자기수용 등을 기르도록 한다.
- 고객이 자신에 대한 '자기코치'(self-coach)가 될 수 있도록 한다.

이와 같은 목표를 달성하기 위해 코치는 적극적인 참여와 '소크라테스식 질문'을 통해 고객

---

78) Lee, G.(2006). *Leadership coaching: From personal insight to organizational performance*. London: Chartered Institute of Personal and Development; Lee, G., & Goberts, I.(2010). Coaching for authentic leadership. In J. Passmore(Ed.). *Leadership coaching*. London: Hogan Page.

79) Palmer, S., & Szymanska, K.(2007). Cognitive behavioral coaching: An integrative approach. In Palmer, S., & Whybrow, A.(Ed.). *Handbook of coaching psychology: A guide for practitioners*. Hove: Routledge; Williams, H., Palmer, S., & Edgerton, N.(2018). Cognitive Behavioral Coaching. In Cox, E., Bachkirova, T., & Clutterbuck, D.(Eds.). *The Complete Handbook of Coaching*(3rd Ed.). London: SAGE Publications. 17-31.

80) Neenan, M., & Dryden, W.(2002). *Life coaching: A cognitive behavioral approach*. Hove: Routledge.

81) Williams, H., Palmer, S., & Edgerton, N.(2018). Cognitive Behavioral Coaching. In Cox, E., Bachkirova, T., & Clutterbuck, D.(Eds.). *The Complete Handbook of Coaching*(3rd Ed.). London: SAGE Publications. 19.

이 인상과 자기존중, 자기수용 및 행동 동기를 높이도록 자극하고 지원한다. 즉, 코치는 고객들이 궁극적으로 스스로 자신을 위한 코치가 될 수 있도록 촉진 활동을 펼친다. 인지행동 코칭의 주요 개념을 소개하면, 다음과 같다.

① 자기인식(self-awareness)

인지행동 코치는 고객의 내면에 깔린 인지적이고 감정적인 걸림돌들에 대한 이해를 촉진하기 위해 자신들이 어려움을 겪고 있는 문제들을 탐색할 수 있도록 초대하거나, 현재 상황에 적용되는 시각을 고착화하는 증거들을 되짚어 보도록 하여 결과적으로 고객이 만들 수 있는 다른 대안을 고려하도록 돕는다.[82)]

이 과정에서 주로 '소크라테스식 질문'(Socratic Questioning)이라고 불리는 방법을 활용한다. 이것은 고객(질문을 받은 사람)이 그의 자동적 사고가 현실적으로 타당한가를 평가하고, 그렇지 않으면 더 현실적인 생각을 할 수 있도록 돕는 방법이다. 코치(또는 질문자)가 답을 가지고 다그치면서 답을 따라오도록 강요하는 것이 아니라, 고객(또는 응답자)이 미처 생각하지 못한 점을 자각하도록 질문하는 기법에서 유래한 것이다. 마치 산파가 임신부를 수용하고 지시하면서 적절한 호흡법을 스스로 체득하며 순산을 유도해 내듯이, 코치의 촉진적 질문과 자극이 고객의 깨달음에 매우 중요한 역할을 하는 방법이다. 실시하는 과정은 다음과 같다.[83)]

첫째, 일문일답의 형식을 따른다. 둘째, 합의에 도달할 때까지 계속해서 얘기해 나간다. 셋째, 상황하게 질문하거나 대화의 핵심을 놓치지 않도록 유념한다. 넷째, 비합리적인 생각에 대해 논쟁을 하기보다는 토론을 해야 한다. 마지막, 질문에 대해서 여유를 가지고 대답할 수 있는 시간을 주어야 한다. 이런 과정을 통해 고객은 코치의 날카롭고 분석적인 질문을 통해 자신의 머릿속에 있는 생각을 스스로 탐색하거나 자신이 막연하게 가지고 있는 신념들을 통찰하고, 사색하며, 정리하게 되는 것이다.

② 사고 기술(thinking skills)

이것은 고객의 스트레스를 유발하는 사고를 수정하는 데 도움이 되는 방법으로, 성과를 증진하고 회복력 및 대처능력을 향상하는 데 도움이 된다. 사고 기술을 통해 고객은 자신의 아이디어와 믿음이 논리적인지, 현실적인지 또는 경험적으로 올바른지, 그리고 믿음이 도움이 되는지 아닌지를 판단할 수 있게 된다.

사고 기술은 세 가지 P로 설명된다. 먼저, 현실적인 관점(perspective)을 취하고, 핵심적인 믿

82) Williams, H., Palmer, S., & Edgerton, N.(2018). Cognitive Behavioral Coaching. In Cox, E., Bachkirova, T., & Clutterbuck, D.(Eds.). *The Complete Handbook of Coaching*(3rd Ed.). London: SAGE Publications. 19.

83) 김춘경 · 이수연 · 이윤주 · 정종진 · 최웅용(2016). 상담학사전. 서울: 학지사.

음과 사고 오류를 체화할 때까지 새롭게 도움이 되는 사고를 형성하고자 끈기(persistence)를 발휘하며, 긍정적인 사고(positive thinking)를 통해 현실적이며 도움이 되는 사고를 취하게 된다.

③ 자기수용(self-acceptance)

이것은 자신이 경험하는 것을 판단하거나 평가하지 않고 있는 그대로 받아들이고 이해하는 것을 말한다. 즉, 자신의 강점, 약점, 신체적 조건을 포함하여 바람, 열등감, 두려움, 공포, 불안 등 개인 내면의 심리적 현상과 정서를 그대로 인식하고 인정하며 받아들이는 것이다.[84] 다시 말하면, '단지 내가 존재하기 때문에 괜찮아', '현실적으로 그럴 필요가 없는 데도 자신을 개선하고자 하는 강한 의욕을 지니고 있어서 많은 단점이 있지만, 나는 나를 받아들일 수 있어'라는 믿음을 견지하는 것을 말한다.[85]

자기수용 개념은 1940년대 인간주의 심리학자들이 추구하는 건강한 인간상을 설명하기 위해 등장하였고, 1950년대 이후 자기수용 개념은 자신을 있는 그대로 인정함, 자신을 긍정 · 존중 혹은 사랑함, 외적 가치보다 내적 가치를 우선함, 타인의 비판적 평가도 수용함, 타인과 자신의 가치를 동등하게 여김 등의 개념으로 확산했다. 그리고 1990년대 등장한 무(無)조건적 자기수용 개념은 자기평가 자체를 부정하고 일체의 평가 없이 자신을 수용할 것을 주장하는 방향으로 진화하고 있다.[86]

코칭 장면에서 고객의 자기수용은 자신을 등급 매기는 것이 아니고, 단지 역량 또는 역량 결함 등 자신의 한 측면을 평가하는 것이다. 그래서 현재 자신이 누구인지 이해하고 자기가 진정으로 원하는 것이 무엇인지를 아는 정도가 높을수록 자기수용을 잘한다고 말할 수 있다. 자기수용을 잘하면 경직되고 비합리적인 생각에서 벗어나 진심으로 자신이 하고 싶고 원하는 방향으로 행동할 수 있다.

2) 인지행동 코칭의 방법과 기술(techniques)

인지행동 코치는 코칭 초기에 고객이 그들의 'SMART' 목표, 즉 구체적이고(specific), 측정 가능하며(measurable), 성취할 수 있고(achievable), 현실적이며(realistic), 기간이 한정된(time-bound) 목표를 개발하고, 그것들의 우선순위를 정할 수 있도록 도와주는 데 초점을 맞춘다.

선행연구에 따르면, 인지행동 코칭은 크게 행동(지향)적 방법(모델)과 인지적 방법(모델)으

---

84) Barlow, D. H.(김정모 역, 2021). 심리 장애의 임상 적용을 위한 핸드북: 근거기반의 단계적 치료. 서울: 학지사.

85) Palmer, S., & Cooper, C.(2013). *How to deal with stress*(3rd Ed.). London: Kogan Page. 85; Williams, H., Palmer, S., & Edgerton, N.(2018). Cognitive Behavioral Coaching. In Cox, E., Bachkirova, T., & Clutterbuck, D.(Eds.). *The Complete Handbook of Coaching*(3rd ed.). London: Sage Publications. 19-20에서 발췌, 인용.

86) 양곤성 · 김광수(2021). 자기수용 개념의 역사적 동향 탐색과 제언. 상담학연구, 22(1), 1-17.

로 나누고 있다.[87] 먼저, 전자에는 Wasik의 '7단계 모델'과 'PRACTICE 모델'이 있다.[88] 이 가운데 'PRACTICE 모델'은 코칭 대화를 촉진하고 고객이 문제를 이해하도록 도우며(problem identification), 현실적인 목표를 개발하고(realistic relevant goals developed), 실현 가능한 해결책을 선택(alternative solutions generated)하며, 최종결과를 고려하여(consideration of consequence) 가장 현실적인 대안을 표적으로 삼아(target most feasible solutions) 선택된 대안을 실천하도록 하고(implementation of chosen solutions), 마지막으로 진척 정도를 평가하는(evaluation) 순서로 진행된다. 이런 과정에서 코치는 필요하다면, 호흡 조절 등 이완 기법, 상상력 동원, 걱정과 혼란을 조절하는 방법을 사용하기도 한다.

다음, 인지적 방법에는 'PETS/PITS' 활동, 'ABCDEF 모델', 'SPACE 모델' 및 'CLARITY 모델' 등이 있다.[89] 먼저, 'PETS/PITS' 활동은 고객이 성과 증진 사고들(performance enhancing thoughts: PETS 예: "적어도 괜찮을 거야", "어떤 것은 잘되고 어떤 것은 잘 안됐지만 대체로 발표하는 것은 괜찮아" 등)을 산출하기 위해 먼저 성과를 방해하는 사고들(performance interfering thoughts: PITS, 예: "안 좋게 진행될 거야", "발표하는 것은 무서워" 등)을 확인함으로써 도움이 되지 않은 사고의 패턴을 인지하도록 지원하는 방법이다.

다음, 'ABCDEF 모델'은 좋지 않은 사고 패턴을 확인하고 이를 조금 더 긍정적인 사고와 행동으로 대체하기 위해 코치가 고객의 심리적 장애를 자극하는 사건들을 검토하도록 하는 방법이다. 사건 또는 문제의 인식(activating event or awareness of problem), 그것들에 대한 개인의 믿음(belief), 정서적 · 행동적 · 신체적 결과(emotional and/or behavioral and/or physical consequence), 그 믿음을 뒤집어 보는 것(disputing or examining the belief), 행동에 있어서 효과적이고 새로운 반응 또는 변화(effective, new response or change), 그리고 학습에 대한 미래 초점(future focus)의 순서로 진행하면서 고객을 돕는 방법이다.

다음, 'SPACE 모델'은 개인이 자신의 역기능적 패턴들을 인식할 수 있게 도와주는 도표를 중심으로 설명되는 인지적 행동 체계(framework)로서 더 효과적인 기능을 발휘하도록 계획하는 데 사용하는 방법으로, 다중적인 측면에서 개입 전략을 취할 수 있다는 장점이 있다. 이것은 인지(cognitions), 감정(emotions)에서 신체/생리적(physical/Physiological) 측면과 사회적(social) 측면이 부가된 모델이다.

마지막, 'CLARITY 모델'은 코칭 대화 안에서 코치와 고객이 직접 형상화하는(imagery) 것에 몰입할 수 있도록 하는 인지행동 모델로 고안된 것으로, 일곱 가지 단계를 나타낸다. 맥락

87) Williams, H., Palmer, S., & Edgerton, N.(2018). Cognitive Behavioral Coaching. In Cox, E., Bachkirova, T., & Clutterbuck, D.(Eds.). *The Complete Handbook of Coaching*(3rd Ed.). London: Sage Publications. 21-25에서 발췌, 인용.

88) Palmer, S., & Cooper, C.(2013). *How to deal with stress*(3rd Ed.). London: Kogan Page.

89) Williams, H., Palmer, S., & Edgerton, N.(2018). 위의 책. 23-25에서 발췌, 인용.

(context), 삶의 사태/경험(life event/experience), 행동(action), 대응(reaction), 이미지와 정체성(images and identity), 생각/믿음(thoughts/beliefs), 그리고 당신의 미래 선택(your future choices)의 순서로 진행된다.

3) 인지행동 코칭의 강점과 한계

인지행동 코칭은 개인들이 그들의 잠재성을 충분히 성취하도록 준비시키는 데 필요한 대처 전략 및 사고 기술들을 갖추게 함으로써 개인들에게 직접적인 지원을 제공한다는 점에서 의미가 있다. 인지행동 코칭은 자신감을 구축하고 적극적인 사람 되기부터 시작하여 뒤로 미루기, 완전주의, 서툰 시간 관리 등 성과를 제한하는 장벽들을 제거하기, 과도한 분노 또는 걱정과 같은 도움이 되지 않는 정서적 반응 줄이기 또는 광범위한 삶의 목표 성취를 도와주기 등에 이르기까지 매우 다양하게 적용될 수 있다는 장점이 있다. 특히, 어려운 단어를 사용하지 않고 고객에게 설명할 수 있어서 고객이 코칭 활동에 동의할 수 있을 때 가장 적절하게 활용할 수 있다.

하지만 고객이 임상적 정신질환을 지니고 있거나 그들이 가져온 문제가 정서적 · 행동적으로 책임을 받아들이려 하지 않을 때 인지행동 코칭은 실패하기 쉽다는 한계가 있다. 즉, 다음과 같은 상황에서 인지행동 코칭 방법을 적용하는 것은 적절하지 않다.

- 더 많은 정신치료 접근이 필요할 때
- 존재론적 접근이 더 필요할 때
- 부정적 인지와 정서를 탐색하려는 인지행동 코칭의 이론적 가정과 맞지 않을 때

인지행동 코칭을 다룬 국외 문헌이 드물게 발견되지만[90], 앞으로 국내를 비롯하여 그 경험적 증거를 기반으로 한 관련 문헌들이 더 발견되어야 할 것이다.

3. 자기효능감 이론과 코칭

앞서 설명한 다른 코칭 이론과 달리 자기효능감(self-efficacy)의 경우는 코칭 현장에서 '자기효능감 코칭'이라 불리며 하나의 코칭 이론으로서 자리매김하고 있는 것은 아니다. 현재 시점에서는 자기효능감의 개념을 코칭에 적용하고 있다는 것이 정확한 표현일 것이다. 다만, 코칭 영역에서는 많은 연구자에 의해 전문코치의 전문성 발달과 코칭 효과 측면과 관련하여 큰 주

---

90) Neenan, M., & Palmer, S.(2012). *Cognitive behavioural coaching in practice: An evidence based approach*. Hove: Routledge; Neenan, M., & Dryden, W.(2013). Life coaching: *A cognitive behavioural approach*(2nd Ed.). Hove: Routledge; Palmer, S., & Whydrow, A.(2007). *Handbook of coaching psychology: A guide for practitioners*. Hove: Routledge.

목을 받는 실정이다.[91] 따라서 여기에서 자기효능감과 관련된 몇 가지 개념과 특징 등을 살펴보는 것은 의미가 있다.

자기효능감(self-efficacy)은 앨버트 반두라(Bandura, A.)에 의해 개념이 정립된 이후, 사회인지이론(social cognitive theory)의 핵심적인 구성요소로 발전해 왔다. 자기효능감이 인간의 심리적인 측면과 관련된 개념으로 소개되면서 심리학, 교육학 및 경영학 등 다양한 분야에서 중요한 영역을 차지했고, 1980년대 후반부터 조직 연구 분야에서도 주요 연구 과제로 다루어지고 있다. 즉, 조직 연구 분야에서는 인간의 행위를 성명하기 위해 효능감의 역할이 매우 중요하다는 인식에 근거하여 사람들이 어떻게 자신의 효능감을 판단하고 있으며, 지각된 효능감이 어떻게 인간의 동기부여와 행위에 영향을 미치는지를 알아보고자 노력해 왔다.[92]

1) 자기효능감의 개념과 본질

자기효능감은 어떤 과제나 일의 성공적 수행에 필요한 행동적 · 인지적 · 정서적 자원을 선택적으로 동원하며, 성과 창출에 필요한 행동을 실행하고 조직화하는 자신의 능력에 관한 판단이나 신념을 말한다.[93] 간단히 말하면, 자기효능감은 자신의 능력에 대한 지각된 판단이며, 신념인 동시에 기대이다. 그런 측면에서 자기효능감은 한 개인이 지닌 기술을 의미하는 것이 아니고, 개인이 소유한 기술을 어느 정도 실행할 수 있는가에 관한 판단을 의미한다.

자기효능감은 특정 과업이나 일을 성공적으로 수행할 수 있는 자신의 능력에 대한 개인적인 믿음을 의미한다.[94] 다른 측면에서 보면, 자기효능감은 인간의 행동이 환경과 기질에 의해 결정되는 것이 아니고, 개인의 선택 의지에 따라 영향을 받는다는 것을 강조하는 개념이다.[95] 자기효능감이 높을수록 성공에 대한 자신감과 자신의 가치와 능력에 관한 확신 정도가 비례해서 실패의 요인도 능력이 아닌 노력의 부족으로 받아들이는 긍정적인 정서를 가질 수 있다. 예컨대, 자기효능감이 높은 사람은 실패를 겪은 후에도 효능감을 빠르게 회복하는 반면, 자기효능감이 낮은 사람은 실패를 자신의 능력 부족으로 판단하는 경향이 있어서 과제를 끝까지 수

91) 선행연구에 따르면, 코칭이 영향을 미치는 변인(변수)으로서 자기효능감이 가장 많이 거론되고 검증되었다. 이에 관한 자세한 내용은 다음 논문을 참조할 수 있다. 조성진 · 정이수(2018). 국내 코칭(Coaching) 연구 동향 및 향후 연구 방향: 진전(1995년~2017년)과 전망. 인적자원개발연구, 21(3), 249-313.

92) 조성진(2009). 코칭이 자기효능감, 성과 및 가족관계에 미치는 영향과 이에 대한 감성 지능의 조절 효과. 충남대학교 박사학위 논문. 41에서 발췌, 인용.

93) Bandura, A.(1997). Self-efficacy: Toward a unifying theory of behavioral change. *Psychological Review*, 84, 191-215.

94) 조성진(2009). 위의 논문. 41에서 발췌, 인용.

95) 김도희 · 김혁진(2021). 상담자의 자기효능감에 관한 연구 동향: KCI에 등재된 학술지 논문을 중심으로. 고등교육, 4(2), 18에서 발췌, 재인용.

행하지 못하고 그만두거나 회피하려는 경향이 있다.[96]

자기효능감은 다양한 학문 영역과 대상에게 적용하면서 확대, 발전하여 여러 가지 유사한 개념으로 계속해서 진화하고 있다. 예컨대, '진로 자기효능감'(career self-efficacy), '진로 결정 자기효능감'(career decision self-efficacy), '교사 자기효능감'(teacher's self-efficacy), '창업 자기효능감'(entrepreneurial self-efficacy), '상담자 자기효능감'(counselor's self-efficacy), '도박 거절 자기효능감'(gambling refusal self-efficacy), '기술적 자기효능감'(technical self-efficacy), '직업적 자기효능감'(occupational self-efficacy), '창의적 자기효능감'(creative self-efficacy), '강점 자기효능감'(strength self-efficacy,) '신체적 자기효능감'(physical self-efficacy), '연주 자기효능감'(performance self-efficacy), '학업 자기효능감'(academic self-efficacy), '수학 자기효능감'(mathematical self-efficacy), '음악적 자기효능감'(musical self-efficacy) 등으로 진화하여 수많은 자기효능감 개념이 새롭게 생성, 연구되고 있다.

자기효능감의 본질에 대해 살펴보면 다음과 같다.[97]

한 개인의 행동은 어떤 결과를 발생시키며, 따라서 행동은 인과적으로 결과에 선행한다. 마찬가지로 개인이 기대하는 결과는 대부분 주어진 상황에서 개인이 얼마나 잘 수행할 것인가에 대한 자신의 판단에 의존한다. 즉, 사람들은 어떤 행동을 수행할 때 미리 결과를 시각화하고 그 상상된 결과에 따라 자기 능력을 추론하는 경향이 있다. 반두라는 이와 같은 관점에서 인간 행동의 변화가 결국 행위자 자신의 수행 능력에 대한 기대 때문에 일어난다는 점을 강조하고, 성취 상황에서 개인이 가질 수 있는 기대로서 '효능 기대감'(efficacy expectation)과 '결과 기대감'(outcome expectation)의 차이를 설명함으로써 자기효능감의 조작적 개념을 더 구체화했다

그림 2-1 효능 기대감과 결과 기대감의 관계[98]

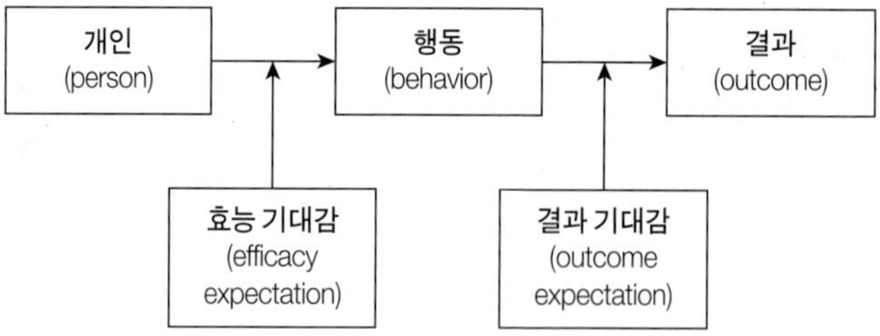

96) Bandura, A.(1997). Self-efficacy: Toward a unifying theory of behavioral change. *Psychological Review*, 84, 191-215에서 발췌, 인용.

97) 조성진(2009). 코칭이 자기효능감, 성과 및 가족관계에 미치는 영향과 이에 대한 감성 지능의 조절 효과. 충남대학교 박사학위 논문. 42-44에서 발췌, 인용.

98) Bandura, A.(1997). 위의 논문. 193에서 발췌, 인용.

([그림 2-1] 참조).

먼저, 효능 기대감은 어떤 성과를 산출하는 데 필요한 행동을 성공적으로 수행할 수 있다는 신념 또는 기대라고 말할 수 있는데, 이것은 행동을 성공적으로 수행할 수 있는 자기 능력에 대한 개인적인 확신을 말한다. 이에 비해 결과 기대감은 어떤 행동이 어떤 성과를 유도할 것이라는 개인의 추정이나 기대라고 말할 수 있는데, 이것은 자신의 특정한 행동이 어떤 결과에 이르게 할 것이라는 개인적 평가를 말한다.

그런데 반두라는 결과 기대감보다 효능 기대감이 행동 변화를 더 잘 예언한다고 말하고 있다. 왜냐하면, 개인이 어떤 행동을 하며 결과를 얻을 수 있으리라고 판단하더라도 만일 자신이 그와 같은 행동을 수행할 능력이 없다고 지각하게 되면, 결과 기대감은 행동에 영향을 미치지 않기 때문이다. 이런 점에 비추어 볼 때, 결과 기대감은 효능 기대감이 작동할 때만 행동에 영향을 미칠 수 있는 조건적 변인이라고 볼 수 있다.[99)]

2) 자기효능감의 특징

자기효능감의 주요 특징을 살펴보면 다음과 같다.[100)]

첫째, 자기효능감은 특정한 과업을 수행하기 위한 지각 능력의 종합적인 요약 또는 판단이다. 즉, 조직 내에서 개인, 직무(과업), 작업환경 등 각기 다른 사항들로부터 도출된 정보를 종합적으로 지각하는 능력이 자기효능감이다. 둘째, 자기효능감은 미래 활동에 대한 난순한 평가 이상의 의미를 지닌다. 즉, 자기효능감은 자신이 지닌 인지 자원과 기술들을 성공적인 성과 달성을 위해 조화롭게 조정할 수 있는 사언 발생석인 능력을 의미한다. 셋째, 자기효능감에 대한 믿음은 성과에 영향을 미친다. 예컨대, 같은 기술을 지닌 사람이더라도 자기효능감의 수준에 따라 그 기술을 어떻게 활용하고, 조합하며, 지속시키느냐에 따라 다른 성과를 낸다. 일반적으로 자기효능감이 높은 사람은 자기효능감이 낮은 사람보다 성과를 초과하여 달성한다. 넷째, 자기효능감은 동기(motivation)와 관련되어 있다. 즉, 자기효능감은 행동 수행을 위해 기울이는 노력의 정도나 장애 요소와 혐오를 무릅쓰고 행동이 계속되는 정도를 결정하기 때문에 동기와 밀접하게 결합해 있다. 그리고 개인은 특정 활동을 수행하기 위해 얼마나 많은 준비를 해야 할지, 앞으로 어떤 행동을 선택할지를 결정하게 된다. 마지막, 자기효능감은 동적인 구성개념(construct)이다. 자기효능감은 새로운 정보와 경험을 받아들이면서 시간의 흐름에 따라

99) 오인수(2002). 일반적 자기효능감: 개념, 측정 관련 이슈와 인적자원관리 측면의 시사점. 한국심리학회지, 15(3), 49-72; 한인수 · 신현교(1996). 자기효능감, 성과 및 귀인의 관련성에 관한 연구. 경상논집, 12(2), 71-96; Bandura, A.(1997). Self-efficacy: Toward a unifying theory of behavioral change. *Psychological Review*, 84; Bandura, A.(1982). Self-efficacy: Mechanism in human agency. *American Psychologist*, 37(2), 122-147.

100) 조성진(2009). 코칭이 자기효능감, 성과 및 가족관계에 미치는 영향과 이에 대한 감성 지능의 조절 효과. 충남대학교 박사학위 논문. 44-45에서 발췌, 인용.

변화한다. 따라서 현재의 행동뿐만 아니라 미래의 행동에도 영향을 미친다.

3) 자기효능감의 결정요소

자기효능감은 개인적인 요인뿐만 아니라 환경적인 요인에 기초하여 형성되지만, 과거의 성취 경험, 대리 경험, 언어적 설득 및 생리적인 상태를 통하여 형상되거나 강화된다. 이 네 가지 요소를 자기효능감의 결정요소라고 부른다.[101] 그런데 여기에서 흥미로운 사실은 이 자기효능감의 결정요소들이 코칭에서 강조하는 것들과 상당 부분에서 일치한다는 점이다. 그런 차원에서 자기효능감의 결정요소들을 살펴보는 것은 의미 있는 일이다.

① 과거의 성취 경험(enactive mastery)

반복적으로 수행한 과거의 성취 경험은 다른 어떤 요인들보다도 자기효능감 수준과 밀접한 관계가 있다. 즉, 성취 경험은 자기효능감을 향상하는 반면에 실패 경험은 자기효능감을 저하한다. 점진적인 성취 경험은 기술 수준을 향상하고, 대처능력을 키워주며, 과업 성취를 위해 필요한 지식을 얻게 해준다. 또한, 과거의 긍정적인 성취 경험은 자기효능감을 높이지만, 실패와 같은 부정적 성취 경험은 오히려 자기효능감을 감소시킬 수도 있다. 특히, 수행 과정 초기에 경험한 실패나 노력을 많이 기울였음에도 불구하고 일어나는 실패 또는 외부의 방해요인이 없었는데도 일어난 실패는 다른 유형의 실패보다 더 심각하게 자기효능감을 손상하게 된다.

② 대리 경험(vicarious experience)

사람들이 자신의 능력을 파악할 때 항상 과거의 성취 경험에만 의존하는 것은 아니다. 자신의 직접적인 경험이 가능하지 않을 때는 대리 경험을 통해 과제에 대한 간접적인 정보나 이미지에 따라서 자기효능감 관련 정보를 얻을 수 있다. 즉, 어떤 과제가 전혀 경험하지 못한 것이더라도 다른 사람들이 성공적으로 과업을 완수하는 모습을 지켜봄으로써 얻는 대리 경험으로 인해 자기효능감이 높아지기도 한다. 이때, 대상이 되는 사람의 행동이 분명한 결과를 도출했거나 자신과 비교하여 나이, 능력, 다른 개인적 특징 등에서 유사한 점이 발견될 경우, 그 효과가 더 크게 나타난다. 이런 대리 경험에 의한 영향은 과거의 성취 경험에 따른 영향보다는 약하지만, 자기효능감에 영향을 미치는 하나의 요인으로 작용하게 되며, 과업이나 상황에 대한 경험이 적을수록 그 영향력은 크게 된다.

---

101) 조성진(2009). 코칭이 자기효능감, 성과 및 가족관계에 미치는 영향과 이에 대한 감성 지능의 조절 효과. 충남대학교 박사학위 논문. 45-47에서 발췌, 인용; Bandura, A.(1997). Self-efficacy: Toward a unifying theory of behavioral change. *Psychological Review*, 84, 191-215; Bandura, A.(1984). Recycling misconceptions of perceived self-efficacy. *Cognitive Therapy and Research*, 8, 213-229.

③ 언어적 설득(verbal persuasion)

이것은 사람들이 자신이 추구하는 과업을 수행할 능력이 있다고 언어적으로 설득하는 방법이다. 특히, 어려움에 직면했을 때 다른 사람들이 자신의 능력에 대해 믿음을 보여주면, 효능감을 더 유지하기 쉽다. 실제 수행에서 설득을 당하는 사람 자신이 효과적으로 행동을 수행할 수 있으리라고 판단할 만한 적정한 근거가 있을 때, 그리고 설득하는 사람이 권위가 있고 신뢰할 수 있는 사람일 때, 그 효과가 더 크게 나타난다. 이 방법은 과거의 성취 경험이나 대리 경험과 비교할 때 자기효능감 형성에 덜 효과적이고 단기적이지만, 현실적인 수용 범위 내에서 설득이 이루어지면 성과에 긍정적으로 이바지할 수 있다는 점에서 손쉽게 행해질 수 있다는 장점이 있다. 하지만 비현실적인 믿음을 키워주는 설득이라면, 오히려 그 사람에 대한 불신으로 이어지거나 능력에 대한 믿음을 더욱 저하할 위험도 있다.

④ 생리적인 상태(physiological state)

개인이 자신의 능력을 평가하는 데 있어 생리적인 상태가 영향을 미칠 수 있고, 주로 신체적 활동이나 건강, 스트레스 대처 등의 경우가 이에 해당한다. 반두라는 생리적 각성(physiological arousal) 상태에 의해 전달된 정보에 따라 변화하는 인지적 상태를 통해 행동이 영향을 받게 된다고 설명하고 있다. 그는 불안과 자율 신경적 각성(automatic arousal)을 효능감 정보의 자원과 행동과의 상호 효과를 나타내 주는 요인으로 보고 있다. 따라서 불안감과 같은 생리적 각성의 감소가 수행 성과를 증진할 것이라고 인정하였고, 이와 같은 현상을 생리적 각성이 감소함에 따라 자기효능감이 증대함으로써 수행 성과가 영향을 받기 때문인 것이라고 해석하고 있다. 결국, 사람들은 긴장되거나 불안한 감정에 사로잡히지 않을 때, 더 성공을 기대하게 된다고 보는 것이다.

4) 자기효능감의 효과와 코칭과의 관계[102)]

사회 인지이론에서 자기효능감은 사람에 영향을 미칠 수 있는 사건에 대해 통제력을 행할 수 있는 능력에 대한 믿음으로, 인간과 관련된 메커니즘 가운데 가장 핵심적이고도 영향력이 있는 것으로 여겨진다. 그래서 자기효능감에 대한 믿음은 사람들의 선택, 열망, 스트레스, 우울 경험에 영향을 미칠 뿐만 아니라 어떤 일을 시도하는 데 얼마나 노력할 것인가, 어떤 사람이 난관에 부딪혔을 때 얼마나 오랫동안 포기하지 않을 것인가 등을 결정하는 데 중요한 역할을 한다.

102) 조성진(2009). 코칭이 자기효능감, 성과 및 가족관계에 미치는 영향과 이에 대한 감성 지능의 조절 효과. 충남대학교 박사학위 논문. 73-75에서 발췌, 인용.

자기효능감은 성공과 실패의 원인 지각에 대해서도 영향을 미친다. 자기효능감이 높은 사람은 노력이 불충분해서 실패한다고 생각하는 반면, 자기효능감이 낮은 사람은 능력이 부족해서 실패한다고 생각한다. 그리고 자기효능감이 높은 사람은 더 어려운 목표를 설정하고, 동기부여가 커지면서 결과적으로 자기효능감이 낮은 사람에 비해 더 좋은 성과를 나타낸다. 또한, 자기효능감이 높은 사람일수록 과업 관련 행동에 더 집중하게 된다. 이런 긍정적인 결과들은 많은 실증연구를 통해 검증되었다.

자기효능감의 네 가지 결정요소 즉, 과거의 성취 경험, 대리 경험, 언어적 설득 및 생리적인 상태는 코칭에서 강조하는 것과 매우 밀접한 관계가 있다. 전문코치는 코칭을 진행할 때 고객이 성장과 발전을 지원하는 데 필요하다고 판단되면, 그가 과거에 성취한 성공적인 경험을 회상하게 하고, 그것으로부터 의미 있는 이슈 해결의 실마리를 발견하도록 함으로써 궁극적으로 현재의 문제해결과 성과 향상에 도움이 될 수 있는 에너지를 끌어올리도록 지원한다. 또한, 전문코치는 모든 사람에게는 무한한 가능성과 잠재력이 있다는 철학을 바탕으로 고객이 할 수 있다는 생각을 지니도록 지원한다. 이것은 주어진 활동을 수행할 수 있는 충분한 능력을 지니고 있다고 언어로 설득하는 것과 유사한 것이다. 나아가 전문코치는 고객이 어떤 과업이나 일을 수행해야 할 때, 설사 고객이 과거에 그 일을 경험해 보지 못했더라도 그런 일을 이미 성공적으로 수행한 타인의 성공적인 경험을 찾을 수 있도록 돕기도 한다. 즉, 고객이 대리 경험을 하도록 대화로 그를 돕는 것도 코칭 활동의 하나이다. 나아가 전문코치는 이런 활동이 진행되는 과정 동안에 편안한 분위기를 조성함으로써 고객이 긴장하거나 불안한 감정에 사로잡히지 않도록 세심하게 배려한다.

이런 일련의 과정을 통해 고객은 자신이 지닌 이슈를 스스로 해결할 수 있는 에너지와 해답을 찾게 되는 것이다. 즉, 코칭은 다양한 방법으로 고객의 자기효능감이 증대하도록 돕는 역동적인 과정이다. 이런 차원에서 자기효능감과 코칭은 아주 밀접한 관계에 있다고 볼 수 있다. 이런 긍정적인 결과를 검증한 선행연구 결과를 찾는 것은 쉬운 일이다.[103] 코칭 효과를 분석한 많은 선행연구에서 코칭을 통해 자기효능감이 분명하고 의미 있게 증대했다는 점을 증명했다는 사실은 전문코치들이 자기효능감에 더 집중해야 할 이유 가운데 하나이다.

---

103) 조성진(2013). 코칭이 공무원의 자기효능감과 조직 유효성에 미치는 영향과 이에 대한 감성 지능의 조절 효과. 사회과학연구, 24(2), 47-66; 조성진 · 정이수(2018). 국내 코칭(Coaching) 연구 동향 및 향후 연구 방향: 진전(1995년~2017년)과 전망. 인적자원개발연구, 21(3), 249-313; Arnold, J. A., Arad, S., Rhoaders, J. A., & Drasgow, F.(2000). The Empowering Leadership Questionnaire: The construction and validation of a new scale foe measuring leader behavior. *Journal of Organizational Behavior*, 21, 249-269; Malone, J. W.(2005). Shining a new light on organizational change: Improving self-efficacy through coaching. *Organization Development and Transformation*. New York: McGraw-Hill/Irvin. 342-348; Srivastava, A., Bartol, K. M., & Locke, E. A.(2006). Empowering leadership in management teams: Effects on knowledge sharing, efficacy, and performance. *Academy of Management Journal*, 49(6), 1239-1251.

국내외를 막론하고 '자기효능감 코칭'을 본격적으로 다루었거나 해당 이론의 주요 개념들을 소개한 코칭 관련 문헌을 찾는 일은 쉽지 않다. 다만, 향후 자기효능감과 코칭 간의 관계를 집중적으로 조명한 이른바 '자기효능감 코칭' 이론이 나온다면, 전문코치들은 또 하나의 효과적이고 의미 있는 이론을 가질 수 있을 것이다.

4. 자기결정성 이론과 코칭

자기결정성 이론(Self-Determination Theory)은 인간의 동기(motivation)를 설명하는 이론 가운데 하나로, 원래 보상, 칭찬, 지시 등의 외부 환경적 이유(외재적 동기)가 내재적 동기에 어떤 영향을 주는지에 대한 실험과 현장조사로부터 발전했다.[104] 즉, 개인들이 같은 행동을 하더라도 외재적 이유로 하는 것과 내재적 이유로 하는 것 간에는 전혀 다른 결과를 나타낸다는 것을 바탕으로 수립한 이론이다.[105]

코칭 영역에서 자기결정성 이론에 주목해야 하는 이유는 이것이 인간의 본질을 이해하기 위한 틀(framework)을 제공할 뿐만 아니라 동기를 높이고 성과를 창출하도록 돕는 실제적인 통찰을 제공하기 때문이다.[106] 즉, 코칭이 개인의 변화와 성장에 많은 관심을 두고 있다는 점에서 자기결정성 이론이 이바지할 부분이 있다는 점이다.

1) 자기결정성 이론의 인간관과 기본 가정

자기결정성 이론은 인간이 선천적으로 자신을 성장시키고, 통합하려 하며, 심리적인 불일치를 해결하려는 유기체적 경향을 지니고 있다는 가정을 바탕으로 한다.[107] 구체적으로 다음과 같은 세 가지 관점을 제시했다.[108]

첫째, 인간은 선천적으로 주도적이고, 내적 영향력과 외적 영향력을 다루고 극복할 수 있는 잠재력을 가진 존재이다. 즉, 인간은 내・외적 영향력에 수동적으로 통제당하고만 있지 않은 경향성이 있다. 둘째, 인간은 선천적으로 성장, 개발, 기능 통합의 경향성을 가진 '자기조직

104) 이한주・김현수(2016). 자기결정성 이론의 코칭 적용에 관한 탐색적 연구. 코칭연구, 9(3), 5-25.

105) Deci, E. L., & Ryan, R. M.(1985). *Intrinsic motivation and self-determination in human behavior*. New York: Plenum.

106) 이한주・김현수(2016). 위의 논문. 6에서 발췌, 인용.

107) Ryan, R. M.(1995). Psychological needs and the facilitation of integrative processes. *Journal of Personality*, 63(3), 397-427; Ryan, R. M., & Deci, E. L.(2000). Self-determination theory and the facilitation of intrinsic motivation, social development, and well-being. *American Psychologist*, 55(1), 68.

108) 이한주・김현수(2016). 위의 논문. 7-8에서 발췌, 인용; Deci, E. L., & Vansteenkiste, M.(2004). Self-determination theory and basic need satisfaction: Understanding human development in positive psychology. *Ricerche di Psicologia*, 27(1), 23-40.

화 시스템'(self-organizing system)이다. 즉, 인간은 단순히 사회적 학습 또는 프로그램의 산물이 아니라 성장과 건강을 추구하며, 내적 및 외적 환경을 활용하며 긍정적인 결과를 만들 수 있다. 셋째, 인간 유기체가 이런 활동과 최적의 성장을 내재하고 있더라도 그것이 저절로 일어나지는 않는다는 것이다. 즉, 사람이 가장 효과적으로 활동하고 성장하기 위해서는 성장 지향의 인간과 사회적 세계와의 상호관계가 중요하다는 것이다.

정리하면, 자기결정성 이론은 책임, 성장, 실현화 가능성을 강조하는 인본주의 전통을 바탕으로, 인간을 관심, 호기심, 보살핌 등으로 동기부여되며, 외재적 보상 없이 내재적 동기로 열정, 창의성, 노력 등을 유지할 수 있는 주체적인 존재이면서 동시에 외부 환경과 상호작용하는 유기체적인 사회적 존재로 인식한다.

자기결정성 이론은 교육학과 스포츠 분야에서 활발하게 적용되고 있으며, 최근에는 건강관리, 심리상담과 치료 등의 영역에서도 연구되고 있으며, 조직과 일터에 관련된 경영학 등으로 적용 분야가 점차 확대되고 있다.

2) 자기결정성 이론의 주요 개념

자기결정성 이론은 인지평가이론, 유기체통합이론, 인과성지향이론, 기본심리욕구이론, 목표내용이론 및 관계동기이론이라는 여섯 가지 미니 이론으로 구성된 메타 이론이다.[109] 각각의 이론들은 개별적인 주제를 다루지만, 여섯 가지 이론의 통합을 통해 자기결정성 이론의 기초가 구성된다.

① 인지평가이론(cognitive evaluation theory)

이것은 '내재적 동기'(intrinsic motivation)를 주요하게 다루는 이론으로, 인간은 자율성(autonomy)과 유능성(competence)을 느낄 필요가 있어서 자율성과 유능성을 촉진하는 사회 맥락적 요인이 내재적 동기를 증가시킨다는 가정에서 출발한다. 인지평가이론은 내재적 동기에 대한 사회적 맥락의 효과나 보상, 통제, 간섭이 내재적 동기에 어떤 영향을 미치는지를 설명한다. 즉, 인간에게 자율성과 유능성의 욕구가 채워져서 내재적으로 동기부여되면, 그 행위 자체를 하는 즐거움과 기쁨 때문에 그것을 계속하게 된다는 것이다.[110]

이 이론에 따르면, 내재적으로 동기화된 행동에 외적 보상이 주어졌을 때, 내재적 동기가 오히려 감소하는 현상을 설명할 수 있다. 예컨대, 어떤 대학생이 교수의 일을 도와주는 자체가 즐거워서 교수 연구실 청소나 잔심부름을 해주다가, 교수로부터 그런 일들에 대한 대가로 돈

109) 이한주 · 김현수(2016). 자기결정성 이론의 코칭 적용에 관한 탐색적 연구. 코칭연구, 9(3), 8-13에서 발췌, 인용.
110) Deci, E. L., & Ryan, R. M.(1985). *Intrinsic motivation and self-determination in human behavior*. New York: Plenum.

을 받고 나중에는 돈을 받지 않는다면 이제 그 일을 하지 않게 되어 버리는 현상이 초래될 수도 있는 것이다.[111] 이것이 조직에 시사하는 점은 직무와 관련된 동기부여 요인들을 잘못 관리할 경우, 외재적 동기가 내재적 동기의 효과를 대체해버릴 가능성도 생긴다는 것이다.

② 유기체통합이론(organismic integration theory)

이것은 환경이 끊임없이 변화하므로 유기체가 변화에 스스로 적응, 조절, 대응한다는 전제에서 출발한다. 즉, 인간은 성장하고, 환경의 도전을 극복하며, 새로운 경험 등을 통합하고, 하나의 일관된 자아를 형성하려는 경향을 지닌 적극적인 유기체라고 전제한다. 유기체통합이론은 처음에는 외적인 이유로 시작한 비(非)자기결정적인 행동도 자기조절이나 원인 소재의 변화에 따라 개인에게 점차 내면화되어 자기결정적인 행동으로 변화되는 과정을 설명할 수 있다. 이 이론에서는 동기를 단순히 내재적 동기와 외재적 동기로 개별 평가하는 것이 아니라 각 동기가 복합적으로 상호작용하고 있음을 설명한다. 여기서 내면화란 자신에게 중요한 타인이나 속한 집단 또는 문화의 신념이나 가치를 자신의 것으로 통합하는 과정으로서, 외재적 동기가 내재적 동기로 내면화되면 자기결정에 따라 행동을 스스로 통제할 수 있게 된다는 것이다.[112] 즉, 사람들은 정도에 따라 가치, 목표 또는 신념체계를 저항하거나 부분적으로 수용하거나 깊게 내면화하는 것이다.

③ 인과성지향이론(causality orientation theory)

이것은 사람마다 환경을 지향하고 행동을 조절하는 성향에 있어 개인차가 있음을 전제하고, '자율 지향'(autonomous orientation), '통제 지향'(controlled orientation) 및 '무동기 지향'(impersonal orientation)으로 나누어 설명한다.[113] 그리고 개인의 비교적 지속적인 지향성으로부터 경험과 행동을 예측한다.

자율 지향적인 사람은 내적인 관심에 따라 행동하며, 현재 일어나는 일에 가치를 둔다. 행동을 시작하고 조절하는 것을 스스로 선택하고 결정하며, 자기주도적이고, 상황을 해석할 때 통제와 조건보다 목표와 흥미를 더 중요하게 여긴다. 이 유형은 외재적 보상에 덜 통제되고, 유능성과 효율성을 더 많이 느끼며, 자기조절력, 결단력, 수행력 및 심리적 안녕감이 높은 특징이 있다.[114]

111) 박상언 · 정범구 · 김주엽 · 송계충(2020). 조직행위론(제5판). 서울: 경문사. 205에서 발췌, 인용.

112) Ryan, R. M., Rigby, S., & King, K.(1993). Two types of religious internalization and their relations to religious orientation and mental health. *J Pers Soc Psychol*, 65(3), 586.

113) Deci, E. L., & Ryan, R. M.(1985). *Intrinsic motivation and self-determination in human behavior*. New York: Plenum.

114) Deci, E. L., & Ryan, R. M.(2008). Self-determination theory: A macro-theory of human motivation,

통제 지향적인 사람은 통제를 받아 행동하는 경향이 있는 사람으로, 통제적인 사건을 찾고 선택하며 통제적으로 해석한다. 어떤 사건을 시작하고 조절해야 한다는 압박감이 행동을 결정하는 중요한 요인이므로, 기한이나 감시 등과 같은 통제적 사건에 의해 동기부여되는 경향이 있다. 대체로 심리적 안녕감이 부족한 경향이 있다.[115)]

무동기 지향적인 사람은 무기력하고, 무심하며, 동기가 없고, 원하는 성과를 얻기 위해 할 수 있는 것이 없다고 생각하므로, 기능 수준이 낮고 심리적 안녕감도 낮다. 이런 성향은 세 가지 기본적인 심리 욕구(자율성, 유능성, 관계성)가 계속해서 좌절되었을 때 발달한다.[116)]

④ 기본심리욕구이론(basic psychological needs theory)

이것은 심리적 욕구 개념, 심리적 건강과 안녕 간의 관계를 설명하는 것으로, 인간의 건강한 성장과 기능을 위한 영양분으로 자율성, 유능성 및 관계성(relatedness)으로 표현된다. 즉, 사람은 이 세 가지 욕구들이 충족됨에 따라 내적으로 동기화되며, 일련의 활동을 즐겁게 수행할 수 있게 된다는 것이다. 기본적인 욕구들이 계속해서 채워짐에 따라 사람은 성장하고, 효과적으로 기능하며, 심리적 안녕감을 경험하지만, 욕구가 좌절되면 제대로 기능하지 못하고, 불행을 경험하게 된다는 것이다.[117)] 세 가지 기본적인 심리 욕구를 살펴보면 다음과 같다.[118)]

첫째, '자율성'(autonomy)은 타인으로부터 통제를 받거나 강요당하지 않고, 자신이 자유롭게 선택하려는 욕구이다. 이것은 어떤 사람이 자신이 행동에 대한 주체이고, 조절자라는 신념 아래 자신의 행동과 자기조절을 선택할 수 있고, 타인이나 운명에 의지하지 않으며, 자신의 행동을 결정할 수 있는 자유로움을 말한다. 이런 자율성을 지지하기 위해 개인의 독특한 관점 인식, 가능한 선택의 제공, 압력의 최소화, 시도의 독려, 개인의 목표와 가치 연결, 개인의 선택 지지 등의 방법을 사용할 수 있다.[119)]

둘째, '유능성'(competence)은 개인이 역량과 기술을 연마하고 추구하여 숙달하고자 하는 욕구이다. 이것은 자신의 능력을 연습하고 확장하며 표현하는 기회와 경험을 갖게 하는 자신의 행동에 효과적인 감정이다. 즉, 유능성은 자신의 역량과 기술을 연습하려는 소망과 그런 과정 중에 적정한 도전을 추구하고 숙달하려는 소망을 반영한다. 유능성의 욕구를 만족하는 방법으로 기대의 명료화, 유관성의 명료화, 피드백의 제공, 과업을 작게 나누기, 너무 쉽지도 어렵지

---

development, and health. *Canadian Psychology/Psychologie Canadienne*, 49(3), 182.

115) Deci, E. L., & Ryan, R. M.(2008). 앞의 논문. 182.

116) Deci, E. L., & Ryan, R. M.(2008). 위의 논문.

117) Deci, E. L., & Ryan, R. M.(2000). The "what" and "why" of goal pursuits: Human needs and the self-determination of behavior. *Psychological inquiry*, 11(4), 227-268.

118) 이한주 · 김현수(2016). 자기결정성 이론의 코칭 적용에 관한 탐색적 연구. **코칭연구**, 9(3), 11-12에서 발췌, 인용.

119) Connell, J. P., & Wellborn, J. G.(1991). *Competence, autonomy, and relatedness: A motivational analysis of self-system processes*.

도 않은 적정 수준의 과제 등을 제시했다.[120)]

셋째, 관계성(relatedness)은 주위 사람들과 의미 있는 관계를 맺고자 하는 욕구로, 사람들을 돌보고 또 돌봄을 받음으로써 타인과 연결되어 있다고 느끼는 것이다.[121)] 타인과의 관계성은 외적 가치를 내적인 것으로 내면화하는 사회적 맥락을 제공하는데[122)], 관계성 욕구를 제공하는 방법으로 함께 시간 보내기, 에너지와 흥미를 공유하기 등이 있다.[123)]

⑤ 목표내용이론(goal contents theory)

이것은 삶의 목표를 내재적 목표와 외재적 목표로 구분하고, 목표가 동기와 안녕에 어떤 영향을 미치는가를 설명하는 이론이다. 목표에 따라 기본 욕구의 충족 정도가 달라지며, 그에 따라 안녕감도 영향을 받는다는 것이다. 재정적인 성공, 외모, 인기와 명성과 같은 외재적 목표를 추구하는 것은 내재적 목표와 비교할 때 안녕감은 낮아지고 불행감이 커지는 관계가 있다. 반대로 공동체, 친밀한 관계, 개인적인 성장과 같은 내재적 목표는 개인의 기본 심리 욕구를 충족시켜서 더 큰 심리적 안녕감을 얻게 해준다.[124)]

⑥ 관계동기이론(relationships motivation theory)

이것은 친한 친구나 연인, 집단구성원과의 친밀한 관계가 많은 사람에게 바람직할 뿐만 아니라 심리적 안녕에 필수적인 것이라고 설명한다. 그것은 실제로 관계가 관계성 욕구를 충족시키기 때문이다. 질 높은 관계는 관계성 욕구를 만족해 줄 뿐만 아니라 자율성 욕구와 어느 정도의 유능성 욕구까지 채워준다. 이 이론은 사람이 최고의 친밀한 관계를 경험하기 위해 세 가지 기본 심리적 욕구들이 반드시 채워져야 하고, 이것들은 심리적 안녕감과 풍요에 필수적이면서 상호 지지적이라고 주장한다.[125)]

---

120) Connell, J. P., & Wellborn, J. G.(1991). *Competence, autonomy, and relatedness: A motivational analysis of self-system processes*.

121) Deci, E. L., & Ryan, R. M.(2000). The "what" and "why" of goal pursuits: Human needs and the self-determination of behavior. *Psychological Inquiry*, 11(4), 227-268.

122) Grolnick, W. S., Deci, E. L., & Ryan, R. M.(1997). *Internalization within the family: The self-determination theory perspective*. NJ: John Wiley & Sons Inc.

123) Connell, J. P., & Wellborn, J. G.(1991). 위의 책.

124) 이한주 · 김현수(2016). 자기결정성 이론의 코칭 적용에 관한 탐색적 연구. **코칭연구**, 9(3), 12에서 발췌, 인용; Kasser, T., & Ryan, R. M.(1996). Further examining the American Dream: Differential correlates of intrinsic and extrinsic goals. *Personality and Social Psychology Bulletin*, 22(3), 280-287.

125) 이한주 · 김현수(2016). 앞의 논문. 13에서 발췌, 인용; Deci, E. L., & Ryan, R. M.(2014). *Autonomy and Need Satisfaction in Close Relationships: Relationships Motivation Theory*. UK: Springer; La Guardia, J., Ryan, R., Couchman, C., & Deci, E. L.(2000). Within-person variations in attachment style and their relations to psychological need satisfaction. *J Pers Soc Psychol*, 79, 367-384.

3) 자기결정성 이론과 코칭과의 관계

앞서 설명한 바와 같이 자기결정성 이론의 바탕이 되는 인간관과 주요 개념들은 실제 현장에서 진행되는 코칭과 많은 부분에서 일맥상통한다. 즉, 자기결정성 이론의 개념과 요소들을 코칭에 적용하면, 현재 많은 전문코치가 진행하는 코칭의 이론적 근거를 제공하는 데 적절한 부분이 많다. 그 이유는 다음과 같다.

첫째, 자기결정성 이론의 인간관은 인본주의 철학을 바탕으로 하고 있다는 점에서 기존의 코칭 프로그램의 코칭 철학이나 코칭 패러다임과 맞닿아 있다. 즉, 인간은 선천적으로 주도적이고, 내적 및 외적 영향력을 다루고 극복할 수 있는 잠재력이 있다는 전제는 많은 코칭 철학의 뿌리와 맥을 같이 한다. 둘째, 자기결정성 이론에서 설명하는 관계성과 목표 설정과 관련된 부분은 코칭 과정에서 이미 적용되고 있다는 점이다. 자율성의 환경을 구축하고 고객의 자율성과 관계성을 촉진함으로써 그의 동기 수준을 높이는 것은 효과적인 코칭 관계를 구축하는 데 필수적인 요소로 작용할 수 있다. 셋째, 자기결정성 이론에서 강조하는 몇 가지 실천사항 즉, 자율성과 관계성 욕구의 충족, 긍정적인 피드백 등은 코칭에서 사용되는 기술(skills)과 직접적인 관련이 있다. 마지막으로, 자기결정성 이론에서 강조하는 사람의 기본적인 심리적 욕구 충족을 보살피는 것과 인간에게 우호적인 환경을 조성하는 것에 관한 관심은 고객이 원하는 결과를 만들기 위해 제반 환경을 그에게 우호적으로 조성하려는 전문코치의 노력과 일치한다.

이런 유사점에 근거하여 코칭 현장에서 활동하는 전문코치가 자기결정성 이론의 주요한 부분을 활용할 수 있는 방안을 정리하면 다음과 같다.[126] 첫째, 전문코치는 코칭 출발 단계에서 고객의 동기 수준을 파악하고, 그것이 내면화하도록 도울 수 있다. 즉, 코치가 고객의 내재적 동기를 발견하도록 돕는다면, 코칭 과정을 수월하게 진행할 수 있다. 둘째, 전문코치는 고객의 코칭 목표를 설정할 때, 그것이 그의 가치와 연결되어 내재화하도록 도울 수 있다. 즉, 전문코치는 고객의 목표에 따라 기본 욕구의 충족 정도가 달라지며, 그에 따라 안녕감도 영향을 받는다는 점을 항상 염두에 두어야 할 것이다. 셋째, 전문코치는 코칭을 진행할 때 자신이 사용하는 다양한 코칭 기술이 고객의 기본적인 심리 욕구에 긍정적인 영향을 주도록 사용되어야 한다는 점을 상기할 필요가 있다.

경영학 분야에서 코칭 리더십이 혁신 행동과 조직시민행동에 유의한 영향을 미치는 과정에서 유능성의 매개효과를 검증하거나[127] 자기결정성 이론의 주요 개념인 자율적 인간관의 강조, 외재적 보상 제고, 자율적 촉진 환경 조성, 유능성 증진을 위한 피드백의 역할 등을 HRD에 적

126) 이한주 · 김현수(2016). 자기결정성 이론의 코칭 적용에 관한 탐색적 연구. **코칭연구**, 9(3), 20에서 발췌, 인용.

127) 강영순 · 김정훈(2013). 코칭 리더십, 기본 심리 욕구, 혁신 행동, 조직시민행동의 구조적 관계. **대한경영학회지**, 26(7), 1909-1928.

용하기 위한 탐색적 연구는 제법 발견할 수 있다.[128] 그리고 경영 현장에서 일어나는 다양한 현상을 자기결정성 이론으로 설명하려는 문헌들도 적지 않다.[129]

하지만, 자기결정성 이론과 현장에서 진행되는 코칭이 서로 연관되는 부분이 많은데도 실제로 자기결정성 이론과 코칭을 함께 접목한 사례를 확인할 수 있는 국내외 문헌은 드물다.[130] 향후 자기결정성 이론을 접목한 코칭의 경험적 근거를 충분히 발견함으로써 자기결정성 이론이 코칭에 의미 있는 이론적 기반을 제공한다는 사실이 더욱 명확해지길 기대한다.

5. 동기이론과 코칭

인간의 동기(動機, motivation)는 조직 내에서 일하는 개인 차원에서 볼 때, 핵심적인 주제어 가운데 하나이다. 조직 내에서 개인에게 어떤 행위를 유발하고 또한 그 바람직한 행위가 항상 일정한 방향을 지향하게 하며, 그런 행위를 지속해 나가도록 하는 에너지와 과정에 대한 이해가 매우 중요하다. 이런 차원에서 동기가 조직에서 갖는 의미는 자못 크다 할 수 있다. 실제로 '동기 코칭'이라는 이름으로 진행되는 코칭 장르는 찾아보기 힘들지만, 코칭 현장에서 조직이나 그 구성원과 관련된 코칭 이슈 가운데 동기와 관련된 것들이 상당히 많이 있다. 이것은 개인의 행동과 변화, 궁극적으로 조직의 성과와 밀접한 관련이 있다는 점에서 전문코치로서 동기에 관해 구체적으로 살펴보는 것은 의미 있는 일이다.

동기라는 용어는 라틴어의 'movere'에서 유래한 것으로, '움직이다'라는 의미를 지닌다. 학자마다 동기의 정의에 대해 차이가 있기 하지만, 대체로 인간이 일정한 행동을 하도록 움직이게 하는 근원이 동기임을 알 수 있다. 즉, 어떤 사람에게 바람직한 방향으로 행동하도록 자극하여 동기가 생기도록 유발하고(arousal), 구체적 행동이 되도록 유도하고 지향하게 하며, 그

128) 정승환 · 장형심(2015). 자기결정성 이론의 HRD 작용에 대한 논의. HRD연구, 17(3), 99-131.

129) 김진희 · 이수범 · 이승우(2019). 외식 서비스업 종사자의 자기결정성 동기가 외식 창업 의도에 미치는 영향: 목표지향적 행동이론을 바탕으로. 외식경영연구, 22(6), 163-184; 심현정 · 김민정 · 최현자(2018). 소비자의 보험 소비 만족에 관한 융합연구: 자기결정성 이론을 중심으로. 한국융합학회논문지, 9(5), 157-169; Maples, G. E., Zhu, Z., Heady, R. B., & Keaty, A.(2009). Self-determination theory as an explanation for the evolution of enterprises. *International Journal of Management and Enterprise Development, 6*(1), 1-17; Moller, A. C., Ryan, R. M., Deci, E. L.(2006). Self-Determination Theory and Public Policy: Improving the Quality of Consumer Decisions without Using Coercion. *Journal of Public Policy and Marketing*, 25(1), 104-116.

130) 권경숙 · 오상진(2020). 코칭 리더십이 팀 창의성에 미치는 영향: 피드백 수용도와 창의적 자기효능감의 다중매개 효과를 중심으로. 경영교육연구, 35(1), 291-314; 기노경(2022). 독서 성숙도가 직무 열의에 미치는 영향: 자기주도성과 자기효능감의 매개 효과와 독서 코칭의 조절 효과 검증. 대한경영학회지, 35(5), 929-960; 이한주 · 김현수(2016). 자기결정성 이론의 코칭 적용에 관한 탐색적 연구. 코칭연구, 9(3), 5-25; Gabriel, A. S., Moran, C. M., & Gregory, J. B.(2014). How can humanistic coaching effect employee well-being and performance?: An application of self-determination theory. *COACHING*, 7(1), 56-73; Hagen, S. M., & Williams, E. D.(2019). The Impact of Loyalty and Self-Determination on Managerial Coaching. *Performance Improvement Quarterly*, 32(3), 207-236.

행동을 지속하게(persistence) 하는 것이 동기이다.[131)]

동기이론은 크게 동기부여를 일으키는 요인을 밝히는 것에 관심이 있는 '내용이론'(content theory)과 동기부여가 어떤 인지적 과정을 통해 일어나는가를 밝히는 것에 관심이 있는 '과정이론'(process theory)으로 구분할 수 있다. 전자에는 매슬로(Maslow, A.)의 '욕구단계이론', 앨더퍼(Alderfer, C.)의 'ERG 이론', 맥클렐런드(McClelland, D.)의 '성취 · 친교 · 권력욕구 이론', 그리고 허즈버그(Herzberg, F. I.)의 '2 요인 이론' 등이 포함된다. 후자에는 '기대이론', '형평 이론', '목표설정 이론', '인지적 평가이론', 그리고 '조직공정성 이론' 등이 포함된다.

1) 욕구단계이론

인간의 욕구에 초점을 둔 매슬로의 욕구단계이론은 경영실무자들에게 가장 널리 알려져 있고, 경영에 많은 시사점을 던져주는 이론 가운데 하나이다. 이것은 두 가지 기본적인 전제에서 출발한다. 첫째, 인간은 최소한 다섯 개의 범주[132)] 즉, 생리적 욕구(physiological needs), 안전 욕구(safety needs), 사회적 욕구(social needs), 존경 욕구(esteem needs) 및 자아실현 욕구(self–actualization needs)로 구분되는 계층을 형성하고 있으며, 둘째, 이런 욕구의 충족은 하위 욕구로부터 상위 욕구로 순서대로 일어난다는 것이다. 즉, 하위 단계의 욕구가 충족되었을 때, 상위 단계의 욕구가 개인의 행동에 영향을 미친다는 것이다.[133)]

이 이론이 주는 중요한 시사점은 사람들에게 가장 간절한 욕구를 파악하여 단계적으로 충족시켜 주어야만 높은 수준의 동기를 유지할 수 있다는 것이다. 그리고 하위 욕구를 어느 정도 충족시켜 준 후에도 계속해서 좋은 성과과 업적을 얻기 위해서는 상위 욕구를 충족시켜 줄 수 있는 분위기를 조성하는 것이 중요하다는 점을 일깨워 주고 있다는 점이다. 특히 이론의 간결성과 인간의 욕구를 체계적으로 제시함으로써 조직 내 인간의 행동을 이해하는 데 상당한 공헌을 했다는 점에서 의의가 있다. 하지만, 이 이론은 개념적 정의가 불분명할 뿐만 아니라 실증적 연구결과가 많지 않아서 널리 지지를 받지 못한다는 한계가 있다. 또한, 낮은 단계의 욕구가 충족되면 그것은 동기 요인으로 작용하지 않는다는 명제를 부정하는 연구결과들이 많다는 한계도 있다.[134)]

131) 박상언 · 정범구 · 김주엽 · 송계충(2020). 조직행위론(제5판). 서울: 경문사. 180에서 발췌, 인용.

132) 인간의 욕구를 나타내는 다섯 가지 욕구의 구체적인 내용에 대해서는 다음에 소개하는 두 책을 참조할 수 있다. 박상언 외(2020). 앞의 책. 181-182; Maslow, A. H.(1954). *Motivation and Personality*. New York: Harper.

133) 박상언 외(2020). 위의 책. 181에서 발췌, 인용.

134) 박상언 외(2020). 위의 책. 182에서 발췌, 인용.

2) ERG 이론

미국의 심리학자인 앨더퍼는 매슬로의 욕구단계이론을 확장한 ERG 이론을 주장하면서[135], 인간의 욕구를 세 개의 범주 즉, '존재 욕구'(existence needs: E), '관계 욕구'(relatedness needs: R), 그리고 '성장 욕구'(growth needs: G)로 분류했다. 존재 욕구는 생리적 및 물질적 욕구로, 매슬로의 생리적 욕구와 물질적 측면의 안전 욕구가 이 범주에 속한다. 관계 욕구는 만족스러운 대인관계에 대한 욕구로, 매슬로의 인간적 측면의 안전 욕구, 소속 및 애정 욕구, 사회적 존경 욕구 등이 이 범주에 속한다. 그리고 성장 욕구는 자신의 지속적인 성장과 발전에 대한 욕구로, 매슬로의 자존심에 대한 욕구와 자아실현 욕구가 이 범주에 속한다.[136]

ERG 이론은 상위 욕구가 충족될 수 없을 때, 이미 충족된 하위 욕구가 활동할 수 있다는 '좌절–퇴행'(frustration–regression)의 원칙을 포함하고 있다는 점에서 매슬로의 욕구단계이론과 차이가 있다. 또한, 매슬로의 욕구단계이론에서는 사람들이 한 시점에 한 가지 욕구에 의해서만 영향을 받는다고 주장하지만, ERG 이론의 주장은 한 가지 이상의 욕구가 동시에 작용할 수 있다고 본다는 점도 차이가 있다.[137]

3) 성취 · 친교 · 권력 욕구 이론

미국의 심리학자인 맥클렐런드는 '주제 통각 테스트'(Thematic Apperception Test: TAT)라는 새로운 채점 기준을 만들어 인간의 욕구를 측정했다.[138] 그 결과 인간의 행동을 이해하는 데 중요하다고 생각되는 세 가지의 욕구 즉, '성취 욕구'(need for achievement: nAch), '친교 욕구'(need for affiliation: nAff) 그리고 '권력 욕구'(need for power: nPow)를 구별하여 설명했다. 먼저 성취 욕구는 무엇인가를 보다 잘하거나 능률적으로 수행하고 문제를 해결하며, 더 복잡한 과업을 완수하려는 욕구를 말한다. 친교 욕구는 다른 사람과 우호적이고 정이 넘치는 관계를 형성하고 유지하려는 욕구를 말하고, 권력 욕구는 다른 사람을 통제하고, 다른 사람의 행동에 영향을 미치려는 욕구를 의미한다.[139]

그는 이런 욕구들을 후천적인 경험을 통해 획득하는 것으로 보고, 사람들을 특정 직무에서 성공하는 데 필요한 욕구 상태로 변화시킬 수 있다고 보았다. 즉, 학습 프로그램을 통해 최고 경영자가 그런 욕구의 소유자가 되도록 하면, 훌륭한 경영자가 된다는 것이다. 선행연구에 따

---

135) Alderfer, C. P.(1972). *Existence, Relatedness, and Growth: Human Needs in Organizational Settings*. New York: Free Press.

136) 박상언 · 정범구 · 김주엽 · 송계충(2020). 조직행위론(제5판). 서울: 경문사. 186에서 발췌, 인용.

137) 박상언 외(2020). 앞의 책. 187에서 발췌, 인용.

138) McClelland, D. C.(1961). *The Achieving Society*. Princeton, NJ: Van Nostrand.

139) 박상언 외(2020). 위의 책. 187-188에서 발췌, 인용.

르면, 성취동기가 높은 사람은 낮은 사람보다 적어도 초기 경력에서는 더 큰 성공을 거두고 있고, 효과적인 최고경영자가 되기 위해서는 높은 권력 욕구와 낮은 친교 욕구를 가져야 한다고 보고되었다.

4) 2 요인(Two Factor) 이론

미국의 심리학자로서 비즈니스에 중대한 영향을 끼친 허즈버그는 직무와 관련된 4,000여 개의 응답을 분석하는 과정에서 어떤 요인들은 불만족과 관련을 맺고 있고(불만족 요인, dis-satisfiers), 또한 어떤 요인들은 만족과 관련을 맺고 있다는(만족 요인, satisfiers) 것을 알았다.[140) '불만족 요인'(또는 '위생 요인', hygiene factors)은 회사 방침과 절차, 작업 조건 등의 작업 상황과 관련된 측면인 직무 환경(job context)으로, 이런 요인들은 직무 불만족을 방지해 줄 뿐이지 직무 만족을 유발하여 적극적인 동기를 일으키지 못한다는 것이다. 이에 비해, '만족 요인'(또는 '동기부여 요인', motivator factors)은 성취감, 인정, 책임감과 같이 직무 내용(job content)과 관련된 요인들로, 작업자가 만족감을 느끼게 하고, 나아가 작업자의 동기를 유발하는 요인이다. 그래서 불만족 요인(위생 요인)만 가지고는 구성원들의 적극적인 동기를 유발할 수 없고, 오직 동기부여 요인만이 내재적 요인(intrinsic factors)으로서 적극적인 만족을 유도하고, 결과적으로 동기를 높일 수 있다고 주장했다.[141)]

그래서 허즈버그는 경영자들에게 적극적인 동기부여의 원천인 내재적 요인을 제공하는 방안을 마련할 것을 권장했고, 동기부여 요인은 일 그 자체에 내포되어 있어서 일 자체를 개선하는 작업, 즉 직무 재설계 작업인 '직무 확대'(job enlargement)와 '직무 충실화'(job enrichment)가 필요하다는 것이다.[142)]

5) 기대이론(expectancy theory)

이것은 구성원 개인의 동기부여 정도가 업무에서의 행동 양식을 결정한다는 이론으로[143)], 어떤 행동을 할 경향은 '기대'(expectancy), '수단'(instrumentality), 그리고 '유의성'(valence)에 의해 결정된다고 보았다. 먼저, 기대는 일정한 노력을 기울이면 일정한 수준의 업적(성과)을 올릴 수 있으리라 믿는 가능성을 말하고, 수단은 어떤 업적을 올리면 그것이 바람직한 보상으로

---

140) Herzberg, F. I. (1966). *Working and the Nature of Man*. New York: Cronwell.

141) 박상언 · 정범구 · 김주엽 · 송계충(2020). 조직행위론(제5판). 서울: 경문사. 191-192에서 발췌, 인용.

142) '직무 확대'와 '직무 충실화'의 구체적인 내용에 관해서는 다음에 소개하는 책을 참조할 수 있다. 박상언 외(2020). 앞의 책. 193-196에서 발췌, 인용.

143) 기대이론은 존 윌리엄 앳킨슨(Atkinson. J. W.)의 연구를 바탕으로 빅터 브룸(Vroom, V.)에 의해 완성되었으며, 라이먼 포터(Porter, L. W.)와 에드워드 로울러(Lawler, E. E.) 등에 의해 발전되었다.

연결된다고 믿는 가능성을 의미한다. 그리고 유의성은 직무 결과에 대해 개인이 느끼는 가치로, 궁극적으로 얻게 되는 보상이 개인에게 얼마나 매력적인가를 나타내는 것이다. 그래서 높은 수준의 동기부여를 올리기 위해서는 기대, 수단, 유의성 가운데 어느 하나라도 '0'(零, zero)에 가까운 값을 가져서는 안 된다는 것이다. 즉, 경영자는 구성원들에게 이 세 가지 요소가 모두 높도록 힘써야 한다는 것이다.[144]

기대를 높이는 방법으로는 훈련 프로그램, 코치나 안내, 감독자의 후원 또는 후견인 역할, 능력 있는 구성원 선발, 업적 목표의 명확화 등을 이용할 수 있고, 수단을 증대하는 방법으로는 실제로 보상이 업적에 따라 이루어짐을 공개적으로 명확히 하는 방법이 사용될 수 있다. 그리고 유의성을 높이는 방법으로는 카페테리아(cafeteria)식 보상[145]이 있다.

6) 형평이론(equity theory)

이것은 조직 내에서 분배 결과의 공정성을 평가할 때, 투입에 따른 보상의 형평성 원칙에 초점을 맞추었기 때문에 형평 이론으로 불린다. 즉, 조직 내의 개인들이 자신의 투입과 산출의 비율을 비교가 되는 다른 사람의 투입과 산출의 비율과 비교하여 같다고 지각하게 될 때는 적극적이고 최선을 다하려 하지만, 그 비율이 낮거나 높아서 형평화하지 못하다고 지각하게 되면 이와 같은 형평화하지 못한 상태에서 긴장을 느끼며, 이 긴장은 곧 수정행위로 이어져 동기부여의 기초가 된다는 것이다. 이런 차원에서 형평이론은 '공정성이론' 또는 '공평성이론'으로도 불리고 있다. 이처럼 형평이론은 사람들이 노력한 대가로써 받는 보상의 절대액뿐만 아니라, 다른 사람이 받는 보상액과의 비교에도 관심을 지닌다는 사실을 일깨워 주고 있다.[146]

형평이론에서는 형평화하지 못한 상태를 지각하기 때문에 발생한 긴장은 다음과 같은 여섯 가지 방법으로 해소된다고 설명한다. 투입의 변경, 산출의 변경, 자신의 투입 또는 산출에 대한 지각의 변경, 타인의 투입 또는 산출의 변경과 그에 대한 지각의 변경, 비교 대상의 변경 및 현장으로부터의 이동(이직)이 그것이다. 조직 내에서 이런 일들이 생길 때는 얼마든지 코칭의 주제가 될 수 있다.

형평이론이 시사하는 점은 다음과 같다. 첫째, 구성원을 대할 때 형평의 원칙을 지키라는 것이다. 둘째, 구성원들이 형평을 지각하는 것이 중요하다는 것이다. 왜냐하면, 형평에 관한 판단은 구성원의 지각을 통해 이루어지기 때문이다.[147]

---

144) 박상언 · 정범구 · 김주엽 · 송계충(2020). **조직행위론**(제5판). 서울: 경문사. 196-197에서 발췌, 인용.

145) 이것은 예컨대, 현금 보너스, 유급 휴가, 주식매입선택권(stock option), 보험 혜택의 증가 등과 같은 여러 가지 보상 가운데 개인이 가장 선호하는 것을 직접 선택하도록 하는 방법을 말한다. 박상언 외(2020). 앞의 책. 197에서 발췌, 인용.

146) 박상언 외(2020). 위의 책. 201에서 발췌, 인용.

147) 박상언 외(2020). 위의 책. 201-203에서 발췌, 인용.

7) 목표설정이론(goal setting theory)

목표설정이론은 애드윈 로크(Locke, E. A.)에 의해 시작된 동기이론으로, 인간이 합리적으로 행동한다는 기본적인 가정에 기초하여, 개인이 의식적으로 얻으려고 설정한 목표가 동기와 행동에 영향을 미친다는 이론이다. 목표는 개인이 의식적으로 얻고자 하는 사물이나 상태를 말하며, 장래 어떤 시점에 달성하려고 시도하는 것이다. 즉, 성과와 관련된 작업 행동의 가장 직접적인 선행조건으로 목표를 들고 있다. 목표는 개인이 달성하려고 시도하는 것으로서 행위의 목적, 또는 계획이며, 그 개념은 목적, 의도와 비슷하다. 이러한 의식적인 생각이 사람의 행동을 조절하기 때문에, 목표를 설정하는 것은 동기와 수행 모두에서 효과적인 것으로 알려졌다. 목표가 동기의 기초를 제공하며, 행동의 지표가 되기 때문에 설정된 목표는 관심과 행동의 지표를 제공하며, 노력을 동원하고, 노력을 계속하게 하며, 목표 달성을 위한 전략을 개발하도록 개인의 동기를 유발하여 개인의 활동을 직접 조절하는 동기를 갖는다.[148)]

목표설정이론의 핵심적인 세 가지 기준은 '구체성', '도전성(또는 곤란성)' 및 '수용성'이다. 먼저, 구체성이란 막연한 목표보다는 구체적인 목표가 성과를 높일 수 있는 행동을 불러일으킨다는 것이다. 도전성은 쉬운 목표보다는 다소 어려운 목표가 동기를 더 유발한다는 것이다. 그리고 수용성이란 일방적으로 강요된 목표보다는 구성원이 자발적으로 수용한 목표가 더 큰 동기를 유발한다는 것이다.[149)] 이런 목표설정이론을 주축으로 하여 업적 증대를 꾀하는 현대적인 관리기법이 하나가 1950년대에 미국에서 처음으로 도입한 '목표 관리'(management by objects: MBO)이다.

8) 조직 공정성 이론

조직 공정성은 조직 내 구성원들이 조직으로부터 받는 대우의 공정한 정도를 의미한다. 구성원들이 자신들이 받는 대우에 대하여 어떻게 반응할 것인가는 결과적으로 구성원들의 태도와 과업성과를 결정하기 때문에 조직의 공정성 여부는 구성원들의 동기와 밀접한 관련이 있다. 조직 공정성에는 결과에 대한 보상의 크기에 관한 공정성 인식 정도를 나타내는 '분배 공정성'(distributive justice), 보상의 크기를 결정하기 위해 사용하는 수단, 즉 과정에 대한 공정성 인식의 정도를 의미하는 '절차 공정성'(procedural justice), 인간관계 등 관계에 대한 공정성 인식 정도를 나타내는 '상호작용 공정성'(interactional justice)으로 나뉜다.[150)]

---

148) 박상언 · 정범구 · 김주엽 · 송계충(2020). 조직행위론(제5판). 서울: 경문사. 203-204에서 발췌, 인용; 위키백과사전(2022). 목표설정이론(http://ko.wikipedia.org/wiki, 2022년 10월 접속)

149) Steers, R. M.(1989). *Organizational effectiveness: A behavioral view*. Santa Monica, CA: Goodyear. 100-112.

150) Folger, R., & Konovsky, M.(1989). Effects of procedural and distributive justice on reaction to pay raise decisions. *Academy of Management Journal*, 32, 115-130.

전통적으로 조직 관련 문헌에서는 공정하게 대우받는 것이 무엇인지를 분배 공정성의 개념을 가지고 설명해 왔으나, 현재에는 절차 공정성과 상호작용 공정성의 중요성이 점점 높아지는 중이다. 즉, 관심의 초점이 무엇이 결정되었는가로부터 어떻게 결정되었는가로 변화한 것이다. 조직 공정성의 개념은 실제로 기업의 인적자원관리 업무 현장에서 적용되는 평가 시스템, 보상 시스템, 그리고 승진 시스템에 상당히 중요한 기준을 제공하고 있다.[151] 이런 것들과 관련하여 발생하는 다양한 문제들은 조직구성원의 동기, 사기, 업적 및 성과 등에 결정적인 영향을 미칠 수 있고, 결과적으로 조직 전체에 큰 영향을 끼칠 수 있으며, 이런 이슈들은 비즈니스 코칭, 임원 코칭, 리더십 코칭 및 조직(문화) 코칭과 같은 장르에서 다룰 수 있는 주요한 주제가 될 수 있다.

9) 동기이론과 코칭과의 관계

인간의 동기는 그의 행동과 변화, 궁극적으로 개인이 속한 집단과 조직의 성과와 밀접한 관련이 있다. 어떤 조직 내에서 개인에게 어떤 바람직한 행위를 유발하고, 그것이 항상 일정한 방향을 시향하게 하며, 나아가 그런 행위를 지속해 나가도록 하는 것은 조직을 이끄는 누구든지 관심을 가져야 할 핵심적인 주제이다. 그래서 어떤 조직의 최고경영자든 구성원을 어떤 방식으로 동기부여할 것인가는 초미의 관심거리이고, 리더에 따라서는 이 문제가 주요한 코칭 주제가 되기에 충분하다

동기와 관련된 코칭을 다룬 국내외 문헌을 찾는 것은 어려운 일이 아니다. 관심이 많은 주제이니만큼 동기와 관련된 이슈를 다룬 코칭 문헌을 쉽게 발견할 수 있다.[152] 다만, 본격적으로 고객의 내적 동기에 초점을 맞춘 코칭 사례를 개발하고, 이것을 바탕으로 독자적인 동기 코칭 이론을 정립하기 위해서는 추가의 사례를 더 확보할 필요가 있다.

---

151) 이에 대한 구체적인 내용은 다음에 소개하는 책을 참조할 수 있다. 박상언 · 정범구 · 김주엽 · 송계충(2020). 조직행위론(제5판). 서울: 경문사. 211-216에서 발췌, 인용.

152) 김상범 · 박성영 · 나운봉(2010). 코칭의 이론적 모형과 효과에 관한 연구. **소비문화연구**, 13(3), 1-30; 안시연 · 김상덕(2018). 프랜차이즈 본부의 동기부여가 가맹점 성과에 미치는 영향: 슈퍼바이저 코칭리더십의 조절 효과. **경영학연구**, 47(3), 703-724; 오인경(2005). ARCS 이론을 접목한 코치 리더의 동기유발 전략. **산업교육연구**, 11, 117-132; 이태헌 · 조동혁 · 김상범(2018). 영업관리자 코칭이 동기부여와 조직 유효성에 미치는 영향: 성취 욕구의 조절 효과를 중심으로. **한국콘텐츠학회논문지**, 18(4), 138-153; 최미림(2017). 사무직 노동자의 창의성과 내적 동기 향상을 위한 마음챙김 기반의 그룹 코칭 프로그램 제안. **연세상담코칭연구**, 8, 115-133; Achi, S. E., & Maamari, B. E.(2021). The mediating effect of coaching acceptance between employees' creativity, motivation, commitment and OCB on performance. *International Journal of Trade and Global Markets*, 14(3), 225-246; Andrew, D. P. S., & Kent, A.(2007). The Impact of Perceived Leadership Behaviors on Satisfaction, Commitment, and Motivation: An Expansion of the Multidimensional Model of Leadership. *International Journal of Coaching Science*. 1(1), 37-58; McCarthy, G., & Milner, J.(2020). Ability, motivation and opportunity: managerial coaching in practice. *Asia Pacific Journal of Human Resources*, 58(1), 149-170.

2.4 집단 수준의 이론과 코칭

독자들은 이미 파악했겠지만, 앞에서 소개한 여러 가지 이론들은 '사람'에 초점을 맞췄거나 개인이 일상생활을 살아가는 데 있어 발생하는 다양한 이슈들을 어떻게 바라보고 그것을 효과적으로 해결하는 것에 중점을 두었다. 그래서 사람의 '존재' 자체에 관심을 두거나 사람들의 깊은 내면에서 작동하는 다양한 현상들이 한 개인에게 어떤 영향을 주는지에 관심을 두는 이론들이었다. 당연히 코칭의 초점은 한 사람의 개인에 집중된 것을 볼 수 있었다.

그런데 사람은 세상 속에서 혼자서 살아가는 것이 아니다. 사회적 동물인 인간은 여러 가지 이유로 혼자서 살아가기 힘들다. 그래서 집단(group)을 형성하고, 나아가 여러 집단이 모인 조직 속에서 생활해 간다. 이때 한 개인의 행동은 개인의 가치관이나 성격과 같은 개인 수준의 속성에 의해서 결정되기도 하지만, 그가 속한 집단의 성격과 영향력에 따라 크고 작은 영향을 받는다. 집단은 소속된 구성원들에게 그들이 해야 할 일을 지정해 주고, 그들이 준수해야 할 행동 기준을 규정하는가 하면, 집단 구성원들 사이의 서열도 정해준다.[153] 이런 과정에서 집단은 구성원들에게 여러 가지 영향력을 미치며, 구성원들은 크고 작은 다양한 문제들을 경험하며 갖가지 현상과 관계들 속에서 생활해 간다. 이런 것들은 집단 구성원인 개인들에게 중요한 영향력을 미치는 요인이 될 수 있고, 이런 이슈들은 집단에 속한 개인들이나 팀들의 코칭 주제가 될 수도 있다. 따라서 한 개인의 행동을 이해하기 위해서 그가 속한 집단의 성격과 그것이 미치는 영향력에 대한 사전 이해가 필요하다.

이런 인식을 바탕으로 여기에서는 집단과 관련된 다양한 이슈, 즉 집단의 형성과 속성, 의사소통, 의사결정, 갈등과 협상, 리더십 등에 대해 간단하게 살펴본 다음, 코칭 현장에서 쉽게 확인할 수 있는 집단과 관련된 몇 가지 논의들을 살펴보고, 나아가 집단에서 자주 경험할 수 있는 이슈들을 해결하는 데 초점을 맞춘 코칭 이론들에 대해서 살펴보기로 하겠다.

1. 집단의 속성과 코칭

실제 코칭 현장에서 활동하는 전문코치들은 어떤 집단이나 팀에서 발생한 이슈들에 관해 코칭을 요청받을 때가 있다. 이때 전문코치가 그들의 코칭 이슈에 초점을 두고 코칭을 진행할 수도 있지만, 고객이 처한 상황과 여건, 그리고 주된 코칭 주제를 심층적으로 이해함으로써 집단이나 팀의 문제를 스스로 해결하도록 지원할 수 있다. 이때 집단의 속성과 그 속에서 일어나는 다양한 현상에 관해 미리 이해하고 있다면, 집단 구성원들이 겪는 문제의 속성과 그들의 현

153) 박상언 · 정범구 · 김주엽 · 송계충(2020). 조직행위론(제5판). 서울: 경문사. 268에서 발췌, 인용.

재 상황을 이해하는 데 훨씬 도움이 된다. 즉, 전문코치가 집단과 관련된 해당 분야의 지식과 지혜를 미리 학습한다면, 집단 자체와 그것이 그 속에서 지내는 구성원 개인의 행동에 어떤 영향을 미치는지를 파악하는 데 도움을 얻을 수 있다.

1) 집단의 의미와 형성

집단은 '특정한 목표를 달성하고자 함께 모여서, 상호작용하고 상호 의존적인 관계를 지니는 두 명 이상의 모임'[154]이라고 정의할 수 있다. 구체적으로 살펴보면, 집단은 두 명 이상의 사람들이 명시적이거나 암묵적인 목표를 이루기 위해 협조하고 갈등을 겪기도 하면서, 서로가 서로에게 영향을 미치는 사회시스템이라고 할 수 있다.

인간이 집단을 형성하는 이유에는 여러 가지가 있겠지만, 첫째, 집단이 개인의 기본적인 욕구를 충족시켜 주고, 둘째, 자신의 자아정체성을 인식하도록 도와주며. 셋째, 개인으로서는 달성하기 어려운 목표를 집단을 통해서 성취할 수 있고, 그 결과로 개인은 물질적 · 정신적 혜택을 획득할 수 있기 때문이다.[155]

집단은 크게 공식 집단과 비공식 집단으로 나눌 수 있다.[156] 이 두 가지 집단이 별개의 것으로 존재한다고 이해하기 쉽지만, 대부분 공식 집단에는 비공식 집단이 공존하고 있다. 비공식 집단은 친밀한 대면접촉이나 상호작용을 통해서 이루어진 인간의 감정과 관습을 기초로 형성된 것으로, 이에 대해 잘 이해하는 것은 공식 집단을 효과적으로 관리하기 위한 필수적인 선제 조건이 된다.

인간도 태어나면서 일정한 과정을 거치면서 성인이 되는 것처럼, 집단도 몇 가지 단계 즉, '형성기(forming)—폭풍기(storming)—규범기(norming)—성과기(performing)—해산기(adjourning)'[157]를 거치면서 성숙하고 발달하며 해산하는 과정을 거친다는 것에 많은 학자가 동의하고 있다.

---

154) 박상언 · 정범구 · 김주엽 · 송계충(2020). 조직행위론(제5판). 서울: 경문사. 270에서 발췌, 인용; Robbins, S. P., & Judge, T. A.(2009). *Organizational Behavior*(13th ed.). Upper Saddle River, NJ: Pearson Education. 318.

155) 박상언 외(2020). 앞의 책. 271-273에서 발췌, 인용.

156) 공식 집단(formal group)은 보통 조직의 구조를 지칭하는 것으로, 조직이 개인의 업무를 지정하고 그것이 달성되도록 공식적으로 정한 집단을 말한다. 이에 비해, 비공식 집단(informal group)은 조직에 의해서 결성되거나 공식적으로 구조화된 것이 아니고, 정서적인 뜻에서 친밀한 인간관계를 집단의 주요 목적으로 하여 자연적으로 형성된 집단을 말한다. 이에 관한 자세한 설명은 다음에 소개하는 책을 참조할 수 있다. 박상언 외(2020). 위의 책. 270-271.

157) Tuckman, B. W.(1965). Developmental sequence in small groups. *Psychological Bulletin*, June. 384-399.

2) 집단의 속성

집단은 사람들이 그저 모여 있는 군중과 같은 것이 아니다. 공동의 목표를 추구하는 과정에서 집단과 구성원 간, 그리고 구성원들 사이의 상호작용에 영향을 미치는 여러 가지 속성들이 있는데, 역할, 규범, 지위, 집단응집력, 집단 규모 등이 그것이다.

① 역할(role)[158]

집단에서 역할이란 '집단 내에서 어떤 지위를 점하는 특정 개인이 수행해야 할 것에 대해 집단 구성원들이 전체적으로 기대하는 행동들'을 말한다. 예컨대, K사에서 기획팀장으로 근무하는 김 팀장은 부하 팀원들이 그에게 팀장으로서 수행할 것으로 기대하는 다양한 행동들이 있는데, 이것들이 김 팀장의 역할이 되는 것이다. 팀장으로서 수행해야 하는 공식적인 기획 업무 이외에 기획 전반에 관한 전문적인 조언, 팀에 필요한 인원과 기타 자원을 끌어오는 일, 다른 팀이나 부서로부터 기획팀을 보호하는 방패막과 관련된 일, 팀원 개인의 상담 등이 팀장으로서 수행해야 하는 역할의 일부가 될 것이다.

이처럼 집단에 속한 구성원들 개인에게는 각각 수행해야 하는 역할이 있는데, 문제를 복잡하게 하는 것은 한 개인이 여러 가지 역할을 동시에 수행하고 있어서 그런 역할들이 양립되거나 역할 사이에 갈등을 일으킬 때도 있다는 점이다. 역할과 관련하여 연구자들이 관심을 지닌 것은 역할 과다, 역할갈등, 역할 모호성(role ambiguity)인데, 이런 것들은 결과적으로 높은 스트레스, 직무 만족과 생산성의 저하, 자존감의 저하 등을 초래할 수 있기 때문이다. 이런 것들은 개인뿐만 아니라 집단이나 조직 차원에서도 여러 가지 역기능을 초래하기 때문에 주의 깊게 관찰하고 관리해야 한다.

'역할 과다'(role overload)는 개인이 수행해야 하는 역할이 그의 능력을 훨씬 벗어날 정도로 클 때 발생한다. 예컨대, 같은 팀 내에서 한 명이 퇴사하거나 결혼한 여직원이 가정일과 업무를 동시에 수행해야 할 때, 역할 과다를 경험할 수 있다. 역할 과다를 경험하는 사람은 역할 무능력, 스트레스, 좌절감, 의욕 상실 및 탈진 등을 초래할 수 있다.

'역할갈등'(role conflict)은 한 개인에게 기대되는 역할들이 서로 다른 상황에서 발생한다. 즉, 개인이 어떤 역할을 이행하는 과정에서 다른 역할의 수행을 방해받게 된다면, 역할갈등이 초래된다. 역할갈등은 개인의 가치관, 신념, 태도 등이 자신의 역할과 충돌하는 때도 발생한다. 역할갈등의 종류에는 직장에서의 역할과 가정에서의 역할을 서로 양립할 수 없을 때 생기는 '역할 간 갈등'(inter-role conflict), 한 개인의 지위상 상하로부터 기대되는 역할이 서로 다를 때 발생하는 '역할 내 갈등'(intra-role conflict)이 있다.

158) 박상언 · 정범구 · 김주엽 · 송계충(2020). 조직행위론(제5판). 서울: 경문사. 275-278에서 발췌, 인용.

'역할 모호성'(role ambiguity)은 어떤 사람이 자신의 역할에 대해서 자세히 알지 못하는 상황에서 발생한다. 집단 구성원들이 어떤 개인에게 기대하는 것을 제대로 알려주지 않거나 그 역할을 하는 데 필요한 정보를 제공하지 않을 때 발생한다. 역할 모호성은 신입사원들이 입사 초기에 많이 경험하게 된다.

② 규범(norm)[159]

규범은 집단 구성원들이 어떤 상황에서 어떻게 행동해야 한다는 가치적 행동 기준을 말한다. 이것은 집단 구성원들에게 옳고 그른 행동, 좋고 나쁜 행동을 구별하게 해주는 기준을 제공하는 것으로, 특별한 지위에 대한 타인들의 기대를 의미하는 역할과 다르다. 규범은 한 집단이 효과적으로 운영되기 위해서 무엇이 필요한가를 결정하는 과정에서 비공식적으로 출현한다. 즉, 상사나 동료가 명시적으로 말한 것, 집단의 역사 가운데 중요한 사건의 발생, 집단에서 출현한 최초의 행위, 과거에서 이전되어 현재까지 계속되는 행위 등이 결합하여 발생한다.

집단마다 그들만의 독특한 규범들을 만들어 가지만, 집단 규범의 종류는 대개 성과 기준에 대한 규범, 겉모습에 대한 규범, 사회배열 규범 및 할당 규범으로 구분된다.[160] 집단 규범은 집단 구성원들 사이의 동질성을 부여하고 집단을 유지하는 데 중요한 기능을 수행한다. 하지만, 이런 과정에서 집단 구성원들은 집단 규범에 동조하고자 하는 욕구를 강하게 느끼고, 궁극적으로 그것에 동조하는 경향을 보인다.

이런 집단 규범에 대한 개인의 동조 경향은 상황이 불확실하여 정보가 필요할 때나 그렇지 않고 정보가 확실할 때도 개인에게 상당한 영향을 미친다. 왜냐하면, 개인이 집단 규범에 동조하지 않으면, 여러 가지 제재를 받기 때문이다.[161] 이때 동조 압력의 크기는 집단이 개인에게 중요하다고 인식할수록, 집단이 개인에게 장소나 시기적으로 개인에게 근접한 것일수록, 집단

159) 박상언 · 정범구 · 김주엽 · 송계충(2020). 조직행위론(제5판). 서울: 경문사. 278-283에서 발췌, 인용.

160) 성과 기준에 대한 집단 규범은 대개 대단히 강력한 영향력을 가지는데, 얼마나 열심히 일해야 하는지, 얼마만큼 성과를 내야 하는지, 어떤 방식으로 작업할 것인지, 얼마만큼 열심히 일하는 척해야 하는지 등에 대한 것을 말한다. 겉모습에 대한 규범은 동질성을 강조하는 집단에서 나타나는데, 겉으로 드러난 행동이나 모습을 일치시키도록 영향력을 행사하는 규범이다. 예컨대, 같은 머리 모양과 옷차림, 상사를 접할 때 거의 같은 자세를 취한다든지, 같은 시간대에 휴식을 취하는 것 등이 이에 속한다. 사회배열 규범은 집단 구성원들에게 개인 상호 간의 관계에 대해 기준을 제공하는 것으로, 누구와 함께 점심을 먹고, 끝난 후에는 누구와 어울리며, 어떤 집단과는 절대 상호관계를 지녀서는 안 되는 등에 관한 것들이다. 할당 규범은 집단의 획득물을 어떻게 나누어 가질 것인지에 대한 규범으로, 노력이나 능력에 무관하게 똑같이 나누어 가질 것인지(평등 배분), 성과에 공헌한 바에 따라 나눌 것인지(형평 배분), 구성원이 필요한 양에 따라 배분할 것인지(필요 배분)에 대한 기준을 제공한다. 박상언 외(2020). 앞의 책. 280-281에서 발췌, 인용.

161) Abraham, D., Marques, J. M., Brown, N., & Henson, M.(2000). Pro-norm and anti-norm deviance within and between groups. *Journal of Personality and Social Psychology*, 78, 906-912; Garfinkel, H.(1967). *Studies in Ethnomethodology*. Englewell Cliffs, NJ: Prentice Hall; Schachter, S.(1951). Deviation, rejection, and communication. *Journal of Abnormal and Social Psychology*, 46, 190-207.

의 규모가 네 명 이상일 경우에 집단 규범에 대한 동조 현상이 강하게 나타난다.[162] 하지만 구성원들은 항상 집단 규범에 맹종하는 것이 아니라 집단의 의견에 반대하는 때도 있다.

③ 지위(status)[163]

지위는 '집단 내에서 구성원이 차지하는 신분상의 서열'을 말하는 것으로, 구성원들이 중요하다고 여기는 과업을 집단 전체적으로 수행하고 있을 때 주로 나타난다. 지위는 어떤 과업을 달성하는 데 요구되는 기술과 능력을 지닌 사람이 집단에 대해서 더 큰 영향력을 행사할 가능성이 있을 때 생긴다. 지위는 성별, 나이, 사회적 신분, 다른 집단에서의 지위, 부(富), 출신 배경에 따라 결정되는데, 과거에는 선천적인 요인들이 주된 지위 결정 요인들이었으나 현대에 들어오면서 후천적인 요인들이 주로 지위를 결정한다.

어떤 요인들은 한 개인의 지위를 결정하는 데 긍정적으로 평가되지만, 그 사람이 부정적으로 평가되는 요인들을 같이 지니고 있다면 '지위 불일치'(status incongruence) 현상이 초래된다. 즉, 어떤 사람이 자신이 생각하는 지위와 다른 사람들이 생각하는 지위 사이에 차이가 발생할 때, 지위 불일치 현상이 발생한다. 예컨대, 어떤 개인이 리더가 되기에 충분한 자질과 능력을 지니고 있고, 대인관계도 좋으며 결단력도 있지만, 여자이고 나이도 어려서 리더가 되지 못했을 때는 지위 불일치가 생긴다. 이런 지위 불일치는 개인에게 불만족과 스트레스를 경험하게 하고, 결과적으로 동기부여와 생산성 저하를 초래하는 것으로 알려졌다.[164]

④ 집단응집력(group cohesiveness)[165]

집단응집력은 '집단 구성원들이 서로에게 끌려서 집단에 계속해서 남아 있기를 원하는 정도'를 의미한다. 즉, 집단의 응집력이 높다는 것은 집단 구성원들 상호 간에 호감을 지니고 있어서 결과적으로 집단에 대한 애정과 소속감이 높다는 뜻이다. 응집력이 높은 집단은 일반적으로 구성원들의 즐거움과 만족도가 높고, 집단 참여율이 높아 구성원들 사이의 의사소통이 활발하며, 집단의 사기를 높이고, 구성원들의 자존감을 높여주며, 불안감을 낮추는 것으로 나타났다. 그리고 집단이 중요하다고 생각하는 목표를 달성하는 데 있어 집단응집력이 높은 경우가 더 효과적인 것으로 나타났다.[166]

집단응집력의 결정 요인으로는 구성원들 사이의 접촉 빈도, 집단의 규모, 타 집단과의 경쟁,

---

162) Latané, B.(1981). The Psychology of social impact. *American Psychologist*, 36, 343-356.
163) 박상언 · 정범구 · 김주엽 · 송계충(2020). 조직행위론(제5판). 서울: 경문사. 283-285에서 발췌, 인용.
164) Forsyth, D. R.(1983). *An Introduction to Group Dynamics*. Montercy, CA: Brooks/Cole Publishing.
165) 박상언 외(2020). 위의 책. 285-287에서 발췌, 인용.
166) Carwight, D., & Zander, A.(1968). *Group Dynamics: Research and Theory*(3rd ed.). New York: Harper & Row.

집단 가입의 난이도, 집단의 성공과 실패의 역사 및 집단 구성원들의 동질성 등을 들 수 있다. 하지만, 집단의 응집력이 강한 것은 이런 긍정적인 측면만 있는 것이 아니라, 다른 집단의 위협에 대해 강한 적대감을 보이고, 다른 집단과 그 구성원들에 대한 부정적인 편견을 발달시키는 경향을 보이며, 그로 말미암아 배타성이 강한 문화를 가지는 경우가 흔하다.[167] 나아가 집단 규범에 대한 동조압력은 집단의 의사결정 과정에서 비판이나 정보 추구 활동이 원천적으로 봉쇄되어 질이 낮은 의사결정을 내리는 집단사고(group thinking) 현상을 초래할 수 있다.

⑤ 집단 규모(scale)[168]

집단 구성원의 수도 집단 구성원의 태도와 행동에 상당한 영향력을 행사하는 것으로 알려져 있다. 선행연구에 따르면, 집단의 규모는 집단 구성원의 만족도, 결근율과 이직률, 집단의 응집력 등과 부적(負的) 상관관계를 가지는 것으로 밝혀졌고, 집단의 규모가 커지면서 집단 구성원의 참여도가 떨어지는 과정에서 오히려 집단 리더의 공식적·비공식적 권한은 더 커지는 경향을 보이는 것으로 나타났다.

3) 집단과정

집단을 이루는 과정에서 얻을 수 있는 이점도 있지만, 집단과정에서 발생하는 손실도 있다. 즉, 집단과정에서 다양한 정보의 활용이나 사기 진자, 협력을 통한 시너지 효과 발생 등의 긍정적인 측면이 있지만, 노력의 중복, 갈등의 발생과 조정의 손실, 책임의 분산과 같은 손실도 발생한다. 하나씩 간단하게 살펴보면 다음과 같다.[169]

'책임 분산'(diffusion of responsibility)은 긴급하거나 위험한 상황에 놓인 사람에게 그런 상황을 같이 목격한 다른 사람들이 도움을 줄 것이라는 가정으로 인해 도움을 제공하고자 하는 책임감이 줄어드는 현상을 말한다.[170] 즉, 어떤 사건의 목격자가 많을수록 그들로부터 도움을 받을 확률이 더욱 줄어들게 되는 것을 말한다. 예컨대, 누군가 해야 하는 일이 있는 경우에 구성원들은 그 일을 다른 누군가가 할 것이라는 생각에 그것을 자신이 하려는 동기부여 여력이 적어지는 예가 이에 해당한다. 이처럼 책임의 분산 현상은 책임을 부담하는 사람이 명확하게 지정되지 않아서 발생한다. 따라서 어떤 사건을 목격한 사람이 많을 때는 그 가운데 한 명을 명

---

167) Forsyth, D. R.(1983). *An Introduction to Group Dynamics*. Montercy, CA: Brooks/Cole Publishing. 352-353에서 발췌, 인용.

168) 박상언 · 정범구 · 김주엽 · 송계충(2020). 조직행위론(제5판). 서울: 경문사. 287-288에서 발췌, 인용.

169) 박상언 외(2020). 앞의 책. 서울: 경문사. 289-292에서 발췌, 인용

170) 이에 대한 자세한 설명과 예는 다음에 소개하는 책과 글을 참조할 수 있다. 박상언 외(2020). 위의 책. 289; Latané, B., & Nida, S.(1981). Ten years of research on group size and helping. *Psychological Bulletin*, 39, 308-324.

확하게 지정해서 도움을 요청하면, 대부분 도움을 받게 된다.

'사회적 촉진'(social facilitation)은 어떤 사람이 단지 자신의 옆에 다른 사람이 있다는 것만으로 개인의 행동에 영향을 받는 현상을 말한다. 즉, 다른 사람의 존재는 어떤 사람이 잘 습득해서 익숙해진 행위를 더 잘하게 만들어 주고, 반대로 익숙하지 못한 행위는 더 못하는 쪽으로 촉진한다는 것이다.[171] 예컨대, 우리는 밥을 먹는 일에 익숙해져 있어서 다른 사람과 같이 있음으로써 먹는 행위가 촉진되지만, 다른 사람 앞에서 발표하는 것은 익숙하지 않아서 다른 사람의 존재가 실수를 촉진하는 것이다.

'사회적 태만'(social loafing)은 개인이 집단에 속해 작업할 때 혼자서 작업할 때보다 노력을 덜 기울이는 경향을 말한다. 이것은 1927년에 독일의 심리학자 링겔만(Ringelman, M.)에 의해 보고된 것으로, 집단 구성원이 증가할수록 집단 전체의 생산성은 증대하지만, 개인의 생산성은 계속해서 감소한다는 것이다. 사회적 태만은 첫째, 개인의 과업이나 할당량이 명확하게 규정되어 있지 않을 때, 둘째, 하는 일이 단조롭고 지겨운 일일 때, 셋째, 집단 구성원들 사이에 신뢰감이 약할 때 더 활성화되는 경향이 있다.[172] 이런 현상을 줄이려면 집단 활동이긴 하지만, 가능한 개인의 과업 양을 정하고 그것을 정확하게 측정하는 시스템이 필요하고, 가능한 일을 흥미롭게 설계하여 내적 동기부여가 일어나도록 하는 방법을 활용할 수 있다.

4) 효과적인 팀 관리

20세기 후반에 들어서면서 경영 환경의 변화, 경쟁의 격화 및 차별화 전략의 중요성이 강조되면서 이전까지 분업에 바탕을 둔 개인 중심의 구조에서 팀을 중심으로 하는 팀 제도로 빠르게 전환되고 있다. 따라서 팀을 효과적으로 관리하는 것이 집단과 조직관리의 핵심이 되는 실정이다. 특히, 코칭 현장에서는 결과적으로 조직의 성과를 달성하기 위해 최소의 단위인 팀과 그 구성원들을 대상으로 진행되는 '팀 코칭'(team coaching)이 점점 많아지고 있다. 따라서 전문코치는 효과적인 팀 관리에 필요한 팀의 전제조건과 특성, 팀과 관련하여 중요한 개념인 '임파워먼트'(empowerment)에 대해 알아둘 필요가 있다. 하나씩 간단하게 살펴보면 다음과 같다.[173]

팀이란 '서로 보완적인 기술을 지니고 있으면서 자신들 스스로 책임을 져야 할 공공 목표나 일단의 성과 목표, 방식들에 몰입된 적은 수의 사람들이 모여 구성하는 집단'을 의미한다.[174] 다시 말해, 팀은 서로가 보완적인 기술을 가진 소수의 사람이 공동 목표나 성과 목표들을 달성

---

171) Zajonc, R. B.(1965). Social facilitation. *Science*, 149, 269-274.

172) Kreitner, R., & Kinicki, A.(2001). *Organizational Behavior*(5th Ed.). Mew York: Irwin McGrowHill. 402.

173) 박상언 · 정범구 · 김주엽 · 송계충(2020). 조직행위론(제5판). 서울: 경문사. 292-301에서 발췌, 인용.

174) 박상언 외(2020). 앞의 책. 292에서 발췌, 인용; Kazenbach, J. R., & Smith, D. K.(1999). *The wisdom of teams: Creating the high-performance organization*. New York: Harper Business. 45.

하기로 약속하고, 그 결과에 대해서는 그들 스스로 공동으로 책임을 부담하는 집단의 한 종류이다.

하지만, 무조건 팀을 결성하는 것만이 능사는 아니다. 어떤 상황에서 팀이 필요한지를 먼저 살펴보는 것이 도움이 된다. 팀이 적합한 상황인지를 판단하는 데 세 가지 기준이 있는데, 첫째, 어떤 과업이 혼자서도 잘할 수 있는지, 아니면 여러 사람이 협력해야만 잘할 수 있는지를 가려보고, 둘째, 집단의 목표가 구성원들의 일을 단순히 합한 것에 불과한 것인지 아니면 그 이상의 목표인지를 따져 보아야 하며, 셋째, 팀원들이 충분히 상호 의존적인지를 살펴보는 것이 필요하다.[175)]

효과적인 팀이란 성과와 팀원들의 활력에 달려 있다. 효과적인 팀이 지닌 구체적인 특성으로는 팀의 목적이나 목표가 분명할 것, 팀원들의 다양성과 전문성, 소규모의 유지와 적극적인 참여 독려, 팀원들 간의 균등한 역할 분배, 팀 단위의 보상, 분배적 리더십(distributive leadership)[176)]과 자율성의 확보 등을 들 수 있다.

효과적인 팀 관리에서 중요한 개념 가운데 하나는 '임파워먼트'(empowerment)이다. 임파워먼트의 개념은 리더가 부하직원에게 조직 내 자원을 획득하거나 사용할 수 있는 공식적인 권한을 부여하는 것으로 보는 관계적 관점(relational concept)과 권한 부여를 통해 구성원들의 자기효능감과 내재적 과업 동기를 증진하는 프로세스로 보는 동기 부여적 관점(motivational concept)으로 구분되어진다.[177)] 이런 차원에서 임파워먼트는 권한 부여(권력, 통제권과 자발적 의사결정권)와 책임 부여를 포함하는 개념으로, 직무에 대한 구성원들의 자기효능감과 내재적 동기를 향상하기 위해 구성원들에게 권한과 책임을 부여하는 것으로 정의할 수 있다.[178)]

임파워먼트는 기본적으로 구성원들이 소속한 집단이나 조직에 대해 의미 있는 영향력을 행사할 수 있다는 능력과 위치에 있다는 생각을 증대하는 것이다. 이것은 상사가 지닌 권한을 부하에게 사용할 수 있도록 허용하는 권한 위임과는 구별된다. 팀의 임파워먼트는 구성원들이 소속 팀이 효과적으로 작동하고 있고, 중요하고 가치 있는 과업을 수행하고 있으며, 과업 수행에 있어서 독립성과 자유 재량권을 보유하고 있고, 업무 수행과 목표 달성에서 중요하고 의미 있는 역할을 하고 인식할 때 구축된다.[179)] 이 네 가지 가운데 어느 하나라도 부족하면 효과적인

175) Robbins, S. P., & Judge, T. A.(2009). *Organizational Behavior*(13th ed.). Upper Saddle River, NJ: Pearson Education.

176) 분배적(또는 배분적) 리더십이란 실질적인 리더십을 한 사람이 행사하지 않고 상황에 따라 그 상황에 적합한 사람이 리더십을 행사하는 것을 말한다.

177) Conger, J. A., & Kanungo, R. N.(1988). The empowerment process: Integrating theory and practice. *Academy of Management Review*, 13(3), 471-482.

178) 이준혁(2021). 임파원먼트의 양면적 효과: 권한과 책임의 개별적 효과와 상호작용 효과를 중심으로. 인사조직연구, 29(4), 73-95.

179) Slocum J. W., & Helliegel, D.(2007). *Fundamentals of Organization Behavior*. Mason, OH: Thompson South

팀 임파워먼트를 구축할 수 없게 된다. 임파워먼트의 네 가지 요건을 갖춘 팀이 되기 위해서는 정보의 공개가 선결 요건이다. 정보가 공개되지 않고서는 제대로 된 의사결정을 내릴 수 없다.

5) 그룹 코칭과 팀 코칭[180)]

앞서 설명한 바와 같이 집단 속에는 다양한 팀이 존재하고, 각각에 속한 구성원들은 공동의 목표 달성을 위해 자신의 역할과 직무에 몰입하고 있다. 하지만 다양한 구성원이 속한 집단의 속성상 구성원들 간의 조화와 협력이 효과적으로 이루어지지 않는다면, 다양한 문제가 생길 수밖에 없고, 이것들은 구성원들의 행동과 성과 등에 영향을 줄 수 있다. 그래서 집단 속에서 발생하는 여러 가지 이슈들은 얼마든지 코칭의 주제가 될 수 있다. 코칭 현장에서는 이런 주제들과 관련된 코칭 장르를 '그룹 코칭'(group coaching)[181)]과 '팀 코칭'(team coaching)으로 구분하여 명명하고, 코칭을 진행하고 있다.

매우 다양한 형태로 진행되는 그룹 코칭은 '조직의 목표나 혹은 개인적 목표를 달성하기 위해 합류한 사람들의 에너지, 경험, 지혜를 극대화하고자 하는 의도를 가지고 전문코치가 촉진적으로 이끄는 그룹 과정(process)'라고 정의할 수 있다.[182)] 다시 말하면, 그룹 코칭은 '특정 주제의 유무에 상관없이 개인적 또는 전문적 성장, 목표 달성, 자기인식 증진을 목적으로 코칭을 진행하는 소그룹 과정'이라고 할 수 있다.[183)] 그룹 코칭은 공통된 관심을 지닌 두 명 이상의 사람들이 공통의 주제를 가지고 코칭을 받으며 상호 작용하는 과정에서 문제 해결책을 발견하고 참여자들의 학습 효과를 증진하도록 돕는 것으로 볼 수 있다.[184)] 이런 정의를 바탕으로 보면, 그룹 코칭은 참가자인 고객(개인)의 목적을 달성함과 동시에 그가 속한 조직의 목표 달성을 위

Western.

180) 그룹 코칭과 팀 코칭의 여러 가지 측면과 다양한 기준, 필요사항 등을 다룬 문헌으로, 다음에 소개하는 책을 참조할 수 있다. Thornton, C.(2010). *Group and Team Coaching: The Essential Guide*. Taylor & Fracis Group: Psychology Press(신준석 · 유보림 역, 2013. **창조적 조직을 위한 그룹 코칭과 팀 코칭**. 서울: ㈜시그마프레스).

181) 일반적으로 경영 현장에서는 대체로 '그룹'(group)이라는 용어를 '집단'으로 번역하여 사용하고 있다. 하지만 코칭 현장에서는 집단을 대상으로 진행되는 코칭을 '집단 코칭'이라고 부르지 않고, '그룹 코칭'이라는 원어를 그대로 사용하는 것이 일반적이다. 따라서 이 책에서도 집단을 대상으로 진행되는 코칭을 '그룹 코칭'이라고 부르기로 한다.

182) Britton, J.(2010). *Effective Group Coaching*. John Wiley & Sons Canada, Ltd.; Cockerham, G.(2011). *Group coaching: A comprehensive blue print*. Bloomington: Universe.

183) Britton, J.(2010). 앞의 책.

184) 혹자는 새로운 능력과 기술 개발을 포함한 학습 목적을 달성하기 위해 사람들이 몇 차례에 걸쳐 함께 참여하는 작은 그룹을 '코칭 그룹'(coaching group)이라고 하고, 이 코칭 그룹에서 이루어지는 코칭을 '그룹 코칭'이라고 말하기도 헌다. 하지만, 이것을 그룹 코칭의 명확한 정의라고 하기엔 아쉬운 점이 없지 않다. 이에 대한 자세한 내용은 다음 책을 참조할 수 있다. Thornton, C.(2010). *Group and Team Coaching: The Essential Guide*. Taylor & Fracis Group: Psychology Press(신준석 · 유보림 역, 2013. **창조적 조직을 위한 그룹 코칭과 팀 코칭**. 서울: ㈜시그마프레스. 30-32에서 발췌, 인용).

해 진행되는 것으로 볼 수 있다. 따라서 그룹 코칭에 참가하는 개인은 같은 조직에 속한 구성원일 수도 있고, 전혀 다른 조직에 속한 사람일 수도 있다.[185] 물론 그룹 코칭은 공통의 주제 내에서 참여자(고객)의 개별적인 목표를 다룰 수도 있다. 그래서 그룹 코칭에서는 다양한 목표가 공존하고, 참여자들이 상호작용을 통해 서로의 학습을 헌신적으로 도움으로써 상호 발전을 도모할 수 있다. 이런 차원에서 그룹 코칭의 성공을 좌우하는 핵심 요소는 참가자들 사이의 상호작용이다.[186]

이에 비해, 팀 코칭은 '구성원들이 팀 작업을 수행할 때, 집단 자원을 적절하게 사용할 수 있도록 돕는 팀과의 직접적인 상호작용'[187] 또는 '성찰과 대화를 통해 팀의 성과와 성과를 달성하는 프로세스를 개선할 수 있도록 지원하는 것'[188]이라고 정의할 수 있다. 다시 말하면, 팀 코칭은 '팀의 목표를 효율적으로 달성하기 위해 팀의 재능과 자원을 극대화할 수 있도록 지원하는 체계적인 접근방법'이다.[189] 결국, 팀 코칭은 공동의 목표를 달성하기 위한 구성원들이 각자의 임무와 역할을 하면서 결과적으로 팀의 성과를 향상하기 위해서 팀원들이 함께 코칭을 받는 것이다. 그러려면 모든 팀원이 팀 활동에 적극적으로 참여해야 하고, 당연히 같은 목표 달성에 초점을 맞추어 진행되며, 그 결과에 대해 팀원이 상호 책임을 지는 것이다.[190] 그룹 고칭과 팀 코칭 모두 임파워먼트에 초점을 맞추어 진행할 필요가 있다.

그룹 코칭과 팀 코칭은 두 명 이상의 고객이 같은 코칭 세션에 참가하여 코칭을 받는다는 점에서 공통점이 있다. 하지만, 그룹 코칭은 업무 현장에서의 독립성이 강한 것에 비해, 팀 코칭은 각각의 참가자의 개별적인 목표를 다룬다. 그리고 팀 코칭은 실제 조직 내 한 팀의 구성원이 코칭 대상이 되는 경우로 같은 목표 달성에 초점을 맞추지만, 그룹 코칭은 팀원 간이 상호이해가 얽혀 있을 수 있어 갈등상황이 발생할 수 있다는 점에서 서로 다르다.[191] 따라서 팀 코칭을 진행할 때는 팀을 하나의 유기체로 보고 팀 전체의 성장과 발전을 통해 목표를 달성하는 데 초점을 두어 코칭을 진행하는 것이 필요하다.

그룹 코칭과 팀 코칭의 진행방법이나 형태, 기간, 효과 등에 대한 국내외 문헌은 쉽게 발견

185) 탁진국(2019). **코칭심리학**. 서울: 학지사. 456에서 발췌, 인용.

186) Thornton, C.(2010). *Group and Team Coaching: The Essential Guide*. Taylor & Fracis Group: Psychology Press(신준석 · 유보림 역, 2013. **창조적 조직을 위한 그룹 코칭과 팀 코칭**. 서울: ㈜시그마프레스. 33에서 발췌, 인용).

187) Hackman, J. R., & Wageman, R.(2005). A theory of team coaching. *Academy of Management Review*, 30(2), 269-287.

188) Clutterbuck, D.(2007). *Coaching the Team at Work*. Londen: Nicholas Brealey.

189) Carr, C., & Peters, J.(2013). The experience of team coaching: A dual study. *International Coaching Psychology Review*, 8(1), 80-98.

190) 팀 코칭에 관한 자세한 내용은 다음에 소개하는 책을 참조할 수 있다. Hawkins, P.(2011). *Leadership Team Coaching: Developing collective transformational leadership*. London: Kogan Page(강하룡 · 박정화 · 박준혁 · 윤성동 역, 2022. **리더십 팀 코칭: 변혁적 팀 리더십 개발을 넘어**. 서울: 한국코칭수퍼비전아카데미).

191) 박정영(2010). 효과적인 그룹 코칭 프로세스 개발에 관한 연구. **코칭연구**, 3(1), 41-64.

할 수 있다.[192] 하지만, 그룹 코칭과 팀 코칭 장르의 발전을 위해서는 향후 이에 대한 경험적 근거를 바탕으로 객관적이고 과학적인 검증 결과가 충분히 쌓일 필요가 있다.

2. 커뮤니케이션과 코칭

대체로 인간은 하루 동안 깨어 있는 시간의 70% 정도를 커뮤니케이션 즉, 의사소통에 할애하면서 보낸다고 한다.[193] 그런데 사람들은 사회생활을 하면서 어떤 사람과 말이 통하지 않거나 자신이 몸담은 조직의 도전과제는 결국 커뮤니케이션상의 문제라는 표현을 자주 사용하곤 한다. 모든 사회생활을 하는 개인, 집단 그리고 조직 내에서 커뮤니케이션이 원활하지 않으면 혼선과 불화가 발생하여 구성원들의 스트레스가 쌓이고, 진행하던 프로젝트가 실패로 끝나는가 하면 결과적으로 바라는 성과를 달성하기 어려운 상황에 직면하게 된다. 이런 차원에서 의사소통이 잘 되는가 그렇지 않은가와 관련된 문제는 사회생활을 하는 모든 구성원에게 중요한 사항이 된다. 실제로 코칭 현장에서도 이와 관련된 다양한 이슈가 코칭 주제로 등장하여 다루어지기도 한다. 특히, 코칭은 기본적으로 코칭 대화(coaching conversation)를 통해 문제를 해결해 가는 커뮤니케이션 과정(communication process)이라는 점에서 전문코치가 커뮤니케이션 전반에 관한 살펴보는 것은 꼭 필요한 일이다.

1) 커뮤니케이션의 과정과 방법

커뮤니케이션이 일어나려면 먼저 메시지로 표현될 수 있는 어떤 목적이 있어야 한다. 이 목적은 메시지로 표현되어 발신자로부터 수신자에게로 전달되는 것이다. 이때 메시지는 상징적

192) 김현정(2014). 인수합병 이후 중소기업의 조직개발 사례: 그룹 코칭 기법 중심으로. **HRD연구**, 16(2), 113-142; 박정영(2010). 효과적인 그룹 코칭 프로세스 개발에 관한 연구. **코칭연구**, 3(1), 41-64; 오경화 · 탁진국(2020). 그릿 향상 그룹 코칭 프로그램이 여대생의 진로준비행동 및 진로태도 성숙에 미치는 영향. **한국심리학회지: 코칭**, 4(1), 21-46; 이상민(2021). 그룹 코칭 프로그램이 대학생의 도덕적 정체성, 대인관계, 창의적 자기효능감에 미치는 영향. **교류분석상담연구**, 11(2), 97-119; 임그린 · 탁진국(2019). 회복 탄력성 증진을 위한 정서 중심 그룹 코칭의 효과성 연구. **한국심리학회지: 코칭**, 3(1), 1-23; 최경화 · 탁진국(2017). 경력단절 여성 대상 강점 중심 그룹 코칭 프로그램이 자존감, 구직효능감, 회복 탄력성에 미치는 영향. **한국심리학회지: 코칭**, 1(1), 73-97; Britton, J.(2010). *Effective Group Coaching*. John Wiley & Sons Canada, Ltd.; Clutterbuck, D.(2007). *Coaching the Team at Work*. Nicholas Brealey International; Goldberg, S.(2003). Team Effectiveness Coaching: An Innovative Approach For Supporting Teams in Complex Systems. *Leadership and Management in Engineering*, 3(1), 15-17; Hackman, J. R., & Zageman, R.(2005). A Theory of Team Coaching. *Academy of Management Review*, 30(2), 269-287; Kets de Vries, M. F. R.(2005). Leadership group coaching in action: The Zen of creating high performance teams. *Academy of Management Executive*, 19(1), 61-76; Reich, Y. Ullmann, G. Loos, M., & Leifer, L.(2009). Coaching product development teams: A conceptual foundation for empirical studies. *Res Eng Design*, 19, 205-222.

193) 박상언 · 정범구 · 김주엽 · 송계충(2020). **조직행위론(제5판)**. 서울: 경문사. 306에서 발췌, 인용.

그림 2-2 커뮤니케이션 과정의 모형

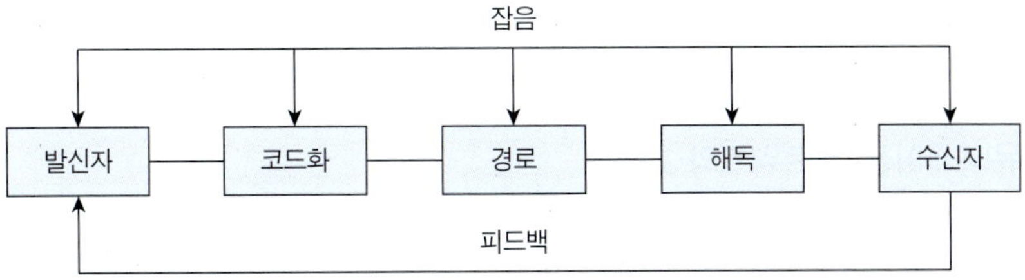

출처: 박상언 외(2020). 조직행위론(제5판). 서울: 경문사. 307에서 발췌, 인용.

인 기호의 형태로 코드화되어 어떤 경로를 통해 수신자에게 전달되고, 수신자는 발신자의 메시지를 해독하게 된다. 이와 같은 과정을 통해 한 사람으로부터 다른 사람에게도 의미가 전달된다([그림 2-2] 참조). 이런 과정에서 다양한 요소들 즉, 능력, 태도, 지식, 사회문화적 시스템, 경로의 공식성 여부, 발신자와 수신자의 여건 및 상황 등이 커뮤니케이션의 왜곡을 일으킬 수 있고, 다른 잡음들이 끼어들 수도 있다.[194)]

집단 구성원들 사이에 서로 의미를 전달하는 기본적인 커뮤니케이션 방법에는 언어적 커뮤니케이션과 비언어적 커뮤니케이션의 두 가지 방법이 있다.[195)] 다만, 실제 커뮤니케이션을 진행할 때, 자신의 메시지에 대한 설득력과 진정성을 높이고 상대방에게 호감을 주기 위해서는 전달하는 메시지의 내용과 논리도 중요하지만, 몸짓이나 표정, 목소리의 고저나 억양 등에도 신경 쓸 필요가 있다. 예컨대, 지나치게 경직된 말투, 불필요하게 높은 톤(tone)의 목소리, 대화할 때 다리를 떠는 행위, 방어적이고 위압적인 자세로 오인될 소지가 있는 팔짱을 낀 자세 등은 삼갈 필요가 있다. 이것은 사람들이 상대방과 대화할 때 주로 비언어적인 요인들이 지니는 중요성이 의외로 클 수 있다는 점을 설명한 '메라비언의 법칙'(The Law of Mehrabian)[196)]을 통해서도 확인할 수 있다.

실제 코칭 과정에서는 고객과 코치 사이에서 다양한 언어적 커뮤니케이션과 여러 가지 비

194) 박상언 · 정범구 · 김주엽 · 송계충(2020). 조직행위론(제5판). 서울: 경문사. 307-308에서 발췌, 인용.

195) 커뮤니케이션의 구체적인 방법에 관해서는 이 책 제6장 1절에서 다루는 내용을 참조할 수 있다.

196) 이 법칙은 미국의 심리학자인 앨버트 메라비언(Mehrabian, A.)이 1981년에 출간한 저서에서 처음 제기한 것이다. 그에 따르면, 사람이 상대방과 대화하면서 그의 말에서 모순을 느낄 때 시각적인 요인(표정이나 눈 맞춤, 자세 등)은 55%, 청각적인 요인(목소리, 억양, 말투 등)은 38%, 그리고 말의 내용과 같은 언어적인 요인은 불과 7%밖에 참조하지 않는다는 것이다. 이것은 사람들이 상대방과 처음 만나서 대화하면서 호감이나 신뢰 여부를 판단할 때, 상대방의 말의 내용이 차지하는 비중은 매우 미미하고, 오히려 시각적이고 청각적인 비언어적 요인들에 의존하여 판단한다는 것을 시사해 준다. Mehrabian, A.(1981). *Silent Messages*(2nd Ed.). Belmont, CA: Wadsworth; 박상언 외(2020). 위의 책. 312-313에서 발췌, 재인용.

언어적 커뮤니케이션이 함께 오가고, 이런 과정을 통해 코치는 고객이 자신의 문제를 스스로 해결하도록 지원하고 있다. 따라서 전문코치는 커뮤니케이션의 방법에 대해 자세하게 알고 있어야 하고, 그것이 실제 코칭 장면에서 어떻게 발현되는지를 주의 깊게 관찰할 필요가 있다.

2) 커뮤니케이션 네트워크와 효과

집단에서 형성되는 커뮤니케이션 네트워크는 여러 가지 유형으로 분류할 수 있지만, 일반적으로 [그림 2-3]과 같은 다섯 가지 유형으로 분류하고 있다.[197)]

먼저, 쇠사슬형은 커뮤니케이션이 횡적으로 이루어질 수 없고, 다만 상하로만 가능한 다섯 계층의 구조를 보인다. 이 유형은 명령 · 권한 관계가 분명한 집단에서 찾아볼 수 있다. 다음, 바퀴형은 한 사람의 감독자와 네 명의 하위자가 있는데, 하위자들 사이에는 상호작용이 없고 모든 커뮤니케이션은 한 사람의 감독자를 통해 이루어지는 유형이다. 다음, 원형은 구성원들 사이의 상호작용은 허용하지만, 그 한계는 넘지 않도록 통제되어 있다. 다음, 완전연결형은 다섯 명의 구성원들 각자에게 다른 네 명의 구성원들과 자유롭게 커뮤니케이션하도록 허용하고 있다. 이것은 여러 가지 커뮤니케이션 유형 가운데 가장 구조화가 되지 않은 것이다. 이것은 어떤 점에서는 원형과 비슷하지만, 중심이 되는 직위, 즉 구심점이 없어서 커뮤니케이션상의 제약이 없으며, 모든 구성원이 평등한 기회를 지닌다. 위원회와 같은 집단에서는 이런 유형이 알맞다. 그리고 Y형은 거꾸로 세우면 두 명의 하위자가 직속 상위자에게 보고하는 형태이며, 그 상위자 위에 다시 2개의 권한 계층이 놓인 유형이다.

그림 2-3 커뮤니케이션 네트워크의 유형과 효과성

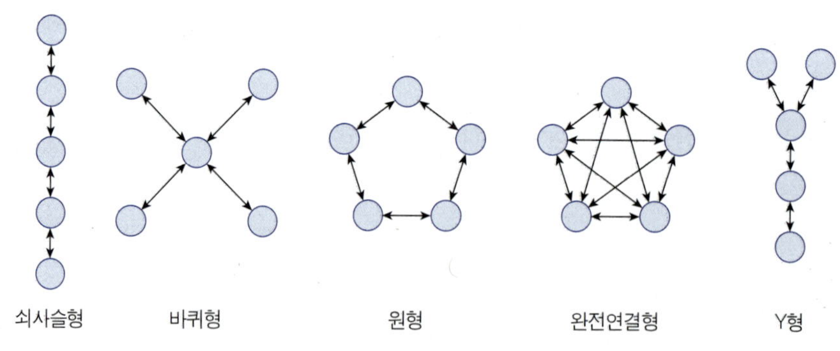

출처: 박상언 외(2020). 조직행위론(제5판). 서울: 경문사. 314에서 발췌, 인용

197) 커뮤니케이션 네트워크에 관한 연구는 1940년대부터 주로 실험실 상황에서 소집단을 대상으로 이루어졌다. 박상언 · 정범구 · 김주엽 · 송계충(2020). 조직행위론(제5판). 서울: 경문사. 313-314에서 발췌, 인용.

선행연구에 따르면, 원형 네트워크는 모든 구성원 사이의 정보 전달에 있어 쇠사슬형과 바퀴형보다 그 속도가 더 느리다는 것이 밝혀졌고, 원형은 커뮤니케이션의 정확성에 있어서 가장 낮은 것으로 나타났다. 결과적으로 쇠사슬형과 바퀴형은 높은 업적을 위해서는 가장 효과적인 네트워크로 인정받고 있다. 하지만 구성원들의 사기는 원형과 완전연결형이 더 신속하고 효과적이다. Y형은 쇠사슬형과 바퀴형의 장점 및 단점을 공유하고 있고, 신속하고 높은 업적을 낳게 하지만, 구성원들의 만족 수준은 낮은 것으로 나타났다.

그래서 전문코치가 그룹 코칭이나 팀 코칭을 진행할 때, 코칭 주제가 커뮤니케이션에 관련된 것이라면 해당 그룹이나 팀 내에서 이루어지는 커뮤니케이션 네트워크 유형(형태)을 파악해 보는 것도 코칭 진행에 도움이 될 수 있다.

3) 구성원들 간 물리적 거리와 커뮤니케이션[198]

집단 내 업무 공간에서 구성원들 사이의 물리적 거리는 서로 커뮤니케이션을 하고자 하는 의지나 실제 이들 간에 발생하는 커뮤니케이션의 빈도 등에 상당한 영향을 미칠 수 있다. 선행연구에 따르면, 구성원들 사이의 물리적 거리가 떨어질수록 구성원 간 커뮤니케이션 빈도가 줄어들고, 필요한 커뮤니케이션이 원활하게 이루어지지 않는 경향이 있음이 확인되었다.[199] 이것은 구성원들 사이에서 상대방과 물리적으로 멀리 떨어질수록 서로 만나는 데 필요한 소요 이동시간이나 노력이 많이 들게 되고, 그에 따라 이들 간의 물리적 거리는 상호 간의 대면적인 커뮤니케이션을 억제 내지는 방해하는 요인으로 작용하기 쉽다는 것을 의미한다.

물론 집단 내 구성원들과 물리적으로 멀리 떨어져 있을 때, 전화, 이메일, 메신저 등 각종 ICT 기술을 활용하여 서로 커뮤니케이션을 할 수도 있다. 하지만 선행연구들은 이런 ICT 기술 및 통신 수단을 활용한 커뮤니케이션조차도 물리적 거리가 가까운 구성원들 사이에서 더욱 빈번하게 발생한다는 사실을 보여주고 있다. 즉, ICT 기술을 이용한 비대면 커뮤니케이션 역시 평소 서로 대면접촉이 많았던 사람들 사이에 더 자주 발생한다는 것이다.

한편, 창의적인 아이디어는 전화나 메일, 문서 등 간접적인 방식을 통한 커뮤니케이션보다 서로 다른 일을 하는 구성원들끼리 직접 만나서 이런 저런 얘기를 허심탄회하게 나누다가 우연히 발현되는 경우가 많다. 그래서 구글(Google) 등 혁신을 강조하는 초일류기업에서는 구성원들 사이의 커뮤니케이션을 촉진하기 위해 구성원들이 자연스럽게 만나서 소통할 수 있도록 공간적인 배려를 아끼지 않고 있다.

---

198) 박상언 · 정범구 · 김주엽 · 송계충(2020). 조직행위론(제5판). 서울: 경문사. 327-329에서 발췌, 인용.

199) Allen, T.(2007). Architecture and communication among product development engineers. *California Management Review*, 49(2), 23-41.

4) 커뮤니케이션의 장애 요인

의사소통이 성공적으로 진행되려면, 발신자는 자신의 요구와 감정을 명확하게 표현하여 전달하고, 수신자는 자신의 감정을 명확하게 인식하면서 발신자가 전하는 메시지를 제대로 수용해야 한다. 이때 의사소통을 하는 당사자들은 상대방의 관점을 유연하고 수용적으로 대응하고, 서로의 차이를 인식하며, 그 차이를 긍정적인 요인으로 활용할 필요가 있다. 그런데 여러 가지 이유로 의사소통이 원활하지 않을 때가 있는데, 그것은 여과 선택적 지각, 정서, 어의상의 문제 등이 발생할 때이다. 이에 관한 사항은 이 책 6장 1절에 자세하게 다룰 예정이다.

5) 효과적인 커뮤니케이션 관리

집단 내에서 커뮤니케이션에 많은 장애 요인이 있다는 것을 인식한다면, 그것을 극복하는 효과적인 관리 방법도 생각해 보아야 한다. 물론 커뮤니케이션 관련 주제로 코칭을 진행할 때, 해결의 주체는 고객이라는 것이 코칭의 기본적인 전제이지만, 전문코치가 효과적인 커뮤니케이션 관리방안을 파악하고 있다는 것은 여러 차원에서 도움이 되는 일이다. 따라서 여기에서는 그 부분에 대해 간단하게 살펴보기로 한다.[200]

첫째, 사후 검토와 피드백의 활용이다. 커뮤니케이션의 왜곡에서 오는 오해와 부정확성을 줄이기 위해 발신자는 사후 검토와 피드백을 활용하여 메시지의 내용이 실제로 어떻게 해석되고 있는지를 확인해야 한다. 직접 대면하여 진행하는 커뮤니케이션에서는 이런 사후 검토나 피드백을 진행할 수 있다. 즉, 직접 수신자에게 물어볼 수도 있고, 아니면 상대방 얼굴의 표정이나 다른 표시를 보고 정확한 반응을 확인할 수 있다.

둘째, 언어의 단순화이다. 메시지를 구성할 때 사용되는 언어를 더 명확하게 이해할 수 있는 것으로 선택해야 한다. 즉, 발신자는 메시지의 수신자를 고려하여 어휘들을 주의하여 선택해야 한다. 특히, 전문적인 용어는 그 언어를 사용하는 집단의 구성원들에게 사용될 때는 이해를 촉진하지만, 그 집단 밖의 사람들에게 사용했을 때는 의외의 다른 문제를 일으키는 경우가 생긴다.

셋째, 적극적인 경청이다. 이것은 단순히 듣는 것(listening)과는 다르다. 경청이란 수동적인 관점에서 단순하게 상대방이 말하는 것을 듣는 것을 넘어 상대방의 감정과 의도 등을 종합적으로 고려하면서 귀를 기울여 주의 깊게 듣는 것이다. 이에 대해서는 6장에서 집중적으로 기술할 예정이다.

넷째, 감정을 억제하는 것이다. 감정적으로 혼란한 상태에 있을 때는 어떤 문제와 관련하여

---

200) 박상언 · 정범구 · 김주엽 · 송계충(2020). 조직행위론(제5판). 서울: 경문사. 318-320에서 발췌, 인용.

들어오는 메시지를 곡해하기 쉽고, 나가는 메시지는 명확하고 정확하게 표현되지 못할 경우가 많다. 이런 상황에서 가장 좋은 방법은 마음의 평정을 되찾을 때까지 커뮤니케이션을 연기하는 것이다.

6) 커뮤니케이션과 코칭

커뮤니케이션은 코칭과 뗄 수 없는 아주 밀접한 관계에 있는 활동이다. 어떤 측면에서 코칭은 커뮤니케이션 자체라고 표현할 정도이다. 그래서 코칭은 결과적으로 집단의 커뮤니케이션 능력을 향상하는 데 도움이 된다는 것을 검증한 선행연구들이 많다.[201] 이것은 집단 구성원들 사이의 커뮤니케이션 관련 문제가 발생했을 때는 코칭을 통해 그것을 해결할 수 있다는 것을 의미하는 것이다. 앞에서 언급했듯이, 효과적인 커뮤니케이션 관리를 위한 방안으로 필요한 것이 발신자의 사후 검토와 피드백, 언어의 단순화, 적극적인 경청, 그리고 감정의 억제라면, 이런 것들은 코칭 장면에서 자연스럽게 강조되고 발휘되는 것이다. 그리고 전문코치들은 이와 관련된 다양한 지식과 기술을 습득하고, 그 역량들을 지닌 것으로 인정받은 전문가들이라는 점에서 커뮤니케이션과 코칭은 아주 밀접한 관계에 있는 것이다.

코칭이 결과변수인 커뮤니케이션에 미치는 영향에 관한 선행연구는 다수 발견되지만, 커뮤니케이션이 독립변수로서 코칭에 미치는 영향 등을 검증하는 등에 관한 문헌은 찾기 힘들다. 앞으로 도전적인 연구자들에 의해 이 부분에 대한 경험적 근거들이 추가로 발견된다면, 코칭과 커뮤니케이션 사이의 관계를 증명하는 데 더욱 중요한 역할을 것으로 예상한다.

3. 교류 분석과 코칭

인간은 언어적이거나 비언어적인 방법으로 자신의 메시지를 다른 사람에게 주고받는 의사

201) 나현숙 · 권영대 · 노진원(2013). 환자-의사 커뮤니케이션 개선을 위한 의사 코칭 모델 개발. **한국콘텐츠학회논문지**, 13(2), 331-340; 송숙자 · 김유진 · 정은경(2018). 교육 취약 계층 부모와 자녀의 의사소통능력 개선을 위한 코칭 교육 프로그램의 효과. **사회과학연구**, 57(1), 235-263; 우동옥 · 김응자(2020). 부모 코칭 역량이 부모-자녀의 의사소통과 부모 유능감에 미치는 영향. **부모교육연구**, 17(1), 21-32; 임몽택(2016). 상사의 코칭 역량이 부하의 직무 만족에 미치는 영향. **예술인문사회융합멀티미디어논문지**, 6(2), 481-489; 조성진(2017). 융합형 코칭이 감성 지능과 커뮤니케이션 역량에 미치는 효과에 대한 현장실험연구. **한국융합학회논문지**, 8(6), 245-253; 조성진 · 정이수(2018). 국내 코칭(coaching) 연구 동향 및 향후 연구 방향: 진전(1995년~2017년)과 전망. **인적재원개발연구**, 21(3), 249-313; 조진숙 · 탁진국(2018). 긍정심리기반 의사소통향상 코칭 프로그램이 청소년의 의사소통능력과 자기 존중, 배려 · 소통, 자기 조절에 미치는 영향. **한국심리학회지: 코칭**, 2(2), 45-62; Wattanawongwan, S., Ganz, J. B., Pierson, L., Yllades, V., Liao, C., & Ura, S. K.(2022). Communication Intervention Implementation via Telepractice Parent Coaching: Parent Implementation Outcomes. *Journal of Special Education Technology*, 37(1), 35-48.

소통을 하면서 살아간다. 이때 의사소통을 통한 인간의 교류(transaction)[202]는 그 사람의 자아와 삶의 태도를 반영하며 다양한 모습으로 나타난다. 그래서 '교류 분석'(transactional analysis)은 '개인의 삶의 방식에 따라 다른 사람과 주고받는 의사소통을 이해하고 분석하는 방법'이다.

교류 분석은 정신 역동의 일면을 드러내는 의사소통의 행동 패턴을 규명하고, 인간 본성의 발달에 관한 낙관주의적 관점을 지닌 인본주의 가치와 일맥상통한다는 점에서[203] 앞선 다른 절에 포함하여 소개할 수도 있었다. 하지만 인간 사이에서 자주 일어나는 행동 가운데 하나인 의사소통에 초점을 두고, 의사소통은 집단의 속성이나 특성을 규정하는 바탕이 된다는 관점에서 소개하고자 한다.

에릭 번(Berne, E.)에 의해 창시된 교류 분석은 개인이 갖는 자아 상태를 바탕으로 의사소통의 교류가 어떻게 이루어지는가를 탐색하는 데 초점이 맞추어져 있다. 그는 1950년대 초부터, 기존의 소극적이고 장기간을 요구하는 정신분석 방법에 비판적인 관점을 취하고, 고객에게 쉽게 이해될 수 있는 다른 방법을 만들어 내는 것에 주목했다. 기존의 정신분석이 무의식에 초점을 두는 반면, 교류 분석은 관찰할 수 있는 의식적 행동에 초점을 둔다는 측면에서 명확한 차이가 있다.[204]

교류 분석은 상담 영역에서 '자기긍정-타인긍정'에 바탕을 두고, 내담자의 자각, 자발성, 친밀성의 능력을 회복하도록 조력하는 데 많이 활용된다. 즉, 상담에서 교류 분석은 관찰할 수 있는 인간관계에 주목한다. 이런 관점이 고객의 자율성과 변화에 초점을 둔 코칭에 접목되면서 오늘에 이르고 있다.

1) 교류 분석의 인간관

교류 분석은 인간에 대한 긍정적인 견해를 가진다. 즉, 인간은 자기를 발달시킬 능력과 자신을 행복하게 하고 생산적으로 만들 능력을 지니고 태어났고, 다른 사람들과의 교류를 통해 자신의 긍정적인 태도를 계속해서 수정한다고 본다. 그 견해를 세 가지로 요약하면 다음과 같다.[205]

---

202) 교류는 자극과 반응으로 구성된 인간 의사소통의 가장 작은 단위이다. 일반적으로 교류는 '거래', '흥정'이라는 의미를 지닌 상업적 용어이지만, '대화', '의사소통', '교류' 등으로 번역되어 사용되기도 한다. 이에 대한 자세한 설명은 다음 책을 참조할 수 있다. 노안영(2018). 상담심리학의 이해와 실제(제2판). 서울: 학지사. 424-441에서 발췌, 인용; Berne, E.(1961). *Transactional analysis in psychotherapy*. New York: Grove Press.

203) Napper, R., & Newton, T.(2018). Transactional analysis and coaching. In Cox, E., Bachkirova, T., & Clutterbuck, D.(Eds.). *The Complete Handbook of Coaching*(3rd Ed.). London: Sage Publications. 167-183.

204) 노안영(2018). 위의 책. 424에서 발췌, 인용.

205) Berne, E.(1964). *Games people play*. New York: Grove Press; Napper, R., & Newton, T.(2018). Transactional analysis and coaching. In Cox, E., Bachkirova, T., & Clutterbuck, D.(Eds.). *The Complete Handbook of Coaching*(3rd Ed.). London: Sage Publications. 168에서 발췌, 인용.

- 사람들은 괜찮다(People are OK).
- 모든 사람은 생각할 수 있다(Everyone can think).
- 그래서 사람들은 자신이 원하는 변화를 결정할 수 있다(There, people can decide to change if they wish).

교류 분석에서는 인간은 자신의 환경 조건과 아동기의 조건을 개선할 수 있는 능력을 지니고 있음을 믿는다. 나아가 인간에게는 자기의 과거의 결정을 이해하는 능력이 있고, 그것을 다시 결단할 수 있다고 가정한다. 인간에게 자신의 습관성을 뛰어넘어 새로운 목표와 행동을 선택할 능력이 있음을 믿는다. 교류 분석에서는 인간은 선택할 수 있고, 새로운 결정을 할 수 있으며, 행동할 수 있다고 가정을 받아들이고 있다.[206)]

2) 교류 분석의 주요 개념과 특징들

교류 분석에서는 심리적 욕구, 시간 구조화 방법, 자아 상태, 교류 유형 및 삶의 관점 등에 관한 수백 개에 이르는 개념들이 활용된다. 간단하게 살펴보면 다음과 같다.[207)]

첫째, 교류 분석에서 인간은 세 가지 심리적 욕구, 즉 '자극 갈망'(stimulus hunger), '인정 갈망'(cognition hunger), '구조 갈망'(structure hunger)에 의해 동기화된다고 본다. 자극 갈망은 어떤 사람이 다른 사람으로부터 신체적 접촉을 받고 싶은 욕구를 의미하고, 인정 갈망은 관계를 맺는 다른 사람으로부터 인정받고 싶은 욕망을 말한다. 그리고 구조 갈망은 인간이 삶을 유지하는 동안 자신에게 주어진 인생(하루, 일주일, 한 달, 1년, 인생)을 어떻게 보낼 것인가를 찾고 발달시키는 욕구라는 의미이다.

둘째, 인간은 자신에게 주어진 시간을 구조화하는 여섯 가지 방법을 활용한다. 먼저, '철회'(withdrawal)는 자신을 타인으로부터 멀리하고 대부분 시간을 공상이나 상상으로 지내면서 자신을 어루만지는(쓰다듬는, stroke) 자기애를 말한다. '의례적 행동'(rituals)은 일상적인 인사, 결혼식이나 종교적 의식에 이르기까지 특별하게 친해짐 없이 전통이나 관습에 따라 일정한 시간을 보내며 어루만짐을 유지하는 방법이다. '활동'(activities)은 소극적인 인간관계와 적극적인 인간관계의 중간 정도에 위치하는 것으로, 밝고 안전하며 무리가 없는 사회적 행동을 말한다. '여흥'(pastimes)은 사회적으로 수용되는 방식으로 수용되는 주제에 관해 다른 사람들과 얘기하며 시간을 보내는 것을 말한다. '게임'(games)은 심리적 대가를 치르는 반복적인 교류이고, '친밀성'(intimacy)은 두 사람이 서로 신뢰하고 상대방에 대해 순수하게 배려하는 진실한 교류를

206) 노안영(2018). 상담심리학의 이해와 실제(제2판). 서울: 학지사. 426에서 발췌, 인용.
207) 노안영(2018). 앞의 책. 427-434에서 발췌, 인용.

말한다.

셋째, 인간은 욕구와 상황에 의존해서 사용하는 세 가지 '구조적 자아 상태'(structural ego states), 즉 아동(child) 자아 상태, 성인(adult) 자아 상태 및 부모(parent) 자아 상태이다. 이것은 교류 분석의 핵심적인 개념으로, 개인의 성격을 기술하고 행동의 원천이 되는 것이다. '아동 자아 상태'는 인간에 내재한 자발성, 창의성, 충동, 매력, 그리고 기쁨 등과 같은 감정, 태도, 행동 유형을 말한다. '성인 자아 상태'는 현실에서 적용되는 성격의 합리적이고 객관적인 측면을 말하는 것으로, 현실을 검증하고 문제를 해결하며, 다른 두 자아 상태를 중재하는 역할을 한다. '부모 자아 상태'는 개인이 자신이나 타인에게 강요하는 당위적인 명령으로 구성된 것으로, 개인이 생애를 통해 권위적 인물(특히 부모)과 상호작용하면서 계속해서 적응하며 가치를 통합하는 방법이다.

넷째, 인간은 다른 사람과 교류하면서 세 가지 교류 유형, 즉 보완적 교류(complementary transactions), 교차적 교류(crossed transactions) 및 이중적(저의적/숨은) 교류(ulterior transactions) 가운데 하나를 선택하며 적응한다. '보완적 교류'는 한 사람의 어떤 자아 상태가 상대방의 자아 상태에 보낸 자극에 따라 원하는 반응을 보이는 것이다. 이것은 자신과 상대방의 세 가지 자아 상태가 서로의 욕구를 보완하면서 충족시키기 때문에 두 사람 간의 대화가 계속 진행된다. '교차적 교류'는 상대방이 원하는 욕구가 무시되거나 잘못 이해되어 나타나는 반응의 교류이다. 상대방이 정보를 원하면 정보를 제공하는 대화가 계속되지만, 상대방의 욕구를 무시하고 엉뚱한 반응을 보이면 대화가 중단된다. '이중적 교류'는 동시에 이중적인 메시지가 전달되는 교류이다. 예컨대, 어떤 사람의 언어적 메시지인 말의 내용과 비언어적 메시지인 음성이나 얼굴의 표정이 다른 경우가 이에 해당한다. 말하는 내용과 다른 숨은 의도가 깔려 있어서 이런 교류를 이중적(또는 저의적) 교류라고 한다.

마지막, 인간의 세 가지 구조적 자아 상태는 개인의 기본적 욕구를 충족시키려는 노력과 결부되어 개인의 삶의 입장, 즉 '자기긍정–타인긍정', '자기긍정–타인부정', '자기부정–타인긍정' 및 '자기부정–타인부정'이라는 입장을 형성한다. '자기긍정–타인긍정'이라는 삶의 입장은 상호존중을 나타내는 것으로, 자신과 타인에 대한 긍정적인 삶의 태도를 지닌다. '자기긍정–타인부정'이라는 삶의 입장은 투사적 입장으로, 다른 사람에게 저항적이고 강한 편집적 태도를 지녀서 자기도취적인 우월감에 사로잡힐 수 있다. '자기부정–타인긍정'이라는 삶의 입장은 타인과 비교해서 무력감을 느끼는 사람들이 일반적으로 취하는 것으로, 자기비하, 열등감, 무가치감, 우울, 무력감과 같은 정서적 태도를 지닐 수 있다. '자기부정–타인부정'이라는 삶의 입장은 삶의 의미를 상실하며 자포자기하고, 극단적인 퇴행 상태나 정신분열의 상태에 빠지기도 하며, 심한 경우에는 자살이나 타살의 충동을 느낄 수 있다.

교류 분석 코칭에서는 이런 다양한 개념을 보다 심층적인 세 가지 개념으로 요약하여 설명

하기도 한다.[208]

- 계약하기(contracting) : 코치가 코칭에서 다룰 과업과 목표(목적), 코치와 고객(보안 유지의 제한사항, 코칭 비용과 시간 등 포함), 관련된 다른 사람들 간의 관계에 대한 심리적 측면, 그리고 이런 관계들의 경계를 명료화하기 위해 활용하는 절차
- 역할 이론(role theory) : 고객의 실상을 제대로 이해하기 위한 코치의 생각과 관련된 지도로서, 고객이 경험하고 있는 역할[209]과 그 의미를 고려할 수 있도록 코치가 고객의 관점에 대한 강력한 질문을 던지는 것
- 심리 교육(psyco-education) : 인간이 어떻게 의사소통하고, 서로가 관련되어 있는지에 대한 고객의 심리적 관점을 개발하는 것

3) 교류 분석 코칭의 방법과 테크닉(technique)

교류 분석 코칭은 '자기긍정-타인긍정'에 바탕을 둔 접근을 강조한다. 코치와 고객은 계약을 통해 동등한 파트너가 되고, 고객은 어떤 것이 변화하기를 원하는지를 결정하며, 코치는 고객이 변화하도록 전문적인 코칭 활동을 전개한다.

일반적으로 교류 분석 상담은 여섯 단계(계약하기 → 구조 분석 → 교류 분석 → 게임 분석 → 각본 분석 → 재결단)[210]로 진행되지만, 여기에서는 교류 분석 코칭에서 잘 사용하는 두 가지 방법과 한 가지 기법을 소개하고자 한다.[211]

첫째, 계약하기(contracting)와 직면(confrontation) 방법이다. 계약하기는 교류 분석과 업무의 방식 측면에서 모두 중요한 개념이다. 이것은 계약의 실천적, 전문적, 심리적 측면에 대한 고려를 말하는 것으로, 누가 듣고 있는지, 무엇이 드러나고 있는지, 코칭에 참여하는 주체들의

208) Napper, R., & Newton, T.(2018). Transactional analysis and coaching. In Cox, E., Bachkirova, T., & Clutterbuck, D.(Eds.). *The Complete Handbook of Coaching*(3rd Ed.). London: SAGE Publications. 170-175에서 발췌, 인용.

209) 역할은 현실, 행동, 관계에 대한 감정, 사고, 관점의 일관된 패턴으로 정의할 수 있다. 각각의 사람들은 자신이 맡은 역할이 무엇이고 어떤 의미인지를 기술함으로써, 하나의 역할이 자신의 내부에서 살아가고 있는지를 표현할 수 있다. 어떤 사람들은 같은 세계 속에서의 역할들을 혼동하며, 이런 혼동은 부적절한 행동과 관계라는 측면에서 어려움을 불러일으킬 수 있다. Napper, R., & Newton, T.(2018). 앞의 글. 173-175에서 발췌, 인용.

210) 구조 분석(structural analysis)은 상담자가 아동 자아 상태, 성인 자아 상태 및 부모 자아 상태를 통해 내담자가 자신을 이해하도록 조력하는 것으로, 이 과정에서 세 가지 자아 상태가 내담자의 사고, 감정, 행동에 미치는 영향을 파악하는 것이다. '게임 분석'(game analysis)은 깊은 수준의 현실적 상호작용의 의미를 감추기 위해 피상적 수준에서 협동적으로 상호작용하는 방법으로, 상담자는 내담자가 하는 게임이 어떤 종류의 게임인지를 파악하려고 시도한다. '각본 분석'(script analysis)은 사람들이 수행하는 많은 게임을 통해 나타낸 자신의 각본과 그 안에 들어 있는 중심적 주제를 파악함으로써, 사람들이 가진 인생에 대한 기본적 태도와 대인관계 등을 파악하는 것이다. 이에 대한 자세한 설명은 다음에 소개하는 책을 참조할 수 있다. 노안영(2018). 상담심리학의 이해와 실제(제2판). 서울: 학지사. 436-440에서 발췌, 인용.

211) Napper, R., & Newton, T.(2018). 위의 글. 175-178에서 발췌, 인용.

잠재력을 극대화하기 위해 코치가 적절하고 강력하게 질문하는 것이다. 직면은 고객이 겪고 있는 현실을 모든 이해당사자 앞에서 드러내는 것이다. 이것을 통해 코치는 고객이 자신의 성인 자아 상태의 에너지에 접근하도록 돕고, 자신의 현실을 완전하게 숙고하도록 지원한다.

둘째, 이마고(imago)[212]를 알아내기 위해 대상(objects)을 활용하는 방법이 있다. 이마고는 개인과 타인 간의 심리적 관계를 기술하는 교류 분석 용어로서, 고객이 일터, 가족, 또는 친구들 간의 관계망에서 자신과 타인의 관계를 탐색하기 원할 때 유용하게 활용할 수 있다. 장난감 상자와 같은 물건, 이것저것 섞어 놓은 사탕 가방, 단추 상자, 또는 각기 다른 상징들의 모음 등이 고객과 다른 사람과의 관계를 나타내는 데 활용된다. 이런 것은 고객의 성인 자아 상태와 관련된 새로운 정보를 얻는 데 도움이 된다.

셋째, 스토리텔링(story-telling) 기법이다. 코치는 고객이 말하는 스토리의 내용과 과정에서 스크립트(script)[213]와 문화의 특징적인 부분을 포착하는 것이다. 스토리텔링은 현재 상황에 대한 것이든, 과거 사건에 대한 것이든, 조직의 맥락에서든 코칭 대화에서 유용한 부분이다. 이것은 고객의 성인 자아 상태가 자신이 말하는 실상과 비교할 때 어떤지를 대면하는 데 도움을 준다. 그리고 코치는 개인과 시스템에 관한 긍정적인 관점을 유지하면서도, 장애 요인에 관한 것을 듣게 되었을 때는 고객에게 질문을 던지는 것이다. 이런 과정에서 코치와 고객이 파트너십으로 '다시 만든 스토리'(re-storying)는 고객이 선택할 수 있는 새로운 선택(options)으로 진화할 수 있다.

4) 교류 분석 코칭의 강점과 한계

교류 분석 코칭의 절차와 목적은 결과적으로 자율성과 변화로 귀결한다. 코치와 실천적, 전문적, 심리적 측면에 대한 고려인 계약을 통해 고객은 코치와의 대화와 직면을 통해 자신의 성인 자아 상태를 파악하고, 나아가 자신의 성인 자아 상태를 강화하는 방식으로 진행된다.

이런 교류 분석 코칭은 관리자로서 한 개인이 자신의 업무를 어떻게 담당하고 부하직원을 양육할 것인지, 조직의 변화가 곤란한 상호작용을 초래할 수 있는 사고와 행동을 어떻게 촉발할 수 있는지, 팀원들이 서로에 대한 이해를 촉진하고 모두가 일터에서 자기 자신과 서로의 현재 역할을 명확하게 할 수 있는지, 자신의 직무를 실행하면서 팀원들에게 조직의 목표와 가치

212) 이마고는 본인도 모르게 사람의 행동에 영향을 미치는, 상상 속에 완벽한 모습으로 새겨져 있는 인물의 상을 말한다.

213) 스크립트(script)는 개인의 행동, 감정, 사고와 관점에 있어 반복적인 또는 고착된(stuck) 패턴을 서술하는 데 사용되는 교류 분석 개념이다. 개인의 삶에 대한 스크립트와 그가 속한 시스템 또는 조직 내에서 반복되는 이면의 메시지 패턴은 그 문화의 성격을 보여줄 수 있다. 이에 대한 자세한 설명은 다음에 소개하는 책을 참조할 수 있다. Napper, R., & Newton, T.(2018). Transactional analysis and coaching. In Cox, E., Bachkirova, T., & Clutterbuck, D.(Eds.). *The Complete Handbook of Coaching*(3rd Ed.). London: SAGE Publications. 177-178.

를 고취할 것인지, 그리고 자신의 팀과 조직 내 다른 팀과의 관계를 탐색하고 팀원들의 잠재능력을 극대화함으로써 조직 전반에 걸쳐 공헌하도록 할 것인지 등에 관심이 있는 개인과 조직에 유용하게 활용될 수 있다.

하지만 교류 분석 코칭은 인간이 겪는 다양하고 복잡한 경험을 단순하게 설명함으로써 각각의 개인이 지닌 독특하고 고유한 특성과 멀어진다는 점과 용어가 느슨하거나 단순하게 정의되어 있고, 서로 다른 문화에 따라 용어를 다르게 해석하며, 시간이 지나면서 용어 자체가 오래된 구닥다리 같은 것으로 보일 수 있다는 점 등에서 한계를 보이기도 한다.

교류 분석 코칭에 대해서는 국내외 문헌이 상대적으로 드물게 발견되지만, 그래도 몇몇 서적들과 논문은 교류 분석적 실천을 발전시키려는 코치들에게 유용하게 활용될 것이다.[214)]

4. 의사결정과 코칭

인간은 매일 여러 가지 사소한 선택을 하며 살고 있고, 때로는 직장이나 배우자 선택, 입사와 퇴사, 이직과 전직 등과 같은 중요한 판단과 결정을 하면서 살아간다. 나아가 인간은 어떤 집단 내에서 업무를 수행하면서 수많은 정보 속에서 우선순위를 따지고 대안들을 생각하면서 최종적인 결정을 하곤 한다. 집단의 구성원들은 집단의 목적을 달성하는 과정에서 자신이 맡은 역할을 하며 여러 가지 문제에 봉착한다. 이런 문제들을 어떻게 해결하느냐에 따라 집단의 효율성과 성과가 결정된다. 그래서 의사결정은 집단의 성과와 효율성을 결정하는 가장 근본적인 요소로서[215)], 집단의 생명과정(life process)이라고까지 불린다. 따라서 집단 내에서 이루어지는 갖가지 의사결정 과정을 이해하지 않고서는 집단이나 조직 생활을 이해하기 어렵다.

1) 의사결정 과정에 관한 주요 모형

의사결정이란 여러 가지 대안들(alternatives) 가운데 가장 좋은 대안을 선택하는 것인데, 이런 의사결정 과정을 설명하는 여러 가지 관점이 있다. 간단하게 살펴보면 다음과 같다.[216)]

---

214) 장문규 · 이완정(2013). 교류분석이론에 기초한 부모코칭 프로그램이 부모의 자아개념에 미치는 효과. **한국영유아보육학**, 79, 111-132; Cochrane, H., & Newton, T.(2011). *Supervision for coaches: A guide to thoughtful work*. Ipswich: Supervision for Coaches Publishing; Erskine, R.(2010). *Life scripts: A transactional analysis of unconscious relational patterns*. London: Karnac; Lapworth, P., & Sills, C.(2011). *An introduction to transactional analysis*. London: Sage; Napper,, R., & Newton, T.(2000). *Tactics: Transactional analysis concepts for all trainer, teacher and tutors & insight into collaborative learning strategies*. Ipswich: TA Resources.

215) Simon, H. A.(1957). *Administrative Behavior: A Study of Decision-Making Precess in Administrative Organizations*(4th Ed.). NY: Free Press.

216) 박상언 · 정범구 · 김주엽 · 송계충(2020). **조직행위론(제5판)**. 서울: 경문사. 338-345에서 발췌, 인용.

① 합리적 의사결정 모형(rational decision making model)

이것은 가장 보편적인 모형으로서, 사람들이 의사결정을 할 때 경제적인 합리성을 추구한다는 것, 즉 사람들은 합리적인 경제인(rational economic man)으로서 가능한 적은 비용과 노력을 들여서 가장 큰 이익을 가져다주는 대안을 추구해 간다는 전제에서 출발한다. 이 모형에서는 다음과 같은 다섯 단계를 거쳐 의사결정을 한다고 설명한다.

- 문제의 인식과 정의: 현재와 바람직한 상태 사이의 차이(gap)를 문제라 하고, 그런 차이를 지각하는 것을 문제의 인식이라고 한다. 이런 문제 인식이 의사결정의 토대가 된다. 즉, 문제를 정확하게 정의하는 것이 성공적인 의사결정을 위해 중요하다.
- 정보 탐색: 문제가 발생하게 된 원인을 분석하고, 그것을 해결하는 방법에 관한 정보를 수집한다.
- 대안 창출: 수집된 정보를 바탕으로 여러 가지 해결책을 만들고 확인한다. 이런 과정에서 창의력과 정신적 유연성이 요구된다.
- 대안의 평가와 선택: 각각의 대안들을 모든 다른 대안과 비교하거나, 각각의 대안을 기준 또는 목표과 비교하는 방법으로 평가하고 선택한다.
- 실행 및 평가: 의사결정 사항을 실행하고, 그 후에 무슨 변화가 일어나고 있는가를 알기 위해 결과를 지켜보고 평가한다.

이 모형은 현실적인 측면에서 여러 가지 많은 요인 때문에 그대로 적용되기 어려운 측면이 많다는 한계점이 있다. 즉, 합리적 의사결정 모형에서 가정하는 여러 조건이 현실에서는 충족되기 어려운 경우가 많다.

② 관리적 의사결정 모형(administrative decision making model)[217]

이것은 합리적 의사결정 모형의 한계를 극복하는 차원에서 제안된 것으로, 사람들은 현실적으로 '제한된 합리성'(bounded rational)을 추구할 수밖에 없음을 강조하는 관점이다. 즉, 사람들은 완전히 합리적이기보다 제한된 합리성 하에서 의사결정을 내리지 않으면 안 된다는 전제에서 출발한다. 이런 제한적 합리성 때문에 의사결정자는 이상적인 최적의(optimal) 의사결정보다는 만족스러운(satisfying) 의사결정을 추구하게 된다. 여기서 만족한다는 것은 수용할 수 있는 최소한의 수준을 충족하는 대안을 추구하는 것을 말한다.

이 모형에 따르면, 의사결정자들은 대개 최적의 대안을 찾으려고 노력하지만, 시간 부족, 정보의 불확실성, 개인의 인지능력의 한계 등 여러 가지 이유로 인해 최적 대안을 선택하는 것이

217) March, J. G., & Simon, H. A.(1958). *Organizations*. NY: Wiely; Simon, H. A.(1991). Bounded rationality and organizational learning. *Organization Science*, 2, 125-134.

사실상 불가능할 경우가 많다는 것이다. 그래서 의사결정을 하는 데 있어서 사람들은 개인적으로 만족할 만한 수준의 기준을 갖고, 현실의 대안이 기준 이상의 성과를 가져다줄 때 그 대안을 선택하는 식의 의사결정을 하게 된다. 실제 의사결정 과정에서는 모든 대안을 동시에 고려하기보다 그 대안들을 순서대로 고려하는 경우가 많다. 즉, 순서대로 창출된 대안을 만족스러운 결과를 위한 기준에 맞추어 보고 그것이 만족스럽다면 의사결정은 거기서 끝나고, 그렇지 않을 때는 다음의 대안으로 옮겨가는 것이다.

③ 쓰레기통 모형(garbage can model)[218)]

이 모형은 실제 집단 속에서 이루어지는 많은 의사결정이 항상 합리적인 의사결정 모형이나 혹은 관리적인 의사결정 모형으로 설명될 수 없음을 지적하면서 우연한 의사결정이 이루어지는 경우가 많다는 점을 강조한다. 즉, 실제 집단이나 조직의 의사결정 과정은 때에 따라서 쓰레기통 속에 버려지는 쓰레기들처럼, 합리성이나 만족한 기준과는 거리가 먼 중구난방식으로 이루어질 수도 있다는 것이다.

불확실한 조건(우선순위의 불명확성, 해결기법에 대한 이해 부족과 불명확성, 의사결정 참여자의 잦은 변동 등)에서는 합리적인 대안 탐색이 쉽지 않아서 섣부르게 의사결정을 하면 안 되지만, 현실에서는 집단 내의 기존의 해결방안들, 그리고 우연히 주어지는 선택 기회와 예기치 않은 대안들이 선택되는 경우가 적지 않다. 또한, 때에 따라서는 당면 문제해결과 전혀 관계없는 내안이 선택될 수도 있고, 가장 경쟁력 있는 대안이 항상 선택되지 않는 때도 있으며[219)], 심지어는 문제가 존재하지 않는데도 모종의 해결방안이 추진되기도 한다.

2) 의사결정을 방해하는 개인 차원의 요인들

집단 내 개인들이 의사결정을 해 나가는 과정에서 합리적인 의사결정을 어렵게 만드는 요인들이 많이 존재하는데, 그 가운데 개인들이 지닌 행동이나 추론 경향도 포함된다. 대표적인 몇 가지를 간단하게 소개하고자 한다.[220)]

① 스키마(사회 도식, Schema)

이것은 사람들이 어떤 사람이나 사물, 사건, 역할 등에 대해 머릿속에 과거로부터 형성해 놓

---

218) Cohen, M. D., March, J. P., & Olsen, J. P.(1976). A Garbage Can Model of Organizational Choice. *Administrative Science Quarterly*, 17, 1-25.

219) Anderson, P. A.(1983). Decision Making by Objection and the Cuban Missile Crisis. *Administrative Science Quarterly*, 28, 201-222.

220) 박상언 · 정범구 · 김주엽 · 송계충(2020). 조직행위론(제5판). 서울: 경문사. 345-349에서 발췌, 인용.

은 일종의 의미체계를 말한다.[221] 따라서 사람들은 일상적인 현상에 직면할 때, 그에 대한 심도 있는 분석 과정을 생략한 채, 자동적 · 습관적으로 스키마가 제공하는 대안과 판단을 선택하기 쉽다. 이처럼 스키마는 사람들이 일상생활 속에서 정보처리를 해 나가는 과정에서 매우 중요한 역할을 담당하며, 우리의 대안 선택이나 판단 과정에 주요한 영향을 미치게 된다.

사람들이 지닌 스키마는 회상이나 정보처리 시간을 단축함으로써 정보처리와 판단을 효율적으로 할 수 있도록 도와주기도 하지만, 많은 문제도 일으킬 수 있다. 즉, 어떤 대상이나 사건을 판단할 때 자동으로 나타나서 주어진 정보를 왜곡해서 받아들이거나 혹은 복합한 현상을 과잉 단순화시켜 처리하게 만들 수도 있고, 그리고 잘못된 고정 관념이나 편견을 촉발하여 대상을 잘못 판단하게 만들 수도 있다.[222] 따라서 중요한 판단이나 의사결정 사안일 때에는 자신이 지닌 스키마와 일치하지 않는 정보들에 주의를 기울임으로써, 지나치게 형식적으로 이루어지기 쉬운 도식적인 정보처리에 스스로 제동을 걸고 신중한 판단과 의사결정을 할 필요가 있다.

② 손실 회피 경향(loss aversion bias)

대개 사람들은 이익과 손실의 절대적 수치가 같을 때, 손실에 더 큰 무게를 두는 경향이 있는데, 이것을 손실 회피 경향이라 한다. 다시 말하면, 사람들은 이익은 확실하게 보장받길 원하지만, 손해는 불확실성에 의지하는 경향이 있다는 것이다. 그래서 사람들은 사업의 성공과 실패의 확률이 각각 절반일 때는 그 사업을 시도하지 않는 수가 더 많다는 것이다. 예컨대, 만약 당신에게 50% 확률로 100만 원을 받는 A 안과 100% 확률로 50만 원을 받는 B 안이 있을 때는, 대개 B 안을 선택함으로써 확실한 작은 이득을 취하는 경향이 있다는 것이다. 또한, 50% 확률로 100만 원을 잃는 C 안과 100% 확률로 50만 원을 잃을 D 안이 있을 때는, C 안을 선택하는 경향이 있다는 것이다. 즉, 사람들은 손실 회피 경향 때문에 큰 손실은 안고 있으면서 작은 이득만 챙기는 비합리적인 의사결정을 하는 셈이다.[223]

③ 가용성(可用性, availability) 휴리스틱(heuristics)

가용성 휴리스틱이란 우리가 특정 사건의 발생 가능성이나 혹은 특정 대상물이 출현할 상대적인 빈도 등을 따지는 경우처럼 어떤 판단 과제에 직면했을 때, 그 사건이나 대상물이 지니는 상대적인 가용성, 즉 우리의 지각, 기억, 상상의 과정에서 얼마나 쉽게 머리에 떠오르는가에 의존하여 판단하는 경향을 말한다.[224] 사람들은 어떤 일이 일어날 가능성을 그들의 머리에

---

221) Fiske, S. T., & Taylor, S. E.(1991). *Social Cognition*(2nd Ed.). New York: McGraw-Hill.

222) 한규석(2017). 사회심리학의 이해(제4판). 서울: 학지사. 196에서 발췌, 인용.

223) Kahneman, D., & Tversky, A.(1979). Prospect theory: An Analysis of Decisions under Risk. *Econometrica*, 47, 313-327.

224) Tversky, A., & Kahneman, D.(1973). Availability: A heuristic for judging frequency and probability. *Cognitive*

떠오른 그것에 관한 예를 가지고 쉽게 판단하는 경향이 있고, 이런 회상의 가용성이나 용이성이 사람의 판단이나 의사결정에 큰 영향을 미칠 수 있다. 예컨대, 언론에 보도된 비행기 사고와 같이 생생하게 기억할 수 있는 사건으로 인해 사망하는 사람의 수는 과대평가하고, 언론에 잘 보도되지 않는 뇌출혈과 같은 질병에 의해 사망하는 사람의 수는 쉽게 과소평가하는 경향이 있다.

④ 관여의 단계적 증가(escalation of commitment)

사람들은 분명히 잘못된 의사결정임을 알고도 이전의 의사결정을 정당화하기 위해 점점 더 그 의사결정에 집착하는 경향이 있는데, 이것을 관여의 단계적 증가라고 한다. 예컨대, 어떤 사람이 처음에 호기심에서 도박에 손을 댔다가 잃은 돈을 만회하려고 여기저기서 돈을 끌어다가 계속해서 도박에 쏟아부었는데 모든 돈을 잃게 되었다. 급기야 그동안 탕진한 돈을 보충하기 위해서 다른 범행을 저질렀다면, 이것은 관계의 단계적 증가 현상으로 이해할 수 있다.

이런 현상은 개인에게만 있는 것이 아니라 집단이나 조직 수준의 의사결정 과정에서도 종종 나타나게 된다. 예컨대, 미국의 베트남전 참전 이후 쉽게 발을 빼지 못하고 계속해서 엄청난 인적 · 물적 손해를 입었던 사실이 이에 속한다.

3) 집단 의사결정의 특징과 문제점

한 개인이 내리는 의사결정이 아닌 여러 사람이 함께 참여하여 이루어지는 집단 의사결정은 다양한 사람들의 여러 가지 관점과 전문성, 아이디어를 활용함으로써 훨씬 질 좋은 의사결정을 할 가능성이 있다. 집단 의사결정은 더 많은 정보와 대안, 문제에 대한 다각도의 검토와 분석, 의사결정의 이해와 수용 및 더 많은 관여 등의 이점을 지니고 있다. 결국, 집단 의사결정은 의사결정을 할 어떤 사안에 대해 집단 구성원의 다양한 배경과 지식을 바탕으로 다각도에서 접근하고 검토함으로써 혼자 판단하고 의사결정을 내리게 되는 경우보다 질적으로나 양적으로 훨씬 더 깊이 있는 대안을 모색해 볼 수 있다. 하지만 집단 의사결정은 동조압력, 특정 구성원에 의한 지배, 많은 시간 소요 및 의견 불일치에 따른 갈등의 심화라는 단점도 있음을 인식하고 이를 경계해야 한다.[225]

일반적으로 가장 흔하게 관찰할 수 있는 집단 의사결정의 주요 특징과 문제점들은 다음과 같다.[226] 첫째, '무임승차'(free riding) 현상이다. 이것은 집단 의사결정 과정에서 제대로 된 능력을 다하거나 몰입하지 않고 타인의 노력에 편승하는 현상이 초래할 수 있다. 둘째, '집단 극화'

Psychology, 5, 207-232.

225) 박상언 · 정범구 · 김주엽 · 송계충(2020). 조직행위론(제5판). 서울: 경문사. 349-350에서 발췌, 인용.

226) 박상언 외(2020). 앞의 책. 350-356에서 발췌, 인용.

(group polarization) 현상이다. 이것은 특정 이슈에 대해 집단 토론을 하게 되면, 토론 이전보다 구성원들의 입장이 더 극단적으로 옮겨가는 것을 말한다. 심지어 집단이 개인보다 더 위험한 의사결정을 내리는 '위험 쏠림'(risky shift) 현상도 나타나고, 집단이 개인보다 더 신중하고 보수적인 결정을 내리는 '신중 쏠림'(cautious shift) 또는 '보수 쏠림'(conservative shift) 현상도 나타날 수 있다. 셋째, 집단사고(group thinking)이다. 이것은 응집성이 강한 집단에서 구성원들 사이에 만장일치로 의사결정을 마무리하려는 열망이 일종의 동조압력으로 작용하여 집단 토론 등 논의 과정에서 구성원 각자가 지닌 비판적인 의견이 제대로 표출되지 못하는 현상을 말한다. 그 결과, 대안에 대해 충분하고 현실적인 탐색과 평가를 하지 못한 채, 쉽게 합의에 이르러 양질의 의사결정을 하지 못하게 되는 현상이 발생한다. 예컨대, 1960년대 초 미국 케네디 대통령과 그 참모들이 쿠바 '피그만'(Bay of Pigs) 침공을 결정한 과정이 대표적인 사례이다.

4) 의사결정과 코칭

한 개인이나 그가 속한 집단 모두 순간마다 선택과 의사결정을 할 수밖에 없다. 그런 의사결정에 따라 개인의 목적 달성과 집단의 효율성이나 성과 향상 여부가 결정된다. 개인이나 집단의 의사결정이 궁극적으로 원하는 결과를 도출하게 되면 다행이지만, 그렇지 않을 때는 다양한 문제가 발생할 수 있고, 그 문제들은 코칭 주제가 될 수 있다. 실제 코칭 현장에서 의사결정과 관련된 이슈나 문제들을 만나기는 그리 어려운 일이 아니다. 그래서 전문코치가 앞서 설명한 의사결정과 관련된 다양한 현상들과 그것들이 초래하는 결과에 대해 알아두는 것은 고객의 문제를 해결하는 과정을 지원하는 데 충분히 필요한 일이다.

그런데 코칭에서 또 한 가지 더 중요하게 취급되어야 하는 것은, 집단 내의 올바른 의사결정 자체에 대한 주의와 경계를 넘어서 코칭 과정에서 제기된 문제를 해결하는 데 필요한 고객의 실행방안에 대한 의사결정 과정에도 집중해야 한다는 점이다. 어쩌면 실제 코칭 현장에서는 후자 쪽, 즉 고객 자신의 문제를 해결하는 데 필요한 의사결정에 더 무게를 두는 것이 현실이다. 따라서 전문코치는 의사결정 전반에 대한 이해뿐만 아니라 구체적으로 의사결정 과정에 대한 깊이 있는 이해와 학습이 필요하다. 그래서 고객 자신의 문제를 해결하는 데 적합한 의사결정을 하도록 최선을 다해 지원할 필요가 있다.

의사결정의 중요성이나 현실에서의 유용성에도 불구하고 이를 중심으로 다룬 국내외 문헌은 매우 드물다.[227] 앞으로 이 부분에 대한 경험적 증거들이 많이 축적되길 기대한다.

---

227) 이은영(2015). 공동의사결정에서 의사결정 코칭(Decision Coaching)의 함의. 한국의료윤리학회지, 18(2), 200-216; Greenfield, S., Kaplan S. H., & Ware J. E. Jr.(1988). Patients' participation in medical care: Effects on blood sugar control and quality of life in diabetes. *Journal of International Medicine*, 3(5), 448-457; Krueter, M., & Ricardo, W.(2003). Tailored and targeted health communication: Strategies for enhancing information

5. 리더십 이론과 코칭

리더십은 경영 자체와 동일시할 만큼 일반 실무에서 많이 사용되는 개념이다. 19세기 후반에 근대적인 경영이 시작된 이래, 20세기 전반에 걸쳐 '통제-지시-처방'이라는 패러다임 하에 전개되던 경영은 1980년대에 들어서면서 급격한 변화를 경험하게 된다. 즉, 기업을 둘러싼 제반 환경이 급속하게 변화하면서 구성원들의 역할 변화에 대한 요구가 점점 거세지기 시작했고, 전통적인 상의하달 방식과 권위적 리더십의 한계와 문제점들이 드러나기 시작했다. 이런 과정에서 기업 관계자들은 코칭을 경영 현장에 적용하기 시작했다. 그런 점에서 전문코치가 리더십과 관련된 전반적인 사항에 미리 파악하는 것은 꼭 필요한 일이다. 특히 비즈니스 코칭에 관심을 둔 전문코치라면 더욱 그렇다.

여기에서 리더십에 대해 자세하고 광범위하게 다루는 것은 이 책의 본질적인 목적에서 벗어나는 일이다. 다만 최근 들어 경영 현장에서 구성원들의 리더십 코칭에 대한 관심이 고조되고 있고, 이에 맞추어 실제로 코칭 현장과 학계에서도 '리더십 코칭'(leadership coaching)과 '코칭 리더십'(coaching leadership)에 대한 관심이 증가하는 실정이다. 따라서 여기에서는 이런 현실을 반영하여 리더십에 관한 일반적인 사항에 관해서만 간략하게 언급하기로 한다.

1) 리더십의 정의

리더십의 정의는 그것을 정의하려고 시도한 학자들의 수만큼 많고 다양하다. 이것은 리더십이 서로 많은 다른 의미를 지니고 있다는 것이다. 하지만 대체로 리더십이란 '공동 목표를 달성하기 위해 한 개인이 집단 구성원들에게 영향력을 미치는 과정'[228]이라고 정의하는 데 동의하는 것 같다. 이 정의에는 여러 가지 의미가 포함되어 있는데, 구체적으로 살펴보면 다음과 같다.[229]

첫째, 리더십의 정의에서 '과정'으로서의 리더십이라는 문장이 의미하는 것은, 리더십이란 리더와 그의(그녀의) 추종자들 사이에 일어나는 하나의 거래적 사건(a transactional event)이라는 것이다. 과정이란 리더가 다른 사람에게 영향을 미치기도 하고, 그들에 의해 영향을 받기도 한다는 것, 즉 상호작용적(an interactive event)이라는 것을 강조하는 의미이다.

---

relevance. *American Journal of Health Behavior*, 27(3), 227-232; Stacey, D., Kryworuchko, J., & Belkora, J.(2012). *Coaching/guidance in deliberation and communication. International Patients Decision Aids Standards(IPDAS) collaboration's background document: chapter F.*(http://ipdas.ohri.ca/resources.)

228) "Leadership is a process whereby an individual influences a group of individuals to achieve a common goal". Northouse, P. G.(2004). *Leadership: Theory and Practice*(3rd Ed.). London: Sage Publications, Inc.; 김남현 역(2005). 리더십(제3판). 서울: 경문사. 5에서 발췌, 인용.

229) 김남현 역(2022). 앞의 책. 5-6에서 발췌, 재인용.

둘째, 리더십이 '영향을 미치는' 과정으로서의 리더십이라는 문장이 의미하는 것은 리더가 추종자들에게 어떻게 영향을 미칠 것인가와 관련된 것이다. 영향을 미치는 것은 리더십의 필수조건이다. 영향을 미치지 않는다면 리더십은 존재하지 않는다.

셋째, 리더십이 '집단' 상황에서 일어나는 현상이라는 정의가 의미하는 것은 집단은 리더십이 일어나는 현장이라는 점을 강조한 것이다. 즉, 리더십은 공동의 목적을 지닌 집단에 영향을 미치는 과정으로, 이 경우 집단은 소집단일 수도 있고, 공동체 집단일 수도 있으며, 집단 전체를 포함하는 대규모 조직일 수도 있다.

마지막으로, 리더십이 '목표 달성'의 과정이라는 정의가 의미하는 것은 리더십이 구성원들로 구성된 집단을 지휘하여 어떤 과업이나 목표를 달성하는 것과 관련된 현상이라는 것이다.

2) 리더십의 본질

리더십의 성질(nature)과 관련된 몇 가지 문제들을 논의하는 것도 리더십을 이해하는 데 중요한 시사점을 제공한다.

첫 번째, 성격특성으로서의 리더십과 리더십 과정으로서의 리더십은 어떻게 다른가와 관련된 것이다. 이것은 통상적으로 '리더십 특성론'과 '리더십 과정론'으로 구분하여 표현하는데, 이것들은 서로 큰 차이가 있다. 특성론적 시각에 따르면, 어떤 사람들은 리더가 될 수 있는 특별한 천부적인 특성이나 자질을 가지고 태어난다는 것이다. 이에 비해, 과정론적 시각에서는 리더십은 상황 속에서 존재하는 현상이고, 리더십 발휘는 누구나 가능하다는 점을 강조한다. 과정으로서의 리더십은 리더의 행동에서 관찰할 수 있고, 후천적인 학습으로 습득할 수 있다는 점을 강조한다.

두 번째, 임명된 리더와 자생적 리더는 어떻게 다른가와 관련된 것이다. 어떤 사람은 집단 내의 공식적 직위 때문에 리더가 되는가 하면, 어떤 다른 사람은 집단 내의 공식적 지위는 없지만, 구성원들이 그에게 반응하는 방식 때문에 리더가 되는 예도 있다. 전자를 '임명된 리더십'(assigned leadership)이라고 하고, 후자는 '자생적 리더십'(emergent leadership)이라 부른다. 리더십 직위에 임명되었더라도 어떤 상황에서는 반드시 진정한 리더가 아닌 예가 있고, 직책과 관계없이 다른 사람들에게 리더십을 발휘하는 예도 얼마든지 있다.

세 번째, 권력, 강제 그리고 관리의 개념은 어떻게 다른가와 관련된 것이다. 이것은 '리더십과 권력', '리더십과 강제' 그리고 '리더십과 관리'의 문제로 바꾸어 표현할 수 있다.[230] 먼저, 권력이라는 개념은 리더십과 관련된 개념이다. 다른 사람에게 영향을 미칠 수 있는 능력이나 잠재능력을 말하는 권력은 영향력을 행사하는 과정의 부분이라서 리더십과 밀접한 관련이 있

---

230) 김남현 역(2005). 리더십(제3판). 서울: 경문사. 11-15에서 발췌, 인용.

다. 이것은 리더가 추종자(follower)들에게 행사할 수 있는 영향력의 원천과 관련된 것으로, 보상적 권력(compensatory power)[231], 강압적 권력(coercive power)[232], 합법적 권력(legitimate power)[233], 전문적 권력(expert power)[234] 및 준거적 권력(referent power)[235]이 그것이다. 권력의 원천이 많을수록 보상적 권력이란 리더가 추종자들에게 가치 있다고 생각하는 보상을 제공할 수 있는 능력을 말한다. 칭찬, 인정, 관심, 급여, 승진, 특전 등이 이에 속한다.[236] 다음, 강제(coercion)는 어떤 변화를 위해 강제적인 힘을 사용하는 것으로, 처벌이나 보상을 교묘하게 활용하며 추종자들이 리더가 원하는 것을 하도록 하는 것을 의미한다. 강제와 리더십을 구분하는 것은 매우 중요한데, 강제력을 사용하는 것은 집단 내에서 공동 목표를 달성하기 위해 동료나 추종자들과 더불어 일하는 것과 어긋나는 일이다. 다음, '리더십과 관리'는 여러 면에서 유사하지만, 주된 기능에서 차이가 있다.[237] 관리의 주된 기능은 집단의 질서와 일관성(안정성)을 추구하는 것인 데 비해, 리더십의 일차적인 기능은 변화와 발전을 가져오게 하는 것이다. 즉, 관리는 질서와 안정을 추구하고, 리더십은 변화에 대한 적응과 건설적인 변화 및 발전을 추구하는 점에서 다르다.

3) 전통적 리더십 이론

전통적 리더십은 리더의 특성에 초점을 맞춘 이론과 리더의 행위에 초점을 맞춘 이론, 그리고 행사하는 영향력의 유형에 관한 것으로 상황을 접목한 이론으로 크게 구분할 수 있다.

---

231) 보상적 권력이란 리더가 추종자들에게 가치 있다고 생각하는 보상을 제공할 수 있는 능력을 말한다. 칭찬, 인정, 관심, 급여, 승진, 특전 등이 이에 속한다. 박상언 · 정범구 · 김주엽 · 송계충(2020). 조직행위론(제5판). 서울: 경문사. 412에서 발췌, 인용.

232) 강압적 권력이란 추종자들을 강압하거나 처벌할 수 있는 능력을 말한다. 강등, 감봉, 해고 등의 처벌이 이에 속한다. 박상언 외(2020). 위의 책. 413에서 발췌, 인용.

233) 합법적 권력이란 리더가 집단 내에서 특정 직위나 역할을 차지함으로써 소유하게 되는 것을 말한다. 이것은 순전히 집단 내에서 리더의 직위 때문에 생긴 것이지 리더의 개인적 특성과는 별개이다. 박상언 외(2020). 위의 책. 413에서 발췌, 재용.

234) 전문적 권력이란 추종자가 수행할 과업에 대한 리더의 지식과 전문성 때문에 생기는 것을 말한다. 이것은 어떤 특정 직무 수행과 관련된 지식과 정보 등을 말하는 것으로 리더의 개인적인 특성에 의한 것이다. 박상언 외(2020). 위의 책. 413에서 발췌, 인용.

235) 준거적 권력이란 추종자들이 리더와 동일시하고 존경하며 모방하기를 원하는 정도에 따라 생기는 것을 말한다. 추종자들이 리더를 존경하고 동일시하는 정도가 클수록 추종자에 대한 리더의 준거적 권력이 커진다. 박상언 외(2020). 위의 책. 413에서 발췌, 인용.

236) 박상언 외(2020). 위의 책. 412-414에서 발췌, 인용.

237) 리더십과 관리는 별개의 구성개념(construct)이라고 주장하는 학자들이 많다. 그들의 주장에 관해서는 다음에 소개하는 책들을 참조할 수 있다. Bennis, W. G., & Nanus, B.(1985). *Leaders: The strategies for taking charge*. New York: Harper & Row; Kottler, J. p.(1990). *A force for change: How leadership differs from management*. New York: Free Press; Rost, J. C.(1991). *Leadership for the twenty-first century*. New York: Praeger; Zaleznik, A.(1977). Managers and leaders: Are they different?. *Harvard Business Review*, 55, 67-78.

① 리더십 특성이론

초기의 리더십 연구자들은 역사상 위대한 인물들이 어떤 자질을 지니고 있었느냐에 초점을 맞추어 연구를 진행했다. 1900년대 초에 무엇이 사람들을 위대한 리더로 만드는가를 알아보기 위해 리더십 특성을 연구하기 시작했다. 즉, 성공적인 리더가 공통으로 갖추고 있는 성격적 특성을 규명하려는 데 노력을 기울였다.

선행연구에 따르면, 성공적인 리더들이 일반적으로 지닌 특성들을 요약하면 〈표 2-1〉과 같다. 이 목록 가운데 어떤 특성은 여러 연구에서 나타나는가 하면, 어떤 특성은 한두 연구에서만 나타나기도 한다. 이들 가운데 중심이 되는 특성은 지능(intelligence), 자신감, 결단력, 성실성, 사교성 등이다. 이런 특성 연구는 리더 지망생들이 다른 사람에게 리더로 지각되기를 원할 때 소유하고 싶거나 개발하고 싶은 리더십 특성의 목록을 제공해 주고 있다는 점에서 의미가 있다.

리더십 특성이론은 몇 가지 확실한 장점을 갖고 있다.[238] 첫째, 리더십 특성이론은 직관적으로 흥미를 끈다. 이것은 리더는 다른 사람과는 차이가 있고, 그와 같은 차이는 그들이 소유한 특별한 특성 때문이라는 전제를 바탕으로 하고 있어서, 리더를 타고난 재능이 있는 사람으로 보려는 일반적인 사람들의 성향을 충족시켜 준다. 둘째, 장기간에 걸쳐 진행된 것으로, 다른 연구에서 볼 수 없는 깊이와 넓이가 있어서 신뢰성의 척도가 된다는 점이다. 셋째, 리더십 과정의 구성요소 가운데 첫 번째 요소인 리더에만 초점을 맞추고 있어서 심오한 이해를 제공했다는 점이다. 마지막으로, 리더가 되기 위해 사람들이 갖추어야 할 특성이 무엇인가에 대한 기준(benchmark)을 제공해 주고 있다는 점이다.

리더십 특성이론은 이와 같은 장점에도 불구하고 몇 가지 약점도 동시에 지니고 있다. 첫째, 결정적인 리더십 특성 목록의 범위와 한계를 정하는 데 실패했다는 점이다. 둘째, 상황을 고려하지 않았다는 점이다. 예컨대, 어떤 특정 상황에서 리더가 되게 한 특성을 소유한 사람이 다른 상황에서는 리더가 되지 못하는 예를 제대로 설명하지 못한다는 것이다. 셋째, 가장 중요한 리더십 특성들의 의미에 대한 해석이 매우 주관적이라는 점이다. 넷째, 리더십 성과와 관련이 있는 특성을 찾아보지 않았다는 점이다. 마지막으로, 결정적인 리더십 특성이 확인되었더라도 그런 특성을 갖도록 교육한다는 것이 쉽지 않아서 리더십 특성이론은 리더십 훈련이나 개발을 위해 유용한 것이 못 된다는 점이다.

그렇더라도 리더십 특성이론은 아직 살아 있고 건실하게 남아 있다. 처음에는 위인들의 자질을 확인하는 것으로 시작되었고 리더의 행동 스타일을 연구하는 것으로 바뀌었다가, 상황변수의 리더십에 대한 영향에 관한 연구를 거쳐 최근에 와서는 효과적인 리더십에 영향을 미

238) 김남현 역(2005). 리더십(제3판). 서울: 경문사. 31-32에서 발췌, 인용

표 2-1 리더십 특성 연구[239)]

Stogdill (1948)	Mann (1959)	Stogdill (1974)	Lord et al. (1986)	Kirkpatrick & Locke(1991)
지능	지능	성취욕	지능	추진력
민감성	남성적 기질	지속성	남성적 기질	동기유발
통찰력	적응성	통찰력	지배성	성실성
책임감	지배성	진취성		자신감
진취성	외향성	자신감		인지적 능력
지속성	보수적 기질	책임감		사업 지식
자신감		협동성		
사교성		참을성		
		영향력		
		사교성		

출처: 김남현 역(2005). 리더십(제3판). 서울: 경문사. 27에서 발췌, 인용.

치는 개인 특성의 중요한 역할을 다시 강조하는 방향으로 되돌아오고 있다.[240)]

② 행위이론

1940년대 말에는 리더십 연구가 리더의 특성이 아닌 리더의 행위에 초점이 맞추어지기 시작했다. 즉, 리더가 무엇을 하는가, 그리고 리더는 어떻게 행동하는가에 초점을 맞추고 있다. 이런 연구에 참여한 학자들은 리더십이란 일반적으로 두 가지 행동, 즉 집단 구성원들이 그들의 과업 목표를 달성하도록 촉진하는 '과업 행동'(task behavior)과 추종사들이 서로 좋은 인간관계를 맺고 잘 지내도록 도와주며 일터에서 만족을 느끼도록 도와주는 '관계성 행동'(relationship behavior)으로 이루어졌다고 생각하고 연구를 진행했다.

리더십 행위이론의 대표적인 이론에는 오하이오주립대학교 연구, 미시간대학교 연구 그리고 '리더십 그리드'(leadership grid)[241)]가 있다.

먼저, 오하이오주립대학교 연구는 모든 효과적인 리더들이 사용하는 기본적인 행위의 유형

239) Kirkpatrick, S. A., & Locke, E. A.(1991). Leadership: Do traits matter?. *The Executive*, 5, 48-60; Lord, R. G., DeVader, C. L., & Alliger, G. M.(1986). A meta-analysis of the relation between personality traits and leadership perception: An application of validity generalization procedures. *Journal of Applied Psychology*, 71, 402-410; Mann, R. D.(1959). A review of the relationship between personality and performance in small groups. *Psychological Bulletin*, 56, 241-240; Stogdill, R. M.(1948). Personal factors associated with leadership: A survey of the literature. *Journal of Psychology*, 25, 35-71; Stogdill, R. M.(1974). *Handbook of leadership: A survey of theory and research*. New York: Free Press.

240) 김남현 역(2005). 리더십(제3판). 서울: 경문사. 23에서 발췌, 인용.

241) 해당 연구는 '관리격자모형'(managerial grid)이라고도 불린다. 이에 대한 자세한 내용은 다음에 소개하는 책을 참조할 수 있다. 박상언 · 정범구 · 김주엽 · 송계충(2020). 조직행위론(제5판). 서울: 경문사. 418-419.

을 확인하려는 시도에서 시작되었다.[242] 리더들의 1,800여 개에 달하는 행동에 대한 추종자들의 응답 결과를 배려(consideration)와 구조 주도(initiating structure)라는 2개의 범주로 나누어 분석되었다.[243] 연구결과를 요약하면, 첫째, 배려와 구조 주도 양쪽에서 높은 수준의 행위를 보이는 리더는 그렇지 못한 리더보다 추종자들의 높은 업적과 높은 만족과 더 자주 관련되어 있고, 둘째, 두 차원에서 높은 수준을 나타내는 리더가 어떤 상황에서나 항상 긍정적인 결과를 나타낸 것은 아니었으며, 셋째, 리더의 높은 수준의 배려 행위는 오히려 집단의 성과와 부적(負的) 상관관계를 보이는 것으로 나타났다. 결국, 오하이오주립대학교 연구는 리더의 행위를 정의하고 설명하는 데 체계적인 노력을 기울였다는 점에서 공헌이 인정된다.

다음, 미시간대학교 연구는 리더의 두 가지 행위 차원, 즉 '종업원 지향적'(employee oriented) 행위와 '생산 지향적'(production oriented) 행위로 구분하고 설명하고 있다.[244] 연구결과를 요약하면, 첫째, 생산 지향적 리더십과 종업원 지향적 리더십 모두 종업원의 생산성에 긍정적인 영향을 미치고, 둘째, 종업원의 만족은 생산 지향적인 감독을 하는 집단보다는 종업원 지향적인 감독을 하는 집단에서 더 높게 나타난 것으로 보고되었다.

마지막으로, '리더십 그리드'(leadership grid) 모형은 리더의 행위를 '생산에 관한 관심'(concern of production)과 '사람에 관한 관심'(concern of people)으로 구분하고, 격자 모양을 활용하여 다섯 가지 리더십 유형을 설명하고 있다. 이것은 리더십 유형을 개념화하기 위한 더 나은 틀을 제공했다는 점에서 의미가 있지만, 모든 상황에서 효과적이라는 이상적인 리더십 유형[245]에 관한 실증적 자료가 거의 없다는 점에서 한계가 있다.

③ 리더십에 대한 상황적 접근법

모든 상황에 적용되는 보편적인 리더의 특성과 행위를 찾으려는 시도가 성공적으로 진행

242) 오하이오주립대학교 연구에 대한 자세한 내용은 다음에 소개하는 두 책을 참조할 수 있다. 김남현 역(2005). 리더십(제3판). 서울: 경문사. 87-89에서 발췌, 인용; 박상언 외(2020). 앞의 책. 417에서 발췌, 인용.

243) 여기에서 배려는 상호 신뢰, 추종자의 아이디어 존중, 추종자의 감정에 대한 배려 등의 특징을 지닌 직무 수행상의 사회적 행위를 말하며, 구조 주도는 리더가 집단의 목표를 달성하기 위해 추종자의 역할을 규정하고 구조화하는 정도를 말한다. 박상언 외(2020). 위의 책. 417에서 발췌, 인용.

244) 여기에서 종업원 지향적인 행위를 하는 리더는 개인 간의 관계를 강조하는 리더로서, 추종자들의 욕구에 대한 개인적인 관심을 나타내 보이며, 추종자들의 개인차를 인정하고, 이에 비해 생산 지향적인 행위를 하는 리더는 직무의 기술적 측면과 과업 측면을 강조하여 집단의 과업 완성을 리더의 주된 관심사로 생각하며 추종자들을 그 목적 달성의 수단으로 생각하는 리더를 말한다. 미시간대학교 연구에 대한 자세한 내용은 다음에 소개하는 두 책을 참조할 수 있다. 김남현 역(2005). 위의 책. 89-91에서 발췌, 인용; 박상언 외(2020). 위의 책. 418에서 발췌, 인용.

245) 이것은 격자 모형에서 생산과 인간관계 유지에 모두 높은 관심을 보이는 (9/9) 형(팀 형)을 지칭되는 것으로, 공통된 이해관계를 바탕으로 신뢰와 존경의 인간관계를 낳게 하고 더불어 과업 달성을 강조하는 리더십이라고 설명하고 있다. 이에 대한 자세한 내용은 다음에 소개하는 두 책을 참조할 수 있다. 김남현 역(2005). 위의 책. 91-96에서 발췌, 인용; 박상언 외(2020). 위의 책. 418-419에서 발췌, 인용.

되지 못하자, 연구자들은 리더십이 일어나는 여러 가지 상황(situation)에 관심을 지니게 되었다. 즉, 리더십의 유효성은 상황에 적합한 리더십에 의해 결정된다고 인식하기 시작한 것이다. 이 이론의 대전제는 "서로 다른 상황은 다른 유형의 리더십을 요구한다"(different situations demand different kinds of leadership)라는 것이다. 이와 같은 관점에서 유능한 리더가 되려면, 그의 리더십 유형이 각기 다른 다양한 상황의 요구에 적합해야 한다는 것이다. 이런 관점을 대표하는 것이 피들러(Fiedler, F.)의 '상황적합이론'(Contingency Theory, Leader–match Theory)과 '경로–목표이론'(Path–Goal Theory)이다.[246)]

상황적합이론은 리더십 행동유형과 상황을 적합한 이론이다. 즉, 리더가 그의 리더십을 적절한 상황에 적합하도록 해야 한다는 것을 의미한다. 그것은 리더십의 효과가 리더의 행동유형이 상황과 어느 정도로 잘 적합한가에 달려 있기 때문이다. 그래서 리더십의 효과성을 이해하기 위해서는 리더가 리더십을 발휘하는 상황에 대한 이해가 필수적이다. 상황적합이론은 18개 항목으로 구성된 척도에 따라 리더를 두 개의 부류(과업 지향적 리더, 관계 지향적 리더)로 구분하고, 각각의 리더가 상황(리더 - 추종자 관계, 과업 구조, 직위 권력)의 조합에 따라 상황의 호의성을 결정하게 된다. '상황의 호의성'이란 '그 상황이 리더가 자기 집단에 대해 영향력을 행사할 수 있는 정도'를 말한다. 가장 호의적인 상황은 리더가 추종자들로부터 신뢰와 존경을 받고 있고, 추종자들을 보상하고 처벌할 수 있는 권력을 가지고 있으며, 수행하는 활동이 명확한 경우이다. 요약하면, 피들러는 리더의 특성은 타고난다고 보고 있다. 따라서 리더의 특성을 변화시키는 것은 불가능해서 리더와 상황이 적합한 관계에 있게 하기 위해서는 상황에 맞는 리더를 임명하든지 아니면 상황을 리더에 맞게 변화시키는 것이다.[247)]

상황적합이론은 첫째, 아주 많은 실증연구를 통해 지지를 받고 있다는 점, 둘째, 처음으로 상황 변인을 도입한 측면에서 리더십 연구의 새로운 방향을 제시했다는 점, 셋째, 예측력을 가지고 있다는 점, 넷째, 어느 한 리더십이 모든 상황에서 효과적일 수 있다는 것을 주장하지 않는다는 점, 마지막으로, 리더와 상황의 적합 관계를 개선하기 위해서는 현실적으로 리더의 특성을 변화시키는 것은 어렵다고 보고, 상황의 변경을 통해 리더십 유효성을 높일 수 있다는 리더십 개발 방향을 제시해 주고 있다는 점에서 강점을 지니고 있다.

---

246) 상황적합이론과 경로-목표이론의 자세한 내용에 관해서는 다음에 소개하는 문헌들을 참조할 수 있다. 김남현 역(2005). 리더십(제3판). 서울: 경문사. 144-162에서 발췌, 인용; 박상언 · 정범구 · 김주엽 · 송계충(2020). 조직행위론(제5판). 서울: 경문사. 420-429에서 발췌, 인용.

247) 상황적합이론의 자세한 내용에 관해서는 다음에 소개하는 문헌들을 참조할 수 있다. Fiedler, F. F.(1967). *A Theory of Leadership Effectiveness*. New York: McGraw-Hill; Fiedler, F. F.(1993). The leadership situation and the black box in contingency thoeries. In M. M. Chemers, & R. Ayman(Eds.). *Leadership theory and research: Perspectives and directions*. 1-28. New York: Academic Press; Fiedler, F. F.(1995). Reflections by an accidental theorist. *Leadership Quarterly*, 6(4), 453-461; Fiedler, F. F., & Chemers, M. M.(1984). *Improving leadership effectiveness: The leader match concept*(2nd ed.). New York: John Wiley.

'경로-목표이론'은 기대이론을 리더십에 접목한 이론으로, 리더가 추종자들을 어떻게 동기를 일으켜서 설정된 목표를 달성할 것인가에 관한 이론이다. 기대이론에 따르면 추종자들의 동기가 유발되는 것은 첫째, 그들이 노력하면 그 과업을 수행할 수 있다고 생각할 때, 둘째, 노력의 결과가 어떤 성과(보상)를 초래할 것이라고 믿을 때, 셋째, 과업 수행의 결과로 얻은 보상이 가치 있다고 믿을 때이다. '경로-목표이론'은 네 가지 유형의 리더십(지시적 리더십, 후원적 리더십, 참여적 리더십, 성취 지향적 리더십)을 제시하고, 적합한 리더십 유형을 선택하기 위해서는 추종자(부하)의 특성(권위주의, 통제의 위치, 능력 수준, 성취동기 수준, 경험 등)과 상황 변인으로서 과업의 특성(과업 구조, 집단의 역동성)이 중요하다고 제안하고 있다.[248]

'경로-목표이론'은 리더십 유형이 어떻게 추종자(부하)들의 특성 및 과업 상황의 특성과 상호작용하여 추종자들의 동기유발에 영향을 미치는가에 관한 것으로, 피들러의 상황적합이론과 다르게 리더가 자신의 리더십 스타일을 상황에 부합되게 변화할 수 있고, 또한 변화해야 한다고 보고 있다.[249] 이 이론은 리더십 유형을 구체적으로 제시하고, 여기에 기대이론을 접목함으로써 유용한 이론적 틀을 제공했다는 점뿐만 아니라 매우 실무적인 모형을 제공했다는 점에서 강점을 지니고 있다. 하지만, 리더가 목표 달성 과정에서 나타나는 장애물을 극복하거나 제거하도록 '도와주는 식의 리더십'(helping leadership)으로 영향을 미친다면, 추종자(부하)들이 그들의 과업을 완수하기 위해 리더에게 쉽게 의존하게 된다는 문제점이 발생할 수 있다는 점에서 한계가 있다.

4) 최근의 리더십 이론

최근의 리더십 이론으로 리더-구성원 교환이론, 변혁적 리더십, 서번트 리더십, 윤리적 리더십, 진정성 리더십 그리고 팀 리더십 등이 있다. 이 책에서 리더십 이론에 대해 자세하게 살펴보는 것은 본질에서 벗어난다. 따라서 여기에서는 최근의 리더십 이론의 주요 내용에 대해서만 간단하게 살펴보고자 한다. 다만, 코칭 현장에서 리더십과 관련된 이슈를 주로 다루기 원

248) 경로-목표이론에서 설명하는 리더십의 유형과 과업의 특성 등에 관해서는 다음에 소개하는 두 책을 참조할 수 있다. 김남현 역(2005). 리더십(제3판). 서울: 경문사. 169-176; 박상언 · 정범구 · 김주엽 · 송계충(2020). 조직행위론(제5판). 서울: 경문사. 428-449.

249) 경로-목표이론의 자세한 내용에 관해서는 다음에 소개하는 문헌들을 참조할 수 있다. Evans, M. G.(1970). The effects of supervisory behavior on the path-goal relationship. *Organizational Behavior and Human Performance*, 5, 277-298; House, R. J.(1971). A path-goal theory of leader effectiveness. *Administrative Science Quarterly*, 16, 321-328; House, R. J.(1996). A path-goal theory of leadership: Lessons, legacy and a reformulated theory. *Leadership Quarterly*, 7(3), 323-352; House, R. J., & Dessler, G.(1974). The path-goal theory of leadership: Some post hoc and a priori tests. In J. Hunt & L. Larson(Ed.). *Contingency approaches in leadership*. Carbondale: Southern Illinois University Press. 29-55; House, R. J., & Mitchell, R. R.(1974). Path-goal theory of leadership. *Journal of Contemporary Business*, 3, 81-97.

하는 전문코치들은 각각의 리더십 이론의 세부적인 내용에 대해 추가로 학습하길 권한다.

① 리더-구성원 교환이론(leader-member exchange: LMX theory)

앞에서 설명한 모든 리더십 이론들은 리더의 행위가 모든 부하(하위자)에게 똑같다는 것을 전제로 하고 있다. 즉, 리더가 부하들을 대할 때, 평균적 리더십 스타일을 사용하여 추종자 모두를 전체로 보고 영향력을 행사하므로 부하들은 리더의 행동을 똑같게 지각하게 되고, 따라서 리더십 효과성도 똑같게 나타난다고 보았다. 하지만, 리더-구성원 교환이론에서는 리더와 부하들 간의 상호작용을 중심으로 나타나는 과정에 초점을 두고, 그들 간의 관계가 모든 부하에게 똑같지 않다는 전제에서 출발한다.[250)]

초기의 리더-구성원 교환이론에서는 리더가 과업 수행 과정에서 자연스럽게 부하들 각자와 개별적인 작업상의 '연결 관계'(dynamic relationship)를 형성하고, 따라서 리더십 현상을 리더와 부하 간의 1:1 관계를 바탕으로 파악해야 한다고 주장했다.[251)] 즉, 내부집단(in-group)에서는 리더와 부하 간에 신뢰와 존경, 호감, 상호 영향 관계가 형성되어 리더가 내부집단의 구성원들에게는 비공식적인 방법으로 권한을 행사하고, 그들에게 많은 재량권을 부여하는 양상을 보인다. 이에 비해, 외부집단(out-group)의 구성원들에게는 공식적인 권한을 통해 통제와 지시를 행하려는 경향을 보인다는 것이다. 결과적으로 내부집단의 구성원들은 외부집단의 구성원들보다 리더로부터 더 많은 정보와 영향, 신임을 받게 되고, 더 많은 관심의 대상이 되며, 리더와 의사소통이 쉬워진다. 결국, 부하가 내부집단과 외부집단 가운데 어느 집단에 속한 사람인가에 따라 리더가 부하들의 지각과 행위에 영향을 미치게 되는 것이다.

리더-구성원 교환이론에 관한 후속연구에서는 리더-구성원 교환관계의 질이 어떤 결과를 나타내는가로 관심의 주제가 옮겨갔고, 결과적으로 리더는 모든 부하와 양질의 리더-구성원 관계를 창출하는 것이 바람직하다고 주장했다. 연구자들은 오랜 추적 끝에 양질의 리더-구성원 교환관계가 낮은 이직률, 높은 업적 평가, 승진 빈도의 증가, 더 높은 헌신성과 직무 태도, 더 많은 참가, 더 빠른 경력상의 상승을 가져왔다는 것을 발견했다.[252)] 즉, 리더와 부하가 좋은 교환관계를 가질 때, 더 만족하고 더 많은 과업을 성취하게 되어 집단과 조직은 더욱 발전하게

250) 김남현 역(2005). 리더십(제3판). 서울: 경문사. 198-213에서 발췌, 인용; 박상언 · 정범구 · 김주엽 · 송계충(2020). 조직행위론(제5판). 서울: 경문사. 429-431에서 발췌, 인용.

251) 이런 차원에서 초기의 리더-구성원 교환이론을 '수직 쌍 연결모형'(vertical dyad linkage model: VDL)이라고도 부른다.

252) 김남현 역(2005). 위의 책. 202에서 발췌, 인용; Graen, G. B., & Uhl-Bien, M.(1995). Relationship-based approach to leadership: Development of leader-member exchange(LMX) theory of leadership over 25 years: Applying a multi-level, multi-domain perspective. *Leadership Quarterly*, 6(2), 219-247; Liden, R. C., Wayne, S. J., & Stilwell, D.(1993). A longitudinal study on the early development of leader-member exchange. *Journal of Applied Psychology*, 78, 662-674.

된다는 것이다.

리더-구성원 교환이론은 다음과 같은 강점을 지니고 있다. 첫째, 현실적으로 실증적인 증거가 많다는 점이다. 우리는 리더가 더 많은 일을 해 주고 더 많은 것을 성취하는 사람들과 특별한 관계를 형성하고 있다는 점을 잘 알고 있다. 둘째, 이 이론은 리더와 구성원 간의 짝(쌍)과의 '특별한 관계'라는 개념을 사용하는 접근법이라는 점에서 독특한 이론이다. 집단에서 리더십이 발휘되려면 양질의 의사소통이 없이는 불가능하다는 점을 주목하고 있다는 점이다. 마지막으로, 이 이론이 실무적 차원에서 집단이나 조직의 성과와 정적(正的) 관계에 있다는 구체적인 실증연구들이 많다는 점이다.

하지만 첫째, 이런 내집단의 존재 자체를 인정한다는 것은 파벌을 조성함으로써 공정성이라는 인간의 기본적인 가치에 역행한다는 점, 둘째, 양질의 리더-구성원 교환관계가 만들어지는 방식에 대한 설명이 충분하지 못하다는 점, 셋째, 리더-구성원 교환관계의 측정에 관해 의문이 제기되고 있다는 점에서 약점이 있다.

② 변혁적 리더십(transformational leadership)

변혁적 리더십이라는 용어는 다운톤(Downton, J. V.)이라는 사회학자에 의해 처음 만들어진 이래[253], 번즈(Burns, J. M.)가 더욱 발전시킨 개념으로[254], 1980년대 초부터 많은 연구의 초점이 되었다. 변혁적 리더십은 부하의 정서, 가치관, 윤리, 행동 규범 그리고 장기적 목표 등을 바꾸어 줌으로써 개인을 변화시키고, 기대 이상의 업적을 성취하도록 변혁하는 특별한 영향력을 말한다. 변혁적 리더십은 권력을 휘두르거나 권력을 행사하는 것과는 아주 달라서, 부하의 동기와 욕구에 관심을 기울이고, 그들의 능력을 최대한 발휘할 수 있도록 도와주는 데 노력을 기울이는 리더십을 의미한다.[255]

변혁적 리더십을 구성하는 요인(또는 특성)에는 다음 네 가지가 포함된다.[256] 첫째, 이상적

253) Downton, J. V.(1973). *Rebel leadership: Commitment and charisma in a revolutionary process*. New York: Free Press.

254) Burns, J. M.(1978). *Leadership*. New York: Harper & Row.

255) 리더십에 관한 변혁적 접근법은 카리스마적(charismatic) 리더십과 비전적(visionary) 리더십 개념을 포함하고 있기도 하다. 이런 점에서 카리스마(리더십)는 변혁적 리더십의 한 부분이라고 할 수도 있다. 변혁적 리더십에 관한 자세한 내용을 이해하기 위해서는 다음에 소개하는 책들을 참조할 수 있다. 김남현 역(2005). 리더십(제3판). 서울: 경문사. 228-265; 박상언 · 정범구 · 김주엽 · 송계충(2020). 조직행위론(제5판). 서울: 경문사. 432; Bennis, W. G., & Nanus, B.(1985). *Leaders : The strategies for taking change*. New York: Harper & RoW; Burns, J. M.(1978). *Leadership*. New York: Harper & Row; Heifetz, R. A.(1994). *Leadership without easy answers*. Cambridge, MA: Harvard University Press; House, R. J.(1976). A 1976 theory of charismatic leadership. In J. C. Hunt, & L. L. Larson(Ed.). *Leadership: The cutting edge*. Carbondale: Southern Illinois University Press. 189-207; Tichy, N. M., & DeVanna, M. A.(1990). *The transformational leader*(2nd ed.). New York: John Wiley.

256) 박상언 · 정범구 · 김주엽 · 송계충(2020). 조직행위론(제5판). 서울: 경문사. 432에서 발췌, 인용.

영향력(idealized influence)[257]이다. 변혁적 리더는 높은 신뢰와 윤리적 행동을 기반으로 조직의 비전과 공유 가치에 대한 강한 감정적 몰입을 이끌고, 부하들은 그런 리더들과 동일시하고 그들의 행동을 본받으려 한다. 둘째, 영감적 동기부여(inspirational motivation)이다. 변혁적 리더는 부하들에게 집단이나 조직의 비전의 중요성을 분명히 전달하여 공유하고, 이것을 달성하기 위해 부하들의 자부심, 자존심, 내재적 동기, 의욕 등을 끊임없이 고무시킨다. 셋째, 지적 자극(intellectual stimulation)이다. 변혁적 리더는 부하들의 창의성과 혁신성을 자극하고, 그동안 당연한 것처럼 생각했던 가정에 도전하고 위험을 부담하면서 부하들이 새로운 관점에서 문제를 인식하고 그 해결책을 만들어 내는 것을 지원한다. 마지막으로, 개별적 고려(individualized consideration)이다. 변혁적 리더는 부하들의 개인적인 욕구에도 세심한 관심을 기울이고, 그것이 충족되도록 지원과 격려를 한다.

변혁적 리더십은 다음 몇 가지 측면에서 강점을 지니고 있다. 첫째, 변혁적 리더십은 다양한 시각에서 광범위하게 연구된 많은 정성적 연구들과 문헌이 뒷받침되고 있다. 둘째, 리더가 어떻게 선두(out front)에서 변화를 주장하고 옹호하는가를 잘 설명하고 있다. 셋째, 변혁적 리더십은 부하의 욕구와 리더의 욕구를 모두 결합하는 과정이어서, 결과적으로 리더십은 리더 혼자만의 책임이 아니라 리더와 부하 간의 상호작용으로부터 나오는 현상이라고 설명하고 있다. 넷째, 변혁적 리더십은 보상의 교환뿐만 아니라 부하들의 욕구와 성장에 대해서도 주의를 기울여야 한다는 관점을 제공함으로써 리더십 관점을 확장하는 데 이바지했다. 마지막으로, 변혁적 리더십은 부하들의 욕구, 가치관뿐만 아니라 도덕적 측면을 포괄하고 있다는 점에서 다른 리더십 접근법들과 구분된다.

하지만 변혁적 리더십은 첫째, 개념적 명확성이 부족하다는 점, 즉 변혁적 리더십의 요인들 간에 상당한 중복을 보인다는 점, 둘째, 측정방법의 타당성이 충분히 확립되지 못했다는 점, 셋째, 리더십 자체를 훈련될 수 있는 행동이라기보다 개인적 특성이나 성향으로 다룬다는 점, 넷째, 변혁적 리더십이 선택된 엘리트의 것이고 반민주적이라는 점, 마지막으로, 변혁적 리더십의 남용 가능성 등이다.

③ 서번트 리더십(servant leadership)

일반적으로 다른 사람을 섬긴다는 것은 명백한 이타주의의 한 예이다. 이것을 집단이나 조직의 상황에 적용하면, 섬긴다는 것은 어떤 계획을 수립할 때 부하들의 복지를 최우선에 둔다거나 작업장에서 권한 위임, 조직시민행동 등에 초점을 맞춘다는 것을 의미한다. 이런 섬김의 원칙은 리더십 관련 문헌에서 크게 강조되어 왔고[258], 뒤에서 설명할 윤리적 리더십의 중요한

257) 혹자는 '이상적 영향력'을 '카리스마'(charisma)라고 부르기도 한다.

258) Block, P.(1993). *Stewardship: Choosing service over self-interest*. San Francisco: Berrett-Koehler; Covey, S.

부분을 차지하기도 한다.

서번트 리더십은 다른 사람을 위한 봉사와 헌신에 초점을 두고, 구성원, 고객 그리고 공동체를 우선으로 여기며, 그들의 욕구를 충족시키기 위해 헌신하는 리더십을 말한다. 즉, 서번트 리더십은 부하를 존중하고 그들에게 창의성을 발휘할 기회를 제공하며, 성장을 돕고, 진정한 공동체를 이루도록 이끌어 가는 리더십을 말한다. 이런 차원에서 섬김의 리더십 또는 자기희생적인 리더십이라고 할 수도 있다.

이런 서번트 리더십의 주요 하위 행동 특성으로, 경청, 공감, 치유, 설득, 인지, 통찰, 비전의 제시, 보호자, 구성원의 성장, 공동체 형성 등이 제시된다. 서번트 리더는 집단이나 조직의 목적을 달성하는 데 있어서 가장 중요한 자원이 부하들이라고 생각한다. 즉, 과업을 추진하는 사람들은 부하들이지만, 이들의 성공적인 과업 추진과 성장은 리더 자신의 책임이라는 인식이 강하다.[259] 무엇보다 서번트 리더는 자기 내부의 생각 및 느낌, 그리고 표현이 일치하는 진정한 자아를 표출하여 바람직한 역할 모델이 되며, 부하들을 인정하고, 자기희생이 요구되는 상황에서도 정직과 진실성을 잊지 않기 때문에 부하들과 강한 유대관계를 맺는다.[260] 따라서 집단이나 조직의 지속적인 변화와 구성원들의 크고 작은 섬김과 희생에 대해 강제로 이루어지는 것이 아닌 자발적이고 자기희생적인 역량이 끊임없이 요구되고 있다.

④ 윤리적 리더십(ethical leadership)

리더십의 중요성에도 불구하고 해당 이론에서 리더의 윤리적 측면을 강조한 문헌들은 많지 않았다. 1970년대 초 이후, 경영 윤리에 관한 많은 연구가 이루어졌지만, 그것들도 리더십 윤리와는 거의 관계가 없는 내용이었다. 하지만, 1996년에 리더십 윤리에 초점을 맞춘 기록이 생겨나기 시작하면서 리더의 윤리적인 측면이 강조되기 시작했고, 최고경영자들의 부정 사례가 많이 발견되면서 윤리적 리더십의 특성을 탐구하려는 관심이 증가하기 시작했다.[261] 즉, 한때 성공을 거듭하며 주목을 받던 리더도 언제든지 추락할 수 있다는 사례들이 발견되고, 어떤 리

R.(1990). *Principle-centered leadership*. New York: Fireside; De Pree, M.(1989). *Leadership is an art*. New York: Doubleday; Gilligan, C.(1982). *In a different voice: Psychological theory and women's development*. Cambridge, MA: Harvard University Press; Graham, J. W.(1991). Servant-leadership in organization: Inspirational and moral. *Leadership Quarterly*, 2(2), 105-119; Greenleaf, R. K.(1970). *The servant as leader*. Indianapolis, MA: The Robert K. Greenleaf Center; Greenleaf, R. K.(1977). *Servant leadership: A journey into the nature of legitimate power and greatness*. New York: Paulist; Kouzes, J. J., & Posner, B. Z.(1995). *The leadership challenge: How to keep getting extraordinary things done in organizations*(2nd Ed.). San Francisco: Jossey-Bass.

259) 박상언 · 정범구 · 김주엽 · 송계충(2020). 조직행위론(제5판). 서울: 경문사. 433-434에서 발췌, 인용; Spears, L. C.(1997). *Insight on leadership: Service, stewardship, spirit and servant- leadership*. New York: John Wiley & Sons, Inc.

260) Spears, L. C.(1997). 앞의 책.

261) 김남현 역(2005). 리더십(제3판). 서울: 경문사. 400-401에서 발췌, 인용.

더가 성공을 이끈 수단이 윤리적이고 정당하지 못하다면 그런 성공은 결코 계속될 수 없으며 바람직하지도 않다는 인식이 확대되면서, 리더의 윤리성을 바탕에 둔 윤리경영이 필요하다는 사실이 강조되었다.

윤리적 리더십은 규범적으로 적절한 행동 양식을 자신의 행동과 다른 사람의 관계를 통해 일관성 있게 드러내고 의사소통, 보상 그리고 의사결정을 통해 그런 행동을 부하들에게 행하도록 촉진함으로써 영향력을 미치는 것을 말한다.[262] 이런 윤리적 리더십의 몇 가지 원칙들을 살펴보면 다음과 같다.[263]

첫째, 윤리적 리더는 다른 사람을 존중한다(respect). 리더로서 다른 사람들을 존중하는 것이 리더의 의무이며, 부하들의 말에 주의를 기울이고 비판적 관용으로 받아들일 수 있어야 한다는 것이다. 둘째, 윤리적 리더는 다른 사람을 섬긴다(service). 리더는 부하 중심적으로 그들의 이익을 최우선에 두어야 하며, 그들에게 이익이 되는 방향으로 행동해야 한다는 것이다. 셋째, 윤리적 리더는 공정하다(justice). 리더가 부하들을 공평하고 공정하게 대하는 것을 최우선으로 해야 한다. 즉, 누구에게도 특별한 대우를 해주지 않으며, 차별적인 대우가 행해지는 때는 반드시 합리적인 이유를 제시해야 한다는 것이다. 넷째, 윤리적 리더는 정직하다(honesty). 리더는 모든 상황에서 항상 정직하게 행동해야 부하들은 그 리더를 신뢰하게 되고, 결과적으로 리더십의 영향력이 커진다. 다섯째, 윤리적 리더는 공동체(community)를 구축한다. 리더는 자신과 부하들의 목표를 고려하여 공통의 목표에 적합한 방향으로 행동해야 하며, 나아가 조직, 지역사회, 국가와 같이 더 큰 공동체에 이익이 되는 것을 고려해야 한다는 것이다.

윤리적 리더십은 윤리적 이슈들에 대한 시의적절한 체계를 제공했다는 점, 윤리가 리더십에서 빠뜨릴 수 없는 필수적인 구성 요소라는 것을 강조한 점, 그리고 윤리적 리더십 개발에 중요한 몇 가지 원칙들을 강조하여 설명하고 있다는 점에서 강점을 지니고 있다. 하지만, 윤리적 리더십은 실증적인 연구결과가 매우 부족하다는 점과 일부 연구들이 정량적 또는 정성적 연구방법에 따라 검증되지 않았다는 점에서 한계가 있다는 의견도 있다.

---

262) 박상언 · 정범구 · 김주엽 · 송계충(2020). 조직행위론(제5판). 서울: 경문사. 434-438에서 발췌, 인용.

263) 김남현 역(2005). 위의 책. 412-421에서 발췌, 인용; 박상언 외(2020). 앞의 책. 435에서 발췌, 인용; Beauchamp, T. L., & Bowie, N. E.(1998). *Ethical theory and business*(3rd ed.). Englewood Cliffs, NJ: Prentice Hall; Burns, J. M.(1978). *Leadership*. New York: Harper & Row; Dalla Costa, J.(1998). *The Ethical Imperative: Why moral leadership is good business, Reading*. MA: Addison-Wesley; Jaska, J. A., & Pritchard, M. S.(1988). *Communication ethics: Methods of analysis*. Belmont, CA: Wadsworth; Kanungo, R. N., & Mendonca, M.(1996). *Ethical dimensions of leadership*. Thousand Oaks, CA: Sage; Kouzes, J. J., & Posner, B. Z.(1995). *The leadership challenge: How to keep getting extraordinary things done in organizations*(2nd Ed.). San Francisco: Jossey-Bass.

⑤ 진정성 리더십(authentic leadership)

진정성 리더십은 윤리적 리더십 개념이 진화하면서 발전한 것으로, 리더의 진정성을 핵심으로 성립되는 리더십 이론이다. 이 이론은 기업조직의 비윤리성이 사회적으로 문제가 되자 이에 대한 반성과 함께 리더의 기능적인 면을 강조하는 기존 리더십과 달리 리더의 진정성을 강조하면서 연구가 시작되었다.

진정성 리더십은 리더가 자기 자신의 진정한 모습을 알고 있고, 확고한 가치와 원칙을 세우며, 자기 내면, 감정, 생각, 가치관에 일치하도록 행동함으로써 자신은 물론 주위 사람들의 자아성취, 더 나아가 조직의 변화를 유도하도록 도와줌으로써 영향력을 발휘하는 리더십을 말한다.[264] 또한, 본인이 어떻게 생각하고 행동해야 하는지를 깊이 자각하고, 자신과 타인의 가치, 도덕적 견해, 지식, 강점을 의식하며, 자신의 행동에 높은 도덕성을 가진 리더의 행동으로 정의된다.[265]

진정성 리더십을 구성하는 하위 요소에 대한 학자들의 견해는 조금씩 다르지만, 대체로 다음 네 가지 구성 요인을 강조하고 있다.[266]

첫째, 자기인식(self-awareness)이다.[267] 명확한 자기인식은 진정성 리더십의 구조에서 가장 핵심적인 요소이며, 진정성 리더십 개발을 위한 첫걸음이며, 필수 자질이다. 이것은 자신이 세상을 어떻게 바라보고 의미를 부여하는지, 그리고 이러한 의미가 자신 자신을 바라보는 방법에 어떠한 영향을 미치는지 이해하고 있음을 입증하는 것을 의미한다. 또한, 타인에게 자신을 노출함으로써 얻게 되는 인식을 포함하여 자신의 다양한 본성과 강점, 약점에 대해 이해하고 있음을 보여주는 것, 그리고 타인에 대한 자신의 영향력을 인식하고 있는 것을 의미한다. 나아가 자기인식은 리더가 자신을 둘러싸고 있는 상황 속에서 자신의 존재를 인식할 때 발생하며, 최종적인 목표가 아닌 리더 자신의 독특한 재능, 강점, 목적의식, 핵심, 가치, 신념 및 욕구들을 계속해서 이해하려는 일련의 과정이다.

---

264) 김용석 · 윤천성(2021). 진정성 리더십의 개념과 효과요인에 관한 문헌고찰. **평생교육리더십연구**, 8(2), 5-19에서 발췌, 인용; Gardner, W. L., Coglister, C. C., Davis, K. M., & Dickens, M. P.(2011). Authentic leadership: A review of the literature and research agenda. *The Leadership Quarterly*, 22, 1120-1145.

265) Avolio, B. J., Luthans, F., & Walumbwa, F. O.(2004). Authentic leadership: Theory building for veritable sustained performance. *Working paper*, Gallup Leadership Institute, University of Nebraska-Lincoln.

266) 김용석 · 윤천성(2021). 위의 논문. 10-11에서 발췌, 인용; 박상언 · 정범구 · 김주엽 · 송계충(2020). **조직행위론(제5판)**. 서울: 경문사. 437-438에서 발췌, 인용; Walumbwa, F. O., Avolio, B. J., Gardner, W. L., Wernsing, T. S., & Perterson, S. J.(2008). Authentic leadership: Development and validation of a theory-based measure. *Journal of Management*, 34(1), 89-126.

267) Avolio, B. J., & Gardner, W. L.(2005). Authentic leadership development: Getting to the root of positive forms of leadership. *The Leadership Quarterly*, 16, 315-338; Kernis, M. H.(2003). Toward a conceptualization of optimal self-esteem. *Psychological Inquiry*, 14, 1-26; Silvia, P. J., & Duval, T. S.(2001). Objective self-awareness theory: Recent progress and enduring problems. *Personality and Social Psychology Review*, 5, 230-241.

둘째, 관계의 투명성(relational transparency)이다.[268] 이것은 주위 사람들에게 자신의 진정한 자아를 가식 없이 드러내고, 이것을 바탕으로 신뢰관계를 형성해 가는 것을 말한다. 즉, 공개적으로 정보를 공유하고, 리더의 진정한 생각과 감정을 표현하는 것을 포함한 자기노출을 통해 신뢰를 증진하는 것을 목표로 하는 리더의 행동이다. 이것은 가까운 인간관계의 개방성과 진정성을 소중히 여겨 그들이 자신의 장단점을 동시에 볼 수 있도록 돕는 것으로, 선택적인 자기개방과 대비되는 개념이다. 이런 행동은 숨김없이 정보를 공유하고, 부적절한 감정 표현을 최소화하기 위한 노력과 함께 자신의 진실한 생각과 감정을 표현하는 등 자신을 드러냄으로써 타인과의 신뢰를 촉진하게 한다.

셋째, 균형된 정보처리(balanced processing of information)이다.[269] 균형된 정보처리는 리더가 의사결정을 내리기 전에 모든 데이터와 관련 정보를 객관적으로 분석하는 것을 의미한다. 이때 진정성 리더는 자신의 확고한 생각에 반할 수 있는 다양한 견해를 요청하기도 한다. 편향적인 정보처리의 원인이 낮은 자긍심이나 확신적이지 않은 높은 자긍심에 있다고 보고, 확신적인 높은 자긍심을 가진 사람들이 정보를 더 객관적으로 처리할 수 있다고 주장했다. 이것은 자신과 관련된 정보를 처리하면서 개인적인 지식이나 내재한 경험, 외부에 근거한 평가 정보를 왜곡 또는 과장하지 않고 자신의 긍정적인 측면뿐 아니라 부정적인 측면, 특성, 성격을 객관적으로 수용하는 것을 의미한다.

넷째, 내재화된 도덕관념(internalized moral perspective)이다.[270] 내재화된 도덕관념은 동료, 조직 및 사회적 압력과 같은 외부압력의 통제 대신에 자신의 내적의 도덕 기준과 가치에 의해 행동하는 자기규제 과정으로, 진정성 리더십의 핵심은 바로 내면적인 윤리와 긍정적인 도덕관념이다. 도덕 기준과 가치관은 리더가 도덕적 이슈들에 대해서 고심하고, 진실하고 지속적인 도덕적 행동을 취하기 위하여 윤리적 역량, 효능감, 용기, 복원력 등을 개발하고, 이들을 활용하는 투명한 의사결정 과정이며, 진정성 리더의 행동과 의사결정은 이러한 높은 수준의 도덕적 기준에 의해 유도된다.

268) Kernis, M. H.(2003). Toward a conceptualization of optimal self-esteem. *Psychological Inquiry*, 14, 1-26; Walumbwa, F. O., Avolio, B. J., Gardner, W. L., Wernsing, T. S., & Perterson, S. J.(2008). Authentic leadership: Development and validation of a theory-based measure. *Journal of Management*, 34(1), 89-126.

269) Gardner, W. L., Avolio, B. J., Luthans, F., May, D. R., & Walumbwa, F, O.(2005). Can you see the real me?: A self-based model of authentic leader and follower development. *The Leadership Quarterly*, 16, 343-372; Kernis, M. H.(2003). Toward a conceptualization of optimal self-esteem. *Psychological Inquiry*, 14, 1-26.

270) Avolio, B. J., & Gardner, W. L.(2005). Authentic leadership development: Getting to the root of positive forms of leadership. *The Leadership Quarterly*, 16, 315-338; Luthans, F., & Avolio, B. J.(2003). Authentic leadership: A positive develop-mental approach. In K. S. Cameron, J. E. Dutton, & Quinn, R. E.(Eds.). *Positive organizational scholarship*. San Francisco: Barrett-Koehler. 241-261; May, D. R., Chan, A., Hodges, T., & Avolio, B. J.(2003). Developing the moral component of authentic leadership. *Organizational Dynamics*, 32, 247-260.

진정성 리더십 이론이 기존 리더십 이론의 개념들과 다른 큰 차이점은 어느 특정한 리더십 스타일을 지향하거나 혹은 지지하는 것이 아니라는 것이다. 즉, 진정성 리더십은 다른 리더십 스타일의 기본 바탕이 되는 개념(root concept)이라고 할 수 있다. 리더는 상황에 따라 자신의 리더십 스타일을 개발할 필요가 있는데, 각기 다른 리더십 스타일을 구사할 때도 진정성을 바탕으로 할 때만이 더욱 의미 있는 영향력을 발휘하는 리더십이 될 수 있다는 의미이다. 이런 점에서 진정성 리더십은 다른 리더십 개념과 상호 배타적이지 않다. 결과적으로 진정성 리더십은 다른 사람의 리더십을 단순히 모방하거나 추종할 것이 아니라, 자신의 자아를 명확하게 파악하고, 이것을 바탕으로 부하들이나 추종자들과 긍정적이며 투명한 관계를 구축해 나가는 것이 무엇보다 중요하다는 것을 시사해 주고 있다.[271]

⑥ 팀 리더십(team leadership)

오늘날 집단과 조직들은 새로운 기술과 조직구조, 글로벌 경쟁, 다양성의 증가 등 많은 변화로 인해 급변하는 경영 상황에 놓여 있다. 이런 상황에서 팀 중심 조직구조는 계속해서 급변하는 상황에 신속하게 대응할 수 있게 한다. 그 결과, 조직 내에 작업팀이 많아지고 복잡하고 빠르게 변화하는 구조 내에서 팀의 역할이 확대되었고, 집단이나 조직 내 팀의 리더십은 리더십 이론과 관련된 영역 가운데 가장 인기를 얻고 있고 빠르게 발전하고 있는 분야이다. 따라서 팀의 효과적인 성공을 보장하기 위해 팀 내 리더십의 역할에 대한 이해가 필수적인 것이 되었다.[272]

팀 리더십은 팀 자체가 리더가 되어(team as a leader), 팀원들이 저마다 다른 팀원들에게 집단으로 영향력을 미치는 것에 초점이 맞추어져 있다. 즉, 팀 리더십은 팀원들에 의해 발휘되며, 팀 전체에 공유되는 리더십을 의미한다. 일반적으로 리더십은 리더 한 사람에 의해 발휘되는 영향력을 뜻하지만, 팀 리더십은 공식적인 리더뿐만 아니라 팀원 모두가 일정한 역할을 주도적으로 나누어 가지면서, 리더를 포함한 팀원 모두가 상호 영향력을 행사하고, 또 그것을 수용해 가는 측면을 의미한다. 이런 차원에서 팀 리더십은 리더십의 주요 기능과 역할이 팀원들에게 나누어져 있다는 점에서 '분산된 리더십'(distributed leadership)이라고도 할 수 있다.

초기의 집단에서의 팀 리더십을 연구한 학자들은 리더십의 두 가지 핵심 기능, 즉 집단의 과업을 성취하도록 돕는 '과업기능'과 집단을 유지하고 계속해서 기능하게 하는 '유지기능'으로 나누고, 효과적인 팀 리더는 이 기능 간에 균형을 이루고 일관성을 유지하면서 환경 변화에 적

271) 박상언 · 정범구 · 김주엽 · 송계충(2020). 조직행위론(제5판). 서울: 경문사. 438에서 발췌, 인용.
272) 김남현 역(2005). 리더십(제3판). 서울: 경문사. 270-308에서 발췌, 인용; 박상언 외(2020). 앞의 책. 조직행위론(제5판). 서울: 경문사. 438-442에서 발췌, 인용.

절하게 대응하는 것이 중요하다고 강조하였다.[273)] 나아가 집단의 효과성을 위해 리더십 행동을 '감시'(monitoring)와 '조치'(taking action), 그리고 '내부적 집단 이슈'(internal group issues)와 '외부적 집단 이슈'(external group issues)라는 각기 두 차원으로 나누고, 팀 리더십의 기능을 설명하고 있다. 즉, 팀 내의 리더는 문제점들을 진단하고 분석하며, 또한 예측할 수 있어야 하고(monitoring), 관찰된 문제점들을 해결하기 위해 즉각적으로 조치할 수 있어야 한다(taking action). 그리고 리더로서 집단 내의 문제에 초점을 맞출 수도 있고, 집단 외의 문제에 초점을 맞출 수도 있다.[274)] 이때 팀 내의 핵심 기능들은 리더에 의해 배타(독점)적으로 수행될 필요가 없다. 성숙한 팀의 경험이 많은 팀원들은 그들 스스로 리더십의 역할을 하고 공유하는 것을 당연시한다. 그 팀의 중요한 요구사항들이 충족되는 한, 리더에 의해 수행되건 팀원에 의해 수행되건 그 집단의 리더십 행동은 매우 효과적인 것이 된다.

이런 팀 리더십이 효과적으로 실행되려면, 몇 가지 전제조건이 필요하다. 다시 말하면, 팀의 유형과 상관없이 효과적인 팀이 가진 특성들이 있다. 명확하고 고상한 목표, 결과 지향적인 구조, 유능한 팀원, 정체성(일체감) 있는 몰입, 협동적으로 노력하는 분위기, 우수성의 기준, 원칙 중심의 리더십, 외부의 지원과 인정 등이 그것이다.[275)] 팀 리더십이 효과적으로 실행될 수 있는 이런 조건들을 살펴보면, 팀 리더십이 행사되는 경우에도 공식 리더의 역할은 여전히 중요하다는 것을 알 수 있다. 즉, 팀 리더십이 효과적으로 작동되는 경우라고 해서 공식적인 리더가 그저 모든 일에 손을 놓고 있는 '자유방임적인'(laissez-faire) 리더십을 보이는 것으로 충분하다는 뜻은 아니다. 팀 리더십이 발휘되는 경우에도 그 과정과 결과에 대한 궁극적인 책임은 여전히 공식 리더에게 있기 때문이다.

팀 리더십 모델은 몇 가지 차원에서 강점을 지니고 있다. 첫째, 실제적인 작업 집단에 필요한 리더십에 초점을 맞춤으로써 소집단 연구에서 해결하지 못한 많은 의문점에 대해 답할 수 있도록 설계되었다는 것이다. 둘째, 팀 업적이 기대 이하일 경우, 리더가 효과적인 팀을 재설계하고 유지하는 데 도움이 되는 지침을 제공하고 있다. 셋째, 집단 내에서 리더와 구성원들의 변화하는 역할을 고려하고 있다는 점이다. 넷째, 팀 리더를 선발하는 데 도움을 준다.

하지만, 팀 리더십 모델은 전체적인 모델이 완벽하게 실증적으로 입증되지 않았다는 점, 팀 리더십 모델이 너무 복잡해서 리더가 어려운 의사결정 사항에 대한 해답을 손쉽게 제공받을

---

273) Barge, J. K.(1996). Leadership skills and the dialectics of leadership in group decision making. In R. Y. Hirokawa, & M. S. Poole(Eds.). *Communication and group decision making*. Thousand Oaks, CA: Sage. 301-342에서 발췌, 인용.

274) Hackman, J. R., & Walton, R. E.(1986). Leading groups in organization. In P. S. Goodman, & Associates(Eds.). *Designing effective work groups*. San Francisco: Jossey-Bass. 72-119에서 발췌, 인용.

275) Larson, C. E., & LaFasto, F. M. J.(1989). *Teamwork: What must go right/what can go wrong*. Newbury Park, CA: Sage.

수 없다는 점, 리더에게 구체적인 상황에 대한 즉각적인 해결책을 제공하지 못한다는 점, 리더십 교육에 시사하는 점이 모호하고 복잡하다는 점 등은 약점이라고 할 수 있다.

5) 리더십과 신뢰

오늘날 급변하는 경제 환경 속에서 각 집단이나 조직이 그에 적응하려는 노력을 기울이는 과정에서 신뢰의 중요성은 더욱 커지고 있고, 이런 상황에서 리더십이 효과적으로 발휘되기 위해서도 신뢰는 매우 중요한 자원이자 자본이 아닐 수 없다.[276)]

한 집단이나 조직을 운영하는 데 있어 리더의 역할을 무엇보다 중요하고, 그때 리더와 구성원 간의 신뢰가 바탕이 되어 있지 않으면 리더십을 발휘하기가 쉽지 않다. 즉, 리더십을 발휘하는 데 있어 신뢰는 그 기본이 되는 것이다. 물론 리더십 상황뿐만 아니라 모든 인간의 거래 행위에서도 기본적으로 신뢰가 바탕에 깔려 있지 않으면 어떤 일도 진행되기 어렵다. 이처럼 신뢰는 개인을 비롯한 조직에서 나타나는 모든 인간관계에서 상당히 중요한 위치를 차지한다.

신뢰는 '다른 사람들의 의도나 행동을 긍정적으로 기대함으로써 기꺼이 상대방을 믿고자 하는 태도'를 말한다.[277)] 즉, 신뢰는 다른 개인, 집단, 조직의 행동이나 결과들이 충분히 받아들일 만한 것이며, 행위자를 이롭게 하는 방향으로 움직일 것이라는 가능성에 대한 믿음, 태도 혹은 기대라고 할 수 있다. 다시 말하면, 신뢰는 우리가 의존하는 사람들이 그들에 대한 우리의 기대를 저버리지 않을 것이라는 믿음을 의미한다.[278)]

그런 차원에서 신뢰의 특성이 무엇이고, 신뢰를 기반으로 하는 집단과 조직을 어떻게 만들 수 있을까 하는 점은 모든 기업이나 조직의 주요 관심사가 아닐 수 없다. 신뢰는 위험을 수반하고, 형성되기는 어렵지만 상실하기는 매우 쉬운 특성이 있다. 그리고 신뢰는 개인 간 신뢰와 조직 간 신뢰의 두 측면으로 나누어 볼 수 있다.[279)] 신뢰를 기반으로 하는 집단이나 조직을 만들기 위해서는 리더십을 통한 신뢰구축 방법, 조직구조를 통한 신뢰구축 방법, 그리고 조직문화를 통한 신뢰구축 방법이 있다.[280)]

---

276) 신뢰에 관해서는 이 책 제4장에서 더 구체적으로 서술할 것이다.

277) Mayer, R. C., Davis, J. H., & Schoorman, F. D.(1995). An integrative model of organizational trust. *Academy of Management Review*, 20, 709-714에서 발췌, 인용.

278) 박상언 · 정범구 · 김주엽 · 송계충(2020). 조직행위론(제5판). 서울: 경문사. 450에서 발췌, 인용.

279) 박상언 외(2020). 앞의 책. 451에서 발췌, 인용.

280) 신뢰를 기반으로 하는 조직 창출과 관련한 내용은 다음에 소개하는 책을 참조할 수 있다. 박상언 외(2020). 위의 책. 454-456.

6) 리더십과 코칭

이 절의 서두에서 잠시 언급했듯이 리더십은 경영 자체와 동일시할 만큼 일반 실무에서 많이 사용되는 개념이다. 리더십은 공동의 목표를 달성하기 위해 한 개인이 집단의 구성원들에게 영향력을 끼치는 과정이다. 즉, 리더십은 구성원들이 변화를 통해 조직의 목표를 달성하도록 영향을 끼치는 과정이다. 그래서 구성원들이 해야 할 일이 무엇인지, 그것을 어떻게 해야 하는가에 대해 이해하고 동의하도록 영향을 끼침으로써 개인이나 집단의 노력을 촉진하는 과정이 리더십이다.

리더십의 이런 측면과 잘 연결되는 것이 코칭이다. 코칭은 코치(상사)가 고객(부하직원)과의 수평적인 관계를 바탕으로 고객 스스로 자신의 문제를 해결하도록 지원함으로써 성장, 발전하도록 돕는 것이다. 즉, 코칭은 구성원이 스스로 자신의 문제를 해결하는 과정을 통해 리더로서 성장하길 기대하며 진행된다는 점에서 리더십과 강하게 연결된다.[281] 이처럼 코칭은 다른 인적 자원개발 기법과 달리 자연스럽게 리더십과 연결되고, 그런 차원에서 최근들어 '코칭 리더십'(coaching leadership)이 리더십의 한 영역으로서 주목을 받는 것은 자연스러운 현상이라고 볼 수 있다. 다만, 리더십과 코칭을 논의하는 데 있어 주의할 것은 '리더십 코칭'과 '코칭 리더십'을 혼동하지 말아야 한다는 점이다. '리더십 코칭'(leadership coaching)은 최고경영진과 임원들이 발휘하는 리더십이 성과를 개선하도록 지원할 목적으로 수행되는 것이다. 리더십 코칭은 '임원 코칭'(executive coaching)이라고도 하는데, 리더십뿐만 아니라 정신 건강, 복원력(resilience), 좌절 및 스트레스, 복리 등과 같은 이슈를 포함함으로써 코칭 리더십보다 훨씬 포괄적이다.[282] 앞으로 이런 차이점에 대한 추가적인 논의가 더 진행된다면, 훨씬 의미 있는 결과가 축적될 것으로 기대한다.

다행스럽게도 국내외에서 리더십과 코칭에 초점을 맞춘 문헌을 발견하는 것은 그리 어려운 일이 아니다. 코칭 현장에서 리더십을 주요 이슈로 다룬 코칭 사례들을 발굴하고, 그것을 학술적으로 검증한 경험적 근거들이 더 축적된다면, 그것을 바탕으로 리더십 코칭의 주요 원리와 방법, 효과 등에 관한 이론적 체계가 정립될 것으로 기대한다.

---

281) 조성진(2020). **코칭과 경력개발**. 경기: 양성원. 51-53에서 발췌, 인용.

282) 조성진(2021). 코칭 리더십의 구성 요소와 척도개발을 위한 탐색적 연구: 국내 학술지(2011년~2020년)를 중심으로. **한국융합학회논문지**, 12(11), 335-346; Grant, A. M., Curtayne, L., & Burton, G.(2009). Executive coaching enhances goal attainment, resilience and workplace well-being: A randomized controlled study. *The Journal of Positive Psychology*, 4(5), 396-407; Ladegard, G. R., & Gjerde, S. (2014). Leadership coaching, leader role efficacy, and trust in subordinates: A mixed methods study assessing leadership coaching as a leadership development tool. *Leadership Quarterly*, 2(4), 631-646.

6. 코칭 리더십[283)]

전통적으로 리더십 이론은 특성이론에서 출발하여 행동이론을 거쳐 상황적합이론에 이르면서 발전해 왔다. 하지만 지금과 같이 급속한 사회 변화, 지속적인 경영혁신 및 구조조정이 수시로 진행되면서 종전의 리더십이 적용되지 않는 시대가 되었다.[284)] 그래서 최근에는 초일류 기업을 중심으로 코칭이 급격하게 확산하면서 '코칭을 하는 리더' 또는 '코치인 리더'를 강조하는 분위기가 함께 조성되고 있다.

기업과 경영 현장에서 이런 인식이 팽배해지면서 국내외 기업의 임원들과 관리자들 사이에서 '코칭 리더십'(coaching leadership)이 주목받고 있다. 즉, 코칭 리더십은 종전의 지시 · 통제형 리더십 패러다임에서 벗어나 구성원 위주의 수평적인 구조에서 이루어지는 의사소통에 초점을 둘 뿐만 아니라 구성원이 스스로 문제를 해결하도록 지원하는 것에 주목하는 패러다임을 가지고 있다는 점에서 경영 현장 등 여러 영역에서 관심이 높아지고 있다.[285)] 코칭 역시 고객이 정한 목표 지점에 도달하는 데 필요한 행동을 스스로 생각하도록 코치가 자극하고, 고객이 그것을 계속해서 실행하도록 끊임없이 격려하고 지지한다는 점에서 리더십의 주요 개념과 일맥상통한다.

1) 리더십으로서의 코칭

개별 기업과 경영 현장을 둘러싼 급격한 환경 변화와 리더의 역할 변화에 대한 갖가지 요구에 부응하는 측면에서 보면, 코칭은 사람들의 비전을 자극하고, 동기를 부여하며, 사람들을 앞으로 나아가게 한다는 차원에서 리더십의 한 형태로 볼 만한 요소를 많이 가지고 있다.[286)] 그 이유는 다음과 같다.[287)]

첫째, 비전(vision)은 우리가 미래에 존재하기를 바라는 어떤 것에 대한 그림이요, 구성원 모두가 도달하고자 하는 목표이다. 비전이 있는 리더는 사람들의 상상력을 자극하고 성취할 수 있는 꿈을 기대하도록 격려하고 지지한다. 그래서 많은 리더십 이론에서 비전과 목표를 강조하고, 그것을 달성하는 데 필요한 방안을 제시하고 있으며, 그 과정에서 리더의 역할을 강조한

283) 코칭 리더십에 관한 포괄적인 현황과 국내 코칭 리더십 연구결과를 바탕으로 한 여러 가지 문제점에 대해서는 다음에 소개하는 논문을 꼭 참조하길 바란다. 이 책에서 서술한 코칭 리더십에 관한 다양한 관점의 내용은 그 논문에서 언급한 내용을 상당수 인용한 것이다. 조성진(2022). 국내 코칭 리더십 연구에 관한 비판적 고찰. **융합코칭저널**, 1(2), 5-33.

284) 양일선 · 이승호 · 이덕로(2015). 코칭리더십이 조직 유효성에 미치는 영향: 부하의 감성 지능의 매개 효과를 중심으로. **인적자원관리연구**, 22(5), 49-72.

285) 조성진(2020). **코칭과 경력개발**. 경기: 양성원. 51-53에서 발췌, 인용.

286) 조성진(2020). 앞의 책. 51-52에서 발췌, 인용.

287) 조성진(2020). 위의 책. 52-53에서 발췌, 인용.

다. 코칭 역시 어떤 사람이 현재 지점에서 그가 도달하기를 바라는 지점까지 어떻게 갈 것인가(비전과 목표)에 대한 실행 계획과 행동을 강조하고, 그 과정에서 고객의 현재 상태와 존재 등을 인식하도록 돕는다는 점에서 리더십의 중요한 부분과 맞닿아 있다.

둘째, 동기(motivation)는 사람이 일정한 행동을 하도록 움직이게 하는 근원이다. 리더가 동기를 부여한다는 것은 어떤 사람에게 바람직한 방향으로 행동하도록 자극하여 동기가 생기도록 유발하고, 구체적인 행동을 계속하게 하는 것이다.[288] 코칭 역시 고객이 정한 목표 지점에 도달하는 데 필요한 행동을 스스로 생각하도록 코치가 자극하고, 고객이 그것을 계속해서 실행하도록 끊임없이 격려하고 지지한다는 점에서 리더십의 주요 개념과 일맥상통한다.

셋째, 리더가 사람들을 앞으로 나아가게 한다는 것은 미래의 성장에 초점을 맞춘다는 것을 의미한다. 리더는 추종자들이 바라는 목표를 향하여 계속해서 전진하도록 열정을 갖게 한다. 코칭은 사람들이 바라는 미래의 모습에 관심을 가지고 그것을 이루기 위해 현재 무엇을 해야 하고, 어떤 행동을 취할 것이며, 그동안 어떻게 열정을 유지할 것인가에 초점을 맞춘다. 이런 차원에서 코칭도 고객(부하 또는 구성원)의 성장과 발전에 초점을 맞춘 미래지향적인 리더의 활동과 맥을 같이 한다.

이처럼 리더십의 관점에서 보면, 훌륭한 코칭은 훌륭한 리더를 양육하는 데 필수적인 요소이다. 고객이 개인 또는 집단이나 조직의 목표를 달성하도록 코칭 기술을 활용할 줄 아는 전문가가 바로 코치이다. 이런 차원에서 코칭은 급격히 부상하는 매우 중요한 리더십 유형이며, 리너십 훈련이라고 볼 수 있다.[289]

2) 코칭 리더십의 정의

학자나 연구자마다 자신의 경험이나 학문적 배경, 그리고 연구결과에 따라 코칭 리더십을 다르게 정의하고 있다. 〈표 2-2〉는 코칭 리더십에 대한 개별 연구자들의 견해를 정리한 것이다. 대체로 코칭 리더십은 관리자가 코치로서 코칭을 통해 부하직원을 지원하며 영향력을 끼치는 것으로, 코칭 내용은 주로 업무, 직무성과 및 학습 등에 집중되는 것으로 요약할 수 있다.[290]

다만, 코칭 리더십을 정의하고 연구하면서 주의해야 할 것은 코칭 리더십의 개념을 '코칭 행동'(coaching behavior)이나 '리더십 코칭'(leadership coaching)과 엄격하게 구분할 필요가 있다는 점이다. 먼저, 코칭 행동은 코칭 역량에 가까운 것으로, 코칭 전(前) 계약, 자료 수집, 라포

288) 박상언 · 정범구 · 김주엽 · 송계충(2020). 조직행위론(제5판). 서울: 경문사. 172에서 발췌, 인용.
289) 게리 콜린스(양형주 · 이규창 역, 2011). 게리 콜린스의 코칭 바이블. 서울: 한국기독학생회출판부. 97에서 발췌, 인용
290) 조성진(2021). 코칭 리더십의 구성 요소와 척도개발을 위한 탐색적 연구: 국내 학술지(2011년~2020년)를 중심으로. 한국융합학회논문지, 12(11), 335-346.

(rapport) 형성, 피드백, 및 사후 지도 및 평가 등에 관련된 행동을 통틀어 말한다. 그리고 리더십 코칭은 최고경영자와 임원들의 리더십이 조직 내에서 의미있는 성과를 발휘하도록 지원할 목적으로 진행되는 코칭의 한 장르로, 리더십뿐만 아니라 리더의 정신 건강, 회복 탄력성(복원력, resilience), 스트레스 감소, 복리, 가족관계 등과 같은 다양한 이슈를 포함하는 훨씬 포괄적인 개념이다.[291)]

표 2-2 코칭 리더십에 대한 정의[292)]

연구자	코칭 리더십에 대한 구체적인 정의 내용
Peterson & Hicks (1996)	개인이 스스로 성장하고, 더 효과적으로 되도록 필요한 수단, 기회 및 지식을 제공해 주는 과정
Haberleitner (2002)	조직구성원의 가능성을 인식하고 확대함으로써 의욕과 능력을 높일 수 있도록 이끄는 방식으로, 그들이 스스로 임무를 수행하고 문제를 해결하도록 그들의 학습능력을 키워주는 리더십
Greene & Grant (2003)	조직구성원이 스스로 문제를 해결하도록 그들의 수행 능력을 향상하여 성과를 얻어내도록 하는 리더의 체계적인 행동방식
Ellinger, Ellinger & Keller (2003)	관리자가 관리 도구로서 코칭을 활용, 부하직원의 개발과 학습을 촉진하여 성과를 내도록 하는 것
Luecke (2004)	관리자가 조직구성원의 성과문제를 해결하고, 성장 가능성을 높이는 것을 목표로 진행하는 상호작용
Hackman & Wageman (2005)	구성원의 역량을 강화하고, 구성원이 조직에 더 많이 이바지하도록 만드는 데 중요한 역할을 하는 것
Reggio & Reichard (2008)	개인과 조직구성원의 가능성과 잠재력을 성장시키기 위해 코칭 기술을 사용하는 리더십

291) 조성진(2021). 조성진(2021). 코칭 리더십의 구성 요소와 척도개발을 위한 탐색적 연구: 국내 학술지(2011년~2020년)를 중심으로. 한국융합학회논문지, 12(11). 337에서 발췌, 인용; Grant, A. M., Curtayne, L., & Burton, G.(2009). Executive coaching enhances goal attainment resilience and workplace well-being: A randomized controlled study. *The Journal of Positive Psychology*, 4(5), 396-407; Ladegard, G. R., & Gjerde. S.(2014). Leadership coaching, leader role efficacy, and trust in subordinates: A mixed methods study assessing leadership coaching as a leadership development tool. *Leadership Quarterly*, 2(4), 631-646.

292) 나기현(2017). 코칭 리더십, 주도성, 직무성과 간의 영향 관계: 직무 자율성의 조절 효과. 전문경영인연구, 20(4), 277-299; 박재진 · 최은수(2013). 기업체 중간관리자의 코칭 리더십, 학습조직, 구성원의 문제해결 능력 및 조직 유효성 변인 간의 구조적 관계. 기업교육연구, 15(2), 1-28; 백창현 · 최낙범(2015). 경찰조직 관리자의 코칭 리더십에 관한 연구. 한국경찰연구, 14(2), 151-180; 양일선 · 이승호 · 이덕로(2015). 코칭리더십이 조직 유효성에 미치는 영향: 부하의 감성 지능의 매개 효과를 중심으로. 인적자원관리연구, 22(5), 49-72; 조은현 · 탁진국(2011). 코칭 리더십 척도개발 및 타당성. 한국심리학회지: 산업 및 조직, 24(1), 127-155; 한영수 · 박윤희(2015). 중소기업 최고경영자의 코칭 리더십이 구성원의 조직몰입에 미치는 영향. 코칭능력개발지, 13(3), 35-54; Ellinger, A. D., Ellinger, A. E., & Keller, S. B.(2003). Supervisory Coaching Behavior, Employee Satisfaction, and Warehouse Employee Performance: A Dyadic Perspective in the Distribution Industry. *Human Resource Development Quarterly*, 14(4), 435-458;

조은현 · 탁진국(2011) 백창현 · 최낙범(2015)	조직구성원이 업무를 수행하면서 자신 및 조직의 성과를 이루도록 구성원 자신의 강점을 인식하고 개발하도록 촉진하는 리더십
박재진 · 최은수(2013) 나기현(2017)	구성원들과 수평적 관계 하에서 그들의 잠재된 역량을 주도적으로 개발하고, 동기를 부여하여 조직 성과에 긍정적인 영향력을 끼치는 리더십
한영수 · 박윤희(2015)	구성원이 자신의 역량을 스스로 발견하고 계발하도록 계속해서 동기를 부여하여 개인과 조직의 성과를 향상하는 수평적 리더십
양일선 · 이승호 · 이덕로 (2015)	수평적인 관계에서 구성원들의 가능성을 보고, 신뢰로 대하며, 동기를 부여하고, 쌍방향 의사소통과 피드백을 제공함으로써 구성원들이 문제를 자율적으로 해결하고, 성과와 역량을 향상하는 것

3) 코칭 리더십의 구성 요소

코칭 리더십의 다양한 측면과 효과를 분석할 때 선결되어야 할 것은 코칭 리더십의 하위 구성 요소를 살펴보는 것이다. 이것은 다른 유형의 리더십 연구에서 그 구성 요소를 살펴보는 것과 마찬가지 이치이다. 국내외 연구자들은 코칭 리더십의 하위 구성 요소에 대해서 3~7개의 구성 요소를 제시하는 등 다양한 견해를 보여주고 있다(〈표 2-3〉 참조).[293]

표 2-3 코칭 리더십의 구성 요소에 대한 견해

저자	구체적인 정의 내용
McLean & Kuo (2002)	사람 중심, 개방적 대화, 다양성 수용, 팀 접근
Talarico (2002)	이슈 분석, 타인에 대한 경청, 독려와 격려, 관계 형성
Ellinger, Ellinger, & Keller (2003)	효과적인 커뮤니케이션, 목표 설정, 질문하기, 피드백 요청 및 제공, 역할연기 시연, 학습 촉진, 정보 제공
Heslin, Latham, & VandeWalle (2005)	안내, 촉진, 영감

293) 박주현 · 윤병섭(2016). 코칭 리더십이 조직시민행동에 미치는 영향: 신뢰의 매개 효과. **경영컨설팅연구**, 16(1), 35-49; 이용권 · 전기석(2018). 군대조직의 코칭 리더십 역량모델 개발과 요구도 분석. **HRD연구**, 20(4), 57-92; 조성진(2022). 국내 코칭 리더십 연구에 관한 비판적 고찰. **융합코칭저널**, 1(2), 5-33; 조은현 · 탁진국(2011). 코칭 리더십 척도개발 및 타당성. **한국심리학회지: 산업 및 조직**, 24(1), 127-155; Ellinger, A. D., Ellinger, A. E., & Keller, S. B.(2003). Supervisory Coaching Behavior, Employee Satisfaction, and Warehouse Employee Performance: A Dyadic Perspective in the Distribution Industry. *Human Resource Development Quarterly*, 14(4), 435-458; Heslin, P. A., Latham, G. P. & VandeWalle, D.(2005). The effect of implicit person theory on performance appraisals. *Journal of Applied Psychology*, 90(5), 842-856; McLean, G. N., Yang, B., Kuo, M. H. C., Tolbert, A. S., & Larkin, C.(2005). Development and Initial Validation of an Instrument Measuring Managerial Coaching Skill. *Human Resource Development Quarterly*, 16(2), 157-178; McLean, G. N., & Kuo, M.(2000). Coaching in Organizations: Self-assessment of Competence. *Proceedings of the Academy Human Resource Development*. Raleigh-Durban, Morrisville, NC; Talarico, M.S.(2002). *Manager as coach in a pharmacy benefit management organization: A critical incidents analysis*. Unpublished doctoral dissertation. University of Minnesota.

McLean et al. (2005)	팀 차원 접근, 열린 대화, 모호함의 수용, 인간적 배려
조은현 · 탁진국 (2011)	존중, 목표 제시와 피드백, 관점 변화, 부하의 성장과 발전에 대한 믿음
박주현 · 윤병섭 (2016)	피드백, 관점 변화, 인정
이용권 · 전기석 (2018)	문제해결, 경청, 통찰력, 책임감

4) 국내 코칭 리더십 연구 동향

국내 학술지에 게재된(2022년 11월 말 기준) 코칭 리더십 관련 연구 총 125편을 요약하면, 다음과 같다(〈표 2-4〉 참조).[294]

첫째, 2011년에 2편이 게재된 이후, 2014년을 제외하고는 코칭 리더십 논문 발간 편수는 점증하는 추세를 보였으며, 2022년에는 가장 많은 23편의 논문이 발간되었다. 다만, 일부 논문의 경우에는 코칭 리더십이라는 제목이 언급되었지만, 객관적이고 엄밀한 절차를 거쳤다고 보기에 다소 아쉬운 점이 있거나[295] 코칭 교과목의 수강 효과를 분석한 것이어서 코칭 리더십과 관련된 논문이라고 보기에 다소 거리가 먼 논문도 있었다.[296]

표 2-4 국내 학술지 내 코칭 리더십 관련 연구 현황

발간 연도	합계		코칭 리더십 구성요소 관련 견해			동향 분석	해당 사항 없음	기타(*) 논문에서 언급한 코칭 리더십의 구성요소
	편수	비율 (%)	Stowell (1987)	조은현 · 탁진국(2011)	기타*			
2011	2	1.6	-	1	1	-	-	방향 제시, 촉진, 지지, 경청, 질문(원상봉 · 이지현)
2012	4	3.2	1	2	-	1	-	
2013	4	3.2	3	-	-	-	1*	
2014	1	0.8	1	-	-	-	-	
2015	10	8.0	7	2	1	-	-	Ellinger et al.(2003)
2016	7	5.6	6	-	1	-	-	피드백, 관점 변화, 인정(박주현 · 윤병섭)
2017	7	5.6	6	1	-	-	-	
2018	18	14.4	15	-	2	1	-	경청, 책임감, 문제해결, 통찰력(이용권 · 전기석), McLean(2000)

294) 조성진(2022). 국내 코칭 리더십 연구에 관한 비판적 고찰. 융합코칭저널, 1(2), 5-33에서 발췌, 인용.

295) 이준우 · 하규수(2013). 텔레마케팅에서 코칭 리더십이 소속원의 직무 만족에 미치는 영향에 관한 연구. 디지털융복합연구, 11(7), 97-110.

296) 이송이 · 심태은(2020). 코칭 리더십 교과과정의 역량 효과성 분석에 관한 연구. 코칭연구, 13(2), 73-91.

2019	12	9.6	8	2	-	2	-	
2020	20	16.0	15	1	1	2	1**	McLean et al.(2005)
2021	17	13.6	12	3	1	1	-	피드백, 관점 변화, 인정(홍은수 · 박종욱)
2022	22	18.4	14	7	2	0	-	피드백, 관점 변화, 인정(정다운 · 오상진), Arnold et al(2000)
합계	124	100.0	88 (70.4%)	19 (15.2%)	9 (7.2%)	7 (5.6%)	2 (1.6%)	

(보기) 1* : 저자들은 해당 연구에서 코칭 리더십의 구성 요소로서 목표 지향, 능력 개발, 핵심 니즈 및 대안 탐색 등 네 가지를 제안했지만, 엄밀하고 객관적인 절차를 걸쳐 도출된 구성 요소로서 보기에는 타당도 및 신뢰도 등에서 아쉬운 부분이 있음(이준우 · 하규수, 2013).

1** : 논문 제목에는 '코칭 리더십'이라는 단어가 들어 있지만, 논문의 내용은 코칭 교과목 수강 후 효과를 분석한 것으로, 엄밀한 의미에서 코칭 리더십을 주요 분석 대상으로 삼은 논문으로 보기에는 아쉬운 점이 있음(이송이 · 심태은, 2020).

둘째, 이들 코칭 리더십 관련 연구들은 대개 코칭 리더십의 효과를 분석하거나 코칭 리더십과 다른 변수 간의 구조적 관계를 검증한 것이 대부분이었다. 코칭 리더십 연구에서 가장 많이 활용된 결과(종속) 변수는 혁신 행동, 조직 몰입, 직무 만족, 직무 성과(각각 8회), 이직 의도, 자기효능감, 조직 유효성, 조직시민행동의 순으로 나타났다. 그리고 매개변수로 가장 많이 활용된 변수는 개인 수준의 정서와 관련된 변수들인 자기효능감, 감성지능, 심리적 안녕감, 심리적 임파워먼트 순서인 것으로 나타났다. 한편, 조절변수로 가장 많이 활용된 변수는 직무 자율성(2회)이었다.

셋째, 코칭 리더십의 구성 요소와 관련된 국내 연구에서는 국내 저자의 견해보다는 해외 연구자의 견해가 더 많이 인용되었다(〈표 2-4〉 참조). 특히, 국내의 많은 연구에서 코칭 리더십의 구성 요소로 Stowell(1987)이 제시한 '방향 제시, 개발, 수행 평가, 관계'라는 것들을 제시하는 사례가 많았다.[297)]

하지만, 이것은 다음과 같은 몇 가지 가볍지 않은 문제점을 지니고 있다.[298)]

첫째, Stowell(1987)은 그의 박사학위 논문에서 코칭 리더십의 구성개념을 제시하지 않았고, 당연히 코칭 리더십에 관한 조작적 정의(operational definition)도 시도하지 않았다. 따라서 코칭 리더십에 관한 연구를 진행한 적지 않은 수의 국내 연구자들은 Stowell(1987)이 조작적으로

297) 이와 관련된 국내 연구자들의 해당 논문에는 모두 'Stowell(1986)'이라고 잘못 표기되어 있었다. 이것은 'Stowell(1987)'로 고쳐 쓰는 것이 올바른 표현이다. Stowell, S. J.(1987). *Leadership and Coaching Process in Organizations*. Unpublished doctoral dissertation. University of Utah, Salt Lake City, UT.

298) 국내 코칭 리더십 연구의 여러 가지 문제점에 관해서는 다음에 소개하는 논문을 참조할 수 있다. 조성진(2022). 국내 코칭 리더십 연구에 관한 비판적 고찰. 융합코칭저널, 1(2), 5-33.

정의하지도 않은 코칭 리더십 개념과 구성 요소를 그가 제안했다면서 자신들의 연구에서 해당 내용을 인용,[299] 연구를 진행함으로써(〈표 2-4〉 참조) 스스로 자신의 연구결과의 신뢰성을 저해하는 심각한 오류를 범하고 있다.

Stowell(1987)은 자신의 박사학위 논문의 제1장 서론 가운데 '조작적 정의' 부분에서 '코칭'에 대해 정의했을 뿐이다. 즉, Stowell(1987)은 이런 코칭에 관한 조작적 정의를 바탕으로 조직 내 리더와 구성원들을 대상으로 면접을 진행한 다음, 48개의 '코칭 행동'(coaching behavior)을 추출했을 뿐이다. 당연히 그의 학위논문 전체 내용 가운데 '코칭 리더십'에 관해 조작적으로 정의한 부분을 찾을 수 없었다.

> "코칭은 토의와 대화에 기반을 두고 진행하는 리더의 개입이라고 정의할 수 있다. 리더의 개입 목적은 종업원의 계획된 행동 변화를 촉진하고 영향을 주기 위함이다(Coaching is defined as leader intervention that is based on discussion and dialogue. The goal of the leader's intervention is to influence and facilitate planned employee behavior change)." (Stowell, 1987, p. 2)

그런데도 코칭 리더십 논문을 작성, 발간한 국내 연구자들은 Stowell(1987)이 조작적으로 정의한 '코칭'의 개념을 아주 손쉽게 '코칭 리더십'의 개념으로 치환하여 인용하고 있었을 뿐만 아니라 자신의 연구에서 '코칭'의 개념과 '코칭 리더십'의 개념을 혼용(또는 혼돈)하여 사용함으로써 독자들의 올바른 이해를 방해하고 있었다. 더 안타까운 사실은 이런 잘못된 표현, 즉 오류가 시정되지 않은 채 이 책을 집필하는 현재까지 계속 이어져 오고 있다는 것이다.[300]

어떤 것이든 관찰 대상이 되는 변수의 구성개념과 조작적 정의는 실증연구의 관건이다. 구성개념(construct)은 특정한 과학적 목적을 위해 신중하고도 의식적으로 고안되거나 채택된 개념으로, 과학적 이론 구축에 사용되는 기본 요소이다.[301] 즉, 실증적 연구에서는 관찰 가능한 변수의 값에서 관찰할 수 없는 구성개념의 변수의 값을 추론하는데, 이때 선행되어야 할 것이 구성개념을 조작적으로 정의하는 것이다.[302] 실증적 방법의 필수요건은 연구자가 현실 세계의 어떤 현상에 대한 예측을 실증(경험)적으로 검증할 수 있어야 한다는 것이다. 그런데 연구자가 구성적 개념의 조작적 정의를 결정할 수 없다면, 검증은 이루어질 수 없다.[303] 이런 차원에서 보면, 국내 코칭 리더십 관련 연구에서 다수의 연구자는 Stowell(1987)의 '코칭'에 관한 조작적

299) 엄밀하게 말하면, 국내 연구자들은 Stowell(1987)의 박사학위 논문에 전혀 나오지 않는 내용을 그가 주장한 것으로 자신들의 논문에 인용한 것이다. 이것은 필자가 2021년 11월 말경, 미국 대학의 박사과정에서 수학중인 지인으로부터 Stowell(1987)의 박사학위 논문(파일)을 입수하여 확인한 결과이다.

300) 이후에 코칭 리더십에 관해 연구하는 학자들이나 독자들은 이 책에서 필자가 지적하는 점에 관한 본인의 견해를 확실하게 정리한 다음에 해당 연구를 진행할 필요가 있다고 생각한다.

301) 조성진(2021). 코칭 리더십의 구성요소와 척도개발을 위한 탐색적 연구: 국내 학술지(2011년~2020년)를 중심으로. **한국융합학회논문지**, 12(11), 337에서 발췌, 인용.

302) Chaplin, J. P. (1975). *Dictionary of psychology*. New York: Dell Publishing.

303) 조성진(2021). 위의 논문. 339에서 발췌, 인용.

정의를 '코칭 리더십'의 조작적 정의로 그대로 치환하여 인용하는 우를 범했고, 이런 잘못된 관행은 2022년 11월 말까지 검색된 논문에서도 여전히 확인되었다. 이것은 해당 국내 연구결과의 타당성과 신뢰성에 깊은 손상을 입히는 일이고, 연구윤리 측면에서도 중요한 문제라고 생각한다.

둘째, Stowell(1987)은 코칭 리더십을 측정할 수 있는 척도와 관련된 문항을 개발하지 않았다. 앞서 언급했듯이, 그는 조직 내 리더와 구성원(종업원)을 대상으로 진행한 면접에서 코칭 행동을 추출하기 위해 그와 관련된 질문 문항을 사용했을 뿐이고, 그것을 바탕으로 리더에게 필요한 48가지 코칭 행동을 밝혀냈을 뿐이다. 그런데도 현재 국내 연구자들이 자신들의 논문에서 Stowell(1987)이 주장한 코칭 리더십의 척도라고 주장하면서, 해당 설문 문항(13~17개 문항)을 사용한다는 것은 학술적으로 적지 않은 문제를 초래할 수 있다. 척도는 객관적이고 과학적으로 적절한 절차를 통해 타당도와 신뢰도가 검증되었을 때, 비로소 척도로서 기능할 수 있다. 그리고 적절하고 타당한 척도로 측정한 수치를 분석한 연구결과만이 의미있는 것으로 인정받을 수 있다.

셋째, 이상에서 언급한 국내 코칭 리더십 연구의 잘못된 관행의 출발점은 두 건의 연구에서 비롯된 것으로 확인되었다. 구체적으로 인용 문헌에 관한 표기 오류, 원래 저자가 주장하지 않은 사실의 언급, 코칭 리더십 척도 개념에 관한 오해와 그것에서 비롯된 코칭 개념과의 부적절한 치환, 코칭 리더십의 개념에 관한 명명(또는 표기) 오류 등이 확인되었다.[304] 이처럼 Stowell(1987)의 견해를 원용한 한 연구를 다시 이어받아 근거가 불명확한 자의적인 의견을 첨가하여 해당 개념을 확대, 명명, 오용한 후속 연구 결과와 견해는 이후 국내 코칭 리더십 관련 연구에서 아예 코칭 리더십에 관한 정의로 '통용'되는 심각한 오류 현상을 넘어 지금까지 관행으로 굳어지고 있었다.

한편, 코칭 리더십에 관한 국내 연구 동향을 분석한 논문도 발간되고 있다.[305] 이들 논문은 국내 코칭 리더십 연구 동향을 전반적으로 파악함으로써 전체를 조망할 수 있는 시각을 제공

304) 이에 관한 자세한 내용은 다음에 소개하는 논문들을 비교, 검토하면 손쉽게 확인할 수 있다. 조성진(2022). 국내 코칭 리더십 연구에 관한 비판적 고찰. **융합코칭저널**, 1(2), 5-33; 최은정(2005). **코칭 리더십이 동기 부여적 자아개념과 직무 만족에 미치는 영향에 관한 연구**. 중앙대학교 산업경영대학원 석사학위 논문; 최치영(2003). **상사의 코칭이 직원 및 고객 만족에 미치는 영향에 관한 연구: 우리나라 대학병원 간호사를 중심으로**. 수원대학교 대학원 박사학위 논문; 최치영(2005). 상사의 코칭이 직원 및 고객 만족에 미치는 영향에 관한 연구: 우리나라 대학병원 간호사를 중심으로. **교육문화연구**, 11, 529-546.

305) 강명주 · 정면숙(2019). 코칭 리더십에 관한 국내 연구 동향 분석. **인문사회 21**, 10(4), 339-352; 강지운 · 이효섭(2020). 토픽모델링과 키워드 네트워크 분석을 활용한 관리자 코칭 리더십의 국내 연구 동향. *Andragogy Today: International Journal of Adult & Continuing Education*, 23(4), 181-210; 류수영 · 제나리(2020). 코칭 리더십 연구 동향분석. **코칭연구**, 13(6), 5-23; 박재진(2012). 코칭 리더십과 조직구성원의 성과 변인에 관련된 학위논문 연구 동향분석. **HRD연구**, 8(1), 107-132; 우성민 · 이진구(2019). 코칭 리더십 연구 동향분석: 2009~2018년 국내 학술지를 중심으로. **역량개발학습연구**, 14(3), 243-273; 조성진(2021). 코칭 리더십의 구성 요소와 척도 개발을 위한 탐색적 연구: 국내 학술지(2011년~2020년)를 중심으로. **한국융합학회논문지**, 12(11), 335-346.

한다는 차원에서 의미가 있다. 하지만 조성진의 연구(2021)를 제외하고는, 코칭 리더십과 관련된 다양한 연구를 진행하는 데 필요한 구체적인 사항이 무엇이고, 기존 연구의 한계점이 무엇인지를 분명하게 제시하지 않았다는 점에서 아쉬운 점이 있다. 특히, 다른 유형의 리더십 효과 분석과 마찬가지로 코칭 리더십의 효과 검증을 위해서는 코칭 리더십을 구성하는 하위 요소들에 관한 정교한 개념 정립과 분석, 그리고 측정 도구의 개발이 선결되어야 하지만, 이에 대한 구체적인 논의가 부족한 실정이다. 즉, 코칭 리더십의 효과 검증에만 너무 몰입된 나머지 해당 구성 요소와 측정 도구의 타당성 등에 대해서는 논의가 부족했으며, 여러 가지 한계를 가진 개념과 척도를 활용한 논문들이 자주 발견되었다는 점에서 아쉬움이 남는다.

2.5 조직 수준의 이론과 코칭

현재 시점에서 조직(상황)에만 직접 적용할 수 있는 특화된 코칭이론은 아직 드물다. 그것은 조직에 코칭을 적용할 때, 개인이나 집단 수준에서 적용할 수 있는 코칭이론을 조직의 목적이나 상황에 맞도록 적절하게 변형하여 적용하고 있기 때문이라고 생각한다. 앞으로 설명할 몇 가지 이론들도 그런 차원의 것들이다. 그것들은 대개 개인, 부부, 가족이나 팀에 적용할 수 있는 것으로, 점차 적용 범위를 조직 차원에까지 넓히고 있다. 그래서 엄밀한 의미에서는 조직 수준에서 전용할 수 있는 코칭이론이라기보다 조직 수준에도 적용 가능한 이론들이라고 보는 것이 더 적절한 표현일 것이다.

1. 게슈탈트 코칭 접근법

주요 초점이 개인에게 있었던 게슈탈트 치료법은 부부, 가족, 팀을 넘어서 조직과 같은 시스템으로 넓혀가며 적용되고 있다. 그래서 개인적인 수준의 코칭이론을 소개하는 부분에서 소개할 수도 있지만, 미래 지향적인 관점에서 조직 차원의 코칭을 소개하는 이 부분에서 다루고자 한다.

게슈탈트 코칭 접근법(Gestalt Approach to Coaching)은 게슈탈트 심리학에 근거를 두고 있고, 이것은 다시 '게슈탈트 치료'(Gestalt Therapy)를 창시하고 개발, 보급한 프레더릭 펄스(Perls. F.)[306]의 이론에서 비롯되었다. 그는 사람은 실존적 주체로서, 책임을 회피하는 환경적 지지를

306) 게슈탈트 치료의 창시자인 그는 초기에는 프로이트의 정신분석에 매료되어 훈련을 받았으나 프로이트 학파가 쌓아온 자기보호 장벽에 그가 발견한 이론을 접목하는 데 한계를 느꼈다. 그래서 그는 과거를 중심으로 지나치

버리고 자기지원(self-support)을 바탕으로 자신을 신뢰하고 책임지며 살아갈 것을 강조하였다.[307] 그 후 20세기 초, 게슈탈트 심리학은 독일에서 지각 경험의 본질에 관심이 있었던 여러 학자, 즉 막스 베르트하이머(Wertheimer, M), 볼프강 쾰러(Kohler, W.), 그리고 쿠르트 코프카(Koffka, K.)에 의해 개발, 발전되었다. 이들은 사람들이 보고 경험한 것에 대해 질서와 전체적 의미를 부여하고자 한다고 믿었다.[308]

독일어 명사인 게슈탈트(gestalt)는 형태, 모양, 유형, 조직화한 전체라는 의미이다. 동사인 '게슈탈텐'(gestalten)은 형태나 모양을 형성하고, 만들며, 조직화하고, 구조화한다는 의미를 지니고 있다. 게슈탈트라는 용어를 일반적인 명사인 '형태'로 번역하여 사용하지 않고 그대로 쓰는 이유는, 그것이 우리에게 전경(全景)으로 지각된 형태(figure)만을 의미하는 것으로 오해할 수 있기 때문이다. 배경(背景)이 없으면 전경인 형태도 없다. 즉, 게슈탈트는 전경과 배경이 역동적으로 조직화하여 나타나는 전체를 의미하기 때문에 그대로 사용한 것이다.[309]

게슈탈트 치료는 점진적으로 상담의 한 기법으로서 '게슈탈트 상담'(Gestalt counseling)으로 발전했고, 코칭에도 적용되면서 오늘에 이르렀다.

1) 게슈탈트 코칭 접근법의 철학적 가정

게슈탈트 기반의 작업은 사람이 주어진 상황에서 자신에게 일어난 일을 충분히 자각하면, 그 상황에서 필요한 게슈탈트를 형성하므로 적절하게 문제를 처리할 수 있다고 가정한다. 사람이 오관(五官)[310]을 통해 주어진 상황에서 매 순간 경험하는 것을 충분히 자각하여 처리할 수 있을 때 유기체로서 바람직한 적응이 이루어진다.[311] 펄스(Perls, F.)는 인간에 대한 다섯 가지 가정을 제시했고[312], 게슈탈트 작업자들이 주장하는 핵심 가정들과 믿음을 간략하게 소개하면 다음과 같다.[313]

게 해석을 강조하는 정신분석을 비판하여 경험을 통한 자각을 통해 통합을 강조하는 게슈탈트 치료를 발전시켰다. 그의 생애, 업적, 그리고 인간관 등에 대해서는 다음에 소개하는 책을 참조할 수 있다. 노안영(2018). 상담심리학의 이론과 실제(2판). 서울: 학지사. 299-302에서 발췌, 인용.

307) 노안영(2018). 앞의 책. 298-300에서 발췌, 인용.

308) Blucker, P.(2018). The Gestalt Approach to Coaching. In Cox, E., Bachkirova, T., & Clutterbuck, D.(Eds.). *The Complete Handbook of Coaching*(3rd Ed.). London: Sage Publications. 66-80에서 발췌, 인용.

309) 노안영(2018). 위의 책. 298에서 발췌, 인용.

310) 오관은 다섯 가지 감각기관, 즉 눈, 귀, 코, 혀 및 피부를 의미한다.

311) 노안영(2018). 위의 책. 301에서 발췌, 인용.

312) ① 인간은 완성을 추구하는 경향이 있다. ② 인간은 자신의 현재와 욕구에 따라 게슈탈트를 완성할 것이다. ③ 인간의 행동은 그것을 구성하는 구체적인 요소, 즉 부분의 합보다 큰 전체이다. ④ 인간의 행동은 행동이 일어난 상황과 관련해서 의미 있게 이해될 수 있다. ⑤ 인간은 전경과 배경의 원리에 따라 세상을 경험한다. 이에 대한 자세한 설명은 다음에 소개하는 책을 참조할 수 있다. 노안영(2018). 위의 책. 300-301.

313) Blucker, P.(2018). The Gestalt Approach to Coaching. In Cox, E., Bachkirova, T., & Clutterbuck, D.(Eds.). *The Complete Handbook of Coaching*(3rd Ed.). London: Sage Publications. 68-69에서 발췌, 인용.

- 사람들은 항상 그들이 할 수 있는 최선을 다한다고 믿는다.
- 변화란 자신을 변화시키거나 무엇을 제거하고자 노력하기보다, 지금 여기 있는 그대로 경험의 진실에 충분히 침잠할 때 일어난다고 말한다.
- 사람들은 고양된 의식을 통해 더 적극적으로 자신을 잘 정리해서 새로운 방법, 선택, 행동을 취해 나갈 수 있다.
- 사람들은 다수의 관점과 현실이 있음을 존중함으로써 차이를 받아들이고, 그것을 더 창조적으로 활용하여 갈등을 줄이는 방법을 배워갈 수 있다.
- 사람들은 목표를 성취하려는 전략과 친밀감을 통해 다른 사람들과의 연결을 확장할 수 있다.
- 사람들은 개인의 행동을 완전하게 이해하려면, 맥락을 고려해야 한다.
- 끝마치지 못한 일들은 에너지, 집중력, 동기를 떨어뜨리고, 실제 상황에 존재하는 새로운 가능성을 찾는 것을 어렵게 만든다.
- 지금 여기, 즉각적인 경험을 탐색하는 것은 학습과 성장의 기회를 제공한다.

2) 게슈탈트 코칭 접근법의 특징

게슈탈트 접근법의 특징 중 하나는 효과적인 행동과 건강한 삶의 방식을 영위하는 데 있어 깨달음이 갖는 역할을 강조한다는 것입니다. 즉, 게슈탈트는 현재 순간의 개인적인 경험, 그 경험이 일어나는 맥락과 장(field), 그리고 그 상황의 결과로서 사람들이 행하는 자기조절적 적응을 강조한다. 그래서 게슈탈트 코칭 접근법을 적용하는 코치는 고객의 욕구를 충족하거나 실패하는 방법에 관심을 보이고, 고객의 습관적 사고와 행동 패턴, 관계를 맺는 방식 등을 잘 이해하도록 돕는다.[314)]

게슈탈트 코칭 접근법의 틀은 크게 욕구 충족 과정, 자기(self)를 이용하는 방법, 그리고 코칭 관계 구축하기 방법을 제안한다. 그 내용은 다음과 같다.

① 욕구 충족 과정

게슈탈트 접근법에서는 사람들이 욕구를 어떻게 충족하고 문제들을 종결해 나가는지를 이해하기 위해 '경험의 사이클'(cycle of experience)이라는 용어를 사용한다. 이것은 감각(sensation)에서 시작하여 알아차림(awareness), 에너지의 발현, 행동과 접촉(contact), 해결, 마감과 물러남(withdrawal)의 절차로 대변된다. 이것은 사람들에게 욕구 충족의 자연스러운 과정을 추적

---

314) Blucker, P.(2018). Blucker, P.(2018). The Gestalt Approach to Coaching. In Cox, E., Bachkirova, T., & Clutterbuck, D.(Eds.). *The Complete Handbook of Coaching*(3rd Ed.). London: Sage Publications. 69에서 발췌, 인용; Saner, R.(1999). Organizational consulting: What a Gestalt approach can learn from Off-Off Broadway Theater. *Gestalt Review*, 3, 6-21

하는 기준을 제공하고, 코치가 고객이나 시스템이 어디서 멈추었는지를 확인하며, 어떻게 개입할지에 대한 실마리를 제공하는 데 도움을 준다. 사회적, 정서적 그리고 영적 수준에서 이 과정은 훨씬 더 복잡할 수 있다.[315)]

② 자기를 이용하는 방법

이것은 존재감(presence)[316)]을 가지고 코치 자신을 변화의 도구로 활용하는 것을 말한다. 게슈탈트 접근법에서 코치들은 필수적으로 코칭 상황에 그들의 존재 자체로 들어오게 된다. 그것은 카리스마나 스타일을 의미하는 것이 아니고, 존재 자체로 고객과 동행하는 것을 말한다. 코치는 자신의 존재감을 이해하기 시작할 때, 그들의 개입 방법 활용에 있어 더 많은 확신과 창의성을 높일 수 있을 것이다. 코치가 그들의 존재감을 더 깊이 인정할 수 있는 가장 좋은 방법 가운데 하나는 다양한 피드백을 적극적으로 찾아보고 알아차리는 것이다. 알아차림은 구체적으로 다음과 같은 것을 말한다.[317)]

- 주의 집중하기, 관찰하기, 선별적으로 당신이 보고, 듣고, 느낀 것에 대한 관찰 공유하기
- 당신 자신의 경험에 주의를 기울이기, 선별적으로 이것들을 공유하면서 당신의 존재를 구축하기

③ 코칭 관계 구축하기

게슈달트 접근법에서는 코치와 고객이 함께 진행하는 작업을 통해 서로 변화할 것이라는 개념이 내포되어 있다. 그래서 코치와 고객 간 관계의 중요성을 폄훼해서는 안 된다. 그 관계는 고객이 자신을 확장하고 도전하며, 지원을 통해 학습 수준의 한계를 경험하고, 더 깊이 알아차리기를 위해 충분히 오래 지체할 수 있는 통로가 된다. 코치와 고객 사이에 신뢰하는 관계를 구축하고 유지하는 것의 중요성은 어떤 코치에게나 중요한 도전과제가 된다. 그래서 게슈탈트 코칭 접근법을 적용하는 코치는 포용, 협력적인 파트너십, 강한 접촉과 대화에 대한 열중 등을

---

315) Blucker, P.(2018). The Gestalt Approach to Coaching. In Cox, E., Bachkirova, T., & Clutterbuck, D.(Eds.). *The Complete Handbook of Coaching*(3rd Ed.). London: Sage Publications. 70-72에서 발췌, 인용.

316) 'presence'는 사전적 의미로 누군가 또는 무엇인가가 어떤 장소에 '있다', '실재한다'라는 뜻이다. 이 단어를 사람에 국한하여 보면, 사람이 '있다' 또는 '존재한다'라는 동사로 사용되기도 하고, '있음' 혹은 '현존'과 같은 명사로 사용되기도 한다. 이처럼 이 단어는 존재, 존재감, 존재 방식 등 상황에 따라 다양한 의미로 사용되기 때문에 단 하나의 개념으로 정의하기 어렵지만, 대체로 '존재' 혹은 '존재가 나타나는 방식' 혹은 '존재감'으로 이해할 수 있다. 이것은 코칭 공간에서 고객과 상호작용하면서 온전히 고객의 파트너로서 존재하는 것으로 나타난다. 실제로 코칭 현장에서는 'presence'를 굳이 번역하지 않고, '프레즌스'라는 용어 그대로 사용된다. 이 책에서는 4장에서 코치의 역량과 관련된 부분에서 자세하게 기술하고 있다. 이에 대한 자세한 사항은 다음에 소개하는 책을 참조할 수 있다. 박창규 · 원경림 · 유성희(2022). **마스터풀 코치가 갖추어야 할 코칭 핵심역량**. 서울: 학지사. 186-220.

317) Blucker, P.(2018). 위의 글. 73에서 발췌, 인용.

기반으로 상호작용의 질을 높이려고 노력한다.[318)]

그러나 코치가 지지적이고 공감하는 행동을 강조한다는 것이 단지 '착하게 행동한다'라는 것만을 의미하는 것은 아니다. 고객은 복잡하고 혼란스러우며 안절부절못하면서 가끔 솔직하지 못한 태도로 대할 수 있다. 이런 순간에 코치가 조건 없이 긍정적인 태도를 보이는 것은 정직하지 못한 것이다. 이것은 코치가 진실한 대화에 몰입하지 못하거나 온전히 존재하는 데 실패하는 것이다. 정직성은 진정성과 관련이 있다.

3) 게슈탈트 코칭 접근법의 방법과 테크닉(technique)

게슈탈트 코칭 접근법의 개념과 방법에는 여러 가지가 있는데, 여기에서는 그 가운데 중요한 몇 가지만 소개하고자 한다.[319)]

① 접촉(contact)

우리가 환경과의 접촉을 통해 가장 시급하게 필요한 게슈탈트를 완성하지 못하면 문제가 된다. 원만하고 건강한 삶을 유지하기 위해서 가장 시급한 게슈탈트의 완성을 위해 우리의 에너지가 봉쇄되지 않고 사용되는 것이 요구된다. 그래서 접촉을 방해하고 에너지의 흐름을 방해하는 것이 우리가 가진 잠재력을 충분히 발휘하지 못하도록 하고, 게슈탈트의 완성을 방해하기 때문에 문제가 된다. 예컨대, 직장에서 자신이 해야 할 일을 수행하는 데 가정에서 있었던 좋지 않은 일이 계속해서 당신을 괴롭힌다면 문제가 생긴다. 그래서 건강한 삶을 살기 위해서는 시급한 게슈탈트의 완성을 통한 게슈탈트의 순환이 계속되는 것이 필요하다.

② 지금-여기(here and now)

게슈탈트는 현재 중심의 접근법이다. 현재만이 유일하게 중요한 시제이다. 과거는 이미 지나가 버렸고, 미래는 아직 오지 않았다. 그러나 사람들은 대개 현재의 힘을 상실했다. 대신 그들은 과거를 생각하거나, 미래를 위한 끊임없는 계획과 대비책에 연연한다. 그래서 게슈탈트 코칭 접근법에서는 '지금'과 '여기'에 집중할 것을 요구한다.

그러나 현재에 집중한다는 것이 과거에 관심이 전혀 없다는 것을 뜻하는 것은 아니다. 과거는 우리의 현재와 관련된 것으로서만 중요하다. 게슈탈트 접근법에서는 과거의 문제 상황을 현재에 가져와 그것이 마치 지금 일어나고 있는 것처럼 상황을 재연한다. 그래서 현재 순간에

318) Blucker, P.(2018). 앞의 글. 74-75에서 발췌, 인용.

319) 노안영(2018). 상담심리학의 이론과 실제(2판). 서울: 학지사. 302-310에서 발췌, 인용; Blucker, P.(2018). The Gestalt Approach to Coaching. In Cox, E., Bachkirova, T., & Clutterbuck, D.(Eds.). *The Complete Handbook of Coaching*(3rd Ed.). London: Sage Publications. 75-77에서 발췌, 인용.

알아차림(awareness)을 늘려감으로써 자신의 지금 행동이 과거로부터 반향을 일으키고 있는 것인지에 대해 발견과 학습을 할 수 있다. 이처럼 지금을 알아차리는 것은 행동 변화가 진행될 수 있다는 가능성을 보여준다. 그래서 게슈탈트 코칭 접근법을 적용하는 코치는 고객에게 그들 자신의 과정에 관해서 호기심 있게 관심을 기울여 알아차리도록 독려한다. 이런 작업으로 제일 좋은 것은 알아차림을 증진하는 다음과 같은 질문을 하는 것이다.

- "당신은 바로 지금 무엇을 알아차리고 있나요?"
- "당신과 타인에 대해서 무엇을 보았나요?"
- "지금 여기에서 알고 싶은 것과 묻고 싶은 것은 무엇인가요?"
- "무엇을 원하나요?"
- "당신이 원하는 것을 얻으려면 어떻게 해야 하나요?"
- "바로 지금 당신에게 무엇이 일어나고 있나요?" 등

③ 자각과 책임감

게슈탈트 접근법에서 중요하게 여기는 것은 자신의 경험 구조에 주의를 가지는 것이고, 무엇을 경험했는지, 그리고 어떻게 자각할 것인가이다. 자각이란 사람이 생각하고, 느끼며, 감지하고, 행동하는 것을 인식하는 과정이다. 게슈탈트는 접근법에서는 "무엇"(What)과 "어떻게"(How)로 구성되는 질문을 사용한다. "왜"(Why)라는 질문은 사람들의 설명과 합리화를 유도하여 고도의 알아차림과 접촉으로 이끌지 못할 수도 있다. 그래서 게슈탈트 접근법에서는 즉각적인 상황에서 경험하는 것과 현재의 자각을 증가시키기 위해서 어떻게 경험하는가에 초점을 둔다. 그리고 '지금-여기'에 대한 자각을 얻기 위해서 고객의 움직임, 자세, 언어 유형, 목소리, 제스처(gesture), 타인과의 상호작용에 주목한다.

게슈탈트 접근법에서는 고객이 경험하는 것은 무엇이든 간에 타인에게 탓을 돌리지 않고 자신이 책임을 지도록 한다. 개인의 책임감은 의무를 수행하는 것과 다르다. 성숙한 인간은 타인의 기대에 부합하려 하지 않고, 타인에게 보은하면서 살려고 노력하지도 않는다. 그들은 자신의 기대와 진실로 자기 자신이 되는 것에 관심이 있다. 개인적인 책임을 증진하는 방법 가운데 하나는 우리가 타인에게 책임을 전가하는 방식을 자각하는 것이고, 타인이 우리에게 기대하리라 생각하는 것으로부터 우리를 분리하여 자신의 기대로 살 수 있는 현명한 결정을 하는 것이다.

④ 해결되지 않은 과제와 회피

개인에게 생긴 요구를 해결하지 못해 게슈탈트를 완성하지 못하면, 그는 미해결 과제를 갖게 된다. 이런 해결되지 않은 과제는 분노, 증오, 노여움, 고통, 불안, 죄책감, 회한과 같은 불편한 감정으로 나타난다. 미해결 과제나 표현되지 않은 정서가 지금 상황에서 지각되거나 다루어지

지 않는다면, 그것들은 현재의 자각과 효과적인 기능을 계속 방해한다. 그래서 이런 미해결 과제는 기본적으로 해결해야 한다. 만일 일정 시간 동안 계속해서 자각한다면, 미해결 과제가 나타날 것이고, 자신이 그것을 회피하고 있는 것을 자각한다면 그것을 해결할 수 있다.

미해결 과제와 관련된 개념이 회피이다. 이것은 사람들이 미해결 과제를 직면한다거나 미해결 상황과 관련된 불편한 정서를 경험하는 것을 방해하는 데 사용하는 수단이다. 대개 사람들은 변화에 필요한 것을 실행하기보다 고통스러운 정서를 경험하는 것을 회피하려 한다. 그래서 그런 사람들은 난국을 극복할 수 없고, 회피는 그들의 성장 가능성을 방해한다. 그래서 게슈탈트 접근법을 사용하는 코치들은 고객이 이전에는 결코 직접 표현한 적이 없는 강렬한 감정을 코칭 회기(session)의 현재 상황에서 표현하도록 격려한다.

⑤ 접촉경계 장애(interruption to contact)

펄스는 유기체의 자각 혹은 알아차림을 통한 접촉의 결여를 주요한 문제로 보았다. 게슈탈트에서 저항이란 우리가 온전하고 진실하게 현재를 경험하는 것을 방해하는 방어 기제로 보고, 그것을 접촉경계 장애라고 명명했다. 그 가운데 몇 가지를 소개하면 다음과 같다.[320)]

- 내사(introjection): 이것은 타인의 신념과 기준을 자신이 가지고 있는 것과 융화하지 못하고 비판 없이 수용하는 것을 말한다. 자신이 접촉하여 이해하지 못하고 자신의 것으로 만들지 못하면, 그것은 자신이 되지 못하고 자신의 것이 되지 못한다. 이처럼 내사는 자신이 가지고 있으면서도 자신이 아닌 다른 어떤 것이다. 이것은 암적인 것으로 자신에게 통합되지 않고 남아서 자신을 괴롭히고 있다는 것을 명심해야 한다.
- 투사(projection): 이것은 내사의 반대로, 자신이 가진 것을 부인하고 남에게 돌려서 접촉을 피하는 것이다. 내가 접촉하기 싫어하는 자신의 어떤 면을 타인에게서 봄으로써 자신이 느끼는 감정이나 자기를 부정하는 것이다. 자신의 부정적인 면을 투사를 통해 회피하고 도피하여 접촉을 피하는 것보다 그것에 대한 책임을 자신이 지는 것이 필요하다.
- 반전(retroflection): 이것은 개인이 타인이나 환경에 대해 해야 할 것을 자신에게 하는 것이다. 우리 각자는 유기체로서 외부 환경과 상호작용을 하며 살아간다. 우리가 접촉하는 사람에게 적절하게 자기를 표현하는 것이 대인관계에서 매우 중요하다. 그러나 반전을 기제로 사용하는 사람은 자신의 감정을 타인에게 표현하지 못하고 방향을 바꾸어 자신에게 표현하는 사람이다. 예컨대, 누구에게 화가 난 경우, 반전을 기제로 사용하는 사람은 자신의 에너지의 방향을 직접 관련된 당사자에게 돌려 화를 내지 못하고, 자신을 공격하고 자신

320) 노안영(2018). 상담심리학의 이론과 실제(2판). 서울: 학지사. 308-310에서 발췌, 인용; Blucker, P.(2018). The Gestalt Approach to Coaching. In Cox, E., Bachkirova, T., & Clutterbuck, D.(Eds.). *The Complete Handbook of Coaching*(3rd Ed.). London: Sage Publications. 71-72에서 발췌, 인용.

을 고문한다.

- 융합(confluence): 이것은 밀접한 관계에 있는 두 사람이 서로 간에 차이점이 없다고 느끼도록 합의함으로써 발생하는 '접촉–경계 혼란'을 말한다. 예컨대, '갑'이 행복하다고 느끼면 '을'도 행복하다고 느끼고, '갑'이 불행하다고 느끼면 '을'도 불행을 느끼는 마치 일심동체의 관계와 같은 것이다. 따라서 그들은 서로 간에 어떤 갈등이나 불일치도 용납하지 못한다. 그들은 오랫동안 서로 길들여진 관계에 익숙해져서 그런 균형을 깨뜨리는 행동은 금기로 되어 있다. 즉, 각자의 개성과 자유를 포기하는 대가로 얻은 안정을 깨뜨리는 행위는 서로에 대해 암묵적인 '계약'을 위반하는 것이므로, 상대방의 분노와 짜증을 사게 되며, 결과적으로 융합관계를 깨뜨리는 쪽은 심한 죄책감을 느낀다. 이처럼 융합으로 인한 경계를 갖지 못할 때, 개인은 자신의 욕구와 감정을 제대로 해소할 수 없고, 그런 삶은 미해결과제를 축적한다.
- 편향(deflection): 이것은 사람들이 흔히 감당하기 힘든 내적 갈등이나 외부 환경적 자극에 노출될 때, 이런 경험으로부터 압도당하지 않기 위해 자신의 감각을 둔화시킴으로써 자신, 그리고 환경과의 접촉을 약화하는 것이다. 예컨대, 말을 장황하게 하거나 초점을 흩뜨리는 것, 구체적으로 말하지 않고 추상적인 차원에서 맴도는 것, 자신의 감각을 차단하는 것, 말하면서 상대방을 쳐다보지 않는 것 등으로 주로 지식인에게서 많이 볼 수 있다. 편향을 사용하여 알아차림과 접촉을 차단하는 것은 과거의 애정 결핍, 내적인 갈등, 그리고 자존심이 상한 고통스러운 경험을 극복하는 자구책들이어서 당시에는 그것이 효과적인 행동이었을 수도 있지만, 현재에는 현실에 근거하지 않은 부적응적인 행동이다.

⑥ 창의적 실험: '두 의자 기법'(two–chair exercise)

이것은 적극적이고 행동적인 또는 상상적 표현을 통해 고객의 경험을 탐색해 보도록 설계된 것이다. 이 실험의 목적은 알아차리기와 통찰을 증진하고 확대하는 것이다. 그 실험 가운데 하나가 '두 의자 기법'이다. 이 방법은 내적 갈등을 겪고 있는 고객 또는 자아(ego)와 상호작용할 필요가 있을 때, 두 개의 의자를 활용하는 방법이다. 한 의자에 앉은 고객은 상호작용할 인물(또는 자신)이 맞은편 의자에 앉아 있다고 상상하고 그와 대화를 나눔으로써, 자신의 억압된 부분과의 접촉을 통해 자신의 내면 세계를 더 깊이 탐색하는 것이다. '빈 의자 기법'은 두 의자 기법과 달리 맞은편에 앉아 있는 대상이 타인일 뿐, 방법은 이와 같다.

4) 게슈탈트 코칭 접근법의 강점과 한계

게슈탈트 코칭 접근법은 모든 코칭 맥락에서 활용될 수 있다. 특히, 이 접근법이 코칭을 진행할 때 대안들(options)과 해결로 빨리 가버리기 전에 충분히 알아차림(awareness)을 증진해야 한다는 점을 강조한 것은 인정할 만하다. 따라서 고객이 누구든, 어디서든 알아차림이 필요한 때마다 적용할 가능성이 크다는 점에서 인상적이다.[321)]

그런 차원에서 게슈탈트 코칭 접근법이 가장 잘 활용될 수 있는 맥락은 조직과 관련된 리더십 코칭이나 팀 코칭이라고 할 수 있다. 맥락에 민감하게 반응하며 유연성을 발휘해야 조직문화의 특성을 고려해야 하는 기업의 경우, '지금-여기'에서 드러나는 현상을 토대로 구성원과 조직 측면의 관점에서 모두 가장 좋은 방식으로 접근해야 하는 상황을 고려할 때, 게슈탈트 코칭 접근법은 의미 있는 방법이 될 수 있다. 게슈탈트 코칭 주요근거가 되는 현상학(phenomenology), 대화적 관계(dialogical relationship), 장(field)이론적 관점, 실험적 방법론을 포괄한 '창조적 태도' 등을 모두 아우르면서 적용할 수 있기 때문이다. 특히, 문제에 대한 해결책이 유기체 안이나 환경 속에 있는 것이 아니라 환경과의 접촉 과정에서 창출되고 발견된다는 관점[322)]을 볼 때, 기업 코칭의 다양한 장면에서 고객과 코치 그리고 조직 모두에게 유연하게 적용될 수 있는 접근법이다. 예컨대, 조직에서 어떤 구성원들이 상사나 조직으로부터 그의 가치를 제대로 존중받지 못하거나 무시당하는 상태로 지낸다면, 그들의 에너지는 자기파괴적인 활동으로 이어지는 부정적 초점에 얽매여 있을 수 있고, 이것은 그 조직의 관점에서 '해결되지 않는 일'(unfinished business)이 될 수 있다. 이것을 해결하고자 할 때, 게슈탈트 코칭 접근법을 활용할 수 있다. 구체적으로 인간관계, 스트레스, 완벽주의 태도, 직무 스트레스 관리, 구성원의 소진 예방 및 관리 등과 관련된 코칭 맥락에서도 게슈탈트 코칭 접근법을 적용할 수 있을 것이다.

게슈탈트 코칭 접근법의 핵심적인 강점은 낙관주의, 방향성, 그리고 사람에게 내재한 힘을 강조한 것이다. 그래서 이 접근법을 활용하는 코치는 긍정적이고 낙관적이며 지지적인 관점을 견지할 필요가 있다. 특히, 알아차림은 게슈탈트 코칭 접근법에서 가장 효과 있는 변화의 도구이다.

하지만, 게슈탈트 코칭 접근법의 알아차림이 변화를 일으키는 데 효과적이지만, 그것이 고객의 정신 사고의 일부분으로 자리 잡는 것이 쉬운 일은 아니다. 증거를 빨리 보길 원하는 경영진들은 그것이 바로 보이지 않으면, 자신들의 관심과 노력을 기울이지 않을 수 있다. 이런 측면에서 알아차림은 그들에게 너무나 느린 작업인 것처럼 보일 수 있다. 한편, 코치들이 자신의 존재감(presence)을 활용하고자 한다면, 자신이 누구인지, 코치로서 코칭 현장에 무엇을 가지고 갈 수 있을지에 대해 잘 이해하고 있어야 한다. 이런 과정은 시간이 오래 걸리고 숙련에

---

321) Blucker, P.(2018). The Gestalt Approach to Coaching. In Cox, E., Bachkirova, T., & Clutterbuck, D.(Eds.). *The Complete Handbook of Coaching*(3rd Ed.). London: Sage Publications. 78-79에서 발췌, 인용.

322) 정은임(2016). 게슈탈트 치료의 기업상담 적용에 대한 고찰. **한국게슈탈트상담연구**, 6(2), 21-41; Perls, F., Hefferline, R., & Goodman, P.(1951). *Gestalt Therapy: Excitement and Growth in the Human Personality*. New York: Julian Press.

이르기 전에 원치 않은 고통을 맛볼 수 있다는 점은 매력적이지 않을 수 있다.

일부 국내외 문헌에서 게슈탈트 코칭에 관한 내용이 발견되지만[323], 앞으로 국내를 비롯하여 그 경험적 증거를 기반으로 한 문헌들이 추가로 발견되어야 할 것이다.

2. 학습이론과 코칭

한 개인의 행위에 어떤 변화가 발생했는데, 그 변화된 행위가 그 후에도 오랫동안 계속된다면, 우리는 학습(learning)이 발생했다는 표현을 사용한다. 즉, 학습이란 훈련이나 경험의 결과로 발생하는 비교적 영구적인 행위의 변화를 의미한다. 다시 말해서, 학습은 행위의 변화를 수반해야 하고, 이런 변화는 일시적이어서는 안 된다.[324]

학습은 한 개인에게 있어서 중요한 의미를 지닌다. 나아가 조직의 관점에서 볼 때, 바람직한 행위와 그렇지 못한 행위, 그런 행위의 지속성 여부, 어떤 행위의 원인을 찾아내어 그 행위 자체를 바꾸는 것 등에 대해서는 매우 관심이 높은 주제이다. 이처럼 학습에 대해 조직 차원에서 보이는 관심의 비중을 고려하여 학습과 관련된 이론 즉, 행위 변화의 발생, 유시, 소멸 등에 관한 이론들과 관련 개념들을 여기에서 소개하고자 한다. 코칭 현장에서 다루어지는 이슈들 가운데 궁극적으로 학습과 관련된 것이 적지 않다는 것도 여기에서 학습이론을 다루는 이유 가운데 하나이다.

선행연구에 따르면, 학습의 관점에서 코칭은 궁극적으로 고객의 학습을 촉진하는 과정이고, 이런 과정을 통해 고객의 잠재력과 가능성을 최대한 이끌도록 함으로써 그의 성장과 발전을 돕는 것이다. 학습 측면에서 보면, 코칭의 주체들인 코치와 고객 모두 학습자들이고, 특히 성인 학습자라는 점에서 코칭은 성인학습과 밀접한 관련이 있다.[325]

1) 고전적 조건화(classical conditioning)[326]

러시아의 생리학자인 파블로프(Pablov, I. P.)가 1927년에 실시한 개를 대상으로 한 실험을 효시로, 현재 학습이론의 근간이 되는 행동주의적 학습이론이 탄생하게 되었다. 파블로프는

323) Allan, J., & Whydrow, A.(2007). Gestalt coaching. In S. Palmer & A, Whydrow(Eds.). *Handbooks of coaching psychology*. London and New York: Routledge; Blucker, P.(2006). *Psychological dimensions of executive coaching*. London. Open University Press.

324) 박상언 · 정범구 · 김주엽 · 송계충(2020). 조직행위론(제5판). 서울: 경문사. 222-223에서 발췌, 인용.

325) 박윤희(2014). 코칭 과정에서 Knowles의 성인학습 원리들의 적용 가능성에 대한 이론적 고찰. 코칭능력개발지, 16(1), 75-86; Law, H., Ireland, S., & Hussain, Z.(2007). *The Psychology coaching, mentoring and Learning*. Singapore: John Wiley & Sons Ltd.

326) 이것은 '고전적 조건 형성 이론'이라고도 불린다.

개에게 먹이(고기 가루)를 줄 때마다 메트로놈을 함께 울리는 절차를 여러 차례 실시한 후에, 메트로놈 소리만 듣고도 침을 흘리는 개를 만들어 낼 수 있었다. 처음에 개는 무조건 자극인 먹이에 무(無)조건적으로 침을 흘리는 무조건 반응을 보였는데, 이 개에게 무조건적인 먹이와 중립 자극(neutral)인 메트로놈 소리를 짝지어 반복적으로 제공하는 절차를 이용하여 나중에는 이 개로부터 중립 자극인 메트로놈 소리만으로 침을 흘리는 반응을 이끌었다. 파블로프는 이 때 먹이 없이도 침을 흘리는 반응을 이끄는 메트로놈 소리를 '조건 자극'(conditioned stimulus), 그리고 메트로놈 소리만으로 침 흘리는 반응을 '조건 반응'이라고 명명하였다.

이처럼 조건 자극을 이용하여 조건 반응을 이끄는 학습 과정을 '고전적 조건화'라고 한다. 즉, 고전적 조건화란 어떤 반응을 촉발하지 않는 중립 자극(neutral stimulus)과 반응을 일으키는 자극인 무조건 자극(unconditioned stimulus)을 짝지어 반복적으로 제공함으로써, 중립 자극이 조건 자극으로 되어가는 학습 과정을 말한다. 우리는 이런 예를 TV 광고에서 많이 발견할 수 있다. 예컨대, TV 광고 속에서 우리에게 친숙하고 좋은 인상을 주는 연예인이나 스포츠 선수들이 어떤 제품과 함께 등장하면, 그 제품에 대해 좋은 인상이 심어짐으로써 나중에 그 제품을 구매하는 것이 이에 속한다. 즉, 좋아하는 연예인이나 스포츠 선수들과 함께 노출된 제품이 조건 자극이 되어서 우리가 그 제품을 좋아하도록 학습되는 것이다.

2) 작동적 조건화(operant conditioning)[327)]

고전적 작동화는 무작위적인 반응이 일어나지 않도록 철저히 통제한 상태로서 진행된 실험 결과를 설명한 것이다. 따라서 인간이 통제되지 않은 상황에서 자유롭게 행동하는 가운데 발생하는 대부분의 학습 행위를 설명하는 데 한계가 있다. 이런 한계를 극복하기 위해 고전적 조건화에 '효과의 법칙'(law of effect)을 접목해 인간의 학습 행위를 설명한 것이 스키너(Skinner, B. F.)의 '작동적 조건화 학습이론'이고, 이것이 행동주의 학습이론의 창시가 될 수 있었다.

스키너 상자(Skinner Box)에서 생쥐들은 처음에는 자기 멋대로 돌아다니면서 새로운 환경을 정탐하게 된다. 이러한 정탐 과정에서 생쥐들은 일어서거나 냄새를 맡는 등 다양한 행동을 하게 되는데 이런 행동들은 모두 무작위적(random)이다. 그러다가 생쥐가 우연히 프레스 바를 건드리면 먹이가 떨어지게 된다. 그러나 다른 행동들은 아무리 해 보아도 먹이가 떨어지지 않는다. 이렇게 프레스 바를 누르는 특정한 행위에 대해서만 먹이라는 자극이 뒤따르는 과정이 반복해서 이루어지면서, 생쥐는 프레스 바를 누르는 행위를 학습하게 된다. 시간이 흐를수록 생쥐가 프레스 바를 건드리는 횟수가 많아지고 다른 행동의 횟수는 줄어들었다. 마침내 스키

327) 이것은 학자에 따라 '조작적 조건화', 또는 '도구적 조건화'라고 부르기도 한다.

너는 먹이를 얻기 위해 알아서 프레스 바를 누르는 학습된 쥐를 만들어 낸 것이다.[328)]

예컨대, 어떤 직원이 월말 결산에 따른 일거리가 많아서(자극) 다른 직원들이 모두 퇴근한 뒤까지 남아서 시간 외 근무를 했는데(반응), 이에 대한 시간외근무수당과 상사의 칭찬이 주어지면(결과), 나중에 시간외근무가 필요한 상황이 되면 누가 시키지 않아도 시간외근무를 하게 될 것이다. 그러나 시간외근무를 했는데도 아무런 보상이 주어지지 않으면, 나중에 시간외근무가 필요한 상황이 되어도 시간외근무를 하지 않으려 할 것이다. 작동적 조건화의 다른 극단적인 예로 징크스(jinx)를 들 수 있다. 어떤 야구 감독이 어느 시합에서 아내가 사 준 빨간 내의를 입었는데, 마침 그날 천신만고 끝에 경기에서 이겼다. 그 뒤 이어진 몇 차례 경기에서도 빨간 내의를 입고 승리할 수 있었다. 그런 일이 오랫동안 이루어진 후에도 그 감독은 경기가 있는 날이면 거의 자동으로 어김없이 빨간 내의를 입게 되는 자신을 발견하게 되었다. 빨간 내의와 경기 승리 사이에 아무런 논리적인 관계를 찾아볼 수 없는데도 말이다.[329)]

정리하면, 작동적 조건화는 어떤 반응에 대해 선택적으로 보상함으로써 그 반응이 일어날 확률을 증가시키거나 감소시키는 방법을 말한다. 여기에서 말하는 선택적 보상이란 강화(reinforcement)와 벌(punishment)을 의미한다.[330)] 작동적 조건화라는 용어 자체가 학습 과정이라는 환경 속에서 스스로 작동하는 사람에 의해 만들어진 결과에 기반을 두고 있다는 것을 함축하고 있다.

3) 인지적 학습(cognitive learning)

인지적 학습의 기본적인 전제는 유기체로서 인간은 과거에 경험한 일련의 시간에 기반을 두고 미래에 대한 기대(expectation)를 만들어 내며, 그들의 행위는 그런 기대와 가치관에 의존한다는 것이다.[331)] 즉, 어떤 사람이 아직 경험하지 못한 상황에 적절하게 대처하는 행동은 외부 환경에서 필요한 정보를 능동적으로 수집하여 인지함으로써 이루어진다는 학습이론이다.

---

328) 박상언 · 정범구 · 김주엽 · 송계충(2020). 조직행위론(제5판). 서울: 경문사. 224-225에서 발췌, 인용.

329) 박상언 외(2020). 앞의 책. 226에서 발췌, 인용.

330) '강화'란 어떤 반응에 뒤따르는 자극이 미래에 그 반응이 발생할 확률을 높이는 현상을 의미한다. 즉, 그에 따른 자극이 반복되는 과정을 통해서 자극과 반응 간의 연결성이 증대되는 것을 말한다. 다시 말해, 사람이 어떤 행동을 한 뒤에 그가 바라는 자극을 제공하여 행동의 빈도를 높이는 것을 말한다. 이때 사람들이 특정한 반응을 보이는 것은 그런 반응이 특정한 자극에 따라 강화되기 때문이다. 강화 요인은 음식이나 물과 같이 선천적으로 보상의 성격을 가지는 것(1차적 강화 요인)과 돈, 미소, 칭찬처럼 후천적으로 학습되는 것(2차적 강화 요인)이 있다. 또한, 강화 요인은 사람이 어떤 행위를 한 다음에 그 행위에 대한 유쾌한 결과(돈, 상여금, 칭찬, 유급 휴가 등)가 따르면, 적극적 강화가 이루어지는 '긍정적 강화'(positive reinforcement)와 잔소리, 시끄러운 알람 소리 등과 같이 싫어서 피하고 싶은 '부정적 강화'(negative reinforcement)로 나눌 수 있다. 반면에 '처벌'은 어떤 바람직하지 못한 행위가 발생한 후에 부정적인 자극을 제공함으로써 그 행위가 미래에 발생할 가능성을 줄이는 것이다. 이것들에 대한 자세한 설명은 다음에 소개하는 책을 참조할 수 있다. 박상언 외(2020). 위의 책. 230-235.

331) 박상언 외(2020). 위의 책. 227에서 발췌, 인용.

앞서 설명한 고전적 작동화와 작동적 조건화는 인간의 모든 행동을 '자극-반응-결과'와 같은 결속 관계로 설명하는 데 비해, 인지적 학습은 자극과 행위 사이에 인지라는 유기체적 요소가 매개변수로 존재함을 인정하는 관점, 즉 '자극-인지-행위-결과'라는 관계로 설명한다. 즉, 조건화 학습은 두뇌 없이 이루어지는 학습에 초점을 맞추는 데 비해, 인지적 학습은 두뇌의 기능에 초점을 맞추고 있다. 그래서 인지적 학습은 인간 행위의 긍정적이고 자유로운 의지를 강조하며, 기대, 요구, 인센티브(incentive)와 같은 개념을 사용한다. 인지적 학습에서 각 유기체는 그의 대안적 행동들을 나타내는 '신념-가치 매트릭스'를 만들어 내는 의사결정자로 여겨진다. 이 신념-가치 매트릭스는 행위를 하는 사람에게 특별한 가치를 주는 결과와 관련된 수단들로 구성된다(〈표 2-5〉 참조). 예컨대, 어떤 직원이 자신이 실수한 일을 상사에게 털어놓음으로써 오히려 바람직한 결과를 얻을 것이라고 기대하기 때문에 자신의 실수를 솔직하게 인정했다고 보는 것이 인지적 학습의 관점이다.[332]

표 2-5 신념-가치 매트릭스

해결(결과)을 위한 수단	의사결정 대안의 평가		
	성공 확률	결과에 대한 가치	확률 × 가치
① 상사에게 실수를 털어놓는다.	0.3	100	30
② 동료의 협조를 구해 상사를 속인다.	0.5	40	20
③ 다른 직원의 책임으로 조작한다.	0.5	30	15
④ 다른 이유를 들어 직장을 그만둔다.	0.8	30	24

출처: 박상언 외(2020). 조직행위론(제5판) 서울: 경문사. 227에서 발췌, 인용.

4) 사회적 학습(social learning)

사람은 조건화 학습이론의 주장처럼 직접적인 경험에 의해서만 학습하는 것이 아니다. 인간은 다른 사람에게 무엇인가를 들어서 학습하기도 하고, 타인의 행위를 관찰하고 모방함으로써 학습하기도 한다. 이처럼 직접적인 경험과 함께 타인의 행동을 관찰함으로써 이루어지는 학습을 '사회적 학습'이라고 한다. 즉, 다른 사람의 행위가 바람직한 보상으로 이어지는 것을 관찰한 다음, 그 행위를 모방하고 그 역시 행위의 결과로 바람직한 보상을 경험함으로써 학습이 이루어지는 것이다. 이처럼 사회적 학습은 인지학습의 일종으로, 행위자가 대상으로 삼는 어떤 모델의 행위를 관찰하고 그 행위를 모방하는 것을 이론의 핵심으로 삼고 있어서 '관찰학습'(observational learning), '모방학습'(imitative learning)이라고 불리기도 하며, '대리학습'(vicari-

332) 박상언 · 정범구 · 김주엽 · 송계충(2020). 조직행위론(제5판). 서울: 경문사. 226-227에서 발췌, 인용.

ous learning)이라는 용어로도 사용된다.[333)]

5) 성인학습

성인학습과 코칭과의 연결점에 대해서는 앞서 코칭의 역사적 배경을 다루는 부분에서 논의한 바 있다. 오늘날 실제 코칭 현장에서 거의 모든 코치가 만나는 대다수 고객은 성인이다. 따라서 성인들이 주로 겪는 이슈가 무엇이고, 그들이 코칭을 통해 무엇을 느끼고 배우는지를 파악하기 위해서는 성인 교육과 학습 등에 관한 선행 지식과 연구결과를 탐색해 볼 필요가 있다. 성인들의 학습에 대한 욕구는 스스로 가지는 흥미라는 강력한 동기부여로 진행되기 때문에 아동이나 젊은이들의 학습에 대한 동기보다 더 오랫동안 많은 배움을 유지하는 데 큰 도움을 준다.

성인학습에 대해서는 말콤 놀스(Knowles, M. S.)의 연구가 우리에게 많은 시사점을 제공한다. 그에 따르면, 성인학습은 자기주도적이며, 더 젊은 학생들이 지니지 않은 인생 경험과 연결되어 있고, 성인 학습자들은 대개 목적 지향적이라고 주장했다. 이어서 그는 자발적이고 목표 지향적으로 확장된 성인학습의 성격이 맞춤형 학습 기회를 제공하는 코칭에도 적용되고 있다고 주장했다.[334)] 성인학습의 이런 특징은 이런 관점을 바탕으로 성인을 대상으로 진행되는 코칭에 많은 영감을 제공했고, 의미 있는 연구결과들이 축적되었다.[335)]

6) 학습의 전이(transfer of learning)

학습은 학습 그 자체로만 끝나지 않고 추가적인 학습으로 이어진다. 하나의 학습이 또 다른 학습을 가능하게 하는 것을 학습의 전이라고 한다. 즉, 학습 전이는 어떤 학습자가 훈련 프로그램을 통해 학습한 내용인 지식과 기술을 그가 근무하는 직무 현장에서 적용, 일반화하고 유지하는 것으로 변화된 행동으로 표현된다. 따라서 기업의 관점에서 교육 · 훈련 이후 학습의 전이 효과를 확인하는 것은 차후의 교육계획을 위해 매우 중요한 과제가 되는 것이다.[336)]

학습 전이의 종류에는 시간적 간격을 기준으로 교육 · 훈련 이후 2주나 1개월 정도의 기간 이후에 측정하는 '단기전이'(immediate transfer), 교육 · 훈련 이후 6개월 또는 1년 정도의 기간 이후에 측정하는 '장기전이'(long-term transfer), 학습이 발생하던 상황과 유사한 상황에서 학습을 적용하는 '단거리 전이'(near transfer), 원래의 학습이 발생했던 상황과 유사하지 않은 상

---

333) 박상언 · 정범구 · 김주엽 · 송계충(2020). 조직행위론(제5판). 서울: 경문사. 228에서 발췌, 인용.

334) Smith, M. K.(2002). *Malcolm Knowles, informal adult education, self-direction and andragogy*. The Encyclopedia of Informal Education(www.infed.org/thinkers.et-knowl.htm).

335) Brock, V. G.(2012). *Sourcebook of Coaching History*. VB Coaching & Consulting(김경화 외 역, 2015. 코칭의 역사. 서울: 코쿱북스. 221-222에서 발췌, 재인용).

336) 박상언 외(2020). 위의 책. 229에서 발췌, 인용.

황에서 학습을 적용하는 '원거리 전이'(far transfer)가 있다. 그리고 수학에서 배운 지식과 원리가 물리나 화학에서 잘 적용되는 것과 같이 학습 내용은 다르지만 서로 비슷한 수준의 과제를 수행할 때 적용하는 '수평적 전이'(horizontal transfer), 덧셈과 뺄셈을 배운 것이 2차 방정식을 푸는 것에 적용되는 것과 같이 이전에 학습한 것이 그보다 상위 수준 과제를 학습하는 데 적용하는 '수직적 전이'(vertical transfer)가 있다. 또한, 한자를 배운 것이 중국어 공부에 도움이 되는 것처럼 이전에 학습한 것이 새로운 상황에서도 잘 기억되고 적용되는 '긍정적 전이'(positive transfer), 한국에서의 운전 습관이 일본에서는 어색한 습관이 되는 것처럼 이전에 학습한 것이 오히려 다음 과제를 학습하는 데 방해가 되는 '부정적 전이'(negative transfer) 등이 있다.

7) 학습과 코칭

아무리 동기부여가 되어 있는 사람이라도 거기에 필요한 능력이 없으면 효과적인 업적을 낼 수 없다. 사람의 능력은 선천적인 적성과 후천적인 학습에 따라 형성된다. 예컨대 운동신경이 아주 잘 발달한 사람도 축구라는 특정 운동을 잘 하기 위해서는 학습이 필요하다. 아무리 적성에 꼭 맞더라도 실제 그 일을 해낼 수 있는 학습 기회가 주어지지 않으면 해낼 수 없다. 즉, 훈련과 경험이라는 학습 기회가 필요한 것이다.

학습은 행위의 변화가 일어나고, 그것이 그 후에도 오랫동안 계속되는 것을 의미한다. 이런 학습과 연관된 이슈들을 주로 다루는 학습 코칭은 코칭 장르 가운데 주요한 부분을 차지한다. 청소년을 대상으로 진행되는 학습 코칭뿐만 아니라 성인을 대상으로 진행되는 코칭의 경우에도 학습과 긴밀하게 연결되어 있다. 학습 코칭은 궁극적인 목표인 고객의 행위 변화와 관련되어 있고, 그것은 다시 긍정적 강화와 연결되어 있다. 이런 차원에서 전문코치가 다양한 학습이론을 이해하는 것은 코치로서의 역량 강화뿐만 아니라 고객의 학습과 관련된 이슈를 다루는 데 많은 도움을 받을 수 있다.

성인학습 등 학습에 관한 이론 가운데 코칭을 진행하는 데 적용될 수 있는 것들은 잭 메지로우(Mezirow, J.)의 '전환학습이론'(Transformative Learning Theory)[337], 데이비드 바드와 데이비드 워커(Boud, D., & Walker, D.)의 '성찰 학습'(reflection learning)[338], 데이비드 콜(Kolb D. A.)의

337) 전환학습은 우리의 신념이나 태도의 전환, 전반적인 관점의 전환이 있을 때 학습이 일어난다고 보는 관점이다. 새로운 관점에서 미래를 설계하고 진로를 설정할 수 있는 계기를 만들어 주는 학습이라 볼 수 있다. 전환학습의 관점에서 보면, 성인 학습자들은 변화의 동인이고, 경험을 바탕으로 의미의 전환을 통해 새로운 길을 모색하여 실천하는 도전적인 역할로 나타난다. 이에 대한 자세한 사항은 다음에 소개하는 논문들을 참조할 수 있다. 김선희 · 리상섭(2018). 코칭에서 성인학습이론 연계에 관한 이론적 고찰. **교육컨설팅연구**, 2(2), 68에서 발췌, 인용; Mezirow, J. (1996). Contemporary paradigms of learning. *Adult Education Quarterly*, 46(3), 158-172.

338) 성찰은 학문 분야에 따라 다양한 용어로 정의되어 왔으며, 경험과 학습의 맥락에서는 반성적 사고, 성찰 학습, 메타 인지적 성찰, 비판적 성찰 등의 용어로 사용된다. 성인학습에서 성찰 학습은 다양한 이론적 근거를 기반으로 논의되었으며, 크게 경험학습 관점에서의 접근, 사회학습 관점에서의 접근, 실천적 관점, 전환학

'경험학습이론'(Experiential Learning Theory)[339], 대니얼 레빈슨(Levinson, D. J.)의 '인생 단계이론'[340] 등이다.[341]

국내외에서 코칭에 학습이론의 접근법을 적용한 글이나 문헌은 어느 정도 발견되지만, 코칭이나 코칭 교육을 진행한 후에 일어난 변화와 효과 등을 본격적으로 검증한 문헌은 드물다.[342] 향후 학습과 코칭을 본격적으로 접목한 경험적 증거를 추가로 찾아낸다면, 학습과 코칭

습 관점에서의 접근 등으로 나누어 볼 수 있다. 이에 대한 자세한 사항은 다음에 소개하는 문헌들을 참조할 수 있다. 박진희 · 홍아정(2022). 비대면 학습 환경에서 간호대학생의 성찰 학습이 학습몰입을 매개로 친사회적 행동에 미치는 영향. **직업교육연구**, 41(2), 44; Boyd, E. M., & Fales, A. W.(1983). Reflective learning: Key to learning from experience. *Journal of Humanistic Psychology*, 23(2), 99 117; Brookfield, S. D.(1995). Adult learning: An overview. *International Encyclopedia of Education*, 10, 375-380; Dewey, J.(1933). *How we think: A restatement of the relation of reflective thinking to the educational process*. Lexington, MA: Heath; Jarvis, P.(1987). Meaningful and meaningless experience: Towards an analysis of learning from life. *Adult Education Quarterly*, 37(3), 164-172; Mezirow, J.(1991). *Transformative dimensions of adult learning*. San Francisco, CA: Jossey Bass; Schön, D. A.(1983). *The reflective practitioner: How professionals think in action*, New York, NY: Basic Books.

339) 경험학습은 비구조화된 다양한 학습 상황을 종합하고, 구조화해 가는 것을 의미한다. 이처럼 학습 경험을 방법론적으로 명시화해 가는 과정은 유사한 문제 상황을 효과적으로 해결할 수 있다. Kolb에 따르면, 학습자들은 직접 학습한 경험에서 성찰적인 과정을 거치고 추상적인 일반화를 적용하여 검증하는 단계를 거친다. 이에 대한 자세한 사항은 다음에 소개하는 문헌들을 참조할 수 있다. 최순리 · 강수민 · 송지훈(2022). Kolb의 경험학습이론 관점에서 비대면 비교과 프로그램 학습 경험의 학습양식과 단계에 대한 관계 연구. **학습자중심교과교육연구**, 22(15), 479-494; Kolb, A. (1985). *Learning style inventory*. Boston: McBer & Company.

340) 레빈슨의 인생 단계이론은 남녀, 문화, 시대의 차이를 불문하고 성인의 발달은 계절이 주기적으로 변화하는 것처럼 구조적 변화를 반복한다는 것이다. 그는 성인의 인생 단계는 각각 성인 초기 전환기(17~22세), 성인 초기 초보인생구조(22~28세), 30세 전환기(28~33세), 성인 초기 절정인생구조(33~40세), 성인중기 전환기(40~45세), 성인중기 초보인생구조(45~50세), 50세 전환기(50~55세), 성인중기 절정인생구조(55~60세), 성인 후기 전환기(60~65세), 성인 후기(65세 이후)로 구분하고, 각각의 단계별로 필요한 일들을 제시하고 있다. 이에 대한 자세한 사항은 다음에 소개하는 책들을 참조할 수 있다. Levinson, D. J.(1986). *The seasons of a man's life*. New York: Ballantine Books(김애순 역, 2012a. **남자가 겪는 인생의 사계절**. 서울: 이화여자대학교 출판부); Levinson, D. J.(2009). *The Seasons of a Woman's life*. New York: Ballantine Books(김애순 역, 2012b. **여자가 겪는 인생의 사계절**. 서울: 이화여자대학교 출판부.

341) Cox, E.(2006). An adult learning approach to coaching. In Stober, D. R., & Grant, A. M.(Eds.). *Evidence-based Coaching Handbook: Putting best practices to work for your clients*. Hoboken, NJ: Wiley. 193-218에서 발췌, 인용.

342) 노동원 · 송영수(2010). 기업 코칭 교육 프로그램 참여자의 근전이와 원전이의 영향요인에 관한 연구. **HRD연구**, 12(1), 161-185; 전미숙 · 리상섭(2017). 청소년의 자기 주도형 라이프 코칭 전이에 대한 사례 연구. **교육컨설팅코칭연구**, 1(1), 71-93; Cox, E.(2006). An adult learning approach to coaching. In D. Stober, & A. M. Grant(Eds.). *Evidence-Based Coaching Handbook*. Hoboken, NJ: John Wiely & Sons; Finnerty, M.(2008). Coaching: A customized learning approach. In Biech, E.(Ed.) ASTD *Handbook for workplace learning professional*. Alexandria: ASTD Press; Grant, A. M.(2008). Personal life coaching for coaches-in-training enhances goal attainment, insight and learning. *COACHING*, 1(1), 54-70; Griffiths, K.(2005). Personal coaching: A model for effective learning. *Journal of Learning Design*, 1(2), 55-65; Hurd, J. L.(2002). *Learning for life: A phenomenological investigation into the effect of organizational coaching on individual lives*. Unpublished doctoral dissertation. Union Institute and University Graduate College; Javis, P.(2012). *Adult learning in the social context*. London: Routledge; Knowles, M.(1980). *The modern practice of adult education: From pedagogy and andragogy*. Englewood Cliffs, NJ: Prentice Hall/Cambridge; Knowles, M.(1990). *The adult*

간의 연결고리를 더욱 쉽게 확인할 수 있고, 이것은 전문코치들이 활용할 수 있는 학술적 근거들이 훨씬 더 많아진다는 것을 의미한다.

3. 기타 조직 관련 이론과 코칭

비즈니스 코칭 장르에 집중하는 전문코치들은 조직과 관련된 이슈를 중심으로 코칭을 진행하길 원하는 고객들을 만날 기회가 많을 것이다. 그 고객들은 대개 기업의 최고경영자들이나 임원, 경영혁신 업무를 담당하는 관리자나 실무자인 경우가 많다. 이런 고객들의 이슈를 다루기 전에 전문코치들은 조직 관련 이론들에서 다루는 콘텐츠를 미리 학습하거나 이해할 필요가 있다. 이것은 코치가 그들에게 적절한 해결책을 제시하기 위한 목적에서 미리 학습하는 것이 아니라, 조직 관련 이슈를 제기한 고객 자체나 그가 제시한 조직 관련 이슈들을 먼저 이해하기 위한 목적에서 그렇다는 점을 명심할 필요가 있다.

조직과 관련한 다양한 현상들을 소개한 이론으로 조직구조이론, 조직문화이론, 조직개발과 학습조직이론, 조직 유효성 이론 및 사회시스템 이론 등이 있다. 이런 조직과 관련된 주제를 다룬 이론에서는 특정 기술이나 그를 둘러싼 환경과 같은 조직의 상황을 반영한 '직무 재설계'(job redesign)나 '조직 설계'(organization design), 조직의 전반적인 효율성과 환경 변화의 압력에 적응하고 대응하는 조직의 능력 '평가'(assessment), 환경에 적응하면서 경쟁에서 살아남기 위한 '경영혁신'(organizational innovation), 조직의 침체 원인 규명과 그것을 극복하기 위한 활성화 방안 수립과 관련된 조직 진단과 처방, 구성원의 행동 개선 등을 통한 새로운 조직문화 개발을 위한 '학습조직'(learning organization) 등에 관련된 이슈들과 현상을 중심으로 논의를 전개한다. 그리고 사회 시스템이론(Social system Theory)에서는 서로에게 영향을 주고받는 인간들이 모인 조직과 사회 현상과 관련된 다양한 주제들을 다루고 있다.

이에 관한 내용을 구체적으로 소개하는 것은 이 책의 범위를 넘어서는 부분이라서 자세하게 언급하지 않겠다. 다만, 여기에서 한 가지 주목할 점은 인간은 그와 분리될 수 없고 계속해서 상호작용하는 사회환경체계를 통해 발달한다는 점을 강조하고 있다는 것이다. 그런 차원에서 이 이론들도 결국은 인간과 관련된 것이라고 볼 수 있지만, 인간이 속한 사회와 환경의 특성, 그리고 그것들이 서로 얽혀진 시스템(system)을 추가로 들여다본다는 점에서 '인간'을 주된 연구 대상으로 논의를 전개한 이론들과는 다른 관점을 제공하고 있다는 것을 유의할 필요가

learner: A neglected species(4th Ed.). Houston: Gulf Publishing Company; Knowles, M., Holton III, E. F., & Swanson, R. A.(2005). *The adult learner*(6th Ed.). California: Elsevier Science and Technology Books; Ladyshewsky, R.K., & Varey, W.(2005). Peer Coaching: A Practical Model to Support Constructivist Learning Methods in the Development of Managerial Competency. *Evidence Based Coaching*, 1, 171-182.

있다.

따라서 조직과 관련된 이슈를 중심으로 자신의 비즈니스를 전개하는 전문코치나 자신이 속한 조직이 당면한 다양한 이슈를 해결하길 바라는 고객을 지원하려는 전문코치들은 조직과 관련된 이론에서 축적된 경험, 사실과 원리 그리고 여러 가지 방법과 수단 등을 미리 학습해 둘 필요가 있다. 다행스럽게 이와 관련된 문헌이 비교적 많이 발간되었으므로 조직과 관련된 이슈를 학습하는 데 큰 어려움이 없을 것이다.

2.6 코칭에 관한 기타 방법론적 접근

여기에서는 앞서 논의한 몇 가지 이론 외에 코칭 장면에서 활용할 수 있는 또 다른 방법론, 즉 해결중심 코칭 접근법, 내러티브 코칭, NLP 접근법을 차례대로 소개하고자 한다.

1. 해결중심 코칭 접근법

해결중심 코칭 접근법(solution focused approach to coaching)에서 가장 기본적으로 강조하는 점은 고객이 원하는 미래의 상태가 무엇인지 정의하고 생각하며 행동하는 과정의 경로를 만들어가도록 도와주는 것이다. 이런 과정을 통해 코치는 고객이 달성하고자 하는 상태에 이를 수 있도록 돕는 역할을 한다.[343)]

치료(therapy)에 뿌리를 두고 있는 해결중심 코칭 접근법은 베잇슨(Bateson, G.)과 위크룬드(Wicklund, J.)가 미국의 한 멘탈 연구소(Mental Research Institute)에서 간단한 치료 형태로 진행되던 것에서 출발했다. 현재 우리가 알고 있는 해결중심 코칭 접근법은 1978년에 드 쉐이저(Shazer, S. D.)[344)], 김인수(Kim, I. B.), 그리고 그들의 동료들에 의해 미국의 '브리프 패밀리 테라

343) Grant, A. M., & Cavanagh, M. J.(2018). The Solution-focused Approach to Coaching. In Cox, E., Bachkirova, T., & Clutterbuck, D.(Eds.). *The Complete Handbook of Coaching*(3rd Ed.). London: Sage Publications. 35-51에서 발췌, 인용.

344) 미국의 발달심리학자이자 정신분석학자인 에릭슨(Erickson, E. H.)의 치료 방법 가운데 하나인 단기최면기법의 모델을 공부한 쉐이저는 해결중심 접근법에 내담자의 자원을 활용하는 방법을 적용하였다. 즉, 문제를 일으키는 심리적 장애를 분석하거나 원인을 파악하지 않고, 문제해결을 위하여 고객의 강점과 자원을 충분히 인정하고 활용하였다. 또한, 과거에 초점을 맞추지 않고 현재와 미래에 초점을 맞추어 상담을 진행하였다. 이유경 · 이헌주(2021). 해결중심 단기치료의 코칭 적용에 관한 연구: ICF 핵심역량의 8가지 주제를 기반으로 한 코칭 질문의 다각화를 중심으로. 코칭연구, 14(3), 56에서 발췌, 인용.

피 센터'(Brief Family Therapy Centre)에서 처음 실행되었고[345], 1982년부터 '해결중심 단기치료'라고 명명하고 관련 이론을 정립하기에 이르렀다.[346]

해결중심 코칭 접근법을 적용하는 사람들은 전통적인 치료법이 고객의 문제점에 얽매여 그 문제가 더 고착화한다는 것에 불만을 느끼기 시작했고, 문제점에 관한 대화보다는 해결책을 찾는 대화, 힘과 자원에 집중하는 것이 많은 고객에게도 매우 효과적이라는 것을 알게 되었다.[347] 그러다가 점진적으로 상담의 한 기법으로서 '해결중심 단기상담'(short term counseling)으로 발전했고, 코칭에도 적용하면서 오늘에 이르렀다.[348]

1) 해결중심 코칭 접근법의 철학적 가정과 가설

해결중심 코칭 접근법은 크게 다음 두 가지 철학적 가정에 기반을 두고 있다.[349] 첫째, 해결중심 코칭 접근법은 구성주의 철학을 고수하고 있다. 이것은 코치와 고객은 어떤 사건들에 관해 얘기할 때, 문제점들이 있는 사건을 구조화하도록 생각하고 대화를 나누는 방식을 활용한다는 점에서 그렇다. 둘째, 해결중심 코칭 접근법은 고객이 자신의 문제를 근본적으로 해결할 수 있는 능력이 있다고 본다. 다시 말하면, 고객들은 문제가 해결된 상황을 만들어 내는 데 필요한 모든 요소를 이미 가지고 있다고 보는 것이다.[350]

이런 철학적 가정을 바탕으로 해결중심 코칭 접근법을 활용하는 실무자들은 사람, 변화, 그리고 자원에 관하여 다음과 같은 가설을 제시하고 있는데, 그것들을 소개하면 다음과 같다.[351]

---

345) 이유경 · 이헌주(2021). 해결중심 단기치료의 코칭 적용에 관한 연구: ICF 핵심역량의 8가지 주제를 기반으로 한 코칭 질문의 다각화를 중심으로. **코칭연구**, 14(3), 53-73에서 발췌, 인용; Grant, A.M., & Cavanagh, M. J.(2018). 해결중심 단기치료의 코칭 적용에 관한 연구: ICF 핵심역량의 8가지 주제를 기반으로 한 코칭 질문의 다각화를 중심으로. **코칭연구**, 14(3), 36-37에서 발췌, 인용; O'Connell, B.(1998). *Solution-focused therapy*. London: Sage.

346) 이유경 · 이헌주(2021). 앞의 논문. 68에서 발췌, 인용; Grant, A. M., & Cavanagh, M. J.(2018). 앞의 글. 36-37에서 발췌, 인용

347) Grant, A. M., & Cavanagh, M. J.(2018). 위의 글. 37에서 발췌, 재인용.

348) 필자의 현장 코칭 경험과 연구에 따르면, 치료(therapy) 기법에서 출발한 해결중심 코칭 접근법이 코칭의 한 영역 속에 포함되어야 하는지에 대해서 전문코치들 사이에서도 아직 이견(異見)이 있다. 필자 역시 치료(therapy)는 코칭과는 다른 전문 영역이라서 치료가 필요한 고객은 치료전문가들이 도와주어야 한다고 생각한다. 하지만, 여기에서 해결중심 코칭 접근법을 소개하는 것은 현실적으로 코칭 장면에서 심리학이나 상담학 등의 배경을 가진 전문코치들 사이에서 해결중심 코칭 접근법을 사용하는 예가 있고, 어떤 코치이든 그들이 선택하는 방법, 전문가로서의 수행, 그리고 일체의 실행 과정을 인정한다는 전문코치들 사이의 암묵적인 합의를 존중하기 때문이다.

349) Grant, A. M., & Cavanagh, M. J.(2018). 위의 글. 37에서 발췌, 인용.

350) Berg, I., & Szabo, P.(2005). *Brief coaching for lasting solutions*. London: Norton & Co; de Shazer, S(1988). *Clues: Investigating solutions in brief therapy*. New York: Norton & Co.

351) Grant, A. M., & Cavanagh, M. J.(2018). 위의 글. 48에서 발췌, 인용; Visser, C. F.(2012). The solution-focused mindset: An empirical test of solution-focused assumptions.(www.solutionfocusedchange.com.). 하지만, 지금은 해당 가설들을 일부 수정, 보완하면서 모두 7가지 원칙들을 제시하고 있다(http://solutionfocusedchange.

[사람]

- 사람들은 자신들이 할 일을 스스로 선택하기를 바라고, 자신들이 스스로 필요하다고 생각하는 일을 가능한 만큼 통제하길 원한다.
- 사람들은 스스로 유능한 것을 선호하고, 자신을 유능하다고 여기며, 이미 어느 정도(필요한 만큼) 유능하다.
- 사람들은 다른 사람들과 의미 있고 배려하는 관계를 맺기 바라고, 다른 사람들과는 다른 긍정적인 차별성을 만드는 일을 하고자 한다.

[변화]

- 더 나은 진전이 이루어진 원하는 상황은 언제나 이미 시작되고 있다.
- 사람들은 한 번에 한 걸음씩 행동하고, 최상의 변화를 이루어 낸 행동의 결과들에 반영하고 반응한다.
- 미래와 과거에 대한 긍정적인 행동을 서술하는 것은 거부할 수 없이 긍정적인 행동을 유발한다.

[자원]

- 의뢰인(또는 고객, client)이 아무리 저항하더라도 협조적인 사람으로 대하는 것은, 더 많은 협력을 독려하는 가장 빠르고 유망한 방법이다.
- 의뢰인과 대립하거나 비난하지 않고, 의뢰인에 대해 전문가의 견해를 강요하지 않으며, 의뢰인의 준거 틀 내에서 작업하는 것은, 의뢰인이 더욱 건설적이고 현실적이며 유용한 관점을 개발하는 데 도움이 되는 가장 빠르고 가장 유망한 방법이다.
- 개인의 특성과 문제의 요인에 관해 설명하기보다 효과가 있는 것을 확인하고 증폭하는 데 초점을 맞추는 것이 의뢰인이 절차를 수행하는 데 도움이 되는 가장 빠르고 유망한 방법이다.

2) 해결중심 코칭 접근법의 핵심적인 특징

해결중심 코칭 접근법은 대체로 다음과 같은 핵심적인 특징을 가지고 있다.[352)]

---

com, 2022년 9월 접속). 그것을 간단하게 소개하면 다음과 같다. ① 모든 경우는 다르다(Every Case is Different). ② 변화는 항상 있는 것이다(Change is Constant). ③ 진단하지 말고 대화하라(Conversations not Diagnosis). ④ 원하는 것에 초점을 맞추라(Focus on Wants). ⑤ 활용 가능한 모든 자원의 목록을 작성하라(The MacGyver Principle). ⑥ 창의적인 해결책은 생기게 마련이다(Solutions are Emergent). ⑦ 고객을 방해하지 말고 기다려주라(Minimal Touch Points).

352) Grant, A. M., & Cavanagh, M. J.(2018). The Solution-focused Approach to Coaching. In Cox, E., Bachkirova, T., & Clutterbuck, D.(Eds.). *The Complete Handbook of Coaching*(3rd Ed.). London: Sage Publications. 38-39에

첫째, 해결중심 코칭 접근법은 간단한 개입 방법의 하나로 개발되었다는 점이다. 여기서 간단하다는 말은 회기(session)의 수나 길이가 짧다는 것을 의미하는 것이 아니고, 전통적인 방식과는 달리 과거의 상처를 치유하지도 않고, 방어 기제를 발견하여 축소하지도 않으며, 인지 체계를 재구성하지도 않으면서 고객이 활용할 수 있는 자원을 밝혀내고, 그의 목표를 달성하는 데 자원을 활용하도록 돕는 것에 초점을 맞춘다는 의미이다. 그래서 고객의 목표가 확실해지면, 그가 만족할 만한 결과를 달성하기 위한 가장 단순하고 쉬운 방법을 고객 스스로 알아낼 수 있도록 도와준다는 것이다.

둘째, 해결중심 코칭 접근법의 핵심적인 특징은 고객이 '자기주도적 학습'(self-directed learning)을 위한 역량을 구축하는 것을 목표로 삼는다는 점이다. 자기주도적 학습은 문제 사항들에 대한 각각의 해결책을 발견하고, 각 개인에게 적합한 단계별 해결책을 확인하며, 피드백을 통한 해결책의 효과성을 평가하는 방식으로 이루어진다. 그런 다음 목표를 달성하기 위한 어떤 시도(행동)의 효과성을 극대화하기 위한 행동이 변화하는 것이다. 이런 절차는 고객의 호기심과 경험적이고 실험적인 '마인드셋'(mint-set)을 찾으려는 것이다.

마지막, 해결중심 코칭 접근법의 핵심적인 특징은 자기관리(self-regulation)다. 코치의 역할은 정해진 절차, 즉 목표 설정, 행동 계획 수립, 실행, 모니터링, 평가의 주기에 따라 고객이 자신의 목표에 집중한 상태에서 이 절차를 잘 따라감으로써 자신만의 여정을 잘 이끌어가도록 독려하는 것이다.

3) 해결중심 코칭 접근법의 방법과 기술(technique)

해결중심 코칭 접근법은 크게 관점을 변화시키는 방법과 행동을 변화시키는 방법으로 구분된다.[353]

① 관점의 변화(PEEP)[354]

해결중심 코칭 접근법에서는 관점을 바꾸는 것이 중심적인 요소이다. 일반적으로 고객은

서 발췌, 인용.

353) Grant, A.M., & Cavanagh, M. J.(2018). The Solution-focused Approach to Coaching. In Cox, E., Bachkirova, T., & Clutterbuck, D.(Eds.). *The Complete Handbook of Coaching*(3rd Ed.). London: Sage Publications. 39-44에서 발췌, 인용; O'Hanlon, B., & Beadle, S(1996). *A field guide to possibility land: Possibility therapy methods*. London: BT Press.

354) 이것은 원작에 있는 해결중심 코칭 접근법의 구체적인 방법 가운데 문제를 바라보는 관점을 바꾸는 데 사용하는 방법 네 가지를 추려서 해당 방법의 머리글자를 딴 것으로 보인다. 선택된 네 가지 방법을 은유적으로 표현하기 위해 '새로운 지도(maps; 행동을 바꾸는 방법)를 흘깃흘깃 살짝 훔쳐보는 것'의 의미를 지닌 'peep'이라는 영어 단어를 원용하여 작명한 것으로 판단된다. 물론 뒷부분에서 추가로 설명할 'MAPS'라는 표현도 마찬가지라고 생각한다. 해결중심 코칭 접근법을 더 알아보려면, 다음에 소개하는 책을 참조할 수 있다. Grant, A. M., & Cavanagh, M. J.(2018). The Solution-focused Approach to Coaching. In Cox, E., Bachkirova, T., & Clutterbuck, D.(Eds.). *The Complete Handbook of Coaching*(3rd Ed.). London: Sage Publications. 39-42.

어떤 문제가 발생했을 때, 그 문제점 자체나 그것이 해결하기 어려운 이유에 대해서만 집중하게 되는 경향이 있다. 그렇게 되면 당연히 해결책을 찾아보거나 해결책을 실행하는 데 필요한 자원이나 단계를 알아채지 못하기 마련이다. 이때 문제 상황에서 해결 상황으로 보는 관점을 바꿀 필요가 있다. 문제 상황에 집중하기보다 해결책에 더 집중하는 연습을 하게 되면, 더 많은 해결책을 인지하고 그런 해결책을 명확하게 할 수 있다. 이때 사용할 수 있는 여러 가지 방법 가운데 하나가 다음에서 소개할 'PEEP' 방법이다.[355)]

- 선호하는 결과물(Preferred outcome): 문제점을 나열하기보다 원하는 결과물이 무엇인지 확실하게 목표를 수립한다.
- 문제점 배제(Exceptions to the problem): 드러난 문제가 아무리 나쁘다 해도 그다지 나쁘지 않은 때가 있거나 이미 해결책의 씨앗이 있는 때가 있다고 생각한다.[356)]
- 기존의 자원(Existing resources): 고객이 이미 가지고 있는 자원들에 집중한다.
- 지금까지의 진행 상황(Progress made so far): 고객이 지금까지 성공적으로 달성한 것들이 무엇인지를 알 수 있도록 한다.

그밖에 해결중심 코칭 접근법에서 자주 사용되는 기술적인 방법에는 다음과 같은 것이 있는데, 척도 질문하기(Scaling), 기적 질문(The 'Miracle Question'), 재구성하기(Reframing)가 그것이다.[357)]

- 척도 질문하기: 고객의 문제나 우선순위, 성공에 대한 태도, 경험 등을 확실하게 측정하는 방법으로, 척도를 사용하는 것이다. 이것은 네 단계로 진행한다. 첫 번째, 목표를 향한 경과 과정을 보여주는 단계이다. 완전한 해결책이 제시되는 상황을 10점 만점이라고 가정하면, 현재 고객은 몇 점의 상황에 놓여 있는지를 질문한다. 두 번째, 모호한 목표(fuzzy goal)를 확인하는 단계이다. 만일 고객이 목표라고 대답한 척도가 예컨대 8점이라고 응답했다면, 그것이 어떤 상태인지를 확인하는 질문을 던진다. 세 번째, 고객의 현재 상태와 가용

---

355) Cox, E., Bachkirova, T., & Clutterbuck, D.(2018). *The Complete Handbook of Coaching*(3rd Ed.). London: Sage Publications(장환영 외 공역, 2019. **코칭 이론의 모든 것: 완벽한 코칭 핸드북**. 경기: 교육과학사. 90-91에서 발췌, 인용).

356) 혹자는 이것을 '예외 질문'(exception question)이라는 방법으로 치환하여 설명하기도 한다. 즉, 이것은 현재의 문제점에만 초점을 맞추지 않고, 과거에 성공했던 경험과 현재 잘하고 있는 것을 찾아내어 그런 행동을 강화하는 질문을 말한다. 예외 질문의 구체적인 예는 다음에 소개하는 논문을 참조할 수 있다. 이유경 · 이헌주(2021). 해결중심 단기치료의 코칭 적용에 관한 연구: ICF 핵심역량의 8가지 주제를 기반으로 한 코칭 질문의 다각화를 중심으로. **코칭연구**, 14(3), 66.

357) Grant, A.M., & Cavanagh, M. J.(2018). The Solution-focused Approach to Coaching. In Cox, E., Bachkirova, T., & Clutterbuck, D.(Eds.). *The Complete Handbook of Coaching*(3rd Ed.). London: Sage Publications. 40-41에서 발췌, 인용.

한 자원을 확인한다. 예컨대, 만일 고객이 현 상태가 4점 정도가 된다고 응답했다면, 그것이 어떤 상태이며 그동안 진행했던 일들이 무엇인지 확인한다. 네 번째, 목표 달성을 위한 세분화한 단계를 확인한다. 예컨대, 고객의 현재 상황이 4점 정도, 목표가 8점, 그리고 고객이 말한 일차적으로 달성할 지점이 6점 정도의 상황이라고 응답했다면, 그것이 달성되었을 때 어떤 것들이 달라질 것인지를 질문하는 것이다.

- 기적 질문: 이것은 미래에 고객에게 기적이 일어났다는 것을 전제로 해결책을 찾아보도록 질문하는 것이다. 예컨대, 고객에게 "만일 잠자고 일어났더니 문제가 기적적으로 해결되었다고 가정하면, 그때 가장 처음 무엇을 살펴보면 해결책이 있다는 것을 알 수 있겠습니까?"라고 질문하는 것이다. 현재 고객이 가진 긍정적 자원을 파악하며, 희망을 심어주는 기법이라고 할 수 있다.[358] 해결중심 코칭 접근법을 사용하는 사람들은 기적 질문을 첫 번째 세션에서 던지는 전형적인 질문이라고 주장한다.[359] 하지만, 고객이 여전히 문제가 무엇인지를 계속해서 탐색하는 동안 기적 질문을 던지는 것은 고객에게 혼란을 주고, 참여 의지를 낮추며, 심지어 분노나 분개를 초래할 수 있음을 유념해야 한다.[360]
- 재구성하기: 이것은 코치가 가능성을 열어두고 고객이 자신이 보유한 자원에 집중하도록 하는 방식으로 고객의 진술을 재구성하는 것이다. 예컨대, 이것은 고객이 해결책을 잘 찾지 못할 때, 코치가 고객의 드러나지 않았던 자원을 드러내게 하고자 할 때, 고객의 어떤 대답을 칭찬하면서 해결책을 더 생각하게 하고 싶을 때 등의 상황에서 고객에게 추가적인 질문을 통해 상황을 재구성하도록 돕는 것이다.

② 행동의 변화(MAPS 방법)

앞서 설명한 고객의 관점을 바꾸는 방법만으로는 충분하지 않다. 코칭에서 의미 있는 결과를 도출하려면, 반드시 행동이 뒤따라야 한다. 그래서 코치는 고객이 목표를 달성하는 데 필요한 행동 패턴을 찾아내서 그것의 근거를 뒷받침하는 일을 해야 하도록 도와주어야 한다. 다음과 같은 몇 가지 기법들이 이런 행동 변화를 추구하는 데 활용될 수 있다.

- 다양한 대안들(Multiple options): 고객을 도와서 그가 실행할 수 있는 다양한 대안들을 만들어내도록 한다.
- 말해주지 말고 질문하기(Ask, don't tell): 말해주기보다 질문하되, '왜'(Why)라는 질문보다

---

358) 이유경 · 이헌주(2021). 해결중심 단기치료의 코칭 적용에 관한 연구: ICF 핵심역량의 8가지 주제를 기반으로 한 코칭 질문의 다각화를 중심으로. **코칭연구**, 14(3), 59-66.

359) De Shazer, S.(1988). *Clues: Investigating solutions in brief therapy*. New York: Norton & Co.

360) Grant, A. M., & Cavanagh, M. J.(2018). The Solution-focused Approach to Coaching. In Cox, E., Bachkirova, T., & Clutterbuck, D.(Eds.). *The Complete Handbook of Coaching*(3rd Ed.). London: Sage Publications. 40에서 발췌, 인용.

'어떻게'(How)라는 질문을 사용한다.

- 문제를 가능성으로(Possibility in the problem): 모든 문제는 해결의 씨앗을 품고 있다. 그래서 현존하는 문제점들을 해결책으로 만드는 데 활용할 수 있는 요인들을 인지하도록 한다.
- 세분화한 SMART 단계(Specific SMART): 고객이 처음 시도하는 행동들은 달성 가능한 수준으로 세분화하여 만들어 내도록 함으로써 동기를 부여하고 작은 성공을 경험할 수 있도록 한다.

4) 해결중심 코칭 접근법의 강점과 한계

해결중심 코칭 접근법은 고객이 가진 자원에 관한 관심을 극대화한다는 측면에서 강점을 지니고 있다. 즉, 코치가 고객에게 진실한 자세로 계속해서 질문하는 자세를 견지하고, 코치가 말하는 내용이 고객을 존중하고 그가 자신의 문제를 시의적절하게 해결하도록 도움을 주는 관점을 제공했다는 측면에서 긍정적으로 평가할 수 있다. 고객이 바라는 미래상을 구상하거나 지금까지 전혀 사용하지 않았던 고객의 자원들과 강점들을 확인하는 것은 고객의 세계관과 자아상에 큰 영향력을 줄 수 있다. 나아가 특정한 행동 변화로 이어질 수 있다는 점을 강조했다는 점에서 이 방법은 충분한 의의가 있다.[361)]

하지만 고객이 실행방식의 근거로서 인과관계에 관한 설명을 요구할 때 큰 난관에 봉착할 수 있다. 예컨대, 고객이 문제의 원인론에 대해 더 알고자 할 때, 고객이 자신만의 핵심적이거나 고수하고자 하는 세계관이 형성되었을 때, 해결중심 코칭 접근법을 적용하고자 하는 의도가 부작용으로 이어질 수 있다. 또한, 실제로 코칭 현장에서 오랫동안 질문해도 해결책을 찾지 못하는 고객들을 만나는 경우도 적지 않다. 이것은 해결책이 고객의 내면에 있지 않다는 것을 의미하는 것이어서, 이 점은 해결중심 코칭 접근법의 심각한 한계점과 연관된다.

일부 국내외 문헌에서 해결중심 코칭을 다루고 있지만[362)], 이에 대한 타당한 경험적 증거의 기반을 더 찾을 필요가 있다.

---

361) Grant, A. M., & Cavanagh, M. J.(2018). The Solution-focused Approach to Coaching. In Cox, E., Bachkirova, T., & Clutterbuck, D.(Eds.). *The Complete Handbook of Coaching*(3rd Ed.). London: Sage Publications. 46-47에서 발췌, 인용.

362) 유혜정(2010). 상담과 코칭의 통합적 적용에 대한 사례 연구. **한국기독교상담학회지**, 19, 191-214; 이유경 · 이현주(2021). 해결중심 단기치료의 코칭 적용에 관한 연구: ICF 핵심역량의 8가지 주제를 기반으로 한 코칭 질문의 나각화를 중심으로. **코칭연구**, 14(3), 53-73; Greene, J., & Grant, A. M.(2003). *Solution-focused coaching: Managing people in a complex world*. London: Momentum Press; O'Hanlon, B., & Beadle, S.(1999). *A guide to possibility land: Fifty-one methods for doing respectful brief therapy*. London: Norton & Co; Berg, I., & Szabo, P.(2005). *Brief coaching for lasting solutions*. New York: W. W. Norton & Company.

2. 내러티브 코칭

내러티브 코칭(narrative coaching)은 사람들이 새로운 선택안들(options)과 결과를 도출하기 위해 그들의 이야기(stories)를 바꾸어 가는 데 도움을 준다. 이 방법은 개인적인 발전과 업무에 대한 동서양의 접근법을 통합하는 방법의 하나로 시작되었다.[363)]

내러티브(narrative)의 어원은 '말하다', '서술하다'라는 뜻을 가진 라틴어 'narro'와 '알다', '친숙하다'라는 의미를 지닌 산스크리트어 'gna'에서 비롯된 라틴어 'gnarus'에서 유래되었다.[364)] 사전적 정의로 내러티브는 '정해진 시 · 공간 내에서 인과관계로 이어지는 허구 또는 실제 사건들의 연속'을 뜻하는 것으로[365)], 어떤 사물이나 사실, 현상에 대해서 일정한 줄거리를 가지고 하는 말이나 글을 말한다.[366)] 최근 들어, 내러티브라는 용어는 인류의 문화를 유지하기 위해 서로 경험을 공유하기 위한 의사소통 수단으로서 그 진가를 인정하는 사회 분위기 탓에, '이야기'(story)라고 말해도 될 부분을 굳이 내러티브라는 용어로 대체하는 경향이 있다.

그런 차원에서 스토리와 내러티브라는 개념의 차이를 엄격하게 구분하기도 한다.[367)] 스토리가 모든 종류의 사건이나 사건의 나열이라면, 내러티브는 그 사건 간의 관계를 중심으로 하는 관점이나 의도, 주제를 가진 사건 진행 방식이다. 즉, 내러티브는 전달하고자 하는 의미에 초점을 두면서, 단순한 스토리보다 목적성을 가지게 되고, 거기에 참여하는 사람에게 쉽게 동기를 부여하게 된다. 그래서 인간은 내러티브를 통해서 새로운 지식의 형성과 재해석, 다른 사람과 대인관계를 맺는 등 그 자체로 문화의 주요한 토대가 되어 왔고, 구두 내러티브에 대한 본능적 욕구는 다른 생명체들과 구별하는 특징이다.[368)] 한마디로 내러티브는 인간 경험의 총체라고 할 수 있다.

내러티브 탐구법은 연구자와 연구참여자 간의 공감적 이해를 통해 수행되며, 언어를 도구화하여 은유, 대화, 이야기, 일기 등 내면의 경험을 의미화하는 과정에 초점을 두는 방법이

---

363) Drake, D. B.(2003). *How stories change: A narrative analysis of liminal experiences and transitions in identity*(Dissertation). Fielding Graduate Institute, Santa Barbara; Drake, D. B.(2018). Narrative Coaching. In Cox, E., Bachkirova, T., & Clutterbuck, D.(Eds.). *The Complete Handbook of Coaching*(3rd Ed.). London: Sage Publications. 109에서 발췌, 인용.

364) 이흔정(2004). 내러티브의 교육 과정적 의미 탐색. **한국교육학연구**, 10(1), 151-170.

365) 우리말샘(2022). 내러티브(https://ko.dict.naver.com, 2022년 9월 검색)

366) 위키백과사전(2022). 내러티브(https://ko.wikipedia.org/wiki/이야기, 2022년 9월 검색)

367) 스토리와 내러티브 간의 개념 차이는 상당하다. 스토리가 내러티브 자체일 때도 있지만, 내러티브가 때로는 스토리(내용)를 더욱 부각해 주는 요소(담론)라고 생각해 보면 쉽게 알 수 있다. 스토리가 실제 혹은 허구의 사건이나 일련의 사건 묶음이라면, 내러티브는 그 사건들을 이야기답게 풀어나가고 전달하는 방식이다. 중요한 것은 내러티브가 사건 간 전후 인과관계를 명백하게 드러내는 형식이라는 점이다. 내러티브 개념의 다양성에 대해서는 다음에 소개하는 논문을 참조할 수 있다. 정수경 · 강현석(2015). 내러티브 개념의 다양성 탐구. **내러티브와 교육연구**, 3(1), 23-45.

368) 정수경 · 강현석(2015). 앞의 논문. 25-26에서 발췌, 인용.

다.[369] 기존에 언어학, 문학, 역사, 교육학 및 심리학 등에서 연구된 내러티브 관련 요소들을 사회과학에서 접목하기 시작했고[370], 로(Law, H.)가 영국의 지역사회 코칭 프로그램으로서 이민자를 대상으로 진행되었던 코칭 사례를 발표하면서 처음 소개되었으며[371], 오늘날에 이르게 되었다.

1) 내러티브 코칭의 가정들과 특징들

내러티브 코칭에서는 고객이 자신에 관해 말하는 이야기가 상당히 중요하다. 그 이야기는 사람들이 자신의 경험을 묘사하고 그의 삶의 방식을 설명하는 것과 밀접한 연관이 있기 때문이다. 그래서 고객의 이야기는 이런 연관성을 찾아내기 위한 강력한 시작점이 된다. 사람들은 어떻게 자신의 세계관을 구성하고, 그 방향을 찾아가는지를 이야기를 통해 표면화함으로써 변화를 만들어 내는 방식을 제시할 수 있다. 내러티브 코칭은 다음과 같은 사항들을 전제로 한다.

첫째, 내러티브를 진행하는 과정에서 고객의 정체성이 나타난다. 사람들은 자신이 누구인가 즉, 존재하는 방식이 무엇인지(is)에 대해 고민할 때 문제를 경험하고 코칭을 받길 원한다. 일반적으로 고객이 그의 경험을 이야기할 때 나타나는 패턴과 적응하는 모습은 지속성을 띤다. 코치는 그가 어떤 시간과 공간과 같은 환경 속에서 받는 상황과 영향력을 명확하게 언급하고, 이런 과정을 통해 고객의 정체성, 이야기와 행동이 모양새를 갖추게 된다. 내러티브 코치들은 고객이 내러티브를 전개함으로써 그가 존재하는 방식이 드러날 때, 본격적으로 코칭을 진행하게 된다.[372]

둘째, 담론(discourse)은 강력한 영향력을 미친다. 코치는 고객이 자신의 언어로 자신의 이야

369) 이민영(2004). 남북한 이문화 부부의 가족과정 경험에 관한 질적 연구: 내러티브 탐구방법을 활용하여. 이화여자대학교 대학원 박사학위 논문; 정수경 · 강현석(2015). 내러티브 개념의 다양성 탐구. 내러티브와 교육연구, 3(1). 23-45에서 발췌, 인용.

370) 언어학에서 내러티브는 언어로서의 이야기를 완성하는 구조로 이해되고, 문학을 비롯한 인문학에서 내러티브는 형식적인 측면에서 텍스트(text)를 분석하는 데 중점을 두고, 사회생활의 구조와 행동의 맥락적 이해를 핵심적인 요소로 이야기(담화)에 대한 이해가 폭넓게 발전되었다. 역사에서 내러티브는 사건들을 의미 있게 연결하는 특성, 개별적 사건들의 일관성, 통일성을 중심으로 이해된다. 그리고 심리학에서는 주어로서의 나(I)와 목적어로서의 나(me)의 차이점을 연구하면서 사람들이 말하는 이야기의 의도, 사고 양식, 문화의 조직 방식에 초점을 두고 사용되었다. 이에 관한 자세한 내용은 다음에 소개하는 글들을 참조할 수 있다. 정수경 · 강현석(2015). 앞의 논문. 23-45; Czarniawska, B.(2004). *Narrative in social science research*. London: Sage; Drake, D. B.(2018). Narrative Coaching. In Cox, E., Bachkirova, T., & Clutterbuck, D.(Eds.). *The Complete Handbook of Coaching*(3rd Ed.). London: Sage Publications. 110.

371) Drake, D. B.(2007). The art of thinking narratively: Implications for coaching psychology and practice. *Australian Psychologist*, 42(4), 283-294; Stelter, R.(2007). Coaching: A process of personal and social meaning making. *International Coaching Psychology Review*, 2(2), 191-201.

372) Drake, D. B.(2018). Narrative Coaching. In Cox, E., Bachkirova, T., & Clutterbuck, D.(Eds.). *The Complete Handbook of Coaching*(3rd Ed.). London: Sage Publications. 113에서 발췌, 인용.

기에 빠져드는 과정에 함께 좇아갈 뿐만 아니라 그 이야기가 반영하고자 하는 더 넓은 담론을 찾아보도록 돕는다. 이렇게 함으로써 고객이 자신에 관한 특정한 스키마(schema)를 밝혀내고, 고객이 자신의 이야기를 어떻게 이야기하고 자신의 삶의 방식과 모양새를 나타내는 내러티브를 내재화할 수 있다. 이때 코치는 고객이 전통적으로 해 왔던 내러티브와 그의 속에 숨겨져 있던 이야기들 사이의 차이가 무엇인지를 알려 주는 것이다. 고객은 자신에 내재한 한계를 인식하기 시작하면서부터 이런 내러티브로부터 거리감을 만들고, 자신이 현재의 삶이나 일에서 구하고자 했던 것들을 달성하도록 하는 것을 명확하게 보게 된다.

셋째, 성장은 나선형의 형태로 나타난다. 고객은 자신의 내러티브를 전개해 가면서 어떤 사건들이 연루되어 있는지, 어떤 주제를 구성해 나가는지, 어떤 캐릭터들이 특징적으로 묘사되는지, 그리고 이야기 중에 누구의 목소리가 가장 중요시되는지를 말하게 된다. 그러면서 가장 중심이 되는 내용이 공개되고, 이야기가 진행되는 과정에서 변화가 무엇이며, 화자가 누구인지 드러나기 때문에 대체로 이 지점에서 성장하게 된다. 이때 웃음, 시선 회피, 빈틈, 에너지의 변화 등이 나타나게 되는데, 이것은 고객이 성장하는 데 한계점에 근접해 있다는 것을 의미한다. 이런 빈틈의 공간은 대체로 나선형을 그리면서 올라가는 방식으로 진행되며, 고객은 새로운 관점이나 통찰력을 얻을 수 있다.

이처럼 내러티브 코칭은 고객의 경험에서 출발하며, 고객의 경험을 이야기로 만들어 가면서 스스로 답을 찾게 만드는 과정이다. 이때 코치는 내러티브를 활용하여 사람들이 자기 자신에 대한 감각과 그들의 이야기, 그들 속의(내재적인) 경험들과 외재적 이야기들, 내러티브의 패턴과 욕망 간의 관계를 재조정함으로써 대안적인 영역과 새로운 가능성을 찾아가도록 도울 수 있다.[373)]

2) 내러티브 코칭의 방법과 기술(technique)

내러티브 코칭을 진행하는 방법은 대체로 다음과 같다.[374)]

첫째, 보호장치인 대화 공간(dialogue space) 마련하기이다. 이것은 고객이 그의 내러티브 자원들 속으로 들어가 자신의 이야기에 충분히 집중하도록 대화 공간을 마련하는 것이다. 코치는 그 속에서 고객이 자신의 이야기를 하면서 자신과 타인과의 관계에서 각각의 캐릭터를 어떻게 부여하는지, 상호관계 속에서 자신의 성격을 어떻게 부여하는지 등에 대해 관찰한다. 이런 과정에서 고객의 이야기 속에 등장하는 인물을 살펴보는 것은 고객의 마음속에서 작용하지만 대체로 가려져 있는 자신의 내면에 접근할 수 있기 때문이다.

373) Drake, D. B.(2018). Narrative Coaching. In Cox, E., Bachkirova, T., & Clutterbuck, D.(Eds.). *The Complete Handbook of Coaching*(3rd Ed.). London: Sage Publications. 111에서 발췌, 인용.

374) Drake, D. B.(2018). 앞의 글. 116-118에서 발췌, 인용.

둘째, 고객의 경험 공유하기이다. 코치는 고객과 충분한 라포르(rapport)를 형성한 상황에서 고객이 말하는 이야기 속에서 문자 그대로 말하거나 비유적으로 표현하는 경험을 공유한다. 그러다가 코치와 고객 간에 좀 더 강력한 관계를 형성할 필요가 있을 때나 새로운 경험이 필요할 때, 코치는 관계 중심으로 복귀한다. 여기에서 말하는 경험은 단지 과거의 경험을 일컫는 것이 아니라 대상과의 관계 속에서 경험을 창조하는 것이다. 경험은 단지 하나의 사건들로 분절된 것이 아니라 사건의 연속으로서 삶을 구성한다. 우리가 하나의 사건을 겪을 때 그 자체로 경험이 되는 것이 아니라, 그 사건이 마음에 녹아들어 이미 겪은 사건들과 하나의 그림을 이루며 흥분(sensation)을 불러일으키는 것이 경험이다. 다시 말해, 경험은 사건 간의 관계를 바탕으로 하나의 크고 전체적인 마음의 패턴을 구성하는 것이라고 볼 수 있다. 이런 경험 구조 속에서 마음은 삶에 필요하다고 생각되는 정보를 추려내어 그것을 이해하고, 앞으로 겪을 일을 예상하기 위해 겪었던 사건들 사이의 관계를 짜 맞추는 것이다.[375)]

셋째, 현재 시점과 현재 공간에 집중하여 경청하기이다. 코치는 고객에게 가능한 많은 시간(story time)과 공간(story space)을 할애하고, 지금 이 자리 이 시점에서 들리는 이야기에 집중한다. 그리고 코치는 고객이 변화로 이어질 만한 충분한 근거를 만들도록 이야기 간의 지점을 연결하는 역할을 한다. 이것은 사람들이 어떤 의미 있는 변화를 만들고 유지하려면, 경험에 근거한다는 관점에서 진행하는 것이다. 즉, 고객이 이야기 속에 있는 요소들을 바탕으로 새로운 조합과 조건을 만드는 실험실과 같은 것이다. 내러티브 코칭의 핵심적인 특징은 고객의 문제점에 대해 새롭게 정의하기 위해 도전, 재정의 또는 대안적인 해석을 함으로써 고객의 이야기를 잘 알아듣는 데 도움이 되는 요소들을 찾는 데 있다. 이것은 코칭을 진행하면서 고객이 구두로 언급하거나 언급하지 않는 내용에 대해 좀 더 주의를 집중하는 것이다. 이것을 혹자는 '제3의 귀'[376)], '제3의 눈'[377)]이라고 표현했다. 이때 내러티브 코치들이 새로운 방식으로 고객의 이야기를 경청하는 데 사용할 수 있는 '내러티브 다이아몬드'(narrative diamond)라는 틀을 사용할 수 있다.[378)]

3) 내러티브 코칭의 강점과 한계

내러티브 코칭은 여러 장르의 코칭에 다양하게 적용될 수 있다. 고객이 자신의 이야기를 연

375) 정수경 · 강현석(2015). 내러티브 개념의 다양성 탐구. 내러티브와 교육연구, 3(1), 39-39에서 발췌, 재인용.

376) Kramer, G.(2007). *Insight dialogue: The interpersonal path to freedom*. Boston, MA: Shambhala; Reik, T.(1998). *Listening with the third ear: The inner experience of a psychoanalyst*(12th Ed.). New York: Farrar, Strauss and Giroux.

377) Drake, D. B.(2010). What story are you in? Four elements of a narrative approach to formulation in coaching. In S. Corrie & D. Lane(Eds.). *Construction stories, telling tales: A guide to formulation in applied psychology*. London: Kamac. 239-258에서 발췌, 인용.

378) Drake, D. B.(2007). The art of thinking narratively: Implications for coaching psychology and practice. *Australian Psychologist*, 42(4), 283-294.

결하도록 함으로써 그 과정에서 새로운 방식으로 되돌아보도록 도움을 주는 데 탁월한 역할을 한다. 특히, 마음 챙김(mindfulness)과 자아성찰을 통한 위안을 얻고자 하는 고객, 감정적 · 은유적 · 비합리적 수준에서 일할 수 있는 의지와 비선형적 성장 과정에서 인내할 수 있는 고객, 자신의 경험을 이해하고 명확하게 표현할 수 있는 능력을 갖춘 고객, 그리고 자신의 이야기를 통한 자아 개방과 자신의 어두운 면을 드러내어 일할 수 있을 정도의 강인한 자아의 필요성에 공감하는 고객들에게 탁월한 역할을 할 수 있다. 이런 방법을 통해 내러티브 코칭은 고객이 스스로 자신의 세계로 돌아가 새로운 이야기의 싹을 틔우고 번성하도록 돕는 데 상당히 중점을 두게 되는 것이다.

하지만, 고객이나 코치에게 이런 면이 드러나지 않는다면, 내러티브 코칭은 그들에게 효과성이 떨어지는 방식이 될 수 있다. 내러티브 코칭에 관한 국내외 문헌은 드물지만, 몇 가지 문헌을 통해 내러티브 코칭이나 내러티브 치료의 특징과 방법을 확인할 수 있다.[379)]

3. 코칭에 관한 NLP 접근

신경 언어 프로그래밍(Neuro−Linguistic Programming: NLP)은 인간의 수월성에 관한 종합적인 심리요법 모델이다. NLP는 1970년대 초, 언어학 교수인 존 그라인더(Grinder, J.)와 심리학자인 리처드 밴들러(Bandler, R.)가 게슈탈트 치료의 창시자인 프리츠 펄스(Perls, F.), 경험적 가족 치료사인 버지니아 사티어(Satir, V.), 최면 치료의 대가인 밀턴 에릭슨(Erickson, M.)의 이론에다 인류학자이자 의사소통 이론가인 그레고리 베이트슨(Bateson, G.)의 이론을 통합하여 만든 것이다.

NLP는 어느 특정 학파의 학설이 아니며, 신경과학, 언어학, 인공지능학, 정보공학, 커뮤니케이션 원리에 기초하여 행동주의, 정신치료, 인본주의, 인지주의의 우수한 기법을 바탕으로 하고 있다.[380)] NLP의 인간관과 철학은 조직이론, 뇌공학, 실존주의, 현상학, 논리적 실증론 등 다

379) 정수경 · 강현석(2015). 내러티브 개념의 다양성 연구. 내러티브와 교육연구, 3(1), 23-45; Drake, D. B.(2017). *Narrative Coaching: The Definitive Guide to Bringing New Stories to Life*(Kindle Ed.)(김혜연 · 김상복 · 서정미 역, 2021. 내러티브 코칭: 새로운 스토리의 삶을 위한 확실한 가이드. 서울: 한국코칭수퍼비전아카데미); Freedman, J., & Combs, G.(1996). *Narrative therapy: The social construction of preferred realities*. New York: Norton and Co; McKee, R.(1997). *Story: Substance, structure, style and the principles of screen writing*. New York: Harper Collins; Schank, R. A.(1990). *Tell me a story: A new look at real and artificial memory*. New York: Charles Scribner's Sons; Stelter, R.(2012). *Tredge Generations Coaching: En Guide til Narrative-Samskabende Teori of Praksis*. Hoboken, NJ: Wiely(*A Guide to Third Generation Coaching: Narrative-Collaborative Theory and Practice*. Springer(최병현 · 이혜진 역, 2018. 내러티브 상호협력적 코칭: 1세대 코칭을 넘어 3세대 코칭으로. 서울: 한국코칭수퍼비전아카데미).

380) 김대식(2008). NLP 자기 성장 프로그램 훈련이 기업체 성인 학습자의 자기 존중감에 미치는 효과. 숭실대학교 박사학위 논문; 진명일 · 이영순 · 이연숙 · 김미선(2012). 국내 신경언어프로그래밍(NLP)의 연구 동향에 관한 고찰. 지역과 세계, 36(2), 293-319.

른 많은 분야에서 종합된 이론으로 이루어졌으며[381], 게슈탈트, 인간 중심 상담, 행동주의 심리학, 단기치료, 최면요법의 영향을 받은 절충적 치료 기법이다.[382]

NLP라는 말이 내포하고 있는 의미는 다음과 같다.[383]

- 신경(Neuro): 인간의 모든 행동이 오관(시각, 청각, 촉각, 후각, 미각)을 통한 신경적 과정을 통해 생겨난다는 것을 말한다. 이것은 인간의 마음을 지칭하기도 하며, 인간이 어떤 방식으로 마음의 세계를 만드는지에 대해 설명하는 것이다.
- 언어(Linguistic): 인간은 자신의 사고와 행동을 규정하고, 타인과 의사소통하기 위해 언어를 사용한다는 점을 나타낸 것이다. 즉, 인간이 어떻게 언어를 사용하며, 언어가 개인에게 어떻게 영향을 미치는가에 관한 것이다.
- 프로그래밍(Programming): 인간이 특정한 결과를 도출하기 위해 자신의 견해와 행동을 조직화하는 방식을 말한다. 즉, 인간이 반복적으로 행하는 행동의 구성체계에 관한 것으로, 인간이 어떻게 목적을 가지고 행동하는지를 설명하는 것이다.

1) NLP 접근법의 기본 가정들과 행동의 틀

NLP는 인간과 세계에 대한 긍정적 관점을 가정하는 낙관론적 접근방식을 띠고 있다. NLP에서 강조하는 몇 가지 기본적인 가정들을 살펴보면 다음과 같다.[384]

- 사람들은 변화하는 데 필요한 자원을 지니고 있다.
- 사람들은 항상 자신에게 유용한 최선의 것을 선택한다.
- 인간의 모든 행동은 어떤 목적에 이바지한다. 하지만 그런 목적은 무의식일 수도 있다.
- 지금 개인이 어떻게 기능하는지를 파악함으로써 변화가 촉진될 수 있다.
- 실패와 같은 것은 전혀 없으며, 단지 피드백이 있을 뿐이다. 모든 반응이 사용될 수 있다.
- 유기체는 본래 안녕을 지향한다.
- 정신과 신체는 같은 시스템의 부분이다. 따라서 신체와 정신은 서로 변화에 영향을 준다.
- 과제를 충분히 작은 요목(要目)으로 세분화함으로써 어떤 일이건 완수할 수 있다.
- 세계는 계속되는 성장과 발전을 위해 자원과 기회를 제공하는 장소이다.
- 사람들은 이미 자신의 삶에서 필요한 모든 자원을 지니고 있다. 그들은 단지 자신의 내적

---

381) 전경숙(2003). *NLP Master Practitioner*. 한국 NLP 아카데미 심리전략 연구원.

382) Tosey, P., & Mathison, J.(2003). Neuro-Linguistic Programming and Learning Theory: A Response. *The Curriculum Journal*, 14(3), 103-107.

383) 진명일 · 이영순 · 이연숙 · 김미선(2012). 국내 신경언어프로그래밍(NLP)의 연구 동향에 관한 고찰. 지역과 세계, 36(2), 297-298에서 발췌, 인용: O'Conner, J., & McDermott, I.(1994). *Principles of NLP*(설기문 역, 2000. NLP 입문. 서울: 학지사).

384) 노안영(2018). 상담심리학의 이해와 실제(2판). 서울: 학지사. 489-490에서 발췌, 인용.

자원에 접근하는 데 있어 도움이 필요하다.

한편, NLP에서 강조하는 몇 가지 행동적 틀은 다음과 같다.[385] 첫째, 문제보다는 결과를 지향한다. 둘째, '왜'라는 질문보다 '어떻게'라는 질문을 사용한다. 셋째, 실패보다는 피드백을 강조한다. 넷째, 필요성보다는 가능성을 고려한다. 마지막, 가정하는 것보다 의구심과 경이함의 태도를 채택한다.

2) NLP 코칭의 특징

NLP 코칭은 고객과 잠재적인 다른 이해관계자들의 이익에 대한 바람직하고 지속 가능한 변화를 촉진하는 구조화되고 적절한 전략, 도구와 기법을 적절하게 활용하는 인간 개발 과정이다.[386] 사람들이 변화하기 위해 고군분투하는 이유는 자신의 내적 두뇌 구조가 확고해서 움직이지 않은 것으로 생각하기 때문이다. 이런 실수는 사람들이 자신의 개인사(personal history) 안에서 경험을 취하며, 그때 당시에 만들어진 의미를 구체화하기 때문이다. 만일, 어떤 고객이 개인사의 경험 속에서 희망이 없다는 결론에 이르면, 그 믿음에 반대되는 증거를 제공하더라도 부정적인 마음이 더 커질 것이다. 그래서 인간의 모든 경험은 개인사(personal history) 안에서 만들어진 일반화에 따르는 감각적이고 언어적인 필터를 통해 유입되는 정보들을 왜곡하고 삭제한다. 이런 부조화를 감소시키려면, 고객이 변하면 된다. 이 과정을 NLP 코치가 돕는 것이다.

NLP 코치는 인간이 세상에 관해 무엇인가를 실행하는 것이 아니라 세상에 관한 자신의 표상(representation)을 실행한다는 점을 이해해야 하고, NLP 코치는 바로 이런 표상을 다루면서 코칭을 진행한다. 그래서 NLP 코칭의 목적은 코칭을 시작할 때부터 잘 형성된 성과를 만들기 위해 이런 표상을 변화시키는 것이다. 그리고 NLP 코칭에서는 고객의 현실(reality)에 대한 내용적 측면에 지나치게 많은 초점을 두기보다 그 과정 또는 패턴에 초점을 둔다.

NLP 코칭은 성과(outcome), 예리함(명민함, acuity) 및 유연성(flexibility)을 활용하면서 다음과 같은 세 가지 질문에 초점을 맞춘다.

- "고객은 자신이 무엇을 원하는지를 구체적으로 아는가?"
- "고객은 자신이 현재 어떤 상태에 있는지를 알도록 개방적인 감각을 유지할 수 있는가?"
- "고객은 자신이 원하는 바를 얻을 때까지 계속해서 변화할 수 있는 유연성을 가지고 있는가?"

NLP 코치는 고객이 원하는 바를 이해하도록 돕고, 고객이 그동안 활용하지 않았던 내적 자

385) 노안영(2018). 상담심리학의 이해와 실제(2판). 서울: 학지사. 491에서 발췌, 인용.

386) Grimley, B.(2018). The NLP Approach to Coaching. In Cox, E., Bachkirova, T., & Clutterbuck, D.(Eds.). *The Complete Handbook of Coaching*(3rd Ed.). London: Sage Publications. 185-187에서 발췌, 인용.

원을 작동하도록 도우면서 그것이 명료화되도록 다음과 같은 질문을 던지면서 고객의 변화를 돕는다.[387] 그리고 NLP 코치는 고객이 가치를 두는 것이 무엇인지, 어떻게 가치를 두는 것이 자신의 정체성과 관련되는지, 그리고 어떤 신념, 전략, 행동과 언어가 성과를 도출하고 다른 사람들과 관계를 맺을 때 필요한지에 대해 탐색하도록 지지하고 촉진하는 역할을 한다.

3) NLP 코칭의 방법과 기술(technique)

앞서 언급했듯이 NLP 코칭은 다양한 학파의 견해와 개념을 수용하는 만큼 고객과 코칭을 진행하면서 여러 가지 방법과 기법이 활용된다. 간단하게 소개하면 다음과 같다.[388]

- 결과 각본: 자신이 원하는 것이 무엇이고, 가고 싶은 곳이 어디인지에 집중하게 하며, 원하는 것을 얻는 데 필요한 자원을 발견하고 사용하여 성취 가능성을 최대화하도록 함.
- 라포르(rapport): 의사소통에서 상대방과의 사이에 형성되는 친밀감 또는 신뢰관계를 의미하며, 근본적으로 상대방을 그의 세계 모형 속에서 만나는 것, 즉 좋은 관계를 만드는 것임. 구체적으로 고객과 춤을 추는 것처럼 대응하고(matching), 그의 인지 패턴에 대한 피드백을 제공하며 속도를 맞추는(pacing) 것임.
- 관점 바꾸기: 경험이나 사실을 다른 차원이나 다른 관점에서 바라보고 다른 의미를 부여하고 행동으로부터 의도를 분리해 내는 것으로, 부정적인 사건이나 신념에서 벗어나고자 할 때 유용함.
- 메타 모델(Meta model): 고객이 말하는 것을 명료화하기 위해 그의 심층적인 수준에서 경험한 것으로 표현하도록 하는 것을 말함. 즉, 고객이 글이나 말로써 표현된 언어 속에서 일반화, 왜곡, 생략과 같은 유형이 어떻게 작용하여 그의 세계관 모형이 그려지는지를 설명하는 언어적 도구를 말함. 자신이 보고 싶은 것, 듣고 싶은 것만 보고, 듣고, 느끼는 현상을 '메타 모델 위반'이라고 하고, 이에 도전하는 질문을 '메타 모델 도전'이라고 함.
- 표상(representation): 감각기관을 통해 받아들여진 정보를 꺼내거나 기억을 되살릴 때는 시각, 청각, 촉각, 미각, 후각으로 느끼는 경험이 마음속에 그려지는 것임. 선호 표상체계는 한 개인이 시각, 청각, 촉각, 내부언어의 네 가지 감각 또는 표상체계 가운데 특히 어느 감각적 요소를 더 많이 즐겨 사용하는 것을 말함.
- 모델링(modeling): 성공한 사람들은 그들이 보고 듣고 느끼는 데 어떤 공통적인 패턴이 있는데, 무엇을 보고, 무엇을 어떻게 듣고 느끼며, 이것을 어떻게 진행하는지에 대한 방법을

387) Grimley, B.(2018). The NLP Approach to Coaching. In Cox, E., Bachkirova, T., & Clutterbuck, D.(Eds.). *The Complete Handbook of Coaching*(3rd Ed.). London: Sage Publications. 글. 188에서 발췌, 인용.

388) 진명일 · 이영순 · 이연숙 · 김미선(2012). 국내 신경 언어 프로그래밍(NLP)의 연구 동향에 관한 고찰. 지역과 세계, 36(2), 298-300; Grimley, B.(2018). 앞의 글. 188-194에서 발췌, 인용.

본받는 것을 말함.

- 밀턴 모델(Milton model): 어떤 상황에서 의도적으로 모호하고 추상적으로 언어로 표현하는 것을 말함. 무의식 과정에 접근하기 위해 역으로 '의식적 마음'(conscious mind)에 과부하가 걸리도록 하는 방식으로 언어를 사용하는 것임. 이것은 고객의 무의식적 마음에 대응하고, 속도를 맞추면서 의사소통하는 것임.
- 목표 설정: 목표를 설정하기 위해 SMART 원리를 따르는 것으로, 목표는 구체적이고(specific), 측정 가능하며(measurable), 성취할 수 있고(achievable), 합리적이며(reasonable), 적절한 시간 내에(timed) 달성할 수 있도록 설정하는 것임.
- 시간 선(time line): 과거–현재–미래를 연결하는 선을 말하는 것으로, 사람의 현재가 과거의 산물이듯이, 미래 또한 현재의 산물이라는 것임. 만약 현재에 특정한 문제를 경험하고 있다면, 그 문제의 뿌리는 과거에 있기에 시간 선 작업을 통해서 그 과거의 뿌리 경험을 취급함으로써 문제를 해결하는 것임.
- 스위시(swish): 자기가 원래 가지고 있던 바꾸고 싶은 행동을 자기가 새롭게 만들어 낸 바람직한 모델로 휙 바꾼다는 것을 말함.
- 지각적 입장: 고객이 세 가지 견해를 확인하고 탐색하게 할 기회를 제공하는 것을 말함. 1차 입장은 자기 자신의 견해를 나타내는 자리로 자신의 신념과 가치관을 탐색할 수 있고, 2차 입장은 다른 사람의 견해와 입장으로 상대방의 의견, 신념, 가치관 및 느낌 등을 지각할 수 있으며, 3차 입장은 다른 사람의 패턴을 객관적으로 보면서(관조) 중립적인 견해를 취하는 것을 말함.
- 앵커링(Anchoring): 사람을 어떤 특정한 상태에 붙들어 매거나 결부하는 감각적 수단을 의미함. 시각적 닻, 청각적 닻, 촉각적 닻, 내면적 닻이 있으며, 앵커를 통해서 자극–반응 관계가 성립되고 조건 형성이 이루어지는 것을 말함.
- 탁월성의 원: 내적 자신감을 느꼈던 때를 발견하고 생생하게 떠올리는 과정을 통해 내적 자원을 끌어내어 고객이 원하거나 필요로 할 때 언제나 느낌이 강한 내적 자신감을 지니도록 하는 것을 말함.
- 트랜스: 심신이 편안하고 나른한 마음의 상태처럼 이완 상태와 함께 특정한 무엇에 몰입하거나 집중하는 상태를 의미함.

4) NLP 코칭의 강점과 한계

NLP 코칭은 일관성 있는 작동(operation)에 대한 이해, 무의식적인 마음에 대한 이해, 그리고 의사소통에 대한 강조로 인해 다양한 코칭 장르에서 활용될 수 있다. 구체적으로 자신의 역할을 무의식적으로 능숙한 형식으로 통합하길 원하는 임원이나 관리자, 목표 설정과 개인과 팀의 작업에 관한 틀을 만들기 원하는 사람들, 대안적으로 더 큰 그림으로 바라보는 것을 선호하는 사람들, 서로 다른 문화 속에서 품격 있는 방법으로 자신의 문화적 가치와 신념 및 태도에 대한 인식을 개발하기 원하는 사람들을 돕는 데 유용하다.

하지만, NLP 코칭은 그 효과성을 다루는 학술적 문헌의 경험적 증거가 부족하다는 점에서 한계가 있다. 일부 국내외 문헌에서 NLP 코칭의 효과를 다루고 있지만[389], 여전히 타당한 경험적 증거의 기반을 더 발견할 필요가 있다.

2.7 독자적인 코칭 이론 정립을 위한 도전과제

현재 시점에서 보면, 앞서 소개한 이론들이 코칭 이론이라는 큰 나무 아래 터를 잡고 있다. 이런 이론을 개발한 연구자들의 혜안과 그것들을 코칭 현장에서 적용함으로써 의미 있는 결과를 만들어 낸 전문코치들의 경험 등이 지금까지 이어져 오고 있다. 이런 이론들은 심리학, 교육학 등을 바탕으로 여러 학문 영역에서 개발되고 활용되던 것으로, 코칭의 개념, 인간의 본질에 관한 가정, 그리고 코칭을 전개하는 과정에서 필요한 다양한 기술과 원리들이 포함된 것들이며, 현재 코칭 현장에서 진화와 문화를 거듭하면서 활용되고 있다.

하지만, 코칭학(Coachology)이 새로운 학문 영역으로 굳건하게 자리 잡기 위해서는 여기서 한 발 더 나아가야 한다. 새로운 개념을 개발하여 현장에 적용하고, 거기에서 발생한 경험과 사례를 바탕으로 끊임없는 연구 과정을 거쳐 도출된 결과들을 중심으로 코칭학만의 이론체계를 만들어가는 작업이 꼭 필요하다. 이론 없는 실천이 위태로울 수 있듯이, 이론 없는 코칭학 또한 충분히 위태로울 수 있다. 이런 과정에서 새로운 코칭 이론이 탄생하고, 현장에서 활동하는 전문코치들의 응용과 조정을 거쳐 새롭게 다듬어지는 반복적인 과정을 계속하면서 코칭학은 자신만의 독자적인 학문으로 발전할 수 있을 것이다. 이에 관한 자세한 논의는 코칭학을 다루는 이 책의 제14장에서 자세하게 언급하고자 한다.

389) 박옥영 · 도미향(2011). 유아의 대인 문제해결력과 조망수용능력 증진을 위한 NLP코칭 동화 프로그램 개발 및 효과. **코칭연구**, 4(2), 5-31; 박용권 · 허윤경(2020). 태권도 선수들의 경쟁 상태 불안 감소를 위한 NLP 코칭 프로그램. **코칭연구**, 13(6), 209-234; 윤애영 · 최혜란(2020). NLP를 활용한 진로 집단 코칭이 고등학생의 진로 결정 관련 변인에 미치는 영향. **한국청소년활동연구**, 6(3), 51-76; 진명일 · 이미현 · 진명식 · 조남정(2014). 기업상담에서 NLP의 활용. **지역과 세계**, 38(3), 39-63; 진명일 · 이영순 · 이연숙 · 김미선(2012). 국내 신경 언어 프로그래밍(NLP)의 연구 동향에 관한 고찰. **지역과 세계**, 36(2), 293-319; Grimley, B.(2013). *Theory and practice of NLP coaching*. London: Sage; Hall, M., & Duval, M.(2004). *Meta coaching*(Vol. I / II). Clin, CO: Neuro Semantics Publication; Tosey, P., & Mathison, J.(2009). *Neuro-linguistic programming: A critical appreciation*. London: Palgrave Macmillan.

3.1 코칭의 구분

코칭 장르의 구분과 종류에 관한 일치된 견해는 아직 없다. 따라서 현재 시점에서 누구나 인정할 만한 코칭 장르 분류 기준을 찾기가 쉽지 않다. 혹자는 그 이유를 코칭의 역사가 그리 길지 않다는 점에서 찾기도 하지만, 그보다는 보는 사람의 관점에 따라 다양한 기준이 존재하기 때문이라고 보는 것이 더 설득력이 있는 것 같다. 특히, 사회경제적인 변화에 따라 사람들의 일 처리 방법과 생활방식이 더 복잡해지고, 이와 관련하여 발생하는 다양한 문제들이 더 많아져서 코칭에서 취급하는 이슈와 주제들도 훨씬 더 많아졌기 때문에 코칭 장르를 구분하고 분류하는 작업이 더 복잡해질 가능성이 있다고 보는 것이 일반적일 것이다. 앞으로도 이런 현상은 계속 이어질 것이다.

여하튼 코칭 장르를 구분하는 일은 코칭의 역사와 밀접한 관련이 있고, 학자들의 관점(강조점)이나 관련 연구의 진행 시점과도 연관이 있다. 즉, 코칭이 어느 정도 확산, 발전된 시점에서 코칭을 구분하고 분류했는지에 따라 그 내용은 많이 달라질 수 있다. 그렇다고 해서 코칭을 분류하는 작업을 한없이 뒤로 미룰 수는 없는 문제여서, 이 책에서는 국내외 선행 연구결과를 바탕으로 현재 시점에서 코칭 장르를 구분하는 작업을 시도하는 것이다.

선행 연구결과에 따르면, 코칭은 다양한 기준으로 구분할 수 있다. 먼저, 피터슨(Peterson, D. B.)과 힉스(Hicks, M. D.)는 인적자원(HR) 시스템에 따라 코칭 장르를 전직 코칭(transition coaching), 목표 코칭(target coaching), 성과 코칭(performance coaching), 개발 코칭(developmental coaching), 커리어 코칭(career coaching) 및 임원 코칭(executive coaching)으로 구분했다.[1] 코블(Cobble, K.)과 구로비츠(Gurowitz, E. M.)는 코칭을 학습 도구로 설명하면서, 전문가

1) Peterson, D. B., & Hocks, M. D.(1996). *Leaders as coach: Strategies for Coaching and Development Others*. Minneapolis, MN: Personal Decisions International.

코칭(expert coaching), 촉진자 코칭(facilitator coaching), 멘토 코칭(mentor coaching) 및 세대 코칭(generative coaching)으로 구분하였다.[2] 또한, 제이(Jay, M.)는 코칭의 실행 영역을 개인 코칭(personal/individual coaching), 비즈니스 코칭(business coaching), 커리어 코칭(career/HR development coaching), 조직 코칭(organizational systems/corporate coaching) 및 임원 코칭으로 분류했다.[3] 자비스(Jarvis, J.)는 코칭의 집중 영역을 기준으로 임원 코칭, 성과 코칭, 스킬 코칭(skill coaching), 커리어 코칭, 개인 및 생활 코칭(personal and life coaching) 및 비즈니스 코칭으로 구분하였다.[4] 그리고 스턴(Stern, L. R.)은 적용 분야에 따라 코칭 장르를 임원 코칭, 개인 코칭(personal or life coaching), 커리어 코칭, 성과 코칭, 신임 리더 코칭(new assigned leader coaching), 관계 코칭(relationship coaching), 고성장 코칭(high potential or developmental coaching), 목표 행동 코칭(targeted behavioral coaching), 유산 코칭(legacy coaching), 비디오 코칭(video coaching) 및 팀 코칭(team coaching)으로 구분했다.[5]

앞서 소개한 코칭 장르의 분류에 관한 선행연구 결과를 정리하면 〈표 3-1〉과 같다. 즉, 선행 연구자들은 각자 제시한 기준에 따라 코칭 장르를 구분하고 있고, 그 종류는 매우 다양하며, 코칭 장르 명칭도 다르다는 것을 알 수 있다. 물론 임원 코칭, 개인 코칭, 기리어 코칭 및 비스니스 코칭처럼 같은 명칭을 사용, 분류하기도 했다.

한편, 케셀(Kessel, L.)은 여러 학자의 연구를 바탕으로 코칭의 영역, 코칭의 유형, 코치의 위치와 역할, 코칭의 초점 및 코칭 형태를 기준으로 코칭을 구분하였고,[6] 국내에서도 일부 연구자들과 전문코치들을 중심으로 코칭을 다양한 기준에 따라 구분하고 있다. 이 책에서는 국내외 선행 연구결과들을 바탕으로 코칭을 몇 가지 기준, 즉 코칭 비용, 지급 주체, 코치의 위치(소속), 코칭 대상, 코칭 주제와 내용, 코칭 고객 수(인원) 및 코칭 진행 형태와 방법 등에 따라 구분하고, 그에 속하는 코칭의 종류(장르)를 소개하고자 한다.[7]

2) Cobble, K., & Gurowitz, E. M.(1998). Coaching as a Learning Tool. *Leverage*, January 26, 2.

3) Jay, M.(2001). Distinguishing coaching practice area. *Organization and People Journal*, 8(4), 19-25.

4) Jarvis, J.(2004). *Coaching and buying coaching services*. London: Chartered Institute of Personnel and Development.

5) Stern, l. R.(2004). Executive Coaching: A Working Definition. *Consulting Psychology Journal: Practice and Research*, 56(3), 154-162.

6) Kessel, L.(2007). Coaching, a field for professional supervisor? *Ljetopis socijalnog rada*(Annual of Social Work), 14(2), 387-432.

7) 박정영(2009). 코칭학의 유형 분류를 위한 기초적 접근: 코칭 형태 분류를 기준으로. **코칭연구**, 2(1), 61-77에서 발췌, 인용; 이소희 · 길영환 · 도미향 · 김혜연(2014). **코칭학개론**. 서울: 도서출판 신정. 93-100에서 발췌, 인용; 조성진(2020). **코칭과 경력개발**. 경기: 양성원. 32-36에서 발췌, 인용; 한국코치협회(2022). 코칭 분야와 활용(http://kcoach.or.kr, 2022년 2월 접속); Jarvis, J.(2004). 위의 책. Jay, M.(2001). 위의 글, 19-25에서 발췌, 인용; Kessel, L.(2007). 위의 글. 387-432에서 발췌, 인용.

표 3-1 코칭 장르의 구분

연구자	구분 기준	코칭 장르 명칭		
Peterson & Hicks (1996)	HR 시스템	• 전직 코칭 • 개발 코칭	• 목표 코칭 • 커리어 코칭	• 성과 코칭 • 임원 코칭
Cobble & Gurowitz (1998)	-	• 전문가 코칭 • 세대 코칭	• 촉진자 코칭	• 멘토 코칭
Jay(2001)	실행 영역	• 개인 코칭 • 조직 코칭	• 비즈니스 코칭 • 임원 코칭	• 커리어 코칭
Jarvis(2004)	집중 영역	• 임원 코칭 • 커리어 코칭	• 성과 코칭 • 개인 코칭	• 스킬 코칭 • 비즈니스 코칭
Stern(2004)	적용 분야	• 임원 코칭 • 성과 코칭 • 고성장 코칭 • 비디오 코칭	• 개인 코칭 • 신임 리더 코칭 • 목표 행동 코칭 • 팀 코칭	• 커리어 코칭 • 관계 코칭 • 유산 코칭

1. 코칭 비용 지급 주체에 따른 구분

이것은 코칭을 진행한 대가인 코칭 수수료(coaching fee)를 지급하는 사람이 누구인지에 따라 구분하는 것으로, 기업(조직) 코칭(corporation/organization coaching)과 개인 코칭(personal coaching)으로 나눌 수 있다. 대체로 기업(조직) 코칭은 기업이나 특정 조직의 구성원을 대상으로 코칭을 진행하고, 해당 코칭 비용을 기업이나 조직에서 지급하는 경우를 말한다. 이에 비해, 개인 코칭은 대개 개인 고객이 코칭을 진행하기 전에 코칭 비용을 지급하는 경우이다.

현재 국내에서 양자 간의 비중이 어느 정도인지를 탐색한 연구결과가 아직 없어서 그 구체적인 수치를 알 수 없다. 하지만, 본 필자의 현장 코칭 경험에 따르면, 상대적으로 기업 코칭이 더 많을 것으로 짐작하며, 구체적인 현황에 관해서는 추가 연구가 필요하다고 생각한다. 한편, 기업(조직) 코칭과 개인 코칭의 차이를 코칭 비즈니스가 어떤 구조(계약, 코칭 프로세스 등)로 진행되는가에 따라 구분하는 견해도 있다.[8)]

8) 박정영은 코칭 비즈니스가 어떤 구조(계약, 코칭 프로세스 등)로 진행되는가에 따라 기업(조직) 코칭과 개인 코칭으로 구분하기도 한다. 즉, 코칭 진행과 관련된 계약 당사자가 누구이고, 진행되는 코칭 프로세스가 궁극적으로 누구에게 초점을 맞춰져 진행되는지에 따라 이렇게 구분한 것으로 보인다. 하지만, 이런 구분은 '구조'에 따른 분류라고 표현하기보다는 '비용 지급 주체'에 따른 분류라고 보는 것이 실제로 코칭 현장에서 이해하는 바에 더 가깝다고 생각한다. 그녀의 견해에 관한 자세한 내용은 다음에 소개하는 논문을 참조할 수 있다. 박정영(2009). 코칭학의 유형 분류를 위한 기초적 접근: 코칭 형태 분류를 기준으로. **코칭연구**, 2(1), 61-77.

2. 코치의 위치(소속)에 따른 구분

이것은 코칭이 진행되는 위치(장소) 또는 코칭을 진행하는 코치의 소속에 따라 구분하는 것으로, 외부(사외) 코칭(external coaching), 내부(사내) 코칭(internal/in-house coaching)으로 나눌 수 있다. 외부(사외) 코칭은 해당 기업(조직) 외부에 있는 전문코치를 활용하여 진행하는 코칭을 말하며, 내부(사내) 코칭은 기업(조직) 내부에 고용된 특정 구성원이 다른 내부 구성원을 대상으로 진행하는 코칭을 말한다. 이때 코칭을 진행하는 코치를 각각 외부(사외)코치, 내부(사내) 코치라고 부른다.

현재 국내에서 양자 간의 비중이 어느 정도인지를 탐색한 연구결과가 아직 없어서 그 구체적인 수치를 알 수 없다. 하지만, 본 필자의 현장 코칭 경험에 따르면, 국내에 코칭이 도입된 초창기에는 외부(사외) 코칭이 상대적으로 더 많았으나, 코칭이 급속하게 확산된 최근에는 내부에서 코치를 양성, 코칭을 진행하는 사례가 더 많을 것으로 짐작하고 있다. 이런 현상은 기업이나 특정 조직의 내부 사정을 잘 아는 내부(사내) 코치가 해당 구성원을 대상으로 코칭을 진행하는 것이 더 효과적이라는 최고경영자 또는 실무자의 판단과 기업 등의 내부 사정이 외부로 유출되는 것을 극히 조심하는 이유 등이 복합적으로 작용한 결과라고 짐작된다. 그 구체적인 상황에 관해서도 추가 연구가 필요하다고 생각한다.

3. 코칭 대상에 따른 구분

이것은 코칭을 받는 대상, 즉 코칭 고객에 따른 분류인데, 대상에 따라 아주 많은 코칭 장르로 구분할 수 있다. 다시 말하면, 코칭의 확산과 발전 정도에 따라 얼마든지 새로운 고객이 발굴될 수 있어서 다양하게 분류할 수 있다. 하지만, 여기에서는 현재 시점에서 국내외에서 비교적 많이 진행되는 코칭 대상을 중심으로 구분하고자 한다.

기업의 최고경영자를 대상으로 진행되는 CEO 코칭(chief executive officer coaching), 기업 내 임원을 대상으로 진행되는 임원 코칭(executive coaching), 기업(조직)의 관리자를 대상으로 진행되는 관리자 코칭(manager coaching), 가족 구성원을 대상으로 진행되는 가족 코칭(family coaching), 대학교에 재학 중인 학생을 대상으로 진행되는 대학생 코칭(college student coaching), 청소년을 대상으로 진행되는 청소년 코칭(youth coaching), 종교인들의 신앙생활 전반에 걸친 주제를 중심으로 진행되는 종교인 코칭, 교사나 교수, 그리고 교육행정가 등을 대상으로 진행되는 교육자 코칭(educator coaching) 등이 이에 속한다.

이처럼 코칭 대상에 따른 분류는 고객의 생애 발달과정 상의 시점이나 어떤 전문 영역에 종사하는지 등에 따라 얼마든지 더 세분할 수 있다. 예컨대, 예비(신혼)부부 코칭, 부부 코칭, 부모 코칭, 보건의료인 코칭, 연예인 코칭, 경력단절 여성 코칭, 싱글 맘(대디) 코칭, 노인(실버) 코칭, 중년남성 코칭, 청년 코칭, 다문화가족 코칭, 북한 이탈주민[9)] 코칭 등으로 다양하게 구분할 수 있다.

4. 코칭 주제와 내용에 따른 구분

이것은 코칭에서 핵심적으로 다루어지는 주제(issue)와 내용에 따라 분류하는 것으로, 코칭을 통해 결과적으로 이루고자 하는 목표가 무엇인지에 따라 다양하게 구분할 수 있다. 이런 분류도 코칭에서 다루어지는 주제에 따라 더 세분될 수 있지만, 여기에서는 현재 시점의 코칭 현장에서 주로 많이 다루어지는 주제와 내용을 중심으로 크게 구분하여 소개하고자 한다.

첫째, 고객의 비즈니스 전개과정에서 발생하는 다양한 주제들에 대해 진행되는 '비즈니스 코칭'(business coaching)이다. 이것은 대기업과 중소기업, 그리고 자영업 등 모든 형태의 비즈니스에 적용할 수 있어서 다루어지는 주제의 범위가 매우 넓다. 예컨대, 경영전략, 사업 확장과 축소, 인적자원관리, 목표관리, 동기부여, 문제해결, 조직문화 등 수없이 많은 주제가 여기에 포함될 수 있고, 이것들을 주제로 코칭을 진행할 수 있다. 예컨대, 리더십 향상을 목표로 진행되는 리더십 코칭(leadership coaching), 성과향상을 목표로 진행되는 성과(향상) 코칭(performance coaching), 기업활동과 비즈니스 전개 상황 등에서 발생하는 다양한 갈등과 관련된 갈등관리 코칭(conflict management coaching)과 그것들을 해결하는 데 초점을 맞춘 협상 코칭(negotiation coaching), 그밖에 비즈니스 현장에서 발생하는 다양한 형태의 이슈와 구체적인 활동 등과 관련된 커뮤니케이션 코칭, 마케팅 코칭, 세일즈 코칭, 창업 코칭 등이 여기에 속한다.

둘째, '라이프 코칭'(life coaching)이다. 이것은 한 사람이 인생을 살아가면서 겪는 다양한 문제를 스스로 해결함으로써 그가 원하는 삶을 살도록 지원하는 것으로, 궁극적으로 고객만의 고유함과 탁월함을 발견하도록 돕는 과정이다. 이것은 삶에서 일어나는 다양한 주제들, 예컨대, 인생의 의미와 목적, 인간관계 개선, 이혼과 재혼, 배우자와의 사별, 노후생활 준비, 은퇴 후의 삶 등과 같은 주제에 초점을 맞추어 진행되는 것이다. 구체적으로 데이트 코칭, 결혼 코칭, 예비부부 코칭, 부부관계 코칭, 부모 코칭, 실버 코칭, 다른 사람과의 관계 개선과 관련된 주제를 다루는 대인관계 코칭(relationship coaching) 등이 여기에 속한다.

셋째, '커리어 코칭'(career coaching)이다. 이것은 개인의 진로 또는 경력과 관련된 직업적인 주제에 초점을 맞추어 진행하는 코칭이다. 즉, 커리어 코칭은 일이나 직무와 관련된 개인과 조

9) 그동안 이들을 가리키는 용어로는 탈북자, 탈북민, 새터민, 자유 북한인, 자유민, 북한 이탈주민 등으로 다양한 것들이 사용되었지만, 정부가 정한 그들에 대한 법률적 용어는 '북한 이탈주민'이다. 위키백과사전(2022). 북한 이탈주민(https://ko.wikipedia.org/wiki/북한이탈주민, 2022년 2월 접속)

직의 변화와 발전을 촉진하고, 효과적인 행동을 취하도록 지원하는 일련의 과정이다. 이 경우에는 취업, 전직, 이직, 승진, 경력개발 계획 수립과 실행, 일과 삶의 균형 등에 관한 주제들을 중심으로 코칭이 진행된다. 커리어 코칭은 경기 불황에 따른 정리해고, 실업, 잦은 이직과 전직, 노동력의 자유로운 국내외 이동 등으로 인해 안정적인 고용 상태 유지에 관한 관심이 높아지면서 직장인들이나 대학생들이 많은 관심을 보이는 코칭 영역이다. 구체적으로 취업 및 진로 코칭, 전직 코칭, 이직 코칭, 경력개발 및 관리 코칭, 강점 코칭, 은퇴 코칭 등이 여기에 속한다.

넷째, '학습 코칭'(learning coaching)이다.[10] 이것은 학령기 학생들부터 성인학습과 조직학습(organizational learning)에 이르기까지 학습과 관련된 이슈들을 중심으로 다루는 코칭이다. 하지만, 보는 사람에 따라서는 좁은 범위로 해석하여 학령기 학생들의 학습과 관련된 주제를 다루는 것만을 '학습 코칭'(learning coaching)이라고 보기도 한다.

마지막, 스포츠 코칭(sports coaching)이 있는데, 이것은 개인이나 팀 구성원의 체육 활동과 건강관리 등과 관련된 주제에 초점을 맞추어 진행하는 코칭이다. 전문 운동선수나 체육인들을 교육하고 훈련하는 코치나 매니저들을 대상으로 진행하는 스포츠 리더 코칭(sport leader coaching), 전문선수들의 정신적인 면과 관련된 주제를 나루는 멘탈 코칭(mental coaching), 사람들이 비즈니스와 일상생활을 하는 데 영향을 주는 건강 상태를 측정하고 그것을 양호하게 되도록 도와주는 피트니스 코칭(fitness coaching), 건강 관련 분야에 종사하는 전문가, 스태프들이 그들의 전문성, 개인적인 삶, 병원 시스템 등을 향상하도록 돕는 헬스케어 코칭(healthcare coaching) 등이 여기에 속할 수 있다.

5. 코칭 고객 수(인원)에 따른 구분

이것은 코칭을 받는 고객의 수(인원)에 따라 구분하는 것이다. 여기에는 한 명의 코치와 한 사람의 고객이 진행하는 '일대일(1:1) 코칭'과 한 명의 코치가 두 명 이상의 고객과 진행하는 '일대다(1:多) 코칭'이 있다. 후자는 다시 '그룹 코칭'(group coaching)과 '팀 코칭'(team coaching)으로 나눌 수 있다. 그룹 코칭과 팀 코칭은 두 명 이상의 고객이 동시에 코칭을 받는다는 점에서 공통점이 있다.

그룹 코칭와 팀 코칭 간의 가장 큰 차이점은 팀 코칭의 경우, 참가자들이 모두 같은 팀에 속해 있어서 서로가 평소에 잘 아는 구성원이라는 점이다. 이에 비해 그룹 코칭에 참가하는 고객은 조직 또는 개인의 목표를 달성하기 위해 모인 것으로, 개인의 목적을 달성함과 동시에 조직의 목표 달성을 위해 코칭을 진행하는 것이다. 또한, 그룹 코칭은 각각의 참가자의 개별적인

10) 학습과 교육의 중요성과 관련 시장의 크기와 교육산업의 규모 등을 종합적으로 고려하여 학습 코칭을 또 하나의 코칭 장르로 분류하고, 비즈니스 코칭, 라이프 코칭 및 커리어 코칭과 함께 코칭의 4대 범주에 포함하기도 한다.

목표를 다루는 데 비해, 팀 코칭은 실제 조직 내 한 팀의 구성원이 코칭 대상이 되는 경우로서 팀 전체의 성과 향상이나 목표 달성에 초점을 맞추어 진행된다는 점에서 서로 다르다.[11]

6. 코칭 진행 형태와 방법에 따른 구분

이것은 코칭을 진행하는 형태와 방법에 따라 구분하는 것으로, '면대면 코칭'(face to face coaching)과 '원격 코칭'(distance coaching)으로 나눌 수 있다. 면대면 코칭은 가장 기본적인 코칭 진행방법으로, 코치와 고객이 같은 장소에서 만나서 서로 얼굴을 마주 보며 진행하는 코칭이다. 이것은 원격 코칭에 비해 코치와 고객 사이에 라포르(rapport)를 형성하기 쉽고, 코칭 대화를 진행하는 동안에 발생할 수 있는 의사소통 상의 오류를 줄일 수 있다는 점에서 가장 많이 사용되는 방법이다. 이에 비해, 원격 코칭은 거리 이동이라는 단점을 극복하기 위해 다양한 매체를 활용하는 방법으로, '전화 코칭'(tele coaching), '화상회의 코칭'(coaching by video-conferencing), '전자 메일 코칭'(E-mail coaching), '온라인 채팅 코칭'(coaching by on-line chat)이 여기에 속한다. 원격 코칭은 의사가 전달되는 과정에서 의미의 왜곡이나 오해로 인해 오류가 발생할 수 있는 단점이 있지만, 코치와 고객이 지리적으로 서로 멀리 떨어져 있거나 '코로나 19'(COVID-19) 사태와 같이 사회적으로 대면 접촉이 곤란할 때 활용할 수 있다는 장점이 있어 최근 들어 활성화되고 있다.

이상에서 논의한 코칭 장르를 구분, 정리한 것이 〈표 3-2〉이다. 추후 코칭의 전개와 확산 상황, 고객들의 수요에 따른 새로운 코칭 장르의 출현, 혁신적인 기술의 발전 등에 따라 다양한 장르의 코칭이 추가로 생기거나 사라질 수도 있다. 그러면 이 표는 얼마든지 새롭게 작성될 수 있을 것이다.

표 3-2 코칭 장르의 구분

구분	1차 분류	2차 분류
비용 지급 주체	기업 코칭	대기업 코칭, 중소/중견기업 코칭, 벤처기업 코칭
	개인 코칭	
코치의 위치 (소속)	외부(사외) 코칭	
	내부(사내) 코칭	

11) Thornton, C.(2010). *Group and Team coaching: The essential guide*. New York: Routledge.

코칭 대상	CEO 코칭	
	임원 코칭	
	관리자 코칭	리더 코칭, 사원 코칭
	가족 코칭	부모 코칭, 자녀 코칭, 부부 코칭, 다문화가족 코칭
	대학생 코칭	
	청소년 코칭	
	종교인 코칭	크리스천 코칭, 불자 코칭
	교육자 코칭	교사 코칭, 교수 코칭, 교직원 코칭
코칭 주제와 내용	비즈니스 코칭	성과향상 코칭, 리더십 코칭, 마케팅 코칭, 세일즈 코칭, 갈등관리 코칭
	라이프 코칭	예비부부 코칭, 데이트 코칭, 이혼(재혼) 코칭, 관계 코칭, 마음 챙김 코칭
	커리어 코칭	취업 코칭, 전직 코칭, 이직 코칭, 경력개발 코칭, 학습 코칭
	스포츠 코칭	스포츠 리더 코칭, 멘탈 코칭, 피트니스 코칭, 헬스케어 코칭
고객 수(인원)	일대일 코칭	
	일대다 코칭	그룹 코칭, 팀 코칭
진행 형태와 방법	면대면 코칭	
	원격 코칭	전화 코칭, 화상회의 코칭, 전자 메일 코칭, 온라인 채팅 코칭

3.2 코칭의 유형별 이해

1. 비즈니스 코칭

1) 비즈니스 코칭의 탄생

현대 코칭의 많은 부분이 비즈니스 현장에서 발생한다. 즉, 비즈니스 세계가 코칭의 성장과 확산을 위해 비옥한 토지를 제공함으로써 현재와 같은 현대적인 코칭이 이루어질 수 있었다. 비즈니스 현장에서 코칭은 직업훈련, 경력개발, 촉진(facilitation), 인적자원관리 및 멘토링 등과 서로 영향을 주고받으면서 발전했다. 특히, 21세기 후반에 접어들면서 사회경제적 변화와 기업을 둘러싼 시장 환경의 변화를 극복하는 방안의 하나로 코칭이 경영 현장에서 본격적으로 적용되기 시작했다.

1980년대에 들어서면서 전 세계에 걸쳐 기업을 둘러싼 제반 환경이 급속히 변화하기 시작했고, 기업 간 경쟁이 치열해지면서 기업들은 시장에서 생존하기 위해 최선의 전략을 수립해야만 했다. 이에 맞추어 구성원들의 역할에서도 적절한 변화가 요구되었다. 이런 과정에서 전통적인 수직적 위계질서 하에서 행해지던 상의하달식 의사소통 방식의 한계와 문제점들이 드러나기 시작했고, 이것을 바꾸어야 한다는 목소리가 높아지기 시작했다. 특히, 전방위적인 경쟁이 치열해지는 상황에서 기업 구성원 개개인의 자발성과 창의성을 최대한 발휘하기에 적합한 환경을 조성할 필요가 생겼다. 기업의 최고경영자는 그 방법이 무엇인지 고민하기 시작했고, 구체적인 대안의 하나로 그동안 발견된 코칭의 원리들을 기업 경영 현장에 적용하기 시작했다. 이런 과정에서 지금 우리가 명명하는 비즈니스 코칭이 본격적으로 탄생한 것이다.

정리하면, 비즈니스 코칭은 기업을 둘러싼 급격한 환경 변화에 대응하면서 설정한 목표들을 성취하며 성과를 내는 과정에서 리더와 구성원들의 역할에 대한 변화와 구성원 간 의사소통 방식의 변화가 필요한 시점에서 생겼다. 그래서 지금은 전 세계적으로 기업을 이끄는 리더와 구성원들이 더 나은 상황을 만들기 위해 코치들의 도움을 받고 있다.

2) 비즈니스 코칭의 정의

사회적 동물인 인간은 수많은 조직에 둘러싸여 살아간다. 누구든 자신의 주변을 살펴보면 얼마나 조직과 밀접한 관계를 이루면서 살아가고 있는지를 깨달을 수 있다. 예컨대, 사람들은 유치원에서 대학에 이르기까지 여러 조직을 통해 교육을 받고, 운동팀이나 동호회에 가입하여 활동하기도 하며, 직장이라는 조직을 통해 생활을 꾸려간다. 때로는 여행사를 통해 소개받은 여행을 하면서 여가를 보내기도 한다. 이처럼 인간은 태어나서 죽을 때까지 사람들이 만들어 놓은 다양한 조직 속에서 일정한 목표를 이루며 살아가는 것에 익숙해져 있다.

일반적으로 조직은 둘 이상의 사람들이 공통의 목표를 가지고 구성된 사회시스템이다. 특히, 기업은 특정한 목표, 즉 기업의 생존과 이윤 창출을 달성하기 위해 인위적으로 고안된 사회시스템이다. 기업은 경제행위에 필요한 요소인 한정된 자본, 노동, 토지를 효율적으로 배분하고 관리하는 경영 활동을 펼치는 경제 주체로, 다양한 독립적 경제행위 즉, 사업(business)을 전개한다. 이때 기업의 구성원들은 각자 역할을 부여받으며, 서로 의사소통하면서 협력하고, 자신이 이룬 결과물과 성과 등을 바탕으로 평가를 받는다.

이런 과정에서 개인, 팀, 집단 또는 조직이 바라는 결과를 원만하게 얻는 때도 있지만, 그렇지 않을 때도 적지 않다. 후자의 경우에는 다양한 문제가 발생하는데, 비즈니스 코칭은 이런 과정에서 발생하는 다양한 이슈와 주제들을 다루는 코칭이다. 그래서 고객이 자신의 비즈니스 관련 문제를 스스로 해결함으로써 조직의 성과 향상, 목표 달성 및 구성원의 학습과 성장을 촉진하는 과정이라 할 수 있다. 이 과정에서 구체적인 이슈, 즉 리더십, 인적자원관리, 경력개발 및 조직개발 등에 관한 코칭이 진행되고, 비즈니스를 전개하는 데 이바지하는 구성원인 최고경영자, 임원, 관리자와 사원들이 겪는 이슈를 중심으로 코칭을 진행할 수 있다.

3) 비즈니스 코칭의 영역

비즈니스 코칭은 특정 조직이 목표를 달성하기 위해 전개하는 비즈니스 전개과정에서 발생하는 다양한 이슈들을 주제로 진행된다. 따라서 비즈니스 코칭에서 다룰 수 있는 주제나 이슈들은 무수히 많지만, 실제 코칭 현장에서 주로 다루는 이슈들은 경영과 리더십, 인적자원관리, 경력개발, 조직개발, 조직학습 등의 영역에서 일어나는 일들과 관련된 것들이 많다.

- 최고경영자의 역할과 경영전략 전반
- 기업의 인사조직, 생산관리, 마케팅, 재무관리 등의 경영 활동과 관련된 업무
- 임원의 역할과 경력관리 관련 업무
- 조직 내 리더(최고경영자 · 임원 · 관리자)의 리더십 향상
- 조직의 학습, 성장과 개발 등에 관련된 업무
- 조직의 목표 달성과 성과 향상에 관한 업무
- 새로운 사업을 시작하는 일(창업)에 관한 제반 업무
- 사업의 확장과 중단, 이전 등에 관련된 업무
- 기업의 인수 및 합병에 관한 업무
- 주요 비즈니스와 관련된 협상 관련 업무
- 기타 조직의 사업 전개와 관련된 모든 업무와 이슈들

① 경영과 리더십

근대적인 경영이 19세기 후반에 시작된 이래, 20세기 전반에 걸쳐 경영은 '통제-지시-처방'이라는 패러다임 하에 전개되었다. 경영자들이 주요한 결정들을 내리고, 중간관리자가 그것들을 전달하며, 노동자들은 위로부터 내려온 지시들을 따르는 것을 당연한 사실로 받아들였다. 노동자들은 상사의 감독이 필요하다는 것을 당연하게 여겼고, 중간관리자들은 결과에 대해 큰 책임감을 지니지 않아도 되었다. 그래서 이 시기에 출간된 경영학의 초기 저서에서 코칭을 관리 · 감독의 형태, 직속 상관에 의한 직원 교육의 기법, 실행할 수 있고 연속적인 사고체계, 문제를 해결하고 성과를 향상하는 활동과 관련된 직접적인 대화 정도로 다루었다. 당연히 비즈니스 코칭은 충고, 관찰 및 피드백을 통해 지원되는 학습을 포함하는 순수하게 교육적인 것으로 여겼다.[12] 그것은 당시에 코칭을 정의한 학자들의 견해에서도 쉽게 확인할 수 있다.[13]

---

12) Brock, V. G.(2012). *Sourcebook of Coaching History*. VB Coaching & Consulting(김경화 외 역, 2015. 코칭의 역사. 서울: 코쿱북스. 178-182에서 발췌, 인용).

13) Evered, R. D., & Selman, J. C.(1989). *Coaching and the Art of Management*. New York, NY: American Management Association; Kirkpatrick, D. L.(1982). *How to Improve Through Appraisal and Coaching*. New York, NY: American Management Association

> "코칭은 결과를 창출하기 위해 개인과 팀에 동기부여를 하는 풍토, 환경과 맥락을 단지 커뮤니케이션 만으로 만드는 경영상의 활동이다." – 에버드와 셀먼

> "관리자에 의한 착수, 정기적 실시, 업무 중심, 관리자의 말하기, 훈련, 가르침에 중점을 두면서 긍정적 혹은 교정적이고 업무 성과를 향상하기 위한 목적을 가진 활동이 코칭이다." – 커크패트릭

하지만, 1980년대에 들어서면서 기업을 둘러싼 제반 환경이 급속하게 변화하면서 구성원들의 역할 변화에 대한 요구가 점점 거세지기 시작했고, 전통적인 의사소통 방식이었던 상의하달 방식과 권위적 리더십의 한계와 문제점들이 드러나기 시작했다. 수직적인 위계질서와 권위적 리더십을 바꾸어야 한다는 목소리가 함께 높아졌고, 구성원의 자발성과 창의성이 중요한 요소로 떠올랐다. 기업 관계자들은 '인식–창조–권한 부여'라는 패러다임을 옹호하기 시작했고, 코칭을 경영 현장에 적용하기 시작했다. 당연히 비즈니스 활동에 적용하는 코칭의 관점이 바뀌기 시작했고, 비즈니스 코칭의 이슈가 달라지기 시작했다.

② 경영자(임원, Executive Officer)의 역할

비즈니스 코칭에서 가장 많은 부분을 차지하는 것이 '경영자 코칭'(executive coaching)이다. 경영자 코칭은 급변하는 사회경제적 환경 속에서 리더의 역할이 중요해지면서 관심을 받기 시작했고, 1980년대 후반부터 비즈니스 분야에서 주목을 받아왔다. 당시에 경영자 코칭은 주로 성과가 낮은 경영자의 성과 개선이나 성과 결함으로 인해 회사를 그만두어야 하는 임원 또는 개인적인 경력관리 상의 위험이 있는 경영자를 구제하는 데 사용되었다.[14)]

경영자 코칭에서 다루는 주제들은 다양하지만, 궁극적인 목표는 경영자의 지속적인 행동 변화이다.[15)] 그래서 예전과 달리 오늘날 경영자 코칭은 높은 잠재력을 지닌 구성원들, 즉 경영자들, 고성과자들, 경력개발에 필요한 잠재력이 있는 관리자들 및 핵심 인재들을 대상으로 진행되는 경우가 많다. 그래서 경영자 코칭에 대한 정의도 조금씩 달라지고 있다. 즉, 경영자 코칭은 '관리자 혹은 경영자들이 도구, 지식, 효율적인 기회들을 잘 활용하여 준비된 인재로 성장하도록 외부(사외) 코치와 일대일(1:1)로 상호작용이 계속해서 일어나는 과정'이고,[16)] '개인 간에 생기는 이슈뿐만 아니라 개인의 마음에 생기는 이슈까지 초점을 맞추는 개인학습 과정'이

14) McCauley, C, D., & Hezlett, S. A.(2002). Individual development in the workplace. In N. Anderson., D. Ones., H. K. Sinangil., & C. Viswesvaran.(Eds.). *Handbook of industrial work and organizational psychology*. vol. 1, *Personnel Psychology*. Thousand Oaks, CA: Sage. 313-335; Tobias, L. L.(1996). Coaching Executives. *Consulting Psychology Journal: Practice and Research*, 48, 87-89

15) Brotman, L. E., Liberi, W. P., & Wasylyshyn, K. M.(1998). Executive coaching: The need for standards of competence. *Consulting Psychology Journal: Practice and Research*, 50, 40-46.

16) Bono, J. E., Purvanova, R. K., Towler, A. J., & Peterson, D. B.(2009). A survey of Executive Coaching Practices. *Personnel Psychology*, 62, 361-404.

라고 정의했다.[17] 정리하면, 경영자 코칭은 '경영자의 자아 인식, 학습, 행동 변화를 돕고 궁극적으로 개인과 조직의 성공과 성과 향상을 위해 전문코치와 경영자 간의 일대일(1:1) 관계를 지속하는 과정'이다.[18]

이런 인재들을 대상으로 진행되는 경영자 코칭은 리더의 역할 변화, 급변하는 경영 환경에 대한 인식, 경영자의 리더십 개발과 경력개발, 전략수립 및 실행과정 등의 차원에서 진행하는 사례가 더 많아지고 있다. 물론 구체적인 사례를 살펴보면, 경영자 코칭의 목적은 경영자가 속한 기업이나 조직의 상황, 전문코치, 코칭을 받는 경영자에 따라 다양한 형태와 결과를 보인다. 오닐(O'neill, M. B.)은 경영자 코칭을 진행할 때, 경영자가 당면한 문제에 관한 결과 지향적 태도, 당면한 리더십에 대한 도전, 경영자가 원하는 팀 행동과 본질적인 목표와의 연결에 중점을 둘 것을 구체적으로 제안했다.[19] 이처럼 경영자 코칭에서 다루는 이슈와 초점이 다양하게 변해왔지만, 경영자 코칭의 유효성에 대해서는 일관되게 긍정적인 결과가 많아서 경영자 코칭 시장은 빠르게 성장하고 있다.[20]

③ 인적자원관리

20세기 후반까지 인적자원관리 분야는 특정 직업에 가장 적합한 사람을 배치하고, 그들을 감독하는 데 초점을 맞추었다. 하지만 현대에 들어오면서 비즈니스 구조가 발전함에 따라 인적자원관리 분야는 구성원들의 교육 · 훈련, 승진, 노사관계, 심지어 경력개발까지 포함하게

17) Witherspoon, R., & White, R. P.(1996). Executive Coaching: A continuum of roles. *Consulting Psychology Journal: Practice and Research*, 48, 124-133.

18) Joo, B. K.(2005). Executive Coaching: A Conceptual Framework Form and Integrative Review of Practice and Research. *Human Resource Development Review*, 4(4), 462-488.

19) O'neill, M. B.(2007). Executive Coaching with Backbone and Heart: A Systems Approach to Engaging Leaders with Their Challenges(2nd Ed.). Jossey-Bass; 조윤정 역(2009). 경영자 코칭. 경기: 아시아코치센터

20) 고현숙 · 박기복 · 이신자(2011). 경영자 코칭에 대한 조사 연구. 코칭능력개발지, 13(2), 31-46; 김현정(2017). 이그제큐티브 코칭의 이론과 실제. 서울: ㈜피와이메이트; Fitzgerald, C.(2020). On Seeing the forest while among the trees: Integrating business strategy models and concepts into executive coaching practice. In C. Fitzgerald & J. G. Berger(Eds.). *Executive Coaching: Practice and perspectives*. CA: Davies-Black Publication. 245-264; Goodman, R. G.(2002). Coaching senior executives for effective business leadership: The use of adult developmental theory as a basis for transformative change. In C. Fitzgerald & J. G. Berger(Eds.). *Executive Coaching: practice and perspectives*. CA: Davies-Black Publication. 135-153; Hodgetts, W. H.(2002). Using executive coaching in organizations: What can go wrong(and How to prevent it). In C. Fitzgerald & J. G. Berger(Eds.). *Executive Coaching: Practice and perspectives*. CA: Davies-Black Publication. 203-224; Jang, M., & Tak, Jl.(2018). A Meta-analysis of the relationship between coaching leadership and organizational effectiveness in Korea. Presented in 8th International Congress of Coaching Psychology. London; Knudson, M. J.(2002). Executive coaching and business strategy. In C. Fitzgerald & J. G. Berger(Eds.). *Executive Coaching: practice and perspectives*. CA: Davies-Black Publication. 185-201; Korotov, K., Florent-Treacy, E., Kets De Vries, M., Bernhardt, A., & Kets De Vries, M. F. R.(2011). *Tricky Coaching*. London: Palgrave Macmillan(한숙기 역, 2018. 임원코칭의 블랙박스. 서울: 한국코칭수퍼비전아카데미); Orenstein, R. L.(2007). *Multidimensional executive coaching*. New York: Springer Publishing Company.

되었다. 특히, 20세기 후반에 지식근로자가 나타나면서 비즈니스 전개과정에서 인적(人的) 요인이 더 중요해졌고, 인적자원관리는 유능하고 유연하며 헌신적인 사람을 채용하는 것, 구성원들의 성과를 관리하고 보상하는 것, 핵심역량들을 개발하는 것까지 그 목표가 늘어났다.[21] 그래서 인적자원관리 담당자들은 사내 코치 역할을 담당하거나 고위층(임원)이나 중간관리자의 리더십 코칭을 진행하고, 성과 향상을 위해 팀 코칭에 참여하기 시작했다. 이런 과정에서 인적자원관리 영역에서 비즈니스 코칭의 역할이 더 확대되고 분명해졌다.

④ 조직개발

조직개발(Organization Development: OD)은 '조직의 유효성을 높이기 위해서 변화 담당자(change agent)의 지도로 개인, 집단 및 조직 수준에서 수행되는 포괄적이고 장기적이며 계획적인 차원의 조직변화기법'이다.[22] 즉, 조직개발은 개인, 팀, 조직의 인간적 · 사회적 과정들의 효과를 향상하는 방법들을 찾음으로써 조직의 인간적 측면과 관련된 사안들에 초점을 맞춘다.[23] 그래서 조직개발은 어떤 조직의 사명, 가치, 계층구조 등에 관한 현장조사를 바탕으로 구성원들이 조직과 다른 구성원들의 장기적 효과를 향상할 수 있다는 믿음에서 출발한다. 이 과정에서 조직 진단, 프로세스 자문, 구조 변화, 팀 빌딩 및 코칭이 함께 포함된다.

조직개발은 변화를 위한 촉매작용과 조직개발 과정에 관한 정보원의 역할을 하는 변화 담당자의 역할이 중요한데, 이 역할은 외부 변화 담당자인 외부 전문가나 코치, 조직의 구성원인 내부 변화 담당자로서 사내 코치가 담당하는 경우가 많다. 조직개발과 코칭 모두 변화와 학습에 초점을 두는 데 비해, 조직개발은 조직 관점에서 변화를 살펴보고, 코칭은 개인 관점에서 변화를 살펴보는 것이 다르다. 여하튼 조직개발과 관련된 비즈니스 코칭은 팀 빌딩, 변화 모델, 효과적인 기술과 대인행동을 개발하는 작업 등과 관련된 일련의 이슈들을 다루게 된다.

4) 비즈니스 영역과 강점 코칭[24]

비즈니스 영역에서 발생하는 이슈를 강점 기반의 접근방법의 코칭으로 해결하는 사례가 점점 늘어나고 있다. '강점 코칭'(strength coaching)은 고객이 해결하길 원하는 이슈를 대상으로

21) Price, A. J.(2004). Origins and Interpretations. Adapted from Human Resource Management in a business context. Thomson Learning(www.document); Brock, V. G.(2012). *Sourcebook of Coaching History*. VB Coaching & Consulting(김경화 외 역, 2015. 코칭의 역사. 서울: 코쿱북스. 199에서 발췌, 인용).

22) 박상언 · 정범구 · 김주엽 · 송계충(2020). 조직행위론(제5판). 서울: 경문사. 546에서 발췌, 인용.

23) French, W. L., & Bell, C. H.(1999). *Organization Development: Behavioral science interventions for organization improvement*(6th Ed.). Upper Saddle River, NJ: Prentice Hall. 110-130에서 발췌, 인용.

24) 최근 들어 코칭 현장에서 자주 활용되는 강점 기반의 코칭은 비즈니스 영역뿐만 아니라 다른 영역, 즉 개인의 경력관리 및 삶과 관련된 부분에서도 자주 적용되고 있다. 하지만, 그 적용 빈도가 다른 영역보다 비즈니스 영역이 많이 발견되고 있어서 여기에 포함하여 다루고자 한다.

코칭을 진행할 때, 강점을 식별하고 개발하는 접근방법을 활용하는 것을 말한다. 다시 말하면, 임원, 관리자와 리더, 조직 내 개인들을 대상으로 강점을 구축하고, 자신감과 긍정성을 강화하는 데 중점을 두고 코칭을 진행하는 것이 강점 코칭이다.

① 강점의 정의

강점(strength)의 기원에 대해서는 아직 단언할 수 없지만, 대체로 강점은 특성, 능력, 역량 및 자질로 다양하게 정의된다. 강점은 '특정 업무에서 거의 완벽한 성과를 일관되게 발휘할 수 있는 능력'[25], 또는 '가치 있는 결과를 추구하기 위해 최적의 기능을 발휘할 수 있는 느낌, 사고, 행동능력'이라고 정의하기도 하고[26], '활력이 넘치고 열정적인 느낌을 주며 훌륭한 일을 하게 만드는 개인적인 특성이나 자질'이라고 정의하는 학자도 있다.[27]

여기서 주목할 것은 강점에 관한 모든 정의에서 성과와 어느 정도 연관이 있다는 것을 발견할 수 있다는 점이다. 즉, 강점은 조직에 속한 개인과 팀, 집단의 개발과 성과를 향상하는 명백한 능력이라는 점에서 흥미롭다. 이런 강점과 성과 사이에는 '역(逆) U자' 관계가 성립한다고 보는 것이 일반적이다.[28] 즉, 강점은 일정한 단계(또는 수준)까지 잘 활용되면 목표를 유지하거나 좌절을 회복하는 데 긍정적인 효과를 가져다주지만, 일정한 범위를 넘어 과도하게 사용하면 지나친 영향력을 발휘하거나 상대에게 오만하게 보여서 역효과가 날 수 있다.

② 강점의 진단과 평가 방법

강점을 진단하고 평가하는 방법으로 활용되는 도구로 자기보고식 설문지, 다면평가 설문지와 구조화된 면담 방식이 있다. 첫 번째, 자기보고식 강점 설문지로 갤럽 '스트렝스파인더'(StrengtsFinder)가 있다. 이것은 실행, 영향력, 관계 구축과 전략적 사고라는 4가지 영역으로 나뉜 34개 강점을 평가하고, 상위 5가지 상대적 강점 목록을 제공한다.[29] 이어서 Peterson 등(2010)이 개발한 'VIA(Values in Action)' 설문지는 대조적 접근법을 활용하여 강점을 평가하고 측정하는 데, 6가지 영역(지혜, 용기, 인성, 정의, 절제, 초월성)의 24개 강점을 식별하도록 설계

---

25) Rath, T., & Conchie, B.(2008). *Strengths Based Leadership: Great leaders, teams, and why people follow*. New York: Gallup Press.

26) Snyder, C. R., Lopez, S. J., & Pedrotti, J. T.(2010). *Positive psychology: The scientific and practical explorations of human strengths*. CA: Thousand Oaks. SAGE Publications.

27) Brewerton, P., & Brook, J.(2010). *Strengths for success: Your pathway to peak performance*. London: Strengths Partnership Press.

28) Kaiser, R. B., & Overfield, D. V.(2011). Strengths, strengths overused, and lopsided leadership. *Consulting Psychology Journal: Practice and Research*, 63(2), 89-109.

29) Rath, T., & Conchie, B.(2008). *Strengths Based Leadership: Great leaders, teams, and why people follow*. New York: Gallup Press.

되어 있다. 이것도 5가지 강점의 상대적 순위를 제공한다.[30)] 그리고 '리얼라이즈 2 인벤토리'(Realise 2 Inventory)는 강점과 함께 약점도 다루고 있는데, 개인의 6가지 속성을 3차원(에너지, 성과, 사용)으로 나누어 측정하고 있다. 이 설문지에서는 알고 사용하는 실현된 강점, 알고 있지만 활용되지 않은 미실현된 강점, 성과를 냈으나 에너지가 없는 학습된 행동, 그리고 능력과 에너지가 모두 낮은 약점으로 구분, 평가하고 있다.[31)] 또한, '스트렝스 스코프'(Strength Scope)는 4가지 영역(사고, 감정, 관계, 실행)의 24개 강점을 평가하는 것으로, 개인평가와 다면평가에 모두 활용할 수 있다는 장점이 있다.[32)]

두 번째, 다면평가 설문지들은 자기보고식 설문지의 한계를 보완한 것으로, '리더십 다요인 설문지'(MLQ360), '리더십 균형지수'(Leadership Versatility Index: LVI), '로밍거 보이스 360도 평가'(Lominger Voices 360) 및 '리더십 실행검사'(Leadership Practices Inventory: LPI)가 있다.[33)]

마지막으로, 구조화된 면담 방식으로 강점을 평가하는 설문지에는 '최고 경험 면담'(peak experience interview)과 '피드-포워드 면담'(feed-forward interview)이 있다. 전자는 리더가 언제 최고의 상태를 경험했는지, 높은 성과를 내는 데 어떤 구체적인 강점이 발휘되었는지에 대한 반(半)구조화된(semi-structured) 질문을 통해 강점을 평가하는 방법이다.[34)] 그리고 후자는 주요한 긍정 사건을 도출하고, 그 사건과 관련된 조건 확인을 통해 강점을 평가하는 방법이다.[35)]

③ 강점 코칭의 효과

비즈니스 영역에서 강점 코칭은 주로 임원이나 관리자 또는 리더의 리더십 코칭에 적용되는 경우가 많다. 즉, 비즈니스 영역에서는 리더십 역량의 의미있는 변화와 향상을 위한 강점의 긍정적인 역할을 기대하고 코칭을 적용하는 사례가 더욱 많아지고 있다. 구체적으로 강점 기반의 리더십 코칭은 조직 내 리더의 내적인 측면, 인간관계 측면에 긍정적인 영향을 주기 위해 학습, 성장 및 변화에 초점을 맞추어 진행하는 것이다.[36)]

---

30) Peterson, C. et al.(2010). Strengths of character and work. In the *Oxford Handbook of Positive Psychology and Work*(Ed.), Linley, P. A., Harrington, S., & Garcea, N. New York: Oxford University Press. 221-231에서 발췌, 인용.

31) Linley, P. A., & Stoker, H.(2012). *Technical Manual and Statistical Properties for Realise2*. West Midlands: Coventry. Centre Applied Positive Psychology.

32) Brewerton, P., & Brook, J.(2010). *Strengths for success: Your pathway to peak performance*. London: Strengths Partnership Press.

33) Mackie, D.(2016). *Strength-based Leadership Coaching in Organizations: An evidence- based guide to positive leadership development*. Kogan page; 김소정 역(2020). 강점 기반 리더십 코칭: 조직의 긍정심리 개발 가이드. 서울: 한국코칭수퍼비전아카데미. 100-105에서 발췌, 인용.

34) 김소정 역(2020). 앞의 책. 106에서 발췌, 인용.

35) Kluger, A., & Nir, D.(2006). Feed-forward first - feedback later, in Keynote address presented at the *International Congress of Applied Psychology*, Athens.

36) Cilliers, F.(2011). Positive psychology leadership coaching experiences in a financial organization. *SA Journal of Industrial Psychology*, 37(1), 1-14.

강점 코칭은 임원의 강점 구축, 자신감과 긍정성 강화,[37] 개인의 업무 몰입과 실적 향상,[38] 심리적 웰빙의 증가,[39] 스트레스 감소,[40] 목표 달성의 증가[41] 등의 효과를 발휘하는 것으로 확인되었고, 리더십 향상[42]에도 의미있는 영향을 미치는 것으로 나타났다.

결과적으로 강점 코칭은 비즈니스 영역에서 다양한 효과를 나타내고 있으며, 그것은 고객과 코치의 특징, 코칭을 바라보는 조직의 특징 및 프로세스와 관련된 변수들의 영향을 받으면서 각기 다른 효과를 나타내고 있다.[43]

2. 라이프 코칭

인간은 태어나서 죽을 때까지 수많은 사람과 관계를 맺고 여러 가지 사건을 경험하면서 다양한 모습의 삶을 살아간다. 혹자는 인간의 삶 전체를 생애주기(life cycle)로 구분하고, 주기별로 다양한 특성을 내세우며 인간의 삶을 조명하기도 한다. 이렇게 사람들은 남녀노소 누구나 생로병사(生老病死)의 과정을 거치며, 희로애락(喜怒哀樂)의 감정을 느끼고, 때로는 변화와 성장, 실패와 좌절 등을 경험하기도 한다.

한 개인의 인생 과정에서 만나는 어떤 사람과 사건들은 기쁨과 만족, 성취와 성공을 가져다주지만, 또 다른 사람과 사건들은 슬픔과 분노를 일으키기도 한다. 이렇게 인간의 삶 속에서 발생하는 다양한 이슈들은 경중(輕重)의 차이가 있지만, 일상생활에서 누구나 흔히 경험하는 것들이다. 다행히 잘 해결되는 이슈들은 별다른 문제를 일으키지 않지만, 어떤 문제들은 갈등과 스트레스의 원인이 되기도 한다. 때로는 바람직하고 긍정적인 일들도 스트레스의 원인을

37) Biswas-Diener, R., & Dean, B.(2007). *Positive psychology coaching: Putting the science of happiness to work for your clients*. NJ: Wiley. Hoboken.

38) Harter, J. K., Schmidt, F. L., & Hayes, T. L.(2002). Business-unit-level relationship between employee satisfaction, employee engagement, and business outcomes: a meta-analysis. *Journal of Applied Psychology*, 87(2), 268-279.

39) Govindji, R., & Linley, P. A.(2007). Strengths use, concordance and well-being: Implications for strengths coaching and coaching psychologists. *International Coaching Psychology Review*, 2(2), 143-153.

40) Wood, A. M. et al.(2011). Using personal and psychological strengths leads to increases in well-being over time: A longitudinal study and the development of the strengths use questionnaire. *Personality and Industrial Differences*, 50(1), 15-19.

41) Linley, P. A. et al.(2010). Using signature strengths in pursuit of goal: Effects on goal progress, need satisfaction, and well-being, and implications for coaching psychologists. *International Coaching Psychology Review*, 5(1), 6-15.

42) Mackie, D.(2014). The effectiveness of strength-based executive coaching in enhancing full range leadership development: a controlled study. *Consulting Psychology Journal: Practices and Research*, 66(2), 118-137.

43) 강점 기반 리더십 코칭의 기술과 프로세스에 영향을 미치는 요소들에 관해 자세하게 알기 위해서는 다음에 소개하는 책을 참조할 수 있다. Mackie, D.(김소정 역, 2020). 강점 기반 리더십 코칭: 조직의 긍정심리 개발 가이드. 서울: 한국코칭수퍼비전아카데미.

제공하기도 한다. 라이프 코칭은 한 개인이 인생을 살아가면서 일상생활 속에서 겪는 다양한 개인적 이슈를 다루는 영역이다.

1) 라이프 코칭의 정의

라이프 코칭(life coaching)에 대한 정의는 학자나 코치의 관점이 서로 달라서 합의된 정의는 아직 없는 실정이다. 다만, 라이프 코칭은 개인의 삶과 관련된 이슈를 주로 다룬다는 점에서는 의견이 일치하는 것 같다. 이언 멕더모트(McDermott, I.)와 웬디 제이고(Jago, W.)는 라이프 코칭을 '한 개인에게 중요한 것을 지키면서 삶을 개발하는 것'이라고 정의했고,[44] 딜츠(Dilts, R.)와 맥도널드(McDonald, R.)는 '사람들이 특정한 관계에서 목표를 성취하거나 향상하는 것을 돕는 과정'을 라이프 코칭이라고 정의했다.[45] 그리고 엘리스(Ellis, D.)는 라이프 코칭이란 '다른 사람들이 삶의 질을 높이고, 열정을 발견하며, 인생의 목적을 찾고, 한계와 두려움과 장애물들에서 벗어나도록 돕기 위해 코치가 파트너십을 제공하는 과정'이라고 정의했다.[46] 또한, 정진우는 라이프 코칭을 '고객이 자신의 존재의식과 가치관, 탁월성 및 꿈과 삶의 목적을 이해하도록 도와주고, 목표 설정을 통해 그것을 성취하도록 돕는 과정'이라고 정의했다.[47] 그리고 탁진국은 라이프 코칭을 '고객이 자신이 살아온 다양한 영역을 살펴보고, 특정 영역에서 주도적으로 삶의 비전과 목표를 세우며, 이런 목표를 달성하여 다양한 삶의 영역에서 균형 잡힌 삶을 살도록 협력적으로 이끌어가는 과정'이라고 정의했다.[48]

이처럼 라이프 코칭은 개인의 변화와 성장을 통해 자신이 원하는 삶의 목적과 꿈을 성취하는 것을 돕는 과정이라 할 수 있다. 이때 코치는 고객이 추구하는 개인적인 가치들을 삶 속에서 더 많이 경험하고, 인생계획을 세우고 실행해 가는 과정에서 자신만의 확실한 길을 발견하도록 돕는 역할을 한다. 즉, 라이프 코치는 사람들이 더 균형잡힌 삶이 어떤 것인지 생각하고, 고객의 핵심가치와 가치관에 따른 비전을 확인하도록 도우며, 삶을 그 비전에 부합시킬 계획을 전개하도록 돕는 역할을 한다.[49]

---

44) 이언 멕더모트 · 웬디 제이고(박정길 · 최소영 역, 2007). 코칭 바이블, 서울: 웅진윙스. 44에서 발췌, 인용.

45) Dilts, R., & McDonald, R.(1997). *Tools of Spirit*. CA: Meta Publications.

46) Ellis, D.(2006). *Life Coaching: A Manual for Professionals*. Bathe, CT: Crown House.

47) 정진우(2005). 프로 라이프 코치. 서울: 아시아코칭센터.

48) 탁진국(2019). 코칭심리학. 서울: 학지사. 441에서 발췌, 인용.

49) 게리 콜린스(양형주 · 이규창 역, 2012). 게리 콜린스의 코칭 바이블. 서울: 한국기독학생회출판부. 318에서 발췌, 인용.

2) 라이프 코칭의 주요 이슈

라이프 코칭은 사람들의 삶의 질을 향상하고, 균형을 찾게 하는 것이 주된 목적이다. 삶의 균형을 찾게 되면 고객은 자기 삶의 소중한 우선순위를 조율하길 바라고 스스로 더 많은 결정권을 행사하는 반면, 환경이나 다른 사람들의 기대와 요구에 따른 영향을 덜 받는다.[50)]

라이프 코칭에서 중요하게 다루는 많은 주제는 개인의 정체성, 비전과 목표, 자신감, 가치와 신념, 대화법, 생활 태도 및 습관, 대인관계 등을 비롯하여 생애주기별로 겪게 되는 다양한 삶의 이벤트, 즉 연애, 결혼, 부부관계, 출산, 육아, 부모-자녀 관계, 은퇴 후의 삶, 노년기의 삶, 죽음에 대한 준비 등에 관한 것이다. 이것들은 크게 묶어 보면, 대체로 삶의 목적, 꿈의 실현, 균형 잡힌 삶과 관련된 이슈들이라고 볼 수 있다.

이런 주제들은 개인마다 생애주기별로 다양한 모습으로 나타나기 때문에 어떤 면에서 라이프 코칭은 커리어 코칭, 학습 코칭 및 비즈니스 코칭과 적절하게 연관되어 있다. 예컨대, 사람들은 대개, 특히 젊은 시절에 큰 꿈을 꾼다. 그러나 장애물이 나타나고, 꿈을 이루는 데 아주 큰 노력이 필요하다는 것을 깨달으면, 그 꿈을 포기한다. 처음에 느꼈던 흥분이 가라앉고 실패할 가능성을 받아들이면서 덜 도전적인 목표로 슬며시 후퇴하고, 일상적인 활동에 빠진다. 세월이 흐른 후에 이루지 못한 꿈에 대한 상실감과 허탈감을 느끼게 된다. 이때 간직하던 꿈을 생생하게 되살리고 식어버린 열정에 다시 불을 지피도록 돕는 것이 라이프 코칭이다.[51)] 그래서 라이프 코칭은 그 꿈이 학업과 관련된 것이었다면 학습 코칭과 연관이 되고, 그것이 사업이었다면 비즈니스 코칭과 관련이 될 것이며, 자신의 경력관리에 관련된 꿈이었다면 커리어 코칭이 되기도 한다.

이처럼 라이프 코칭에서 다룰 이슈는 무수히 많지만, 실제 코칭 현장에서 주로 다루는 이슈들은 대개 다음과 같다.

- 개인의 가치관, 신념 및 태도
- 개인의 정체성, 비전과 목표
- 자신감, 성취감, 도전정신
- 생애주기상의 과도기를 수월하게 넘기는 것
- 생활 태도 및 습관의 변화
- 인생의 균형 찾기, 삶과 일의 균형
- 새로운 인간관계의 형성과 기존 관계의 유지
- 연애, 결혼(이혼), 부부, 가족과 관련된 이슈

---

50) 게리 콜린스(양형주 · 이규창 역, 2012). 게리 콜린스의 코칭 바이블. 서울: 한국기독학생회출판부. 312에서 발췌, 인용.

51) 게리 콜린스(양형주 · 이규창 역, 2012). 앞의 책. 194에서 발췌, 인용.

• 삶과 죽음의 의미, 배우자나 자녀와의 사별
• 중년의 삶, 은퇴 후의 삶, 노년기의 삶 등

라이프 코칭은 이런 이슈들을 대상으로 진행하되, 단기간보다 장기간에 걸쳐 진행되는 경우가 많다. 이슈에 따라서는 한 개인을 대상으로 진행하다가 그의 가족 전체를 대상으로 진행하는 사례도 있다. 그래서 가족생활 주기, 즉 가족 형성기, 확대기, 축소기, 관계 정립기에 따라 발생할 수 있는 다양한 주제들을 구분하고, 해당 이슈들을 다루기도 한다.[52] 라이프 코칭에 관한 국내외 연구가 많지 않지만, 2000년대 들어서 본격적으로 연구가 진행되면서 라이프 코칭 효과를 검증한 논문들이 발간되고 있다.[53]

3) 라이프 코칭의 확산과 라이프 코치 양성

라이프 코칭은 개인의 인생 전반에 걸친 다양한 이슈를 주로 다루기 때문에 국내외를 막론하고 그 수요가 적지 않다. 대체로 한 나라의 국민소득이 증가함에 따라 라이프 코칭에 대한 수요가 증가할 것이라고 예상하는데,[54] 우리나라와 같이 단기간에 급격한 사회경제적 변화를 경험한 나라들에서도 수요가 증가할 것으로 예상한다.

라이프 코칭은 우리가 경험하는 사회경제적 문제, 즉 자유학기제의 전면적 실시에 따른 청소년의 교내외 생활, 청년실업, 경력단절 여성의 재취업과 일과 삶의 균형, 노후 준비가 부족한 '베이비 붐 세대'[55]의 대량 은퇴 예고, 급격한 고령화와 치매환자의 증가 등과 관련된 이슈들을

52) 이소희 외(2014). 코칭학개론. 서울: 도서출판 신정. 111에서 발췌, 인용.

53) Grant, A. M., & O'Hara, B.(2006). The self-presentation of commercial Australian life coaching schools: Cause for concern?. *International Coaching Psychology Review*, 1(2), 21-33; Green, L. S., Oades, L. G., & Grant, A. M.(2006). Cognitive-behavioral, solution- focused life coaching: Enhancing goal striving, well-being, and hope. *The Journal of Positive Psychology*, 1(3), 142-149; Green, L. S., Grant, A. M., & Rynsaardt, J.(2007). Evidence-based life coaching for senior high school students: Building hardiness and hope. *International Coaching Psychology Review*, 2(1), 24-32; Spence, G. B., & Grant, A. M.(2007). Professional and peer life coaching and the enhancement of goal sytiving and well-being: An exploration study. *The Journal of Positive Psychology*, 2(3), 185-194.

54) 국제코치연맹(2021). 연차보고서(http://internationalcoachfederation.org, 2022년 2월 접속)

55) 일반적으로 '베이비 붐 세대'는 전쟁 후에 태어난 사람들을 뜻한다. 미국의 경우는 1945년 제2차 세계대전 종전 후 출생한 이들을 지칭하고, 일본은 제2차 세계대전 패전 후 1974년부터 1949년 사이에 태어난 사람들을 가리키며 '단카이(團塊) 세대'라고 부른다. 우리나라의 '베이비 붐 세대'는 6 · 25 한국전쟁이 끝난 후에 태어난 세대를 뜻하며, 1955년부터 1963년 사이에 출생한 사람들을 지칭한다. 각국의 '베이비 붐 세대'는 저마다 독특한 특징을 지니는데, 우리나라의 경우 고도 경제성장과 1997년 외환위기, 2008년 글로벌 금융위기를 경험했던 세대이다. 혹자는 한국의 '베이비 붐 세대'는 '주산의 마지막 세대이자 컴맹 1세대, 부모님에게 무조건 순종했던 마지막 세대이자 자녀들을 황제처럼 모시는 첫 세대, 부모를 제대로 모시지 못해 처와 부모 사이에서 방황하는 세대, 가족을 위해 밤새워 일했건만 자녀들로부터 함께 놀아주지 않는다고 따돌림당하는 비운의 시대, 20여 년 월급쟁이 생활 끝에 길바닥으로 내몰린 구조조정 세대'라는 자조 섞인 말로 평가하기도 한다.

해결하는 하나의 방안으로 제시되기도 했다.[56] 특히, 정부의 「신(新)직업추진육성계획」에서는 라이프 코치를 민간 부문의 자생적 창출을 지원하는 신직업으로 선정한 바 있으니 향후 라이프 코치의 영역은 더욱 확대될 것으로 보인다. 이런 흐름을 반영하여 대전광역시 서구청에서는 고용노동부가 주관하는 「지역 맞춤형 일자리 창출 지원사업」에 선정되어 '베이비 붐 세대'와 경력단절 여성 등을 대상으로 라이프 코치 양성사업을 전개한 바 있다.[57]

3. 커리어 코칭[58]

앞서 코칭의 분류에 관해 설명하면서 '커리어 코칭'(career coaching)을 언급했다. 많은 코칭 장르 가운데 커리어 코칭이 중요한 이유 가운데 하나는 그것이 일자리와 경력개발 전반과 관련된 이슈를 주로 다루기 때문이다. 한 개인에게 있어 일자리란 생계유지, 사회 구성원으로서 역할 수행뿐만 아니라 자아실현 수단이 되는 중요한 것이다. 즉, 일자리를 선택하고 잘 영위하는 것은 개인의 삶의 질과 직결되는 중요한 관심사가 아닐 수 없다. 특히, 대학생 시절을 포함한 청년 시절에 있어 자신의 진로나 경력개발에 관련된 선택은 그들의 생애주기에서 상당히 중요한 결정사항이다.

그런데 어렵게 선택한 일자리나 직업도 평생 할 수 없는 시대가 되었다. 4차 산업혁명은 모든 것을 바꾸어 놓고 있다. 특히 기술혁신을 바탕으로 한 세계 경제 질서의 급격한 변화는 많은 일자리를 이미 없앴고, 없애고 있으며, 또 새로운 일자리를 만들고 있다. 이런 과정에서 일자리를 선택하는 일은 여전히 어려운 문제이고, 지금의 청년들은 앞으로 평생 6~7개의 직업을 가질 수밖에 없다는 미래학자들의 예측은 많은 사람을 불안하게 만들고 있다. 그러니 사회 구성원이 되기 위해 준비하는 시기에 있는 청년들은 다양한 고민과 갈등을 겪을 수밖에 없다. 물론 이 시기를 잘 넘기고 취업했다고 해서 고민과 갈등이 모두 사라지는 것은 아니다. 그들이 삶을 살아가는 동안 일과 직장에 관한 문제는 평생 계속 이어질 것이다. 다니던 직장을 그만둘 수도 있고, 다른 직장으로 옮길 수도 있다. 은퇴한 후에도 새로운 직장을 찾아야 할 만큼 우리의 평균 수명은 한층 길어졌다. 이런 변화는 한 개인이나 조직에 많은 고민거리를 던지고 있고, 우리는 그런 문제들을 해결하지 않으면 안 되는 상황에 놓여 있다. 커리어 코칭은 이런 과정에서 발생하는 이슈들을 주제를 주로 다루는 장르이다.

---

56) 조성진(2017). 코칭을 활용한 인적자원개발: 대전광역시 서구의 라이프 코치 양성 사례를 중심으로. 인적자원개발연구, 20(4), 159-185.

57) 2016년에 진행된 대전광역시 서구청의 라이프 코치 양성 사례에 관해서는 다음에 소개하는 논문을 참조할 수 있다. 조성진(2017). 코칭을 활용한 인적자원개발: 대전광역시 서구의 라이프 코치 양성 사례를 중심으로. 인적자원개발연구, 20(4), 159-185.

58) 조성진(2008). 코칭ABC. 서울: 도서출판 심포지움. 50에서 발췌, 인용; 조성진(2020). 코칭과 경력개발. 경기: 양성원, 76-77에서 발췌, 인용.

1) 커리어 코칭의 정의

사람은 평생을 살면서 자신의 일터에서 가장 많은 시간을 보낸다. 일터나 직장에서 일하면서 기쁜 일도 있지만, 여러 가지 고민과 걱정거리도 생긴다. 예컨대, 취업하기 위해 시간을 더 효율적으로 관리하고 싶은 경우, 자신의 업무 방식을 새롭게 바꾸고 싶은 경우, 자신의 관리 기술을 향상하여 리더로 성장하고 싶은 경우, 승진에 필요한 잠재력은 갖추고 있는데 그것을 제대로 발휘하지 못하는 경우, 직장을 계속 다닐지 다른 직장으로 옮길지를 고민하는 경우들이 많다. 이런 이슈들로 걱정하는 사람들을 대상으로 코칭을 진행할 수 있다.

이처럼 커리어 코칭은 사람들이 일과 경력에서 만족감을 얻도록 지원하는 방법 가운데 하나이다. 원래 '커리어'(career)라는 말의 어원은 '수레가 다니는 길을 따라간다.'(to roll along on wheels)라는 뜻을 가진 'Carro'라는 표현에서 유래한 것이다. 단어상으로는 직업과 관련된 의미가 강하지만, 넓은 의미에서 보면 단순히 직업만을 가리키는 것이 아니다. 직업 생활의 준비 기간이나 은퇴 이후까지 포함하여 일과 관련된 자신의 역할 및 사회와의 상호작용, 여가활동 등 개인의 삶 전체와 관련된 것으로 볼 수 있다.[59)]

커리어 코칭은 주로 개인의 일이나 직업과 관련된 강점과 재능의 발견, 진로 탐색, 조직 내 경력개발과 관리, 구성원들 사이에서 생기는 문제 등을 다루는 코칭이다. 커리어 코칭은 고객의 열정과 기술, 가치를 그들의 일과 잘 맞추는 데 초점을 두는 장르이다. 즉, 고객이 자신의 소명, 강점, 가치, 이바지할 수 있는 것을 발견할 기회를 제공하는 것이다. 그리고 그것들을 고객의 일과 잘 일치시키거나 은퇴를 잘 준비하여 관리하도록 돕는 과정이다.[60)] 결국, 커리어 코칭을 고객이 자신의 경력 관련 전반에 걸친 문제를 잘 해결하고, 고객의 학습과 성장을 촉진하며, 궁극적으로 자신이 하는 일과 삶 사이에 균형을 이룰 수 있도록 지원하는 일련의 과정이라고 정의할 수 있다.

한편, 국내에서는 커리어 코칭이라는 표현을 주로 사용하지만, 일부에서는 '경력 코칭'이라고 번역하기도 한다.[61)] 학자들과 코칭 관계자들 사이에서 이에 대한 합의된 견해는 아직 없는 실정이다. 다만, 국내 경영학 분야에서는 '경력' 또는 '커리어'라는 표현을 혼용하고 있고, 통계청의 〈한국 표준 직업 분류〉에서도 '커리어 코치'라는 표현을 사용하고 있다. 그리고 한국코치협회 등 관련 업계에서도 '커리어'라는 외래어 표기를 그대로 사용하고 있다. 따라서 이 책에서

---

59) 박윤희(2012). 커리어코칭입문. 서울: 시그마북스. 21-22에서 발췌, 인용.

60) 게리 콜린스(양형주 · 이규창 역, 2011). 게리 콜린스의 코칭 바이블. 서울: 한국기독학생회출판부. 330에서 발췌, 인용; K. Webb(2008). Career Coaching. In Tony Stoltzfus, *Coaching Question: A Coach's Guide to Powerful Asking Skills*. Virginia Beach, VA: Pegasus Creative Arts. 86.

61) 해외 저자의 저서를 번역한 국내 번역서에서는 '커리어 또는 커리어 코칭'을 '경력 또는 경력 코칭'으로 일관되게 표현하고 있다. 게리 콜린스(양형주 · 이규창 역, 2011). 앞의 책.

는 이런 현실을 고려하여 커리어, 커리어 코칭 그리고 커리어 코치라는 표현을 그대로 사용하기로 한다.

2) 커리어 코칭의 주요 이슈

커리어 코칭은 자신의 적성에 맞는 직업을 찾을 수 있도록 돕고, 취업을 위해 무엇을 준비할 것인지에 함께 대화하는 것이다. 그리고 현재 직업을 가진 사람이 자신의 경력개발(career development)을 어떻게 할 것인지 등에 대해서 스스로 문제를 해결하도록 지원하는 것이다. 취업 희망자, 구직자, 직장에서 승진이나 부서 이동 등 변화를 원하는 사람, 전직을 고려하거나 이직을 준비하는 사람, 창업이나 창직(創職)을 준비하는 사람, 은퇴를 앞둔 사람들이 겪는 문제를 다루는 것이 커리어 코칭이다.

이처럼 커리어 코칭에서 주로 다루는 이슈들은 일과 직업에 관련된 다양한 것들이다. 그것이 개인에 관련된 것이든, 조직 내에서 발생하는 일이든 모두 다룰 수 있다. 커리어 코칭에서 다룰 주제는 무수히 많지만, 실제 현장에서 다루는 이슈들은 대개 다음과 같다.

- 개인의 가치관에 따른 직업관의 확립
- 자신의 능력과 강점을 최대로 발휘할 수 있는 직업의 탐색
- 개인의 흥미와 적성 등을 고려한 진로 탐색
- 직장 내에서 최고의 핵심 인재로 성장하기 위한 전략(승진, 경력개발계획 수립 등)
- 개인의 역량 개발 및 각종 교육 · 훈련 계획
- 현재 업무 조건의 개선
- 직장 동료와의 협력 관계 구축
- 관리자와 임원의 역할 및 경력관리
- 전직과 관련된 불안감 해소
- 성공적인 전직을 위한 조건 탐색
- 이직 준비 및 관리
- 은퇴 준비 등

커리어 코칭은 개인이나 조직에서 일이나 직업에 관련된 이슈들을 주로 다루는 장르인데, 고객의 성장주기와 연령대에 따라 발생하는 이슈들의 모습도 각기 다르고, 고객에 따른 개인차도 있다. 예컨대, 초 · 중 · 고교생이나 대학생들을 대상으로 그들의 향후 진로와 관련된 일과 직업에 관한 문제를 다루는 커리어 코칭은 교육적 차원의 주요 핵심 과제인 진로지도에 초

점을 맞추다 보니 '진로 코칭'이라고 명칭을 사용하는 예도 있다.[62] 그래서 이 책에서 커리어 코칭과 관련된 모든 이슈를 구체적으로 살펴보는 것은 무리가 있는 일이다.

따라서 이 책에서는 커리어 코칭을 대학생들에게 적용하는 경우를 집중적으로 살펴보고자 한다.[63] 그 이유는 첫째, 대학생들이 예비사회인으로서 사회생활과 직장생활을 준비하는 과정이고, 그들은 미래의 기업이나 조직의 주요한 인적자원이 된다는 점, 둘째, 본 필자가 가장 많은 에너지를 투여하여 진행하는 코칭 장르 가운데 하나이기 때문이다. 그래서 이후에서는 대학생에 대한 커리어 코칭을 집중하여 논의를 전개하고자 한다.

3) 대학생과 커리어 코칭

대학생은 신체적 · 생리적 측면에서 충분히 발달하고 자아 정체성(identity)이 형성되는 등 심리적 · 사회적으로 성숙하여 독립을 추구하는 경향을 보인다. 그리고 자신의 진로를 결정하고 그에 필요한 준비와 관련된 다양한 고민과 갈등을 겪는다.[64] 특히, 사회적 · 심리적 독립은 경제적인 독립이 필수적으로 선행되므로 대학생 시절에는 졸업 후 경제적 독립을 위해서라도 자신의 진로에 대해 고민해야 하는 때이다.[65] 그런 의미에서 대학생 시절은 진로를 탐색하고 결정하며, 학생에서 노동자 역할로의 전환을 준비하는 매우 중요한 시기이다.[66] 따라서 이 시기에 자신의 진로 결정과 그에 필요한 역량을 제대로 갖추는 것은 향후 직장생활에서의 업무 수행에도 영향을 미치는 매우 중요한 일이다.

그러나 우리나라 대학생들은 청소년 시절부터 거의 모든 시간을 상급학교 진학에 사용하면서 과도한 입시경쟁을 이미 경험한 사람들이다. 그리고 대학에 입학한 후에도 자신의 진로 결정 및 준비를 위한 충분한 시간이나 기회를 누리지 못한 채 여러 가지 어려움을 동시에 경험하고 있다. 따라서 대학생이 자신의 성격, 적성, 흥미, 능력 등에 대한 정확한 인식을 바탕으로 자

62) 코칭 현장에서는 넓은 의미에서 직장인과 일반인들의 일과 직업에 대한 이슈를 중심으로 진행되는 코칭을 '커리어 코칭'이라 부르고, 좁은 의미에서 초 · 중 · 고교생과 대학생들이 앞으로 경험하게 될 일과 직업에 대한 주제를 대상으로 진행되는 코칭을 '진로 코칭'이라고 부르기도 한다. 하지만, 아직 이에 대한 합의된 견해가 없어서 향후 추가의 논의가 필요하다. 한편, 초 · 중 · 고교생과 학교 밖 청소년들을 대상으로 진행되는 '청소년 코칭'이나 '학습 코칭'은 당사자들의 성장단계별 특징과 개별 현장의 상황을 고려한다면, 독립적인 코칭 영역이 될 수도 있다. 나아가 이런 코칭 영역은 진로 코칭 자체가 가진 특수성뿐만 아니라 학부모와 밀접한 관련이 있다는 차원에서 '학부모 코칭'으로 확대될 수도 있다.

63) 여기에서 대학생들이란, 고교를 졸업하고 바로 취업하길 희망하는 청년, 대학에 진학한 학생들, 그리고 대학 졸업 후 취업을 준비하고 있는 청년들을 통칭하는 것으로 이해해 주길 바란다. 따라서 이 책에서 논의하는 내용은 대학생의 범위를 다소 넓혀 청년까지 포함해도 무방할 것이다.

64) 전상진 · 정주훈(2006). 한국 후기 청소년 세대의 발달경로와 성장 유형: 서울지역 대학생을 중심으로. 한국사회학, 40(6), 261-294.

65) 윤영란(2007). 대학생이 진로의식에 관한 분석 연구. 교육문화연구, 13(1), 123-168.

66) 김봉환(1997). 대학생의 진로 결정 수준과 진로준비행동의 발달 및 이차원적 유형화. 서울대학교 대학원 박사학위 논문.

아 정체성을 확립하고, 자신이 겪고 있는 다양한 문제들을 스스로 해결할 수 있다는 믿음을 갖추는 것은 의미있는 일이다. 이것은 그들의 진로 탐색과 결정 및 취업 준비에서 아주 중요한 일이기 때문에 그들을 위한 적절한 진로 지도가 필요하다.[67]

대학생들은 복잡한 상황에 놓여 있다. 즉, 사회로부터 전문성과 다양성, 상황대처 능력, 문제해결 능력, 의사소통능력 등 다양한 능력을 갖추길 요구받고 있다. 게다가 급격한 사회 변화로 인해 생긴 구조적인 차원의 문제들은 대학생들의 진로문제를 더욱 복잡하게 만들고 있다.[68] 그런 차원에서 대학생들이 자신의 인생 목표를 설정하고, 자신의 진로를 탐색하고 설계하는 데 도움을 주는 안내와 지도가 절실한 상황이다.[69] 따라서 대학들은 학문을 연구하는 상아탑으로서의 기본적인 역할과 함께 취업을 목적으로 하는 직업준비 교육기관의 역할을 동시에 요구받고 있다. 실제로 그런 역할을 효과적으로 수행하기 위해 대학교육이 더 실용적인 방향으로 변화될 필요성이 있다는 지적도 제기되고 있다.[70]

이런 추세를 반영하여 대학에서는 다양한 프로그램을 동원하여 대학생들의 진로 및 취업지도에 활용하고 있지만, 대학생들의 만족도는 기대만큼 높지 않은 것으로 보인다. 그것은 아마도 이런 프로그램들이 개별 대학생의 성격, 적성, 흥미, 가치관 및 그가 처한 상황에 따라 맞춤형으로 진행되어야 하지만, 여러 가지 제약으로 인해 현실적으로는 그렇지 못한 실정이다.[71] 이런 상황을 극복하기 위해 최근 들어 몇몇 대학에서 대학생의 삶의 변화, 자기계발 지원, 진로지도 및 취업역량 강화를 위해 코칭을 적극적으로 도입하고 있는 것은 고무적인 일이다.[72]

이런 인식을 바탕으로 진행하는 대학생 커리어 코칭은 '대학생이 자신의 진로 문제를 스스로 해결하고, 그것을 위해 자기주도적 학습과 성장, 나아가 자아실현을 하도록 코치가 지원하는 쌍방향 의사소통 과정'이라고 정의할 수 있다.[73]

---

67) 조성진(2013). 코칭을 활용한 대학생 진로지도 프로그램 운영 효과: 관광경영 전공 대학생을 대상으로. **직업교육연구**, 32(5), 27-46.

68) 윤영란(2007). 대학생이 진로의식에 관한 분석 연구. **교육문화연구**, 13(1), 123-168.

69) 조성진(2013). 위의 논문.

70) 채창균 · 옥준필 · 최지희 · 김안국 · 오호영(2005). **청년층의 노동시장 이행과 인적자원개발(1)**. 서울: 한국직업능력개발원.

71) 대학생 취업 및 진로지도와 관련된 상황을 제대로 분석하기 위해서는 한국 노동시장의 성격과 제도적인 측면 및 교육정책 등을 다양하게 살펴보는 거시적인 안목에서 실태를 파악해야 하지만, 이 책은 그것에 대한 분석을 주요 목적으로 삼는 것이 아니어서 미시적인 접근을 하고 있음을 이해해 주기 바란다. 이와 관련된 사항에 대해서는 다음에 소개하는 논문을 참조할 수 있다. 조성진(2014). 코칭이 대학생의 자기효능감, 진로준비행동 및 진로성숙도에 미치는 영향에 관한 현장실험연구. **코칭능력개발지**, 16(1), 87-96.

72) 조성진(2013). 대학생 코칭 프로그램 운영 효과 분석과 활성화 방향 모색: 3개 대학 4개 사례를 중심으로. **코칭능력개발지**, 15(3), 235-246; 조성진(2014). 위의 논문. 87-96.

73) 조성진(2015). **진로설계와 코칭리더십**. 서울: 정민사. 75에서 발췌, 인용.

4) 대학생 커리어 코칭의 효과

대학생들을 대상으로 진행되는 코칭은 취업 및 진로 지원을 위한 커리어 코칭, 인생 로드맵 작성 및 대학 생활 등을 위한 라이프 코칭의 형태로 진행되고 있다.[74] 대학생이 대학 생활 동안 가장 먼저 해야 할 일 가운데 하나는 자신의 성격과 흥미에 맞는 일을 찾아내고 자신의 적성과 소질을 발견할 기회를 찾는 것이다. 그리고 대학은 그들이 스스로 발견한 소질과 적성을 바탕으로 자신의 미래를 준비하고 진로를 설계하도록 도움을 주어야 한다.[75]

이런 추세를 반영하여 대학생의 진로 및 취업 지도를 위해 코칭을 접목하고, 그 효과를 분석한 연구들이 많이 발간되었다. 이들 연구는 주로 코칭이 대학생의 자기효능감, 진로성숙도와 진로준비행동을 비롯한 진로 관련 변수 및 학습 관련 변수들에 어떤 영향을 미치는지를 분석하는 데 초점을 맞추고 있다. 이 연구들은 주로 설문조사나 '준현장실험설계'(quasi-experimental field design) 방법을 통해 코칭이 대학생의 진로에 긍정적인 영향을 끼친다는 것을 검증하고 있다. 물론 질적 분석을 통해 코칭이 대학생들의 진로 탐색과 취업 준비를 위한 실행력 향상, 자기 이해와 가능성 발견, 자신감 회복과 심리적 평안 등에 이바지했다는 것을 밝힌 선행연구도 있다.[76] 몇 가지 선행연구 결과들을 통해 대학생 커리어 코칭의 효과를 살펴보면 다음과 같다.

첫째, 대학생들은 코칭을 통해 자신의 진로와 미래에 대해 진지하게 생각해 볼 기회를 얻은 것으로 나타났다. 즉, 코칭이 대학생들의 진로 관련 의견이나 행동에 긍정적인 영향을 끼쳤다는 것이다. 대학생들은 코칭을 통해 진로 관련 정보를 탐색하면서 그동안 막막했던 자신의 진로 관련 목표를 구체화했고, 그것을 실행하기 위한 실질적인 계획을 수립했다. 그리고 스스로 세운 계획을 제대로 실천하는 것이 아주 중요하다는 것을 알아차리게 되었다. 실제로 대학생들은 코칭을 받은 후에 자신이 세운 목표를 실행하기 위해 불필요하고 낭비적인 행동을 중단하고, 구체적인 학습계획을 수립하고 시행함으로써 학습능력이 향상되었다는 것도 객관적인 지표나 그들의 증언으로 확인할 수 있었다.

대학생들의 진로 관련 상황을 검증하는 객관적인 지표 가운데 자주 활용되는 것이 '진로성숙도'(career maturity)와 '진로준비행동'(career preparation behavior)이라는 개념이다. 전자는 자아의 이해와 직업 세계의 이해를 바탕으로 자신의 진로계획과 진로선택을 통합·조정해 가는 정도로서, 한 개인이 자아와 직업 세계를 잘 이해하여 이들을 현명하게 통합할 수 있는가에 대

74) 한국코치협회(2020). 대학프로그램 현황(http://www.kcoach.or.kr, 2022년 2월 접속).

75) 조성진(2013). 코칭을 활용한 대학생 진로지도 프로그램 운영 효과: 관광경영 전공 대학생을 대상으로. **직업교육연구**, 32(5), 27-46.

76) 조성진(2018). 대학생 진로코칭 프로그램 효과 검증에 기반을 둔 커리어코칭 시스템 개발 연구. **코칭연구**, 11(4), 5-29.

한 준비 정도를 나타내는 지표이다.[77] 그리고 후자는 올바른 진로 결정을 내리기 위해서 개인이 얼마나 노력하는지, 결정된 진로목표 달성을 위해 구체적으로 얼마나 충실하게 행동으로 노력하는지를 말한다. 즉, 진로 결정이 이루어진 후에 그 결정사항을 실행하기 위한 행동을 말하며, 의지나 태도가 아닌 실천행위(implementation)를 알 수 있는 지표이다.[78]

대학생들이 코칭을 받고 진로성숙도가 향상되었다는 것은 자신에 대한 이해, 진로를 선택하기 위한 적극적인 자료 수집과 정보의 해석, 진로 관련 의사결정 과정에서 생기는 여러 가지 갈등상황을 해결하는 데 영향을 미쳤다는 점을 의미한다. 즉, 코칭은 대학생들이 진로 관련 제반 상황을 판단하고 결정할 수 있는 연습과 훈련을 하게 함으로써 그들의 진로의식을 성숙시키는 데 도움을 주었다는 것을 말한다. 그리고 코칭이 대학생의 진로준비행동에 긍정적인 영향을 끼쳤다는 점은 진로를 선택하고 자신이 원하는 바람직한 결과를 만들어 내기 위해 실제로 필요한 노력이 늘었다는 것을 의미한다. 진로 관련 문제를 해결하기 위해서는 대학생의 생각이 성숙하게 변화하는 것도 바람직하지만, 진로 탐색과 설계 등에 필요한 실질적인 행동을 취해야 한다는 점에서 코칭이 대학생의 진로준비행동에 긍정적인 영향을 미쳤다는 것은 우리에게 많은 시사점을 준다.

둘째, 대학생들은 코칭을 통해 의사결정 주체인 자신이 주도적으로 인생을 개척해 나가야 한다고 분명하게 인식한 점이 확인되었다. 대학생들은 코칭을 통해 자신이 나가야 할 삶의 방향을 정하고 가치관을 수립하는 데 많은 도움을 받았고, 자신의 장점과 성장 가능성을 발견한 것으로 밝혀졌다. 즉, 대학생들은 코칭을 통해 자기인식과 이해를 바탕으로 자기를 확신하는 계기를 얻었고, 이것이 자신의 진로를 결정하는 데 도움이 된 것으로 나타났다.

대학생의 관점에서 자신의 진로를 결정하는 것은 결국 자신의 몫이기 때문에 자신의 미래를 스스로 개척해야 한다는 것을 올바로 인식하는 것은 중요한 일이다. 교수나 선배, 부모는 단지 옆에서 돕는 조력자일 뿐이다. 그리고 코치도 대학생이 자신의 진로를 스스로 탐색하고 설계하며, 관련 실행계획을 수립하고 그에 필요한 행동을 실행하는 과정을 효과적으로 진행하도록 지원하는 역할을 할 뿐이다.

셋째, 대학생들은 코칭을 통해 자신에 대한 자부심과 자신감을 회복했고, 긍정적인 생각을 가지게 되었으며, 심리적인 평안을 얻어 삶의 질이 향상된 것으로 나타났다. 대학생들은 새롭게 접하는 문화와 인간관계에 대한 적응과 갈등, 이성 교제, 수강과목 결정과 학점 관리, 취업난에 대비한 자격증 취득 준비 등 소위 '스펙 쌓기', 불확실한 미래의 전개 등으로 인한 다양한

77) 이진희 · 임성택(2011). 대학생의 학과만족도와 진로 스트레스의 관계에 대한 진로성숙도의 조절 효과. 직업교육연구, 30(3), 133-146; Crites, J. O.(1978). *Career maturity inventory: Theory and research hand book.* Monterey, CA: CTB/ McGraw-Hill.; Super, D. E.(1957). *The psychology of careers.* New York: Hayser.

78) 김봉환(1997). 대학생의 진로결정 수준과 진로준비행동의 발달 및 이차원적 유형화. 서울대학교 대학원 박사학위 논문.

스트레스에 노출되고 난관에 봉착하기도 한다.[79] 그런 대학생들이 코칭을 통해 진로 선택과 취업 준비 등으로 인해 생긴 막연한 불안감과 압박감, 취업난으로 인한 두려움과 스트레스를 해소하는 기회가 되었다고 말했다. 그리고 종래의 부정적인 사고에서 벗어나 긍정적인 생각을 가지게 되었으며, 심리적인 평안을 얻어 삶의 질이 높아졌다는 것이 확인되었다는 것은 의미 있는 일이다.

마지막, 대학생들은 코칭을 통해 대인관계의 중요성, 가족의 존재, 가족 구성원 간의 대화가 중요하다는 것을 인식하는 계기가 된 것으로 밝혀졌다. 대학생들은 각 가정의 구성원으로서 자신의 역할을 하면서 사회에서 필요한 대인관계를 배운다. 그리고 학업과 진로 및 취업 등 제반 문제의 많은 부분을 가족들과 상의하는 것이 일반적이다. 그러기 위해서는 가족관계가 원만해야 하고, 그 속에서 의사소통도 원활하게 진행되어야 한다. 그런데 대학생들이 코칭을 통해 가족 내 다양한 활동과 가족관계가 향상되고, 가족의 소중함을 새롭게 인식했다는 것은 여러 점에서 의미 있는 시사점을 제공한다.

5) 대학생 커리어 코칭의 특징과 문제점

대학생을 대상으로 진행되는 커리어 코칭은 직장인들이나 일반인들을 대상으로 진행되는 커리어 코칭과 비교해 볼 때, 몇 가지 점에서 다른 특징을 지니고 있다. 이것은 아마도 사람의 생애주기 발달 과정 가운데 대학생 시절의 특성과 그들이 처한 상황과 환경에 기인한 것으로 생각한다. 이런 것들은 대학생 대상 코칭의 성장 가능성을 보여주는 측면이지만, 문제점이라고 볼 수 있는 양면성을 동시에 가지고 있다. 구체적으로 살펴보면 다음과 같다.[80]

첫째, 대학생은 코칭을 시작하는 시점에서 코칭과 상담을 혼동하지만,[81] 코칭을 마친 시점에서는 그 차이를 분명하게 구분하게 된다. 대학생들은 대개 코칭이 상담과 비슷한 것으로 이해한 상태에서 코칭 프로그램에 참여하거나 코칭 교과목을 신청하게 된다. 그러다 보니 예전에 경험했던 '진로상담'이나 '미래설계상담' 등과 마찬가지로 자신의 문제를 다른 사람이 나서

79) 김연중 · 손은령(2012). 대학생의 지각된 진로장벽과 진로결정 자기효능감의 이차원적 진로 유형과 학습행동과의 관계. **상담학연구**, 13(5), 2343-2361; 박수진 · 구영애 · 오윤자(2017). 대학생의 진로 및 가치관에 따른 대학 생활의 만족도 차이에 관한 연구: K 대학교 서울캠퍼스 학생을 중심으로(2013년~2016년). **취업진로연구**, 7(1), 121-144.

80) 조성진(2018). 대학생 진로코칭 프로그램 효과 검증에 기반을 둔 커리어 코칭 시스템 개발 연구. **코칭연구**, 11(4), 5-29.

81) 코칭을 처음으로 접하는 직장인이나 일반인들도 코칭과 상담을 혼동하기는 마찬가지이다. 하지만, 본 필자의 현장 경험에 따르면, 두 서비스를 혼동하는 정도는 대학생들이 더 심하다는 것이다. 직장인이나 일반인들의 경우에는 통상적으로 코칭을 시작하기 전의 계약 과정이나 코치와의 라포르 형성 과정에서 코칭이 무엇이라는 것을 어느 정도 인지한 상태에서 코칭을 진행한다. 하지만, 대학생의 경우에는 그 특성상 코칭에 대한 사전 지식이 거의 없는 상태에서 코칭을 진행하기 때문에 코칭와 상담을 혼동하는 정도가 더 심하다고 생각한다.

서 해결해 주기를 원하는 경우가 많다. 하지만 코칭 회기가 진행될수록 코칭은 자신의 문제를 해결하는 방안을 스스로 찾아가는 과정이고, 이것이 상담, 컨설팅 및 멘토링 등과 다르다는 것을 알아차리게 된다. 그리고 이때부터 자신이 겪는 문제를 해결하기 위해 더욱 적극적이고 주도적인 행동을 취하기 시작했다. 코칭을 마친 후에 어떤 대학생은 "상담을 마치면 별 감정이 없었던 것과 달리, 코칭을 마치면 항상 가슴이 벅차오르는 느낌과 에너지를 느낄 수 있었다"고 말하기도 한다. 코칭과 다른 서비스 사이의 차이점을 분명하게 구분할 줄 알게 된 것이다.

따라서 대학생 대상의 코칭에서 효과를 높이기 위해서는 코칭을 본격적으로 시작하기 전에 코칭에 관한 교육을 하고 진행 과정을 충분하게 소개하는 등 사전 작업이 필요하다. 그리고 전문코치는 대학생의 특성과 그들이 처한 상황 및 환경을 이해하면서 그들이 자신의 문제를 스스로 해결하는 해답을 찾을 때까지 기다려주는 인내심이 필요하다.

둘째, 대학생 대상 코칭에서 가장 많이 거론되는 주제는 진로와 관련된 것들이지만, 이것은 대개 일상생활에서 발생하는 다른 문제들과 복합적으로 얽혀 있다는 것을 알아야 한다. 대학생 시기는 자신이 처한 새로운 환경 속에서 겪는 문제와 갈등을 스스로 헤쳐갈 것을 요구받는다. 그리고 동시에 학점 관리, 군대 입대(남학생의 경우), 학비 마련 및 취업 준비 과정에 거의 반강제적으로 편입되는 시기이다.[82] 따라서 대학생들에게는 현실적으로 진로와 관련된 여러 가지 주제들, 예컨대 진로 탐색, 진로 설계 및 진로 준비와 관련된 행동 등에 관한 사항들이 대학생들의 주된 관심사이다. 그리고 그것들과 관련된 다양한 요소들이 복합적으로 작용하면서 문제들이 생긴다는 점을 이해할 필요가 있다. 당연히 이런 문제들은 대학생들의 일상생활에 직·간접적으로 영향을 끼칠 수밖에 없고, 나아가 그들의 가족에게도 영향을 미치게 된다. 그래서 대학생 대상의 코칭은 좁은 범위에서 보면 진로나 경력개발 차원에서 접근하는 커리어 코칭이 주가 되겠지만, 일상생활에서 생기는 주제들을 다루는 라이프 코칭도 함께 진행될 수 있다는 점을 동시에 고려할 필요가 있다.

셋째, 대학생 대상의 코칭은 그들의 비자발적인 태도와 코칭 수수료를 받지 않는 무료 코칭이라는 점들로 인해 코칭 효과에 일정한 영향을 끼칠 수 있다는 점을 사전에 이해해야 한다. 대개 대학생들은 현재 시점이 자신의 진로 관련 일들을 선택해야 하는 중요한 시점이지만, 그와 관련된 다양한 활동을 적극적으로 실천하려는 노력이 대체로 부족하다. 게다가 경제적 능력이 부족해서 자발적으로 코칭 수수료(coaching fee)를 내고 코칭을 받기도 어려운 실정이다. 그러다 보니 대학생들에 대한 코칭은 대개 무료로 진행되거나 대학 측이 대신 지급하는 저렴한 비용으로 진행되는 경우가 많다. 그래서 대학생들이 코칭에 임하는 태도, 코칭 진행 속도, 실행계획의 수립과 실천 여부 등의 측면에서 볼 때, 다른 유료 코칭에 비해 코칭 효과가 떨어질

82) 전상진·정주훈(2006). 한국 후기 청소년 세대의 발달경로와 성장 유형: 서울지역 대학생을 중심으로. 한국사회학, 40(6), 261-294.

가능성이 있다. 따라서 대학생 대상의 코칭에서 효과를 높이기 위해서는 자발적인 참여를 독려하는 다양한 방법(마일리지 또는 포인트 제공, 장학금 수혜 대상에서 우선순위 부여, 봉사활동 점수 산정과 연동 등)을 도입하거나 가칭 '코칭 참가 보증금제'[83] 실시, 코칭 교과목을 필수 교과목으로 하는 등의 코칭 장려 제도와 정책을 도입할 필요가 있다.

마지막, 대학생 대상의 코칭은 시작하기 전에 다양한 이유로 인해 계속해서 진행하기가 어렵다는 점에 대해 이해할 필요가 있다. 어떤 사람이 분명한 목적을 가지고 코칭을 받는 경우나 기업 내에서 확실한 목적을 가지고 진행되는 코칭의 경우는 코칭 회기가 꾸준하게 유지되거나 몇 년에 걸쳐 진행되기도 한다. 하지만, 대학생 대상의 코칭은 대부분 그렇지 않은 경우가 많다. 예컨대, 대학생 대상의 코칭은 정부 예산 지원사업의 종료로 인한 예산 확보 중단, 인사 발령으로 인한 실무 담당자의 이동, 대학생을 비용만 발생케 하는 소비 주체로 생각하는 대학 당국의 인식, 새로운 진로지도 기법에 대한 대학 실무자의 무관심, 무료 코칭을 진행하기로 헌신하는 전문코치 확보의 어려움 등이 복합적으로 작용하여 꾸준하게 진행하기가 쉽지 않다.

그러나 대학 당국의 측면에서 볼 때, 학령인구의 감소, 각종 외부 평가에 대비한 대학경쟁력 확보, 대졸자들에 대한 사회와 기업의 요구 등을 고려하고, 국가적인 차원의 인적자원관리 측면에서 고급인력의 효율적인 관리 등을 함께 고려한다면, 대학생 코칭의 실시 여부에 대한 패러다임 전환이 절실한 시점이다. 이런 차원에서 대학생 대상의 코칭은 이런 특징과 문제점이 있지만 코칭 효과도 분명하다는 점을 함께 고려할 때, 대학 당국과 전문코치들이 앞으로 더욱 관심을 가져볼 만한 분야라고 생각한다. 이를 위해서는 대학 당국과 정부의 관련 예산 확보, 대학생 커리어 코칭에 특화된 전문코치 양성 및 확보, 청년 취업난 해소와 일자리 창출 지원 차원에서 관련 기관 또는 기구 설립이 필요한 실정이다.[84]

6) 대학생 커리어 코칭 시스템: '3C · A · N 모델'

대학생 대상의 코칭은 즉흥적이고 단기적인 이벤트 실시 차원에서 진행되어서는 안 된다. 그리고 좁은 의미의 '진로 코칭'의 차원에서 벗어나 예비사회인과 기업인을 양성한다는 점과 국가적인 인적자원관리의 차원까지 고려한 바탕 위에서 진행하는 넓은 의미의 '커리어 코칭' 차원에서 접근하는 것이 바람직하다. 그런 점에서 시스템적인 시각을 가지고 접근할 필요가 있다. 다시 말하면, 대학생은 자신의 다양한 문제들을 해결하는 과정에서 코치와 함께 상호작용을 하고, 동시에 다양한 외부 환경과도 상호작용을 한다는 점에 주목할 필요가 있다. 그리고

83) 이것은 어떤 코칭 프로그램에 참여하기 전에 약간의 참가비를 받은 후, 정해진 해당 과정을 모두 마치면 코칭 시작 전에 받았던 참가비를 당사자에게 되돌려주는 방법이다.

84) 조성진(2013d). 대학생 코칭 프로그램 운영 효과 분석과 활성화 방향 모색: 3개 대학 4개 사례를 중심으로. 코칭능력개발지, 15(3), 235-246.

대학생들은 대학이라는 진공관 속에서 머물러 있는 존재가 아니고, 대학을 둘러싼 정치 · 경제 · 사회 · 문화적인 환경에 의해 영향을 주고받는 존재라는 점도 놓치지 말아야 한다.

이런 차원에서 대학생 대상의 코칭은 넓은 의미에서 커리어 코칭의 관점에서 진행되어야 하고, 코칭 효과가 확실하게 발생하고 꾸준하게 유지되어야 한다는 점에서 시스템적 사고를 바탕으로 한 접근방법이 필요하다. '대학생 커리어 코칭 시스템'은 진로, 학습 및 대학 생활 등과 관련된 이슈들의 해결이라는 목표를 향해 코칭을 구성하는 각각의 요인들과 요소들이 상호작용하는 부분들의 집합이라고 볼 수 있다. 그리고 '대학생 커리어 코칭 시스템'에 적용되는 독자적인 코칭 모델이 함께 개발, 제시되어야 한다.

여기에서 소개하는 '3C · A · N 모델'은 이런 인식을 바탕으로 제안된 모델이다. 이것은 대학생 커리어 코칭을 진행하는 주체와 그들이 지향하는 가치와 개념들의 조합으로 구성되어 있다.[85] 그리고 코칭을 진행하는 과정에서 각 주체와 요소들은 상호작용을 하면서 대학생들이 겪는 이슈와 과제들을 해결해 간다(〈표 3-3〉, [그림 3-1], [그림 3-2] 참조).

먼저, 코치는 대학생이 자신의 진로 관련 문제를 스스로 해결해가는 과정에서 의미 있는 변화(change)를 만들고 도전(challenge)하도록 지원하고 격려하면서(cheer- up) 코칭을 진행해야 한다. 그리고 코치와 대학생은 서로 수평적인 관계에서 소통하고(communication), 서로 연결하여(chain) 가용할 수 있는 주변 자원들이 무엇인지 수시로 확인하고 점검한다. 그리고 코치는 대학생 스스로 발견한 의미 있는 행동이나 활동이 꾸준히 유지되도록(continuous) 격려하고(cheer up) 지지해 준다.

표 3-3 3C · A · N 모델에서 지향하는 가치들

구분		주요 주체들이 지향하는 가치들
목적	3C	변화(change), 도전(challenge), 격려(cheer-up)
방법	3C	소통(communication), 연결(chain), 지속성(continuous)
협력자	3C	코칭(coach), 상담자(counselor), 컨설턴트(consultant)
주체들에게 요구되는 것들	3A	자각(awareness), 행동(action), 동행(accompany)
	3N	새로운 대안 추구(new options), 포기하지 않기(never give up), 양육(nurturing)

출처: 조성진(2018). 대학생 진로코칭 프로그램 효과 검증에 기반을 둔 커리어 코칭 시스템 개발 연구. 코칭연구, 11(4), 20에서 인용.

85) '3C · A · N 모델'은 필자가 대학생을 대상으로 오랫동안 진행한 실험 결과에 대한 분석을 바탕으로 처음으로 제안한 것으로, 대학생 커리어코칭 시스템의 구성과 유지, 그리고 코칭 효과 발생에 필요한 가치들과 요소를 종합하여 만든 것이다. 이에 관한 자세한 내용은 다음에 소개하는 논문을 참조할 수 있다. 조성진(2018). 대학생 진로코칭 프로그램 효과 검증에 기반을 둔 커리어코칭 시스템 개발 연구. 코칭연구, 11(4), 5-29.

그림 3-1 3C · A · N 모델의 가치 조합 및 관계

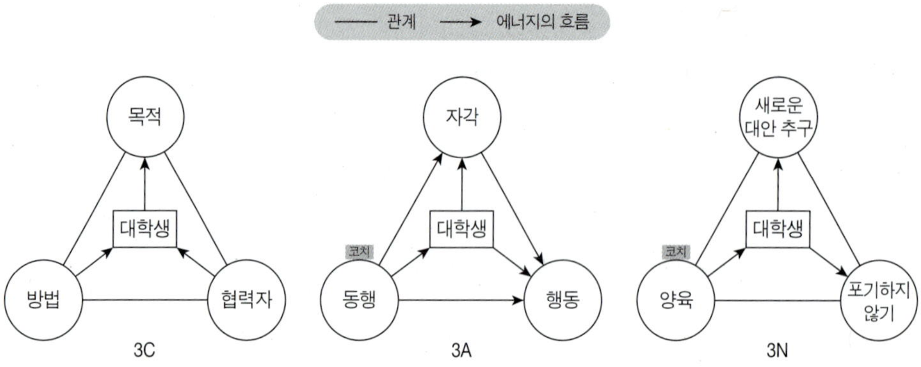

출처: 조성진(2018). 대학생 진로코칭 프로그램 효과 검증에 기반을 둔 커리어 코칭 시스템 개발 연구. **코칭연구**, 11(4), 20에서 발췌, 인용.

나아가 코치는 대학생에게 필요하다고 인정되고 고객이 동의할 경우, 상담자(counselor)와 컨설턴트(consultant)의 도움을 받도록 열린 마음을 지니고 해당 전문가들과 지속적인 협력 관계를 유지해야 한다. 이런 과정에서 코치는 대학생이 스스로 깨우치고(awareness), 행동하며(action), 자신이 새롭게 발견한 대안들(new options)을 포기하지 않고(never give up) 실천하도록 양육한다(nurturing). 그런 차원에서 코치는 대학생과 진행하는 커리어 코칭 전체 과정에서 항상 동행하며(accompany) 적절한 역할을 하는 지원자이다.

대학생 커리어 코칭 시스템도 '투입−전환−산출' 과정을 거친다([그림 3−2] 참조).[86] 즉, 외부 환경으로부터 코칭 교육, 인적자원, 교육설비, 재무 자원 및 정보 등의 투입(input)을 받아들여, 코칭이라는 변환(transformation) 과정을 통해 진로선택과 진로 결정이라는 산출물(output)을 만들어 낸다. 이 시스템 속에서는 코칭에 참여하는 주체인 고객(대학생)과 코치(교수 포함)가 서로 헌신하는 환경 속에서 대학생의 자기인식과 행위 변화를 통해 진로 관련 목표를 달성하고, 지속적 성장이 가능하도록 코치가 지원하는 활동이 이루어진다. 여기서 전문코치와 대학생은 수평적인 관계에서 쌍방향으로 소통하면서 대학생 스스로 생각한 대안들을 실천하는 과정에서 코치가 격려하고 지지하는 촉진 활동을 전개한다. 그리고 코치가 필요하다고 판단하고 대학생이 이에 동의할 경우, 다른 분야 전문가들과 협력하기도 한다.

86) 조성진(2018). 대학생 진로코칭 프로그램 효과 검증에 기반을 둔 커리어 코칭 시스템 개발 연구. **코칭연구**, 11(4), 21-22에서 발췌, 인용.

그림 3-2 대학생 커리어 코칭 시스템(3C · A · N 모델) 내에서 개별 활동의 흐름과 관계

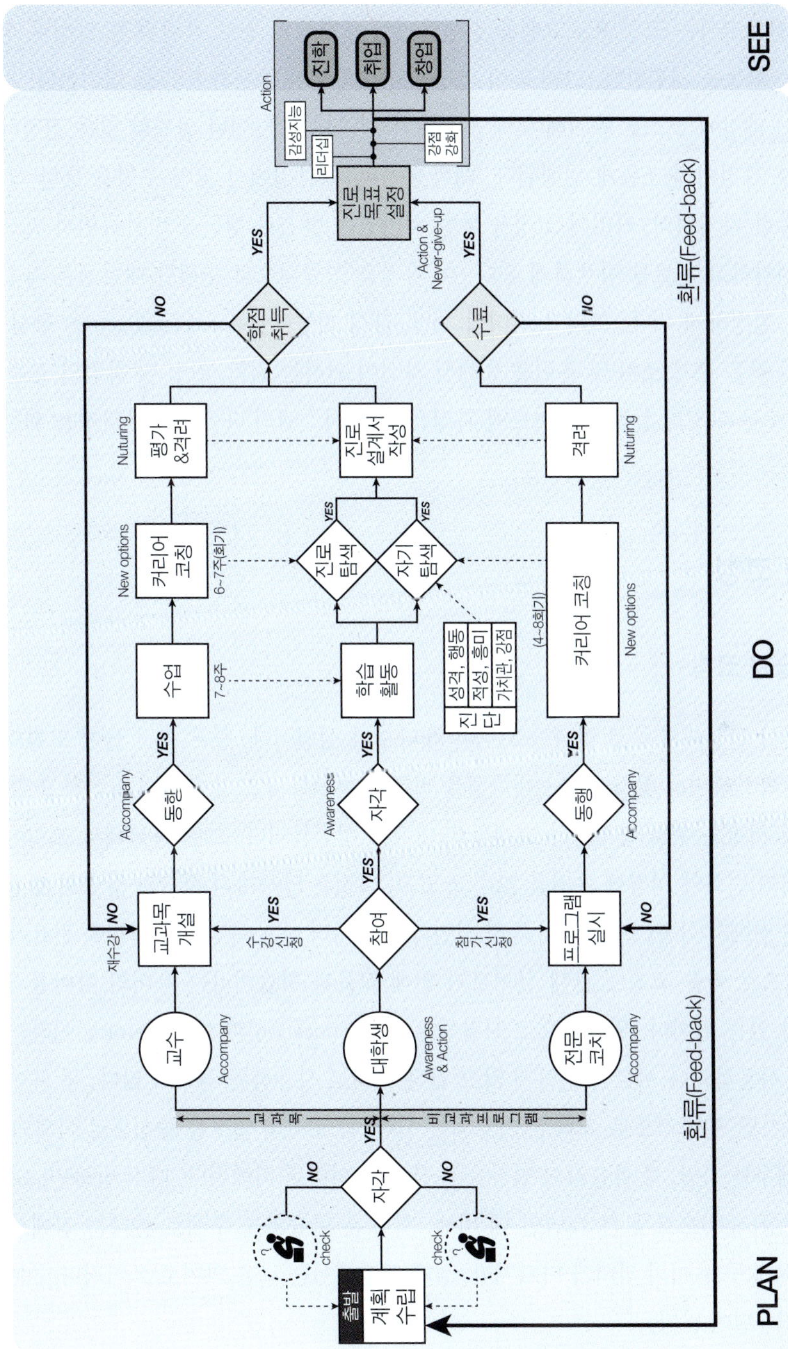

출처: 조성진(2018). 대학생 진로코칭 프로그램 효과 검증에 기반을 둔 커리어 코칭 시스템 개발 연구. 코칭연구, 11(4), 22에서 발췌, 인용

'대학생 커리어 코칭 시스템'([그림 3-2] 참조)은 '계획 → 실천 → 점검'이라는 3단계로 진행되며, 각각의 주체들은 단계별로 필요한 활동을 전개한다. 교수는 코칭 교과목을 개설하여 진행하고, 전문코치는 코칭 프로그램을 진행하면서 대학생의 진로 관련 목표 달성과 성장에 도움이 되는 활동을 지원한다. 그리고 이 과정에서 대학생과 동행하며 그를 격려한다. 물론 대학생이 이런 과정에 스스로 참여해야 해당 절차가 시작되지만, 일단 참가할 것을 결정하면 의미있는 세부 과정이 순조롭게 진행된다. 대학생들은 이 과정에서 코칭 수업을 통한 학습, 각종 진단을 통한 자기인식, 커리어 코칭을 통한 의미있는 발견과 행동을 반복하면서 자신의 참된 모습을 성찰하고 진로를 탐색하게 된다. 이 과정을 성공적으로 수행한 대학생은 자신만의 진로목표를 설정하게 된다. 그리고 리더십 개발, 감성 지능(emotional intelligence) 향상 및 강점 강화 등과 같은 추가 조치 및 훈련을 통해서 자신이 원하는 진학, 취업 및 창업의 길을 걷게 된다. 이런 모든 과정의 산출물은 피드백 과정을 거쳐 시스템의 다음번 순환과정을 위한 투입물이 된다.

4. 학습 코칭

1) 학습과 코칭

코치들이 현장에서 주로 만나는 고객은 대다수가 성인이다. 물론 최근 들어 코칭의 영역이 급속하게 확산하면서 청소년이나 대학생을 비롯한 청년까지 코칭 대상이 확산하고 있지만, 여전히 코칭 시장을 주로 형성하는 고객들은 대체로 성인들이다. 그런 차원에서 코칭이 최종적으로 개인의 변화와 성장에 초점을 맞추고 있고, 그것은 당사자의 학습과 상당히 밀접한 관계가 있다는 점에서 학습(또는 교육), 특히 성인학습의 여러 가지 측면들을 살펴볼 필요가 있다.

본격적으로 학습 코칭에 관해 살펴보기 전에 교육과 학습이라는 용어의 차이를 알아보는 것은 의미 있는 일이다. 일반적으로 사람들은 교육(education)과 학습(learning)이라는 용어를 혼동하여 사용하거나 서로 구분하지 않고 같은 의미로 사용하는 경우가 많다. 두 용어의 의미를 구분하자면, 일반적으로 '교육'은 가르치는 사람, 즉 교사의 입장을 중심으로 이해되는 반면, '학습'은 배우는 사람, 즉 학습자의 입장을 중심에 둔 의미로 이해된다. 다시 말하면, '교육'은 학습자를 대상(객체)으로 보는 개념인 데 비해, '학습'은 학습자를 주체로 본다는 점에서 차이가 있다. 이렇게 두 용어의 의미가 다르지만, 실제 생활에서는 같은 의미로 쓰이거나 구분하지 않고 사용하는 일이 많다.

이제 코칭 현장으로 눈을 돌려보면, 이 두 가지 용어 가운데 어떤 관점을 취할지 분명해진다. 코칭은 고객이 스스로 자신의 이슈를 해결하도록 코치가 지원하는 과정이다. 그래서 코칭

과정에 참여하면서 배우고 변화하며 성장하기를 바란다는 차원에서 고객에게 초점을 맞추는 것이 일반적이다.[87] 이런 차원에서 본다면, 코칭에서는 교육이라는 용어보다는 학습이라는 용어가 더 적절하다. 따라서 이 책에서는 학습이라는 용어를 주로 사용할 것이다.

일반적으로 사람들은 학습이라는 용어를 생각하면, 학교에서 하는 공부를 생각하기 쉽다. 하지만, 사람이 태어나서 학습 없이 할 수 있는 행동은 지극히 제한적이어서, 학습은 이보다 훨씬 넓은 개념으로 이해하는 것이 적절하다. 예컨대, 젓가락질을 배운다든지, 운동화 끈을 맨다든지, 건널목을 건너가는 것을 배운다든지, 자전거를 타거나 자동차 운전을 배우는 것 등도 학습에 포함될 수 있다. 이렇게 본다면, 사람들이 어떤 지식과 기술을 습득하고 경험을 통해 유지해 가는 모든 행동과 과정을 학습이라고 볼 수 있다.

간단히 말하면, 학습은 배우고 익히는 일이다. 사전적 의미로 교육학에서는 학습을 '지식의 습득, 인식의 발전, 습관의 형성 등을 목표로 하는 의식적인 행동'으로 정의하고 있고, 심리학에서는 학습을 '심리적 · 행동적 경험을 쌓음으로써 행동의 양태가 변화 · 발전하는 일'이라고 정의한다.[88] 또한, 학습은 '본능적인 변화인 성숙과는 달리, 직 · 간접적인 경험이나 훈련에 따라 계속해서 지각하고, 인지하며, 변화하는 행동 변화'라고 정의하기도 한다.[89] 이 책에서는 이런 인식을 바탕으로 학습 코칭에 관한 논의를 전개할 것이다.

2) 학습 코칭의 개념

앞서 언급했듯이, 코칭 고객과 대다수가 성인이라고 본다면, 성인학습은 코칭과 밀접한 관계가 있다. 이것은 코칭을 학습의 관점에서 바라보고 연구한 선행 연구결과들에서 쉽게 찾을 수 있다.

먼저, 로라 휘트워스(Whitworth, L.) 등은 변화를 창조하기 위해 행동과 학습이 결합한 지속적인 사이클을 코칭이라고 정의하고, 코치의 역할 가운데 중요한 부분은 고객의 학습을 심화하는 것이라고 강조했고,[90] 에드워즈(Edwards, L.)는 고객의 가능성과 잠재력에 초점을 맞추고, 가르치기보다 학습을 촉진하고 성과를 최대화하여 잠재력을 발휘하도록 돕는 것이 코칭이라고 정의했다.[91] 그리고 그린(Greene, J.)과 그랜트(Grant, A.)는 코칭을 개인의 성장, 자기주도학

87) 코칭에서 고객은 코칭을 받는다는 점에 초점을 맞추면 코칭의 대상, 즉 객체로 볼 수 있다. 하지만 고객 자신이 지닌 문제를 스스로 해결하도록 코치가 돕는 과정이 코칭이라는 인식에 초점을 맞추면, 고객은 문제해결의 주체로 볼 수 있다. 이 점에 관해서는 다음 제4장에서 자세히 서술할 것이다.

88) Oxford Languages(2022). 학습(http://languages.oup.com/goole-dictionary-ko, 2022년 2월 접속)

89) 위키백과사전(2022). 학습(http://ko.wikipedia.org/wiki/학습, 2022년 2월 접속)

90) Whitworth, L., Kimsey-House, H., Kimsey-House, K., & Sandahl, P.(1998). *Co-active coaching*. Palo Alto, CA: Davies-Black Publishing.

91) Edwards, L.(2003). Coaching: The latest buzzard or a truly effective management tool? *Industrial and Commercial Training*, 35(7), 298-300.

습, 삶의 경험, 업무 성과 향상을 촉진하는 협력적이고 문제해결에 초점을 둔 체계적인 과정이라고 정의했으며,[92] 한(Hann, E.)과 버거(Burger, Y.)는 코칭을 기본적으로 일대일(1:1) 대화에 의존한 업무와 관련된 학습방법으로 정의하면서, 코치의 역할은 고객의 학습과 발전 과정에 초점을 둔다고 주장했다.[93] 또한, Law 등은 코치와 고객 모두 학습자들이고, 그래서 코칭은 학습 과정이라고 주장했다.[94] 이런 정의들을 바탕으로 보면, 코칭은 학습 과정이고, 한 개인의 성과 향상과 발전을 촉진하는 학습방법이자 도구라는 것을 알 수 있다.

코칭에서 학습의 중요성을 강조하며, 이른바 학습 코칭의 개념을 대중화한 사람은 말콤 놀즈(Knowles. M.)라는 견해가 일반적이다. 그는 성인학습이 자기주도적이며, 더 젊은 학생들이 갖고 있지 않은 인생 경험과 이어져 있고, 대부분 목적 지향적이라는 주장을 처음으로 대중화시켰다.[95] 구체적으로 놀즈가 주장한 성인학습의 원리들은 학습자의 알고자 하는 욕구, 학습자의 자아 개념, 학습자의 선행 경험, 학습준비도, 학습지향점, 학습 동기이다.[96] 그의 견해에 따르면, 학습 코칭은 학습자가 스스로 학습 목표를 설정하고, 학습에 필요한 자원을 탐색하며, 적절한 학습 전략을 개발하여 성취한 학습 결과를 평가하는 주도적인 과정이다.[97]

정리하면, 학습 코칭은 '학습자가 목표 설정을 통해 동기를 부여하고, 학습계획 수립, 학습 자원 탐색, 학습 전략 개발 등에 관한 이슈에 대해 스스로 결정하도록 코치가 도와주는 과정'이라고 정의할 수 있다.

3) 학습 코칭의 주요 이슈들

학습 코칭의 정의에 관한 앞선 논의를 충분히 이해했다면, 코칭 현장에서 진행되는 학습 코칭에서 다루어질 이슈들을 충분히 예측할 수 있다. 그것이 개인(청소년, 중 · 고 · 대학생, 성인)에 관련된 것이든 조직(팀 학습, 조직학습)과 관련된 것이든 모두 코칭에서 다룰 수 있다. 따라서 학습 코칭에서 다룰 주제는 무수히 많지만, 실제 코칭 현장에서 주로 다루는 이슈들은 다음과 같다.

---

92) Greene, J., & Grant, A. M.(2003). *Solution-focused coaching: A manager's guide to getting the best from people*. London: Pearson Educational Limited.

93) Hann, E., & Burger, Y.(2005). *Coaching with colleagues: An cation guide for one-to-one learning*. Basingstoke: Palgrave Macmillon.

94) Law, H., Ireland, S., & Hussain, Z.(2007). *The psychology of coaching, mentoring and learning*. Singapore: John Wiley & Sons Ltd.

95) Brock, V. G.(2012). *Sourcebook of Coaching History*. VB Coaching & Consulting(김경화 외 역, 2015. 코칭의 역사. 서울: 코쿱북스. 218에서 발췌, 인용).

96) Knowles, M.(1990). *The adult learner: A neglected species*(4th Ed.). Houston: Gulf Publishing Company.

97) Knowles, M.(1975). *Self-directed learning: A guide for learner and teacher*. NY: Associated Press.

• 개인의 학습 목적 탐색 및 목표 설정
• 상급학교 진학 및 취업 등을 목표로 한 학습계획 및 전략 수립
• 학습과 관련된 개인의 특성 발견
• 학습 태도와 습관, 학습방법
• 학습 현장, 학교생활과 관련된 이슈
• 학습 성과 달성
• 교수자의 수업 전략, 교수자 간의 동료 코칭[98)]

4) 청소년 학습 코칭의 특징

학습 코칭 가운데 청소년을 대상으로 진행되는 코칭은 다른 학습 코칭과 다른 특징이 있다. 그것은 코칭 계약 당사자가 코칭을 직접 받는 고객이 아니라는 점이다. 즉, 청소년 학습 코칭의 경우에는 해당 청소년의 학부모가 코치와 계약서를 작성하고 코칭을 진행하지만, 실제로 코칭을 받는 고객은 청소년 자신이다. 청소년 학습 코칭을 진행하는 전문코치가 이와 같은 특징에 관심을 가져야 하는 이유는 나음과 같다.

첫째, 코칭을 받는 고객의 자발성과 관련된 것이다. 코칭은 고객이 코칭을 받아서 그것을 통해 자신의 문제를 해결함과 동시에 성장하겠다는 의지가 있어야 진행되는 경우가 일반적이다. 그런데 청소년 학습 코칭의 경우, 청소년의 자발적인 의지로 코칭이 시작되기보다 학부모의 판단과 결정에 따라 코칭이 시작되는 경우가 일반적이다. 이것은 코칭 효과와 관련하여 중요한 관심 사항이 아닐 수 없다. 왜냐하면, 코칭에서 고객의 자발성은 코칭 효과와 아주 밀접한 관계가 있기 때문이다. 앞서 대학생 커리어 코칭을 언급할 때, 고객의 자발성이 최종적인 코칭 효과에 영향을 미칠 수 있다는 점을 언급한 적이 있다. 기본적으로 코칭은 고객의 자발성을 전제로 진행되는 것인 만큼, 청소년 학습 코칭의 경우에도 고객 가운데 한 명인 청소년의 자발성은 상당히 중요한 문제이다. 따라서 전문코치는 학부모의 결정으로 진행되는 청소년 학습 코칭에서 청소년의 자발성을 높여 궁극적으로 학습 동기를 향상할 것인지를 항상 염두에 두어야 한다.

둘째, 코칭 계약 당사자인 학부모의 존재와 관련된 것이다. 자녀의 학업 성취에 관심이 많은 학부모가 청소년 학습 코칭을 희망하는 경우가 일반적이다. 이 점을 전문코치의 관점에서 보면, 관리해야 할 또 한 사람이 더 늘어나는 것을 의미한다. 따라서 전문코치는 코칭을 받는 청소년(고객)뿐만 아니라 그의 학부모(고객)까지 이해하고 관리해야 하는 상황에 놓일 수밖에 없다. 결과적으로 청소년 학습 코칭을 진행하는 전문코치는 2명의 고객을 상대로 코칭을 진행하

98) 교수자와 관련된 코칭을 학습 코칭에서 분리하여 교수자 코칭, 교수자 간 동료 코칭, 수업 코칭 등으로 구분하여 교육자 코칭이라는 명칭에 포함하는 견해도 있다.

는 상황에 도달하게 된다. 이런 점을 고려한다면, 청소년 학습 코칭을 진행하는 전문코치는 코칭 진행뿐만 아니라 이해관계자인 청소년과 학부모를 동시에 이해하고, 관련 대책을 세워야 하며, 필요할 때는 코칭을 진행하면서 학부모와 무언가를 논의하거나 협력해야 할 일이 생길 수도 있다는 점을 미리 숙지해야 한다. 당연히 전문코치는 청소년과 관련된 사항(학습 동기, 학습 태도, 학부모와의 관계, 발달 단계에서의 심리 상태 등)뿐만 아니라 학부모와 관련된 사항(자녀 교육 동기, 학부모의 심리적 · 사회적 상황, 자녀에 대한 제반 인식, 가족관계 등 가정환경 등)까지 미리 학습해 둘 필요가 있고, 그래서 이와 관련된 추가 업무가 발생한다는 것을 인지해야 한다.

마지막. 청소년 학습 코칭 자체에 관련된 것이다. 청소년 학습 코칭은 장르 이름에서도 나타나 있듯이, 학습(learning) 관련 이슈를 중심으로 코칭(coaching)을 진행하는 것이다. 당연히 코칭의 관점에서 보면, 당연히 코칭에 더 무게중심이 있어야 할 것이다. 그런데 문제는 학습이라는 점이다. 기본적으로 학습은 학습자를 주체로 보고 진행하는 것이고, 특정한 내용을 학습하는 것에 초점을 두는 것이어서, 이런 학습과 융합하여 코칭을 진행할 경우 여러 가지 변수가 생길 수 있다. 즉, 이런 상황에서 전문코치가 어떻게 코칭을 진행할 것인가에 따라 해당 코칭의 성격이 얼마든지 달라질 수 있고, 그에 따른 학습 코칭의 결과도 달라질 수 있다. 특히, 학부모가 어떤 것에 중점을 두고 청소년 학습 코칭의 결과를 평가할 것인지, 그에 따라 전문코치를 계속 고용 여부를 결정할 수도 있어서 전문코치는 학습과 코칭 간의 경계를 잘 구분, 진행해야 할 것이다.

5) 학습 코칭의 효과

현장에서 학습 코칭을 진행하거나 코칭 교수법을 적용한 사례, 그리고 특정한 학습 코칭 프로그램을 진행한 후의 효과는 다양한 선행 연구결과들을 통해 검증되었다. 예컨대, 학습자를 대상으로 학습 코칭을 진행한 결과, 수업 만족도, 수업 흥미도, 학습 동기, 학습 몰입, 학습 태도, 학업 성취도가 통계적으로 의미 있게 향상했고, 학습자의 자기조절 능력, 자기효능감, 자아존중감, 자기주도적 학습능력, 언어소통능력, 학교생활 적응능력 및 학습 전략이 통계적으로 의미 있게 상승한 것으로 밝혀졌다. 그밖에 학습 코칭으로 학습자의 불안과 우울, 대인 민감성이 통계적으로 유의미하게 감소했다는 연구결과도 있다.[99]

99) 남상은 · 유기웅(2019). 교수-학습 관련 코칭 연구 동향 탐색. 교육문제연구, 32(3), 289-310.

5. 새로운 코칭 유형의 출현과 융합 코칭

1) 새로운 코칭 유형의 출현

일반적으로 소득이 증가하면 서비스 산업의 수요가 빠른 속도로 증가한다. 이것은 경제학자들이 주장한 '수요편향가설'(demand-bias hypothesis)로,[100] 서비스 수요의 소득탄력성이 1보다 큰 탄력적인 수요에 대한 가설이다. 선행연구에 따르면, 이 가설은 소비자의 선호가 시간의 변화에 따라 변화할 수 있다는 가정[101] 하에서도 타당한 것으로 증명되었다.[102] 이런 결과는 장기적인 관점에서 수요자의 선호가 계속해서 변화할 것이고, 그 속에서도 서비스 산업에 대한 수요는 소득 증가에 따라 빠른 속도로 늘어난다는 것을 의미한다. 특히, 개인 서비스 산업에서는 여성의 경제활동 참여 확대, 노령인구의 증가 등으로 인해 수요가 급격히 확대될 것으로 짐작된다.

이런 경향은 대체로 개인 서비스 산업에 속하는 코칭 산업에도 적용될 수 있다. 물론 단기적으로 불황 등 경기침체로 인한 개인의 소비 행태 및 지출 양상에서 다소 변화가 있겠지만, 장기적인 흐름에서 개인 서비스에 대한 수요는 계속해서 증가할 것이다. 코칭 서비스에 대한 수요도 소득이 증가함에 따라 꾸준히 증가할 것으로 예상한다. 그렇다면 코칭을 받길 원하는 고객도 당연히 증가할 것이고, 그들이 제기하는 이슈들에 따라 코칭 유형도 지금보다 더 다양해질 것이다. 특정 고객이나 그들이 처한 이슈의 해결을 돕는 코칭 서비스가 출현할 수 있고, 특정 연령층을 대상으로 진행되는 코칭 서비스도 지금보다 더 세분화할 것이다. 따라서 이 장에서 논의한 코칭 유형은 향후 훨씬 더 다양해질 것이고, 새로운 고객이 등장함으로 인해 코칭 시장은 전반적으로 확대할 것으로 전망된다.

그렇다면 전문코치가 지금부터 할 수 있는 일은 무엇일까? 소비자나 고객의 선호 변화, 삶의 질 추구 경향, 자아실현 욕구의 증대, 여성의 경제활동 참여 확대, 평균 수명 증가에 따른 노령인구의 증가 등은 새로운 코칭 장르의 출현을 촉발할 것이고, 이런 시장의 출현에 미리 대비한 전문코치의 시장은 지금보다 더욱 확대될 것이다. 전문코치, 코치단체, 그리고 코칭 업계 종사자들은 이런 상황 변화에 주도적이고 적극적으로 대비해야 할 것이다.

---

100) Clark, C.(1940). *The Conditions of Economic Progress*. London: Macmillan; Fisher, A. G. B.(1935). *The Clash of Progress and Security*. London: Augustus M Kelly Pubs; 하봉찬 · 김종호 · 김대욱(2007). 서비스 수요의 소득탄력성 변화를 통한 수요편향가설 검증. **한국경제연구**, 19, 198-199에서 발췌, 재인용.

101) Lipsey, L. G., Carlaw, K. I., & Bekar, C. T.(2005). *Economic Transformations: General Purpose Technologies and Long Term Economic Growth*. Oxford University Press. 2005; 하봉찬 외(2007). 앞의 논문. 206에서 발췌, 재인용.

102) 하봉찬 외(2007). 위의 논문. 195-219에서 발췌, 인용.

2) 융합 코칭

현장에서 고객이 해결하길 원하는 이슈들을 대상으로 코칭을 진행하다 보면, 해당 이슈가 여러 영역에 걸쳐 있는 복합적인 것이어서 특정 코칭 장르로 확실하게 구분하기 쉽지 않은 경우가 있다. 예컨대, 최고경영자나 임원을 대상으로 비즈니스 코칭을 진행할 때, 비즈니스와 관련된 이슈로 코칭을 시작했지만, 해당 이슈가 고객의 삶과 연관된 것이거나 가족과 관련된 이슈일 경우도 있다. 이런 경우 비즈니스 코칭으로 구분할 것인지, 라이프 코칭으로 구분할 것인지에 관한 혼란이 생길 수 있다. 고객은 한 명이지만, 그가 겪는 이슈의 성격이 비즈니스와 삶의 영역에 모두 걸쳐 있는 경우, 이것을 어느 코칭 영역을 구분할 것인가의 문제가 발생하는 것이다.

이와 유사한 상황은 대학생을 대상으로 진행하는 커리어 코칭에서도 흔하게 나타난다. 대학생의 취업과 진로 등과 관련된 주제로 코칭을 진행한다면, 우리는 일반적으로 그것을 커리어 코칭 영역으로 구분해 왔다. 그러나 해당 대학생과 코칭을 진행하다 보면, 커리어 이슈로 시작한 코칭은 학습과 연관되어 있거나 일상생활의 습관이나 삶의 태도와 관련되어 있다는 것을 알게 되는 사례가 적지 않다. 이런 경우는 커리어 코칭의 영역인지, 학습 코칭의 영역인지, 그것도 아니면 라이프 코칭의 영역으로 구분할 것인지 혼란스러워진다. 이와 비슷한 사례는 얼마든지 더 있을 수 있다.

이처럼 실제 코칭 현장에서 한 명의 고객이 내놓은 이슈는 코칭 장르 구분에 따르면 여러 유형에 함께 걸쳐 있는 경우가 많다. 이런 경우를 어떻게 다른 것과 구분하여 명명할 것인가에 관한 합의된 견해는 아직 없다. 그래서 본 필자는 이런 경우를 '융합 코칭'(convergence coaching)이라고 부를 것을 제안한다. 즉, 융합 코칭이란 여러 코칭 영역에 걸쳐 있는 이슈를 대상으로 진행하는 코칭으로, 코치는 다양한 코칭 장르를 넘나들면서 고객의 문제해결을 지원하는 것이다.

그런가 하면, 코칭 현장에서는 코칭과 다른 영역, 즉 상담, 컨설팅, 교육(teaching) 등을 접목하여 고객을 돕는 경우도 적지 않다. 즉, 상담과 코칭을 접목하는 때도 있고, 컨설팅과 코칭을 병행하는 때도 있으며, 교육과 코칭을 복합하여 진행하는 때도 있다. 코칭은 문제해결을 원하는 고객과 그가 제시하는 이슈에 초점을 맞추어 진행하기 때문에 이런 현상은 얼마든지 생길 수 있다. 그렇다면 이런 경우를 어떤 장르로 구분할 것이며, 어떻게 명명할 것인가? 혹자는 컨설팅과 코칭을 병행하여 진행하는 경우를 'C-코칭'이라고 부르거나 가르침과 코칭을 접목하는 경우를 'T-코칭'이라고 명명하기도 한다.[103] 이런 현상은 코칭의 확산과 발전 과정에서 발생

103) 필자는 컨설팅(consulting)의 영문 대문자를 강조하여 'C-코칭'이라고 부르고, 가르침(teaching)의 영문 대문자를 강조하여 'T-코칭'으로 부르기도 한다.

하는 자연스러운 것이다.

이런 경우까지 모두 포함하여 융합 코칭의 영역에 속한다고 볼지에 관한 담론은 국내외적으로 아직 형성되지 않았을 뿐만 아니라 합의된 견해도 아직 없다. 앞으로 이런 현상은 코칭이 계속해서 다양한 영역으로 확산하고 발전되면, 얼마든지 자주 발생할 것으로 예상한다. 따라서 코칭 연구자들이나 전문코치들을 중심으로 이에 관한 논의를 진행할 필요가 있다.

3.3. 코칭 효과

사람들이 어떤 제품을 사용하거나 서비스를 이용하든 그 효과를 기대하는 것이 당연하듯이, 사람들이 코칭 효과(coaching effect)에 관해 관심을 지니는 것은 당연한 일이다. 예컨대, 어떤 기업에서 전사적이든 부분적이든 비용을 들여 코칭을 도입했을 경우, 그 효과를 기대하며 지대한 관심을 가지는 것은 당연하다. 개인의 경우에도 코칭 고객은 코칭 효과를 기대하며 코칭 계약서에 흔쾌히 서명한다. 따라서 코치는 개인 또는 기업이나 기관을 대상으로 진행하는 어떤 형태의 코칭에서도 항상 코칭 효과를 염두에 두어야 한다.

일반적으로 어떤 정책이나 전략, 또는 제품이나 서비스의 효과를 말할 때는 대개 눈에 보이는 효과 즉, 가시적인 효과를 의미한다. 예컨대, 기업의 경우에는 영업 매출액 증가, 상품개발 비용의 절감, 제품의 개발주기 단축, 제품제조원가의 절감, 시장점유율 달성, 고객 불만 건수의 감소 등이 기업의 실적 향상과 연결되는 가시적인 효과의 대표적인 사례이다. 또한, 구성원의 만족과 몰입 증가, 이직률의 감소, 결근율의 저하 등도 궁극적으로 기업의 성과와 실적을 가름할 수 있는 가시적인 지표가 될 수 있다. 그런데 만일 여러 가지 이유로 기업이 악화 일로를 걷고 있다면, 이런 지표들을 통해 해당 기업의 상황을 짐작할 수 있다. 즉, 기업의 최고경영자는 제품제조원가 상승, 불량제품 발생률 증가, 고객 불만 건수 증가, 시장점유율 하락 등 눈으로 확인할 수 있는 지표들을 확인함으로써 매출액 감소와 성장률 둔화를 예상하고, 그것을 해결할 수 있는 대안을 마련하기 위해 최선의 노력을 다한다.

이처럼 경영자는 이런 가시적인 효과를 나타내는 지표들을 분석하고 활용하여 전략을 수립하고 실행에 옮기면서 해당 기업을 경영한다. 물론 정부나 학교, 그리고 가정 역시 저마다 가지고 있는 여러 가지 지표들을 통해 목표를 관리하고 그 성취 여부를 판단할 것이다. 코칭에서도 마찬가지다. 코치는 코칭을 통해 얻을 수 있거나 기대되는 효과를 잘 알고 있어야 하고, 그것을 바탕으로 특정 코칭(교육) 프로그램을 설계하거나 코칭 프로젝트를 제안해야 할 것이다.

또한, 개인을 대상으로 진행되는 코칭의 경우에도, 전문코치는 고객에게 자신이 진행하게 될 코칭이 어떤 효과를 가져다줄지에 대해 코칭을 시작하기 전에 분명하게 설득하지 않으면 계약이 성사되기 어렵다. 따라서 어떤 상황에서 어떤 고객을 대상으로 코칭을 진행하든지, 코치는 그 전에 코칭 효과에 대해 미리 잘 숙지하고 있어야 한다.

1. 코칭 효과의 개념

코칭 효과는 코칭에서 가장 핵심적인 관심사 가운데 하나이고, 어떤 기업이나 조직에 코칭 도입의 명분을 제공하는 것이다. 사전적 의미에서 효과는 '어떤 목적을 지닌 행위에 따라 나타나는 보람이 있는 좋은 결과'를 말한다.[104] 효과는 바람직한 작용만을 지칭하는 것으로, 반대의 상황을 표현할 때는 역효과라는 단어를 사용한다. 그렇다면 코칭 효과는 '코칭이라는 행위를 통해 나타나는 보람 있고 의미 있는 좋은 결과'라고 정의할 수 있다.

코칭을 받은 고객이라면 그가 누구이든 코칭 효과에 관심을 가질 것이고, 코칭을 진행하는 전문코치, 기업의 코칭 담당 실무자와 임원 그리고 코칭 도입을 고려하고 있는 잠재 고객(개인, 기업, 기관, 정부 등)들이 가장 큰 관심을 지니는 것도 코칭 효과이다. 다시 말해, 코칭과 관련된 이해관계자들의 가장 핵심적인 관심사는 코칭이 정말 효과가 있는지 어떻게 확인할 수 있는가이다. 따라서 코칭이 정말 효과적이라는 것을 확신할 수 있는 다양한 증거가 있다면, 그것들은 코칭 활성화를 위한 아주 좋은 증거가 될 것이고, 코칭 산업 발전의 촉매제가 될 것이다.

다행스럽게도 최근까지 학술적 연구를 통해 코칭 효과를 확인한 증거들이 많이 소개되었다. 코칭이 국내에 도입된 이래 2017년까지 발간된 코칭 관련 학술지 논문을 분석한 선행 연구 결과에 따르면, 총 326편의 코칭 논문 가운데 40%에 가까운 123편이 코칭 효과를 검증한 것으로 나타났다.[105] 그 연구결과에 따르면, 코칭은 개인의 자기효능감, 자아존중감, 인식 수준, 창의적 행동, 회복 탄력성, 경력계획 실천 행동, 진로준비행동 및 시간관리행동 등에 긍정적인 영향을 미치는 것으로 나타났다. 그리고 의사소통능력, 리더십, 감성 지능, 조직몰입, 직무몰입, 직무 만족, 직무 성과, 조직시민행동 및 고객 만족 등에도 긍정적인 영향을 끼치는 것으로 확인되었다.

이런 결과를 종합적으로 고려하면, 코칭은 개인, 집단 및 조직에 긍정적인 효과를 가져다주는 수단이라는 것이 분명해졌고, 코칭은 철학적 근거에 바탕을 둔 의미 있는 패러다임이라는

104) 국립국어원(2022). 표준국어대사전. 효과(https://stdict.korean.go.kr/, 2022년 2월 접속).

105) 물론 최근까지 발간된 선행연구들을 조사하면, 코칭 효과를 검증한 논문의 수는 더 증가할 것이다. 코칭 연구 동향의 전반적인 상황에 관한 자세한 내용은 다음에 소개하는 논문을 참조할 수 있다. 조성진 · 정이수(2018). 국내 코칭 연구 동향 및 향후 연구 방향. 인적자원개발연구, 21(3), 249-313.

것도 검증되었다. 이 책에서 그런 효과들을 모두 소개하는 일은 쉽지 않다. 따라서 여기에서는 학술적인 연구결과들을 바탕으로 확인된 코칭 효과 가운데 대표적이고 의미 있는 몇 가지를 추려서 소개하고자 한다.[106)]

1) 자기효능감 향상

자기효능감은 '특정한 과업을 성공적으로 수행할 수 있는 자신의 능력에 대한 지각된 판단이고, 개인적인 믿음인 동시에 기대'이다.[107)] 즉, 자기효능감은 개인이 소유한 기술을 의미하는 것이 아니라 개인이 가진 기술을 어느 정도 수행할 수 있는가에 관한 판단을 의미한다. 그래서 자기효능감이 높은 사람은 어려운 일을 맡았을 때도 기꺼이 자신을 개입시키고 헌신하려는 경향이 있다.[108)]

이런 자기효능감은 다음의 4가지 결정요소 즉, 과거의 성취 경험, 대리 경험, 언어적 설득, 그리고 생리적인 상태를 통해 형성되거나 강화된다. 다시 말하면, 반복적으로 수행된 과거의 성취 경험은 기술 수준을 향상하고 대처능력을 키워주며, 과업 성취를 위해 필요한 지식을 얻게 해 줌으로써 자기효능감을 높인다. 그리고 어떤 과제가 전혀 경험해 보지 못한 것일지라도 다른 사람들이 성공적으로 과업을 완수하는 모습을 지켜봄으로써 얻는 대리 경험을 통해 자기효능감이 높아질 수 있다. 또한, 어려움에 직면해 있을 때, 권위 있는 다른 사람들이 자신의 능력에 대해 믿음을 나타내며 설득할 경우 자기효능감이 높아질 수 있고, 긴장하거나 불안한 감정에 사로잡히지 않을 때 자기효능감이 높아질 수 있다.[109)]

그런데 앞서 언급한 자기효능감의 4가지 결정 요소는 코칭에서 강조하는 것과 매우 밀접한 관계가 있으며, 실제로 현장에서 활동하는 코치들은 이런 사실에 주목하여 코칭을 진행하고 있는 경우가 많다. 예컨대, 코치는 코칭을 진행할 때, 고객의 성장을 돕는 데 필요하다고 생각하면, 그가 과거에 성취한 성공 경험을 회상하게 함으로써 현재의 성과 향상에 도움이 될 수 있는 에너지를 끌어올린다. 또한, 코치는 모든 사람에게는 무한한 가능성과 잠재력이 있다는 철학에 근거하여 코칭을 진행함으로써 고객이 '나는 할 수 있다.'라는 생각을 갖도록 지원한다. 이것은 주어진 활동을 수행할 수 있는 충분한 능력을 지니고 있다고 언어로 설득하는 것과 유

106) 조성진 · 정이수(2018). 국내 코칭 연구 동향 및 향후 연구 방향. 인적자원개발연구, 21(3), 249-313에서 발췌, 인용; 존 휘트모어(김영순 역, 2007). 성과향상을 위한 코칭리더십. 서울: 김영사. 166-168에서 발췌, 인용; Werner, J. M., & DeSimone, R. L.(2006), *Human Resource Development*(4th Ed.). Thomson South-Western. 388-390; Whitmore, J.(2003). *Coaching for Performance*(3rd Ed.). London: Nicholas Brealey Publishing.

107) Bandura, A.(1977). Self-efficacy: Toward a unifying theory of behavioral change. *Psychological Review*, 84, 191-215.

108) 조성진(2009). 코칭이 자기효능감, 성과 및 가족관계에 미치는 영향과 이에 대한 감성 지능의 조절 효과. 충남대학교 박사학위 논문. 73에서 발췌, 인용.

109) 조성진(2009). 앞의 논문. 74에서 발췌, 인용.

사하다. 나아가 코치는 고객이 어떤 일이나 과업을 수행해야 할 때, 설사 그 일이 과거에 경험해 보지 못한 것이라 할지라도 그런 일을 이미 성공적으로 수행한 타인의 성공 경험을 찾을 수 있도록 지원한다. 즉, 코치는 고객이 대리 경험을 할 수 있도록 돕는다. 그리고 코칭이 진행되는 모든 과정 동안에 편안한 분위기를 연출함으로써 고객이 긴장하거나 불안한 감정에 사로잡히지 않도록 세심하게 배려한다. 이런 일련의 과정을 통해 고객은 자신이 지닌 문제를 스스로 해결할 수 있는 에너지와 해답을 찾게 되는 것이다.

특히, 현장에서 성과와 관련된 코칭을 진행할 때, 코치(또는 상사)는 고객(부하 또는 구성원)과 코칭을 진행할 때, 자기효능감을 떨어뜨리지 않도록 세심한 주의를 하고 있다. 예컨대, 코치가 고객과 코칭을 진행할 때, 서술적이면서(descriptive) 비판하지 않는(non judgmental) 접근방법을 적용하고, 상세하면서도 사실에 입각한 피드백을 제공한다. 또한, 고객에 대한 파괴적인 판단은 원치 않는 결과만을 낳기 때문에 가능한 자제하고, 비판하지 않는다. 특히, 성과와 관련한 코칭을 진행할 경우, 코치는 비판하는 것에 대해 신중해야 한다. 왜냐하면, 건설적이지 않은 파괴적인 비판은 구성원의 분노와 긴장을 증가시키고, 저항하게 하며, 도피하게 만들어 구성원을 점점 논쟁 속으로 몰고 갈 수 있기 때문이다. 비판에 직면한 구성원은 자신의 목표를 더욱 낮게 설정하게 하고, 그들의 자기효능감(self efficacy)은 더욱 떨어진다. 이처럼 파괴적인 비판은 구성원을 자극하여 갈등의 중요한 원인으로 작용하고, 구성원의 자기효능감은 낮아지며, 구성원의 행동이 바람직하지 못한 방향으로 가도록 자극하는 좋지 않은 결과를 초래하게 한다.

코칭을 통해 자기효능감이 향상된다는 것은 많은 연구결과를 통해 증명되었다. 코칭은 자기사고(self-thought), 경험 숙달(mastery experience), 모델링(modeling), 사회적 설득(social persuasion) 및 심리적 상태(psychological states) 등의 방법을 통해 자기효능감을 강화하고, 구성원들을 교육하고 문제를 해결하도록 도와주며 끊임없이 지식 공유 기회를 제공함으로써 자기효능감이 향상되기도 한다.[110] 한편, 남녀 73명을 대상으로 8개월간 코칭을 진행한 후, 설문조사 방식으로 코칭이 자기효능감을 향상한다는 것을 밝힌 연구도 있고,[111] 남녀 108명을 대상으로

110) 조성진(2013). 코칭이 공무원의 자기효능감과 조직 유효성에 미치는 영향과 이에 대한 감성 지능의 조절 효과. 사회과학연구, 24(2), 50에서 발췌, 인용; Arnold, J. A., Arad, S., Rhoades, J. A., & Drasgow, F. (2000). The empowering leadership questionnaire: The construction and validation of a new scale for measuring leader behaviors. *Journal of Organizational Behavior*, 21, 249-269; Malone, J. W.(2005). Shining a new light on organizational change: Improving self-efficacy through coaching. In W. French, C. Bell, and R. Zawacki. *Organization development and transformation*, 342-348. New York: McGraw-Hill/Irvin; Srivastava, A., Bartol, K. M., & Locke, E. A.(2006). Empowering leadership in management teams: Effects on knowledge sharing, efficacy, and performance. *Academy of Management Journal*, 49(6), 1239-1251.

111) Baron, L., & Morin, L.(2009). The Coach-Coachee relationship in Executive Coaching: A Field Study. *Human Resource Development Quarterly*, 20(1), 85-106.

한 연구에서는 상사의 코칭이 부하직원의 자기효능감을 향상한다는 것을 설문조사 방식을 통해 밝혔다.[112)]

한편, 객관적이고 과학적인 '현장실험연구'(experimental field study)를 통해 코칭의 효과를 증명한 연구도 있다. 예컨대, 에버스(Evers, W. J. G.) 등은 60명(실험집단 30명, 통제집단 30명)을 대상으로 코칭을 진행한 후, 두 집단을 비교함으로써 코칭이 자기효능감을 향상한다는 것을 밝혔고,[113)] 이순규는 그룹 코칭(group coaching)에 참가한 간호사들의 자기효능감이 통계적으로는 유의하지 않지만, 자기인식의 확장을 통한 자기변화 과정을 갖는 데 도움을 준다는 것을 밝혔다.[114)] 특히, 필자는 공무원과 대학생 등을 대상을 중심으로 일대일(1:1) 코칭을 진행한 후, 그 효과를 객관적으로 측정하는 여러 건의 다양한 현장실험연구를 통해 코칭이 자기효능감을 향상한다는 것을 객관적으로 증명했다.[115)]

한편, 사회인지이론에서 자기효능감은 인간과 관련된 메커니즘 가운데 가장 핵심적이고도 영향력이 있는 것으로 여겨진다. 즉, 자기효능감은 사람들의 선택, 열망, 외부 환경에서 얻는 스트레스, 우울 경험에 영향을 미칠 뿐만 아니라 일을 시도하는 데 얼마나 노력할 것인가, 난관에 부딪혔을 때 얼마나 오랫동안 포기하지 않을 것인가를 결정하는 데 중요한 역할을 한다. 그래서 학자들은 자기효능감이 영향을 주는 것들에 관해 많은 연구를 진행했다. 그 결과, 자기효능감은 개인의 성공과 실패에 대한 지각, 목표 설정, 동기부여, 직무 성과 등에 긍정적인 영향을 미친다는 것을 밝혀냈다.[116)]

이와 같은 연구결과들에 근거해 볼 때, 코칭이 자기효능감에 어떤 형태로든 영향을 미친다는 것만 확인된다면, 다시 코칭이 자기효능감의 영향을 받는 것들과 연결될 수 있다는 가설이

---

112) 홍의숙 · 윤현덕(2009). 중소기업 리더 코칭이 직무 관련 태도에 미치는 영향에 관한 연구. **기업경영연구**, 16(2), 259-275.

113) Evers, W. J, G., Brouwers, A., & Tomic, W.(2006). A Quasi-experimental Study on Management Coaching Effectiveness. *Consulting Psychology Journal: Practice and Research*, 58, 174-182.

114) 이순규(2007). **그룹 코칭 프로그램이 간호사의 감성 지능과 자기효능감에 미치는 효과**. 연세대학교 박사학위 논문.

115) 조성진(2013a). 코칭이 공무원의 자기효능감과 조직 유효성에 미치는 영향과 이에 대한 감성 지능의 조절효과. **사회과학연구**, 24(2), 47-66; 조성진(2013b). 코칭이 대학생의 자기효능감, 가족관계 및 성과에 미치는 영향. **교양교육연구**, 7(4), 281-313; 조성진(2013c). 코칭을 활용한 대학생 진로지도 프로그램 운영 효과: 관광경영 전공 대학생을 대상으로. **직업교육연구**, 32(5), 27-46; 조성진(2013d). 대학생 코칭 프로그램 운영 효과 분석과 활성화 방향 모색: 3개 대학 4개 사례를 중심으로. **코칭능력개발지**, 15(3), 235-246; 조성진(2014). 코칭이 대학생의 자기효능감, 진로준비행동 및 진로성숙도에 미치는 영향에 관한 현장실험연구. **코칭능력개발지**, 16(1), 87-96; 조성진(2015). 코칭이 대학생의 자기효능감, 시간관리행동 및 진로준비행동에 미치는 영향. **코칭능력개발지**, 17(1), 69-78; 조성진(2017). 코칭이 자기효능감, 진로결정 자기효능감 및 진로준비행동에 미치는 효과에 관한 연구. **코칭능력개발지**, 19(3), 51-60; 조성진(2018). 코칭이 대학생의 자기효능감과 학습몰입에 미치는 영향에 관한 현장실험연구. **교양교육연구**, 12(4), 161-176; 조성진 · 송계충(2011). 코칭이 자기효능감, 조직 유효성 및 가족관계에 미치는 영향에 관한 현장실험 연구. **인사조직연구**, 19(2), 201-252.

116) 자기효능감이 긍정적이거나 부정적인 영향을 미치는 것들에 관한 연구결과들은 다음에 소개하는 논문을 참조할 수 있다. 조성진(2009). **코칭이 자기효능감, 성과 및 가족관계에 미치는 영향과 이에 대한 감성 지능의 조절 효과**. 충남대학교 박사학위 논문. 47-48.

성립한다. 즉, 코칭을 통해 자기효능감이 향상될 수 있다는 것은 결국 개인의 동기부여, 목표 설정, 자발성, 창의성 및 성과에도 긍정적인 영향을 미칠 수 있음을 의미한다. 이런 차원에서 코칭이 자기효능감에 영향을 미친다는 사실을 객관적으로 밝히는 것은 코칭의 효과를 과학적으로 증명한다는 점, 코치들의 활동상의 명분을 제공하고 한다는 점, 그리고 코칭이 조직에서 구성원들의 성장과 발전을 돕는 가치 있는 정책 수단이 될 수 있다는 점에서 매우 의미 있는 일이다. 이 과정을 증명하는 방법론에 관해서는 이 책 제14장에서 별도로 논의할 것이다.

2) 조직몰입, 직무 만족 및 직무 성과 향상

그동안 조직 유효성(organization effectiveness)을 가장 잘 표현하는 지표로서 조직몰입, 직무 만족과 직무 성과가 많이 활용되었다. 구성원들이 조직과 자신을 일치시키면서도 자신의 직무에는 만족하지 않을 수 있고, 반대로 조직 자체에 만족하나 직무에 대해서는 불만족할 수도 있어서 어떤 조직이 유효한지를 살펴보기 위해서는 조직몰입과 직무 만족의 수준을 함께 살펴보는 것이 필요하고, 또한 직무 성과도 측정해 보아야 한다.

먼저, 조직몰입(organizational commitment)은 '개인이 조직과 동일시하고 공헌하는 것에 대한 상대적인 강도'를 나타내는 것이다. 즉, 조직몰입은 조직의 목표와 가치를 굳게 믿고 받아들이고, 조직을 위해 기꺼이 많이 노력하며, 구성원으로서 자격을 유지하려는 강한 욕구이다.[117] 또한, 조직몰입은 조직의 목표나 가치에 대한 강한 신념이며, 조직구성원에게 내재화되어 자발적으로 조직에 대한 노력을 기울이는 것이다.[118] 이런 조직몰입에 영향을 미칠 수 있는 선행변수에는 성취 욕구, 권력 욕구, 정보 욕구, 자기효능감, 집단의 규범, 목표의 일체성, 조직 분위기, 리더의 리더십 스타일, 보상의 공정성, 직무에 대한 도전 등과 같은 것들이 있다.[119]

그리고 직무 만족(job satisfaction)은 '개인이 직무 수행이나 직무 경험에 관한 평가 결과로 얻게 되는 유쾌함이나 긍정적인 감정 상태'이다. 즉, 직무 만족은 개인이 맡은 직무에 대해 갖는 일반적인 만족 정도를 나타내는 것으로, 개인의 태도와 가치, 신념, 욕구 등의 수준에 따라 직무 자체를 비롯한 근무환경에 대한 평가에서 얻어지는 유쾌한 감정적, 정서적인 만족 상태를

---

117) Mowday, R. T., Steers, R. M., & Porter, L. W.(1979). The Measurement of Organization Commitment. *Journal of Vocational Behavior*, 14(2), 224-247.

118) 조성진(2013a). 코칭이 공무원의 자기효능감과 조직 유효성에 미치는 영향과 이에 대한 감성 지능의 조절 효과. 사회과학연구, 24(2), 51에서 발췌, 인용; Allen, N. J. & Meyer, J. P.(1990). The measurement and antecedents of affective continuance and normative commitment. *Journal of Occupational Psychology*, 63, 1-18.

119) 조직몰입에 영향을 미치는 다양한 선행변수에 관한 연구결과는 다음에 소개하는 논문을 참조할 수 있다. 조성진(2009). 코칭이 자기효능감, 성과 및 가족관계에 미치는 영향과 이에 대한 감성 지능의 조절 효과. 충남대학교 박사학위 논문. 56.

말한다.[120] 그래서 높은 수준의 직무 만족을 느끼는 사람은 직무에 대한 긍정적인 정서를 갖는 것이며, 자신의 직무에 대해 불만족을 느끼는 사람은 직무에 대해 부정적인 정서를 갖는다고 볼 수 있다.[121] 대체로 직무 만족은 직무 자체, 임금, 승진, 상사, 동료, 작업집단, 작업 조건, 자기효능감 등의 요인들에 의해 결정되는 것으로 볼 수 있다.

한편, 직무 성과(job performance)는 '조직이 현재 실행하려는 목표를 달성하는 정도 또는 조직이 행동, 생산, 적응하기 위해 조직력을 발휘하는 능력'을 말한다. 쉽게 말하면, 직무 성과는 개인의 행동이 조직 목표 달성에 얼마나 공헌하는가를 측정한 것이다. 이에 비해 개인 성과는 자기 자신의 목표를 달성한 정도를 말하는 것으로, 개인의 기대와 그 목표가 개인에게 부여하는 가치의 산물이라고 할 수 있다. 이런 직무 성과에 영향을 미칠 수 있는 선행변수들로는 성격, 자기효능감, 긍정적 정서, 상사에 대한 신뢰 등이 제시되고 있고, 개인 성과의 선행변수로는 셀프 리더십(self leadership)이 제시되고 있다.[122]

코칭을 통해 구성원의 조직몰입, 직무 만족 및 직무 성과가 향상된다는 것은 많은 연구결과를 통해 증명되었다. 해외의 선행연구에 따르면, 조직 내부에 있는 코치가 6개월 동안 고객 19명을 일대일(1:1)로 코칭을 진행한 후, 설문조사 방식으로 코칭이 직무 만족을 향상한다는 것을 밝혔던 사례가 있었고,[123] 2,532명을 대상으로 설문조사에 의한 횡단연구를 통해 코칭이 직무 만족을 향상한다는 것을 밝혔던 것도 있었으며,[124] 422명을 대상으로 설문조사에 의한 횡단연구를 통해 코칭이 지각된 판매업적을 향상한다는 것을 확인했던 사례도 있었다.[125] 그리고 30명을 대상으로 한 연구에서 코칭이 성과를 향상한다는 것을 밝혔던 사례도 있었다.[126]

한편, 국내 선행연구에 따르면, 85명의 공무원(실험집단 43명, 통제집단 42명)을 대상으로 2개월 동안 일대일(1:1) 코칭을 진행한 후, 설문조사 방식을 활용하는 '유사현장실험연구'(quasi-experimental field study)를 통해 코칭이 조직몰입과 직무 만족을 향상한다는 것을 객관적으

120) Locke, E. A.(1976). The Nature and Cause of Job Satisfaction, *Handbook of Industrial and Organization Psychology*. Chicago: Rand McNally.

121) 조성진(2013a). 코칭이 공무원의 자기효능감과 조직 유효성에 미치는 영향과 이에 대한 감성 지능의 조절 효과. 사회과학연구, 24(2), 51에서 발췌, 인용.

122) 조성진(2009). 코칭이 자기효능감, 성과 및 가족관계에 미치는 영향과 이에 대한 감성 지능의 조절 효과. 충남대학교 박사학위 논문. 48-50에서 발췌, 재인용.

123) Bowles, J. E. & Picano, J. J.(2006). Dimensions of Coaching Related to Productivity and Quality of Life. *Consulting Psychology Journal: Practice and Research*, 58, 232-239.

124) Onyemah, V.(2009). The Effects of Coaching on Salespeople's Attitudes and Behaviors: A Contingency Approach. *European Journal of Marketing*, 43(7/8), 938-960.

125) Agawal, R., Angst, C. M., & Magni. M.(2009). The performance of Coaching: A Multilevel Analysis Using Hierarchical Linear Modeling. *The International Journal of Human Resource Management*, 20(10), 2110-2134.

126) Sue-Chan, C., & Latham, G. P.(2004). The Relative Effectiveness of External Peer and Self- Coachies. *Applied Psychology: An International Review*, 53, 260-278.

로 증명한 연구가 있었고,[127] 남녀 108명을 대상으로 한 연구에서 상사의 코칭이 부하직원의 조직몰입과 직무 만족을 향상한다는 것을 설문조사 방식을 통해 밝혔던 사례도 있었다.[128] 그리고 직장인 492명을 대상으로 한 설문조사 방식을 활용한 횡단연구를 통해 코칭이 성과를 향상한다는 것을 확인했던 연구도 있었다.[129]

이상에서 본 바와 같이, 코칭을 통해 조직몰입, 직무 만족 및 직무 성과(또는 개인 성과와 생산성)가 향상한다는 것을 확인했다는 것은 코칭이 결국 조직의 경쟁력 강화에 바람직한 영향을 미칠 수 있음을 의미한다. 나아가 코칭이 각 조직의 인적자원관리에 있어 유용한 정책 수단 중의 하나가 될 수 있다는 것을 의미한다.

3) 가족관계의 향상

가족은 사회 전체의 새로운 구성원을 생산하는 기능을 수행하고, 또 개인의 문화적 · 경제적 · 사회적 욕구를 충족시켜 나가는 공동체적 생활양식을 갖는 집단이다. 그 속에서 가족구성원은 정서적 유대감을 가지고 각자의 역할을 하며, 구성원 상호 간에 인간관계 즉, 가족관계를 맺어간다. 이처럼 가족관계는 한 가족 내 구성원 상호 간의 인간관계를 의미하는 것으로, 가족의 기능 및 건강성 등을 특징짓는 중요한 척도이다. 특히, 가족 구성원 간의 정서적인 유대감과 개방적이고 원활한 의사소통 능력을 바탕으로 한 상호친밀성과 수용 존중성은 가족관계의 핵심적 측면을 구성하는 요인이다.[130]

그런데 가족관계는 고정된 것이 아니라 시간의 경과와 환경의 변화에 따라 바뀐다. 그래서 가족 구성원은 다양한 원인에 의해 어려움과 스트레스를 경험하고, 부부관계, 부모-자녀관계, 노부모와의 관계 등 가족관계상의 위기를 느끼기도 하며, 심리적 갈등이나 부담도 증가하게 된다. 대체로 이런 문제들에 대해서는 개인이 감수해야 하는 것으로 인식하기 때문에 조직이나 기업의 개입이 쉽지 않다. 하지만, 가정의 문제가 직장이나 조직 생활에 영향을 미치게 되고, 그것이 일-가정 갈등(work-family conflict)으로 나타나면서부터 기업은 이 문제에 관해 관심을 가지지 시작했다. 즉, 가족관계가 조직이나 기업 구성원들의 인적자원관리 차원에서 관심의 대상이 되기 시작한 것이다. 특히, 한국의 경우, 급속하게 진행되는 저출산 및 고령화 현

127) 조성진(2009). 코칭이 자기효능감, 성과 및 가족관계에 미치는 영향과 이에 대한 감성 지능의 조절 효과. 충남대학교 박사학위 논문. 조성진(2013). 코칭이 공무원의 자기효능감과 조직 유효성에 미치는 영향과 이에 대한 감성 지능의 조절 효과. 사회과학연구, 24(2), 47-66.

128) 홍의숙 · 윤현덕(2009). 중소기업 리더 코칭이 직무 관련 태도에 미치는 영향에 관한 연구. 기업경영연구, 16(2). 259-275.

129) 김정식 · 서문교(2004). 리더의 코칭 행위가 조직 구성원들의 인지적 유연성과 성과에 미치는 영향. 인적자원관리연구, 15(3), 31-48.

130) 조성진(2009). 위의 논문. 82에서 발췌, 인용.

상에 대한 대비, 기업 경쟁력을 높이는 데 필요한 우수 인재 확보와 유지, 장기 재직 및 이직 방지, 노동자의 삶의 질 향상 등을 위해 기업에서 가족관계와 관련된 다양한 정책이 도입되기 시작했다.

이런 과정에서 가족관계 향상을 위해 코칭을 접목하는 시도들이 계속 이어지고 있고, 그런 코칭 장르의 유효성을 증명하려는 연구가 많이 시도되고 있다. 몇 가지 선행 연구결과를 정리하면 다음과 같다. 먼저, 코칭이 가족의 역할에 있어서 효율성을 증대시키고, 자녀와 부모 간의 원활한 관계 정립을 통한 가족의 잠재력을 실현하며, 가족 구성원 모두가 자신의 가능성을 최대한 발휘하는 데 도움을 준다는 것을 밝혔고,[131] 가족관계 향상을 위해 다양한 코칭 프로그램을 개발, 접목했던 사례도 있었다.[132] 그리고 공무원과 대학생을 대상으로 한두 건의 현장실험연구(experimental field study)를 통해 코칭이 가족관계를 향상한다는 것을 객관적으로 증명했던 연구도 있었다.[133]

이상에서 본 바와 같이, 코칭이 가족관계의 향상에 긍정적인 영향을 미치는 것으로 밝혀졌고, 나아가 가족관계와 일–가정 균형(work–family balance)에 대한 인식이 서로 관련이 있다는 것을 고려하면, 조직의 관리 차원에서 볼 때 코칭을 통한 가족관계의 향상이 궁극적으로 조직 유효성과 밀접한 관련이 있음을 충분히 짐작할 수 있다. 예컨대, 코칭을 통해 가정에 대한 자신의 무관심과 소홀함을 깨달았고, 그동안 일에 너무 매달렸던 자신의 모습을 반성했으며, 가정의 화목과 행복을 위해 스스로 노력하겠다는 결심을 하는 과정에서 일과 가정의 균형이 얼마나 중요한지를 새롭게 인식하는 계기가 되었다는 실험참가자들의 증언은 우리에게 많은 것을 시사한다.[134]

> "그동안 거동이 불편하신 어머니에게 퉁명스럽게 대하던 내가 자주 대화하고, 내 행동이 좀 더 자상하게 변했다. 25년 동안 시부모님을 모시고 산 아내에게 항상 군림하고 살았는데 이제는 평등하고 따뜻하게 대하도록 변화하려고 노력 중이다. 두 아들에게는 억압하던 자세에서 벗어나 자상한 아버지가 되겠다고 공개적으로 천명했더니 이제는 두 아들이 먼저 함께 의논하는 등 대화 시간이 늘어났다. 그동안 무뚝뚝하게 대하던 큰아들이 주말 아침 등산을 하러 가는데 달걀 요리를 해주고, 인사까지 할 정도로 많은 개선이 일어나고 있다." – 50대 초반 남성 참가자

131) 도미향(2006). 가족역량 강화를 위한 리더십 코칭 적용. 코칭연구, (1), 21-41.

132) 김혜연(2008). 건강가정지원센터에서 활용할 수 있는 라이프 코칭 프로그램 개발에 관한 연구: 배경과 이론. 한국가정관리학회 기타 간행물: 학술보고서. 81-89; 김혜연 · 김성희 · 이경희 · 곽인숙(2008). 가족자원경영의 관점에서 본 코칭의 적용 가능성에 관한 연구. 한국가정관리학회지, 26(1), 137-147.

133) 조성진(2009). 코칭이 자기효능감, 성과 및 가족관계에 미치는 영향과 이에 대한 감성 지능의 조절 효과. 충남대학교 박사학위 논문. 조성진(2013b). 코칭이 대학생의 자기효능감, 가족관계 및 성과에 미치는 영향. 교양교육연구, 7(4), 281-313.

134) 실험참가자들의 증언 내용은 연구윤리규정에 따라 당사자들의 사전 허락을 받아 게재하였는데, 구체적인 내용에 대해서는 다음에 소개하는 논문에서 참조할 수 있다. 조성진(2009). 앞의 논문. 144-146.

"남편이 내게 관심을 가지고 잘 해주고 친절하게 해주는 것을 당연하게 생각했고, 그것이 조금만 소홀해지면 남편을 탓하고 원망했다. 그러나 코칭을 통해 남편의 소중함을 알았고, 내가 먼저 남편에게 '당신이 최고야!'라는 찬사도 보내는 등 금슬이 너무 좋아졌다. 이런 상황이 지속했으면 좋겠다. (중략) 직장에 다닌다는 이유로 피곤하고 지친 엄마를 몰라준다는 생각에 아이들에게 짜증 섞인 말을 해왔으나 코칭을 받는 요즘에는 먼저 아이들 관점에서 이해하고 대화의 시간도 길어졌으며 긍정적인 말로 칭찬을 해주니 아이들과의 관계도 무척 좋아졌다." – 40대 중반 여성 참가자

"종전에는 아내와 아들이 잘못을 찾아내 그것을 질타하는 내 말이 항상 가족관계를 불편하게 하고, 이것이 가정생활과 불협화음의 불씨였다. 그리고 거의 하루 걸러 아내와 말다툼을 했지만 코칭을 시작한 후에는 그것이 없어졌다. 코칭을 받는 요즘은 몰라보게 달라진 나에 대해 아내와 아들이 격려해 주고 있고, 가족 간 대화 시간도 길어졌다. 아내를 대하던 그동안의 내 모습과 최근에 변화된 내 모습에 대해 아내가 객관적으로 비교해 주어 지금 우리 가정생활은 코칭 전과는 전혀 다른 모습으로 변화되었다." – 40대 후반 남성 참가자

이처럼 코칭이 조직 내에서 가족관계 향상과 일–가정 균형과 관련하여 이런 바람직한 시너지 현상이 일어나게 하고, 조직구성원들에게 그것이 가능한 환경과 분위기를 제공한다는 차원에서 코칭의 가능성과 역할, 그리고 매력에 대해 주목해야 할 것이다.

한편, 2000년대 중반 이전에 발간된 외국의 코칭 관련 문헌들은 최근에 출간된 것들과 비교했을 때, 정교한 연구설계에 기반을 둔 학술적 검증 결과를 바탕으로 작성된 것이 아니지만, 나름대로 코칭의 효과를 이해하는 데 영감을 주고 있다.[135] 따라서 이하에서 그것에 대해 간단히 살펴보는 것도 독자들의 이해를 돕는 데 도움이 되리라 생각한다.

4) 목표 설정과 생산성 향상

기업에서 코칭을 진행할 때, 코치(상사)는 고객(부하 또는 구성원[136])이 스스로 자신이 달성해야 할 목표를 설정하고, 그것을 이루기 위한 효과적인 행동 계획을 세우도록 격려하고 지지한다. 이처럼 관리자와 구성원이 함께 코칭을 진행할 때, 그들이 달성해야 할 성과 목표에 대해 충분히 토의하고 대화하면, 구성원은 그런 과정 자체에 대해 만족한다. 또한, 자신에 대한

135) Werner, J. M., & DeSimone, R. L.(2006). *Human Resource Development*(4th Ed.). 388-390에서 발췌, 인용; Whitmore, J.(2003). *Coaching for Performance*(3rd Ed.). London: Nicholas Brealey Publishing. 166-168에서 발췌, 인용; 존 휘트모어(김영순 역, 2007). 성과향상을 위한 코칭리더십. 서울: 김영사.

136) 통상적인 관례나 기존 문헌에서는 구성원이라는 표현보다 종업원(從業員, employee)이라고 표현을 사용하는 경우가 많고, 실제로 기업 현장에서는 종업원이나 근로자 또는 노동자라는 표현을 사용하는 경우가 많다. 그러나 이 책에서는 일상적으로 많이 사용하고 있는 피고용인(被雇傭人)이라는 수동적인-'종(從)'이라는 단어에서 알 수 있듯이- 의미가 포함된 종업원이라는 표현보다 같은 목표를 향해 함께 일하고 그 결과를 함께 공유하는 수평적이고 동등한 관계를 지향하는 코칭의 철학을 강조하는 차원에서 구성원이라는 표현을 사용하고자 한다.

피드백이 공정하고 정확하다고 느끼며, 피드백 자체가 유익하다고 느끼는 등 긍정적인 결과를 가져다준다. 이것은 구성원의 행동에 긍정적인 변화를 가져다주고, 이것은 곧 성과와 생산성의 향상으로 이어진다. 이처럼 코칭은 조직에 있어 개인과 팀의 능력을 최대로 이끄는데, 이것은 지시하는 방식으로는 상상할 수 없는 코칭의 가장 큰 이점 가운데 하나이다.

5) 투자수익률의 상승

투자수익률은 기업에서 관심을 지닌 주요 지표 가운데 하나인데, 이것이 코칭을 통해 상승한다는 보고는 우리에게 많은 시사점을 준다. 예컨대, 남아프리카공화국에서 코칭을 받은 기업 임원 36명 가운데 35명은 코칭을 통해 자신이 몸담은 회사의 '투자수익률'(Return of investment: ROI)의 상승을 가져왔다고 응답했다고 보고했고,[137] 영국의 한 연구결과에 따르면, 43명의 응답자는 투자수익률이 초기 투자 대비 5.7배 상승했다고 보고했다.[138]

6) 구성원의 만족도 향상과 공정성 인식

조직 내에서 어떤 의사결정을 위해서는 구성원들끼리 많은 대화와 토의를 한다. 그런데 토의를 진행하는 동안 구성원에게 이바지할 기회를 제공하고, 구성원이 편안하게 자신의 이야기를 할 수 있도록 충분히 배려하면, 구성원들은 편안하게 토의와 대화에 참여할 수 있다 이처럼 구성원이 토의 과정에 더 많이 참가하면 할수록 토의 자체와 관리자에 대한 구성원의 만족도가 더욱 커지며, 성과 목표를 쉽게 달성한다. 또한, 상사가 부하(또는 구성원)를 얼마나 돕고 지지하는지 그 정도 차이가 관리자에 대한 만족도에 영향을 끼친다는 연구결과들도 있다.

코칭은 구성원의 가능성을 충분히 신뢰하고, 그들의 상상력과 잠재력을 최대한 발휘할 수 있도록 돕는 것이다. 이때 코치와 고객은 일방적인 지시나 명령보다 수평적인 입장에서 질문이 오가는 쌍방향 커뮤니케이션을 지향한다. 이때 코치인 상사가 구성원들이 최대한 편하게 자신의 의견을 충분히 피력할 수 있도록 배려한다면, 당연히 앞에서 설명한 좋은 결과가 나타날 수 있다.

7) 구성원 간의 관계 증진과 직장생활의 질 향상

코칭을 통해 구성원이 자신의 문제를 편안하게 이야기할 수 있도록 배려하고 그것을 권장하는 분위기 하에서 구성원 상호 간의 관계가 증진된다. 상사가 구성원에게 관심을 가지고 질

137) Hall, L.(2006). *Coaching at Work*, 1(2), 22-25.

138) McGovern, J.(2001). Maximizing the impact of executive coaching. *Manchester Review*, Manchester: Manchester Consulting.

문을 하는 행위 그 자체만으로도 그 사람 자체와 그의 대답을 소중하게 생각한다는 사실을 보여줄 수 있다. 이처럼 코치인 상사가 구성원을 소중히 여김으로써 인간관계가 증진되고, 감정 교류와 의사소통이 원활해진다. 지시하는 형태의 의사소통 방식으로는 이와 같은 감정의 교류가 쉽게 발생하지 않고, 소통의 문이 닫히게 되며, 구성원 간의 인간관계가 원만하기 어렵다.

구성원들은 자신이 충분히 존중받고 있다는 것을 중시하는 분위기 속에서 별다른 요구가 없더라도 스스로 신바람나게 일할 것이다. 또한, 구성원들은 많은 문제를 스스로 해결하고, 원하는 것들을 성취하게 된다. 결국, 직장 분위기가 좋아질 것이고, 구성원들이 느끼는 직장생활의 질이 향상된다.

8) 동기부여 향상

한 연구 보고서에서는 관리 측면에서 볼 때, 구성원을 얼마나 지지하고 격려하느냐가 구성원의 동기부여와 상당한 연관이 있는 것으로 나타났다고 언급했다.[139] 코칭은 구성원들이 스스로 일할 의욕을 가질 수 있도록 도와줌으로써 구성원의 동기를 북돋우게 한다. 누구나 무한한 가능성이 있다고 보고, 그가 지닌 문제의 해답을 스스로 찾을 수 있다고 수시로 지지하고 격려한다. 현재의 문제를 해결하기 위해 스스로 취한 행동과 진전된 변화들에 대해 최대한 인정하고 칭찬한다. 나아가 필요할 경우, 과거에 성취한 경험들을 다시 떠올리도록 함으로써 현재의 의미 있는 변화를 돕기도 한다. 이런 일련의 배려와 조치들이 궁극적으로 구성원의 동기부여 향상에 어떤 형태로든 영향을 미치게 된다. 결국, 구성원들은 이런 과정을 거치면서 정말 하고 싶어서 일하게 된다.

9) 감독자나 관리자에 대한 신뢰 형성

모든 인간관계와 마찬가지로 상사와 구성원 사이에도 신뢰는 상당히 중요한 것이다. 특히, 상사와 구성원이 성과를 달성하고 그것을 평가를 받는 사이라면, 먼저 충분한 신뢰가 쌓여 있어야 한다. 조직 내에서 상사와 구성원 관계가 아닌 코치와 고객 사이에도 신뢰가 충분히 쌓여 있을 때, 비로소 코칭을 시작할 수 있다. 신뢰가 형성되지 않고서는 어떤 의미 있는 코칭 대화도 이루어질 수 없다. 이런 차원에서 볼 때, 상사(코치)는 코칭을 진행하면서 구성원이 자신의 문제에 대해 솔직하게 이야기하고, 구성원이 자신의 문제를 스스로 해결할 수 있도록 돕는 호의적인 분위기를 연출함으로써 신뢰를 쌓아갈 수 있다. 한 연구 보고서는 신뢰가 충분히 형성되었을 경우, 설사 대화의 주제가 구성원의 성과에 관한 것이라 하더라도 그에 대한 피드백을

139) Werner, J. M., & DeSimone. R. L.(2006). *Human Resource Development*(4th Ed.). 388-390에서 발췌, 인용

믿을 만 하다고 생각하고, 자신들에 대한 상사의 평가를 더욱 쉽게 수용하며, 피드백이 정확하다고 인지할 수 있게 되었다고 언급했다.[140)]

10) 구성원의 창의적 사고 촉진

다르게 생각하기, 새로운 연결성 만들기, 부분이 아닌 전체 보기는 창의적인 사람이 되기 위한 핵심 요소인데,[141)] 코칭은 구성원의 이런 창의적 사고를 촉진한다. 코칭이 이루어지는 환경이나 코칭이 진행되는 과정을 보면, 코치는 고객이 두려움 없이 대답할 수 있도록 분위기를 조성한다. 코치는 고객이 자유로운 사고를 할 수 있도록 도와주고, 자신의 문제를 스스로 해결하는 데 도움이 되는 창의적인 해답을 할 수 있도록 적극적으로 배려한다. 고객은 코치와의 코칭을 통해 문제를 해결할 수 있는 전혀 새로운 경로와 영역을 찾고, 새로운 관점을 얻으며, 때로는 더 나은 목표를 찾게 되기도 한다. 이런 과정이 계속해서 반복되면, 아이디어가 아이디어를 낳는 바람직한 상황이 연출되기도 한다. 이처럼 코칭은 단순한 문제해결에 그치는 것이 아니라 새롭고 신선한 사고와 접근방법을 생각해 내도록 돕는 힘이 있다. 즉, 고객이 깊은 생각을 할 수 있는 질문을 함으로써 창조적 사고를 하도록 촉매 역할을 하면서 지원하는 작업이 바로 코칭이다. 이런 차원에서 코칭은 창의적 접근방법이다.

> "고객이 제기하는 문제가 아무리 중요해도 훌륭한 코치는 그 문제를 다양한 관점에서 바라보고 다른 시각 틀에서 고려할 수 있으며, 무엇보다 큰 관심사로 다룰 여유가 있는 틈을 만든다. 이런 경우들이 창의적인 사람이 되기 위한 기본이다. 그것이 더 넓은 시야로 문제를 바라볼 수 있게 해주기 때문이다." – 이언 맥더모트, 웬디 제이고

11) 그 밖의 코칭 효과

선행연구에 따르면, 코칭은 이상에서 소개한 것 외에도 구성원의 개발과 학습 개선, 유연성과 변화에 대한 적응력 향상, 조직문화 혁신 등에 영향을 끼치는 것으로 나타났다.[142)] 구체적으로 살펴보면 다음과 같다.

첫째, 코칭은 현재의 자리를 떠나지 않고도 배울 수 있는 효과적인 학습방법이다. 기업에서 코칭을 도입할 경우 구성원은 자신을 계발하는 기회를 얻게 된다. 이것은 상사인 코치가 어떤 관리방식을 택하고, 어떤 코칭 환경을 조성하느냐에 따라 구성원이 발전할 수도 있고, 그렇지

---

140) Werner, J. M., & DeSimone. R. L.(2006). *Human Resource Development*(4th Ed.). Thomson South-Western. 388-390에서 발췌, 인용.

141) 이언 멕더모트 · 웬디 제이고(박정길 · 최소영 역, 2007). 코칭 바이블. 서울: 웅진윙스. 251에서 발췌, 인용.

142) Werner, J. M., & DeSimone, R. L.(2006). 위의 책. 388-390에서 발췌, 인용.

않을 수도 있다는 것을 의미한다. 따라서 상사가 코칭을 통해 구성원이 가지고 있는 무한한 잠재력을 최대한 발휘할 수 있도록 배려한다면, 구성원은 스스로 학습하고 발전할 충분한 기회를 지니게 된다.

둘째, 코칭은 급변하는 환경에 유연하고 능동적으로 대처하도록 돕는다. 경쟁 심화, 급속한 기술 혁신, 불확실한 미래 등 급속한 환경 변화는 우리에게 더 많은 것을 요구하고 있다. 그 결과 지금은 유연하고 탄력적인 개인과 조직만이 살아남는 시대가 되었다. 코칭은 개인과 조직이 이런 상황을 헤쳐갈 수 있는 유연성을 증대시키는 효과를 가지고 있다.

마지막으로, 코칭은 조직문화가 유의미한 방향으로 변화하는 데 촉매 역할을 한다. 코칭은 기업의 리더들이 성과 지향적인 문화를 창출하는 데 필요한 관리방식의 기초를 제공한다. 코칭을 통해 스스로 문제를 해결하는 능력을 키움으로써 창의적인 조직문화를 형성하고, 구성원들의 잠재력을 극대화하는 방안을 이끄는 것을 적극적으로 장려할 수 있다. 또한, 코칭은 상사와 부하가 성과 창출과 지속적인 혁신을 위해 협력하는 관계를 조성하는 등 바람직한 조직문화를 창출하는 데 이바지한다.

이상의 논의에서 우리는 선행연구를 통해 밝혀진 다양한 코칭 효과를 확인할 수 있었다. 그것을 정리한 것이 [그림 3-3]이다. 이것은 코칭이 영향을 미치는 변수들을 분류하여 정리한 것인데, 현재까지 확인된 코칭 효과를 변수별로 나누어 한눈에 볼 수 있다.[143] 물론 이 그림은 뒤에 설명할 코칭 효과 측정과도 연관이 있다. 여하튼 지금도 코칭 연구자들은 코칭 효과를 증명하려는 다양한 연구를 진행하고 있을 것이다. 이런 과정을 통해 코칭 현장에서 매일매일 코칭을 진행하는 전문코치들이 몸소 체험하고 있는 확실하고 다양한 코칭 효과들이 추가로 발견되어 [그림 3-3]이 수정되길 기대한다.

2. 코칭 효과 측정 도구와 방법

교육훈련이나 다른 인적 서비스와 마찬가지로 코칭 효과를 제대로 측정하고 평가하는 것은 매우 중요한 일이다. 바꾸어 말하면, 코칭이 정말 효과가 있다면, 그것을 어떻게 확인할 수 있을지에 대한 문제가 코칭에서 다루어야 할 가장 핵심적인 과제이자 코칭의 존재 이유이다. 코칭을 평가하고 효과를 측정하는 데 다음과 같은 다양한 방법이 사용되고 있다.

143) 조성진 · 정이수(2018). 국내 코칭 연구 동향 및 향후 연구 방향: 진전(1995년~2017년)과 전망. 인적자원개발연구, 21(3), 269.

그림 3-3 코칭 효과 측정을 위한 개념 모형

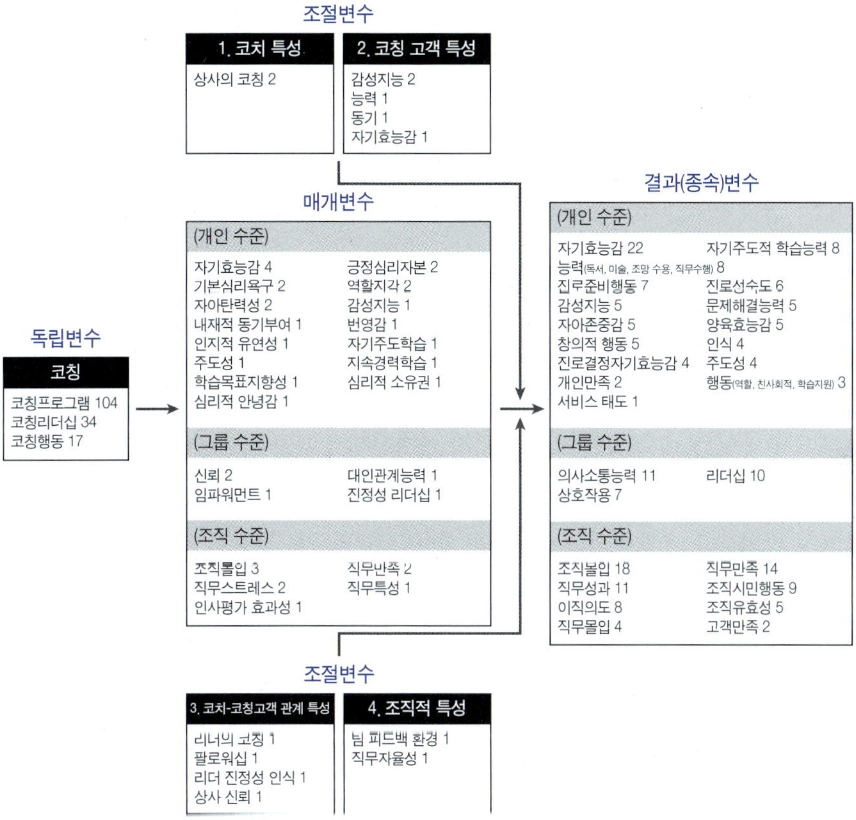

출처: 조성진 · 정이수(2018). 국내 코칭(Coaching) 연구 동향 및 향후 연구 방향: 진전(1995년~2017년)과 전망. 인적자원개발연구, 21(3). 269에서 발췌, 인용.

1) 주관적 보고(개인적인 이야기)

이 방법은 코치나 고객에게 코칭을 마친 후 의견을 말하거나 후기(소감문)를 써달라고 요청하는 것이다. 단순해서 코칭 기관에서 가장 흔하게 사용하는 방법이지만, 응답자의 주관이 가장 강하게 개입되기 때문에 편향적일 수 있다. 즉, 이 방법은 결과가 객관적이고 과학적이지 않을 가능성이 커서 코칭의 효과를 증명하는 데 사용할 수 있는 신뢰할 만한 자료를 얻기는 힘들다.

2) 질문지와 설문지

이 방법은 코치나 코칭 기관이 코칭을 진행한 지 한 달쯤 지난 후에, 그리고 코칭을 완료할 때까지 몇 달 간격으로 고객에게 코칭에 대한 만족 여부를 묻는 설문지를 나눠주고, 응답하게 한 다음, 설문지를 합산하여 결과를 도출하는 방법이다. 개인적인 얘기를 하는 것보다는 체계적인 방법이지만, 질문이 엉성하거나 고객이 진실을 말하지 않을 때는 편견에 치우치기 쉽다.[144] 그러나 코칭을 시작하기 전에 미리 정교하고 구조화된 질문지를 마련하고, 이것을 코칭을 마친 후에 고객에게 나누어 주고 소감문을 작성해 달라는 식으로 약간 변형하여 사용한다면, 의미 있는 결과를 얻는 데 도움이 된다.

3) 360° 피드백

이 방법은 개인의 특성이나 행동 등에 대한 질문지를 준비해 주었다가 고객뿐만 아니라 고객의 주위 사람 즉, 상사, 부하, 동료들에게 작성토록 함으로써 코칭의 효과를 측정하는 방법이다. 다시 말해, 코칭에 참가한 고객을 가장 가까이에서 관찰할 수 있는 사람들에게 미리 마련해 둔 질문지를 코칭 전후에 각각 배포하여 그 결과를 분석, 코칭의 효과를 측정하는 방법이다. 앞의 두 방법보다 더 객관적인 데이터를 확보할 수 있다는 장점이 있다.

4) 투자수익률(ROI: Return on Investment)

이 방법은 코칭에 투자한 비용에 대비하여 얼마만큼의 이익이 돌아오는지를 측정하는 방법이다. 코칭에 투자된 비용을 계산하기는 쉽지만, 코칭의 결과에 따라 발생한 이익을 측정하는 방법이 어려워 잘 사용하지 않는다. 여하튼 측정한 결과를 근거로 코칭을 통해 드러나는 이익이 없으면, 대개 코칭은 종료되기 쉽다.

5) 근거기반 연구(Evidence−based Research)

코칭을 통해 나타난 증거 즉, 유능한 전문가의 자세한 관찰, 선호도 보고, 코칭을 받는 사람의 경험 등에 근거하여 코칭의 효과를 측정하는 방법이다.[145] 여기서 '근거기반'이란 체계적인 실험과 산업의 연구 및 평가, 최신의 체계적인 과학 결과물의 유용성 및 합리성의 근거에 기초하며, 전문적 실행을 통해 정당화하는 과학적 접근방법을 말한다.[146] 예컨대, 고객에게 "코칭을 통해 확실하게 변화한 것이 있다면 그 명확한 증거는 무엇입니까?"라는 질문에 대한 대답을 근

---

144) 게리 콜린스(양형주 · 이규창 역, 2011). 게리 콜린스의 코칭바이블. 서울: 한국기독학생회출판부. 420에서 발췌, 인용.

145) 게리 콜린스(양형주 · 이규창 역, 2011). 앞의 책. 421에서 발췌, 인용.

146) Zeus, P.(2022). Evidence-Based Coaching. Behavioral Coaching Institute. (http://1to1coachingschool.com, 2022년 2월 접속).

거로 코칭의 효과를 분석하는 것이다. 대답 중에 의미 있는 단어와 표현을 중심으로 코칭의 효과를 분명히 나타내는 것들을 골라내고, 그것을 근거로 코칭의 효과를 증명하는 방법이다.

6) 실험에 의한 측정

이 방법은 코칭 전후에 일어나는 변화를 객관적이고 과학적으로 측정하는 방법으로, 코칭 전후(前後)에 일어난 변화를 실험을 통해 증명하는 방법이다. 먼저, 코칭을 시작하기 전에 코칭 참가자를 실험집단(experimental group)과 통제집단(control group)으로 나누고, 미리 준비된 구조화된 설문지에 응답하게 한다. 다음, 실험집단에 속한 참가자들에게는 일정 기간 내에 코칭을 진행하고, 통제집난에 속한 참가자들에게는 코칭을 진행하지 않는다. 그리고 코칭을 모두 마친 후에 두 집단의 참가자들을 대상으로 코칭 전에 배포했던 같은 설문지를 다시 나눠주고, 결과를 측정하여 코칭 전후의 효과를 측정하는 방법이다.

코칭이 다른 사람을 돕는 의미있는 방법으로 계속해서 건재하려면 무엇보다 코칭의 효과를 입증할 수 있는 신뢰할 만한 근거를 확보하는 것이 중요한데, 이 방법은 실험에 의한 객관적인 결과를 얻을 수 있어서 코칭 연구결과의 신뢰성 확보 차원에서 다른 방법보다 우위에 있다. 다만, 실험설계가 쉽지 않지만, 최근 들어 연구 수준이 향상되어 이 방법을 사용하여 의미 있는 연구결과를 도출해 내는 연구자들이 많이 등장하고 있다.

3. 진정한 코칭 성과의 의미

스포츠 분야에서 코칭을 통해 동기부여를 하고, 눈에 보이는 성과를 확인하는 것은 그리 어려운 일이 아니다. 왜냐하면, 스포츠는 규칙이 단순하고, 승패가 확연하게 드러나며, 시간이 정해져 있기 때문이다. 그러나 코칭이 한 인간의 성과와 삶의 질에 어떠한 영향을 미치고, 그 구체적인 성과가 어떤 것인지를 밝히는 것은 스포츠의 경우보다 더 많은 시간이 걸린다. 코칭을 도입한 많은 기업이 코칭의 효과가 무엇인지에 대해 관심을 지니고 있지만, 이것을 명쾌하게 밝히는 일은 쉽지 않다. 물론 최근 들어 코칭의 효과를 객관적이고 과학적으로 증명한 의미 있는 연구결과들이 제법 나오고 있지만, 그 역시 코칭 효과의 모든 것을 대변할 수 있는 것은 아니다.

1) 코칭 효과를 극대화하기 위한 권장 사항

앞에서 몇몇 연구결과들을 바탕으로 코칭의 효과에 대해 살펴본 적이 있다. 특히, 개인이 이룩한 성과를 평가하는 연구에서는 코칭이 효과가 있음을 증명하고 있다. 다시 말해, 코칭은 구성원의 성과를 관리하는 데 정말 효과적인 방법인 것으로 나타났다. 기업의 경우, 코칭은 상사와 구성원 간에 상호 신뢰가 형성된 상태에서 성과 목표 설정이나 성과 평가 과정에 구성원을 직접 참여시킴으로써 결국 구성원의 행동과 태도에 있어 긍정적인 변화를 가져오는 데 효과적이다. 그리고 상사는 코칭을 통해 상황에 맞는 적절하고 건설적인 피드백을 제공함으로써 구성원의 성과 달성에 긍정적인 결과를 도출하는 데 도움을 준다는 것을 확인했다. 이때 기업 내에서 코칭의 효과를 더욱 높이기 위해서 다음과 같은 사항들이 보장되어야 한다는 주장은 우리에게 주는 시사점이 크다.[147)]

- 코칭을 직접 진행하는 관리자들에게 적절한 보상을 해 주는 성과관리시스템이 구축되고, 가동되어야 한다.
- 모든 관리자에게 코칭 기술(coaching skill)과 기법(technique)을 철저하게 가르쳐서 그들이 코칭 대화에 익숙해지도록 해야 한다.
- 코칭이 진행되는 전반적인 과정에 구성원들을 동참시켜야 한다.
- 구성원들이 달성한 성과(performance) 문제에 대한 코칭 대화를 시작하기 전에 먼저 코칭 분석(coaching analysis)을 진행해야 한다.
- 코칭에서 다룰 특정한 목표는 쌍방 간의 대화를 통해 설정해야 한다.
- 관리자들의 논평은 건설적이고, 도움이 되며, 지지하는 편이어야 한다.
- 실행계획은 구성원과 관리자가 함께 수립한다.
- 코칭 대화는 사후 점검(follow-up)이 필요하다. 즉, 관리자는 구성원이 실행 계획을 잘 지키는지 구체적이고 행동 가능한 피드백을 해 주어야 하고, 긍정적인 개선이나 성과 향상이 있을 때 인정하고 칭찬해 주어야 한다.

2) 진정한 성과란 무엇인가?

무엇이든 어떤 일의 진정한 효과를 아는 데 필요한 것은 부분이 아닌 전체를 보는 거시적인 안목이다. 다시 말하면, 한 부분이 좋아졌다고 해서 반드시 전체가 좋아진 것은 아니라는 것을 분명히 인식해야 진정한 성과에 대해 알 수 있다. 그래서 나오는 얘기가 바로 "코칭의 진정한 성과[148)]가 무엇인가?"이다. 앞서 언급한 눈에 보이는 결과들이 코칭의 모든 효과를 말해주는 것이 아니라면, 과연 코칭의 진정한 성과란 무엇인가에 대해 진지하게 생각해 볼 필요가 있다.

---

147) Werner, J. M., & DeSimone, R. L.(2006). *Human Resource Development*(4th Ed.). Thomson South-Western. 390-393에서 발췌, 인용.

148) 성과(performance)와 효과(effect)는 일반적으로 각기 다른 의미로 사용되고, 대체로 성과가 효과보다 더 광범위한 의미로 이해된다. 따라서 이 두 개념은 사실 엄격하게 구분해서 사용해야 한다. 하지만 이 책에서는 전체적으로 이해하는 데 별 무리가 없다는 생각으로 두 개념을 명확하게 구분하지 않고, 때로는 성과로, 때로는 효과를 의미하는 것으로 혼용하고 있다.

이 점에 대해서는 간단하게 언급하고자 한다.[149)]

기업의 경우, 매출액 증가나 비용 절감은 기업 활동의 중요한 지표로 활용될 수 있지만, 이 지표가 기업 활동의 모든 것을 말해주기에는 충분하지 않다. 예컨대, 매출액 증가를 위해 영업 담당 사원에게 무리한 영업활동(밀어내기, 꺾기 등)을 강요하거나, 높은 생산성을 올리고 비용을 절감하기 위해 근로자들에게 휴식시간도 주지 않은 채 계속 노동을 강요해서 매출액을 증가시키는 것은 오래 계속되지 않는다. 물론 단기적으로는 비용이 절감되고, 생산성이 상승하며, 매출액이 증가할 수 있겠지만, 그 반대급부도 만만치 않을 것이다. 근로자들의 건강이 악화하여 산업재해가 발생하고, 사기가 떨어지며, 상품의 결함 증가로 인한 고객 불만 건수가 증가할지도 모른다. 개인의 경우도 마찬가지이다. 체중을 줄이기 위해 무리하게 식사를 거르며 몇 끼를 굶는 사람이나 코앞에 닥친 시험을 준비하기 위해 벼락치기 공부를 하는 학생의 경우에 그 결과가 어떨지 짐작하는 것은 어려운 일이 아니다. 이런 근시안적인 방법들을 사용하여 단기적으로 원하는 결과를 잠시 얻을 수 있지만, 이것은 오래 가지 않는다.

이처럼 어떤 일이나 행동의 효과를 부분적으로 파악한다면, 한쪽의 효과 향상이 오히려 다른 부분의 성과를 떨어뜨리는 경우를 종종 발견할 수 있다. 따라서 기업 전체의 효과를 향상하고자 한다면, 어느 일부분이 아닌 기업 전체를 보는 안목이 필요하다. 마찬가지로 한 개인의 체중 감량의 진정한 효과를 보려거나 학습의 진정한 효과를 파악하기 위해서는 보다 장기적이고 전체적인 안목이 필요하다. 이처럼 진정한 효과란 부분적으로 보는 것이 아니라 좀 더 전체적으로 파악하는 것을 의미한다.

진정한 성과가 무엇인지를 좀 더 잘 이해하려면, 동양의학과 서양의학의 차이를 살펴보는 것도 의미 있는 방법이다. 서양의학에서는 신체의 어느 한 부분이 아프거나 나빠질 때, 그 원인을 추적하여 분석해서 문제가 된 부분에 약을 투여하거나 수술을 통해 그 환부를 제거하는 방법을 주로 활용한다. 즉, 문제가 되는 그 부분을 치료하고 도려냄으로써 부분적인 효과를 거두고자 한다. 그런데 이런 대처요법을 적용할 경우 나빴던 부분은 좋아지겠지만, 다른 질환을 초래하거나 전이되어 전체적으로 건강을 해치는 부작용이 따를 수도 있다. 이에 비해, 동양의학에서는 신체를 부분이 아닌 전체적인 관점에서 살피고, 신체가 본래 지닌 치유능력을 최대한 발휘하는 방법을 모색한다. 즉, 동양의학은 '인체는 설사 질병에 걸리더라도 자신의 힘으로 치유할 힘이 있다.'라는 관점을 견지하면서 예방요법에 주력한다. 그래서 서양의학에서 나타나는 부작용은 거의 일어나지 않는다.

이처럼 진정한 성과를 올리기 위해서는 서양의학에서 말하는 대처요법보다 동양의학에서 중요시하는 예방요법이 절실히 요구된다. 동양의학의 관점에 근거하여 보면, 현재 '영'(零, zero)

149) 에노모토 히데타케(황소연 역, 2007). 부하의 능력을 열두 배 키워주는 마법의 코칭. 서울: 새로운 제안. 176-183에서 발췌, 인용.

상태에 있는 것을 '플러스'(+) 상태로 올리고, 부분이 아닌 전체의 향상을 도모하는 것이 진정한 성과라고 볼 수 있다. 이것을 '메타 성과'(meta effect)라고 표현하는 견해도 있다.[150)]

3) 메타 성과와 코칭

메타 성과란 '최종적으로 눈으로 볼 수 있는 성과를 낳는 토대가 되는 성과 이상의 성과'라고 정의할 수 있다. 메타 성과는 일반적인 성과와는 달리 수치화하기 어렵고, 눈으로 확인하기가 쉽지 않다. 전체적이고 지속적인 특징을 가지는 예방요법과 같다. 예컨대, 동양의학에서 쓰는 한약은 우리 몸속에 포함된 자기치유(self healing) 능력을 극대화하여 근본적으로 질병으로부터 강한 신체를 유지하도록 돕는 약이다. 그래서 주로 질병의 원인이 되는 세균을 제거하고 치료하는 데 사용되는 서양의학의 약에 비해, 그 효과를 즉시 확인하기 어려워서 즉효성 측면에서는 큰 효과를 기대하기 어렵다. 그러나 천천히 전체적으로 작용하는 만큼 부작용이 덜하며 면역력 강화를 유도하는 특징이 있다. 특히, 동양의학에서 말하는 보약은 말 그대로 우리 몸속에 서서히 녹아들어 우리 몸 전체의 메타 성과를 향상하는 역할을 하고 있다.

마찬가지로 코칭도 동양의학에서 말하는 보약과 같은 역할을 한다. 코칭은 고객이 가지고 있는 잠재력과 가능성을 최대한 발휘하도록 전체적으로 돕는 기법이다. 코칭은 문제가 일어났을 때만 조치하는 대처요법이 아니라, 향후 그와 유사한 문제가 일어나거나 또 다른 문제가 발생하지 않도록 효과적으로 지원하는 것이다. 본인이 스스로 잘 관리하도록 돕는 예방요법에 가깝다. 이런 차원에서 코칭은 눈으로 확인하기 쉬운 성과를 즉각적으로 끌어올리는 기법에 국한되는 것이 아니라, 눈으로 쉽게 확인하기는 어렵지만 계속해서 꾸준히 효과를 나타내는 메타 성과를 올리는 방법이다. 다시 말해, 코칭은 고객의 인생 전체적인 차원에서 성장하고 발전하는 것을 돕는 인적 서비스이다.

한편, 코칭이 궁극적으로 메타 성과를 지향한다고 해서 눈으로 확인할 수 있는 효과를 전혀 기대하지 않는 것은 아니다. 실제로 코칭을 도입하여 빠른 성과를 본 사례가 얼마든지 있다. 다만, 즉효성 측면에서 코칭의 효과를 판단하기보다 좀 더 근본적이고 전체적인 차원에서 어떻게 효과를 올릴 수 있는지에 더 관심을 두어야 한다는 점을 강조하고 싶을 뿐이다.

150) 에노모토 히데타케(황소연 역, 2007). 부하의 능력을 열두 배 키워주는 마법의 코칭. 서울: 새로운 제안. 176-183에서 발췌, 인용.

4. 코칭 효과 측정의 체계화

1) 코칭 효과 측정의 중요성과 현실[151)]

코칭 관계자들이라면, 코칭 효과를 검증하는 것이 코칭에서 가장 주된 관심사라는 점에 모두 동의할 것이다. 예컨대, 기업이나 조직 내에 코칭을 도입하려는 경우, 최고경영자와 실무자들이 가장 높은 관심을 보이는 것은 당연히 코칭 효과일 것이다.

로버트 하그로브(Hargrove, R.)는 코칭을 마친 후 고객이 다음과 같은 반응을 보일 때, 코칭이 효과적이었다고 파악할 수 있다고 주장했다.[152)] 첫째, 고객은 자신의 존재 방식에 만족하고, 결과를 얻기 위해서 어떤 존재가 되어야 하는지를 자유롭게 선택할 수 있게 된 것에 대해 고무된다. 둘째, 고객은 과거에 보지 못했던 새로운 가능성을 보고 힘을 얻게 되고, 그런 가능성은 그들을 더욱 효과적으로 만든다. 셋째, 고객은 앞으로 나아가는 분명한 길을 보고 행동에 뛰어들 마음의 준비를 한다.

그러나 고객이 이런 사실을 말했다는 것만으로 코칭 효과가 객관적으로 증명되었다고 보기는 어렵다. 그래서 수많은 연구자는 코칭 효과를 측정하기 위해 여러 가지 방법을 사용했고, 다양한 코칭 효과가 확인되었다는 점을 앞에서도 언급했다. 국내에 코칭이 도입된 이래, 수많은 학자가 여러 가지 연구방법을 사용하여 코칭 효과를 검증했고, 그 결과 이미 상당한 분량의 연구결과들이 축적되었다.

이처럼 코칭 효과 검증을 비롯한 코칭 전반에 걸쳐 의미 있는 결실이 쌓였지만, 코칭의 학문적 기반을 구축할 수 있을 정도의 충분한 수준에는 아직 이르지 못했다. 따라서 코칭 효과 검증을 비롯한 다양한 코칭 관련 이슈들을 올바로 분석하기 위해서는 더 다양한 연구방법과 접근이 필요하다. 코칭 효과를 측정하고 분석한다는 것은 한 개인이나 조직에 대한 단편적인 측면을 분석하는 것이 아니다. 인간과 인간, 인간과 조직 그리고 인간과 사회 외에도 개인이 생활 전반에 영향을 미치는 각종 이슈와 현상 그리고 관계에 대한 총체적인 이해가 필요하다.

하지만, 획일적인 사고나 방법만으로 분석할 수 없다.[153)] 그래서 코칭 연구자들은 '양적 연구방법'(quantitative research method)을 사용하여 코칭 효과를 검증하는 것이다. 여기에 속하는 대표적인 방법이 설문조사와 '유사(준) 현장실험설계'(quasi-experimental design)이다. 전자는 일정 시점에 연구대상자들에게 코칭 행동과 관련된 문항이 포함된 설문지를 배포하고, 그들의

151) 조성진(2020). 코칭과 경력개발. 경기: 양성원. 105-106에서 발췌, 인용.

152) 로버트 하그로브(박재원 역, 2006). 불가능한 미래를 성취하는 마스터풀 코칭. 서울: 김앤김북스. 131에서 발췌, 인용.

153) 조성진(2013). 코칭 연구를 위한 근거이론 방법론 적용을 위한 탐색적 연구. 코칭능력개발지, 15(3), 248에서 발췌, 인용.

응답 결과를 측정하여 분석하는 방법으로서, 가장 많이 활용된다. 그러나 이 방법은 원래 의미의 코칭이 제대로 진행되었는지를 확인하기가 쉽지 않다. 그리고 엄밀한 의미에서 코칭 효과를 제대로 측정할 수 없는 한계가 있다. 이것을 보완하는 것이 후자의 방법이다. 이것은 코칭을 실시하는 전후에 코칭의 영향을 받으리라고 예상되는 결과변수를 측정하고, 그 결과치의 변화 정도를 분석하는 것이다. 이것은 전자의 방법보다 더 객관적으로 코칭 효과를 측정할 수 있다는 장점이 있다. 기업 관리자들을 대상으로 진행된 코칭 관련 선행연구에서 이 방법이 사용된 이래,[154] 이 방법이 설문조사의 한계를 극복하는 차원에서 많이 사용되고 있다.

2) 코칭 효과 측정의 체계화[155]

앞으로 체계적인 코칭 효과 측정을 위해 다양한 분석방법을 활용해야 하고, 이 분야의 추가적인 진전이 필요하다. 그것을 바탕으로 코칭의 독자적인 이론과 분석방법을 개발하고, 나아가 코칭이 전개되는 현장의 독특한 상황을 잘 설명하는 근거가 마련될 것이다. 이것은 궁극적으로 '코칭학'의 정체성 확립과 관련된 핵심적인 작업이다. 즉, 코칭의 본질과 의미에 접근하는 다양한 방법론적 시도는 코칭 효과 측정 체계화에서 출발한다고 볼 수 있다.

그런 차원에서 코칭 효과 측정 체계화를 비롯한 다양한 주제 분석을 위해 여러 가지 연구방법을 도입할 필요가 있다. 앞서 간략하게 설명한 양적 연구방법 이외에 근거이론 방법론(Grounded theory method)을 포함한 질적 연구방법(qualitative research method)을 코칭 효과 측정의 체계화 차원에서 과감하게 도입할 필요가 있다.

설문조사를 통해 특정 시점에서 관찰 대상인 변수를 통해 코칭 효과를 측정하거나 특정 변수를 최소한 두 시점 간에 측정하여 해당 변수의 긍정적인 변화를 측정하는 방법은 양적 연구의 대표적인 방법이다. 그런데 이 방법들에 따르면, 연구자가 사전에 설정한 변수과 관련된 문항에 대해서만 응답자가 대답하기 때문에 한정된 것만을 측정할 수 있는 한계가 있다. 즉, 코칭을 받은 응답자의 다양한 심리적 변화와 행동 변화 과정을 파악하는 데 한계가 있어서 결국 코칭으로 인해 영향을 받을 것으로 처음부터 기대한 결과변수의 변화만을 측정할 수 있다. 하지만, 근거이론을 비롯한 다양한 질적 연구방법을 활용하면, 주된 코칭 효과 외에도 코칭을 받은 응답자의 느낌, 감정, 의지 등을 포함한 다양한 변화의 흔적 등 여러 가지 부가적인 효과를 추가로 확인할 수 있다. 이것이 바로 질적 연구방법의 장점이다.

이 방법에 따라 코칭 효과를 연구한 사례의 하나로, 대학생들에게 코칭을 진행한 후에 근거

---

154) Evers, W. J. G., Brouwers, A., & Tomic, W.(2006). A Quasi-experimental study on management coaching effectiveness. *Consulting Psychology Journal: Practice and Research*, 58, 174-182

155) 조성진(2020). 코칭과 경력개발. 경기: 양성원. 106-107에서 발췌, 인용.

이론 방법론에 따라 코칭 효과를 분석한 연구 사례를 잠시 살펴보자.[156] 그 연구결과에 따르면, 대학생들은 코칭을 통해 사고력 향상, 자기성찰을 통한 자기이해, 자신감 생성과 자존감 향상, 의욕 및 의지 상승, 성취감과 만족감 인식, 편안해짐과 행복감 인식 및 타인 이해와 존중 등을 경험한 것으로 밝혀졌다. 그리고 이런 코칭을 받은 개인들의 인식 변화가 행동 변화를 거쳐 의미 있는 성장과 발전까지 도달했는지를 소개하고 있다([그림 3-4] 참조). 이런 것들은 양적 연구를 통해서는 밝히기 어려운 것들을 부가적으로 발견했다는 점, 그리고 코칭이 효과를 일으키는 과정을 더 정교하게 확인한 사례라는 점에서 의미 있는 일이다.

일상생활이나 사회 현상 혹은 학문 세계에서 어떤 고민이나 문제를 해결하는 방법을 찾거나 이를 해결하는 데 필요한 지식을 획득하는 방법은 다양하다. 즉, 사회적으로 오랫동안 형성되어 온 선례나 관습 등에 의하거나 특정한 자격 혹은 권위가 있는 사람과 조직에 의존할 수도

그림 3-4 코칭 후 변화 내용과 경로

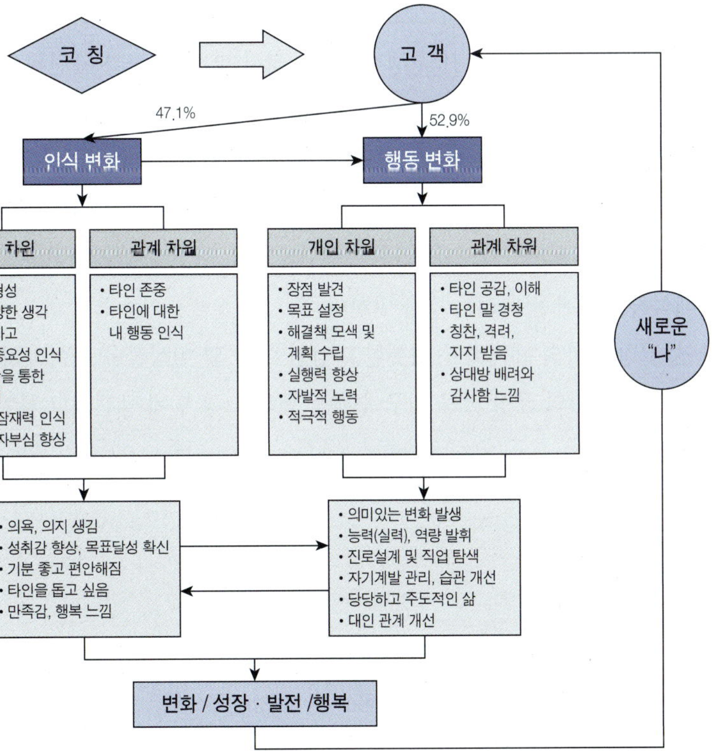

출처: 조성진(2015b). 코칭이 대학생의 인식과 행동에 미치는 영향과 경로. 인적자원개발연구, 18(3), 14쪽에서 발췌, 인용.

156) 조성진(2015b). 코칭이 대학생의 인식과 행동에 미치는 영향과 경로. 인적자원개발연구, 18(3), 1-24.

있다. 그리고 사람이 지닌 감각이나 분명한 명제에 호소하거나 과학적인 방법을 활용할 수도 있다. 이런 방법들은 의문 사항이나 문제를 해결하는 데 필요한 지식을 누가 어떻게 산출하며, 어떤 효과가 있는가에 따라 연구방법의 형태가 달라질 수 있다.[157)]

그런데 이들 방법 가운데 관습이나 전통에 의한 방법, 권위에 의한 방법과 직관에 의한 방법은 여러 가지 오류와 한계가 있다. 즉, 부정확한 관찰, 선택적 관찰 및 지나친 일반화 등이 그것이다. 그래서 결국 과학적인 방법을 사용하게 된다.[158)]

한편, 체계적으로 진행되는 과학적 연구는 자료의 형태, 논리적 전개 방법, 시간적 차원과 연구 목적 등에 따라 연구 유형이 달라진다. 그 가운데 필요한 자료의 형태에 따라 양적 연구와 질적 연구로 구분할 수 있다. 전자는 통계적 기법을 활용하여 수치화된 자료를 분석하여 가설을 검증, 확인하는 방법이다. 이에 비해, 후자는 언어 형태로 된 자료를 사용하여 어떤 현상을 기술하거나 이론 구조를 발견하는 데 주로 활용되었다. 이런 방법들은 코칭 효과를 비롯한 코칭 관련 제반 이슈들을 연구하는 데 마찬가지로 적용된다.

그런데 세계적으로 현재와 같은 개념을 가진 코칭을 진행한 역사가 길지 않다 보니 타 학문 영역에 비해 코칭 전반에 관한 연구가 부족한 실정이다. 따라서 코칭의 독자적인 이론 형성이나 학문적 체계화를 위해서는 인간의 생각, 태도, 정서 및 행동 등과 관련된 학문 영역에서 축적된 수많은 선행연구를 활용할 수밖에 없다.[159)] 그러기 위해서는 먼저 코칭이 진행되는 현장과 각 코칭 장면에서 일어나는 다양한 행동과 현상들에 관한 체계적인 연구(systemic study)가 병행되어야 한다. 여기서 체계적인 연구는 연구 대상이 되는 속성의 원인과 효과를 파악하고, 통제된 상황에서 과학적 증거가 되는 자료를 수집하며, 이것을 합리적이고 엄격한 방법으로 측정하고 해석하여 결론을 내리는 것을 말한다.[160)]

요약하면, 코칭 효과의 체계화를 비롯한 다양한 이슈 및 현상들을 분석하되, 양적 연구방법과 질적 연구방법 사이의 균형 있는 연구 수행을 통해 코칭 후에 발견되고 확인된 결과를 해석하는 것이 필요하다.[161)]

---

157) 김 렬(2011). 사회과학도를 위한 연구조사방법론. 서울: 박영사. 5-8에서 발췌, 인용; Kerlinger, F. N.(1986). *Foundations of Behavioral Research*(3rd Ed.). New York: Holt, Rinehart and Winston.

158) 김 렬(2011). 앞의 책. 5-8에서 발췌, 인용.

159) 조성진(2013). 코칭 연구를 위한 근거이론 방법론 적용에 관한 탐색적 연구. 코칭능력개발지, 15(3), 248에서 발췌, 인용.

160) 김 렬(2011). 위의 책. 서울: 박영사. 5-8에서 발췌. 인용.

161) 코칭 효과 등을 포함한 코칭학의 전반적인 연구방법에 관한 추가적인 내용은 이 책 제14장을 참조할 수 있다.

4.1 코칭의 구성요인

1. 코칭의 구성요인: '코칭의 구성 삼각형'

코칭이 무엇으로 구성되었는지에 대한 견해는 찾기 힘들거니와 합의된 견해도 아직 없다. 다시 말하면, 코칭이 어떤 요인들로 구성되어 있는지에 대한 논의는 거의 없는 실정이다. 이것은 현대적 의미의 코칭이 전개된 역사와 일부 관련이 있지만, 코칭을 연구하는 학자들의 관심이 아직 적은 탓도 있다. 이런 현실에도 불구하고 코칭이 하나의 학문 분야로서 자리 잡으려면 그것이 가진 적절한 성격과 체계 등에 관한 전반적인 논의가 필수불가결하다. 그런 논의 가운데 하나가 코칭의 구성요인에 관한 것이다. 어떤 사물이나 사람이 무엇인지를 제대로 규정하려면, 그것이 무엇으로 구성되어 있는지를 알아보는 것이 기본적인 출발점이 되어야 하는 것과 마찬가지 이치이다. 예컨대, 나무는 크게 보아 뿌리와 줄기 그리고 잎으로 구성되어 있고, 집은 터, 주춧돌, 기둥, 벽, 지붕 및 문 등으로 구성되어 있다고 볼 수 있다.

선행연구에 따르면, 코칭은 코칭 고객(Coaching client), 코치(Coach) 및 코칭 시스템(Coaching system)으로 구성되어 있다.[1] 이 세 가지는 코칭을 구성하는 핵심 요인(factor)으로서, 서로 유기적으로 결합되어 있다. 여기서 유기적(organic)이라는 말은, 많은 부분이 일정한 목적 아래 잘 조직되어 각 부분과 전체가 필연적인 관계를 지니는 것을 뜻한다. 즉, 서로 결합한 세 가지 요인들이 유기적으로 작용하여 코칭 효과를 만들어 낸다. 이때 유기적으로 결합한 복합체를 '코칭의 구성 3요인' 또는 '코칭의 구성 삼각형'(Construction triangle of coaching, 이하에서는 '코칭 삼각형'으로 약함)이라고 부르기도 한다([그림 4-1] 참조).

1) '코칭의 구성 삼각형'이라는 말은 필자가 2008년에 현장 코칭 경험과 기하학의 원리 즉, 정삼각형의 원리를 원용하여 코칭의 구성요인에 관해 설명하면서 처음으로 사용한 표현이다. 이에 관한 자세한 내용은 다음에 소개하는 책을 참조할 수 있다. 조성진(2008). 코칭ABC. 서울: 도서출판 심포지움. 50-55에서 발췌, 인용.

그림 4-1 코칭의 구성 3요인(코칭의 구성 삼각형1)

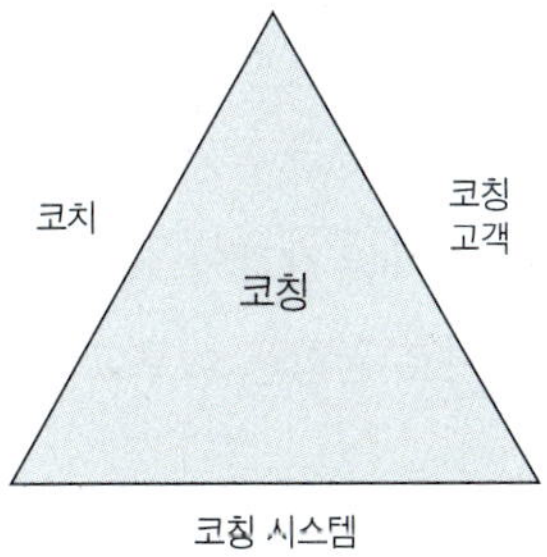

그림 4-2 코칭의 구성 3요인(코칭의 구성 삼각형2)

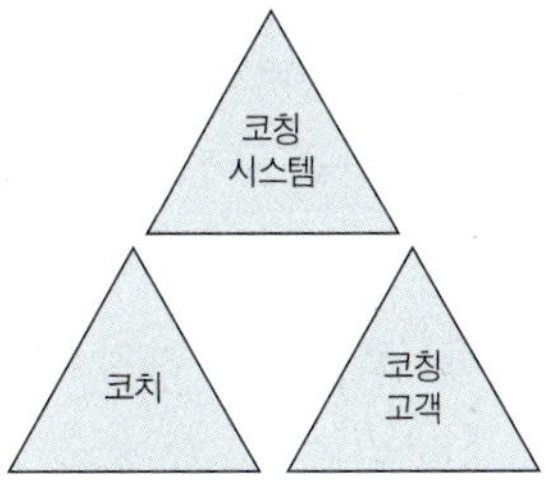

그림 4-3 코칭의 구성 3요인[2](코칭의 구성 삼각형3)

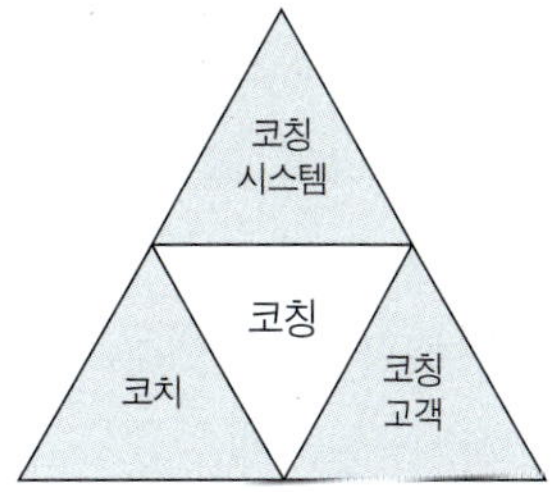

코칭의 구성요인 사이의 관계도 정삼각형의 원리와 유사하다. 코칭이 존재하기 위해서는 세 구성요인이 서로 동등한 위치에서 균형을 이루고 있어야 한다. 어느 한 요인이 없거나 부족하면, 다른 것의 존재가 무의미해진다. 그리고 세 요인이 서로 불균형을 이루고 있으면, 코칭 효과를 제대로 발휘할 수 없다.

이 세 요인 사이의 관계에 대해서는 기하학에서 말하는 정삼각형(equilateral triangle)의 원리를 적용하면 쉽게 이해할 수 있다. 정삼각형은 각 변의 길이가 모두 같은 삼각형으로, 한 평면 위에 있고 일직선에는 없는 세 개의 점을 두 개씩 쌍으로 하여 선분을 연결하여 이루어지는 도형이다.[3] 삼각형에서 어느 한 변(선분)이 지나치게 길어서 그 길이가 다른 두 변의 길이의 합보다 크면, 삼각형이 만들어지지 않는다. 물론 다른 두 변의 길이의 합이 나머지 한 변의 길이의 합에 미치지 못해도 삼각형을 만들 수 없다. 세 변의 길이가 결정되면, 삼각형의 모양과 크기가 결정된다. 여러 삼각형 중에서 가장 안정적이고 균형 잡힌 것이 정삼각형 모양이다.

한편, 코칭을 구성하는 각각의 요인들도 정삼각형의 원리도 다시 설명할 수 있다. 먼저, '코칭의 구성 삼각형 2'([그림 4-2] 참조)는 첫 번째 코칭 삼각형('코칭의 구성 삼각형 1')이 개별적으로 진화한 것으로, 각각의 구성요인은 다시 세부 하위요소로 구성되어 있다는 것을 암묵적으로 전제한 것이다. 이 세부 하위요소는 코칭 연구자들이나 전문코치마다 견해가 얼마든지 각기 다를 수 있다. 물론 이에 대한 합의된 견해는 아직 없다. 추후 연구자들의 관심과 추가적인 연구가 필요한 부분이라 생각한다. 다음, '코칭의 구성 삼각형 3'([그림 4-3] 참조)은 두 번째 코칭 삼각형('코칭의 구성 삼각형 2')이 신뢰를 바탕으로 결합한 것으로, 코칭 구성요인의 최종적인 완결 또는 결합을 의미한다.

2) 조성진(2020). 코칭과 경력개발. 경기: 양성원, 74-76에서 발췌, 인용.
3) 위키백과(2022). 삼각형의 정의(http://ko.wikipedia.org/정삼각형, 2022년 2월 접속)

2. 코칭 구성요인의 균형: '코칭의 삼각형 이론'

코칭의 세 가지 구성요인인 코칭 고객, 코치 및 코칭 시스템으로 코칭을 재미있게 설명할 수 있는데, 필자는 그것을 '코칭의 삼각형 이론'(the Theory of Coaching Triangle)으로 부르고자 한다.[4] 다시 말해, 코칭의 삼각형 이론은 코칭을 구성하는 코칭 고객, 코치 및 코칭 시스템을 삼각형의 세 변에 빗대어 설명하는 것으로, 코칭 요인 간의 다양한 조합에 따른 각각의 코칭 상황을 설명하는 데 유익하다. 간단히 말해, 코칭의 세 가지 구성요인이 서로 균형을 이루고 있어야 한다는 것이다.

삼각형에서 어느 한 변(선분)이 지나치게 길어서 그 길이가 다른 두 변의 길이의 합보다 크면, 삼각형이 만들어지지 않는다. 물론 다른 두 변의 길이의 합이 나머지 한 변의 길이의 합에 미치지 못해도 삼각형을 만들 수 없다. 이와 마찬가지로, 서로 유기적인 관계를 맺고 있는 코칭의 세 가지 요인 가운데 어느 하나라도 부족하거나 넘치면, 불완전한 코칭이 될 수밖에 없다. 우리 주변에서 자주 볼 수 있는 그네에 비교하면 쉽게 이해될 것이다. 한 사람이 타고 있는 그네를 다른 어떤 사람이 밀 때, 그네의 진동 횟수에 맞게 그네를 밀면 그네는 높아 올라갈 수 있는 것과 같은 이치이다. 이것은 그네에 움직이는 진동과 똑같은 다른 힘을 가했을 때, 그네의 진폭이 커지는 것과 마찬가지이다.

삼각형 이론을 코칭에 접목하면, 다음과 같은 여러 가지 상황에 관해 설명할 수 있다.

첫째, 코칭 고객의 변이 다른 두 변(코치/코칭 시스템)의 합보다 큰 경우이다. 이것은 고객의 특성 등을 포함한 자아(ego) 등에서 발생하는 다양한 요소들이 코치나 코칭 시스템의 그것보다 지나치게 큰 경우를 말한다. 고객이 지닌 자체의 모습(가치, 관념, 선입견 등)이 지나치게 강하고, 코칭 과정에서 제기된 이슈를 해결하는 전체 과정에서 자신의 주장이나 신념이 워낙 강해서 코치의 제반 지원 사항이나 코칭 시스템이 전혀 먹히지 않는 상황이 될 것이다. 결국, 이 경우는 고객에서 기인한 제반 상황이 코치나 코칭 시스템이 가지고 있는 독특함을 상쇄할 정도로 커서 코칭 효과가 제대로 발휘되지 않은 상황을 말한다.

둘째, 코치의 변이 다른 두 변(코칭 고객/코칭 시스템)의 합보다 큰 경우이다. 이것은 코치 자체가 지닌 다양한 특성과 자아(ego) 등에서 기인하는 다양한 요소들이 고객이나 코칭 시스템의 그것보다 지나치게 큰 경우를 말한다. 이런 경우는 코치가 코칭에 필요한 객관적이고 적절한 훈련이나 관련 경험 없이 자신의 역량과 독특한 경험 등을 과신하거나 고객의 이슈를 해결

4) 이 명칭 역시 필자가 처음으로 사용하는 표현으로, '사랑의 삼각형 이론'에서 영감을 얻었다. 미국의 심리학자인 로버트 스턴버그(Sternberg, R. J.) 등이 주장한 '사랑의 삼각형 이론'에 대해서 자세하게 알기 위해서는 다음에 소개하는 책을 참조할 수 있다. 권석만(2017). 젊은이를 위한 인간관계의 심리학(제2판). 서울: 학지사. 287-293; Sternberg, R. J., & Grajek, S.(1984). The nature of love. *Journal of Personality and Social Psychology*, 47, 312-329.

하려는 지나친 의욕 등이 복합적으로 작용하는 경우로, 코치가 더 강력한 주체가 되는 상황을 말한다. 이런 경우 고객은 수동적으로 코칭에 임하게 되고, 코치의 경험이나 기(氣)에 눌려 코치에게 해답을 구하는 의존적인 상황이 발생할 수도 있으며, 결과적으로 코칭은 고객 스스로 자신의 문제를 해결하는 과정이라는 정의 자체를 부인하는 결과로 이어질 가능성이 높아지게 된다. 이런 경우는 대개 상담이나 컨설팅과 다르지 않아서 실패하는 코칭이 되기 쉽다.

셋째, 코칭 시스템의 변이 다른 두 변(고객/코치)의 합보다 큰 경우이다. 이것은 코칭 시스템에 지나치게 의존하고 과신하거나 객관적이고 과학적으로 검증되지 않는 코칭 시스템을 적용하는 경우 등을 말한다. 코칭은 고객과 코치 간의 관계하에 진행되는 절차이다. 그런 차원에서 보면, 이 경우는 절차만 존재할 뿐, 두 주체 간의 관계는 찾아보기 힘든 경우라 말할 수 있다. 지극히 사무적이고 기계적인 코칭 시스템만 강조되다 보니 코칭을 하는 두 주체, 즉 고객의 마음과 코치의 마음 사이에 작동하는 강력한 공명(共鳴)[5]이 일어나지 않는 상황이 초래하는 경우이다. 이 역시 진정한 코칭 효과를 거두기 어렵다.

넷째, 다른 두 변의 합이 나머지 한 변의 합을 넘어버리는 세 가지 경우도 생길 수 있다. 다시 말해, 이것은 다른 두 변의 합이 나머지 한 변의 길이의 합을 넘어버리면, 삼각형을 만들 수 없는 것과 마찬가지이다. 이때도 다양한 이유로 코칭 효과를 거두기 어렵다. 앞서 설명한 세 가지 경우의 반대 상황을 생각하면 되는데, 이때도 코칭의 진정한 효과를 기대하기 어렵다.

3. 코칭 구성요인 사이의 균형과 코칭 효과

코칭을 구성하는 세 가지 요인들 간에 발생하는 다양한 조합과 상황에 대한 생각의 범위를 넓히면, 코칭 효과를 측정하는 데 필요한 의미 있는 발견에 도달할 수 있다. 즉, 두 코칭 주체인 고객과 코치, 그리고 코칭 시스템 사이를 삼각형을 이용하여 도형적으로 설명하면, 코칭에 관한 많은 시사점을 발견할 수 있다. 삼각형의 세 변의 길이뿐만 아니라 삼각형의 면적과 모양을 비교하여 이상적인 코칭과 현실적으로 진행된 코칭이 어떤 점에서 차이가 있는지를 시각적으로 평가할 수 있다. 이런 분석을 통해 현실적인 코칭에 어떤 요인이 부족하며, 따라서 어떤 요인을 더욱 성장시키고 강화해야 하는지에 대한 시사점을 얻을 수 있다.

앞서 코칭의 효과를 설명하는 부분에서 코칭 삼각형을 원용하여 코칭 효과를 측정할 수 있다는 점을 이미 언급했다. 여기에서 두 코칭 주체 사이에 생길 수 있는 코칭과 관련된 다양한

5) 공명(울림, resonance)은 특정 진동수(주파수)에서 큰 진폭으로 진동하는 현상을 말한다. 모든 물체는 각각의 고유한 진동수를 가지고 진동하면, 이때 물체의 진동수를 고유 진동수라고 한다. 물체는 여러 개의 고유 진동수를 가질 수 있으며, 고유 진동수와 같은 진동수의 외력이 주기적으로 전달되어 진폭이 크게 넓어지는 현상을 '공명 현상'이라고 한다. 공명의 조건에서 진동체가 서로 연결된 경우에는 에너지의 교환이 쉽게 이루어진다. 위키백과(2022). 공명(http://ko.wikipedia.org/공명, 2022년 2월 접속).

상황을 코칭 삼각형을 활용하여 설명하는 예를 소개하고자 한다. 즉, 바람직한 코칭(이상적 코칭)과 현실적으로 진행된 코칭(현실적 코칭) 간의 다양한 차이를 코칭 삼각형을 통해 설명하고자 한다. 모두 네 가지 경우 즉, '일치된 코칭', '부족한 코칭', '넘치는(과도한)' 코칭 및 '어긋한 코칭'을 예상할 수 있다([그림 4-4] 참조).

먼저, '일치된 코칭'(balanced coaching)은 가장 바람직한 경우로서, 현실적 코칭과 이상적 코칭이 일치하는 경우이다. 이것은 적절하게 잘 진행된 코칭으로, 두 경우의 코칭 삼각형이 거의 일치하는 경우를 말한다. 이것은 고객과 코치가 코칭을 바라보는 관점과 서로 바라는 것이 거의 일치하는 것으로, 당연히 코칭 효과가 잘 발생하는 경우를 말한다.

둘째, '부족한 코칭'(starved/lacking coaching)은 실제로 진행된 현실적 코칭이 이상적 코칭에 한참 미치지 못하는 경우를 말한다. 이것은 코칭의 세 가지 구성요인이 제대로 작동하지 않거나 각각 적거나 부족하게 작동한 경우이거나 코칭을 바라보는 관점이나 실제 진행된 것이 이상적인 것에 많이 미치지 못한 경우이다. 독자가 예상하듯이, 제대로 된 코칭 효과를 기대하기 어려운 경우이다. 이때 고객은 코칭 효과를 제대로 느끼지 못하거나 무언가 부족함을 느낄 수 있어서 코칭이 계속해서 진행되기 어렵거나 코칭이 중단될 수 있다. 코치 역시 코칭을 계속하기 어렵다고 판단되어 고객에게 코칭을 중단할 것을 제안하기도 한다.

셋째, '넘치는 코칭'(과도한, inundate) 코칭으로, 현실적 코칭이 이상적 코칭보다 너무 지나치고 과도하게 진행된 경우를 말한다. 이것은 코객이나 코치 모두 코칭에 대해 과도하게 기대하

그림 4-4 현실적 코칭과 이상적 코칭 사이의 비교

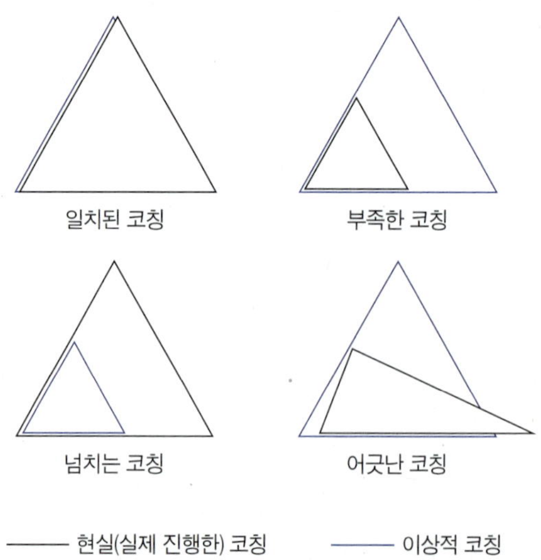

거나 코칭을 잘못 이해한 경우로, 코칭 삼각형의 각 부분이 감당하지 못할 정도로 커져서 오히려 코칭 효과를 떨어뜨리는 경우를 말한다. 이것은 홍수로 인해 둑의 물이 범람하여 논밭을 침수하는 것과 같은 이치이다.

마지막, '어긋난 코칭'(mismatched coaching)이 있는데, 이것은 현실적 코칭과 이상적 코칭의 조화롭게 어울리지 않은 경우를 말한다. 코칭 고객과 코치가 코칭에 대해 바라보는 관점이나 실제 코칭 진행과 관련된 사항이 잘 맞지 않은 경우로, 코칭 효과가 떨어지는 사례에 해당한다.

실제 코칭을 진행하다 보면, 위와 같은 사례가 많이 생긴다. 구체적으로 세 가지 요인 가운데 어떤 것이 결정적으로 작동했는지에 대해 쉽게 확인할 수 있는 때도 있지만, 그렇지 않은 때도 있다. 실제로 어떤 요인이 강하게 작용했는지 또는 어떤 요인이 부족하다고 느꼈는지를 어렵지 않게 파악할 수 있다. 이것은 코칭의 두 주체 간에 서로에게 바라거나 기대하는 것 사이에 괴리가 있어서 갈등이 생길 가능성이 있다는 것을 시사한다. 그것을 찾거나 확인할 수 있다면, 이상적인 코칭을 진행하기 위해 어떤 요인을 채워주는 노력을 해야 하는지를 파악할 수 있다. 즉, 코칭 고객에 기인한 경우, 또는 코치나 코칭 시스템에 기인한 경우 등이 다양한데, 실제로 어떤 요인이 강하거나 부족하게 작동하여 균형 잡힌 삼각형이 만들어지지 않았는지는 실제 코칭 사례에서 쉽게 찾을 수 있다. 그리고 추가로 채워야 할 필요한 요인이 무엇인지를 안다는 것은 앞으로 진행될 코칭의 질을 높여서 궁극적으로 코칭 효과를 극대화하는 데 이바지할 것이다. 따라서 코치와 고객은 서로 생각하는 코칭 삼각형 모양이 비슷하도록 원활한 의사소통과 적절한 조정이 필요하다.

4.2 코칭 고객

1. 코칭 고객의 정의[6)]

코칭 고객은 코칭을 받는 사람을 말한다. 대개 어떤 제품이나 서비스를 구매하는 사람을 고객이라는 명칭을 사용하는데, 이 책에서는 특히 코칭이라는 '인적 서비스'(human service)를 받는 고객(client received coaching services)이라는 점을 강조하는 차원에서 '코칭 고객'(이하 '고객'이라고 약함)이라고 부르고자 한다. 그리고 이 표현 속에는 코칭을 진행할 때, 고객이 바라는

6) 조성진(2008). 코칭ABC. 서울: 도서출판 심포지움. 50에서 발췌, 인용; 조성진(2020). 코칭과 경력개발. 경기: 양성원, 76-77에서 발췌, 인용.

목표를 효과적으로 달성하도록 코치가 최상의 서비스와 헌신을 제공한다는 의미가 포함되어 있다. 즉, 코칭이라는 인적 서비스를 받는 고객의 측면에서 최상의 만족을 고려한다는 뜻이 함께 포함되어 있다.

코칭에서는 고객이 주체로서 코치와 함께 전체 과정을 진행한다. 여기서 주체라는 의미는 고객과 코치 사이에 흐르는 역동적인 에너지가 수평적으로 상호 작용해야만 서로가 원하는 결과를 얻을 수 있다는 것이다. 따라서 코칭에서는 고객과 코치 사이의 원만한 파트너십이 중요하다.

현대를 살아가는 대다수 고객은 "이렇게 하라."라는 식의 강의를 듣는 것보다 코칭의 모든 진행 과정에서 더 능동적으로 참여하기를 원한다. 그들은 자신이 해결하고 싶은 주제를 명확하게 하고, 자신의 현재 위치를 파악하고자 한다. 비전과 목표를 설정하고, 이와 관련된 행동 계획을 수립하고자 한다. 그리고 자신이 세운 해결책과 관련된 행동을 실천하는 모든 과정에 적극적으로 참여하고자 한다. 그래서 코칭에서는 고객과 코치 사이에 원만한 파트너십(partnership)이 중요하다.

> "고객은 보통 일을 다르게 행하기 위해 또는 다른 일을 행하기 위해 코칭을 받으러 온다. 고객은 목표를 설정하고, 그에 수반되는 계획을 짜고, 행동을 취하기 원하며, 계속해서 나아가기 위해 코치의 책임 있는 도움을 활용한다. 고객은 가만히 멈춰 서 있지 않고 움직이기 원한다."[7] – 로라 휘트워스

2. 코칭 고객의 상태와 코칭의 순간[8]

과도한 업무와 빡빡한 일정에 시달리거나 단조로운 일상생활을 살아가는 사람들은 자신이 지금 어디에 있고 어디로 갈 수 있는지에 대해 돌아볼 여유가 거의 없다. 그러다 보니 평소에는 느끼지 못하다가 삶의 어떤 부분이 서서히 막히기 시작할 때, 무언가 이상한 조짐이 생기고 있다는 것을 느낀다. 이처럼 고객은 흔히 과거 문제나 내적 혼란, 감정적 장애나 경력관리 상의 고민 등과 같은 걱정거리를 안고 있다. 때로는 의미 있는 변화를 원하지만, 무엇을 어떻게 해야 할지 모르는 경우가 많다. 나름대로 새로운 것들을 시도하지만, 뜻대로 되지 않고 계속 실패를 경험하기도 하다. 그래서 다른 사람의 추천이나 자발적으로 코치를 찾는다.

그런데 코칭을 받기를 원하는 사람들 가운데 일부는 코칭을 받기에 적합한 후보가 아닌 사람이 있다. 이를테면, 감정적인 문제로 힘겨워하는 잠재 고객에게는 대개 처음에 상담을 받아

7) Collins, G. R.(2001). *Christian Coaching*. Colorado Springs: Nav Press; 게리 콜린스(양홍주 · 이규창 역, 2011). 게리 콜린스의 코칭 바이블. 서울: 한국기독학생회출판부. 160에서 발췌, 인용.

8) 조성진(2008). 코칭ABC. 서울: 도서출판 심포지움. 50에서 발췌, 인용; 조성진(2020). 코칭과 경력개발. 경기: 양성원, 78-79에서 발췌, 인용.

보라고 권유한 뒤에 코칭으로 전환한다. 왜냐하면, 심리적인 문제들은 코칭을 약화하고 집중력을 떨어뜨릴 수 있기 때문이다. 만일 고객이 개인적인 골칫거리가 있다면, 코칭을 받기 전에 그 문제부터 해결하는 것이 최선이다.[9)]

이처럼 고객에게는 항상 코치의 도움이 필요하지 않다. 사람들은 누구나 자신이 겪고 있는 문제는 그만의 생각과 방식대로 해결하고자 한다. 그런데 그것이 때때로 마음대로 되지 않을 경우가 있다. 그래서 자신이 문제를 스스로 해결하는 방식의 한계를 느낀 후에 비로소 다른 방법을 찾거나 타인에게 도움을 요청한다. 이처럼 코치의 도움이 필요한 시기 즉, 코칭을 시작할 수 있게 된 시기를 '코칭의 순간'(coaching moment)이라고 한다. 다시 말하면, 고객이 코칭의 필요성을 느끼고, 코치가 코칭을 시작하는 데 서로 충분히 공감하는 상황이다. 이처럼 고객이 자신에게 변화가 필요하다는 것을 느끼고, 코칭의 필요성에 동의해야 코칭을 전개할 수 있다. 그런 차원에서 고객이 다음과 같은 상황에 있을 때, 코칭을 시작하는 것이 가장 효과적이다.[10)]

- 성장하고 변화하기를 원할 때
- 지난 1년간 변화하기 위해 노력했지만 잘 안 될 때
- 새로운 가치, 행동, 아이디어를 적극적으로 고려해야 할 때
- 미래에 대해 생각할 수 있을 때
- 변화하겠다고 다짐했을 때
- 항상 무언가 배우려고 할 때
- 자발적으로 다른 사람에게 배우려고 할 때
- 위험 부담을 두려워하지 않을 때
- 필요하다면, 기꺼이 자신의 삶을 재구성하고자 할 때

이런 상황을 인정하면, 고객은 코칭 과정에서 주체로서 자신의 역할을 한다. 코칭은 고객과 코치가 함께 만들어 가는 일련의 과정이다. 예로부터 어떤 형태의 서비스를 받는 대상자를 객체로 보는 것이 일반적이다. 서비스를 받는 사람을 객체로 보는 시각은 아마도 '받는다'(received)라는 수동적인 면에 초점이 맞추어졌기 때문일 것이다. 그러나 코칭에서는 고객과 코치가 모두 주체이다. 그래서 고객과 코치 사이에 흐르는 역동적인 에너지가 수평적으로 상호 작용해야만 원하는 결과를 더 쉽게 얻을 수 있다. 이런 차원에서 코칭을 받는 대상인 고객도 하나의 주체로 본다. 이런 생각은 뒤에서 언급할 코칭 철학의 몇 가지 관점과 관련되어 있다.

---

9) Collins, G. R.(2001). *Christian Coaching*. Colorado Springs: Nav Press; 게리 콜린스(양홍주 · 이규창 역, 2011). 게리 콜린스의 코칭 바이블. 서울: 한국기독학생회출판부. 122에서 발췌, 인용.

10) Collins, G. R.(2001), 앞의 책. 122-123에서 발췌, 인용.

3. 코칭 고객과 코치의 신뢰 관계

코칭의 시작은 신뢰에서 출발한다. 다시 말해, 고객과 코치 사이에 신뢰 관계가 형성될 때, 코칭이 시작된다. 코치를 믿지 못하는데 코칭을 시작한다고 결정하는 고객은 아무도 없다. 코칭이 시작된 뒤에도 신뢰가 중요하기는 마찬가지이다. 고객이 코치를 신뢰하지 않으면, 그의 마음속에 있는 문제나 얘기를 쉽게 꺼내기 어렵다. 또한, 코치와 고객 간에 나눈 대화에 대한 비밀이 보장된다는 것을 믿지 않는다면, 고객은 코치에게 어떤 얘기도 쉽게 하지 않는다. 따라서 코칭을 시작하거나 진행 중일 때, 코치와 고객 사이에 신뢰가 형성되어 있는지를 점검하는 것은 아주 의미 있는 일이다.

1) 신뢰의 정의와 특성[11)]

신뢰(trust)는 다른 사람들이 의도나 행동을 긍정적으로 기대함으로써 기꺼이 그들을 믿고자 하는 태도를 의미한다. 즉, 신뢰는 우리가 의존하고 있는 사람들이 그들에 대한 우리의 기대를 저버리지 않을 것이라는 믿음을 의미한다. 다른 사람의 생각과 행동을 믿고 따라가려면, 먼저 신뢰가 형성되어야 한다. 길을 가다 마주친 아는 사람에게 격려하는 말을 했다고 해서 믿음이 생기지 않는다. 사람들은 서로를 진실하게 알기 전에는 믿지 않고, 믿지 않는 사람은 따르지 않는다.

많은 상황에서 신뢰가 필요한 것은 사실이지만, 신뢰 자체로 성공을 보증하기에는 충분하지 않다. 목표, 지식 및 기술과 적절한 역할, 효과적인 작업이나 업무 절차, 학습방법 등 여러 가지 요소들이 있고, 신뢰가 뒷받침될 때 성공할 확률이 그만큼 더 높아진다. 하지만 신뢰가 높은 성과를 내게 하는 것이면서 모든 자원의 근본이며 기초가 되는 것은 분명하다.[12)]

신뢰는 다음과 같은 특성이 있다. 첫째, 위험을 수반한다. 위험을 감수하지 않는다면 신뢰를 키울 수 없고, 신뢰를 키우면 위험을 수반한다. 둘째, 신뢰는 형성되기는 어렵지만 상실하기는 매우 쉽다. 신뢰의 경계(trust threshold)가 있어서 불신(distrust)에서 신뢰로 발전하는 것을 제약하는 경향이 있다. 그러나 이 신뢰의 경계는 신뢰에서 불신으로 가는 것을 막지 않는다.[13)] 마지막으로, 신뢰는 크게 개인 간 신뢰와 조직 간 신뢰의 두 측면으로 나눌 수 있다. 조직 내에서 상사와 부하 간, 동료 간, 부서 간의 신뢰는 조직의 경쟁력을 결정하는 중요한 요소이다. 구성원

11) 박상언 · 정범구 · 김주엽 · 송계충(2020). 조직행위론(제5판). 서울: 경문사. 450-451에서 발췌, 인용; Mayer, R. C., Davis, J. H., & Schoorman, F. D.(1995). An Integrative Model of Organization Trust. *Academy of Management Review*, 20, 703-704.

12) 김주엽 외(2020). 앞의 책. 451에서 발췌, 인용.

13) Shaw, B.(1997). *Trust in the balance*. Jossey-Bass.

간의 정보 공유, 협력, 조직에 대한 몰입 등은 신뢰에 기반을 두고 있다. 코칭에서 고객과 코치 간의 신뢰는 주로 첫 번째 측면에 해당한다.

2) 신뢰의 형성 과정[14)]

신뢰는 강요할 수 있는 것이 아니어서, 한 사람을 오랫동안 지켜보고 환경이 변해도 여전히 믿을 만할 때 비로소 쌓이는 것이다. 신뢰는 분명하고도 야심 있는 목표가 설정되었을 때, 계획을 창의적이고 우수하게 실행할 수 있다는 것을 보여줄 때, 정직하고 일관된 행동을 할 때, 어떤 사람이 동기와 능력을 지니고 있다는 믿음을 갖고 진실한 관심을 가질 때 형성된다.

이처럼 신뢰가 형성되기 위해서는 개인 대 개인이든 개인 대 집단이든 상호 간의 관계가 있는 것을 가정할 때 발생하게 된다. 이들 간의 관계는 상대방과의 관계 정도에 따라서 5단계를 거치게 된다.

① 인식 단계(awareness)

상대방이 파트너로서 가능한지에 대해 인지하는 단계로, 이런 인지는 얼마나 가까운 곳에 있는가와 얼마나 알고 있는 사이인가 등에 따라 증가하게 된다. 이 단계에서는 당사자 간의 상호 접촉이 거의 이루어지지 않는다.

② 탐색 단계(exploration)

이 단계는 관계상의 교환관계를 쌓는 데 있어 기초 단계에 해당한다. 잠재적인 파트너와의 이무, 파트너와의 잠재적인 의무와 이익 정도, 그리고 교환 가능성 정도에 대해 더 가까운 곳에서 관찰한 후, 최소한의 상호의존성과 투자를 하게 된다.

③ 확장 단계(expansion)

이 단계는 상대방과의 관계를 통한 이익과 상호 의존성이 계속해서 증가하며, 상대방과의 성과에 대한 만족 및 보상에 관한 만족의 결과로서 확장이 이루어진다. 이 단계에서는 상대방과의 상호 의존성 정도가 더 증가한다.

④ 몰입 단계(commitment)

이 단계에서는 당사자들 간의 지속적 관계에 대한 명시적이면서 암묵적인 약속이 이루어진다. 당사자들 사이의 상호 의존성이 가장 긴밀하며, 따라서 대체 가능한 다른 교환 당사자와는

14) 박상언 · 정범구 · 김주엽 · 송계충(2020). 조직행위론(제5판). 서울: 경문사. 452-453에서 발췌, 인용.

교환하는 행동을 하지 않는다.

⑤ 소멸 단계(dissolution)

신뢰가 붕괴하거나 소멸할 가능성은 앞서 설명한 네 단계에 포함되어 있다. 상호 관계 형성이 쌍방의 노력에 따라 달성되는 데 비해, 소멸은 한쪽에서 일방적으로 시작되는 경우가 많다. 신뢰 관계의 소멸은 거래 관계를 계속하는 경우의 비용과 이익을 비교하여 비용이 이익보다 더 크다고 생각될 때 발생한다.[15)]

3) 고객과 코치 사이의 신뢰

신뢰의 중요성은 코칭에서도 그대로 적용된다. 먼저, 코칭의 시작은 신뢰에서 출발한다. 코치를 믿지 못하는데 코칭을 시작한다고 결정하는 고객은 아무도 없다. 다음, 코칭이 시작된 뒤에도 신뢰가 중요하기는 마찬가지이다. 고객이 코치를 신뢰하지 않으면 그의 마음속에 있는 문제나 얘기를 쉽게 꺼내기 어렵다. 또한, 코치와 고객 간에 나눈 대화에 대한 비밀이 보장된다는 것을 믿지 않는다면, 고객은 코치에게 어떤 얘기도 쉽게 하지 않는다. 상사인 코치가 고객인 부하 직원이 변화할 수 있는 능력이 있다는 것을 믿지 않으면, 코칭의 효과를 기대하기 어렵다. 학교에서 교사가 학생에게 코칭을 할 때도 마찬가지이다. 코칭의 시작과 성공은 결국 신뢰에 달려 있다. 따라서 코칭을 시작하거나 진행 중일 때, 코치와 고객 사이에 신뢰가 형성되어 있는지를 점검하는 것은 아주 의미 있는 일이다.

코칭에서 신뢰한다는 것의 의미는 코치가 항상 고객이 의미 있는 삶을 추구하고자 노력하며, 그것을 이룰 만한 잠재력과 가능성을 가지고 있다는 것을 신뢰해야 한다는 것을 말한다. 고객은 자신을 도와줄 코치가 진정으로 자신이 추구하는 사람에 대한 진정한 지원자와 응원자의 역할을 해 줄 수 있다는 것을 신뢰해야 한다는 것을 말한다. 그리고 코치가 자신을 도와줄 만한 역량과 성품을 갖춘 전문가라는 것을 믿을 수 있어야 코칭이 진행될 수 있다는 것을 의미한다.[16)]

4. 코칭 고객과 임파워먼트

급격한 환경 변화와 글로벌 경쟁의 격화로 기업들은 구성원들이 조직에 강하게 몰입되도록 촉진할 필요성이 생겼다. 이것은 조직 구성원들의 동기를 유발하기 위해서는 기존의 '밀어붙

15) Baxter & Leslie, A.(1983). Relationship disengagement: An examination of Reversal hypothesis. *Western Journal of Speech Communication*, 47, 85-98.

16) 이소희 · 길영환 · 도미향 · 김혜연(2014). 코칭학개론. 서울: 도서출판 신정. 137에서 발췌, 인용.

이기'(push)식 경영이 아니라, 구성원이 자발적으로 따라오도록(pull) 경영해야 하는 시기가 왔다는 것을 의미한다. 또한, 고객을 직접 상대하고 있는 현장 위주의 경영이 중요시되고, 기업이 찾고 있는 해답이 존재하는 곳이 점점 하부로 내려가고 있다. 이런 상황은 개인에게도 마찬가지로 적용된다. 그런 차원에서 최근 들어 자주 거론되는 '임파워먼트'(empowerment)라는 개념을 살펴볼 필요가 있다.

1) 임파워먼트의 정의

임파워먼트란 한 사람의 업무 수행 능력을 높이기 위해 관리자들이 가지고 있는 권한을 부하에게 위임하여 그의 책임 범위를 확대함으로써, 그가 지닌 잠재력과 창의력을 최대한 발휘하도록 하는 것이라고 정의할 수 있다. 임파워먼트는 '임파워'(empower)[17]라는 동사에서 유래되었는데, '힘, 능력, 권력(power)'이라는 뜻을 가진 명사에 '~을 부여하다.'라는 뜻의 접두사 'em'과 조합된 단어이다. 이 단어에는 권한을 부여(또는 이양)하고, 의사결정에 참여하며, 개인이 스스로 동기를 불러일으킨다는 점이 모두 포함되어 있다.[18] 이 개념을 코칭 장면에 적용하면, 임파워먼트는 고객이 바라는 것을 이루는 네 있어 코치가 고객의 잠재력과 창의력을 최대한 발휘하도록 하는 것이다.

2) 임파워먼트의 특성과 수준

임파워먼트는 다음과 같은 특성이 있다.[19] 첫째, 임파워먼트는 개인이 자신이 하는 일이 조직의 성패를 좌우한다는 강한 사명의식을 갖도록 한다. 즉, 개인마다 자신이 담당하고 있는 일이 매우 중요하다는 생각을 지니도록 한다. 둘째, 임파워먼트는 우수한 인력을 양성하거나 확보하는 것에 초점을 둔다. 특히, 업무를 수행하는 개인의 기량을 높이는 데 초점을 둔다. 셋째, 임파워먼트는 자신이 담당하는 일에 대해 스스로 의사결정권을 갖게 하여 통제력을 높임으로써 무기력과 스트레스를 해소하고, 나아가 강한 업무 의욕을 갖도록 함으로써 구성원에게 큰 성취감을 준다. 마지막으로, 임파워먼트는 한 조직의 구성원들이 고객에 대한 서비스를 향상하고 환경 변화에 신속하게 대응할 수 있도록 한다.

임파워먼트는 개인 수준에서의 '자기 임파워먼트'(self empowerment)와 집단 및 조직 수준에서의 '상호작용 임파워먼트'(interactive empowerment)'로 나눌 수 있다. 먼저, 자기 임파워먼트

---

17) 웹스터 사전에서는 '임파워'(empower)의 뜻을 '권한을 부여하다. 능력을 부여하다.'로 설명하고 있다.
18) 조성진(2008). **코칭ABC**. 서울: 도서출판 심포지움. 85에서 발췌, 인용.
19) 박상언 · 정범구 · 김주엽 · 송계충(2020). **조직행위론**(제5판). 서울: 경문사. 298-300에서 발췌, 인용; 조성진(2008). **코칭ABC**. 서울: 도서출판 심포지움. 86-87에서 발췌, 인용.

는 개인 스스로 자신의 부족한 요소를 명확하게 확인하고, 자신에 대해 긍정적인 자기암시를 제공하는 것을 말한다. 예컨대, '나는 참 유능하다.', '나는 무언가를 잘 할 수 있는 사람이다.', '주위에서 벌어지고 있는 일들이 재미있고 만족스럽다.'라는 식의 언어를 스스로 암시적으로 사용하는 것이다. 이에 비해 상호작용 임파워먼트는 집단이나 조직의 구성원들이 증대된 자신의 권한을 다른 구성원들에게 확산하여 결국 조직 전체의 힘을 키우는 것이다. 예컨대, 리더가 부하에게 직접 권한을 위임하거나 나누어주는 것이 있고, 또 능력 함양과 촉진에 초점을 두어 다른 사람들의 힘이나 능력을 키워주거나 이것이 가능하도록 주변 여건을 조성함으로써 구성원이 무력감을 느끼지 않고 자신감을 향상하도록 하는 것이 있다.[20)]

3) 코칭에서 임파워먼트의 중요성

오늘날과 같이 개인이나 조직이 급변하는 환경에 잘 적응하려면, 다른 사람의 조언이나 허락 없이도 수시로 변하는 상황에 능동적이고 적극적으로 대응할 수 있는 역량을 가지는 것이 필요하다. 임파워먼트는 개인이나 조직 구성원들이 이런 능력을 지니도록 해 준다. 코칭 장면에 한정해 보면, 이제 남은 과제는 코치가 실제로 고객에게 임파워먼트를 하는 방법이다. 그것은 고객 자신의 내부에 해답이 있다고 믿도록 지원하는 것이다. 즉, 고객 스스로 잘 해낼 수 있다는 진정한 자신감을 심어주는 것이다. 다시 말해, 코치가 고객에게 임파워먼트를 실행한다는 것은 고객 스스로 자신의 내부에 해답이 있고, 자신이 본래 가지고 있는 능력이나 가능성을 믿도록 한다는 것을 의미한다.

이런 차원에서 임파워먼트는 코칭의 철학과 일맥상통하고, 코칭의 핵심적인 가치가 될 수 있다. 코칭은 고객이 자신의 모든 문제를 스스로 해결하는 힘을 키우고, 갖가지 상황에 능동적으로 대처할 수 있는 능력을 지니도록 하는 것이다. 이것은 임파워먼트가 추구하는 것과 일치한다. 코칭은 고객에게 철저하게 권한을 위임하는 것이기 때문이다. 따라서 조직 내에서 코칭을 통해 상사가 자신의 권한을 부하들에게 위임하는 정도가 늘어난다면, 조직의 활력이 증대되고, 나아가 조직 전체의 경쟁력도 강해질 것이다. 그렇다면 이제 코치인 상사가 할 일은 분명해진다. 부하 직원의 능력과 가능성을 전적으로 믿고 그것을 최대한 발휘할 수 있도록 그에게 힘을 실어주면 된다.

---

20) 조성진(2008). 코칭ABC. 서울: 심포지움 출판사. 86에서 발췌, 인용.

5. 코칭 고객에 대한 용어상의 문제[21)]

현재 국내에서 통용되는 코칭 프로그램이나 코칭 관련 대학원 교재에서는 코칭을 받는 대상인 고객을 '코치이(coachee)', '피코치자', '피코치', '내담자', '고객'(client) 등 여러 가지 용어로 표현하거나, 그냥 있는 그대로 코칭을 받는 사람으로 표현하고 있다. 이렇게 코칭을 받는 사람과 관련하여 다양한 용어가 사용되는 이유는 현대적 의미의 코칭이 서구에서 도입되다 보니 그런 것도 있고, 심리학이나 상담 영역에서 활동하는 일부 연구자들이나 전문가들이 해당 영역에서 사용하던 용어를 그대로 코칭 영역에서 사용하기 때문인 이유도 있다. 이처럼 실제 코칭 현장에서 코칭을 받는 사람에 대한 용어가 일치되지 않고, 각기 다른 표현을 사용하다 보니 혼란스러울 때가 있다. 저마다 그렇게 부르는 이유가 있겠지만, 코칭학의 체계를 구축한다는 장기적인 관점에서 고객을 표현하는 용어에 관한 의견을 정리할 필요가 있다.

먼저, '코치이'라는 표현은 주로 영어권 국가에서 개발된 외국의 코칭 프로그램에서 사용하는 용어를 한국어로 번역하지 않고 그대로 발음하여 사용하는 경우이다. 이 용어는 영어식 표현인 외래어를 발음 그대로 표현한다는 차원에서 적절해 보이지만, 아무래도 외래어이다 보니 우리가 발음하거나 듣기에 익숙하지 않아 어색한 경우가 많다. 코칭 확산 속도가 비교적 빠른 우리나라에서 코칭을 받는 사람을 지칭하는 적절한 표현이 있는데도 굳이 이 용어를 그대로 사용해야 하는지 생각해 볼 여지가 있다. 게리 콜린스(Collins, Gary R.)도 그의 초창기 코칭 저서에서 '코치이'라는 단어는 너무 어색한 느낌을 주거나 심지어 그 단어의 존재조차 모르는 사람들도 있다고 지적하면서 이 표현을 사용하지 않았다. 그냥 '코칭을 받는 사람'(person being coached)이라는 표현을 사용하다가 최근에는 고객이라고 통일하여 사용하고 있다.[22)]

다음, '피코치자', '피코치'라는 표현은 우리말에서 수동태 어법인 '피'(被)라는 접두어를 사용하여 코칭을 받는 사람을 표현한 경우이다. 예컨대, 우리는 어떤 해(害)를 입은 사람을 피해자(被害者)라 표현하고, 죄를 저질러 의심(疑心)을 받는 사람을 피의자(被疑者)라고 부른다. 각기 어떤 사실이나 행위를 나타내는 '피해를 받다'라는 표현과 '의심을 받다'라는 뜻에 초점을 맞추어 표현한 것이다. 이런 논리를 코칭을 받는 사람에게도 적용할 수 있다. 즉, 사실이나 행위를 의미하는 코칭을 강조하면, '피코칭자' 또는 '피코칭'이라 표현해야 한다는 논리가 성립될 수 있다. 하지만, '피코치자', '피코치'라는 표현은 코칭이라는 사실과 행위를 강조한 것이라기보다 코치라는 사람에 초점을 두었다고 볼 수 있다. 물론 코치라는 단어가 영어 문법상 명사와 동사

21) 조성진(2008). 코칭ABC. 서울: 도서출판 심포지움. 50에서 발췌, 인용; 조성진(2020). 코칭과 경력개발. 경기: 양성원, 78-79에서 발췌, 인용.

22) Collins, G. R.(2001), *Christian Coaching*. Colorado Springs: Nav Press; 게리 콜린스(양홍주 · 이규창 역, 2011). 게리 콜린스의 코칭 바이블. 서울: 한국기독학생회출판부. 472에서 발췌, 인용.

로 함께 사용되는 것이어서 '피코치자' 또는 '피코치'라고 번역하여 사용해도 별다른 문제가 없다는 견해도 있다. 하지만 우리의 일상생활에서 코치는 동사보다도 명사로 이해되는 것이 익숙하다는 점을 고려할 필요가 있다. 그래서 '피코치자' 또는 '피코치'라는 표현은 우리의 현실을 고려한다면, 여전히 어색할 수밖에 없다.

마지막으로, 내담자(來談者)는 주로 상담 분야에서 상담을 받는 사람을 가리키는 표현이다. 즉, 내담자는 심리적인 문제나 어려움을 혼자 해결하는 데 어려움을 느껴 상담자의 도움을 받아 해결하고자 하는 사람이다.[23] 그런데 최근 들어 상담심리 영역에서 활동하는 사람들이 코칭 영역으로 진입하기 시작하면서 이 표현이 코칭 현장에서 적지 않게 사용되고 있다. 코칭이 상담과 다른 영역이라는 것을 인정한다면, 이 표현은 코칭 현장에서 코칭을 받는 사람을 지칭하기에 적절하지 않다고 생각한다.

4.3 코치

1. 코치의 역할과 정의

코칭을 의미 있게 진행하려면, 먼저 코치에게 필요한 것이 무엇인지에 관한 견해를 살펴보고, 그것을 통해 코치가 어떤 역할과 기능을 하는지 파악해야 코치의 정체성을 확인할 수 있다. 코칭은 사람들을 격려하고, 과도기와 어려운 시기를 헤쳐 나가게 하며, 성과를 향상하고, 더 나은 관계를 세워 감으로써 개인과 조직을 변화시키는 일련의 과정이다. 또한, 코칭은 이런 끊임없는 변화 과정 속에서 일관된 삶을 살아가는 데 무엇이 필요한지를 결정하는 것을 돕는 과정이다. 이것을 잘 이해한다면, 코치의 역할을 쉽게 파악할 수 있고, 다시 이것을 바탕으로 코치의 정의를 비교적 쉽게 도출할 수 있다. 따라서 코치의 정의를 살펴보기 전에 그의 역할을 살펴보는 것은 의미 있는 일이다.

23) 김춘경 외(2016). 상담학사전. 서울: 학지사.

1) 코치의 역할

코치는 다음과 같은 역할을 한다.[24)]

첫째, 코치는 격려하는 사람이다. 코치는 사람들을 격려하여 자신의 핵심 가치와 내재된 강점, 지속적인 관계, 기본적인 신념, 자신의 삶을 든든하게 지켜 주고 안정적인 기반을 제공하는 윤리적 원칙들을 주의 깊게 살펴보게 한다. 사람들은 누구나 자신만의 가치와 신념을 가지고 있다. 이것들은 한 개인의 행동, 원칙들, 사고방식에 영향을 미치고, 생활방식과 습관을 형성하는 기초를 제공한다. 그러나 이런 것들은 일상에서 벗어나 진지하게 생각해 보지 않으면, 자신 속에 있는 것이라도 쉽게 알 수 없다. 코치는 고객의 내면에 있는 깊숙한 곳에 자리 삽은 이런 것들에 대해 생각할 기회를 제공함으로써, 고객이 하나의 존재(存在)로서 자신만의 고유함과 강점을 인식하도록 지원한다.

둘째, 코치는 변화를 일으키도록 돕는 사람이다. 코치는 사람들이 변화를 받아들이게 하고, 변화를 불편하게 생각할 때라도 그들을 격려하여 결국 변화를 일으키도록 돕는다. 변화는 누구에게나 일상적인 것이지만, 실제로 변화하려면 사람들은 여러 가지 저항과 장애물에 부딪힌다. 그러나 이런 것들을 극복하지 못하면, 자신이 지닌 문제를 근본적으로 해결하기 어려울 뿐만 아니라 궁극적으로 원하는 목표를 달성하기 어렵다. 그저 답답한 현재에 머무를 수밖에 없다. 그래서 코치는 결국 고객이 코칭을 필요로 하게 한 문제를 훨씬 뛰어넘어 스스로 자신을 개발하는 기술을 익히도록 돕는다.

셋째, 코치는 계획 수립을 지원하는 사람이다. 코치는 사람들이 미래의 비전과 목표를 발전시키고, 중요한 결정을 내리며, 앞으로 나아갈 방법을 계획하는 것을 돕는다. 즉, 코치는 고객 자신이 원하고 바라는 것을 발견하고, 그것을 성취하는 데 도움이 되는 새롭고 구체적인 대안들을 탐색하도록 지원하며, 결국 그것을 잘 실행하도록 돕는다. 개인과 조직의 입장에서 성장과 발전을 위해서는 추상적인 사고를 넘어 구체적이고 실질적인 작업이 선행되지 않으면 안 된다. 코치는 고객이 현재의 문제를 잘 해결하고, 그가 원하는 미래의 비전과 목표를 달성하는 데 필요한 구체적이고 다양한 계획을 수립하는 것을 돕는다. 나아가 그것을 실행하는 방법을 구체적으로 세우도록 강력하게 촉진하는 사람이다.

넷째, 코치는 인간성을 발견하도록 돕는 사람이다. 코치는 고객의 인간다움(humanness)과 인간성(humanity)을 발견하도록 도와준다. 인생은 기쁨과 분노, 슬픔과 고통, 그리고 삶의 모든 아이러니로 가득 차 있는 여정이다. 그래서 인간의 평생 여정은 '인간이 되는 것'일지도 모

24) Collins, G. R.(2001). *Christian Coaching*. Colorado Springs: Nav Press; 게리 콜린스(양홍주 · 이규창 역, 2011). 게리 콜린스의 코칭 바이블. 서울: 한국기독학생회출판부. 71-72에서 발췌, 인용; 로버트 하그로브(박재원 역, 2006). 불가능한 미래를 성취하는 마스터풀 코칭. 서울: 김앤김북스. 33에서 발췌, 인용; 조성진(2020). 코칭과 경력개발. 경기: 양성원. 79-82에서 발췌, 인용.

른다. 그러나 사람들이 자신이 속한 조직의 요구에 부응하면서 살다 보면 자신의 존재가치나 고유함, 그리고 인간으로서의 고귀한 목표를 잊고 살기 쉽다. 코치는 사람들이 조직의 요구에 부응하면서 동시에 가장 고귀한 인간적 목표나 포부를 추구할 수 있도록 도와주는 역할을 한다. 코치는 고객이 한 사람으로서 존재 자체를 인식하도록 도와주는 역할을 한다.

다섯째, 코치는 함께 생각하는 사람이다. 고객의 사고 파트너(thinking partnership)이다. 코치는 고객이 문제의 해결책을 찾기 위해 깊이 생각하도록 돕는 파트너이다. 서로 다른 견해나 배경을 가진 코치와 고객이 호기심을 갖고 문제를 해결하는 방법을 학습하겠다는 기본적인 태도를 지니고 협력할 경우, 코치가 고객과 함께 아이디어를 나누고 그동안 당연히 여기던 것들에 대해 질문을 던지면 고객은 혼자서 얻을 수 없는 통찰력을 얻게 될 가능성이 크다. 이런 차원에서 코치는 고객의 사고를 자극하고, 그의 생각을 객관적으로 들어주는 훌륭한 파트너이다.

마지막으로, 사람들이 변화를 통해 행복하도록 돕는 사람이다. 코치는 고객의 일과 가정, 삶, 그리고 그들의 세계를 의미 있게 향상할 수 있도록 돕는다. 코치는 고객의 변화하려는 동기와 의지(will)에 동기(motivation)에 불을 지피고, 원하는 것을 성취하도록 도움으로써 고객의 삶과 일 등에서 의미 있는 진전을 누리게 하며, 결국 고객의 변화를 통한 행복을 돕는다.

> "코치는 변수인 동시에 상수 요인이다. 코치는 사람들을 도와 변화에 필요한 것이 무엇인지, 변함 없이 지켜야 할 것은 무엇인지 보게 한다."– 리처드 라이더(Leider, R. J.)

2) 코치의 정의

앞서 논의한 것들을 바탕으로 코치를 간단하게 표현하면, 코치는 코칭을 진행하는 사람이요, 고객에게 코칭 서비스를 제공하는 사람이다. 코치의 정의에 대한 일치된 견해는 찾아보기 힘들지만, 여러 사람의 견해를 살펴보면 다음과 같다.

프레드릭 허드슨(Hudson, M. F.)은 코치를 "다른 사람을 안내하여 역량을 증대시키고, 더 깊이 헌신하게 하며, 자신감을 키우도록 훈련받고 헌신한 사람"이라고 정의했고,[25] 이언 멕더모트(McDermott, I.)와 웬디 제이고(Jago, W.)는 코치를 "고객이 어떻게 하면 일과 삶의 다른 부분에서 자신이 바라는 변화를 얻을 수 있을지 발견하도록 돕는 전문가"라고 정의했다.[26] 로버트 하그로브(Hargrove, R.)에 따르면, 코치는 "사람들이 가진 가장 고귀한 인간적 열망을 실현하도

---

25) 프레드릭 허드슨은 코칭 운동의 초창기 리더로서, 수백 개 기업과 비영리단체, 정부 기관, 대학, 개인 고객들과 함께 일했으며, 코칭 핸드북(*Handbook of Coaching*)의 저자이다. Collins, G. R.(2001). *Christian Coaching*. Colorado Springs: Nav Press; 게리 콜린스(양홍주 · 이규창 역, 2011). 게리 콜린스의 코칭 바이블. 서울: 한국기독학생회출판부. 26, 309에서 각각 발췌, 인용.

26) 이언 멕더모트 · 웬디 제이고(박정길 · 최소영 역, 2005). 코칭바이블. 서울: 웅진윙스. 29에서 발췌, 인용.

록 사람들의 비전, 가치에 영향을 주는 사람"이다.[27] 또한, 본 필자는 "좋은 성품과 역량을 갖춘 사람으로서 코칭을 효과적으로 진행하는데 필요한 적절한 교육과 훈련을 받고, 고객이 원하는 바를 이루도록 지원하고 헌신하는 전문가"를 코치라고 정의했다.[28] 이상의 논의를 정리한 것이 〈표 4-1〉이다.

요약하면, 코치는 다양한 경험과 이론적 틀, 특유의 자질과 인품이 조합된 사람으로서, 코칭을 진행하면서 고객과 함께 호흡하고, 고객의 관점에서 생각하며, 신뢰와 인내로써 고객과 소통하고, 고객이 스스로 자신을 다른 관점에서 돌아볼 수 있도록 돕는 사람이다.

표 4-1 코치의 정의

구분	코치의 정의
Hudson (2001)	다른 사람을 안내하여 역량을 증대시키고, 더 깊이 헌신하게 하며, 자신감을 키우도록 훈련받고 헌신한 사람
McDermott & Jago (2005)	고객이 어떻게 하면 일과 삶의 다른 부분에서 자신이 바라는 변화를 얻을지 발견하도록 돕는 전문가
Hargrove (2006)	사람들이 가진 가장 고귀한 인간적 열망을 실현하도록 사람들의 비전, 가치에 영향을 주는 사람
조성진 (2008)	좋은 성품과 역량을 갖춘 사람으로서, 적절한 교육과 훈련을 받고, 코칭 고객이 원하는 바를 이루도록 지원하고 헌신하는 전문가

2. 좋은 코치의 조건

좋은 코치 또는 훌륭한 코치를 언급한다는 자체가 매우 조심스럽다. 사람은 저마다 고유함과 독특함이 있어서 어떤 기준으로 구분하는 것이 상당히 어렵고, 자칫 잘못하면 우려스러운 일이 벌어지기 때문이다. 당연히 훌륭한 코치를 언급하는 것도 그런 우려가 없지 않다. 그런데도 여기서 굳이 좋은 코치 또는 훌륭한 코치를 언급하는 것은 코치로서 그렇게 되고자 노력하는 것도 의미 있다는 차원에서 그런 것이다.[29]

1) 코치는 존재(Being)이다

코치에게 천부적 자질이 꼭 필요한 것은 아니지만, 코치가 되는 데 필요한 자질과 역량이 전

27) 로버트 하그로브(박재원 역, 2006). 불가능한 미래를 성취하는 마스터풀 코칭. 서울: 김앤김북스. 26에서 발췌, 인용.
28) 조성진(2020). 코칭과 경력개발. 경기: 양성원, 82에서 발췌, 인용.
29) Collins, G. R.(2001). *Christian Coaching*. Colorado Springs: Nav Press; 게리 콜린스(양형주 · 이규창 역, 2011). 게리 콜린스의 코칭 바이블. 서울: 한국기독학생회출판부. 47-58에서 발췌, 인용.

혀 없는 것은 아니다. 로버트 하그로브(Hagrove, R.)에 따르면, 코치에게는 영감을 불어넣는 능력, 높은 기준을 세우려는 의지, 다른 사람이 배우고 성장할 수 있도록 돕고 싶은 열정과 같은 특성을 필요하다고 말했다.[30] 그리고 게리 콜린스(Collins, G.)[31]는 성실성, 융통성, 헌신, 자기절제, 겸손, 타인에 대한 민감성, 결단력, 확신, 영감을 고취하는 능력, 높은 도덕적 기준, 배움과 성장을 위한 자기계발에 대한 지속적인 의지 등을 코치가 지녀야 할 특성이라고 소개하고 있다.[32]

그러나 이런 것들은 누구나 지니면 좋은 것들이어서 찬성하지 않는 사람들은 없겠지만, 이런 가치들이 코치가 갖추어야 할 모든 것이라고 하기에는 해당 견해들이 제한적이다. 물론 이것들은 코치가 갖추기 위해 노력해야 할 것들이긴 하지만, 측정하기도 어렵고, 고객이 보기에 코치가 실제로 이런 것들을 갖추었는지 알기도 어렵다. 하지만, 훌륭한 코치가 되는 방법을 배울 수 있다는 점과 코치의 인격이 어떠하고 코치와 고객이 어떤 존재(Being)가 되어가는지가 중요하다는 점은 분명한 것 같다. 그런 의미에서 코칭은 행위를 위한 기술을 넘어 존재를 위한 기술이다. 앞으로 이 부분에 대한 통찰력을 갖춘 분들께서 코치가 어떤 성품과 자질, 또는 역량을 갖추어야 하는지에 대한 다양한 논의와 심층적인 연구를 전개해 주기를 바란다.

> "우리가 반드시 알고 있어야 할 점은, 우리는 이 세상에서 우리가 어떤 존재가 될지를 선택하는 힘을 실제로 갖고 있다는 사실이다." – 로버트 하그로브(Hargrove, R.)

> "유능한 라이프 코치가 되는 데 많은 기술과 오랜 경험이 필요한 것은 아니다. 중요한 것은 당신이 얼마나 헌신할 수 있는가이다. 헌신은 기술이나 경험으로 얻는 것이 아니다. 당신 존재의 깊이에서 오는 것이다."– 데이브 엘리스(Ellis, D.)[33]

일반적으로 우리는 다른 사람에게 가르침을 받거나 관찰하면서, 또는 경험을 쌓아가거나 자신을 알아 가면서 배운다. 마찬가지로 코칭에 대한 지식도 책을 읽고 강의를 듣거나 코칭 교육 과정을 밟으면서 얻을 수 있다. 이미 코칭을 잘 진행하고 있는 코치에게 질문하거나 그와 함께 시간을 보내면서 모방하며 배울 수도 있다. 또한, 문제 해결을 위해 씨름하고, 자신을 성찰하는 시간을 가지면서 자신의 코칭 잠재력을 확인할 수도 있다. 당연히 직접 코칭을 진행해

---

30) 로버트 하그로브(박재원 역, 2006). 불가능한 미래를 성취하는 마스터풀 코칭. 서울: 김앤김북스. 26에서 발췌, 인용.

31) 게리 콜린스는 신학과 심리학의 통합을 주도한 대표적인 학자로서, 기독교 상담학계의 대부로 불린다. 예순 즈음에 인생 과도기에 부딪힌 그는 코칭을 통해 삶의 목적, 가치관, 생활방식 등을 점검하고 사명과 열정을 되찾았다. 코칭의 강력한 영향력을 개인적으로 경험한 이후, Institute for Life Coaching Training에서 훈련받고, 그 자신이 코치가 되었다. 게리 콜린스(양홍주 · 이규창 역, 2011). 게리 콜린스의 코칭 바이블. 서울: 한국기독학생회출판부. 서문.

32) Collins, G. R.(2001). *Christian Coaching*. Colorado Springs: Nav Press; 게리 콜린스(양홍주 · 이규창 역, 2011). 게리 콜린스의 코칭 바이블. 서울: 한국기독학생회출판부. 50에서 발췌, 인용.

33) 그는『라이프 코칭』(Life Coaching)의 저자이다.

보고 연습하는 과정에서 체득한 경험을 통해서도 배울 수 있다. 이런 과정을 통해 코치가 무엇이고, 어떤 존재가 되어야 하는지를 깨닫게 된다. 코칭을 지속하는 한, 코치는 배움과 노력, 그리고 자기성찰의 과정을 끊임없이 반복할 것이고, 이런 과정을 통해 훌륭한 코치가 만들어진다. 특히, 코치가 자신의 가치관을 인식하지 못하면, 결코 자신의 최고 역량을 발휘할 수 없다.

2) 훌륭한 코치의 특징

코칭과 관련된 서적이나 자료, 인터넷 등을 찾아보면, 좋은 코치의 특징들을 발견할 수 있다. 하지만 그것들은 정교한 학술적인 검증을 토대로 한 것이 아니라 대개 작성자의 주관이 많이 반영된 것이다. 그런데도 그것들에 나타나는 몇 가지 공통점을 찾을 수 있다. 게리 콜린스(Collins, G.)는 훌륭한 코치의 특징으로 13가지를 들고 있다(〈표 4-2〉 참조). 이들 중 주목할 만한 몇 가지에 대해 구체적으로 살펴보면 다음과 같다.[34]

표 4-2 훌륭한 코치의 특징

훌륭한 코치의 특징	
• 자신의 가치관을 인식하고 있다.	• 자기인식을 통해 성장한다.
• 항상 배운다.	• 진취적이다.
• 현실적이며 낙관적이다	• 변화에 대한 열의가 있다.
• 행동 지향적이다.	• 융통성이 있다.
• 직설적일 수 있는 용기가 있다.	• 사람에게 민감하다.
• 진정성을 지니고 돌본다.	• 신뢰할 만하고 존경받는다.
• 코치로서 자신의 역량을 평가하고 향상하는 데 헌신을 한다.	

출처: 게리 콜린스(양형주 · 이규창 역, 2011). 게리 콜린스의 코칭 바이블. 한국기독학생회출판부. 51에서 발췌, 인용.

① 훌륭한 코치는 자신을 안다.

훌륭한 코치는 자신의 강점과 약점, 핵심 가치와 신념, 자신이 가장 잘 하는 것과 좋아하는 것 등이 무엇인지를 잘 알고 있다. 코치는 코칭을 진행하는 동안 자신의 관점과 가치관이나 신념 등이 고객에게 전염될 수도 있다는 것을 잘 알아차리고 사전에 그것을 차단할 수 있어야 한다. 코치는 다양한 사람들에게 변화를 일으키는 사람인 만큼, 자신의 코칭만이 유일하고 의미 있는 방법이 아니어서 적절한 융통성이 필요하다는 것을 알아야 한다. 또한, 훌륭한 코치는 모든 사람을 코칭하려 하지 않는다. 그래서 자신에게 적절한 전문 영역이 어떤 것인지를 자기인

34) 게리 콜린스(양홍주 · 이규창 역, 2011). 게리 콜린스의 코칭 바이블. 서울: 한국기독학생회출판부. 51-58에서 발췌, 인용.

식을 토대로 깊이 성찰하고, 또 성장한다. 이를 위해 필요하다면 다양한 교육과 훈련을 받는 데 부지런해야 한다.

② 훌륭한 코치는 사람에게 민감하다.

코칭은 관계이기 때문에 다른 사람들과의 관계가 좋지 않으면, 의미 있는 코칭을 진행할 수 없다. 사람들에게 무관심해서 그들의 삶과 생활에 진지한 관심을 보여주지 않는다면, 관계를 맺기가 어렵고, 코칭도 원만하게 진행하기 어렵다. 다른 사람에게 민감하다는 것은 그의 고민에 공감하고, 자연스럽고 적절하게 감정을 표현하며, 파괴적이거나 사기를 꺾는 비판을 하지 않는다는 것을 말한다. 또한, 자신을 잘 알고, 다른 사람들을 신뢰하고 지지하며, 돕는 자의 관점을 견지하려고 노력하는 것을 말한다. 상대방에게 도움이 된다면 그가 회피하고 싶은 문제를 드러내 직면하게 하는 일도 마다하지 않지만, 파괴적이거나 사기를 꺾는 비판을 일삼지 않는 것을 의미한다. 그래서 훌륭한 코치는 자신이 말하기보다 고객의 말을 듣고자 하고, 질문을 통해 고객의 영혼을 깨우고 참 지혜를 얻게 한다. 또한, 고객을 끊임없이 지지하고 격려하며, 인정과 칭찬으로 지친 심신에 활력을 불어넣는다. 좋은 코치란 이런 존재(Being)이다.

③ 훌륭한 코치는 고객과 협력하여 시너지를 낸다.

코치와 고객은 코칭을 진행하는 두 주체이다. 성공적인 코칭을 위해서 이 주체는 서로 잘 협력하고, 원활한 의사소통을 해야 하며, 긴밀한 파트너십(partnership)을 유지해야 한다. 따라서 코치와 고객은 서로 생각이 같고 부합하여 일치감을 느낄수록 협력도 잘 되어야 하고, 코칭도 성공할 가능성이 크다. 따라서 훌륭한 코치는 어떤 목표를 달성하기 위해 고객과 흔쾌히 협력하여 시너지를 내는 데 많은 관심과 노력을 기울인다.

> "좋은 코치는 고객이 현 상황을 정확히 진단하고 목표를 분명히 하며 더욱 집중력을 발휘하고 더 편안한 마음을 갖도록 하는 탁월한 재능을 가지고 있다." – 이언 멕더모트 & 웬디 제이고

④ 훌륭한 코치는 융통성이 있다.

코치는 변화를 일으키는 사람이기에 융통성이 있어야 한다. 코치는 결과 중심적이고, 낙천적이다. 또한, 코치는 적극적으로 정직한 피드백을 해주어야 한다. 코치가 될 사람이 비관적이고 위험을 감수하는 것을 꺼리며 고집을 부린다면, 다른 사람을 효과적으로 돕지 못할 것이다. 최고의 코치는 다른 사람들이 미래를 그리고 긍정적으로 생각하며, 전혀 새로운 방식으로 일하는 것을 상상하게 만든다. 코치는 사람들이 사건을 새로운 관점으로 보도록 안내하며 격려하고 용기를 준다. 코치는 가끔 실패를 예상하지만, 이런 혁신적인 사고방식으로 인해 사람들은 실수로부터 배우고 다시 도전한다. 코치와 고객이 당면한 상황이 복잡하고 도전적일수록,

혁신적이고 융통성 있고 창의적으로 생각할 수 있는 자발성이 더욱 필요하다.

한편, 로버트 하그로브(Hargrove, R.)는 코치가 되기 위해서 다음과 같은 7가지 강력한 변화가 필요하다고 지적하고 있다.[35] 이것들은 훌륭한 코치가 가져야 할 특징이라고 볼 수 있지만, 다른 한편으로는 코치가 지녀야 할 태도 또는 자세라고 볼 수도 있다.

- 차이를 만드는 데 헌신한다.
- 코칭을 하는 사람에게 전적으로 헌신한다.
- 솔직하고 진실해지기 위해 노력한다.
- 사람들이 창조하고자 하는 불가능한 미래에 헌신한다.
- 사람들의 변화를 위해 헌신한다.
- 행동주의자가 된다.
- 치어리더가 된다.

여기서 특히 주목할 점은 코치가 고객에게 전적으로 헌신해야 한다는 것이다. 이것은 코치가 고객을 옹호하고, 그가 열정적으로 애정을 쏟는 목표와 희망에 관해서 관심을 가지며, 고객이 좌절할 때 그의 편에 서서 그에게 부족한 것을 제공하는 것을 말한다. 또한, 고객이 아무리 무능력해 보이더라도 그가 모든 것을 바꿀 수 있다는 생각을 지니고 있다는 것을 의미한다. 나아가 코치는 세상이 고객을 낙담시키거나 그를 무시하더라도 그를 위해서 희생할 수 있다는 것을 의미한다.

3) 코치의 구분

코치를 구분하는 데 도움을 줄 만한 기준이 명확하지 않을뿐더러, 이에 관한 학술적인 연구도 아직 없는 실정이라서 코치를 구분하는 의미 있는 기준을 마련하는 것은 쉬운 일이 아니다. 혹자는 코치의 내면적 일관성과 코칭 기술 활용 방식이 훌륭한 코치와 평범한 코치를 구분짓는 기준이라고 주장하지만,[36] 아쉽게도 현재까지 코치의 구분 기준에 대한 일치된 견해는 없다. 그런데도 코칭 붐을 타고 코치가 양산되는 현실 속에서 이에 대한 논의를 늦출 수는 없다. 왜냐하면 코칭은 사람과 직접 관련된 인적 서비스(Human Services)의 일종이기 때문에 어떤 형태로든 구분 기준이 마련되어야 한다. 여하튼 여기서는 현존하는 관련 자료와 필자의 현장 코칭 경험, 그리고 다른 전문코치들의 경험을 바탕으로 좋은 코치와 탁월한 코치, 그리고 훌륭한 코치가 각각 어떤 점에서 차이가 있는지 살펴보고자 한다(〈표 4-3〉 참조).

---

35) 로버트 하그로브(박재원 역, 2006). **불가능한 미래를 성취하는 마스터풀 코칭**. 서울: 김앤김북스. 82-101에서 발췌, 인용.

36) 이언 맥더모트 · 웬디 제이고(박정길 · 최소영 역, 2007). **코칭 바이블**. 서울: 웅진윙스. 18에서 발췌, 인용.

표 4-3 코치의 구분

좋은 코치	탁월한 코치	훌륭한 코치
기술 + 약간의 경험	기술 + 많은 경험 + 철학	기술 + 경험 + 철학 + 성품
양(Quantity) 〉 질(Quality)	양(Quantity) = 질(Quality)	양(Quantity) 〈 질(Quality)
코칭 기술자	코칭 전문가	사람으로서의 코치

먼저, 좋은 코치(Good Coach)는 코칭 기술(coaching skill)을 익히고, 믿을 만한 코칭 교육을 받아서 코칭 진행에 전혀 무리가 없는 사람을 말한다. 좋은 코치는 코칭 경험이 부족한 초보 코치들에게 자신의 경험을 약간 얘기해 줄 수 있는 정도의 코칭 실전 경험이 있고, 코칭의 질(質)보다는 양(量)에 좀 더 치중하는 코칭 기술자(Coaching Technician)이다. 이에 비해 탁월한 코치(Excellent Coach)는 다양한 코칭 기술을 구사할 줄 알고, 신뢰할 만한 다양한 코칭 교육과 훈련을 통해 코칭의 전체 과정을 능숙하게 진행하는 탁월성을 가지고 있는 사람을 말한다. 탁월한 코치는 코칭의 양보다 코칭의 질에 대해 좀 더 많은 관심을 가지고 시작하고, 나름대로 코칭 철학에 대한 자신만의 소견을 가지고 있으며, 코칭 강의를 할 수 있고, 자체적으로 코칭 교육 프로그램을 개발할 수 있을 정도의 전문성을 가지고 있는 코칭 전문가(Coaching Specialist)이다.

그리고 훌륭한 코치(Master Coach)는 코칭 기술, 코칭 철학 등 코칭에 관한 전반적인 것을 몸소 체득하여 언제든지 자유롭게 탁월한 코칭을 진행할 뿐만 아니라 코칭의 질 제고에 깊은 관심을 지닌 사람을 말한다. 훌륭한 코치는 개발된 코칭 프로그램을 평가할 수 있는 정도의 식견을 가지고 있고, 코치를 코칭할 수 있는 수많은 경험과 자신만의 고유한 노하우를 갖추고 있으며, 코칭 관련 학술적인 연구를 수행할 능력도 가지고 있다. 그리고 누구에게나 존경받을 만한 좋은 성품과 경륜을 함께 갖추고 있어서 많은 고객과 코치들 및 일반인들의 역할 모델(role model)이 되는 '참된 사람으로서의 코치'이다. 훌륭한 코치는 처음부터 명시적으로나 암시적으로 자신의 행동과 말을 통해 이를 모델화하며, 고객이 코칭을 필요로 하게 하는 문제나 코칭 목표를 처리하면서 이 중요한 틀을 유념하도록 한다.[37] 결국, 코치의 코칭 수준과 권위를 좌우하는 것은 코치의 인품이다. 그래서 좋은 코칭 기술을 갖추는 것보다 더 중요한 것은 먼저 사람으로서 준비가 되는 것이다.

"좋은 코치는 다양한 경험과 이론적 틀, 특유의 자질과 인품이 조합된 사람이다." – 이언 맥더모트 & 웬디 제이고

37) 이언 멕더모트 · 웬디 제이고(박정길 · 최소영 역, 2007). 코칭 바이블. 서울: 웅진윙스. 서울: 웅진윙스. 237에서 발췌, 인용.

"위대한 코치는 비전을 보는 사람이다. 위대한 코치는 비전을 심고, 키우며, 격려한다. 그러고 나서 철저히 비전에 맞추어 모델을 만들고 동기를 부여한다." – 토머스 밴디(Bandy, T.)

3. 코치의 성장과 발전

코치들은 성장과 발전을 거듭하면서 자신의 역할을 확대해 왔고, 오늘날엔 전문가로 인정받고 있다. 『코칭의 역사』(Sourcebook of Coaching History)를 저술한 비키 부록(Brock, V. G.)은 코칭의 선구자를 세 개의 그룹으로 구분했다.[38)]

첫 번째 그룹은 '창시자들'로, 본래 코칭을 위해 만든 것은 아니지만, 현대의 코치가 채택한 주요 이론과 도구를 만든 사람들이 여기에 속한다. 이들은 철학, 심리학, 비즈니스, 스포츠, 교육, 인사, 자기계발, 동기부여 및 공연예술 등 매우 다양한 배경을 갖고 있었고, 서로 다른 직종에 종사했다. 이 가운데 심리학적 배경을 가진 사람들이 돋보였는데, 이들은 이론과 기술을 통해 코칭의 등장에 많은 영향을 끼쳤다. 심리학에서 코칭으로 전업한 이들은 자신의 본래 전문 분야의 기존 범위 밖에서 활동하면서, 그동안 다른 사람의 손이 닿지 않았던 영역에 그들 분야의 도구와 이론을 적용할 수 있었다. 또한, 비즈니스 분야에 종사하면서 직장 내 상담직을 맡았던 사람들이 주로 경영자들의 개인적 문제에 중점을 두고 활동하기 시작했고, 그들이 중간관리층으로 확대되면서 코칭이 일찍 성장할 수 있는 절호의 기회가 생겼다.

이 그룹에 속하는 대표적인 사람들로, 석가모니, 공자, 노자, 소크라테스, 알프레드 아들러(Adler, A.), 에이브러햄 매슬로(Maslow, A.), 칼 융(Jung, C.), 칼 로저스(Gogers, C.), 데일 카네기(Carnegie, D.), 존 우든(Wooden, J.), 밀튼 에릭슨(Erickson, M.), 피터 드러커(Drucker, P.), 켄 블랜차드(Blanchard, K.), 쿠르트 레빈(Levin, K.), 말콤 놀스(Knowles, M.) 등이 있다.

두 번째 그룹은 '전달자들'로, 1세대 코치라고도 불린다. 창시자의 이론과 모델을 융합하여 코칭이라는 신흥 분야를 형성한 사람들이 이에 속하는데, 이들 가운데 비즈니스 출신들이 눈에 띄게 많았다. 즉, 이들은 창시자들의 도구와 모델을 활용했고, 코칭의 일반적 방법론을 처음 개발했으며, 이후 이 방법론을 다양한 분야의 비즈니스와 개인적인 이슈에 적용했다. 또한, 이들은 코칭에 입문하려는 사람들을 위한 교육 과정을 최초로 만들었고, 방송을 통해 코칭의 대중화를 이끌었다. 이들은 근본적이고 획기적인 사고의 변화를 통해 상담자나 심리학자를 벗어나 코치로서 당당하게 일하기 시작했고, 코칭의 범위와 코치 자격자들의 수를 늘렸다. 그 과정에서 1990년대 코칭이 급격히 성장할 수 있는 조건을 만들었고, 코치로 생계를 꾸릴 수 있으며, 기존 직장을 대체할 수도 있다는 점을 증명했다.

38) Brock, V. G.(2012). *Sourcebook of Coaching History*. VB Coaching & Consulting(김경화 외 역, 2015. 코칭의 역사. 서울: 코쿱북스. 255-302에서 발췌, 인용).

이 그룹에 속하는 대표적인 사람들로 로버트 하그로브(Hargrove, R.), 로라 휘트워스(Whitworth, L.), 마이크 제이(Jay, M.), 토머스 레너드(Leonard, T.), 프레드릭 허드슨(Hudson,F.), 빈센트 렌하르트(Lenhardt, W.), 존 휘트모어(Whitmore, J.), 티모시 골웨이(Gallwey, T.) 등이 있다. 이들 가운데 가장 두드러진 활동을 한 사람은 토머스 레너드와 로라 휘트워스이다. 특히, 레너드는 코칭의 분야를 성문화, 대중화, 국제화하는 데 매우 중요한 업적을 남겼는데, 그가 개발한 코칭 모델은 현대 코칭에 상당한 영향력을 끼쳤다. 그는 재무 분야 출신이지만, 자신의 재무 고객이 생활 전면에 관한 조언과 의견을 얻기를 원했다는 것을 알았고, 자연스럽게 재무 서비스 외에 코칭을 추가로 제공했다. 또한, 그는 코칭 초창기에 전화로 국제적으로 코칭을 가르칠 수 있는 코칭 교육 과정을 개발했고, 그것을 상품화하여 어디에서나 누구에게나 코칭을 가르칠 수 있게 만들었다. 그는 코치 교육 기관인 '코치유'(Coach U)를 설립했고, 코칭과 관련하여 가장 중요한 국제적인 관리 기구인 국제코치연맹(ICF)을 설립하는 데 이바지하기도 했다.

마지막인 세 번째 그룹은 '후대코치'라고도 불리는데, 코칭의 범위와 영향력을 더욱 확장했고, 다양하게 정의된 전문성을 만들면서 코칭을 대중화시켰다. 이들 가운데도 비즈니스 분야의 출신들이 많았다. 이들은 대개 창시자 또는 전달자를 통해 코칭을 접하게 되었는데, 인간 잠재력 회복 운동의 기초에 근거한 이들의 활동은 라이프 코칭와 개인 코칭까지 코칭 영역을 확장했다.

이 그룹에 속하는 대표적인 사람들로 셰릴 리처드슨(Richardson, C.), 헨리 킴지 하우스(Kimsey-House, H.), 지니 샌드스트롬(Sandstrom, J.), 샌디 바일러스(Vilas, S.), 앤서니 그랜트(Grant, A.), 앤서니 로빈슨(Robbins, A.), 제프리 아우어바흐(Auerbach, J.), 마샬 골드스미스(Goldsmith, M.), 게리 콜린스(Collins, G.), 이언 맥더모트(McDermott, I.) 등이 있다.

이처럼 코칭이 지식체계를 갖추고 코칭 종사자의 수가 늘어나면서 코칭에 대한 학제 간 접근법이 상당히 많아졌다. 이런 발전은 코칭 분야 차원에서는 의심할 여지 없이 좋은 일이지만, 대부분 후대 코치는 창시자 세대와 그들의 모델 및 이론의 영향력 간의 관계에 대한 이해도가 낮았다. 점차 다양한 분야의 사람들이 코칭에 입문하고, 후대 코치들은 다른 후대 코치들로부터 코칭 수단과 기술을 배우게 되면서 창시자 이론과 모델과의 연관성은 점점 사라지게 되었다. 또한, 많은 사람이 스스로 코치라고 칭하게 되면서, 이들은 종종 자신의 일을 다르게 접근하기도 하고, 코칭 교육을 전혀 받지 않은 사람들도 더러 생기게 되었다.[39)]

이것은 코칭 산업의 다양성과도 연관이 있다. 즉, 이제 코칭은 폭넓고 다양한 접근방법에 기반을 두고 있고, 새로운 코치들은 이제 코칭의 근본 학문에만 틀어박히지 않아도 되는 상황에 이르렀다. 하지만 코칭의 다양성과 여러 가지 전문분야를 가진 코치들의 출현은 코칭에서 가

---

39) Brock, V. G.(2012). *Sourcebook of Coaching History*. VB Coaching & Consulting(김경화 외 역, 2015. 코칭의 역사. 서울: 코쿱북스. 303-304에서 발췌, 인용).

장 윤리적인 것이 무엇이고, 전문적인 코칭이 무엇이며, 효율적이고 훌륭한 코칭에 필요한 자격이 무엇인지에 대한 합의에 이르는 것을 더욱 어렵게 만들고 있다.

4. 직업으로서의 코치

1) 직업으로서 코치의 비전

세상에는 수많은 직업이 존재한다. 어떤 직업은 사라지고 있고, 또 어떤 직업은 지금도 새로 생기기도 한다. 어느 사회든 그 사회가 발달할수록 직업 세계는 더욱 세분화한다. 그런데 직업은 개인적으로나 사회적으로 여러 가지 차원에서 중요한 의미를 지닌다. 사람은 직업을 통해 생계를 유지하고, 사회구성원으로서 역할을 분담하며, 자신의 가치를 실현하고 인생의 보람을 느낀다. 따라서 사람은 자신의 직업에 대해 경제적 · 심리적 · 사회적으로 애착과 매력을 느낄 수 있어야 그 일에 계속해서 종사할 수 있고, 능률도 올릴 수 있다.

이런 차원에서 새롭게 떠오른 '코치'(Coach)라는 직업도 여러 시각에서 그것을 조명해 볼 필요가 있다. 앞서 우리는 코치라는 직업의 출현에 대해서 그 역사적 배경과 대표적인 코치들을 거명한 적이 있다. 거기서 여러 가지 자료와 정보를 접한 독자들은 이제 코치라는 직업을 신생 직업으로 여기지 않을 것이다. 우리나라에서도 이제 코치는 직종별 직업 사전에 포함되거나 '한국표준직업분류'에도 당당히 등재되어 있다.[40] 이것은 코칭이 혁신 현상과 밀접한 연관이 있다.

코칭은 상담, 치료 및 컨설팅 등과 달리 예방적이고 긍정적인 관점에서 개인과 조직이 바라는 것을 이루도록 지원하는 인적 서비스의 하나로서, 새로운 시장을 형성하고 있다. 그래서 오늘날 코칭은 기업 경영뿐 아니라 일반인의 삶에 관련된 다양한 분야에 접목되고 있고, 많은 사람의 뜨거운 관심 속에서 빠른 속도로 확산하고 있어서 코치의 활동 영역도 다양하다. 사람들은 운동 코치, 영양 관리 코치, 재정 관리 코치, 대중 연설 코치에게 도움을 받고 있고, 일상생활과 삶의 전반적인 측면에서 초점과 방향을 찾도록 돕는 라이프 코치의 도움을 요청하고 있다. 또한, 원만한 인간관계와 행복한 삶을 살기 원하는 많은 사람들이 대인관계 코치, 경력 개발 및 관리 코치, 결혼 코치, 부모 코치, 시간관리 코치 등의 도움을 받고 있다.

이처럼 코치들은 급변하는 세상의 흐름 속에서 많은 사람이 자신감을 지니고 전진하고, 인생의 갖가지 도전을 헤쳐 나갈 수 있도록 곁에서 도와주고 있다. 코치들의 도움을 필요한 사람들과 관련 일거리들이 늘어나면서 전문코치들의 수가 점점 증가하고 있고, 코치들의 수입 규

40) 한국고용정보원(2022). 한국직업정보(코치).(http://work.or.kr, 2022년 2월 접속); 통계청(2022). 한국표준직업분류(분류내용보기/해설서).(http://kssc.kostat.go.kr, 2022년 2월 접속)

모도 점점 커지고 있어서 코치들의 만족도가 높아지고 있는 것도 사실이다. 이런 코칭 활동의 성과들은 연구자들의 연구결과에서도 객관적으로 증명되고 있고, 그것에 관한 긍정적이고 밝은 소식들은 다양한 대중매체들을 통해 일반인들에게도 전해지고 있다.

코칭의 확산과 전문코치의 증가 현상은 기업과 민간 조직을 중심으로 한 코칭 프로그램의 개발, 온-오프라인을 통한 코칭 교육의 확산, 코칭을 다룬 서적의 출간, 대학에서의 코칭 교과목의 개설 및 국내외 대학원 내 코칭 관련 학과의 개설 등과 맞물려 그 속도가 빨라지고 범위가 넓어지고 있다. 이것은 한마디로 직업으로서의 코치에 대한 비전과 성장 가능성 및 사회적 위치 등을 대변해 준다고 할 수 있다.[41]

하지만, 국내외적으로 코칭 시장이 활성화되고 코칭 산업이 발전하는 데 걸림돌이 되고 있는 것도 현실이다. 전문적인 코칭 교육을 받지 않은 코치의 출현으로 인한 코칭 시장의 혼란, 코칭에 대한 사회적 인식 부족에 따른 고객 확보의 어려움, 유료 코칭에 대한 사회적 합의 부족, 엄격한 과정의 절차에 따라 부여되는 코치 자격의 국가 공인화 제도의 부재 등으로 인해 해결해야 할 과제들이 도전적으로 다가오고 있다.

2) 코치 자격과 인증제도[42]

그렇다면 직업인으로서 코치는 어떤 자격이 필요하며, 어떤 절차를 거쳐 코치 자격이 주어지며, 코치 자격을 계속 유지하기 위해서는 어떤 것이 필요한지 알아보는 것은 의미 있는 일이다. 이것은 고객에서 제공되는 코칭 서비스의 질 제고와 코치 자격의 전문성과 공신력 제고, 코칭 서비스의 지속 가능성 차원에서 상당히 중요한 일이 아닐 수 없다.

현재 성공적으로 활동하는 코치들 가운데 표준화된 코치 인증 자격증이 없어도 자신의 경험과 식견을 바탕으로 성과를 내는 사람들도 있다. 그래서 코치 인증제도를 통한 코치 자격증의 필요성과 가치에 대한 찬반양론이 있는 것도 사실이다.

그러나 코치 인증 자격증이 없거나 적절치 못한 수준의 자격을 가진 사람들을 포함하여 많은 사람이 코칭 분야에 종사하기 시작하면서, 표준적인 훈련과 인증 절차에 대한 압력이 거세지고 있다.[43] 최근 들어 우리나라에서도 코칭이 빠른 속도로 퍼지고 전문코치가 많이 배출되면

41) 조성진(2020). 코칭과 경력개발. 경기: 양성원. 208-209에서 발췌, 인용; 이소희 외(2014). 코칭학개론. 서울: 도서출판 신정. 38에서 발췌, 인용; 한국코치협회(2022). 코칭 소개(http://kcoach.or.kr, 2022년 2월 접속)

42) 이에 대한 논의는 이 책 제13장에서 자세하게 서술할 예정이다. 하지만 추가로 다음에 소개해는 책들을 참조할 수도 있다. 조성진(2020). 앞의 책. 214-216; 이소희 외(2014). 앞의 책. 39-42.

43) 이에 대한 자세한 사항은 2008년 출간된 『*International Dublin Declaration on Coaching*』을 참조할 수 있다. 게리 콜린스(양형주 · 이규창 역, 2011). 게리 콜린스의 코칭 바이블. 서울: 한국기독학생회출판부. 384에서 발췌, 인용; Williams, P., & Anderson, S. K.(2006). *Law and Ethics in Coaching: How to Solve and Avoid Difficult Problems in Your Practice*. New York: Wiley.

서 코치 인증제도와 코칭 프로그램 인증제도 등의 문제를 다각적으로 검토해야 한다는 주장이 제기되고 있다.[44)]

코칭은 사람들이 겪는 일과 문제를 스스로 해결하도록 돕는 전문적인 인적 서비스이다. 따라서 코치가 전문적인 교육과 훈련을 받아야 하는 것은 당연한 일이다. 그것을 평가하는 제도 중의 하나가 '코치인증시스템'(Coach Certification System)이다. 이에 관한 자세한 논의는 제13장에서 전개하기로 하겠다.

5. 코치가 지켜야 할 코칭 윤리

윤리는 사전적 의미로, '사람으로서 마땅히 행하거나 지켜야 할 도리'라고 정의할 수 있다.[45)] 이것을 코칭에 적용하면, 코칭 윤리는 '직업인이자 전문가로서 코치가 마땅히 지켜야 할 도리'라고 할 수 있다. 코칭 윤리는 '코치가 코칭을 진행하는 전체 과정에서 지켜야 할 인간적인 도리와 도덕적 규범'이라고 정의할 수도 있다. 다시 말하면, 코칭 윤리는 '고객의 이슈를 해결하는 코칭 과정을 진행하면서 코치가 지켜야 할 행동 규범과 코치로서 지녀야 할 인간적인 도리'라고 할 수 있다.[46)]

그런데 여기에서 주목할 것이 있다. 물론 코칭에서 이루고자 하는 목적을 달성하는 것이 중요하지만, 그것만이 최상의 목적은 아니라는 점이다. 목적에 이르는 데 활용되는 수단과 과정도 정당하고 바른 것이어야 한다. 그런 차원에서 국내외 코치단체에서는 코치가 지켜야 할 윤리 규정을 각각 마련하고 있다.

1) 한국코치협회의 코칭 윤리[47)]

한국코치협회(Korea Coach Association: KCA)는 아래의 윤리 강령을 바탕으로 기본 윤리(제1조~제2조), 코칭에 관한 윤리(제3조~제5조), 직무에 관한 윤리(제6조~제8조) 및 고객에 대한 윤리(제0조~제10조) 등에 관한 윤리 규칙을 제정, 활용하고 있다(자세한 사항은 부록 참조). 그리고 코치 자격 인증 과정에서 이에 대한 지원자의 의지를 확인하는 차원에서 '코치 윤리 강령 준수 서약서'를 꼭 작성하여 제출하도록 규정하고 있다.

44) 조성진(2013d). 대학생 코칭 프로그램 운영 효과 분석과 활성화 방향 모색: 3개 대학 4개 사례를 중심으로. 코칭능력개발지, 15(3). 244에서 발췌, 인용.
45) 국립국어원(2022). 표준국어대사전. 윤리(https://stdict.korean.go.kr, 2022년 2월 접속)
46) 조성진(2019). 코칭에센스. 경기: 양성원. 196에서 발췌, 인용.
47) 한국코치협회(2022). 코칭 윤리(http://www.kcoach.or.kr, 2022년 2월 접속).

- 코치는 개인적인 차원뿐만 아니라 공공과 사회의 이익도 우선으로 합니다.
- 코치는 승승(勝勝)의 원칙에 따라 개인, 조직, 기관, 단체와 협력합니다.
- 코치는 지속적인 성장을 위해 학습합니다.
- 코치는 신의성실의 원칙에 따라 행동합니다.

2) 국제코치연맹의 윤리 강령[48)]

국제코치연맹(International Coach Federation: ICF)에서도 코치가 지켜야 할 윤리 규정을 총 25개 항으로 나누어 제정하고, 다음과 같은 사항 등을 준수하도록 의무화하고 있다.

첫째, 전문인으로서 해야 할 행동에 관한 규정(제1항~제8항)에서는 코치의 정직성과 그것을 이행하지 않았을 때 생기는 법적 문제, 코치의 전문성과 역할 등에 관한 내용을 담고 있다. 둘째, 이해 상충에 관한 규정(제9항~제12항)에서는 코칭 과정에서 생기는 이해 상충 문제, 코칭 행위에 대한 올바른 사항 등에 관한 내용을 포함하고 있다. 셋째, 고객에 관한 규정(제13항~제21항)에서는 잘못된 정보 제공 금지, 계약사항 철저 준수, 부적절한 신체접촉과 성관계 금지 등에 관한 내용을 담고 있다. 넷째, 비밀유지와 사생활에 관한 규정(제22항~제25항)에서는 고객에 대한 철저한 비밀유지, 관련자들의 사생활 비밀유지 등에 관한 내용을 포함하고 있다.

4.4 코치의 역량

어떤 형태의 조직이든 경영자나 관리자에게 핵심적인 관심사 중의 하나는 구성원들의 역량(competency)이다. 아무리 동기부여가 잘 되어 있는 사람이라도 목표나 업적 달성에 필요한 역량을 갖추고 있지 않으면, 효과적인 결과를 내기는 불가능하기 때문이다. 대체로 역량은 업적으로 연결될 가능성이 있고, 나아가 해당 조직이나 기업의 경쟁력을 좌우하는 매우 중요한 요소가 된다. 따라서 모든 조직에서는 업무를 수행해 낼 역량을 갖춘 인적자원을 선발하고자 여러 가지 노력을 다하고 있고, 선발한 후에도 계속해서 구성원들의 역량을 배양하는 데 도움이 될 만한 다양한 교육·훈련 등을 실시하고 있다.

다른 여러 부문과 마찬가지로 코칭 영역에서도 역량은 여전히 중요한 관심사이다. 코치로서 전문성과 공신력을 높이고, 고객에게 질 높은 코칭 서비스를 제공함으로써 효과적이고 성

48) ICF(2022). Coaching Ethics(http://www.coachfederation.org, 2022년 2월 접속).

공적인 코칭을 진행하기 위해 역량은 모든 코치가 갖추어야 할 필수불가결한 요소가 아닐 수 없다. 따라서 코치는 코칭을 진행하는 데 필요한 최소한의 역량을 반드시 갖추어야 하고, 계속해서 자신의 코칭 역량을 함양하기 위한 최선의 노력을 다해야 한다.

1. 역량의 정의

일반적으로 역량은 '한 사람이 전문적인 위치에서 주어진 기능을 효과적으로 수행하기 위해 요구되는 능력, 행위, 태도 및 지식의 묶음'을 말하며,[49] 어떤 일을 남보다 잘해 낼 수 있는 경쟁력을 말한다. 다시 말하면, 역량은 가치, 태도, 지식 및 기술의 상호작용에 따라 성공적인 결과를 이끈 행동을 말한다([그림 4-5] 참조). 이처럼 역량은 높은 성과를 창출한 탁월한 성과를 낸 사람들로부터 일관되게 관찰되는 특성으로, 경쟁력의 핵심요소이다. 한 발 더 나아가 슬로컴(Slocum, J.)과 헬리걸(Helliegel, D.)은 자신의 저서에서, 21세기 대부분의 전문가집단이나 조직에서 개인, 팀과 조직의 유효성을 높이는 데 필수적으로 갖추어야 할 핵심역량(Core Competency)으로 일곱 가지 역량을 들고 있다. 이들 일곱 가지 핵심역량은 ① 자기이해 역량, ② 의사소통 역량, ③ 다양성 관리 역량, ④ 윤리 역량, ⑤ 다문화 관리 역량, ⑥ 팀 역량, ⑦ 변화관리 역량 등이다(〈표 4-4〉 참조).

이 개념을 코칭에 적용하면, 코칭 역량은 '코치가 코칭을 효과적으로 진행하는 데 필요한 가치, 태도, 지식 및 기술의 총합'이라고 말할 수 있다. 일반적으로 코치가 갖추어야 할 역량에는

그림 4-5 일반 역량과 코칭 역량

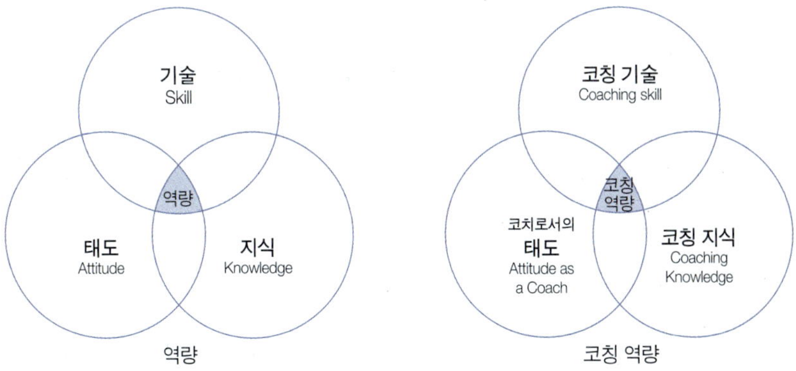

49) 김주엽 · 송계충 · 정범구 · 박상언(2020). 조직행위론(제5판). 서울: 경문사. 149-153; Slocum, J. W. & Helliegel, D.(2007). *Fundamentals of Organizational Behavior*(Inter Student Edition). China: Thomson South-Western. 4; Spencer, L. M. & Spencer, S. M.(1993). *Competence at Work*. NY: John Wiley & Sons. 19-89.

표 4-4 슬로컴과 헬리걸의 7가지 핵심역량

핵심역량	설명
자기이해 역량	자신의 강점과 약점을 알고, 자신의 공적·사적 목표를 설정하고 추구하며, 자신의 삶과 일의 균형을 이루고, 새로운 학습을 일상화하는 역량
의사소통 역량	아이디어와 생각, 느낌을 전달, 이해, 수신하는 모든 수단을 활용할 수 있는 역량
다양성 관리 역량	개인과 집단의 독특한 가치를 인정하고, 그러한 독특함을 조직의 강점으로 승화시킬 수 있으며, 개인의 독특함을 있는 그대로 인정할 수 있는 역량
윤리 역량	의사결정 과정에서 옳고 그름을 판정하는 가치와 원칙을 관철하는 역량
다문화 관리 역량	국가와 문화 사이의 차이점을 인식하고 열린 자세로 조직과 전략적 이유에 접근하는 역량
팀 역량	조직의 목표를 달성하기 위해서 집단을 개발, 지원, 촉진, 선도하는 역량
변화관리 역량	사람이나 과업, 전략 또는 기술 측면에서 필요한 적응이나 완전한 변혁의 필요성을 인식하고 그것을 실행에 옮기는 역량

출처: 김주엽·송계충·정범구·박상언(2020). 조직행위론(제5판). 서울: 경문사. 153쪽에서 재인용.

어떤 것들이 포함되는지에 대한 견해는 학자들이나 전문코치에 따라 다양해서 여기에서 모든 것들을 더 소개하기 어렵다. 여기에서는 대표적인 두 코칭 단체의 사례만 소개하고자 한다.

2. 한국코치협회의 코칭 역량

한국의 전문코치들이 결성한 한국코치협회(Korea Coach Association: KCA)는 코칭 역량을 크게 '코치다움'과 '코칭다움'으로 나누고, 8가지 코칭 각각 역량을 소개하고 있다. 먼저, '코치다움'과 관련된 역량에는 윤리 실천 역량, 자기인식 역량, 자기관리 역량 및 전문 계발 역량이 포함되어 있고, '코칭다움'과 관련된 역량에는 관계 구축 역량, 적극 경청 역량, 의식 확장 역량 및 성장 지원 역량이 포함되어 있다. 그리고 각각의 역량별로 핵심요소와 행동지표를 제시하고 있다(〈표 4-5〉, 부록 참조). 이들 코칭 역량을 간단하게 살펴보자.[50)]

1) 코치다움

① 윤리 실천 역량

이 역량은 한국코치협회에서 규정한 기본 윤리, 코칭에 대한 윤리, 직무에 대한 윤리, 고객에 대한 윤리를 준수하고 실천하는 것을 말한다.

50) 한국코치협회(2023). 코칭 역량 모델 구조(http://kcoach.or.kr, 2023년 1월 접속)

표 4-5 한국코치협회(KCA)가 제시하는 코칭 역량

구분	역량	핵심요소	행동지표
코치 다움	1. 윤리 실천	1) 기본 윤리	① 코치는 기본 윤리를 준수하고 실천한다.
		2) 코칭에 대한 윤리	② 코치는 코칭에 대한 윤리를 준수하고 실천한다.
		3) 직무에 대한 윤리	③ 코치는 직무에 대한 윤리를 준수하고 실천한다.
		4) 고객에 대한 윤리	④ 코치는 고객에 대한 윤리를 준수하고 실천한다.
	2. 자기 인식	1) 상황 민감성 유지	① 지금-여기의 생각, 감정, 욕구에 집중한다.
			② 생각, 감정, 욕구가 발생하는 배경과 이유를 감각적으로 알아차린다.
		2) 직관과 성찰	③ 직관과 성찰을 통해 자신이 생각, 감정, 욕구가 미치는 영향을 인식한다.
		3) 자기 평가	④ 자신의 특성, 강・약점, 가정, 전제, 관점을 평가하고 수용한다.
		4) 존재감 인식	⑤ 자신의 존재를 인식하고 신뢰한다.
	3. 자기 관리	1) 신체적・정신적・정서적 안정	① 코치는 코칭을 시작하기 전에 신체적, 정신적, 정서적 안정을 유지한다.
			② 코치는 다양한 코칭 상황에서 침착하게 대처한다.
		2) 개방적・긍정적・중립적 태도	③ 코치는 솔직하고 개방적인 태도를 유지한다.
			④ 코치는 긍정적인 태도를 유지한다.
			⑤ 코치는 고객의 기준과 패턴에 관한 판단을 유보하고 중립적인 태도를 유지한다.
		3) 언행일치	⑥ 코치는 말과 행동을 일치시킨다.
	4. 전문 계발	1) 코칭 합의	① 고객에게 코칭을 제안하고 합의한다.
			② 고객과 코칭 계약을 하고, 코칭 동의와 코칭 목표를 합의한다.
		2) 과정 관리	③ 코칭 전체 과정을 관리하고, 이해관계자를 포함한 고객과 소통한다.
		3) 성과 관리	④ 고객과 합의한 코칭 주제와 목표에 대한 성과를 관리한다.
		4) 전문 역량 개발	⑤ 코칭에 필요한 관련 지식, 기술, 태도 등의 전문 역량을 계발한다.
코칭 다움	5. 관계 구축	1) 수평적 파트너십	① 코치는 고객을 수평적인 관계로 인정하며 대한다.
		2) 신뢰감과 안전감	② 고객과 라포를 형성하여 안전한 코칭 환경을 유지한다.
			③ 고객에게 긍정 반응, 인정, 칭찬, 지지, 격려 등의 언어를 사용한다.
		3) 존재 인정	④ 고객의 특성, 정체성, 스타일, 언어와 행동 패턴을 알아주고 코칭에 적용한다.
		4) 진솔함	⑤ 코치는 고객에게 자신의 생각, 느낌, 감정, 알지 못함, 취약성 등을 솔직하게 드러낸다.
		5) 호기심	⑥ 코치는 고객의 주제와 존재에 관해서 관심과 호기심을 유지한다.

코칭 다움	6. 적극 경청	1) 맥락적 이해	① 고객이 말한 것과 말하지 않은 것을 맥락적으로 헤아려 듣고 표현한다.
		2) 반영	② 눈 맞추기, 고개 끄덕이기, 동작 따라 하기, 어조 높낮이와 속도 맞추기, 추임새 등을 하면서 경청한다.
			③ 고객의 말을 재진술, 요약하거나 직면하도록 돕는다.
		3) 공감	④ 고객의 생각이나 감정을 이해하며, 이해한 것을 고객에게 표현한다.
			⑤ 고객의 의도나 욕구를 이해하며, 이해한 것을 고객에게 표현한다.
		4) 고객의 표현 지원	⑥ 고객이 자신의 생각, 감정, 의도, 욕구를 표현하도록 돕는다.
	7. 의식 확장	1) 질문	① 긍정적, 중립적 언어로 개방적 질문을 한다.
		2) 기법과 도구 활용	② 고객의 상황과 특성에 따라 침묵, 은유, 비유 등 다양한 기법과 도구를 활용한다.
		3) 의미 확장과 구체화	③ 고객의 말에서 의미를 확장하도록 돕는다.
			④ 고객의 말을 구체화하거나 명료화하도록 돕는다.
		4) 통찰	⑤ 고객이 알아차림과 통찰을 하도록 돕는다.
		5) 관점 전환과 재구성	⑥ 고객이 관점을 전환하거나 재구성하도록 돕는다.
		6) 가능성 확대	⑦ 고객의 상황, 경험, 사고, 가치, 욕구, 신념, 정체성 등의 탐색을 통해 가능성 확대를 돕는다.
	8. 성장 지원	1) 정체성과의 통합 지원	① 고객의 학습과 통찰을 자신의 가치관 및 정체성과 통합하도록 돕는다.
		2) 자율성과 책임 고취	② 고객이 행동 설계 및 실행을 자율적이고 주도적으로 하도록 고취한다.
		3) 행동 전환 지원	③ 고객이 실행 계획을 실천할 수 있는 환경을 만들도록 돕는다.
			④ 고객이 행동 전환을 지속하도록 지지하고 격려한다.
		4) 피드백	⑤ 고객이 실행한 결과를 성찰하도록 돕고, 차기 실행에 반영하도록 돕는다.
		5) 변화와 성장 축하	⑥ 고객의 변화와 성장을 축하한다.

출처: 한국코치협회(2022).(http://kcoach.or.kr, 2023년 1월 접속).

② 자기인식 역량

이 역량은 현재 상황에 대한 민감성을 유지하고, 직관 및 성찰과 자기평가를 통해 코치 자신의 존재감을 인식하는 것을 말한다.

③ 자기관리 역량

이 역량은 신체적, 정신적, 정서적 안정 및 개방적, 긍정적, 중립적 태도를 유지하며 언행을 일치시키는 것을 말한다.

④ 전문 계발 역량

이 역량은 코칭 합의와 과정 관리 및 성과 관리를 하고, 코칭에 필요한 관련 지식, 기술, 태도 등의 전문 역량을 계발하는 것을 말한다.

2) 코칭다움

① 관계 구축 역량

이 역량은 고객과의 수평적 파트너십을 기반으로 신뢰감과 안전감을 형성하며, 고객의 존재를 인정하고 진솔함과 호기심을 유지하는 것을 말한다.

② 적극 경청 역량

이 역량은 고객이 말한 것과 말하지 않은 것을 맥락적으로 이해하고, 반영 및 공감하며, 고객 스스로 자신의 의견, 감정, 욕구, 의도를 표현하도록 돕는 것을 말한다.

③ 의식 확장 역량

이 역량은 질문, 기법 및 도구를 활용하여 고객의 의미 확장과 구체화, 통찰, 관점 전환과 재구성, 가능성 확대를 돕는 것을 말한다.

④ 성장 지원 역량

이 역량은 고객의 학습과 통찰을 정체성과 통합하고, 자율성과 책임을 고취하며, 고객의 행동 전환을 지원하고, 실행결과를 피드백하며, 변화와 성장을 축하하는 것을 말한다.

3. 국제코치연맹의 코칭 역량

국제코치연맹(International Coach Federation: ICF)은 코치들이 갖추어야 할 코칭 역량으로, 기존의 11가지 핵심 코칭역량을 개정해 2020년부터 8가지 코칭 핵심 역량(63개의 실행지침)을 발표했다(〈표 4-6〉 참조). 기존 핵심 역량 가운데 '직접적 커뮤니케이션'(역량 7), '일깨우기'(역량 8), '행동 설계하기'(역량 9), '계획 수립과 목표'(역량 10), '진행 및 책무 관리'(역량 11) 역량은 명목상으로는 삭제되었지만, 새로운 역량 안에 구조화되어 통합·압축되어 있어서 오늘날 코칭에서도 계속해서 유효하다.[51)]

51) 박창규·원경림·유성희(2022). 마스터풀 코치가 갖추어야 할 코칭 핵심 역량. 서울: 학지사. 4-6에서 발췌, 인용.

표 4-6 국제코치연맹(ICF)이 제시하는 8가지 코칭 핵심 역량

구분	역량
역량 1	윤리적 실천을 보여준다(Demonstrates ethical practice).
역량 2	코칭 마인드셋을 구현한다(Embodies a coaching mindset).
역량 3	합의를 이끌고 유지한다(Establishes and maintains agreements).
역량 4	신뢰와 안전감을 조성한다(Cultivates trust and safety).
역량 5	프레즌스를 유지한다(Maintain presence).
역량 6	적극적으로 경청한다(Listen actively).
역량 7	알아차림을 불러일으킨다(Evokes awareness).
역량 8	고객의 성장을 촉진한다.

출처: 국제코치연맹(2023). (http://coachfederation.org, 2023년 1월 접속).

새롭게 변경된 8가지 핵심 역량에서는 주목할 부분이 있다. 첫째, 코치다운 태도와 역량을 매우 중시하여 '코칭 마인드셋을 구현한다.'라는 역량을 새롭게 추가했다. 둘째, 코치가 실제로 코칭의 핵심 역량을 구현하고 코치다운 태도를 계속해서 성찰하며 실천하는 데 주안점을 두고, 역량의 제목을 기존의 명사형에서 동사형으로 바꾸었다. 셋째, 새로운 역량 모델은 더 단순하고, 이해하기 쉬우며, 일관되고, 명확한 언어를 사용하고 있다. 마지막으로, 개정된 8가지 핵심 역량에서는 개인 코칭 핵심 역량 외에 팀 코칭 핵심 역량에 대한 지침을 부록으로 수록하고 있다는 점이다.[52]

여기에 제시된 8가지 코칭 역량들은 개별적으로 작용하는 것이 아니고, 서로 반영하고 작용하면서 효과적인 결과를 만들어 내도록 설계되었다. 즉, 각각의 코칭 역량은 서로 거미줄처럼 연결되어 있어서 코칭 진행 과정에서 서로 영향을 주고받으면서 코칭의 흐름이 형성된다. 그리고 이것들은 코칭 초기 단계에서는 순서대로 진행될 가능성이 크지만, 코칭이 진행되면서 동시에 또는 순서와 관계없이 작용할 수도 있다.[53] 각각의 코칭 역량은 하나하나가 동등하게 중요하며, 서로가 같은 비중으로 작용한다. 그들 코칭 역량을 간단하게 살펴보자.

52) 박창규 · 원경림 · 유성희(2022). 마스터풀 코치가 갖추어야 할 코칭 핵심 역량. 서울: 학지사. 7에서 발췌, 인용.
53) 박창규 외(2022). 앞의 책. 36-44에서 발췌, 인용.

1) 윤리적 실천을 보여준다[54)]

이 역량은 다른 모든 역량의 초석이 되는 것으로, ICF 전문코치로서 코칭 윤리와 기준을 이해하고 계속해서 적용하는 것을 말한다. 코칭이라는 직종이 전문가로서 진실하고 온전하게 유지되며 인정받기 위해서는 윤리적 원칙과 기준을 지키는 것이 매우 중요하다. 윤리적으로 실천하는 것은 코치가 되기 위해 코칭 윤리에 따라 행동하겠다고 서약한 것을 지키고, 다양한 코칭 관계나 문제 상황에서 코치로서의 바람직한 행동을 보여주는 것을 말한다. 코치가 계속해서 윤리적 실천을 하는 모습을 보여줄 때, 고객에게 신뢰를 얻을 수 있고, 고객은 자신의 정체성과 가치관, 신념을 코치에게 편안하게 드러낼 수 있게 된다. ICF에서는 윤리적 실천을 보여주기 위한 핵심요소로서 진정성을 보여주고, ICF 윤리강령을 준수하며, 비밀을 존중하고, 다른 전문직과의 차별성을 유지하는 것을 제시하고 있다.

2) 코칭 마인드셋을 구현한다[55)]

이 역량은 개방적이고, 호기심이 많으며, 유연하고, 고객 중심적인 사고방식('마인드셋')을 개발하고 유지하는 것을 말한다. 일반적으로 마인드셋(Mindset)은 '사람의 마음가짐을 의미하는 것으로, 개인의 신념이나 태도 또는 습관적으로 형성되는 의견 등'을 포함하는 개념이다. 즉, 사람들은 자신만의 관점이나 사고방식, 사고의 프레임으로 세상과 사람, 사물을 본다는 것을 의미한다. 이것을 코칭에 적용하면, 마인드셋이란 '코칭 철학에 바탕을 둔 사고의 틀, 관점, 패러다임, 태도의 바탕 위에서 코치 역량과 기술을 체화하여 코치다움을 내재화하는 것'이다. 간단히 말해, 코칭을 바라보는 관점이자 코칭에 접근하는 사고방식을 말한다. ICF에서는 코칭 마인드셋을 구현하기 위한 핵심요소로서 지속적인 학습과 개발에 참여하고, 고객의 자율성을 인정하며, 성찰적 훈련을 개발하는 것을 제시하고 있다.

3) 합의를 이끌고 유지한다[56)]

이 역량은 고객 및 이해관계자와 협력하여 코칭 관계, 절차, 계획 및 목표에 관해 명확하게 합의하고, 개별 코칭 세션은 물론 전체 코칭 과정에 대한 합의를 이끄는 것을 말한다. '합의를 이끌고 유지한다'라는 것은 코치가 고객 및 이해관계자와 함께 코칭 관계를 형성하는 첫 출발점이다. 또한, 코칭과 관련된 제반 사항(고객과 코치가 서로 기대하는 것, 책임 및 지원 요소 등)에 대해 함께 논의하여 코칭 합의를 이끌고, 그 이후부터 코치는 고객의 파트너로서 책임을 다해

---

54) 박창규 · 원경림 · 유성희(2022). 마스터풀 코치가 갖추어야 할 코칭 핵심 역량. 서울: 학지사. 52-82에서 발췌, 인용.
55) 박창규 외(2022). 앞의 책, 86-117에서 발췌, 인용.
56) 박창규 외(2022). 위의 책. 120-147에서 발췌, 인용.

야 한다. 그리고 코칭을 마칠 때까지 그 합의를 유지하는 것은 코칭 진행을 위한 기초이자 핵심이라 할 수 있다. ICF에서는 합의를 이끌고 유지하기 위한 핵심요소로서 코칭 관계에 대한 합의, 전반적인 코칭 계획과 목표에 대한 합의 및 각 세션의 목표와 목적에 대해 합의할 것을 제시하고 있다.

4) 신뢰와 안전감을 조성한다[57]

이 역량은 고객과 함께, 고객이 자유롭게 나눌 수 있는 안전하고 지지적인 환경을 만들고, 상호 존중과 신뢰 관계를 유지하는 것을 말한다. 신뢰와 안전감은 모든 인간관계의 기초가 되고, 성공적이고 의미 있는 파트너십을 구축하고 계속해서 발전하기 위한 주춧돌이라 할 수 있다. 코치는 코칭 고객과 함께 상호 존중하고 신뢰하는 관계를 쌓고 유지함으로써 안전하고 지지적인 코칭 환경을 만들 수 있다. 이와 같은 환경을 만들면 고객은 허심탄회하게 자신의 얘기를 할 수 있게 되고, 그로 인해 코칭 대화가 한층 깊고 풍부해진다. ICF에서는 신뢰와 안전감을 조성하기 위한 핵심요소로서 안전하고 지지적인 환경을 구축하고, 고객을 온전한 전인적 존재로서 존중하며, 코칭 과정에서 고객이 행하는 작업(모든 생각, 행동, 판단, 도전, 노력 등)을 인정할 것을 제시하고 있다.

5) 프레즌스를 유지한다[58]

이 역량은 개방적이고 유연하며 중심이 잡힌 자신감 있는 태도로 완전히 깨어서 고객과 함께한다는 것을 의미한다. 즉, 코치가 자신의 내적인 요인이나 외적인 상황에 흔들리지 않고 침착하게 코치로서 현재에 존재할 수 있어야 한다는 것이다. 다시 말해, 코치는 코칭 관계에서 동요되는 상황이 발생하더라도 감정적으로 흔들리지 않고 중심 잡힌 태도와 자신감을 유지하는 것이다. '프레즌스'(presence)는 사전적 의미로, 누군가 또는 무엇인가가 어떤 장소에 있다는 것을 말한다. 대체로 '존재' 혹은 존재가 나타내는 '존재 방식' 혹은 '존재감' 등으로 이해할 수 있다. 코칭에서 프레즌스를 유지한다는 것은 코치 자신이 코칭 현장에 있고, 코치와 고객이 존재와 존재로서 함께 호흡하고 있는 것, 코칭 대화 과정에서 코치의 모든 관심을 고객에게 온전히 집중하는 것, 그러면서 그에 대한 선입견이나 편견을 내려놓고 온전히 느끼는 것, 그리고 코치로서 현재에 충실히 존재하면서 자신감을 잃지 않고 함께 있어 주는 것을 말한다. ICF에서는 프레즌스를 유지하기 위한 핵심요소로서 고객에게 온전한 집중을 유지하고, 호기심을 보여주며, 감정을 관리하는 것을 제시하고 있다.

---

57) 박창규 · 원경림 · 유성희(2022). 마스터풀 코치가 갖추어야 할 코칭 핵심 역량. 서울: 학지사. 150-182에서 발췌, 인용.
58) 박창규 외(2020). 앞의 책. 186-219에서 발췌, 인용.

6) 적극적으로 경청한다[59)]

이 역량은 고객이 자신의 시스템 맥락 안에서 전달하는 것을 충분히 이해하고, 고객의 자기 표현을 돕기 위하여 고객이 말한 것과 말하지 않은 것에 초점을 맞추는 것을 말한다. 이것은 코칭이 진행되는 동안 코치가 고객에게 온전히 집중하여 그의 말을 들음으로써 고객을 충분히 이해하고, 그가 바라는 것을 이룸으로써 성장, 발전하도록 지원하는 것을 말한다. 다시 말해, 적극적으로 경청한다는 것은 고객의 말을 듣고 그 정보를 수용한 후, 해당 상황에서 고객이 원하는 것이 무엇인지를 파악하면서 대화를 이어가는 창의적이고 능동적인 활동을 말한다. 나아가 적극적으로 경청하다는 것은 고객이 세상을 어떤 방식으로 체험하고 통합하는지, 어떤 관계 속에서 존재하는지, 그리고 그의 가치, 신념, 정체성, 관점 등이 어떤 것인지를 깊이 이해하면서 그의 표현을 지지하는 과정이다. ICF에서는 적극적으로 경청하기 위한 핵심요소로서 전체적으로 경청하고, 코치과 고객이 함께 이해한 것을 확인하기 위해 고객이 말한 것을 다시 비추어 주며, 고객에 대한 이해를 통합하여 커뮤니케이션을 지원할 것을 제시하고 있다.

7) 알아차림을 불러일으킨다[60)]

이 역량은 강력한 질문, 침묵, 은유 또는 비유와 같은 도구와 기술을 사용하여 고객의 통찰과 학습을 촉진하는 것을 말한다. '알아차림'(awareness)의 사전적 의미는 '어떤 정보나 경험에 기초하여 현재 무언가 있다는 것을 알고 있거나, 현 상황이나 주제에 대해 이해하고 있다는 것을 아는 것'이라고 할 수 있다. 이것은 단순히 아는 것(knowing)에 그치지 않고 자신의 인지 과정에서 관찰하거나 발견한 것까지 안다는 것을 의미하는 것으로, '메타 인지'(meta-cognition)를 포함한다. 알아차림을 불러일으킨다는 것이 코칭에서 의미하는 것은 고객이 어떤 주제나 이슈에 대해 깊이 생각하도록 그의 생각을 자극하는 활동과도 관련이 있다.

대체로 사람들은 바쁜 일상 속에서 살면서 자신의 삶이 어떤 방향으로 흐르고 있고, 자신이 무엇을 바라고 사는지, 자신의 내·외부에서 일어나는 감정, 생각, 행동 등이 무엇을 의미하는지 등을 잊어버리거나 깊이 생각하지 못하는 때가 많다. 이때 알아차림은 나다운 자신이 되는데 필요한 가장 기본적인 능력이다. 내가 무엇을 원하는지, 나의 진정한 욕구가 무엇인지, 내가 지금 어떤 감정을 느끼고 있는지, 내가 절대로 양보할 수 없는 가치와 신념은 무엇인지, 세상을 바라보는 나의 관점은 무엇인지 등에 관한 중요한 질문에 대답하기 위해서는 알아차림이 있어야 한다. ICF에서는 적극적으로 경청하기 위한 핵심요소로서 새로운 통찰을 위해 질문을

---

59) 박창규·원경림·유성희(2022). 마스터풀 코치가 갖추어야 할 코칭 핵심 역량. 서울: 학지사. 222-250에서 발췌, 인용.
60) 박창규 외(2022). 앞의 책. 254-293에서 발췌, 인용.

하고, 새로운 학습을 위한 관찰을 공유하며, 성찰과 '리프레이밍'(reframing)[61]을 지원할 것을 제시하고 있다.

8) 고객의 성장을 촉진한다[62]

이 역량은 고객이 학습과 통찰을 통해 행동으로 전환하도록 협력하고, 코칭 과정에서 고객의 자율성을 촉진하는 것을 말한다. 즉, 고객이 자율성을 바탕으로 자신의 목표나 목적을 향해 행동하도록 책임의식과 실행의지를 북돋우고, 구체적인 행동을 계획하고 실행에 옮기도록 코치가 파트너 역할을 해 주는 것을 말한다. 이것은 고객이 자신 안에 있는 가능성과 잠재력을 발견하고, 계속해서 성장하도록 촉진하는 것이며, 이와 관련된 의미있는 행동을 꾸준히 실천하는 고객을 지지하고 격려하는 것이다. 국제코치연맹(ICF)에서는 고객의 성장을 촉진하기 위한 핵심요소로서 학습을 행동으로 옮기도록 촉진하고, 고객의 자율성을 존중하며, 고객의 발전을 축하하고, 코칭 세션을 종료하는 데 있어 파트너의 역할을 할 것을 제시하고 있다.

4.5 코칭 시스템

자연과학 및 사회과학 양쪽에서 파생된 시스템 이론은 관계 시스템을 연구하는 복수 학제 간의 분야로서 현대 코칭에 강력한 영향을 미쳤다고 하지만, 그것을 구체적이고 본격적으로 논의한 흔적은 찾아보기 힘들다. 시스템 사고의 일부 작동 원리들, 예컨대 '피드백'(feedback)과 '피드포워드'(feedforward), 전인적이고 독립적이고 개방적인, 그리고 창의성과 혁신을 일으키는 역동성과 같은 개념을 일부 코칭에 적용해 왔을 뿐이다.[63] 필자가 말하는 코칭 전반의 시스템 차원에서 코칭 시스템(coaching system)을 제대로 논의한 것은 찾아보기가 힘들다. 실제 코칭 현장에서는 몇몇 코치들이 코칭 시스템을 코칭 모델, 코칭 절차, 코칭대화 모델 등과 유사한 개념으로 혼용하고 있으나, 이 역시 구조적으로 체계적이지 못하거나 코칭 시스템을 제대

61) '리프레이밍'(reframing)은 사고방식이나 느끼는 방식의 틀(frame)을 바꾸는 것으로, 고객이 자신감이 부족하거나 불확실하게 생각하는 것을 다른 관점에서 재구성해서 분명하게 이해하도록 지원하는 방법이다. 구체적인 방법으로 스토리텔링, 관조, 탈 융합 등의 기술이 활용된다. 이에 관해서는 다음에 소개하는 책을 참조할 수 있다. 박창규 · 원경림 · 유성희(2022). **마스터풀 코치가 갖추어야 할 코칭 핵심 역량**. 서울: 학지사. 268-269.

62) 박창규 외(2022). 앞의 책. 298-335에서 발췌, 인용.

63) Brock, V. G.(2012). *Sourcebook of Coaching History*. VB Coaching & Consulting(김경화 외 역, 2015. **코칭의 역사**. 서울: 코쿱북스. 236-237에서 발췌, 인용).

로 설명하기에는 부족해 보인다. 따라서 여기에서는 본격적으로 '시스템'(system)이라는 개념을 살펴본 다음에, 그것을 원용하여 코칭 시스템을 설명하고자 한다.

1. 시스템(system)의 정의와 속성

시스템은 '부분들의 단순한 집합 이상의 의미를 지니는 상호 관련된 부분들의 집합, 또는 복잡하지만 통일된 전체를 이루는 부분들의 집합'이라고 정의할 수 있다.[64] 시스템 개념이 적용되는 범위는 매우 넓어서 은하계와 태양계를 지칭하는 경우에 적용되고, 자동차, 냉장고, 컴퓨터와 같은 기계적 장치에도 작용하며, 주택이나 주방에도 적용된다. 그런가 하면 인간이나 동물 등과 같은 유기체에도 적용할 수 있고, 개인과 집단들로 구성되는 사회, 기업, 교회, 병원 및 학교 등과 같은 조직에도 적용할 수 있다.

이렇듯 시스템 개념이 광범위하게 적용되지만, 이들 모두에게 적용되는 공통점이 있다. 그것은 전체는 상호 관련된 부분들의 집합(sets)이라 할 수 있지만, 그렇다고 전체가 부분들의 단순한 집합은 아니라는 점이다. 예컨대, 전체로서의 인간은 단순한 합 이상의 의미인 사고능력을 지닌 생명체 또는 하나의 인격체로서 인식된다.

시스템은 다음의 네 가지 속성을 가지고 있다.[65] 첫째, 시스템은 목표 지향성이 있다. 예컨대, 동식물을 포함하는 생물시스템은 생존과 번식이라는 목표가 있고, 인간은 생존의 욕구, 안전추구 욕구, 존경의 욕구, 자아실현 추구 욕구가 있다. 기업 경영 시스템 역시 재화와 용역의 생산과 판매를 통한 이윤 창출 등과 같은 고유의 목표가 있다. 둘째, 시스템은 환경 적응성이 있다. 시스템은 자신을 둘러싸고 있는 환경과 부단한 상호작용을 하고 있다. 환경 속에서 잘 적응하면 시스템은 살아남고, 그렇지 못하면 발전이 저해되거나 생존의 위협을 받게 된다. 셋째, 시스템은 분화와 통합성이 있다. 하나의 전체 시스템이 여러 개의 하위 시스템으로 분화되고, 그것이 다시 전체로서 통합된다는 것이다. 따라서 하위 시스템은 자신을 포함하고 있는 전체 시스템이 없을 때는 존재할 수 없고, 다른 하위 시스템과의 밀접한 상호 의존성을 토대로 전체 시스템에 통합되어 있다. 이것은 시스템의 유지와 발전을 위해서는 시너지(synergy)가 필요하다는 의미를 함축하고 있다. 마지막으로, 시스템은 '투입–전환–산출'의 과정이라는 속성이 있다. 시스템은 외부 환경으로부터 투입물(inputs)을 받아들여 내부 전환과정(transformation process)을 거쳐 산출물(outputs)을 만들어 내는 과정이다. 이 산출물은 피드백(feedback) 과정

64) Koontz, H., & O'Donnell, C.(1976). *Management: A Practical Introduction Analysis of Management Functions*(6th Ed.). NY: McGraw-Hill Books Company; 신유근(2011). 경영학원론(제3판). 서울: 다산출판사. 54쪽에서 발췌, 재인용.

65) 신유근(2011). 앞의 책. 54-57에서 발췌, 인용.

그림 4-6 시스템과 코칭 시스템 사이의 비교

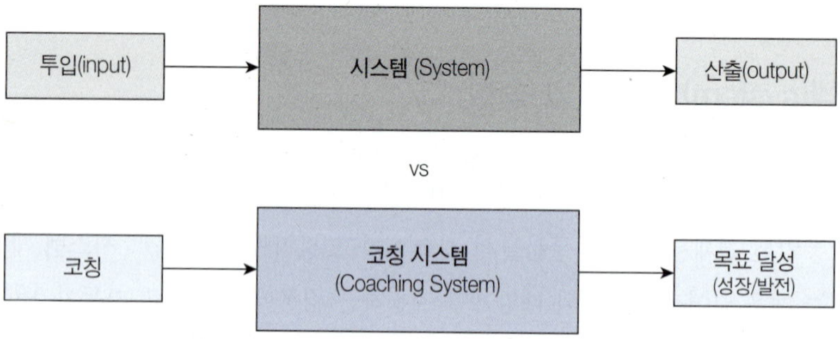

을 거쳐 시스템의 다음번 순환과정을 위한 투입물이 된다. 어떤 시스템의 생명을 보존하기 위해서는 이 과정이 계속해서 순환되며 반복한다.

코칭은 이런 특성을 가진 시스템과 두 가지 측면에서 관련이 있다. 하나는, 코칭 자체가 하나의 시스템을 가지고 있다는 점이고, 다른 하나는 코칭은 철저하게 시스템적 접근법(system approach)으로 보아야 한다는 점에서 그렇다. 전자는 협의의 관점에서 코칭을 바라본 것으로, 주로 코칭의 외형적인 측면을 강조한 것이다. 이에 비해, 후자는 광의의 관점에서 코칭을 바라본 것으로, 코칭의 내면적인 특징을 강조한 표현이다. 따라서 코칭 시스템은 이런 개념을 바탕을 두면 더 체계적으로 이해할 수 있다. [그림 4-6]은 일반적인 시스템과 코칭 시스템을 비교한 것이다.

2. 코칭 시스템의 정의와 구성 요건[66)]

간단히 말하면, 코칭 시스템은 '코칭에 필요한 여러 요소들(elements)이 종합적으로 모인 집합체'이다. 다시 말하면, 코칭 시스템은 '고객이 가지고 있는 주제나 이슈들의 해결이라는 목표를 향해 각각의 요소들이 상호작용하는 부분들의 집합'이다. 코칭 시스템을 구성하는 각 요소는 하나의 시스템 아래 상호작용하면서 영향을 주고받으며, 서로 피드백을 주고받는다. 따라서 코치와 고객은 하나의 총체적인 코칭 시스템(coaching system) 안에서 주어진 문제를 해결하기 위해 서로 협력하는 파트너이다.

코칭 시스템에는 여러 가지 요소들이 포함된다. '코칭 철학'(coaching philosophy), '코칭 모델'(coaching model), '코칭 기술'(coaching skill), '코칭 대화 절차'(coaching conversation process),

66) 조성진(2020). 코칭과 경력개발. 경기: 양성원. 86에서 발췌, 인용.

그리고 '코칭 절차'(coaching process) 등이 그것이다. 이런 요소들이 각각 따로 작용하고, 또한 상호작용하면서 코칭에 참가하는 주체들과 해결하고자 하는 주제들에 영향을 끼치게 된다. 각각의 요소에 대해서는 이후의 장에서 상세하게 설명할 것이다.

다만, 여기서 한 가지 분명하게 짚고 넘어갈 것이 있다. '코칭 모델'(coaching model)과 '코칭 대화 절차 모델'(coaching conversation process model)은 시스템 속에 속하는 각각의 요소로서, 각기 달리 구분해야 한다는 점이다. 현재 코칭 현장에서 사용되는 코칭(교육) 프로그램에서는 이 두 가지를 명확하게 구분하고 있는 것 같지 않다. 앞서 언급했듯이, 두 가지는 코칭 시스템을 구성하는 다른 요소로서 명확하게 구분되어야 한다. 그런데도 마치 코칭 모델이 곧 코칭 대화 절차 모델인 것으로 인식하고 주장하는 경향이 없지 않다. 그러다 보니 적어도 우리나라에서는 코칭 대화 절차가 다르면, 그것이 곧 또 하나의 코칭 모델인 것으로 이해하는 관행이 지금까지 이어지고 있다. 앞으로 이후의 장에서 코칭 모델과 코칭 대화 절차(모델)가 어떻게 다른지 구체적으로 설명할 예정이다.

3. 시스템적 접근법과 코칭

시스템적 접근이란 '시스템의 기본 속성을 이용해 복잡한 현상을 분석하고자 하는 방법'을 말한다.[67] 이 관점을 코칭에 적용하면, 코칭은 부분에 집중하기보다 전체를 넓은 시야로 보고, 각각의 현상 자체에 몰입하기보다는 일정한 패턴을 찾아내는 데 초점을 맞추는 '시스템적 접근법'(system approach)이다.[68] 즉, 코칭은 눈에 보이는 현상에만 집중할 것이 아니라 그 현상이 나타난 배경과 특정 행동의 패턴 등을 전체적인 시각에서 관찰하고 종합적으로 판단해야 하는 활동이다. 그래서 코칭은 서로 다른 부분들의 결합을 통해서 새로 생겨나는 성질과 현상을 함께 인식하고 고려해야 한다는 점에서 파트너십(partnership)이고 시스템적 속성을 지니고 있다.

> "숲속에서 나무를 움직이는 대신 그대로 두고 제자리에 돌려놓으면, 당신은 전체 숲을 실제로 더 좋게 만드는 것이다." – 마샬 골드스미스 & 메릴 모리츠

> "개인이나 조직 문제를 더 잘 이해하고 해결하려면, 어떤 문제에 서로 영향을 주고받는 다양한 시스템과 상황을 고려해야 한다."[69] – 리마노치 & 브라운

67) 신유근(2011). 경영학원론(제3판). 서울: 다산출판사. 53에서 발췌, 인용.

68) 이언 맥더모트 · 웬디 제이고(박정길 · 최소영 역, 2007). 코칭 바이블, 서울: 웅진윙스. 76에서 발췌, 인용.

69) Rimanoczy, I., & Brown, C.(2008). Bringing action reflection learning into action learning. *Action Learning Research and Practice*, 5(2), 185-192.

예컨대, 피드백[70]에 대해 생각해 보자. 어떤 사람이 하나의 행동을 하면 결과를 만들어 내고, 그 결과는 그 사람의 행동에 대한 피드백이다. 다시 말하면, 어떤 행동을 했기 때문에 그런 결과인 피드백이 나타난 것이다. 행동의 결과를 피드백으로 생각할 때 주의할 점은 그 피드백은 단지 사실적인 정보일 뿐, 그 자체가 성공이나 실패를 의미하는 것은 아니라는 점이다. 따라서 코치는 고객의 사고와 행동의 결과로 나타난 피드백을 있는 그대로 관찰하고, 그것이 무엇을 의미하는지 시스템적인 관점에서 파악해야 하며, 그것을 토대로 고객이 문제를 스스로 해결할 수 있도록 도와야 한다.

또한, 시스템적 접근법은 현상이 자리 잡은 어떤 상자 안에서 그것을 바라보는 것이 아니라 상자 밖으로 나와 현상을 바라본다는 것을 의미하는 말이기도 하다. 예컨대, 충동구매가 심하여 재정적으로 어려움을 겪고 있는 고객이 있었다고 가정해 보자. 그는 매일 신용카드를 한도까지 쓰고 다른 카드로 돌려막기를 계속하고 있었다. 고객은 자신이 충동구매가 심하다는 것을 알고 있을 뿐, 자신의 문제를 해결하는 데 도움이 되는 어떤 행동도 실천하지 않았다. 이런 상황이 계속되면 어떤 결과가 닥쳐올 것인지는 누구나 예상할 수 있다. 이 고객이 상자 안에 계속 머물러 있는 한, 이런 방식이 이어질 수밖에 없다는 것을 코치는 충분히 짐작한다. 코치는 고객이 상자 밖으로 나와 현재 일어나고 있는 현상의 패턴을 보고 느끼도록 도와줄 필요가 있다. 이런 차원에서 코치는 코칭에서 어떤 주제를 다루더라도 시스템적으로 접근할 필요가 있다.

혹자는 코칭에 시스템적 접근법을 접목한 것을 '시스템 코칭'(system coaching)이라고 부르고, 코칭의 한 장으로 구분하기도 한다. 이들은 종래의 개인 중심 코칭이나 관계형 코칭, 상호주관적 코칭 차원에서 한 발 더 나아가서 코칭을 시스템의 관계성에서 일어난다고 인식하는 것이다.[71] 즉, 코칭은 학습과 개발이 개인 내부에서 일어나는 것이 아니라, 유기체나 살아 있는 시스템과 같이 연결된 폭넓은 환경 시스템 사이의 관계적인 것이라고 인식한다. 그리고 다음과 같이 시스템 코칭의 기본원칙을 제시한다.[72]

---

70) 여기서 얘기하는 피드백은 가치 중립적인 용어로서, 계속해서 움직이고 있는 구조를 묘사한 것이지, 코칭 기술(coaching skill) 가운데 하나인 피드백을 말하는 것이 아니다.

71) 시스템 코칭에 관한 자세한 내용은 다음에 소개하는 책들을 참조할 수 있다. Cardon, A.(2020). *Systemic Coaching Powerful Questions: The Systemic Coaching Collection*.(Kindle Ed.); Hawkins, P., & Turner, E.(2019). *Systemic Coaching: Developing Value Beyond the Individual*. London: Routledge(최은주 역, 2021. 시스템 코칭: 개인을 넘어 가치로. 서울: 한국코칭수퍼비전아카데미); Whittington, T.(2020). *Systemic Coaching and Constellations: The Principle, Practices and Application for Individual, Teams and Group*(3rd Ed.). London: Kogan Page.

72) Hawkins, P., & Turner, E.(2019). *Systemic Coaching: Developing Value Beyond the Individual*. London: Routledge(최은주 역, 2021. 시스템 코칭: 개인을 넘어 가치로. 서울: 한국코칭수퍼비전아카데미. 69-82에서 발췌, 재인용).

- 부분을 별도로 나누지 않고 연결에 중점을 둔다.
- 시스템을 다른 시스템과 관련지어 본다.
- 모든 시스템이 차례로 그 안에 연결되어 있고, 더 큰 시스템 안에서 또 연결된 방식을 이해하는 것이다. 우리는 세상에 살고, 세상은 우리 안에 살고 있다.
- 우리는 관찰하고 참여하는 모든 시스템의 일부이며, 영향을 미친다.
- 우리는 자신의 배경, 문화, 가치, 편견에서 벗어나기 어려우므로 완전히 객관적으로 되기 어렵다.
- 시스템 코칭은 우리가 무엇에 집중하느냐에 관한 것일 뿐만 아니라, 어떻게 집중하느냐와 어디에 집중하느냐에 관한 것이다.
- 시스템 코칭은 시스템적 지각, 시스템적 사고, 시스템적 존재, 시스템적 관계가 필요하다.

4.6 코칭에서 다루는 주제들과 의사결정

1. 주제나 이슈의 성격과 의사결정

앞서 설명한 대로 코치는 코칭 시스템하에서 고객이 제시한 다양한 주제나 이슈들을 대상으로 코칭을 진행한다. 이것들은 개인적인 관심사, 스트레스, 대인관계, 자기계발과 경력관리, 가족, 미래 준비, 비즈니스, 경영 전반에 걸쳐 생기는 것들로, 그 형태와 정도가 엄청나게 다양하다. 어쩌면 사람의 수와 그 사람이 고민하는 수만큼의 주제가 코칭에서 다루어질 수 있는 주제나 이슈들일지도 모른다. 그런데 실제 현장에서 코칭을 진행하기 위해 고객이 꺼내놓는 주제나 이슈들은 결국 개인이나 집단 및 조직의 의사결정(decision making)과 관련된 문제들이 많다는 것을 경험하게 된다.

대개 사람들은 두 개 이상의 대안들 가운데 무언가를 선택해야 할 때 의사결정을 해야 한다. 개인들의 경우에는 어떤 사람과 관계를 계속 유지해야 할지 말아야 할지, 현재 상태에 만족할 것인지, 좀 더 자신을 계발시켜야 할지, 자신의 진로와 관련하여 어떤 길을 택할 것인지, 어떤 방법으로 학습을 할 것인지 등을 결정해야 한다. 이에 비해, 조직의 최고경영자는 조직의 목표를 정하고, 어떤 제품과 서비스를 제공할 것인지를 결정하며, 어디에 새로운 제조공장을 건설할 것인지를 결정해야 하고, 재무관리를 더 잘 하려면 어떻게 해야 하는지를 결정해야 한다. 중간 관리자와 현장 관리자들은 생산 일정을 결정하고, 신입사원들을 선발하며, 임금 인상을 어떻게 해야 하는지를 노조 대표자들과 협상해야 한다. 한편, 관리 책임이 없는 현장의 직원들은 직장 일에 얼마만큼의 노력을 기울일지, 상사가 시킨 일을 할지 말지, 이 회사에 계속 다녀야 할지 이직할지 등을 결정해야 한다. 어떤 의사결정이든지 개인의 의사결정은 조직에 큰 영향을 미치고 중요한 부분을 차지한다.

의사결정은 어떤 문제에 대한 반작용으로 생긴다.[73] 즉, 현재 사건의 상태와 바라는 상태 사이에 차이(gap)가 있어서 어떤 대안과 관련된 행동을 취할지 생각할 필요가 생긴 것이다. 예컨대, 취업을 앞둔 시점인데도 아직 진로를 결정하지 못했다면, 스스로 결정을 내려야 하는 문제를 가지고 있는 것이고, 다른 직장 동료와 관계가 좋지 않은데 계속 한 부서에서 함께 일해야 한다면, 무언가 결정을 내려야 할 문제를 지닌 것이다. 그리고 매일 아침 자동차를 타고 출근하는데 자동차가 고장이 났다면, 스스로 결정을 내려야 할 문제를 지니는 것이다. 그러나 안타깝게도, 대부분 문제는 그것이 분명하게 보이도록 꼬리표를 달고 다니지 않는다는 것이다. 따라서 문제가 있다는 것을 인식하는 것과 그것을 해결하기 위해 무언가 의사결정을 해야 하는 과정이 필요한 것이다.

2. 의사결정의 단계

대개 사람들이 어떤 의사결정을 할 때 합리적으로 해야 한다는 것을 알고 있지만, 실제 대부분의 의사결정은 잘 짜인 모델이나 기준에 의해 하는 것이 아니라 자가 판단에 따라 결정하는 경우가 많다. 즉, 수용할 수 있거나 적절한 안을 선택하는 의사결정을 하는 경우가 많다. 그런데도 어떤 개인이나 집단 및 조직 구성원들은 의사결정을 내리는 합리적인 방법을 이해할 필요가 있다. 다음은 합리적 의사결정 모형(rational decision making model)의 단계를 간단하게 설명한 것이다.[74] 그리고 이것을 코칭에 어떻게 적용할 수 있는지를 간단하게 덧붙이고자 한다.

1) 문제의 인식과 정의

현재의 상태와 바람직한 상태 사이의 차이를 문제라고 하고, 그런 차이를 지각하는 것을 문제의 인식이라 한다. 이런 문제의 인식이 바로 의사결정의 토대가 된다. 다시 말하면, 문제를

73) Sanders, R.(1999). The Executive Decision-making Process: Identifying Problems and Assessing Outcomes. Westport. CT: Quorum. In Robbins, S. P. & Judge, T. A.(2011). *Organizational Behavior*(14th Ed.). New Jersey: Prentice Hall. 209에서 발췌, 인용.

74) 합리적 의사결정의 가장 중요한 가정은 사람들은 적은 비용과 노력을 들이면서도 가장 큰 유익을 가져다주는 대안을 추구해 간다는 것이다. 김주엽 · 송계충 · 정범구 · 박성언(2020). **조직행위론(제5판)**. 서울: 경문사. 338-340에서 발췌, 인용; Harrison, E. F.(1999). *The Managerial Decision-making Process*(5th Ed.). Boston: Houghton Mifflin. 75-102에서 발췌, 인용.

정확하게 인식하고 정의하는 것이 성공적인 의사결정에 중요하다. 코칭을 진행할 때, 코치는 이 점에 유의하여 고객이 자신의 문제가 무엇인지를 잘 인식하고 정의할 수 있도록 돕는 것이 아주 중요하다. 의사결정자는 문제를 제대로 잘 인식하기 위해서 자신과 조직의 목표가 무엇인지, 그런 목표를 달성했는지를 잘 식별할 수 있는지, 차이의 중요도를 잘 평가할 수 있어야 한다.

코칭에서 이 부분은 고객이 전적으로 담당해야 할 부분으로, 코치는 고객이 자신이 겪고 있는 문제가 무엇이고, 그것이 구체적으로 어떤 것인지 스스로 인식하도록 돕는 역할을 한다. 실제로 코칭에서 이 부분을 어떻게 진행하는지는 다른 장에서 자세히 언급하고 있으므로 그 부분을 참고하면 도움이 될 것이다.

2) 정보 탐색

현 상태와 바람직한 상태의 차이가 크다고 지각하게 되면, 다음 단계는 왜 그런 문제가 발생하게 되었는지를 분석하는 것이다. 이 단계에서 의사결정자 즉, 고객은 문제와 문제해결 방법에 관한 여러 가지 정보를 수집한다.

실제 코칭에서 이 부분에서 고객은 자신이 원하는 목표와 현 상태와의 차이를 발생하게 하는 원인이 무엇인지 찾게 되고, 그런 차이를 좁히기 위해 지금까지 시도한 것은 무엇이며, 자신이 원하는 것을 이루는 데 필요한 것들이 무엇인지에 대해 생각하고 관련 정보들을 수집하게 된다. 이런 과정에서 코치는 고객의 얘기를 경청하며, 질문하고, 피드백을 해주며 고객이 자신의 문제를 해결할 수 있는 실마리를 찾도록 헌신적으로 돕는 역할을 한다.

3) 대안 창출

다음 단계는 가능한 해결책을 개발하고 확인하는 것이다. 여기서는 앞 단계에서 수집된 정보를 기초로 하여 현재의 문제를 해결할 수 있는 여러 가지 해결책을 창출하게 된다.

실제로 코칭을 진행할 때도 고객은 자신이 겪고 있는 문제를 해결하기 위한 다양한 정보를 수집하고 나면, 다음으로 다양한 문제해결책을 찾을 수 있게 된다. 이때 코치는 고객이 가능한 많은 해결책을 찾을 수 있도록 지원하며, 고객이 해결책을 찾을 때마다 칭찬과 격려를 아끼지 말아야 한다.

4) 대안의 평가와 탐색

문제를 해결할 수 있는 충분한 대안들을 발견한 후에 의사결정자는 각각의 대안들을 평가하여 선택하게 된다. 즉, 의사결정자가 각각의 대안을 다른 모든 대안과 비교하거나, 각각의 대안을 기준 또는 목표와 비교하는 방법을 통해 대안들을 평가하게 된다. 한편, 대안들을 평가하기 위해 '비용–편익 분석법'이나 '효용 극대화법' 등을 사용할 수도 있다.

코칭을 진행할 때도 고객은 자신의 문제를 해결할 수 있는 해결책들을 찾은 다음에는 그 대안들 가운데 적절한 것을 선택하는 과정을 거친다. 당연히 고객이 발견한 대안들은 현재의 문제를 해결하는 데 도움이 될 것이라고 고객이 직접 생각하여 찾은 것들이기 때문에 어느 것을 택해도 문제해결에 도움이 된다. 그러나 모든 대안을 동시에 실행할 수 없어서 코치는 여러 개의 대안 가운데 고객 자신에게 가장 적절하고 최선의 대안이 되는 것을 먼저 찾도록 대화를 통해 지원하면 된다.

5) 실행 및 평가

일단 대안이 선택되고 나면, 의사결정자는 의사결정 사항을 실행에 옮기게 된다. 의사결정의 모든 단계가 중요하지만, 의사결정 사항이 실행되지 않으면 그 의사결정은 아무런 가치가 없는 것이다. 또한, 의사결정자는 실행 후에 무슨 변화가 일어나고 있는가를 알기 위해 결과를 지켜보고 평가하는 일을 게을리해서는 안 된다.

실제 코칭을 진행할 때도 이 단계는 가장 중요한 단계로 취급한다. 즉, 고객이 자신의 문제를 해결하기 위해 아무리 좋은 대안을 찾았다 할지라도, 그것을 실행하지 않으면 어떤 변화도 일어나지 않고, 문제는 해결될 수 없다. 따라서 코치는 고객이 세운 실행 계획을 어떻게 이행할 것인지, 코치가 실행 여부를 어떻게 확인할 수 있는지, 실행결과는 어떤지를 점검하는 것을 잊지 말아야 한다. 그리고 이 과정에서 고객이 여러 가지 현실적인 장애물과 어려움에도 불구하고 실행계획을 실제로 수행한 것과 이룬 결과들에 대해 칭찬과 인정을 아끼지 말아야 한다.

5.1 코칭에서의 인간관

1. 인간관과 코칭

인간이 무엇인가에 관한 물음은 인류 역사가 시작된 이래, 인간에게 던져진 가장 중대하고 심각한 물음이고, 철학의 오랜 전통 속에서 가장 중심이 되는 문제이다. 인간 세계에서 벌어지는 모든 일의 근원을 물을 때, 우리는 반드시 인간이라는 기준에 중점을 두고 문제의 실마리를 찾아가게 된다. 그래서 동서양을 막론하고 인간이 관여한 거의 모든 학문, 즉 신학, 철학, 심리학, 사회학, 교육학, 경제학, 경영학 등에 이르기까지 인간이 어떤 존재이고, 그 본성(本性)은 무엇인지를 다루고 있다. 특히 문학과 예술은 인간에 관한 감성적인 표현의 극치를 이루고 있다.

인간은 실천적 자의식을 갖는 주체적인 존재이다. 다시 말하면, 인간은 부단히 자신의 존재 의미를 확인하면서 살아가고, 자신의 삶을 선택하고 기획하면서 살아가야 하는 실천적 자의식을 갖는 존재이다. 그러므로 인간에 대한 이해는 삶의 제반 문제들의 성격과 해결책을 규정짓는 중요한 관건이 된다. 인간관(人間觀)이란 인간이라는 존재를 어떻게 볼 것인가에 관한 문제이다. 서양의 고전 사상이나 근세 철학에서 말하는 인간관이 그렇고, 유교 · 불교 · 기독교의 인간관이 그러하며, 우리의 성리학적 인간관, 실학적 인간관, 동학(東學)의 인간관이 그렇다. 여기에서 이들 인간관의 실체를 깊이 다루는 것은 이 책에서 주로 다루고자 하는 주제에서 상당히 벗어난다. 다만, 코칭 현장에서 만나는 많은 사람, 즉 코치와 고객인 인간들의 본 모습을 조금 이해하는 정도에서 멈추고자 한다.

코칭에서 다른 무엇보다 인간관에 관해 알아보는 것은 코칭이 기본적으로 사람들을 돕는 것이고, 그들이 겪는 문제와 이슈들을 이해하려면 인간의 본성을 이해할 필요가 있기 때문이다. 즉, 인간을 어떤 관점에서 보는가에 따라 그의 본질, 그가 겪는 이슈의 성격, 그가 속한 집단과 조직 및 사회에 대한 이해의 출발점이 되기 때문이다. 이런 인식을 바탕으로 코칭 현장에서 만나는 인간인 고객과 그가 꺼내놓은 이슈들을 이해하고, 코칭 장면에서 생기는 인간과 인간의 접촉과 조화, 그리고 역동 등을 알아가기 위해서는 인간관에 관해 먼저 알아보는 작업이 선행되어야 한다.

이 책에서는 인간의 본질에 관한 철학적 고민의 산물인 인간이 이성적인 존재인지, 아니면 욕망하는 존재인지에 관한 사상 및 철학에 대해 간단히 살펴보고, 추가로 몇 가지 종교적 관점의 인간관을 살펴보기로 한다. 거듭 얘기하지만, 이 책은 주요 목적이 인간관을 깊이 있게 살펴보는 것이 아니고, 코칭 장면에서 만나는 인간을 어떻게 바라보는가에 따라 코칭의 진행과 초점이 달라질 수 있다는 점 때문에 인간관에 대해 살펴보는 것임을 꼭 기억하길 바란다.

2. 이성적 존재로서의 인간

서양의 고전 고대 사상에서 근세 이성주의에 이르기까지 이성주의 전통 위에 서 있는 사상들은 대부분 인간을 합리적이고 이성적인 존재라는 것에 대해 굳은 신념을 가지고 있다.

먼저, 소크라테스(Socrates)는 모든 사람은 자신의 삶을 성찰해야 하며, 그럴 재능과 능력이 있다고 보았다. 왜냐하면, 인간은 영혼을 지닌 존재이며, 영혼의 주된 기능으로서 이성적 능력을 발휘할 수 있고, 이를 통해 삶의 가치와 규범을 추구할 수 있기 때문이다. 그리고 플라톤(Platon)은 인간은 자기가 본 것을 탐구할 수 있는 존재로서, 대상을 객관화하고 여러 사태를 동시에 고려할 수 있는 능력을 지닌 존재라고 보았다. 그는 인간의 내면을 '이성'과 '욕망'으로 크게 구별하고, 이데아(idea)를 직관하는 능력을 갖춘 이성이 욕망을 적절히 통제해야 한다고 주장했다. 또한, 아리스토텔레스(Aristotle)는 인간은 특별히 추론적 사고능력과 지성 있는 동물로서, 인간은 자연의 위계상 다른 동식물보다 높은 위치에 있는 특별한 존재라고 생각했다. 그래서 인간에게만 이성을 부여했으므로 인간은 자연의 뜻을 잘 실현해야 한다고 주장했다. 특히, 인간은 다른 생물들에게는 없는 이성이 있어서 자연현상의 원리를 탐구할 수 있다고 보았다. 그는 플라톤의 전통을 이어받아 행복이란 인간의 기능 가운데 가장 자연적 본성에 가까운 이성의 기능을 잘 발휘하는 것이라고 주장했다.[1)]

한편, 칸트(Kant, I.)는 인간의 본성적 자질, 특히 이성의 완전한 계발을 인간성의 궁극 목적으로 간주한다. 개인은 자신을 포함하여 모든 인간 존재를 온전한 이성적 존재로 대우하는 법

1) 고대철학에서 언급한 인간관에 관한 다양한 견해를 알기 위해서는 다음에 소개하는 논문들을 참조할 수 있다. 김수배(2011). 아리스토텔레스와 칸트의 인간관, 그리고 포스트휴먼. **칸트연구**, 28, 71-102; 조찬래(2011). 고대 정치철학에서 인간 본성의 이해. **정치정보연구**, 14(1), 175-192.

을 터득하고 실천할 때, 비로소 그 자신이 온전한 이성적 존재의 상태에 도달할 수 있게 된다.[2] 그래서 칸트는 인간이 자유롭게 행동할 수 있는 능력인 실천이성을 가지고 있어서, 자연의 인과관계에 종속되는 존재가 아니라 자신의 의지에 따라 행위를 하는 존재라고 보았다. 따라서 어떤 행위나 행동이 도덕적인지 그렇지 않은지는 그 행위가 선의지(善意志)[3]의 입장에서 이루어진 행위인지 아닌지에 따라 결정된다고 주장했다. 결국, 칸트가 생각하는 인간은 자연법칙을 인식하면서도 자연법칙에 결정 당하지 않는 존재이고, 세계 안에서 자신의 의무를 의식하는 유일한 존재로, 정언명령(定言命令)[4]에 자신 스스로 복종시킬 수 있는 이성적 존재로 보았다.

3. 욕망으로서 존재하는 인간

인간은 이성적이고 합리적이라는 생각이 득세하던 시절에 인간의 이기적이고 공격적인 본성을 주장한 홉스(Hobbes, T.)의 사상은 주목할 만한 견해였다. 그는 인간은 태어나면서부터 자기보존의 충동을 지니고 태어나고, 이후의 모든 행동도 자기보존의 충동에 따라 행동하게 된다고 주장했다. 즉, 인간은 제한된 공간 속에서 운동하고 서로 충돌하면서 살아가는 존재라고 보았다.[5] 그리고 흄(Hume, D.)에 따르면, 인간은 습성에 기초한 경험적 추론이 단지 동물보다 조금 더 고도화된 동물일 뿐이고, 사회는 인간 본성에서 비롯되는 문제들을 관습을 통해 해결하는 방향으로 발전했다고 보았다. 인간이 관찰할 수 있는 것은 자신의 의견, 느낌, 소망 등이고, 자신을 아무리 들여다보아도 자신은 발견할 수 없다고 주장했다. 그래서 결국, 인간은 쾌락을 예측하는 행위를 하게 되고, 고통을 예측하는 행위를 하지 않게 된다고 생각했다. 전반

2) 김수배(2011). 아리스토텔레스와 칸트의 인간관, 그리고 포스트휴먼. **칸트연구**, 28, 71-102.

3) 칸트는 도덕법칙(이성의 소리)에 따르는 의지를 선의지라 하고, 선의지(德)를 최상의 선이라고 했다. 그리고 최상의 선, 즉 선의지가 그것에 적합한 행복을 누린다고 보았는데, 이처럼 선의지와 합치 또는 일치된 행복을 최고선(最高善: 가장 좋은 것)이라 불렀다. 칸트의 최고선에 관해서는 다음에 소개하는 논문들을 참조할 수 있다. 손홍국(2022). 칸트와 최고선의 문제. **인문학연구**, 62, 473-503; 이행남(2021). 칸트의『실천이성비판』에서 최고선 구상의 사회정의론적 통찰과 그 한계. **철학**, 146, 29-60; 정제기(2022). 내세적 희망에서 현세적 희망으로: 칸트 실천철학에서 최고선 개념과 희망철학에 대한 연구. **철학논총**, 107, 239-266.

4) 정언명령이란 어떤 조건에서도 따라야 할 명령으로, 이것에 따라 도덕적 행위를 할 수 있다. 즉, 다른 모든 사람이 그렇게 행동해도 된다고 생각하는 것을 행동할 때, 도덕적인 문제가 발생하지 않는 것이다. 칸트의 정언명령에 관한 구체적인 내용은 다음에 소개하는 논문들을 참조할 수 있다. 강병호(2014). 정언명령의 세 주요 정식들의 관계: 정언명령의 연역의 관점에서. **철학**, 120, 53-74; 강철(2019). 정언명령의 유일성과 등가성에 대한 비판적 검토. **칸트연구**, 44, 1-33.

5) 위키백과(2022). 홉스의 인간관(http://ko.wikipedia.org/wiki/토마스 홉스, 2022년 4월 접속). 홉스의 인간관에 관해서는 다음에 소개하는 논문들을 참조할 수 있다. 이규성 · 박영란(2020). 홉스의 근대주의 인간관에 기반한 종교관 연구, **신학연구**, 57(2), 173-203; 이준호(2014). 홉스의 인간관과 국가관. **철학연구**, 131, 331-352; 최준호(2006). 홉스와 루소의 인간관: 심신 관계에 대한 가치론적 고찰. **철학연구**, 98, 319-345.

적으로 철저한 경험주의자였던 흄은 공리주의에 관한 관심이 높았다.[6)]

한편, 프로이트(Freud, S.)는 인간의 천성적이고 고정적인 측면을 강조한 심리학자로, 인간은 병들어 있는 존재로서 인간의 성격은 불변한다고 보았다. 즉, 인간은 통제할 수 없고, 비합리적인 본능의 지배를 받는 수동적인 존재라고 보았고, 자신의 쾌락을 극대화하기 위해 사회에 계속해서 대항해야 하는 투쟁적 존재라고 생각했다.[7)]

4. 종교적 인간관

여기에서는 유교, 불교, 그리고 기독교의 인간관에 대해 간단하게 살펴보겠다. 앞서 다른 사상 또는 철학적 인간관에 관해 설명할 때도 마찬가지지만, 여기서 종교적 인간관에 관해 설명하는 것은 코치가 만나는 다양한 고객들 가운데 종교를 지닌 사람들이 적지 않기 때문이다. 그들의 경우, 자신이 믿는 종교의 가치와 신념에 따라 행동하는 경우가 많으며, 가끔 사회생활 가운데 그것들을 지키는 것으로 인해 생기는 문제들을 해결하기 위해 코칭을 받으려는 사례가 있기 때문이다. 그래서 그런 고객을 이해하기 위해 여기서 종교적 인간관을 간단하게 설명하는 것을 이해하기 바란다.

1) 유교의 인간관

유교의 인간관은 『논어』(論語)에 가장 많이 등장하는 '인'(仁)의 개념을 통해 접근할 수 있다. '인'은 우리의 마음속에 활발하게 살아 움직이는 도덕적 양심 혹은 선의지(善意志)이다. 즉, 즉각적으로 선악과 비리를 분별하고, 자신이 판단한 선에 대하여 희열을 나타내며, 악에 대해서는 혐오의 마음을 나타내는 것이다. 유교에서 인간은 누구나 의지에 따라 '인'을 실현할 수 있는 존재로서, 인간의 본성을 '인'으로 파악한다. 즉, 인간은 '인'을 통해 도덕적 자각에 이를 수 있으며, 그런 도덕적인 의식을 추구하면 언제든 '인'을 실현할 수 있는 존재이다.[8)]

유교는 인간을 자신의 이익에 민감한 합리적 이기심을 지닌 존재라고 성급하게 규정하기보

6) 나무위키(2022). 흄의 인간관(http://namu/wiki/인간관, 2022년 4월 접속). 흄의 인간관을 비롯한 사상에 관해서는 다음에 소개하는 문헌들을 참조할 수 있다. 데이비드 흄(김성숙 역, 2012). **인간이란 무엇인가: 오성 · 정념 · 도덕 본성론**. 서울: 동서문화사; 이준호(2005). 데이비드 흄. 경기: 살림; 줄리언 바지니(오수원 역, 2020). **데이비드 흄: 인간을 있는 그대로 이해하고자 한 철학자**. 경기: 아르테; Hume, D.(2019). *A Treatise of Human Nature*(**인간 본성에 관한 논고**) 1부~3부. 서울: 부크크(Bookk)

7) 나무위키(2022). 프로이트의 인간관(http://namu/wiki/인간관, 2022년 4월 접속). 프로이트의 인간관에 관해서는 다음에 소개하는 문헌을 참조할 수 있다. 노성숙(2012). 현대 상담이론 및 심리 치료적 접근의 철학적 배경. **철학연구**, 99, 209-244; 이정민(2017). **한국의 프로이트 이론 수용 양상 연구: 일반 이론과 이론 개념을 중심으로**. 성균관대학교 박사학위 논문.

8) 황갑연(2018). **제자백가 사상: 핵심 개념 정리와 주요 사상 해설**. 전주: 전북대 출판문화원, 21-38.

다 자신 스스로 도덕적으로 완성해 나가고자 노력할 수 있는 존재로 바라본다.[9] 즉, 인간은 개체로서 지닌 존재가치를 뛰어넘어 사회에 대한 책임을 스스로 짊어지고 실천해야 하는 존재로서, 능동적 주체적인 도덕 인식과 실천을 통하여 존재 확대를 이루어 낼 수 있는 가변성을 보유하고 있다고 본다.[10] 이처럼 유교에서 인간은 '인'을 바탕으로 부단히 자신의 도덕적 인격을 완성해 나갈 수 있는 역량을 지닌 주체일 뿐만 아니라, 다른 사람과 조화로운 관계를 고민하고 추구할 수 있는 역량을 지닌 사회적 존재로 보고 있다.[11]

요약하면, 유교적 인간관은 인간을 '인'을 내재한 존재로 바라본다. '인'은 선악을 판단하고 시비를 가리는 어진 마음이다. 그래서 인간이라면 누구나 '인'을 통한 도덕적 자각에 이를 수 있을 뿐만 아니라 노력을 통해 '인'하게 될 수 있다. 인간에 대한 이런 규정은 인간을 타인과의 관계에 대한 도덕적 숙고의 과정을 통해 인간과 인간 사이에 이성적 관계 질서를 모색할 수 있는 능력을 발휘할 수 있는 존재로 상정한다. 이런 인간은 자신의 욕망에서 타인의 욕망을 발견하고, 나와 타인 사이의 이상적 관계 질서가 수평적이며 상호 대등한 관계로 거듭나야 한다는 반성적 사유의 지평을 발견한다.[12]

2) 불교의 인간관

불교에서 인간은 '윤회'(輪廻)와 '해탈'(解脫)의 두 차원 사이에 존재하는 존재자로 보고 있다. 인간은 실체라고 할 만한 것 자체가 없어서 개인들은 개별적 자아에 집착하지 말고, 자연의 한 부분으로 자연과 어울리는 삶을 살라고 가르치고 있다. 인연의 고리를 형성하면서 이 땅에 존재하게 된 인간은 그 자체로는 윤회를 거듭하는 여섯 단계의 존재자들 가운데 하나일 뿐이라고 설명한다. 인간은 다른 존재자들과 차별화된 특성이 있는데, 그것은 그 자신의 내부에 해탈의 가능성을 지니고 있다는 것이다. 그래서 누구나 윤회의 굴레를 제대로 성찰하면, 깨달음을 얻어 붓다가 될 수 있다고 본다. 다시 말하면, 인간은 그 출발점에서 윤회를 벗어날 수 없고 성인이 된 후에도 그 굴레를 쉽게 벗어날 수 없지만, 자신의 내면을 관조하려는 노력을 통해 어느 순간 깨친 자, 즉 붓다가 될 가능성을 지닌 존재자라고 본다.[13]

---

9) 이현지(2015). 공자 마음공부의 탈현대적 함의. **철학논총**, 82. 새한철학회. 480.

10) 조긍호(2021). **자기발전론의 동 · 서 비교: 새로운 심리학의 가능성 탐색(IV)**. 서울: 서강대학교 출판부. 178에서 발췌, 인용.

11) 진성수(2005). 유학의 이상: 자아의 성숙과 평화. **지금 여기의 유학**. 서울: 성균관대학교 출판부. 189-190에서 발췌, 인용.

12) 이충한(2020). 유교의 인간관과 사회 정의: 롤스의 정의의 원칙의 정당화 문제를 중심으로. **철학논총**, 100(2). 새한철학회. 163-184.

13) 박병기(2011). **불교의 인간관과 생명윤리의 문제**. (재)국가생명윤리정책원 생명윤리정책연구센터.

3) 기독교의 인간관

기독교적 인간관에서 인간은 하나님의 형상을 따라 특별하게 지음을 받은 존재이다. 이것은 인간과 하나님 사이에 닮은 부분이 있고, 인간은 하나님 성품의 영향을 받은 존재라는 것을 의미한다. 즉, 인간은 하나님처럼 자유, 이성, 도덕성, 사회성, 관계성 등을 지닌 존재라고 본다.[14] 따라서 인간은 무의식적인 힘에 따라 결정되거나, 외부의 환경에 의해 좌우되는 수동적인 피조물이 아닌, 하나님이 허락하신 자유 안에서 스스로 자신의 삶을 결정하고 행동할 수 있는 자유가 있는 존재이다.[15] 하지만, 자기 멋대로 살고자 하나님에 대항하여 독립하고자 한 인간은 하나님의 무한한 자원 공급의 활로가 막히자 자신이 자원을 늘리고자 타인의 자원을 빼앗으면서 하나님의 형상으로서 인간의 지위는 스스로 파괴되었고, 교만, 불(不) 신앙, 불순종으로 인한 깊은 상처를 남겼다.[16] 타락으로 인해 인간은 스스로 회복할 기회를 잃었고, 하나님의 구속으로 인해 인간은 다시 하나님과 바른 관계를 회복할 수 있게 되었으며, 이를 통해 행복한 존재로 살아갈 수 있게 되었다고 본다.

한편, 기독교에서는 인간을 '영'(靈)과 '육'(肉)의 통일체로 전인적으로 이해하고 있다. 이것은 육체적인 것과 정신적인 것, 그리고 영적인 자원이 서로 균형과 조화를 이루며, 상호 정상적인 관계를 유지하는 상태를 말한다. 그래서 기독교적 인간관에서 인간이 행복해지기 위해서 영혼과 육체의 욕구 모두가 조화롭고 균형 있게 충족되어야 한다고 본다.[17] 결국, 인간은 유한함을 가지고 있어서 하나님에게 의지해야 하고, 하나님께서 인간을 창조하신 목적에 부합하는 삶을 살 때 행복해질 수 있는 존재라고 생각한다.

5. 인본주의적 인간관

인본주의 인간관의 대표적인 견해를 주창한 사람은 칼 로저스(Rogers, C. R.)이다. 그에 따르면, 인간은 자유로우며 자신의 행동에 책임을 지고, 목적 지향적이며, 합리적이고 건설적인 방향으로 계속해서 성장해 나가는 미래 지향적 존재로 보고 있다.[18] 즉, 인간은 그들의 이상적인 모습을 향해 현실의 자신을 이끌어가는 존재로, 스스로 긍정적인 방향으로 이끌고 성장하고 싶은 마음을 지닌 존재라고 본다. 따라서 로저스는 인간의 선천적 잠재력을 발휘할 수 있는 조건들이 적절히 갖추어진다면, 인간은 무한히 성장하고 발전할 수 있다고 결론지었다.

---

14) 김은수(2003). 하나님 형상과 기독교 사회복지. 신학과 실천, 6, 175-180.
15) 박창우(2014). 인간관 비교에 따른 기독교 사회복지에 관한 소고. 신학과 실천, 38, 625-650.
16) 안석 · 김광묵(2012). 칼뱅의 인간 이해와 목회적 돌봄. 신학과 실천, 31, 241.
17) 하창순(2013). 그리스도 교회의 인간성 고찰. 신학과 실천, 34, 251.
18) 금교영(2010). 현상학적 심리학자의 인간관을 통한 인격 연구. 철학논총, 61, 165-168.

로저스는 인간의 삶은 자신이 통제할 수 없는 어떤 힘에 따라 조종당하는 수동적인 삶이 아니라, 개인의 자유로운 능동적 선택의 결과라고 보았다. 그에 따르면, 모든 인간은 자신의 과거와 현재 생활 상태를 정확하게 인식할 수 있어서 자신의 삶과 미래를 능동적으로 선택할 수 있다. 즉, 인간은 선천적으로 타고난 성장 가능성을 실현하는 과정에서 자신의 인생 목표와 행동 방향을 스스로 결정하고, 이런 결정에 따른 책임을 수용하는 자유로운 존재이다. 이처럼 로저스는 인간은 항상 성장하고 발전하는 창조성이 있고, 또 그럴 가능성이 무한히 잠재되어 있다고 보았다.[19)]

이런 인식에 따르면, 모든 사람은 자신 나름대로 구성한 세계를 바라보고, 그 세계에 대해서 만큼은 타인이 함부로 건드릴 수 없다고 생각한다. 즉, 한 인간이 경험하는 느낌과 기분, 정서는 이미 그 자체만으로 가치가 있는 것이며, 존중받아 마땅한 것이라고 보았다. 결국, 존재 그 자체만으로 모든 인간은 존엄하다고 주장했다. 따라서 한 인간을 각각 분석하고 판단하며 통제하는 것은 인본주의 심리학에서 가장 경계하는 일이다.[20)]

인본주의자들은 자기 자신의 삶을 책임지며, 새로운 지식을 추구하고 새로운 선택지들을 탐험하는 동시에 새로운 발견의 부분이 되는 모험을 즐긴다. 그리고 제한 없는 탐구와 이에 수반되는 발견의 자유를 즐긴다. 이런 측면에서 인본주의자들은 삶을 사랑하는 사람들의 철학이라고 볼 수 있다.[21)] 이처럼 인본주의 철학에서 유래된 책임, 발견, 제한 없는 선택, 자유 그리고 상장과 달성 능력과 같은 개념들은 현대 코칭의 철학적 기초가 되고 있다.[22)] 즉, 인간을 모든 것의 척도로 보는 점과 모든 개인은 성장과 성취에 대한 능력, 심지어는 갈망까지 가지고 있다고 인식하는 점에서 코칭은 인본주의적이라고 볼 수 있다.[23)]

6. 경제학과 경영학의 인간관

경제학에서는 국가의 효용과 생산력을 끌어올리기 위해, 경영학에서는 기업의 이익과 노동

19) 유영권(2004). 칼 로저스의 자기 개념에 관한 비판적 연구. 한국기독교상담학회지, 7, 181-184.

20) 칼 로저스의 인간관과 코칭 이론에 관해서는 이 책의 제2장 2절에서 자세히 다루었으니 참고하기 바란다. 추가로 그의 생애와 인간관에 관해 알기 위해서는 다음에 소개하는 책들을 참조할 수 있다. 노안영(2018). 상담심리학의 이론과 실제(제2판). 서울: 학지사. 337-351; Barry, A. F., Debora, C. B., & Patricia, M. R.(주은선 역, 2017). 칼 로저스의 심리치료. 서울: 학지사; Thorne, B., & Sanders, P.(박외숙 · 고향자 공역, 2017). 칼 로저스: 인간중심치료의 창시자. 서울: 학지사.

21) Brock, V. G.(2012). *Sourcebook of Coaching History*. VB Coaching & Consulting(김경화 외 역, 2015. 코칭의 역사. 서울: 코쿱북스. 41-48에서 발췌, 인용); Edwards, F. C.(1989). What is Humanism?(http://jcn.com/humanism/php4, 2022년 4월 접속)

22) Stober, D. R.(2006). Coaching from the humanistic perspective. In Stover, D. R., & Grnat, A. M.(Ed.). *Evidence-based Coaching Handbook: Putting best practices to work for your clients*. Hoboken, NJ: Wiley. 17-50.

23) Skiffington, S., & Zeus, P.(2003). *Behavioral Coaching: How to build sustainable personal and organizational strength*. North Ride, NSW: McGraw-Hill Australia.

자의 생산력을 끌어올리기 위해 학문을 발전시켰다. 처음에는 이것을 잘 깨닫지 못했지만, 점차 이런 인식이 인간을 바라보는 관점과 밀접한 관련이 있다는 것이 드러나게 되었다.

1903년 테일러(Taylor, F. W.)의 '시간 동작 연구'(time & motion study)에서 제안되었던 전통적이고 고전적인 인간관은 1924년부터 8년 동안 이어졌던 '호손 공장 실험'(Hawthorne Work Experiment)[24]을 통해 반박되었고, 이것이 다시 인간에 관한 새로운 통찰을 이끄는 방향으로 극복되었다. 이후 인간에 관해 상반되는 인간관은 맥그리거(McGregor, D.)에 의해 'X-Y이론'으로 명명되며 정리되었다.[25]

맥그리거는 인간의 본성을 두 가지 관점에서 보고 있다. 먼저, 'X이론'(Theory X)에 따른 인간관은 고전적 인간관으로, 인간은 철저히 개인적으로 움직이고, 결정하며 활동하는 존재라고 보았다. 그에 따르면, 인간은 원래 일하기를 싫어한다. 그래서 가능하면 일을 피하려고 하고, 책임 맡기를 싫어하며, 지휘와 감독 받기를 좋아한다. 또한, 대부분 인간은 거의 야망을 갖지 못하고 안정만을 추구한다. 그래서 조직의 목표를 달성하기 위해서는 인간들을 강제적으로 엄격히 통제해야 하고, 처벌의 위협을 가해야 한다고 생각한다. 따라서 어떤 조직이 X이론에 근거하여 구성원을 이해하고 있다면, 그들에게 행동지침을 제공하기 위하여 많은 규칙과 규성을 만들게 되고, 결국 관료적이고 기계적인 조직구조가 생겨난다.

반면, 'Y이론'(Theory Y)에 따른 인간관은 자기실현적 인간관으로, 인간에 대한 긍정적 기대와 가능성을 표방한 관점이다. 그에 따르면, 인간은 행동을 수용하고 책임 맡기를 좋아한다. 그리고 인간은 목표 달성에 전념하기만 하면 스스로 자신을 지휘하고 통제할 수 있다. 또한, 창의성은 관리직에 있는 사람들만의 전유물은 아니라 모든 사람이 다 가지고 있는 능력이다. 그래서 일(task)이라는 것은 작업 조건만 잘 정비되면 놀거나 쉬는 것처럼 지극히 자연스러운 것이다. 그래서 전체적으로 인간에 대한 외적 통제의 필요성을 격하시키며, 그 대신에 개인의 내적인 통제의 힘을 신뢰한다. 이처럼 어떤 조직이 Y이론에 근거하여 구성원을 이해하고 있다면, 모든 구성원이 책임을 맡을 수 있고 훌륭한 판단력을 가지고 있다고 생각할 것이다. 그리고 구성원들이 스스로 자기를 통제할 수 있다고 생각하기 때문에 유연하고 유기체적인 조직구조(organic structure)가 더 바람직한 형태가 될 것이다.

조직관리 차원에서 보면, 이 'X-Y이론' 중에서 어떤 이론을 근거로 인간을 이해하느냐에 따라 각기 다른 형태의 조직이나 경영방식을 취할 수밖에 없는 결론에 이른다. 즉, X이론을 근거로 하면 강제와 위협, 철저한 감독과 통제를 강화하는 관리방식을 취하게 되는 데 비해, Y이론을 근거로 하면 인간의 잠재력이 능동적으로 발휘될 수 있는 경영방식을 취하게 된다.

---

24) 호손 공장 실험이란 1924년부터 1932년 사이에 미국 시카고 근교의 웨스턴 일렉트릭사의 호손 공장에서 총 4차에 걸쳐서 이루어졌던 생산성 제고와 관련된 실험을 말한다.

25) 박상언 · 정범구 · 김주엽 · 송계충(2020). 조직행위론(제5판). 서울: 경문사. 22-28에서 발췌, 인용.

한편, 맥그리거는 기존의 많은 경영이론이 인간을 믿지 못하는 불신감을 바탕으로 생겨난 것이라고 지적하고 있다. 즉, 인간은 당근과 채찍으로 통제하지 않으면 일을 하지 않기 때문에 어떻게 구성원을 관리할 것인가 하는 차원에서 많은 고민을 하게 되고, 결국 그것을 해결하기 위해 관리이론(management theory)이 발전해 왔다는 것이다. 그래서 관리라는 단어의 밑바탕에는 '원래 생각대로 되지 않는 것을 어떻게 생각대로 할 것인가?'라는 조작주의(操作主義)의 입장이 뿌리 깊게 존재한다고 보았다. 그래서 경영자는 구성원을 진정한 파트너로서 인식하지 않고, 또한 구성원들을 전적으로 신뢰하지 않는다는 것이다.

그러나 코칭은 Y이론의 관점에 근거하여 인간은 무한한 가능성이 있는 존재라는 것을 진심으로 믿고 신뢰하는 데서 출발한다. 그래서 코치는 코칭을 통해 고객의 가능성과 잠재력을 발견하도록 돕고, 나아가 고객이 해결하고자 하는 문제의 해결책을 스스로 찾을 수 있도록 지원하는 것이다.

이상에서 설명한 인간관은 복합적으로 작용하여 코칭 현장에서 만나는 고객들의 가치와 신념, 그리고 인식과 행동의 근간을 형성하고, 코칭 철학의 유전자가 된다고 볼 수 있다. 그런 차원에서 코칭 현장에서 만나는 고객을 제대로 이해하기 위해서 코치는 인간관에 관한 여러 가지 견해를 알아두어야 할 것이다.

5.2 코칭 철학

1. 코칭 철학의 중요성[26)]

사람들은 대개 코칭이라고 하면, 그 기술적인(technical) 측면에 먼저 주목한다. 그래서 코칭은 마음만 먹으면 가볍게 배울 수 있는 간단한 수단이라고 쉽게 생각하고, 가능하다면 빨리 코칭 기술을 익혀 현장에서 코칭을 진행하길 원하는 경향이 있다. 물론 코칭이 하나의 기술체계(technical system)인 것은 분명하다. 그러나 코칭이 단순히 기술(skill)이나 방법론(approach)만을 의미하는 것은 결코 아니다. 코칭은 인간관, 정신, 신념, 그리고 코칭 기술이 유기적으로 어우러진 하나의 사고방식이고 신념체계이다. 그 기본이 되는 것이 '코칭 철학'(philosophy of coaching)이다. 나무에 비교하자면, 코칭 철학은 나무의 뿌리에 해당한다.

철학이란 단어의 사전적 의미는 '전제가 되는 사고방식이나 사물의 관점'을 뜻한다. 전제라

26) 조성진(2020). 코칭과 경력개발. 경기: 양성원. 56에서 발췌, 인용.

는 표현에서 알 수 있듯이, 코칭은 철학에서 출발한다고 해도 과언이 아니다.[27] 지금 시중에서 활용되는 코칭(훈련) 프로그램은 저마다 조금씩 다른 코칭 철학을 기반으로 하고 있다. 다시 말하면, 지향하고 있는 코칭 철학에 따라 코칭 프로그램이 각기 다른 모습을 띠고 있다. 그래서 어떤 코칭 프로그램의 특징을 가장 쉽게 파악하려면, 그것이 지향하는 코칭 철학을 확인하면 된다.

코칭 철학은 코칭의 근간이 되는 전제들, 코칭의 가치관, 인간관, 세계관 및 학문적 성격 등에 관한 철학적 탐구이다. 다시 말하면, 코칭 철학은 '코칭학'(Coachology)의 학문적 가능성에 대한 질문, 코칭 그 자체를 규정하는 근원적인 특성, 코칭이 전제로 하는 가치관, 인간관 및 세계관 등을 다루는 것이다. 그런 차원에서 코칭 철학은 '코칭을 통해 추구하고자 하는 본질적 가치이자 인간 및 세상을 바라보는 패러다임'이다. 집을 지을 때 가장 먼저 해야 할 핵심적인 일은 집터를 파고 기초를 다지는 것이다. 기초가 튼튼하지 않은 집은 잘 지을 수도 없거니와 설사 지었더라도 금방 무너지기 쉽다. 코칭도 마찬가지이다. 코칭에 있어 가장 중요하고 핵심적인 것은 코칭을 떠받치고 있는 철학이다. 이것이 뒷받침되지 않는다면 제대로 된 코칭을 진행하기 어렵다.

코칭 철학을 제대로 이해하기 위해서는 이와 유사한 '~철학'이라는 용어들을 먼저 살펴볼 필요가 있다. 여기서 우리는 철학이라는 학문이 지닌 보편적이고 기초적인 학문으로서의 독특함을 엿볼 수 있다. 예컨대, 사회학, 심리학, 경영학은 사회나 심리, 그리고 경영이라는 경험 세계의 한 부분에 한정하여 그 경험 세계를 다루며, 사회, 심리 및 경영이라는 자신의 대상을 특정한 관점 아래 특정한 방법론에 따라 접근하게 된다. 그런데 개별적인 사회 현상이나 심리 현상, 그리고 경영 현상뿐만 아니라 사회 그 자체, 심리 그 자체 및 경영 그 자체에 관해 총괄적으로 살펴보려면, 그때는 개별적인 경험과학의 영역을 넘어서는 '사회철학', '심리철학' 및 '경영철학'의 범주에 속하게 된다. 따라서 코칭에 관한 요구가 날로 증대하는 현실 속에서 새로운 철학적 분야로 개척되어야 할 코칭 철학은 앞으로 해결해야 할 많은 과제를 안고 있다고 할 수 있다.

그런데 코칭 철학에 대해서도 대체로 합의된 견해가 없다. 여러 가지 이유가 있겠지만, 그것은 코칭을 다루는 기관 또는 개인마다 코칭 철학이 다를 수 있음을 인정하기 때문이다. 국제코칭연맹(International Coach Federation: ICF)도 이런 견해를 지지하고 있다.[28] 그래서 현재 활용되는 코칭 프로그램은 각기 다른 코칭 철학에 바탕을 두고 있다. 이 책에서 개별 코칭 프로그램의 코칭 철학을 모두 소개하는 것은 무리가 있어서, 국제코칭연맹(ICF)이 제시하는 코칭 철

---

27) 조성진(2008). **코칭ABC**. 서울: 도서출판 심포지움. 79에서 발췌, 인용.

28) 국제코치연맹(ICF)에서도 2015년 6월 개정 전까지 윤리강령 서두에 코칭 철학을 제시하였으나, 개정 후에는 ICF의 코칭 철학을 따로 명시하지 않고 있다. 이에 관해서는 다음에 소개하는 책과 홈페이지를 참조할 수 있다. 박창규 · 원경림 · 유성희(2022). **마스터풀 코치가 갖추어야 할 코칭 핵심역량**. 서울: 학지사. 23에서 발췌, 인용; ICF(2022). http://coachfederation.org/icf-credential, 2022년 2월 접속)

학, 한국코치협회의 코칭 철학, 그리고 코칭 전문 교육기관이나 전문코치의 몇 가지 코칭 철학을 소개하고자 한다.

지금 사용되고 있는 국내외 코칭 교육 프로그램은 각기 다른 다양한 코칭 철학을 기반으로 하고 있다. 바꾸어 말하면, 우리는 지금 각기 다른 코칭 철학을 지닌 서로 다른 형태의 코칭 교육 프로그램을 만날 수 있다. 코칭 프로그램이 각자 다르니 그것의 바탕이 되는 코칭 철학이 다른 것은 어쩌면 당연한 일이다.

2. 국제코치연맹의 코칭 철학[29)]

1) 인간은 전인적인 존재이다(Every client is whole)

여기서 전인적이라는 것은 사람을 나눌 수 없는 하나의 전체적이고 온전한 존재로 보아야 한다는 것이다. 즉, 사람은 부족하거나 틀린 것이 아니라 독특하게 다른 것이며, 충분히 존중받아야 할 존재라는 뜻이다. 인간이 지(知)·정(情)·의(意), 혹은 육체적·정신적·정서적·영적인 면을 모두 갖춘 존재라는 의미이다. 다시 말해, 우리의 신체, 감각, 감정, 욕구, 사고 및 행동은 서로 연결되어 하나의 의미 있는 전체를 이룬다. 그리고 환경 안에서 새로운 통합적인 전체를 이루기 때문에 인간의 어떤 행동을 이해하기 위해서는 그를 둘러싼 유기적 환경 안에서 맥락을 통합적으로 보아야 한다.[30)]

인간의 행동에는 표면의 의식 차원과 내면의 깊은 무의식 차원, 음(陰)적인 차원과 양(陽)적인 차원, 그리고 부정적인 요소와 긍정적인 요소가 동시에 존재하고 상호작용하면서 온전한 존재로 작용한다. 우리가 때로는 깊은 명상 상태에서 육체적으로 현존하고, 정신적으로 명료하며, 정서적으로 균형 잡히고, 주변이나 혹은 우리가 알지 못하는 미지의 세계와 연결되는 때가 있음을 느끼는데, 이것은 우리가 전인적 존재이기 때문이다. 그러므로 코치가 고객을 대할 때 그를 전인적인 존재로 바라보아야 하고, 고객 스스로 자신에 대해 전인적으로 접근하도록 코칭을 해야 한다. 또한, 코치가 고객을 전인적으로 본다는 것은 고객이 내놓은 이슈가 고객의 전체 삶에 어떤 방식으로 연결되어 있는지 맥락으로 이해하는 것이다.

인간은 이처럼 나눌 수 없는 전인적 존재인 동시에 개인은 자신만의 독특함을 지니고 있다. 그래서 적절한 환경만 주어진다면, 사람들은 누구나 그것을 자연스럽게 발휘하며 살아가고자 한다.

29) 박창규 · 원경림 · 유성희(2022). 앞의 책. 24-27에서 발췌, 인용; 조성진(2020). 코칭과 경력개발. 경기: 양성원. 57에서 발췌, 인용; ICF(2022). (http://coachfederation.org/icf-credential, 2022년 2월 접속).

30) 김정규(2015). 게슈탈트 심리치료. 서울: 학지사.

2) 인간은 자원이 풍부한 존재이다(Every client is resourceful)

자원이 풍부하다는 것은 인간이 자신의 문제해결과 의사결정에 능숙하다는 뜻이다. 다시 말하면, 사람은 자기가 당면한 어려움을 극복하는 능력 혹은 바라는 목표 달성에 필요한 방법을 스스로 찾거나 창안해 내는 잠재력이 무한하다는 것을 말한다. 즉, 고객 스스로 자신이 바라는 목표를 설정하고, 그것을 이루어 낼 자원을 지니고 있다는 것이다.

사람은 태어나면서부터 인류의 진화 과정에서 배운 지혜와 자원이 저장되어 있고, 개인적인 삶의 여정에서 어려운 상황에 직면했을 때 그것을 극복하고 해결해 가는 과정에서 다시 지혜가 쌓이며, 현재의 삶과 미래의 삶에서도 그런 자원이 계속해서 쌓여 가고 있다. 그래서 이런 자원들을 의식의 영역으로 불러오는 창의적인 절차가 필요한데, 그것이 바로 코칭이다.

3) 인간은 창의적인 존재이다(Every client is creative)

창의적이라는 말은 바라는 것을 만들어 내기 위해 내적 자원을 조합하여 새롭고 가치 있는 경로와 수단을 만들어 내는 것을 말한다. 간단히 말해, 인간은 독창적인 창의력을 가진 존재라는 말이다. 사람은 누구나 독특하고 유일한 존재로서, 저마다 고유한 빛깔과 무늬, 그리고 향기를 지니고 있다. 또한, 인간은 목적 지향적인 존재이기 때문에 앞만 쳐다보고 나가려는 경향이 있다. 그리고 그것을 위해 자기 내면의 잠재력을 개발하고 확대하며, 체험을 통해 실천하려는 창조적인 태도를 지니게 된다.

그리고 인간은 선인적이면서 동시에 독특하고 유일한 존재이기 때문에 창의성을 가진 존재라고 할 수 있다. 따라서 코치는 고객이 바라는 결과를 얻기 위해 어떤 대안을 마련하고 실행 방안을 탐색하는 데 있어 다른 사람의 방식을 모방하거나 답습하기보다 고객 자신만의 독특한 창의력을 발휘하도록 격려해야 한다. 그러므로 코치는 고객의 창의성을 이끌기 위해 어떤 상황이나 사물, 사건, 생각들을 새롭게 연결하는 창의적인 질문을 해야 하고, 창의적으로 생각하는 방식을 훈련할 필요도 있다.

3. 한국코치협회의 코칭 철학[31)]

한국코치협회에서는 코칭 철학에 대해 명시적으로 제시하고 있지 않다. 이것은 코치들의 다양성과 그들의 개인적인 견해를 존중하는 해당 협회의 방침에 따른 것으로 해석하고 싶다. 다만, 해당 협회 홈페이지 가운데 코칭을 소개하면서 코칭 철학이라고 볼 만한 표현을 제시하고

31) 한국코치협회(2022). 코칭 가이드 - 코칭 소개(www.kcoach.or.kr/02guide/guide01.jtml, 2022년 2월 접속).

있다. 한국코치협회에서는 고객 스스로 자신의 사생활 및 직업 생활에 있어 누구보다도 잘 알고 있는 전문가로서 존중하며, 모든 사람은 창의적이고, 완전성을 추구하고자 하는 욕구가 있으며, 누구나 자신의 문제를 스스로 해결할 수 있는 자원을 지니고 있다고 믿는다고 적고 있다.

4. CTI(The Coaching Training Institute)[32)]의 코칭 철학

일본인 코치인 에노모토 히데타케는 그의 저서『부하의 능력을 열두 배 키워주는 마법의 코칭』에서 다음과 같은 3가지 코칭 철학을 소개하고 있다.[33)] 하지만 그는 CTI에서 훈련을 받은 코치로서, 그의 이런 견해는 CTI의 핵심 프로그램인「Co−Active Coaching Program」의 영향을 받은 것으로 보인다. 간단하게 설명하면 다음과 같다.

1) 모든 사람에게는 무한한 가능성이 있다

이것은 잠재력, 무한능력 그리고 자아실현과 관련이 있다. 그리고 이것은 '모든 부하에게는 무한한 가능성이 있다.', '모든 학생에게는 무한한 잠재력이 있다.'라는 말로도 확대할 수 있다. 자아실현이란 자신이 본래 지닌 능력이나 가능성을 최대한 발휘하여 자신이 진정으로 원하는 바를 이루는 것을 말한다. 이것은 개개인이 지금 현재 발휘하는 것 이상의 능력이나 가능성을

32) 이 기관은 1992년 휘트워스(Whitworth, L.), 헨리 킴지-하우스(Kimsey-House, H.), 카렌 킴지-하우스(Kimsey-House, K.)가 설립한 코치 훈련 전문기관으로서, 창립 이래로 미국 캘리포니아 샌프란시스코에 기반을 두고 있다. 레너드(Leonard. T.)는 캘리포니아 지역에 대한 코치 훈련 과정을 만들기 위해 휘트워스와 헨리 킴지-하우스에게 자신의 '코치 U'(Coach U) '라이프 플래닝'(life planning) 자료들을 제공했다. 그러나 1992년 첫 번째 과정을 실시하기 직전에 레너드는 그의 자료를 돌려달라면서 요구했다. 그들은 자료를 돌려주었지만, 레너드는 소송하겠다고 위협했고, 그것이 분열을 초래했다. 이때부터 'CTI'와 '코치 U' 사이의 치열한 경쟁이 시작되었다. 휘트워스, 헨리 킴지-하우스와 카렌 킴지-하우스는 이것을 워크숍 강연을 위한 'Co-Active Coaching Model'을 만드는 기회로 삼았다. 이후 휘트워스, 헨리 킴지-하우스와 필립 샌달(Sandahl, P.)은『Co-Active Coaching』을 출간했다. 필립 샌달은 에노모토 히데타케가 'CTI Japan'을 성장시키는 동안 일본에 18개월 동안 머물면서 그를 도왔다." Brock, V. G.(2012). *Sourcebook of Coaching History*. VB Coaching & Consulting(김경화 외 역, 2015. **코칭의 역사**. 서울: 코쿱북스. 489-491에서 발췌, 인용).

33) 에노모토 히데타케는 1997년 미국에서 석사학위를 취득한 후, 2년 동안 독자적으로 보람 있는 업무와 조직에 관한 연구에 몰두하던 중 운명적으로 코칭을 접하게 되었다고 한다. 그는 미국에 있는 'The Coaches Training Institute: CTI'에서 코칭을 본격적으로 공부하고, 외국인으로서는 최초로 CPPC(Certified Personal & Professional Coach) 자격을 취득했다. 이후 2220년 5월에 일본에서 CTI의 킴지-하우스와 함께 코칭 워크숍을 개최한 이후 현재까지 일본에서 코칭 세미나를 개최하며 코칭 보급에 열성을 다하고 있는 현직 코치이다. 그가 소개하는 코칭 철학이 그만의 고유하고 독특한 견해인지에 대해서는 확실하지 않지만, 현재까지 후발 코치들은 그가 저술한 책에서 소개한 코칭 철학이 그의 견해라고 인식하고 있는 실정이 계속되고 있다. 필자가 몇 년 전, 그에게 코칭 철학에 대한 그의 견해를 확실하게 말해달라고 요청한 적이 있지만, 아직 그에 대한 회신이 없어서 이 책에서는 대개 코치들이 통상적으로 이해하는 바와 같이 그의 견해인 것으로 소개하고자 한다. 그의 견해에 대한 구체적인 내용은 다음에 소개하는 책에서 참조할 수 있다. 에노모토 히데타케(정소영 역, 2004). **부하의 능력을 열두 배 키워주는 마법의 코칭**. 서울: 새로운 제안. 62-91.

지닌 것을 전제로 한 개념이다. 이 개념을 코칭에 적용하면 코치는 그 어느 고객도 자신 속에 있는 엄청난 잠재력과 가능성을 최대한 발휘할 수 있다고 믿어야 한다는 것을 의미한다.

2) 그 사람에게 필요한 해답은 모두 그 사람 내부에 있다

이것은 고객에게 필요한 해답은 모두 고객 내부에 있다는 것을 말한다. 그래서 코칭에서는 고객에게 해답이 있다고 믿는 이상, 코치가 그 해답을 가르쳐주거나 가져다줄 수는 없다. 만일, 자신이 찾고자 하는 해답을 다른 사람이 갖고 있다고 믿는다면, 그 사람의 사고방식이나 행동 양식은 아무래도 의존적으로 되기 쉽다. 그러나 반대로 "해답은 내 안에 있다."라고 스스로 믿는다면, 스스로 생각하고 스스로 행동하는 자립적인 사고방식이나 행동 양식을 갖추게 된다. 예컨대, 부하에게 필요한 해답은 모두 그 부하 내부에 있고, 학생에게 필요한 해답은 모두 학생 내부에 있다는 것을 의미한다. 코칭에서 "고객(부하/학생)이 지닌 본래의 능력이나 가능성을 최대한 발휘하게 하려면, 어떻게 해야 할까?"라는 질문에 대한 해답은 바로 그 사람 내부에서 찾아야 한다는 것을 의미한다.

그래서 코칭에서 코치가 해야 할 일은 고객이 스스로 해답을 찾도록 그를 믿고 그에게 모든 권한을 위임할 뿐이다. 고객의 무한한 잠재력과 가능성을 확신하고, 그가 해답을 찾을 수 있도록 철저하게 권한을 위임하는(empowerment) 것이다. 다시 말하면, 코칭은 해답을 지닌 주체가 결국 고객이기 때문에 그들 자신이 미처 깨닫지 못한 해답을 그 스스로 찾아내도록 코치가 잘 지원하면 되는 것이다.

3) 해답을 찾기 위해서는 파트너가 필요하다

대부분 사람은 자신의 내부에 있는 해답을 자각하지 못하는 경우가 많고, 심지어 자신의 내부에 해답이 있다는 사실 자체를 믿지 않는 때도 있다. 그래서 자신의 내부에 있는 해답을 스스로 볼 수 있도록 누군가의 도움이나 지원이 필요하다. 이것은 사람들이 자신의 모습을 보려면, 거울이 필요한 것과 같은 이치이다. 좀처럼 보이지 않는 자신의 잠재의식 속을 들여다보려면, 누군가 거울의 역할을 해주어야 한다.

코치가 코칭을 진행할 때, 거울에 해당하는 매개체가 바로 질문(質問, question)이다. 진정한 해답은 대부분 현재 의식이 아닌 그 사람이 의식하지 못하는 잠재의식 속에 있다. 의식이 외부로만 향해 있다면, 자신의 내부에 있는 해답을 발견할 수 없다. 평상시 외부를 향해 있던 의식의 방향을 자신 내부로 바꿀 수 있는, 즉 종전과는 전혀 다른 방향으로 의식의 흐름을 바꿀 힘을 가지고 있는 것이 바로 질문이다. 부하가 항상 상사의 눈치만 살피면서 상사가 주는 해답만을 기다리고 있다면, 자신의 내부에 있는 잠재력이나 능력은 아무리 시간이 흘러도 밖으로 표출되지 않는다. 마찬가지로 학생이 부모나 교사가 그때마다 알려주는 해답만을 기다린다면, 그 학생의 잠재능력은 영원히 깊은 잠에 취해 있을 것이다. 그것을 깨우는 것이 바로 코치의 질문이다.[34)]

5. 파워웰빙코칭(프로그램)의 코칭 철학: P · O · W · E · R[35)]

이 코칭 철학은 '파워웰빙코칭 프로그램'(P · O · W · E · R Well-being Coaching Program)의 바탕이 되는 사고방식이자 신념체계이며, 인간관이다. 즉, 모든 사람은 궁극적으로 육체적 · 정신적 · 영적 건강의 조화를 통해 행복하고 아름다운 삶을 추구하며, 가치 있는 유산을 남기려고 노력한다는 믿음이 바탕이 된 코칭 철학이다. 이런 코칭 철학을 바탕으로, 무한한 잠재력과 가능성을 가진 개인과 조직이 자신의 문제를 스스로 잘 해결함으로써 궁극적으로 자신이 바라는 가치 있고 훌륭한 삶을 살도록 지원하는 것이 코칭이고, 그것을 이루도록 효과적으로 돕는 파트너가 코치라고 생각한다.

'파워웰빙 코칭 철학'은 다섯 가지 핵심가치들(core values)로 구성되어 있고, 이것들이 전체 코칭 과정에서 복합적이고 유기적으로 상호작용하면서 '힘'(power)을 발휘한다고 믿는다. 결국, 고객은 이런 철학을 토대로 강력한(powerful) 실행력을 통해 그의 힘을 얻는 것을 지향하고 있다. 그 다섯 가지를 소개하면 다음과 같다.

1) 제1 철학: 사람은 누구나 무한한 잠재력과 가능성을 가지고 있다(P)

사람은 자신이 원하는 삶을 살아가기에 충분한 잠재력(potentiality)과 가능성(possibility)을 가지고 있다. 그것들을 어떻게, 얼마나 효과적으로 발휘하느냐가 관건일 뿐이다. 다만, 각자 살아온 환경이나 여러 가지 경험들로 인해 잊고 살거나 아직 시도해 보지 않은 것들에 대한 두려움 등으로 인해 스스로 위축될 뿐이다. 사람들은 대개 평생 자신이 가지고 있는 잠재력의 일부만을 사용하는 경우가 많다. 그래서 많은 사람은 자신을 믿어주고 지지해 주며 잠재력이 있다고 확신해 주는 누군가를 갈망하고 있다.

코칭은 잠자고 있는 잠재력을 해방해 주는 수단이다. 고객은 코치의 질문에 대답하는 과정에서 기존에 없던 것을 새롭게 생각하거나 만들어 내고, 자신과 자신을 둘러싼 상황에 새로운 통찰력을 얻어 습득한 기술을 다른 상황에 시험해 보며, 그것이 거기에서도 효과가 있음을 깨

34) 조성진(2008). 코칭ABC. 서울: 도서출판 심포지움. 153-154에서 발췌, 인용.

35) 조성진(2008). 앞의 책. 93-97에서 발췌, 인용. 조성진(2020). 코칭과 경력개발. 경기: 양성원. 58-61에서 발췌, 인용.

달으면서 자신 안에 있는 무한한 가능성과 잠재력을 발견할 수 있게 된다. 이처럼 코칭은 사람들의 내면에 깊숙이 자리 잡은 잠재력을 재발견하고 많은 것들에 대해 새롭게 생각할 수 있도록 하는 것이고, 코치는 그렇게 살기를 원하는 고객을 돕는 사람이다.

> "코칭은 개인의 잠재능력을 최대한 발휘하도록 하는 것으로 가르치기보다 스스로 배우도록 돕는다. 우리는 모두 아름드리 떡갈나무로 자라날 잠재력을 지닌 도토리이다. 양분과 빛, 세심한 정성이 필요하지만 어쨌거나 떡갈나무가 될 자질은 이미 우리 안에 존재한다."[36)]

이런 과정에서 코치가 염두에 두어야 할 것은, 고객이 겪고 있는 문제를 해결하는 방법을 찾을 수 있다고 항상 긍정적으로 생각하는(positive thinking) 것과 고객이 더 큰 목표를 갖도록 자극하는 것이나. 이것은 고객이 자신의 문제를 해결할 수 있는 다양한 대안들을 찾고 그것을 성취할 가능성과 잠재력이 있으며, 그가 알고 있거나 현재 보여주고 있는 것보다 훨씬 더 유능하고 재능이 있다는 믿음을 전제로 한 것이다. 결국, 고객의 의미 있는 변화를 돕고 그 과정에서 그의 잠재력과 가능성을 발휘하도록 돕는 것이 코칭의 힘이다.

2) 제2 철학: 사람은 누구나 목적이 이끄는 삶을 살기 원하고, 최적의 선택을 하고자 한다(O)

모든 사람은 저마다 독특하고 특별한 존재이다. 그래서 사람은 누구나 인간으로서 삶의 목적을 잘 알고 있으며, 날마다 그 목적이 이끄는 삶(object driven life)을 살기 위해 최선의 노력을 다한다. 그런데도 때때로 삶이 힘겹고 어려운 것은 삶의 목적을 수시로 잊고 살기 때문이다. 그러나 대부분 사람은 자기 삶의 목적을 잘 이해하고 있다. 그래서 성장하고 발전하길 원하고, 또 변화하려고 노력하는 것이다. 그런 과정에서 때때로 수단이 곧 목적인 것처럼 행동하는 때도 있지만, 결국 자신의 존재가치를 깨닫는 보람찬 여정을 이어간다. 코칭은 이 과정에서 사람들이 최적의 선택(optimal options)을 하도록 효과적으로 돕는 것이다.

3) 제3 철학: 사람은 누구나 가치 있고 훌륭한 삶을 살기 원한다(W)

사람은 누구나 자신이 소중하게 생각하는 가치와 신념을 가지고 있다. 그것은 사람들의 행동 근거를 제공하고, 일의 우선순위를 결정하는 데 중요한 역할을 한다. 이런 것들이 복합적으로 작용하여 한 사람의 인생의 모습을 결정한다. 일반적인 상식을 가진 대부분 사람은 가치 있고(worthful) 훌륭한(wonderful) 삶을 살기를 원한다. 그래서 가능하다면 타인을 돕고, 더불어 사는 삶을 살고 싶다고 생각한다. 다만, 각자가 생각하고 실행하는 방법과 정도에 차이가 있을

---

36) 존 휘트모어(김영순 역, 2007). 성과 향상을 위한 코칭리더십. 서울: 김영사. 17-18에서 발췌, 인용.

뿐이다.

코칭은 가치 있고 훌륭한 삶을 살아가려는 사람들을 돕는 강력한 파트너십(partnership)[37]이고, 그렇게 살아갈 수 있도록 창조적 파트너(creative Partner)인 코치와 함께 하는(with coach) 역동적인 과정이다. 원만한 코칭 관계가 형성되기 위해서는 어떤 사람의 성공을 위한 코치의 진지한 욕망과 끊임없는 노력, 그런 코치를 믿고 따르는 고객 간에 신뢰를 바탕으로 한 강력한 유대감이 형성되어야 한다. 이처럼 상호 헌신하는 환경하에서, 코치가 고객이 스스로 자신의 문제를 스스로 해결하도록 돕는 것 자체가 가치 있는 일이다.

> "우리는 혼자서 할 때보다 누군가에게 코칭을 받을 때 더 멀리, 더 빨리 나아갈 수 있다. … (중략) … 어떤 분야에서든 코칭 없이는 당신이 지닌 잠재력을 극대화할 수 없을 것이다. 그것은 혼자서는 불가능하다. 당신은 이미 잘 하고 있을 수도 있다. 남들보다 뛰어날 수도 있다. 그러나 외부에서 오는 도움 없이는 당신이 이를 수 있는 최선의 모습이 될 수 없다. … (중략) … 당신이 될 수 있는 최선의 리더가 되기 위해서는 코치가 필요하다."[38]

4) 제4 철학: 코치는 고객의 실행을 효과적으로 돕는다(E)

사람은 누구나 각자 다양한 가치와 목적을 가지고 살아가고 있다. 자신이 원하는 것을 이루는 데 도움을 주는 다양한 방법과 수단도 잘 알고 있다. 그러나 그 방법과 수단을 단지 알고 있다고 해서 자신이 원하는 삶을 살 수 있는 것은 아니다. 자신이 정말 원하는 삶을 살아가느냐 하는 문제의 열쇠는 실행력에 달려 있다. 즉, 자신이 원하는 삶을 살기 위해 실제로 실행(execution)해야 할 것은 무엇이고, 그것을 얼마나 효과적(effective)으로 실행하느냐가 중요하다. 코칭은 문제해결을 통해 자신이 원하는 삶을 살기를 바라는 고객의 실행력을 효과적으로 높이는 데 도움을 주는 일종의 수행과정이다. 이때 코치는 고객이 탁월한 실행력을 갖도록 효과적으로 돕는 파트너이다.

5) 제5 철학: 코치와 고객은 서로 존중하며, 책임 있게 행동한다(R)

코치는 코칭을 진행하는 전 과정에 걸쳐 고객이 창조적인 존재임을 인식하고, 진심으로 그를 존중(respect)해야 한다. 코치는 고객이 자신이 경험하는 문제로 인해 당장 어려움을 겪더라

---

37) 로버트 하그로브(Hargrove, H.)는 코칭에서 강력한 파트너십은 의기투합, 야심찬 공동 목표, 지속적인 상호작용, 그리고 엄격한 강화훈련이 있을 때만 형성된다고 주장했다. 이에 관한 구체적인 내용은 다음에 소개하는 책을 참조할 수 있다. 로버트 하그로브(박재원 역, 2006). 불가능한 미래를 성취하는 마스터풀 코칭. 서울: 김앤김북스. 38.

38) 게리 콜린스(양형주 · 이규창 역, 2011). 게리 콜린스의 코칭 바이블. 서울: 한국기독학생회출판부. 14에서 발췌, 인용.

도, 언젠가 스스로 해답을 찾을 수 있는 창의적인 존재임을 인식하고 그를 진심으로 존중해야 한다. 또한, 고객 자신이 원하는 삶을 살아가는 데 필요하다고 선택한 해답과 방법도 최대한 존중해 주어야 한다. 그리고 코치는 자신의 능력과 역량을 최대한 활용하여 고객을 도울 책임이 있고, 자신이 진행하는 전체 코칭 과정을 책임 있게(responsible) 수행하는 성실한 파트너가 되어야 한다.

한편, 고객도 코치를 진심으로 존중(respect)하고 그와 함께 진행하는 전체의 코칭 과정에 책임 있는(responsible) 행동을 해야 한다. 깊은 통찰을 통해 세상과 자신을 인식했다 하더라도, 자신의 상황을 변화시키려는 책임을 느끼지 않는다면, 어떤 변화도 일어나지 않을 것이다. 고객 자신이 원하는 목표를 날성하기 위해 코치와 실행하기로 약속한 것들을 하지 않거나 그것에 대해 계속해서 변명을 늘어놓으며 자기합리화에만 몰두한다면, 코칭을 통해 얻을 것은 많지 않다. 책임감을 가진 코치는 이런 상황이 계속되도록 내버려 두지 않는다. 따라서 코칭을 통해 의미 있는 결과를 얻으려면, 코칭에 함께 임하는 코치와 고객 모두 자신의 약속과 행동, 그리고 그 결과에 대해 책임질 각오를 해야 한다.

> "아무리 돈을 받고 하는 일이라 해도 코칭은 너 효율석인 자기경영 기술을 개발하는 데 목적을 두는 과정이다. 이 목적에 충실한 것과 목적 달성을 쉽게 하는 과정에 참여하는 것은 겉으로 드러나는 성과나 발전과 관계없이 고객이 가져야 할 궁극적 책임이다."[39]

코칭의 궁극적인 종착역은 행복(happiness)이다. 진행되는 과정이나 단계는 조금씩 다르지만, 어떤 코칭 프로그램이든지 한 사람이 자신의 문제를 스스로 해결하도록 돕는다. 이런 과정을 통해 성장하고 발전하며 자아실현을 이루는 행복한 삶을 지향하고, 그것이 가능하도록 최선을 다해 돕는다. 이런 점은 기업이나 어떤 조직의 경우에도 마찬가지다. 기업과 조직은 성과 향상을 통해 목표를 달성하고, 소비자와 구성원들이 바라는 삶을 영위하는 데 도움이 되는 재화와 서비스 등을 제공하면서 사회적 책임을 다하는 것이다. 그 결과, 지속 가능한 기업으로 성장하고, 구성원들도 행복하게 되는 것이 기업이나 조직의 최종 목적이다. 코칭은 그 목표를 이루도록 효과적으로 돕는 과정이자 관계이다.

39) 이언 맥더모트 · 웬디 제이고(박정길 · 최소영 역, 2005). 코칭바이블. 서울: 웅진윙스. 183에서 발췌, 인용.

6. 3Cs 코칭 철학[40)]

1) 우리에게는 무한한 가능성이 있다

인간은 개인별로 상상을 뛰어넘는 가능성을 가지고 있다. 우리는 우리의 가능성 중에 아는 것도 있고, 아직 인지하지 못하거나 발휘하지 못하는 것도 있는데, 그렇다고 해서 우리의 가능성이 사라지는 것은 아니다. 또한, 우주, 자연, 사람은 원래 하나로서 인간은 무한한 우주를 담고 있는 소우주이며, 그 가능성 역시 무한하다.

2) 우리는 선한 의도를 가지고 있다

행동에는 옳고 그름이 있을 수 있다. 그러나 아무리 악한 행동이라 할지라도 깊은 내면에는 인간의 근본적인 니즈(needs)에 근거한다. 니즈는 한 인간으로서 가지고 있는 보편타당한 것으로, 니즈가 결핍되었을 때 그것을 충족하려는 것은 잘못된 것이 아니다. 인간이기에 니즈를 충족하려는 것은 너무나 당연하다. 그래서 우리는 니즈를 충족하고자 하는 의도를 선하다고 한다. 다만, 니즈를 충족하는 방법은 개인의 선택에 따라 다양한 형태로 나타난다.

3) 해답은 우리 안에 있다

해답이란 하나의 정답이 아니라 당면한 문제를 풀어가는 과정과 최선의 방법을 말한다. 본인의 이슈에 대해서 가장 많은 고민을 하고 생각하는 사람은 본인이다. 자기 인생의 전문가는 본인 자신이다. 우리는 우리가 정답이라고 생각하는 것을 상대에게 주는 것에 익숙하다. 하지만 복잡다단하고 급변하는 21세기에 나만의 경험과 지식이 정답일 가능성은 희박하다. 비록 정답이라고 할지라도 당사자 스스로가 그것을 거부하면 그것은 정답이 아니다. 무한한 가능성을 가지고 있는 온전한 인간은 스스로 삶을 행복하게 설계하고 선택할 힘을 본인 안에 가지고 있다.

4) 우리는 전인적인 온전한(whole) 인간이다

인간은 잘못되어서 고쳐야 하는 존재가 아니라, 지금 현재 상태로 존중받는 온전한 존재이다. 전인적인 인간이란 몸과 마음, 정신, 생각, 느낌이 분리되어 있지 않고, 서로 연결되어 하나의 온전한 인격체를 만든다는 것을 의미한다.

40) 이것은 전문코치 박정영이 개발한 3Cs 코칭 프로그램에서 말하는 코칭 철학으로, 코칭을 잘하기 위한 가장 근본적인 기초라고 볼 수 있는 코칭 철학이다. 이것에 관한 구체적인 내용은 다음에 소개하는 자료(교재)를 참조할 수 있다. 박정영(2020). 3Cs II(중급과정) Plus. 서울: ㈜CiT코칭연구소. 12-13에서 발췌, 인용.

5) 우리는 'we'가 아닌 'You & I'의 의미이다

이 코칭 철학은 고객만을 위한 것이 아니라 이 세상에 존재하는 모든 인간을 위한 것이다.

이상에서 소개한 몇 가지 코칭 철학은 국내외에서 통용되는 거의 모든 코칭 교육 프로그램에서 조금씩 언급되는 것들이다. 그리고 코칭에 조금이라도 관심이 있는 독자들, 이미 코칭 현장에서 활동하는 전문코치들, 그리고 코칭을 학문적으로 연구하는 분들은 그들 코칭 철학 안에 앞서 살펴본 다양한 인간관이 적절하게 녹아들어 있다는 것을 확인했을 것이다. 그러다 보니 해당 코칭 프로그램의 인간관에 따라 결과적으로 코칭 철학이 유사하다는 것을 파악했을 것이다.

개별적인 코칭 교육 프로그램에서 강조하고 따르는 코칭 철학을 더 자세하게 알기 원하는 분이라면, 현재로서는 해당 코칭 교육 프로그램을 별도로 수강하는 것 이외에는 다른 방법이 없다.[41] 그런 차원에서 이 책에서 모든 개별 코칭 교육 프로그램의 코칭 철학을 소개하는 것은 무리가 있고, 집필 취지에서도 다소 벗어난다. 다만, 전문코치들은 각자 자신의 몸에 맞는 옷을 즐겨 입듯이, 자신이 동의하고 수긍이 되는 코칭 철학을 중심으로 코칭 활동을 전개해 갈 수 있다. 그리고 자신이 동의하는 코칭 철학을 인용하거나 발전시켜서 각자 개발하려는 코칭 프로그램의 근간으로 활용할 수도 있다.

5.3 코칭 모델

1. 코칭 모델의 개념과 정의

1) 코칭 모델의 중요성

사람들은 일상생활에서 모델(또는 모형, model)이라는 표현을 자주 사용한다. 가장 흔한 예

41) 실제로 국내의 경우, 개별 코칭 훈련 기관(기업)에서는 자신들이 개발한 코칭 프로그램을 수강하는 사람에게 관련 교재를 제공하고, 해당 프로그램의 내용에 관한 책을 발간함으로써 공개하는 경우는 매우 드물다. 따라서 어떤 코칭 프로그램의 코칭 철학을 포함한 구체적인 내용을 확인하려면, 해당 코칭 교육 프로그램을 수강할 수밖에 없다고 말하는 것이다. 예외로, 필자가 개발한 '파워 웰빙 코칭 프로그램'의 코칭 철학을 비롯한 코칭 모델, 코칭 대화 절차 모델 등을 포함한 자세한 내용은 『코칭에센스』라는 책을 통해 모두 공개했다(조성진, 2019. 경기: 양성원).

로 패션모델이나 화가의 작업 대상이 되는 모델을 들 수 있지만, 자연과학이나 사회과학에서 어떤 개념을 설명할 때도 모델이라는 표현을 자주 사용한다. 예컨대, 과학 모델, 경영 모델 그리고 비즈니스 모델 등처럼 수많은 것을 설명할 때, 모델이라는 표현이 자주 등장한다. 여기에서 설명하려는 '코칭 모델'(coaching model)도 마찬가지 맥락에서 코칭 현장에서 자주 사용되는 용어이다.

코칭 모델(coaching model)은 코칭 철학과 함께 코칭 시스템의 근간이 되는 핵심적인 요소이다. 어떤 코칭(교육) 프로그램(이하에서는 '코칭 프로그램'이라 약함)의 성격이나 정체성을 제대로 파악하기 위해서는 코칭 모델을 확인하면 된다. 다시 말하면, 코칭 모델을 확인하면 어떤 코칭 프로그램의 고유한 특징을 쉽게 발견할 수 있다. 그래서 코치도 코칭 모델을 확인한 후에 자신이 배우거나 활용할 코칭 프로그램을 선택하면 된다. 처음 코칭을 배우려는 사람들이나 코칭 관련 지식의 외연을 넓히려는 전문코치들은 그 목적을 달성하기 위해 어떤 코칭 프로그램의 코칭 모델을 확인하는 과정을 꼭 거쳐야 한다. 그리고 해당 코칭 프로그램의 코칭 모델에 동의한다면, 해당 프로그램을 선택하여 배우거나 코칭 현장에서 활용하면 된다.

그런데 코칭 모델은 해당 프로그램에서 지향하는 '핵심가치'(core value)와 밀접한 관계에 있다. 어떤 사람이 코칭 프로그램을 창안하거나 개발할 때, 먼저 꼭 생각해야 할 것이 코칭 철학과 핵심가치들이다. 즉, 코칭 프로그램의 체계를 구성하기 위해서는 코칭 모델 즉, 해당 프로그램에서 지향하는 핵심가치들에 관한 자신의 견해를 먼저 정리하는 과정이 필요하다. 이것은 집을 짓기 위해 터를 골라 땅을 파고 집의 기초가 될 토대를 쌓는 것과 마찬가지다. 핵심가치들을 바탕으로 거기에 살을 붙이면, 코칭 프로그램의 구체적인 모습이 확연하게 드러나기 때문에 코칭 프로그램 창안자가 코칭 모델에 관한 자신의 견해를 정리하는 것은 아주 중요한 일이다.[42]

어떤 코칭 프로그램에서 코칭 모델이 없다면, 그것은 프로그램의 기본이나 정체성이 없는 것과 같다. 그래서 전문코치나 코칭을 배우려는 사람들이 어떤 코칭 프로그램이든 거기서 강조하는 코칭 모델을 꼭 확인할 필요가 있다. 게리 콜린스(Collins, G.)도 현존하는 여러 가지 코칭 모델을 살펴보면서 각각을 평가한 후에, 어떤 것이 자신이 활용하기에 적절한지 결정하는 작업은 가치 있는 것이라고 주장했다.[43]

2) 코칭 모델의 개념과 정의

사전적인 의미로 모델은 '어떤 개체나 개념에 관한 구조나 작업을 보여주기 위한 계획이나

42) 조성진(2020). 코칭과 경력개발. 경기: 양성원. 87에서 발췌, 인용.
43) 게리 콜린스(양홍주 · 이규창 역, 2011). 게리 콜린스의 코칭 바이블. 서울: 한국기독학생회출판부. 480에서 발췌, 인용.

설명'을 말한다.[44] 예컨대, '과학 모델'(Scientific Model)은 자연과학이나 이론을 설명하기 위해 간단하고 구체적으로 표현한 것으로, 기하학적 도형을 이용한 개념이나 물체를 지칭한다. 그런가 하면 '경영 모델'(Management Model)은 어떤 조직이 목적을 달성하는 데 필요한 모든 과제를 확실하게 실행하는 과정에서 사용되는 체계를 말한다.[45] 그리고 경영 모델에 속하는 개념 가운데 하나인 '비즈니스 모델'(Business Model)은 제품이나 서비스를 소비자에게 어떻게 제공하고, 마케팅하며, 수익을 남길 것인지를 계획하는 것 또는 특정 사업에 관한 아이디어를 말한다.

그렇다면, 코칭 모델을 어떻게 정의할 것인가? 앞서 설명한 모델에 관한 일반적인 설명에서 영감을 얻을 수 있지만, 이것에 관한 학술적인 조명작업은 아직 활발하지 않아서 합의된 견해는 없다. 해외 전문코치들 사이에서 'GROW 모델'[46]과 'Co−Active Coaching 모델'이 가장 많이 사용되고 있고, 국내에서는 본 필자가 창안한 'ABCDE 코칭 모델'[47]을 비롯해 여러 명의 전문코치와 교수들이 각각 코칭 프로그램을 개발, 보급하면서 다양한 형태의 각기 다른 코칭 모델을 소개하고 있다.

코칭 모델은 두 가지 측면에서 정의할 수 있다. 먼저, 넓은 의미에서 코칭 모델은 '코칭의 근간이 되는 핵심가치들의 조합과 특정한 체계'라고 정의할 수 있다. 즉, 코칭 모델은 '코칭에 대한 시각, 코칭 철학 등 어떤 코칭 프로그램의 밑바탕에 흐르는 관점이나 핵심가치를 포함한 전반적인 체계'를 말한다. 이것은 코칭의 정체성을 말하는 것이고, 다른 서비스와 구분짓는 코칭의 고유한 스펙트럼이자 독특한 색채를 말한다.[48] 다음, 좁은 의미에서 코칭 모델은 '어떤 코칭 프로그램에서 강조하는 핵심가치들의 조합'이라고 정의할 수 있다.[49] 게리 콜린스는 그의 저서에서 코칭 모델을 '코치와 고객에게 코칭 여정을 안내하는 유용한 표지판이나 지도'와 같은 것이라고 비유하여 말했다.[50] 혹자는 코칭 모델을 구성하는 핵심가치를 코칭 철학의 연장선에 있는 것이라고 보기도 하지만, 엄밀하게 말하면 서로의 차원이 조금 다르다.

간단히 말해, 코칭 모델은 '어떤 코칭 프로그램에서 강조하는 핵심가치들의 조합과 관련된 특정한 체계'이다. 그런데 핵심가치들은 각자가 지향하는 바가 달라서 코칭 프로그램마다 다를 수밖에 없다. 이것은 고유함에 관한 것이고 일률적으로 재단할 수 없어서, 코칭 모델에 관

---

44) 위키백과(2022). 모델(http://ko.wikipedia.org/wiki/, 2022년 2월 접속).

45) 이냐시오 이리사르 · 그레그 맥레오드(송성호 역, 2016). 몬드라곤은 어떻게 두 마리 토끼를 잡았나. 서울: 협동조합 착한책가게. 226에서 발췌, 인용.

46) 'GROW 모델'이 과연 코칭 모델인지에 관해서는 여러 가지 견해가 있겠지만, 일단 여기에서는 코칭 모델이라고 보고 논의를 이어가고자 한다.

47) 조성진(2008). 코칭ABC. 서울: 도서출판 심포지움. 61-65에서 발췌, 인용.

48) 조성진(2019). 코칭에센스. 경기: 양성원. 7에서 발췌, 인용; 조성진(2020). 코칭과 경력개발. 경기: 양성원. 87에서 발췌, 인용.

49) 조성진(2019). 앞의 책. 72에서 발췌, 인용; 조성진(2020). 앞의 책. 87에서 발췌, 인용.

50) 게리 콜린스(양홍주 · 이규창 역, 2011). 게리 콜린스의 코칭 바이블. 서울: 한국기독학생회출판부. 151- 152에서 발췌, 인용.

한 합의된 견해가 없을지도 모른다. 결국, 코칭 프로그램마다 코칭 모델이 다른 것은 당연한 일이다. 그래서 여기서 현존하는 모든 코칭 모델을 소개하는 것은 현실적으로 쉽지 않다. 다만, 현재 코칭 현장에서 자주 활용되는 몇 가지 코칭 철학과 코칭 모델에 관한 배경을 바탕으로, 일정한 체계를 지녀서 코칭 모델의 정의에 부합하고, 학술적으로 검증된 코칭 모델들을 선별하여 소개하고자 한다.

2. GROW 코칭 모델

국내외 전문코치들 가운데 가장 많이 사용되는 코칭 모델은 존 휘트모어(Whitmore, J.)가 사용한 'GROW 모델'이다. 실제로 코칭과 관련된 많은 프로그램이나 도서에서 그가 집필한 『성과 향상을 위한 코칭 리더십』(Coaching for Performance)이라는 책 안에 소개된 'GROW 모델'을 코칭 모델로 보고, 4단계로 나눈 내용을 소개하고 있다.[51] 심지어 일부 국내 코칭 프로그램에서는 이 4단계를 그대로 인용하면서 코칭 모델이라고 소개하고 있다.[52] 하지만, 이것은 엄밀한 의미에서 '코칭 모델'(coaching model)이라기보다 '코칭 대화 절차 모델'(coaching conversation process model)에 가깝다고 보는 것이 더 적절하다고 생각한다.[53] 따라서 이 책에서는 여기서 자세하게 설명하지 않고, 코칭 대화 절차 모델을 설명하는 10장에서 'GROW 모델'을 다시 소개할 것이다.

3. Co-Active 코칭 모델의 내용과 특징

'Co-Active Coaching 모델'은 1992년에 로라 휘트워스(Whitworth, L.), 헨리 킴지-하우스(Kimsey-House, H.) 및 카렌 킴지-하우스(Kimsey-House, K.)가 공동으로 창립한 '코치훈련연구소'(Coaches Training Institute: CTI)와 관련이 있다.[54] 인본주의 원칙에 바탕을 두고, 공동 창

51) 존 휘트모어(김영순 역). 성과 향상을 위한 코칭 리더십. 서울: 김영사. 82-85에서 발췌, 인용; 이소희 외(2014). 코칭학개론. 서울: 도서출판 신정. 144에서 발췌, 인용.

52) 국내 코칭심리 분야의 탁월한 전문가인 탁진국 교수도 그의 저서에서 GROW 모델을 '코칭 모델' 부분에서 소개, 설명하고 있다. 그에 관한 자세한 내용은 다음에 소개하는 책을 참조할 수 있다. 탁진국(2019). 코칭심리학. 서울: 학지사. 49-57.

53) 'GROW 모델'이 '코칭 모델'인지 '코칭 대화 절차(프로세스) 모델'인지에 대해서는 논란이 있을 수 있다고 생각한다. 즉, 현재 대개 전문코치들은 'GROW 모델'이 '코칭 모델'인 것으로 이해하고 있지만, 필자의 관점에서 볼 때, 'GROW 모델'은 '코칭 모델'이라기보다 '코칭 대화 절차(프로세스) 모델'이라고 보는 것이 더 적절하다고 생각한다. 그 이유는 다음과 같다. 적어도 본인은 많은 전문코치가 코칭 모델이라고 주장하는 'GROW 모델' 속에서 '코칭 모델'이라는 개념이 포함해야 할 요소(핵심가치)가 확실하게 들어 있다고 확신하기 어려웠다. 이 점에 관해서는 향후 'GROW 모델'을 '코칭 모델'이라고 생각하는 연구자들과의 건설적인 논의가 있기를 기대한다.

54) Brock, V. G.(2012). *Sourcebook of Coaching History*. VB Coaching & Consulting(김경화 외 역, 2015. 코칭의 역사. 서울: 코쿱북스. 151-152에서 발췌, 인용).

립자들의 경력(금융, 연기, 비즈니스)과 체험을 기반으로 만들어진 이 모델은 코칭 워크숍을 과정을 준비하면서 만들어졌고, 1998년 11월에 출간된 『코액티브 코칭』(Co-Active Coaching)이라는 책에 소개되었다.

> "토머스 레너드(Leonard, T.)는 (미국) 캘리포니아 지역에서 코치 훈련 과정을 만들기 위해 로라 휘트워스와 헨리 킴지-하우스에게 자신의 'Coach U' 라이프 플래닝 자료들을 제공했다. 그것은 그가 그들에게 준 것이었다. 그러나 1992년 첫 번째 과정을 실시하기 직전에 레너드는 그의 자료를 되돌려 줄 것을 요구했다. 그들은 자료를 돌려주었지만, 레너드는 소송하겠다고 위협했고, 그것이 분열을 초래했다. 이로써 'CTI'와 'Coach U' 사이의 치열한 경쟁이 시작되었다. 로라 휘트워스, 헨리 킴지-하우스와 카렌 킴지-하우스는 이것을 워크숍 강연을 위한 코액티브 코칭 모델을 만들어 내는 기회로 삼았다."[55]

이 모델에서 '코액티브'(Co-Active)라는 용어는 코칭 관계의 근본적인 속성을 나타내는 것으로, 고객과 코치는 코칭 관계에서 '적극적인 협력자'(active collaborator)가 된다는 것을 의미한다. 즉, 고객이 바라는 것을 충족시키기 위해 두 사람 사이에 맺어지는 동등한 관계이자 일종의 협력적인 관계를 말한다.[56]

'Co-Active Coaching 모델'은 네 가지 주춧돌에 바탕을 두고 있는데,[57] 이것은 이 프로그램을 지탱하는 코칭 철학이라고 볼 수 있다.

- 사람은 근본적으로 창의적이고, 잠재력이 풍부하며, 전인적이다.
- 전인적인 사람에게 초점을 맞춘다(고객의 삶 전체에 주의를 기울인다).
- 지금 이 순간에 춤춘다(지금 이 순간에 고객에게 일어나고 있는 자극에 반응한다).
- 변혁을 일깨운다(고객이 깊은 수준의 깨달음 상태로 전환하도록 돕는다).

'Co-Active Coaching 모델'의 중심에는 고객의 삶이 자리 잡고 있다. 그래서 고객이 바라는 목표를 이루기 위해서는 그와 코치가 지속적인 협력 관계를 유지할 필요가 있다. 고객의 행동은 언제나 삶의 충만(fulfillment), 삶의 균형(balance) 및 삶의 과정(process)이라는 세 가지 주요 원칙과 관련이 있다. 그래서 고객이 해결하길 바라는 특정 이슈가 무엇이든지 관계없이 그것을 보다 큰 충만한 삶, 생명을 주는 삶의 균형 그리고 더 나은 삶의 과정에 연결하는 방법을 찾도록 도는 것이 코칭이라고 주장한다. 이 세 가지 주요 원칙을 소개하면, 다음과 같다.

---

55) Brock, V. G.(2012). *Sourcebook of Coaching History*. VB Coaching & Consulting(김경화 외 역, 2015. 코칭의 역사. 서울: 코쿱북스. 490에서 발췌, 인용.

56) 김영순 · 임광수 역(2016). **코액티브 코칭**. 서울: 김영사. 27에서 발췌, 인용; Kimsey-House, H., Kimsey-House, K., Sandahl, P., & Whitmore, L.(2011). *CO-ACTIVE COACHING*(3rd Ed.). California: Davies-Black Publishing.

57) 이에 관한 자세한 내용과 그것을 표현한 그림을 확인하기 위해서는 다음에 소개하는 책을 참조할 수 있다. 김영순 · 임광수 역(2016). 앞의 책. 27-35에서 발췌, 인용.

1) 삶의 충만[58)]

삶의 충만이란 가치 있는 삶이고, 고객이 진정으로 가치 있게 생각하는 것들로 가득 찬 삶을 말한다. 이것은 고객의 주머니와 옷장을 채우는 것처럼 무엇인가를 더 소유하는 것이 아니다. 그런 점에서 고객이 생각하는 삶의 충만함이라는 것은 지극히 개인적이다. 사람이 살면서 특별히 하나의 기준으로 삼을 만한 목표를 실현했을 때 느끼는 충족감은 매우 크다. 하지만 대부분 고객은 그 충만함이 최종 목적지가 아니라는 것을 알고 있다. 궁극적인 삶의 충만은 목적 있는 삶, 봉사의 삶을 찾아가는 것이고, 그것을 경험하는 것이다. 결국, 삶의 충만은 한 사람의 무한한 잠재력을 실현하는 것이다.

2) 삶의 균형[59)]

급속히 변화하는 일상생활에서 삶의 균형을 유지하는 것은 쉬운 일이 아니다. 대개 사람들은 최소한의 어떤 수준으로 살아가는 것에 대해 만족하지 못하는 경향이 있다. 그래서 사람들은 삶에서 더 많은 것을 바라고, 더 많은 것을 나누어 주길 원한다. 열정적이고, 약속을 철저하게 지키면서 살아가지만, 삶이 너무 치열해서 한 부분이 황폐해지기 시작하면서 삶의 균형을 잃어간다. 삶을 바라보는 방법이 하나밖에 없다고 생각하면, 서서히 삶이 불행해지기 시작한다. 균형을 이루려고 시도하지만, 결국에는 아무런 변화를 만들지 못하고 시간만 흘러가 버리게 된다.

이때 삶의 균형을 유지하기 어려운 사람들이 코칭을 받으려 한다. 코치는 고객이 삶을 바라보는 시각을 확장하여 균형 잡힌 삶을 사는 데 필요한 다른 선택을 하도록 돕는다. 예컨대, 고객이 어떤 것에 대해서는 "예"라고 말하고, 다른 어떤 것에는 "아니오"라고 얘기하는 선택을 하도록 돕는 과정이 필요하다. 이것이 삶의 균형을 찾기 위한 코칭이다. 이때 코치는 삶의 균형이라는 것이 장기간에 걸쳐 보아야 하는 것이어서, 고객에게 균형을 제시하는 것보다 균형을 향해 가고 있는지 아니면 균형에서 멀어지고 있는지를 들여다보도록 돕는 것이 필요하다.

3) 삶의 과정[60)]

고객이 삶의 균형을 찾도록 돕는 과정에서 코치가 해야 할 일은 삶의 전체 과정에서 다양한 일이 일어날 수 있다는 것을 알아차리고, 고객이 삶의 어느 과정에 있더라도 그와 함께 있는 것이다. 코치는 그곳에서 고객을 격려하고 지지하며, 고객이 곤경에 처했을 때 친구가 되어 주어

---

58) 김영순 · 임광수 역(2016). 코액티브 코칭. 서울: 김영사. 37에서 발췌, 인용.
59) 김영순 · 임광수 역(2016). 앞의 책. 38-39에서 발췌, 인용.
60) 김영순 · 임광수 역(2016). 위의 책. 39-40에서 발췌, 인용.

야 한다. 그리고 힘든 과정을 잘 통과할 수 있도록 고객의 역량과 잠재력을 일깨워 주고, 고객이 이룬 성공이 비록 작은 것이더라도 축하해 주어야 한다. 그래서 고객이 삶의 모든 영역에서 더 깊은 수준으로 나아가 그의 삶이 충만해지도록 돕는 것이다. 이때 고객은 자신의 삶 속에서 일어나는 모든 사건에 대해 의미를 찾고, 완전하게 살아 있는 삶을 영위할 수 있다.

요약하면, 'Co-Active Coaching 모델'은 고객을 바라보는 네 가지 주춧돌 위에서 고객이 삶을 살아가는 과정에서 균형을 유지함으로써 삶의 충만함을 경험하도록 돕는 것에 초점을 맞추어 개발된 것이다. 그래서 코치는 고객의 삶을 언제나 빛나게 하고, 밝게 불을 비춰주는 온전한 코칭을 하기 위해 꼭 필요한 것들 즉, 경청, 직관(intuition), 호기심, 행동과 학습 및 자기관리하는 것을 끊임없이 활용하도록 가르치고 있다.

4. ABCDE 코칭 모델: 코칭의 가치 오각형[61)]

'ABCDE 코칭 모델'은 필자가 창안한 '파워웰빙 코칭 프로그램'(P · O · W · E · R Wellbeing Coaching program)의 바탕이 되는 핵심가치와 관련 체계를 강조한 모델로서, 학술적인 견해와 코칭 현장의 체험을 바탕으로 창안한 코칭 모델이다. 이 모델은 코칭 과정에서 중요한 역할을 하는 다섯 가지 핵심가치와 행동을 설명하는 용어들, 즉 '인식(또는 자각)', '행위', '의사소통', '성장(또는 발전)', 그리고 '임파워먼트'(empowerment)라는 개념을 중심으로 전반적인 코칭 체계를 설명하고 있다. 여기서 중요한 역할을 하는 핵심가치들과 그와 관련된 특정한 체계를 통틀어 'ABCDE 코칭 모델'이라고 부르는데,[62)] 구체적으로 살펴보면 다음과 같다.

1) 인식(또는 자각, awareness)[63)]

코칭에서 인식과 관련하여 알아두어야 할 것은 고객의 현재 상태(또는 상황)를 인식하는 것과 고객이 진정 누구인지를 인식하는 것이다. 다시 말하면, 코칭에서는 고객이 처한 상황과 고객 자신을 인식하는 것이 무엇보다 중요하다. 따라서 코치는 각각에 대해 다음과 같은 관점에서 코칭을 진행해야 한다.

첫째, 코치가 해야 할 일은 고객이 깊이 생각함으로써 자신이 해결하길 원하는 이슈의 핵심이 무엇인지 깨닫도록 돕는 것이다. 그런 의미에서 코칭은 코치가 고객이 겪고 있는 과제와 이

61) 조성진(2020). 코칭과 경력개발. 경기: 양성원. 56에서 발췌, 인용.

62) 이 핵심가치들은 필자가 2008년에 최초로 제안하며 사용한 'CDE 코칭 모델' 또는 '코칭의 가치 삼각형(value triangle of coaching)'이라는 개념에서 더 확장된 것이다. 조성진(2008). 코칭ABC. 서울: 도서출판 심포지움. 61-65에서 발췌, 인용; 조성진(2020). 앞의 책, 87-94에서 발췌, 인용.

63) 조성진(2020). 위의 책. 경기: 양성원. 88-89에서 발췌, 인용.

슈의 본질을 각각 인식하도록 지원하는 것을 말한다. 때때로 사람들은 자신의 삶에서 무엇인가 빠져 있다는 것을 깨닫지 못하는 경우가 있고, 설사 깨닫더라도 그것이 무엇인지 모르는 경우가 많다. 자신에게 불만을 가져다주는 것이 무엇인지 자각하지 못하거나 자신이 진정으로 원하는 목표가 무엇인지 인식하지 못한다면 성장하기 어렵다. 자신의 성장과 발전을 위해 어떤 행동을 취해야 할 때, 그것을 가로막는 장애물이 무엇인지 인식하지 못한다면 통제하기 어렵다.

그러나 어떤 사람이 자신을 괴롭히고 통제하는 것이 무엇인지, 성장과 발전을 가로막는 것이 무엇인지, 그리고 자신이 원하는 것을 이루는 데 필요한 행동이 무엇인지 인식한다면, 그에 대한 어떤 조치도 쉽게 취할 수 있다. 코치는 바로 이런 활동을 돕는 조력자이다. 이런 인식이 비로소 진전(advance)이 일어나는 실마리이다.

> "코칭에 두 가지 목적이 있다고 믿는다. 그것은 인식을 일깨우고, 책임을 자극하는 것이다." – 존 휘트모어

둘째, 코치가 해야 할 또 하나의 일은 앞의 과정을 통해 고객 스스로 자신이 누구인지를 인식하도록 돕는 것이다. 이것은 고객 스스로 동기를 분석하고 현재 행동의 원인을 찾거나, 해결할 문제를 찾는 것에 국한하지 않는다. 한 걸음 더 나아가 고객의 강점과 약점, 열정, 가치관, 삶의 목적을 인식하도록 돕는 것이다. 이것은 고객의 현재 상태를 인식하는 것보다 더 중요하고 근본적인 작업이다. 특히 코치가 고객의 가치관과 존재 자체를 제대로 인식하도록 돕는다면, 그가 가지고 있는 많은 코칭 주제들을 해결하는 데 큰 도움을 줄 수 있다.

가치관은 한 개인의 삶 깊숙이 뿌리내린 신념이자, 중요한 것이며, 정체성을 가장 분명하게 규정하는 특성들로서 성품, 행동, 태도, 윤리, 개인적인 신념의 토대가 된다.[64] 한 마디로 내가 누구인지를 규정하는 것이 곧 가치관이다. 이것은 일상생활에서 나타나는데, 특히 스트레스나 위기 또는 중요한 의사결정의 순간에 분명하게 나타난다. 어떤 개인이나 집단이 곤경에 빠졌을 때 그들에게 가치관이 무엇인지 되돌아보게 하면, 자신이 나가야 할 방향을 명확히 구분하고 가치를 성취하는 방향으로 동기부여가 되는 것을 발견할 수 있다.

이처럼 가치관에 대해 진지하게 생각해 볼 기회를 맞는다면, 사람들은 기존에 하지 않았던 변화를 시도해야 할 때나 어려운 결정을 해야 할 때 올바른 방향으로 갈 수 있다. 이런 인식 과정을 통해 '자율적 창조'(autonomous creation)의 기반이 형성된다. 따라서 코치가 고객의 가치관을 인식하도록 돕는 것은 고객 자신의 정체성을 비롯하여 인생 전체를 바라보도록 하는 아주 의미 있는 일이다. 물론 자신의 가치관이나 존재를 인식하는 것은 코치에게도 마찬가지로

64) 게리 콜린스(양홍주 · 이규창 역, 2011). 게리 콜린스의 코칭 바이블. 서울: 한국기독학생회출판부. 180-181에서 발췌, 인용.

적용되는 중요한 일이다.[65)]

게리 콜린스(Collins, G.)는 코칭에서 다음과 같은 것들을 인식해야 한다고 설명하고 있다(〈표 5-1〉 참조). 그런데 이런 인식은 고객이 자신의 삶을 돌아볼 수 있도록 코치가 강력한 질문을 할 때 얻을 수 있다. 코치가 서두르지 않고 경청하고, 함께 있어 주며, 때로는 예리한 질문을 하고, 더 큰 통찰력을 이끄는 관찰과 피드백을 제공하는 것이 고객을 도와 그의 자아를 인식하도록 하는 가장 일반적인 방법이다.[66)]

표 5-1 코칭에서 인식해야 할 것들

코칭에서 인식해야 할 것들	
• 환　경	지금 당신의 삶에 어떤 일들이 벌어지고 있는가?
• 세계관	당신이 깊이 간직하고 있는 신념과 세상에 대한 관점은 무엇인가?
• 가　치	당신에게 진정으로 소중한 것은 무엇인가?
• 열　정	무엇이 당신을 흥분하게 하는가?
• 개　성	당신이 정말 좋아하는 것은 무엇인가?
• 강　점	당신은 무엇을 가장 잘 하는가?

출처: 게리 콜린스(양형주 · 이규창 역, 2011). 게리 콜린스의 코칭 바이블. 서울: 한국기독학생회출판부. 173에서 인용, 재정리.

2) 행위(behavior)[67)]

사람들이 코칭 받기를 원하는 것은 행위를 통해 무엇인가를 얻게 되리라고 기대하기 때문이다. 그래서 코칭은 고객의 의미 있는 변화를 돕기 위한 작업이다. 한 개인이 어떤 문제에 직면해 있을 때, 그 문제를 원만하게 해결하기 위해서는 무언가 변화를 시도해야 한다. 예전과 똑같이 행동한다면 어떤 것도 변화하지 않고, 문제를 원만하게 해결하기 어렵다. 따라서 무언가를 성취하려면 반드시 변화가 선행되어야 한다. 이 변화는 행위와 직결되어 있다.

코치는 고객이 측정 가능한 목표를 세우고 그것에 도달하도록 움직이는 행위에 초점을 맞추고 코칭을 진행한다. 바꾸어 말하면, 코칭은 어떻게 하면 고객이 달라지고, 내적으로 변화하는지에 우선순위를 둔다. 코칭은 사고방식의 변화와 함께 고객이 취하는 행위가 어떻게 변화하는지에 초점을 맞추는 행위 지향적인 활동이다. 결국, 코칭은 결정을 내리고, 생활양식을 평

65) 물론 코칭에서 인식이라는 활동에는 코치 자신의 존재나 상황 등에 관한 인식도 당연히 포함된다. 하지만 이 책에서는 우선 고객에게 초점을 맞추어 설명하고, 부분적으로 필요할 때에 한하여 코치 자신에 대해서도 가끔 언급할 것이다.

66) 게리 콜린스(양홍주 · 이규창 역, 2011). 게리 콜린스의 코칭 바이블. 서울: 한국기독학생회출판부. 62- 63에서 발췌, 인용.

67) 조성진(2020). 코칭과 경력개발. 경기: 양성원. 89-90에서 발췌, 인용.

가하며, 일상생활에서 불필요한 것에 대해 경계를 긋는 행위와 관련된다. 그리고 변화에 필요한 훈련을 하며, 새로운 인간관계를 맺는 등 실제로 실행에 옮겨야 하는 행위와 연관되어 있다. 행위의 완전한 변혁이 코칭의 궁극적인 목적이다.[68] 이런 행위가 긍정적인 차원에서 반복될 때, 자신과 타인에 대한 믿음(belief)이 생긴다.

3) 의사소통(communication)[69]

의사소통은 어떤 집단이나 조직 안에 속한 사람들 사이의 정보 교환이고, 동기를 부여하는 것이며, 감정을 표출하는 것이다. 그래서 의사소통은 의미를 전달하고자 하는 사람의 뜻과 의미가 잘 전달되어야 하고, 듣는 사람은 그것을 잘 이해해야 한다. 이처럼 정보의 발신자와 수신자 간에 의사소통이 원활하지 않으면, 여러 가지 불편함과 왜곡 현상이 생긴다. 그리고 목표를 달성하는 데 애로가 발생하고, 조직이 지향하는 가치와 문화를 공유하기 어렵다. 일방적인 지시와 명령이 항상 효과적인 의사소통 수단일 수는 없다.

코칭은 '쌍방향 의사소통'(two-way communication)을 지향한다. 코치와 고객이 단순한 대화가 아닌 상호작용(interactive)을 하는 생산적인 의사소통을 한다. 그래서 코칭은 코치가 고객과 서로 의미 있는 의사소통을 함으로써 그가 자신의 문제를 스스로 해결할 수 있도록 돕는 것이다. 그리고 이 과정을 통해 고객이 가지고 있는 무한한 잠재력과 가능성을 깨닫도록 지원하는 것이다. 코치와 고객은 언어적 · 비언어적 메시지를 주고받으면서 공감대를 형성하고, 문제의 해답을 찾기 위한 긴 여정을 함께 한다. 이런 과정에서 고객은 '창의적인 발상'(creative thinking)을 떠올리게 된다. 이때 코치와 고객은 서로 수신자와 송신자의 역할을 동시에 수행하기 때문에 일방적으로(one-way) 의사소통을 하는 경우보다 더욱 효과적으로 의사소통을 할 수 있다. 이러한 상호 우호적인 분위기를 형성하기 위해서는 서로 신뢰하는 것이 무엇보다 중요하다. 따라서 코치는 고객이 마음의 문을 열 수 있도록 적극적이고 헌신적으로 코칭에 임해야 한다.

4) 성장(또는 발전, development)[70]

코칭은 성장과 발전을 지향하는 프로세스(development process)이다. 코칭은 고객이 단순한 문제해결 차원을 넘어 자신의 미래를 창조함으로써 궁극적으로 자신이 바라는 방향으로 성장하고 발전하도록 지원하는 과정이다. 코칭은 갖가지 문제 속에서 헤매고 있는 고객을 끌어올

68) 게리 콜린스(양홍주 · 이규창 역, 2011). 게리 콜린스의 코칭 바이블. 서울: 한국기독학생회출판부. 166에서 발췌, 인용.

69) 조성진(2020). 코칭과 경력개발. 경기: 양성원. 90-91에서 발췌, 인용.

70) 조성진(2020). 앞의 책. 91-92에서 발췌, 인용.

려 건져주는(help) 것이 아니다. 고객 자신의 문제를 스스로 해결하도록 지원하는(support) 일련의 절차이다. 그런 의미에서 코칭은 고객의 내면에 숨어 있는 가능성과 에너지의 원동력을 스스로 찾고, 그것을 바탕으로 자신이 바라는 목표를 달성하여 계속해서 발전하도록 돕는 '창조적인 활동'(creative activity)이다.

코치는 코칭을 진행하는 동안 때에 따라서 고객이 과거에 이룩한 성공적인 경험과 수행상의 성취에 대한 기억을 되살리도록 돕는다. 과거의 성공 요인과 그때의 느낌을 현재 시점에서 다시 깨닫고 느끼게 함으로써 문제를 해결할 수 있는 자신감을 자극한다. 그리고 실행의 원동력인 에너지를 올리도록 격려한다. 그런 차원에서 코칭은 고객의 자기효능감(self-efficacy)과 자각(또는 인식, awareness) 능력을 개발시키도록 지원하는 역량개발과정이기도 하다. 이런 과정을 거치면서 고객은 의사결정(decision making)이나 자신만의 고유한 차별화(differentiation)에 대해 눈을 뜨게 된다.

물론 상담이나 컨설팅도 그 서비스를 누리는 사람의 성장을 전혀 논외로 하는 것은 아니다. 다만, 해답을 찾기를 원하는 성장의 주체 즉, 고객이 원래 지닌 잠재력과 가능성을 얼마나 더 중요하게 생각하는지 등에서 코칭과 차이가 있을 뿐이다. 코칭에서는 고객이 코칭을 진행하는 과정을 통해 자발적으로 성장하여 궁극적으로 리더로서 발전하기를 진심으로 바란다는 점에서 상담이나 컨설팅과는 확실하게 다르다.

5) 임파워먼트(empowerment)[71]

임파워먼트는 사전적으로 '파워를 크게 한다'는 의미를 지니고 있다. 임파워먼트의 의미는 세 가지로 구분할 수 있다.[72] 첫째, 임파워먼트는 합법적인 권한을 올바르게 행사한다는 의미를 지닌다. 둘째, 임파워먼트는 무언가를 해낼 수 있는 능력을 의미하는 것으로, 업무 수행에서의 자신감이라는 의미이다.[73] 셋째, 임파워먼트는 에너지(energy)를 불어넣거나 활력을 갖도록 한다는 의미를 지닌다. 이처럼 임파워먼트는 권한 위임(위양)의 의미와 동기부여(motivation)의 의미가 모두 포함된 개념이다. 그래서 임파워먼트는 한 개인이 자신의 업무를 유능하게 수행할 수 있다고 느끼도록 하는 활동과 그 과정에서 계속해서 주도권을 행사하는 것을 중시한다.[74]

코칭은 임파워먼트가 전제된 상태에서 코치와 고객 사이에 서로 헌신하는 파트너십을 바탕

71) 조성진(2020). 앞의 책. 92-93에서 발췌, 인용.

72) 신유근 · 이춘우(2014). 조직행위론. 서울: 한경사. 220; Thomas, K. W., & Velthouse, B. A.(1990). Cognitive elements of empowerment: An interpretative model of intrinsic task motivation. *Academy of Management Review*, 15(4), 666-681.

73) Bandura(1976). *Social Learning Theory*. Englewood Cliffs, NJ: Prentice-Hall.

74) 신유근 · 이춘우(2014). 조직행위론. 서울: 한경사. 221에서 발췌, 인용.

으로 진행된다.[75] 여기에서 권한, 즉 힘(power)은 코치에게 부여되는 것이 아니고, 코칭 관계에 함께 참여하는 고객에게 부여되는 것이다. 코칭은 고객이 자신의 문제를 스스로 해결할 수 있는 해답을 찾도록 코치가 권한을 위임하거나 힘을 불어넣는 과정이다. 이때 코치는 자율성과 책임감이 전제된 상태에서 고객에게 임파워먼트를 제공한다. 그러면 고객은 자신에게 위임(부여)된 권한을 효과적으로 활용하여 문제해결의 주도권을 쥐게 된다. 그리고 자신에 대한 기대(expectation)에 부응하기 위해 에너지(energy)와 용기(encourage)를 가지게 되고, 결국 원하는 결과를 만들어 낸다.

그래서 코칭이 제대로 이루어지려면, 코치는 고객이 자신의 문제를 스스로 해결할 수 있다는 믿음을 갖도록 도와주고, 그가 해답을 찾을 때까지 인내심을 갖고 기다려줄 필요가 있다. 즉, 코치에게는 헌신하는 파트너로서 인내하는 정신과 태도가 필요하다. 나아가 고객이 자신감을 지니도록 그를 칭찬하고 지지하며, 격려하고 인정해 주어야 한다. 그럴 때 비로소 고객은 코치와 진정한 신뢰 관계를 형성할 수 있다. 이처럼 한 사람을 성장하고 발전시키고자 하는 코치의 진지한 노력과 그런 코치를 전적으로 신뢰하는 고객 사이의 상호 헌신을 바탕으로 임파워먼트가 제대로 실행될 때, 두 사람 사이에 강력한 인적 유대감이 형성될 수 있다.

요약하면, 앞서 설명한 다섯 가지 핵심가치들이 복합적으로 상호작용하는 특정한 코칭 체계를 통틀어 'ABCDE 코칭 모델' 또는 '코칭의 가치 오각형'(Value Pentagon of Coaching)이라고 부르기로 한다.[76] 이것을 그림으로 정리하여 표현한 것이 [그림 5-1]이다. 그리고 다섯 가지 핵심가치들이 코칭 시스템을 거치면 다양한 효과를 발휘하는데, 그것을 그림으로 표현한 것이 [그림 5-2]이다. 이것은 앞서 각각의 핵심가치를 설명하는 과정에서 개별 가치들이 코칭을 통해 무엇을 자극하고, 어떻게 새로운 개념으로 전이되는지를 설명할 때 간단하게 언급한 바 있다. 예컨대, 고객의 새로운 '인식'은 코칭 시스템을 통해 그의 '자율성'을 자극하고, 코치와 고객의 '행위'는 코칭 시스템을 통해 상호 '신뢰'가 쌓이는 데 이바지한다. 코치와 고객이 코칭 시스템을 통해 '의사소통'이 잘 되면 '공감대'가 형성되고, 고객은 '성장하고 발전'하면서 '차별화'를 이루게 된다. 그리고 코치가 코칭 시스템을 통해 고객에게 '임파워먼트'를 제공하면, 고객은 '에너지'를 얻는다.

---

75) 이것은 한 사람(코치)이 자신의 증대된 힘을 다른 사람(고객)에게 확산하여 종국에는 두 사람 모두 힘을 키우는 과정으로서, '상호작용 임파워먼트'(interactive empowerment)라고 볼 수 있다. 이에 관한 자세한 설명은 다음에 소개하는 논문을 참조할 수 있다. Conger, J. A., & Kanungo, R. M.(1988). Empowerment process: Integrating theory and practice. *Academy of Management Review*, 13, 471-482.

76) 이 표현은 필자가 기하학의 원리, 즉 정오각형의 원리를 원용하여 처음으로 사용한 것이다(조성진, 2008. 코칭 ABC. 서울: 도서출판 심포지움). 오각형은 다섯 개의 변(선분)과 다섯 개의 꼭짓점으로 이루어진 다각형이다. 그 가운데 모든 변의 길이가 같고 모든 내각의 크기가 108°로 같은 오각형을 정오각형이라 한다(대한수학회, 2015. http://www.kms.or.kr). 여기에서 착안하여 코칭에서 핵심적인 다섯 가지 가치를 통틀어 '코칭의 가치 오각형'이라고 명명했다.

그림 5-1 ABCDE 코칭 모델(코칭의 가치 오각형)

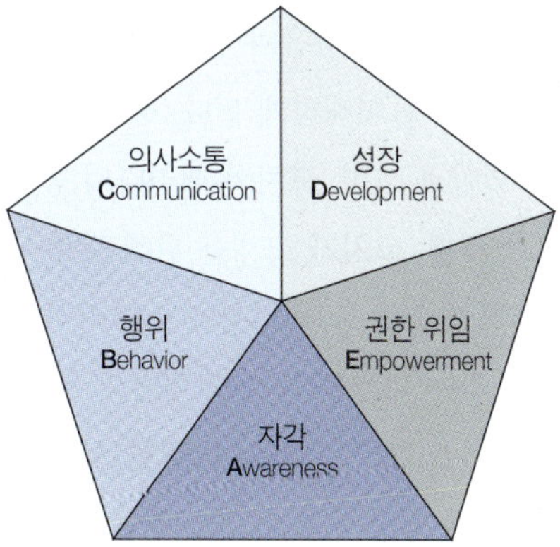

그림 5-2 ABCDE 코칭 모델과 다양한 효과

5. CPA 코칭 모델의 내용과 특징[77)]

'CPA 코칭 모델'(C-PLUS Active Coaching Model)은 도미향 교수가 창안한 모델로, 코칭 철학인 'C-PLUS' 코칭 패러다임과 코칭 기술, 코칭 대화 모델인 'ACTIVE'가 서로 유기적으로 맞물려 코칭 환경을 마련하고 성과를 도출하는 구조이다. 이 모델의 궁극적인 목표는 코칭을 통해 삶에 '플러스'(+, plus) 효과를 창출하여 누구라도 'A+'의 삶을 살 수 있도록 하는 것이다. 즉, 풍

77) 도미향(2019). 전문코치 양성을 위한 CPA 코칭 모델 개발: ACTIVE 코칭 대화 모델 기반 C-PLUS 코칭 프로그램. 코칭연구, 12(3), 95-112; 이소희 외(2014). 코칭학개론. 서울: 도서출판 신정. 173-176에서 발췌, 인용.

요로운 삶의 목표를 달성하기 위해 '사명-비전-가치' 등을 설정하고, 지속적인 동기부여를 통해 자신만의 탁월한 삶을 살도록 전략적으로 구조화된 모델이다.[78)]

C-PLUS 코칭 통합 모델이 지닌 특성은 다음과 같다. 첫째, 코칭(coaching)의 이해로 코칭의 개념과 철학, 코칭의 필요성, 환경 등을 이해하게 된다. 둘째, 코치의 전문성(professional)을 갖추는 기초로, 코치로서 자신의 역할과 사명, 코치의 패러다임 등 코치의 내적 동기와 '비전-사명' 등을 세우고 다짐하게 된다. 셋째, 코치가 고객을 위해 갖추어야 하는 역량으로 코치의 코칭 기술을 의미한다. 코치는 코칭 기술을 통해 코칭에서 논리적인(logic) 사랑(love)을 펼 수 있다. 넷째, 고객의 강점과 행복을 찾는 과정을 통해 고객만의 특별하고(unique) 탁월한 삶을 찾을 수 있는 기초 작업이다. 마지막으로, 고객만의 탁월한 삶을 선택하도록 지원(service)하는 과정이며, ACTIVE 코칭 대화 모델을 활용하여 이끄는 과정으로 코칭 기술을 적용하여 코칭 대화를 실현하는 것이다.

6. 코칭 모델과 코칭 대화 절차 모델의 차이

앞서 코칭 모델은 어떤 코칭 프로그램에서 강조하는 핵심가치들의 조합과 관련된 특정한 체계라고 정의한 바 있다. 여기서 중요한 역할을 하는 핵심가치들은 프로그램 개발자나 학자들의 견해에 따라 강조하는 것이 각각 달라서, 해당 프로그램의 교유함을 잘 드러내는 것이다. 그리고 강조되는 핵심가치들은 각기 달라서 일률적으로 구분짓거나 통합하기도 어려운 것이다.

그런데 의외로 많은 전문코치와 연구자가 '코칭 모델'(Coaching model)과 '코칭 대화 절차 모델'(Coaching conversation process model)을 혼동하여 사용하는 경우가 많다. 즉, 코칭 대화 절차 모델이 코칭 모델과 같은 것이라고 자연스럽게 주장하며 사용하고 있다. 많은 코치가 코칭 모델이라고 믿고 사용하는 'GROW'가 그 대표적인 예이다. 이것은 엄밀한 의미에서 '코칭 대화 절차'를 의미하는 것이지 코칭 모델이라고 보기 어렵다. 'GROW'가 코칭 모델이라고 주장하고 사용하는 사람이 많다고 해서, '코칭 대화 절차 모델'이 '코칭 모델'이 되는 것은 아니다. 앞서 정의한 바에 따르면, 코칭 모델은 '해당 프로그램이나 패러다임 가운데 강조하고 싶은 핵심가치들이나 특성과 관련된 체계'를 말한다. 이에 비해, '코칭 대화 절차 모델'은 코칭을 진행하면서 의사소통을 하는 데 필요한 구조화된 절차나 단계를 의미한다.

그런데 'GROW'의 경우에는 그것을 언급하거나 서술한 관련 문헌의 어디에도 핵심가치들에 관한 설명은 없고, 코칭 대화를 진행하는 단계 또는 절차에 관한 설명뿐이다. 실제로 필자는 코칭 관련 서적이나 어떤 코칭 프로그램 가운데 소위 'GROW 모델'에 관해 언급하는 부분에

78) 해당 코칭 모델의 특징적인 내용과 구조를 그림으로 표현한 것을 확인하려면, 다음에 소개하는 책을 참조할 수 있다. 이소희 외(2014). 코칭학개론. 서울: 도서출판 신정. 175.

서 그것이 코칭 대화를 풀어가는 절차나 단계에 관한 것임을 분명하게 확인했다. 하지만 그 서술들 가운데 이 책에서 정의한 코칭 모델에 관한 정의를 대입하여 'GROW 모델'을 언급한 경우는 아직 확인하지 못했다. 물론 'GROW' 절차(또는 단계)가 창안되어 활용될 당시에 코칭 모델의 개념에 관한 '조작적 정의'(operational definition)가 없어서 이런 일이 생겼을 수도 있다.[79] 하지만 여전히 'GROW 코칭 대화 절차 모델'은 현재 코칭 현장에서 활동하는 코치들이 사용하기에 편하고 효과적이며, 코치들에게 많은 영감을 주는 훌륭한 것임에는 이론의 여지가 없다고 생각한다.

다만, 적어도 코칭의 학문적인 체계 수립 등과 같은 논의가 진행되는 현재 시점에도 이런 일이 계속해서 반복된나는 것은 '코칭학'(Coachology)의 토대 구축 차원에서 바람직한 일은 아니라고 생각한다. 따라서 필자는 이런 인식을 바탕으로 'GROW' 모델은 코칭 대화 절차를 설명하는 것일 뿐, 코칭 모델이라고 보기에는 아쉬운 점이 있다는 것을 분명하게 밝힌다. 따라서 독자들은 이 두 개념의 차이를 분명히 인식할 필요가 있다. 코칭 프로그램 개발자도 이 점을 주의하여 프로그램 개발 과정에 적용할 필요가 있다.

5.4 코칭 프로그램 개발과 인증

1. 코칭 프로그램의 개발

코칭에 대해 어느 정도 이해했다고 자부하는 전문코치나 연구자라면, 자신만의 관점과 견해를 담은 코칭 프로그램을 개발하고 싶은 마음이 생긴다. 자신이 새롭게 알게 되고 잘 활용하는 코칭을 모르는 사람들에게 교육하고 싶기도 하고, 자신과 같은 전문코치를 양성하고자 하는 목적도 생기기 때문이다. 앞선 시기에 코칭의 선구자로서 역할을 했던 선배 코치들이 그랬을 것이고, 지금 코칭 현장에서 활발하고 활동하는 전문코치들이나 코칭 연구자들도 그럴 것이다.

그런데 안타깝게도 지금까지 코칭 프로그램을 개발하는 방법에 관해 본격적으로 깊이 연구한 국내외 문헌들을 찾기는 쉽지 않다.[80] 이것은 집을 짓고 싶은데, 그 설계도에 관한 안내서가

79) 본인은 이런 결과를 초래한 이유가 당시 'GROW' 코칭 대화 절차 모델을 개발할 당시에 코칭학의 이론체계를 확립하려는 의도에서 학술적인 목적으로 개발한 것이 아니라, 개발자의 경험과 지식 그리고 지혜를 모아서 전문코치들이 코칭 현장에서 유용하게 활용하기를 바라는 실용적 차원에서 정리, 개발, 보급한 결과라고 생각한다.

80) 조성진 · 송계충(2010). 코칭 효과 연구를 위한 코칭 프로그램 개발과 평가. 인적자원개발연구, 13(1), 27-74; Ives, Y.(2008). What is 'Coaching'? An Exploration of Conflicting Paradigms. *International Journal of Evidence Based Coaching and Mentoring*, 6(2), 102.

없는 것과 마찬가지이다. 다행스럽게도 최근 들어 국내에서는 코칭 프로그램을 개발한 과정을 서술하고, 그 효과를 검증한 논문들이 출간되고 있다.[81] 하지만, 아직도 코칭 프로그램 개발 과정에서 미리 준비해야 하거나 반드시 포함되어야 할 요소가 무엇인지 등에 대해 깊이 다룬 선행연구를 찾는 일은 여전히 쉽지 않다. 따라서 여기에서는 코칭 프로그램 개발과 관련된 선행연구와 필자의 코칭 프로그램 개발 경험 등을 바탕으로 코칭 프로그램 개발에 필요한 것들이 무엇이고, 그 절차가 어떤 것인지 등에 관해 언급하고자 한다.

1) 코칭 프로그램 개발에 필요한 것들

코칭 프로그램을 개발하려면, 집을 짓는 과정을 생각해 보면 해당 과정을 쉽게 도출할 수 있다. 집을 지으려면, 먼저 자신이 꿈꾸고 있는 삶의 모습을 생각해야 하고, 그런 삶을 가능하게 하는 집이 어떤 형태인지를 생각해야 한다. 이에 관한 생각은 자신이 지을 집의 설계 방향을 잡는 데 가장 기초적인 정보가 되고, 집의 골격과 뼈대를 구성하는 데 중요한 요인이 된다. 이런 과정을 통해 설계 도면이 완성되면, 그에 따라 터 파기와 기초공사부터 진행하고, 건축 절차에 따라 순서대로 공사를 진행하며, 결국 자신이 원하는 집이 완성된다. 집이 완성되면, 입주하여 자신이 바라던 삶을 살기에 적절한 집인지를 체험하는 과정을 거치고, 필요한 경우 하자보수 과정을 거쳐 자신의 생활 철학과 삶의 방식에 맞도록 자신만의 집을 재구축하게 된다.

코칭 프로그램 개발 과정도 집을 짓는 과정과 유사하다. 일부 선행연구와 필자의 현장 코칭 경험을 바탕으로 코칭 프로그램을 개발하는 데 필요한 것들을 정리하면 다음과 같다.

- 코칭 프로그램의 목적과 방향
- 코칭 교육 시간
- 코칭 철학
- 코칭의 기초와 원리
- 코칭 용어에 관한 조작적 정의
- 코칭 모델(Coaching model): 중요하게 생각하는 핵심가치들의 조합
- 코칭 대화 절차 모델(Coaching conversation process model)
- 코칭 기술

81) 고은주 · 김혜연(2019). 마음챙김 코칭 교육 프로그램 개발을 위한 기초연구, **코칭연구**, 12(1), 167-165; 김지연 · 도미향 · 김응자(2016). 청소년 인성 코칭 프로그램의 개발 및 효과. **코칭연구**, 9(2), 29-51; 도미향(2019). 전문코치 양성을 위한 CPA 코칭 모델 개발: ACTIVE 코칭 대화 모델 기반 C-PLUS 코칭 프로그램. **코칭연구**, 12(3), 95-112; 류승원(2017). 영화 코칭 프로그램의 개발 및 효과 연구: 청소년의 스트레스 감소를 위한 자아존중감, 자기조절학습, 학교생활 적응을 중심으로. **코칭연구**, 10(3), 119-158; 이대겸(2016). **해군부사관의 리더십 핵심역량 향상을 위한 코칭 프로그램 개발**. 경성대학교 박사학위 논문; 임영림 · 박경민(2014). 초등학생의 성교육 코칭 프로그램 개발 및 성 지식과 성 태도에 미치는 효과. *Journal of Korean Academy of Nursing*, 44(1), 31-40.

• 코칭 진행 절차(Coaching process)
• 코칭 스타일
• 코치 자격취득 과정 안내
• 코칭 마케팅
• 코치(코칭) 윤리
• 기타: 코칭 실습 방법, 코칭 마이크로 트레이닝 등

이런 요소들 가운데 코칭 프로그램 개발에서 반드시 포함되어야 할 것들에 관한 일치된 견해는 아직 없다. 당연히 전문코치들이나 연구자들에 따라 다른 견해를 가지고 있을 것이다. 하지만 필자의 연구와 코칭 현장 경험에 따르면, 코칭 철학, 코칭 모델, 코칭 대화 절차 모델, 코칭 기술, 코치(코칭) 윤리는 코칭 프로그램에 반드시 포함되어야 할 핵심적인 요소라고 생각한다. 이에 관한 추가적인 내용과 견해에 관해서는 이 책 제15장에서 서술할 예정이다.

2. 개발된 코칭 프로그램의 인증

국내외 전문코치나 코칭 연구자들에 의해 개발된 코칭 프로그램은 각각의 교육과정을 통해 예비 코치들이나 기존 전문코치들에게 보급되고 있고, 이것들은 국내외 코칭 확산 과정에서 큰 역할을 하고 있다. 그러나 개발된 코칭 프로그램이라고 해서 무조건 코칭 시장에서 용인되는 것은 아니고, 적절한 검증 과정을 거쳐야 한다. 그런 차원에서 국내외 코치 관련 단체에서는 개발된 코칭 프로그램을 적절한 절차를 거쳐 인증하는 제도를 통해 해당 프로그램의 전문성과 신뢰성을 확보하는 데 이바지하는 것은 의미 있는 일이라 생각한다.

국내의 경우, (사)한국코치협회에서 검증 과정을 거쳐 인증된 코칭 프로그램이 2022년 12월 말 현재, 167개에 이르렀고,[82] 그 수는 앞으로도 점점 증가할 것이다. 해당 코칭 프로그램은 주로 역량 강화, 학습 코칭 및 진로 코칭 등에 관한 용도로 개발되었고, 이들 코칭 프로그램의 효과를 검증한 연구도 증가하는 추세에 있다.[83] 이런 국내 코칭 프로그램 개발 증가 추세와 함께 해당 프로그램의 인증 기준에 관한 적정성 여부 등에 대한 우려의 목소리도 나오고 있다.[84] 코칭 프로그램의 인증 과정에 대한 객관성, 공정성, 투명성 등 여부에 관한 총체적인 논의는 결과적으로 코칭 프로그램의 신뢰성 제고와 배출되는 코치의 질적 수준, 즉 전문성 제고와 직결되

82) 한국코치협회(2022). 프로그램 인증(ACPK 프로그램 리스트, www.http://www.kcoach.or.kr, 2022년 12월 접속)
83) 구자군 · 도미향(2018). 한국의 코칭 프로그램 현황 및 연구 경향 분석. **코칭연구**, 11(3), 5-26.
84) 이에 관한 내용은 이 책의 제15장과 다음에 소개하는 논문을 참조할 수 있다. 조성진(2022). 코칭학, 무엇을 연구할 것인가?: 코칭학의 현재와 미래. **융합코칭저널**, 1(1), 5-29.

는 문제이어서 이에 관한 본격적인 논의는 빨리 진행될수록 바람직하다.

3. 코칭 프로그램의 선택

코칭 프로그램이 적절한 과정을 거쳐 개발, 시중에 선을 보였다면, 해당 프로그램을 배우고 싶은 사람이나 코칭 현장에서 활용할 의사가 있는 전문코치의 관점에서 남은 문제는 어떤 기준으로 코칭 프로그램을 선택할 것인가로 귀결된다. 이때 활용할 수 있는 선택 기준에 관한 명확하고 일치된 견해는 아직 없다. 다만, 이 책에서는 필자의 코칭 현장 경험을 바탕으로 실용적 측면과 학술적 측면에서 생각해 볼 수 있는 기준을 제시하고자 한다.

먼저, 실용적 측면을 고려하여 코칭 프로그램을 선택하는 것이다. 이것은 일반적인 시장에서 한 소비자가 어떤 제품이나 서비스를 선택할 때 활용하는 기준과 비슷하다. 국내에서는 해당 프로그램의 가격, 유명도, 개발자의 자격, 그리고 관련 단체의 인증 여부 등이 될 것이다. 그러나 일반적인 소비자들이 많이 선전되고 팔리는 제품을 구매하듯이, 코칭 프로그램 소비자들도 시장에서 많이 활용되는 것을 선택하는 경향이 많다. 그러나 코칭 시장에서 많이 사용된다는 것이 해당 프로그램의 질이나 품격을 반드시 담보하는 것은 아니다. 즉, 코칭 시장에서 많이 활용되는 프로그램이 코칭 자체와 관계없는 요인들에 의해 좌우될 수도 있다. 예컨대, 코치의 외면적인 유명도, 코칭 기업의 홍보 전략, 해당 프로그램 론칭(launching) 시 제공되는 다양한 부가 조건, 접근성 등 마케팅 관련 요소와 코칭 실무자의 개인적인 선호도, 코칭 프로그램 개발자와의 친소관계 등에 따라 코칭 프로그램의 활용 여부가 얼마든지 달라질 수 있다.

이때 적용해 볼 수 있는 다른 기준이 코칭 프로그램의 학술적 측면이다. 이것은 해당 코칭 프로그램이 학술적으로 검증된 프로그램인가에 관련된 것이다. 즉, 어떤 코칭 프로그램이 적절한 학술적 검증 과정을 거쳐 효과가 입증되었다는 것은 어느 정도 객관성을 담보했다는 차원에서 의미가 있다는 것이다. 따라서 어떤 코칭 프로그램의 시장에서의 명성과 인지도 등과 함께 학술적인 검증을 거친 객관성 담보 여부가 코칭 프로그램의 선택에 있어 의미 있는 기준이 될 수도 있다.

PART

02

코칭의 실제

6.1 코칭 기술과 의사소통

1. 코칭 기술의 정의

1) 코칭 기술의 정의

기술(또는 기량, skill)은 사전적 의미로 '사물을 잘 다루는 방법이나 능력'이라고 정의한다.[1)] 예컨대, 운전을 제대로 하려면 운전 기술을 익혀야 하고, 농구라는 스포츠를 즐기려면 그에 필요한 몇 가지 기술들을 배워야 한다. 그리고 집을 짓는 데도 기술이 필요하고, 반도체를 생산하는 데도 수많은 기술이 필요하다. 코칭도 마찬가지여서 코치가 코칭을 원활하게 진행하려면, 그에 알맞은 기술이 필요하다. 코칭도 일종의 대화이어서 그에 필요한 언어가 있다. 사람들이 일상적인 대화를 할 때도 약간의 기술이 필요한데, 그것보다 더 전문적인 서비스인 코칭에서 기술들이 추가로 필요한 것은 당연하다. 즉, 코치가 고객과 함께 코칭 대화를 이어갈 때 필요한 기술들이 많은데, 이런 것들을 통틀어 '코칭 기술'(coaching skill)이라 부른다.

코칭 기술(coaching skill)이란 '코칭을 진행할 때 주로 코치가 사용하는 구체적인 행동 기술'(skills related to behavior)을 말한다.[2)] 코칭 기술은 코치가 고객이 그의 이슈를 스스로 해결하는 데 도움이 되는 해답을 발견하도록 돕는 데 필요한 것들이다. 코치가 고객과 함께 코칭을 진행하는 과정에서 필요한 것이 있고, 코치가 사전에 익히고 연습해야 할 것도 있다. 따라서 코치는 다양한 코칭 기술을 잘 익혀서 고객과 코칭을 진행할 때, 그것들을 적절하게 활용할 줄 알아야 한다.

1) 위키백과사전(2022). 기술(http://ko.wikipedia.org/wiki/기술, 2022년 2월 접속)
2) 조성진(2009). 코칭이 자기효능감, 성과 및 가족관계에 미치는 영향과 이에 대한 감성 지능의 조절 효과. 충남대학교 박사학위 논문. 31에서 발췌, 인용.

코치들이 사용할 수 있는 코칭 기술에는 다양한 것들이 있다. 전문코치들의 견해에 따르면, 코칭 과정에서 사용되는 기술의 수는 무려 100여 가지가 넘는다고 한다. 코칭의 형태, 코치의 관점, 코치의 경험 등에 따라 다양한 기술들을 사용하는 것이다.[3] 실제로 제프리 아우어바흐(Auerbach, J.)는 그의 저서에서 모두 17가지의 코칭 기술을 소개하고 있고,[4] 현재 통용되는 대부분의 코칭 프로그램에서도 대개 4~7가지의 주요한 코칭 기술을 소개하고 있다. 이 책에서는 그 모든 코칭 기술을 설명하기에는 한계가 있다. 따라서 대부분의 코칭 프로그램에 다루고 있는 코칭 기술 가운데 몇 가지 핵심적인 코칭 기술에 관해서만 설명하고자 한다.

2) 코칭 기술의 구분

코치들이 사용할 수 있는 코칭 기술은 다양하다. 초창기 코칭에서는 심리학에서 개발된 기술들을 많이 원용했고, 지금도 실제 코칭에서 그것들을 적지 않게 사용하고 있다. 하지만 코칭 기술을 구분하는 마땅한 기준이 없다 보니 그 기준과 구분에 대한 일치된 견해도 찾아보기 힘들다. 대개 전문코치나 코칭학 연구자들은 각자의 학문적 배경, 현장 코칭의 경험 및 코칭을 바라보는 관점 등에 따라 다양한 코칭 기술을 적절하게 구분하여 사용하고 있다.

혹자는 코칭 기술을 크게 '기본 기술'(core skill)과 '주요 기술'(sub skill)로 구분하고 있다. 전자는 코칭을 진행할 때 가장 중요해서 항상 사용하는 기술을 말하고, 후자는 항상 사용하는 기술은 아니지만, 상황에 따라 적절하게 사용하는 기술을 말하는 것으로 소개했다.[5] 그리고 본 필자는 코칭 기술을 각각 '의사소통기술'(communication skill)과 '대인관계기술'(interpersonal skill)로 나누고 있다. 전자는 코칭을 진행할 때 고객과의 의사소통 과정에서 직접 사용하는 핵심기술인 경청, 질문, 피드백 등과 같은 기술을 포함한다. 후자는 코치 개인 차원의 일반적인 기술로서, 고객의 상황을 파악하거나 그와 원만한 관계를 유지하는 데 필요한 기술인 직관기술과 자기관리기술 등을 포함하고 있다.[6] 구체적으로 설명하면 다음과 같다.

먼저, 의사소통기술은 주로 코치가 코칭을 진행할 때, 어떻게 듣고 말할 것이며, 고객의 말에 어떻게 공감하고, 어떤 방법으로 피드백 할 것인가 등에 관한 기술이다. 코치는 코칭을 진행하는 과정에서 고객이 자신의 의견, 느낌, 감정 등을 편안하고 거리낌 없이 표현하도록 배려해야 한다. 또한, 효과적이고 열린 질문을 통해 고객의 상상력을 자극하고, 그가 자신의 이슈를 해결할 해답을 찾도록 창의적 사고를 촉진해야 한다. 그리고 이런 과정에서 사실에 근거하여 건설적이고 긍정적이며 객관적인 피드백을 통해 고객이 자신의 의견과 행동 등을 되돌아보

3) 조성진(2019). 코칭 에센스. 경기: 양성원. 90에서 발췌, 인용.
4) 제프리 아우어바흐(최영상 역, 2005). 일반 코칭과 임원 코칭. 서울: 도서출판 영재.
5) 이소희(2008). 멋진 응원 코칭. 서울: 신정.
6) 조성진(2008). 코칭ABC. 서울: 도서출판 심포지움. 127-128에서 발췌, 인용.

도록 도와주어야 한다. 이처럼 코치는 고객과 진행하는 일련의 코칭 대화 과정에서 다양한 의사소통 기술을 활용하면서 고객이 해답을 찾는 데 필요한 모든 자원을 제공해야 한다.

다음, 대인관계기술은 코치가 코칭을 진행할 때 어떤 태도로 임하고, 고객과 어떤 관계를 설정하며, 코치로서 어떻게 자기관리를 할지 등에 관한 기술이다. 코치는 고객이 코칭을 통해 자신의 문제를 해결하는 해답을 찾기 위해 내면의 목소리에 귀 기울일 때, 코치의 직관을 적극적으로 활용함으로써 고객을 효과적으로 도와야 한다. 그리고 코치는 고객이 자신의 이슈를 해결할 해답을 찾는 과정에서 필요한 다양한 자원을 제공하는 데도 도움을 주어야 한다. 그러기 위해서는 코치 자신을 철저하게 관리하고 훈련해야 한다.

이처럼 코치가 코칭을 진행할 때 필요한 다양한 기술들을 익히는 것은 꼭 필요한 일이다. 그런데 그 전에 할 일이 더 있는데, 그것은 의사소통에 관한 기본적인 것들을 이해하는 것이다.

2. 의사소통의 본질

1) 의사소통의 중요성

사람들은 보통 깨어 있는 시간의 70% 이상을 의사소통하는 데 할애하면서 보낸다고 한다. 조직이론가 민츠버그(Minzberg, H.)의 한 조사에 따르면, 보통의 관리자들은 하루 시간의 69%는 회의에, 6%는 전화로, 3%는 이동 또는 여행으로, 22%는 사무실 책상에서 보낸다고 한다.[7] 그렇다면 하루 가운데 많은 시간을 다른 사람과 만나 의사소통을 하는 데 보내는 것이고, 이것을 인생 전체로 연장해 보면 사람들은 다른 사람과 의사소통을 하는 데 상당히 많은 시간을 보낸다고 할 수 있다. 이처럼 의사소통은 인간의 상호행동과 밀접한 관련이 있는 활동이어서, 어떤 일을 추진해 나가거나 인간관계 유지나 개선 등에 있어서 상당히 중요한 위치를 차지하고 있다.

그렇다면 사회적 동물인 사람이 다른 사람과 원만한 인간관계를 유지하고, 자신이 맡은 일과 다른 사람들과 함께 추진하는 일들을 성공적으로 수행하는 데 필요한 것은 무엇일까? 바로 의사소통 즉, 효과적으로 말하고 귀 기울여 잘 듣는 것이다. 다시 말하면, 효과적이고 원활한 의사소통이 원만한 인간관계 유지와 성공적인 업무 수행의 비결이다. 특히, 기업과 같은 조직에서 의사소통은 정말 중요한 역할과 기능을 수행한다. 효율적인 의사결정과 직무 수행을 위해 개인과 부서 간에 필요한 정보를 주고받고, 지시와 명령을 통해 업무를 분담하고 통제 · 조정하며, 구성원의 성과와 업적을 칭찬하고 격려하면서 시기를 북돋우고, 구성원들의 만족, 홍

7) 박상언 · 정범구 · 김주엽 · 송계충(2020). 조직행위론(제5판). 서울: 경문사. 306에서 발췌, 재인용.

분 및 불만 등의 감정을 다른 사람에게 표현할 때, 의사소통은 중요한 기능을 수행한다.[8)]

의사소통은 말이나 행동을 통해 의미를 전달하는 상호교류의 과정이고, 여러 가지 수단을 가지고 정보를 교환하거나 자기를 표현하는 행동을 말한다. 즉, 자신의 느낌이나 감정, 생각, 가치 등을 잘 전달하고, 다른 사람에게 오해의 소지가 없도록 정확하게 듣고 표현하며, 필요할 경우 자신의 의지나 주장을 적절한 방법으로 관철하는 것을 말한다. 간단히 말해, 의사소통은 정보와 의미를 전달하는 과정이다.[9)]

2) 의사소통의 방법

의사소통의 기본적인 방법은 크게 '언어적 의사소통'과 '비언어적 의사소통'이라는 두 가지 방법으로 나눌 수 있다. 언어적 의사소통에는 구두(연설, 대화, 집단토의, 비공식적인 소문, 그레이프바인[10)]), 문서(메모, 편지, 사내보, 게시판, 기타 기록물), 전자(전자우편, 인터넷, 원격화상회의 등) 등의 의사소통이 포함되고, 비언어적 의사소통에는 몸의 움직임, 억양이나 단어 강조, 얼굴의 표정, 발신자와 수신자의 거리 등이 포함된다.

언어적 의사소통의 가장 일반적인 형태인 구두(말)에 의한 의사소통은 메시지를 신속하게 전달하고 상대방이 이해할 수 없을 때 곧 수정할 수 있다는 장점이 있는 데 비해, 메시지가 사람들을 통과할 때마다 왜곡될 가능성이 커진다. 문서에 의한 의사소통은 메시지가 논리적이고 명확하며, 영구 보관이 가능하고 언제라도 꺼내 볼 수 있으며 입증할 수 있다는 장점이 있는 데 비해, 시간이 많이 소요되고 피드백이 부족하다는 단점이 있다. 한편, 전자(electric) 의사소통은 시간과 공간을 초월하여 메시지를 전달하는 장점이 있는 데 비해, 어떤 메시지에 대한 각 사람의 느낌을 반영하기 힘들다는 단점이 있다.[11)]

비(非)언어적 의사소통은 구두(말) 이외의 방법으로 자신의 의견을 표현하거나 의사를 전달하는 것을 말한다. 구체적으로 말하면, 몸의 움직임(몸짓, 얼굴의 윤곽 등), 억양이나 단어에 대한 강조, 얼굴의 표정(우아함, 공격성, 공포, 수줍음 등) 그리고 발신자와 수신자 사이의 물리적

---

8) 박상언 외(2020). 조직행위론(제5판). 서울: 경문사. 306에서 발췌, 인용.

9) 박상언 외(2020). 앞의 책. 307-308에서 발췌, 인용.

10) 그레이프바인(grapevine)이란 사전적 의미로 '포도 넝쿨'이지만, 관용적 의미로는 '비공식적 통로에 의한 의사소통'을 말한다. 이 말은 남북전쟁 당시 전신체계가 엉망이어서 정보 전달이 제대로 이루어지지 않았던 데서 유래했다고 한다. 소문, 구전(口傳), 풍문, 유언비어, 낭설의 뜻도 있다. 일반적으로 이것은 어디서나 자생적으로 일어나며, 정보 전달의 흐름이 포도 넝쿨처럼 질서가 없다. 그레이프바인은 전달 속도가 빠르고, 정보 전달이 선택적이고 임의적이며, 사람들이 불안하거나 변화에 직면했을 때 나타나는 특징이 있다. 조직 내에서는 여러 가지 필요에 따라 직종과 계층을 넘어서 인간적 유대를 갖고 의사소통 경로를 유지하려는 경향이 있다. 주로 부정적인 의미로 많이 거론되지만, 구성원들이 무엇을 중요하게 생각하고 있고, 어떤 불안이 있는가를 경영자들에게 확인해 주는 역할도 한다. 박상언 외(2020). 위의 책. 315-316에서 발췌, 인용.

11) 박상언 외(2020). 위의 책. 309-310에서 발췌, 인용; 조성진(2017). 인성 함양과 자기계발: 이해와 실천. 경기: 양성원. 279에서 발췌, 인용.

거리 등이 이에 속한다. 대개 사람들은 다른 사람에게 메시지를 전달할 때마다 언어적 메시지를 더 정확하게 전달함과 동시에 비언어적 메시지를 전달하고 있다. 어떤 때는 비언어적 요소만이 유일하게 전달되는 예도 있다. 예컨대, 미소를 짓는다든지, 다른 사람을 흘끗 쳐다본다든지, 눈살을 찌푸린다든지 등은 모두 메시지를 비언어적 수단으로 전달하는 것이다. 일상생활에서 사회적 동물인 사람들이 원만한 대인관계를 유지하려면, 비언어적 의사소통에 철저하게 대비할 필요가 있다. 이때 상대방의 구두에 의한 메시지에 귀를 기울여야 할 뿐만 아니라 그 속에 숨은 비언어적 단서까지 찾아내는 노력이 필요하다.[12)]

3) 의사소통의 장애 요인

성공적인 의사소통은 발신자가 자신의 요구와 감정을 명확하게 표현하여 전달하고, 수신자는 자신의 감정을 명확하게 인식하면서 발신자가 전하는 메시지를 제대로 수용함으로써 가능하다. 이때 의사소통의 양 당사자는 상대방의 관점을 유연하고 수용적으로 대응하고, 서로의 차이를 인식하여 그 차이를 긍정적인 요인으로 활용할 필요가 있다. 그런데 여러 가지 이유로 효과적인 의사소통이 되지 않을 때가 적지 않은데 여과, 선택적 지각, 정서, 어의 상의 문제 등이 이에 속한다. 하나씩 살펴보기로 하자.[13)]

첫째, '여과'(filtering)는 정보를 보내는 발신자가 의도적으로 정보를 조작하여 수신자에게 그것이 호의적으로 보이도록 하는 것을 의미한다. 어떤 조직에서 권한을 나타내는 계층이 많을수록 여과 현상이 생길 가능성이 더 커지게 된다.

둘째, '선택적 지각'(selective perception)은 정보를 받는 수신자가 자신의 욕구, 경험, 배경, 동기부여 정도 및 개인적인 특성에 따라 어떤 정보를 선택적으로 보고 듣게 되는 것을 말한다. 예컨대, 직원을 채용하는 면접에서 면접자들은 여성이 일반적으로 직장 일보다 가정을 중시할 것이라는 점을 고려하여 여성 응시자에게 그와 같은 점을 더 주의 깊게 의식하는 경우가 이에 속한다. 즉, 실제로 여성들이 그렇게 생각하지 않는 데도 면접자들은 여성들이 그렇다고 지각한다는 것이다.

셋째, '정서'(emotion)는 어떤 메시지를 수신하는 시점에서 수신자의 정서 상태가 그 메시지 해석에 영향을 주는 것을 말한다. 예컨대, 같은 정보라 하더라도 그것을 수신하는 사람이 기쁠 때 듣는 것과 화가 났거나 마음이 어지러울 때 듣는 경우 그 해석에 있어 큰 차이가 날 수 있다. 이처럼 극단적인 정서 상태에서는 효과적인 의사소통이 방해받을 가능성이 크다.

마지막으로, '어의 상의 문제'는 언어를 적절하게 사용함으로써 해석의 오류를 낳고, 결국 의

12) 박상언 외(2020). 조직행위론(제5판). 서울: 경문사. 311-312에서 발췌, 인용; 조성진(2017). 인성 함양과 자기계발: 이해와 실천. 경기: 양성원. 279-280에서 발췌, 인용.

13) 박상언 외(2020). 앞의 책. 316-317에서 발췌, 인용; 조성진(2017). 앞의 책. 280에서 발췌, 인용.

사소통을 왜곡하는 것을 말한다. 나이, 교육 정도, 문화적 배경 등에 따라서 사용하는 말의 해석에 차이가 날 수 있다.

이상에서 설명한 의사소통의 장애 요인은 일상생활뿐만 아니라 코칭을 진행하는 과정에서도 얼마든지 나타날 수 있는 현상이다. 따라서 코치는 코칭을 진행할 때, 이런 일들이 발생하지 않도록 경계해야 할 뿐만 아니라 그런 일을 예방하는 데 도움이 되는 교육 · 훈련을 받을 필요가 있다.

3. 코칭과 언어

1) 코칭 언어의 중요성

인간은 보고 경험하는 것 외에 언어를 통해 세계를 인식하기도 한다. 그런 차원에서 "내가 모르는 단어는 내가 모르는 세계다"라는 어느 작가의 주장도 일리가 있다.[14] 사전적 정의에 따르면, 언어는 '생각, 느낌 따위를 나타내거나 전달하는 데 쓰는 음성, 문자 따위의 수단'을 말하며[15], '사람들이 자신의 의견을 다른 사람들에게 나타내고 전달하기 위해 사용하는 체계'를 의미한다.[16] 그렇다면 '코칭 언어'(coaching language)란 '코칭에서 코치와 고객 간에 자신의 의견이나 느낌을 전달하는 데 사용하는 체계'라고 치환하여 정의할 수 있을 것이다.

그런데 본격적으로 코칭 언어에 대해 논의하기 전에 코칭 언어가 일반대화에서의 언어와 다른 상황에서 전개된다는 사실을 먼저 유념할 필요가 있다. 앞서 일반적인 의사소통에 대해 언급했듯이, 일반적인 상황에서 의사소통이란 언어를 포함한 여러 가지 수단을 활용하여 메시지를 전달하는 송신자와 그것을 받는 수신자 간의 소통을 말하는 것으로 이해했다. 물론 코칭 장면에서도 코치와 고객 간에 언어 등을 활용하여 의사소통하는 것은 분명하지만, 코칭 언어는 고객이 사용하는 언어에 방점을 두는 것이 아니라, 대개 코치가 사용하는 언어에 초점을 둔다고 이해하는 것이 일반적이다. 다시 말해, 코칭 언어는 코칭 장면에서 코치가 사용하는 언어를 주로 지칭한다는 것이다.

코칭에서 언어는 상당히 중요한 부분을 차지하고 핵심적인 역할을 한다. 그런 차원에서 혹자는 코칭을 '언어의 예술'(Art of Language)이라고도 표현했다.[17] 물론 코칭 장면에서 비언어적인 요소도 작용하지만, 대부분의 코칭은 고객과 코치 간에 언어로 표현되는 대화를 통해 진행되는 것이 일반적이다. 그래서 코치들은 코칭을 진행할 때, 언어를 어떻게 효과적으로 사용할

14) 백우진(2018). 단어의 사연들. 서울: 웨일북.
15) 국립국어원(2022). 표준국어대사전. 언어(http://stdict.korean.go.kr, 2022년 8월 접속)
16) 위키백과사전(2022). 언어(https://ko.wikipedia.org/wiki/, 2022년 8월 접속)
17) 박정영(2022). 3Cs II(중급과정) Plus. 코칭 언어 3-1에서 발췌, 인용.

것인가를 항상 주의하고 고민해야 한다. 코치가 사용하는 언어, 즉 코칭 언어에 따라 고객의 반응이 달라지고, 고객의 대답이 달라지며, 그것은 고객의 사고와 관점에 영향을 끼칠 수도 있고, 결과적으로 코칭 효과도 달라질 수 있다. 구체적으로 어떤 단어를 활용하고, 어떤 단어에서 고객의 감정과 느낌을 알아차릴 것인지에 대해서는 이 장의 뒷부분에서 추가로 언급할 것이다.

2) 코칭 언어의 한계와 위험성[18)]

코치는 코칭 장면에서 고객이 보편적으로 사용하는 단어, 예컨대 사랑, 행복, 만족, 성공, 실패 등의 말을 사용할 때, 그 의미를 100% 이해한다고 장담해서는 안 된다. 고객이 사용하는 말이나 단어에는 저마다의 세계를 품은 사연이 있다. 누구나 사용하는 보편적 단어라 하더라도 고객이 사용하는 그 단어에는 그만의 감정, 의미나 의도 및 경험이 담겨 있어서, 코치가 이해하는 것과 전혀 다른 것이 내포되어 있을 수 있다는 점을 기억해야 한다. 고객이 분명한 형체가 있는 대상이나 사물에 관해 설명할 때 코치가 그것을 어느 정도 이해할 수 있지만, 형태가 없는 개념을 말하거나 설명할 때 코치가 그것을 100% 이해한다는 것은 사실상 불가능하다. 이런 차원에서 코칭 언어는 분명한 한계가 있다.

이런 점에서 코치는 코칭 장면에서 언어 사용에 주의해야 하며, 가능한 코치 자신의 말을 아낄 필요가 있다. 코치 자신이 사용하는 말이 그의 의도와는 달리 전혀 다른 의미로 고객에게 다가갈 수 있기 때문이다. 코치가 말이 많아질수록 자신의 내면으로 들어가게 되고, 상대적으로 고객이 말하고자 하는 숨은 뜻이나 의미와 멀어질 가능성은 더 커지게 된다. 그래서 코치가 말을 많이 하는 것이 위험하다는 것을 알아야 하며, 그런 차원에서 코치는 자신이 사용하는 코칭 언어상의 습관이 무엇인지 자주 점검해야만 한다.

3) 적절한 코칭 언어

그렇다면 코칭에서 사용할 만한 적절한 코칭 언어는 무엇인가? 전문코치들은 대개 중립적인 언어와 간단명료한 언어를 권장하고 있다.

먼저, 코치는 중립적 언어를 사용해야 한다. 중립적 언어란 '긍정적 관점에서 사실에 입각한 언어로서, 코치의 가치관과 판단이 배제된 객관적인 언어'를 말한다. 코치의 가치관이나 신념 등에 따른 해석, 판단, 비판, 비평, 지시, 충고, 불평, 제언 등과 관련된 언어를 사용하는 것을 지양해야 한다. 따라서 코치는 철저한 자기관리와 훈련을 통해 중립적인 언어를 사용하는 습관

---

18) 박정영(2022). 앞의 책. 코칭 언어 3-1~2에서 발췌, 인용.

을 길러야 한다.

다음, 코치는 간단명료한 언어를 사용해야 한다. 코치가 코칭 장면에서 고객의 효과적인 문제해결을 돕기 위해서는 시간을 효율적으로 사용해야 하는데, 그러기 위해서는 코치가 사용하는 언어가 간단명료해야 한다. 코치는 말을 잘하는 사람이 아니라, 말을 효과적으로 활용하는 전문가임을 꼭 기억해야 한다. 코치가 말을 잘한다는 것은 상대적으로 고객이 말할 용기와 의지를 떨어뜨리고, 결과적으로 고객이 말할 기회가 줄어든다는 것을 의미하는 것이기도 하다. 그래서 코칭 장면에서 코치는 미사여구(美辭麗句)를 잘 사용하는 것보다 간단명료한 말을 잘 사용하는 것이 더 효과적이다. 다음 몇 가지 사례는 코치의 말이 길어지는 경우를 정리한 것이다.[19] 만일 자신이 아래에 제시된 사례에 속한다면, 빨리 고쳐가길 바란다.

- 습관적으로 말이 수사적인 경우
- 고객과 좋은 관계를 맺기 위해서 부드럽게 얘기할 때
- 직면해야 하는 얘기를 할 때 완곡한 표현을 사용하는 경우
- 고객에게 코치가 의도하는 바가 잘 전달되지 않을 때 그것을 이해시키려고 하는 경우
- 고객이 모른다고 대답할 때 설명하기 시작하는 경우
- 코치 자신이 모르고 있다는 것을 두려워하면서 그것을 설명하려고 할 때
- 코치 자신의 인정에 진정성이 부족하다고 느낄 때 더 설명하려는 경우
- 질문하기 전에 고객 말의 요점을 정리하는 습관이 있어 불필요한 말을 많이 할 때

6.2 경청의 정의와 단계

1. 코칭의 시작은 경청이다

코칭은 일단 고객이 말하는 것을 잘 듣는 것에서부터 출발한다. 그래서 코칭은 경청에서부터 시작된다고 해도 과언이 아니다. 그만큼 경청은 코칭에 있어서 중요한 부분을 차지한다. 따라서 고객의 말을 잘 듣고, 그것을 잘 이해하는 능력이 없다면 코칭은 성공할 수 없다. '경청기술'(listening skill)은 '코치가 코칭을 진행하는 동안 고객의 말을 어떻게 들을 것인가에 관한 기법'을 통틀어 말한다.[20]

19) 박정영(2022). 3Cs II(중급과정) Plus. 코칭 언어 3-3에서 발췌, 인용.
20) 조성진(2020). 코칭과 경력개발. 경기: 양성원. 113-114에서 발췌, 인용.

경청에 관한 유명한 일화 한 가지를 소개하고자 한다.[21] 어느 날, 리더십 강사로 유명한 데일 카네기는 뉴욕의 한 출판업자가 주최한 만찬에서 저명한 식물학자를 만났다. 카네기는 사실 식물에 대해서는 전혀 문외한이었지만, 식물학자의 이야기에 그만 매료되고 말았다. 그래서 만찬이 거의 끝날 때까지 식물학자가 신품종 개발 실험이나 실내 정원에 관해 얘기하는 것을 모두 다 들어주었다. 만찬이 끝날 즈음에 카네기는 만찬의 주인과 식물학자와 함께 만나게 되었다. 그 자리에서 식물학자는 만찬의 주인에게 카네기를 칭찬하기 시작했다. 식물학자는 카네기를 아주 흥미있는 사람이라고 소개하면서, 특이하게도 "가장 재미있는 대화가"라고 말했다. 그런데 더 재미있는 것은 카네기가 그날 식물학자와 함께 시간을 보내면서 거의 말을 하지 않았다는 사실이다. 왜냐하면, 사업 이야기 외의 주제에 대해서는 말을 하고 싶어도 뭐라고 딱히 할 말이 없었기 때문이다. 그날 카네기가 한 일은 오직 한 가지였다. 그것은 바로 그 식물학자의 이야기를 진지하게 들어주는 것뿐이었다. 그러면서 카네기는 이렇게 말했다. "다른 사람의 이야기를 진지하게 경청하는 태도는 우리가 다른 사람에게 보여줄 수 있는 최고의 찬사 가운데 하나이다."

> "오늘날 사람들에게 가장 필요한 것은 새로운 백신이나 새로운 종교나 새로운 생활방식이 아니다. 달이나 다른 태양계에 가야 하는 것도 아니다. 더 크고 성능 좋은 폭탄과 미사일은 필요하지 않다. 진정으로 필요한 것은 '환자'가 아닌 한 인간에게 귀를 기울여 주는 사람이다." – 테일러 콜드웰, 『귀를 기울이는 사람』 중에서

> "대화가 통하지 않는 이유는 효과적으로 또는 기술적으로 상대방을 이해하면서 귀를 기울이지 못하기 때문이다." – 칼 로저스

이처럼 사람들은 누구나 진실한 대화를 나누길 바란다. 그리고 대화를 하면서 상대방에게 깊은 인상을 남겨주길 원한다. 누군가 자신의 말에 귀를 기울인다는 것은 상대방이 자신을 진정으로 받아들이고, 자신의 의견과 감정 및 상황을 알아주며, 무엇보다 자신의 말을 소중하게 여긴다는 것을 의미한다. 따라서 세상을 살아가면서 다른 사람과 진실한 대화 시간을 갖는 것은 중요한 일이다. 또한, 하루 생활 가운데 진실한 대화를 얼마나 많이 나누고 있는지, 일주일 동안 얼마나 많은 시간을 진정한 대화를 나누는 데 할애하고 있는지에 대한 자기성찰과 점검이 필요하다. 이것을 확인할 수 있는 최선의 점검방법은 다음과 같은 질문을 자신에게 하는 것이다.

- "나는 말하기보다 듣기를 즐겨 하는가?"
- "나는 남의 말을 진지하게 듣고 있는가?"
- "나는 대화를 나누고 있는 상대방의 이야기를 귀 기울여 들어주는가?"
- "어떤 사람과 의견이 대립할 때, 나는 그의 입장을 진지하게 듣고 이해하려 하는가?"

---

21) 조성진(2008). 코칭ABC. 서울: 도서출판 심포지움. 128-129에서 발췌, 인용.

- "나는 다른 사람의 말을 듣는 다양한 방법들을 알고 있고, 또 실천하고 있는가?"
- "내가 좀 더 많은 얘기를 들어주어야 할 사람이 있다면, 그는 누구인가?"

이런 질문들에 대한 대답은 일상을 살아가는 우리에게 중요한 의미를 지닌다. 우리가 잘 듣고 있는지를 되돌아보게 한다는 점에서 더욱 그러하다. 그런데, 코칭에서도 유능한 코치라면, 이 질문들에 대한 자신만의 대답을 당연히 가지고 있어야 한다. 코치에게 있어 잘 듣는다는 것, 나아가 경청한다는 것이 코칭의 시작이기 때문이다. 경청은 코칭에서 고객과 관계를 형성하고, 그의 문제 해결을 돕는 데 상당히 중요한 역할을 차지하기 때문에 꾸준히 연습하고 익혀야 할 핵심적인 코칭 기술이다.

2. 듣기와 경청의 차이

대화와 의사소통에 있어 '듣기'(hearing)는 '말하기'(speaking)와 함께 매우 중요한 기능을 한다. 어떤 사람은 말하는 것보다 듣는 것을 더욱 중요시하고, 듣기에 많은 시간을 할애하라고 강조한다. 혹자는 사람에게 귀가 두 개이고 입이 하나인 이유는 말은 조금만 하고 많이 들으라는 뜻이라고 말하기도 한다.[22)]

듣기는 상대방을 이해할 수 있는 중요한 수단 가운데 하나이다. 우리가 흔히 말하는 '듣기'는 'hearing'에 가깝다. 여기서 듣는다는 것은 듣는 사람(정보의 수신자)의 관점에서 듣는 것이고, 이때는 대개 사실이나 정보를 듣는다. 만일 최근에 열린 스포츠 경기의 득점 기록이나 승패, 날씨, 공연 일정이나 주관사의 연락처 등을 알고 싶다면, 라디오를 켜고 소리를 들으면 된다. 이런 소통은 대개 밋밋하고 아무런 감정이 개입되지 않는다. 즉, '듣기'는 나를 기준으로 상대방이 하는 말에만 초점을 두면 되는 것이다. 그러다 보니 상대방이 전하려는 의미가 왜곡될 가능성이 항상 존재한다.

그런데 코칭에서 강조하는 '듣기'는 우리가 일반적으로 얘기하는 듣기와는 여러 가지 면에서 다르다. 코칭에서 의미하는 '듣기'는 그저 열심히 듣는 것(hearing)을 의미하는 것이 아니라, 고객의 관점에서 그와 공감하면서 듣는 '경청'(listening)을 뜻한다.

---

22) 조성진(2020). 코칭과 경력개발. 경기: 양성원. 114에서 발췌, 인용.

3. 경청의 정의와 중요성

1) 경청의 정의[23)]

경청기술은 '코치가 코칭을 진행하는 동안 고객의 말을 어떻게 들을 것인가에 관한 기법'을 통틀어 말한다. 또한, 경청기술은 코칭에서 고객과 관계를 형성하고 그가 겪는 이슈들을 스스로 해결하도록 돕는 데 상당히 중요한 역할을 차지하고 있어서, 제대로 익히고 꾸준히 연습해야 하는 기술이다.

경청이란 단어에는 '듣다, 관찰하다, 초점을 맞추다, 집중하다, 주의하다, 귀를 기울여서(傾) 듣는다(聽)'라는 의미가 모두 포함되어 있다. 여기서 우리가 주목할 것은 듣고 싶은 것만 듣는 것이 아니고, 귀를 기울여 제대로 잘 듣는 것이다.

대체로 의사소통에서 문제가 발생하는 데는 여러 가지 이유가 있지만, 대개 대화에 참여하는 사람들이 상대방의 이야기를 그저 듣기만 하기 때문이다. 그러나 상대방의 이야기를 경청하면, 그가 전달하고자 하는 내용을 왜곡해서 듣거나 오해하는 경우가 거의 없다. 일반적인 듣기가 상대방의 말에만 초점을 맞추는 데 비해, 코칭에서 말하는 경청은 '고객의 말은 물론 사실과 감정의 구분, 그리고 고객의 표정에 숨어 있는 의미까지 함께 읽으며 듣는 것'을 말한다.

2) 경청의 중요성[24)]

경청은 고객이 전달하고자 하는 말만 듣는 것이 아니다. 고객의 말에 포함된 내용과 함축된 의미, 느낌 등을 충분히 이해할 만큼 집중해서 듣는 것을 의미한다. 코치는 고객이 하는 말 뒤에 숨은 감정, 갈등, 낙심 등도 잘 들을 줄 알아야 한다. 심지어 고객이 하는 말을 들으면서 그가 말하지 않는 것까지도 듣는 것이 중요하다.

한 가지 일화를 소개하고자 한다.[25)] 미국의 한 유능한 지도자가 어느 대형 공공기관의 수장으로 임명되었다. 그 기관은 매우 중요한 위치를 차지하고 있었지만 그만큼 관리하기도 어려웠다. 그 기관의 운영방식이 마음에 들지 않던 그는 상당히 독특한 방식을 활용했다. 그는 취임한 후 3개월 동안 신문과 방송은 거들떠보지도 않고, 오직 일하는 과정에서 만나는 사람들이 들려주는 이야기만을 진지하게 경청했다. 그리고 3개월 만에 그는 여러 가지 어려운 문제들을 해결할 수 있었다. 이것은 기적이 이뤄낸 결실이 아니다. 주변 사람들이 들려주는 하찮은 이야기까지도 흘려듣지 않겠다는 파격적인 결심을 한 후에야, 비로소 그는 올바른 길로 나아갈 방

23) 조성진(2020). 코칭과 경력개발. 경기: 양성원. 115에서 발췌, 인용.
24) 조성진(2020). 코칭과 경력개발. 경기: 양성앞의 책. 115-116에서 발췌, 인용.
25) 조성진(2008). 코칭ABC. 서울: 도서출판 심포지움. 130-131에서 발췌, 인용.

향과 그것을 해결하는 방법까지 알아낼 수 있었다. 구성원들의 말을 그저 열심히 들어주는 것만으로도 그는 강한 조직을 만들 수 있었다. 경청이 얼마나 중요한지를 잘 보여주는 사례라 할 수 있다.

그런데 경청이 이렇게 중요하고 탁월한 효과를 발휘하는 데도 사람들이 주변의 이야기에 진심으로 귀를 기울이지 않는 이유는 무엇일까? 앞에서 언급한 사례들이 특별한 경우라고 생각하는 이유는 무엇일까? 특히, 조직 내에서 상사들이 부하직원들의 이야기를 대충 흘려듣는 이유는 무엇일까? 어떤 경우이든 제대로 경청하지 않은 일차적 책임은 상사, 부모 그리고 리더에게 있다. 실제로 성공하지 못하는 리더들은 어떤 어려움에 직면할 때마다 스스로 자신의 책임이라고 반성하기보다는 그 책임을 다른 사람에게 뒤집어 씌우려 한다. 진정한 리더라면 자신의 문제를 찾기 위해 주변의 작은 소리에도 귀를 기울이면서 어려움을 해결하고, 그 결과에 대해 기꺼이 책임을 지려 한다. 리더가 이런 태도를 지녀야 비로소 주변 사람들이 문제가 무엇이고, 어떤 방식으로 처리해야 하는지 적극적으로 의견을 개진할 수 있다.

듣는 사람들은 그가 누구이든 어떤 문제에 부딪힐 때마다 주변의 소리에 귀를 잘 기울이려면, 오랜 훈련이 필요하다. 경청하는 훈련을 통해서 놀랍도록 많은 변화를 가져올 수 있다. 그것은 진심으로 남의 말을 귀 기울여 들어주는 자세가 상대방에게 강한 신뢰와 자신감을 안겨주기 때문이다.

> "코칭의 모든 것은 경청, 특히 고객의 마음속에 있는 문제를 듣는 것에 의존한다. 누군가가 내 말을 들어준다는 것은 충격적인 경험이다. 그런 경우는 매우 드물기 때문이다. 다른 사람이 당신과 온전히 함께하고, 당신이 하는 모든 말에 관심을 보이며 적극적으로 공감할 때, 당신은 알아준다는 느낌, 이해받고 있다는 느낌을 받을 것이다. 사람들은 누군가가 경청하고 있다는 것을 알 때 자부심을 느낀다. 또 더 큰 안정감과 안정함을 느끼며, 신뢰할 수 있게 된다. 경청이 코칭에서 가장 중요한 이유다." – 로라 휘트워스, 캐런 킴지 하우스, 헨리 킴지 하우스, 필 샌들러

3) 경청기술과 코칭 역량

경청기술은 코치가 갖추어야 할 역량 가운데 핵심적인 기술에 속한다. 그래서 전문코치라면 경청기술에 관한 이해를 바탕으로 코칭 현장에서 경청기술을 잘 발휘할 수 있도록 사전에 충분한 연습과 연마가 필요하다. 그래서 코치 자격을 인증하는 국내외의 대표적인 기관(또는 단체)에서는 코치들이 갖추어야 할 핵심 코칭 역량으로서 경청기술을 지정함과 동시에 코치 자격시험에서 경청기술과 관련된 사항들을 꼼꼼하게 점검하고 있다.

따라서 전문코치로서 필수적인 코칭 역량을 갖추길 원하거나 코치 자격인증 시험에 도전하길 원하는 독자들은 이 책에서 논의한 경청기술에 관한 제반 사항을 충분히 숙지한 후, 많은 시간을 들여 경청기술을 연마해야 한다.

4. 경청의 단계별 특징

코칭 현장에서 자주 사용되는 핵심기술인 경청은 강조점이나 관점에 따라 전문코치마다 다양한 단계로 나누어 설명하고 있다. 여기에서는 몇몇 전문코치의 경청 단계에 관한 견해를 중심으로 소개하고자 한다.

1) 'CTI'의 견해: 경청 3단계

그는 코치가 고객의 얘기를 듣는 태도에 따라 경청을 세 단계로 나누고 있다. 첫 번째는 귀로 듣는 것이고, 두 번째는 입으로 듣는 것이며, 세 번째는 마음으로 듣는 것이다. 이 세 가지 모두 고객의 이야기를 듣는 것이지만, 고객에 끼치는 영향은 각기 다르다. 결론부터 이야기하자면, 가장 바람직한 형태는 마음으로 듣는 것이라 할 수 있다. 구체적으로 살펴보면 다음과 같다.[26)]

① 1단계: 귀로 듣기

고객의 이야기를 듣기 위해서 코치는 먼저 귀를 열어야 한다. 귀를 막고 고객의 이야기를 들을 수는 없기 때문이다. 고객에게 귀가 열려 있다는 것은 그의 입에서 나오는 말이 귀로 전달된다는 것을 의미한다. 이것은 귀로 들어오는 고객의 말을 단지 수동적으로 듣는 것을 말한다. 그런데 단지 귀를 열었다고 해서 고객의 이야기를 모두 들을 수 있는 것은 아니다. 듣는 사람의 머릿속이 복잡하다면, 고객의 이야기를 제대로 들을 수 없다. 고객의 이야기를 듣고 있는 코치의 머릿속에 고객의 이야기가 들어갈 수 없을 만큼 다른 무엇으로 가득 차 있다면, 고객이 말하는 이야기가 들어갈 자리가 없다.

따라서 코칭을 할 때, 고객의 이야기를 제대로 듣기 위해서 우선 코치의 머릿속에 들어 있는 잡동사니들을 없애버려야 한다. 그 방법은 코치가 자신이 아닌 고객에게 의식의 화살을 돌리고자 하는 마음을 갖는 것이다. 즉, 코치가 고객의 이야기에 모든 것을 집중해서 듣는 것이 다른 무엇보다 중요하다.

② 2단계: 입으로 듣기

이것은 고객의 이야기를 단지 수동적으로 듣고만 있는 것이 아니라 질문을 사용하여 더 적극적으로 듣는 것을 말한다. 고객의 이야기를 들을 때 그저 침묵으로 일관하며 귀로만 듣는 것

26) 에노모토 히데타케(황소연 역, 2004). 부하의 잠재력을 열두 배 높여주는 마법의 코칭. 서울: 새로운 제안. 111-119에서 발췌, 인용.

이 아니라, 그의 이야기 도중 적당한 시점에 적절한 질문을 던짐으로써 코치가 고객의 이야기를 신중하게 듣고 있음을 표현하는 것이다. 그러면 고객은 코치가 자신의 이야기를 경청하고 있다는 것을 알게 되고, 더 편안한 마음으로 하고 싶은 모든 이야기를 다 할 수 있다. 이런 과정을 통해 코치와 고객 사이의 관계는 한층 더 긴밀해질 수 있다.

그런데 여기서 중요한 것은 이야기를 듣는 사람의 듣는 상태이다. 단지 귀로만 듣지 않고 입도 열어야 한다. 다만, 고객에게 적절한 질문을 던지더라도 그 질문이 전혀 관련이 없는 것이라면 의미가 없다. 이런 경우에 고객은 설사 코치가 자신에게 질문했더라도 코치가 자신의 이야기를 정말 진지하게 듣고 있지 않다고 생각한다. 기업의 면접시험이나 매스컴의 인터뷰 장면을 생각하면, 이런 경우를 충분히 이해할 수 있다. 채용 면접에서 면접관은 응시자가 채용할 만한 가치가 있는 사람인지 아닌지를 판단하기 위해 응시자의 이야기를 들으며 가끔 질문한다. 또한, 매스컴의 인터뷰 담당자 역시 시청자나 독자들을 충족시킬 수 있는 정보를 캐내기 위해 질문을 한다. 이 두 경우 모두 듣는 사람 자신에게 필요한 이야기만을 듣는 대표적인 사례이다.

우리는 대체로 앞에서 언급한 경우와 같은 상황이 벌어졌을 때, 상대방이 내가 하는 말을 제대로 잘 듣지 않는다고 생각한다. 코칭을 할 때 주의하지 않으면, 이 같은 경우가 발생할 수 있다. 코치가 자신이 듣고 싶은 것만을 들으려고 고객에게 질문하는 것은 바람직하지 못하다. 왜냐하면, 이것은 고객을 충분히 이해하기 위해 듣는 것이 아닐 뿐만 아니라 코치 자신의 특정한 목적을 달성하기 위해 상대방에게 질문하는 것이기 때문이다.

③ 3단계: 마음으로 듣기

마음으로 듣는 것이 가장 이상적인 방법이다. 코치는 자신의 귀와 입, 그리고 마음을 동원하여 상대방의 이야기를 경청해야 한다. 이것은 고객이 본래 가지고 있는 능력이나 잠재력을 최대한 발휘하여 스스로 자신의 문제를 해결하도록 돕겠다는 의지를 지니고 그의 이야기를 듣는 것이다. 코칭은 자신이 겪고 있는 문제의 해답을 고객이 스스로 찾을 수 있도록 코치가 돕고 지원하는 것이다. 코치는 고객의 힘만으로 해답을 충분히 찾을 수 있다고 믿는다. 다만, 코치는 그가 해답을 스스로 찾을 수 있도록 효과적으로 지원할 뿐이다.

그러기 위해 가장 중요한 것은 고객의 이야기를 마음을 열고 진심으로 들어주는 것이다. 이것이 바로 고객의 이야기를 마음으로 듣는 것이다. 이런 이상적인 경청 방법을 제대로 실행하기 위해서는 코치의 생각과 마음이 자신이 아닌 고객에게 향하도록 반복하여 훈련해야 한다. 이것은 근력 훈련처럼 하루아침에 가능한 것이 아니다. 하루아침에 마음으로 경청하는 코치가 되는 것이 아니다. 수많은 노력과 연습이 필요하다.

2) 박정영의 견해: 경청 4단계

그녀는 경청을 네 단계로 나누어 설명하면서, 코치로서 마지막 단계를 잘해야 한다고 강조하고 있다. 간단하게 살펴보면 다음과 같다.[27]

첫 번째 단계는 '듣지 않기', 두 번째 단계는 '자기소리 듣기', 세 번째 단계는 '상대소리 듣기'이고, 마지막인 네 번째 단계는 '에너지 듣기'로 구분하고 있다. 여기서 '에너지 듣기'는 코치 주변으로부터 전달되는 에너지를 듣는 것이다. 고객이 말로 표현하지 않았으나 코치에게 그냥 느껴지는 것, 자료로 설명할 수는 없으나 그냥 느껴지거나 떠오르는 것을 말한다. 그것은 어느 순간에 코치 내면에 떠오르는 이미지일 수도 있고, 소리일 수도 있으며, 감정일 수도 있다. 혹은 이미 존재하던 주변의 물건, 소리였을 수도 있고, 어느 순간에 코치에게 메시지를 던지듯 그 존재감을 드러낼 때가 있는데, 이것을 듣는 것이 '에너지 듣기'라고 설명하고 있다. 이것을 잘 듣기 위해서 코치는 직관을 잘 활용해야 한다고 설명하고 있다.

3) 조성진의 견해: 경청 3단계

필자는 단순한 듣기(hearing)를 넘어서 경청을 세 단계로 나누어 설명하고자 한다. '경청하기'(listening), '적극적 경청하기'(active listening), 그리고 '몰입적 경청하기'(committed listening)가 그것이다. 먼저, 듣는다는 것은 듣는 사람(정보의 수신자)인 나의 관점에서 듣는 것으로, 상대방이 하는 말에만 초점을 두고 듣는 것을 말한다. 이 경우는 대개 상대방이 전하려는 의미가 왜곡될 가능성이 존재한다. 다음으로 '적극적 경청하기'와 '몰입적 경청하기'는 이후에 설명할 경청의 종류에서 자세히 설명할 예정이다.

그밖에 다른 코칭(교육) 프로그램에서도 이와 유사한 내용으로 경청을 분류, 설명하고 있다. 어떤 내용을 자신의 것으로 만들고 실전 코칭에서 활용할 것인지는 전적으로 독자들이 판단할 몫이다. 하지만 공통적인 점은 경청이란 단순하게 상대방(고객)의 얘기를 듣는 것에서 멈추는 것이 아니라, 고객이 말하는 내용뿐만 아니라 표현, 행동, 감정, 의도 및 말하지 않는 것까지 포함하여 들어야 한다는 것이다. 따라서 코치는 경청의 핵심사항을 분명하게 명심하고, 경청기술을 계속해서 연마해야 한다.

27) 박정영(2022). 3Cs II(중급과정) Plus. 경청 : 에너지 듣기. 서울: ㈜CiT코칭연구소.

5. 경청 평가하기

코치들은 실제로 일상생활에서 경청을 잘 하는지 점검해 볼 필요가 있다. 아래에 있는 문항에 대해 솔직하게 대답해야만, 자신이 상대방의 얘기를 경청하는지를 정확하게 평가할 수 있다. 다음 문항에 대해 '그렇다' 또는 '아니다'로 대답하면 된다.[28]

① 나는 대화에 참여할 때마다 구체적인 듣기 전략을 세운다.
② 사람들은 가끔 내가 딴 생각을 하면서 귀를 기울이지 않는다고 말한다.
③ 나는 조급하게 앞질러서 상대방이 할 말을 대신한다.
④ 나는 들으면서 상대방의 눈을 똑바로 본다.
⑤ 나는 듣고 있지 않아도 듣는 척할 수 있다.
⑥ 사람들은 가끔 내가 관심을 지니고 교감을 하면서 듣는다고 칭찬한다.
⑦ 상대방의 얘기에 충분히 주의를 기울일 수 없을 때는 양해를 구한다.
⑧ 가끔 사람들로부터 "당신은 지금 듣고 있지 않아!"라는 말을 듣는다.
⑨ 여러 사람이 모여 있는 자리보다 일대일로 만나면 좀 더 귀를 기울인다.
⑩ 대화하면서 적절할 때 확인하는 질문을 한다.
⑪ 누군가 얘기하면 주의를 집중하려고 노력한다.
⑫ 나는 대화에 자유자재로 끼어들었다 나갔다 하면서 한 가지도 놓치지 않는다.
⑬ 처음 사람들을 만나면 항상 그들의 이름을 기억한다.
⑭ 어떤 문제에 대해 테스트를 받을 것이라고 예상하면, 좀 더 열심히 귀를 기울인다.
⑮ 신체 언어로 관심을 보여주기 위해 노력한다.
⑯ 어떤 사람이 한 말에 동의할 수 없거나 첨가하고 싶은 말이 있으면, 그 생각에 매달려서 다른 말은 귀에 들어오지 않는다.
⑰ 나는 무엇이든 기억하므로 절대 메모를 하지 않는다.
⑱ 나는 귀를 기울이지 않아서 몇 번 큰 실수를 저지르고 해가 생긴 적이 있다.
⑲ 다른 사람의 생각을 들어보고, 내 의견과 전략을 바꿀 준비가 되어 있다.
⑳ 나의 듣기 기술은 지난 5년간 더 나아진 것이 없다.

위 질문에 대한 정답[29] 가운데 18~20개의 정답을 맞혔다면, 당신은 이미 경청 습관이 탁월

28) 도로시 리즈(노혜숙 역, 2016). 질문의 7가지 힘. 서울: 더난출판사. 162-167에서 발췌, 인용.
29) 이들 문항에 관한 정답을 확인하려면 다음에 소개하는 책을 참조할 수 있다. 도로시 리즈(노혜숙 역, 2016). 질문의 7가지 힘. 서울: 더난출판사. 164-167.

한 것이다. 14~17개를 맞혔다면 양호한 편이고, 11~13개를 맞혔다면 그럭저럭 경청하는 편이다. 그런데 10개 이하를 맞혔다면, 경청기술이 절실하게 필요한 상황이다.

어떤 점수가 나오든지 모든 사람은 경청하는 능력을 기본적으로 갖고 있다. 그러니 앞에서 낮은 점수를 받았다고 해서 낙심할 필요는 없다. 앞으로 설명할 경청 방법을 잘 배우고 익히면 된다. 다만, 한 가지 자신이 일상생활을 하면서 정말 다른 사람의 말을 경청하는 사람인지 아닌지를 미리 점검할 필요는 있다. 예컨대, 누군가와 대화하면서 자신에게 이렇게 자문해 보자. "나는 지금 무언가를 배우고 있는가?" 만일 이 질문에 관해 "아니오"라는 대답이 나오면, 당신은 너무 말을 많이 하고 경청하지 않는다고 생각해도 된다.

6.3 경청의 종류와 방법

앞서 경청이란 귀를 기울여서 듣는 것이라고 말했다. 특히, 다른 사람의 말을 경청한다는 것은 그와의 심리적 거리를 좁히고, 의사소통의 수준을 높이며, 관계의 질을 결정하는 데 매우 중요한 역할을 한다.

대체로 경청은 크게 '수동적 경청'과 '적극적 경청'으로 구분할 수 있다.[30] 수동적 경청은 말하는 사람을 방해하지 않고 조용히 듣는 것을 말한다. 즉, 말하는 사람에게 집중하여 들을 뿐, 질문이나 피드백을 하지 않는 것이다. 하지만, 수동적 경청은 말하는 사람이 전달하고자 하는 바를 온전히 이해하기 어렵고, 그의 메시지를 정확하게 파악하기 힘들다. 그것은 사람마다 사용하는 언어의 표현이나, 특정 단어에 담긴 의미도 각자 다르게 이해하고 사용하기 때문이다. 그래서 말하는 사람과 상호작용(반응, 질문, 피드백 등)이 없는 수동적 경청은 원활한 의사소통을 어렵게 만든다.

코칭학 연구자들이나 전문코치들은 한 발 더 나아가, 경청을 강도와 태도에 따라 좀 더 세분한다. 즉, 경청을 '적극적 경청'(active listening), '반영적 경청'(reflective listening), '공감적 경청'(empathetic listening), 그리고 '몰입적 경청'(committed listening)으로 나누기도 한다.[31] 이것들은 각각 정도의 차이는 있지만, 코치는 자신의 주관적인 판단 없이 고객이 표현하는 말, 행동, 표현 속에 숨어 있는 감정이나 사고를 경청할 것을 공통으로 강조하고 있다. 또한, 고객이 말하

30) 박창규 · 원경림 · 유성희(2022). **마스터풀 코치가 갖추어야 할 코칭 핵심 역량**. 서울: 학지사. 223에서 발췌, 인용.

31) 게리 콜린스(양형주 · 이규창 역, 2011). **게리 콜린스의 코칭 바이블**. 서울: 한국기독학생회출판부; 이소희(2008). **멋진 응원 코칭**. 서울: 도서출판 신정; 조성진(2008). **코칭ABC**. 서울: 도서출판 심포지움; 조성진(2020). **코칭과 경력개발**. 경기: 양성원. 116-124에서 발췌, 인용.

지 않는 비언어적인 표현까지도 이해하고 경청하는 것이라고 설명한다.[32] 이 책에서는 경청에 관한 대표적인 논의를 선별하여 소개하기로 한다.

1. 경청의 종류

1) 적극적 경청의 정의와 반응양식

대개 사람들은 듣는 것보다 말하는 것을 좋아한다. 그래서 심지어 코칭을 하면서 고객을 도와주어야 할 때조차도 그의 말을 들어주지 않고, 맞지도 않는 충고나 해결책을 제시하는 경우가 가끔 있다. 참으로 안타까운 일이 아닐 수 없다. 이것은 고객 중심의 패러다임이 아니고, 코치가 지양해야 할 일이다. 고객을 진심으로 도와주기 위해서는 그가 마음속으로부터 무슨 말을 하려는지 진지하게 들으면서 그 뜻을 이해하려고 노력해야 한다. 그래야만 고객이 스스로 자신의 문제를 해결할 수 있는 해답을 찾을 수 있다. 그런 차원에서 코치는 적극적 경청의 의미와 방법을 분명하게 이해하고, 그와 관련된 기술들을 철저하게 익혀야 한다.

① 적극적 경청의 정의

'적극적 경청'(active listening)은 '코치의 판단이나 충고 없이 고객이 표현하는 말뿐 아니라 행동, 표현 속에 숨겨져 있는 감정이나 사고까지 경청하는 것'을 말한다. 또한, 적극적 경청은 '고객이 말한 것 이외에 태도, 에너지 수준, 음성의 톤(Tone), 보이는 태도를 통해 고객의 말 이외에 그의 의도, 감정, 상황까지도 듣는 것'이다.[33] 단순히 사실을 받아들이는 것이 아니라 고객의 말에 더욱 몰입하여 그의 생각과 감정을 이해할 마음으로 듣는 것이다. 이처럼 적극적 경청은 철저하게 말하는 고객에게 초점을 맞춘다. 코치들이 이런 경청을 보여줄 때, 고객들은 안심하며 솔직하게 자신의 얘기를 털어놓으며, 마음을 열고 더 친밀하게 대화를 나눌 수 있다.

보통 일반적인 대화에서는 상대방의 이야기를 이해하기 위한 목적으로 듣기보다는 어떤 대답이라도 할 의도로 듣는다. 그러나 적극적 경청은 고객의 이야기를 비판하거나 판단하지 않고 있는 그대로 수용하며, 그의 감정을 진심으로 이해하려고 노력하며 듣는 것을 말한다. 고객의 이야기를 코치 자신의 관점에서 판단하여 평가하기(evaluative)보다 고객의 이야기를 그대로 반사하듯 서술해 주는(descriptive) 방법으로 경청하는 것이다. 그러면 고객은 코치가 자신을 진정으로 이해하려고 노력한다는 것을 깨닫게 된다.

---

32) 조성진(2009). 코칭이 자기효능감, 성과 및 가족관계에 미치는 영향과 이에 대한 감성지능의 조절효과. 충남대학교 박사학위 논문. 32에서 발췌, 인용.

33) 게리 콜린스(양형주 · 이규창 역, 2011). 게리 콜린스의 코칭 바이블. 서울: 한국기독학생회출판부. 135에서 발췌, 인용.

적극적 경청은 코치가 고객이 말하는 언어적인 표현뿐만 아니라 비언어적인 표현까지도 이해하고 경청하는 것이다. 대부분 코칭에서 고객이 전하는 말이나 단어가 전해주는 정보에는 한계가 있다. 오히려 비언어적 표현이 더 많은 정보를 전달해 주는 경우가 많다. 즉, 코치는 비언어적으로 전달되는 정보를 통해 고객의 감정, 정서, 숨은 의도를 파악할 수 있다. 심지어 고객의 성격과 성품까지도 알 수 있다. 따라서 적극적으로 경청한다는 것은 고객이 자발적으로 표현하는 언어적 메시지뿐만 아니라 비자발적으로 표현하는 비언어적 메시지까지 종합하여 경청함으로써 그를 여러 측면에서 이해하는 것이다.

적극적 경청은 코치가 고객의 마음을 반영해 주거나 그에게 들은 말을 다시 코치 자신의 말로 표현하면서 확인시켜 준다는 차원에서 '반영적 경청'이라고도 한다. 고객의 이야기를 그저 가만히 듣고 있는 것이 아니라 그 말 속에 숨어 있는 고객의 마음을 헤아려서 코치 자신의 말로 들려주는 것이다. 예컨대, "마음이 상하셨군요.", "상당히 불쾌하셨군요.", "끔찍했다는 말씀이시군요." 등 고객이 마치 자신의 모습을 거울을 통해 보고 있는 것처럼 그의 마음을 반영해 주는 것이다.

요약하면, 적극적 경청은 고객의 언어적·비언어적 신호에 집중하여 열린 마음으로 고객의 표현을 수용하는 것이다. 또한, 적절한 질문을 통해 고객이 말하려는 핵심 내용을 확인하고, 고객이 표현하는 말, 감정, 정서, 숨은 의도까지 파악하여 그를 진심으로 이해하고 있다는 것을 확인하여 주는 것이다. 그리고 고객이 다양하게 표현한 것을 기억하고, 그것을 다시 고객에게 적절하게 되돌려 줌으로써 대화를 이어나가는 아주 수준 높은 핵심적인 코칭 기술이다.

② 적극적 경청의 반응양식

코치가 자연스럽게 사용할 수 있는 적극적 경청의 구체적인 반응양식에는 다음과 같은 것들이 있다.[34] 코치는 코칭을 진행하면서 이런 기술들을 자유자재로 사용하도록 제대로 익히고 꾸준히 연습해야 한다.

- 깨끗한 마음 공간 마련(space cleaning) : 코치가 고객의 깊은 내면에 있는 것들을 그대로 받아들이도록 마음의 공간을 마련해야 한다. 예컨대, 고객을 만나기 전에 침묵의 시간이나 명상을 통해 고객을 있는 모습 그대로 받아들이도록 깨끗한 마음의 공간을 준비해 두어야 한다.
- 주의 집중(pay attention) : 고객에게 온전히 집중함으로써 고객의 얘기를 전체적으로 맥락을 이해하며 듣는다. 고객과 의사소통하는 과정에서 코치는 고객에게 몸과 마음, 귀를 기

34) 박창규 외(2022). 마스터풀 코치가 갖추어야 할 코칭 핵심 역량. 서울: 학지사. 228-229에서 발췌, 인용; 조성진(2020). 코칭과 경력개발. 경기: 양성원. 117에서 발췌, 인용; 이희경(2005). 코칭입문. 서울: 교보문고. 76-77에서 발췌, 인용.

울여 그의 얘기에 집중하여 경청해야 한다. 특히, 고객과 눈을 맞추는 것은 그에게 집중하는 데 중요한 역할을 한다.

- 관심과 호기심 표현(interest) : 코치가 고객에게 집중하고 있다는 것을 표현하기 위해 고객이 자신의 의견과 감정 등을 표현할 때, 고객을 끄덕여 주거나 공감하면서 맞장구를 쳐 주어야 한다. 그리고 고객의 이슈 해결과 성장을 위해 호기심을 가지고 질문하고, 고객의 모든 점을 주의 깊게 탐색해야 한다.
- 판단하지 않기(withhold judgement) : 코치는 고객에 대한 일체의 선입견, 가치 판단 및 평가를 하지 않고, 온전히 열린 마음으로 고객의 다양한 표현을 경청해야 한다. 고객이 지닌 어떤 견해가 있더라도 코치는 판단하거나 충고하지 않으며, 비판하거나 즉각적으로 주장하는 것을 피해야 한다.
- 반영하기(reflection) : 코치는 고객의 말과 표현 등을 자신이 잘 이해하고 있는지 확인하고, 고객의 표현을 다시 비추어 줄 필요가 있다. 이를 통해 고객은 자신 속에 있는 감정이나 의도, 표현한 감정을 더 잘 지각할 수 있다.
- 명료화하기(clarification) : 고객이 말한 얘기와 표현 등을 잘 경청하고, "그것은 …라는 뜻인가요?"라고 말하는 것이 필요하다. 이를 통해 코치는 고객의 말을 정확하게 들었는지 확인할 수 있고, 모호하고 혼란스러운 내용을 명료하게 할 수 있다. 이것을 통해 고객은 코치가 자신의 감정이나 의견을 잘 이해하고 있다는 것을 확인할 수 있다.
- 바꾸어 말하기(paraphrasing) : 코치는 고객이 한 말을 코치 자신의 말로 바꾸어 표현하는 것으로, 고객의 말과 표현 등에서 나타난 객관적인 내용을 확인하고 강조할 필요가 있다. 이것을 통해 고객은 코치가 자신의 감정이나 의견을 잘 이해하고 있다는 것을 다시 확인할 수 있다.
- 요약하기(summarizing) : 코치가 고객의 말을 압축하여 그 핵심을 두세 문장으로 줄여서 말하는 것이다. 이를 통해 고객이 지나치게 반복적으로 말하는 것을 막을 수 있고, 진행된 코칭 대화 내용을 검토할 수 있다.
- 통합하기(integration) : 코치는 고객의 여러 가지 말과 표현을 적절하게 통합할 필요가 있다. 이것은 고객의 말을 듣고, 표정과 몸짓을 보며, 감정을 느끼고, 생각을 이해하면서 상황과 맥락을 통합하는 것을 말한다.

2) 몰입적 경청

일반적으로 몰입이란 지속적인 변화를 일으키는 데 가장 중요한 요소이다. 몰입은 얼마나 간절히 변화를 원하고, 한 번 일어난 변화를 지속하는 데 얼마나 동기부여되어 있는지와 관련이 있다. 즉, 변화하기를 강렬하게 기대할 때, 변화를 확신할 때, 지속적이고 의미있는 변화에 필요하다면 무엇이든 기꺼이 하려 할 때, 몰입은 그 원동력이 된다. 코칭에서도 마찬가지다.

코칭 대화는 잡담, 단순한 의견이나 충고, 가십거리나 유머, 냉소적인 논평과는 여러 면에서 다르다. 코칭 대화는 사람들이 합리적인 목표를 설정하고 계획을 세우며, 자신이 세운 계획을 실행에 옮기는 방법만을 모색하도록 하는 대화도 아니다. 코칭 대화는 고객에게 긍정적인 영향을 끼치고 싶다는 강렬한 열의로 가득 찬 대화이다. 코칭 대화는 고객이 이루고자 하는 목표를 효과적으로 달성함으로써, 궁극적으로 그가 성장하고 발전하도록 코치와 고객이 완전히 몰입(commitment)한 상태에서 듣고 말하는 대화이다. 이처럼 '코치와 고객이 서로 완전히 몰입된 상태에서 경청하는 것'을 '몰입적 경청'(committed listening)이라 하는데, 이것은 앞서 말한 적극적 경청에서 한 단계 더 전진한 것이다.[35)]

몰입적 경청은 코치가 고객이 진정으로 원하는 것을 파악하기 위해 그의 마음속에서 말하는 것을 듣고, 그 사람으로부터 최고의 것을 이끌기 위해 몰입하며 경청하는 것을 말한다. 코치 자신의 소중한 시간과 관심, 그리고 코치 자신의 존재를 고객에게 선물로 제공해 주기 위해 몰입하며 경청하는 것이다. 몰입적 경청은 고객이 열정적으로 관심을 지닌 것을 밝혀내고, 그것이 그들 자신이나 조직의 목표와 어떻게 연결되는지를 파악하기 위해 몰입하여 경청하는 것이다. 몰입적 경청은 고객이 무엇에 사로잡혀 있거나 모든 사람이 그를 거부하고 싫어할지라도 그의 위대함에 몰입하여 귀를 기울이는 것이다. 심지어 모든 일이 잘못되어 가고 있을 때도 고객의 진정한 존재에 귀를 기울이고, 그가 자신의 본래 모습으로 돌아갈 수 있도록 지원하는 것이 몰입적 경청이다.[36)]

> "나는 실제로 사람들이 대화를 마친 후 더욱 자유롭고 분명하게 느끼고 행동할 힘을 얻게 되도록 몰입하여 경청한다. 나는 사람들이 내가 제공하는 해답이나 충고, 무한한 지혜를 필요로 한다는 것을 알고 경청하지는 않는다. 사람들은 자신의 내부에서 분노를 해결하고, 스스로 생각하며, 스스로 해답을 찾아내고 앞으로 나아갈 길을 발견하는 능력을 지니고 있다는 것이 내 관점이다. 내가 몰입하여 경청할 경우, 그런 일이 마술처럼 일어난다." – 미셸 르노

코치가 코칭을 할 때, 고객의 이야기를 단순하게 듣는 것이 아니라 앞서 말한 바와 같이 몰입하여 경청하기 위해 다음과 같은 것을 염두에 두어야 한다. 첫째, 고객이 포기하려고 할 때조차 그들의 진정한 존재에 귀를 기울이고 그것을 인정한다. 둘째, 사람들의 잘못된 점을 찾는 사람들의 습관적 해석, 사람들을 문제에 빠뜨리는 태도나 행동, 사람들이 당연하게 여기는 믿음과 가정 등에 대해 항상 주의해야 한다. 셋째, 특히 고객이 서둘러 결론을 낸 부분이나 추

---

35) 로버트 하그로브(박재원 역, 2006). 불가능한 미래를 성취하는 마스터풀 코칭. 서울: 김앤김북스. 106-107에서 발췌, 인용; 조성진(2008). 코칭과 경력개발. 경기: 양성원. 117-118에서 발췌, 인용.

36) 로버트 하그로브(박재원 역, 2006). 앞의 책. 106-110에서 발췌, 인용.

론 과정에서의 허점들을 주의 깊게 관찰해야 한다.

3) 직관적 경청

'직관적 경청'이란, '고객이 정말로 마음에 품고 있는 주요 관심사를 직관적으로 짚어내기 위해 고도로 집중하여 경청하는 것'을 말한다.[37] 다시 말하면, 직관적 경청은 코치가 고객이 말하는 동안 알아채지 못하는 모순점, 어휘들에서 드러나는 태도와 감정, 각기 다른 시간에 반복해 나타난 주제들, 표현에서 감지할 수 있는 가치와 신념, 미래에 대한 꿈과 좌절, 발전을 가로막는 행위 등을 아주 집중하여 경청하는 것이다. 그리고 고객의 표현에서 감시할 수 있는 가치와 신념, 미래에 대한 꿈과 좌절, 발전을 가로막는 행위 등에 집중하여 경청하는 것이다.

2. 경청을 잘하는 방법

제대로 경청하려면, 무엇을 어떻게 실천해야 하는가? 경청은 대부분 사람이 실천하기에 쉽지 않은 행동이다. 경청을 잘하기 위해서는 무엇보다 개인의 노력이 필요하다. 특히 코칭에 있어 경청은 아주 중요한 핵심기술 가운데 하나이기 때문에 전문코치가 되기 위해서는 경청하는 훈련을 끊임없이 해야 한다. 경청을 잘하기 위해서는 고객의 '음성(音聲) 언어'와 '비음성(非音聲) 언어'를 함께 잘 파악해야 하고, 침묵을 적절하게 활용할 줄 알아야 한다. 구체적으로 살펴보면 다음과 같다.[38]

1) 음성 언어 경청하기

코칭을 진행하는 동안, 고객은 여러 가지 단어나 말로 자신의 상황과 심정을 표현한다. 고객의 말, 즉 음성 언어를 경청할 때는 그것이 사실이나 사건을 말하는 것인지, 관점이나 입장을 이야기하는 것인지, 아니면 감정 또는 정서를 나타내고 싶은지를 잘 이해해야 한다. 그 표현방식을 미리 알아두면 고객의 상황, 입장, 사실관계, 감정 상태를 이해하는 데 상당한 도움이 된다. 몇 가지 예를 들어보자.

첫째, 코칭 고객의 말 속에는 사실과 사건을 표현하는 것이 있다. 예컨대, "친한 여자 친구가 한 명 있다.", "어제 누구누구를 만났다.", "지난주에 아내와 좀 다투었다.", "동료 직원과 언쟁이 있었다.", "두통이 자주 생긴다." 등과 같은 말은 사실이나 사건을 표현하는 방식이다. 둘째, 고객의 말 속에는 자신의 관점, 현재 이해하는 내용을 말하는 표현이 들어 있다. 예컨대, "그 친구

37) 게리 콜린스(양형주 · 이규창 역, 2011). 게리 콜린스의 코칭 바이블. 한국기독학생회출판부. 136에서 발췌, 인용.
38) 조성진(2020). 코칭과 경력개발. 경기: 양성원. 119-121에서 발췌, 인용.

는 나를 무시하고 있다.", "나는 매일 저녁 어머니를 도와야 한다.", "그녀는 나를 좋아하지 않는다.", "상사는 나와 생각이 매우 다르다." 등의 표현을 주로 사용한다. 마지막으로, 고객의 말 속에는 자신의 느낌, 감정, 정서 상태를 나타내는 표현이 들어 있다. 예컨대, "나는 그때 무척 화가 났었다.", "지금 무척 우울하다.", "A 학점을 받고 정말 기뻤다.", "그 사람을 정말 보기 싫었다.", "상사의 그런 태도에 심한 모멸감을 느꼈다." 등과 같은 표현이다.

한편, 고객의 말투나 문장에서 어떤 부분이 강조되느냐에 따라 어느 측면이 중요한지 알 수 있어서, 코치는 고객의 말을 잘 경청해야 한다. 예컨대, 고객이 "난 드라마는 보고 싶지 않습니다."라고 문장을 말한다고 가정해 보자. 먼저, 고객이 "난 '드라마'는 보고 싶지 않습니다."라고 말한다면, 드라마는 보고 싶지 않지만 다른 무엇인가는 하고 싶다는 것을 논리적으로 추론할 수 있다. 이것은 고객의 행동이나 취향에 관련된 얘기일 수 있다. 그러나 "'난' 드라마는 보고 싶지 않습니다."라고 말한다면, 앞의 예와 다른 의미의 말이 된다. 즉, 다른 누군가는 드라마를 보고 싶을지 몰라도 자신은 드라마를 보고 싶지 않다는 뜻이다. 이것은 정체성과 관련된 부분이다. 한편, 같은 말(문장)인데도 말의 억양(intonation)을 달리해도 같은 문장이 전혀 다른 의미로 들릴 수 있다. 따라서 코치는 코칭을 할 때, 고객의 말투, 강조하는 부분이나 억양을 예민하게 경청해야 한다.

이처럼 코치가 코칭을 할 때, 고객이 전하는 말을 듣고 그가 처한 상황이나 입장 그리고 사실관계를 파악하는 것은 중요한 일이다. 그러나 더욱 중요한 것은 고객의 감정이나 정서를 나타내는 말이나 단어를 잘 포착하는 것이다(〈표 6-1〉, 〈표 6-2〉 참조). 이것을 통해 코치는 고객의 진심을 이해하고 또 그가 정말 원하는 것이 무엇인지 비교적 빨리 파악할 수 있다. 이것은 코칭을 성공적으로 마치는 데 필요한 아주 중요한 기술 중의 하나이다. 따라서 코치는 이 부분에 상당한 노력을 기울일 필요가 있다.

표 6-1 욕구가 충족된 느낌을 표현하는 말

감격하다	감동하다	감사하다	감탄하다	고맙다
고무되다	관심을 가진다	궁금하다	근심 없다	기대하다
기분이 들뜬다	기뻐 날뛴다	기뻐하다	기쁘다	기쁨에 넘친다
긴장을 푼다	깊은 애정	낙관하다	낙천적이다	놀라다
더없이 행복하다	득의양양하다	들뜬다	따뜻하다	마음에 든다
마음이 넓다	마음이 놓인다	마음이 열린다	만족스럽다	매우 기쁘다
멋지다	명랑하다	반갑다	사랑스럽다	상냥하다
상쾌하다	생기가 난다	숨 가쁘다	신뢰하다	안도하다
안정되다	열광적이다	열렬하다	열정이 넘친다	열정적이다

열중하다	영감을 받는다	영광스럽다	용기가 생긴다	유쾌하다
의기양양하다	자신만만하다	자신에 차 있다	자유롭다	정신이 바짝 든다
좋아하다	즐겁다	짜릿하다	차분하다	찬란하다
충족되다	친근하다	침착하다	쾌활하다	편안하다
평화롭다	행복하다	호기심이 생긴다	호기심이 강해진다	환희
활기에 찬다	활기 있다	활발하다	황홀하다	훌륭하다
흡족하다	흥미를 지닌다	흥분되다	흥분하다	희열에 넘친다

출처: 마셜 로젠버그(캐서린 한 역, 2010). 비폭력대화. 서울: 바오출판사. 74–75에서 발췌, 정리.

표 6-2 욕구가 충족되지 못한 느낌을 표현하는 말

가책을 느낀다	갑갑하다	걱정되다	겁난다	겁에 질린다
격노하다	격분하다	격앙되다	격정에 압도된다	경계하다
고독하다	고민스럽다	고통스럽다	곤란하다	골치 아프다
관심 없다	괴롭다	기가 죽는다	기분이 언짢다	기운 없다
기운을 잃는다	긴장되다	긴장하다	깜짝 놀란다	나태하다
낙담하다	낙심하다	냉담하다	냉정하다	노한다
녹초가 된다	놀라다	답답하다	당황하다	두렵다
뒤숭숭하다	마음이 안 내킨다	마음 상하다	마음에 상처를 입는다	마음이 안 놓인다
맥 풀리다	못마땅하다	무감각하다	미지근하다	무관심하다
무기력하다	무디다	무서워하다	민감하다	민망하다
부끄럽다	분개하다	불만족스럽다	불안스럽다	불안정하다
불안하다	불편하다	불행하다	비관적이다	비참하다
상심하다	섭섭하다	성가시다	성난다	슬프다
슬픔에 잠기다	시무룩하다	시샘하다	시시하다	신경과민
신경 쓰인다	실망하다	심란하다	심술 나다	안달하다
안절부절못한다	애도하다	어쩔 줄 모른다	억울하다	열망하다
외롭다	용기를 잃는다	우려하다	우울하다	울적하다
원한을 품는다	음울하다	의심하다	적대감	전전긍긍하다
절망하다	정떨어진다	조바심낸다	졸리다	좌절하다
주저하다	지겹다	지루하다	지친다	질린다
짜증 난다	초연하다	초조하다	충격을 받는다	침울하다
탐낸다	풀이 죽는다	피곤하다	피로하다	허덕인다
혼란스럽다	화난다	회의적이다	흥분하다	힘겹다

출처: 마셜 로젠버그(캐서린 한 역, 2010). 비폭력대화. 서울: 바오출판사. 75–76에서 발췌 정리.

2) 한국인의 정서적 표현에 관한 이해

앞서 코치는 고객의 말(언어) 속에 포함된 느낌, 감정, 정서를 나타내는 표현에 주의해서 경청해야 한다고 언급했다. 그 가운데 정서에 관해서 더 깊이 알아볼 필요가 있다. 특히, 독자들이 가장 자주 만나는 한국인의 정서적 표현에 대한 코치들의 이해도를 높일 필요가 있다.[39)]

정서(emotion)는 신체적으로 흥분하게 되어 행동할 때의 경험을 말하는 것으로, 사고와 행동을 조절하고, 신경 자극에 반응하여 인간이 적응적으로 기능하게 만든다. 또한, 정서는 자아를 구성하는 가장 근본적이고 주요한 원인이고, 다른 사람에게 자신의 상태에 대한 정보를 제공하는 의사소통의 한 부분을 차지하는 총체적 개념이다.[40)]

그래서 정서적 소통이 원활하다는 것은 개인의 일상생활에서의 심리적 만족감, 대인관계의 상호작용, 관계 또는 정서적 안녕감에서 중요한 역할을 차지한다.[41)] 하지만 정서적 소통이 원활하지 않은 사람들은 다양한 심리적 문제로 인한 어려움을 겪게 된다.[42)]

사람들의 다양한 정서와 그 경험을 분명하고 정확하게 전달하는 가장 발달한 수단이 말(언어)이다. 그런데 언어적 표현은 문화적 · 역사적 배경 등으로 인해 사람마다 독특한 양상으로 나타난다. 따라서 코치가 만나는 고객들의 언어적 표현을 정확하게 이해하기 위해서는 고객의 교육적 · 문화적 · 역사적 배경을 잘 파악해야 하고, 저마다 지닌 독특한 정서적 표현의 의미를 정확하게 인지해야 한다.

이 책의 독자들이 자주 만나고, 고객으로 삼는 한국인들은 고도의 집단주의 문화를 가진 나라에 사는 사람들로,[43)] 상황 의존적, 관계 중심적, 타인 중심적 정서에 익숙하고, 가부장주의와

---

39) 한국인의 정서적 표현이나 특징에 관해서는 다음에 소개하는 문헌들을 참조할 수 있다. 박소영 · 주은선(2019). 한국적 정서 표현의 특징에 관한 탐색적 연구, **한국심리학회지: 일반**, 38(1), 25-52; 박인조 · 민경환(2005). 한국어 감정 단어의 목록과 정서 차원 탐색. **한국심리학회지: 사회 및 성격**, 19(1), 109-129; 손선주 · 박미숙 · 박지은 · 손진훈(2012). 한국어 감정 표현 단어의 추출과 범주화. **감성과학**, 15(1), 105-120; 이영의(2011). 한국인의 대표 감성으로서의 한(恨)의 구조. **호남문화연구**, 49, 149-186; 최해연 · 최종안(2016). 한국인의 정서 구조와 측정. **한국심리학회지: 사회 및 성격**, 30(2), 89-114; 한덕웅 · 강혜자(2000). 한국어 정서 용어들의 적절성과 경험 빈도. **한국어학**, 45, 387-420.

40) Greenberg, L. S., & Pavio, S. C.(1997). *Working with Emotions in Psychotherapy*. New York: The Guilford Press(박소영 · 주은선, 2019. 한국적 정서 표현의 특징에 관한 탐색적 연구, **한국심리학회지: 일반**, 38(1), 26에서 발췌, 재인용).

41) 장정주(2012). 정서 자각과 정서 표현이 정서 조절과 공감에 미치는 영향. *Journal of Emotional & Behavioral Disorders*, 28(1), 147-170.

42) King, L. A., & Emmons, R. A.(1990). Conflict over emotional expression: Psychological and physical correlations. *Journal of Personality and Social Psychology*, 58, 864-877.

43) 박상언 · 정범구 · 김주엽 · 송계충(2020). **조직행위론(제5판)**. 서울: 경문사. 522-528에서 발췌, 인용; Hofstede, G.(1983). Dimensions of National Cultures in Fifty Countries and Three Regions. In J. B. Dergowski, S. Dziurawiec & R. C. Annis(Eds.). *Explications in Cross-cultural Psychology*. Lisse, Netherlands: Sweys & Zietlinger. 335-355; Hofstede, G.(1991). *Cultures and Organization: Software of the mind*. London: McGraw-Hill; Hofstede, G., & Bond, M. H.(1988). The Confucius Connection: from Cultural Roots to Economic Growth.

단일 문화를 강조하는 문화적 특징을 지니는 사회 속에서 살아간다는 것을[44] 유념해야 한다. 선행연구에 따르면, 한국에서는 분노와 같은 부정적 정서를 자유롭게 표현하는 것은 다른 사람과 조화로운 관계에 위협이 된다고 여기고 있고, 대인관계에 방해가 되기 때문에 이것을 억제하고 규제하는 전통이 두드러지게 나타났다.[45] 또한, 한국인들은 자신의 가족 외의 다른 사람 앞에서 자신의 정서를 표현하는 데 있어 대체로 내성적인 태도를 지닌 경향이 있다. 예컨대, 체면을 중시하고 남의 부탁을 쉽게 거절하지 못하며, 좋고 싫음을 표현하는 데 익숙하지 않고, 자기중심적인 정서 표현(자부심, 분노 등)을 억누르는 경향이 있다. 자신의 정서를 타인에게 표현하는 것은 나약한 것이어서, 이것을 숨기고 억제하며, 일상생활 속에서 조화로운 대인관계를 강조하고, 다른 사람에 대한 배려를 미덕으로 인식하는 경향이 있다.[46]

이런 한국인들이 일상생활에서 자주 사용하는 신체화된 정서적 표현을 파악하고(〈표 6-3〉 참조),[47] 그것을 통해 코칭 현장에서 만나는 고객의 정서를 잘 이해하는 것은 코치들에게 의미 있는 일이다. 이것을 바탕으로 코치들은 고객과의 코칭 상황에서 정서와 관련된 표현이 어느 상황에서, 어떻게, 얼마나 자주 나타나는지를 주의 깊게 관찰하는 것이 경청기술을 향상하는 데 있어 중요한 일이다.

3) 비음성 언어 경청하기

코치는 가끔 음성으로 전달되지 않는 비음성 언어를 통해 고객을 더 잘 이해할 수 있는 경우가 많다. 특히, 여성이나 내성적이고 소극적인 성향의 사람과 코칭을 할 때 그의 비음성 언어에 집중한다면, 그가 겪고 있는 상황이나 그가 간절히 해결하길 원하는 문제의 본질을 더 쉽게 이해할 수 있다. 비음성 언어는 다음과 같은 여러 가지 기능을 한다.

Organizational Dynamics, 16, 4-21.

44) 김선영(2009). 한국과 독일의 다문화 비교. **한국정책연구**, 9(1), 175-194; Dumont, L.(1970). *Homo hierarchicus*. Chicago, IL: University of Chicago Press; Miller, J. G., & Bersoff, D. M.(1992). Cultural and moral judgment: How are conflicts between justice and interpersonal responsibilities resolved?. *Journal of Personality and Social Psychology*, 62, 541-554.

45) Kim, K.(195-85). Expression of emotion by Americans and Koreans. *Korean Studies*, 9, 38.

46) 박소영 · 주은선, 2019. 한국적 정서 표현의 특징에 관한 탐색적 연구, **한국심리학회지: 일반**, 38(1), 25-52; 안미경(2018). 50대 중년남성의 우울 경험에 대한 탐구: 전문직 남성을 중심으로. **질적 탐구**, 4(3), 165-199; 한규석(2001). **사회심리학의 이해**. 서울: 학지사.

47) 한국인이 자주 사용하는 수많은 정서적 표현의 구체적인 예에 관해서는 다음에 소개하는 논문의 부록(pp. 49-52)에서 확인할 수 있으니 독자들은 해당 논문을 꼭 참조하기 바란다. 박소영 · 주은선, 2019. 한국적 정서 표현의 특징에 관한 탐색적 연구, **한국심리학회지: 일반**, 38(1), 25-52.

표 6-3 한국인이 자주 사용하는 신체화된 정서적 표현들

영역	범주	구체적인 표현 내용
두려움 · 놀람	충격을 받거나 멈춰버린	심장이 멈춰버린 것 같은/ 목소리가 나오지 않는다/ 머릿속이 멈춰버렸다/ 머릿속이 새하얀/ 심장이 철렁 내려앉는/ 어안이 벙벙한
	오싹하고 서늘한	간담이 서늘하다/ 등골이 오싹하다/ 가슴이 서늘해진/ 머릿밑이 서늘한/ 머리털이 곤두섰다/ 오금이 저린다
	압박되고 긴장되는	심장이 쫄깃해진다/ 심장이 조여든다/ 간이 콩알만해졌다/목구멍이 말라가는/ 숨통을 죄여온다
	굳어지고 메여 있는	목이 막혀버린/ 머리가 무거운 상태/ 목덜미가 뻣뻣해진다/ 손발에 피가 안 통하는
	순간적이고 극심한	화가 치밀어 오른다/ 위장이 뒤틀린다/ 피부 위에 뭔가 기어다니는/ 뼈가 피부 밖으로 탈골되는
분노 · 경멸 · 혐오	열이 나거나 타들어 가는	속이 부글부글 끓는/ 가슴이 타들어 가는/ 눈에서 불이 난다/ 목의 식도 부분이 뜨겁게 타오른다
	치밀어 오르고 터져 버리는	가슴에서 울화가 치밀어 오르는/ 머리가 터질 거 같은/ 속 깊은 곳에서부터 올라오는
	거슬리고 편치 않은	얼굴이 구겨지는/ 토할 것 같은 기분/ 마음이 날카롭고 예리한/ 장이 뒤틀리는/ 뼈가 삭고 곪는다
	모여 뭉치고 힘이 들어가는	이가 부득부득 갈리는/ 목덜미가 당기는/ 온몸이 바들바들 떨리는/ 뒷골이 먹먹한
수치심 · 수줍음	뜨겁고 뒤집어지는	속에서 화가 난다/ 속이 메슥거린다/ 숨이 뜨겁다/ 복장(가슴)이 탄다/ 피가 온몸으로 거꾸로 퍼지는
	숨고 싶고 어색한	얼굴을 들고 다닐 수 없이/ 얼굴 팔린다/ 얼굴에 먹칠한다/ 눈을 둘 곳이 없다
	위축되고 움츠러든	몸이 배배 꼬이는/ 온몸을 찌르는 듯한/ 온몸이 맞은 것처럼 얼얼한/ 손발이 오그라든다
	밖으로 드러나 보이는	온몸이 경직되어 뻣뻣한/ 몸을 움직이는 게 어색한/ 치부가 드러난/ 몸서리 처지다
슬픔 · 우울함	무게감이 있는	몸 전체가 바닥으로 꺼져 내려가는/ 온몸이 젖은 솜처럼 축 처지는/ 머리가 무거운
	죄이고 눌리거나 아픈	목이 죄이고 어떤 것이 가득 차 있는/ 가슴이 먹먹한/ 마음이 찢어진/ 가슴 한구석이 시리고 아리는
	빠져 내려가고 없어지는	몸에서 에너지가 빠져 나가버린/ 팔다리에 힘이 들어가지 않는/ 식욕마저 사라지고 입맛이 없는
	놓아버리고 정지된	눈앞이 컴컴한/ 가슴 속이 허하다/ 속이 텅 비어버린/ 손 놓아버리는
즐거움 · 기쁨	묶이지 않고 자유로운	마음에 있던 모든 것들을 털어내 버리는/ 세포가 살아서 날아갈 것 같은 가벼움/ 발걸음이 가벼운
	가득하고 넘쳐나는	마음이 벅차오른다/ 안 먹어도 배부른 포만감이 든/ 마음이 좋은 기운으로 차서 단단해진

즐거움 · 기쁨	미세하게 떨리고 편안한	심장이 파르르 떨리는/ 가슴이 살살 간질이는/ 가슴이 뭉글뭉글한/ 마음이 평온하고 안정되는
	온기가 퍼져나가는	가슴이 따뜻한 무언가로 퍼져나가는/ 몸에 뜨거운 에너지가 순환하는 것처럼
불편하고 미안한		가슴속에 한이 맺히다/ 마음이 찢어진다/ 미안함에 어쩔 줄 모르는/ 볼 낯이 없다/ 눈에 밟힌다
무겁고 쳐지는		가슴이 짓눌리고 답답한/ 누군가 어깨에 앉아 있는/ 목 속에 답답한 응어리가 남아 있는
제 기능을 못하는		머릿속이 멍해지고 생각이 느려진/ 손발이 끊어진 느낌/ 몸을 가눌 수 없는

출처: 박소영 · 주은선(2019). 한국적 정서 표현의 특징에 관한 탐색적 연구, 한국심리학회지: 일반, 38(1), 32-33에서 발췌, 재인용.

첫째, 비음성 언어는 종종 음성 언어에 의해 말해진 것을 재확인하거나 반복하는 기능을 한다. 만일 코치가 고객의 말에 적절하게 공감을 해주었을 때, 고객이 몸을 약간 앞으로 기울이면서 눈을 반짝이며 활기 있는 목소리로 이렇게 말했다고 가정해 보자. "맞습니다. 코치님의 말씀처럼 제 심정이 정말 그래요"라는 말과 함께 약간의 손동작을 했다면, 이때 고객의 비음성 언어는 음성 언어를 확인해 주는 것이다.

둘째, 비음성 언어를 사용해서 음성 언어를 부정하기도 한다. 예컨대, 고객이 "괜찮아요. 난 아무렇지도 않아요."라고 말하면서 목소리가 떨리고 얼굴이 붉어졌다면, 이것은 음성 언어를 비음성 언어가 부정하는 경우로 볼 수 있다. 이처럼 고객이 실제로 분노, 시기, 질투, 미움, 증오 등의 감정을 느끼고 있으면서도 그렇지 않은 듯이 말할 때, 그의 표정, 목소리 등은 그의 말과 상반되는 메시지를 보내는 경우가 많다. 사람들은 대개 음성 언어보다 비음성 언어를 신뢰하는 경향이 있어서 코치는 코칭을 진행할 때 이 점을 항상 염두에 두어야 한다.

마지막으로, 비음성 언어는 때때로 음성 언어로 전달되는 어떤 내용을 강조하는 기능을 한다. 듣는 사람에게 시선 맞추기, 손의 동작, 얼굴의 표정, 강조하는 말을 한 후의 침묵 등이 이에 속한다. 주먹을 불끈 쥐고 상대방의 얼굴을 바라보며 결의에 찬 목소리로 말을 하는 것은 대개 자신의 말을 강조하기 위한 경우이다. 그리고 어떤 말을 한 후에 약간 침묵하는 것도 자신의 말을 강조하고자 할 때 취할 수 있는 행동이다.

이처럼 코치는 고객이 보내는 다양한 비음성 언어, 즉 얼굴의 표정, 목소리의 속도, 톤과 리듬의 조정 등을 통해 그의 무의식적 메시지를 경험할 수 있고, 그의 감정이 무엇을 의미하는지를 이해할 수 있다.[48]

48) 코치와 고객 사이에 일어나는 '전이'(transference)와 '역전이'(counter-transference) 개념에 대해 추가로 학습한다면, 독자들의 이해를 돕는 데 도움이 될 것이다. 이에 관한 자세한 내용은 다음에 소개하는 글을 참조할 수 있다.

4) 침묵을 적절하게 활용하기

다른 사람의 말을 들을 때는 침묵을 적절하게 활용할 줄 알아야 한다. 침묵을 두려워해서는 안 된다. 침묵을 어색하고 답답하게 생각하는 사람도 있지만, 편안한 마음으로 대화에 임한다면 침묵도 기꺼운 마음으로 누릴 수 있는 시간이다. 특히, 코칭에서는 침묵을 적절히 활용할 줄 아는 지혜가 필요하다. 코치는 고객이 자신을 성찰할 시간을 갖거나 서로 유대관계를 드러나도록 해야만 할 때, 침묵의 가치를 발전시키는 것이 중요하다.[49] 대개 코치를 찾아오는 사람들은 마음을 굳게 먹고 자신의 이야기를 털어놓는다. 이런 경우 대개 고객은 코치의 질문에 대해 성실하게 대답을 한다. 이때 코치가 던지는 질문은 고객이 깊은 생각에 빠지게 하는 경우가 있다.

어떤 질문은 평소에 전혀 생각해 보지 않은 것이기에 쉽게 대답할 수 없는 것도 있다. 이때 코치가 질문한 후 해야 할 일은 그 대답을 기다리면서 여유있게 침묵을 활용하는 것이다. 따라서 진정으로 고객의 내면에서 우러나오는 목소리를 경청하려면, 코치가 침묵하면서 고객이 편하게 자신의 이야기를 하도록 배려하면 된다. 즉, 코치는 침묵의 시간을 활용하여 그의 마음을 경청할 준비만 하면 된다. 코치가 말하는 것보다 침묵하는 것이 훨씬 효과적인 이유가 바로 여기에 있다.

이런 차원에서 침묵은 전체 코칭 과정에서 고객의 내면을 탐색하고 비추기 위해 사용하는 중요한 기술이고, 고객이 새로운 공간으로 들어가는 문을 열어주는 도구이다. 코치가 질문을 던지면, 고객은 침묵의 공간에서 잠시 멈추어 자신의 내면을 깊게 들여다볼 수 있는 심리적 공간과 여유를 갖게 된다. 그 공간에서 고객은 코치의 강력한 질문에 대답하기 위해 자신의 의식과 무의식에 숨어 있던 의견과 감정을 새롭게 탐색하고 새로운 자각을 얻게 되며, 결국 알아차림의 단계로 나아갈 수 있다.[50] 이른바 자아 성찰이 일어나게 된다.

혹자는 이런 침묵의 긍정적인 측면을 '생산적 침묵'이라고 표현하며 권장하기도 한다. 일상생활에서 상대방과 대화할 때, 그의 말을 주의깊게 경청하면서 침묵을 지킴으로써 상대방이 계속 말하도록 한다. 침묵은 나와 상대방에게 말과 생각을 정리할 기간을 주고, 비언어적 신호를 관찰할 기회도 제공한다. 그러나 이때 듣는 사람은 적절한 반응을 보여주어야 한다. 즉, 상대방의 말을 들을 때, 상대방이 오해하지 않도록 수용적이면서 동시에 적절한 비언어적인 반응을 함께 보여 줄 필요가 있다. 그래서 상대방에게 대화를 계속 유지할 의도가 있음을 보여주어야 한다.[51]

Lee, G.(2006). The Psycho-dynamic Approach to Coaching. In Cox, E., Bachkirova, T., & Clutterbuck, D.(2018). *The Complete Handbook of Coaching*(3rd Ed.). London: SAGE Publications Ltd. 3-16.

49) Lee, G.(2006). 위의 글. 8.

50) 박창규 외(2022). 마스터풀 코치가 갖추어야 할 코칭 핵심 역량. 서울: 학지사. 261-262에서 발췌, 인용.

51) 김종운(2017). 만남 그리고 성장을 위한 인간관계 심리학. 서울: 학지사. 345에서 발췌, 인용.

코치가 침묵을 활용하는 구체적인 방법에는 여러 가지가 있다.[52] 첫째, 코치가 고객과의 코칭 회기(session) 중에 잠시 질문하는 것을 멈추는 것이다. 즉, 코치가 질문하는 것을 잠시 멈추고, 고객이 자신이 얘기한 내용이 무엇을 의미하는지를 한 번 더 되새기는 시간을 갖도록 하는 것이다. 둘째, 코치가 코칭 회기 중에 잠시 멈추고 고객에게 침묵에 대해 어떻게 느끼는지를 질문하는 것이다. 첫 번째 방법이 코치가 의도적으로 침묵함으로써 고객이 자신의 얘기를 되새기는 시간을 주는 것인 데 비해, 이 방법은 아예 침묵의 의미를 질문한다는 점에서 약간 다른 방법이다. 즉, 고객이 대화 도중에 잠시 침묵할 때, 그것의 의미에 대해 질문하는 것이다. 셋째, 고객이 자기성찰을 하도록 아예 시간을 할애하는 방법이다. 대개 고객들은 자기 자신에 대해 돌아볼 수 있는 시간이 많지 않다. 그래서 고객 자신의 신체 감각, 감정을 조절하도록 도움을 주는 데 시간을 할애하는 것은 그에게 도움이 된다. 그리고 그때 느낀 경험을 코치와 나눈다면, 코칭에 대한 몰입과 궁극적으로 문제 해결에 도움을 주는 경우가 적지 않다.

5) 경청을 잘하기 위한 주의사항[53]

앞에서 설명한 여러 가지 바람직한 경청에 대해 잘 이해했다면, 다음에 할 일은 실제로 여러 코칭 현장에서 제대로 경청하는 것이다. 경청에 대해 잘 이해하는 것과 실제로 코치 현장에서 제대로 경청하는 것은 별개의 일이다. 의사소통이 잘 되는 상사나 부모가 되려면, 유능한 코치가 되길 원한다면, 경청 실습에 투자하는 시간을 들이고 더 노력해야 한다. 이때 다음과 같은 몇 가지 사항을 염두에 두어야 한다.

- 고객의 말을 '진체적으로' 경청해야 한다. 고객의 말 속에는 다양한 의견과 감정, 그가 처한 환경, 관점, 가치관, 신념, 그리고 정체성 등이 들어 있으므로, 그 전체를 고려하며 경청해야 한다.[54]
- 고객의 소리가 아닌 그가 말하는 '내용'에 집중하여 경청한다. 코치는 고객의 얘기를 경청할 때, 성급하게 가정하는 것을 피하고, 고객의 감정을 읽으려고 노력하는 것이 바람직하다.
- 고객이 말하지 않는 비언어적 표현도 경청한다. 그러기 위해서는 얘기하는 고객의 태도, 얼굴의 표정, 말의 속도, 억양, 시선, 몸짓 등을 세밀하게 관찰하며 경청하는 것이 바람직하다.

---

52) 침묵의 활용에 대한 의미와 구체적으로 활용할 수 있는 방법에 관해서는 다음 부분을 추가로 학습하면 도움이 된다. Lee, G.(2006). The Psycho-dynamic Approach to Coaching. In Cox, E., Bachkirova, T., & Clutterbuck, D.(Eds.). *The Complete Handbook of Coaching*(3rd Ed.). London: Sage Publications Ltd. 8.

53) 조성진(2020). 코칭과 경력개발. 경기: 양성원. 122-124에서 발췌, 인용.

54) 박창규 외(2022). 마스터풀 코치가 갖추어야 할 코칭 핵심 역량. 서울: 학지사. 231-232에서 발췌, 인용.

- 고객의 얘기를 정확하게 이해했는지 반응하며 경청한다. "아, 예", "아, 그렇군요", "그 얘기는 …다는 말씀이군요." 등의 말을 하면, 고객과의 대화가 원활하게 진행된다.
- 고객의 말을 중간에 끊지 않고 경청하되, 그를 이해하려고 노력하며 경청한다.

경청 실습을 하다 보면, 우리가 일상생활에서 상대방의 얘기를 그냥 듣기만 했다는 것을 깨닫는 사람들이 의외로 많다. 그래서 경청이 쉽지 않다고 말하는 사람들도 있다. 하지만 경청 실습을 거듭할수록 경청 실력은 늘어갈 것이다. 경청기술은 계속 연습하면 누구나 구사할 수 있는 기술이다. 다만, 다음 몇 가지 사항에 초점을 두고 경청하면, 더욱 바람직한 코칭 대화를 이끌어갈 수 있다.

- 고객이 하는 얘기의 흐름을 놓치지 않는다. 코치가 코칭을 할 때 잠시라도 다른 생각을 한다면, 고객의 얘기에 집중할 수 없고 그가 무슨 얘기를 했는지 흐름을 놓칠 수 있다.
- 고객이 하는 얘기의 핵심어를 기억하고, 코치 자신의 말로 바꾸어 표현한다. 이것은 코치가 고객의 표현을 이해한 것이 맞는지 확인하고 명료화하는 것이다. 그러면 고객은 코치가 자신의 얘기를 잘 이해하고 있다고 생각하고, 자신의 얘기를 계속 이어갈 것이다.
- 얘기하는 고객의 감정 상태를 파악한다. 고객은 코치가 자신의 감정을 잘 이해하고 있다고 느끼면, 자신이 존중받고 있다고 생각한다. 그리고 코치가 자신의 얘기에 공감한다고 느끼며 코칭 대화를 계속해 나간다.
- 코치는 고객과 대화하면서 그의 내면에서 일어나는 현상, 가정, 경험, 행동 패턴 등이 무엇인지 탐색하고, 그것에 대한 이해를 통합하여 대화한다.[55)]
- 고객의 얘기를 요약하여 말해준다. 이것은 진행되는 코칭 대화를 중간중간 정리하는 데 도움을 준다.
- 고객이 얘기하는 도중에 침묵을 적절하게 활용한다.

우리가 일상생활을 할 때, 상대방의 얘기를 경청하는 것은 매우 중요한 일이다. 코칭에서도 경청은 코칭을 원활하게 진행하는 데 아주 중요한 역할을 한다. 그래서 적극적인 경청은 코치가 갖추어야 할 핵심적인 기술이다. 현대인들은 자신의 얘기를 들어줄 누군가를 열심히 찾고 있다. 그 상대가 코치일 수도 있다.

적극적 경청에서 한 걸음 더 나아가 몰입하여 경청한다면, 더 말할 나위가 없을 것이다. 몰입적 경청을 위해 필요한 것은 고객을 배려하는 코치의 헌신적인 자세와 태도이다. 몰입적 경청 역시 끊임없는 연습이 뒷받침되어야 한다. 몰입하여 경청할 때, 앞서 언급한 것을 포함하여

55) 박창규 외(2022). 마스터풀 코치가 갖추어야 할 코칭 핵심 역량. 서울: 학지사. 235-237에서 발췌, 인용.

다음과 같은 몇 가지 사항에 유의해야 한다.

- 고객을 판단하거나 비판하지 않고 경청한다. 어떤 경우든 코칭에서 판단과 비판은 절대 금물이다.
- 고객의 얘기를 거울에 반사하듯 서술해 주면서 경청한다.
- 고객이 자신의 원래 모습으로 돌아가도록 지원하면서 경청한다.

코치가 고객과 함께 효과적인 코칭을 진행하길 원한다면, 그 출발은 경청에서 비롯된다. 앞서 설명한 몇 가지 유의사항을 잘 기억한다면, 바람직한 경청을 할 수 있다. 나아가 유능한 코치가 되길 원한다면, 다음에 소개하는 사항도 함께 기억하고 실천해야 한다. 이것들은 현장에서 활동 중인 전문코치들의 실전 경험을 바탕으로 정리한 것이다.

- 고객이 설정한 의제(이슈)에 집중하며 경청한다.
- 고객의 인식, 감정 및 관심사 등에 주의하면서 경청한다.
- 고객의 감정을 이해하며 경청하되, 그 감정에 휘둘리거나 휩쓸리지 않는다.
- 고객이 말하고자 하는 것의 핵심을 파악하며 경청한다.
- 고객의 얘기를 경청할 때, 다른 생각을 하지 않는다. 경청하는 사람의 머릿속이 복잡해지면, 어떤 얘기도 제대로 들을 수 없다.
- 경청할 때 코치는 고객이 편하게 얘기하도록 배려하고, 가능한 말을 많이 하지 않는다.
- 경청할 때 코치는 확고한 태도를 유지함으로써 코칭에 자신감을 보여준다.
- 경청할 때 코치는 다음 단계로 넘어가기 위해 서두르지 말아야 한다.

3. 경청기술 향상과 코치의 감정 관리 훈련

앞서 설명한 경청과 관련된 세부적인 기술을 모두 익혔더라도, 코치에게 필요한 것은 이것에 그치지 않는다. 코치가 경청을 통해 고객과 원활하게 상호작용하기 위해서는 코치 자신의 감정을 관리하여 내면을 정화하는 훈련이 필요하다.[56] 코치가 자신의 감정을 잘 관리한다는 것은 감정적으로 깨끗하고 평온한 상태에 있음으로써 고객에게 집중할 수 있고, 고객의 말, 행동, 변화 등을 민감하게 인지하고 반응하는 것이다.

코치의 감정 관리는 꾸준한 자기성찰 훈련을 통해 이루어질 수 있다. 즉, 고객의 소리를 경청하기 전에 코치 자신의 소리를 경청하는 훈련을 먼저 수행하는 것이다. 코치는 자신만의 성찰 공간을 만들고, 성찰 훈련을 함으로써 자신 내면의 소리를 경청하는 일에 민감해질 수 있

56) 박창규 외(2022). 마스터풀 코치가 갖추어야 할 코칭 핵심 역량. 서울: 학지사. 224에서 발췌, 인용.

다. 코치는 이런 성찰 훈련을 통해 내면의 경험이 자신의 견해, 감정, 태도, 행동 등과 어떻게 연결되어 있는지를 알아차릴 수 있다. 이처럼 코치가 성찰 훈련을 통해 자신의 감정을 잘 관리하면, 고객의 얘기를 차분하게 경청하고, 고객을 여러 각도에서 깊이 있게 관찰할 수 있게 된다.

코치에게 바람직한 경청기술을 익히기 위한 왕도는 없다. 꾸준한 연습과 훈련만이 훌륭한 코치가 되는 비결이다. 다만, 한 가지 더 기억할 점은 고객의 마음속 얘기를 몰입하여 경청하는 코치가 되겠다고 결심하는 것이 선행되어야 한다는 것이다.

6.4 경청을 방해하는 장애물

경청에 있어 가장 핵심적인 일은 상대방의 말을 정말 잘 듣는 것이다. 코칭을 할 때, 고객은 코치가 자신을 이해하기 위해 진심으로 경청하고 있는지, 그저 코치가 말할 차례를 엿보고 있는지 파악하며 얘기한다는 것을 항상 기억해야 한다. '대면 코칭'(face to face coaching)에서 코치가 고객의 언어적 · 비언어적인 메시지를 모두 파악하려고 노력하는 것처럼, 고객 역시 코치가 자신의 얘기를 정말 진지하게 경청하고 있는지를 여러 가지 방법으로 관찰한다. 전화로 진행되는 '전화 코칭'(tele-coaching)의 경우도 마찬가지다. 이때는 대면 코칭과 달리 고객이 코치에게 보내는 비언어적 메시지를 눈으로 확인할 수는 없지만, 그렇다고 해서 경청에 소홀해서는 안 된다. 오히려 전화 코칭의 경우는 대면 코칭보다 경청하는 데 더 세심한 주의를 기울여야 한다.

그런데 어떤 형태의 코칭이든 적극적이고 헌신적인 경청을 방해하는 장애물들이 종종 나타난다. 그것을 효과적인 경청을 방해하는 장애물 또는 '잡동사니들'[57]이라고 부른다. 구체적으로 살펴보면, 다음과 같다.[58]

57) 어떤 코칭 프로그램에서는 이 잡동사니를 통틀어 시끄럽게 떠들어댄다는 의미에서 '오리들'이라고 부르기도 한다(www.koreacoach.com, 2022년 2월 접속).

58) 조성진(2008). **코칭ABC**. 서울: 도서출판 심포지움. 144-148에서 발췌, 인용; 조성진(2020). **코칭과 경력개발**. 경기: 양성원. 124-126에서 발췌, 인용.

1. 내부적인 잡동사니

1) 내부적인 잡동사니의 종류

적극적인 경청을 비롯한 효과적인 경청을 방해하는 내부적인 잡동사니는 바로 코치 자신의 내부에서 일어나는 것들이다. 코치 자신을 어렵게 만드는 내부적인 잡동사니는 다음과 같은 것들이 있다.

먼저, 코칭을 진행하는 동안 고정관념, 선입견, 편견, 주관적인 판단, 잡념 등이 적극적인 경청을 방해할 수 있다. 이런 현상들이 코칭에서 문제가 되는 것은 그것을 미리 통제하지 않으면 코칭 과정에서 수시로 발생할 수 있고, 코치의 적극적이고 몰입하는 경청을 철저하게 방해하기 때문이다. 이런 것들은 모든 일을 '나 중심으로'(me-centered) 생각하는 패러다임에서 생기는 것들이다. 코치가 이런 패러다임을 지니고 있으면, 고객을 대할 때 자기중심적인 경험, 신념, 가정 등에 바탕을 두고 있어서 고객에게 온전하게 몰입하기 어렵고, 충고나 조언을 할 가능성이 크다. 이렇게 되면 경청할 때, 고객의 말을 있는 그대로 경청하고 이해하기보다 코치 자신의 의견에 맞는 단서에만 집중할 경향이 높다. 이때 코치는 다음과 같은 말을 자주 사용하는 경향을 보인다.[59)]

- "나 때는 말입니다."
- "그럴 때는 이렇게 해 보면 어떨까요?"
- "그 방법이 정말 최선일까요?"
- "혹시 그런 이유로 이런 행동을 하시는 것입니까?"

'나' 중심적인 패러다임은 코치뿐만 아니라 고객에게도 얼마든지 나타날 수 있는 문제이다. 그것은 고객이 업무를 추진하거나 대인관계를 맺거나 유지할 때, 그가 바라지 않은 상황을 만들 수 있다. 예컨대, 자기중심적인 사람들은 상대방이 언어적 · 비언어적으로 표현하는 것을 전체적인 맥락에서 이해하지 못해서 반사적인 반응을 보이는 경우가 있다.[60)] 이런 것들이 누적되어 업무를 추진하기 어렵거나 대인관계에 심각한 문제를 일으킬 정도의 상황이 되면, 이것은 그에게 꼭 해결해야 하는 새로운 코칭 이슈로 부상할 수 있다.

다음, 코치들에게 가장 빈번하게 발생하는 것은 다음에 어떤 질문을 할지 생각하는 것이다. 이것은 대개 코칭을 시작한 지 얼마 되지 않은 코치에게서 자주 발생한다. 예컨대, 고객은 코칭을 하는 동안 열심히 자신의 얘기를 하는데, 코치가 다음에 어떤 질문을 할 것인지 생각하느

---

59) 박창규 외(2022). 마스터풀 코치가 갖추어야 할 코칭 핵심 역량. 서울: 학지사. 226-227에서 발췌, 인용.
60) 박창규 외(2022). 앞의 책. 227에서 발췌, 인용.

라 고객의 얘기에 완전히 집중하지 않는 경우가 수시로 발생한다. 그러다 보면 고객이 얘기하는 내용의 핵심을 놓치고, 전체적인 맥락을 이해하는 데 어려움을 겪을 수 있다. 이런 상황이 자주 발생하면, 고객은 자신의 얘기에 집중하지 않는 코치에게 더 말하고 싶지 않다고 생각하는 상황에 도달할 수 있다. 심지어 이런 상황이 계속해서 반복되고 누적되어 심각한 상황에 이르면, 코칭이 중단되는 위기가 발생할 수도 있다. 하지만, 코칭을 시작한 지 얼마 되지 않은 코치에게 다행스러운 점은 이런 상황은 꾸준한 연습과 훈련으로 비교적 빠른 시기에 종료될 수 있다는 것이다.

2) 내부적인 잡동사니를 제거하는 방법

코칭 과정에서 흔히 발생하는 내부적 잡동사니들 가운데 잡념, 사념(邪念), 딴생각 등은 코치가 제거하겠다는 의지만 지니고 있다면, 비교적 손쉽게 해결할 수 있다. 코칭을 실시하기 이전에 별도의 시간을 마련하여 고객에 관한 자료를 검토하면, 좀 더 코칭에 몰입할 수 있다. 명상하거나 음악을 들으며 마음의 평정을 찾는 방법도 내부적 잡동사니들을 제거하는 데 좋다. 하지만 코치 스스로 자신을 판단할 때, 코칭을 진행하기 전에 이런 것들이 제대로 걸러지지 않는 경우가 많다거나 코칭을 진행하는 과정에서 수시로 튀어나오는 것을 경험했다면, 이를 제거하기 위한 별도의 대책을 세울 필요가 있다.

그런데 내부적인 잡동사니들 가운데 더욱 조심하고 경계해야 할 것은 고정관념, 선입견, 주관적인 판단 등이다. 코치가 자신의 내부에서 살아 움직이는 다양한 내부적 잡동사니들을 제대로 통제하지 않으면, 코칭 이슈들에 개입하고 싶은 유혹에 쉽게 빠질 수 있다. 나아가 고객에게 충고하거나 문제의 해답을 제안하는 중대한 실수를 범할 수도 있다. 이것들은 코칭을 진행할 때 아무런 도움이 되지 않고, 오히려 코칭의 효과를 반감시킨다. 따라서 코치는 이런 것들이 코칭의 성공에 중대한 걸림돌이 되니만큼, 그런 일이 절대 발생하지 않도록 철저하게 경계해야 한다.

코칭 과정에서 발생할 수 있는 코치 내부의 잡동사니를 제거하는 일은 정말 중요한 일이다. 따라서 코치는 코칭 과정에서 이런 일이 발생하지 않도록 사전에 많은 준비를 해야 한다. 먼저, 코치가 '나' 중심의 패러다임을 갖고 있지 않은지 철저히 점검할 필요가 있다. 그리고 이런 내부 잡동사니를 제거하는 데 도움이 된다면, 코치는 자신을 도와줄 선배 코치를 찾거나 그와 관련된 훈련을 별도로 받을 것을 권장한다.

2. 외부적인 잡동사니

1) 외부적인 잡동사니의 종류

외부적인 잡동사니에는 차 소리, 전화벨이나 핸드폰 벨 소리, 시끄러운 음악, 컴퓨터 자판 두드리는 소리, 잡담, TV에서 나오는 소리, 기타 소음으로 작용할 수 있는 다양한 소리(음향) 등이 있을 수 있다. 이것은 주로 코칭을 진행하는 외부적 환경에 관한 것으로, 코치는 코칭을 진행하기 전에 자신의 주변에 이런 외부적 잡동사니가 있는지 철저하게 점검해야 한다.

그런 차원에서 코치가 고객의 이슈와 마음의 소리에 집중하기에 좋은 별도의 물리적 공간을 미리 마련하는 것이 좋다. 하지만, 외부의 다른 시설을 사용할 때에는 다양한 잡음이나 소리를 차단하는 방안을 함께 고려하는 것이 필요하다.

2) 외부적인 잡동사니를 제거하는 방법

대면 코칭의 경우, 사전에 외부적인 잡동사니들을 제거하는 방안을 고려하여 코칭 장소와 시간을 정하는 것이 필요하다. 특히, 비즈니스 코칭이나 임원 코칭의 경우, 코치가 고객이 근무하는 기업을 방문하여 코칭을 진행하는 때가 있는데, 이럴 때는 고객이 업무와 구성원들(상사, 동료, 부하 등)로부터 방해를 받지 않도록 사전에 조치해야 한다. 내부에서 그런 환경이 조성되지 않을 때는 이런 방해 요소들이 차단되는 기업 외부의 적합한 장소를 선택하는 것이 좋다.

전화 코칭의 경우에도 이런 외부적 잡동사니로부터 방해를 받지 않는 시간과 장소에서 코칭을 진행하도록 고객과 사전에 충분히 협의해야 한다. 코칭을 진행하는 도중에 다른 전화가 걸려오지 않도록 충분히 사전조치를 취해 두어야 한다. 그리고 코치 자신도 그런 환경에 노출되지 않도록 코칭을 진행하기 전에 자신의 주변 환경을 반드시 점검해야 한다. 특히, 코치의 경우 자신의 전화나 핸드폰으로 인해 코칭 대화에 방해를 받지 않도록 주변에 있는 전화선을 아예 차단하거나 핸드폰을 꺼두길 권한다.

7.1 공감의 중요성과 개념

1. 공감의 중요성

사회적 동물인 인간은 다양한 인간관계를 맺으며 살아간다. 인간관계는 서로 다른 생각과 견해를 가진 사람들 사이의 상호작용이다. 자신의 의견만을 주장하고 고집하기보다 상대방의 의견을 공감적으로 존중하며, 서로 이견을 조율해 가는 것이 원활한 인간관계의 필수적 요소이다. 사람들은 자신의 의견이 상대방에게 충분히 전달되어 공감되었다고 느꼈을 때, 비로소 자신의 견해를 되돌아보고 변화시킬 수 있다. 이처럼 인간관계에서 원활하고 깊이 있는 대화를 이어나가는 데 필수적인 것이 공감(共感, empathy)이다. 즉, 공감은 대화를 촉진하고 인간관계를 심화하는 매우 중요하고 강력한 대인 기술(interpersonal skill)이다.

최근 사람의 뇌를 연구하는 뇌신경생리학자들은 사람의 뇌에 공감적으로 반응할 수 있는 신경세포인 '거울 뉴런'(mirror neuron)과 '거울 뉴런 체계'(mirror neuron system)가 들어 있다는 것을 발견했다. 이 신경세포는 자신의 몸에서 일어나는 반응을 관찰하고 느낄 뿐만 아니라, 마치 거울처럼 다른 사람에게서 비슷한 일이 일어날 때도 빨리 알아차리고 반응하는 능력을 지녔다. 이것이 다른 사람과 같은 느낌, 같은 생각, 같은 체험을 할 수 있는 공감의 생리적 근거인 셈이다. 전혀 다른 두 사람이 짧은 순간의 만남 속에서도 서로를 이해하고 소통할 수 있는 이유가 여기에 있다.[1]

오늘날과 같은 초(超)연결 시대에도 개인이나 기업에 있어 공감은 아주 중요한 역할을 한다. 상대방의 의견과 감정에 대한 이해나 고려 없이 다른 사람에게 영향력을 발휘하는 일은 쉽

1) 박성희 · 이재용 · 남윤미 · 김경수 · 김기종 · 심진규 · 최준섭 · 김은혜(2017). 공감 정복 6단계. 서울: 학지사. 12에서 발췌, 인용.

지 않기 때문이다. 현대사회에서 대화 통로의 대부분을 차지하는 소셜네트워크를 통한 의사소통이 활발해지면서 의견 개진이나 토론 활동이 활발해졌고, 사람들은 다양한 사회문제에 대해서 직접적이거나 간접적으로 참여할 기회가 더 많아지고 있다. 이런 상황에서 자신의 의견과 견해를 명확하게 전달함으로써 갈등을 해결하는 방법을 찾기 위해서는 다른 사람의 지지와 신뢰를 받을 수 있고 공감할 수 있는 소통방식이 필요하다. 결국, 공감은 의사소통과 인간관계에 영향을 미치는 중요한 요인이고, 공감을 잘할수록 상호작용이 원활하고, 긍정적인 관계를 형성한다.[2)]

이처럼 공감은 마음에 산소를 불어넣는 일이며, 관계 기술의 꽃이라 할 수 있다. 즉, 공감이란 상대방의 입장이 되어서 그의 내면의 '마음의 소리'를 듣는 것이다. 매 순간 깨어서 상대방의 감정, 사고, 욕구, 소망, 갈등 등을 정확하게 알아차려야 하는데, 상대방이 말하는 내용뿐만 아니라 상대방이 스스로 알아차리지 못하거나 겉으로 표현하지 못하는 속마음까지 알아차리는 민감성이 요구된다. 실제로 사회적 관계를 잘 유지하기 위해서는 다른 사람의 견해와 행동을 알아차리는 것뿐만 아니라 다른 사람의 느낌을 함께 나누고, 나아가 이에 대해 적절한 반응을 보일 수 있는 능력과 더불어 자신 및 타인의 감정을 정확하게 언어로 표현할 수 있어야 한다.[3)]

2. 공감의 개념과 구성요소

1) 공감의 정의

공감이라는 표현은 비교적 최근에 생겨났지만, 그 개념은 이미 19세기 말, 독일 미학(美學)에서 등장한 독일어 'Einfühlung'으로부터 유래한다. 1873년 독일의 미학자 로베르트 비쉐(Vischer, R.)가 예술작품이 보여주는 아름다움의 내면에 도달할 수 있는 우리의 능력을 지칭할 때, 'Einfühlung'이라는 말을 처음 사용했다. 독일어의 'Einfühlung'은 'ein'(안에)과 'fühlen'(느끼다)이라는 단어가 결합한 것으로, '들어가서 느낀다'라는 의미를 함축하고 있다. 즉, 'Einfühlung'은 그림이나 조각, 음악, 심지어 자연 그 자체의 아름다움의 내부로 우리 자신을 투사하여 감정을 이입함으로써 예술작품의 정수를 느낄 수 있는 능력을 말한다.[4)] 심리학에서 'Einfühlung'이라는 용어를 사용하기 시작한 사람은 립스(Lipps, T.)와 프랜들(Pandtl, A.)이다. 특히, 립스는 미학 심리학을 탐구하면서 공감의 개념을 체계화했고, 그에 의해 원래 예술작품 감상

2) 정명실(2014). 간호대학생의 의사소통 역량 강화를 위한 자아존중감과 공감 능력 및 대인관계 간 상관관계 연구. 한국간호교육학회지, 20(2), 332-340; 허순향 · 남승규(2019). 공감의 구성요소와 심리적 기제. 예술인문사회융합멀티미디어논문지, 9(3), 939-947.

3) 김광수 · 김해연(2009). 공감 교육프로그램이 초등학생의 공감 능력과 정서 지능에 미치는 영향. 초등교육연구, 22(4), 275-300.

4) 박지희(2015). 공감과 동정: 두 개념에 대한 고찰. 수사학, 20집, 91-115.

에 관련된 개념이었던 공감이 대인관계에 적용되기 시작했다. 이후 20세기 초에 티치너(Titchener, E.)가 『초기 심리학』이라는 책을 출간하면서 공감이 중요한 개념으로 부각한다. 그는 이 단어를 그리스어의 'empatheia'로 번역하였는데, 여기서 'en'은 '안(內)'을 뜻하며, 'pathos'는 '고통 또는 열정'을 뜻하는 합성어로 '안에 들어가서 고통을 느낀다'라는 의미를 함축하고 있다.[5)]

공감의 정의는 여러 학자가 공감을 해석하는 관점에 따라 매우 다양하게 표현된다.[6)] 외견상 그들은 공감이라는 같은 대상에 대해서 정의하고 있지만, 연구 분야와 학자들에 따라서 그 의미는 상당히 다르다.[7)]

- "공감은 다른 사람의 역할을 취해보고 대안적인 조망을 취해볼 수 있는 능력이다."(Mead, 1934)
- "공감은 다른 사람의 내적인 준거 틀을 정확하게, 그것의 감정적인 요소와 거기에 관련된 의미를 마치(as if)라는 사실을 망각함 없이 자신이 마치 그 사람인 것처럼 지각하는 상태이다."(Rogers, 1959)
- "공감은 상상을 통해 자신을 다른 사람의 생각, 느낌 및 행동 속으로 위치를 바꿔 보는 것이다."(Allport, 1961)
- "공감은 궁극적으로 대리적인 내성이다. … 우리는 다른 사람을 우리 속에서 내사하여 그를 내면에서 관찰하는 것이다."(Katz, 1963)
- "공감은 우리가 다른 사람들에 대한 자료를 수집하고 … 직접적인 관찰에 열려 있지 않을 때라도 그들의 내적인 체험을 상상하도록 하는 양식이다."(Kohut, 1966)
- "공감은 돕는 자가 도움을 받는 자의 느낌에 조율하려는 시도이다."(Gazda, Waters, & childers, 1975)
- "자신의 처지보다는 다른 사람의 처지에 더 알맞은 정서적 반응이다."(Hoffman, 1982)
- "다른 사람의 고통을 목격한 결과로 경험하는 염려, 자비, 온정 등 타인 지향적인 느낌들이다."(Baston & Schoenrode, 1987)
- "다른 사람의 정서적 상태나 조건의 이해로 촉발되어 그것과 부합하는 정서적 상태이다."[8)]

5) 박성희(2004). 공감학 어제와 오늘. 서울: 학지사. 30에서 발췌, 인용; 박지희(2015). 공감과 동정: 두 개념에 대한 고찰. 수사학, 20집, 100에서 발췌, 재인용.

6) 송재영 · 이윤주(2014). 초심 상담자와 경력 상담자의 공감 유형의 차이 분석. 상담학연구, 15(1), 125- 144.

7) 박성희(2010). 공감학. 서울: 학지사. 22-29에서 발췌, 인용; 박성희 외(2017). 공감 정복 6단계. 서울: 학지사. 15-17에서 발췌, 재인용; 박지희(2015). 위의 글. 91-115; Allport, G. W.(1961). *Pattern and growth in personality*. New York: Holt, Rinehart, & Winston; Gazda, G. M., Waters, B. P., & Childers, W. C.(1975). *Human relations development*. Boston: Allyn & Bacon Rogers, C. R.(1959). *A theory of therapy, personality, and interpersonal relationship: As developed in the client-centered framework*. New York: McGraw Hill. 184-256.

8) Eienberg, N., & Miller, P.(1987). Empathy, sympathy and altruism empirical and conceptual links. In N. Eisenberg & J. Strayer(Eds.), *Empathy and its development*. New York: Cambridge University Press. 292-316.

학자들은 공감의 인지적 측면, 정서적 측면, 표현적 측면 가운데 어느 측면을 강조하느냐에 따라 공감에 대해 조금씩 다르게 정의하고 있다. 거먼(Gurman, S. A.)은 공감을 '역할 취하기'나 '관찰하기'로 개념화하여 공감의 인지적 측면을 강조했고,[9] 해크니(Hackney, H.)는 공감을 다른 사람의 느낌, 의지, 견해에 참여하거나 '공유된 정서' 또는 '대리적 정서'를 체험하는 것이라고 말하면서 공감의 정서적 측면을 강조했다.[10] 그리고 카쿠프(Carkhuff, R. R.)는 타인의 내면적인 세계를 이해할 뿐만 아니라 그 이해한 바를 정확하고 민감하게 전달할 때 완성될 수 있으며, 대화하면서 상대방의 몸짓이나 자세 등을 공유할수록 대화하는 사람 사이에 관계 수준이 더 깊어질 수 있다는 것을 언급하면서 공감의 표현적 측면을 강조했다.[11] 한편, 바렛-레너드(Barrett-Leonard, G. T.)는 공감이란 상담자와 내담자 사이에 진행되는 일련의 정서적 흐름으로, 세 개의 단계가 포함되는 순환적 과정으로 보는 공감의 순환적 모델을 제시했다. 즉, 공감은 공감하는 자가 공감 대상자의 주관적인 내면 세계를 이해한 후, 도우려는 마음이 촉발되어 이를 표현하는 것으로, 인지적 · 정서적 · 표현적 차원이 포함된 복합적인 개념으로 정의했다.[12] 이런 공감에 대한 다양한 논의 속에서 어느 정도 공통적인 구성 요소를 추출해 볼 수 있다.

사전적인 의미에서 공감은 '남의 감정, 의견, 주장 따위에 대해 자기도 그렇다고 느끼는 기분'이라고 정의할 수 있다.[13] 즉, 공감은 '상대방의 입장에 서서 그가 경험하는 것을 이해하거나 혹은 다른 사람의 관점에서 생각해 보는 능력'이다.[14] 공감은 상대방의 마음을 깊이 있게 이해하고 느끼는 것으로, 상대방이 하는 말을 상대방의 관점에서 이해하고, 상대방의 감정을 함께 느끼며, 자신이 느낀 바를 상대방에게 전달하는 것이다.[15] 정리하면, 공감은 '상대방의 현실을 그대로 인정하고 수용하고, 상대방의 관점에서 느낌이나 감정을 이해하며, 상대방에 대해 이해된 것을 언어로 의사소통할 수 있는 능력이고 기술'이라고 정의할 수 있다.[16]

---

9) Gurman, A. S.(1977). The patient's perception of the therapeutic relationship. In A. S. Gurman & A. M. Razing(Eds.). *Effective Psychotherapy*. New York: Pergamon Press. 503-543.

10) Hackney, H.(1978). The evolution of empathy. *Personnel and Guidance Journal*, 57, 35-38.

11) Carkhuff, R. R.(1986). Counseling and Values. *American Counseling Association*, 31, 101-102에서 발췌, 인용.

12) Barrett-Leonard, G. T.(1981). The recovery of empathy toward other and self. In Bohart, A. C., & L. S. Greenberg(Eds.), *Empathy reconsidered*. Washington: American Psychological Association. 103-121.

13) 국립국어원(2022). 표준국어대사전(http://stdict.korean.go.kr/search, 2022년 2월 접속).

14) Ballet, P. S., & Maloney. M. J.(1991). The importance of empathy as an interviewing skill in medicine. *The Journal of the American Medical Association*, 226(13), 1831-1832에서 발췌, 인용.

15) 권석만(2017). 젊은이를 위한 인간관계의 심리학(제2판). 서울: 학지사. 512에서 발췌, 인용.

16) 허순향 · 남승규(2019). 공감의 구성요소와 심리적 기제. 예술인문사회융합멀티미디어논문지, 9(3), 939-947.

2) 공감의 구성요소

공감은 3가지 요소로 구성되어 있다는 것이 일반적인 견해이다.[17] 첫째, 인지적 차원의 요소이다. 공감은 고객의 경험을 이해하고, 그런 경험의 의미를 고객에게 반영하고 되돌려 주는 인지적 과정이다.[18] 다시 말하면, 공감은 타인에게서 발견되는 감정을 인지해 내는 능력이다. 고객의 감정을 잘 인지하려면, 말하는 내용, 상황을 통해 알 수 있는 단서, 비언어적 단서 등에 민감해야 한다. 둘째, 정서적 차원의 요소이다. 공감은 어떤 측면에서는 코치와 고객이 어떤 대상이나 사건에 대해 같은 감정을 경험하는 것을 말한다. 정서의 공유, 정서적 공명은 코치와 고객이 같은 감정을 경험한다는 의미로 사용된다. 마지막으로, 의사소통적 차원의 요소이다.[19] 공감은 고객의 내면적인 세계를 이해할 뿐만 아니라 그 이해한 것을 정확하고 민감하게 전달하는 것을 의미한다. 달리 표현하면, 공감이란 감식한 것을 의사소통하는 것, 탐색하고 기술하는 것, 또는 고객에 대해 이해한 바를 전달하는 능력이라고 볼 수 있다.

정리하면, 공감의 구성요소는 크게 세 개의 차원으로 구분되고, 다시 각 차원은 두 개의 하위 차원으로 구성된다(〈표 7-1〉 참조). 공감의 구성요소는 단일 차원이 아닌 다차원인 것이다. 그래서 앞서 공감을 정의할 때도 이런 점을 고려했고, 공감 능력을 측정하거나 관련 개념을 연습하고 훈련할 때도 이런 점을 고려할 필요가 있다.

표 7-1 공감의 구성요소

구분	하위 요인	내용
인지적 차원	관점 수용	다른 사람의 관점에서 사건을 보고 대안적 관점을 취하는 것이다.
	사고 조절	다른 사람의 감정 상태를 식별하여 반응하는 것이다.
정서적 차원	감정 표현	다른 사람의 감정을 자신의 감정처럼 느낀 것을 표현하는 것이다.
	감정 몰입	다른 사람의 감정을 자신의 감정처럼 대리 경험하는 것이다.
행동적 차원	의사소통	다른 사람의 내면 세계를 이해하고, 이해한 것을 표현하는 것이다.
	관계 형성	다른 사람과 친밀한 관계를 형성하는 것이다.

출처: 허순향 · 남승규(2019). 공감의 구성요소와 심리적 기제. 예술인문사회융합멀티미디어논문지, 9(3), 943에서 발췌, 인용.

3) 공감과 동정의 차이

공감과 동정은 모두 대인관계에서 중요한 요소이며, 두 개념 모두 타인에 대한 정서가 수반

17) 정종화 외(2014). 동료 상담의 이론과 실제. 경기: 공동체. 63-64에서 발췌, 인용.
18) 박성희(2004). 공감학 어제와 오늘. 서울: 학지사.
19) 혹자는 의사소통적 차원을 행동적 차원으로 명명하여 사용하기도 한다.

된 반응이라는 공통점을 갖는다. 일상에서 공감과 동정은 거의 구분되지 않고 사용되는 경우가 많으며, 학자들 사이에서도 두 개념에 대한 명확한 구분 없이 유사한 개념으로 혼용되고 있다.[20)]

하지만 타인과의 관계 측면이나 각각의 활동 목적 측면에서 보면, 공감과 동정은 차이가 있다. 먼저, 공감은 자신의 주체를 잃지 않으면서 상대방의 의견이나 견해, 감정 등에 대해 자신도 그렇다고 느끼는 것을 말한다. 공감은 동정(sympathy)보다 고차원적인 활동으로서, 감정뿐만 아니라 이성적인 판단까지 더해지는 활동이다. 즉, 공감은 타인의 정서 상태에 집중하여 그것을 이해하고 그대로 체험하는 것으로, 타인에 대한 이해와 인식이 무엇보다 중요하다. 이에 비해 동정은 남의 불행이나 슬픔을 자기 일처럼 생각해서 가슴 아파하고 위로하는 것이다. 동정은 타인의 정서 가운데 특히 고통에 초점을 맞추고 그것을 경감시켜야 할 무언가로 의식하는 것으로, 타인과의 관계에서 그를 위해 무엇인가 돕고자 하는 느낌을 의미한다. 그래서 동정은 타인에게 일어난 불행한 일 자체로만 생각하는 일(一) 방향적인 측은지심(惻隱之心)이라고 볼 수 있다. 이처럼 동정은 상대방을 자신의 관점에서 보기 때문에 자칫 행복한 우월감으로 비추어질 수 있다. 그래서 상대방이 생각하기에는 그가 나를 우월한 위치에서 내려다보는 태도로 변질될 수 있어서 상대방과의 관계를 단절시킬 가능성이 있다.

고객의 감정과 의견에 공감하는 것과 고객의 어려운 처지에 대해 동정하는 것은 분명 큰 차이를 보인다. 공감받기를 원하는 고객에게 동정한다면, 오히려 그에게 모멸감을 주어 서로 감정을 상하는 결과를 초래할 수 있다. 반대로 동정받기를 원하는 고객에게 공감한다면, 그는 코치의 냉담함에 좌절하고 서로 감정의 골이 깊어지는 역효과를 낼 수도 있다.[21)] 따라서 코칭을 진행할 때, 코치는 고객의 말과 행동에 공감하되 동정하는 느낌을 갖지 않도록 주의해야 한다. 그런 차원에서 코칭을 진행하는 동안 고객이 운다고 해서 따라 우는 것은 동조일 뿐, 공감하는 것이 아니라는 점을 명심해야 한다.

---

20) 'empathy'와 'sympathy'를 논의하는 국내의 많은 연구에서 보면, 이 둘 간의 해석과 구분에 대해 의견이 분분하다. 보통 'empathy'를 우리말로 '공감', '동감', 또는 '감정이입'으로 번역하고, 'sympathy'는 '공감', 또는 '동정'으로 번역하여 사용한다. 그런데 문제는 우리말의 공감이 'empathy'의 번역어이기도 하면서 'sympathy'의 번역어로도 사용되기 때문에 두 개념에 대한 혼란이 더욱 가중되고 있다. 통일된 번역어의 사용이 아직 정착되지 않았지만, '공감'은 'empathy'의 번역어로, '동정'은 'sympathy'의 번역어로 비교적 널리 사용되는 추세이다. 한편, 'empathy'는 '공감', '감정이입' 등으로 해석되어 심리학, 상담학, 교육학, 종교학 분야에서 주로 사용되고, 'sympathy'는 '동감', '동정' 등으로 해석되어 교육학, 광고학, 소비자학 등에서 주로 사용된다고 보는 견해도 있다. 남승규는 이런 혼용 실태를 정리하면서, 공감이란 용어를 사용할 때 상담과 임상 분야에서는 '감정이입'의 의미를 지니는 'empathy'를, 일상생활과 소비 장면에서는 '감정 공유'의 의미를 지닌 'sympathy'를 사용하기를 추천했다. 이 책에서는 'empathy'를 '공감', 'sympathy'를 '동정'으로 통일하여 사용하고자 한다. 이에 관한 자세한 내용은 다음에 소개하는 문헌들을 참조할 수 있다. 박지희(2015). 공감과 동정: 두 개념에 대한 고찰. 수사학, 20집, 105; 허순향 · 남승규(2019). 공감의 구성요소와 심리적 기제. 예술인문사회융합멀티미디어논문지, 9(3), 939-947.

21) 박지희(2015). 앞의 글, 99-115에서 발췌, 인용.

3. 코칭에서 공감의 의미

1) 코칭에서 공감의 의미

코칭은 코치와 고객 간의 수평적인 관계에서 출발한다. 그러나 이런 관계는 두 주체가 처음 만났을 때부터 형성되는 것이 아니다. 설사 예정부터 알고 지내던 사이라 하더라도 지금까지 감추어둔 속 얘기를 시작할 고객으로서는 머뭇거리기 마련이다. 상호 협력적인 관계에서 출발하는 코칭이더라도 그 전에 해야 할 일이 있다. 코치와 고객과의 관계가 좀 더 자연스럽고, 신뢰하며, 상호 존중하는 관계로 발전할 수 있도록 더 노력할 필요가 있다. 친밀감이 생기고, 비슷한 생각을 하며, 유사한 관점을 가지고, 서로에 대한 신뢰를 빠르게 발전시켜 나갈 필요가 있다. 대개 이런 시간이 길어질수록 둘 간의 관계는 확실히 발전하고 파트너십도 한층 성숙해진다. 이런 노력의 출발점이 바로 공감이다.

이처럼 코칭에서 공감은 고객과 대화를 이어가고, 고객의 행동과 마음을 깊이 이해하는 데 필수적인 요소로서, 꼭 익히고 연습해야 할 기술 가운데 하나이다. 공감의 중요성은 로저스(Rogers, C. R.)가 상담을 받는 사람의 변화를 촉진하는 필요충분조건으로, 정확한 공감적 이해, 무조건적인 긍정적 존중, 진실성을 제안한 데서 기인한다.[22] 즉, 누군가와 대화를 할 때, 공감하는 반응을 보이면 상대방의 체험 과정을 원활하게 한다는 것이다. 그 이후, 다른 사람의 얘기를 듣고 문제를 해결해 나가는 데 다양한 도움을 주는 서비스 즉, 코칭과 상담이나 컨설팅 등에서 공감은 그 중요성이 날로 증대해졌다. 사실 공감은 누구나 타고나는 능력이어서 이미 지닌 사람도 있지만, 공감 능력도 일종의 기술이기 때문에 전문가의 지도로 실습과 실제 경험이 수반되는 장기간의 훈련이 필요한 기술이다.

그런 의미에서 코칭에서 공감은 다음과 같은 4가지 차원의 의미를 동시에 가지고 있다. 첫째, 이해의 차원으로, 코칭에서 공감은 고객을 이해하는 활동이다. 의식화된 사고, 추상적인 개념, 판단력, 추리력 등을 활용하여 고객의 내면으로 깊숙이 들어가 그의 체험 내용과 마음 상태를 이해하는 활동이다. 둘째, 체험의 차원으로, 코칭에서 공감은 함께 코칭에 참가하고 있는 고객의 내부 속으로 뛰어들어가 잠시나마 그의 삶을 직접 겪어 보는 체험 활동이다. 셋째, 행동의 차원으로, 코칭에서 공감은 코치가 자신이 함께 느낀 것을 고객에게 구체적으로 행동하고 의사소통으로 표현하는 행동이 모두 포함된다. 마지막으로, 관계의 차원으로, 코칭에서 공감은 함께 존재하는 방식의 하나로 고객을 깊이 만나는 방법이다. 코치와 고객이 서로 상대방에 대해 공감하는 것을 통해 두 사람은 새로운 관계를 형성해 간다.

---

22) Rogers, C. R.(1957). The necessary and sufficient conditions of therapeutic personality change. *Journal of Consulting Psychology*, 21, 95-103.

이처럼 공감이란 혼자서 느끼는 감정이 아니다. 즉, 나 혼자만의 느낌은 공감이 아니다. 대화의 양 당사자가 서로 느껴야 하는 것이 공감이다. 코치가 고객의 말을 잘 이해하고, 그것이 의미하는 바를 정확히 느끼며, 자신도 그렇게 느끼는 것이 공감이다. 이런 의미에서 공감이란 서로 통하는 선(線, line)으로 잘 연결되어 있다는 것을 의미한다. 코치의 마음과 고객의 마음이 서로 통로로 연결되어 같은 느낌을 지니는 것이 공감이다. 그때야 비로소 고객은 자신의 깊은 마음속에 있는 문제와 느낌을 하나씩 솔직하게 말할 것이다.

그런데 공감은 고객의 의견이나 주장 등에 대해 자신도 그렇다고 느끼는 것인데, 이것이 말처럼 쉽지 않다. 고객의 말을 정확하게 이해하고 거기에 대해 적절하게 맞장구를 쳐줄 수 있어야 하는데, 코칭 진행 경험이 적은 코치들에게는 그것이 말처럼 쉽지 않은 일이다. 따라서 효과적이고 의미 있는 코칭을 진행하길 원하는 코치들은 공감 능력 향상에 많은 관심과 노력을 기울여야 하고, 필요하다면 공감훈련 프로그램에 직접 참여하는 것도 좋은 방법이다.

2) 공감의 장점

코칭에서 공감은 고객의 상황과 감정을 잘 이해하며 수용하고 있다는 느낌을 주게 된다. 즉, 코칭에서 공감은 고객에게 '내 마음을 나와 같이 알아준다.'라는 느낌을 주게 되어 코치에 대한 신뢰가 증대하고, 고객은 자신을 더 쉽게 공개할 수 있게 된다. 이런 차원에서 공감은 다음과 같은 장점을 지닌다.[23)]

첫째, 공감은 고객의 관점에서 이해하기 때문에 고객에게 코치의 마음이 자신과 같다는 생각을 지니도록 한다. 코칭에서 고객이 자신의 마음속 얘기를 모두 잘 털어놓는 것은 코칭 진행과 문제 해결의 출발점이다. 이때 코치가 고객의 말을 잘 이해하며, 코치 자신의 마음이 고객의 마음과 같다는 공감의 표현을 하면, 고객은 코치를 신뢰하고 자신의 얘기를 솔직하게 전달할 수 있다. 즉, 이슈의 상황과 원인, 그 속에서 고객이 겪는 다양한 정신적 · 신체적 현상들을 쉽게 얘기할 수 있고, 이것은 고객의 이슈 해결의 단서를 찾는 데 큰 도움을 준다.

둘째, 공감은 코치가 고객에게 그의 상황과 감정을 잘 이해하고 수용해 주고 있다는 느낌을 주게 된다. 코칭을 진행하면서 코치는 고객이 하는 말의 사실적 의미와 함께 그 이면에 깔린 정서적 의미를 알아차리는 노력이 필요하다. 즉, 코치는 고객이 느끼는 감정을 그의 관점과 상황에서 이해하면서 그것을 고객에게 적절하게 전달하는 것이 필요하다. 특히, 고객이 충분하게 표현하지 못한 감정을 코치가 적확한 언어로 표현한다면, 코칭에서 강력한 효과를 발휘할 수 있다.

---

23) 권석만(2017). 젊은이를 위한 인간관계의 심리학(제2판). 서울: 학지사. 169-170에서 발췌, 인용.

3) 공감과 라포르 형성

코칭에서 중요한 것은 코치가 고객과 원만하고 의미있는 관계를 형성하고 유지하는 것이다. 이런 관계가 제대로 형성되지 않으면, 코칭을 시작하거나 진행하기 어려울 뿐만 아니라 고객이 바라는 가치 창출을 통해 코칭 효과를 내기도 어렵다. 물론 코치와 고객 사이에 신뢰를 바탕으로 바람직하고 원만한 관계가 형성되면, 당연히 코칭을 진행하기가 수월하고 원하는 코칭 효과를 발휘할 수 있다. 이런 친밀한 관계를 형성하는 것을 '라포르'(rapport)라고 한다. 이것은 사람과 사람 사이에 생기는 상호 신뢰 관계를 말하는 용어로, 서로 마음이 통한다든지 어떤 일이라도 터놓고 말할 수 있거나 상대방이 말하는 것을 충분히 감정적으로나 이성적으로 이해하는 상호관계를 말한다.[24]

코치과 고객 사이에 라포르를 형성하고자 할 때, 고객을 존중하고 그의 얘기에 공감하는 것은 코치가 코칭 진행 초기에 가장 관심을 두어야 할 조치 가운데 하나이다. 물론 코칭을 진행하는 전체 과정에서도 공감하는 것은 상당히 중요한 일이지만, 그렇게 되기 위해서라도 코칭을 진행하는 초기에 고객과 라포르를 형성하는 일은 상당히 의미 있는 것이다. 앞서 공감은 사람 간의 대화를 촉진하고, 인간관계를 심화하는 매우 중요하고 강력한 대인 기술이라고 말했다. 코치와 고객 간의 관계 속에서 진행되는 코칭의 전체 과정에서 공감의 역할이 강조되어야 하는 이유가 바로 여기에 있다.

7.2 공감의 유형

1. 인지적 공감과 정서적 공감

공감은 한 사람이 상대방의 세계에서 그들의 사건에 대해 체험한 것을 경험하고, 그 사건 속에서 그들과 함께 하는 상호 주관적 경험이다.[25] 상호 주관적 경험이 되려면, 상대방의 정서를 나의 경험으로 느끼며, 상대방의 관점을 이해해야 한다. 여기서 공감을 상대방의 관점을 이해한다는 인지적 측면과 자신의 경험으로 느낀다는 정서적 측면으로 나눌 수 있다. 전자를 '인지적 공감'(cognitive empathy), 후자를 '정서적 공감'(emotional empathy)으로 구분할 수 있다. 즉,

24) 위키백과사전(2022). 라포(http://ko.wikipedia.org/wiki/, 2022년 2월 접속)

25) 정순욱 · 최해연(2021). 공감 유형에 따른 스트레스 대처와 심리 적응. 한국심리학회지: 건강, 26(5), 881-899; Hughes, D. A.(2007). *Attachment-focused family therapy*. YN: Norton & Company.

인지적 공감은 다른 사람의 생각과 감정을 이해하는 능력을 의미하고, 정서적 공감은 다른 사람의 감정에 반응하여 당사자에게도 비슷한 감정이 일어나는 것을 말한다.[26)]

초기 공감 연구들은 공감을 정확한 지각에 초점을 둔 인지적 현상으로 여겼고,[27)] 타인의 관점에서 개인적인 조망을 취할 수 있는 능력으로 이해했다.[28)] 이런 관점은 '마음이론'으로 이어졌고, 상대방의 관점에서 조망하기 위해서는 그의 마음, 즉 감성, 사고, 의도 등을 이해하는 기능이 작동해야 한다는 것을 밝혀왔다.[29)] 하지만, 다수의 연구자는 타인의 관점 수용이 공감에서 중요하지만, 공감 그 자체는 아니라고 보았다. 즉, 공감을 정서적 측면에 일시적으로 참여하거나 정서적 경험을 자각하는 대리 반응으로 정의하면서 공감의 정서적 측면을 강조했다.[30)] 이후 공감의 핵심을 어디에 두는가에 따라 인지적 공감과 정서적 공감에 대한 설명은 깊이를 더해갔다. 최근에는 인지적 공감과 정서적 공감을 주로 담당하는 뇌 영역이 서로 다르며,[31)] 각각 서로 다르게 기능하면서 영향도 다를 수 있다는 증거들이 제시되면서[32)] 공감의 여러 측면에 관한 연구는 더욱 확장되었다.

2. 반영적 공감과 심층적 공감

공감을 실제로 진행하는 방법이나 공감의 깊이에 따라 '반영적 공감'과 '심층적 공감'으로 나누기도 한다.

먼저, 반영적 공감은 상대방이 표현한 감정을 그대로 반영하며 공감하는 것을 말한다. 구체적으로 말하면, 반영적 공감은 상대방의 느낌, 의견, 행동 등을 거울처럼 비추어 되돌려 주며 공감하는 것을 말한다. 일반적으로 고객의 표현되지 않은 감정은 계속해서 그의 마음에 남아 있게 되어 직·간접적으로 그의 사고와 행동을 포함한 정신 작용에 영향을 미치게 된다. 따라

26) Batson, C. D., & Ahmad, N. Y.(2009). Using empathy to improve intergroup attitudes and relations. *Social Issues and Policy Review*, 3(1), 141-177.

27) Dymond, R. F.(1950). Personality and empathy. *Journal of Consulting Psychology*, 1894), 267-278; Kree, W. A., & Speroff, B. J.(1954). Validation and evaluation of the empathy test. *The Journal of General Psychology*, 50(2), 269-276.

28) Mead, G. H.(1934). *Mind, self and society*(vol. 111). Chicago: University of Chicago Press.

29) Wimmer, H., & Perner, J.(1983). Beliefs about beliefs: Representation and constraining function of wrong beliefs in young children's understanding of deception. *Cognition*, 1391, 103-128.

30) Fesbach, N. D.(1978). Studies on empathic behavior in children. *Progress in Experimental Personality Research*, 8, 1-47; Hoffman, M. L.(1977). Empathy, its development and prosocial implications. *Nebraska Symposium on Motivation*, 25, 169-217; Mehrabian, A., & Epstein, N.(1972). A measure of emotional empathy. *Journal of Personality*, 40(4), 525-543.

31) Shamay-Tsooty, S.(2015). The neuro-psychology of empathy: Evidence from lesion studies. *Revue de Neuropsychologie*, 7(4), 237-243.

32) Oliver, L. D.(2017). Function and Dysfunction in Distinct Facets of Empathy. *Doctoral Dissertation, University of Western Ontario*.

서 코치는 반영적 공감을 통해 고객이 자신의 감정을 표현하도록 독려하고, 고객이 자신의 감정을 수용하고 관리하도록 도울 필요가 있다. 예컨대, 고객이 "지난주 의사소통에 대해 깨달은 것을 남편에게 적용해 보았어요, 그런데 남편이 꽤 좋아하더군요. 남편이 그렇게 반가워할 줄은 몰랐습니다."라고 말했다고 가정해 보자. 이때 "아예, 코칭을 통해 터득한 것을 댁에서 작용해 본 결과 예상 밖의 좋은 반응을 얻게 되어 기쁘신가 봅니다."라고 말하는 것은 반영적 공감이라고 할 수 있다.

다음, 심층적 공감은 상대방이 직접 말하지 않은 핵심적인 감정이나 욕구까지 이해하며 공감하는 것을 말한다. 공감과 심층적 공감을 구분하기는 쉽지 않으나, 전자는 상대방의 경험과 감정을 이해하고 표현하되, 그 경험과 감정은 상대방이 알고 있거나 표현하는 것에 중점을 두는 것인 데 비해, 심층적 공감은 상대방이 표현하지 않은 부분까지 발굴해 그가 자신을 더 깊이 이해하도록 돕는 공감이다. 예컨대, 코칭 과정에서 고객이 "며칠 전, 영수와 말다툼을 해서 서로 말도 안 하고 지냅니다. 그 후로 먼저 말을 걸려고 생각해도 잘 안 되네요."라고 말했다고 가정해 보자. 이때 "영수와 말다툼을 하고 나서 마음이 편치 않은 모양이군요."라고 공감할 수도 있지만, "말다툼했지만, 지나고 보니 후회도 되고 그 친구와 예전처럼 친하게 지내고 싶은 마음이 드는 군요."라고 말하는 것은 심층적 공감을 하는 것이다.

7.3 공감의 과정과 실천

1. 공감이 일어나는 과정

공감도 코치가 갖추어야 할 하나의 능력이고 기술이다. 그래서 공감이 일어나는 과정을 잘 이해하는 것은 의미 있는 일이다. 선행연구에 따르면, 공감은 총 6가지 단계에 걸쳐 일어나는 것으로 밝혀졌다. 단계별로 해당 과정을 잘 이해하고, 각각의 단계별로 실천하는 방법을 꾸준히 배우고 익힌다면, 고객과의 코칭 과정에서 공감을 충분히 활용할 수 있다. 각각의 단계를 정리한 것이 〈표 7-2〉이다.

표 7-2 공감이 일어나는 단계

공감이 일어나는 단계					
1단계	2단계	3단계	4단계	5단계	6단계
코치의 마음 비우기	고객의 언어 이해하기	고객의 논리 이해하기	고객의 욕구 이해하기	고객의 성장 동기 드러내기	코치가 공감적으로 표현하기

출처: 박성희 외(2017). 공감 정복 6단계. 서울; 학지사. 25에서 발췌, 코칭 상황에 맞도록 재정리함.

2. 공감의 단계별 실천 내용

코치들은 공감이 일어나는 전체의 과정에서 필요하고 적절한 행동을 배우고 익혀서, 코칭 현장에서 자유롭게 활용할 줄 알아야 한다. 그러기 위해서는 공감의 단계별 실천 내용을 이해하고, 단계별로 필요한 행동이 몸에 익숙하도록 연습할 필요가 있다. 어떤 것은 말로 해야 할 것이 있고, 또 어떤 것은 몸과 마음으로 실천해야 할 것들이 있다. 단계별 실천 내용을 간략하게 살펴보면, 다음과 같다.[33)]

1) 1단계: 코치의 마음 비우기

이것은 코치가 고객의 말을 잘 받아들이기 위해, 코치 자신의 마음을 깨끗하게 비우는 것이다. 코칭 상황에서 공감이 일어나려면, 먼저 고객의 말을 잘 들어주어야 하는데, 이때 코치가 먼저 고객의 말을 들을 준비가 되어 있어야 한다. 만일, 코치의 마음에 이미 다른 것이 들어 있으면, 새로운 것을 받아들일 수가 없다.

코치가 자신의 마음을 비우기 위해서는 자신의 마음이 '지금－여기'(here and now)에 머물러야 한다. 그 전에 있었던 다른 일을 떠올리거나 자신의 어떤 일과 관련된 것을 떠올린다면, 고객의 말에 집중할 수 없다. 다음에는, 고객의 말을 들으면서 그 내용에 대해 평가하고 해석하는 것을 멈추어야 한다. 이것을 잘 하려면, 코치는 세상을 바라보는 자신의 관점이나 기준을 잠시 접어둘 필요가 있다. 마음을 비우는 구체적인 방법으로 명상, 글쓰기, 그림 그리기, 얘기하기 등이 있다.

33) 박성희 외(2017). 공감 정복 6단계. 서울: 학지사. 25-31에서 발췌, 재인용. 다만, 전문코치로서 코칭 현장에서 공감을 깊이 있게 이해하고 고객에게 표현하려면, 앞서 소개한 책 전체에서 소개하는 해당 단계별 구체적인 세부 내용이나 기술들을 이해하고 익힐 필요가 있다.

2) 2단계: 고객의 언어 이해하기

코치 자신의 마음을 비우고 나면, 다음 단계는 고객의 말(언어)을 이해하는 것이다. 코칭 상황에서 고객의 마음을 이해하려면, 그의 말을 먼저 경청해야 한다. 물론 고객의 말(언어) 외에 다양한 얼굴의 표정과 몸동작으로 전해지는 메시지도 살펴야 하지만, 언어가 공감적 이해로 안내하는 핵심적인 통로임을 잊지 말아야 한다.

코치는 무엇보다 고객이 사용하는 단어(낱말)의 참뜻을 잘 이해해야 한다. 즉, 고객이 사용하는 단어(낱말)의 의미, 그 단어에 담겨 있는 분위기 등을 파악해야 한다. 그 의미가 잘 알려진 내용이고 보편적이더라도, 고객이 말하는 단어의 정확한 의미와 고객이 그것을 어떻게 해석하고 있는지 확인하고 넘어가야 한다. 대개 사람들은 같은 단어를 사용하더라도 서로 다른 뜻으로 이해할 가능성이 있기 때문이다. 따라서 코치는 제대로 공감하기 위해 고객이 사용하는 단어의 의미를 정확하게 이해하는 작업에 에너지를 집중할 필요가 있다.

3) 3단계: 고객의 논리 이해하기

대개 사람들이 전개하는 논리에는 자신만의 개성이 들어가 있기 마련이다. 사람마다 타고난 천성이 다르고, 자라온 성장 환경, 경험한 것 등이 모두 달라서, 각자 사고를 전개하는 방식이 각기 다를 수밖에 없다. 그런데 평소에는 다른 사람들이 자신과 다르다는 것을 별로 의식하지 않고 지내다가 어떤 문제가 될 상황이 발생하면, 다른 사람들이 자신과 다르게 생각한다는 것을 발견하곤 소스라치게 놀란다. 심해지면 다툼이 발생하고, 문제가 더 커지기도 하며, 이런 것들은 대인관계에 있어 여러 가지 의도하지 않은 상황을 촉발한다.

공감이라는 것은 상대방이 나와 같은 방향으로 가도록 몰아가는 것이 아니라, 상대방이 전개하는 논리를 있는 그대로 존중하고 수용하며 충실하게 따라가는 것이다. 나의 관점에서 보면 상대방의 논리를 이해할 수 없지만, 상대방의 관점에서 그의 논리를 충분히 이해하려고 노력하는 것이다. 그의 관점에서 전개되는 논리를 따라가 보는 경험은 내 관점에서 미처 알아차리지 못했던 새로운 관점을 체험할 수 있는 계기가 될 수 있다.

4) 4단계: 고객의 욕구 파악하기

일상생활에서 상대방의 욕구를 파악한다는 것은 그와의 관계를 형성하는 데 매우 중요한 부분이다. 코칭 상황에서도 마찬가지이다. 고객이 그렇게 말하는 이유가 무엇인지, 그 말을 통해 얻으려고 하는 것이 무엇인지를 잘 아는 것은 코치에게 중요한 일이다. 특히, 코치는 고객이 말하지 않은 것도 파악해야 하는데, 이때 그의 근본적인 욕구를 파악하는 것은 원활한 코칭 진행에 있어 상당히 중요하다.

대개 사람들에게는 필요한 것이 모자라서 생기는 '결핍 욕구'와 더 발전하고 싶은 '성장 욕구'가 있다.[34] 결핍 욕구는 채워주면 사라지고, 성장 욕구는 채울수록 더 추구하게 된다. 일단 코칭 상황에서 코치는 고객이 지닌 결핍 욕구가 무엇인지 살펴보고 이것을 분명하게 파악하는 노력이 필요하다. 이것은 고객과 공감적인 관계를 형성하는 데 바탕이 되는 것이다.

5) 5단계: 고객의 성장 동기 드러내기

앞에서 사람의 결핍 욕구가 충족되면 성장 욕구가 일어난다고 언급했다. 성장 욕구는 성장 동기라고도 표현할 수 있는데, 고객의 성장 동기를 발견하면 그가 진정으로 바라는 속마음을 잘 알 수 있다. 코치가 고객의 성장 동기를 발견하여 있는 그대로 드러나게 되면, 고객도 코치인 나를 이해하는 공감을 경험할 수 있다. 이것은 결국 사람과 사람 사이의 공감이 발생하는 일이다.

코치와 고객 간의 공감은 깊은 신뢰를 바탕으로 한 긍정적인 관계를 형성하는 데 도움을 준다. 고객의 성장 동기를 이해하면서 공감하는 것은 공동 목표를 달성하기 위한 협력 관계를 만드는 데도 일조한다. 이처럼 코치가 고객의 성장 동기를 드러내는 것은 고객의 문제 해결을 돕는 데 긍정적인 역할을 할 뿐만 아니라, 코칭 과정을 통해 코치와 고객이 함께 변화하고 성장하는 기회를 제공한다.

6) 6단계: 코치가 공감적으로 표현하기

코칭 상황에서 코치가 고객의 말에 공감해도 그것을 말(언어)로 표현하지 않는 한, 고객은 코치의 마음을 제대로 알기 어렵다. 따라서 공감을 잘 하는 코치는 그 표현에도 능숙해야 한다.

공감적 표현에는 기본 수준의 공감적 표현과 심화 수준의 공감적 표현으로 나눌 수 있다. 전자는 고객의 느낌, 감정, 동기, 행동을 있는 그대로 잘 드러내 주는 말을 하는 것이고, 후자는 그 속에 감춰져 있는 소망이나 바람, 성장 등을 들추어내는 것이 필요하다. 코치는 이 두 가지를 코칭 상황에서 적절하게 적용하는 연습을 해 두고 심화 수준의 공감이 기본 수준의 공감보다 더 나은 것이라는 오해는 하지 말아야 한다.

---

34) '결핍 욕구'는 한 번 충족되면 다시는 동기로서 작용하지 않은 것으로, 생리적 욕구(physiological needs), 안전 욕구(safety needs), 사회적 욕구(social needs), 그리고 존경 욕구(esteem needs)가 이에 해당한다. 이에 비해 '성장 욕구'는 충족될수록 더욱 증대되는데, 자아실현(self-actualization needs) 욕구가 이에 해당한다. 이것은 통상적인 일반 욕구를 넘어섰다는 의미에서 '메타 욕구'라고 부르기도 한다. 해당 욕구들이 자세한 내용은 다음에 소개하는 책들을 참조할 수 있다. 박상언 · 정범구 · 김주엽 · 송계충(2020). **조직행위론**(제5판). 서울: 경문사. 179-180; Myers, D. G., & DeWall, N.(2013). *Exploring Psychology in Modules*(13th Eds.). Worth Publishers(신현정 · 김비아 역, 2022. **마이어스의 심리학개론**(제13판). 서울: ㈜시그마프레스. 234-235, 356).

7.4 공감의 효과

1. 공감을 위해 필요한 노력

공감하기 위해서는 여러 가지 노력이 필요하다.[35] 코치가 전체 코칭 과정을 원활하게 진행하고 싶거나 고객이 코칭을 통해 의미있는 성과를 거두도록 돕는 데 필요한 것 가운데 중요한 기술과 태도는 공감하는 것이다. 따라서 훌륭한 코치가 되길 원하는 사람이라면, 공감을 위해 필요한 노력과 연습에 매진해야 할 것이다.

첫째, 상대방의 말을 자신의 관점에서 이해하기보다 상대방의 관점에서 이해하려는 태도를 지니는 것이 중요하다. 일상생활에서 상대방과 대화할 때, 자신과 처한 상황이 같지 않은 상대방의 관점에서 그의 마음을 이해하는 것은 쉬운 일이 아니다. 그리고 상대방에 관한 관심과 그가 이슈를 해결하도록 돕겠다는 열정, 의지 및 에너지가 없다면, 공감하는 것은 쉽게 되지 않는 일이다. 따라서 상대방의 관점에서 그를 이해하기 위해서는 상대방의 입장과 의견을 충분히 경청하고 탐색하는 일이 선행되어야 한다. 성숙하고 효과적인 인간관계를 지닌 사람들의 공통점은 대체로 상대방의 처지에서 그의 마음을 헤아리고 이해하는 탁월한 능력을 지니고 있다는 점이다.

둘째, 상대방의 말이나 행동 속에 담긴 감정과 의도를 잘 포착하는 것이 중요하다. 언어는 개인의 마음을 충분히 표현하기에는 부족한 수단이다. 따라서 상대방이 표현한 말의 내용뿐만 아니라 비언어적 표현 등을 모두 포함하여 그것들의 이면에 담긴 상대방의 기분이나 감정을 이해하려는 노력이 필요하다. 이런 노력을 통해 상대방의 위치에 서면, 그의 감정이 더 구체적이고 생생하게 느껴진다. 그래서 코치는 코칭을 진행하면서 고객이 전달하는 메시지, 즉 언어적 표현과 비언어적 표현 속에 숨겨진 고객의 감정과 의도를 파악하는 데 충분히 몰입해야 한다.

마지막, 상대방의 감정과 자신이 느낀 감정을 그에게 잘 전달하는 것이 중요하다. 상대방의 얘기를 들으면서 그가 느끼는 기분과 감정을 함께 느끼면서 자신이 느낀 것을 그에게 전달해 주는 것이다. 이렇게 되면 상대방은 자신이 깊이 이해받는다는 느낌을 받게 된다. 인간은 누구나 다른 사람으로부터 이해받고자 하는 욕구를 지니고 있는데, 상대방이 자신의 의견과 감정에 공감해 주면 자신이 충분히 이해받았다는 진한 감동을 경험한다. 이렇게 되면 상대방은 자신의 얘기에 공감하는 사람에게 자신을 더 공개할 수 있게 되고, 두 사람 사이의 대화는 더 깊어진다.

이처럼 공감하며 상대방을 이해해 주는 사람은 자신의 얘기를 털어놓는 사람에게 매우 의

35) 권석만(2017). 젊은이를 위한 인간관계의 심리학(제2판). 서울: 학지사. 512-513에서 발췌, 인용.

미 있는 존재가 된다. 코치는 이런 존재가 되어야 한다. 즉, 코치는 '마음이 잘 통하는 사람', '내 마음을 잘 알아주는 사람'이 되기 위해 많은 연습과 훈련을 거쳐야 한다. 특히, 코치는 상대방이 곤경에 처해 고민과 괴로움을 느낄 때, 공감이 매우 강력한 효과를 발휘한다는 점을 명심해야 한다.

2. 공감의 효과와 증진 방법

1) 공감의 효과

공감은 다양한 효과가 있다.[36] 첫째, 상대방에게 그의 말을 주의 깊게 경청하고 있다는 것을 전달할 수 있다. 둘째, 상대방은 방어심리가 줄어들어 더 열린 표현을 하게 된다. 셋째, 상대방은 부정적인 감정이나 의견도 수용된다고 생각하게 되며, 자신의 부정적인 감정도 받아들일 수 있게 되어 자신이 겪는 이슈에 대한 통찰이 가능해진다. 마지막으로, 대화하는 두 사람 사이에 신뢰, 존중, 매력이 더해져서 관계가 더욱 원만해진다. 칼 로저스(Rogers, C.)는 공감이 미치는 효과를 이렇게 묘사했다.[37]

> "… 어떤 사람이 당신을 판단하지 않고, 당신에 관해 책임을 지지 않고, 당신에게 영향을 미치려고 하지 않으면서 … 당신의 말을 진지하게 귀 기울여 들어줄 때는 정말 기분이 좋다. … 누군가 내 얘기에 귀를 기울이고 나를 이해해 주면, 나는 새로운 눈으로 세상을 다시 보게 되어 앞으로 나아갈 수 있다. 누군가가 진정으로 들어주면 암담해 보이던 일도 해결 방법을 찾을 수 있다는 것은 정말 놀라운 일이나. 풀 길이 없어 보이던 혼돈도 누군가가 잘 들어주면 마치 맑은 시냇물이 흐르듯 풀리곤 한다."

공감의 효과를 증진할 수 있는 핵심요인은 다음과 같다.[38]

첫째, '공감 모듈'(empathic module)은 공감이 이루어지는 방식과 관련된 것이다. 공감 모듈은 인지적 공감 모듈, 정서적 공감 모듈 및 행동적 공감 모듈로 구분할 수 있다. '인지적 공감 모듈'은 공감할 때 이성적인 정보처리를 주로 하는 것이고, '정서적 공감 모듈'은 공감할 때 감성적 정보처리를 주로 하는 것이며, '행동적 공감 모듈'은 경험과 실행을 통해 공감하는 것을 말한다. 모든 사람이 이 세 가지 공감 모듈을 공유하지만, 특정한 공감 모듈이 우세한 경향을 보임에 따라 공감 방식이 달라지고, 공감 효과도 달라질 수 있다.

둘째, '공감 능력'(empathic capability)은 공감 수준과 관련된 것이다. 일반적으로 공감 능력이 높은 사람들은 그렇지 않은 사람들보다 친밀하고 폭넓은 인간관계와 사회생활을 하는 경향

36) 김종운(2017). 만남 그리고 성장을 위한 인간관계 심리학(2판). 서울: 학지사. 123에서 발췌, 인용.
37) 마셜 로젠버그(캐서린 한 역, 2010). 비폭력대화. 서울: 바오출판사. 167에서 발췌, 인용.
38) 허순향 · 남승규(2019). 공감의 구성요소와 심리적 기제. 예술인문사회융합멀티미디어논문지, 9(3), 939-947.

이 있다. 그래서 공감 능력이 높다는 것은 현대사회에서 매우 중요한 경쟁력이 될 수 있다. 그런데 공감 능력은 선천적으로 타고나는 면이 있지만, 훈련과 연습을 통해서도 향상할 수 있다. 즉, 우리는 경험을 통해 공감 능력을 향상할 수 있다.

마지막, '공감 화법'(empathic talk)은 공감하는 말투와 관련된 것이다. 공감 화법은 사람마다 차이가 있다. 똑같은 내용을 어떤 사람은 유쾌하고 기분 좋게 만들면서 말하는 데 비해, 어떤 사람은 불쾌하고 짜증스럽게 만들면서 말할 수 있다. 공감 화법에는 다시 세 가지 화법, 즉 긍정 화법, 해결 화법 및 소통 화법이 있다. 먼저, '긍정 화법'(positive talk)은 단순히 부정적인 말투가 아닌 긍정적인 말투를 뜻하는 것은 아니다. 이것은 고객을 기분 좋게 만드는 것이고, 진정성을 느낄 수 있도록 하는 말투이다. "감사합니다.", "수고하셨습니다.", "당신이 정말 자랑스럽습니다."라는 말이 이에 속한다. 다음, '해결 화법'(solution talk)은 문제를 해결하는 방법을 찾는 화법이다. 이것은 문제의 원인을 찾으며 비난과 비난의 흔적을 찾는 것이 아니라, 필요한 정보와 상황을 규명하면서 해결 방법을 찾는 화법이다. 끝으로, '소통 화법'(dialogue talk)은 상대방을 이해하려는 방식으로 대화하는 것이다. 이것은 단절과 불통의 대화 방식이 아니라 연결과 소통의 대화 방식을 취하는 것인데, 상대방을 서로 이해하고 인정하려는 대화를 말한다.

2) 공감 능력 향상을 위한 전략

공감 능력을 향상하기 위한 실질적인 전략으로는 다음과 같은 것들이 있다.[39] 코치는 코칭을 진행할 때 이들에 대한 이해를 바탕으로 실제로 고객의 대화 내용 및 느낌 등을 효과적으로 공감할 필요가 있다. 나아가 코치는 끊임없는 훈련을 통해 누구와도 좀 더 진솔한 대화를 할 수 있도록 공감 능력을 키워야 한다.

① 핵심 용어와 낱말의 이해

코칭을 진행할 때, 코치가 고객을 만나 가장 먼저 해야 할 일은 고객이 사용하는 용어들의 의미를 정확하게 파악하는 일이다. 이때 용어의 의미를 정확하게 파악한다는 것은 해당 용어의 사전적인 의미나 사회적인 의미를 파악한다는 말이 아니다. 고객이 어떤 용어를 사용할 때 고객이 부여한 독특한 의미, 느낌, 분위기 등 고객의 주관적인 의미를 파악한다는 것이다. 예컨대, 고객이 "맡은 일을 잘 하고 싶다."라고 가정해 보자. '잘 한다.'는 말의 사전적 의미는 '옳고 바르게 하다. 좋고 훌륭하게 하다. 익숙하고 능란하게 하다.'는 것이다. 그러나 고객이 이 단어에 대한 사전적 의미와는 전혀 다른 자신만의 주관적인 의미를 부여하여 말했다면, 코치는 고객이 말한 '잘 한다'는 것이 구체적으로 무엇을 의미하는지 정확하게 이해해야 한다.

---

39) 박성희 외(2017). 공감 정복 6단계. 서울: 학지사. 33-340에서 발췌, 인용.

이처럼 고객이 사용하는 용어의 주관적 의미를 알아내는 가장 좋은 방법은 코치 스스로 자신을 이제 막 언어를 배우기 시작한 어린아이로 간주하는 것이다. 즉, 아는 것은 적은데 궁금한 것이 많은 어린아이가 온갖 질문으로 주변 사람들을 괴롭히는 것처럼, 코치도 고객에 대해 아무것도 모르는 탐구자로서 고객을 탐색해 들어가야 한다. 물론 이때 코치가 주의할 것은 지나치게 많은 질문을 함으로써 고객을 짜증스럽게 하거나 코칭 주제와 별 상관이 없는 코치 자신의 단순한 궁금증을 해소하기 위한 질문을 자제하는 것이다.

② 고유 논리의 이해

사람들은 어떤 사실과 현상을 얘기할 때 자신만의 고유한 논리를 가지고 있다. 특히, 코칭에서 고객은 일반적인 기준에서 보면, 다소 엉뚱하고 이상한 논리를 펼 때가 있다. 대개 고객은 자신이 겪고 있는 문제를 해결하기 위해 나름대로 발버둥치다가 결국 코치에게 그 문제를 가지고 오기 때문에, 그동안 자신을 사고를 지배하고 있었던 고객만의 생각과 논리에 빠져 있는 경우가 많다. 그러다 보니 고객은 자신만의 상상과 환상이나 생각 등을 바탕으로 한 자신의 논리에 근거하여 코칭 주제를 설명하곤 한다.

이때 코치는 고객의 논리가 틀렸다는 것을 증명하기 위해 힘을 들일 필요가 없다. 오히려 고객의 논리가 잘못되었다는 인식을 버리고, 고객의 논리 전개 방식을 고객의 특유한 것으로 존중해 줄 필요가 있다. 따라서 코치는 고객의 논리 전개 방식을 잘 이해하고, 그 논리에 따라 자유자재로 사고할 수 있도록 유연해질 필요가 있다.

③ 습관 언어의 이해

사람은 누구나 자신만의 고유한 언어 사용 양식이 있다. 같은 국가, 문화권, 그리고 지역에 살더라도 사용하는 언어의 특정 부분에서 개인의 고유한 습관이 드러난다. 예컨대, 고객이 어떤 지방의 언어를 사용하는지, 어떤 단어를 자주 사용하는지, 어떤 접속사를 자주 사용하는지, 어떤 관용구를 자주 활용하는지, 어떤 속도와 억양으로 말하는지, 어떤 사이음(間音)을 자주 사용하는지 등을 자세하게 살펴볼 필요가 있다.

따라서 코치는 고객의 말을 들으면서 앞서 말한 것들을 바탕으로 그의 습관 언어를 빨리 파악해야 한다. 일단 그것을 확인하면 코치는 그것을 잘 기억해 두었다가 고객과의 코칭을 진행하면서 적절한 때에 고객의 언어습관을 사용하는 것이 좋다.

④ 주의집중 행동을 통한 이해

이것은 고객에게 그의 말을 경청하며 열심히 듣고 있다는 메시지를 전달하는 것을 말한다. 예컨대, 시선 접촉, 신체 언어 사용하기, 음성의 질(tone), 말의 내용 따라 하기 등이 이에 속한다.

7.5 공감을 방해하는 장애물과 태도

공감한다는 것은 일단 내가 상대방을 잘 알지 못한다는 것을 전제로 하는 일이다. 상대방을 모르고 현재 보이는 것들을 중심으로 얘기하기 때문에 추측해서 물어보거나 단정짓는 실수를 할 수 있다. 공감의 기본은 존중이다. 그런데 상대방을 단정짓는 말이 들어가거나 추측하는 말을 하면, 존중의 에너지는 방해를 받고 더 이상의 소통이 어려워지는 경우가 발생할 수도 있다. 공감할 수 없는 상황이 발생한 것이다. 코칭을 할 때 이런 것을 잘 통제하지 않으면, 원만한 코칭을 진행하기 어렵다.

1. 공감을 방해하는 장애물

공감을 방해하는 장애물에는 다음과 같은 것들이 있다.[40]

1) 충고 · 조언 · 평가하기

말하는 사람의 처지에서 본다면, 충고나 조언은 상대방을 돕기 위해 하는 것이다. 하지만 상대방에게 전달되었을 때, 충고나 조언의 에너지는 긍정적이지 못한 경우가 많다. 충고나 조언은 누가 듣든지 생각으로는 도움이 된다고 여길지 모르겠지만, 몸이 느끼는 반응은 긍정적이지 못할 뿐만 아니라 대화를 더 진전할 수 없게 만들기도 한다. 특히, 평가하기는 코치가 고객보다 더 우월한 위치에 있다는 것을 은연중에 고객이 느끼도록 한다는 점에서 코칭에서 지양해야 할 점이다. 충고 · 조언 · 평가하기의 예는 다음과 같은 것들이 있다.

- "그 나이 때는 한 번쯤 다 그런 생각을 하는 겁니다."
- "그런 문제라면, ~ 책을 보면 매우 도움이 될 것입니다."
- "당신은 너무 약합니다. 그래서야 이 험한 세상을 어떻게 살아가겠습니까?" 등

2) 분석 · 진단 · 설명하기

코치가 코칭을 진행할 때, 고객의 얘기를 분석하고 진단하거나 코치의 관점에서 고객이 겪는 상황에 대해 이런저런 설명을 붙인다면, 고객은 자신이 공감을 받고 있다는 느낌을 받을 수 없다. 그리고 그때부터 고객은 마음의 문을 닫고, 심지어 말하는 입까지도 닫을 수 있다. 고객은 자신의 느낌과 감정을 솔직하게 얘기하는데 코치가 자신의 말을 분석하고 진단한다면, 그

40) 마셜 로젠버그(캐서린 한 역, 2010). 비폭력대화. 서울: 바오출판사.

앞에서 계속 말하는 상황을 유지하는 것은 정말 힘든 일이기 때문이다. 분석 · 진단 · 설명하기의 예는 다음과 같은 것들이 있다.

- "요즘 그런 일이 자주 벌어진다니 건망증 초기인 것 같습니다."
- "성격이 좀 내성적이라 그런 것 같군요."
- "그것은 MBTI ________ 유형의 사람이라 그런 것 같습니다." 등

3) 바로잡기

이것은 코치의 주관적인 판단을 바탕으로 고객의 상황이나 말, 행동 등이 의미하는 바를 코치의 말로 수정하는 것이다. 코칭을 진행할 때 이런 일이 벌어진다면, 고객은 자신의 얘기를 계속 이어가기를 주저한다. 왜냐하면, 고객이 말하면 코치가 다시 바로잡을 것이기 때문이다. 당연히 공감을 불러일으킬 수 없는 상황이 계속될 것이고, 결국 코칭 대화는 중단될 것이다. 바로잡기의 예는 다음과 같은 것들이 있다.

- "그것은 (당신이) 잘못 생각하는 것입니다."
- "낙오자라니요, 무슨 말씀인가요? 지금까지 당신이 해 놓은 것이 얼마나 많은데 …" 등

4) 위로하기

위로의 말을 하는 순간에 고객은 좋은 느낌이 들겠지만, 코치는 고객이 그 느낌에 계속 머무르게 해서 공감을 방해할 수도 있다. 사람이 긍정적인 에너지를 갖는 것은 자신의 욕구가 충족되었을 때이고, 거기서 힘이 생긴다. 그래서 코치는 코칭을 진행할 때, 고객이 스스로 욕구를 들여다보도록 관점의 방향을 틀어줄 필요가 있다. 그런데 이때 코치가 고객을 위로하면, 코치는 그 느낌에서 계속 머물러 있게 되고, 공감과는 거리가 멀어진다. 위로하기의 예는 다음과 같은 것들이 있다.

- "너무 힘들었겠네요. 옆에서 보는 제가 이렇게 속상하니 본인은 오죽했겠습니까?"
- "이것이 다 세상이 그래서 그런 것이니 본인을 탓할 것이 아닙니다." 등

5) 내 얘기 들려주기 · 맞장구치기

코치가 자신의 얘기를 고객에게 들려주면, 코칭 대화의 초점이 코치에게로 오게 된다. 공감의 주인은 고객이기 때문에 코치의 기분이나 욕구에 초점이 맞추어지면 안 된다. 특히, 고객이 허락하지 않은 상태에서 코치 자신의 얘기를 늘어놓은 것은 더욱 경계하고 지양해야 할 일이다. 그리고 맞장구치거나 편들어 주는 것도 고객이 이해받았다는 기분 때문에 좋다고 생각할

수 있지만, 사실 이것은 생각일 뿐 실제로 공감받는 것과는 다르다. 예컨대, 코치가 코칭 대화 중에 "나도 그렇게 생각합니다."라고 대답했다면, 대개 고객은 이 말에 거부감을 가지지 않고 공감을 받은 것으로 이해한다. 고객의 불만이나 불평을 이해해 주는 때에 주로 그렇게 느끼게 된다. 하지만, 이것은 고객의 생각이 편하다고 판단할 뿐이지 실제 고객 몸의 에너지 반응은 이와 다르다. 즉, 코치가 고객인 자신과 소통하고 있다고 느끼지 않는다는 점을 명심할 필요가 있다. 내 얘기 들려주기와 맞장구치기의 예는 다음과 같은 것들이 있다.

- "저도 그렇습니다. 어쩌면 저와 똑같습니까?"
- "당신도 그런가요? 말도 마십시오. 저도 요즘 되는 일이 하나도 없어서 답답하답니다." 등

6) 감정의 흐름을 중지 · 전환하기

이것은 고객의 느낌을 "~하지 마세요"라고 말하며 부정적으로 느끼게 한다. 고객 스스로 필요한 욕구 충족과 충족되지 못함으로 인해 나오는 느낌들은 그 자체로 신호의 역할을 할 뿐이지 그것이 나쁘다든가 좋은 것은 아니다. 그런데 "~하지 마세요"라고 말하며 고객이 느끼는 것을 막는 것은 그런 느낌은 나쁜 것이니 느끼지 말라는 것과 마찬가지다. 코칭을 진행할 때, 고객의 느낌을 거부할 필요가 없이 있는 그대로 수용하면서 그 욕구 밑에 숨어 있는 욕구를 찾는 것을 도와주는 것이 코치의 역할이지, 고객의 느낌을 중지하고 전환하는 것은 코치가 마땅히 해야 할 일이 아니다. 감정의 흐름을 중지 · 전환하기의 예는 다음과 같은 것들이 있다.

- "이 세상에 당신보다 더 힘든 사람이 얼마나 많은데 …"
- "그렇게 풀 죽어 있지 마십시오. 기운 내서 이 상황을 한 번 다르게 바라봅시다." 등

7) 조사 · 심문하기

대개 말하는 사람은 자신의 답답함을 해소하고 상대방에게 알리려는 욕구가 강하다. 그래서 누군가 자신의 말을 들어줄 준비가 되어 있다고 생각하는 사람을 만나면, 자신의 얘기를 마구 털어놓으려 한다. 코칭을 진행할 때 그런 고객을 만나는 것은 그리 어려운 일이 아니다. 특히, 나이가 어린 청소년들이 고객의 경우에 코치는 그들을 마치 조사하거나 심문하듯이 몰아치면 안 된다. 청소년들이나 어린이들은 자신을 잘 들여다볼 줄 모르고 자신이 어떤 사람인지에 대해 판단하기 어려운데, 그들을 대상으로 대화를 진행하면서 "~했어?", "~는 어떻게 했는데?", "무슨 일 있는 거야?"라는 식의 말은 공감은커녕 그들에게 좋지 않은 영향을 미친다. 조사 · 심문하기의 예는 다음과 같은 것들이 있다.

- "언제부터 그렇게 느껴지기 시작했나요?"
- "무슨 일이 있었던 겁니까?" 등

8) 한방에 자르기

상대방이 말할 때 그것을 한방에 자르고 주의를 전환하려는 것은 사실 감정을 드러내지 않으려고 그러는 경우가 많다. 자신을 직시하지 못하는 두려움이 불편하기 때문이다. 자신의 감정과 느낌을 단순한 하나의 신호로서 직시할 줄 알아야 거기에서부터 대화가 시작되는데, 두려워서 회피하고 싶을 때 한방에 자르는 현상이 발생한다. 당연히 이때는 공감이 일어날 수 없다. 한방에 자르기의 예는 다음과 같은 것들이 있다.

- "됐습니다. 그만 좀 합시다."
- "얘기 그만하고 차나 한 잔 하러 갈까요?"

2. 공감을 방해하는 태도

공감은 어떤 것에 동의하거나 반대하는 것이 아니며, 문제를 해결하거나 개선하는 것도 아니다. 공감은 상대방의 관점이나 감정, 느낌을 이해하는 것이다. 그런 공감을 방해하는 태도에는 다음과 같은 것들이 있다. 특히 코치는 본인이 진심과 관계없이 외부로 드러나는 태도나 몸가심도 공감을 방해하는 요소로 작용할 수 있다는 점을 명심해야 한다.

1) 목소리

일반적으로 목소리는 사람의 인상, 이미지를 결정하는 데 중요한 역할을 한다. 목소리와 표정, 성격 등의 상관관계는 이미 오래전부터 여러 연구를 통해 증명되었다. 특히, 오랫동안 감정을 표정을 통해 제대로 표현하지 못하면, 근육을 잘못 사용하거나 긴장 상태가 항상 유지되면서 전체적으로 몸의 자세가 이상해지고, 결국 발성에도 영향을 미치게 된다. 목소리는 선천적으로 생겨나는 것이 아니고 성대의 물리적인 움직임, 즉 발성 습관이 오랫동안 축적되어 형성되는 것이다. 그래서 후천적으로 좋은 목소리를 만들 수 있다. 누구에게나 호감과 신뢰를 줄 수 있는 좋은 목소리는 큰 장점이 될 수 있고, 공감에 의미있는 영향을 주기도 한다. 그런 차원에서 다음과 같은 목소리는 공감을 방해할 수도 있다.

- 차갑고 퉁명스러운 목소리
- 거칠고 쉰 듯한 목소리
- 무기력한 목소리 등

2) 표정

표정이란 '마음속 감정이나 정서 등이 얼굴에 드러난 모양'을 말한다. 즉, 보통 얼굴에 감정이 드러나 모습을 표정이라 한다. 대개 사람들은 상대방의 얼굴 근육의 움직임을 보고 그 사람의 감정을 추측하기도 한다. 기본적인 표정은 감정에서 나오고, 표정만 보아도 사람의 기분이나 감정 상태를 파악할 수 있다. 물론 사람들은 감정적이지 않거나 정반대의 감정을 지니고 있어도 일부러 어떤 표정을 만들기도 한다. 예컨대, 같은 웃음이더라도 다양한 표정과 함께 나오면, 그 사람의 웃는 정도와 기분을 짐작할 수 있다. 그래서 표정은 공감에서 중요한 역할을 하고, 표정을 어떻게 짓느냐에 따라 상대방과의 공감 정도를 파악할 수 있다. 그런데 다음과 같은 표정은 공감을 방해하기 때문에 코치는 이런 표정을 짓지 않도록 주의해야 한다.

- 꽉 다문 입술
- 미간이 주름 잡힌 표정
- 비웃음, 무표정 등

3) 몸짓언어(body language)

이것은 음성언어나 문자언어가 아닌 '몸짓이나 손짓 등 신체의 동작으로 의사나 감정을 표현 · 전달하는 행위'를 말한다.[41] 우리가 대화하는 가운데 얻을 수 있는 정보의 80% 이상의 정보는 비언어적 행위인 몸짓언어에 있다고 할 정도로, 이것은 일생생활에서 사람들이 자주 사용하는 표현방법이다. 이것은 상대방이 굳이 말로 표현하지 않은 생각이나 감정을 쉽게 알 수 있고, 상대방의 대화가 잘 진행되는지를 쉽게 파악하는 데도 도움이 된다. 그리고 몸짓언어는 공감의 정도를 더 깊게 하기도 하고, 공감을 방해하기도 한다. 특히 코치는 코칭을 진행하면서 다음과 같은 몸짓언어를 표현하지 않도록 경계해야 한다.

- 팔짱을 끼는 자세
- 주머니에 손을 넣는 자세
- 입 · 코 · 귀를 만지는 것
- 일어나려는 자세
- 공격적인 자세 등

41) 국립국어원(2022). 표준국어대사전(http://stdict.korean.go.kr, 2022년 2월 접속)

8.1 질문의 개념과 중요성

1. 질문의 개념과 역할

1) 질문의 개념

인간은 질문을 통해 자신의 세상을 넓혀 왔다. 자신이 알고 있는 것의 경계 또는 한계에 이르렀을 때, 사람은 질문이라는 형식을 통해 사고하고 표현함으로써 그 경계를 넘어왔다. 그런가 하면 하나의 질문이 한 사람의 인생과 미래를 바꾸기도 한다.

질문이란, 일반적으로 모르는 것을 묻는 행위라고 누구나 알고 있지만, 질문의 개념을 명확하게 규정하는 것은 그리 쉬운 일이 아니다. 사전적 의미로, 질문(質問, question)은 '알고자 하는 바를 얻기 위해 물음'[1] 또는 '정보를 요청하는 데 사용하는 언어학적 표현'[2]이다. 간단히 말해, 질문은 '어떤 알고자 하는 바를 얻기 위해 묻는 것'을 말한다.

질문은 화자(話者)가 사고활동이나 의사소통 과정에서 갖는 의문을 해결하기 위해 언어적·비언어적 기호를 사용하여 표출함으로써 그 의문을 해결할 언어적 행위를 요구하는 것이다.[3] 그러면서도 질문은 의문을 인식하는 것에 그치지 않고, 그것을 해결하기 위한 행위까지 포함된 넓은 개념이다.[4]

1) 국립국어원(2022). 표준국어대사전(http://stdict.korean.go.kr, 2022년 2월 접속)
2) 위키백과사전(2022). 질문(http://ko.wikipedia.org/wiki/, 2022년 2월 접속)
3) 이창덕(2008). 교사 질문 발화와 학생 반응에 대한 교사 피드백 발화. **국어교과교육연구**, 15, 177- 216.
4) Dillon, J. T.(1990). Student question and individual learning. *Education Theory*, 36(4), 333-341.

질문은 동서고금을 통틀어 모든 학문의 시작이며, 가장 뛰어난 교육법 가운데 하나이다. 소크라테스는 '산파술'[5]이라는 문답법을 통해 상대방을 가르치고 설득했으며, 석가는 제자들이 질문하면 석가가 대답하는 형식으로 설법하거나 사건의 의미에 관해 설명했다. 예수는 제자들에게 "너희는 나를 누구라 생각하느냐?"라는 질문을 통해 그가 누구인지를 제자들이 알아차리도록 했다. 현대에 들어와 유대인들은 스승이 제자에게 끊임없이 질문하고, 제자들이 스승에게 끝없이 질문하는 과정을 되풀이하며 지식을 쌓는 것으로 유명하다.

경영 현장에서 성공적인 비즈니스를 위해 경영자와 관리자, 그리고 리더들에게 가장 필요한 것은 '질문'이다. 급속하게 변화하는 주변 환경과 순간마다 엄청나게 쏟아지는 정보의 홍수 속에서 경영에 필요한 다양한 지식을 몇 사람이 모두 다 알 수 없다. 당연히 해당 분야의 실무 전문가인 구성원들의 도움을 받아야 하는데, 이때 필요한 것이 리더들의 질문 기술이다.

2) 질문의 역할

질문은 일상생활에서 다양한 기능과 역할을 한다. 특히, 경영 현장과 교육 현장에서 질문은 매우 중요한 교육방법이자 과정이다. 구체적으로 살펴보면 다음과 같다.

첫째, 질문은 문제를 인식하거나 발견하여 의식적으로 해결하려는 기회를 제공한다. 사람이 자신의 어떤 문제를 인식하지 못하면, 그것은 문제가 되지 않고 해결할 필요성도 느끼지 못한다. 이때 누군가 그것에 대해 질문하게 되면 생각할 기회를 얻고, 내면 깊숙한 곳에서 말하는 자신의 소리를 들을 수 있다. 그런 차원에서 질문은 사고의 출발점이고, 그때부터 문제해결의 시간이 시작된다.

둘째, 질문은 새로운 발견과 지식의 축적을 가능하게 만든다. 질문을 통해 어떤 사물이나 현상, 개념 등에 대해 끊임없이 문제를 제기하고, 그에 대한 해답을 수정해가는 과정에서 지식이 축적된다. 인간은 이와 같은 반복 과정을 통해 지식을 축적함과 동시에 삶의 방향과 가치를 정립하기도 한다. 이런 과정에서 새로운 질문이 발생하고, 다시 그것에 대해 사고함으로써 새로운 발견에 도달한다.

셋째, 질문은 인간의 사고를 자극하고, 잠재력을 끌어낸다. 사람은 누군가 자신에게 질문하면 생각하기 시작하고, 그 질문에 대답하기 위해 많은 생각을 하게 된다. 그러다 보면 내면 깊숙한 곳까지 이르게 되고, 내면적 성찰을 하게 된다. 결국, 질문은 그것의 답을 찾으려는 사람

5) 산파술은 제출한 논설이나 대답에 대해 질문을 거듭함으로써 어떤 개념을 이해하고, 당사자가 의식하지 못했던 새로운 사상을 낳는 방법이다. 이 대화법은 생각나는 대로 떠드는 대화가 아니다. 분명한 목적이 있고, 그런 목적을 이루기 위한 독특한 방법을 가지고 있다. 특히, 이 대화법에는 상대방에게 물어보아야 할 최소한의 일정한 질문이 있고, 대개 그 질문은 사고해야 하는 것들이다. 위키백과사전(2022). 질문(http://ko.wikipedia.org/wiki/, 2022년 2월 접속).

의 무한한 잠재력을 끌어낸다. 이처럼 질문은 한 개인의 상상력, 창의력 및 개방적 사고를 끌어내는 훌륭한 도구이자 과정이다.

마지막으로, 질문은 개인을 성장시키는 에너지를 낼 수 있는 동기를 부여한다. 사람은 질문을 통해 자신의 내면에 있는 충분한 자원과 역량을 발견할 수 있고, 성장하는 데 필요한 에너지를 충전할 기회가 된다. 그리고 그 힘을 바탕으로 자신을 성장시킬 행동계획을 수립하게 된다.

창의성을 자극하는 질문으로 새로운 상품이나 서비스가 생산되고, 상대방의 마음을 꿰뚫는 질문 하나로 굳게 닫힌 그의 마음을 움직이게 할 수도 있다. 나에게 스스로 던지는 질문 하나로 자신의 인생과 미래가 바뀔 수도 있다. 이처럼 다양한 역할과 기능을 수행하는 질문은 문화마다 다르게 평가되어 왔다. 질문을 권장하는 구미권에서는 질문하지 않는 학생을 좋게 보지 않았고, 우리나라에서는 자꾸 질문하면 귀찮게 여기거나 심지어 대인관계에 지장을 주는 행위로 인식되는 경향이 없지 않다. 즉, 우리나라에서는 남에게 적극적으로 질문하는 것 자체를 권위에 대한 도전으로 여기는 등 오히려 다른 사람에게 좋지 않은 인상을 준다는 인식이 강한 편이다. 그러나 코칭에서 질문은 상당히 중요하게 인식되고, 매우 큰 힘을 가진 도구로 인식된다.

2. 질문의 중요성과 힘

1) 질문의 중요성[6)]

우리는 일상생활에서 대화를 통해 자신의 느낌과 생각을 전달하고, 정보를 주고받는다. 이때 우리는 대개 서술을 하느냐 아니면 질문을 하느냐 하는 두 가지 방식 가운데 하나를 선택한다. 대화할 때, 질문하면 상대방의 감정이나 생각, 현재 상황 등에 대해 좀 더 깊이 탐구하거나 그에 적절한 조치를 하는 계기를 마련할 수 있다. 이때 중요한 것은 질문을 얼마나 효과적으로 잘 하느냐이다.

대개 사람들은 자신의 내부에 있는 해답을 자각하지 못하거나 심지어 자신의 내부에 해답이 있다는 사실 자체를 믿지 않는 경우가 많다. 그래서 자신의 내부에 있는 해답을 스스로 볼 수 있도록 누군가의 도움이나 지원이 필요하다. 마치 우리의 전체적인 모습을 보려면 거울이 필요한 것처럼 자신의 잠재의식 속을 들여다보려면 누군가 거울의 역할을 해주는 무엇이 필요하다. 그 거울에 해당하는 매개체가 바로 코치가 던지는 '질문'이다.[7)]

코칭의 핵심적 기능 가운데 하나는 고객이 다른 관점에서 자신을 돌아보도록 하는 것이다. 때때로 그것은 자신이 어떻게 다른 사람에게 영향을 미치는가를 인식하는 것이고, 때로는 자

6) 조성진(2020). 코칭과 경력개발. 경기: 양성원. 135-136에서 발췌, 인용.
7) 에노모토 히데타케(황소연 역, 2004). 부하의 능력을 열두 배 키워 주는 마법의 코칭. 서울: 새로운 제안. 86에서 발췌, 인용.

신이 속한 상황을 전체적으로 조감하고 전망하는 것이다. 그리고 때로는 자신이 어떤 상태에 있고 무슨 생각을 하며, 어떻게 느끼고 무엇을 원하는지에 대해 자신과 친밀한 대화를 하는 것이다.[8)]

그런데 자신과의 대화 속에서 찾기를 바라는 해답은 대개 현재 의식이 아닌, 그 사람이 의식하지 못하는 잠재의식 속에 있다. 그런데도 그 의식의 화살이 항상 외부로 향해 있어 자신이 정말 원하는 해답을 스스로 찾기가 쉽지 않다. 사람은 때때로 스스로 관성이 생겨서 의식적으로 깨고 나오지 않으면, 계속 돌고 돌아 제자리로 돌아올 수도 있다. 이때 누군가 관점을 전환할 수 있는 질문을 던지면, 그 질문을 받은 사람은 그 순간 멈추고 다른 각도에서 자신을 돌아보기 시작한다.[9)] 예컨대, 부하가 항상 상사의 눈치만 살피며 상사가 주는 해답만을 기다리고 있다면, 부하 자신의 내부에 있는 잠재력이나 능력은 아무리 시간이 흘러도 밖으로 표출되지 않는다. 마찬가지로 학생이 부모나 교사가 때마다 알려주는 해답만을 기다린다면, 그 학생의 잠재능력은 영원히 깊은 잠에 취해 있을 것이다. 그것을 깨우는 것이 바로 코치의 '질문'이다.

> "어떻게 질문할지 아는 것은 코칭의 첫 번째 핵심기술이다. 질문은 고객들을 지지하고, 그들의 관심을 이끌며, 그들이 가능성을 열 수 있도록 새로운 시삭늘 제시해 주는 것이다."[10)] – 조셉 오코너 & 앤드류 레이지스

> "질문은 고객을 탐구와 발견으로 이끄는 주요 수단이다. 내면 탐색을 촉발하고, 가장 강력하게 효과적으로 개입할 수 있는 유용한 도구이다." – 이언 멕더모트 & 웬디 제이고

이처럼 질문은 평상시 외부로 향해 있던 의식의 화살을 자신 내부로 향하도록 바꾸는 힘을 가지고 있다. 따라서 코치가 해야 할 일은 질문을 함으로써 고객이 평소에 생각하지 못했던 것을 생각하게 하는 것이다. 생각한다는 것은 의식의 화살표를 잠재의식이 있는 곳으로 돌려 그 깊은 곳에 있는 해답을 스스로 찾는 것을 말한다. 이처럼 코치가 고객에게 적절한 질문을 던짐으로써 고객은 자신의 잠재의식 속을 여행하게 되는 것이다.

그러나 현실은 그렇지 못하다. 그동안 가정에서는 부모가, 학교에서는 교사가, 회사에서는 상사가 대부분 그들이 생각한 대로 자녀와 학생, 그리고 부하들이 움직여 줄 것을 강요해 왔다. 그 결과, 우리는 스스로 생각하지 못하는 사람들을 양산해 왔다. 이제는 바뀌어야 한다. 적절한 질문을 함으로써 자녀와 학생, 그리고 부하들이 스스로 생각하도록 도와주어야 한다. 그래서 그들이 자신의 내부에 있는 해답을 스스로 찾도록 해야 한다.

---

8) 이언 멕더모트 · 웬디 제이고(박정길 · 최소영 역, 2007). 코칭 바이블. 서울: 웅진윙스. 59에서 발췌, 인용.

9) 이때 사용하는 질문을 '관점전환 질문'이라고 부르기도 한다. 박정영(2022). 3Cs II(중급과정) Puus. 질문하기 2-4에서 발췌, 인용.

10) 게리 콜린스(양형주 · 이규창 역, 2011). 게리 콜린스의 코칭 바이블. 서울: 한국기독학생회출판부. 146에서 발췌, 재인용.

경영 현장에서도 마찬가지다. 성공적인 비즈니스를 위해 경영자와 관리자, 그리고 리더들에게 가장 필요한 것은 '질문'이다. 급속하게 변화하는 주변 환경과 순간마다 엄청나게 쏟아지는 정보의 홍수 속에서 경영에 필요한 다양한 지식을 상위계층의 몇 사람이 모두 알 수 없다. 당연히 해당 분야의 실무 전문가인 구성원들의 도움을 받아야 하는데, 이때 필요한 것이 리더들의 질문기술이다.

2) 질문의 힘[11)]

일반적으로 질문은 대답을 요구하므로 질문을 하는 사람은 막강한 힘을 지닌 셈이다. 그 힘은 사용하는 단어, 질문하는 방식, 그리고 말투에 따라 달라진다. 정확하게 말하면, 어떤 질문을 어떻게 하느냐에 따라 대답이 달라질 수 있다.[12)] 질문은 창의성과 희망을 자극하는 힘이 있다. 나아가 질문은 지금까지 불가능했던 것을 가능하도록 하는 힘도 가지고 있다. 그래서 어떤 의미에서 좋은 질문은 '기적의 질문'이라고 볼 수 있다.

좋은 질문은 몇 가지 아주 특별한 힘을 가지고 있다.[13)]

첫째, 질문하면 답이 나온다. 질문을 받으면 대답을 하지 않을 수 없다. 예컨대, 어떤 보고서를 받았다고 가정해 보자. 어떤 사람은 보고서를 보고 상대방에게 질문하면, 그로부터 질문을 받은 사람은 일단 생각한 후에 상대방의 질문에 대해 자신의 의견을 정리하여 대답하게 된다. 이런 경우는 일생생활에서 자주 접할 수 있는 사례이다. 그런데 살다 보면, 이런 상황을 접할 때도 있다. 대부분 사람은 외부로부터의 지시나 명령에 익숙해져 있다 보니 자신의 내부에 있는 해답을 자각하지 못하고 살아가는 경우가 많다. 나아가 자신의 내부에 그런 것이 있는 것조차도 모른 채 살아가는 경우도 많다. 이때 자신의 내부에 있는 해답을 스스로 볼 수 있도록 돕는 방법은 누군가 그에게 질문을 던지는 것이다. 이것은 그에게 상당히 중요한 질문이 되는 경우가 많다. 그러면 결국 그는 그 질문에 대답하게 된다.

둘째, 질문은 생각을 자극한다. 사람들은 다른 사람이 자신에게 하는 질문과 자신에게 스스로 던지는 질문에 의해 자극을 받는다. 이런 질문은 그 사람의 생각을 결정하고, 생각은 마음가짐과 행동을 결정한다. 모든 역경과 실패를 딛고 성공하는 사람들의 공통점 가운데 하나는 자기 자신과 다른 사람에게 하는 질문에 있다. 예컨대, 성공하지 못하는 사람들은 "왜, 하필 나야?"라고 질문하지만, 성공하는 사람들은 "이 경험에서 무엇을 배울 수 있을까?"라고 질문한다. 질문은 질문하는 사람과 질문을 받는 사람의 사고를 동시에 자극한다.

토머스 에디슨(Edison, T. A.)이 전구를 발명할 때까지 1,200번의 실패를 거듭했다는 일화는

11) 조성진(2020). 코칭과 경력개발. 경기: 양성원. 136-137에서 발췌, 인용.

12) 도로시 리즈(노혜숙 역, 2016). 질문의 7가지 힘. 서울: 더난출판사. 35에서 발췌, 인용.

13) 도로시 리즈(노혜숙 역, 2016). 앞의 책. 30-179에서 발췌, 인용.

유명하다. 어떻게 실패를 감당했냐는 기자의 질문에 에디슨은 번번이 실패할 때마다 자신에게 질문을 거듭했다고 대답했다. "기대했던 결과가 나오지 않은 이유는 무엇일까?", "어떤 가설이 잘못되었을까?" 그러면 신기하게도 처음과 전혀 다른 새로운 생각이 떠오를 수 있었다고 한다. 사고는 질문에 따라 달라질수 있다. 만일, 어떤 한 가지 사고방식에 얽매여 있다면, 똑같은 질문을 계속하고 있기 때문이다. 그때는 질문을 바꾸어보면, 좀 더 도움이 되는 대답이 떠오를지도 모른다.

셋째, 질문하면 정보를 얻는다. 적절한 질문을 하면 원하는 정보를 얻을 수 있다. 영어로 질문을 의미하는 'question'은 무언가를 발견하거나 구하는 탐색이나 추구를 의미하는 'quest'라는 말의 파생어이다. 따라서 질문은 부족한 정보를 찾기 위한 것이다. 사람들은 어떤 일이나 사건에 대해 궁금한 것이 생기거나 어떤 문제를 해결하기 위해서는 그에 관한 정보가 필요하다. 현명한 결정을 내리기 위해, 새로운 것을 배우기 위해, 자기 자신과 다른 사람들을 이해하기 위해, 좀 더 유능한 직장인이 되기 위해, 그리고 이익을 얻기 위해 질문을 해야 한다. 이런 다양한 것들과 관련된 정보를 얻기 위해서는 누군가에게 질문해야 한다. 그리고 적절한 질문을 하게 되면, 자신이 원하는 정보나 대답을 얻을 수 있다.

> "질문해서 얻는 것이 무엇인가? 질문하면 밑바닥에서부터 겪지 않고, 다른 사람들이 알고 있는 것을 신속하게 배울 수 있다. 적절한 질문은 한 사람의 앞에 놓인 장애와 자신의 진로를 보여주기도 한다. 결국, 현명한 결정을 내리는 데 필요한 정보 이상의 것을 얻을 수 있다." – 더글러스 W. 멜투

넷째, 질문하면 통제가 된다. 여기에서 통제란 다른 사람에 힘을 행사한다는 의미가 아니라, 자신이 바라는 일이 무엇인지 알고 다른 사람에게 해를 끼치지 않으면서 그 일을 성공적으로 달성하는 것을 말한다. 모든 사람은 스스로 상황을 통제하고 있을 때, 이성적으로 생각할 수 있고, 편안하며 안전하게 느낀다. 그런데 질문을 하게 되면 자신의 감정을 진정시키고, 원하는 방향으로 상황을 이끌어 갈 수 있다. 상대방에게 적절한 질문을 하면, 대화를 자신이 원하는 방향으로 이끌어 갈 수 있다. 즉, 내가 상대방에게 질문하면, 그는 생각할 시간을 가지게 되고, 그가 질문에 대답하려고 생각하는 동안 나는 편안한 마음으로 상황을 통제하면서 그의 대답을 기다릴 수 있다. 하지만, 대화를 통제한다고 해서 상대방의 모든 상황을 마음대로 조정하는 것이 아니라, 상대방에게 강요하지 않고 자신의 목표를 달성하는 것이다. 여하튼 결국 질문을 하는 사람이 유리한 상황에 설 수 있다.

다섯째, 질문은 마음을 열게 한다. 대부분 사람들은 자기 자신과 자신이 좋아하는 것에 관해 얘기하는 것을 좋아한다. 그런데 상대방이 마음을 열지 않으면, 대화가 성립되지 않는다. 이때 사람들의 마음을 열게 하는 가장 쉬운 방법은 그에게 질문하는 것이다. 사람들의 마음을 열도록 만들면, 그들의 진짜 고민거리나 숨은 의도나 동기가 무엇인지, 또는 감추고 있는 사실이 없

는지 알아낼 수 있다. 사람들은 자신의 관심사, 의견, 경력 및 전문 분야 등에 대해 질문받는 것을 좋아한다. 그래서 대개 사람들은 자신의 사연, 의견, 관점에 대한 질문을 받으면 우쭐해진다. 질문은 상대방의 이야기에 관심을 보여주며 그를 존중하는 것이므로 아무리 과묵한 사람이라도 자신의 의견과 감정을 드러낸다. 따라서 누군가의 마음의 문을 열고 싶다면, 그에게 질문하면 된다.

여섯째, 질문은 귀를 기울이게 한다. 귀를 기울이지 않으면, 질문의 힘을 활용할 수 없다. 대답을 듣지 않는다면 질문은 아무 소용이 없다. 듣기에 집중할수록 다음에 좀 더 나은 질문을 할 수 있고, 그러면 더 나은 대답을 듣게 된다. 이때 적절하게 질문하는 능력을 향상하면, 더 분명한 대답을 듣게 되고, 중요한 일에 집중하기 쉬워진다. 질문하면 상대방에게 관심을 보여줄 수 있고, 귀를 기울이면 그런 인상을 더 할 수 있다. 즉, 상대방이 하는 얘기를 존중하고, 기꺼이 시간을 내서 듣는 자세가 되어 있음을 보여주는 것이다. 그런데 질문을 받은 상대방의 얘기를 들을 때, 그의 말에만 집중하거나 고객만 끄덕인다고 해서 그의 얘기를 잘 듣는 것은 아니다. 상대방의 말, 숨은 의도, 행동과 표정 등까지 함께 알기 위해 귀를 기울이면, 자신의 질문에 대한 상대방의 뜻과 마음을 온전히 알 수 있다.

마지막으로, 질문에 답하면 스스로 설득이 된다. 대개 사람들은 상대방의 말보다 자신의 말을 더 믿는다. 즉, 사람들은 누가 자신에게 해주는 말보다 자신이 하는 말을 믿는다. 인간은 고집이 세서 자신이 옳고, 자기 자신에 대해서는 자신이 가장 잘 안다고 생각한다. 그리고 자신이 생각한 것을 좀 더 쉽게 믿는 경향이 있다. 누가 이래라 저래라 말하면서 설득하면 본능적으로 저항한다. 그래서 자신이 아무리 좋은 의도를 지니고 있다고 해서 사람들을 억지로 따라오게 만들기는 어렵다. 누군가를 설득하는 좋은 방법은 스스로 자신을 설득하게 만드는 것이다. 이때 활용할 수 있는 방법이 질문하는 것이다. 즉, 상대방을 자기처럼 생각하도록 만드는 방법은 질문하는 것이다. 질문하면 자기 자신의 의견을 늦추고, 상대방의 대답에 귀를 기울여야 한다. 요령 있게 질문하면, 사람들의 마음을 특정한 방향으로 움직일 수 있다. 그리고 질문을 통해 자신과 다른 사람들의 생활을 바꿀 수 있다. 하지만, 사람을 스스로 설득하게 만드는 것은 말처럼 쉬운 것이 아니다. 적절한 연습이 필요하다.

> "코치는 무엇을 하는가? 대부분 질문을 한다. 어떤 코칭 모델에서도 코치가 문제를 해결하기 위한 시도 또는 답을 제공하는 법은 없다."[14] – 조셉 오코너 & 앤드류 레이지스

---

14) 게리 콜린스(양형주 · 이규창 역, 2011). 게리 콜린스의 코칭 바이블. 서울: 한국기독학생회출판부. 141에서 발췌, 재인용.

3) 코칭에서 질문의 힘[15)]

코칭에서 질문은 대단한 힘을 발휘한다. 어떤 고객들은 자신이 무엇을 어떻게 해야 할지, 어디로 가야 할지를 코치가 자신에게 제시해 주기를 원한다. 그러나 유능한 코치는 고객에게 해답을 제시하지 않는다. 그 대신에 고객이 생각하도록 자극하기 위해 정곡을 찌르는 질문을 던진다. 코치의 적절한 질문은 고객이 깊이 생각하도록 격려하고, 그의 가능성과 상상력을 자극한다. 그리고 고객의 며칠 후 혹은 몇 년 후의 비전을 발견하도록 돕고, 그가 가지고 있는 무한한 잠재력을 발견할 수 있는 계기를 제공한다.[16)]

코치의 좋은 질문은 고객의 마음속에 있는 다양한 가능성과 잠재력을 자극하는 힘을 가지고 있다. 또한, 질문은 고객들의 고정된 감정을 뒤흔들 수 있고, 창의성과 희망을 자극할 수 있으며, 앞으로 어떻게 달라질 수 있을지 상상하게 하는 힘이 있다. 나아가 질문은 지금까지 불가능했던 것을 가능하도록 하는 힘도 가지고 있다. 그래서 어떤 의미에서 좋은 질문은 기적의 질문이라고 볼 수 있다.

코치의 질문은 고객이 해결하고자 하는 이슈와 관련된 현실을 알아차리고, 자신이 바라는 목표를 이루는 데 필요한 해결책과 실행계획을 세우도록 돕는 아주 핵심적인 코칭 기술이다. 그래서 코치가 고객에게 던지는 질문은 고객이 자신의 문제를 스스로 해결할 수 있는 해답을 찾는 데 많은 도움을 준다. 그래서 혹자는 질문을 코칭 기술의 '백미'(白眉)라고 주장하기도 한다.

> "듣는 사람에게 새로운 사고를 자극할 때, 그 사람이 본래 알고 있는 것 이상을 탐구하도록 유천할 때, 상자 밖의 사고를 요구할 때, 새로운 연결성을 확립하도록 도울 때, 새로운 관점이나 다른 관점에서 익숙한 것들을 보도록 할 때, 질문은 힘을 갖는다. 그런 질문들은 아주 강한 효력을 가지며, 가장 가치 있는 코칭 도구 중 하나가 된다." – 이언 맥더모트 & 웬디 제이고

8.2 질문의 구분과 종류

질문은 질문의 주체, 사용되는 상황, 수준, 삽입된 위치에 따라 다양하게 구분할 수 있고, 질문의 목적, 범위, 시점, 질문이 사용되는 분야 등에 따라서도 여러 가지로 분류할 수 있다. 예컨

15) 조성진(2020). 코칭과 경력개발. 경기: 양성원. 136-137에서 발췌, 인용.

16) 이처럼 어떤 질문들은 고객의 생각을 자극해서 그가 자신에 대해 인식하고 발견하도록 도와준다는 측면에서 '발견 질문'이라고 부르기도 한다.

대, 문학 작품의 학습 측면에서는 사실적 질문, 사색적 질문, 해석적 질문 및 평가적 질문으로 구분할 수 있고,[17] 교육학적 측면에서는 지식, 이해, 적용, 분석, 종합, 및 평가라는 6가지 인지적 수준에 따라 질문을 분류하기도 한다.[18]

여하튼 여기에서는 질문의 종류를 개방 질문과 폐쇄 질문, 확대 질문과 특정 질문, 미래 질문과 과거 질문, 긍정 질문과 부정 질문, 그리고 발견 질문으로 구분하고, 각각에 대해 살펴보기로 한다.[19] 이들 가운데 코치가 알아두고 꼭 연습해야 할 질문은 개방 질문, 확대 질문, 미래 질문, 긍정 질문이다. 이것들의 공통점은 모두 고객의 가능성을 최대한 끌어내는 것을 목적으로 하는 '바람직한 질문'이라는 것이다.

한편, 이 책에서는 바람직한 질문과 그렇지 못한 질문들을 함께 설명할 것이다. 그것은 바람직하지 못한 질문을 하지 않도록 미리 경계함으로써 코치가 쉽게 범할 수 있는 실수를 줄이고자 함이다.

1. 개방 질문과 폐쇄 질문

1) 개방 질문

개방 질문은 '고객이 자신의 의견을 스스럼없이 이야기할 수 있도록 하는 질문'을 말한다. 코치가 개방 질문을 하면 고객은 더 생각하게 되고, 대답에 주의를 기울이게 되며, 자신의 마음을 열게 된다. 다시 말하면, 개방 질문은 고객이 자신의 마음의 문을 열고 더 심층적인 대답을 할 수 있게 한다. 바람직한 개방 질문을 하려면, 다음과 같이 '어떻게', '무엇을' 등과 같은 말을 한두 마디만 붙이면 된다. 코치는 고객의 상상력을 자극하기 위해 개방 질문을 자연스럽게 사용할 수 있도록 많은 연습을 해야 한다.

코칭을 진행하는 여러 단계에서 코치는 개방 질문을 활용할 수 있다. 예컨대, 코칭 주제 탐색과 구체화, 이슈의 구체화, 코칭에 대한 고객의 기대 파악, 코칭 대화의 초점 맞추기, 고객의 사고나 감정 탐색 및 이슈 해결을 위한 대안 탐색 등의 과정에서 여러 가지 개방 질문을 통해 고객의 생각과 의견을 깊고 자유롭게 확인할 수 있다. 개방 질문에 속하는 예로 다음과 같은 것들이 있다.

17) 황정현(2003). 초등학교 문학교육의 정의적 영역의 문제와 교육방법. 문학교육학, 12(0), 69-92.

18) Bloom, B. S.(1956). *Taxonomy of educational objectives, Handbook I : Cognitive domain*. New York: David McKay Company.

19) 도로시 리즈(노혜숙 역, 2016). **질문의 7가지 힘**. 서울: 더난 출판사. 43-51에서 발췌, 인용; 에노모토 히데타케(황소연 역, 2004). **부하의 능력을 열두 배 키워 주는 마법의 코칭**. 서울: 새로운 제안. 98-109에서 발췌, 인용; 이희경(2005). **코칭 입문**. 서울: 교보문고. 83-87에서 발췌, 인용; 조성진(2020). **코칭과 경력개발**. 경기: 양성원. 135-149에서 발췌, 인용.

- "오늘 코칭 시간에 어떤 일이 일어났으면 좋겠습니까?"
- "내가 무엇을 도와드리면 좋겠습니까?"
- "코칭을 받으려는 이유는 무엇인가요?"
- "당신의 인생에서 가장 중요한 것은 무엇입니까?"
- "그 임무를 잘 마칠 수 있었던 이유는 무엇이었습니까?"
- "그런 결정을 내리는 이유는 무엇입니까?"
- "이 일을 좀 더 잘 하려면, 어떤 점을 바꾸면 좋겠습니까?"
- "이번 매출실적을 어떻게 생각하십니까?"
- "현재 상황이 예전에 겪있던 나른 경험들과 어떻게 다른가요?"
- "그것에 대해 좀 더 자세하게 말씀해 주시겠습니까?"
- "이전에 다니던 회사에서는 무슨 일을 하셨습니까?"
- "당신을 흥분시키는 것은 어떤 일입니까?"
- "그 외에 당신은 무엇을 느끼셨나요?"
- "다른 관점으로 보면 상황이 어떻게 바뀔까요?"

2) 폐쇄 질문

폐쇄 질문은 '단답형의 신속한 대답을 얻을 수 있지만, 그 이상의 설명은 이어지지 않는 질문'이다. 폐쇄 질문은 대답하기 쉬워서 필요한 정보를 쉽게 얻을 수 있지만, 대답하는 사람의 생각이나 사고를 자극하지 않는다. 또한, 대화가 계속 이어지도록 하는 질문이 아니어서 대화 도중 어색하고 삭막한 분위기를 연출할 수도 있다. 이처럼 폐쇄 질문을 통해 간단하고 신속하게 답을 얻을 수 있지만, 대답하는 사람의 상상력과 잠재력을 자극할 수 없어서 코칭에 사용하는 질문으로는 적절치 않다. 따라서 코치는 폐쇄 질문을 하지 않도록 많은 주의를 기울여야 한다. 물론 고객과 코칭 대화 도중에 간단한 사항을 확인하고 싶을 때 가끔 사용할 수도 있지만, 그 수는 아주 적을수록 바람직하다. 폐쇄 질문에 속하는 예로 다음과 같은 것들이 있는데, 일반적으로 우리가 일상적인 대화에서 많이 사용하는 것들이다.

- "보고서를 끝냈습니까?"
- "이번 달 매출실적은 좋습니까?"
- "학교 숙제는 다 마쳤니?"
- "결혼생활에 만족하십니까?"
- "과제를 제출했습니까?"
- "그 회의는 언제 시작하죠?"

2. 확대 질문과 특정 질문

1) 확대 질문

확대 질문이란 '질문을 받은 사람이 바로 그 자리에서 대답할 수 없는 질문이나 "예", "아니오"로 쉽게 대답할 수 없는 둘 이상의 해답이 있는 질문'을 말한다. 확대 질문은 고객이 지닌 능력이나 가능성과 잠재력을 확대한다는 의미에서 이렇게 불린다. 코칭에서 주로 사용하는 질문은 주로 이런 종류의 질문이다. 고객이 코치로부터 확대 질문을 받게 되면, 그의 내면에 깊이 잠재된 의식을 자극하여 많은 생각을 하게 된다. 다시 말하면, 코치가 확대 질문을 하고 고객이 이에 대답하는 과정을 반복하면서 고객은 자신이 원하는 대답을 스스로 찾기 위해 많은 생각을 하게 된다. 그리고 자신의 문제를 해결할 수 있는 해답을 찾는 데 많은 도움을 받게 된다. 따라서 코칭을 진행할 때, 코치는 고객의 가능성과 잠재력을 끌어내기 위해 확대 질문을 늘리려는 노력을 끊임없이 해야 한다. 확대 질문에 속하는 예로 다음과 같은 것들이 있다.

- "당신은 어떤 일을 정말 하고 싶습니까?"
- "당신이 가장 소중하게 여기는 것은 무엇입니까?"
- "반드시 성공한다면 꼭 하고 싶은 일은 어떤 것입니까?"
- "이번에는 어떤 부분을 새롭게 개선하고 싶습니까?"
- "지금 당신의 마음속에서 떠오른 생각은 무엇입니까?"
- "우리 조직에 변화를 가져다줄 수 있는 것이 있다면, 그것은 무엇입니까?"
- "당신은 이번 업무를 통해 어떤 것을 새롭게 창조하고 싶습니까?"
- "어떻게 그런 결론을 얻었습니까?"
- "현재 상황을 어떻게 보고 있습니까?"
- "한 인간으로서 당신에게 가장 중요한 것은 무엇입니까?"

2) 특정 질문

특정 질문이란 '해답이 하나밖에 없어서 누구에게 질문하더라도 기본적으로 같은 답이 나오는 질문'을 말한다. 특정 질문은 대개 고객이 말한 내용을 확인하거나 단순한 선택을 촉구할 때 사용하는 것으로서, 질문을 받는 사람이 그다지 깊은 생각을 하지 않더라도 바로 쉽게 대답할 수 있는 질문이다. 그래서 특정 질문은 질문을 받는 사람의 상상력을 자극하지 않고, 가능성을 확대하지도 않는다. 특정 질문은 단순한 답을 요구하기 때문에 고객의 상상력과 가능성을 자극하지 않는다는 점에서 앞에서 설명한 폐쇄 질문과 유사한 측면이 있다. 특정 질문에 속하는 예로 다음과 같은 것들이 있다.

- "아드님이 몇 학년입니까?"
- "올해 입사 몇 년 차가 되었습니까?"
- "결혼하신 지 얼마나 되셨습니까?"
- "슬하에 자녀는 얼마나 두셨습니까?"
- "따님은 결혼했습니까?"

3. 미래 질문과 과거 질문

1) 미래 질문

미래 질문은 과거 질문과 달리 '미래의 행위나 가능성에 초점을 두는 질문으로서 질문 속에 미래형의 단어가 포함된 질문'을 말한다. 미래 질문은 고객의 가능성을 끌어내기에 적당한 질문이다. 미래의 가능성과 잠재력에 초점을 맞추는 것이 코칭인 만큼, 이런 미래 질문을 하는 것이 뒤에서 설명할 과거 질문을 하는 것보다 더 효과적이다. 코칭은 항상 고객의 가능성에 초점을 맞추고 있어서 기본적으로 미래지향적이다. 가능성은 과거에 있는 것이 아니라 미래에 존재한다. 따라서 고객이 과거지향적 사고를 지닌 사람이라면, 코치는 새하얀 도화지에 그림을 그리는 심정으로 그가 깨닫지 못한 자신의 가능성과 잠재력을 발휘할 수 있도록 상상력을 자극하는 미래 질문을 늘려가는 것이 바람직하다. 미래 질문에 속하는 예로 다음과 같은 것들이 있다.

- "앞으로 1년 후에 당신의 삶이 어떻게 달라지기를 원하십니까?"
- "그 일을 앞으로 어떻게 해나가고 싶습니까?"
- "그것을 완수하기 위해서 앞으로 어떻게 하는 것이 좋겠습니까?"
- "앞으로 무엇을 새롭게 더 해보고 싶습니까?"
- "반드시 성공한다면 어떤 일을 하고 싶습니까?"
- "프레젠테이션을 다시 하게 된다면, 무엇을 다르게 시도해 보시겠습니까?"
- "자기소개를 다시 할 기회가 있다면 어떻게 다르게 해 보시겠습니까?"

2) 과거 질문

과거 질문이란 '과거의 행위나 생각에 초점을 맞춘 질문으로서 대개 질문 속에 과거형의 단어가 포함된 질문'을 말한다. 과거 질문은 의식의 화살을 미래가 아닌 과거로 돌리기 때문에 고객의 상상력을 자극하거나 가능성을 확대하는 데 별 도움이 되지 않는다. 대개 문제를 가지고 있는 고객의 과거 기억 속에는 현재의 문제 해결과 자아실현에 방해가 되는 것들이 많다. 따라서 이런 과거의 부정적 기억이 그 사람의 가능성을 한정해버리는 경우가 많아서 일반적으로 과거 질문은 그다지 좋은 질문이 아니다. 과거 질문에 속하는 예로 다음과 같은 것들이 있다.

- "도대체 지금까지 무엇을 했습니까?"
- "왜 아직도 그것을 하지 않았습니까?"
- "지금까지 어떻게 했기에 이런 결과가 나왔습니까?"
- "엄마가 지난달에 뭐라고 했지?"
- "엊그제 말했던 것을 하지 않은 이유는 도대체 무엇입니까?"

그러나 과거에 대한 질문이 가끔 사용되는 때도 있다. 즉, 과거에 성취했던 성공의 경험을 되새기게 하는 질문은 현재의 어려운 상황을 이기는 데 좋은 자극이 될 수도 있다. 이런 경우는 과거 질문이라 하더라도 과거의 성취 경험을 떠올리게 함으로써, 현재의 자기효능감 증대 등에 좋은 영향을 끼치고 나아가 현재의 성과 향상에 도움을 주는 질문이 될 수 있다. 예를 들면, 다음과 같은 질문들이다.

- "지금까지 이룩한 것 중에서 가장 기억에 남는 것은 무엇입니까?"
- "지금까지 당신의 인생에서 가장 멋지게 성취한 것은 무엇이라고 생각하십니까?"
- "과거에 성공했던 경험은 어떤 것들이 있습니까?"
- "지난주 일 가운데 정말 행복했던 것은 무엇입니까?"
- "어린 시절 기억 중에 가장 인상 깊었던 것은 무엇입니까?"

4. 긍정 질문과 부정 질문

1) 긍정 질문

긍정 질문은 '질문 속에 "아니다"라는 부정적인 의미가 없는 질문'을 말한다. 이런 긍정 질문을 받았을 때는 폭이 넓고 밝은 어감이 느껴져 대답하는 고객의 의식이 긍정적인 방향으로 흘러가도록 함으로써, 문제 해결에 많은 도움을 준다. 긍정 질문은 고객이 의식의 화살을 긍정적인 방향으로 돌리도록 함으로써 문제 해결의 가능성을 더욱 높여줄 수 있다. 대개 긍정적인 질문을 하면 긍정적인 대답을 얻는다. 따라서 코치는 고객 안에 내재한 가능성과 잠재력을 마음껏 발휘하고, 궁극적으로 자신의 문제를 스스로 해결할 수 있도록 돕기 위해서 긍정 질문을 많이 하는 것이 바람직하다. 긍정 질문에 속하는 예로 다음과 같은 것들이 있다.

- "어떻게 하면 일이 순조롭게 진행되겠습니까?"

- "여기서 확실한 것은 무엇입니까?"
- "잘 되는 것은 어떤 것입니까?"
- "어떤 멋진 대책을 세우셨습니까?"
- "앞으로 일어날 수 있는 결과에 대비해서 할 수 있는 일은 무엇입니까?"
- "이 문제를 전화위복으로 만드는 방법이 무엇입니까?"
- "당신은 거기에 어떻게 이바지하고 있습니까?"

특히, 조직 내에서 상사(코치)가 긍정 질문을 하면 부하직원(고객)의 사고를 전환하는 계기를 주고, 사기를 진작시키는 데 도움이 된다. 예컨대, 어떤 보고서를 제출했는데 상사로부터 심하게 꾸중을 들은 직원을 대상으로 코칭을 진행하게 되었다고 가정해 보자. 그 직원은 스스로 '나는 왜 이렇게 멍청한가?', '나는 왜 제대로 하는 일이 하나도 없을까?'라고 자신을 부정적으로 생각하면서도 '상사라고 해서 나에게 적절한 정보를 주지도 않고 일을 제대로 처리하기를 기대해도 되는 거야?'라고 상사를 원망할 수도 있다. 이럴 때 코치 역할을 하는 상사의 질문이 아주 중요한 역할을 한다. 상사가 "완전한 보고서를 제출하려면 어떻게 해야 합니까?", "보고서에서 잘 처리된 부분은 어떤 것입니까?", "어느 부분을 개선해야 한다고 생각하십니까?", "도움이나 지도를 받을 수 있는 분이 누구입니까?" 등의 질문을 하면 부하직원의 사고가 전환될 수 있다. 이런 긍정적인 질문은 '나는 왜 이렇게 무능한가?'라고 생각하면서 스스로 좌절하고 무기력해지는 부하직원이 그의 생각을 바꾸는 계기를 제공한다. 이처럼 상사의 긍정적인 질문에 따라 부하직원의 사고는 얼마든지 달라질 수 있다.

2) 부정 질문

부정 질문은 '질문 속에 "아니다"라는 의미의 부정형 단어를 포함하는 질문'을 말한다. 부정 질문은 왠지 춥고 어두운 어감이 느껴지고, 이런 질문을 받았을 때는 대개 의식의 방향이 부정적인 방향으로 흘러간다. 그래서 고객의 의식을 부정적인 방향으로 흐르게 하여 스스로 한계나 벽을 만들어 버리는 경우가 많다. 부정 질문에 속하는 예로 다음과 같은 것들이 있다.

- "왜 일이 순조롭게 진행되지 않았습니까?"
- "확실치 않은 것은 무엇입니까?"
- "잘 안 되는 것은 어떤 것입니까?"
- "대책을 전혀 세우지 않은 이유는 무엇입니까?"

5. 기타 질문

1) 가정형 질문

이것은 "만약 …이라면"과 같은 표현을 사용하여 상상을 현실화하여 고객의 가능성을 넓히도록 돕는 질문이다. 이것은 고객의 상상력과 가능성을 최대화하는 질문으로, 코칭에서 가장 많이 활용되는 질문 가운데 하나이다. 이런 질문은 고객의 행동 뒤에 숨어 있는 긍정적 혹은 부정적으로 강한 영향력을 발휘하는 신념을 알아보는 데 적합하다. 그리고 현재 이슈를 해결하는 하나의 대안을 생각하도록 돕는 과정에서 새로운 시각을 얻는 데도 효과적이다.[20]

이것은 어떤 의미에서 개방·확대·미래 질문에 속할 수도 있으나, 고객의 미래에 일어날 일들을 미리 상상해 보도록 함으로써 현재의 실행 의지를 북돋운다는 차원에서 별도로 분리하여 가정형 질문이라고 부르기도 한다. 이런 가정형 질문을 사용하면, 코칭 대화가 현재의 한계를 넘어서 좀 더 넓은 범위를 포괄할 수 있도록 만들어 줄 수 있고, 고객의 창의성을 자극하기도 한다. 특히, 고객의 현재 이슈를 해결하는 데 도움이 되는 실행계획을 확인하거나 전혀 다른 대안을 도출할 때 사용할 수 있다. 가정형 질문에 속하는 예는 "만약 …이라면"과 같은 표현을 사용하면 되기 때문에 상당히 많아서 여기서 굳이 예를 소개하지 않을 것이다.

2) 기적 질문

기적 질문은 현실적으로 가능성이 없지만, 그것이 해결되었다고 가정해 보면서 해결 방안의 가능성에 관해 생각하도록 돕는 질문이다. 그것은 해결책에 관심을 돌릴 때 유용하고, 숨겨진 문제의 기능을 밝혀내며, 이를 통해 문제의 정체를 파악하는 데 도움이 되는 질문이다.[21] 기적 질문은 고객이 상상하게 하고, 어떻게 달라질 수 있을지 그려 보게 만든다. 또한, 기적 질문은 가능성을 명확하게 하고, 고객이 실행할 수 있는 구체적인 목표를 세우는 데 기반이 될 수 있다. 이처럼 기적 질문은 고객의 고정된 감정을 뒤흔들 수 있고, 창의성과 희망 그리고 행동의 가능성을 자극할 수 있는 질문이다.[22]

기적 질문은 코칭을 진행하는 과정에서 고객이 목표를 이루기 위한 대안을 탐색하거나 실행 의도를 말하기 힘들어하는 때 활용하면 효과를 볼 수 있다.[23] 이런 기적 질문에 속하는 예로 다음과 같은 것들이 있다.

---

20) 이소희 외(2014). 코칭학개론. 서울: 도서출판 신정. 259에서 발췌, 인용.
21) 이소희 외(2014). 앞의 책. 260에서 발췌, 인용.
22) 게리 콜린스(양형주 · 이규창 역, 2011). 게리 콜린스의 코칭 바이블. 서울: 한국기독학생회출판부. 144에서 발췌, 인용.
23) 탁진국(2019). 코칭심리학. 서울: 학지사. 85에서 발췌, 인용.

- "오늘밤 잠자리에 들어 내일 아침이 오기 전에 기적이 일어났다고 가정해 보자. 눈을 떠 당신이 고민하던 문제가 해결되었고, 당신이 바라는 모든 것이 이루어졌다. 어떻게 달라졌을까?"[24]
- "당신에게 기적이 일어난다면, 어떤 일이 벌어질 것 같습니까?"
- "당신이 빌 게이츠가 된다면, 어떻게 하겠습니까?"
- "내일 기적이 일어나 그 문제가 해결되었다고 상상해 봅시다. 어떤 일들이 벌어질까요?"

3) 과제 질문[25]

과제 질문이란, '결과에 대해서는 나중에 얘기하기로 하고 깊이 생각하고 행동해 보도록 제안하는 질문'이다.[26] 이것은 마치 과제를 내듯, 질문을 던지는 것이다. 대개 사람들은 자신에게 어떤 과제가 생기면, 그것을 해결하기 위해 더 많이 생각한다.

어떤 질문들은 대답하기 위해서 깊이 생각할 시간이 필요가 경우가 많다. 그런 질문들은 자기성찰, 사색, 가까운 친구와의 깊은 대화에서 시간을 들이면 효과를 볼 수 있는 문제들과 관련된 것이다.[27] 바쁜 일상생활을 보내는 현대인들은 매일 반복적인 생활에 젖어 있다 보니 잊고 지나가거나 깊이 생각하지 않고 넘기는 일들이 많이 생긴다. 하지만 어떤 주제들은 간단히 해결되지 않고, 자신의 깊은 내면에서 해답을 도출해야 하는 것도 있다. 이때 코치가 던지는 과제 질문은 깊은 우물에서 물을 길어 올리는 것과 같은 역할을 한다. 이런 과제 질문에 속하는 예로 다음과 같은 것들이 있다.

- "어떻게 하면 동료들과 더 나은 관계를 만들 수 있는지에 관해 당신이 명확한 의견을 가지려면, 지금부터 다음에 만날 때까지 당신은 무엇을 할 수 있습니까?"
- "당신은 휴식하는 것이 힘들다고 말씀하셨습니다. 다음주에는 긴장을 풀기 위해 할 수 있는 목록에는 어떤 것들이 들어갈 수 있을까요?"
- "당신은 다양한 측면에서 성숙하기 원하지만, 그것이 무엇을 뜻하는지 잘 모르겠다고 말씀하셨습니다. 다음주에는 시간을 내서 그것이 무엇일지 생각해 보면 어떨까요?"

---

24) 게리 콜린스(양형주 · 이규창 역, 2011). **게리 콜린스의 코칭 바이블**. 한국기독학생회출판부. 144에서 발췌, 재인용; Kim, I. B., & Szabo, P. (2005). *Brief Coaching for Lasting Solutions*. New York: Norton.
25) 조성진(2020). **코칭과 경력개발**. 경기: 양성원. 145에서 발췌, 인용.
26) 게리 콜린스(양형주 · 이규창 역, 2011). 위의 책. 145에서 발췌, 인용.
27) 게리 콜린스(양형주 · 이규창 역, 2011). 위의 책. 145에서 발췌, 인용.

4) 척도 질문[28)]

척도 질문은 '고객이 주관적으로 느끼는 추상적인 이슈를 실제적이고 구체적으로 인식하거나 코칭 후에 이루고자 하는 목표 설정을 돕기 위해 던지는 질문'이다. 물론 척도 질문은 고객과 관련된 정보를 파악하는 데도 활용될 수 있다. 척도 질문은 코치가 고객이 바라는 미래의 목표를 '0~10점' 사이의 점수로 환원했을 때 어느 정도인지를 파악하도록 돕거나, 고객이 자신의 이슈로 인해 괴로움이나 고통을 느끼는 정도 등을 파악하는 데 사용할 수 있다. 여기에서 '0점'은 가장 나쁘거나 낮은 수준을 말하고, '10점'은 가장 좋거나 바라는 높은 수준을 말한다.

이처럼 척도 질문은 고객의 현실 점검, 다양한 대안들의 탐색, 이슈를 해결하는 데 도움이 되는 실행계획 수립 등에 모두 활용될 수 있다. 설사 척도 질문에 대해 고객이 몇 점인지를 말하는 것이 그의 주관적인 관점에서 대답하는 것일지라도, 이런 질문은 코칭 대화를 다음 단계로 이어가거나 고객에게 동기를 부여하는 데 일정한 도움을 준다. 이런 척도 질문에 속하는 예로 다음과 같은 것들이 있다.

- "고통이 가장 강한 상태를 '10점'으로 본다면, 지금 당신이 느끼는 고통은 현재 몇 점 정도인가요?"
- "당신이 바라는 목표를 이룬 때를 '10점'이라고 본다면, 지금은 몇 점 정도의 상태에 머물러 있나요?"
- "당신이 바라는 목표를 달성하기 위해 우선 몇 점에서 몇 점까지 개선되길 원하십니까?"

8.3 효과적인 코칭을 위한 질문

1. 바람직한 질문

1) 발견 질문과 강력한 질문[29)]

앞에서 언급한 바람직한 질문 즉, 개방 질문, 확대 질문, 미래 질문, 긍정 질문은 결국 고객의 내면에 있는 해답을 찾는 데 도움을 주는 '발견 질문'(discovery question)이다. 이 질문들은 고객의 생각을 자극해서 자신에 대해 인식하게 하고, 내면 깊숙이 자리 잡고 있던 해답들을 발견하

28) 조성진(2020). 코칭과 경력개발. 경기: 양성원. 145에서 발췌, 인용.
29) 조성진(2020). 코칭과 경력개발. 경기: 양성원. 144-145에서 발췌, 인용.

도록 돕는다. 발견 질문들은 앞서 살펴보았듯이 '왜'(why)는 단어로 시작되기보다는, '어떻게'(how), '무엇'(what)과 같은 단어로 시작되는 것을 알 수 있다. 전자가 판단과 비판, 또는 추궁과 방어적 태도를 부추기는 성향이 있는 데 비해, 후자는 잠재력과 가능성을 북돋우고, 희망과 미래를 지향하는 성향이 있다. 따라서 코치는 고객이 자신이 하는 현재의 일과 역할을 넘어 미래에 더 많은 것을 이루도록 지원하는 차원에서 발견 질문을 사용하는 것이 바람직하다.

코칭은 고객들에게 해야 할 일을 말해주거나 제안하거나 지시하지 않는다. 코칭은 고객이 스스로 생각하고, 그동안 생각하지 못했던 해답을 발견하도록 돕는다. 이런 측면에서 코치가 고객에게 던지는 발견 질문은 '강력한 질문'(powerful question)이다. 강력한 질문은 참신한 생각을 자극하고, 새로운 통찰력을 갖게 하며, 문제를 명확히 하고, 혁신적인 가능성을 찾아내도록 도전한다. 강력한 질문은 때때로 고객을 무방비 상태로 만들어서 그가 멈춰 생각하게 한다.[30] 그래서 그런 질문을 받은 고객은 이전에는 전혀 생각해 보지 않았던 것들을 탐색하게 하고, 어떤 사안을 새로운 시각으로 바라보며, 현재 겪고 있는 문제와 이슈의 해답을 색다르게 재구성해 보게 한다. 만일, 누군가의 관점에 변화를 주고 싶다면, 우뇌와 좌뇌의 사고를 동시에 자극하는 질문을 하는 것도 효과적이다.[31]

한 마디로 강력한 질문은 깊은 생각을 하도록 자극하는 큰 힘을 가지고 있다. 이런 강력한 질문에 속하는 예로 다음과 같은 것들이 있다.

- "당신에게 성공이란 어떤 의미가 있는 것입니까?"
- "어떻게 하면 당신이 좋은 부모가 될 수 있습니까?"
- "당신을 이토록 즐겁게 만드는 것은 무엇입니까?"
- "당신의 현재 상황을 호전시킬 수 있는 것들은 무엇입니까?"
- "당신이 성공했다는 것을 어떻게 알 수 있습니까?"
- "이 일은 당신의 가치관과 어떻게 연결될 수 있습니까?"
- "여기서 어떤 새로운 가능성을 발견할 수 있습니까?"

핵심을 파고드는 강력한 질문은 다음과 같은 상황에서 적용하면 큰 효과를 볼 수 있다.[32]

- 더 깊은 탐구가 필요하다고 느낄 때
- 난관에 봉착했다고 느낄 때
- 자신이나 다른 사람이 한 가지 시각에 갇혀 상황을 보고 있다고 느끼거나, 다른 관점을 고

30) 게리 콜린스(양형주 · 이규창 역, 2011). 게리 콜린스의 코칭 바이블. 한국기독학생회출판부. 141-142에서 발췌, 인용.

31) 우뇌와 좌뇌의 기능, 그리고 그것들을 동시에 자극하는 질문에 관한 자세한 내용은 다음에 소개하는 책을 참조할 수 있다. 노혜숙 역, 2016). 질문의 7가지 힘. 서울: 더난출판사. 66-68에서 발췌, 인용.

32) 이언 맥더모트 · 웬디 제이고(박정길 · 최소영 역, 2007). 코칭 바이블. 서울: 웅진윙스. 166에서 발췌, 인용.

려하는 것이 더 나은 결과를 낼 것이라고 판단될 때
- 다른 사람이나 자기 자신에게 도전하고 싶을 때
- 표면에 드러난 것보다 더 많은 일이 진행되고 있는 것처럼 느껴질 때

앞에서 살펴보았듯이 질문은 특별한 힘을 가지고 있다. 특히 코칭에 있어 질문의 힘은 정말 대단하다. 코치의 효과적이고 적절한 질문이 고객의 상상력과 가능성을 자극하여 고객이 자신의 문제를 스스로 해결하는 데 많은 도움을 준다. 그래서 코치는 코칭을 진행할 때, 개방(열린) 질문, 확대 질문, 미래 질문, 긍정 질문 등 바람직한 질문들을 수시로 자유롭게 구사할 줄 알아야 한다.

2) 바람직한 질문 방법[33)]

코칭 기술 가운데 가장 핵심적이면서 어려운 기술이 질문 기술이다. 현장에서 활동하는 전문코치들도 대체로 이것에 동의할 것이다. 그렇다면 이 어려움을 극복하는 방법은 무엇일까? 안타깝게도 질문을 잘하기 위한 왕도는 없다. 질문하는 방법을 꾸준하게 연습하는 것 외에는 다른 방법이 없다.[34)] 바람직한 질문을 잘하는 사람, 그리고 유능한 코치가 되기 위해서는 다음에 설명할 몇 가지 사항에 유의하면서 질문 연습을 할 필요가 있다.

- 고객이 얘기하는 도중에 다음에 할 질문을 미리 생각하지 않는다. 코치가 다음에 할 질문을 생각하는 순간, 고객의 얘기가 들리지 않을 가능성이 있다.
- 고객의 얘기를 경청하면서 그의 시각이나 관점을 이해한 후에 질문한다.
- 코치는 고객이 원하는 방향으로 나아가도록 질문한다. 고객이 뒤(과거)를 돌아보게 하거나 합리화할 수 있는 질문을 던지는 것은 바람직하지 못하다.
- 고객이 발견, 통찰 및 행동하도록 초점을 잘 맞추어 질문한다. 이것은 고객이 겪는 문제를 해결하는 데 아주 중요한 일이다.
- 같은 질문을 연속해서 3차례 이상 질문하지 않는다.
- 코치는 가볍고 활기찬 코칭 환경을 조성하기 위해 적절하게 유머를 사용한다.
- 코치는 자주 사용되는 질문 목록을 만들고, 그것들이 입에 익숙해질 때까지 반복하여 연습한다.
- 코치는 질문을 계속 연습, 연습, 또 연습한다.

---

33) 조성진(2020). 코칭과 경력개발. 경기: 양성원. 147에서 발췌, 인용.

34) 강력한 질문에 대한 탁월하고 실용적인 지침이 필요하다면, 다음에 소개하는 책을 참조할 수 있다. Stoltzfus, T.(2008). *Coaching Questions: A Coach's Guide to Powerful Asking Skills*. Virginia Beach, VA: Pegasus Creative Arts.

한편, 코치는 똑같은 질문이라도 어디에 강세를 두고 질문하는지에 따라 해당 질문의 의미가 달라질 수 있다는 것을 알아야 한다. 달리 말하면, 한 문장에서 또렷하고 큰 소리로 어떤 단어를 강조하느냐에 따라 질문의 의미를 명확하게 구체화할 수 있다.[35] 다음 〈표 8-1〉에서 그런 예를 확인할 수 있다. 물론 이것은 코칭 현장에서 잘 나타나는 질문은 아니지만, 강조하는 문장에 따라 질문의 의미가 달라질 수 있다는 것은 확실하게 이해할 수 있을 것이다.

표 8-1 강세에 따라 달라지는 질문의 의미

질문에서 강조하는 단어	질문 속에 포함된 실제 의미
• "당신이 **어떻게** 그런 말을 할 수 있지?"	• '감히 당신이?'라는 비난의 의미
• "**당신이** 어떻게 그런 말을 할 수 있지?"	• 다른 사람은 몰라도 당신은 안 된다는 의미
• "당신이 어떻게 그런 **말을 할 수 있지**?"	• 속으로 생각할 수 있지만, 입 밖에 내서는 안 된다는 의미
• "당신이 어떻게 **그런** 말을 할 수 있지?"	• '이야기한 내용'에 대한 불만의 의미

출처: 테리 J. 파뎀(김재명 역, 2009). 애스킹: 성공하는 리더의 질문 기술. 서울: ㈜쌤앤파커스. 131에서 발췌, 인용.

2. 코치가 경계해야 할 질문

앞에서 살펴보았듯이 질문은 특별한 힘을 가지고 있다. 특히, 코칭에 있어 질문의 힘은 정말 대단하다. 코치의 효과적이고 적절한 질문이 고객의 상상력과 가능성을 자극하여 고객이 자신의 문제를 스스로 해결하는 데 많은 도움을 준다. 그래서 코치는 코칭을 진행할 때, 개방(열린) 질문, 확대 질문, 미래 질문, 긍정 질문을 자유롭게 구사할 줄 알아야 한다. 하지만, 폐쇄(닫힌) 질문, 특정 질문, 과거 질문, 부정 질문 및 역효과를 불러일으키는 몇 가지 질문들은 코치에게 권장할 수 없는 바람직하지 못한 질문으로 경계해야 한다.

이와 함께 코칭을 진행할 때, 질문과 관련하여 경계해야 할 것들이 있다. 코치는 다음과 같은 바람직하지 못한 질문을 사용하는 상황이 생기지 않도록 항상 유의해야 한다.[36]

1) '왜'라는 표현이 들어간 질문

코치가 '왜'(why)라는 표현이 들어간 질문을 사용하는 것은 바람직하지 못하다. 일상생활에서 '왜'라는 말이 들어간 질문은 궁금한 것이 있을 때, 자주 사용된다. 특히, 한창 지적 호기심이 풍부한 성장기 아동들은 궁금한 점을 해결하기 위해 '왜'라는 의문사가 포함된 질문을 자주 한

35) 테리 J. 파뎀(김재명 역, 2009). 애스킹: 성공하는 리더의 질문 기술. 서울: ㈜쌤앤파커스. 130-131에서 발췌, 인용.
36) 조성진(2020). 코칭과 경력개발. 경기: 양성원. 146-147에서 발췌, 인용.

다. 이때는 '왜'라는 질문 자체만으로도 의미가 있다. 대부분 사람은 일상생활에서 '왜'라는 질문을 자주 사용하는 전문가라서 굳이 배우지 않아도 잘한다.[37] 이런 익숙한 질문을 하면, 상대방은 익숙한 대답을 하게 된다.

하지만, '왜'라는 단어로 시작되는 질문은 아주 조심해야 한다. 예컨대, "왜 당신은 내게 전화를 하지 않았는가?", "왜 지금 왔는가, 약속을 이렇게 안 지킬 수 있는가?", "왜 당신은 그렇게 무심한가?" 등과 같은 표현의 이면에는 비판, 판단 및 추궁의 의미도 함께 포함되어 있다. 그래서 때에 따라서는 '왜'라는 말이 포함된 질문으로 인해 어색한 상황이 생기고, 급기야 인간관계가 어려워지는 경우도 생긴다. 따라서 코치는 코칭을 진행하면서 '왜'라는 단어를 사용하지 않도록 유의해야 한다. 이런 익숙한 질문보다는 평상시에 자주 들어보지 않았던 다른 관점에서 바라보도록 하는 질문을 해야 한다.

2) 코치의 호기심을 채우는 질문

코치가 자신의 호기심을 채우기 위해 고객에게 질문하는 것은 바람직하지 못하다. 다양한 주제를 대상으로 코칭을 진행하다 보면, 코치 자신이 정말 궁금해서 물어보고 싶은 것들이 얼마든지 생길 수 있다. 코칭을 진행하는 도중에도 코치의 호기심을 자극하는 많은 사항이 생기다 사라지곤 하다. 이때 코치의 궁금증을 해소하기 위해 고객에게 질문하는 실수를 범하지 말아야 한다. 코치가 해야 할 일은 고객이 겪고 있는 문제를 스스로 해결할 수 있도록 도와주는 것이지, 코치 자신의 궁금증을 해소하는 것이 아니다.

3) 유도 질문

코치가 코칭을 하는 동안 유도 질문을 하는 것은 바람직하지 못하다. 유도 질문은 코치 자신이 원하는 대답을 고객이 말하도록 유도하는 것이다. 유도 질문은 그 자체가 이미 어떤 대답을 제시하는 것으로, 질문하는 사람의 의도가 다분히 들어가게 된다. 코치가 코칭을 진행하면서 자신이 원하는 답을 얻으려는 욕심에 사로잡힐 때, 유도 질문을 사용하게 된다. 코칭을 제대로 이해하지 못한 채 처음으로 코칭을 진행할 때, 이와 비슷한 일들이 가끔 생긴다. 유도 질문은 그 자체가 대답하는 사람에게 어떤 정보를 주는 것이어서 이미 '오염된 질문'이다.[38] 따라서 유능한 코치가 되기 위해서는 유도 질문을 사용하지 않도록 철저하게 주의해야 한다.

---

37) 박정영(2022). 3Cs II(중급과정) Plus. 질문하기 2-2에서 발췌, 인용.

38) 거짓말 탐지기 전문가들 사이에서는 유도 질문이 대답하는 사람에게 어떤 정보를 주입하기 때문에 '오염된 질문'이라는 은어를 사용한다. 도로시 리즈(노혜숙 역, 2016). 질문의 7가지 힘. 서울: 더난출판사. 49에서 발췌, 인용.

4) 변명하게 만드는 질문[39]

코치가 고객에게 던진 질문이 결과적으로 고객의 변명으로 이어지는 것은 바람직하지 못하다. 이런 질문은 고객이 반성하거나 개선하기보다는 그를 도망가게 만든다. 코치가 아무리 좋은 표정을 지으면서 이런 질문을 하더라도 고객이 대답할 수 있는 것은 변명뿐이다. 다음과 같은 질문이 이런 예에 속한다.

- "계속해서 약속한 코칭 시간보다 늦게 오시는 건가요?"
- "약속한 실행계획을 하지 못한 이유는 무엇입니까?"
- "어떻게 코칭 시간을 잊어버릴 수 있습니까?"

5) 수치심을 느끼게 하는 질문

코칭에서 코치가 고객에게 질문하는 것이 코치 자신의 권한이라도 되는 것처럼 생각하고, 마치 무기를 사용하듯이 질문하는 것은 결코 바람직하지 못하다. 이런 질문은 고객의 긍정적인 반응을 얻기보다는 고객의 부정적인 감정을 점점 키울 수밖에 없다. 이럴 때 코칭 대화는 지리멸렬해지고, 논리적인 방향으로 돌아가기 어려워진다. 고객은 결국 수치심을 느껴서 마음에 상처를 입거나 코칭을 중단하는 결정을 내리게 된다. 다음과 같은 질문이 이런 예에 속한다.

- "도대체 무슨 생각을 하신 겁니까?"
- "지금 정신을 똑바로 차리고 있는 건가요?"
- "어떻게 그런 일을 할 수 있습니까?"

3. 질문과 학습 코칭

1) 학습 코칭에서 질문의 중요성

질문은 모든 코칭 분야에서 중요하게 사용되는 핵심기술이다. 코치가 적절하고 바람직한 질문을 하면, 고객은 자신의 이슈를 해결할 창의적인 아이디어를 내고 그것을 생산적인 방향으로 연결하는 데 큰 도움을 얻는다. 특히, 청소년, 대학생과 청년을 대상으로 진행되는 청소년 코칭, 학습 코칭 그리고 커리어 코칭에서 질문의 중요성은 아무리 강조해도 지나치지 않다.

일반적으로 교사의 질문은 목적에 따라 학생의 현재 상태를 알기 위해 던지는 시험적 질문, 지식을 활성화하기 위해 던지는 질문, 그리고 새로운 세계로의 전환을 가져오는 질문 등으로

39) 도로시 리즈(노혜숙 역, 2016). 앞의 책. 118-119에서 발췌, 인용.

구분할 수 있다.[40] 우리의 교육 현장은 질문에 관한 한 문제가 없지 않다. 특히, 학생들에게 던지는 의미있는 질문 즉, 세 번째 유형에 속하는 고착화한 사고를 깨뜨리고 전환하는 데 필요한 질문은 사라진 지 이미 오래되었다. 교실이나 강의실에 있는 학생들은 자기의 생각을 표현하고, 자신의 상상력을 동원하여 대답하는 데 익숙하지 않다. 오히려 주어진 예문 가운데 하나를 고르는 객관식 질문과 단답형 대답을 요구하는 질문에 익숙해 있다. 부모나 교사, 또는 교수가 요구하는 대답을 앵무새처럼 이야기하거나 설령 대답하더라도 "예", "아니오"라는 식의 단답형일 경우가 많다. 어떤 때는 아예 대답조차 하지 않아 부모나 교사, 또는 교수들을 답답하게 만드는 경우도 많다. 그러다 보니 학생들은 자신의 미래와 비전에 대해 스스로 생각할 겨를이 없고, 공부가 필요한 이유에 대해 진지하게 생각해 볼 필요성을 느끼지 못한다. 자신의 삶을 스스로 돌아볼 기회를 지니지 못하는 것이다.

도대체 어디에 문제가 있는 것일까? 이런 현상이 나타날 수밖에 없는 원인은 무엇일까? 그 대답은 의외로 간단하다. 부모나 교사, 또는 교수가 제대로 질문하지 않기 때문이다. 즉, 자녀와 학생들이 지닌 무한한 가능성과 상상력을 자극하는 적절한 질문을 하지 않기 때문이다. 부모는 자녀가 좋은 대학으로 진학하는 것에만 모든 초점을 맞추고, 어린 시절부터 자녀들을 압박한다. 교사는 학생들이 정말 하고 싶은 일이 무엇인지에 대해 진지하게 질문하지 않는다. 교수들은 연구와 취업률 제고에 몰두한 나머지 대학생들의 일상생활이나 인생에 대해 별로 질문하지 않는다. 그러니 청소년과 대학생들의 마음속 깊은 곳에 있는 잠재의식을 자극하지 않은 채, 같은 대답만을 인정하고 강요하는 풍토가 생길 수밖에 없다. 결과적으로 이런 분위기 속에서 창의성을 지닌 인재들을 키워내기가 어렵게 된다.

2) 창의성과 질문의 힘

창의성은 누구나 갈구하지만, 쉽사리 손에 잡히는 것이 아니다. 인류의 역사를 바꾼 세계적으로 유명한 과학자들이 놀라운 창의력을 발휘할 수 있었던 이유는 무엇인가? 그들의 기발한 아이디어는 어디서 오는 것인가? 어떻게 하면 창의성을 자극할 수 있을까? 이런 질문들은 쉽게 해결하기 어려운 마치 수수께끼와도 같은 것이다.

하지만, 창의적인 아이디어를 내고, 그것을 생산적인 방향으로 연결하는 데 사용할 수 있는 특별한 기술들이 있는데, 그 가운데 가장 잘 알려진 방법이 '브레인스토밍'(brain storming)이다.[41] 그런데 이 방법을 진행할 때, 가장 핵심적인 것이 '질문'이다. 즉, 브레인스토밍은 질문의

40) 전숙경(2010). 수업언어로서의 질문에 대한 이해. **교육철학**, 50, 165-187.

41) 브레인스토밍은 집단적 창의적 발상 기법으로, 어떤 집단에 속한 구성원들이 자발적이고 자연스럽게 제시된 아이디어 목록을 통해서 특정한 문제에 대한 해답을 찾고자 노력하는 것을 말한다. 다시 말하면, 이것은 어떤 주제나 문제점에 대해 개방적인 방식으로 수많은 아이디어(엉뚱하기도 하고, 어리석기도 하며, 독창적이고 재

힘을 활용해서 참가자들의 창의성을 자극하는 것이다. 에디슨이나 빌 게이츠의 창의력이 어디에서 나오는지 살펴보면 여러 가지 이유가 있겠지만, 본인은 그들에게 '의미있는 타자'가 던지는 질문이 중요한 역할을 했다고 생각한다. 브레인스토밍은 혼자서 진행할 수도 있다.

지금 학습 코칭의 주된 고객인 청소년과 청년들이 살아갈 세상에서는 생각하고 학습하며, 적응하고 성장하는 일이 더욱 절실히 요구된다. 그러나 이들에게 요구되는 능력과 기술이 아무리 변화한다고 해도 한 가지 변하지 않는 것은 '질문의 힘'이다. 미래를 이끌어 갈 리더가 한없이 지녀야 할 것은 '생각하는 힘'이고, 이것은 바로 질문에서 시작된다.

우리의 젊은 미래 세대에게 당장 필요한 것은 그들의 미래와 하고 싶은 일 등에 대해 진지하고 적질하게 질문하는 것이다. 그들이 더 창의적인 의견을 내고 그것을 효과적인 방향으로 연결하는 데 필요한 것은 질문이다. 그리고 그들의 대답을 경청하고 효과적으로 피드백해 주는 것이 필요하다. 이런 우리의 현실을 극복하는 의미있는 대안 가운데 하나는 부모, 교사 그리고 교수가 적절하게 질문하고, 자녀나 학생들의 대답을 헌신적으로 경청하며, 효과적으로 피드백해 주는 기술을 배우는 것이다. 그것이 바로 청소년들과 청년들을 대상으로 진행되는 학습 코칭, 그리고 커리어 코칭의 핵심이다.

3) 학습 코치의 질문과 고객의 생각 없는 대답

학습 코칭에서 코치가 가장 당황하기 쉬운 것 가운데 하나가 코치의 질문에 대해 "생각해 보지 않았는데요?"라고 대답하는 젊은 고객을 만났을 때이다. 정말 난감해서 다음 코칭 대화를 어떻게 이어갈지 당황스러웠던 경험을 겪었던 코치들이 너러 있을 것이다. 물론 유능한 코치라면, 저마다 그런 상황을 돌파하는 지혜와 대처 방법이 있을 것이다. 여기에서 그것들에 관한 필자의 견해를 덧대는 것보다 코칭 현장에서 '생각하기 싫어하는 사람'을 만날 수밖에 없는 작금의 상황에 대해 코치가 먼저 이해할 것을 제안한다. 특히, 청소년을 대상으로 진행되는 학습 코칭 진행 현장에서 이런 상황을 만날 때, 그들의 가능성과 잠재력을 의심하면서 먼저 실망하고 포기할 것이 아니라, 그들이 처한 다음과 같은 상황을 먼저 이해하는 것이[42] 학습 코칭 진행에 도움이 될 것이다.

첫째, 전반적으로 현대인들은 생각할 수 없는 상황에 살고 있다. 현대인들은 하루 내내 소리와 영상에 둘러싸여 지내기 때문에 스스로 생각할 수 없다. 길을 걸으며 CD 플레이어(Player)의 음악을 듣고, 귀에는 헤드폰이나 이어폰을 꽂고 다닌다. 사람이 아닌 컴퓨터와 대화하고, 공원에 나갈 때도 휴대폰을 들고 나간다. 휴식을 취할 때조차 텔레비전이나 영화를 보러 간다.

기발랄하기도 한 의견들)를 끌어내기 위한 그룹 토론 방법이다. 위키백과사전(2022). 브레인스토밍(https://ko.wikipedia.org/wiki/, 2022년 2월 접속)

42) 도로시 리즈(노혜숙 역, 2016). 질문의 7가지 힘. 서울: 더난출판사. 68-73에서 발췌, 인용.

그러니 생각할 수 있는 시간이나 여유가 있겠는가?

둘째, 오락거리가 너무 많거나 인터넷이 많은 것을 해결해 준다. 주변에 오락 게임, 동영상, 영화, 드라마, 만화, 웹툰 등등 즐길거리가 얼마든지 있는데, 굳이 생각할 시간이 어디 있겠는가? 그리고 해결해야 할 어떤 문제가 생겼을 때, 검색창에 간단하게 몇 글자 적어 넣으면 즉각적인 해결책과 신속한 결정에 도움이 되는 것들을 찾을 수 있는데, 굳이 깊이 고민하거나 생각할 필요가 없어진 것이다.

셋째, 생각하는 것은 시간과 에너지가 필요한 일이다. 차라리 생각하지 않는 것이 생각하는 일보다 더 쉽다고 생각한다. 생각한다는 것은 가끔 변화를 요구한다. 변화는 때때로 고통스럽기 때문에 이미 익숙한 현실에 안주하거나 기존의 방식을 되풀이한다. 그래서 이렇게 대답한다. "아직 생각해 보지 않았는데요. 그 문제는 다음에 생각해 봐야죠."

마지막, 스스로 똑똑하다고 생각하지 않는다. 현대인들 가운데 열등감을 느끼는 사람이 의외로 많다. 인간이라면 누구나 생각할 줄 알지만, '사상가'나 '철학자'는 따로 있다고 생각한다. 하지만 그들도 우리 모두 지닌 것과 같은 도구, 즉 '질문'으로 시작한 사람들이다. 천재들만 생각하는 것은 아니다. 단지 흥미롭고 도전적인 질문을 받아도 그 답을 찾기 위해 노력할 자세만 되어 있다면, 누구나 대답할 수 있다.

이런 상황에 놓인 것은 학습 코칭 현장에서 자주 만나는 청소년들이나 대학생, 그리고 청년들도 결코 예외가 아니다. 그러니 전문코치라면, 자신의 질문에 대해 "생각해 보지 않았다"라고 대답하는 고객의 응대를 당황스럽게 생각할 것이 아니라, 젊은 현대인들인 그들도 그런 상황에 놓여 있다는 현실을 인정하는 것이 더 나은 상황 전개에 훨씬 도움이 될 것이다.

9.1 피드백의 개념과 내용

1. 피드백의 정의

피드백(feedback)은 일반적으로 '어떤 사람이 수행한 행동의 결과의 효과성에 대한 직접적이고 정확한 정보를 알 수 있는 정도'라고 정의할 수 있다.[1] 피드백은 다양한 학문에서 원용되는 개념이다. 예컨대, 생물학에서는 '되먹임'을 의미하고, 심리학이나 교육학의 측면에서는 행동이나 반응을 그 결과를 참고로 수정하고 더욱 적절한 것으로 만들어 가는 방법을 말하며,[2] '환류'라고도 표현한다. 공학에서는 입력과 출력이 있는 시스템에서 출력된 결과를 입력 쪽에 되돌려 출력한다는 의미로 사용되고 있고, 고객 서비스와 관련해서는 고객 응대 서비스를 제공한 다음에 고객의 만족도를 확인하는 의미로 사용되고 있다.

이 개념을 코칭에 적용하면, 피드백은 '고객의 말과 행동에 대해 코치가 구체적으로 표현해 줌으로써, 고객이 앞으로 어떻게 행동해야 할지에 대해 동기를 부여하는 것'이다. 좁은 의미에서 피드백은 고객이 특정한 상황에서 무엇을 어떻게 했는지를 되새기면서 공유하는 것이고, 넓은 의미에서는 고객의 생각, 행동으로 현재와 미래에 자신의 영향력을 확대하고 강조하도록 돕는 것이다.[3] 다시 말하면, 피드백은 코치가 고객에게 무엇을 잘 하고 있는지, 어떤 점이 뛰어나고 탁월한지, 그리고 자신의 행동을 고치고 발전하기 위해서 무엇을 해야 할지에 대해 말해주는 것이다. 이처럼 피드백은 구체적인 문제를 다루고, 확실한 내용을 포함하며, 그 이후의 행동 또는 개선 방향을 보여줄 때 효과적이다.[4]

1) 박상언 · 정범구 · 김주엽 · 송계충(2020). 조직행위론(제5판). 서울: 경문사. 466에서 발췌, 인용.
2) 옥스퍼드사전(2022). 피드백(https://languages.oup.com/google-dictionary-ko/, 2022년 2월 접속.
3) 이소희 · 길영환 · 도미향 · 김혜연(2014). 코칭학개론. 서울: 도서출판 신정. 288에서 발췌, 인용.
4) 게리 콜린스(양형주 · 이규창 역, 2011). 게리 콜린스의 코칭 바이블. 서울: 한국기독학생회출판부. 147에서 발췌, 인용; 조성진(2020). 코칭과 경력개발. 경기: 양성원. 127에서 발췌, 인용.

피드백(feedback)은 대단한 효과를 발휘할 수 있다. 피드백을 기꺼이 원하고 받아들이는 사람은 자신의 역량을 한층 높일 수 있다. 피드백이 없으면 사람과 사람 사이에 의미있는 관계를 형성하기가 어렵다. 그래서 어떤 사람은 피드백하지 않고 살아가는 것은 눈을 감은 채로 세상을 살아가는 것과 마찬가지라고 말하기도 한다.[5)]

제대로 된 피드백을 받으면 업무를 수행하는 데 있어 나타나는 장단점을 효과적으로 파악할 수 있다. 피드백을 통해 자신이 미처 알고 있지 못했던 사실을 새롭게 파악할 수도 있다. 직장생활, 스포츠, 학습 등 삶의 모든 측면에서 계속해서 발전하기 위해서는 수준 높고 적절한 피드백이 필수적이다. 수준 높은 피드백을 제공하는 것은 특정한 기법이나 기술에 얽매이는 것이 아니라, 상대방을 진심으로 소중하게 여기고 그에게 현재 있는 그대로의 모습을 말하는 것이다. 궁극적으로 수준 높은 피드백은 인생을 풍요롭고 매력적으로 만든다. 그러나 다른 한편, 많은 사람이 자신의 의지나 능력에 비해 너무 많은 피드백을 받기도 한다. 책, 논문, 친구, 직장동료, 상사, 배우자, 자녀를 포함한 수많은 정보원으로부터 피드백을 받는다. 그러다 보니 방어적 자세를 취하면서 상대방을 비난하거나 피드백을 무시하고 이해하려 하지 않는 행동을 보이기도 한다.

2. 피드백의 내용

코칭에서 피드백은 고객의 일반적이고 구체적인 성과, 태도나 행위 및 미래의 잠재력과 가능성 등 다양한 내용을 중심으로 진행된다. 구체적으로 살펴보면, 다음과 같다.

1) 일반적이고 구체적인 성과[6)]

코치의 가장 큰 역할 가운데 하나는 고객이 이룬 성과를 객관적으로 관찰하고, 그것을 토대로 적절한 피드백을 해 주는 것이다. 코치가 고객의 이야기를 듣고 적절하고 진심어린 피드백을 해 준다면, 고객은 그 피드백을 받아들일 것이다. 이때 피드백을 제대로 해 주려면, 코치가 고객의 구체적인 성과를 정확히 관찰하는 것이 무엇보다 중요하다. 피드백은 구체적이고 객관적인 사실과 성과에 바탕을 두어야 한다. 예컨대, 금연을 주제로 진행하는 코칭에서 코치는 "지난주 동안 많은 유혹이 있었을 텐데 흡연 횟수를 주 3회로 줄이셨다니 정말 잘 하셨습니다. 진심으로 응원과 함께 박수를 보냅니다."라는 피드백을 해 줄 수 있다. 마찬가지로 체중 감량을 주제로 진행하는 코칭이라면 코치는 "지난 한 주 내내 매일 30분씩 줄넘기를 거르지 않고

5) 조성진(2008). **코칭ABC**. 서울: 도서출판 심포지움. 173에서 발췌, 인용; 조성진(2020). **코칭과 경력개발**. 경기: 양성원. 127에서 발췌, 인용.

6) 조성진(2008). 앞의 책. 174에서 발췌, 인용; 조성진(2020). 앞의 책. 128에서 발췌, 인용.

계속하셨다니 그 노력에 박수를 보냅니다. 이런 추세라면 우리가 목표하는 기간 내에 원하는 만큼 감량을 할 수 있을 것 같습니다."라는 피드백을 해 줄 수도 있다. 이처럼 고객이 이룬 구체적인 성과에 대해 피드백을 해 줄 때, 그 피드백이 의미가 있다.

이때 주목해야 할 것은 고객이 이룬 성과를 어떻게 알 수 있느냐는 것인데, 그 방법은 여러 가지이다. 가장 흔히 사용할 수 있는 방법은 고객을 직접 보거나 코칭 대화 속에서 직접 확인하는 것이다. 즉, 고객을 직접 보고 그가 이룩한 성과를 확인하거나 코치의 질문에 대한 고객의 대답을 통해 그가 이룬 성과를 확인할 수 있다. 예컨대, 체중관리 코칭의 경우는 고객의 변화된 모습을 직접 확인할 수 있어서 그가 이룩한 성과를 비교적 쉽게 확인할 수 있다. 다른 코칭의 경우는 코치가 고객에게 "지난 한 주 내내 어떤 의미있는 변화가 있으셨습니까?"라고 질문을 던짐으로써 고객이 이룬 성과를 직접 확인할 수 있다.[7]

그런데 질문을 통해 고객이 이룩한 성과를 확인하고자 할 때, 고객이 자신이 이룬 성과를 과장하거나 속일 가능성도 있다. 이런 일이 몇 차례 반복되면 코칭의 효과가 반감될 수 있다. 그것을 확인하면 코치는 고민하기 시작한다. 그러나 잘 생각해 보면 이런 경우 코칭의 효과를 누릴 수 없는 일차적인 책임은 바로 고객에게 있다. 의미있는 코칭이 되려면, 코치는 코칭을 시작하기 전에 고객 자신이 정한 계획을 실행하는 것이 매우 중요하고, 그에 대해 진실만을 말하는 것이 아주 중요하다는 것을 잘 이해할 수 있도록 고객에게 설명해 주어야 한다. 그러나 다른 한편, 고객이 자신이 이룬 성과를 과장하거나 속이더라도, 코치는 실제 코칭 속에서 진실을 알 수 있을 만한 단서를 얼마든지 찾을 수 있다. 뒤에서 설명할 직관기술을 익히고 코칭에 대한 경험이 많아지면, 이 문제는 어느 정도 해결된다.

2) 태도나 행위[8]

가끔 고객이 직면하는 문제 가운데 그의 태도나 행위에 직접 관련된 것이 있는데, 이 경우에도 코치는 그에게 적절한 피드백을 해 줄 수 있다. 특히, 대인관계에 문제가 있어 어려움을 겪는 고객의 경우에는 일정 기간 그의 태도와 행위를 객관적으로 관찰함으로써 적절한 피드백을 해 줄 수 있다. 이 경우 코치는 고객의 언어적 메시지뿐만 아니라 비언어적 메시지 즉, 행동, 표정, 태도 등의 변화를 수시로 파악하여 의미있는 피드백을 해 줄 수 있다.[9] 예컨대, "당신의 그런 세심한 배려가 부하의 자신감을 높이는 데 상당한 도움이 된다고 생각합니다.", "어머님의 그런 따스한 눈빛과 손길이 아드님의 마음을 푸는 데 좋은 역할을 한다고 생각합니다.", "당신의 세심한 관심과 작은 배려가 여자 친구의 마음을 움직이는 하나의 요인이라 생각합니다." 등

7) 조성진(2008). 코칭ABC. 서울: 도서출판 심포지움. 175에서 발췌, 인용.
8) 조성진(2008). 앞의 책. 176에서 발췌, 인용; 조성진(2020). 코칭과 경력개발. 경기: 양성원. 129에서 발췌, 인용.
9) 조성진(2008). 위의 책. 176에서 발췌, 인용.

과 같이 고객이 행하고 있는 태도나 행위에 대해 구체적으로 피드백해 줄 수 있다.

그런데 직접적인 피드백이 긍정적일 경우는 별다른 문제가 발생하지 않지만, 부정적인 피드백일 경우는 약간의 위험성을 동반한다. 특히, 후자의 경우에는 코치와 고객 사이에 신뢰가 충분히 형성되어 있어야 가능하다는 것을 항상 명심해야 한다.

3) 미래의 잠재력과 가능성[10)]

코치는 고객의 미래의 잠재력에 대해서도 피드백을 해 줄 수 있다. 코칭은 고객의 가능성과 잠재력을 최대한 발휘하도록 지원하는 것이다. 이때 고객의 개인적 포부와 희망을 분명하게 밝히도록 하는 것은 그가 코칭에 적극적으로 임하도록 할 뿐만 아니라, 자신의 성장과 발전을 위한 학습에도 관심을 지니게 한다. 따라서 코치는 코칭을 진행하면서 고객이 가지고 있는 여러 가지 장점과 특징 가운데 그의 성장과 발전에 도움이 될 만한 요소를 정확하게 피드백을 해 주어야 한다. 예컨대, "그런 적극적인 자세가 앞으로 당신의 성장에 있어 중요한 역할을 한다고 생각합니다."라고 피드백을 해주는 것이다. 한편, 고객이 자신의 약점과 단점에 너무 집착해서 자신을 한없이 무능하고 쓸모없는 사람으로 인식하고 있을 때도 그의 장점과 미래의 잠재력을 발견할 수 있도록 다양하고 적절한 피드백을 해 주어야 한다.

이처럼 코치는 코칭을 진행하면서 고객에게 내재한 가능성과 잠재력을 발견하고, 그것을 피드백해 주어야 한다. 실제로 고객이 발견하지 못한 많은 것에 대해서도 피드백해 줄 수 있다. 특히, 자신의 무한한 가능성과 잠재력을 마음껏 발휘하지 못하는 환경이나 경직된 문화 속에서 성장한 사람들의 경우에는 이런 피드백이 무엇보다도 중요하다. 따라서 코치는 고객이 가지고 있는 미래의 잠재력에 대해 피드백을 해 주는 것에 인색하지 말아야 한다. 특히, 자라나는 청소년이나 대학생 그리고 청년들을 대상으로 코칭을 진행할 때, 이런 피드백의 중요성은 아무리 강조해도 지나치지 않다.

9.2 피드백의 종류

피드백의 종류(유형)에는 여러 가지가 있다. 로라 휘트워스(Whitworth, L.) 등은 피드백을 다섯 가지 종류로 나누고, 사람들에게 전혀 도움이 되지 않은 불평과 같은 피드백부터 가장 유익

10) 조성진(2008). 코칭ABC. 서울: 도서출판 심포지움. 177-178에서 발췌, 인용; 조성진(2020). 코칭과 경력개발. 경기: 양성원. 129에서 발췌, 인용.

하고 생산적인 성과를 촉진하는 데 도움이 되는 피드백의 종류를 소개하고 있다.[11] 리처드 윌리엄스(Williams, R.)는 피드백의 종류를 의사소통의 긍정적인 에너지에 바탕을 둔 지지적 피드백, 기존에 형성된 관계를 개선해 나가는 데 유용한 교정적 피드백, 맺고 있는 관계에 부정적인 영향을 끼치는 학대적 피드백 및 그보다 더 학대적인 무의미한 피드백으로 나누어 설명하고 있다.[12] 한편, 맥스 랜즈버그(Landsburg, M.)는 피드백을 긍정적인 피드백, 부정적인 피드백 및 건설적인 피드백으로 나누어 설명하고 있다.[13] 여기에서는 이들의 논의와 본인의 현장 코칭 경험 등을 종합하여 피드백을 크게 세 가지로 나누어 설명하고자 한다.

1. 지지적 피드백

'지지적 피드백'(supportive feedback)은 '긍정적인 에너지에 바탕을 두고, 고객의 견해를 존중하고, 배려하며, 격려하고, 지지하는 것'이다. 그리고 고객이 자신감을 지니도록 그가 실행한 것을 인정하고, 칭찬하는 것이다.[14] 간단히 말해, 고객이 잘한 점을 칭찬하고, 긍정적으로 지지한다. 이처럼 코치는 고객이 좋은 행동을 강화할 수 있도록 그의 행동을 격려하고 지지하는 강력한 피드백을 해 준다. 지지적 피드백은 긍정적인 측면을 강화하는 차원에서 '긍정적 피드백'(positive feedback)이라고도 할 수 있다.

지지적 피드백의 대표적인 경우가 '칭찬'과 '인정'이다. 대부분 사람은 자신이 칭찬과 인정을 하는 데 필요한 것을 잘 알고 있다고 생각하지만, 사실은 그렇지 않은 경우가 많다. 칭찬과 인정에 관한 한, 코치는 다른 사람들과 생각이 달라야 한다. 코치는 칭찬하고 인정하는 연습을 많이 해야 한다. 적절하게 칭찬하고 인정하는 것에 인색하지 말아야 한다. 여기에서는 칭찬과 인정에 대해 간단하게 언급하고, 다음 절에서 구체적으로 설명하기로 한다.

1) 칭찬

칭찬은 '고객이 긍정적인 행동을 했을 때, 그 행동 및 행동의 결과를 구체적으로 언급하면서 신뢰와 감사를 표현하는 것'이다. 칭찬은 고객이 자신감을 지니게 하고, 동기를 부여하며, 좋은

---

11) Whitworth, L., Karen Kimsey-House, Henry Kimsey-House, & Sandahl, P.(2007). *Co-Active Coaching*. California: Davis-Black Publishing. 189-192에서 발췌, 인용.

12) Williams, R. L.(2007). *Tell Me How I'm Doing: A Fable About the Importance of Giving Feedback*. Harper Collins Publishers. (이민주 역, 2012. **피드백 이야기**. 서울: 토네이도. 39-49에서 발췌, 재인용).

13) 맥스 랜즈버그(김명렬 역, 2003). **코칭 경영의 道**. 서울: 도서출판 푸른솔. 51-52에서 재인용; Landsburg, M.(1997). *The Tao of Coaching: Boost Your Effectiveness by Inspiring Those Around You*. UNKNO.

14) 이소희 외(2014). **코칭학개론**. 서울: 도서출판 신정. 289-290에서 발췌, 인용; 조성진(2008). **코칭ABC**. 서울: 도서출판 심포지움. 178-180에서 발췌, 인용; 조성진(2020). **코칭과 경력개발**. 경기: 양성원. 129-131에서 발췌, 인용.

행동을 계속해서 반복하도록 자극한다. 다음과 같은 표현들을 사용하면서 고객을 칭찬할 수 있다.

- "지난 한 주 내내 어려운 상황에서도 약속을 잘 실천해 주셔서 감사합니다."
- "지난주 약속한 것을 모두 지켰다니 정말 잘 하셨습니다. 감사합니다."
- "따님과 여러 차례 대화를 시도하셨다니 정말 잘 하셨습니다."
- "부하직원과 진심어린 대화를 나누기 위해 여러 번 만나셨다니 정말 대단하십니다."
- "그렇게 복잡한 일을 간단하게 처리한 것을 보니 정말 대단하십니다. 축하합니다."

그런데 칭찬을 할 때 주의해야 할 점이 있는데, 사실에 근거하여 칭찬해야 한다는 것이다. 진실하지 못하거나 쓸데없는 칭찬은 효과가 없으며, 코칭에 도움이 되지 않는다. 아무런 근거 없는 행동에 대해 사람들이 경계하듯이, 거짓되고 진실하지 못한 칭찬은 고객에게 어떤 좋은 느낌을 주지 못한다. 그런 경우 칭찬의 가치는 떨어지고, 코치와 고객 사이에 쌓인 신뢰는 점점 무너지기 시작한다. 막연한 칭찬도 무의미하며, 잘못한 부분이나 바람직하지 않은 행동까지 칭찬으로 무마하는 것도 좋은 피드백은 아니다. 정리하면, 칭찬은 사실에 근거하여 즉각적으로 하되 진실하고 공정해야 한다.

2) 인정

이것은 근본적인 인식을 의미하는 것으로, 고객의 존재 자체를 인정해 주는 것이다. 인정은 '코치가 고객의 행동이 무엇을 의미하며, 얼마만큼 마음의 대가를 치르게 하는지, 그리고 고객에 대해 무엇을 이해했는지를 고객에게 전달하는 것'이다.[15] 결국, 고객을 인정하는 것은 그의 자존감을 높여주고, 신뢰를 강화하며, 고객의 행동을 촉진하고, 고객이 자신의 가치를 느끼는 데 도움을 주는 효과가 있다. 다음과 같은 표현들을 사용할 수 있다.

- "오늘 정말 기분이 좋으신 것 같습니다."
- "오늘은 얼굴이 정말 밝아 보입니다."
- "목소리가 한층 높아지신 것을 보니 기분이 좋으신 모양입니다."
- "자녀와의 관계가 많이 호전되셔서 그런지 얼굴이 훨씬 환해 보입니다."

요약하면, 코칭에서 지지적인 피드백은 사실에 바탕을 두고 진행하되, 고객의 잠재력과 가능성 및 능력에 대한 확신을 높이고, 고객의 성장과 발전 가능성을 이끄는 피드백이 되어야 한

---

15) 이언 맥더모트 · 웬디 제이고(박정길 · 최소영 역, 2007). 코칭 바이블. 서울: 웅진윙스. 194에서 발췌, 인용; 조성진(2020). 코칭과 경력개발. 경기: 양성원. 130-131에서 발췌, 인용.

다. 코치는 이 점을 분명하게 인식하고, 코칭에서 잘 적용하도록 끊임없이 연습해야 한다.

2. 교정적 피드백

코칭을 진행하는 과정에서 고객이 약속한 사항을 지키지 않고 충분히 성실하지 못하거나 자신의 신념에 따라 살지 않는다고 느낄 때, 코치는 적절하게 고객을 자극할 필요가 있다. '교정적 피드백'(corrective feedback)은 '고객이 개선해 나가야 할 부분을 구체적으로 언급함으로써 그것을 적절하게 고쳐나가는 데 도움을 주는 피드백'이다.[16] 잘못된 점을 지적하고, 고객의 발전을 위해 앞으로 어떻게 바꿀지를 언급하는 것이다. 이런 측면에서 교정적 피드백은 '부정적 피드백'(negative feedback)이라고도 할 수 있다. 앞서 언급한 지지적 피드백이 긍정적인 행동의 반복에 목적이 있다면, 교정적 피드백은 행동의 변화에 그 목적이 있다.

그런데 교정적 피드백은 비난하거나 비판하려는 것이 아니므로, 한 개인이나 개인의 잘못에 초점을 맞추는 것이 아니라, 문제 자체에 초점을 맞추어 정중하게 해야 한다.[17] 실제로 많은 훈련과 연습 없이 코칭에서 교정적 피드백을 하는 것은 비난이나 질책이 되기 때문에 주의해야 한다. 따라서 교정적 피드백은 아주 조심스럽게 다루어야 하며, 성장과 발전을 위한 방법이 함께 제시되어야 한다. 그러므로 코치는 교정적 피드백을 해 줄 때, 고객에게 좌절감을 주지 않고, 냉소적이지 않도록 아주 조심스럽게 다루어야 한다.

교정적 피드백과 비슷한 역할을 하는 개념으로 '중립적 피드백'(neutral feedback)을 제안하는 때도 있다. 이것은 코치 자신의 가치나 판단이 배제된 객관적인 피드백으로서, 고객이 코칭에 몰입하지 않거나 코칭 주제와 관련하여 고객의 언행에 모순이 있을 때 활용한다. 이때 코치가 주의할 것은 고객의 말을 섣불리 해석하거나 판단하지 말고, 잘못을 지적해서 추궁하거나 고객이 시인하도록 강요하지 않도록 하고, 부드럽고 친절하게 명확한 언어를 사용해야 한다.[18]

3. 건설적 피드백

건설적 피드백(constructive feedback)은 앞서 설명한 두 가지 피드백과 결이 약간 다르다. 이것은 긍정적이거나 부정적인 측면을 강조하기보다 코치와 고객이 더 잘 할 수 있는 에너지와 방법을 공유한다는 측면을 강조한 피드백이다.

16) 조성진(2008). 코칭ABC. 서울: 도서출판 심포지움. 180에서 발췌, 인용; 조성진(2020). 코칭과 경력개발. 경기: 양성원. 131-133에서 발췌, 인용.

17) 게리 콜린스(양형주 · 이규창 역, 2011). 게리 콜린스의 코칭 바이블. 서울: 한국기독학생회출판부. 275에서 발췌, 인용.

18) 박윤희(2012). 커리어코칭 입문. 서울: ㈜시그마북스. 196-198에서 발췌, 인용.

랜즈버그(Landsburg, M.)는 이와 관련하여 세 가지 방법 즉, 'A · I · D' 방법을 제안하고 있다.[19] 먼저, 'A'는 행동(action)을 말한다. 이것은 고객의 행동을 보고 잘 하고 있는지, 못하고 있는지를 사실적으로 피드백하는 것이다. 다음, 'I'는 영향(influence)을 말하는 것으로, 고객 자신이 한 행동이 가져오는 결과를 알 수 있게 피드백하는 것이다. 마지막, 'D'는 고객의 행동이 바람직한(desire) 결과로 이어지도록 수행할 수 있었던 방법에 대해 피드백해 주는 것이다.

이처럼 코치가 해 주는 피드백이 고객에게 건설적 피드백이 된다면, 고객은 더 나은 성과를 거둘 수 있을 것이다.

9.3 피드백 방법과 유의사항

코칭은 고객이 자신의 가능성과 잠재력을 최대한 발휘하여 자신의 문제를 효과적으로 해결하도록 지원하는 것이다. 좋은 피드백은 고객의 생각을 확장하고, 용기를 주며, 자신감을 심어준다. 그러나 긍정적인 피드백이 없으면 고객이나 부하직원, 또는 팀 구성원들은 영감을 잃고 계속해서 전진하기를 멈출 수도 있다. 따라서 코치는 공감할 수 있고, 구체적이며, 행동에 초점을 맞춘 피드백을 해 주어야 한다. 그러기 위해서 코치는 코칭 대화 중에 지지적 피드백과 교정적 피드백을 적절하게 해 줄 수 있도록 많은 연습을 해야 한다.

1. 피드백 방법

코치가 코칭을 진행하면서 피드백을 제공할 때 유념해야 할 가장 중요한 원칙은 좋은 의도를 가지고 해 주는 것이다. 코치는 관찰자로서 발견할 것들을 분석하여 특정한 유형을 찾고, 그것의 근본 원인과 나타나는 증상들을 구별할 줄 알아야 한다. 그리고 고객에게 무엇을 말해야 고객이 차이를 가져올 수 있는지 자문한 다음, 피드백을 전달할 창조적이고 효과적인 방법을 생각해야 한다. 여러 가지 피드백 방법 가운데 여기에서는 로버트 하그로브(Hargrove, R.)의 견해를 소개하고자 한다. 그에 따르면, 구체적인 피드백을 제공하는 방법은 다음과 같다.[20]

19) 맥스 랜즈버그(김명렬 역, 2003). **코칭 경영의 道**. 서울: 도서출판 푸른솔. 45-50에서 재인용; Landsburg, M.(1997). *The Tao of Coaching: Boost Your Effectiveness by Inspiring Those Around You*. UNKNO.

20) 로버트 하그로브(박재원 외 역, 2006). **불가능한 미래를 성취하는 마스터풀 코칭**. 서울: 김앤김북스. 368-375에서 발췌, 인용.

1) 고객에게 헌신을 선언하면서 시작하기

코치는 고객이 피드백을 위협이 아니라 기회로 보도록 헌신한다는 것을 먼저 선언해야 한다. 그리고 코치 자신이 고객을 얼마나 믿는지도 함께 선언한 후에 코칭을 시작하는 것이 필요하다. 코치가 고객을 위해 헌신하고 있다는 점을 믿고 확신한다면, 고객은 자신에게 전달되는 코치의 피드백을 긍정적인 측면에서 이해할 것이다. 예컨대, 코치는 고객에게 이렇게 말할 수 있다.

- "저(코치)는 당신(고객)이 이 기업에서 커다란 차이를 가져올 강력한 리더가 되는 데 완전히 헌신합니다. 그리고 저는 리더로서 당신의 현재뿐만 아니라 미래의 가능성도 전적으로 믿습니다. 다만, 당신의 리더십 접근방법에는 결여한 한두 가지 작은 것들이 있고, 저는 당신에게 그것들에 대해서 말하고 싶습니다."

2) 개인적 목표와 포부를 제시하도록 만들어 피드백에 관한 관심을 유도하기

개인에게 자신의 포부를 분명하게 밝히도록 요청하는 것은 그들이 적극적인 자세를 지니게 할 뿐만 아니라 피드백과 학습에 관한 관심을 유도하는 데 도움이 된다. 이것은 조직에서도 마찬가지다. 이것은 개인이나 기업의 리더들에게 리더십 특성들을 나열하고, 그 가운데 자신이나 기업의 리더들에게 부족한 것을 찾아서 채워주는 방법보다 훨씬 더 강력하다. 가끔 고객의 불안감을 자극하여 관심을 끌 필요도 있다. 예컨대, 코치는 고객에게 이렇게 말할 수 있다.

- "당신이 바라는 새롭고 강력한 미래를 창조하기 위해서는 피드백과 학습에 마음을 열어야 합니다. 당신은 정직한 피드백을 선물로 여길 마음의 준비가 되어 있습니까?"
- "저는 당신이 팀에 의미 있는 차이 즉, 개선을 가져오길 바란다는 점을 알고 있습니다. 그러나 제가 보기에 당신은 그것을 방해하는 행동을 하고 있습니다."

3) 관찰할 수 있는 행위에 바탕을 두고 평가하기

코치의 큰 역할 가운데 하나는 고객의 행위를 관찰하고, 그것들을 바탕으로 의미 있는 평가를 제공하는 것이다. 이때 코치가 주관적인 경험뿐만 아니라 구체적인 자료에 바탕을 두고 평가하는 것은 전체 코칭 과정에 대한 신뢰를 높이는 중요한 일이다. 코치가 구체적인 예를 바탕으로 고객에게 피드백을 제공한다면, 고객은 그 피드백을 받아들일 가능성이 더욱 커진다. 예컨대, 코치는 고객에게 "당신은 리더로서 위대한 잠재력을 지니고 있습니다."라고 말하는 데 그치지 않고, 당신이 그를 관찰한 것들을 바탕으로 이렇게 말할 수 있다.

- "당신은 구성원들에게 자신의 의견을 솔직하게 말하도록 배려하는 아주 좋은 장점을 갖고 있습니다."
- "당신은 구성원들이 자신의 업무를 수행하는 데 어떤 장점을 잘 활용하고 있는지 분명하게 알고 있고, 그것을 그들에게 효과적으로 전달하는 방법도 잘 알고 있습니다."

4) 고객의 사고와 행동방식과 의도하지 않은 결과를 연결하기

코칭을 진행하다 보면, 자신의 리더십과 관련된 이슈를 제기하는 고객들이 더러 있다. 이때 그들이 고민하며 얘기하는 것의 핵심은 자신의 사고나 행동방식이 전혀 의도하지 않은 결과를 도출했을 때, 그가 겪는 상황이 당황스럽다거나 어려운 심정을 경험했다는 것이다. 이때 코치는 고객에게 이렇게 말할 수 있다.

- "제가 느끼기에 당신의 사고 가운데 무언가가 방해 요인이 되고 있습니다. 당신이 지금과 다르게 생각하는 것에 대해 어떻게 생각하십니까?"
- "제가 느끼기에 당신의 행동방식 가운데 무언가가 걸림돌이 되고 있습니다. 당신이 지금과 다르게 행동할 필요가 있다는 것에 대해 어떻게 생각하십니까?"

5) 자극적인 말을 하겠다고 말하기

가끔 고객 가운데 자신의 이슈를 해결하는 데 도움이 되는 상황을 만드는 데 필요한 약속이나 행동을 지키지 않는 경우를 발견할 때가 있다. 또한, 의미있는 변화를 거부하면서 자신의 관점을 번복하는 고객을 만날 수도 있다. 이때 코치는 그들이 관습적으로 바라보지 않고 새로운 시각으로 현실을 바라보도록 자극적인 말을 하겠다고 얘기하면서 피드백을 제공할 필요가 있다. 예컨대, 코치는 고객에게 이렇게 말할 수 있다.

- "그러면 이제 자극적인 말을 하겠습니다. 스스로 결정한 약속을 지키지 않는 지금과 같은 상황이 계속해서 반복된다면, 이후에 어떤 일이 일어날 것이라고 예상하십니까?"
- "이제 자극적인 말을 좀 하겠습니다. 당신이 오늘 바라는 것의 절반을 타협하고, 나머지 절반은 내일 다시 타협한다면, 다음주에는 당신이 믿는 것이 아무것도 남아 있지 않을 것입니다."

6) 잘못된 것이 아닌 부족한 것에 초점 맞추기

어떤 개인이나 집단에서 무엇이 잘못되었거나 누가 잘못했는지를 지적하는 것은 거의 누구나 할 수 있는 일이다. 그보다 더 어려운 일은 사람이나 조직의 미래 성과에 영향을 끼치는 방식으로 피드백을 제공하는 일이다. 부족한 것을 파악하기 위해서는 단점을 관찰하고 원인과 결과를 구분한 다음, 창의적인 아이디어가 떠오를 때까지 잠시 곰곰이 생각하는 것이다. 예컨대, 코치는 고객에게 이렇게 말할 수 있다.

- "현재 상황을 의미있는 방향으로 바꾸려면, 당신이 개선할 수 있는 부분은 어떤 것입니까?
- "당신의 조직이 정한 목표를 달성하려면, 어떤 방식으로 일을 개선하면 좋겠습니까?"

7) 그 사람이 성취한 것과 함께 그에 대해서도 칭찬하기

대개 사람들은 어떤 일을 성취했을 때, 그 결과에 대해 주목하는 경우가 많다. 그것은 그 행위가 외부로 드러나기 쉽고, 다른 사람도 밖으로 드러난 그의 행위에 집중하기 쉽기 때문이다. 하지만 코치는 사람들이 뛰어나고 독특한 특성을 가진 존재임을 인정함으로써 더 큰 영향을 끼칠 수 있다. 예컨대, 코치는 고객에게 이렇게 말할 수 있다.

- "저는 당신을 인정합니다. 당신이 이렇게 프레젠테이션을 훌륭하게 잘 했다는 것뿐만 아니라 더 뛰어난 사람이 되기 위해 개인적으로 노력하고 헌신하고 있다는 점 또한 인정합니다. 구체적인 예를 들면 다음과 같습니다."

2. 그룹 코칭 시 피드백 제공하기

앞서 설명한 내용은 주로 개인을 대상으로 진행되는 코칭에서 피드백을 제공하는 것에 대한 것이다. 하지만 코치는 코칭을 진행하다 보면 팀이나 집단에 피드백을 제공해야 하는 경우를 맞이할 수도 있다. 주로 '팀 코칭'(team coaching)이나 '그룹 코칭'(group coaching)을 할 때 적용되는 것인데, 이때는 개인에게 제공하는 피드백과 다소 다른 면이 있어서 간단하게 언급하고자 한다.

이 경우는 소규모 팀에서 구성원들이 사고하고 상호작용하는 방식에 초점을 맞추게 된다. 이런 상황에서는 팀이나 집단이 스스로 관찰할 능력을 거의 지니지 못하기 때문에 코치의 피드백이 상당히 도움이 된다. 팀이나 집단을 관찰하는 것은 개인을 관찰하는 것에 비해 훨씬 더 복잡한 경향이 있다. 개별적으로 볼 때는 모두 똑똑하고 지적이며 학습에 헌신하는 것처럼 보이는 사람들이 집단의 구성원 차원에서는 낮은 지적 능력, 일상화된 방어적 행동, 그리고 반(反)학습적 유형을 보이는 경우가 너무나 자주 발생한다.[21] 따라서 이 경우 코치의 객관적인 관찰을 바탕으로 한 피드백은 팀이나 집단의 모습뿐만 아니라 그 속에 있는 구성원 자신을 돌아보

21) 로버트 하그로브(박재원 외 역, 2006). 불가능한 미래를 성취하는 마스터풀 코칭. 서울: 김앤김북스. 375-376에서 발췌, 인용.

는 데 큰 도움을 준다.

개인에게 피드백을 제공하는 경우와 마찬가지로 팀이나 집단을 대상으로 피드백을 제공할 때 중요한 것은 현재 있는 모습 그대로를 구성원들에게 말하고, 그것이 모두의 성장과 발전을 위해 의미 있는 것임을 깨닫도록 돕는 것이다. 이때 코치는 칭찬은 공개적으로 하고, 비판은 가능한 삼가는 것이 좋다.

로버트 하그로브(Hargrove, R.)는 집단에 피드백을 제공하는 것과 관련하여 다음과 같은 흥미로운 6단계 접근방법을 활용하고 있다. 간단하게 살펴보면 다음과 같다.[22)]

1) 단계 1: 핵심 인물을 면담하고 관찰하기

집단을 코칭할 때는 큰 그림뿐만 아니라 작은 그림을 볼 줄 알아야 한다. 팀이나 집단을 대상으로 코칭을 진행할 때는 핵심 인물을 면담하고 관찰하며, 그들에게 팀이나 집단에서 발생하고 있는 일에 대해 어떻게 생각하는지 물어보는 것이 중요하다. 그 핵심 인물과 면담을 하고 나면, 팀이나 집단의 상황을 보여주는 기본적인 패턴을 발견할 수 있으며, 개인에 대해서도 관찰할 수 있다. 이때 다음과 같은 질문을 활용하여 집단 내 사람들의 사고와 행위 패턴 등을 관찰할 수 있다.

- "팀원들과 함께 공유하는 비전을 갖고 있는가?"
- "팀이나 조직을 위한 당신의 개인적인 비전은 무엇인가?"
- "당신은 어떤 유형의 팀이나 집단, 혹은 공동체를 만들고 싶은가?"
- "팀원들이 회의할 때, 생각하고 상호작용하는 방식이 어떻다고 생각하는가?"
- "회의실 밖에서 구성원들의 관계는 어떠한가?"
- "현재 당신의 팀(집단) 내에서 제대로 작동하는 것은 무엇이고, 제대로 작동하기 바라는 것은 무엇인가?"

2) 단계 2: 개인과 집단의 착각에 대한 사람들의 반응 특성에 주의를 기울이기

이것은 사람들이 개인적 · 집단적 착각에 대해 보이는 반응을 주의 깊게 관찰하는 것이다. 팀이나 집단의 구성원들이 자신의 의견을 말할 때 그것을 잘 경청하면, 그들의 행동을 지배하는 기본적인 믿음이나 가정에 대해 많은 통찰력을 얻을 수 있다. 이때 코치가 경청하면서 할 일은 팀이나 집단의 지배 가치를 결정하고 이런 가치들과 일치하지 않는 행위가 어느 부분에서 발생하는지 알아낼 수 있는 질문을 하는 것이다. 코치는 팀이나 집단에 도움이 되지 않는

22) 로버트 하그로브(박재원 외 역, 2006). 불가능한 미래를 성취하는 마스터풀 코칭. 서울: 김앤김북스. 376-380에서 발췌, 인용.

비생산적인 행위에 대해서 열린 마음과 솔직한 심정으로 다음과 같은 질문을 사용할 수 있다.

- "팀 내 사람들이 중요하다고 생각하는 3가지 규범이 있다면 무엇인가?"
- "사람들이 말하는 것과 행동하는 것 사이에 어떤 불일치가 있다고 생각하는가?"
- "사람들의 언행 불일치는 개인적인 행위의 문제라고 보는지, 아니면 집단 전체의 문제라고 생각하는가?"
- "당신의 팀이나 집단 내에서 생산적 행위가 더 필요한 부분이 있다면, 어떤 부분인가?"

3) 단계 3: 행동지도를 활용하여 집단 피드백을 설계하기

팀이나 집단 내 구성원들의 사고방식과 상호작용 방식은 많은 문제와 퍼즐들로 복잡하게 얽혀 있기 마련이다. 구성원들에 대한 면담을 마치면 강력한 통찰력을 얻을 수 있도록 찾아낸 것들을 분석하는 것이 중요하다. 팀이나 집단에 대해 의미 있는 피드백을 제공할 수 있는 좋은 방법 가운데 하나가 '행동지도'(action map)[23]를 활용하는 것이다. 예컨대, 구성원들과 면담을 하면 대개 "비전을 공유하지 않는다.", "우리는 꿈만 꾸고 있다.", "우리 팀은 조종사가 없는 비행기다.", "모두가 자신의 벙커로 숨어버렸다." 등의 표현으로 팀이나 집단에서 발생하는 일들을 단순화시키는 경향이 있다. 대개 이런 의견들은 입증되지 않은 가정에 기초한 것들인 경우가 많다. 그러면 코치는 이런 표현들을 맥락 혹은 배경, 결정과 행동의 기초가 되는 경영 틀(frame), 딜레마와 퍼즐, 행동 전략, 의도치 않은 결과로 잘 분류하고, 각각에 해당하는 표현들을 옮겨 정리한다. 행동지도가 완성되면, 코치는 팀이나 집단에 피드백을 제공하기 위해 그 결과를 설명하면 된다.

4) 단계 4: 리더에게 피드백을 제공하기

코치는 앞에서 분석된 결과를 바탕으로 구성원이나 리더의 행동과 그 행동이 팀이나 집단에 미치는 영향에 대해 피드백을 제공하면 된다. 이때 중요한 것은 해당 구성원이나 리더가 일을 잘 하려는 의도가 있었는데도 팀이나 집단이 겪고 있는 문제에 일정한 영향을 끼쳤을 수도 있다는 점을 깨닫도록 하는 것이다. 그리고 코치는 구성원이나 리더의 태도나 행동이 의도하지 않은 결과를 가져오고 있는 구체적인 예를 보여주면 된다. 이때 해당 구성원이나 리더가 의미 있는 변화를 일으키는 데 헌신하도록 도와주면, 다른 구성원들이 변화에 헌신할 수 있는 여

---

23) '행동지도'는 다섯 가지 항목, 즉 첫째, 맥락 혹은 배경, 둘째, 결정과 행동의 기초가 되는 경영 틀, 셋째, 딜레마나 퍼즐, 넷째, 행동 전략, 마지막, 의도치 않은 결과로 구성된다. 이에 관한 자세한 내용은 다음에 소개하는 책을 참조할 수 있다. 로버트 하그로브(박재원 외 역, 2006). 불가능한 미래를 성취하는 마스터풀 코칭. 서울: 김앤김북스. 378-379에서 발췌, 인용.

지가 더 커질 수 있다.

5) 단계 5: 집단에 피드백을 제공하기

이것은 집단 전체에게 피드백을 제공하는 것이다. 해당 구성원이나 리더에게 피드백을 제공한 후에는 팀이나 집단을 대상으로 피드백을 제공하게 된다. 이때 피드백을 제공하는 코치가 주의할 것은 팀이나 집단에 제공하게 될 정보가 다소 당혹스럽거나 위협적일 수도 있음을 알려주고, 구성원들에게 자동으로 반응하거나 방어적인 자세를 취하지 않도록 요청하는 것이다. 그런 다음 준비된 행동지도를 살펴보면서 가능하면 많은 예를 활용하면서 피드백을 제공하면 된다. 피드백을 마치면, 코치는 참가자들에게 어느 부분에 동의하고 어느 부분에 대해 동의하지 않는지를 질문하고, 그 대답을 경청하면 된다.

6) 단계 6: 무엇이 차이를 가져올지에 대해 집단과 대화 나누기

마지막인 이 단계는 이전과 차이를 가져오게 할 것이 무언인지에 대해 참가자들과 함께 대화하는 것이다. 모든 피드백을 마친 다음, 코치는 분석에서 부족한 것이 무엇이고, 종전과 다른 차이를 가져오게 할 수 있는 것이 무엇인지에 대해 참가자들과 대화를 나누면 된다.

3. 효과적인 피드백

앞서 언급한 방법으로 피드백을 제공해 주면 코칭에서 의미 있는 성과를 거둘 수 있다. 그래서 훌륭한 코치가 되려면, 효과적인 피드백을 제공해 주는 방법을 열심히 연습할 필요가 있다. 여기서 소개하는 사항들은 선행 연구들과 실제 코칭 현장에서 활동하는 전문코치들의 경험을 바탕으로 정리한 것이다.[24)]

- 코치는 적절하고 예의 바른 언어를 사용하여 침착하게 피드백한다.
- 코치는 자신의 느낌을 솔직하게 표현하면서 피드백한다.
- 코치는 눈에 보이거나 평가할 수 있는 구체적인 행동이나 태도에 초점을 두고 피드백한다.
- 고객의 필요와 요구에 맞도록 코치의 생각을 정리하여 피드백한다.
- 고객이 불필요한 추측을 하지 않도록 실제로 일어난 사실대로 피드백한다.
- 눈에 보이거나 평가할 수 있는 구체적인 행동에 초점을 맞추어 피드백한다.
- 어떤 일이 발생한 시점에서 할 수 있는 범위 내에서 신속하게 피드백한다.

24) Williams, R. L.(2007). *Tell Me How I'm Doing: A Fable About the Importance of Giving Feedback*. Harper Collins Publishers(이민주 역, 2012. 피드백 이야기. 서울: 토네이도. 39-49에서 발췌, 인용).

• 지지적 피드백과 교정적 피드백을 균형감 있게 사용하여 피드백한다.
• 감정적이거나 과잉 반응을 보이지 않고 침착하게 피드백한다.
• 피드백에 필요한 효과적인 기술을 사용하여 피드백한다.
• 코치 자신의 스타일에 맞는 방식으로 피드백한다.
• 코치 자신의 느낌을 솔직하게 표현하여 피드백한다.

그 가운데 집중적으로 살펴볼 몇 가지에 대해 구체적으로 소개하면 다음과 같다.[25)]

1) 고객을 도우려는 생각, 행동, 말로써 시작하기

효과적인 피드백을 제공하기 위해서는 기본적으로 고객을 존중하고 배려하는 것이 중요하다. 그리고 코치의 이런 뜻과 마음이 고객에게 충분히 전달되어야 한다. 코치가 이런 모습을 보일 때, 고객은 비로소 코치의 피드백을 잘 받아들이고, 그 피드백의 효과가 나타난다. 물론 고객이 코치가 제공하는 피드백을 받아들이는 반응과 태도도 중요하다. 이것은 전적으로 고객을 도우려는 코치의 진정한 의도, 겉으로 드러나는 행동과 태도, 그리고 고객에게 전해지는 코치의 말의 진정성에 비례한다.

2) '나 전달법' 사용하기

피드백은 코칭을 진행하면서 코치가 생각하고 느낀 것들을 바탕으로 고객에게 제공하는 것이다. 고객은 그런 피드백을 제대로 받아들이지 않고 방어적인 태도를 지닐 수 있다. 이런 상황이 벌어지면, 코치가 제공하는 피드백은 효과를 발휘할 수 없고, 오히려 피드백을 통해 신뢰가 서서히 깨지고 불신이 쌓이는 단서를 제공할 수도 있다. 따라서 코치는 이런 상황이 생기지 않도록 피드백을 제공할 때, 그 전달하는 방법에 대해 상당히 신중해야 한다.

이때 사용하는 좋은 방법 가운데 하나가 '나 전달법'이다. 이것은 고객의 행위를 비난하거나 평가하기보다 고객의 행위가 코치에게 어떤 영향을 미쳤는가를 중심으로 대화하는 것이다. 구체적으로 이것은 코치인 나를 주어로 코치의 느낌이나 감정 및 생각을 표현하는 방법이다. 따라서 코치의 느낌과 감정을 효과적으로 전달할 뿐, 고객을 평가하거나 해석하는 것이 아니어서 고객에게 불쾌감을 주거나 상처를 주지 않는다. 이 방법은 코치의 긍정적인 느낌이나 생각을 고객에게 전달하는 데도 효과적이다.[26)]

25) 이소희 외(2014). 코칭학개론. 서울: 도서출판 신정. 300-303에서 발췌, 인용; 조성진(2020). 코칭과 경력개발. 경기: 양성원. 129-133에서 발췌, 인용.
26) 조성진(2017). 인성 함양과 자기계발: 이해와 실천. 경기: 양성원. 281-282에서 발췌, 인용.

3) 평가보다는 행동과 영향에 대해 논하기

코치가 코칭을 진행하면서 느낀 점을 직접 말하는 것은 좋지 않다. 즉, 피드백을 제공할 때는 코칭 과정에서 관찰한 것을 명확하게 전달하되, 중립적인 언어를 사용하여 비판하지 않는 것이 좋다. 그리고 고객의 그런 행동이 미칠 영향이 어떤 것일지에 대해 말하는 것이 좋다. 대개 사람들은 변화를 원하면서도 그것에 저항하는 경향이 있다. 그리고 어떤 경우이든 자존심에 상처를 입게 되면, 더욱 방어적인 태도를 지닌다. 코치가 피드백을 제공할 때 이런 경우가 발생하지 않도록 하려면, 코치가 관찰할 것을 고객에게 분명하게 전달하되, 고객의 방어기제를 풀 수 있도록 섬세한 주의를 기울여야 한다.

4) 진실하고 솔직하게 얘기하기

코치가 피드백을 제공할 때는 진실하고 솔직하게 말하는 것이 좋다. 그리고 전문용어를 사용하지 않고, 고객이 이해할 수 있는 방식의 언어로 전달하는 것이 좋다. 특히 고객의 나이, 사회문화적 환경 등을 고려하여 그에 적절한 언어로 피드백을 제공하는 것이 좋다. 그래야 고객이 코치의 피드백을 제대로 이해할 수 있다. 코칭에서 피드백을 제공하는 목적은 고객의 성장과 발전을 위한 것이지 코치의 역량과 식견을 뽐내기 위한 것이 결코 아니니다.

5) 고객이 할 수 있는 부분에만 초점 맞추기

코칭은 궁극적으로 고객의 행동 변화를 통해 그가 바라는 의미 있는 결과를 도출하는 과정이다. 따라서 이론에 초점을 맞추기보다 고객이 현실적으로 행동으로 옮길 수 있는 구체적인 행위에 집중하는 것이 바람직하다. 따라서 코치는 고객이 현실적으로 수용하고 행동으로 옮길 수 있는 부분에 초점을 맞추어 피드백을 제공하는 것이 필요하다. 사람들은 한꺼번에 밀려드는 피드백을 모두 수용할 수 없다. 이때는 오히려 피드백을 거부하거나 피드백에 짓눌려서 코치의 피드백을 구체적으로 행동으로 옮기기 어려워지게 된다. 고객이 행할 수 없는 코치의 피드백은 아무런 의미가 없다. 따라서 코치는 이 점을 고려하여 고객에게 피드백을 제공할 때, 고객이 실행할 수 있는 것에 초점을 맞출 필요가 있다.

6) 고객의 선택과 결정을 인정하기

코칭을 진행하면서 고객은 자신의 의미 있는 변화를 위해 어떤 방안이 있는지를 고민하게 된다. 고객은 자신이 실천할 수 있는 여러 가지 대안 가운데 적절한 것을 선택하게 되는데, 이때 코치는 고객의 그런 결정을 존중해야 한다. 그리고 고객이 선택한 것을 인정하고, 그가 그것을 실천할 수 있도록 응원하고 지지할 필요가 있다. 고객이 자신이 선택한 대안에 대해 피드백을 요청할 때, 코치는 그 요청에 응할 수 있다. 이때 대개 고객은 더 수용적인 태도를 지니는 경향이 있는데, 코치는 이 점을 잘 활용할 필요가 있다.

7) 칭찬하고 격려하기

코치가 제공하는 피드백에 지지와 칭찬이 곁들여지면, 피드백은 더욱 효과적이다. 여러 가지 이유가 있겠지만, 이럴 때 고객의 에너지가 높아지는 결과를 초래하기 때문이다. 코치의 이런 태도와 행동은 고객의 실행에 박차를 가하게 하는 원동력이 된다. 설사 고객의 교정을 위해 제공하는 교정적인 피드백이더라도 코치의 지지와 격려가 있다면, 고객의 에너지는 높아지고 실천할 가능성은 더욱 커진다. 코치는 이 점을 꼭 기억할 필요가 있다.

4. 피드백 시 유의사항

1) 피드백할 때 유의할 점

사람들은 모든 것을 분명하고 완벽하게 이해하고 있다고 생각하고 싶지만, 사실은 그렇지 못하다. 이때 피드백을 구하면 잘못되고 있는 것이 무엇인지, 앞으로 어떤 식으로 해야 개선할 수 있는지를 배울 수 있다. 때로는 얘기를 하는 사람이 얘기를 듣고 있는 사람에게 피드백을 구할 수 있다. 그런데 피드백을 제공하는 것은 실제로 매우 까다롭고 그리 쉬운 일이 아니다. 그래서 코치는 어떤 식으로 피드백을 해 주는 것이 고객에게 도움이 될지를 항상 염두에 두어야 한다. 따라서 코치는 피드백이 코칭 대화에 있어 유의미한 기술임에도 불구하고, 피드백해 주어야 할 경우가 발생하면 세심한 주의를 기울여야 한다.[27]

먼저, 지지적 피드백은 정도가 과하지 않도록 수준을 잘 조절하는 것이 매우 중요하다. 칭찬과 인정을 할 때 코치의 진심이 제대로 전달되지 않으면, 고객은 그 칭찬과 인정의 진정성을 의심할 수 있다. 따라서 코치는 전반적인 코칭 진행 과정에서 형성된 신뢰를 바탕으로 사실에 근거한 지지적 피드백을 제공해야 한다.

그리고 교정적 피드백은 조심스럽게 진행해야 한다. 교정적 피드백은 때에 따라서 비난과 질책이 되기 때문에 실제 코칭에서는 세심한 주의를 기울여야 한다. 코치가 자신의 판단과 선입견에 근거하여 교정적 피드백을 해 줄 때는 본래의 의도와는 달리 불필요한 오해가 발생할

27) 조성진(2008). 코칭ABC. 서울: 도서출판 심포지움. 182-184에서 발췌, 인용; 조성진(2020). 코칭과 경력개발. 경기: 양성원. 131-132에서 발췌, 인용.

수 있고, 결과적으로 코칭 진행에 상당한 어려움을 겪을 수도 있다. 따라서 코치 자신이 스스로 판단하기에 코칭에 대해 상당한 자신감이 생기지 않았다고 생각되면, 교정적 피드백은 가능한 삼갈 것을 권한다.

2) 무의미한 피드백과 학대적 피드백

피드백할 때 세심하게 주의를 기울이지 않을 경우, 그것은 오히려 무의미한 피드백이 되거나 때에 따라서는 학대적 피드백이 될 수 있다. 어떤 경우에 이런 상황이 되는지 구체적으로 살펴보자.

먼저, '무의미한 피드백'(insignificant feedback)이란 피드백 내용이 너무 막연하거나 일반적이어서 피드백을 받는 사람조차 피드백의 목적이 무엇인지 파악하지 못하는 경우를 말한다. 무의미한 피드백은 사람 사이의 관계를 형식적인 차원으로 전락시키고, 나아가 어떤 유의미한 발전을 가져다주지 못한다. 그런데도 대부분 사람은 상대방에게 전혀 무의미한 피드백을 주면서 스스로 지지적 피드백을 해 주었다고 착각하는 경우가 적지 않다. 코칭에서도 무의미한 피드백은 고객에게 별다른 반응을 일으키지 못한다.

다음, '학대적 피드백'(abusive feedback)은 다른 사람에게 상처와 절망을 주고, 모멸감을 안겨줌으로써 관계 형성과 유지에 부정적인 영향을 미친다. 실제로 많은 사람이 무의식적으로 다른 사람들에게 상처와 절망을 주는 학대적 피드백을 사용하고 있다. 그래서 많은 사람이 학대적 피드백에 둘러싸여 많은 갈등을 초래하고 있고, 인간관계에서 어려움을 겪고 있다. 따라서 훌륭한 코치가 되고 싶다면, 무의미한 피드백과 학대적 피드백을 하지 말아야 한다.

3) 피드백을 해 줄 수 없는 경우

코칭에 있어 피드백은 좋은 효과를 주는 의미 있는 기술이지만, 피드백해 줄 수 없거나 피드백을 해서는 안 되는 때가 있다. 우선 코치와 고객이 서로 충분한 대화를 하지 못했거나 코치와 고객 간에 신뢰가 형성되지 못한 경우에는 코치가 피드백해 줄 수 없다. 이럴 때는 코치가 설사 피드백을 해 주더라도 피드백의 진정성이 잘 전달되지 않을 뿐만 아니라 그 효과도 기대하기 어렵다. 따라서 이 경우에 코치는 무리하게 피드백을 하지 말아야 한다. 한편, 코치가 피드백해 줄 수 없는 상황에 있거나 피드백을 해 줄 준비가 전혀 되지 않았을 때도 피드백해서는 안 된다. 물론 코치는 이런 상황에 이르지 않도록 갖가지 세심한 주의를 기울여야 한다. 하지만 피드백을 해 줄 수 없는 불가피한 상황에 빠졌을 때, 코치는 그 상황을 솔직하게 인정하고, 고객에게 정중하게 양해를 구해야 한다.[28)]

---

28) 조성진(2008). 코칭ABC. 서울: 도서출판 심포지움. 184에서 발췌, 인용.

9.4 칭찬과 인정하기

코칭은 고객이 의미있는 수행과 실천을 통해 자신이 바라는 결과를 얻도록 돕는 과정의 연속이다. 이때 중요한 의미를 지는 코칭 기술이 칭찬과 인정 기술이다. 이것들은 코칭에서 자주 활용되는 긍정적인 지지와 언어 사용의 대표적인 것으로, 넓은 의미에서 보면 큰 차이가 없다. 그러나 좁은 의미에서 구체적으로 살펴보면, 칭찬(praise)과 인정(commendation) 기술은 다소 차이가 있다. 앞으로 이 두 개념의 특정적인 측면을 구체적으로 살펴보고, 그것들이 코칭 현장에 어떻게 반영되는지를 함께 살펴보고자 한다.

1. 칭찬의 개념과 중요성

수년 전『칭찬은 고래도 춤추게 한다』라는 책이 전 세계적으로 선풍적인 인기를 끌며 판매된 적이 있었고, 국내 한 TV 방송에서 〈칭찬합시다〉라는 프로그램이 인기리에 방영된 적도 있었다. 특히, 교육학이나 아동학 등의 학문 영역에서는 칭찬을 주요한 연구과제로 삼고 있고, 경영학자들도 칭찬을 비경제적 보상(non-financial incentive)의 한 종류로 이해하고 연구해 왔다. 미국 맥킨지(McKinsey) 연구소의 설문조사 결과에 따르면, 칭찬과 인정은 성과급, 임금 인상, 스톡옵션(stock option) 등 경제적 보상방식보다 더 효과적인 것으로 나타났다.[29] 이처럼 칭찬은 다양한 학문 분야를 포괄하여 칭찬받는 사람의 심리적 만족, 바람직한 행동과 태도를 강화한다는 것에 동의하고 있다. 그래서 우리 사회에서도 남녀노소를 불문하고 누구도 칭찬의 가치와 필요성을 부인하는 사람은 없을 것이다.

코칭의 핵심적인 특징 가운데 하나는 고객을 격려, 지지 및 후원하는 것이다. 즉, 코치는 고객을 격려하고 지지함으로써 그의 이슈를 해결할 해답을 찾도록 후원하는 활동이다. 이때 고객을 힘나게 하는 코칭 기술 가운데 하나가 칭찬이다. 그런 차원에서 칭찬에 대해 구체적으로 살펴보는 것은 코칭에서도 상당히 의미있는 일이다.

1) 칭찬의 개념

일반적으로 칭찬은 '좋은 점이나 훌륭한 일을 높이 평가하는 것'이라고 정의한다.[30] 구체적으로 살펴보면, 칭찬은 사물, 사람, 행동 또는 사건들에 대한 긍정적인 평가이고,[31] 타인의 좋은

29) Dewhurst, M., Guthridge, M., & Mohr, E.(2009). Motivating people: Getting beyond money. *McKinsey Quarterly*, November, 2009.

30) 나무위키사전(2022). 칭찬(http://namu.wiki/w/칭찬, 2022년 2월 접속)

31) Farson, R. E.(1963). Praise Reappraised. *Harvard Business Review*(September-October)

점을 나타내는 우호적인 판단이나 의견이다.[32] 그리고 칭찬은 단순한 피드백보다 타인의 행위에 대해 인정하고 찬의(贊意)를 표하는 언어적 진술이고,[33] 말하는 사람이 듣는 사람을 기분좋게 할 것을 목적으로 바람직하고 인정되는 긍정적 평가를 해 주는 행위이다.[34] 또한, 칭찬은 성공에 관한 판단과 승인을 언어적 형태로 의사소통하는 것이고,[35] 어떤 결과나 수행, 개인의 특성 등에 평가자가 하는 긍정적인 평가이다.[36]

칭찬의 개념을 원인 측면, 진행방식 측면 및 제도적 측면으로 구분하고, 〈표 9-1〉과 같이 정리할 수 있다.[37]

표 9-1 칭찬 개념의 분류와 하위 차원

구분	하위 차원	개념
칭찬 원인 측면	특정한 행위에 근거한 칭찬	사람의 바람직한 행동이나 타인의 기대와 부합된 행동에 대한 칭찬
	능력에 근거한 칭찬	사람이 지닌 특정한 기술, 능력에 대한 칭찬
	노력에 근거한 칭찬	사람이 일정 기간에 나타낸 노력의 태도에 대한 칭찬
칭찬 방식 측면	언어적 칭찬	언어적 방식을 통해 표현
	신체적 칭찬	사람과 사람의 신체적 접촉 방식을 통해 표현
	몸짓 · 표정 칭찬	신체적 접촉 없이 사람이 몸짓이나 표정을 통해 표현
	유형적 칭찬	작은 선물을 주고받는 방식을 통해 표현
칭찬 제도적 측면	제도적 칭찬	기업에서 일정 기간 종업원의 성과, 노력, 태도 등을 인정과 칭찬하기 위해 사용하는 칭찬 프로그램
	비제도적 칭찬	고정된 시간과 장소가 필요 없이 일상적인 직장생활에서 상사, 동료, 부하 사이에서 서로 해주는 일반적인 칭찬

출처: 최수형(2016). 칭찬이 종업원의 직무 만족과 이직 의도에 미치는 영향: 자기효능감을 매개 효과로. 전문경영인연구. 19(1), 3에서 발췌, 재인용.

32) Wolfson, N., & Manes, J.(1980). The Compliment as a social Strategy. *Papers in Linguistics*, 13, 391-410.

33) Brophy, J.(1981). Teacher Praise: A Functional Analysis. *Review of Educational Research*, 51(1), 5-32.

34) Holmes, I.(1988). Paying compliments: A sex-preferential politeness strategy. *Journal of Pragmatics*, 12(4), 445-465.

35) Muller, C. M., & Dweck, C. S.(1998). Praise for intelligence can undermine children's motivation and performance. *Journal of Personality and Social Psychology*, 75(1), 33-52.

36) Gardner, H.(2004). *Changing Mind*. Boston: Harvard Business School Press.

37) 문상정(2009). 관광 기업 종사원에 지각하는 칭찬의 효과: 칭찬 측정척도 개발을 중심으로. 대구대학교 박사학위 논문; 최수형(2016). 칭찬이 종업원의 직무 만족과 이직 의도에 미치는 영향: 자기효능감을 매개 효과로. 전문경영인연구, 19(1), 1-25; Cherne, J. L.(2008). *Effects on Praise on Student Behavior in the Classroom*. Doctoral Dissertation. University Minnesota.

2) 칭찬의 중요성

칭찬은 사람들에 대해 가장 중요한 동기부여 방법 가운데 하나이며, 비용을 들이지 않고 손쉽게 할 수 있다.[38] 즉, 칭찬은 상대방에게 즐거움과 함께 인정받는 어떤 행위를 촉진할 뿐만 아니라 그것을 지속시키려는 동기를 부여한다. 칭찬은 계속해서 바람직한 행동을 하는 빈도를 높이는 긍정적 강화제(positive reinforcement)이면서 사회적 강화제(social reinforcement)이다. 그래서 칭찬은 개인, 가족, 집단 및 조직 등에 있어 긍정적인 분위기와 문화 형성에 이바지함으로써 궁극적으로 자발적이고 참여적인 산출 및 성과를 도출한다.

한편, 칭찬은 이런 긍정적인 측면과 부정적인 측면이 함께 있다는 주장도 있다. 칭찬을 연구하는 교육심리학자들은 칭찬을 언어적 강화로 여기고 적극적으로 권장하는 행동주의 학파와 칭찬을 폭력적 언어로 여기고 칭찬을 하지 말아야 한다고 주장하는 인본주의 학파로 나누어진다. 이들의 대립은 많은 연구 결과물을 낳지만, 문화적 요인이 칭찬의 효과와 부작용에 주는 영향을 소홀히 다루는 한계를 드러낸다. 즉, 특정 문화에 널리 퍼진 사상이나 철학이 칭찬에 서로 다른 반응을 보여 줄 수도 있다는 것이다.[39]

그런데도 대체로 칭찬과 관련된 연구 결과물은 칭찬의 긍정적인 면을 강조하는 경향이 더 많은 것으로 보인다. 인본주의(Humanism), 사회인지주의(Social cognition approach), 행동주의(Behaviorism), 내재적 동기이론(Intrinsic motivation theory) 등에서는 대체로 칭찬의 긍정적인 측면을 강조하는 것으로 보인다. 여하튼 칭찬의 긍정적인 효과가 강조되면서 칭찬은 일상생활, 교육 현장 및 기업의 경영 현장에서 중요한 기능을 수행하는 것으로 인식되고 있다. 즉, 칭찬은 개인의 학업성취와 같은 성과 향상, 긍정적인 자아 정체감 형성과 자아존중감 향상 및 사회성 발달과 같은 성장을 가져온다. 경영 현장에서도 칭찬의 긍정적 효과에 주목, 그것을 실천하기를 권장하고 있다. 이런 추세는 코칭 현장에서도 그대로 반영되었고, 코칭을 진행할 때 피드백과 관련된 중요한 기술의 하나로서 칭찬 기술이 권장되고 있다.

2. 칭찬의 효과와 원리

1) 칭찬의 효과

칭찬은 개인, 가족, 집단 및 조직의 측면에서 대체로 긍정적인 효과를 준다. 많은 선행 연구 결과에 따르면, 칭찬은 하는 사람뿐만 아니라 받는 사람 모두에게 긍정적인 영향을 주는 것으

38) Stewart, P. (2011). Greet Your Team with Thinks and Praise. November 01, 2001, First line.

39) 김정섭 · 안경식 · 윤채영(2015). 칭찬에 관한 간(間) 문화적 연구: 공자의 사상과 교육심리학 연구의 비교. 교육사상연구, 29(3), 73-93.

로 나타났다. 칭찬에 관한 연구 경향을 살펴보면, 주로 교육학이나 아동학 분야에서 미성년자들을 대상으로 칭찬의 효과를 다룬 연구들이 가장 많다. 그 연구결과에 따르면, 칭찬은 학업성취, 자아 개념(자아정체감, 자아존중감 등), 의사소통, 사회성, 학교생활 적응 및 대인관계에 긍정적인 효과를 미치는 것으로 나타났다.[40] 교육 현장 외의 영역에서 칭찬의 효과를 검증한 연구들도 적지 않다. 그 연구결과에 따르면, 칭찬은 종업원들의 자기효능감, 직무 만족, 조직몰입, 성취감, 존재감, 기분(사기), 책임감 및 자신감 등에 긍정적인 영향을 미쳤고, 이직 의도에 부(−)의 영향을 끼친 것으로 밝혀졌다.[41]

김진강(2013)은 호텔 종업원의 감정노동과 직무 만족의 관계에서 행동적 칭찬과 언어적 칭찬이 조절효과를 가진다는 것을 밝혔고,[42] 문상정 · 고동우(2009)는 호텔 종업원이 지각하는 칭찬(언어적 칭찬, 몸짓 · 표정 칭찬, 신체적 칭찬, 물질적 칭찬)이 종업원의 내재적 동기, 직무 만족, 조직몰입 간의 유의미한 상관관계가 있음을 확인했다.[43] 또한, 공기열(2014)과 조원섭 · 김판영(2017)은 종업원에 대한 칭찬이 그들의 직무 만족과 조직몰입에 긍정적인 영향을 끼친다는 것을 증명했고,[44] 최수형(2016)은 칭찬이 종업원의 직무 만족과 자기효능감에 정(+)의 영향을 미치고, 이직 의도에 부(−)의 영향을 미친다는 것을 실증연구를 통해 밝혔다.[45]

그리고 Wikoff & Bruce(1981)는 미국 가구공장 종업원들을 대상으로 한 연구에서 공장 매니저들이 종업원들에게 제공한 칭찬이 직무성과에 긍정적인 영향을 끼친다는 것을 밝혔고,[46] Peterson & Luthans(2006)는 관리자가 종업원에게 칭찬했을 때, 종업원의 고객 서비스 지표와

---

40) 김인홍(2008). 칭찬활동 프로그램이 저소득층 아동의 자아존중감과 사회성에 미치는 효과. **정신간호학회지**, 17(3), 245-254; 김춘실 · 김희진 · 천성문(2008). 칭찬 집단상담 프로그램이 중학생의 자아존중감, 또래 관계 및 학교생활 적응에 미치는 효과. **한국동서정신과학회지**, 12(1), 13-28; 윤채영 · 강명숙 · 김정섭(2009). 쓰기 활용 칭찬 프로그램이 초등학생의 대인관계 및 자아존중감에 미치는 효과. **초등교육연구**, 22(4), 255-274; 전상준 · 신봉호(2008). 칭찬 프로그램이 중학생의 자아 개념과 부모-자녀 간 의사소통에 미치는 효과. **아동교육**, 17(2), 255-265.

41) 고동우 · 문상정 · 이형래(2008). 칭찬의 의미: 호텔 종사원을 대상으로 한 질적 연구. **관광학연구**, 32(2), 83-108; 공기열(2014). 고객의 칭찬이 호텔 종사원의 직무 만족과 조직몰입에 미치는 영향. **동북아관광연구**, 10(2), 25-43; 조원섭 · 김판영(2017). 호텔 종사원의 칭찬이 직무 만족과 조직몰입에 미치는 영향. **관광 · 레저연구**, 29(7), 165-179; 최수형(2016). 칭찬이 종업원의 직무 만족과 이직 의도에 미치는 영향: 자기효능감을 매개 효과로. **전문경영인연구**, 19(1), 1-25.

42) 김진강(2013). 호텔 종사원의 감정노동과 직무 태도의 관계에서 감사 · 칭찬의 조절 효과. **관광 · 레저연구**, 25(2), 77-79.

43) 문상정 · 고동우(2009). 칭찬지각척도의 개발. **관광학연구**, 33(7), 395-414.

44) 공기열(2014). 위의 글. 10(2), 25-43; 조원섭 · 김판영(2017). 호텔 종사원의 칭찬이 직무 만족과 조직몰입에 미치는 영향. **관광 · 레저연구**, 29(7), 165-179.

45) 최수형(2016). 위의 글. **전문경영인연구**, 19(1), 1-25.

46) Wikoff, D., & Bruce, M.(1981). *An Applied Behavior Analysis Approach to Increasing Productivity in a Factory Setting: Effects of Feedback and Praise on Employee Performance*. Doctor Dissertation. University of Notre Dame.

가게의 이윤 성과가 모두 상승했다고 주장했다.[47)]

2009년, 미국 맥킨지(McKinsey) 연구소는 전 세계 1,047명의 경영자와 매니저, 종업원들을 대상으로 '경제적인 인센티브'(financial incentive)와 '비경제적인 인센티브'(non–financial incentive)의 효과에 대한 설문조사를 진행했다. 조사결과에 따르면, 칭찬과 인정은 '경제적 인센티브'보다 더 효과적인 것으로 나타났다. 가장 효과적인 인센티브 방식은 관리자의 칭찬과 인정이었다. 67%의 응답자들이 관리자의 칭찬과 인정은 매우 효과적이라고 응답하였다.[48)]

이상의 연구결과들을 종합하면, 대체로 칭찬은 그것을 받는 사람들에게 다음과 같은 효과를 나타내는 것으로 정리할 수 있다.[49)]

- 칭찬받은 행동은 더 잘하려고 한다.
- 문제 해결 능력이 향상된다.
- 높은 자존감, 칭찬받은 행동에 대한 자신감과 긍지를 갖는다.
- 칭찬할 수 있는 사람으로 성장하여 상대방을 칭찬한다.
- 원만한 성격이 된다.
- 상처받은 마음을 치유한다.
- 조직 유효성(직무 만족, 조직몰입, 직무성과 등)을 향상한다.
- 회사에 계속 남아 일하고 싶다고 생각한다.

칭찬은 그것을 받는 사람에게 긍정적인 효과가 있을 뿐만 아니라 칭찬하는 사람에게도 다양한 심리적 효과를 가져다준다. 그 효과를 정리하면 다음과 같다.[50)]

- 대인관계에서 자신감을 얻는다.
- 미래에 도전하고 개척하는 적극적인 인생관을 갖게 된다.
- 타인의 단점보다 장점을 보는 긍정적인 선한 마음이 점점 커진다.
- 상대방을 더 잘 이해할 수 있다.
- 상대방의 관점과 마음을 알아주는 여유를 지니게 된다.
- 상대방을 향한 칭찬은 자신에게 돌아와서 칭찬을 듣는다.
- 삶이 행복하다.

---

47) 최수형(2016). 칭찬이 종업원의 직무 만족과 이직 의도에 미치는 영향: 자기효능감을 매개 효과로. **전문경영인연구**, 19(1), 5쪽에서 발췌, 재인용.

48) Dewhurst, M., Guthridge, M., & Mohr, E.(2009). Motivating people : Getting beyond money. *McKinsey Quarterly*, November 2009; 최수형(2016). 위의 논문. 4쪽에서 재인용.

49) 이소희 외(2014). **코칭학개론**. 서울: 도서출판 신정. 274에서 발췌, 인용; 최수형(2016). 위의 논문. 1-25.

50) 최병무(2005). **칭찬경영, 핵심인재를 만드는 법**. 서울: 석세스북스.

이처럼 칭찬하는 사람이나 칭찬을 받는 사람 모두에게 칭찬은 긍정적인 효과를 가져다준다. 즉, 칭찬은 사람들을 기쁘게 하고 춤추게 하는 좋은 수단이요 기법인 동시에, 타인을 위한 의미있는 행동이자 서비스인 것이다. 이런 엄청난 효과가 있는 칭찬을 코칭에서 적극적으로 활용하는 것은 어쩌면 당연하다. 코칭에서 코치는 고객이 자신의 문제를 해결하는 과정에서 그를 지지하고 격려하며, 적극적으로 칭찬하며 돕는 역동적이고 창의적인 활동이다.

2) 칭찬의 원리

칭찬의 긍정적인 효과가 검증되었다고 해서 언제, 어디서나, 마구 칭찬한다면, 오히려 역효과가 발생할 수 있다. 칭찬에도 몇 가지 원리가 있다.[51)]

① 진실성의 원리

칭찬은 진실해야 효과를 발휘한다. 이것은 사실에 입각한 진실한 칭찬을 의미한다. 자신이 직접 경험하지 않은 일에 대한 칭찬은 비록 그 칭찬 내용이 잘못되지 않더라도 칭찬하는 사람의 진실성이 부족해서 아부가 될 가능성이 크다. 칭찬의 진실성은 평가 대상이 칭찬받을 만하다는 사실을 평가자가 직접 확인해야 한다는 사실과 더불어 평가자가 아부하지 않는 마음을 지니는 것이 중요하다는 점을 포함한다. 칭찬받는 사람이 칭찬을 진실한 것으로 보느냐 아니냐에 따라 칭찬의 효과가 다르다는 것을 기억해야 한다.[52)]

② 구체성의 원리

칭찬은 확인한 사실과 사례를 바탕으로 구체적으로 칭찬하는 것이 좋다. 칭찬이 지나치게 일반적이어서 구체적으로 와 닿지 않을 때, 칭찬받는 사람은 그것을 수용하기 힘들고, 결과적으로 칭찬한 사람을 신뢰하지 않을 수도 있다. 구체적인 칭찬의 좋은 예는 '5W1H 원칙'에 따른 칭찬이다.

③ 일관성의 원리

칭찬은 같은 행동에 같은 칭찬을 하는 것이 좋다. 이것은 칭찬받는 내용과 칭찬의 강도가 모두 일관성이 있어야 한다는 것을 의미한다. 만일 같은 행동에 대해 어떤 때는 칭찬하고 다른 어떤 때는 벌을 주게 되면, 칭찬받는 사람은 혼란을 느끼게 된다. 또한, 같은 행동을 한 여러 사

---

51) 김정섭 · 안경식 · 윤채영(2015). 칭찬에 관한 간(間) 문화적 연구: 공자의 사상과 교육심리학 연구의 비교. **교육사상연구**, 29(3), 73-93; 이소희 외(2014). **코칭학개론**. 서울: 도서출판 신정. 275-277에서 발췌, 인용.

52) Henderlong, J., & Lepper, M. R.(2002). The effects of praise on children's intrinsic motivation: A review and synthesis. *Psychological Bulletin*, Vol. 128, 774-795.

람이 있을 때, 어떤 사람은 칭찬하고 다른 어떤 사람은 칭찬하지 않고 벌을 준다면, 역시 칭찬받은 사람은 혼란을 느끼게 된다. 말과 행동이 서로 다를 때, 칭찬의 효과는 반감된다. 이런 원리는 같은 행동에 대한 칭찬의 강도 역시 같아야 한다는 것을 말한다.

④ 충분성의 원리

일단 상대방을 칭찬하기로 마음먹었다면, 그가 만족스럽다고 느낄 만큼 충분하게 칭찬하는 것이 좋다. 즉, 상대방을 칭찬할 것이 있으면, 많이 찾아내어 충분하게 칭찬하는 것이 좋다. 칭찬을 받은 상대방이 칭찬의 양과 강도에 있어 무언가 부족함을 느끼면, 칭찬의 효과는 덜어진다. 물론 칭찬을 매우 과장해서 하거나 남발해서도 안 된다.

⑤ 적시성의 원리

칭찬은 칭찬할 일이 일어난 직후에 바로 칭찬하는 것이 좋다. 만일 칭찬할 일이 일어났을 때 칭찬하지 않고 일정 시간이 흐른 후에 칭찬한다면, 칭찬받는 사람은 자신의 어떤 부분에 대해 상대방이 칭찬하는 것인지 혼란스러워진다. 왜냐하면, 칭찬할 것이 생긴 이후에도 다른 여러 가지 행동과 반응들이 계속 일어날 수 있기 때문이다. 이런 경우 칭찬의 효과는 감소한다.

⑥ 무차별성의 원리

칭찬할 때 상대방의 성별, 신분, 나이, 직업, 출신 국가 등에 상관없이 모든 사람에게 골고루 칭찬하는 것이 좋다. 이것은 칭찬할 때, 칭찬하는 사람의 선입견이 작용해서는 안 된다는 의미이다. 이것은 사회적 비교에 의존하는 칭찬이 반복될 때, 그 부작용을 경계한 것이다. 예컨대, 교실에서 우수한 소수 학생에게만 칭찬할 때, 나머지 학생들은 교사가 특정 학생만 편애한다고 받아들이게 되는 점을 주의해야 한다는 것이다. 교사는 학생들을 차별하거나 비교하지 않고, 학생 변화에 초점을 두고 칭찬하는 것이 필요하다.

⑦ 창의성의 원리

칭찬은 상대방에 따라 칭찬 내용이나 방법이 다를 때 훨씬 효과적이다. 칭찬이 항상 같은 방식과 같은 말로 정해져 있는 것은 아니다. 같은 상황이라도 칭찬 방법이나 칭찬하는 말을 다르게 하면, 상대방의 기쁨과 즐거움이 증가할 수 있다.

이처럼 칭찬은 다양한 원리에 따라 효과가 달라질 수 있다. 공자(孔子)는 제자를 가르칠 때, 칭찬의 중요성을 강조한 것으로 유명하다. 그는 자신의 제자 가운데 누군가를 칭찬할 때, 먼저 사실인지 확인하고 적절한 수준에서 칭찬하였으며, 마음으로부터 우러난 신중한 칭찬을 실천했다. 그리고 편견에 얽매이지 않고 차별 없이 칭찬했고, 드러난 자질이나 능력보다는 오랫동안 노력해서 형성한 품성과 덕성에 초점을 맞추어 칭찬했다. 나아가 그는 칭찬받는 사람의 자세도 중요하다고 역설했다. 그는 첫째, 칭찬받는 사람은 칭찬에 담긴 의도를 정확히 파악하여 잘 지키는 것이 자신의 발전에 도움이 되고, 둘째, 지금 인정과 칭찬을 받지 못한다고 해서 걱정하지 말고 오히려 능력을 쌓기 위해 노력하는 것이 필요하며, 마지막으로, 칭찬받는 사람이 갖추어야 할 자세로서 말보다 실천이 중요하다는 것을 강조했다.[53] 이런 점들은 코칭 현장에서도 그대로 적용될 수 있다.

3. 코칭에서 칭찬하기

코칭에서 코치가 고객에게 제공하는 칭찬은 일반적인 칭찬을 넘어 고객을 '진정으로 춤추게 하는 칭찬'이다. 이것은 고객의 성장 · 발전과 자아실현을 진심으로 원하며, 궁극적으로 그렇게 되도록 최선을 다해 돕기로 헌신한 코치가 제공하는 칭찬이라는 점에서 그렇다. 그래서 일반대화에서 제공되는 칭찬과 달리, 코칭에서는 칭찬을 하나의 전문적인 기술로 생각하는 것이다. 즉, 코칭에서 코치의 칭찬 기술은 고객의 칭찬할 것을 적극적으로 찾아내거나 인지하며, 구체적인 표현으로 제공하는 피드백 역량이다.

코칭에서 칭찬이 효과를 나타내기 위해서는 고객에게 온전히 초점을 맞추고, 적절한 순간에 적절한 내용으로 칭찬을 해야 한다. 코칭을 진행하면서 제공할 수 있는 칭찬을 구분해 보면 다음과 같다.[54]

1) 표면적이고 구체적인 것과 관련된 칭찬

코치는 코칭을 진행하면서 고객으로부터 쉽게 확인할 수 있는 것부터 칭찬하는 것이 좋다. 고객의 외모, 복장, 분위기나 성취한 것들, 작은 성과물들은 코치들의 기본적인 칭찬 주제가 된다. 이런 것들은 누구나 조금만 관찰하거나 관심을 가지면 쉽게 알 수 있는 표면적이고 구체적인 것들이다. 이것들에 대한 칭찬은 코칭 초기에 고객과의 '라포르'(rapport) 형성을 포함한 신뢰 관계 형성과 전체적인 코칭 분위기를 부드러운 방향으로 형성하는 데 도움을 준다. 코치로부터 이런 것들에 대한 칭찬을 듣게 된 고객은 긍정적인 사고와 함께 자발적인 의지를 갖고 코칭에 임하게 되고, 궁극적으로 자신의 성장과 발전을 위해 구체적인 노력을 다하게 된다.

---

53) 김정섭 · 안경식 · 윤채영(2015). 칭찬에 관한 간(間) 문화적 연구: 공자의 사상과 교육심리학 연구의 비교. **교육사상연구**, 29(3), 73-93.

54) 이소희 외(2014). **코칭학개론**. 서울: 도서출판 신정. 282-285에서 발췌, 인용.

2) 수행 과정이나 품성과 관련된 칭찬

코치는 고객의 행동, 성공, 성취, 성과 등이 나타날 때까지의 과정에서 확인할 수 있는 것들과 고객의 성품이나 품성 등에 관한 것을 칭찬해야 한다. 이런 것들은 표면적으로 나타나지 않아서 쉽게 확인하기 어렵지만, 코치는 코칭 과정에서 그것들을 발견하기 위한 노력을 해야 한다. 그리고 그 과정에서 당연히 투입되었을 고객의 노력, 숨은 의도, 인내 등을 찾아내어 칭찬해야 한다.

고객의 어떤 결과를 가져온 과정이나 품성과 관련된 칭찬은 칭찬 빈도가 높지 않더라도 그 효과는 더욱 크고 심층적이며 계속된다. 고객은 남들이 잘 발견하지 못해서 알아주지 않는 자신의 어떤 부분에 대해 칭찬해 주는 코치의 행동에 크게 고무된다. 그리고 그것에 힘입어 긍정적인 행동을 강화하고, 새로운 것에 도전하는 용기를 얻게 된다.

3) 가치, 존재 의미와 관련된 칭찬

고객이 지향하는 가치, 신념 및 존재 의미는 고객 자신을 포함한 가까운 사람들조차 쉽게 발견하거나 인식하지 못한다. 대개 그것들은 고객의 가슴 속 깊은 곳에 숨어 있거나 상당한 신뢰관계가 형성되어야 나눌 수 있는 얘깃거리인 경우가 많다. 코치가 이런 것들을 발견하여 칭찬한다면, 그것은 고객에게 최고의 칭찬이며, 코치만이 할 수 있는 전문적인 기술이다. 이런 칭찬은 단 한 번만 제공되더라도 고객에게 감동을 주고, 그 효과는 상당히 크다. 칭찬은 코치와 고객이 같은 목적 아래 온전한 공명을 이루었을 때, 그 효과는 더욱 커진다. 이런 칭찬은 고객을 있는 그대로의 존재로 이해하고 존중했을 때 나올 수 있다.

4. 인정의 개념과 중요성

인간은 사회적 동물이다. 미국의 철학자이자 심리학자 윌리엄 제임스(James, W.)는 "인간의 행동을 지배하는 가장 기본적인 원리는 다른 사람의 인정에 대한 갈구"라고 주장한 바 있다.[55] 즉, 사회적 동물인 인간은 다른 사람에게서 자신의 존재가치를 인정받고자 하는 욕구가 있다는 말이다. 그래서 대부분 사람은 다른 사람에게 인정받기 위해 수많은 노력과 시간을 투자한다. 그러면서 인간은 자신의 존재감과 정체성을 확립해간다. 이런 차원에서 인간의 본능적이고 기본적인 욕구인 인정에 대해 살펴보는 것은 의미있는 일이다.

55) 김상인(2018). 상담사의 인정욕구와 자존감 안정성의 상관관계. **융합상담치료연구**, 1(1), 1-17; 김정희(2019). 순자 사상에 나타나는 인정욕구. **대동철학**, 89, 119-138.

1) 인정의 개념

사전적인 의미로, 인정은 '어떤 것이 확실하다고 여기거나 받아들이는 것'을 말한다. 이 말은 '능력을 인정(appreciate)하다', '사실과 현실을 인정(acknowledge)하다', '권위나 자격을 인정(acknowledge)하다'라는 의미를 지니고 있고, '잘못이나 패배를 인정(admit)하다'라는 의미로도 해석되기도 한다.[56] 이처럼 인정이라는 단어는 한편으로 타인이 가지고 있는 어떤 것에 대해 승인하거나 타인에게 소유권을 부여한다는 의미로 사용되지만, 다른 한편으로 다른 사람의 현실과 정체성에 관해 판단과 평가를 하지 않은 채, 있는 모습과 상황을 그대로 받아들이고 존중하며 알아준다는(recognize) 의미로 사용되기도 한다.[57]

인정이라는 개념은 게오르크 빌헬름 프리드리히 헤겔(Hegel, Georg Wilhelm Friedrich)이 처음 제시했으며, 악셀 호네트(Honneth, A.)에 의해 도덕 철학적 개념으로 자리잡게 되었다. 헤겔에 따르면 인간은 남들로부터 인정받으려는 고유한 특징을 지니고 있고, 이것은 상대방으로부터 자신을 확인하려는 명예로운 싸움이다. 그래서 조건 없이 상대방을 제압하려는 목적보다 자기의식적이며 정신적인 성격을 지닌다.[58] 호네트에 따르면, 인정은 인간의 본능적 욕구와 정서, 이성, 사회적 권리, 자신만의 고유한 능력과 가치를 사회적으로 확인받고 존중받는 것을 의미한다.[59] 그는 한 개인의 정체성 형성을 위해서는 무엇보다 상호 인정이 필요하다고 주장했다.

인정은 크게 세 가지 유형 즉, 기본적 욕구와 정서 및 감정에 대한 인정, 이성을 지닌 보편적 인간에게 부여된 동등한 권리 인정, 그리고 자신의 고유한 사회적 가치에 대한 인정으로 나눌 수 있다.[60] 각각에 대해 살펴보면 다음과 같다.

첫째, 기본적 욕구와 정서에 대한 인정은 가족 등과 같이 이해관계가 배제된 친밀한 관계에서 인간의 신체적 욕구와 정서적 본능에 대한 요구가 충족되는 것을 말한다. 이런 유형의 인정은 가끔 사랑과 우정, 정서적 일치와 격려의 형식을 통해 경험된다.

둘째, 사회적 동등성에 대한 인정으로서, 국가 및 지역공동체, 학교 등과 같은 사회제도에 의한 상호관계에서 서로를 자유롭고 평등한 존재로서 동등한 권리를 가진 인격체로 인정하는 것이다. 즉, 사회 구성원으로서 모든 구성원이 같은 법의 적용을 받고, 권리와 의무가 정당하게 배분되어 있으며, 자신의 권리와 의사를 존중받고 타인과 더불어 의사결정에 참여할 수 있음을 의미한다.

---

56) 한국어기초사전(2022). 인정하다(http://krdict.korean.go.kr/, 2022년 2월 접속)

57) 이소희 외(2014). **코칭학개론**. 서울: 도서출판 신정. 267에서 발췌, 인용.

58) 김정희(2019). 순자 사상에 나타나는 인정욕구. **대동철학**, 89, 120에서 발췌, 인용.

59) Fraser, N., Honneth, A., & Joel, G.(2013). *Redistribution or recognition?: A Political- Philosophical Exchange*. Verso(김원식 · 문성훈 역, 2014. **분배냐 인정이냐**. 경기: 사월의 책).

60) 김정아(2019). 인정의 교육 효과 분석: 초 · 중학생의 학교폭력 및 학교 기피에 대한 대안적 접근. **교육학연구**, 57(1), 281-307; 악셀 호네트(문성훈 · 이현재 역, 2011). **인정 투쟁: 사회적 갈등의 도덕적 형식론**. 경기: 사월의 책.

셋째, 자신의 고유한 사회적 가치에 대한 인정은 가치공동체 안에서 개인적 존재로서 각자 개성을 지닌 존재임을 인정받는 것이다. 이것은 개인의 능력과 가치에 대한 특수한 형태의 존중을 의미한다.

2) 인정의 중요성

사회적 동물인 인간은 다른 사람으로부터 인정받았을 때 행복을 경험하게 된다. 인정욕구가 충족되면 자존감과 안정성에 긍정적인 영향을 주고, 고통과 어려움을 극복하는 정서적인 힘이 된다. 이처럼 인정욕구는 개인의 성공이자 문화 발전의 원동력이며, 삶을 긍정적으로 실현하는 데 필요한 본성이다. 반대로 인정욕구가 채워지지 않을 때, 자존감 상실로 이어진다. 그것을 '인정의 훼손'이라 표현하고, '무시'(ignore)라고 표현하기도 한다. 이런 경우도 세 가지로 나누어 설명할 수 있다.[61)]

첫째, 기본적 욕구와 정서 및 감정에 대한 인정이 유보되거나 훼손되면, 인간다움의 거부와 인격적 무시를 겪게 된다. 신체적 자율성을 강제로 빼앗는 폭력과 학대는 가장 기본적이고 파괴적인 무시 행위이다.

둘째, 개인이 사회적으로 동등한 존재로서 보장된 권리에서 배제되고 타인과 동등한 권리를 박탈당하면, 자기 자신에 대한 존중 의식, 즉 자존감을 파괴하는 결과로 이어진다. 각 개인은 다양한 사회적 조직이나 연합체에서 다른 구성원들이 누리는 권리를 자신이 동등하게 누리지 못할 때, 자신이 동등한 존재로 존중받지 못하는 것을 경험한다.

셋째, 자신의 고유한 능력과 가치가 무시되고 사회적으로 자신의 가치가 평가절하될 때, 인간은 자신에 대하여 파괴적인 모습을 보이게 된다. 어떤 개인이 집단 내에서 따돌림을 당하거나 주요한 의사결정에서 배제되는 때, 자신이 공동체 내에서 소중하고 가치 있는 존재라는 인식을 어렵게 만들며 자아의식을 가질 수 없게 된다. 결국, 이런 상황에서 개인은 열등감이나 자기비하과 같은 자기파괴적인 모습을 보이기 쉬우며, 사회 내 기존 체계에 대한 저항세력으로 발전할 수 있다.

이처럼 인간의 기본적 욕구인 인정은 그것이 잘 발휘될 때와 그렇지 않을 때 전혀 다른 모습을 보인다. 이처럼 사회를 살아가는 인간들에게 중요한 의미를 지닌 인정이지만, 실제로 현실에서 인정욕구를 채우는 것은 쉬운 일이 아니다. 나를 인정받기 위해 최선의 노력을 다하지만, 상대방이 그것을 알아주지 못하거나 혹은 알아주더라도 그것이 적절치 않아 오히려 기분이 상하는 상황을 자주 경험하게 된다. 코칭 현장에서 만나는 고객들 가운데 이와 비슷한 느낌과 상

---

61) 김정아(2019). 인정의 교육 효과 분석: 초 · 중학생의 학교폭력 및 학교 기피에 대한 대안적 접근. **교육학연구**, 57(1), 281-307; 오창우(2017). 공중의 심리적 기저 인정받기의 개념적 정의: 악셀 호네트의 인정 투쟁을 중심으로. **한국사회과학연구**, 36(1), 111-133.

황을 경험한 사람을 만나는 것은 그리 어려운 일이 아니다. 그래서 코칭에서 인정(하기)은 중요한 전문적인 기술의 하나로서, 코치가 제대로 익히고 사용할 것을 권장하고 있다.

5. 코칭에서 인정하기

코칭에서 말하는 인정은 앞서 설명한 세 가지 유형의 인정을 모두 포함한다. 각각의 인정 유형이 따로 사용되지만, 두 가지 이상의 인정 유형을 혼용하는 때도 많다. 하지만 대체로 코칭에서 말하는 인정은 고객의 '존재'를 인정하고 있다는 사실을 전달하는 모든 행위와 언어를 의미한다.[62] 코칭에서 인정은 다양한 형태로 나타나는데, 구체적으로 살펴보면 다음과 같다.

1) 격려와 지지

코치는 고객이 자신의 속마음을 표현하거나 어떤 경험에 관해 얘기할 때, 그에게 적절한 격려를 표현한다. 고객이 성취한 어떤 것에 관해 얘기할 때도 그것을 지지하고, 계속해서 실행하도록 응원하며 격려한다. 이런 차원에서 코치는 고객의 지지자요 응원자이다.

2) 축하

코칭에서 고객이 이룬 결과와 성과는 인정할 수 있는 주요한 부분이다. 코치는 고객이 그가 이룬 성과들을 인지하고 있는가와 그 성과의 정도에 상관없이 있는 그대로를 인정하며 축하한다. 이것은 대개 축하의 인사나 메시지의 형태로 고객에게 전달되는데, 이때 고객은 자신이 인정받고 있음을 느끼며 기쁨을 만끽한다. 그리고 축하로 인정받은 자신의 행위를 계속할 것임을 결심한다.

3) 자기인정

인정은 고객 자신이 어떤 행동을 취했든 어떤 성공을 이루었든 상관없이, 그것을 이루기 위해 노력한 부분을 고객이 확인하고 승인하는 기술이다. 코치의 인정을 받은 고객은 계속해서 자신의 인식 변화와 성장을 위해 필요한 노력을 해 간다. 하지만 이것을 고객 스스로 인정하지 않으면, 그 효과는 감소한다. 따라서 코치는 이런 상황이 발생할 때, 당황하지 말고 고객이 있는 사실을 그대로 확인하고 인식하도록 도울 필요가 있다.

---

62) 스즈키 요시유키(최재호 역, 2015). 코칭력: 바로 활용할 수 있는 상황별 코칭 스킬 50. 서울: 올림; 이소희 외(2014). 코칭학개론. 서울: 도서출판 신정. 270-271에서 발췌, 인용.

9.5 그 밖의 코칭 기술

앞서 이 책 6장에서 코칭에서 활용되는 기술(skill)은 적게는 몇 수십 가지에서 많게는 백여 가지에 이른다고 언급했다. 이 책에서는 그 가운데 코치들에게 자주 활용되는 핵심적인 코칭 기술, 즉 경청하기, 공감하기, 질문하기, 피드백하기에 관해 집중적으로 설명했다. 하지만, 코칭에서 활용 빈도가 비교적 낮지만, 전문코치들에 따라서는 중요하게 생각하거나 특정 고객에게 잘 적용할 수 있는 코칭 기술도 얼마든지 있다. 예컨대, 존중하는 태도 보이기, 즉각성(immediacy), 객관성, 계획하기, 긍정적으로 지지하기, 행동의 일관성, 신뢰 형성 및 성실함을 보여주기를 포함하는 사람도 있고,[63] 지지(support), 기대(expect), 신뢰(trust)를 포함하는 자도 있으며,[64] 혹자는 관계성(rapport) 형성을 코칭 기술에 포함하기도 한다.[65]

각각의 코칭 프로그램에서 언급하는 다양한 코칭 기술이 가지고 있는 고유함(unique)과 이점이 있으니 코치의 개인적인 판단에 따라 별도로 익혀서 코칭에 활용할 수 있을 것이다. 구체적으로 어떤 코칭 기술을 적용하여 코칭을 진행할 것인지는 전적으로 코치의 판단과 역량에 달려 있지만, 여기에서는 코치라면 사용해야 할 핵심적인 코칭 기술(core coaching skill) 이외에 추가로 익혀서 적절하게 활용할 만한 코칭 기술 몇 가지를 소개하고자 한다.

1. 직관

인간은 두뇌를 통해 다양한 정보를 수집하고, 판단하며, 분석한다. 관심사가 다양할수록 더 많은 분야의 정보들이 두뇌 속에 자리 잡게 된다. 그렇게 되면 두뇌 속의 정보를 통해 다양한 주제에 대한 해석과 감정이입 및 객관적인 판단이 가능해진다. 그런데 인간의 지능과 판단력은 신체의 건강 상태와 두뇌의 기능 수행 능력에 따라 좌우된다. 특히, 직업적인 성공과 같은 구체적인 문제와 관련하여 올바른 결정을 내리기 위해서는 그에 맞는 적절한 정보와 지식이 갖추어져 있어야 한다. 이처럼 무언가를 결정해야 하는 상황에 직면했을 때, 정보나 지식보다 더 절실히 요구되는 것이 '직관'(直觀, intuition)이다. 본인은 코칭 기술을 크게 의사소통 기술과 대인관계 기술로 구분하고, 후자에 속하는 대표적인 기술로 직관을 소개한 적이 있다.[66]

63) Werner, J. M., & DeSimone, R. L.(2006). *Human Resources Development*(4th Ed.). Thomson South-Western.
64) 이희경(2005). 코칭입문. 서울: 교보문고.
65) 이소희(2008). 멋진 응원 코칭. 서울: 신정.
66) 조성진(2008). 코칭ABC. 서울: 도서출판 심포지움. 193-206에서 발췌, 인용.

1) 직관의 정의와 힘

코칭에 있어 직관기술이란 코치 자신의 직관을 활용하는 것을 말한다. 코치가 고객에게 어떤 질문을 던질 때 직관력을 발휘하는 것이 무엇보다 중요하다. 보통 직관이나 직관력이라는 말을 들으면 왠지 신뢰가 가지 않고 뜬구름 잡는 식으로 대충대충 한다는 이미지를 쉽게 연상할 수 있다. 그래서 실제 코칭(교육) 프로그램에서 직관기술을 언급하는 경우는 그리 흔치 않다. 그러나 혹자는 코칭에서 직관력만큼 확실한 것이 없다고 주장하며, 이것을 코칭에 과감하게 도입하고 있다.[67]

① 직관의 정의

사물을 인식하는 데 있어 오성(悟性)[68]을 통한 경험으로도 얻을 수 없는 것이 있는데, 그것을 철학자들은 직관이라고 규정하고 있다.[69] 백과사전에서는 직관을 '의식적인 반사작용에 의존하지 않고 대상을 직접 파악하는 것', '판단이나 추론 등을 개재시키지 않고 대상을 직접 인식시키는 것'이라고 정의하고 있다. 또한, 직관은 '인간 내면에 존재하는 방향 제시자요, 삶이라는 배의 항법장치'이고,[70] '논리적 분석보다는 연상적 사고를 통해 의식적 지각의 외부에서 일어나는 과정'을 말한다.[71] 이처럼 직관은 인간이 신과 자연의 법칙과 의사소통을 할 수 있게 해주는 정신적 에너지이고, 사물을 바라보는 또 다른 방식이다. 한마디로 직관은 인간 내면의 목소리다.

그렇다면 이런 직관은 어떻게 나타나는가? 모든 사람이 같은 방법으로 직관을 감지하는 것은 아니다. 사람마다 각기 다른 방법으로 직관을 감지하고, 살아가는 동안 조금씩 변할 수도 있다. 시각적 인지능력이 특별히 발달한 사람들은 대체로 내면의 그림을 통해 직관을 수용한다. 또한, 청각을 통해 사물을 인지하고 수용하는 능력이 탁월한 사람들은 목소리, 즉 언어를 통해 직관을 받아들인다. 이에 비해 수학적 · 논리적으로 사고하는 이성(理性)이 발달한 사람들은 자기만의 독특한 방식으로 직관을 받아들인다. 한편, 감정이 발달하고 매우 감성적인 감

67) 에노모토 히데타케(황소연 역, 2004). 부하의 능력을 열두 배 키워 주는 마법의 코칭. 서울: 새로운 제안. 124-135에서 발췌, 인용.

68) 오성이란 감성 및 이성과 구별되는 지력으로, 사물에 대해 논리적으로 판단하고 이해하는 능력을 말한다. 특히 칸트 철학에서는 대상을 구성하는 개념 작용의 능력을 말한다. 국립국어원(2022). 표준국어대사전(https://www.korean.go.kr/, 2022년 8월 검색)

69) 아리스토텔레스는 "본질은 직관적으로만 파악할 수 있다"라고 했고, 데카르트는 "최고의 관념은 직관을 통해서만 경험할 수 있다"라고 말했다.

70) 엘프리다 뮐러-카인츠 · 크리스티네 죄닝(강희진 역, 2021). 직관력은 어떻게 발휘되는가. 서울: 타커스. 29-30에서 발췌, 인용.

71) 이언 맥더모트 · 웬디 제이고(박정길 · 최소영 역, 2007). 코칭바이블. 서울: 웅진윙스. 147에서 발췌, 인용.

각적 사람들은 간지럼, 당기기, 찌르기, 마비감 등의 형태로 직관을 인지할 수 있다.[72)]

② 직관의 힘

직관은 자신 속에 잠재된 가능성을 무한대로 끌어올리는 힘을 가지고 있는데, 구체적으로 살펴보면 다음과 같다.[73)]

첫째, 직관은 자신의 행동을 파악하고 분석할 수 있게 한다. 직관은 인생이라는 무대를 꿰뚫어 볼 수 있는 눈과 같다. 그래서 사람들은 이 눈을 통해 자신의 현재 상태를 파악할 수 있고, 자신을 구성하고 있는 가장 중요한 것이 무엇인지를 알 수 있다.

둘째, 직관은 자신의 장단점을 발견하고, 나아가 자신의 재능을 발휘하게 한다. 사람은 누구든 자신이 누구인지 집중적으로 인식하려는 노력 없이 발전할 수 없다. 자신이 무엇을 잘하고, 무엇에 약한지를 아는 데 많은 시간과 노력을 투자해야 한다. 직관은 이런 과정을 효과적으로 돕고, 궁극적으로 자신의 재능을 효과적으로 발휘하는 데 중요한 역할을 한다.

셋째, 직관은 창조적인 에너지를 갖게 한다. 사람은 누구나 자유의지를 가지고 있고, 거기에서 비롯된 창의력도 지니고 있다. 다만, 천재들은 자신의 영혼이 지닌 힘을 분명히 알고, 이를 합당한 목적에 사용할 줄 아는 능력이 특히 발달한 것일 뿐이다. 직관은 이처럼 누구에게나 있는 창의력을 자극하고, 그것을 좋은 방향으로 활용하도록 돕는다.

넷째, 직관은 모든 일에서 긍정적인 면들을 찾아낼 수 있게 한다. 우리는 매일 엄청난 분량의 뉴스를 들으며 살아가고 있다. 그런데 긍정적인 뉴스보다 부정적인 소식들이 양도 더 많고, 세상 사람들의 이목도 더 많이 끌고 있다. 그러다 보니 자연스럽게 부정적인 사고와 감정이 지배하는 속에서 살아갈 수밖에 없다. 직관은 사람들이 이런 미궁 속에서 빠져나오도록 돕는다.

마지막으로, 직관은 자신감과 내적 자유를 얻게 한다. 사람은 누구든지 보편적 지혜와 연결되어 있으면 확신을 가질 수 있다. 그리고 깊은 믿음과 지식을 바탕으로 무언가를 결정하고 행동에 옮기게 된다. 직관은 사람이 자신의 강점과 재능을 발견하도록 돕고, 자신의 현재 상태와 잠재력을 깨닫도록 돕는다. 이런 내적 확신이 강해질수록 잘못된 정보에 대한 면역력이 강해지고, 우리는 더욱 자유로워진다. 이런 과정을 통해 사람들은 더욱 분명한 결정을 내릴 수 있게 되고, 이것은 다시 자신이 원하는 성공으로 이끌어 주는 원동력이다.

---

72) 직관을 감각적 또는 감성적 직관, 이성적 직관, 그리고 지적 또는 신비적 직관으로 나누기도 한다.

73) 엘프리다 뮐러-카인츠 · 크리스티네 죄닝(강희진 역, 2021). 직관력은 어떻게 발휘되는가. 서울: 타커스. 365-389에서 발췌, 인용.

2) 직관의 효과와 직관을 가로막는 것들

① 직관의 효과

직관을 활용한 코칭은 풍부하고 역동적이다. 코치가 직관을 사용한다는 것은 우주와 통하여 우주의 무한한 자원을 활용할 수 있다는 의미이다. 그런 차원에서 코치가 직관을 활용하면, 코치의 자원이 무한한 공간으로 확장되면서 코칭 장면에서 여유와 자유로움을 느낄 수 있다. 그리고 코칭에서 직관을 잘 활용하면, 고객에게는 부정적인 영향을 주지 않으면서도 핵심을 빨리 보도록 하는 중요한 매개체가 된다. 이런 직관은 오염되지 않을 때 효과가 있다. 직관은 즉시 내뱉으면 강력할 수 있지만, "이것이 맞나? 뭐지?"라면서 코치의 내면에 간직하고 있으면, 여러 가지 오염 덩어리들(생각)이 들러붙어서 효과가 떨어진다.[74]

② 직관을 가로막는 것들

이런 대단한 힘을 가지고 있는 직관을 가로막는 것들이 있다. 예컨대, 텔레비전을 보고 있을 때를 상상해 보자. 채널을 바꾸거나 음량을 조절하려고 할 때, 리모컨과 텔레비전 사이에 커다란 물건이 놓여 있으면 리모컨이 제대로 작동하지 않는다. 마찬가지로 시냇물이 강으로 흘러갈 때, 중간에 바위를 만나게 되면 우회로를 찾거나 그 바위를 타고 넘어야 한다. 직관도 경청과 마찬가지로 그것을 방해하는 것들이 있는데, 구체적으로 살펴보면 다음과 같다.[75]

첫째, 특정한 사고, 감정 및 행동 양식들은 직관의 흐름을 방해한다. 이런 것들은 우리의 인지능력을 무디게 만들고, 환상에 사로잡히게 한다. 그 결과 사람들은 에너지를 잃거나 현실감각을 잃게 된다. 그렇게 되면 그때는 내면의 목소리를 듣지 못한다. 기대, 선입관, 유연하지 못한 태도, 억측이나 추측, 부정적 확신 등이 이에 속한다.

둘째, 두려움이나 부정직한 태도 역시 직관의 흐름을 방해한다. 두려움은 직관이 도저히 뛰어넘을 수 없는 견고한 콘크리트 벽과 같다. 자신감 부족, 용기 부족, 염려, 의심, 부정적인 생각과 감정 등은 우리의 생각과 감정, 그리고 행동의 자유를 제한하며, 나아가 직관적 지능의 계발을 방해한다.

셋째, 이기적인 태도나 자만 등도 직관의 방해요소들이다. 자기합리화, 독단적 태도, 지나친 자기과시욕, 고집 등은 관용하지 못하는 마음에 뿌리는 두고 있는 것으로, 직관의 좋은 흐름을 방해한다.

넷째, 잘못된 시간 활용 역시 직관 계발의 걸림돌이 된다. 세월을 보내며 시간을 낭비하는 것은 사람의 인지능력을 흐리는 요인이다. 중요하지 않은 일을 하며 보내는 시간은 전부가 낭

74) 박정영(2022). 3Cs II(중급과정) Plus. Listening: 에너지 듣기. 서울: ㈜CiT코칭연구소.
75) 엘프리다 뮐러-카인츠 · 크리스티네 죄닝(강희진 역, 2021). 직관력은 어떻게 발휘되는가. 서울: 타커스. 365-389.

비하는 시간이다. 또 어떤 일을 너무 많이 하거나 혹은 너무 오랫동안 해서 중독되는 것도 시간 낭비에 속한다.

마지막, 욕심도 직관 계발의 걸림돌이 된다. 특히, 지식에 대한 과도한 욕구도 중독으로 발전할 수 있고, 사람을 구속하는 족쇄가 될 수 있으며, 나아가 직관의 원활한 흐름을 방해할 수 있다.

3) 직관기술의 핵심

그렇다면 직관기술을 어떻게 코칭에 적용할 것인가? 직관은 사물을 바라보는 또 다른 방식이고, 인간 내면의 목소리이다. 그래서 코치는 직관이 항상 옳지도 그르지도 않다는 것을 알 필요가 있고, 그것을 코칭에 적용했을 때 효과가 있을지 없을지에 대해 마음의 준비를 하는 것이 좋다. 코치의 직관이 옳으면 고객은 말이나 몸으로 표시를 할 것이고, 별로 신통치 않으면 적절치 않다고 말하거나 무시하고 지나칠 것이다. 코칭을 시작한 초기에는 자신의 판단인지 직관인지 혼란스러울 때가 있다. 둘은 종이 한 장 차이이다. 판단도 직관도 모두 코치의 내면에서 일어나는 반응이다. 몸 안에서 무언가가 감지되면, 자기 자신을 믿어야 한다. 직관은 시의적절한 타이밍(timing)이 중요하다.[76]

우리는 앞서 코치는 고객의 잠재력과 가능성을 이끌기 위해서 그의 말을 경청해야 한다고 언급했다. 그래서 코치에게는 고객이 정말 말하고 싶은 것을 들어주는 훈련이 절대적으로 필요하다. 그렇다면 어떻게 해야 고객의 의중을 잘 알아차릴 수 있을까? 그 방법은 코치의 직관을 활용하여 고객에게 적절한 질문을 던짐으로써 그의 잠재의식 속에 있는 해답을 이끄는 것이다. 다시 말하면, 고객의 내부에 있는 해답을 이끄는 데 있어 더 확실한 방법은 코치 자신의 잠재의식 속에 있는 직관에 따라 고객에게 질문을 던지는 것이다.

직관기술에 대해 구체적으로 살펴보면 다음과 같다.[77]

① 코치는 생각하지 않는다.

이것은 코치가 코칭을 진행할 때, 일해서는 안 된다는 의미이다. 즉, 코치는 코칭을 진행하는 동안 열심히 머리를 움직이지 않아야 한다는 것을 의미한다. 코치가 고객이 이야기하는 동안 '다음에는 어떤 질문을 할까?', '저 말은 다른 어떤 의미를 내포하고 있을까?', '왜 저런 결과를 도출할 수밖에 없었을까?', '저 사람이 과연 해답을 찾을 수 있을까?', '언제쯤 해답을 찾을 수 있

76) 박정영(2022). 3Cs II(중급과정) Plus. Listening: 에너지 듣기. 서울: ㈜CiT코칭연구소.

77) 에노모토 히데타케(황소연 역, 2004). 부하의 능력을 열두 배 키워 주는 마법의 코칭. 서울: 새로운 제안. 124-135에서 발췌, 인용; 엘프리다 뮐러-카인츠 · 크리스티네 죄닝(강희진 역, 2021). 직관력은 어떻게 발휘되는가. 서울: 타커스. 227-245에서 발췌, 인용.

을까?' 등 온갖 생각을 한다면 이것은 일하는 것이다. 이처럼 코치가 많은 생각을 하고 있으면 고객이 무엇을 말하고 싶은지, 그가 진정 무엇을 원하고 있는지 이해하기 힘들다. 이것은 코치의 의식이 고객을 위해 있는 것이 아니라 코치 자신에게 있음을 의미한다. 또한, 이것은 코치가 그만큼 고객을 위해 일을 하지 않는다는 것을 의미한다. 그렇게 되면 고객이 내면 깊은 곳에 있는 해답을 찾을 기회가 그만큼 줄어들게 되고, 당연히 코칭이 제대로 진행될 수 없다.

코칭에서 생각을 해야 하는 사람은 고객이다. 코칭에서 고객에게 필요한 해답은 그의 내면에 있고, 그 자신만이 그 해답을 찾을 수 있다. 결코, 코치가 찾아낼 수 없다. 코치가 많은 생각을 해서 고객에게 필요한 해답을 찾아줄 수는 없다. 이것은 엄밀한 의미에서 코칭이 아니다. 따라서 코치는 고객이 스스로 해답을 찾을 수 있도록 방해하지 말고 도와주어야 한다. 그렇게 하는 방법은 고객에게 질문하고 그 대답을 기다리는 것이다. 고객이 코치에게 질문하면 다시 그에게 질문을 되던지면 된다. 예컨대, 코칭을 진행할 때, 고객이 코치에게 "이럴 땐 어떻게 하면 좋겠습니까?"라는 질문을 받으면, 바로 "당신은 어떻게 하면 좋을 것 같습니까?" 하고 되받아치면 된다. 그 시간이 짧으면 짧을수록 좋다.

② 코치는 예측하지 않는다.

코치는 코칭의 전개 과정이나 결말을 예측하지 않아야 한다. '이렇게 질문하면 저런 대답이 나오겠지?'라며 질문하는 것은 이미 대답을 예측하는 것이다. 이런 현상이 나타나는 가장 큰 이유는 코치가 고객이 스스로 자신의 문제를 해결할 수 있는 해답을 찾을 수 있다는 것을 확신하지 않기 때문이다. 다시 말하면, 고객이 스스로 자신의 문제를 해결할 수 있는 능력이 있다는 것을 믿지 않기 때문이다. 지시하거나 명령하는 데 익숙했던 상사나 교사가 어떤 의도나 생각을 지니고 질문을 할 때 이런 일이 일어나기 쉽다. 부하나 학생을 미덥지 않게 여길 때 이런 일이 발생할 수 있다.

그런데 누누이 강조하지만, 문제 해결의 해답을 지닌 사람은 고객이다. 코치는 해답을 주는 사람이 아니라 해답을 찾도록 지원하는 사람이다. 따라서 현명한 코치가 되고 싶다면 자신의 제반 경험과 지식에 근거하여 해답을 이미 알고 있다고 자랑할 것이 아니라, 고객의 잠재의식에 어떻게 접근할 것인가를 먼저 생각해야 한다. 그래서 결국 고객이 자신의 잠재의식 속에 있는 가능성을 충분히 발휘하여 해답을 찾을 수 있도록 돕는 것이 더 중요하다. 코치 자신이 해답을 내리지 않으면 안 된다고 생각하는 한 고객은 생각하지 않는다.

③ 코치는 앞서 끌고 가지 않는다.

이것은 코치가 고객이 가고자 하는 방향으로 뒤에서 따라가야 한다는 것을 의미한다. 코치는 일반적으로 고객의 문제를 해결해 주어야 한다는 고정관념에 사로잡혀 앞에서 그를 이끌고 나가야 한다고 생각하기 쉽다. 특히, 상사, 교사, 부모가 코칭을 하는 경우나 자신의 분야에서 전문적인 식견을 가지고 있는 코치가 코칭을 할 때, 이런 현상이 발생하기 쉽다. 계속 되풀이 되는 이야기지만 고객이 지닌 문제의 해답은 고객의 내면에 있다. 따라서 코치는 고객이 스스로 자신의 문제를 해결할 수 있도록 뒤에서 따라가는 것이지 앞에서 이끌어서는 안 된다. '내가 훌륭한 질문을 해서 고객을 일깨워 주어야지.'라는 생각은 잘못된 것이다.

코치가 고객을 앞서 끌고 가지(lead) 않고 따라간다는 것은 바로 고객이 하는 얘기를 경청하는 것이다. 즉, 코치가 듣고 싶은 것을 듣는 것이 아니라 고객이 이야기하고 싶은 것을 경청하는 것이다. 이 과정에서 코치는 고객이 자신의 문제를 해결할 수 있는 해답을 찾도록 진심으로 도와주면 된다. 그 해답을 찾는 데 다소 시간이 걸리더라도 인내심을 가지고 확실한 해답을 찾을 때까지 질문하면 된다. 그래도 고객에게 무엇을 질문해야 좋을지 모른다면, "지금 무슨 말을 하고 싶습니까?"라고 솔직하게 말하면 된다. 이것이 앞서 끌고 가지 않고, 따라가는 것이다.

④ 코치는 숨어 있는 동기를 파악한다.

이것은 코치가 고객의 동기(motive)를 파악하는 것을 말한다. 여기에는 고객 스스로 자신의 행동에 대한 동기를 파악하는 것을 돕는 것도 포함된다. 모든 결정에는 하나 혹은 그 이상의 동기가 들어 있다. 누구든지 자신이 어떤 행동을 하게 되는 동기를 파악하면, 그것에서부터 자기를 인식할 수 있다. 즉, 동기를 알아야 자기를 알 수 있고, 자신의 성격도 알 수 있다.

코칭에 있어서도 행동과 표현 등의 동기를 잘 파악하면, 고객의 진정한 모습을 파악할 수 있다. 코치가 고객에게 "그 일은 당신에게 어떤 의미가 있습니까?", "어떤 것이 당신을 위한 최상의 방법이라고 생각하십니까?", "어떻게 하면 가장 많은 것을 배울 수 있겠습니까?" 등의 질문을 하고 그 대답을 기다려야 한다. 그러면 대개 그 일과 결정에 대한 내적 동기를 파악할 수 있다. 남들에게 쉽게 말하지 않는 실제적 동기를 파악하는 것은 코칭에 있어 매우 의미 있는 일이다. 특히, 진로 선택, 직업 및 직장 선택, 결혼과 이혼, 퇴직과 이직 등 인생 전체에 커다란 영향을 미치는 결정을 앞둔 시점에서 그 내적 동기를 파악하는 것은 매우 중요한 일이다.

4) 직관을 활용한 표현

코치가 코칭 장면에서 직관을 활용하기 위해서는 직관을 느낄 수 있어야 하고, 그것을 표현할 수 있어야 한다. 코치가 직관을 통해 느낀 것을 표현하기 위해서는 용기와 기술이 필요하다. 직관을 통해 감지된 것을 얘기할 때는 해석과 판단을 배제하고 중립적으로 얘기한 후, 고객의 생각을 듣는 것이 중요하다. 코치가 애써 만들어 내는 것이 아니라 갑자기 코치 내면에 떠오른 것을 정직하게 공유하는 것이다. 코치가 직관을 표현하는 방법에는 다음과 같은 다양

한 것들이 있다.[78)]

① 느낌의 표현

- "말씀을 듣다 보니 갑자기 가슴이 답답해지네요. 어떤 의미가 있을까요?"(고객이 즐겁다고 말하지만, 코치는 답답함을 느낄 때)
- "제 안에 슬픔이 느껴지는데 어떻게 생각하세요?"
- "제 손에 힘이 쥐어지고, 주먹이 쥐어지네요"
- "갑자기 제 안에서 뭔가가 느껴지는데, 뭔지 들어보시겠습니까?"
- "제 양 어깨에 갑자기 힘이 들어가네요."

② 은유적 표현

- "지금 긴 터널 속으로 들어가는 듯합니다."
- "봄에 피어나는 새싹을 보는 듯한 느낌입니다."
- "가을 단풍의 화려함이 느껴지네요."
- "새벽에 안개 속을 운전하고 있는 듯합니다."
- "입안 가득 박하사탕을 머금은 듯한 느낌입니다."

③ 이미지의 표현

- "단거리 선수가 허들을 뛰어넘는 모습이 떠오릅니다."
- "드넓은 초원 위에 큰 참나무가 한 그루 있고, 바람이 솔솔 부는 모습이 떠오릅니다."
- "말을 탄 나폴레옹의 초상화가 떠올라요."
- "아스팔트 길 틈새에 고개를 내밀고 있는 작은 풀잎이 보입니다. 어떤 느낌인가요?"
- "성공적으로 강연을 마친 강사가 청중으로부터 힘찬 박수를 받는 모습이 떠오릅니다."

④ 의성어나 의태어를 활용한 표현

- "삐걱삐걱 하는 소리가 들리는 듯합니다."
- "졸졸졸 흐르는 시냇물 소리가 들리네요."
- "방긋방긋 웃은 해맑음이 느껴지네요."
- "가슴이 쏴아~ 합니다."
- "땀방울이 송글송글 맺혀 있는 듯합니다."

---

78) 박정영(2022). 3Cs II(중급과정) Plus. Listening: 에너지 듣기. 서울: ㈜CiT코칭연구소.

⑤ 주변의 사물을 활용한 표현

- "갑자기 저 벽에 걸린 시계가 눈에 들어오네요. 지금 저 시계를 보면 어떤 느낌이 느껴지나요?"
- "창문 밖 나무에 감이 주렁주렁 달렸네요. 저 감나무가 당신께 지금 무슨 말을 해주고 싶을까요?"
- "지금 우리가 앉은 탁자 위에 꽃병이 하나 있네요. 지금 당신께 무슨 말을 하고 싶은 것 같습니까?"

5) 직관의 개발

① 직관과 우뇌

인간의 대뇌는 우뇌와 좌뇌로 나뉘어 서로 다른 역할을 하고 있다. 먼저, 좌뇌는 말, 계산, 논리 기능 등 언어적인 사고를 관장하며, 사물을 분석적으로 받아들인다. 인간이 이 세상을 살아가면서 배우고 익힌 지식과 정보는 모두 좌뇌에 저장된다. 좌뇌는 어떤 고성능 컴퓨터에도 뒤지지 않는 소프트웨어를 가지고 있다. 그래서 좌뇌를 '이성 뇌'(理性 腦)라고도 한다. 한편, 인간의 감정이나 직감 등을 관장하는 우뇌는 직감적인 이미지 뇌로서, 사물을 전체적으로 받아들인다. 이 우뇌 속에는 과거 인류가 쌓아 온 지혜가 유전자 정보로 저장되어 있다. 특히, 중요하다고 생각되는 자극, 예컨대 중요한 정보, 인상적인 사건 혹은 깜짝 놀랄 만한 사건 등은 좌뇌를 통해 우뇌의 유전자에 입력된다. 이 우뇌의 정보가 바로 이성에 지배당하지 않는 '마음'이다. 그래서 우뇌를 '감정 뇌'(感情 腦)라고도 한다. 우뇌와 좌뇌는 뇌량(腦梁)이라는 다리를 통하여 서로 연락을 취하고 있다. 인간이 살아가며 활동하는 데는 좌뇌의 기능만으로도 충분하다. 그러나 중요한 일이 생겼을 때 해결 방법을 가르쳐 주는 것은 우뇌이다. 즉, 우뇌가 뇌량을 통하여 좌뇌로 정보를 전달하는 것이다.

그런데 우리의 머리는 가만히 두면 끝내 좌뇌 중심으로 흘러가게 된다. 하지만 우뇌를 주로 활용하여 생활한다면 인간다운 삶을 살 수 없다. 따라서 인간의 능력을 최대한 발휘하려면 좌뇌와 우뇌를 균형 있게 사용하는 것이 중요하다. 상대적으로 덜 사용하고 있는 우뇌를 충분히 활용한다면 우리는 더 많은 것을 할 수 있고, 우리 내면에 잠자고 있는 무한한 가능성을 충분히 발휘할 수 있을 것이다.

직관과 관련된 우뇌를 충분히 활용할 수 있는 방법은 다음과 같다.[79)]

첫째, 긍정적인 사고방식을 가진다. 무슨 일이건 좋은 방향으로 생각하는 긍정적인 사고방식을 갖는 것이 무엇보다도 중요하다. 좋은 그림을 보고, 좋은 음악을 들으며, 스스로 자신에

79) 하루야마 시게오(박해순 역, 1996). 뇌내혁명. 서울: 사람과 책. 87-221에서 발췌, 인용.

게 끊임없이 칭찬의 말을 독백으로 들려주는 것도 좋은 방법이다. 둘째, 근육을 사용한다. 아무리 운동을 열심히 해도 올바른 근육을 만들지 못하면 몸에 해롭다. 맨손체조와 같은 가벼운 운동을 자기 몸의 상태에 맞게 적절히 함으로써 근육을 좀 더 튼튼하게 유지해야 뇌 속의 모르핀 분비가 왕성해진다. 셋째, 명상을 생활화한다. 명상은 좌뇌를 쉬게 하고, 우뇌의 목소리에 귀를 기울이게 한다. 명상하면 우리의 뇌는 언제나 뇌 속의 모르핀 분비의 세계로 들어갈 수 있고, 그래야 우뇌가 슬기로운 지혜를 알려 줄 수 있다. 넷째, 식생활에 주의한다. 뇌에 좋은 영양을 공급하기 위해서는 균형 잡힌 고단백 · 저칼로리 식사를 함으로써 혈관의 막힘을 방지하고, 녹황색 채소 등을 통해 비타민 A · C · E와 항산화 물질을 적절하게 섭취해야 한다.

② 직관을 개발하는 방법

대체로 남성들은 오성(悟性)에 따라 행동하며, 무슨 일이든 논리적으로 설명하려고 하는 경향이 강하다고 한다. 이런 좌뇌 위주의 논리적 사고방식으로는 내면의 목소리에 귀를 기울이기가 힘들다. 중요한 사업상의 결정을 하면서 내면에서 우러나오는 소리를 듣고 결정하는 남성은 거의 없다. 이에 비해 여성들은 감정에 따라 결정을 내리는 경우가 많다. 여성들은 내면의 목소리에 귀를 기울이고, 그것에 따라 중요한 결정을 하는 경향이 남성보다 강하다. 일반적으로 여성이 가지고 있는 직관의 연결선이 남성의 그것보다 더 강력해서 여성들은 우뇌를 많이 활용하는 직관적 결정에 강한 편이다.

그런데 중요한 결정을 내릴 때 내적 확신을 지니고 최적의 길을 찾는 것은 매우 중요하다. 자신의 내면의 목소리에 귀를 기울이고, 자신의 감정을 객관적으로 검토해 보는 것은 성공으로 가는 길에 있어 꼭 필요한 동반자이다. 이것은 코치나 고객 모두에게 해당하는 일이다.

이런 직관력을 높이는 효과적인 방법에는 다음과 같은 것들이 있다.

첫째, 일기를 쓰는 방법이 있다. 일기는 자신의 모든 생각과 감정을 기록하면서 자기 자신과 대화를 나누는 과정이다. 자신의 깊은 곳에 물어보는 연습을 매일 반복하는 것이다. 어떤 영감이나 아이디어가 떠오르는지, 무엇이 자신을 행복하게 하는지, 어떤 것에 대해 감사하는지를 기록하는 것이다. 때로는 무엇이 마음에 걸리고 신경이 쓰이는지, 무엇 때문에 마음이 불편한지 등을 기록하기도 한다. 이처럼 즉각적인 결정을 내려야 하는 상황에 대비하여 미리 일기 쓰기를 통해 자신의 직관을 단련시켜 놓으면, 올바른 결정을 내려야 할 때 큰 도움을 받을 수 있다. 이처럼 쓰면서 생각하는 일기는 직관 지능 계발에 아주 좋은 훌륭한 도구이다.

둘째, 우연히 일어나는 일들에 대해 주의를 기울이는 방법이 있다. 중요한 결정을 해야 하는 시기에 우연히 일어나는 일들이 판단에 도움을 주는 경우가 있다. 대개 그런 경우에는 그 일이 일어나기 전에 한두 차례 강한 느낌이 오곤 한다. 어떤 일이 일어난 뒤에 그것을 아무 생각 없이 받아들일 것이 아니라, 그 일이 일어난 배경에 대해 생각해 보는 습관을 지니면 우연한 일도 유익하게 활용할 수 있다. 그 밖에 운동하거나 예술작품을 통해 감동을 경험하는 방법이나 항상 새로운 사람을 사귀고, 적극적이며, 진취적으로 생활하는 것도 직관을 개발하는 데 도움을 준다.

6) 직관에 대한 편견과 함정

직관에 따른 의사결정은 추출된 경험에 따라 만들어진다. 직관은 비합리적인 것 같지만, 반드시 틀린 것은 아니다.[80] 직관을 활용한 의사결정은 무의식적이라고 생각할 수도 있지만, 합리적인 분석과 반드시 반대로 작용하지 않으며, 그 둘은 서로 보완적이다. 오랫동안 대부분 전문가는 의사결정을 할 때 직관을 사용하는 것은 비합리적이고 효과적이지 못하다고 믿었다. 이제는 그렇지 않다. 합리적인 분석이 지나치게 강조되었고, 어떤 경우에는 직관에 의존하는 것이 의사결정을 향상할 수 있다는 것을 알고 있다.

그러나 직관에 너무 의존할 수는 없다. 직관은 수량화할 수 없어서 언제 우리의 직관이 맞는지, 혹은 맞지 않는지를 알기 어렵다. 핵심은 직관을 무시하거나 너무 의존하는 대신에 직관에 적절한 증거를 보완하여 의사결정을 하면 된다는 것이다.

2. 그 밖의 코칭 기술

1) 말로 반응하기

이것은 코치가 고객의 말을 경청하면서 집중하여 잘 듣고 있다는 것을 나타내는 간단한 표현이다. 코칭은 일상적인 대화와 달리 코치와 고객 사이에 형성되는 친밀한 관계를 바탕으로 고객이 원하는 것을 성취하도록 돕는 '파트너십'(partnership)이다. 따라서 고객의 얘기를 경청하고 있다는 것을 어떤 형태로든 표현할 필요가 있는데, 말로 표현하는 것이 비교적 효과적인 방법이다. 가능한 고객의 언어로 표현하는 것이 그와 일체감을 형성하는 데 도움이 된다. 그 예로는 다음과 같은 것들이 있다.

- "아하~"
- "와, 대단하군요."
- "아, 그런 일이 있었군요."
- "좀 더 자세하게 얘기해 주시겠습니까?"

---

80) Robbins, S. P., & Judge, T. A.(2011). *Organization Behavior*(14th ed.), NJ: Prentice Hall, 212-213에서 발췌, 인용; 스티븐 로빈스 · 티모시 저지(이덕로 · 김태열 · 박기찬 · 박원우 공역, 2011). **조직행동론**. 서울: ㈜피어슨에듀케이션코리아. 194에서 발췌, 인용.

• "저런, 그런 아픔이 있었군요."

대면 코칭을 할 경우, 코치는 말뿐 아니라 신체 언어, 몸짓, 시선 맞추기나 태도를 통해서도 소통하기도 한다. 가끔 유머를 사용하는 것도 전체적인 코칭 진행에 도움이 된다.[81)]

2) 요점 정리하기

코칭에서 요점을 정리한다는 것은 그것이 문제의 핵심이든, 대화의 요약이든, 행동이나 결과에 대한 보고이든 한 번씩 정리하고 넘어가는 것으로, '요약하기'라고도 부른다. 이것은 고객이 말하는 것을 똑바로 알아들었는지 확인하고 싶을 때나 고객이 느낀 감정을 정리하고 싶을 때 사용할 수 있다. 요점 정리하기의 장점은 무언가 잘못 알아들은 것이 있다면 고객이 다시 말해준다는 것이다.[82)] 이때 만일 고객이 즉각적으로 반응하지 않고 잠자코 있거나 딴 생각을 하는 듯하면, 충분한 시간을 갖고 기다려주는 것이 좋다. 고객이 자신의 내면을 깊이 탐색하고 있을지도 모르기 때문이다. 요점 정리하기는 다음과 같이 세 가지로 나눌 수 있다.[83)]

① 수집 요약(collecting)

이것은 고객이 얘기한 긴 내용을 간단하게 정리하여 언급하는 것이다. 예컨대, 코치가 고객에게 현재 염려되는 것이 무엇인지 질문했는데, 고객이 여러 가지 걱정거리를 얘기했을 때, 코치가 그것을 간략하게 요약하여 정리하는 것이다.

② 연결 요약(linking)

이것은 코칭을 진행할 때, 고객이 앞서 얘기했던 것과 지금 하는 얘기를 코치가 서로 연결하여 정리하는 것이다. 예컨대, 자신의 걱정거리에 관해 얘기하면서 이성 친구와의 결혼 시기에 관해 얘기하는 고객이 있었다고 가정해 보자. 그(그녀)가 결혼하려면, 주거할 집을 구해야 하는데 서울의 전세 시세가 너무 비싸서 걱정이라며 얘기한 경우, 코치는 고객의 결혼 시기와 주거할 집을 구하는 문제가 서로 연결되어 있다는 것을 알 수 있다. 이때 코치는 두 문제가 서로 연결되어 있다는 것을 고객이 알 수 있도록 다음과 같이 요약하여 정리할 수 있다.

• "지금 얘기하신 전세를 구하는 문제는 조금 전에 얘기한 결혼 시기 문제와 서로 연결된 것 같습니다. 어떻게 생각하십니까?"

---

81) 게리 콜린스(양형주 · 이규창 역, 2011). 게리 콜린스의 코칭바이블. 서울: 한국기독학생회출판부. 147에서 발췌, 인용.

82) 이언 맥더모트 · 웬디 제이고(박정길 · 최소영 역, 2007). 코칭바이블. 서울 : 웅진윙스. 149-150에서 발췌, 인용.

83) 탁진국(2019). 코칭심리학. 서울: 학지사. 75-76에서 발췌, 인용.

③ 전환 요약(transitional)

이것은 코칭 회기 내에서 고객이 하던 얘기의 초점을 바꾸거나 전환하는 때 사용하는 것이다. 고객이 원래 이슈와는 다른 내용의 얘기를 할 때, 코치가 지금까지 진행된 얘기를 정리해 주고 넘어갈 때 사용할 수 있다.

- "지금까지 직장생활에 관해 많이 말씀하셨습니다. ~한 얘기를 하셨는데, 혹시 제가 빠뜨린 것이 있으면, 말씀해 주십시오."

3) 자기노출하기

이것은 코치가 자신의 경험을 고객에게 말하는 것이다. 적절한 수준의 효과적인 자기노출은 고객에게 좋은 의미에서 도전이 될 수 있다. 자기노출은 당연히 고객의 상황과 관련이 되어야 하고, 장황하거나 애매하게 표현해서는 안 된다.[84] 구체적으로 표현하는 것이 좋지만, 코치가 너무 자신을 드러내면 코칭 대화의 초점이 고객에게서 코치로 바뀌기 때문에 조심하면서 노출하는 것이 현명하다.

4) 침묵 활용하기

침묵 활용하기란 '코칭을 진행하는 동안 코치가 고객의 얘기가 끝난 뒤에 코치가 말하거나 질문하기 전에 잠시 멈추는 것'을 말한다. 또한, 고객이 의미있는 질문을 받았을 때도 그 질문에 대해 깊이 생각하고 대답하려면 시간이 걸리는데, 이때 기다리며 침묵하는 것을 말한다. 침묵은 아무것도 하지 않는 상태가 아니다. 고객의 생각을 자극하거나 격려가 될 수 있고, 관심을 집중시키는 방법이기도 하다. 고객이 잠깐 멈추고 침묵하고 있다는 것은 그가 내면에 몰입하고 있다는 신호이다.

일반적으로 사람들은 질문하고 나서 상대방이 즉각적으로 대답하지 않으면, 곧바로 정신을 산란하게 하는 말을 덧붙인다. 누군가 중요한 질문을 받으면, 생각하고 반응하는 데 시간이 걸린다. 그런데 이때 "내 말이 의미하는 바는 … ", "그러니까 내 얘기는 …", " 내 질문의 의도는 …" 등과 같은 말을 덧붙이거나 다른 질문을 던지면, 고객이 생각하는 것을 방해하고 대답할 시간을 지연시키는 것이다. 이때는 적당히 침묵하는 것이 고객이 내면 깊숙한 곳을 여행하는 데 도움을 준다. 이처럼 침묵을 활용하면 거의 모든 질문의 힘을 배가시키거나 코칭의 효과를 높이는 데 도움이 된다.

84) 게리 콜린스(양형주 · 이규창 역, 2011). 게리 콜린스의 코칭바이블. 서울: 한국기독학생회출판부. 147에서 발췌, 인용.

5) 요청하기

이것은 고객에게 도움이 될 만한 경험이 있거나 고객에게 어떤 정중한 부탁을 할 필요가 있을 때, 코치가 그것을 고객에게 말하거나 부탁하기 전에 양해를 구하거나 요청하는 것을 의미한다.[85] 코칭은 고객이 자신의 문제를 해결할 수 있는 해결책을 스스로 찾을 수 있는 잠재력과 가능성이 있다는 것을 전제로 진행한다. 따라서 고객이 자신의 통찰력을 통해 스스로 찾아낸 해결책과 대안들이나 실행계획을 존중하고, 코치가 그런 것들을 제시하거나 조언해 주는 것은 하지 않는다. 그렇더라도 코칭을 진행하다 보면, 고객에게 정말 도움이 되는 경험이 있거나 고객이 어떤 행동을 하면 분명하게 도움이 된다는 관찰을 할 때가 있다. 이때 코치가 고객에게 요청하고, 고객이 그 요청에 동의하면, 코치 자신의 경험을 얘기하거나 정중한 부탁을 할 수 있다. 다음과 같은 표현을 사용할 수 있다.

- "제가 몇 가지 경험을 했는데, 당신에게 도움이 될지 모르니 얘기해 드려도 될까요?"
- "당신과 함께 나누고 싶은 생각이 있는데, 괜찮겠습니까?"
- "다음 코칭 전까지 충분히 생각해 보시고, 당신이 이번 시험에 합격하기 위해 어떤 조치를 할 수 있는지 종이에 적어보시기를 요청합니다."

그러면 고객은 코치의 요청에 대해 동의하거나 거부하거나 아니면 다른 수정 제안을 할 수 있다. 만일 고객이 코치의 요청에 동의하면, 코치의 경험을 말해주면 되고, 거부하면 말하지 않으면 된다. 그리고 고객이 다른 수정 제안을 하면 그것에 대해 서로 논의하면 된다. 요청하기를 효과적으로 하려면 다음과 같은 사항들을 명심해야 한다.[86]

- 요청하려고 하는 것을 분명하게 말하라.
- 단순하고 긍정적이며 직설적인 언어로 표현하라.
- 설명이나 변명은 애매하지 않게 하라.

6) 앵커링

코칭을 할 때 고객이 자신이 원하는 감정의 상태로 자신의 마음을 짧은 순간에 빠르게 바꿀 수 있다면, 목표를 달성하는 데 큰 도움이 된다. 이때 사용하는 방법 가운데 하나가 '앵커링'(anchoring)이다. 앵커의 원래 뜻은 닻을 말한다. 배가 닻을 내리면 바람이나 파도에 영향을 받지 않고 원하는 위치에 잘 정박해 있듯이, 사람도 특정한 감정을 불러일으켰던 사물이나 환경

85) 게리 콜린스(양형주 · 이규창 역, 2011). 게리 콜린스의 코칭바이블. 서울: 한국기독학생회출판부. 149에서 발췌, 인용.

86) 이언 맥더모트 · 웬디 제이고(박정길 · 최소영 역, 2007). 코칭바이블. 사울: 웅진윙스. 162-163에서 발췌, 인용.

에 노출되었을 때 그 감정 상태로 쉽게 들어간다는 의미로 사용된다.

코칭에서 앵커란 자신이 원하는 어떤 감정 상태로 스스로 변화시키는 모든 자극을 말하는 것으로, 사람의 오감을 모두 활용했을 때 그 효과가 강력하다. 즉, 보고, 듣고, 냄새 맡고, 만질 수 있고, 맛볼 수 있는 감각을 모두 활용하여 어떤 경험을 반복적으로 회상하면서 사물이나 신체 일부분에 각인시키는 것이다. 이렇게 각인된 상태는 자극하면 매우 쉽게 회상되는 특징이 있다. 특히, 긍정적인 앵커는 사람의 내적 에너지를 불러일으키는 데 큰 도움이 되는데, 자신에게 강력한 긍정적 감정을 일으키는 앵커를 몸에 지니고 있다면 자신의 목표를 이루는 데 매우 유용하다. 앵커링은 다음과 같은 방법으로 할 수 있다.[87]

- 원하는 상태를 결정한다.
- 과거 경험에서 원하는 상태를 찾아낸다.
- 원하는 상태를 떠오르게 할 앵커(사물이나 신체 일부)를 찾는다.
- 앵커에 원하는 상태의 감정을 이입한다.

이상에서 설명한 것 외에도 수많은 코칭 기술이 있다. 선배 코치들이 주로 사용하던 것이 전수되어 내려오기도 하고, 다른 학문 분야에서 사용되는 것이 원용되기도 한다. 물론 앞으로 개발될 코칭 기술도 있을 것이다. 이 책에서 그 모든 것을 소개하고 설명하는 것은 무리가 있다. 다만, 여기에서 강조하고 싶은 것은, 전문코치라면 흔히 코치의 역량에 포함되는 코칭 기술들 가운데 코치에게 꼭 필요한 핵심기술들은 코칭 현장에서 자유자재로 사용할 수 있도록 꼭 익혀야 한다는 점이다. 아울러 전문코치가 선택한 코칭 모델이나 코칭 훈련 프로그램에서 권장하는 부차적인 코칭 기술들 가운데 필요한 것도 잘 선택하여 활용함으로써 자신의 코칭 역량을 향상하길 바란다.

87) 정문철 · 이정민 · 이수정 · 김태영 · 홍혜선 · 전병렬(2013). 세일즈 노하우 Paleo. 서울: 서원. 89에서 발췌, 인용.

10.1 코칭 대화 절차의 개념

1. 일반대화와 코칭 대화의 차이

1) 일반대화와 코칭 대화[1]

인간은 대화를 통해 자신을 드러내거나 감정과 느낌을 표현한다. 그리고 타인과의 대화를 통해 정보를 주고받거나 새로운 사실들을 접한다. 또한, 우리는 대화를 통해 자신의 능력에 대해 잘 이해하거나 자신의 어리석음을 깨닫기도 한다. 우리가 예전의 모습과 비교하여 어느 정도 성장하고 발전했는지 아니면 퇴보했는지도 대화를 통해 알 수 있다. 이처럼 대화는 인간들 사이에서 일어나는 아주 자연스러운 현상이다.

> "대화는 인간 간에 일어나는 놀라운 현상이다. 전쟁이 선포되고, 중요한 사회 개혁이 공표되고, 위대한 과학적 업적이 결실을 보고, 시장이 형성되는 것 모두 대화 혹은 대화의 네트워크를 통해서 이루어진다. 산업 시대나 인터넷 시대와 같은 새로운 시대가 올 때는 낡고 평범한 대화가 중단되고 새롭고 비범한 대화가 시작되어 새로운 아이디어, 신선한 통찰력, 흥미있는 새로운 가능성을 제공한다."[2]
> – 로버트 하그로브

그런데 코칭에서 행해지는 대화는 이런 일반적인 대화와는 다르다. 코칭 대화(Coaching conversation)는 잡담이나 단순한 의견 교환 또는 친구들에게 충고하는 대화가 아니다. 사람들 입에 자주 오르내리는 가십거리나 유머는 더욱 아니고, 냉소적인 논평에 몰두하는 대화도 아니다. 어떤 목표를 성공시키기 위한 합리적인 전략을 모색하도록 하는 대화도 아니고, 다른 사

1) 조성진(2020). 코칭과 경력개발. 경기: 양성원. 151-152에서 발췌, 인용.

2) 로버트 하그로브(박재원 역, 2006). 불가능한 미래를 성취하는 마스터풀 코칭. 서울: 김앤김북스. 105에서 발췌, 인용.

람이 무엇을 잘못했는지를 알아내고 추궁하기 위해 심문하는 대화도 아니다. 로버트 하그로브(Hargrove, R.)에 따르면, 코칭에서 행해지는 대화 즉, 코칭 대화는 다음과 같은 특징을 가진 놀라운 대화이다.[3]

- 코치가 사람들에게 영향을 미치고 싶다는 열의로 가득찬 대화
- 상대방이 성공하도록 완전히 헌신 상태에서 말하고 듣는 대화
- 사람들이 실망을 안겨주거나 실수할 때도 그들의 위대함을 인식하는 대화
- 거리낌 없이 통찰력 있는 피드백을 제공하는 대화
- 사람들이 새로운 가능성이나 획기적인 혁신 방법을 파악하고 완전히 새로운 방식으로 거듭나게 하는 대화
- 사람들이 영감과 능력과 힘을 얻었다는 것을 느끼게 만드는 대화

이런 독특한 특징을 지닌 코칭 대화는 코치와 고객 사이에서 일정한 절차와 과정을 거치며 이루어지는데, 우리는 그것을 '코칭 대화 절차'(coaching conversation process)라고 부른다.

2. 코칭 대화에서 필요한 것들

코칭은 고객과 코치가 함께 이슈를 해결하려는 목적이 분명한 여정이다. 즉, 코칭은 확실한 목적이 있는 대화이다. 고객이 겪는 문제를 그가 스스로 해결하도록 돕겠다는 목적이 분명한 대화이다. 그래서 고객은 코치에게 기꺼이 대가(보수)를 지급하는 것이다.

이런 코칭 대화에서는 다음과 같은 것들이 필요하다.[4]

첫째, 코칭 대화에서는 적절한 절차(process)가 필요하다. 코칭에서 코치와 고객이 목적을 달성하는 방법은 여러 가지이다. 이때 먼저 해야 할 일은 나아갈 방향을 정하는 것이다. 자동차 운전하는 경우를 예로 들어보자. 일단 가고자 하는 목적지가 결정되면 방향이 정해진다. 그러면 가로질러서 갈 수도 있고, 때로는 돌아가는 방법도 있다. 방향만 잘 설정되었다면, 언젠가는 목적지에 도달하기 때문이다. 코칭에서도 목적과 방향을 잘 유지하려면, 그것에 따라 대화를 풀어가는 적절한 절차가 필요하다.

이처럼 코칭 대화는 절차가 있어서 반복해서 진행할 수 있다. 두 명의 코치가 같은 고객을 대상으로 코칭을 진행한다고 가정해 보자. 두 명의 코치가 각기 다른 시점에 같은 고객을 상대로 코칭을 진행하더라도 다루는 이슈가 같다면, 고객이 도달하는 결론은 비슷해진다. 설령 두

3) 로버트 하그로브(박재원 역, 2006). 불가능한 미래를 성취하는 마스터풀 코칭. 서울: 김앤김북스. 107에서 발췌, 인용.

4) 조성진(2020). 코칭과 경력개발. 경기: 양성원. 152-153에서 발췌, 인용.

코치가 각기 다른 절차를 활용하여 코칭 대화를 진행하더라도 고객이 추구하는 목적과 방향만 일정하다면, 비슷한 결론에 도달하게 된다. 이것이 가능한 이유는 코칭 대화를 풀어가는 데 사용되는 일정한 절차가 있기 때문이다.

둘째, 코칭 대화에서 필요한 것은 코치와 고객이 각각 지닌 열정과 의지다. 코칭에서 코치는 고객이 이슈를 해결할 수 있는 대안을 찾는 과정에서 항상 그와 동행한다. 이때 중요한 점은 고객과 코치가 공통의 관심사인 이슈를 해결하려는 뜨거운 열정과 확고한 실천 의지가 필요하다는 것이다. 이것은 자동차 차체와 엔진이 아무리 튼튼하고 견고하게 제작되었더라도 연료가 없으면, 자동차가 전진할 수 없는 것과 같은 이치이다. 결국, 코칭 대화를 이어나가려면, 적절한 절차가 있어야 하고, 코치와 고객 모두 문제를 해결하려는 열정과 의지가 병행되어야 한다.

3. 코칭 대화 절차의 정의와 종류

1) 코칭 대화 절차의 정의[5]

사람들이 코칭을 받는 이유는 무엇인가 달라지기 원하기 때문이고, 그런 차원에서 코칭은 변화를 일으키는 것과 관련이 있다. 코칭은 코치와 고객이 서로 만나서 실행하는 쌍방향 의사소통으로서, 한 번 혹은 여러 번에 걸쳐 진행되는 일련의 과정(process)이다. 그래서 코칭 대화 절차(coaching conversation process)는 '코치와 고객이 이슈를 해결하기 위해 서로 의사소통을 하는 데 필요한 구조화된 단계 또는 과정'이라고 정의할 수 있다.

어떤 고객의 관심사와 이슈는 한두 번의 코칭을 통해 해결된다. 하지만, 대개 그 이상의 코칭 회기(session)가 필요한 경우가 많고, 이슈에 따라서는 몇 개월 동안 진행되기도 한다. 코칭이 한두 번의 회기에서 끝나든 몇 개월에 걸쳐 진행되든, 구조화된 대화 절차 또는 단계를 거친다는 점이 일상생활에서 사용하는 대화와 크게 다르다.

현재 국내외에서 사용되고 있는 코칭(교육) 프로그램은 저마다 고유한(unique) 경로의 하나로서 코칭 대화 절차를 포함하고 있다. 이것은 코치와 고객이 함께 하는 코칭 여정을 안내하는 표지판과 같은 역할을 한다. 이때 어느 부분을 강조하느냐에 따라 코칭 프로그램에 속한 코칭 대화 절차의 형태가 조금씩 달라진다. 이처럼 개별 코칭 프로그램은 고객이 자신의 문제를 스스로 해결하도록 돕는다는 차원에서는 모두 같은 목적을 지닌다. 하지만, 그것을 풀어가는 코칭 대화 절차는 각기 다르고, 고유하며, 독특하다.

그래서 어떤 코칭 대화 절차를 활용할 것인지는 전적으로 코치에게 달려 있다. 자신의 몸에 잘 맞고 어울리는 옷을 골라 입는 것처럼, 코칭 대화 절차도 코치 자신에게 잘 맞는 것을 선택

5) 조성진(2020). 코칭과 경력개발. 경기: 양성원. 153-154에서 발췌, 인용.

하여 활용하면 된다. 그런데 사람들이 옷을 고를 때 다른 사람이 입은 옷을 고르면, 좀 익숙해서 편할지 모르겠지만 나만의 고유함이 없을 수 있다. 그래서 자신의 옷을 직접 지어 입는 사람들도 있다. 이처럼 코치도 자신의 코칭 상황이나 코칭 교육 프로그램에 잘 맞는 코칭 대화 절차가 필요할 때는 코칭 대화 절차를 새롭게 개발하여 사용할 수도 있다.

2) 코칭 대화 절차의 종류[6]

자동차를 운전할 때 지도를 사용하지 않고서도 목적지를 찾아갈 수 있다. 하지만 도로 지도나 내비게이션의 도움을 받으면, 불필요한 우회를 방지하거나 막다른 길을 피하면서 순조롭게 목적지에 도달할 수 있다. 마찬가지로 코치가 코칭 대화 절차를 사용하지 않고서도 고객과 함께 코칭을 진행할 수 있다. 하지만 코치가 사용할 코칭 대화 절차가 있다면, 고객과 함께하는 코칭 여정을 순조롭게 진행할 수 있다.

그래서 각각의 코칭 프로그램은 저마다 코칭 여정을 안내하는 표지판 역할을 하는 코칭 대화 절차를 가지고 있다. 이것은 각각의 코칭 프로그램을 다른 것과 구분하는 주요한 특징이 된다. 일반적으로 어떤 코칭 프로그램 사이의 차이는 코칭 모델과 그 속에서 활용되는 코칭 대화 절차의 차이라고 볼 수 있다.

코칭 프로그램에서 사용하고 있는 대부분의 코칭 대화 절차는 단계가 있다. 각 단계는 개별 코칭 프로그램마다 차이가 나지만, 대개 3~6단계를 거치는 경우가 대부분이다. 여기에서는 일단 프로그램별 코칭 대화 절차의 큰 틀만 소개하고, 대표적인 몇 가지 코칭 대화 절차의 구체적인 내용에 대해서는 이후의 절에서 자세히 다루기로 한다. 지금 여기에서는 코칭 대화 절차에 관한 전통적인 견해와 가장 많이 사용되는 절차를 중심으로 살펴보고자 한다.[7]

먼저, 킨로우(Kinlaw, D.)의 코칭 대화 절차(이하에서는 'K 프로세스'라 약칭함)는 '직면하기 → 반응 활용하기 → 대안 점검하기'라는 3단계를 거친다. 다음, 퍼니스(Fournies, F. F.)의 코칭 대화 절차(이하에서는 'F 프로세스'라 약칭함)는 '문제를 시인하기 → 대안 상호 토의하기 → 행동 상호 동의하기 → 사후 점검 → 성취 결과 칭찬하기'라는 5단계를 거친다.[8]

한편, 현재 세계적으로 가장 많이 사용되는 것으로 알려진 존 휘트모어(Whitmore, J.)의 'GROW' 프로세스(이하에서는 'G 프로세스'라 약칭함)는 '목표 설정하기 → 현실 확인 → 대안 찾기 → 실행 의지 확인'이라는 4단계를 거치고,[9] CCU라는 코칭 교육기관에서 사용하는 'Coach-

---

6) 조성진(2020). **코칭과 경력개발**. 경기: 양성원. 154-155에서 발췌, 인용.

7) 이 책에서 각각의 코칭 대화 절차를 지칭하여 'K 프로세스', 'G 프로세스' 또는 'i 프로세스'로 약칭하여 부르는 것은 해당 코칭 프로그램에서 그렇게 부르기 때문에 사용하는 표현이 아니다. 현재까지 코칭 대화 절차를 구분하는 합의된 기준이 없어서 필자가 편의상 간결하게 줄여서 표기하는 것일 뿐이다.

8) Werner, J. M., & DeSimone, R. L.(2006). *Human Resources Development*. Thomson. 381- 382에서 발췌, 인용.

9) Whitmore, J.(2002). *Coaching for Performance*(3rd Ed.). Nicholas Brealey Publishing. 57- 96에서 발췌, 인용.

ing Conversation' 코칭 대화 프로세스(이하에서는 'C 프로세스'라 약칭함)는 '초점 맞추기 → 가능성 발견 → 실행계획 수립 → 장애요소 제거'라는 4단계를 거친다.[10]

한편, 우리나라에서는 코칭 도입 초기에는 외국의 프로그램을 번역하여 그대로 사용하거나 일부 내용을 약간 수정하여 사용하는 경향이 많았다. 하지만 최근 들어 독자적인 코칭 대화 절차를 개발하여 사용하는 경우가 많아졌다. 몇 가지를 소개하면 다음과 같다.

박창규와 이소희(2008)가 공동으로 개발한 'ANCHOR' 코칭 대화 절차(이하에서는 'A 프로세스'라 약칭함)는 '기대 목표 → 현실 인식 → 핵심가치 →경로 찾기 → 장애요인 → 다짐하기'라는 6단계를 거치고,[11] 이희경(2005)의 'GRROW' 코칭 대화 절차(이하에서는 'GR 프로세스'라 약칭함)는 '목표 정하기 → 현실 파악 → 핵심 니즈 인식 → 대안 탐색 → 실천의지 확인'이라는 5단계를 거친다.[12] 그리고 필자가 개발한 코칭 대화 절차인 'iCAN 전략적 모델'(이하에서는 'i 프로세스'라 약칭함)은 '정형화하기 → 환경 파악하기 → 실행계획 수립하기 → 양육하기'라는 4단계를 거친다.[13] 〈표 10-1〉은 앞서 언급한 2010년 이전의 국내외 코칭 프로그램에서 활용하는 코칭 대화 절차를 보기 쉽게 정리한 것이다.

표 10-1 주요 코칭 대화 프로세스 간의 비교

구분	Kinlaw	Fournies	GROW	Coaching Conversation	ANCHOR	iCAN
이슈 / 목표의 정형화	직면하기 반응 활용하기	문제 시인하기	목표 설정	초점 맞추기	기대 목표	정형화하기
상황(환경) 인식			현실 확인		현실 인식	환경 파악하기
대안 탐색	대안 점검	대안 상호 토의하기	대안 찾기	가능성 발견	핵심가치	실행계획 수립하기
실행계획 수립 및 의지 확인		행동 상호 동의하기	실행 의지 확인	실행계획 수립 장애요소 제거	경로 찾기 장애 요인	
점검/마무리		사후 점검 성취결과 칭찬		마무리하기	다짐하기	양육하기

출처: 조성진(2009). 코칭이 자기효능감, 성과 및 가족관계에 미치는 영향과 이에 대한 감성 지능의 조절 효과. 충남대학교 박사학위 논문. 28쪽에서 발췌, 재정리.

10) CCU Korea · 한국코칭센터(2022). 코칭 클리닉(http://www.eklc.co.kr, 2022년 2월 접속).
11) 이소희(2008). 멋진 응원 코칭. 서울: 도서출판 신정. 185에서 발췌, 인용.
12) 이희경(2005). 코칭 입문. 서울: 교보문고. 96-106에서 발췌, 인용.
13) 조성진(2008). 코칭 ABC. 서울: 도서출판 심포지움. 234-239에서 발췌, 인용.

3) 코칭 대화 절차의 공통점과 차이점

각각의 코칭 대화 절차마다 단계별로 언급한 내용이 약간씩 다르긴 하지만, 다음과 같은 공통점을 확인할 수 있다.[14)]

- 코칭의 이슈(issues)와 목표(goal)를 정하고 있다.
- 이슈를 해결하기 위한 대안을 모색하는 과정에 고객을 동참시키고 있다.
- 문제 해결 대안을 실행하는 계획을 수립하고, 그것을 실천하려는 의지를 확인하고 있다.

어쩌면 세 가지 공통점은 당연할지도 모른다. 앞서 언급했듯이 코칭은 고객의 문제를 해결하기 위해 코치가 지원하는 과정이다. 따라서 고객의 이슈나 주제를 효과적으로 해결하고자 한다면, 코치와 고객은 먼저 목표를 정해야 한다. 이 과정에서 현실과 목표 사이의 차이(gap)를 확인한 다음, 코치는 고객이 문제를 해결할 수 있는 대안들을 탐색하는 과정을 지원한다.

그런 후에 코치는 고객이 실행할 계획을 수립하는 것을 돕고, 그것을 실천하려는 그의 의지를 확인한다. 이것은 고객이 코칭을 통해 자신이 겪고 있는 문제를 해결하길 원하고 코치가 그것을 돕기로 합의했다면, 당연히 거쳐야 할 단계이다. 그렇다면 어떤 코칭 대화 절차이든지 위에 언급한 세 가지 과정이 모두 포함되어야 한다는 것은 분명해진다. 이것은 국내에서 개발된 코칭 프로그램의 경우에도 마찬가지이다. 결국, 이 세 단계가 포함되지 않은 코칭 대화 절차는 고객이 해결하고자 하는 이슈를 효과적으로 해결하기에 적절하지 않은 것이라고 보아도 지나치지 않다.

한편, 각각의 코칭 대화 절차 사이에는 다음과 같은 차이점도 있다. 'K 프로세스'와 'F 프로세스'는 고객의 의식에 대해 각기 다른 가정을 하고 있다. 즉, 'K 프로세스'는 코치가 고객의 성과문제에 대해 코칭 대화를 진행할 때, 감성적인(emotional) 측면을 강조하고 있다. 그래서 코치가 고객의 감정과 저항을 어떻게 다루는지에 대해 더 상세하게 다루고 있다. 이에 비해, 'F 프로세스'는 합리적인(rational) 측면을 더 강조하면서 코치가 고객의 저조한 실적(또는 성과)들을 다루려 한다는 점에서 차이가 있다. 그리고 성과문제가 완벽하게 제거되지 않더라도 고객이 행한 노력과 그가 이룩한 개선에 대해 칭찬하고 인정해야 한다는 것을 강조하는 등 코칭의 사후점검을 강조하는 점이 특이하다.

국내에서 활용되는 코칭 프로그램 가운데 외국 프로그램을 번역하여 사용하는 경우에는 원래 코칭 프로그램에서 제시된 코칭 대화 절차를 그대로 사용하고 있다. 하지만, 국내에서 새롭게 개발된 코칭 프로그램의 경우에는 개발자가 코칭 단계에서 특별히 강조하고 싶은 부분을

---

14) 조성진(2008). **코칭 ABC**. 서울: 도서출판 심포지움. 266에서 발췌, 인용; 조성진(2015). **진로설계와 코칭리더십**. 경기: 정민사. 146-147에서 발췌, 인용; 조성진(2020). **코칭과 경력개발**. 경기: 양성원. 156-157에서 발췌, 인용.

코칭 대화 절차에 포함하는 경우가 많다.

이 책에서는 국내외 코칭(교육) 프로그램에서 활용되는 코칭 대화 절차 모델 가운데 학술적인 검증을 거친 일부를 선별하여 소개하고자 한다. 선행연구결과를 중심으로 해당 코칭 대화 절차 모델들을 소개하되, 각각의 단계별로 사용될 수 있는 질문들을 필요에 따라 나열한 것이다. 여기에서 소개되는 코칭 대화 절차 모델은 대개 유사한 과정을 거쳐 코칭 대화를 진행할 수 있도록 고유한(unique) 절차가 포함되어 있는데, 해당 모델들의 모든 내용을 자세하게 소개하는 것은 무리가 있다. 각각의 코칭 대화 절차 모델의 세부 내용을 확인하고 싶은 독자라면, 해당 프로그램을 소개하는 책자나 관련 연구결과를 확인하면 도움을 받을 수 있다.[15] 이 책에서는 선별된 코칭 대화 절차 모델의 절차별 주요 내용을 소개하되, 필자가 개발한 코칭 대화 절차 모델에 관해서는 조금 더 자세하게 소개함을 이해해 주기 바란다.

10.2 GROW 코칭 대화 절차 모델

1. GROW 코칭 대화 절차 모델의 특징

어떤 문제가 발생했을 때, 대부분 사람은 먼저 현실을 점검하고 목표를 설정한다. 그런데 먼저 문제를 확인하고 평가하는 것부터 시작하면, 우리는 대개 지나치게 부정적이 되고, 문제들에 대해 과도하게 반응하며, 창의력이 부족한 목표를 설정하기가 쉽다.[16] 이와 관련하여 존 휘트모어(Whitmore, J.)는 이른바 'G 프로세스'라는 방법을 제안했다.[17] 그는 집단을 이끌 때 먼저 구성원들이 가능한 것에 대해 꿈꾸도록 하고, 장기적인 해결책과 가능성을 생각하도록 격려한다. 그런 다음에 현재에 대한 진단이 가능하고, 목표를 성취하기 위해 실질적으로 조치할 수 있다고 생각했다.

이것은 코칭 대화 절차 가운데 세계적으로 가장 보편적으로 사용되고 있다. 이 모델은 알렌

15) 박정영(2022). 3Cs II(중급과정) Plus. ㈜CiT코칭연구소; 이소희 · 길영환 · 도미향 · 김혜연(2014). **코칭학개론**. 서울: 도서출판 신정; 조성진(2020). **코칭과 경력개발**. 경기: 양성원; 한국코칭센터(2022). **코칭 클리닉**; Whitmore, J.(2002). *Coaching for Performance*(3rd Ed.). London: Nicholas Brealey Publishing(김영순 역, 2007. **성과향상을 위한 코칭 리더십**. 서울: 김영사).

16) 게리 콜린스(양형주 · 이규창 역, 2011). **게리 콜린스의 코칭 바이블**. 서울: 한국기독학생회출판부. 255에서 발췌, 인용.

17) Whitmore, J.(2002). *Coaching for Performance*(3rd Ed.). London: Nicholas Brealey Publishing. 148-150에서 발췌, 인용(김영순 역, 2007. **성과향상을 위한 코칭리더십**. 서울: 김영사. 82-85에서 발췌, 인용).

파인(Fine, A.), 그레이엄 알렉산더(Alexander, G.), 그리고 존 휘트모어가 공동으로 개발했다고 알려졌으나,[18] 지금은 아무도 기존의 저작권을 주장하지 않게 되었다.[19] 그러다 보니 'G 프로세스'를 기반으로 변형된 코칭 대화 절차 모델이 많이 생기고 있다.

게리 콜린스(Collins, G.)에 따르면, 존 휘트모어의 'G 프로세스'는 구성원들이 비전을 끌어내고 미리 계획을 세워보는 것은 집단을 자극하며 활기차게 할 수 있고, 새로운 행동 개발이라는 어려운 일을 시작하기 전까지 집단을 앞으로 나아가게 할 수 있다는 이점이 있다.[20] 이 'G 프로세스'는 그의 저서 『일을 위한 코칭(Coaching for Work)』의 출간 이후 유명해졌다. 물론 이 프로세스를 뒷받침해 주는 심리학적 이론과 원칙이 상대적으로 초보적인 수준에 머무른다는 지적이 있지만,[21] 이것을 바탕으로 다양한 수정모델이 개발되고 있을 정도로 현재 세계적으로 가장 널리 활용되는 코칭 대화 절차이다.

2. GROW 코칭 대화 절차 모델의 단계별 내용

존 휘트모어는 다음과 같은 코칭 대화 절차를 제안했다. 이 접근방법은 다음과 같은 네 가지 순서로 코칭 대화를 이끌어갈 것을 제안하고 있다.

1) 1단계: 목표 설정(Goal setting)

이 단계의 가장 중요한 목적은 바로 목표 설정이다. 즉, 이 단계에서는 고객이 어떤 문제를 해결하기 원하고, 어떻게 변화하기를 바라는지 결정하도록 돕는다. 고객은 코치와의 대화를 통해 장기 목표, 단기 목표, 회기별 목표 및 현안별 목표 등을 설정한다.[22] 이때 목표는 적절하고 도전적이어야 한다. 이 단계에서 코치는 고객에게 다양한 형태의 질문을 할 수 있는데, 그 가운데 가장 핵심적인 질문은 "당신은 이번 코칭을 통해 무엇을 얻고 싶습니까?"라는 질문일 것이다. 고객의 대답을 듣고, 코치는 다시 "그렇다면 그 목표는 누구의 것입니까?"라는 질문을

18) 위키백과사전(2022). GROW(http://en-wikipedia.org./wiki/GROW, 2022년 9월 접속).

19) 김상복(2018). **누구나 할 수 있는 코칭 대화 모델: GROW-candy 모델 이해와 활용**. 서울: 한국코칭수퍼비전아카데미. 21에서 발췌, 인용.

20) 게리 콜린스(양형주 · 이규창 역, 2011). **게리 콜린스의 코칭 바이블**. 서울: 한국기독학생회출판부. 255에서 발췌, 인용.

21) Law, H., Ireland, S., & Hussain, Z.(탁진국 · 이희경 · 김은정 · 이상희 공역, 2010). **코칭심리**. 서울: 학지사. 49에서 발췌, 인용.

22) 일반적으로 코칭에서 '장기 목표'는 1년 이상의 기간을 두고 이루고 싶은 목표를 말하고, '단기 목표'는 몇 개월 사이에 이루고 싶은 목표를 말한다. 회기별 목표는 매회기마다 진행되는 코칭에서 이루고 싶은 목표를 말하고, 현안별 목표는 해결하고자 하는 이슈와 관련된 목표를 말한다. 목표를 어떻게 구분할 것인가에 대해서는 학자나 코치마다 의견이 얼마든지 다를 수 있다. 혹자는 '최종 목표', '실행목표' 및 'SMART 목표'로 설명하기도 한다.

통해 고객이 목표에 대한 주인의식을 가지도록 지원할 수 있다. 이 단계에서 코치는 여러 가지 질문을 활용할 수 있다.

- "당신이 오늘 저와 함께 논의하고 싶은 내용은 무엇입니까?"
- "당신은 이번 코칭에서 무엇을 얻고 싶습니까?"
- "앞으로 당신이 기대하는 결론은 무엇입니까?"
- "이 코칭에서 무엇이 당신에게 가장 유익하겠습니까?"

2) 2단계: 현실 점검(Reality checking)

고객이 앞 단계에서 발견한 목표는 현실적이고 객관적이어야 한다. 따라서 코치는 고객이 제시한 목표가 적절한지, 현실은 어떤지, 그리고 목표와 현실 사이에는 어떤 차이(gap)가 있는지 돌아볼 수 있도록 도울 필요가 있다. 여기에서는 고객이 어떤 이슈를 해결하려는 현재 상황을 객관적으로 파악하도록 돕는 단계이다. 이런 과정을 통해 코치는 고객이 목표와 현실을 생각하는 것은 물론 그것들을 둘러싸고 있는 상황을 종합적으로 탐색할 수 있도록 도울 필요가 있다. 이 단계에서 코치는 여러 가지 질문을 활용할 수 있다.

- "현재 당신에게 어떤 일이 일어나고 있습니까?"
- "당신은 현재 상황을 어떻게 인식하고 있습니까?"
- "당신이 두렵게 생각하는 것은 무엇입니까?"
- "당신이 원하는 목표와 현실 사이에는 얼마나 차이가 있습니까?"

3) 3단계: 대안 전략(Option strategies)

이 단계에서는 코치는 고객이 목표를 달성할 수 있는 구체적인 세부 방법들을 생각하고, 그것을 달성하기 위해 고객이 취할 수 있는 구체적인 행동 전략을 세우도록 돕는다. 가능한 여러 가지 대안들을 생각함으로써 고객이 선택할 수 있는 폭을 최대한 넓히는 것이 좋다. 이때 코치가 주의할 것은 고객이 생각해 낸 아이디어들에 대해 어떤 비판이나 평가도 하지 않는다는 것이다. 이 단계에서 코치는 여러 가지 질문을 활용할 수 있다.

- "당신의 목표를 달성하기 위해 사용할 수 있는 대안에는 어떤 것들이 있습니까?"
- "당신이 상황을 변화시키기 위해 할 수 있는 일은 무엇입니까?"
- "당신은 지금 말한 대안 가운데 어떤 대안이 가장 좋습니까?"
- "당신에게 도움을 줄 사람이 있다면 누구입니까?"

4) 4단계: 의지에 기반을 둔 행동(Will-based action, 실행 의지 확인)

이 단계에서는 고객이 스스로 세운 행동 전략을 어떻게 실행할지 등을 확인한다. 다른 코칭 대화 절차와 마찬가지로 이 코칭 대화 절차도 미래지향적이다. 고객에게 있어 중요한 것은 미래에 자신이 원하는 것을 성취하는 것이다. 그것을 위해 가장 중요한 것은 자신이 세운 행동계획들을 실행에 옮기는 것이다. 이 단계에서 코치는 여러 가지 질문을 활용할 수 있다.

- "이제 무엇을 할 것입니까?"
- "언제까지 실천할 계획인가요?"
- "이 노력이 목표를 달성하는 데 어떤 도움을 줄 것이라고 예상하십니까?"
- "이 대안을 실천하는 데 어떤 걸림돌이 있을까요?"
- "그 걸림돌을 어떻게 제거하시겠습니까?"
- "그 걸림돌을 제거하는 데 누구의 도움을 얻으시겠습니까?"

GROW 코치 대화 절차 모델은 고객의 성장(grow)을 추구하는 의도를 의미하는 단어로 이루어졌고, 간결한 단계로 구성되었다는 장점이 있지만, 심리학 연구에서 자주 사용되는 용어들이 아니라는 점, 실행 여부를 확인할 수 없다는 점 등이 단점으로 꼽힌다.[23] 그렇지만, 현재 세계적으로 가장 많이 활용되는 코칭 대화 절차 모델이라는 점은 부인할 수 없고, 그것에서 파생된 코칭 대화 절차 모델이 적지 않다는 점에서, 코칭학계를 비롯한 코칭 산업 전반에 영향력을 끼친 코칭 대화 절차 모델이라는 평가를 받을 만하다.

10.3 Coaching Conversation 모델

1. Coaching Conversation 모델의 특징

이 코칭 대화 절차는 토마스 레너드(Leonard, T.)가 만든 코칭 대화 절차 모델이다. 그는 세계 최초의 코칭 훈련 기관인 'Coach U'를 설립했고, 그곳에서 코칭 대화 절차의 하나인 'Coaching Conversation 모델'을 창안했다. 그가 만든 코칭 프로그램은 한국에도 도입되었는데, 「한국코칭센터」에서 『Coaching Clinic』이라는 이름의 프로그램으로 사용되고 있다. 이 코칭 대화 절

23) 탁진국(2019). 코칭심리학. 서울: 학지사. 56-57에서 발췌, 인용.

차는 모두 5단계로 이루어져 있는데, '초점 맞추기 → 가능성 발견 → 실행계획 수립 → 장애요소 제거 → 마무리 과정'이라는 코칭 대화 절차를 제안했다.[24)]

2. Coaching Conversation 모델의 단계별 내용[25)]

1) 1단계: 초점 맞추기

이 단계는 코칭의 시작 단계로, 코치가 고객과 진행하는 대화의 초점을 맞추는 단계이다. 즉, 고객이 코칭 대화의 주제를 분명하게 정하도록 하는 과정이다. 이 단계에서 고객은 현재 상황과 달성할 목표와의 차이(gap)를 분명하게 한다. 이 단계에서 여러 가지 질문을 사용할 수 있다.

- "오늘 어떤 얘기를 나누기 원하십니까?"
- "당신이 해결하고자 하는 문제는 무엇입니까?"
- "우리가 대화를 마쳤을 때, 당신은 어떤 구체적인 성과를 얻고 싶습니까?"
- "그것이 중요한 이유는 무엇입니까?"
- "구체적으로 무엇을 변화시키고 싶습니까?"

2) 2단계: 가능성 발견하기

이 단계는 코치가 고객이 원하는 것을 실현하도록 독려하고, 코칭이 가능한 순간을 찾기 위해 고객의 말을 경청하는 단계이다. 여기에서 코치는 옳고 그름을 판단하지 않고, 고객과의 대화를 진전시키는 피드백을 제공하며, 고객에게 더 많은 질문을 한다. 그러면 고객은 자신의 현재 지식과 태도에 한정되지 않고 그의 사고를 확대할 수 있게 된다. 따라서 고객은 자신의 현재 상태에서 변화를 일으킬 수 있는 정보를 종합하여 말하게 된다. 이 단계에서 여러 가지 질문을 사용할 수 있다.

- "그것을 달성하기 위해 무엇을 할 수 있습니까?"
- "다른 방법은 어떤 것이 있겠습니까?"
- "과거에는 어떤 것을 해보았습니까?"
- "그것을 달성했을 때, 어떤 변화가 있겠습니까?"
- "실패하지 않는다면, 어떤 일을 해보겠습니까?"

---

24) 이 코칭 대화 절차 모델의 진행 순서를 그림으로 표현한 것을 확인하려면, 다음에 소개하는 자료를 참조할 수 있다. 한국코칭센터(2022). 코칭 클리닉(http://eklc.co.kr/eduinfo/coaching-clinic, 2022년 2월 접속).

25) 한국코칭센터(2022). 코칭 클리닉.

3) 3단계: 실행계획 수립하기

이 단계는 코치가 고객에게 실천할 수 있는 절차를 안내하는 단계이다. 이때 코치는 문제점보다 기대하는 성과에 초점을 맞춘다. 그리고 코치는 이 과정에서 마치 대형 프로젝트와 같은 업무를 작은 크기로 나누어 생각하도록 고객을 돕는다. 결국, 이 과정을 통해 고객은 바라는 것을 실천하기 위한 실행계획을 세우게 된다. 이 단계에서 여러 가지 질문을 사용할 수 있다.

- "당신은 무엇을 하시겠습니까?"
- "그것을 위해 첫 달에는 무엇을 하시겠습니까?"
- "최종 목표를 달성하기 위한 중간 목표는 무엇입니까?"
- "목표가 잘 진행되고 있는지 어떻게 알 수 있을까요?"
- "당신은 어떻게 하면 실행력을 더 높일 수 있겠습니까?"

4) 4단계: 장애요소 제거하기

이 단계는 고객이 바라는 목적을 달성하는 데 걸림돌이 되는 장애물을 알아내는 단계이다. 코치가 고객에게 장애요소가 무엇인지를 구체적으로 질문함으로써 함께 해답을 찾아가는 과정이다. 코치는 고객에게 장애물을 제거하기 위해 어떤 행동이 필요한지, 어느 부분에서 도움이 필요한지를 구체적으로 질문한다. 그러면 고객은 모든 장애요소를 확인하고, 그것을 피해 가는 방법을 찾거나 또 다른 방향을 모색하게 된다. 이 단계에서 여러 가지 질문을 사용할 수 있다.

- "그 일을 하는 데 있어 예상되는 장애요인은 무엇입니까?"
- "또 다른 장애요인이 있다면 무엇입니까?"
- "당신이 협조를 얻어야 할 사람은 누구입니까?"
- "코치인 제가 도와주어야 할 일은 무엇입니까?"
- "당신이 예상하는 장애요소가 없어졌다는 것을 어떻게 알 수 있습니까?"

5) 5단계: 마무리하기

이 단계는 대화의 마무리를 위한 요점 정리를 하는 단계이다. 그 후에 고객에게 실천 의지를 확인하고, 다음 코칭 회기 시간을 약속한다. 또한, 고객이 이해한 대화의 전체 내용을 정리하는 시간이다. 나아가 코치에게 고객이 약속한 실행계획을 실천할 것을 약속받는다. 이 단계에서 여러 가지 질문을 사용할 수 있다.

- “오늘 대화는 어떤 의미가 있었나요?”
- “이제 무엇을 시작하기로 했는지 정리해 보시겠습니까?”
- “오늘 대화가 어떤 점에서 도움이 되었습니까?”
- “오늘 대화 가운데 당신의 마음을 가장 움직였던 것은 무엇입니까?”
- “다음에는 언제 다시 만날까요?”

10.4 PRACTICE 코칭 대화 절차 모델

1. PRACTICE 코칭 대화 절차 모델의 특징

이 코칭 대화 절차 모델은 Palmer(2007)가 Wasik(1984)의 7단계 모델을 응용한 것으로, 문제 해결에 토대를 두고 개발한 것이다.[26] 즉, 이 모델에서는 고객의 문제 해결을 통해 목표를 효과적으로 달성하기 위해 고객의 심리적 요소뿐만 아니라 실천적 요소에도 중점을 둔다는 특징이 있다. 이 코칭 대화 절차 모델은 모두 7단계로 이루어졌는데, 단계별 활동과 관련된 영문 첫 글자를 조합하여 'PRACTICE'라고 명명하였다.

2. PRACTICE 코칭 대화 절차 모델의 단계별 내용

1) 1단계: 문제의 정의(Problem identification)

이 단계는 고객이 해결하고 싶은 문제 또는 이슈가 무엇인지를 파악하여 분명하게 하는 과정이다. 이 단계에서는 다음과 같은 질문을 활용할 수 있다.

- “얘기하고 싶은 문제나 이슈는 무엇인가요?”
- “무엇을 변화시키고 싶으십니까?”

2) 2단계: 현실적인 목표 설정(Realistic, relevant goals)

이 단계는 고객이 제기한 문제나 이슈를 해결하기 위한 목표를 정하는 것이다. 이때 주의해

26) Palmer, S.(2007). PRACTICE: A Model suitable for coaching, counseling, psychotherapy and stress management. *The Coaching Psychologist*, 3(2), 71-77에서 발췌, 인용.

야 할 것은 현실적으로 가능하고, 코칭의 이슈와 관련 있는 목표를 정해야 한다는 점이다. 도전적인 목표를 정할 수도 있지만, 현실적으로 불가능한 목표는 고객의 문제 해결에 실질적인 도움을 주지 못한다. 이 단계에서는 다음과 같은 질문을 활용할 수 있다.

- "코칭을 통해 이루고 싶은 것은 무엇입니까?"
- "성취하고 싶은 것을 구체적으로 말씀해 주십시오."

3) 3단계: 대안 도출(Alternative solution)

이 단계는 앞선 단계에서 수립한 목표를 달성하는 데 도움이 되는 구체적인 대안들을 찾는 것이다. 이 단계에서는 다음과 같은 질문을 활용할 수 있다.

- "당신이 생각한 대안들은 무엇입니까?"
- "목표를 달성할 수 있는 대안은 무엇입니까?"

4) 4단계: 결과 고려(Consideration of consequence)

이 단계는 앞선 단계에서 도출된 대안들이 각각 목표를 달성하는 데 어떤 도움을 줄 수 있는지를 비교해 보는 것이다. 이 단계에서는 각각의 대안들의 장단점을 비교하고, 그것들의 유용성을 평가하기 위해 척도 질문[27]을 활용한다. 이 단계에서는 다음과 같은 질문을 활용할 수 있다.

- "각 대안의 유용성은 무엇입니까?"
- "해결책의 실행 가능성을 10점 만점을 기준으로 말씀해 주십시오."

5) 5단계: 가장 실행 가능한 대안 선정(Target most feasible solution)

이 단계는 앞선 단계에서 도출된 여러 가지 대안 가운데 가장 실현 가능성이 큰 한 가지 대안을 선택하는 것이다. 이 단계에서는 다음과 같은 질문을 활용할 수 있다.

- "가장 실행 가능성이 큰 대안은 무엇입니까?"
- "여러 대안 가운데 가장 실행 가능한 현실적인 대안은 무엇입니까?"

6) 6단계: 선택한 대안 실행(Implementation of chosen solution)

이 단계는 앞선 단계에서 선택한 대안을 실행하는 데 필요한 실제적인 행동을 점검하고, 그것을 이미지화하는 것이다. 이 단계에서는 다음과 같은 질문을 활용할 수 있다.

---

27) 척도 질문에 관한 자세한 내용은 이 책의 제8장 2절에 서술된 내용을 참고하기 바란다.

- "선택한 대안을 구체적으로 실행하는 단계를 말씀해 보십시오."
- "어떤 것부터 행동할 수 있을까요?"

7) 7단계: 평가(Evaluation)

이 단계는 고객이 실행 과정에서 기울인 노력, 행동의 결과, 새롭게 배운 것들을 평가하는 것이다. 이 단계에서는 다음과 같은 질문을 활용할 수 있다.

- "결과는 어떻게 되었습니까?"
- "0점~10점 척도를 이용하여 성공 정도를 평가해 보십시오."
- "이번 코칭을 통해 무엇을 배우셨습니까?"

10.5 iCAN™ 코칭 대화 절차 모델

1. iCAN™ 코칭 대화 절차 모델의 개발 배경과 특징[28)]

1) iCAN™ 코칭 대화 절차 모델의 개발 배경

여러 가지 코칭 대화 절차 모델의 공통점과 차이점을 분석하는 과정을 통해 또 하나의 가능성을 발견할 수 있다. 즉, 코칭 대화 절차에 반드시 포함되어야 하는 세 가지 과정을 모두 포함하면서 코칭 과정에서 자칫 소홀하기 쉬운 부분을 강화하는 새로운 형태의 코칭 대화 절차를 모색해 볼 수 있다.

앞서 코칭 철학에서 언급했듯이, 인간은 무한한 가능성과 잠재력을 지닌 존재이다. 그래서 설령 고객이 현재에는 여러 가지 어려움을 겪더라도 언젠가는 자신의 이슈를 해결할 수 있는 해답을 스스로 찾을 수 있다. 따라서 코치는 그때까지 인내를 가지고 기다려 줄 필요가 있다. 그러나 인간이 어떤 특정한 문제를 해결하는 데 그동안 자신이 사용해 오던 방식만으로 해결하도록 내버려 두면, 오히려 나쁜 습관으로 굳어질 수도 있다. 그래서 어려움을 해결하는 데 필요한 의미있는 방법들을 개발하는 데 더 많은 시간을 허비할 수도 있다.

따라서 고객이 겪고 있는 이슈의 특성과 그가 처한 상황에 맞추어 다른 관점에서 생각하거

28) 조성진(2020). 코칭과 경력개발. 경기: 양성원. 157-158에서 발췌, 인용.

나 시각을 바꾸도록 코칭을 진행할 필요가 있다. 예컨대, 한 마리의 개미가 뫼비우스의 띠 위의 한쪽 끝에서 다른 한쪽 끝으로 기어가고 있다고 가정해 보자. 자신이 가고자 하는 방향으로 열심히 기어가지만, 결국 개미가 도달할 수 있는 곳은 출발했던 바로 그 지점이다. 혹시나 해서 다시 시도해 보지만 결과는 전과 같을 수밖에 없다. 인간이라면 누구나 살면서 뫼비우스의 띠와 같은 일을 경험할 때가 있다. 이때 할 수 있는 일 가운데 하나는 누군가 가위로 뫼비우스의 띠를 끊어주는 것이다.

이런 인식을 바탕으로 고객이 자신이 겪는 어려움과 이슈를 스스로 해결함으로써 계속해서 성장하고 발전하도록 지원하는 것을 강조하는 데 착안하여 새롭게 개발된 것이 'iCAN 코칭 대화 절차'('iCAN™ 전략(적) 모델, 'i 프로세스'라고 약함)'라고 부르는 코칭 대화 절차 모델이다.

2) iCAN™ 코칭 대화 절차 모델의 특징

iCAN™ 코칭 대화 절차 모델(i 프로세스)은 다음과 같은 특징이 있다.

첫째, 'i 프로세스'는 합리적 의사결정 모형에서 제안하는 과정과 유사한 부분이 많다. '합리적 의사결정 모형'(rational decision making model)은 사람들이 의사결정을 할 때 경제적 합리성 즉, 가능한 적은 비용과 노력을 들이면서 가장 큰 이익을 가져다주는 대안을 추구해 간다는 가정에서 출발한다.[29] 'i 프로세스'도 인간이 의사결정 과정에서 합리성을 추구한다는 가정에서 출발한다.

〈표 10-2〉와 [그림 10-1]에서 보는 바와 같이, 합리적 의사결정 모형에서 사람들이 의사결정을 해 가는 단계를 설명한 것과 'i 프로세스'를 활용하여 코칭을 진행하면서 고객의 문제를 해결하도록 돕는 과정이 거의 유사한 것을 볼 수 있다. 이것은 결국 합리적 의사결정 모형과 'i 프로세스'가 모두 합리성을 추구하기 때문이다. 실제로 필자가 현장에서 코칭을 진행할 때마다

표 10-2 합리적 의사결정 모형과 'i 프로세스'의 비교

합리적 의사결정 모형		iCAN™ 코칭 대화 절차	
1단계	• 문제의 인식과 정의	• 정형화하기(identify)	1단계
2단계	• 정보 탐색	• 환경 파악하기(Circumstance)	2단계
3단계	• 대안 창출	• 실행계획 수립하기 (Action planning)	3단계
4단계	• 대안의 평가와 선택		
5단계	• 실행 및 평가		
		• 양육 지원하기(Nurturing)	4단계

29) 박상언 · 정범구 · 김주엽 · 송계충(2020). 조직행위론(제5판). 서울: 경문사. 228-341에서 발췌, 인용.

그림 10-1 iCAN™ 코칭 대화 절차

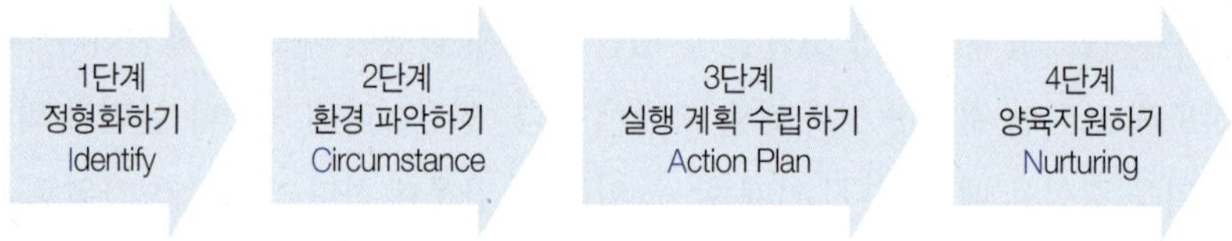

출처: 조성진(2020). 코칭과 경력개발. 경기: 양성원. 158에서 발췌, 인용.

느끼는 것은 고객이 해결하고자 하는 문제와 그로 인해 어려움을 겪고 있는 자신의 상황을 조금만 더 객관적이고 합리적으로 생각한다면, 오히려 쉽게 해결될 수 있는 것들이 많다는 점이다. 그런 경험들을 반영하여 'i 프로세스'를 개발하다 보니 결과적으로 합리적 의사결정 모형에서 추구하는 것과 일맥상통하게 되었다고 생각한다. 물론 모든 사람이 합리적으로 의사결정을 하는 것은 아니고, 저마다 다른 독특한 의사결정을 하거나 집단적 의사결정에 의해 따를 수도 있다. 따라서 'i 프로세스'만이 코칭 대화를 진행할 수 있는 유일한 합리적인 방법은 아니다. 다만, 'i 프로세스'는 합리성을 추구하는 특징을 가지고 있다는 점은 분명한 사실이다.

둘째, 'i 프로세스'는 '전략적 사고'(strategic thinking)에 바탕을 둔 경영 전략 수립과 그것을 이행하는 방법과 유사하다. 마이클 포터(Porter, M. E.)는 기업들이 경쟁에서 살아남기 위해서는 전략적 사고가 중요하다고 주장했다. 여기서 전략이란 '개인이나 조직의 의사결정, 행동의 일관성과 방향을 정렬해 주는 것으로, 우월한 지위(경쟁 우위)를 갖기 위해 한정된 자원을 효율적으로 배분하는 것'이다. 즉, 전략적 사고는 최선의 미래를 위해 한정된 자원을 어느 대안에 투입할 것인가를 결정하는 '생각하는 과정'(thinking process)이다.[30] 다시 말해, 미래를 내다보는 통찰력을 가지고 다양한 대안을 검토하고, 생각한 대안들 가운데 우선순위를 결정하는 것이다. 이것은 코칭에서 고객이 자신의 이슈를 해결하는 데 필요한 대안들을 검토, 선택, 실행하는 과정과 일맥상통한다.

마지막으로, 'i 프로세스'는 학술적으로 검증된 코칭 대화 절차 모델이다. 다시 말하면, 'i 프로세스'가 포함된 코칭 프로그램을 사용한 다수의 현장실험연구가 진행되었고, 그 결과 코칭이 효과가 있다는 것이 통계분석과 질적 분석 등을 통해 객관적이고 과학적으로 입증되었다. 물론 후속연구가 더 진행되어야 하는 상황에서 일반화하기에는 다소 무리가 있지만, 학술적인 검증 과정을 거쳤다는 것은 다른 코칭 대화 절차와 비교할 때 의미 있는 특징이라 할 수 있다.

30) Grant, R. M.(2005). *Contemporary Strategy Analysis*(5th Ed.). MA: Malden. Blackwell Publishing. 3-31에서 발췌, 인용.

2. iCAN™ 코칭 대화 절차 모델의 단계별 내용

1) 1단계: 정형화하기(identify)[31)]

이 단계에서는 고객의 현재 상태, 코칭에서 논의할 주제와 이슈, 고객이 코칭을 통해 도달하고자 하는 목표 등에 대해 동의하고, 그것들을 구체적으로 정형화한다. 이때 코치는 고객이 처한 상황과 겪고 있는 문제의 내용, 그로 인한 감정 등에 대해 편안하게 이야기할 수 있도록 최상의 분위기를 조성해야 한다.

이 단계에서 코치가 해야 할 일을 구체적으로 살펴보면 다음과 같다.

첫째, 코치는 질문을 통해 고객의 관심사를 알 수 있다. 이때 코치가 단순한 정보수집 차원을 넘어서 고객에게 호기심을 가지면, 고객은 더 솔직하게 자신의 마음을 열 수 있는 용기를 얻는다. 코치가 진심으로 관심을 가진다는 것은 고객이 원하는 것, 말하는 것, 생각하는 것, 그리고 고객이 정말 어떤 사람인지에 대해서도 관심을 드러내는 것이다. 코치의 이런 태도는 고객을 더 잘 이해하는 데 도움이 된다. 그러면 고객은 자신의 목표, 기대, 생활방식, 가치관, 느낌, 그리고 관계 등에 대해 생각하기 시작한다. 코치가 고객에게 진심으로 관심을 가지고 있다는 것을 보여주는 가장 좋은 방법은 적절한 질문이다.

> "코칭에서 호기심은 코칭 과정을 시작하는 특징이며, 코칭을 진행하는 에너지이다. 가장 유능한 코치는 자연스럽게 호기심을 갖고, 고객에게 문을 활짝 여는 방법으로 호기심을 개발한다. … (중략) … 신정한 호기심은 관계 구축의 강력한 힘이다." – 로라 휘트워스, 카렌 킴지-하우스, 헨리 킴지-하우스, 필 샌들러

이때 코치는 여러 가지 질문을 사용할 수 있다. 다만, 이때 코치가 가장 주의해야 할 점은 코치의 개인적 관심이나 고객의 사생활에 관련된 개인적인 질문을 피해야 한다는 것이다.

- "당신은 무슨 일을 하고 있습니까?"
- "어떤 일이 당신에게 좋았습니까?"
- "당신이 과거에 성공적으로 경험했던 것은 무엇입니까?"
- "당신이 목표를 성취했을 때, 그 모습은 어떠했습니까?"
- "당신이 흥미를 느끼는 것은 어떤 것입니까?"
- "지금 말씀하신 것 가운데 어떤 것을 가장 중요하게 생각하십니까?" 등

31) 조성진(2020). 코칭과 경력개발. 경기: 양성원. 158-161에서 발췌, 인용.

둘째, 코치는 질문을 통해 고객이 코칭에서 구체적으로 다루고 싶은 이슈와 문제들을 구체화하는 데 도움을 주어야 한다. 코치가 적절하게 질문하면, 고객은 이슈에 관한 생각과 느낌에 대해 생각하기 시작한다. 그리고 이 과정을 통해 해결해야 할 주제(issue)의 핵심이 무엇인지 분명하게 느끼게 된다. 이때 코치가 염두에 두어야 할 것은 고객이 함께 대화할 이슈를 직접 선정하게 하는 것이다. 훌륭한 코치들은 자신의 판단으로 코칭 주제를 선정하거나 고객에게 자신이 선정한 주제로 코칭을 진행하도록 지시하지 않는다.

고객과 코칭 대화를 진행하는 도중에 고객이 처음부터 붙들고 있던 이슈가 코칭 주제로 계속되지 않을 수도 있다. 고객이 제시하는 표면적인 문제는 진짜 해결하길 원하는 이슈가 아닐 수도 있다. 코치는 고객이 해결책을 찾아내고 시행하도록 도와줄 때, '겉으로 보이는' 이슈(증상)를 넘어 본질이나 근원(진짜 문제)을 볼 필요가 있다.[32)]

> "고객이 제시하는 표면적 문제는 거의 진짜 문제가 아니며, 그것은 문제를 일으키는 이슈에 사람들이 대처하는 방법일 뿐이다." – 사티어

이때 코치는 여러 가지 질문을 사용할 수 있다. 이런 질문들을 통해 코치는 고객의 현재 상태를 확인할 수 있고, 코칭에서 무엇을 원하며, 무엇을 성취하려고 하는지를 파악할 수 있다. 나아가 고객이 코칭을 받을 준비가 되어 있는지를 알아볼 수 있다.

- "오늘은 어떤 이야기를 하고 싶습니까?"
- "지금 가장 먼저 바꾸고 싶은 것은 어떤 것입니까?"
- "오늘은 무엇을 주제로 얘기하고 싶으십니까?"
- "지금 해결하고자 하는 것은 어떤 것입니까?"
- "오늘 코칭에서 무엇을 얻어가기를 바라십니까?"
- "무엇이 달라지길 원하십니까?"
- "당신은 현재 어떤 상황입니까?"
- "당신이 처한 현실과 원하는 모습 사이에는 어떤 차이가 있습니까?"
- "요즘 당신에게 가장 중요한 일은 무엇입니까?" 등

그런데 코치가 고객과 코칭 대화를 진행하는 도중에 그가 처음에 얘기한 주제에서 잠시 벗어날 수도 있다. 설령 고객이 그렇다 하더라도, 코치는 고객의 대화를 끊지 말아야 한다. 이때 코치가 할 일은 적절한 방법으로 고객이 해결하길 바라는 주제로 다시 돌아와서 얘기하도록 하는 것이다.

32) Brock, V. G.(2012). *Sourcebook of Coaching History*. VB Coaching & Consulting(김경화 외 역, 2015. 코칭의 역사. 서울: 코쿱북스. 237에서 발췌, 인용).

마지막, 코치는 질문을 통해 고객이 코칭을 모두 마쳤을 때 도달하고자 하는 목표, 희망과 비전에 대해 구체화하도록 도와주어야 한다. 이것은 고객이 이루고자 하는 목표가 구체적으로 무엇이고, 그것을 이룬 후 어떤 사람이 되고 싶은지에 대해 생각할 수 있도록 돕는 것이다. 이 과정을 통해 코치는 고객의 미래에 대한 비전과 꿈을 파악할 수 있고, 고객은 자신이 이루고자 하는 목표와 현실 사이의 차이(gap)를 충분히 인식할 수 있다.

이때 코치는 여러 가지 질문을 사용할 수 있다. 이런 질문들을 통해 코치는 고객이 목표를 이룬 후의 모습을 상상하면서 코칭에 대한 기대를 지니도록 할 수 있다.

- "당신의 인생이 어떻게 달라지길 원하십니까?"
- "코칭을 모두 마쳤을 때 당신은 어떤 모습을 하고 있을까요?"
- "앞으로 6개월 후에 이 어려움이 해결되었다면, 그때 당신의 모습은 어떨까요?"
- "당신이 정말 이루고 싶은 목표는 무엇입니까?"
- "당신의 비전은 어떤 것입니까?"
- "당신이 정말 바라는 것은 무엇인가요?"
- "만일 당신이 이루고자 하는 목표가 10이라면, 현재는 어느 정도입니까?" 등

정리하면, 1단계인 '정형화하기'는 고객의 현재 상태와 정체성, 해결되길 바라는 이슈의 실체, 바라는 목표와 그 정도를 확인할 수 있도록 돕는 단계이다. 이 단계에서 코치는 앞으로 진행될 코칭을 통해 고객이 자신의 목표를 달성할 수 있다는 자신감과 자신에 대한 믿음을 가지도록 세심하게 배려해야 한다. 코치의 이런 노력은 고객과의 신뢰를 형성하는 데 많은 도움을 준다.

2) 2단계: 환경 파악하기(Circumstance)[33]

이 단계에서는 고객이 처한 내·외부의 환경 또는 상황을 객관적으로 파악할 수 있다. 즉, 고객이 달성하고자 하는 목표와 관련된 현재 상황과 환경이 어떤지를 구체적으로 점검하도록 도와주는 단계이다. 이런 과정을 통해 고객은 코칭 주제를 둘러싼 개인의 배경, 생각과 느낌, 신체적 상태, 현상, 경험, 사건들이 서로 어떤 연관성을 지니는지 이전보다 더 잘 알 수 있다. 그리고 고객은 자신을 어렵게 하는 이슈의 원인은 무엇인지, 자신이 겪고 있는 어려움이 타인과 어떻게 관련되어 있는지, 또 어떻게 문제를 해결할 수 있는지 등을 파악할 수 있다. 그리고 어떻게 이슈를 해결할 수 있는지, 자신의 문제를 효과적으로 해결하는 데 어떤 행동이 도움이 되는지 등에 대해 전반적으로 통찰할 수 있다.

33) 조성진(2020). 코칭과 경력개발. 경기: 양성원. 161-162에서 발췌, 인용.

이 단계에서 여러 가지 질문을 활용할 수 있다.

- "당신에게 어떤 것이 더 중요합니까?"
- "그러한 결정을 내리는 데 어떤 요소들이 작용했습니까?"
- "당신이 정말 원하는 모습을 이루어 가는 데 어떤 어려움이 있습니까?"
- "그렇게 생각하는 특별한 이유가 있습니까?"
- "당신이 미래에서 바라본다면, 이 상황이 어떻게 보입니까?"
- "지금까지 그 문제에 대해 어떤 행동을 취했습니까?"
- "고민을 해결하기 위해 지금까지 어떤 것을 시도해 보셨습니까?"
- "지금 어떤 것이 잘 되고 있습니까?"
- "지금 더 개선되어야 할 부분은 어떤 것입니까?"
- "만일 당신이 코치라면, 다른 사람에게 어떤 말을 하겠는가?" 등

이런 질문들은 고객의 현재 상황과 여건을 명확하게 해주고, 현재 지점에서 바라는 지점으로 가기 위해 어떤 것이 필요한지 인식하는 데 도움을 준다. 많은 사람은 여러 가지 이유로 곤경에 빠져서 어려움을 느낄 때, 코치를 찾아온다(〈표 10-3〉 참조). 현재 상황을 고려하지 않고 변화를 시도하는 것은 벽에 부딪히기 쉽다. 많은 경우 고객이 곤경에 처한 상황을 이해하고 거기서 벗어나기 위한 해답을 찾는 데 큰 도움을 준다. 따라서 코치는 효율적인 코칭을 위해서는 고객이 자신을 둘러싼 상황이 어떤 기능을 하고 있는지를 파악하도록 돕는 것이 좋다.

예컨대, 개인이나 조직이 방향을 잃고 어디로 가야 할지 잘 모를 때, 그동안 경험하지 못한 갈등이 생겼을 때, 동료애가 사라졌을 때 등의 경우에 현실의 상황을 이해하고 목표를 설정하도록 돕는 코치의 질문은 충분한 가치가 있다. 즉, 개인이나 조직의 현재 비전을 점검하고 수정하며, 새로운 전략을 수립함으로써 변화를 위한 준비를 하는 것이 필요한데, 이때 코치의 정곡을 찌르는 질문은 원하는 결과를 얻는 데 충분히 가치 있는 역할을 한다.

요약하면, 2단계인 '환경 파악하기'는 고객이 처한 내·외부의 환경 또는 상황을 구체적으로 점검하고 파악하도록 요청하는 단계이다. 이 단계에서 코치는 고객이 처한 상황을 냉정하고 객관적으로 살펴볼 수 있도록 도와주어야 한다. 코치의 이런 노력은 고객의 이슈 해결을 위한 해결책 발견에 많은 도움을 준다.

표 10-3 개인과 조직이 곤경에 빠지는 이유

개인과 조직이 곤경에 빠지는 이유	
압도당할 때	할 일이 너무 많고 따져 볼 일이 너무 많지만, 시간과 힘은 거의 남지 않거나 모든 일을 끝마쳐야 하는 상황이다. 앞에 놓인 일이 너무 크다고 느끼면, 일을 질질 끌고 어디서 시작해야 할지 모른다.
지쳤을 때	지친 사람은 힘이 없다. 비전과 목적과 열정을 잃기 쉽다. 팀의 동료애는 약해지고, 인내심은 고갈된다. 갈등과 비판이 더 빈번하게 등장한다. 모든 것이 멈춘다.
방향성이 없을 때	모든 사람이 해야 할 일을 하느라 정신없이 바쁘다. 그러나 비전이나 미래에 대한 그림이 없다. 팀 구성원끼리 공통된 목표가 없어서 각자 독립해서 일하다 보니 발전에 한계가 있다.
희망이 없을 때	성취감이 없을 때(이는 종종 분명한 목표가 없기 때문이다) 계속해서 일하고 싶은 동기가 사라지고, 성공 횟수는 점점 줄어들고, 노력하는 것이 무의미해 보인다.
갈등에 둘러싸일 때	의견이 일치하지 않고, 의사소통이 막혀 있으며, 오해하고, 험담이 오갈 때는 계속해서 나아가기가 어렵다. 역기능 가정이 재결합을 계획하는 것과 같다.
무익하다고 느낄 때	개인이나 팀 구성원에게 감사하지 않을 때, 무시당하거나 충분히 보상받지 못하거나 인정받지 못할 때, 동기가 사라지고 일이 진행되지 않는다.
혼자라고 느낄 때	팀, 회사 또는 교회 전체가 고립감을 느끼는 상황이다. 각 구성원은 소속감, 정체성, 협동 정신, 동료애 없이 각자 따로 일한다.

출처: Yamashita, K., & Spataro, S.(2004). *Unstuck: A Tool for Yourself, Your Team, and Your World*. New York: Portfolio. 30–46; 게리 콜린스(양현주 · 이규창 역, 2011). 게리 콜린스의 코칭 바이블. 서울: 한국기독학생회출판부. 176에서 발췌, 재인용.

3) 3단계: 실행계획 수립하기(Action plan)[34]

이 단계에서는 변화와 발전을 가져올 수 있는 구체적인 대안을 찾고, 행동계획을 세우며, 수립된 계획을 실행하기 위한 실천 의지와 각오를 확인한다. 즉, 고객이 바라는 목표를 이루는 데 필요한 구체적인 모든 대안에 대해 자유롭게 대화하고 실천 의지를 확인하는 단계이다.

이런 과정을 통해 고객은 자신이 처한 현실 속에서 실행할 수 있는 현실적인 대안을 발견할 수 있으며, 목표 달성을 위해 필요한 분명한 행동지침을 갖게 된다. 그리고 자신이 수립한 실행계획을 꼭 실천할 것임을 다짐하고, 그동안 진행된 코칭 대화 전체를 점검해 보기도 한다. 이런 차원에서 볼 때, 코칭은 어떤 목적을 세우고 그것을 달성하는 데 필요한 행동을 촉진하는 활동이다. 이처럼 고객이 깨달음에서 행동으로 전환하도록 돕기 위해 코치는 다음과 같은 사항에 초점을 두고 그를 도와야 한다.[35]

- 고객이 합의된 코칭 목적의 중심 관심사와 주어진 기회에 집중하고 시스템적으로 탐구하도록 돕는다.

34) 조성진(2020). 코칭과 경력개발. 경기: 양성원. 162-166에서 발췌, 인용.
35) 이언 맥더모트 · 웬디 제이고(박정길 · 최소영 역, 2007). 코칭 바이블. 서울: 웅진윙스. 183-184에서 발췌, 인용.

- 고객이 대안이 될 만한 의견이나 해결책들을 탐색하고 평가하여 관련된 결정을 하게 한다.
- 적극적인 실험과 자기발견을 촉진하여 고객이 회기(session)에서 논의된 것과 배운 것을 자기 직업이나 삶에 곧바로 적용하게 한다.
- 고객의 가정과 관점을 자극하여 새로운 아이디어를 내게 하고, 행동으로 옮길 가능성을 찾게 한다.
- 코칭 세션 동안 고객이 배운 것을 그 자리에서 행동에 옮기도록 즉각적인 자원을 제공한다.

따라서 코치는 다음에서 설명하는 것들에 대해 충분히 인식하고 고객을 도와주어야 한다.

첫째, 코치는 고객의 현재 이슈를 해결할 수 있는 대안들을 스스로 찾도록 도와주어야 한다. 이때 대안은 예전에 실행해 보지 않은 것이 바람직하고, 가능하다면 많을수록 좋다. 만일 고객이 대안들을 쉽게 찾거나 대답하지 못하면, 조금 기다려주는 것이 좋다. 여기서는 여러 가지 질문을 활용할 수 있다.

- "바로 지금 가장 먼저 취할 수 있는 행동은 어떤 것입니까?"
- "당신의 힘으로 변화시킬 수 있는 것은 무엇입니까?"
- "문제를 해결하기 위해 새롭게 시도할 수 있는 것은 무엇입니까?" 등

그런데 실제 코칭을 진행하다 보면, 가끔 이 과정에서 예기치 않은 난관에 봉착하는 때가 있다. 코칭의 주제가 해묵은 과제이거나 여러 번 시도했음에도 해결되지 않은 주제를 다룰 때이다. 해결할 수 있는 대안을 정말 모르는 때에 코치와 고객은 색다른 어려움에 직면하게 된다. 코치가 실행과 관련한 질문을 해도 고객이 별다른 대답 없이 계속 모르겠다고 반응하는 경우에 코치는 당황하게 된다.

예컨대, 다음과 같은 경우가 가끔 발생한다. 코치가 고객에게 "어떤 새로운 방법을 시도해 보시겠습니까?", "그 외에 또 다른 방법은 없습니까?"라고 질문하고, 그의 대답을 기다린다. 그 동안 코치는 이렇게 생각할 수 있다. '코칭은 코치가 해답을 주는 것이 아닙니다. 당신 스스로 해답을 찾을 수 있습니다. 그래서 나는 참고 기다리겠습니다.', '당신의 문제를 해결할 수 있는 해답과 도구는 당신 안에 있습니다. 그것을 찾아보십시오.' 순간 정적이 흐르고, 침묵하는 코치가 고객의 눈을 바라보며 미소를 짓고 있지만, 고객은 오히려 그런 코치의 눈을 피하며 답답함을 느낀다. 아직 자신의 문제를 스스로 해결할 수 있다는 자신감과 믿음도 적은데, 코치가 해답을 묻고 기다리고 있으니 고객은 어찌해야 할 바를 모르는 것이다.

이때 코치가 취할 방법은 무엇인가? 고객에게 새롭게 시도해 볼 방법은 무엇인지 다시 한번 질문해야 하는가? 아니면 고객이 어떤 대답이라도 할 때까지 인내하며 계속 기다려야 하는가? 유일한 정답은 없다. 설령 정답이 있더라도 주제와 상황에 따라 다를 것이다. 만일 고객이 한

가지 정도 대답을 했다면, 그것을 잘 실행하도록 지지하고 격려하면 된다. 두어 차례 질문해도 고객이 대답하기 어려워하면, 다음 회기까지 생각해 보도록 권유하는 방법도 좋을 것이다.

여기서 코치가 주의할 점은 자신의 경험에 비추어 조언하거나 처방을 제시하려는 유혹을 거부해야 한다는 것이다. " ~하면 어떨까요?", "제 생각에는 ~을 해야 한다고 생각합니다만…", "왜 ~은 하지 않습니까?" 등의 접근방법은 고객에게 극심한 무력감을 심어줄 뿐이다. 코치의 이런 대응은 고객에게 "당신은 이 문제를 혼자 힘으로 해결할 수 없습니다."라고 말하는 것과 다름 없다.[36] 코치의 이런 태도는 코칭 철학과 정면으로 배치되는 바람직하지 않은 것이다. 코치는 고객이 자신의 의견과 재능에 맞추어 해결책을 찾기 위해 노력하도록 지원해야 한다는 것에 초점을 두어야 한다.

둘째, 코치는 고객이 목적지에 도달하기 위해 어떻게 행동할 것인지 생각하도록 자극해야 한다. 고객 스스로 자신이 도달하고 싶은 곳이 어디인지, 가고 싶은 것이 어디인지 찾았다 해도 그 목적지에 도달하기 위해서는 수단과 방법이 필요하다. 고객이 이 부분에 대해 더 생각하도록 격려하며 자극해야 한다. 고객이 발견한 수단과 방법이 실천할 수 있는 구체적이고 현실적인 것인지 확인해야 한다. 나아가 고객이 생각한 대안을 제대로 실천하는지를 확인하는 방법에 대한 고객의 의견도 알아보아야 한다. 고객이 세운 계획을 실천하지 않는다면, 의미 있는 변화를 만들어 낼 수 없기 때문이다. 이때 여러 가지 질문을 활용할 수 있다.

- "그것을 어떤 방법으로 실행할 수 있습니까?"
- "그 방법은 고객에게 어떤 도움을 주리라 생각합니까?"
- "그 외에 다른 방법은 어떤 것이 있을까요?"
- "지금 발견한 방법을 또 다른 어디에 활용할 수 있습니까?"
- "그 방법(계획)을 언제부터 시작할 생각인가요?"
- "당신이 세운 계획을 잘 실행하고 있다는 것을 (코치가) 어떻게 알 수 있습니까?"
- "그 방법(행동)이 끝나는 시점은 언제인가요?" 등

일단 고객이 변화를 위한 행동을 실천하기 시작하면, 코치는 점검 작업을 진행한다. 고객의 행동에 조금이라도 진전이 있으면, 코치는 칭찬해 주고 축하해 주면서 그것을 계속하도록 격려한다. 만일 목표에 도달하지 못했다면, 그 이유가 무엇인지 생각하도록 지원한다. 나아가 계획을 수정할 방법을 생각하도록 지원한다. 이때 코치는 비난하거나 판단하면 안 된다. 고객에게 기대치를 달성하도록 요구하기보다 지금보다 나은 모습을 보여주기를 기대하는 마음을 가지고 믿음을 보여주어야 한다.

---

36) 이언 맥더모트 · 웬디 제이고(박정길 · 최소영 역, 2007). 코칭 바이블. 서울: 웅진윙스. 53에서 발췌, 인용.

"코치가 행동을 변화시킬 수 있는 이유는 사람들이 구체적인 생각에 가까이, 자주, 충분한 시간을 두고 집중하도록 돕기 때문이다. 행동을 변화시키려면 새로운 행동을 규정하고 만들어 가는 데 집중하라." – 크리스토퍼 맥클러스키

"나는 당신을 있는 그대로 바라봅니다. 성과 크기를 측정하거나 따라야 할 기준을 정하지 않고, 당신의 발견과 성과를 받아들입니다. 나는 진정으로 당신이 할 수 있는 것에 경이를 느낍니다. 모쪼록 당신이 그것을 찾아내기를 간절히 바랍니다." – 이언 맥더모트 & 웬디 제이고

셋째, 코치는 고객이 스스로 정한 실행계획을 실천하는 과정에서 예상되는 장애물이나 걸림돌을 생각해 볼 수 있도록 도와주어야 한다. 코칭을 진행할 때, 여러 가지 형태와 크기의 장애물이 나타난다. 그것들은 아무 때나 나타나고, 모든 코칭 과정마다 나타난다. 흔하게 나타나는 것도 있고 식별하기 어려운 것도 있다. 심지어 어떤 장애물은 고객과 직접적인 관계가 없는 외부에서 오기도 한다.

코칭 과정에서 나타날 수 있는 장벽들은 다양하다(〈표 10-4〉, 〈표 10-5〉 참조).[37] 게리 콜린스(Collins, G.)는 이런 걸림돌을 인식했을 때 그것들을 제대로 다루지 않으면, 두 가지 현상이 나타난다고 설명하고 있다. 하나, 장애물은 대개 비효율적인 옛 방식에 사람들을 가두어 놓는다. 많은 사람이 이로 인해 처음으로 무엇인가 놓쳤거나 잘못되었음을 감지하고 코치에게 도움을 청한다. 다음, 장애물은 이미 그 사람 인생의 다른 부분을 무너뜨렸던 것처럼 코칭 과정을 방해한다. 이 문제를 다루지 않으면, 장애물은 끊임없이 튀어나와 코칭을 정체시킬 것이다.

표 10-4 코칭의 외적 장벽들

장벽	영향(나타나는 현상들)	코칭 제안
주의를 분산시키는 인생의 사건들	코칭에 집중하지 못하고 에너지를 소모함	사건(병, 가족의 죽음, 이사 등)을 다루고 코칭으로 돌아가라.
너무 많은 요구 사항	압박감, 주의 산만	우선순위를 재평가하고, 시간/일정 관리를 배우고, 도와줄 사람을 찾아라.
까다로운 사람들	에너지를 고갈시킴, 시간을 소모함	경계선을 설정하고, 세력 다툼을 피하고, 거절해야 할 때 거절하고, 할 수 있으면 직면하고, 우선순위를 재평가하라.
타인의 비판	거절에 대한 두려움, 자기 회의	비판 내용과 비판하는 사람을 평가하라(어떤 비판은 무시해도 된다). 필요하면 목표를 재조정하라. 자기방어에 주의를 분산시키지 말고 계속해서 나아가라.

37) 이 표들 속에 표현된 코칭 제안은 실제 코칭에서 고객에서 장벽들이 발생할 때 코치가 그렇게 제안하라는 것이 아니라, 해당 장벽들을 해소할 수 있는 방법 가운데 몇 가지를 소개하는 것이라고 이해할 필요가 있다. 코칭에서 이와같은 일종의 해결책을 제안하는 것은 코칭의 본질과 거리가 있기 때문이다. 게리 콜린스 저(양형주 · 이규창 역, 2011). 게리 콜린스의 코칭 바이블. 서울: 한국기독학생회출판부. 282- 291에서 발췌, 인용.

경계선이 불분명함	주변 환경과 사람들이 우리의 시간을 갉아먹고, 의사를 정하고, 코칭과 다른 문제들을 방해함	한계를 명확하게 밝히고, 부드럽고도 단호하게 거절하는 방법을 배우라. 다른 사람이 자신의 의사를 정하도록 허용하지 말고, 사람을 기쁘게 하는 자가 되게 하는 원인을 제거하라.
책임 소재가 없음	비전, 동기, 결단, 헌신, 지속하려는 자발성의 약화	책임있게 붙잡아 줄 사람을 찾아라.
다른 사람의 평가가 없음	낙심, 동기 상실, 정체, 혼란	정직한 피드백을 받을 방법을 찾아라.
에너지를 고갈시키는 것들	주의 분산, 방해, 에너지 고갈, 시간 낭비, 인내 상실	고갈시키는 것들을 식별하고, 제거하거나 그 영향력을 줄일 수 있는 행동을 취하라.

출처: 게리 콜린스(양형주 · 이규창 역, 2011). 게리 콜린스의 코칭 바이블. 서울: 한국기독학생회출판부. 282에서 발췌, 인용.

표 10-5 코칭의 내적 장벽들

장벽	영향(나타나는 현상들)	코칭 제안
습관	행동방식에 관여함	습관은 새로운 행동을 반복하여 바꿀 수 있으므로 습관이 나타날 때마다 이를 생각나게 할 방법을 찾아라. 성공하면 보상하라.
두려움, 불안정	행동을 중지함	기도하고, 친구에게 털어놓으라. 태도를 긍정적으로 바꾸라. 작은 실천을 시작하고 어떤 일이 일어나는지 살피라. 최악의 상황을 상상하는 것을 멈추라.
부정적 마음가짐	할 수 없다고 확신함	해로운 혼잣말을 그치라. 부정적인 신념을 긍정적인 것으로 바꾸라.
헌신이나 주인의식 없음	동기 저하, 목표를 잊거나 포기함. 지속적인 진전이 없음	주인의식을 갖도록 계획을 다시 세우라. 헌신을 요청하고 책임을 촉구하라.
변화에 저항	피상적으로 합의하고 협력이 저하됨	'그렘린'(자기파괴적인 혼잣말)을 찾으라. 변화의 가치를 재검토하라. 새로운 헌신을 끌어내라.
조바심	과정을 급하게 밀어붙임, 실패, 실망, 흥미 상실	인내를 보여주고, 발전하는 작은 증거들을 보여주라.
권태	흥미와 동기 상실	초점을 명확히 하라. 성장을 열정과 연결하라. 새롭게 흥미를 불어넣을 방법을 찾아라.
변화된 목표	초기 목표나 비전이 이제 맞지 않는다는 것을 깨달음, 동기 상실	코칭 과정의 시작 부분을 되돌아보라. 특히 열정, 비전, 사명, 강점, 전략을 돌아보라. 목표를 다시 규정하고 새롭게 헌신을 추구하라.

출처: 게리 콜린스(양형주 · 이규창 역, 2011). 게리 콜린스의 코칭 바이블. 서울: 한국기독학생회출판부. 288에서 발췌, 인용.

고객이 그의 앞을 가로막고 있는 심리적 장애물이나 다른 형태의 걸림돌을 극복하지 못하면 제대로 전진하지 못한다. 고객의 심리적 저항은 아무 생각 없이 자연스럽게 오는 것이 아니다. 현 상태를 유지하려는 저항에는 반드시 이유가 있다. 특히, 고객은 자신이 과거에 실패한 경험을 지니고 있다면, 무엇이 자신을 막고 있을지 대개 알고 있다. 물론 고객이 통제하기 어려운 외부적인 것들도 있지만, 때때로 가장 큰 장애물은 고객 자신 안에 있는 것들이다.

그래서 코치는 그것들 가운데 무엇이 고객 앞에 걸림돌로 작용할 것인지, 그것들이 고객의 실행을 어떻게 방해할 것인지, 그것들을 극복하기 위해 고객이 할 수 있는 것은 무엇인지를 질문을 통해 확인할 필요가 있다. 그 질문을 통해 코치는 고객의 실행 과정에서 방해가 될 것들을 확인하고, 고객이 의미 있는 변화를 시작할 준비가 되어 있는지를 알 수 있다.

이때 코치는 고객의 발전을 가로막는 자기패배적인 행동을 드러내 직면하게 하고, 그것에서 벗어나도록 돕는 것이 중요하다.[38] 그러나 설령 고객이 그 장애물들을 알아차린다 해도 그것을 인정하기는 쉽지 않다. 코치가 그 장애물이 존재한다는 것을 알았다 해도 성급하게 지적하는 것은 조심해야 한다. 여기에서는 여러 가지 질문을 사용할 수 있다.

- “이것을 실행하는 데 어떤 장애물이 있을 것으로 생각하십니까?”
- “약속하신 것을 행동하는 데 어떤 걸림돌이 있을 것으로 예상하십니까?”
- “이런 장애물이 생기는 이유는 무엇이라고 생각하십니까?”
- “언제 이런 장애물들이 자주 나타납니까?”
- “걸림돌을 치우려면 어떤 일을 해야 한다고 생각하십니까?”
- “걸림돌을 치우기 위해 활용할 수 있는 것들은 무엇입니까?”
- “장애물 제거하는 데 도움을 받을 수 있는 사람은 누구입니까?”
- “걸림돌을 제거하는 데 코치인 제가 도울 일이 있다면 어떤 것입니까?” 등

사람은 자신이 원하는 것을 달성하는 데 필요한 변화와 관련된 최소한의 행동을 해야 한다는 것을 알고 알지만, 여러 가지 이유로 그것을 실행하는 데 어려움을 겪는다. 그리고 자신 앞에 나타난 장애물 앞에서 머뭇거린다. 변화에는 필수적으로 저항이 따른다. 변화를 익숙하게 생각하거나 손쉽게 장애물을 해결하겠다는 사람은 많지 않다. 사람들은 자신에게 전진하지 않는 많은 이유가 있거나 다른 사람에게 무언가 압력을 느낀다면, 변화에 강력하게 저항할 수 있다.

이때 코치가 할 일은 누구에게나 저항이 있음을 인정하고, 코치가 그것을 이해하고 있다는 것을 고객에게 보여주는 것이다. 그리고 코치는 새로운 행동이 아직 몸에 배지 않은 고객을 지지하고 격려해 주어야 한다. 고객이 달성하고자 하는 목표와 변화해야 하는 이유를 계속 상기시켜야 한다. 특히, 고객이 퇴보하여 옛날의 습관과 행동으로 되돌아가려 할 때, 그것을 상기시키고 격려하는 것은 매우 중요하다. 코칭은 고객이 지속적인 도움이 없이도 스스로 변화를

38) 게리 콜린스(양형주 · 이규창 역, 2011). 게리 콜린스의 코칭 바이블. 서울: 한국기독학생회출판부. 162에서 발췌, 인용.

일으키고 앞으로 나아갈 수 있도록 돕는 것이 목표이다. 따라서 코치는 필요할 경우 고객을 일시적으로 적절하게 자극하거나 때로는 꾸준하게 자극하기도 한다. 물론 이때 중요한 것은 코치와 고객 간에 신뢰가 형성되어 있어야 한다는 점이다. 코치의 지원과 격려에 힘입어 코칭 과정이 잘 진행되면, 신뢰가 계속해서 쌓이고, 고객은 움직이기 시작하며, 장애물을 극복하고 변화하는 것이 어떤 가치가 있다는 것인지 고객에게 선명하게 드러난다.[39]

기업 코치인 제임스 플래허티(Flaherty, J.)는 이를 '아메바경영이론'을 활용하여 설명한다.[40] 단세포 원생동물인 아메바를 움직이게 하는 방법은 찌르거나 설탕으로 유혹하는 것이다. 고객이 아메바라면, 코치는 그를 말로 찌르거나 보상을 해 주고 나서 그의 움직임을 관찰하는 것이다. 특히, 특정한 변화가 필요할 때는 고객이 누구이든 '찌르기-유혹하기' 방법을 이용한다. 이 방법은 종종 효과가 있으나 아주 잠시 계속될 수도 있다. 사람은 영리해서 자극을 피하는 방법(예컨대, 핑계, 변명, 코치로부터 도망, 숨기, 코칭 중단)을 찾거나 행동하지 않고 보상을 받는 방법을 찾기 때문이다. 그래서 이 방법을 너무 자주 사용하는 것은 곤란하다. 특히 코치와 고객 간에 친밀감과 신뢰가 형성되지 않은 상태에서 이 방법을 자주 사용하는 것은 서로가 원치 않는 결과를 가져올 수도 있기 때문이다.

정리하면, 3단계인 '실행계획 수립하기'는 고객이 문제를 해결하는 구체적인 대안들을 스스로 찾고, 변화와 발전을 위한 행동계획을 세우는 단계이다. 그리고 고객에게 예상되는 장애물을 확인하고, 계획을 실행하기 위한 실천 의지와 각오를 확인하는 단계이다. 이 단계에서 코치는 고객이 해결책을 가능하다면 많이 찾을 수 있도록 그의 상상력을 자극하고, 걸림돌을 잘 극복했을 경우 다가올 행복한 미래를 상상하도록 격려하며 지지해 주어야 한다. 코치의 이런 노력은 고객의 실행 의지를 한층 더 강화하는 데 많은 도움을 준다.

4) 4단계: 양육 지원하기(Nurturing)[41]

이 단계는 고객이 지속적인 자기발견과 자기계발을 통해 '셀프 코칭'(self-coaching)이 가능하도록 도와주는 단계이다. 다시 말해, 고객이 스스로 성장하고 발전할 수 있는 단계에 이르도록 계속해서 양육하는 단계이다.

앞 단계에서 고객이 새로운 행동을 시작할 것을 결심하고 실제 그것에 돌입하면, 서서히 새로운 습관과 사고방식이 고객의 삶에 스며들기 시작한다. 코칭이 진행되면서 고객은 새로운

---

39) 게리 콜린스(양형주 · 이규창 역, 2011). 게리 콜린스의 코칭 바이블. 서울: 한국기독학생회출판부. 293에서 발췌, 인용.

40) Flaherty, J.(2005). *Coaching: Evoking Excellence in Others*(2nd Ed.). Oxford: Butterworth- Heinnemann; 게리 콜린스(양형주 · 이규창 역, 2011). 앞의 책. 44-45에서 발췌, 재인용.

41) 조성진(2020). 코칭과 경력개발. 경기: 양성원. 166-168에서 발췌, 인용.

인식과 통찰력이 생기고, 새로운 경험을 하게 된다. 그리고 고객은 예전보다 더 새롭고 더 명확한 목표를 찾기도 한다. 이런 행동이 몇 개월이나 수년간 반복되면, 고객의 습관이 바뀌게 된다. 고객이 의미있는 성취를 통해 습관을 바꾸는 것은 새로운 뇌 회로를 개척하는 것이다. 이때 코치의 지지와 격려는 새로운 행동을 형성하는 데 많은 도움을 준다.[42]

코치는 고객이 노력하는 모습을 보일 때, 그것이 아무리 작아 보여도 옆에서 응원해 주어야 한다. 고객을 앞에서 끌어주고 뒤에서 밀어주는 것은 고객이 좌절을 겪을 때 흔들리지 않게 돕는 것이고, 그들이 지치고 자신에 대한 믿음과 추진력을 잃을 때 다시 집중하도록 돕는 것이다.[43] 코치는 고객의 행동과 성취를 격려하고 인정하는 치어리더와 같은 존재가 되어야 한다. 그러면 고객은 자신 안에 내재하는 잠재력과 가능성을 효과적으로 발휘할 것이고, 스스로 자신의 문제를 해결해 간다. 나아가 고객은 다른 사람의 처방이나 지시 없이도 스스로 발전할 수 있는 능력과 자신감을 기르게 된다. 여기서는 여러 가지 질문을 사용할 수 있다.

- "실행계획을 수행하는 과정에서 새롭게 느낀 것은 무엇입니까?"
- "이번에 새롭게 느낀 것을 어떤 다른 부분에 적용해 볼 수 있을까요?"
- "지금처럼 좋은 성과를 계속 유지하려면 어떤 일을 더 할 수 있습니까?"
- "앞으로 스스로 성장하기 위해 어떤 일을 새롭게 시도해 보시겠습니까?" 등

그런데 실제로 코칭을 진행하다 보면, 때때로 예기치 않은 경우를 경험할 때가 있다. 고객이 전혀 실행하지 못했거나 약속한 사항을 제대로 실천하지 않았거나 고객에게 의미있는 변화가 일어나지 않았다고 생각하는 경우이다. 몇 회기의 코칭을 진행하는 동안 실행계획을 수립했고 그것을 반드시 실행한다고 코치와 굳게 약속했지만, 고객이 실행 약속을 어기는 일이 계속 반복된다면 의미있는 코칭이 진행되기 어렵다.

이럴 때 코치가 취할 방법은 무엇일까? 이때 만일 코치가 도움을 줄 방법이 있다면, 그것은 의미있는 일이다. 만일 고객 스스로 결정한 행동이 나쁜 습관을 계속 반복하게 되는 경우라면, 그 실수를 줄이도록 돕는 것도 코치가 선택할 방법 가운데 하나라고 생각한다. 고객이 '뫼비우스의 띠' 위에서 계속 헤매고 있다면, 코치가 그것을 가위로 끊어주는 방법도 때에 따라서는 효과적일 수 있다. 그러면서 고객이 이룬 사소하고 작은 성취를 칭찬하고, 계속해서 자신감을 북돋울 필요가 있다. 로버트 하그로브(Hargrove, R.)는 이와 같은 상황에서 코치는 다음과 같은 세 가지를 마음속에 되새기고 있어야 한다고 설명하고 있다.[44]

---

42) 게리 콜린스(양형주 · 이규창 역, 2011). 게리 콜린스의 코칭 바이블. 서울: 한국기독학생회출판부. 84에서 발췌, 인용.

43) 이언 맥더모트 · 웬디 제이고(박정길 · 최소영 역, 2007). 코칭 바이블. 서울: 웅진윙스. 192-193에서 발췌, 인용.

44) 로버트 하그로브(박재원 역. 2006). 불가능한 미래를 성취하는 마스터풀 코칭. 서울: 김앤김북스. 97에서 발췌, 인용.

- 긍정적인 인정은 행동의 반복으로 이어진다.
- 부정적인 인정은 예상치 못한 행동으로 이어진다.
- 인정하지 않는 것은 부정적인 행동으로 이어진다.

코치의 인정과 지지가 있다면, 고객은 서서히 자신감을 회복하고, 버티는 힘을 키울 수 있다. 나아가 마침내 자신이 바라는 결과를 달성할 수 있을 것이다. 이처럼 코치는 궁극적으로 고객 스스로 '셀프 코칭'을 진행할 수 있는 수준에 이를 때까지 헌신하는 마음을 가지고 그를 양육해 주어야 한다. 이때 코치는 여러 가지 질문을 활용할 수 있다.

- "코치인 제가 무엇을 도와 드리면 좋겠습니까?"
- "이 계획의 성공을 위해 코치의 도움이 필요한 부분이 있습니까?" 등

요약하면, 4단계인 '양육 지원하기'는 고객이 지속적인 자기발견과 자기계발을 통해 스스로 성장하고 발전할 수 있는 단계에 이르도록 계속해서 양육하는 단계이다. 이 단계에서 코치는 고객이 자신의 문제를 해결하는 과정에서 얻게 된 경험과 자신감을 바탕으로 이후에 발생하는 문제를 '셀프 코칭'을 통해 풀어가도록 지원해 주어야 한다. 코치의 이런 관심과 노력은 고객 자신도 '코칭하는 리더'로 성장하는 데 큰 도움을 준다.

10.6 COACH 코칭 대화 절차 모델

1. COACH 코칭 대화 절차 모델의 특징

이 코칭 대화 절차는 코칭하는 사람을 뜻하는 코치의 영어 표현인 'COACH'와 같은 명칭을 사용하고 있다.[45] 긍정심리학을 배경으로 이소희 교수에 의해 개발된 이 코칭 대화 절차는 '매일 멋진 삶을 위한 사랑과 지혜의 대화 시스템'이 코칭이라는 정의를 바탕으로 한다. 이 코칭 대화 절차는 5단계, 즉 주제 찾기(Call), 가능성 열기(Open), 목표 정하기(Aim), 해결책 찾기

45) 이 모델과 같은 명칭을 사용하는 모델도 있다. 그런데 필자가 보기에 Webb 등이 주장하는 'COACH Model'은 엄밀한 의미에서 보면(필자의 기준과 구분에 따르면), '코칭 대화 절차 모델'이라기보다 '코칭 모델'에 더 가까운 것으로 보인다. 여하튼 이 모델에 관해서는 다음에 소개하는 책을 참조할 수 있다. Webb, K. E., & Collins, G. R.(2012). *The COACH Model for Christian Leaders: Powerful Leadership Skills for Solving Problems, Reaching Goals, and Developing Others*. New York: Create Space Independent Publishing Platform

(Choose), 응원하기(Hearten)로 구성된 것 가운데, 각각 영문 첫 글자를 명명한 것이다. 수준별 코칭을 위해 일반 모델(A형)과 에니어그램 성격 유형을 활용하는 모델(B형)로 구분한다.[46)]

'COACH' 코칭 대화 절차 모델은 삶의 수레바퀴를 연상시키는 두 바퀴 자전거 모양으로 형상화하여 상징적 및 실용적 기능을 동시에 지니고 있어 쉽고도 역동적인 코칭이 가능하도록 개발되었다.[47)] 자전거를 타고 '과거–현재–미래'를 오가면서 사람 전체를 아우르는 코칭을 가시적으로 표현한 점이 돋보인다. 이 코칭 대화 절차는 다음과 같은 특징이 있다. 첫째, '코치하다' 및 '코치'와 같은 뜻을 가진 'COACH'라는 명칭을 지녀서 코칭 대화의 절차를 쉽게 기억할 수 있다. 둘째, 코칭에서 활용도가 높은 삶을 바퀴 모양의 이미지로 고안하여 코칭 주제 찾기를 효과적으로 진행할 수 있다. 셋째, 자전거를 연상시키는 모델의 두 개의 안장은 역할놀이를 통한 코칭 연습을 하기에 쉽다. 넷째, 코칭 기술의 성격을 고려한 형용사를 접두어로 사용함으로써 의미가 부여된 기술로 효과성을 높일 수 있다. 마지막으로, 코칭을 시작하기 전에 진단 도구로 활용도가 높아지기 시작한 에니어그램과 통합할 수 있어 개별화된 코칭이 가능하다.

2. COACH 코칭 대화 절차 모델의 단계별 내용

1) 1단계: 주제 찾기(Call)

이 단계는 고객이 현재 간절하게 코칭을 받고 싶은 주제를 얘기하는 단계이다. 이때 다음과 같은 질문을 사용할 수 있다.

- "오늘 저와 어떤 얘기를 나누고 싶으신가요?"
- "그 상황에 대해 좀 더 구체적으로 말씀해 보면?"

2) 2단계: 가능성 열기(Open)

이 단계는 고객이 온전하게 마음과 생각을 열어 성장할 수 있는 가능성을 찾아가는 단계이다. 이때 다음과 같은 질문을 사용할 수 있다.

- "그 일을 해결하기 위해 어떤 노력을 해 보았습니까?"
- "가장 효과적이었던 방법은 무엇이었습니까?"
- "새롭게 한 가지를 더 생각해 본다면?"

46) 이소희(2009). 매일 멋진 사람들. 서울: 한국영리더십센터. 210-211에서 발췌, 인용; 이소희 외(2014). 코칭학개론. 서울: 도서출판 신정. 167-173에서 발췌, 인용.

47) 이 모델의 개괄적 내용을 그림으로 표현한 것을 확인하려면, 다음에 소개하는 책을 참조할 수 있다. 이소희(2009). 앞의 책. 210.

3) 3단계 : 목표 정하기(Aim)

이 단계는 고객이 진정으로 이루어지기를 원하는 최종 목표를 설정하는 단계이다. 이때 다음과 같은 질문을 사용할 수 있다.

- "그것은 당신에게 어떤 의미가 있습니까?"
- "그 일이 어떻게 되면, 가장 바라는 상태가 되나요?"
- "그 일이 잘 이루어진 생태를 한 번 그려 본다면?"

4) 4단계 : 해결책 찾기(Choose)

이 단계는 고객의 목표 성취를 위해 방법과 경로를 선택하고, 실행계획을 세우는 단계이다. 이때 다음과 같은 질문을 사용할 수 있다.

- "가장 바라는 상태가 되는 데 필요한 것은 무엇인가요?"
- "여러 가지 방법 가운데 가장 먼저 해 볼 수 있는 것은 무엇인가요?"
- "지금보다 더 구체적이고 세부적인 계획을 세워 보면?"

5) 5단계 : 응원하기(Hearten)

이 단계는 고객이 목표의 성취로 얻은 유익이 계속되도록 서로 응원하는 단계이다. 이때 다음과 같은 질문을 사용할 수 있다.

- "그것을 가장 잘 실행하기 위해 자신에게 응원한다면?"
- "꼭 이루는 힘이 당신에게 있습니다. 믿고 응원합니다."

10.7 ACTIVE 코칭 대화 절차 모델과 5A 코칭 대화 절차 모델

1. ACTIVE 코칭 대화 절차 모델의 특징과 단계별 내용

'ACTIVE 코칭 대화 절차'는 도미향 교수가 개발한 것으로 모두 6단계로 이루어졌다. 이것은 코칭 대화의 방향과 목적을 설정해 주고, 목표 중심의 효과적인 대화가 이루어지도록 도와

주는 코칭 대화 절차이다.[48] 단계별로 핵심 활동과 관련된 영문 첫 글자를 떼서 조합하여 'ACTIVE 코칭 대화 절차'라고 명명하였다. 구체적인 내용을 살펴보면, 다음과 같다.

1) 1단계: 마음 맞추기(Adjust)

이 단계는 코치와 고객이 마음을 맞추고 라포르(rapport)를 형성하는 단계이다. 코치와 고객이 마음이 통해 서로 하나가 되는 단계로, 이 단계를 통해 편안하게 코칭 대화로 들어갈 수 있다.

2) 2단계: 주제 세우기(Concept)

이 단계는 고객이 바라는 상태를 찾는 단계로, 현재 상태에서 원하는 목표를 명료화하는 단계이다. 특히, 고객이 변화하려는 것에 초점을 맞추는 단계이다.

3) 3단계: 강점 높이기(Talent)

이 단계는 고객의 내면과 경험의 탐색을 통해 강점을 찾아 변화 가능성을 찾아가는 단계이다.

4) 4단계: 목표 세우기(Initiative)

이 단계는 고객의 강점을 생각하며 고객의 강점의 가능성을 열 수 있도록 명확한 목표를 수립하고, 실행계획을 세우는 단계이다.

5) 5단계: 목표 다지기(Verify)

이 단계는 목표와 구체적인 계획을 실행하는 것을 이미지화 또는 구체화하여 빠진 곳이 없는지 점검하는 단계이다.

6) 6단계: 힘 북돋우기(Encourage)

이 단계는 계획된 목표를 잘 실행하도록 고객을 격려하고 지지하는 것으로 코치가 지원할 수 있으며, 직접 개입할 수도 있는 단계이다.

---

48) 도미향(2019). 전문코치 양성을 위한 CPA 코칭 모델 개발: ACTIVE 코칭 대화 모델 기반 C-PLUS 코칭 프로그램. 코칭연구, 12(3), 95-112; 이소희 외(2014). 코칭학개론. 서울: 도서출판 신정. 176-177에서 발췌, 인용.

2. 5A 코칭 대화 절차 모델의 특징과 단계별 내용

'5A 코칭 대화 절차'는 김혜연 교수가 개발한 것으로, GROW 코칭 대화 절차를 기본으로 하면서 가족자원경영의 체계론적 접근법에 바탕을 둔 것이다. 즉, '5A 코칭 대화 절차'는 개인의 인식 및 감정의 심리적 측면과 계획 및 실천이라는 행동적 측면의 상호작용에 초점을 두고 있다. 단계별 핵심 활동과 관련된 영문 첫글자를 조합하여 '5A 코칭 대화 절차'라고 명명하였다.[49] 단계별 내용을 살펴보면, 다음과 같다.

1) 1단계 : 관계 형성 및 고객의 감정/욕구/상태 확인하기(About you and i)

이 단계는 코칭을 위한 사전 관계 형성 및 고객의 감정 · 욕구 · 상태를 확인하는 단계이다. 코칭을 시작하기 전에 고객과 라포르(rapport)를 형성함으로써 우호적인 분위기를 형성하는 것과 고객의 감정 · 욕구 · 상태를 파악하는 것은 고객의 진정한 코칭 이슈를 발견하는 데 중요한 과정이다. 이때 다음과 같은 여러 가지 질문을 사용할 수 있다.

- "최근에 있었던 좋은 일, 즐거웠던 일을 얘기해 주시겠습니까?"
- "오늘 어떤 얘기를 하면 도움이 될까요?"
- "지금 말씀하신 내용이 오늘 저와 나누려고 했던 것이었나요?"

2) 2단계: 성취하고 싶은 목표 상태 확인하기(Achievement)

이 단계는 고객이 코칭을 통해 원하고 성취하고 싶은 목표 상태를 확인하는 단계이다. 코칭을 시작했을 때, 고객이 원하는 목표가 구체적일 때도 있지만, 자신이 원하는 것이 무엇인지 명확하지 않은 경우가 상당히 많다. 따라서 코치는 고객이 코칭을 통해 성취하려는 목표를 구체화하고 명료화하도록 도와주어야 한다. 코칭의 성과는 고객의 목표 상태를 구체화할수록 향상된다. 이때 다음과 같은 여러 가지 질문을 사용할 수 있다.

- "말씀하신 것 가운데 오늘 저와 어떤 얘기를 하면 가장 유익할까요?"
- "당신이 진정으로 원하는 것은 무엇인가요?"
- "기적이 일어나 모든 소원을 들어준다면, 어떤 소원을 말씀하시겠습니까?"

3) 3단계: 해결하고 나가야 할 장애 요인 확인하기(Go-Ahead)

이 단계는 고객의 현재 상황이나 심리적 상태 가운데 존재하는 장애 요인을 확인하고, 감정

49) 이소희 외(2014). 코칭학개론. 서울: 도서출판 신정. 178-182에서 발췌, 인용.

해소와 인식 상의 패러다임 전환을 통해 코칭의 강력한 힘이 발휘되는 단계이다. 고객은 원하는 목표를 인식하더라도 장애 요인 즉, 현실적인 문제, 그와 관련된 부정적인 심리적 감정이나 제한된 신념 등으로 인해 과거나 현재에 머무르는 경우가 많다. 코치는 고객이 이것을 극복하도록 도와주어야 한다. 이때 다음과 같은 여러 가지 질문을 사용할 수 있다.

- "무엇을 해결한다면, 원하는 것을 이룰 수 있겠습니까?"
- "이런 문제를 해결한 사람은 누구이고, 그것을 어떻게 해결했습니까?"
- "당신이 이것을 해결한다면, 자신에게 무엇이라고 말하고 싶으신가요?"

4) 4단계: 구체적인 방법 확인하기(Alignment)

이 단계는 고객이 원하는 목표를 향해 실행계획을 세우는 단계이다. 여기에서 실행계획은 반드시 고객이 원하는 목표와 정렬되어야 한다는 의미를 포함하고 있다. 즉, 고객이 표면적인 이슈가 아닌 진정한 목표를 설정했으며. 그것을 달성할 마음의 변화와 태도가 이루어진 상태에서 실행계획을 수립하는 단계라는 의미이다. 이때 다음과 같은 여러 가지 질문을 사용할 수 있다.

- "지금까지의 얘기를 통해 정리하게 된 생각은 무엇입니까? "
- "구체적인 실행계획과 실천방법을 세워 보면 어떻게 될까요?"
- "그것을 언제까지, 어느 정도로, 어디서, 누구와 함께, 어떻게 하면 좋을까요?"

5) 4단계: 책임 및 후원 체계 확인하기(Accountability)

이 단계는 고객이 자신의 목표 상태를 달성하는 데 필요한 실행을 돕는 책임 및 후원 체계를 확립하는 단계이다. 목표는 실천이 뒤따라야 이룰 수 있고, 코칭 성과를 낼 수 있다. 이때 다음과 같은 여러 가지 질문을 사용할 수 있다.

- "이번 주 동안 실천할 수 있는 것은 무엇입니까?"
- "계속해서 실천할 방법에는 어떤 것들이 있습니까?"
- "스스로 책임질 방법에는 어떤 것들이 있습니까?"

10.8 STAR™ 코칭 대화 절차 모델

1. STAR™ 코칭 대화 절차 모델의 특징

이 코칭 대화 절차 모델은 전문코치인 박정영이 개발한 것으로, 인간존중의 철학을 바탕으로 설계된 4단계로 구분되어 있다. 그녀는 코칭 한 세션을 어떻게 진행할 것인가에 대한 단계로서, 'STAR™ 코칭 대화 절차 모델'을 제안하고 있다. 이 코칭 대화 절차 모델은 4단계, 즉 스토리 말하기(Story), 목표 수립하기(Target), 실행계획 세우기(Action plan), 마무리하기(Recap)로 구성된 것 가운데 각 단계의 영문 첫글자를 명명한 것이다.[50)]

2. STAR™ 코칭 대화 절차 모델의 단계별 내용

1) 1단계: 스토리 말하기(Story)

이 단계는 고객이 코칭 이슈를 더 깊이 볼 수 있도록 해주는 단계이다. '스토리'라는 단어에 고객이 얘기하면 코치가 들어야 한다는 메시지가 담겨 있듯이, 전체 단계 가운데 코치가 가장 많이 들어주는 단계이다. 이 단계에서 코치는 고객이 진정한 목표를 설정하는 데 있어 보다 많은 시간을 투자하도록 돕고 있다. 이 단계에서 다음과 같은 질문을 활용할 수 있다고 제안하고 있다.

- "오늘 어떤 얘기를 해 볼까요?"
- "무엇에 초점을 맞추고 싶은가요?"
- "오늘 코칭이 끝났을 때 어떤 것을 얻으면 성공적인 코칭이라고 생각하십니까?"
- "그것이 달성되면 어떤 변화가 있을까요? 어떤 의미가 있을까요?"

2) 2단계: 목표 수립하기(Target)

이 단계는 고객의 이슈와 관련해서 그가 진정으로 원하는 목표가 무엇인지를 명확히 하는 단계이다. 코칭은 고객이 원하는 것을 달성하도록 지원하는 과정, 즉 목표관리를 하는 과정이라고 할 수 있다. 목표관리의 시작은 목표 수립이고, 코치는 전인적인 과정을 거쳐서 고객이 목표를 수립할 수 있도록 도와주어야 한다. 이 단계에서 다음과 같은 질문을 활용할 수 있다고 제안하고 있다.

50) 이 모델의 절차에 관한 개괄적인 내용을 그림으로 표현한 것을 확인하려면, 다음에 소개하는 책을 참조할 수 있다. 박정영(2022). 3Cs II(중급과정) Plus. 코칭 대화 모델. 5-2에서 발췌, 인용.

- "원하는 모습이 되기 위해 어떤 목표를 세울 수 있을까요?"
- "진정 원하는 것이 무엇입니까?"
- "그 목표를 달성했다는 것을 어떻게 알 수 있습니까?"
- "그 목표가 이루어졌을 때 당신은 어떤 모습을 하고 있을까요?"

3) 3단계: 실행계획 세우기(Action plan)

이 단계는 목표가 명확해졌다면 현재와 목표와의 차이(gap)를 메우기 위해서 행동을 구체화하는 단계이다. 코칭에서 새로운 깨달음의 과정이 중요하지만, 그것만으로는 원하는 목표를 달성할 수 없다. 구체적인 목표를 달성할 이유가 무엇인지, 그것이 어떤 의미인지를 아는 것도 중요하지만, 다양한 가능성을 타진하고 구체적인 계획을 세워야 실행에 대한 가능성과 의지를 더 높일 수가 있다. 이 단계에서 다음과 같은 질문을 활용할 수 있다고 제안하고 있다.

- "원하는 모습이 되기 위해서 무엇이 달라져야 할까요? ?"
- "당신이 더 용기가 있다면 무엇을 하고 싶은가요?"
- "지금 즉시 해결해야 하는 것이 있다면 무엇입니까?"
- "예상되는 장애 요인은 무엇입니까?

4) 4단계: 마무리하기(Recap)

이 단계는 고객이 코칭 세션 이후 자신의 삶에서 코칭 회기(session)의 깨달음을 적용하고 실행하도록 의지를 강화하는 단계이다. 이 단계는 코칭 회기의 마지막 단계이지만, 장기간 진행되는 코칭 과정에서 다음 회기를 시작하는 연결점이기도 하다. 그래서 회기 정리와 함께 인정과 축하로서 고객이 열정을 갖고 실행을 지속할 수 있도록 지원한다. 이 단계에서 다음과 같은 질문을 활용할 수 있다고 제안하고 있다.

- "오늘 얘기한 것을 정리해 주시겠습니까?"
- "오늘 대화에서 어떤 점이 의미가 있었습니까?"
- "다음에 만날 때까지 목표를 달성하기 위해 무엇을 할 계획입니까?"
- "마무리하면서 새로 생각나는 것이 있습니까?"

10.9 그 밖의 코칭 대화 절차 모델

앞서 소개한 코칭 대화 절차 모델 외에 다른 수많은 모델이 있다. 여기에서 현존하는 코칭 대화 절차 모델을 모두 소개하는 것은 이 책의 근본적인 취지에서 벗어난다. 앞서 잠시 언급했듯이, 전문코치나 코칭학 연구자들은 GROW 모델이나 기존에 활용되는 모델을 조금씩 변형하거나, 그들이 스스로 새롭게 개발(또는 창안)한 코칭 대화 절차 모델을 사용하고 있었다. 이 책에서 그 모든 것들을 소개할 수 없었고, 적절한 절차를 거쳐 학술적으로 검증되었거나 관련 문헌으로 확인되는 모델 가운데 선별하여 소개한 것이다.

이 책의 앞서 소개한 코칭 대화 절차 모델과 그 밖의 몇 가지 모델들을 추가하여 정리한 것이 〈표 10-6〉이다.[51] 이 모든 코칭 대화 절차 모델을 살펴보면, 구조화된 절차 가운데 다음 두 가지 공통점을 발견할 수 있다.

첫째, 코칭을 받는 고객의 '목표'(goal)를 확인한다는 점이다. 즉, 그 목표가 고객이 실생활에서 겪는 문제의 해결이든, 고객의 존재에 대한 알아차림이든, 기타 이슈이든 관계없이, 고객을 돕는 과정의 결과로서 도달하고자 하는 목표를 확인하는 절차가 있다는 점이다. 해당 코칭 대화 절차의 단계를 명명한 이름에 목표라는 단어가 포함되어 있지 않더라도, 해당 절차의 구체적인 내용을 자세히 들여다보면 목표가 반드시 포함되어 있다는 사실을 분명하게 확인할 수 있다.

둘째, 고객이 달성하고자 하는 목표를 이룰 수 있는 대안들을 찾는 과정을 거친다는 점이다. 코칭에서 고객의 문제를 해결할 수 있는 해법(solutions)은 고객이 스스로 찾는 것을 기본적인 전제로 하고 있다. 그래서 모든 코칭 대화 절차 모델에서는 고객이 자신의 문제를 스스로 해결할 수 있는 다양한 해결책을 찾도록 지원하는 과정을 꼭 포함하고 있는 것을 볼 수 있다. 이처럼 코칭이 해결책을 강조하는 것을 두고, 코칭은 해결중심의 기법이라서 인간의 존재 자체에 대해서는 별로 관심이 없다는 견해를 주장하는 분들도 있다. 그러나 이것은 정도의 문제이지

---

51) 박윤희(2012). 커리어코칭 입문. 서울: 시그마북스; 박정영(2022). 3Cs II(중급과정) Plus. 코칭 대화 모델; 백명(2010). 코칭 프로그램이 간호사의 감성 지능, 코칭 스킬, 자기효능감 및 직무 만족에 비치는 효과. 전남대학교 대학원 박사학위 논문; 이소희(2008). 멋진 응원 코칭. 서울: 도서출판 신정; 이소희 · 길영환 · 도미향 · 김혜연(2014). 코칭학개론. 서울: 도서출판 신정; 이희경(2005). 코칭 입문. 서울: 교보문고; 조성진(2008). 코칭ABC. 서울: 도서출판 심포지움; 탁진국(2019). 코칭심리학. 서울: 학지사; 한국코칭센터(2003). 코칭 클리닉; Auerbach, J. E.(2005). *Personal and Executive Coaching: The Complete Guide for Mental Health Professional*(최영상 역, 2005. 일반 코칭과 임원 코칭. 서울: 영재); Grant, A. M.(2011). Is it time to REGROW the GROW model?: Issues related to teaching coaching session structures. *Coach. Psychology*, 7, 118-216; Jackson, P. Z., & Nckergow, M.(2007). *The Solution Focus: Making Coaching & Change Simple*(2nd Ed.). Bristol: Nicolas Brealey Publishing; Palmer, S.(2007). PRACTICE: A Model suitable for coaching, counseling, psychotherapy and stress management. *The Coaching Psychologist*, 3(2), 71-77; Whitmore, J.(2002). *Coaching for Performance*(3rd Ed.). London; Nicholas Brealey Publishing.

코칭이 해결책에만 신경을 쓰고, 한 개인의 '인간으로서의 존재'에 대해 전혀 관심을 두지 않는 것은 아니라는 점을 이해할 필요가 있다.

마지막, 목표를 이루기 위해 고객의 행동(또는 실행, 실천, 수행)과 관련된 것을 강조하고 있다는 점이다. 목표를 설정했다고 해서 고객이 가진 문제나 이슈가 저절로 해결되는 것이 아니라, 목표를 이루는 데 필요한 행동을 해야 한다. 물론 그 행동은 고객 스스로 발견하고 선택하여 실천해야 하는 것들이다. 행동이나 실천이 없는 목표는 성취될 수가 없다.

어떤 코칭 대화 절차 모델이든 그것은 코칭이 목표 지향적인 과정이고, 그 목표를 성취하기

표 10-6 다양한 코칭 대화 절차 모델

개발자	단계	모델 명칭	구체적인 코칭 대화 절차 내용
Whitmore	4단계	GROW	목표 설정(Goal setting) → 현실 점검(Reality checking) → 대안 전략(Option strategies) → 의지에 기반한 행동(Will-based action)
Leonard	5단계	Coaching Conversation	초점 맞추기 → 가능성 발견 → 실행계획 수립 → 장애요소 제거 → 마무리
Auerbach (2001)	6단계	CAAACS	관점/생각/감정 파악(Connection) → 상황 평가(Assessment) → 목표 명료화(Articulation) → 실행(Action) → 약속 정하기(Commitment) → 지원하기(Support)
이희경(2005)	5단계	GRROW	목표 설정 → 현실 파악 → 핵심 니즈 인식(Recognition) → 대안 탐색 → 실천 의지 확인
중앙공무원교육원(2006)	5단계	SOLVE	지지 관계(Support) → 주제 정의(Object) → 해결 기획(Look forward) → 계획 기대(Valid action plan) → 실행 점검(Execution)
Jackson & McKergow(2007)	5단계	OSKAR	결과(Outcome) → 척도(Scale) → 방법(Know-how) → 확인 및 행동(Affirm & Action) → 정리(Review)
Palmer(2007)	7단계	PRACTICE	문제 정의 → 현실적 목표 설정 → 대안 도출 → 결과 고려 → 실행 가능한 대안 선정 → 선택 대안 실행 → 평가(Evaluation)
조성진(2008)	4단계	iCAN™	정형화하기 → 환경 파악하기 → 실행계획 수립하기 → 양육 지원하기
박창규 · 이소희 (2008)	6단계	ANCHOR	기대 목표(Aim-Outcome) → 현실 인식(Now) → 핵심가치(Core state) → 경로 찾기(Hunting for path) → 장애 요인(Obstacles) → 다짐하기(Recap)
이소희 · 도미향 (2009)	5단계	COACH	주제 찾기 → 가능성 열기 → 목표 정하기 → 해결책 찾기 → 응원하기
박정영(2009)	4단계	STAR™	스토리 말하기(Story) → 목표 수립하기(Target) → 실행계획 세우기(Action plan) → 마무리하기(Recap)
Grant(2011)	5단계	RE-GROW	점검(Review) → 평가(Evaluate) → 목표 설정 → 현실 파악 → 대안 탐색 → 마무리(Wrap-up)
박윤희(2012)	5단계	GROWS	목표 설정 → 현실 파악 → 대안 탐색 → 실천 의지 확인 → 성공 지원하기(Success)

김혜연(2014)	5단계	5A	관계 형성(About you & i) → 성취 목표 확인(Achievement) → 장애 요인 확인(Go-Ahead) → 구체적 방법 확인(Alignment) → 책임 · 후원 체계 확인(Accountability)
도미향(2014)	6단계	ACTIVE	마음 맞추기(Adjust) → 주제 세우기(Concept) → 강점 높이기(Talent) → 목표 세우기(Initiative) → 목표 다지기(Verify) → 힘 북돋우기(Encourage)
탁진국(2019)	7단계	GIIIAME	목표 탐색 및 도출(Goal exploration & elicitation) → 관련 상황 인식(Identification of related situation) → 개입(기법) 작용(Intervention application) → 실행 의도(Implementation intentions) → 행동 실행(Action implementation) → (행동) 점검(Monitoring) → (행동) 평가(Evaluation)

주) 관련 문헌 등을 통해 개발(또는 발표) 연도가 분명하거나, 관련 코칭 교육 프로그램을 인증받은 연도가 확실한 것은 해당 연도를 표기했고, 각종 문헌 등에서 개발 연도가 각기 다르게 표기되었거나 불분명한 경우는 개발 연도를 표기하지 않았음.

위한 고객의 행동을 강조하며, 그 과정에서 코치의 헌신적인 지원을 제공하는 구조화된 절차라는 점을 꼭 기억해야 할 것이다. 따라서 전문코치로서 실제 코칭 현장에서 효율적이고 효과적인 코칭을 진행하기 위해서는, 자신이 사용할 코칭 대화 절차 전체를 꿰뚫고 있어야 한다. 앞서 소개한 코칭 대화 절차 모델뿐만 아니라 코치 본인이 잘 알고 있는 모델 가운데, 자신에게 잘 맞는 것을 선택하여 꼭 익혀둘 필요가 있다. 구체적인 방법은 바로 다음에 기술할 예정이다.

그런데 전문코치 자신이 지향하는 코칭 철학에 부합하는 코칭 대화 절차 모델을 찾지 못했거나 자신이 자유자재로 사용하기에 적절한 것을 발견하지 못했다면, 스스로 코칭 대화 절차 모델을 개발할 수도 있다. 코칭의 근본적이고 고유한 목적을 잘 이해하고 있는 전문코치나 코칭학 연구자라면, 누구든지 자신만의 코칭 대화 절차 모델을 개발할 수 있다. 아마 지금도 지구촌 곳곳에서는 새로운 코칭 대화 절차 모델이 개발되고 있을 것이다.

10.10 코칭 대화 절차 모델을 잘 진행하는 방법

코치가 고객과 함께 효과적인 코칭을 진행하기 위해서는 코칭 대화 절차 전체를 꿰뚫고 있어야 한다. 이때 몇 가지 사항들을 항상 염두에 두어야 한다. 여기서 소개하는 것들은 대개 코칭 현장에서 활동하는 전문코치들의 경험을 바탕으로 정리한 것이어서 꼭 새겨둘 필요가 있다.

- 코칭 대화를 진행하는 도중에 알게 된 고객의 비밀을 철저하게 준수한다. 이것은 코치의 직업윤리 가운데 가장 핵심적인 요소이다.
- 코칭 대화 절차별로 소개된 질문들이 입에 익숙해지도록 충분히 연습한다.
- 유능한 코치가 되고 싶다면, 창의적인 질문을 많이 개발하는 것이 바람직하다.
- 고객이 큰 그림 속에서 현재 상황을 점검하도록 목표와 현실 사이의 차이(gap)를 자유롭게 오가며 코칭을 진행한다.
- 고객이 코칭을 진행하면서 실행한 것과 알게 되고 배운 것을 인정해 준다.
- 코치 자신의 코칭 진행계획에 초점을 맞추되, 코칭 대화 절차 전개 도중에 고객에게 방향 전환이 일어나면, 언제라도 코치의 태도와 행동을 조정할 수 있어야 한다.
- 고객이 결정을 내리고 자신을 계발할 수 있는 능력을 키워 준다.
- 고객이 결정한 것을 '당장 실행하도록' 돕는다.
- 고객 스스로 정한 목표를 이루기 위한 행동을 취할 것을 분명하게 요청한다.
- 고객의 말과 행동이 일치하지 않을 때, 사소한 일과 중요한 일, 상황적인 행동과 반복적 행동을 구분할 것을 요구한다.
- 고객이 코치와 합의한 행동을 취하지 않을 때, 단호하지만 긍정적으로 사실을 지적하되, 서로 신뢰할 때에 한정해서 그렇게 한다.
- 고객의 성장과 미래 성장 가능성을 칭찬해 준다.

앞서 논의한 것들과 코칭 대화 절차의 개념과 갖가지 모델까지 학습했다면, 이제 코칭의 많은 부분을 학습한 것이다. 물론 이 책에서 소개하지 못한 코칭 대화 절차 모델도 있다. 전문코치들은 다양한 코칭 대화 절차 모델 가운데 자신에게 가장 적합한 모델을 선택하여 학습하면 된다. 그런 과정을 모두 마치면, 이제 현장에서 코칭을 직접 전개할 수 있는 지점까지 도달했다고 볼 수 있다. 하지만 그러기 전에 한 가지 분명하게 알아야 할 것은 자신이 선택한 코칭 대화 절차 모델 전체를 충분히 실습하여 익숙한 상황까지 도달하는 것이 코칭 효과를 배가시킬 수 있는 지름길임을 명심해야 한다는 점이다. 따라서 전문코치가 되고 싶거나 코치 자격증 취득에 대비하는 독자라면, 다양한 사람들을 대상으로 코칭 대화 절차를 꾸준히 실습할 필요가 있다. 전체 코칭 과정을 효과적으로 전개하는 유능한 코치가 되기 위해서는 꾸준한 연습 외에는 왕도가 없다.

11.1 코칭 스타일의 개념과 필요성

1. 코칭 스타일의 개념과 현실

1) 코칭 스타일의 개념

사람들은 누구나 자신이 지향하고 있는 신념과 가치에 따라 생각하고, 자연스럽게 행동하며, 자신만의 독특한 방식으로 살아간다. 그리고 자신의 가치관과 신념, 삶 속에서 경험한 것들을 기준으로 타인과 관계를 맺으며 살아간다. 이때 중요한 것은 사람마다 독특한 방식으로 살아가고 있고, 그 방식이 서로 차이가 있다는 것을 인식하는 것이다. 이것이 잘 안 되면 다툼과 갈등이 생긴다. 그래서 사람들은 자신과 타인을 이해하기 위한 노력을 시작했고, 그 결과 사람과 관련된 다양한 개념들을 개발하고 학문을 발전시켰다. '성격'이나 '체질'이라는 개념이 그렇고, 심리학이 이런 과정의 총체적인 산물이다.

그런데 인간은 모든 삶의 문제를 바라보고 해결하는 데 자신만의 고유한 필터 또는 창을 사용한다. 그런 것들 가운데 하나가 '성격'(personality)이다. 이것을 통해 사람들은 자신을 드러내고, 타인을 이해한다. 무언가를 배우고, 미래에 대해 기대하며, 기뻐하고 사랑에 빠질 때도 성격이라는 필터를 활용한다. 이처럼 인간관계, 성장과 발전, 그리고 많은 문제를 해결해 가는 데 있어 자신의 성격 유형이 의미있는 요소로 작용한다. 특히, 성격 특성은 타인과 상호작용할 때 잘 드러난다. 그래서 대인관계에서 발생하는 갖가지 현상과 문제들을 제대로 이해하고 해결하기 위해서는 자신과 타인의 성격에 대해 알아보는 것이 큰 도움이 된다. 성격은 개인에게만 국한되는 것이 아니라 팀, 집단, 단체 및 조직들도 나름의 성격을 지니고 있다. 결국, 성격은 한 사람의 태도와 행동뿐만 아니라 팀, 집단, 조직과 사회 등을 이해하는 데도 많은 도움을 준다.

따라서 코칭을 진행하면서 고객을 제대로 이해하려면, 그의 가치관, 열정, 강점과 약점 외에도 성격을 알면 도움이 된다. 실제 코칭을 진행하다 보면 개인의 다양한 사고방식과 가치, 행동이 여러 가지 양상으로 표현되는데, 성격과 관련된 부분이 적지 않게 발견된다. 성격에 따라 반응하는 것이 다르고, 인간관계에 대처하는 모습이 다르며, 목표를 달성하는 방법이나 구체적인 행동이 모두 다르다. 코치는 고객의 성격에 따라 코칭을 진행하는 속도나 반응을 보이는 방법, 코칭 대화의 속도와 억양 등을 조절하기도 한다.

현장에서 코칭을 진행하다 보면, 대부분의 일과 현상이 코치와 고객의 성격에 따라 다르게 나타나는 것을 경험한다. 예컨대, 코치의 성격에 따라 코칭을 진행하는 방식과 고객의 감정이나 반응에 대응하는 양식이 조금씩 다르며, 문제를 해결해 가는 스타일도 다르다. 고객도 코칭에 임하는 방식, 코치의 질문에 반응하는 방식, 문제를 해결할 수 있는 대안들을 탐색하거나 결정하는 방식, 그리고 실행계획을 행동으로 옮기는 방식 등이 모두 다르다는 것을 확인할 수 있다. 이런 모든 것들을 통틀어 '코칭 스타일'(Coaching Style)이라고 부른다.

2) 코칭 스타일에 관한 현실

코칭 현장에서 활동하는 코치나 코칭학 연구자들 가운데 아직 '코칭 스타일'에 관한 논의나 연구가 활발하지 않은 실정이다. 현장에서 활동하는 코치라면, 코칭에서 고객의 성격이나 태도 등이 코칭 진행과 최종적인 효과에 의미있는 영향을 줄 것이라는 점은 충분히 인정할 것이고, 코치에 따라서는 그에 관한 의미있는 경험을 이미 체득했을 수도 있다. 그리고 고객과 코치 사이의 성격이나 태도상의 차이, 어떤 가치관의 차이에 따라 여러 가지 현상이 일어날 수도 있을 것이다. 물론 전문코치는 고객의 성격이나 태도, 가치관, 인종, 성별, 문화 등에 관한 일체의 편견 없이 코칭을 진행해야 한다. 하지만 막상 코칭을 진행하다 보면, 이런 것들에 관한 두 주체 간의 차이에 따라 여러 가지 다양한 현상이 나타나고, 그것이 궁극적으로 코칭 효과에 영향을 미치리라는 점은 쉽게 예측할 수 있다.

하지만, 실제로 코칭 현장과 코칭학 연구자들 사이에서는 이에 관한 연구가 활발하지 않아서 코칭 스타일에 관한 담론이 아직 형성되지 않은 것도 사실이다. 필자는 향후 이에 관한 연구가 추가로 꼭 진행되어야 한다고 생각한다. 그리고 그런 담론을 제공하는 계기가 필요하다는 차원에서 이 책에서 코칭 스타일이라는 용어를 언급했음을 이해해 주기 바란다.

2. 코칭 스타일 구분의 필요성

앞서 한 인간을 이해할 때, 성격이 어떤 정보를 가져다주고, 한 사람의 태도와 행동을 결정하는 데 성격이 어떤 작용을 하는지 잠시 살펴보았다. 이런 성격은 여러 가지 요소들의 합으로 이루어진다. 성격 속엔 선호도, 행동, 태도, 관심 분야, 두려움, 방어기제 등을 포함한 개인이 인식할 수 없는 여러 다른 요소들이 함께 존재한다. 특히, 성격은 외부의 자극이 없는 한 스스로의 힘만을 이용하여 꾸준히 자신을 만들어간다. 외부의 자극이 없을 때 성격은 그가 선택하는 정보만을 받아들이며, 결과적으로 자신의 무의식적인 반복 패턴을 강화한다. 그래서 우리는 성격을 통해 그 사람에 대한 많은 것을 알 수 있다.

우리는 다양한 방법을 통해 성격 유형을 측정할 수 있고, 그 결과는 한 개인의 성격 특성 또는 행동 스타일에 대한 객관적인 정보를 제공해 준다. 코칭에 있어 다양한 성격 유형 검사를 통한 측정결과를 활용하는 것은 다음과 같은 여러 차원에서 의미가 있다.[1)]

첫째, 코치와 고객은 각각 자신을 이해하려는 차원에서 다양한 진단검사를 활용할 수 있다. 코칭에서는 고객의 마음과 몸의 상태를 제대로 이해하는 것이 그의 이슈 해결을 지원하는 첫걸음이다. 이를 위해 코치는 고객을 이해할 수 있는 정보를 사전에 확보하는 차원에서 성격 유형 검사를 활용할 수 있다. 코치는 코칭을 진행하면서 겉으로 드러나는 고객의 행동에 대해서는 쉽게 인식할 수 있지만, 내면의 동기 등에 대해서는 모두 알지 못한다. 어렴풋이 고객의 동기를 인식할 수 있지만, 그의 내면에 자리 잡은 동기에 대해서는 자세히 알 수 없다. 하지만 여러 가지 방법을 통해 고객의 성격 유형을 사전에 파악할 수 있다면, 그의 내면 세계를 공감할 수 있는 많은 단서를 비교적 쉽게 찾을 수 있다.

이것은 고객을 좋고 나쁨으로 구분하려는 것이 결코 아니다. 고객의 행동을 잘 이해함으로써 그와의 의사소통 과정에서 생길 수 있는 불필요한 문제들을 피하고, 고객이 자신의 문제를 해결할 수 있는 해결책을 잘 찾도록 돕는 데 그 목적이 있다. 코칭은 코치와 고객이 서로 주고받는 정보, 감정, 이해, 공감을 바탕으로 서로가 원하는 최상의 결과를 얻기 위해 노력하는 과정이다. 이때 코치가 고객의 상황과 심정을 공감하고 신뢰를 형성하는 것이 무엇보다 중요한데, 코치가 고객을 이해할 수 있는 정보를 사전에 얻을 수 있다면, 그것은 코칭에 많은 도움이 된다. 다시 말하면, 코치는 고객의 성격 유형을 사전에 이해함으로써 그의 무의식적인 반복 패턴과 정체성을 이해하고, 고객의 강점을 찾는 데 많은 도움을 얻을 수 있다.

한편, 코치도 성격 유형 검사를 통해 자신의 코칭 스타일을 이해할 수 있다. 코치는 자신의 성격 유형을 사전에 파악함으로써 다른 사람과의 관계에서 어떤 행동들을 취하게 되는지 스스로 알 수 있다. 또한, 자신이 취하는 행동의 원인이 무엇이고, 특정한 행동에 대해 타인과 다른 반응을 보이는 이유에 대해서도 사전에 알 수 있다. 이것은 안정적이고 효과적인 코칭 진행에 있어 아주 유용한 도움을 준다.

---

1) 이희경(2005). 코칭 입문. 서울: 교보문고. 116-117에서 발췌, 인용; 조성진(2008). 코칭ABC. 서울: 심포지움 출판사. 249-251에서 발췌, 인용; 조성진(2020). 코칭과 경력개발. 경기: 양성원. 181-183에서 발췌, 인용.

둘째, 코치가 고객의 행동을 예측하려는 차원에서 다양한 진단검사를 활용할 수 있다. 코칭은 고객이 스스로 자신의 문제를 해결함으로써 의미있는 결과를 성취하고, 궁극적으로 고객이 바라는 행복을 만들어가는 것을 돕는 과정이다. 이런 과정에서 코치와 고객이 분명하게 확인해야 할 것은 고객의 의미있고 긍정적인 행동 변화이다. 코칭에서 어떤 사안과 사람에 관한 고객의 관점이 바뀌는 것도 중요하지만, 결국 그것이 고객의 행동으로 연결되지 않으면 그가 바라는 결과를 얻기 어렵다. 그래서 코칭에서 고객의 행동을 알고 이해하며, 자신이 바라는 결과를 얻는 데 필요한 행동이 사실상 중요한 의미를 지니는 것이다. 이런 차원에서 고객의 코칭 이전의 행동, 코칭 진행 중의 행동과 코칭 후에 기대되는 행동 등을 예측하는 데 필요한 정보를 확보할 수만 있다면, 코칭을 원활하게 진행하는 데 도움을 얻을 수 있다.

한편, 코치가 코칭 장면에서 나타나는 자신의 태도와 행동을 이해하는 데도 다양한 진단검사 결과를 활용할 수 있다. 코치가 다른 사람의 특정한 행동 유형에 대해 자신이 어떻게 반응할지를 예측한다는 것은 코치 자신을 효과적으로 통제할 수 있다는 것을 의미한다. 이것은 결국 전체 코칭을 잘 진행할 가능성을 높이고 실수를 줄이는 데 도움을 준다. 따라서 코치가 자신의 성격 유형을 파악하고 있는 것은 고객에게도 다행스러운 일이며, 몸과 마음이 긴장한 상태에서 코칭을 진행하려는 코치에게도 도움이 된다

마지막, 코칭 관련 연구를 진행하는 데 필요한 정보를 확보하는 차원에서 다양한 진단검사를 활용할 수 있다. 코칭학 연구자들은 고객이 취하는 행동의 원인을 규명하고, 그런 여러 가지 행동이 다양한 코칭 결과에 어떤 영향을 미치는지를 연구하는 데 성격 유형 진단결과를 활용할 수 있다. 예컨대, 코칭 효과를 측정하는 과정에서 발생할 수 있는 조절효과를 검증하고자 할 때, 성격 유형 진단결과를 활용할 수 있다. 아직 이에 관한 의미있는 연구결과를 확인하지 못했지만, 이와 관련된 주제들은 향후 흥미있는 연구 주제가 될 수도 있다.

3. 코칭 스타일 구분 시 유의사항

코치나 고객의 코칭 스타일에 대해 본격적으로 논의하기 전에 한 가지 주의할 점이 있다. 사람을 몇 가지 유형으로 분류한다는 것 자체가 위험할 수 있다는 점이다. 사람들은 대부분 서로 다른 유형을 접하면, 바로 우월한 것과 열등한 것으로 구분하는 잘못을 범하기 쉽기 때문이다. 사람들은 자신과 다른 것을 쉽게 받아들이지 못한다. 그래서 둘 가운데 하나는 옳고 다른 하나는 틀린 것이거나, 아니면 적어도 한쪽이 더 좋은 것이고 다른 쪽은 덜 좋다고 여기는 경향이 있다. 그리고 우열을 쉽게 선악과 연결해 버리고, 서로 다르면 한쪽을 그르다고 단정짓는 경우가 많다. 세상의 모든 갈등의 원인이 여기에서 비롯된다. 따라서 이런 생각을 바꾸지 않으면,

체질과 성격 유형 분류에 대해 아무리 객관적으로 설명해도 소용이 없을 수도 있다. 자신의 치우침을 아는 것이 성격 유형이나 체질 등에 대한 이해의 첫걸음이다. 그 치우침이 잘못된 것이나 열등한 것이 아니라 출발점을 그곳에 잡았을 뿐임을 느끼는 것이 성격과 체질을 이해하는 다음 걸음이 된다.[2)]

> "기존에 익숙한 방식만이 절대라는 관념을 깨야 한다. 기존의 관념과 다른 접근방식을 대할 때, 두 가지 방식의 우열을 매기려는 생각을 바꿔야 한다. 각각의 다른 방식이 각각 달리 적용될 영역이 있는 것이다." – 김명근

이런 염려 때문에 전문코치나 코칭학 연구자들 가운데 성격이나 행동, 체질 등의 유형을 진단하는 것을 탐탁하지 않게 생각하는 경우도 적지 않다. 물론 이런 견해도 충분히 인정하고 존중해야 할 것이다. 결국, 성격 유형이나 체질 등에 관한 진단결과를 코칭 장면에서의 활용 여부는 코치 개인의 판단에 달린 문제가 될 수 있다.

11.2 체질이론과 성격 유형론

체질이론에 대해 본격적으로 논의하는 것이 이 책의 주요 목적이 아니다. 다만, 코칭 현장에서 코치가 고객의 고유한 특성을 빨리 파악할수록 코칭 전개에 도움이 된다는 것을 경험한 적이 많아서 그것에 대해 간략하게 언급하고자 한다. 혹자는 고객을 대상으로 진행되는 일련의 체질이나 성격에 관한 진단이나 검사가 고객에 대한 선입관을 갖는 데 영향을 미친다는 차원에서 그것을 권장하지 않는 사람도 있다. 그러나 본인은 앞서 언급한 몇 가지 차원에서 그 효용이 있다고 판단되어 고객을 이해할 수 있을 정도의 기본적인 수준에서 전통적으로 전해 내려오는 체질이론과 성격 유형론에 대해 간략하게 논의하고자 한다.[3)]

1. 체질의 정의와 중요성

인간의 특질을 나타내는 '체질'(體質, constitution)은 의학, 심리학, 생물학, 교육학, 미학 등의 분야에서 옛날부터 많은 관심을 가져왔다. 그러다 보니 이에 대한 정의는 학자들의 견해에 따

2) 김명근(2003). 애로희락의 심리학. 서울: 개마고원. 14-18에서 발췌, 인용.
3) 조성진(2008). 코칭ABC. 서울: 도서출판 심포지움. 244-248에서 발췌, 인용.

라 각기 다르게 표현되고 있다. 자연관에서 출발하여 전체를 관찰하는 사례도 있고, 유전생물학적, 병리학적 또는 임상심리학적으로 해석하는 일도 있다.

일반적으로 체질이란 '개체의 활동능력과 적응능력을 지배하는 반응태세(反應態勢)를 말하며, 따라서 신체적 특성 · 정신적 특성 · 병적 영향에 대한 저항력 · 반동적 발현' 또는 '형체에 기능을 결부시킨 것으로 유전적 체질의 형성요소와 생활환경의 요소가 합치되어 형성되는 것'으로 정의할 수 있다.

한 사람의 체질을 파악한다는 것은 '다름'과 갈등의 원인을 파악할 수 있다는 차원에서의 의미 있는 일이다. 즉, 체질의 문제가 갈등의 원인이 되는 것은 대개 사람은 서로 다른 두 가지 요소를 함께 가지고 있기 때문이다. 체질은 선천적이며, 바뀌지 않는다. 체질이 다르면 세상을 받아들이고 세상에 대해서 자신을 표현하는 근본적인 방식이 달라진다. 그러나 대부분 사람에게 있어 그 근본적인 차이가 노골적으로 드러나지 않기 때문에 문제가 된다. 어찌 보면 이런 체질 같고, 또 어찌 보면 저런 체질 같아 보인다.

요즘과 같이 전체적으로 교육 수준이 향상되고 사람들 사이의 교류가 활발한 사회에서는 모든 사람에게 있어 다양한 체질적 특성이 섞여 나오기 마련이다. 대부분 사람은 다른 체질을 지닌 사람의 행동 양식을 적당히 흉내 내며 살아간다. 그래서 체질의 차이가 그 정도로 근본적인 차이라는 것을 인식하기가 쉽지 않다. 체질의 문제를 해결하는 것은 크게 두 가지인데, 하나는 체질의 차이에 따른 마음의 출발점에 대해서 이해하는 것이고, 다른 하나는 체질의 한계를 극복하는 방법을 아는 것이다.[4)]

2. 동서양의 체질이론

1) 동양의 체질이론

동양의 체질이론에서는 주로 사람의 성질에 근거하여 체질을 분류하고, 체형에 대해서는 극히 단편적으로 서술되어 있다. 동양의 체질이론에는 동양의학 최고의 원전인 『황제내경』(黃帝內經)의 「음양이십오인론」(陰陽二十五人論), 음양 생리 측면에서 체형의 기능과 감정을 결부한 『황제내경』 통천편(通天篇)의 「오태인론」(五態人論), 장경악(張景岳)의 「음양인론」(陰陽人論) 등이 있다.

먼저, 「음양이십오인론」에서는 인간을 피육근골(皮肉筋骨)의 차이, 기혈음양(氣血陰陽)의 편승과 상하 성쇠(盛衰)에 따라 '목형인'(木形人), '화형인'(火形人), '토형인'(土形人), '금형인'(金形人)으로 나누었다. 「오태인론」에서는 인간의 체질을 '태양인', '소양인', '태음인', '소음인', '음양

4) 김명근(2003). 애로희락의 심리학. 서울: 개마고원. 40-45에서 발췌, 인용.

화평지인'(陰陽和平之人)으로 분류하고 있으며, 장경악의 「음양인론」에서는 인간의 체질을 '양장인'(陽臟人)과 '음장인'(陰臟人)으로 구분한다.

2) 서양의 체질이론

서양의 체질이론은 대부분 고대에는 우주 요소에 따른 분류를 추구하였고, 점차 해부조직학적 · 심신의학적 · 면역학적 관점 등으로 다양하게 발전하고 있다. 서양 성격 연구의 근원은 그리스 시대의 의학자인 히포크라테스의 '4체액병리설'(四體液病理說)로 거슬러 올라간다. 그는 우주의 구성이 화(火), 수(水), 풍(風), 토(土)의 네 가지 요소로 되어 있고, 인체의 형성도 네 가지 기본물질인 혈액(血液), 점액(粘液), 황담즙(黃膽汁), 흑담즙(黑膽汁)의 '4체액'으로 구성되어 있다고 주장했다.

이것을 바탕으로 클라우디오스 갈레누스(Galenus, C.)는 인간의 체질을 각각 '다혈질', '담즙질', '우울질', '점액질'의 '4기질'로 분류했다. 먼저, 다혈질은 온정적 · 정서적 · 사교적이고 빨리 흥분하고 명랑하며, 담즙질은 인내심이 약하고 정서적이며 빨리 흥분하고 단기(短氣)하나 용감하고 매우 객관적이다. 우울질은 인내심이 강하고 지속적이나 우울하고 주관적이며 보수적이다. 점액질은 냉담하고 정서가 느리고 부드러우며 조용하지만, 인내심이 강하고 고집이 세다.

한편, 미국의 의사 셀던(Sheldon, W. H.)은 인간의 체질을 '내배엽형', '중배엽형', '외배엽형'으로 나누었고, 독일의 정신과 의사인 크레츠머(Kretschmer, R. S.)는 정신신체의학적 관점에서 인간을 '비만형'(肥滿型), '세장형'(細長型), '투사형'(鬪士型)으로 구분하였다. 또한, 심리학자 칼 융(Jung, C. G.)은 외향성 · 내향성의 일반적 태도 유형과 사고관(思考觀)의 심적 기능에 따른 유형을 조합하여 8가지 유형으로 분류하였다. 내향적인 사람은 갈등 상황에서 자신을 후퇴시키는 경향이 있으며 사람을 피하고 혼자 있기를 좋아하는 데 비해, 외향적인 사람은 많은 사람과 함께 있기를 원하며 진취적이고 사교적인 특성을 갖는다고 주장한다. 이밖에 최근에는 면역학적인 분야에서 알레르기의 유형에 따라 'Ⅰ형~Ⅴ형'으로 구분하여 임상에 적용하기도 한다.

3) 우리나라의 체질이론

1894년 동무(東武) 이제마(李濟馬)는 「오태인론」을 더욱 보충 발전시켜 유교적 사원구조(四元構造)를 기반으로 자신만의 독특한 학설인 '사상체질의학'(四象體質醫學)을 제창, 임상에 이용하였다. 이 사상의학은 독특한 「사상구조론」(四象構造論)을 바탕으로 사람을 '태양인'(太陽人), '소양인'(少陽人), '태음인'(太陰人), 그리고 '소음인'(少陰人)'이라는 네 가지 유형으로 나누고, 각 체질에 대한 생리, 병리, 진단, 병증, 치료와 약물에 이르기까지 서로 연계를 지니고서 임상에 응용할 수 있는 새로운 방향을 제시한 우수한 이론이다.

사상의학은 다음과 같은 세 가지 특징이 있다.[5] 첫째, 품수의학(稟受醫學)적 특징이 있다. 체질은 선천적으로 결정되므로 부모와 조상의 특징을 생김새와 성품에서 질병의 경향에 이르기까지 전하여 받는다는 것이다. 둘째, 심신의학(心身醫學)적 특징이 있다. 이제까지의 의학은 주로 우리의 눈이나 감각기관을 통하여 확인할 수 있는 환자의 신체만을 치료 대상으로 삼았다. 그러나 사람은 몸으로만 구성되어 있지 않고 마음이 함께 있어야만 사람으로서의 가치를 제대로 발휘할 수 있고, 따라서 병을 치료하는 데도 몸과 마음을 동시에 다루어야 한다는 것이다. 그래서 사상의학은 한의학 중에서도 마음의 영향을 가장 크게 고려하여 사람들의 마음 쓰는 방식이 기본적으로 어떻게 다르며, 그런 마음 씀씀이가 장기에 어떤 영향을 미치는가를 고려하고 있다. 마지막으로, 셋째, 체질의학(體質醫學)적 특징이 있다. 이것은 주로 치료 측면에 있어서 체질에 따라 그 특징이 다르므로 체질의 차이를 고려하여 같은 병이라 하더라도 치료방법을 다르게 적용할 필요가 있다는 것이다.

사상체질의학에 따르면, 체질은 크게 체형이나 외형에서 나타나는 '느낌'(容貌詞氣), 성격이나 심성(心性) 그리고 생리(生理)나 병이 들었을 때의 '증상'(症狀)을 관찰하여 진단한다. 마지막으로 병에 맞는 체질 한약을 먹거나 체질에 맞는 음식을 먹은 뒤의 반응을 통해 체질을 확진(確診)하게 된다.[6] 구체적으로 살펴보면 다음과 같다.

첫째, 체형을 본다는 것은 인간이라면 누구나 기본적인 체형을 가지고 있어서 그 사람의 외모와 체형을 보고 체질을 구분하는 것이다. 외형에서 나타나는 느낌을 보려면 얼굴의 전체적인 윤곽과 생김새를 보면 된다. 그런데 요즘에는 성형수술의 발달로 눈, 코, 입, 턱 등의 형태가 달라지기 때문에 이를 염두에 두고 체질을 감별해야 한다. 둘째, 성격이나 심성을 구분하는 것은 성질과 재간(才幹), 항심(恒心, 항상 가지고 있는 마음), 심욕(心慾, 욕심) 등을 보는 것으로, 체질마다 특유의 성격적인 특징이 있어 병이 나거나 위급한 상황이 왔을 때 각기 다르게 나타나는 무의식적인 행동으로 보고 체질을 구분한다. 마지막, 생리나 병증을 보는 것은 건강할 때의 대·소변, 땀, 소화 등의 생리적 증상과 질병에 걸렸을 때 나타나는 각기 다른 독특한 증상을 통해 체질을 구분하는 것이다.

그런데 사람의 체질을 정확하게 판별하기 위해서는 앞에서 언급한 세 가지 방법 가운데 어느 한 가지 지표만으로는 충분하지 않기 때문에 세 가지 방법을 종합적으로 판단하는 것이 무엇보다 중요하고 바람직하다.

---

5) 한국사상체질의학회(2022). 사상의학(http://www.esasng.com, 2022년 6월 접속).

6) 이의주(2006). 태양인/소양인/태음인/소음인. 서울: 집문당.

3. 현대의 성격 유형론

현대에는 심리학적인 특성에 따라 성격(personality)을 구분하는 성격 유형론이 주를 이루고 있다. 현재 활용되고 있는 성격 유형 진단 도구는 다양하다. 이 책에서 그것들을 모두 설명하는 것이 주요 목적이 아니다. 따라서 여기에서는 우리가 자주 활용하는 MBTI(Myers–Briggs Type Indicator), 에니어그램(Enneagram), DiSC 행동유형 모델 등에 대해서만 간단하게 살펴보고자 한다.

첫째, MBTI는 마이어스(K. C. Myers)와 브리그스(I. B. Briggs)가 융(C. G. Jung)의 성격 유형론을 기초로 개발한 성격 유형 검사지이다. 인간의 성격 유형을 E(외향, extraversion)–I(내향, introversion), S(감각, sensing)–N(직관, intuition), T(사고, thinking)–F(감정, feeling), J(판단, judging)–P(인식, perceiving)의 네 가지 척도의 관점에서 구분한다. MBTI는 개인이 쉽게 응답할 수 있는 자기 보고를 통해 인식하고 판단할 때 각자 선호하는 경향을 찾는다. 나아가 이런 선호 경향들이 하나 또는 여러 개가 합쳐져서 인간의 행동에 어떠한 영향을 미치는가를 파악하여 실생활에 응용할 수 있도록 제작된 것이다.

둘째, 에니어그램 성격 유형 모델은 구르지예프(G. I. Gurrdjieff)에 의해 창시되었고, 오스카 이카조(O. Ichazo)와 클라우디오 나란조(C. Naranzo) 등을 통해 계승, 발전되어 왔다. 그 후, 1991년 '리소–허드슨 에니어그램 성격 유형 검사지'(RHETI)가 개발되면서 오늘날 많은 사람이 성격 유형을 알아보는 데 매우 유용한 도구로 활용되고 있다. 에니어그램에서는 인간의 성격 유형을 모두 아홉 가지 즉, '개혁가'(1번 유형), '조력자'(2번 유형), '성취자'(3번 유형), '예술가'(4번 유형), '사색가'(5번 유형), '충성가'(6번 유형), '낙천가'(7번 유형), '지도자'(8번 유형), '중재자'(9번 유형) 등으로 나누고 있다.[7]

마지막으로, DiSC 행동 유형 검사는 미국의 심리학자 마스톤(W. M. Marston)이 개발한 도구이다. 이것은 인간이 환경을 어떻게 인식하고, 그 환경 속에서 개인의 힘을 어떻게 인식하느냐에 따라 인간의 행동을 4가지 유형, 즉 '주도형'(dominance), '사교형'(influence), '안정형'(steadiness), '신중형'(consciousness)으로 나누고 있다.

7) 에니어그램에서는 연구자에 따라 각 유형의 명칭을 여러 가지 이름으로 각기 다르게 번역하여 부르고 있다.

11.3 코칭 스타일의 유형

앞에서 언급한 성격(또는 행동) 유형 검사는 다양한 방법으로 코칭에 활용된다. 실제로 현장에서 활용되고 있는 많은 코칭 프로그램에서는 본격적인 코칭을 진행하기에 앞서 고객의 성격 유형을 미리 검사하고, 그 측정결과를 바탕으로 고객을 이해하는 자료로 활용한다. 여기에서는 실제로 코치들이 코칭 현장에서 많이 활용하는 것 가운데 몇 가지를 선별하여 소개하고자 한다.

1. 에니어그램 성격 유형 모형에 따른 코칭 스타일

에니어그램은 학문적 측면을 넘어 실생활에서 다양하게 적용되고 있다. 에니어그램을 통해 누구나 자신의 성격을 이해할 수 있으며, 또한 자신과 관계를 맺고 있는 다른 사람들을 이해할 수 있다. 또한, 이를 통해서 인간의 외부로 드러나는 행동, 잠재적인 태도, 개인의 특성, 의식적이거나 무의식적인 동기, 감정적인 반응, 방어기제 및 정신세계 등을 이해할 수 있다.[8)]

에니어그램을 활용함으로써 얻을 수 있는 가장 큰 이점은 각 유형의 특정한 패턴을 쉽게 깨달을 수 있다는 것이다. 에니어그램을 통해 각각의 유형별 사람들이 무의식적으로 반복하는 패턴이 무엇인지 명확히 알 수 있다. 그리고 그 패턴들이 개인의 삶의 질에 어떠한 영향을 미쳤고, 나아가 타인의 삶의 질에 어떻게 영향을 끼쳤는지를 보다 잘 이해할 수 있다. 이러한 깨달음은 사람들이 내안적인 행동, 대도, 감정적 반응을 이해하는 데 기초를 제공하며, 결과적으로 더 깊은 차원의 선택을 할 수 있는 안목을 제공한다.

이처럼 에니어그램은 사람들이 자신의 숨겨진 참모습을 발견하는 열쇠가 될 수 있고, 자신의 내적 성격의 본질을 반영하는 거울이 되기에 충분하다. 나아가 에니어그램은 자기 자신을 이해하고 수용하며 타인을 이해하고 수용함으로써, 궁극적으로 자기를 변화시키고 건강하게 문제를 해결하는 방법을 제시하고 있다.

1) 9개의 성격 유형의 특성

일상생활에서 활력을 얻는 원천으로 인간은 세 가지 주요 중심을 갖는데, 이것을 '힘의 중심'이라고 한다. 이는 머리, 심장, 장(腸)으로서 세 가지 성격 유형의 뿌리가 된다. 사람들은 한 인간으로 성장해 가는 과정에서 이 세 가지 가운데 어느 하나에 사로잡히게 된다.

8) 윤운성(2007). 에니어그램과 인간관계. 서울: 에니어그램연구소. 13-20에서 발췌, 인용; Howe-Murphy, R.(2007). *Deep Coaching: Using the Enneagram as a Catalyst for profound Change*. Enneagram Press.

그래서 에니어그램에서는 인간의 성격 유형을 세 개의 그룹, 즉 본능(장) 중심, 감정(심장) 중심, 사고(머리) 중심으로 분류한다. 각각의 유형별 분류는 〈표 11-1〉에서 보는 바와 같다. 성격 유형별 특성을 간단히 살펴보면 다음과 같다.[9)]

표 11-1 9가지 성격 유형의 명칭

본능(장) 중심	감정(심장) 중심	사고(머리) 중심
8번 유형 - 지도자 도전자(Challenger) 챔피언(Champion) 보스(Boss) 최고 권력자(Top Dog)	**2번 유형 - 조력가** 조력가(Helper) 보호자(Caretaker) 베푸는 자(Giver) 이타주의자(Altruist)	**5번 유형 - 사색가** 탐구자(Investigator) 현자(Sage) 관찰자(Observer) 사색가(Thinker)
9번 유형 - 중재자 평화주의자(Peacemaker) 자연주의자(Natural) 중재자(Mediator) 치유자(Healer)	**3번 유형 - 성취자** 성취가(Achiever) 생산자(Producer) 수행가(Performer) 소통자(Communicator)	**6번 유형 - 충성가** 충성가(Loyalist) 진실한 신뢰자(True Believer) 용감한 사람(Trooper) 문제해결자(Troubleshooter)
1번 유형 - 개혁가 개혁가(Reformer) 순수주의자(Puritan) 완벽주의자(Perfectionist) 판단자(Judge)	**4번 유형 - 예술가** 개인주의자(Individualist) 감상가(Connoisseur) 낭만주의자(Romantist) 특별한 사람(Special One)	**7번 유형 - 낙천가** 열정가(Enthusiastic) 낙관주의자(Optimist) 쾌락주의자(Epicure) 비전 제시자(Visionary)

출처: Howe-Murphy, R.(2007). *Deep Coaching: Using the Enneagram as a Catalyst for profound Change*. Enneagram Press.

① 1번 유형의 특성과 스타일

1번 유형(개혁가)의 사람은 항상 올바르고, 자신이 추구하는 이상을 향해 열심히 노력하며, 책임감이 강하다. 또한, 평등이나 논리를 중요시한다. 자신의 높은 이상을 추구하기 위해 노력하는 모습이 주위 사람들에게는 근면하고 성실하다는 인상을 준다. 한편, 모든 사물이 반드시 완벽해야 한다고 생각하고 또 그러기 위해 노력한다. 그러다 보니 일을 다른 사람에게 잘 맡기지 못하고 자신이 떠안기 때문에 언제나 시간에 쫓긴다. 그 결과 이 유형의 사람들은 '좀 더 잘할 수 있다.'라고 항상 자신을 질책한다. 그래서 아무것도 하지 않으면 죄책감을 느끼며 편안한 상태로 있지 못한다. 책임감이 강하고 규율을 잘 지키며 노력을 중시하는 경향이 있어서 집단 속에서 장점으로 작용하는 경우가 많다. 하지만 자기 외의 다른 사람에 대해서도 완벽을 강요하기 때문에 타인의 결점이나 흠만을 보며 본질을 놓치기 쉽다.

9) 윤운성(2007). 에니어그램과 인간관계. 서울: 에니어그램연구소. 76-147에서 발췌, 인용.

이 유형의 직장생활을 보면 지각하는 경우가 거의 없고 책상 주위는 항상 잘 정돈되어 있으며, 언제나 규칙을 지키려고 노력한다. 업무일지나 보고서를 틀린 글씨 없이 정확하게 쓰고, 자격취득 등 자기계발에 노력한다. 좀처럼 화를 내지 않지만, 돌연히 폭발하는 때가 있다.

이 유형의 리더십 스타일은 마음속에 목적을 가지고 굳건하고 양심적인 방식으로 리더십을 발휘한다. 이들은 올바른 결과에 대해 분명한 비전을 지니고 있고 그 결과에 도달하는 방법을 알고 있다. 부하들에게 요구 사항을 정확하고 상세하게 지시하며, 자신들도 그렇게 지시받기를 원한다. 또한, 이들은 임무, 책임, 보고 관계를 분명히 설정함으로써 경계선을 분명히 하는 경향이 있다.

이 유형의 학습 스타일은 자세하게 관찰하고 메모나 점검 목록을 만들어 가면서 배운다. 이들에게는 무엇이 요구되는지 그 기준을 분명히 말해 줄 필요가 있다. 이들에게 있어 즉흥적이고 제대로 준비되지 않은 발표는 상상할 수 없는 일이다.

② 2번 유형의 특성과 스타일

2번 유형(조력가)의 사람은 인간관계를 중요시하기 때문에 어떤 상황에서도 곤란한 사람이 있으면 도와준다. 또한, 다른 사람의 기분에 민감하고 타인에게 헌신적으로 최선을 다하기 때문에 주위 사람들은 이들을 친절하고 상냥한 사람이라고 생각한다. 그러나 친절을 베푼 사람이 그 친절을 인식하지 못할 때는 모욕을 당했다고 느끼고 기분이 상하여 근심을 하거나 상대방을 비난하기도 한다. 이처럼 너무 타인에게 초점을 맞춘 나머지 자신을 잃어버리기 쉬운 경향이 있다. 이들은 회의할 때, 건설적인 결론에 도달하기보다 자신을 중심으로 한 인간관계를 발전시키길 원하며, 그것이 성공적인 회의라고 생각한다.

이 유형의 직장생활을 보면 부탁받은 일은 대개 받아들이지만, 타인을 너무 배려한 나머지 자신이 해야 할 말을 하지 못하는 경우가 있다. 회식은 절대 거절하지 않으며, 사내와 사외에 넓은 인맥을 갖고 있어 인간관계를 위해 소비하는 시간이 많다. 공사(公私)를 잘 구별하지 못하며, 업무의 효율이나 성과보다 사람의 기분을 우선시한다.

이 유형의 리더십 스타일은 사람의 마음을 끄는 힘과 상대방의 위신을 세워주는 능력이 뛰어나 여러 사람을 끌어들여 서로에게 도움이 되는 네트워크를 형성하는 데 탁월하다. 이들은 상대방이 원하는 것이 무엇인지를 파악하는 능력을 갖추고 있어 상대방에게 후원과 격려를 아끼지 않지만, 자신이 베푼 격려와 후원에 보답하기를 기대한다.

이 유형의 학습 스타일은 혼자 공부하는 것보다 여러 사람과 함께 하는 워크숍, 토론회나 자신의 이야기, 감정, 체험 등을 나눌 수 있는 상황에서 더 효과적이다. 그리고 다른 사람들을 위해 학습체험을 향상한다는 칭찬을 들을 때 가장 효과적으로 학습을 하게 된다.

③ 3번 유형의 특성과 스타일

3번 유형(성취자)의 사람은 인생의 가치를 성공의 여부에 두기 때문에 인간은 성공하지 않으면 가치가 없다고 생각한다. 그래서 이들이 가치를 측정하는 척도는 개개인의 내면의 모습이 아닌 출세나 사회적 지위 등 누구나 확실히 파악할 수 있는 도구이어야 한다. 항상 활력이 넘치고 유연성도 갖추고 있어 목표를 정하거나 그것을 달성하기 위한 비전을 그리는 데 탁월하다. 실패는 용납할 수 없다고 생각한 나머지 성공할 수 있는 일만 하려는 경향이 있다. 그러다 보니 성공하기 위해 수단과 방법을 가리지 않으며, 때로는 자신의 성공을 위해 타인을 이용하면서도 정작 본인은 깨닫지 못하는 경우가 있다.

이 유형의 직장생활을 보면 언제나 자신감에 차 있고 동료와 함께 일하기를 좋아하여 리더를 맡는 경우가 많다. 명확한 목표 설정이나 일을 분배하는 능력이 뛰어나 한번에 많은 일을 솜씨있게 처리할 수 있다. 그러나 성공한 사람이라는 자신의 대외적인 이미지를 위해 일정이 항상 꽉 차 있어 가정을 희생하기도 한다.

이 유형의 리더십 스타일은 필요한 목표를 설정하고 그 성취도를 점검하면서 관리하는 방식을 선택한다. 이들은 목표 지향적인 리더십 스타일을 취하기 때문에 일의 결과를 매우 중요시한다.

이 유형의 학습 스타일은 학습 속도가 빠르고 모든 부분에 있어 성공의 의미를 부여해야 동기부여가 잘 된다. 그래서 이들은 교육내용과 업무와의 관련성이 높아진다.

④ 4번 유형의 특성과 스타일

4번 유형(예술가)의 사람은 예민한 감성과 독자적인 감각의 소유자로서 자신을 타인과는 다른 특별한 존재라고 생각한다. 즉, 예술적이거나 아름답고 이상적인 면을 추구하는 자신의 독창성을 개성이라고 생각한다. 그러나 이런 섬세한 마음을 누군가에게 인정받지 못하면 비관하는 경향이 있다. 현실감각이 희박해서 감동을 즐기며 대수롭지 않은 일에 마음이 끌리는 등 감정의 기복이 심한 편이다.

이 유형의 직장생활을 보면 행동이나 태도가 기품이 있고 섬세하며 평범하다는 소리를 듣기 싫어한다. 복장이 독창적이고 감각이 있으며, 반복적인 일을 싫어한다. 감정 기복이 심하여 기분이 좋을 때는 독창적인 발언이나 아이디어가 많이 나오지만 비논리적이다. 그러나 자신의 기획에 심취되어 타인의 의견을 무시하는 경향이 있다.

이 유형의 리더십 스타일은 개인적인 꿈이나 비전을 고수하고, 낭만, 열정, 충동적인 인기 스타일로 이끌어간다. 그러나 이런 것들로 인해 자신과 동료들을 불편하게 할 수 있어서 이들이 리더가 되었을 때는 현실적인 대안을 고려하면서 자신의 꿈과 비전을 펼치는 것이 필요하다.

이 유형의 학습 스타일은 그룹학습보다 개별학습을 선호한다. 또한, 이들은 가르치는 사람과 개인적인 관계를 맺는 것을 좋아하고, 개인적 역량을 발휘할 수 있는 스승에 몰두하는 경향이 있다.

⑤ 5번 유형의 특성과 스타일

5번 유형(사색가)의 사람은 항상 사물을 냉정하게 관찰하고 본질을 파악하여 머리로 이해한다. 내면이 공허하다고 느끼기 때문에 지식을 채우려는 소망을 지니고 있고, 이것에 너무 몰입한 나머지 타인과의 감정적인 교류보다 혼자 있기를 좋아한다. 이처럼 냉정하고 침착한 모습은 주위 사람들로부터 조용하고 지적인 사람이며 어떤 분야의 전문가로 신뢰할 수 있는 인물이라는 평을 듣지만 차가운 인상을 주기 쉽다. 비사교적이어서 인간관계가 넓지 않으며, 사람을 판단하는 데 별 흥미가 없다.

이 유형의 직장생활을 보면 회의에서 발언은 적지만 예리한 통찰력으로 논지가 명확한 이야기를 한다. 그러나 타인의 비평이나 비판을 좋아하지 않기 때문에 차가운 인상을 준다. 상사나 동료와 함께 일하기보다 어떤 문제나 일을 자기 스스로 해결하려고 노력하며, 개인적인 이야기는 별로 하지 않는다. 모임 자체를 싫어하고, 설사 모임에 참가했다 하더라도 혼자 묵묵히 술을 마시며, 명함을 교환해도 곧바로 상대방의 이름을 잊어버리곤 한다.

이 유형의 리더십 스타일은 다양한 경로의 정보를 바탕으로 종합, 분석해 낸 자료들을 활용하여 사람들을 이끌어간다. 또한, 서로의 경계를 존중해 주는 분위기에서 자신의 역량을 발휘하며 효율적인 리더십을 발휘할 수 있다. 그러나 자칫하면 사람들의 감정이나 욕구에 둔감하거나 무시하는 경향이 있다.

이 유형의 학습 스타일은 목표와 기대가 명확한 상황과 개인의 자유를 구속하지 않는 환경에서 학습하는 것을 선호한다. 그리고 이들은 질서정연하고 개념과 조직적인 것을 선호한다. 또한, 이들은 글을 통한 학습이나 자신의 말로 정리하는 학습을 선호하고, 워크숍이나 토론 등 자신의 의견을 말로 표현하며 배우는 학습에는 익숙하지 않다.

⑥ 6번 유형의 특성과 스타일

6번 유형(충성가)의 사람은 화합을 중요시하고 모든 일에 매우 협력적이며, 항상 맡은 바 책임을 다하기 때문에 조직이나 타인에게 신뢰를 받는다. 혼자서 어떤 일을 하거나 전례가 없는 일을 할 때, 자신을 잃고 불안해하기 때문에 항상 어떤 집단에 속하기 원한다. 이처럼 균형과 위험 부담을 잘 판단하는 모습으로 인해 주위 사람들로부터 책임감이 강하고 성실한 사람이라는 평가를 받는다. 한편, 자기방어의식이 강해 권력을 휘두르는 상사에게는 반발하고 맞서는 경향도 있다.

이 유형의 직장생활을 보면 대인관계가 좋고 사교적이며, 간사 역할을 훌륭하게 해낸다. 전례가 없는 일에는 서툴러서 자신의 방식대로 하라는 명령을 받으면 불안해한다. 잔업이나 휴일 출근을 마다하지 않고, 부탁받은 일을 잘 거절하지 못해 스트레스를 받기 쉽다. 한편, 조직에 충실하지만, 규칙이나 규범을 지키지 않는 사람은 상사라도 용서하지 않는 경향이 있다.

이 유형의 리더십 스타일은 비난이나 평가를 피하려고 규정이나 근거에 의해 사람들을 다루려고 한다. 이들은 주어진 일을 틀에 맞추어 진행하려고 노력하고, 결정을 내릴 때 시간이 오래 걸리는 경향이 있다.

이 유형의 학습 스타일은 자신이 배우려고 하는 학습 자료와 가르치는 사람을 신뢰할 수 있는 경우를 가장 선호한다. 이들은 가르치는 사람에게 세밀하고 객관성 있는 정보를 요구하고, 개괄적으로 보기보다는 꼼꼼하게 점검하며 학습을 하는 경향이 있다.

⑦ 7번 유형의 특성과 스타일

7번 유형(낙천가)의 사람은 인생이란 본래 밝고 즐거워야 한다고 생각한다. 그래서 고통이 오거나 곤란한 상황에 마주치면 순간적으로 회피하거나 장밋빛 미래를 생각하며 현실을 회피한다. 항상 밝고 쾌활하며 긍정적인 사고방식이나 행동을 보여주기 때문에 주위 사람들로부터 낙천적인 사람이라는 평가를 받는다. 조직의 규칙에 얽매이는 것을 아주 싫어하기 때문에 관리나 감독이 심해지면 의욕이 떨어지지만, 자율성이 주어지면 예상치 못한 힘을 발휘하기도 한다. 사교성이 뛰어나고 감정의 전환이 빨라서 영업에 어울리지만 중요한 순간에 결정력이 부족한 경향이 있다.

이 유형의 직장생활을 보면 대부분의 일을 비교적 잘 처리하지만 주어진 시간 내에 과제를 완수하지 못하고 가끔 기한보다 늦게 처리하는 경향이 있다. 반복적인 일을 처리하는 것에 서툴고, 마음이 내키지 않을 때는 그것이 표정에 여실히 드러난다. 사내 모임이나 여행 등에서 중심이 되어 활약하지만, 문득 떠오른 생각이나 일관성이 없는 지시가 많아서 부하직원의 신뢰를 얻지 못하는 경향이 있다.

이 유형의 리더십 스타일은 강력한 집중방식을 선택하기보다 방임과 자유를 주는 평등한 방식을 선호한다. 이들은 처음 선택한 것을 끝까지 밀어붙이는 것과 책임을 추궁하는 것에 약하며, 다양하고 흥미로운 계획을 매력적이라고 생각하여 선택하는 경우가 많다.

이 유형의 학습 스타일은 정해진 시간 내에 많은 양의 정보를 소화하고 보는 것을 선호한다. 이들은 다양한 방식으로 변화를 주는 것을 좋아하기 때문에 미디어와 같은 흥미 있는 매체를 활용하는 학습방식을 선호한다. 또한, 이들은 자신이 알고 있는 것을 다른 사람에게 가르쳐 주는 것을 선호한다.

⑧ 8번 유형의 특성과 스타일

8번 유형(지도자)의 사람은 자신이 바르다고 생각하는 길을 향해 전력을 다해 전진한다. 인생을 전쟁이라고 생각하기 때문에 싸우면서 만족을 느끼고, 강한 자신을 자랑스럽게 생각함과 동시에 자신이 강하다고 생각하는 사람들을 존경한다. 이처럼 강력하고 힘찬 모습으로 인해 주위 사람들로부터 의지가 강한 사람이라는 평가를 받는다. 호전적이고 공격적인 태도로 인해 주위 사람들과 멀어지기도 하지만 내면에는 부드러운 면을 가지고 있다. 특히, 부하직원이나 가족을 소중하게 생각하는 경향이 있어서 신망이 두터운 리더로서 활약하는 경우가 많다.

이 유형의 직장생활을 보면 타인의 우유부단함에는 관용을 베풀지 않지만, 의리와 인정이 많나. 대개 목소리가 크고 부하직원의 감정이나 고민에 둔감하며, 부하직원을 힘으로 지배하려고 하는 경향이 있다. 사내의 권력자에게 민감하지만, 마찰이나 알력을 두려워하지 않아 상대방이 상사라 하더라도 당당하게 자신의 의견을 말하기도 한다.

이 유형의 리더십 스타일은 강력하게 통제된 상황에서 자신의 진가를 발휘하기 때문에 자신만의 강력하고 당당한 수완으로 통제하기를 좋아한다. 또한, 자신에게 순응적인 자세를 요구하고 권위에 대해 파격적으로 도전하는 것을 즐긴다.

이 유형의 학습 스타일은 질문하거나 자신의 힘을 이용할 수 있는 상황에서 학습하기를 좋아한다. 또한, 불분명하고 추리와 같은 모호한 상황을 해결하는 학습보다는 간단하고 명료한 체계와 결론이 분명한 학습을 선호한다.

⑨ 9번 유형의 특성과 스타일

9번 유형(중재자)의 사람은 온순하고 항상 주위와 조화를 이루며 살아간다. 어떤 상황에도 좀처럼 동요하지 않는 자세와 차분한 태도를 지니고 있어서 이들 유형의 사람이 많으면 그 장소가 평화롭고 느긋해지는 효과가 있다. 이처럼 사물에 휘둘리지 않는 모습으로 인해 주위 사람들로부터 온건하고 대범한 사람이라는 평가를 받는다. 한편, 항상 문제없이 자기만의 삶의 방식을 고집하는 경향이 있고, 다소의 변화가 있어도 수용력이 뛰어나 쉽게 그 상황을 받아들이며 조화를 깨뜨리지 않는다. 어떤 일이나 양쪽 면을 모두 잘 보기 때문에 어느 한쪽을 선택하지 못하여 우유부단하다는 이야기를 듣는 경우가 많다.

이 유형의 직장생활을 보면 상사나 부하직원에게 인간적인 신뢰를 받고 회의 등에서 반대의견을 말하는 경우가 좀처럼 없어서 사내에서 적이 없다. 자신만의 방식을 완고하게 고집하는 경향이 있지만, 타인에게 자주 상담을 받기도 한다. 어떤 일을 자주 잊어버리고 재촉하지 않으면 일을 잘 하지 않는 경향이 있어서, 기한이 아슬아슬하게 남아 있어야만 일에 집중하는 경우가 많다.

이 유형의 리더십 스타일은 사기를 북돋우어 주고 서로 협력하며 의견을 존중하는 방식으로 이끌어가며, 갈등과 분쟁을 피하고 지속적인 대화와 조정으로 이끄는 경향이 있다.

이 유형의 학습 스타일은 경쟁적인 분위기에서 신속하고 효율적인 결과를 유도하는 학습을 잘 견디지 못하고, 칭찬과 지지, 조화와 협력에 의한 학습을 선호한다.

2) 9개의 성격 유형을 활용한 코칭 기법

코치는 효과적인 코칭을 진행하기 위해 표면적으로 나타난 고객의 행동과 태도들에 대해서만 단순하게 관찰하여 이야기하지 말고, 에니어그램에서 설명하고 있는 근본신념(core beliefs)과 그 신념이 나타나는 다양한 방식에 대해서도 이해하고 있어야 한다. 〈표 11-2〉에서 각각의 유형별 근본 신념을 잘 소개하고 있다. 이것에 대해 이해하고 있으면 고객의 다양한 행동의 동기와 반응을 이해하는 데 많은 도움을 얻을 수 있다. 그리고 그 이해를 바탕으로 코치는 고객에 대한 깊은 관심을 지니게 되고, 나아가 진심으로 그의 성장과 발전을 돕기 위해 기꺼이 헌신할 수 있다.

하우 머피(Howe-Murphy, R.)는 코치들이 에니어그램을 활용한 심도 있는 코칭을 진행함으로써 고객이 가지고 있는 다양한 이슈들과 문제들을 스스로 해결하는 데 있어 다음과 같은 도움을 줄 수 있다고 언급했다.[10]

표 11-2 각각의 성격 유형별 근본신념

유형	근본적인 신념
1번(개혁가)	나는 불충분하다. 나는 나만의 고유한 역할과 올바름을 만들어 내야만 한다.
2번(조력가)	나는 다른 사람들을 제일 먼저 돌보아야 한다. 다른 사람의 욕구가 우선이다. 나는 사랑을 얻어야 한다.
3번(성취자)	삶은 경쟁이다. 나는 최고이어야 한다. 나의 가치는 성공으로부터 온다.
4번(예술가)	나는 중요한 어떤 것을 잃어버렸다. 나는 면제 받은 사람이다.
5번(사색가)	외부 세계에는 나를 위한 공간이 없다. 나는 문제의 원인이다. 나는 혼자다.
6번(충성가)	세상은 위협적이고 위험하다. 나는 다른 사람들을 신뢰할 수 없다.
7번(낙천가)	나를 충족시키는 진실한 자원은 나의 외부에 있다. 나는 경험해야 한다. 나를 충족시키고 길들일 수 있는 어떤 누구도 믿지 않는다.
8번(지도자)	험악하고 부조리한 세상이다. 부드럽거나 약점이 있으면 안전하지 않다.
9번(중재자)	나는 연결되기 위해 나 자신을 망각해야 한다. 나 자신을 주장하는 것은 옳지 않다.

출처: Howe-Murphy, R.(2007). *Deep Coaching: Using the Enneagram as a Catalyst for profound Change*. Enneagram Press에서 발췌, 정리.

10) Howe-Murphy, R.(2007). *Deep Coaching: Using the Enneagram as a Catalyst for profound Change*. Enneagram Press(김환영 · 김순미 · 김선휘 · 정두진 역, 2010. 에니어그램 코칭. 서울: The 9. 15에서 발췌, 인용).

첫째, 고객이 심리적·영적 성숙을 이루도록 돕는다. 둘째, 고객이 더 의식적인 생활을 구현하도록 돕는다. 셋째, 고객이 겪고 있는 내면적 갈등을 줄이고 잠재된 능력을 발휘하여 자유롭고 평화로운 내면세계에서 살 수 있도록 돕는다. 넷째, 고객이 효율적인 생활과 본연의 목적 달성을 통한 만족을 경험할 수 있도록 돕는다. 다섯째, 고객이 효율적인 인생과 관계를 발달시키도록 돕는다. 마지막으로, 고객의 개인적인 상황과 그 밖의 외적 상황에서 변화할 수 있도록 적절한 도구를 제공하고 연습을 할 수 있도록 돕는다.

3) 코칭에 적용할 때 유의할 점

이제 코칭을 할 때 고객의 성격 유형에 따라 유의할 점에 대해 살펴보면 다음과 같다. 사람마다 독특한 개성과 가치관 그리고 성격을 지니고 있고, 그것들은 정도의 차이는 있지만 어떠한 형식으로든 겉으로 드러나기 마련이다. 대화할 때 상대방을 유심히 관찰하면, 이런 사실들을 쉽게 확인할 수 있다. 마찬가지로 코칭을 할 때 고객은 다양한 방법으로 자신을 드러낸다. 따라서 코치가 고객의 성격 유형을 미리 파악하고 그것이 코칭 진행에 어떤 영향을 끼칠지를 미리 파악해 두는 것은 의미있는 일이다.

모든 상황을 다 파악하는 것은 현실적으로 쉽지 않기 때문에 여기에서는 분석의 범위를 좁혀 조직의 리더들이 부하의 성격 유형에 따라 어떻게 문제를 해결해 갈 수 있는지에 대해 간단히 살펴보기로 하겠다(〈표 11-3〉 참고).[11] 그러나 이 표에서 설명하는 내용은 조직 내에서 상사가 부하를 대상으로 코칭을 진행할 때에만 국한되는 것은 아니다. 코치는 이 내용을 충분히 파악하여 다른 분야의 코칭을 진행할 때도 적절히 활용할 수 있다.

다음에는 앞서 설명한 성격 유형별 특징에 근거하여 실제로 코칭을 진행하는 데 도움이 되는 몇 가지 질문들을 살펴보자. 성격 유형별 코칭 질문을 정리한 것이 〈표 11-4〉이다.[12] 이 질문들은 고객의 성격 유형에 맞게 적절히 활용하거나 그 유형의 사람들이 일반적으로 부족하기 쉬운 것들을 되새기게 할 때, 효과적으로 적용할 수 있어서 기억해 두면 좋다. 또한, 깊이 있는 내면 세계를 가지고 심도 있는 코칭을 진행하길 원하는 코치들이 이 질문들을 자신에게 던짐으로써 코치 자신의 코칭 역량을 강화하는 기회로 활용할 수도 있다.

11) 다케다 고이치(심교준 역, 2003). 팀 심리코칭. 서울: 한언.
12) 기무라 다카시·다카하시 게이지(이정환 역, 2003). 질문기술. 서울: 영진닷컴. 104-105.

표 11-3 조직에서 문제해결을 위한 리더들의 코칭

유형	관심을 가져야 할 사항들
1번 개혁가	• 그들이 긴장을 풀고 여유를 갖도록 먼저 다가가서 따뜻한 말 한마디나 가벼운 농담을 한다. • 업무가 그들에게만 집중되어 있는지 점검한다. • 그들이 충분히 목표를 달성할 수 있는 업무를 구체적으로 정해 준다. • 그들의 주장을 일단 받아들인다. 그리고 한숨 돌린 다음에 다른 관점도 충분한 타당성이 있고 참고할 만하다는 것을 말해준다. • 그들의 노력과 수고를 인정하거나 높이 평가하는 말을 자연스럽게 전한다.
2번 조력가	• 그들이 한 일에 관해 격려나 칭찬의 말을 건네는 것을 잊지 않는다. • 평소에 그들과 대화하는 기회를 자주 만들어 그들이 말하는 것을 들어준다. • 그들이 다른 사람에게 도움이 될 수 있는 상황이나 환경을 만들어 준다. • 인간관계도 중요하지만 일의 효율이나 생산성을 높이는 것도 매우 중요하다는 것을 구체적인 수치나 자료를 바탕으로 부드럽게 설명해 준다. • 타인을 돌보는 것도 중요하지만 자기 자신에게 신경을 쓰는 것도 꼭 필요한 일이라는 것을 알려준다.
3번 성취자	• 그들의 노력과 성과를 칭찬하고 긍정적으로 평가해 준다. • 그들에게서 받은 감정적인 소외감과 불쾌감에 대해서는 솔직하게 표현한다. • 겉으로 드러나는 결과도 중요하지만, 과정도 평가의 중요한 대상이 된다는 것을 처음부터 분명히 밝혀 둔다. • 그들은 진취적인 태도로 살아가는 사람들이므로 부정적인 말로 비판하기보다 윗사람이나 팀 차원에서 기대하는 바를 완곡한 표현으로 정확하게 전달한다. • 사실을 객관적인 표현으로 전달하고, 어떤 일의 외양이나 허식보다는 품질과 내실이 더 중요하다는 것을 강조한다.
4번 예술가	• 그들이 감정적인 상태에 있을 때는 잠시 가만히 내버려 두고, 감정의 폭풍이 사라지기를 기다려준다. • 그들이 활기를 잃고 소극적인 태도를 보이면 그 원인을 직접 물어보거나 격려하려 하지 말고, 그저 그들을 염려하고 있음을 자연스러운 방법으로 넌지시 표현한다. • 질적인 문제에 집착하는 그들의 성향을 인정해 준 다음, 실제적이고 구체적인 문제들의 대처방안에 대해서도 함께 대화할 수 있도록 분위기를 이끌어간다. • 그들이 자신감 없는 태도를 보이면 다른 뛰어난 점들을 지적하며 격려하고 칭찬해 준다. • 그들이 어떤 일에 차질을 빚으면 우선 난처한 기분을 전한 다음, 현실적으로 눈앞에 벌어진 문제에 대해 언급하고 앞으로 어떻게 하고 싶은지를 물어본다.
5번 사색가	• 그들은 자신의 주변 환경과 사람들에 대해 기본적으로 어느 정도의 경계심을 품고 있어서 그 점을 고려하여 그들의 사생활을 존중해 주고 혼자 있는 시간을 허용해 주는 자세를 보여야 한다. • 그들이 사람들과 다른 방향으로 혼자 흘러가면 일단 그들의 관심사에 귀를 기울여 준 다음 원래 그 일이 진행되어야 할 방향에 대해 간결하게 설명해 준다. • 정보 공유의 구체적인 필요성과 효과에 대해 그들이 이해할 수 있도록 설명해 준다. • 그들이 자신이나 다른 사람들의 감정을 헤아리는 것에 서투르다는 것을 이해하고, (다른 편에 있는) 나의 입장을 이성적으로 전하고 사실을 객관적으로 설명한다. • 납기를 지키지 못하거나 시간을 효율적으로 사용하지 못하는 그들의 문제점을 해결하는 방안에 대해 함께 대화할 기회를 마련한다.

6번 충 성 가	• 그들의 변명이나 그들이 마음속으로 걱정하고 있는 것에 귀를 기울인다. • 새로운 업무를 맡길 때는 그들이 확신을 지니고 안심하고 일을 진행할 수 있도록 충분한 시간적 여유를 준다. • 그들과 마음이 통하는 동료임을 나타내는 메시지를 보내어 그들이 안정감을 지니고 조직 생활을 하도록 도와준다. • 그들이 하는 일에 대해 평소에 주의를 기울이고, "좋아"(OK)라는 확인 사인을 자주 보내준다. • 그들이 자신의 의무를 다하고 있음을 인정해 주고, 그들에게 책임을 묻지 않을 것이라고 전하여 안심시킨다.
7번 낙 천 가	• 일의 목표를 확실하게 주지시킨 다음, 일을 진행하는 과정에서는 적당한 자유를 부여해 준다. • 그들이 제안한 아이디어나 기획안에 귀를 기울이고, 받아들일 수 있는 부분을 발견하여 채택한다. • 그들이 맡은 일 가운데 그들이 개인적으로 사사로운 흥미를 지닐 우려가 있는 요소들을 제거한다. • 공(公)과 사(私)의 구분을 분명히 함으로써 그들이 얻을 수 있는 이점에 관해 설명해 준다. • 업무상 특별히 중요한 부분이나 우선순위를 사전에 분명히 제시해 준다.
8번 지 도 자	• 우선 리더(코치)가 그들을 배반하지 않을 것이라는 점을 밝힌 다음 솔직한 자세로 접촉한다. • 그들에게 권한을 위임할 때는 리더(코치)가 바라고 있는 기대를 구체적이고도 확실하게 전달한다. • 꼭 주의해야 할 일은 단호하게 주의하도록 말하고, 이에 대해서는 결단코 타협하지 않는 확고한 자세를 보인다. • 그들 내면 깊은 곳에 잠재된 타인을 돌보아 주고 싶은 감정에 호소하여 그들 때문에 다른 사람이 상처받고 있는 상황을 비교적 객관적으로 표현한다. • 그들이 자기의 힘을 과시하려고 하는 행동의 이면에 숨어 있는 심리적인 배경을 다른 사람들에게도 알려주어 사람들이 그들을 두려워하지 않도록 한다.
9번 중 재 자	• 우선순위나 마감일을 사전에 명확히 주지시키고, 적절한 시점에 일의 진척 상황을 확인한다. • 자기의 생각이나 의견을 명확하게 밝혀도 그것 때문에 주위에서 갈등이나 대립이 생기지 않는다는 것을 이해시킨다. • 그들의 이야기를 끝까지 잘 들어준 다음에 완곡하게 질책이나 격려를 해 준다. • 이사결정 권한을 위임할 때는 결론에 이를 때까지 충분한 시간을 준다. • 업무상 개선이 필요한 것에 대해 차분하게 대화를 나누고, 그들이 자연스럽게 이해하도록 여유를 가지고 기다린다.

출처: 다케다 고이치(심교준 역, 2003). 팀 심리코칭. 서울: 한언.

표 11-4 에니어그램 성격 유형별 코칭 질문

유형	셀프 코칭 질문
1번 (개혁가)	• 코칭의 목적은 분명한가? • 목표 지향적이며 해결 지향적인가? • 결과에 점수를 준다면 몇 점인가?
2번 (조력가)	• 고객을 격려하고 자신감을 북돋우는가? • 고객을 돕기 위해 무엇을 할 수 있는가? • 고객을 적절히 배려하며 대화를 시작하는가?
3번 (성취자)	• 목표나 과제를 분명히 했는가? • 우선순위를 확인했는가? • 고객보다 유리한 위치에서 통제할 수 있도록 코칭을 진행하고 있는가?
4번 (예술가)	• 자신다운 행동방식으로 코칭을 진행하고 있는가? • 상대의 독자성이나 창의성을 존중하고 있는가? • 자신의 감각이나 감성을 코칭에 잘 활용하고 있는가?

5번 (사색가)	• 고객에 대한 정보를 충분히 갖고 있는가? • 고객의 이야기를 잘 듣고 이해하는가? • 고객이 처한 상황을 객관적으로 판단하고 있는가?
6번 (충성가)	• 고객과 상호연락을 하고 있는가? • 유사 사례의 코칭을 참고하고 있는가? • 목표 달성을 방해하는 장애 요인을 파악하고 있는가?
7번 (낙천가)	• 고객과 함께 즐겁게 코칭을 진행하고 있는가? • 좋은 의미에서 적당함이나 유희를 고려하는가? • 여러 가지 방법을 모색하면서 코칭을 진행하고 있는가?
8번 (지도자)	• 고객의 의지나 결의를 확인했는가? • 고객에게 목표 달성을 위해 지급할 대가가 무엇인지 이해시켰는가? • 코칭을 진행한 내용과 자기 자신의 행동 사이에 차이는 없는가?
9번 (중재자)	• 장기적인 시점에서 코칭을 진행하고 있는가? • 고객의 말을 듣고 받아들이고 있는가? • 고객과 코치 자신의 이익을 모두 추구하는 윈윈(win-win) 관계를 염두에 두고 있는가?

출처: 기무라 다카시 외(2003). 질문기술. 서울: 영진닷컴. 104-105에서 발취, 정리.

코칭을 진행할 때 에니어그램을 활용하면, 다음과 같은 장점을 얻을 수 있다.[13] 첫째, 에니어그램은 고객의 근본신념과 행동을 이해하는 좋은 도구이다. 둘째, 에니어그램은 고객의 내면세계를 이해하는 좋은 도구이다. 셋째, 에니어그램은 고객이 다른 사람들을 이해하는 데 중요한 역할을 한다. 넷째, 에니어그램은 고객이 가지고 있는 경직된 자아상을 인식하고 그것에서 벗어나는 방법을 제시한다. 마지막으로, 에니어그램은 고객이 잃어버린 자신을 찾고 나아가 자신감을 지니는 데 도움을 준다.

2. DiSC 행동 유형 모형에 따른 코칭 스타일

1) D형(주도형)

주도적인 D형은 어떤 일을 타인에게 위임하기보다 타인에게 명령하면서 스스로 진두지휘하는 것을 좋아한다. D형은 항상 자신감에 넘쳐 있으며, 통제권을 상실하거나 이용당하는 것을 두려워하여 타인의 일 처리방식에 대해 과도하게 간섭하거나 적절치 않은 개입을 하기 쉽다. D형은 스트레스를 받는 상황에서 타인의 견해나 감정 등을 고려하지 않을 수 있다.

주도적인 D형을 코칭할 때는 바로 핵심적인 내용으로 들어가서 원하는 수준과 결과를 간결하고 명확하게 표현하도록 돕는다. 또한, D형을 코칭할 때는 결과 및 개선에 초점을 맞추어 코칭을 진행하되, 그가 이룩한 성취와 결과를 간결하게 직접 언급하면서 칭찬하는 것이 필요하다.

한편, 주도적인 D형의 코치는 빠른 결과를 도출할 수 있어 목표 지향적인 코칭에 탁월한 장점이 있다. 그러나 D형의 코치는 고객의 인간적이고 정서적인 측면을 간과하는 경향이 있고,

13) Howe-Murphy, R.(2007). *Deep Coaching: Using the Enneagram as a Catalyst for profound Change*. Enneagram Press(김환영 · 김순미 · 김선휘 · 정두진 역, 2010. 에니어그램 코칭. 서울: The 9. 15에서 발췌, 인용).

코칭을 진행하는 동안 고객을 지배할 가능성이 있음을 명심해야 한다. D형의 코치는 고객의 의견을 가능한 적극적으로 수용하고, 그의 속도에 맞추는 노력을 해야 한다.

2) i형(사교형)

사교적인 i형은 낙관적이고 사람 지향적이다. 그래서 i형은 다른 사람들로부터 배척당하는 것을 두려워하고, 사회적 인정에 따라 동기를 부여받게 된다. i형은 스트레스를 받는 상황에서 일을 체계적으로 처리하지 못할 수 있다.

사교적인 i형을 코칭할 때는 사교적이고 자유로운 내용을 가미하며 즐겁게 코칭에 임하는 것이 좋다. i형에게 피드백할 때는, 필요 이상의 토론을 피하고 사실에 초점을 맞출 필요가 있다. 또한, i형과 코칭할 때는 수행상의 개선 활동에 대해 초점을 두고 진행할 필요가 있다. 그리고 그의 사교 능력, 언변, 긍정적인 태도에 관해 열정적이고 공개적으로 칭찬하는 것이 필요하다.

한편, 사교적인 i형의 코치는 고객을 인정하고 지지하는 기술이 탁월하고 많은 아이디어를 제공할 수 있다. 그러나 i형의 코치는 지나치게 말을 많이 할 수 있으므로 경청에 주의하고, 코칭의 목표를 분명히 정하여 성과를 점검하는 일에 중점을 두는 노력이 필요하다.

3) S형(안정형)

안정적인 S형은 현재 상태가 안정적으로 유지되는 것에 관심이 많다. 그래서 S형은 안정성을 상실하고 변화하는 것을 두려워한다. 그리고 S형은 정해진 방식으로 일을 수행하고, 개인 지향적이기보다 팀 지향적이다. S형은 스트레스를 받는 상황에서도 지나치게 남을 위해 자신을 양보하는 경향이 있다.

안정적인 S형을 코칭할 때는 잘 하는 부분과 개선해야 할 부분 사이의 균형을 유지하는 것이 필요하다. 그리고 S형을 코칭할 때는 수행상의 점진적 개선에 대해 정기적으로 피드백을 해주는 것이 필요하다. S형을 코칭할 때는 인간적인 가치와 일 처리방법상의 문제를 분리하되 그의 협조적이고 온화함에 대해 따뜻한 말로 칭찬하는 것이 필요하다.

한편, 안정적인 S형의 코치는 신중한 태도로 인해 고객에게 신뢰감을 주며, 경청과 공감하는 능력이 탁월하다. 그러나 S형의 코치는 고객의 속도(pace)에 말려들 가능성이 있고, 의사결정이 필요한 순간에 단호함이 부족할 수 있다. S형의 코치는 코치로서 할 수 있는 일과 할 수 없는 일을 명확하게 구분하는 노력이 필요하다.

4) C형(신중형)

신중한 C형은 분석적이고 과업 지향적이다. 또한, C형은 스스로 정확성과 높은 수준의 질을 요구하기 때문에 자신이 수행하는 일에 대해 비판 당하는 것을 두려워한다. 한편, C형은 스트레스를 받는 상황에서 자신과 타인들에 대한 기대가 높고 지나치게 비판적일 수 있다.

신중한 C형을 코칭할 때는 경과에 대한 사실적 대화에 초점을 맞추며 논리적이고 체계적인 접근이 필요하다. C형을 코칭할 때는 수행상의 개선을 위한 계획을 세우고 보고할 시간을 주는 것이 좋고, 그 진행 상황을 공식적으로 점검할 날짜를 정하는 것이 필요하다. 또한, C형을 코칭할 때는 논리적이고 정확한 업무 처리능력에 관해 구체적이고 간결하게 칭찬하는 것이 필요하다.

한편, 신중한 C형의 코치는 매사에 철저하며 상황을 분석하는 능력이 탁월하다. 그래서 공정하고 객관적으로 코칭을 진행할 수 있다. 그러나 지나치게 사실 중심적으로 분석하면 고객이 공감할 수 없다는 것을 인식할 필요가 있다. C형의 코치는 코칭을 진행하는 동안에 고객을 칭찬하고 인정하는 것에 좀 더 많은 관심을 기울일 필요가 있다.

3. PCSI(personal coaching style inventory)에 따른 코칭 스타일

이것은 미국의 리 스미스 박사와 쟈닌 샌드스트롬 박사가 다양한 현장 경험과 인간 행동에 관한 관찰을 토대로 개발한 코칭 도구이다. 이것은 코칭을 하는 과정에서 신속하고 쉽게 사용할 수 있고, 쉽게 일상화시킬 수 있는 장점이 있다.

이것은 심리학적인 성격검사 도구가 아니라 개인들의 효과적인 의사소통 방법을 간단하게 보여주기 위한 것으로서, 사람들이 의사소통하면서 어떻게 피드백과 조언을 주고받기를 원하는지 판단할 수 있는 자기평가서(self-inventory)이다. 유형별 내용을 간단하게 살펴보면 다음과 같다.[14)]

1) D형(지시형, Director)

D형은 지배하기를 좋아한다. 결과 지향적이고, 항상 가능성을 생각한다. 새롭고 위험한 도전을 즐기며, 목표를 정하는 속도가 빠르고 목표 달성을 위해 열심히 노력한다. D형에게는 지배하는 것이 가장 중요하고, 추진력이 강하다. 또한, D형은 단정적이고 거리낌이 없으며, 좋은 리더의 자질을 지니고 있다. D형은 다른 사람들이 만든 규칙에 맞서거나 자신의 길을 개척하

---

14) 한국리더십센터(2011). *Corporate Coach U Korea*(Ver. 4). 퍼실리테이터 가이드. 117-132에서 발췌, 인용.

는 것을 좋아한다. D형은 그들의 관점에서 전략적 우위를 생각하고 경쟁에서 이기는 데 역점을 둔다.

이런 D형을 코칭할 때는 어떤 사안이든 단도직입적으로 접근하되, 설득력 있는 사례를 내세우기보다 결과에 초점을 맞추는 것이 좋다. D형은 목표 지향적이어서 실제로 고려해야 할 사항들을 잘 보지 못할 수 있어서 사려 깊은 결정을 내리도록 도와주어야 한다. 그리고 D형은 목표와 일과 관련된 삶의 영역에만 초점을 맞추고 있어서 일과 삶 사이의 균형을 잃지 않도록 도와주고, 다른 사람의 인간적인 측면을 수용하고 속도를 늦추는 것을 도와주어야 한다.

한편, D형의 코치는 고객을 지배하려 하지 말고 지원하는 태도로 임해야 한다. 즉, D형의 코치는 고객의 의견을 억누르지 말고, 의견 차이가 있음을 당연한 것으로 여기는 습관이 필요하다. D형의 코치는 코칭을 진행하면서 고객의 속도에 맞추어 속도를 조절하되, 그가 스스로 방법을 찾을 수 있도록 참고 기다리는 습관을 기르는 것이 필요하다. 또한, D형의 코치는 고객의 인간적인 측면에 관심을 기울이는 연습을 하는 것이 필요하다.

2) P형(사교형, Presentor)

P형은 어느 사람이든지 어떤 주제에 관해서라도 이야기하기를 좋아한다. 그러다 보니 중요한 사람들을 모두 알고 있다. P형은 생기있고, 활력이 넘치며, 자발적이고, 모든 일이 재미있기를 원한다. P형은 의사소통을 잘 하고 설득력이 있다. P형은 다양성을 좋아하고 호기심이 많지만 때때로 충동적이다. 즉, P형은 한 가지 일에 얽매이는 것을 싫어하며, 어떤 일을 시작한 후에 금방 흥미를 잃어버린다. P형은 친화력이 있어서 사람들을 끌어당기는 능력이 있으며, 사람들을 쉽게 신뢰한다. P형은 주목의 대상이 되는 것을 즐거워하고, 다른 사람들에게 성공한 것처럼 보인다.

P형을 코칭할 때는 그가 삶의 다양한 영역을 드나드는 것을 좋아하고 창조성이 지나쳐 그가 진행하는 업무가 용두사미로 끝날 가능성이 있어서, 초점의 범위를 좁히지 않으면 코칭을 진행하기 어렵다. P형은 항상 무대 위에 서 있기를 좋아하고 인정받기를 좋아하지만, 실행력이 떨어지고 지키지 못할 약속을 남발할 가능성이 커서 최종적으로 일의 실행과 완수에 초점을 두고 코칭을 진행해야 한다.

한편, P형의 코치는 아이디어가 많아 코칭 대화를 독점할 경향이 높아서 경청기술을 철저하게 실행하는 것이 무엇보다 중요하다. P형의 코치는 고객의 속도에 맞추어 춤을 추듯 코칭을 진행하면서 고객이 새로운 아이디어를 발견할 수 있도록 도와주어야 한다. 또한, P형의 코치는 삶의 균형을 잘 맞추기 때문에 고객이 시간을 할애하여 삶의 균형을 맞추는 것을 도와줄 수 있다. P형의 코치는 메시지가 진실하도록 노력하고, 말과 행동이 일치하도록 노력해야 한다.

3) M형(우호형, Mediator)

M형은 다른 사람들을 잘 도와주며 때때로 지나치다 싶을 정도로 상대방을 배려한다. M형은 사람들을 좋아하고 다른 사람들과 대화할 때 잘 나서지 않기 때문에 그룹에 있는 모든 사람에게 편안함을 느끼게 해준다. M형은 참을성이 있고 철저하며, 포용력이 있어서 모든 사람이 좋아한다. 또한, M형은 과시하는 것을 싫어하기 때문에 이들을 감화력이 없는 사람으로 간주하기 쉽다.

M형을 코칭할 때는 그가 인정받기를 좋아하고 중요한 사람으로 평가받기를 좋아한다는 것을 잊지 말아야 한다. M형은 자신의 이야기를 별로 하지 않는 편이라서 코칭 진행 속도가 더디지만, 일단 자신의 이야기를 시작하면 옆길로 빠질 수 있어서 항상 주의해야 한다. 또한, M형은 신속하고 분명한 결정을 내릴 수 있도록 독려하고, 필요한 것과 원하는 것을 말하도록 도와주어야 한다.

한편, M형의 코치는 코칭을 하는 것 자체가 자연스럽고 고객에 대해 인정하는 것을 잘 해서 고객과 조화를 이루며 코칭 진행 속도를 잘 조절할 수 있다. 그러나 M형의 코치는 고객의 속도에 말려들 가능성이 커서 항상 주의해야 하며, 고객에게 자신을 희생하면서까지 지나치게 보살펴주는 것을 삼가야 한다.

4) S형(분석형, Strategist)

S형은 철저하고, 근면하며, 열심히 일한다. S형은 규칙을 따르고 심사숙고하며, 주변 사람들에게 질문하고 모든 것을 평가하기를 좋아한다. 그래서 S형은 전략가이고, 분석전문가이며, 문제해결사이다. 또한, S형은 완벽주의 경향이 있어 어떤 일이 잘못되는 것과 실수하는 것을 싫어한다. S형은 의사 표현이 분명하고 능숙해서 그들이 어디에 위치하는지 항상 알 수 있다. 또한, S형은 어떤 일을 하든 중요한 전략적 행동에 초점을 맞추고 포기하지 않기 때문에 그가 온갖 노력을 다했다면 그것을 믿어도 좋다.

S형을 코칭할 때는 그들이 더 큰 그림을 보고 그 속에서 부분들을 어떻게 맞추는지 도와주는 것이 필요하다. S형은 어떤 일에 관한 미팅을 준비하고 자료를 수집하는 데 많은 시간을 할애하기 때문에 정보가 풍부하고 자신을 잘 통제하지만, 업무 이외의 것에는 약하기 때문에 어떤 관계를 충족시켜야 하는지를 발견하는 데 도움을 주어야 한다. 즉, S형에게는 다른 사람들의 문제에 좀 더 포용적인 자세를 취하도록 도와주고, 그들의 삶 속에 새로운 영역을 포함하는 것을 도와주는 것이 필요하다.

한편, S형의 코치는 높은 수준의 자기일체성을 유지하고 있지만, 규칙에 얽매일 가능성이 커서 과거의 틀에서 벗어나 혁신적인 접근방법을 가진 고객을 수용하는 방법을 익혀야 한다. 또한, S형의 코치는 철저하고 완벽한 접근방법을 가지고 있어서 고객이 아이디어를 요청하는 경우가 많음을 명심해야 한다. 그러나 S형의 코치 자신이 타인에게 나누어 줄 수 있는 것이 많다는 것을 안다면, 의미있는 코칭을 진행할 수 있다.

4. 사상체질이론에 따른 코칭 스타일

사상체질이론에 따른 유형 분류는 앞서 설명한 성격(또는 행동) 유형 검사보다 코칭 현장에서 비교적 덜 사용되고 있다. 여러 가지 이유가 있겠지만, 필자는 사상체질이론이 다른 것들보다 코치들에게 덜 알려져 있고, 의학적인 측면에서 분류한 것이어서 실제 코칭 현장에서 적용하기가 쉽지 않은 면이 있다고 생각한다. 특히, 코치들을 비롯한 일반인들이 사상체질 진단 도구를 접하기 어려운 것도 하나의 이유가 될 것으로 생각한다.

그런데도 여기에서 사상체질이론을 조금이나마 소개하는 이유는 한국인을 대상으로 코칭을 진행할 때, 그들의 정서, 생활 습관, 행동 양식, 그리고 체질 등을 종합적으로 언급한 선조들의 지혜가 활용되면 좋겠다는 필자의 개인적인 소망에 따른 것이다. 나아가 선행연구에서는 사상체질이론에 대한 언급을 찾아보기 힘들지만, 앞으로 코칭학 연구에서 더 많이 언급되기를 기대한다.

융(Jung, K., 1971)은 직관형, 감성형, 감각형, 사고형이라는 네 가지 성격 특성이론을 전개하면서 사람들은 이 네 가지 기능 가운데 어느 하나를 우월 기능으로 가지고, 나머지 셋을 각각 2차 기능, 3차 기능, 열등 기능으로 가진다고 주장하였다. 이에 비해 사상의학에서는 우월 기능에 따라 2차 기능과 3차 기능이 고정된다는 점이 다를 뿐, 융의 이론과 비슷한 구조를 지니고 있다.[15)]

전반적으로 보면, 태양(太陽)은 이치를 알리고 퍼뜨리고 하는 것에 관심이 가는 기운(氣運)이고, 소양(少陽)은 구체적인 일을 알리고 퍼뜨리고 하는 것에 관심이 가는 기운이다. 또한, 태음(太陰)은 구체적인 일의 기초를 다지고 완성하는 일에 관심이 가는 기운이며, 소음(少陰)은 이치를 다지고 완성하는 일에 관심이 가는 기운이다. 이 네 가지 기운이 각각 태양인, 소양인, 태음인, 소음인이 마음을 쓰는 가장 기본적인 기운이다. 각각의 유형별 특징을 구체적으로 살펴보면 다음과 같다.[16)]

15) 김명근(2007). 사상체질에 따른 성격 특성에서 나타나는 후천적 체질화의 영향. 한국심리학회 연차학술대회 논문집. 152-153에서 발췌, 인용.
16) 김명근(2007). 애로희락의 심리학. 서울: 개마고원; 조성진(2020). 코칭과 경력개발. 경기: 양성원, 189-204에서 발췌, 인용.

1) 태양인의 특징과 코칭 방법

태양인의 체형은 머리, 목덜미 부위가 상대적으로 발달하고 허리 부위가 가늘어서 기(氣)가 위로 상승하는 면이 있다. 눈에 광채가 있고 살이 찌지 않은 마른 편이며, 오래 걷거나 서 있기 힘들다. 용모는 건장하고 과단성이 있고 깔끔하고 단아하다. 떳떳한 태도를 지닌 관계로 초연하고 거만해 보이며, 현실적인 면보다는 이상적인 면을 추구한다.

태양인은 사람들이 무엇이 문제인지 모르고 잘못하고 있는 일들에 끼어들어서 바로 잡으려고 애쓴다. 과거에는 어울리고 꼭 필요했던 관습이나 제도라도 시간이 흐르면 어울리지 않게 되는 경우가 많은데, 이런 것을 먼저 파악하는 것이 태양인이다. 즉, 각각의 상황을 계속 변화하는 과정의 하나로 파악할 수 있는 능력이 태양인의 장점이다. 그래서 태양인은 하나의 영역에서 중점을 둘 부분과 부차적인 부분을 구분할 줄 알고 어디에 힘을 쏟아야 하는지를 잘 안다. 대충해도 될 일은 대충할 줄 아는 것이 태양인의 또 다른 장점이다. 특히, 주변 상황이 급격히 변화할 때, 주력할 부분을 빨리 파악하는 태양인의 능력은 큰 힘을 발휘한다.

태양인은 기본성향에 있어서 확실히 급진적인 면이 있다. 네 가지 체질 가운데 무엇보다 변화에 대한 두려움을 가장 적게 느낀다. 따라서 기존의 체제를 바닥부터 흔드는 변화라 할지라도 그것이 옳다고 생각하면 주저없이 이를 주장한다. 그래서 "그것은 옳지 않다."라는 말을 가장 쉽게 하고, 그 결과 당연히 기득권 세력과 부딪히는 경우가 많다. 그러나 태양인이 오류를 지적하는 부분은 그 상황 하나에 한정해서 지적하지, 임의로 확대하거나 폄훼하지 않으니까 사람들이 받아들이기 쉬운 면이 있다. 진보나 혁명이론을 제공하는 경우가 많고, 학술적인 방면으로 그 기질이 발휘되면 전혀 새로운 영역을 개척하는 선구자가 된다.

원래 태양인은 파벌을 만드는 일을 잘 하지 않지만, 만일 그가 조직을 만든다면 열린 상태를 유지하면서 오는 사람을 막지 않고 가는 사람을 잡지 않는다. 그러나 가장 배타적인 파벌을 만드는 것도 태양인인데, 그것은 태양인이 어설프게 태음인을 흉내 내기 때문에 나타나는 일이다. 태양인은 어떤 일이 추진할 때, 방향을 제시해 주는 것이 더 명확하고, 점검해 주는 지점이 확실하다. 태양인이 여러 사람과 관련된 공적인 일을 할 때는 상황을 정확하고 빠르게 인식하기 때문에 남에게 속을 일이 없다. 그러나 태양인이 태음인을 잘못 이해하고 어설프게 흉내 낼 때는, 자신과 생각이 다른 사람에 대해 지적하면서 행동을 일일이 통제하고, 지시하며, 틀렸다고 잘라낼 수 있다.

또한, 태양인은 자신의 직관대로 행동하는데, 이때 주변 사람들이 자신의 직관에 따른 행동을 받아들일 수 있는지 없는지를 전혀 신경 쓰지 않는다. 이런 비열함은 항상 남의 앞에 서려고 할 때 더욱 심해진다. 강한 것만을 추구하면 제멋대로 하는 마음이 점점 강해져 결국 비열함이 심해지는 것이다.

융(Jung, K.)의 관점에 따르면, 태양인은 한마디로 주관과 독창성을 중시하는 직관이 강한 유형이다. 직관이란 일이 돌아가는 이치와 원리를 수용하는 것으로 복잡하게 얽혀 있는 상황에서 핵심을 잡아내는 능력을 말한다. 즉, 연관된 정보들의 관계를 파악하면 부분에 치우치지 않고 핵심으로 가는 능력을 말한다. 태양인의 직관은 옳은 부분을 찾아내는 능력보다 잘못된 부분을 찾아내는 쪽에 더 강하다. 특히, 태양인의 강한 직관은 정보를 평가하는 데서 강점을 가진다. 그래서 정보의 분량이 많아지면 정보 상호 간의 관계를 잘 파악하고, 상황에 따라 적용할 것과 적용하지 말아야 할 것을 고르는 데 있어 태양인의 직관 능력이 쓸모가 많아진다. 그러나 반면에 정보의 교류 측면에서는 어려움을 겪는다.

태양인의 일상생활을 살펴보면, 늘 가정 밖의 일에 먼저 신경을 쓰고 집에 동료들을 떼로 몰고 오기 때문에 가정을 등한시하기 쉽다. 어떤 일을 할 때도 정확한 기준을 정한 뒤에 시작하는 것이 아니라 그때그때 정한다. 한 가지 일에 몰두하다가 정리를 제대로 하지 않고, 벌려 놓은 다른 일이 문제가 되면 또 좇아가 그 일에 몰두하는 경향이 있다. 태양인은 법을 중요하다고 생각하지만, 실제의 법은 틀린 것이 많다고 느낀다. 그러나 법이 틀렸다고 생각하더라도 주로 이론적인 옳고 그름을 먼저 인식하고, 실제로 행동으로 나타나는 데는 시간이 걸린다. 예를 들어, 각종 교통 규제가 불합리한 면이 많이 보여도 그런 것이 싫으면 차라리 운전을 안 하지 일단 운전을 할 때는 잘 지킨다. 하지만 정말 불합리하게 단속되었다고 생각하면, 절대 승복하지 않는 특징이 있다.

이런 태양인 고객을 내상으로 코칭할 때는, 어떤 일이든 깊이 생각해 보도록 권하고, 한 가지 일을 정리한 후에 다른 일을 시작하도록 돕는 것이 좋다. 일의 결과에 초점을 맞추어 빠른 속도로 일을 진행하는 점이 돋보이지만, 이때 사람을 먼저 생각하도록 안내하고 실제 행동할 사항들을 점검하는 것을 잊지 않도록 지원하는 것이 좋다.

2) 소양인의 특징과 코칭 방법

소양인의 체형은 가슴과 흉곽 부위가 발달하고 엉덩이가 작아서 상대적으로 상체가 왕성하고 하체가 약하다. 가슴 부위가 발달해 가슴을 쭉 펴고 다니며 걸을 때는 상체가 흔들리면서 안정감 없이 걷는다. 눈매는 날카롭고 입은 크지 않다. 입술이 얇고 턱이 뾰족하며, 머리가 앞뒤로 나온 사람이 많다. 소양인 중에는 소음인처럼 키가 작고 단정한 사람도 있다. 용모는 안정감이 적고 다리가 가볍다. 날래고 용맹을 좋아하고 활달하며, 행동이 민첩하나 경솔한 면이 있다.

소양인은 '좋다 또는 싫다'를 판단하는 기능이 명확하여 자신이 싫어하는 일은 잘 하지 못한다. 그리고 소양인은 많은 사람이 좋아하는 쪽에 자신이 좋아하는 것을 맞추는 본능이 있어서,

세상이 이익을 중시하면 그의 감성이 이익 쪽으로 발달하고, 세상이 명예를 중시하면 명예 쪽으로 발달하게 되며, 재미를 중시하게 되면 재미 쪽으로 발달하게 된다. 이처럼 소양인은 낯선 사람끼리 그냥 모이는 것을 좋아해서 사람이 모이기를 좋아한다. 실제로 연예인을 보면 일반인의 경우보다 소양인의 비율이 높게 나타난다.

소양인은 어떤 주장이나 사실을 들었을 때, 이것을 자기 것으로 만드는 속도가 빠르다. 그래서 일반적인 기준에 안 맞으면 바로 배척하고, 일반적인 기준에 비추어 그럴듯하다 싶으면 바로 받아들인다. 소양인은 대중이 일반적으로 지지하는 것을 일단 받아들이면, 그때는 그것이 자기 의견이고 자기 주장이지, 그것을 누구에게 들었는지는 그리 중요하지 않게 생각한다. 소양인이 이런 태도를 보이는 것은 각각의 상황에서 사람들이 일반적으로 받아들이는 것을 느끼는 능력이 뛰어나기 때문이다.

보통 소양인의 목소리는 일반적으로 크다. 이것은 성량이 풍부하다는 것이 아니라 자기 주장이 강하다는 것이다. 소양인은 다른 사람의 감성에 대한 느낌이 빨라서 대중이 일반적으로 지지하는 바를 느끼고, 받아들이고, 이를 주장한다. 즉, 자기 주장에 대해 반박당할 여지를 이미 줄여놓고 시작하기 때문에 목소리가 클 수밖에 없고, 말투가 공격적인 경우도 많다.

소양인은 남을 업신여기는 것을 싫어하고, 자신이 업신당하는 것도 싫어한다. 그리고 소양인은 남에 대한 배려가 부족한 것에 대해서 노여움을 잘 느낀다. 그래서 남을 잘 배려하지만, 그만큼 남도 자신을 배려해 주기를 바란다. 그러다 보니 소양인은 싫은 사람과 같이 있는 것을 못 견딘다. 그 자리가 끝날 때까지 그럭저럭 잘 어울리지만, 그 싫은 감정이 남아 있는 동안에는 그 사람과 마주치는 자리에는 어떤 핑계를 대서라도 빠지려 한다. 다만, 감정이 잘 바뀌니까 그런 싫은 감정이 오래가지 않을 뿐이다.

소양인의 장점은 여러 사람과 관련된 공적인 일을 하는 데 있어 상황을 정확하고 빠르게 인식하는 것이 뛰어나다. 소양인은 어떤 일을 시작할 때 최악의 경우를 상상해 보는 것만으로도 기분이 나빠서, 그것을 미리 상상해 볼 이유가 없다고 생각하여 자기가 좋아하는 쪽에 적극적으로 개입하는 경우가 많다. 그래서 미래를 예측하는 태도에 있어 항상 자기가 적극적으로 개입했을 경우의 확률을 계산하기 때문에, 당연히 소양인의 계산에서는 당연히 좋은 쪽의 확률이 올라가고, 좋을수록 더 열심히 개입하게 되니까 확률이 더 올라가는 것이다.

소양인의 기본성향은 개혁적이고, 공적인 약속을 지키려는 의욕이 강하다. 그리고 일반적으로 대중에게 받아들여지는 것을 중시하는 경향이 있어서 다수를 추종한다. 그러나 다수가 변화를 원할 때와 현상 유지를 원할 때, 각각 그 개혁성이 나타나는 정도에 차이가 나게 된다. 소양인은 사회통념상 나쁘다고 하는 일, 예컨대 도박이나 복권과 같은 일에는 손을 잘 대지 않으려는 경향이 있다. 그래서 소양인은 세상의 예법, 관행 등에 가장 민감하고, 예법에 어긋나면 바로 지적한다. 그래서 소양인은 입바른 소리를 잘 한다는 평을 듣게 되기도 한다. 또한, "너

옳지 않다.", "너 나쁘다."처럼 감정을 실어서 말하는 경우가 많아서 상대방이 받아들이기 어려워하는 상황을 연출하기 쉽다. 그에 비해, "논리적으로 안 맞는다.", "당신이 실수한 것 같다."라는 말을 들을 때, 마치 자신이 비난이라도 받은 듯이 화를 내는 경우가 다른 체질보다 좀 자주 있다.

소양인은 보편성을 추구하고, 보편적 상황에 강하기 때문에 일반화하고 추상화하는 것을 잘 시도한다. 보편이 정립되지 않은 영역에서는 각자 방향을 나눠서 일하는 것이 오히려 보편적인 방법이라고 편하게 생각한다. 따라서 하나의 보편에 대한 집착은 오히려 없다. 많은 사람의 동의를 얻은 바를 각각의 집단에서 보편처럼 사용하면 된다고 본다. 소양인의 이러한 보편 중시 경향은 잘되면 대중과 같이 호흡하는 강한 현장성으로 나타나지만, 단순한 다수 지지나 관행, 일반론을 보편이라고 믿으면 여러 가지 실수를 저지른다. 예컨대, 함부로 사람을 선동하거나 힘이나 세(勢)에 의존하는 버릇을 낳기도 한다.

소양인은 어떤 정보를 받아들일 때 그 정보를 쉽게 받아들이지만, 급한 성격 때문에 정보를 취득하는 데 시간이 걸리면 충분한 정보의 수집 없이 서둘러 판단하는 악습이 있다. 이런 경향은 정보를 전달할 때, 그 정보에 대한 자신의 느낌까지 전달하면서 자신도 모르는 거짓말을 하게 되는 과장하는 오류를 범하게 된다. 소양인이 이런 것을 극복하기 위해서는 항상 어디까지가 사실이고 어디부터가 내 감정인지를 구분하는 훈련이 필요하다.

융(Jung, K.)의 관점에 따르면, 소양인은 한마디로 보편과 결과를 중시하는 감성이 풍부한 유형이다. 감성이란 '좋은가 또는 나쁜가'를 판단하는 것으로, 고립된 상황에서 생기는 것이 아니라 타인 또는 외부 환경과의 접촉에서 발생한다. 소양인은 사람들의 감정 파악을 잘 해서 사람들이 보통 무엇을 좋아하고 싫어하는지를 잘 안다. 그래서 소양인이 "알았다."라고 말하는 것은 '당신의 기분을 파악했다.'라고 이해하면 무리가 없다. 이처럼 소양인이 감성은 빠르고 변화무쌍하여 항상 기분파처럼 보이지만 의외로 현실적이다. 그래서 소양인은 상황을 변경 가능한 변수로 본다. 따라서 각 개인이 처한 상황은 극복의 대상이라고 생각한다. 어떤 사람이 어설프게 상황 논리를 펴면, 소양인은 바로 '왜 당신이 처해 있었던 특수한 상황을 바꾸려고 노력하지 않았느냐'라고 지적하며 핑계를 대지 말라고 나온다.

한편, 수양이 부족한 소양인은 매사를 남과 비교하고, 사람을 야멸치게 대하며, 함부로 사람을 몰아세우고, 조그만 잘못에도 심하게 닦달하는 식으로 행동을 한다. 노동자에게 있어 가장 최악의 경영자가 이런 경우이다. 야박한 경영자는 차라리 회사가 망하면 망했지 절대 남에게 너그럽게 대하지 않기 때문이다.

소양인의 일상생활을 살펴보면 다음과 같다. 소양인은 자신의 능력이나 형편을 고려하지 않고 일을 벌이는 경향이 있고, 중간에 쉽게 포기한다. 그래서 소양인은 일단 일을 벌이는 것을 줄여야 한다. 소양인이 어떤 문제에 부딪혔을 때 가장 원하는 것이 위로와 공감이고, 또 남에게도 그런 것을 잘 한다. "나는 당신의 말에 공감한다.", "당신이 그 문제를 해결하려고 애쓰는 모습에 깊은 감사를 느낀다." 등의 말에 소양인은 큰 힘을 얻는다. 그런데 소양인 상사와 소양인 부하직원 간에 어떤 문제가 발생했을 때, 소양인 상사가 그냥 퍼붓기가 쉬워서 소양인 부하직원은 상처를 입을 경향이 높다. 따라서 잠깐 그 자리를 피하고 조금 가라앉은 다음에 다시 말하는 것이 서로에게 가장 좋은 방법이다.

소양인은 예상치 않은 일이 생기면 그때그때 알아서 대처하면 된다고 생각하는 편이다. 과정이란 목적을 위한 것이라는 인식이 다른 체질보다 강한 편이기 때문에 휴가를 갈 경우, 목적지로 가는 것이 매우 어렵게 되면, 아예 목적지 자체를 바꾼다. 그리고 목적지에 도착해서도 여러 가지 상황이 여의치 않으면 그때 상황을 보아가며 다시 대책을 세우면 된다고 생각한다. 자동차를 이용하여 여행을 갈 경우에도 일반적으로 사람들이 가장 많이 선택하는 길을 선호하기 때문에 고속도로를 고집하는 경향이 있다. 고속도로로 가면 막히는 듯해도 신호가 없어서 전체 이동 시간은 오히려 짧고, 그래서 "좋은 곳에 빨리 즐기자"라는 입장이다.

이런 소양인 고객을 대상으로 코칭을 할 때는, 위로, 공감 및 경청에 더 관심을 두고 코칭을 진행하는 것이 좋다. 그리고 그가 중요하다고 생각하는 것에 초점을 맞추어 진행하되, 코칭 회기(session)를 재미있게 진행하는 것이 효과적이다. 그리고 원하는 결과를 얻기 위해 집중해야 할 것이 무엇인지 느낄 수 있도록 도와주는 것이 좋다.

3) 태음인의 특징과 코칭 방법

태음인의 체형은 허리 부위가 굵고 목덜미가 가늘다. 상대적으로 체구가 크고 기골이 장대하다. 뚱뚱하고 건장한 사람이 많으나 간혹 마른 사람도 있지만 뼈대는 굵다. 걸음걸이는 느리고 안정성이 있으나 허리를 흔드는 편이다. 얼굴은 윤곽이 뚜렷하고 이목구비가 크고 선명하다. 입술이 두껍고, 피부도 두껍다. 용모는 위엄이 있고 무슨 일에나 법도가 있다. 공명정대한 태도를 지니고 있으나, 음흉하고 욕심이 많으며 고집스러운 면도 있다.

태음인은 구체적인 문제해결 방법을 제시한다든가 어떤 일의 한 부분을 대신 맡아준다든가 하는 좀 더 실질적인 일을 할 때 기뻐한다. 어떤 말을 들으면 일단 끄덕끄덕하며 미소를 짓는 경향이 있다. 태음인은 이런저런 인연으로 관계가 맺어진 사람들 사이의 도리를 지키는 일에 능하여, 서로 상대의 상황을 인정하고 서로 도우려고 하는 마음을 비교적 많이 가지고 있다.

태음인은 자신이 경험하지 못한 새로운 상황에 빠지는 것을 두려워한다. 경험이 없다는 것은 그 일에 대한 정보를 충분히 가지지 못했다는 것을 의미하기 때문에, 일을 시작할 때는 새로운 상황이 최악인 경우를 따져 보고 시작하는 경향이 있다. 최악의 때도 자신이 버티며 감당할 수 있는지를 먼저 계산해 보는 것이다. 그래서 어떤 일을 새로 시작할 때 주저하며 시간을 들인다. 대신에 막상 일을 시작하고 나면 그 뒤는 주저하는 것이 없다. 끝까지 물고 늘어져서 어떻게 해서든 끝을 낸다. 즉, 태음인은 자기가 할 수 없는 일에 헛심을 쓰는 일이 적다는 것이다.

그래서 태음인은 자신에게 잘 이해가 안 되는 것은 일단 접수하여 쌓아두고 판단을 미룬다. 판단이 끝나지 않았기에 자신을 표현하지 않고 기다린다. 그래서 태음인이 "알았다."라고 말하며 미소를 짓는 것은 동의하는 것이 아니라 '당신이 말하는 것이 무엇인지 접수했어. 그러나 내가 천천히 생각해 보도록 하지'라며 판단을 뒤로 미루는 것이다. 그러다가 구체적인 사실에 부딪힐 때 그것이 자기가 기억했던 것과 관련된다고 느끼면, 그것을 다시 꺼내어 비교해 본다. 비교하다가 어느덧 그것이 잘 정리된다.

태음인의 기본성향은 보수적이다. 감각을 중시하고 경험적 접근을 하게 되면 아무래도 보수적이기 쉬운데, 그것은 기존의 것이 익숙하고, 익숙한 것이 바뀌는 것은 불편하기 때문이다. 그렇지만 태음인은 약간 불편한 것은 고치기보다 그냥 감수하는 경우가 많다. 이것은 태음인이 웬만한 상황은 일단 긍정적으로 받아들이고 출발하는 경우가 많기 때문이다. 또한, 태음인은 늘 구체적인 것에 관심이 많다. 겉보기와는 달리 잔재주를 가지고 있는 경우가 많으며, 구체적으로 일을 잘 해결해 나가곤 한다. 태음인이 그럴 수 있는 것은 마음의 근본이 긍정적인 것을 늘려서 해결하려는 쪽을 향하기 때문이다.

소양인은 대중의 호오(好惡)를 빨리 파악해서 한순간에 대중적인 신뢰와 지지를 얻는 경우가 있지만, 태음인은 바로 내 옆에 있는 사람의 신뢰를 받는 것에서 시작한다. 나를 신뢰하는 사람들이 나를 믿을 만한 사람이라고 소개하기 시작하면, 내 말에 귀를 기울이는 사람들이 하나씩 늘어난다. 이미 신뢰할 만한 사람이라는 말을 듣고 주의를 기울이는 것이 아니라, 내가 판단하고 대처하는 것이 조금 느리더라도 이를 기다려 주는 것이다.

태음인은 원래 매사에 수비적이다. 그래서 함부로 남을 공격하는 일이 없다. 그런데 수비에 자신이 없어지면, 즉 겁을 먹게 되면 과잉수비가 나타난다. 남이 나를 건드릴까 두려워 필요 이상으로 어깨에 힘을 주면서 '나 건들지 말라는 말이야.'라고 무언의 시위를 하게 된다.

태음인은 경험적 접근에 익숙하다. 꾸준히 무언가를 새로 배우고, 그런 과정에서 쌓인 경험들을 쉽게 버리지 않고 잘 모아둔다. 이런 성향 때문에 망가진 물건이나 낡은 물건도 나중에 어딘가 쓸 데가 있을 것 같아서 웬만해서는 잘 버리지 않는다. 인간관계에서도 적에 대해서도 화해하고 협력할 수 있는 여지를 조금은 남겨놓길 바란다. 그래서 태음인은 뜻을 같이하는 부분이 조금이라도 있으면, 여러 당파, 여러 계급, 여러 직업에 걸쳐 다양한 친교를 맺는 경향이 있다. 그러나 그 모양이 선명하지 않고 애매해지는 때가 있다.

태음인은 정보수집에 강하다. 정보를 받아들이는 능력이 뛰어나니까 다른 체질의 사람들이 소화해 내지 못할 정도의 정보량도 별다른 무리 없이 잘 소화해 낸다. 그러나 정보를 수집하는 단계에서 왜곡을 범하기가 쉽다. 태음인은 정보를 받아들이는 순간에 판단하지 않고 유보했기 때문에 그 정보가 아직 자신에게 큰 영향을 끼치지 않는다고 생각한다. 게다가 태음인은 처음 취득한 정보와 반대되는 정보를 구하는 일에도 관심이 있어서 늘 본인은 편향되지 않은 정보를 취득한다고 믿지만, 아무리 알아봐도 끝도 없이 새로운 정보가 나오게 되니까 판단을 미루는 악습이 더 심해질 가능성이 있다. 그래서 태음인은 정보의 양(量)이 정보의 질(質)을 결정하는 것이 아니라는 사실을 명심해야 한다.

융(Jung, K.)의 관점에 따르면, 태음인은 한마디로 특수(特殊)와 과정을 중시하는 감각이 섬세한 유형이다. 여기서 감각이란 벌어진 현상을 수용하고 느끼는 것을 말하며, 적절한 양이 될 때까지 자료를 확보하는 기능을 말한다. 또한, 태음인은 구체성을 중시하는 특수한 상황에 강하다. 이것은 경우에 맞는 사례를 하나씩 구체적으로 쌓아가는 것을 말한다. 태음인이 덜 쌓인 것을 다 쌓였다고 주장하면, 그때부터 이상한 길로 빠지게 된다.

앞에서 언급했듯이, 태음인이 세상을 대하는 기본적인 접근 자세는 주변에서 부딪히는 구체적인 사례를 중심으로 긍정적인 면을 하나씩 추려 모으는 방식이다. 이와 같은 방식으로는 잘못된 것을 직관으로 바로 찍어내는 태양인을 따를 수 없다. 그런데도 태음인이 태양인을 흉내 내어 자신의 몇 가지 구체적인 경험을 개념화시키고 그것을 화려한 말로 포장하여 대단한 명제처럼 내뱉는데, 이것은 최대한 결론을 유보하면서 내용을 충실하게 하는 태음인의 장점을 저버리면 충분히 검토되지 않은 것을 섣불리 결론을 내리는 교만함에 빠지는 것이다. 태음인이 이런 위험에 빠질 위험을 줄이기 위해서는 봉사활동, 국토순례, 사회참여활동 등 다양한 경험을 통해 인간교류의 폭을 넓히는 것이 좋다. 또한, 태음인이 심하게 욕심을 부리면 남들과 나누지 않고 자기를 다 챙기고 나서 자기 가족을 챙기고, 자기 가족을 다 챙기고 난 다음 주변 사람을 챙기며, 주변 사람을 다 챙기고 난 뒤에 대중을 생각한다.

태음인은 일상생활을 할 때, 예상하지 못한 일이 생기게 마련이라고 생각하고 준비하는 쪽을 선택한다. 예컨대, 휴가를 이용하여 여행을 갈 때 태음인은 목적지에 가서 여러 가지 조건이 여의치 않으면 어떻게 하느냐를 먼저 걱정한다. 그럴 때 목적지에서 떨어진 다른 곳으로 이동할 수 있는 등 무슨 대책을 세우려면 자동차라도 있어야 한다며, 자기 차를 가지고 가기를 고집하는 비율이 상대적으로 좀 높다. 그리고 차를 운전하며 여행이나 출장을 갈 때도 가는 과정을 상대적으로 중시하기 때문에 이왕이면 경치 좋은 길을 선호하고, 좀 돌아가고 시간이 더 걸려도 안 막혀서 시원스럽게 달릴 수 있는 길을 선호하기 때문에 평소에 각종 국도, 지방도로, 산업도로 등 샛길을 많이 알아둔다.

또한, 태음인은 신중하긴 하지만 다른 체질과 비교할 때, 법을 가장 우습게 보는 경향이 있다. 법은 웬만해서는 각각의 특수한 상황을 다 반영시킬 수 없다는 점을 항상 불만스럽게 생각한다. 이처럼 법과 질서를 무시하는 경향이 있지만, 기본적으로 경험론적 접근방식을 선호하기 때문에 '그것이 좋은지 나쁜 것인지는 해 봐야 안다.'라고 생각하고, 어떤 제재를 당하는지

안 당하는지 확인해 가면서 조금씩 선을 넘어가는 경향이 있다.

이런 태음인 고객을 대상으로 코칭할 때는, 욕심을 부리지 않고, 다양한 경험을 통해 인간 교류의 폭을 높이도록 돕는 것이 중요하다. 구체적인 사례를 쌓아가는 것을 인정하고 지지하며, 할 수 있는 행동단계들을 구체적으로 정하도록 돕고, 강하게 권하는 행동을 피하는 것이 좋다.

4) 소음인의 특징과 코칭 방법

소음인의 체형은 엉덩이 부위가 크고 가슴이 좁아서 안정감이 있다. 대체로 체구가 작으나 간혹 키가 큰 사람도 있다. 가슴이 빈약하고 이목구비가 작으며, 오밀조밀하고 단정하며 피부는 치밀한 편이다. 걸을 때 앞으로 수그러지는 사람이 많다. 용모는 야무지고 단정해 보인다. 모든 일을 정확히 하려고 하며, 예민하고 빈틈이 없어 보인다.

소음인은 어떤 문제를 곰곰이 생각하며 열심히 몰두하길 좋아하고, 세상일을 통째로 다루는 것은 너무 힘드니까 다루기에 적절한 범위로 잘라 처리하는 것을 좋아한다. 그래서 핵심을 잡아내고, 범위를 정하며, 범위 안과 밖을 나누는 것을 잘 한다. 예컨대, 과학자들이 하는 실험을 할 때, 중요 변수를 결정하고 중요 변수 간의 관계를 규명하기 위한 실험 계획을 세우고, 언제 어디서 해도 같은 결과가 나올 수 있도록 부차적인 변수들은 적절하게 고정하는데, 이런 과정들이 소음인들이 잘 하는 부분이다. 학문을 세분해서 전공으로 분류하는 일도 소음인들이 잘 할 수 있는 일이다.

소음인은 이처럼 집중력이 강하다. 소음인은 쓸데없는 정보에 눈을 돌리지 않고 자신이 지금 하는 일과 관련된 정보에만 집중하는 능력이 뛰어나므로, 정보의 홍수라 해도 판단에 지장을 받거나 헷갈리는 일이 가장 적다. 소음인은 집중력이 강한 만큼 다른 사람이 집중하는 것도 역시 존중한다. 또 그 집중에서 즐거움이 나온다는 것도 누구보다 잘 알고, 그런 집중을 위해서는 보호가 필요하다는 것도 잘 안다. 따라서 분업에 대한 감각도 좋은 편이다. 즉, 내가 내 일에 몰두할 수 있게 다른 부분은 다른 사람이 처리해 주는 것을 원하고, 남에 대해서도 그렇게 배려할 줄 알고 있다. 그러나 집중력이 강한 만큼 세상일에 서툰 경우가 많다. 그것은 집중력이 강할수록 자기가 집중하는 범위 밖의 일은 어두우니까 당연히 세상의 규칙을 본의 아니게 무시하게 되는 경우가 많다.

소음인의 장점은 함부로 경계를 넘지 않는다는 것이다. 즉, 논리에 엄밀할 뿐만 아니라 그 논리가 적용되는 한계를 쉽게 넘지도 않는다. 자신이 관심을 가지는 영역이 어느 정도 정리될 때까지는 다른 영역에 대해 무관심해지기 때문이다. 소음인이 새로운 영역에 관심을 보이는 것은 본래 관심을 두었던 영역에 대한 이해가 상당히 깊어진 뒤의 일이다. 따라서 그 이해의 정도가 주변의 다른 영역에도 어느 정도 적용 가능한 수준인 경우가 많다. 또한, 소음인이 겉으로는 침착하고 꼼꼼하며 폭을 좁히는 것 같지만, 속으로는 근본에 관심이 많아서 원리(原理)를 찾는 작업에 능하다. 즉, 겉으로는 구체적이고 작은 일에 매달려 있는 것처럼 보이지만, 사실은 개별적 상황의 해결에 매달려 있는 것이 아니라 이치를 따지고 원칙을 세우는 쪽에 관심이 가 있다.

소음인은 뜻이 맞는 친구들끼리 동지 관계를 만들어 가는 데 능숙하다. 소음인은 승상접하(承上接下)에 능하다는 말이 있는데, 이것은 윗사람을 잘 섬기고, 아랫사람을 잘 보살핀다는 뜻이다. 소음인은 소양인보다 사람의 감성을 파악하는 것이 느린 대신에 감성이 움직이는 원리를 파악하려고 노력한다. 예컨대, 힘이 좋은 사람이 땅을 파면서 삽 하나면 충분하다고 생각하며 능숙한 삽질을 자랑할 때, 힘도 약하고 삽질도 서툰 사람은 고생하면서 굴착기를 설계하고 만들어 낸다. 소음인은 자신의 의견이 틀렸다는 것을 깨닫는 순간 아무런 미련 없이 포기하는 자세를 보이는 경향이 있다. 식견(識見)이란 새로운 사실을 인식해서 자신의 견해를 세우는 것을 말하는데, 소음인이 식견을 세우는 방법은 다른 사람이 열어 놓은 길을 따라가는 것이다. 소음인은 확실한 모순이 발견되지 않는 한 몰두하고 파고든다. 그런데 남의 생각을 자기 생각이라고 주장하는 순간 소음인의 최대 장점인 객관적 시각을 잃어버린다.

융(Jung, K.)의 관점에 따르면, 소음인은 한마디로 객관과 효율을 중시하는 사고가 치밀한 유형이다. 객관이란 어느 정도 나누고 구분짓는 구획이 정리되어 있어야 적용할 수 있다. 그런데 각각의 영역마다 적용되는 기준이 달라서 영역을 구분하고 각각의 영역에서 기준을 확립하는 데는 근본적으로 소음 기운이 바탕이 되어야 한다. 그래서 소음인은 무언가 입력되면 자동으로 '옳다 또는 그르다'가 판단되어 나오는 기제가 구축되어 있고, 하나씩 확실하게 다지고 굳혀 나가는 방식을 즐겨 사용한다. 이처럼 소음인은 보편이라는 토대가 있어야 객관을 적용할 수 있어서 정해진 보편에 대한 집착이 강하다. 소음인은 세상 대부분 영역에 법 혹은 법칙이 있다고 생각하고 싶어서 기준이 없으면 매우 불안해한다. 그래서 소음인의 관점에서는 논리적 근거를 제시하지 않고 강요하는 것은 언어적 폭력이고, 간섭이라고 생각한다.

소음인은 기준을 잡는 일을 중시하고 집착하기 때문에 자신이 집중하는 일에 관한 판단이 설 때까지, 행동의 근거를 세울 때까지는 사고(思考)의 범위를 좁히는 경향이 있다. 그래서 사고 대상에서 빼기로 한 것은 과감하게 자르고 관계 자체를 무시한다. 다시 말하면, 자신과 관련되지 않는 것, 아무런 관심도 없는 것에 대해서는 아예 모르고 깜깜할 수 있다. 그래서 남들이 조금씩 할 수 있는 일들도 자신이 관심을 가지지 않는 것이면 꿋꿋하게 하지 않고 버티는 경우가 종종 눈에 띈다. 소음인의 이런 객관 중시 경향은 혼란한 시기에 중심을 지키는 역할을 하지만, 때로는 대중과 호흡이 어긋나는 결과를 초래하기도 한다.

소음인은 법을 세부적으로 정리하고 적용하는 능력이 가장 뛰어나다. 일단 보편이 확립되고 나면 그 적용에 필요한 능력은 객관이기 때문이다. 따라서 법관 중에는 소음인의 비율이 다른 직업보다 높게 나타난다. 한편, 소음인은 자신이 법보다 우위로 인정하는 기준이 위법을 지향하면 그 길을 그냥 따라갈 수 있다. 종교적 이유의 확신범과 같은 사례가 이에 속한다.

소음인은 일상생활을 할 때, 예상치 않은 일이 생기는 경우 자체를 줄이려고 노력하는 편이다. 휴가 시 여행을 갈 때, 목적지가 정해지면 승차권이나 입장권도 예약하고, 예약 사실도 재차 확인한 후에야 안심한다. 확인이 되지 않은 상황에서는 아예 움직이지를 않는다. 그때그때 순발력을 발휘할 생각은 아예 하지 않는 경우가 많다. 여행할 때, 자동차 운전을 하는 것 자체를 싫어하는 경우가 많다. 자동차를 운전하는 경우는 그렇게 하는 쪽이 확실하게 이득을 주는 경우이다. 예컨대, 자동차를 가지고 가는 것이 확실하게 시간 절약이 된다든지, 짐이 많다든지, 아니면 무언가 뚜렷하게 유리할 때만 자동차를 몰고 사고, 그렇지 않으면 대중교통을 이용한다. 그리고 자동차를 가지고 갈 때도 항상 다니던 길을 선호하는 경향이 있다. 출발하기 전에 어느 길로 갈 것인가를 미리 모두 정해놓고 가는 경우도 다른 체질보다 많다. 한편 소음인의 집은 가구의 배치도 쉽게 바꾸는 일이 없고, 새로운 물건을 사들이거나 물건을 내버리는 일도 드물다. 꼭 필요한 만큼 사서 유용하게 쓰고, 집안일도 가족끼리 미리 정해서 하는 경우가 많다. 그래서 소음인의 집에 들어가면 손님도 무언가 안정감을 느끼는 경우가 많다. 이처럼 소음인은 매사에 효율을 맞추기 위해서 미리 상당한 준비를 하고, 정리하는 경향이 있다. 그래서 소음인은 깊게 생각할 일이 있으면 자기 방에 틀어박힌다. 그래야 사고의 기능이 제대로 작동하기 때문이다.

소음인은 어떤 대화에서 "나쁘다."라는 말을 듣고 '그것이 왜 그르지?'라며 혼자 고민하는 경우가 많다. '좋다 또는 싫다'를 기준으로 하는 말을 '옳다 또는 그르다'라는 기준으로 해석하니까 헷갈리는 것이다. '좋다 또는 싫다'라는 것은 감정상의 문제로 뚜렷한 이유가 없는 것이 많은데, 소음인은 '싫다'에 대해서도 "그것이 왜 싫지?"를 묻는다. 이처럼 단순한 감정 표현을 논리로 이해하려 드니까 어려워지는 것이다.

이런 소음인 고객을 대상으로 코칭할 때는, 결과에 앞서 사실과 문서를 통해 자료를 제시하는 것이 좋고, 코칭의 주제에 초점을 잘 유지하며 일관성 있게 마무리하는 것이 좋다. 일의 질과 신뢰성을 강조하는 경향이 강하기 때문에 코칭 시간이나 계약서상의 조건을 잘 지키는 것에 신경을 써야 한다. 또한, 소음인에게는 세부적인 것에서 한 발 뒤로 물러나 전체를 보도록 지원하는 것이 좋고, 모든 일을 대함에 있어 가벼운 마음을 갖도록 격려하는 것이 좋다.

이상에서 살펴본 사상체질의학에 근거한 체질 유형의 특징과 코칭 스타일을 정리한 것이 [그림 11-1]이다.

그림 11-1 사상체질의학 분류기준에 따른 성격 유형별 코칭 스타일ⓒ

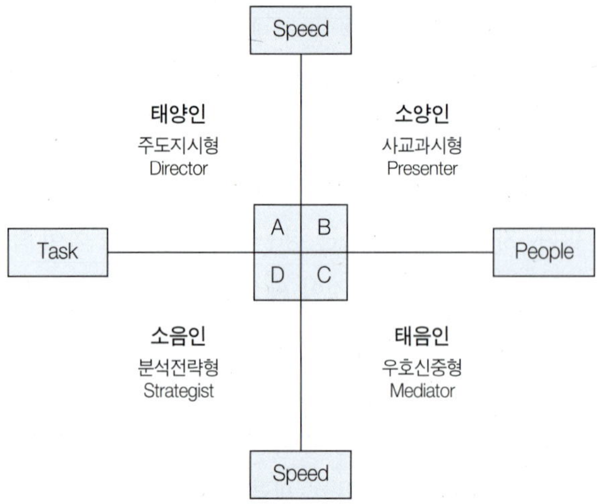

출처: 조성진(2010). 코칭에센스. 씨앤씨글로벌(주). 61에서 발췌.

5) 사상체질의학과 코칭

일반적으로 본격적인 코칭에 들어가기 전에 고객을 이해하는 차원에서 MBTI, DiSC, PCSI, 에니어그램 등의 다양한 성격 유형 검사를 활용하고 있다.[17] 그런데 현재 이 검사들이 국내에서 많이 활용되고 있지만, 모두 외국에서 개발된 검사지이기 때문에 설문지 사용에 대한 막대한 사용료를 지급하는 아쉬움이 있다.

그런 차원에서 우리 선조가 남긴 고유 유산인 사상의학의 이론적 체계를 기반으로 한 사상체질 진단을 활용할 수 있다면, 그것은 여러 가지 측면에서 상당히 의미있는 일이다. 즉, 코치가 고객의 특성과 심성을 파악하는 데 사상체질 진단 결과를 활용하여, 코칭을 진행하는 서로 다른 두 인격체인 코치와 고객이 서로 다르다는 것을 미리 알고 코칭을 진행한다면, 이것은 코칭과 사상체질의학 두 측면에서 모두 의미있는 일이 아닐 수 없다.

그러나 아쉽게도 사상체질의학과 코칭 간의 관련 가능성에 관심을 둔 국내 연구는 아직 전혀 없는 실정이다. 다만, 코칭을 본격적으로 진행하기 전에 고객을 미리 이해한다는 차원에서 코칭 대상자의 성격 유형을 진단하기 위해 사상체질 진단을 활용하는 정도이다. 그러나 이런

17) 최근에는 코칭을 진행할 때 버크만(Birkman) 검사(진단지)를 활용하는 사례가 증가하고 있다. 이것은 1940년, 미국의 조직심리학자인 로저 버크만(Birkman, R. W.)이 창시한 것으로, 사람의 겉으로 드러나는 행동을 물론 개인을 움직이게 하는 근본적인 동기 요소까지 밝혀낼 수 있는 진단 도구이다. 이것의 사용 방법, 결과 해석 등에 관한 자세한 사항은 다음에 소개하는 사이트를 참조할 수 있다. 버크만코리아(2022, http://birkmankorea.co.kr, 2022년 2월 접속).

시도도 전혀 의미없는 일은 아니다. 따라서 향후 사상체질 진단 결과를 실제 코칭 현장에서 적극적으로 활용하여 코칭 효과를 향상하는 데 도움이 되는 사례들을 발굴한다면, 그것은 상당히 의미 있는 일이 될 것이다.

11.4 코칭 스타일 활용상의 유의사항

코치는 코칭을 진행할 때, 자신과 고객의 코칭 스타일을 파악하고 적용하는 데 있어 다음 몇 가지 사항에 유의해야 한다.

첫째, 코치는 기본적으로 인간의 고유함과 독특함을 알아차려야 한다. 이것은 사람을 특정 유형으로 구분하는 것 자체의 위험성을 인식해야 한다는 말이다. 앞서 언급했듯이, 사람들은 대개 서로 다른 유형을 접하면, 바로 우월한 것과 열등한 것으로 구분하려는 잘못을 범하기 쉽다. 그리고 우열을 선악(善惡)과 호불호(好不好)로 단정짓는 경우도 많다. 그러면 상대방을 제대로 이해하고, 그와 효과적으로 소통하는 데 많은 문제가 생긴다. 코칭에서 이런 일이 일어나서는 안 된다. 이것은 코칭 철학의 중요한 부분과 어긋나는 일이기 때문이다. 따라서 코치는 고객의 코칭 스타일을 구분하고, 그 결과를 활용하는 데 항상 경계를 게을리해서는 안 된다.

둘째, 코치는 고객과 코칭 스타일이 달라서 예상치 못한 일이 일어날 수 있다는 것을 명심해야 한다. 코칭은 코치와 고객 사이의 대화와 반응의 관계인 쌍방향 의사소통 과정이다. 코칭을 진행하는 두 주체가 모두 사람이기 때문에 둘 사이의 성격과 반응의 차이로 인해서 예기치 않은 일들이 일어날 수 있다. 그 가능성이 아주 낮더라도 이런 일들이 일어날 수 있다는 것을 간과하면, 실제 코칭에서 불필요한 일들이 생길 때 당황할 수 있다.

마지막, 코치는 자신의 코칭 스타일을 분명히 파악해야 한다. 전문가로서 코치는 자신의 성격, 행동 등 코칭과 관련된 스타일이 어떤지 사전에 파악해야 한다. 코치는 예상치 못한 일의 발생을 예방함으로써 고객과 원만하게 전체 코칭 과정을 책임지고 진행해야 할 책무가 있는 사람이다. 그리고 고객의 스타일과 상황 등에 따라 그에 알맞은 적절한 방법으로 코칭을 전개할 줄 알아야 한다.

앞서 잠시 언급했듯이, 바람직한 코칭 스타일이란 존재하지 않는다. 그래서 코치가 지녀야 할 태도나 코칭 기술처럼 어떤 바람직한 태도나 모습, 그리고 행동들을 제시하지 않았다. 이것은 코치 자신이나 고객의 존재와 고유함 자체를 존중해야 한다는 코칭의 철학과 맞닿아 있고, 코칭의 두 주체를 있는 모습 그대로 인정하는 것이 코칭의 본질이기 때문이다. 그래서 코칭을 진행할 때, 코치는 자신과 고객이 가지고 있는 그대로의 모습을 진심으로 이해하려고 노력하는 것일 뿐, 이 두 사람 자체가 지녀야 할 바람직한 코칭 스타일이란 있을 수 없다. 다만, 코치가 자신과 고객의 성향을 미리 파악하고, 그것이 실제 코칭에 있어 어떻게 작용할 수 있는지를 미리 파악해 두는 것은 효과적인 코칭을 위해 유용한 일이다. 그런 측면에서 코치가 어떤 일에 대한 자신의 반응 성향, 그리고 고객의 성격과 행동 성향 등에 대해 미리 파악하고 있다는 것은, 원활한 코칭을 진행하는 데 많은 도움이 되고, 이것은 다시 코칭 상황에서 발생할 수 있는 여러 가지 어려움을 미리 예방하는 데 유익한 역할을 한다. 코칭 스타일에 대한 고찰이 필요한 이유가 여기에 있다.

12.1 코칭 절차의 개념

1. 코칭 절차의 필요성과 정의

1) 절차의 필요성

사람은 모두 생로병사라는 생명주기를 거친다. 각 기간의 길이는 개인에 따라 약간씩 차이가 있지만, 누구나 이런 주기를 거치는 것은 같다. 제품도 비슷한 생명주기를 가지고 있어서 생산되었다가 사라지곤 한다. 그와 마찬가지로 어떤 일이나 문제를 해결할 때도 나름의 절차가 필요하다. 예를 들면, 옷을 만들거나 전기밥솥으로 밥을 지을 때도 정해진 절차에 따르고, 자동차를 내 손으로 운전할 때도 정해진 절차에 따른다. 그리고 국회 입법 과정처럼 중요한 의사결정을 하거나 많은 이해관계자가 얽힌 복잡한 문제를 해결하고자 할 때는 더욱 그렇다. 물론 정해진 절차에 따르거나 지키지 않아도 언젠가는 원하는 결과를 얻는 때도 있지만, 그런 결과는 대개 또 다른 문제를 일으키는 경우가 많다. 특히, 어떤 중요한 일들은 절차를 지켜야 함은 물론 그 절차를 이행하는 과정이 얼마나 공정했느냐 즉, 절차의 공정성 여부에 따라 일의 결과가 완전히 달라지는 것을 볼 수 있다. 이처럼 세상의 많은 일이 저마다 절차와 단계를 거쳐서 이루어지는 것을 우리 주위에서 흔히 볼 수 있다. 코칭도 마찬가지다.

2) 코칭 절차

일반적으로 절차(process)란 '어떤 일을 해 나갈 때 차례로 거쳐야 하는 여러 단계와 방법'을 말한다. 마찬가지로 코칭에서도 이와 유사한 주기나 절차가 있다. 물론 실제로 코칭을 진행할 때 그 절차대로 진행되지 않는 때도 있고, 과정이나 절차가 뒤바뀔 경우도 있다. 코치에 따라서는 결과만 좋다면 과정이야 그리 중요하지 않다고 생각하는 사람도 있을 것이다. 하지만 코칭을 한 번 진행하고 그만둘 것이 아니라면, 일정한 절차와 단계를 거치는 것이 효과적이다. 따라서 코치가 의미있는 효과를 기대하고 코칭을 잘 진행하고 싶다면, 대체로 다음과 같은 절차와 단계를 거치는 것이 좋다.

고객이 스스로 자신의 문제를 해결하도록 돕는 코칭은 일정한 절차를 통해 진행되는데, 그것을 '코칭 절차'(coaching process)라고 한다. 코칭 절차는 '사전 코칭'(pre-coaching), '본 코칭'(main-coaching), '사후 코칭'(post-coaching)이라는 3단계로 구성되는데, 이 책에서는 그것을 통틀어 '코칭의 3주기'라고 부르고자 한다.[1)]

2. 코칭 절차와 코칭 대화 절차의 차이점

앞선 11장에서 설명한 대로 코칭 대화 절차(coaching conversation process)는 고객과 대화를 진행해 나가는 데 필요한 과정이나 절차를 말하지만, 코칭 절차는 '코칭 전체를 통틀어 고객의 문제를 해결해 나가는 데 필요한 과정이나 절차'를 말한다. 수학에서 사용되는 표현을 빌리자면, 코칭 대화 절차는 코칭 절차의 부분집합인 것이다. 구체적으로 설명하면, 한 사람의 고객과 코칭을 진행할 때, 전체적인 관점에서 미리 준비하고 정해야 할 것은 무엇이고, 실제로 어떻게 진행할 것이며, 코칭을 마친 다음에는 또 무엇을 처리해야 하는지에 대해 정해 놓은 과정이나 순서가 코칭 절차이다. 이에 비해 코칭 대화 절차는 그 가운데 실제 코칭을 진행할 때 고객과 대화를 풀어나가는 과정이나 순서에 관해서만 규정한 것이다.

12.2 코칭 절차 1단계: 사전 코칭(pre-coaching)

코칭 절차의 첫 번째 단계는 코칭을 본격적으로 진행하기 전(前)의 준비과정이다. 엄밀한 의미에서 이것은 본격적으로 코칭이 전개되는 시점이 아니라고 생각할 수도 있지만, 이 과정을 얼마나 잘 거치느냐에 따라 코칭의 성패가 좌우된다. 이 단계에서 코칭을 효과적으로 전개하기 위한 적절한 조건이 마련되지 않으면, 코칭을 원활하게 진행하기 어렵다.

1) 선행연구에서 코칭을 진행하는 절차에 관해 언급한 내용은 거의 없다. 필자는 초창기 저서에서 코칭을 진행하는 절차를 3단계로 나누고, 그것을 '코칭의 3주기'라고 명명한 적이 있다. 그에 관한 구체적인 내용에 관해서는 다음에 소개하는 책을 참조할 수 있다. 조성진(2008). 코칭ABC. 서울: 도서출판 심포지움. 229-234에서 발췌, 인용.

이 시기에 점검해 보아야 할 사항으로는 코칭에 동의하기, 코칭 환경 이해하기, 코칭 계약하기, 코칭과 관련된 인적 및 물적 자원 파악하기, 관계 형성하기(rapport) 등이 있다.[2)]

1. 코칭에 동의하기

코치와 고객은 코칭의 필요성과 코칭을 시작하는 것에 대해 서로 충분히 공감해야 한다. 사람들은 누구나 어떤 문제를 자신의 관점과 방식대로 해결하고자 한다. 그런데 그것이 가끔 마음대로 되지 않을 경우가 있다. 그때는 자신이 진행하는 문제 해결 방식의 한계를 실감한다. 그 후에 사람은 다른 방법을 찾거나 다른 사람에게 도움을 요청한다. '코치의 도움이 필요한 시기 즉, 코칭을 시작할 수 있는 시기'가 된 것이다. 이를 '코칭의 순간'(coaching moment)이라 부른다.

코칭의 순간은 변화의 계기가 될 코칭의 필요성에 동의하는 때이다. 고객이 변화의 필요성에 동의하지 않으면, 어떤 형태의 코칭도 시작하기 어렵다. 고객이 변화에 동의하지 않는다는 것은 현실에 그대로 안주하고 싶다는 것을 의미한다. 고객이 다음과 같은 상태일 때, 코칭을 시작하는 것이 바람직하다.[3)]

- 성장하고 변화하기를 원할 때
- 지난 1년간 변화하기 위해 노력했지만, 잘 안 될 때
- 새로운 가치, 행동, 아이디어를 적극적으로 고려할 때
- 미래에 대해 생각할 수 있을 때
- 변화하겠다고 다짐했을 때
- 위험 부담을 두려워하지 않을 때
- 필요하면 기꺼이 자신의 삶을 재구성하길 바랄 때

누구든 타인에게 자신을 공개하는 것은 부담되는 일이다. 그래서 코치를 찾아온 고객이 코칭을 통해 자신의 문제를 잘 해결할 수 있을지 궁금하게 생각하는 것은 당연한 일이다. 특히, 자신의 고용주나 상사가 보냈거나 부모님이나 배우자가 권해서 코칭을 받으려는 사람이라면, 더욱 그렇다. 따라서 자신이 겪는 문제를 효과적으로 해결하기 위해서 고객은 자신의 상황과 심적 부담에 대해 코치와 충분히 의견을 나누어야 한다. 그리고 코치는 고객이 겪는 문제를 효

2) 조성진(2008). 코칭ABC. 서울: 도서출판 심포지움. 229-234에서 발췌, 인용; 조성진(2020). 코칭과 경력개발. 경기: 양성원. 173-179에서 발췌, 인용.

3) 게리 콜린스(양형주 · 이규창 역, 2011). 게리 콜린스의 코칭 바이블. 서울: 한국기독학생회 출판부. 122-123에서 발췌, 인용.

과적으로 도울 준비가 되어 있다는 것을 제대로 설명할 필요가 있다. 코칭을 전개할 수 있는 상황인지 서로 확인하는 것이다.

이때 중요한 것은 코치와 고객 사이의 신뢰(trust)이다. 두 주체 간에 신뢰가 쌓이지 않는 한, 코칭을 진행하기 어렵다. 그래서 코칭을 시작하기 전에 반드시 신뢰 관계를 구축해야 한다. 특히, 기업에서 부하직원의 성과문제를 대상으로 코칭을 진행하고자 한다면, 상사(코치)는 사전 성과 분석과 그 결과에 대해 부하직원(고객)이 받아들이고 인정하는 절차가 필요하다. 그 이후에 비로소 코칭을 진행할 수 있다.

2. 코칭 환경 이해하기

코칭을 진행하려면 오리엔테이션과 계약서 작성 등 코칭을 진행할 수 있는 환경을 먼저 조성해야 한다. 앞의 두 단계가 순조롭게 진행되면, 코치는 고객에게 코칭이 무엇이고, 어떻게 진행되는지 등에 대해 자세하게 안내해야 한다. 본격적인 코칭을 시작하기 전에 고객들이 미리 알아두도록 안내하고 합의하는 것이 본격적인 코칭에 도움이 된다고 설명해야 한다(〈표 12-1〉 참조).[4] 그리고 코치가 어떤 경력을 쌓았는지, 코치가 되기 위해 어떤 훈련을 받았는지, 어떤 자격(증)을 취득했는지 등에 관해 설명해 주는 것도 바람직하다. 여하튼 코치를 찾아온

표 12-1 코칭에 대한 전제

코칭에 대한 전제와 관련하여 알아야 할 내용
코칭은
• 코치와 코칭 받는 사람 간에 이루어지는 협력적인 파트너십이다. • 충고나 훈계 또는 심리 치료보다 대화가 주를 이룬다. • 신뢰, 진실성, 자기훈련, 책임을 바탕으로 이루어진다. • 결과 지향적이고, 목표를 성취하는 데 초점을 맞춘다. • 약점과 장애물에 대해 논의하지만, 강점과 긍정적 변화를 강조한다. • 사람들은 내적 자원이 풍부하며, 목표를 세우고 성취할 수 있다고 가정한다. • 코칭 받는 사람이 코치의 지원에 힘입어 목표를 세우고 목표를 향해 나아가게 한다. • 사람들이 최고의 성과를 내도록 한다. • 인생이 통합적인 것이라고 가정한다. 우리는 일과 가정생활, 개인사, 영성 또는 생활방식이 깔끔하게 분리되어 있다고 가정하지 않는다. • 변화는 언제나 일어나고 있으며, 때로는 혼란스럽지만 대개는 긍정적이며, 성장을 일으키는 것임을 인정한다.

출처: 게리 콜린스(양형주 · 이규창 역, 2011). 게리 콜린스의 코칭 바이블. 서울: 한국기독학생회출판부. 118.

4) 게리 콜린스(양형주 · 이규창 역, 2011). 게리 콜린스의 코칭바이블. 서울: 한국기독학생회출판부. 117-119.

이유가 무엇이든, 고객이 처한 상황을 개선하기 위해 그와 파트너십을 맺고 작업하는 것에 대해 코치는 충분히 헌신할 준비가 되어 있다는 점을 느끼게 해주어야 한다.

코치는 코칭이 정신과 의원이나 병원에서 다루는 치료행위를 하지 않는다는 것을 꼭 설명해야 한다. 그리고 코칭은 강제적으로 진행되지 않고, 코치가 판단하고 평가하지 않는다는 점도 설명할 필요가 있다. 이처럼 코치가 앞으로 진행될 코칭이 어떤 환경에서 진행되는지에 대해 친절하고 긍정적인 마음으로 일관되게 설명해 주어야 한다. 그리고 코칭 후에 진행될 절차와 방법, 미리 주의하면 좋은 사항, 고객의 권리와 의무 등에 대해 구체적으로 설명해야 한다. 그런 후에 고객이 이런 모든 사항에 대해 최종적으로 동의할 경우 계약서를 작성한다.

3. 코칭 계약하기

다음에 할 일은 코치와 고객이 계약하는 과정이 필요하다. 코치는 앞의 과정을 통해 고객이 코칭을 시작할 상황이 되었는지 파악하고, 그와 친밀한 관계를 형성한다. 그리고 실제로 코칭이 어떤 환경에서 진행되는 것인지 고객에게 잘 설명했다면, 다음 절차를 진행할 필요가 있다. 고객이 코칭을 진행할 것을 결심했다면, 그와 협력 관계를 시작한다는 차원에서 계약서를 작성해야 한다. 계약서에는 다음 사항들이 포함되어야 하고, 코치와 고객은 각각의 사항에 대해 상의한 후에 정해진 양식에 서명한다.

- 고객과 코치가 서로 바라는 목표와 기준
- 코칭 진행 시 서로의 역할과 책임
- 코칭을 진행하는 회기(session)
- 코칭 시간과 장소
- 코칭 수수료(coaching fee)에 대한 사항(금액, 청구방법, 지급방법 등)
- 어느 한쪽이 코칭 약속을 취소하는 방법

코치와 고객은 이외에 실제 코칭을 진행할 때 예견되는 것들에 대해서도 세심하게 살펴보고, 서로 합의할 필요가 있다. 이때 고려할 사항으로는 다음과 같은 것들이 있다.[5)]

- 고객이 코칭 회기(session)를 연기하거나 취소하고 싶을 때, 어떻게 해야 하는가?
- 고객이 추가적인 문제와 긴급한 사안을 묻고 싶을 때, 어떻게 해야 하는가?
- 합의된 코칭 시간 외에 코치에게 전화해도 되는가?
- 위 사항을 합의해야 한다면, 어떤 절차를 밟아야 하는가?

---

5) 이언 맥더모트 · 웬디 제이고(박정길 역, 2007). 코칭 바이블. 서울: 웅진윙스. 115에서 발췌, 인용.

- 코치는 위탁자[6]에게 보고해야 하는가? 그렇다면 어디까지 말할 것인가?
- 코치가 위탁자에게 보고해야 할 경우, 어떻게 비밀을 보장할 것인가?

4. 고객의 인적/물적 자원 파악하기

코칭 계약을 마친 후 본격적인 코칭을 시작하기 전에 코치는 고객의 인적·물적 자원에 대한 기본적인 조사를 할 필요가 있다. 코칭에서는 코칭 과정에 대한 도움 여부를 떠나 고객의 몸과 마음 상태에 관심을 두어야 한다. 코치와 고객은 코칭을 시작하기 전에 코칭에서 최상의 것을 주고받기 위해 어떤 상태가 좋은지, 그런 상태에 있기 위해 무엇이 필요한지에 대해 분명히 알아두어야 한다. 그리고 코치는 고객이 코칭을 진행하기에 적절한 상태가 되도록 도와주어야 한다. 이때 코치와 고객은 몇 가지 사항들을 미리 점검할 필요가 있다.[7]

- 창의적인 사색의 시간을 가진다.
- 몸이 보내는 신호에 귀를 기울여 경청한다.
- 바로 다음 목표로 달려가기보다 틈을 내어 자신의 성공과 성취를 즐긴다.

코치는 고객을 더 자세하게 이해하는 데 필요할 경우 간단한 인적 사항(가족관계 등)을 파악하고, 코칭의 종류에 따라 고객의 상황을 점검하는 데 도움이 되는 다양한 검사(성격유형 검사, 인성검사, 적성검사, 리더십 유형, 학습유형 검사 등)를 진행할 수 있다. 그리고 필요할 경우, 코칭 이외의 다른 인적 서비스를 받아본 적이 있는지를 확인하고 그 결과를 코칭에 활용할 수도 있다.

5. 관계(성) 형성하기

코칭에서는 코치와 고객 사이에 친밀한 관계를 형성하는 것(rapport)이 무엇보다 중요하다. 코칭은 성숙한 인격체 사이의 만남이다. 그래서 코칭을 진행하기 전에 서로가 인격적인 존재이고, 서로 존중받아야 마땅한 존재라는 것을 충분히 인식해야 한다. 그렇지 않으면 아무리 코칭 형식을 갖추더라도 진정한 의미에서의 코칭을 진행할 수 없다.

---

6) 실제로 코칭을 진행할 때는 코칭의 양 당사자인 코치와 고객이 서로 만나 코칭 진행과 관련된 모든 사항을 결정하고 코칭을 시작한다. 하지만, 때에 따라서는 코칭 실시 여부 결정과 코칭 수수료 지급 등에 대해 코치와 고객이 아닌 다른 사람이 책임질 것을 약속하고, 코칭을 의뢰할 경우가 가끔 있다. 예컨대, 기업의 책임자가 코치에게 구성원들에 대한 코칭을 의뢰하거나 부모가 자녀에 대한 코칭을 의뢰할 경우가 여기에 속한다. 이때 기업의 책임자와 부모는 위탁자가 되는 것이다.

7) 이언 맥더모트 · 웬디 제이고(박정길 역, 2007). 코칭 바이블. 서울: 웅진윙스. 130-133에서 발췌, 인용.

그래서 코치는 고객의 성장을 도우려면, 고객에 대해 알고 그와 좋은 관계를 만들어야 한다. 그리고 그의 현재 상태가 어떤지 파악하는 데 시간을 들여야 한다. 따라서 코치와 고객은 신뢰를 바탕으로 서로 인격적인 대우를 해주어야 하고, 또한 그럴 것이라는 믿음을 형성해 가는 과정이 필요하다. 코치와 고객 사이에 이미 신뢰가 형성된 때에는 이 단계를 생략할 수도 있지만, 그렇지 않다면 다양한 방법을 통해 이 과정이 선행되어야 한다. 코칭을 시작하기 전에 고객과 어떻게 신뢰 관계를 형성하느냐에 따라 이후에 진행되는 코칭 과정은 엄청난 차이를 보인다. 코치가 능숙한 코칭 기술을 갖추었더라도 고객에게 신뢰감과 매력을 주지 못한다면, 자신의 코칭 기술을 적용하기도 전에 코칭 관계가 종료될 수 있다. 따라서 코치는 진솔하게 고객을 돕기 위해 노력하고 있다는 메시지를 느끼도록 효과적으로 고객을 응대해야 한다. 특히, 코칭을 시작하기 전에 코치가 고객에게 보이는 태도와 고객과 나눈 개인적인 대화 내용에 대해 철저하게 비밀을 보장한다는 것을 확인시켜 주는 것은 관계 형성에 매우 중요한 역할을 한다.

코칭은 코치와 고객 사이의 수평적인 관계에서 출발한다. 그러나 이런 관계는 두 주체가 처음 만났을 때부터 형성되는 것이 아니다. 자발적으로 코치를 찾은 고객도 이후에 전개될 코칭 절차를 모르기 때문에 기본적으로 수동적인 역할을 하는 것이 일반적이다. 설령 두 사람이 예전부터 알고 지내던 사이라도 지금까지 감추어둔 속 얘기를 시작할 고객으로서는 머뭇거리기 마련이다. 하지만 고객은 대개 도움을 받고자 하는 욕구가 강하고 동기가 유발되어 있어서 코치가 보이는 태도와 반응에 따라 코칭 과정에 능동적으로 참여할 가능성이 있다.

그래서 상호 협력적인 관계에서 출발하는 코칭이라도 그 전에 해야 할 일이 있다. 코치와 고객과의 관계가 더 자연스럽고, 신뢰하며, 서로 존중하는 관계로 발전하도록 더 노력하는 것이다. 친밀감이 생기고 비슷한 생각을 하며, 유사한 관점을 가지고 서로에 대한 신뢰를 빠르게 발전시켜 나갈 필요가 있다. 대개 이런 시간이 길어질수록 둘 사이의 관계는 확실히 발전하고 파트너십도 한층 성숙해진다. 그럴 때 비로소 코치와 고객 사이에 '라포르'(rapport)가 생겼다고 말할 수 있다. 이상의 과정에서 점검할 사항들을 제대로 확인한 다음에 본격적으로 코칭을 진행한다.

6. 코칭 시간 확인하기

앞선 단계가 잘 진행된 후, 코치는 고객과 코칭 시간을 정해야 하고, 코칭이 진행되는 과정이나 코칭을 종료한 후에도 시간(또는 일정)과 관련한 몇 가지 사항들을 점검하고 관리해야 한다.

① 코칭 기간

코치가 고객과 몇 차례(회기, session)에 만나서 코칭을 진행하느냐에 따라 단기 코칭과 장기 코칭으로 구분할 수 있다. 코칭 기간에 관한 절대적인 기준이 있는 것은 아니지만, 통상적으로 16회(주1회, 4개월) 미만을 단기 코칭으로 보는 견해가 많다. 대개 고객은 코칭 기간이 길어지면 코칭 비용(수수료)과 함께 코칭에 참여해야 하는 시간이 늘어나는 것에 관해 부담을 느끼게 된다. 따라서 코치는 적정한 선에서 고객과 코칭 기간을 정하는 것이 필요하다. 효과적인 측면에서 단기 코칭과 장기 코칭 사이의 차이가 있는지에 관한 연구결과는 아직 없다.[8] 다만, 코치가 주의할 것은 단기 코칭을 단순하게 장기 코칭을 축소한 의미로 이해하거나 기간만 짧은 것으로 여기고 코칭을 진행해서는 안 된다는 점이다. 단기 코칭은 짧은 시간 내에 코칭 목표를 구체적으로 설정하고, 그 목표를 해결하도록 지원하는 데 초점을 맞춘다는 점에 유의해야 한다.

② 코칭 일정 및 시간

코치는 본격적인 코칭을 진행하기 전에 자신의 일정에 따라 고객과 코칭할 수 있는 시간을 정해야 한다. 이때 코치는 코칭 시작 전에 할 일과 코칭을 진행하거나 코칭을 모두 종료한 시점까지 일어날 모든 일을 예상하여 코칭 일정을 수립하는 것이 필요하다. 그리고 코치는 자신의 전업 여부, 코칭 계약상의 조건, 자신과 고객의 상황 등을 종합적으로 고려하여 코칭 일정을 세워야 한다. 앞서 논의한 대로 단기 코칭으로 진행하는 때도 있지만, 장기간에 걸쳐 진행되는 코칭은 여러 가지 고려할 것이 많다. 장기 코칭의 경우에는 고객이 갑작스러운 요청, 고객의 질병, 이사, 이직이나 전직 등으로 인해 예기치 않은 상황이 발생할 수 있다는 점을 포함하여 일정을 수립할 필요가 있다.

코치는 고객과의 계약 조항뿐만 아니라 자신의 상황(전업 여부, 기존 고객 수, 교육 · 훈련 시간, 학업, 기타 개인적인 상황 등)을 종합적으로 고려하되, 매일 4시간, 매주 4일(최대 주 16시간)을 넘기지 않는 일정을 수립하는 것을 권장한다. 물론 코치의 개인적인 상황에 따라 이 일정은 얼마든지 달라질 수 있다. 하지만 코칭도 하나의 인적 서비스인 이상 고객에게 최상의 서비스 품질을 담보할 수 있는 수준에서 자신의 전체적인 코칭 일정을 수립하는 것이 필요하다.

일단 코칭 일정이 정해지면, 코치는 고객과 진행할 코칭 시간을 정하면 된다. 일반적으로 코칭은 성인 기준으로 1회기에 50분 내외로 진행하되, 한 회기의 코칭 시간은 연속해서 120분(2시간)을 넘지 않도록 정하는 것이 바람직하다. 이것은 코치과 고객이 서로 최적의 상태에서 코칭에 집중할 수 있는 상황을 고려한 것이다. 따라서 청소년 이하 연령층의 고객을 대상으로

8) 상담의 경우, 단기 상담이 장기 상담과 비교할 때, 효과 측면에서 큰 차이가 없다는 연구결과들이 나오고 있다. 김춘경 등(2017). 상담의 이론과 실제. 서울: 학지사, 35에서 발췌, 인용.

진행되는 코칭은 해당 고객의 집중력, 기존 학습에 투여되는 시간 등을 고려하여 1회기 코칭 시간을 10~20분 정도 줄여서 진행하는 것이 필요하다.

코치는 고객과의 코칭 시간이 정해지면 해당 내용을 계약서에 명기하는 것이 필요하다. 이때 고객이 코치에게 연락할 수 있는 시간과 그 시간에 허용될 수 있는 내용의 범위 등을 함께 합의하여 기록해 주는 것이 바람직하다. 예컨대, 코칭 이외의 시간에 코치에게 연락할 수 있는 시간, 그때 나눌 수 있는 대화 내용 등을 구체적으로 명기하는 것이 좋다. 그렇지 않으면 코칭 이외의 시간에 나누는 대화가 오히려 더 길어질 수도 있고, 코치의 개인적인 생활에 지장을 초래할 수도 있다.

일반적으로 코칭은 매주 1회기씩 진행한다. 물론 코치와 고객의 사정과 형편에 따라 코칭 주기를 다르게 조정할 수도 있지만, 코칭 회기 간 간격을 5일 이하로 줄이는 것은 바람직하지 못하다. 그것은 코칭 회기 간 간격이 4일 이하로 줄어들면, 코치는 고객의 실천 상황 점검 및 고객의 행위 변화에서 의미 있는 진전을 확인하기 어렵기 때문이다.

③ 코칭 시간 결정 시 유의 사항

코치의 개인적인 차이가 있겠지만, 코칭 일정과 코칭 시간을 수립할 때 다음 몇 가지 사항들을 함께 고려하는 것이 필요하다.

첫째, 코치 자신의 최고 시간이 언제인지를 파악해야 한다. 즉, 코치는 자신에게 좋은 시간과 나쁜 시간을 파악하여 좋은 시간대에 코칭 시간을 정함으로써 고객에게 최상의 코칭 서비스를 제공해야 한다. 여기서 '좋은 시간'은 '에너지가 충만하여 최고의 집중력을 발휘하는 시간'이고, '나쁜 시간'은 '에너지가 고갈되어 피곤하여 어떤 일에 집중하지 못함으로써 정신이 분산되는 상태'를 말한다.[9]

둘째, 코치는 고객과 약속한 코칭 시간 전후에 30분 정도 간격을 두는 것이 바람직하다. 코칭을 시작하기 전 30분은 전 회기 코칭 일지 확인, 코칭 환경 점검, 코치의 내적 장애물 제거 등에 필요한 시간이고, 코칭 후 30분은 해당 회기를 차분하게 정리하는 시간이다. 코칭 진행 당일 이외의 시간에 지난 코칭 회기를 정리할 수도 있지만, 코치의 기억 시간, 다음 고객과의 코칭 일정 등을 고려하면 한 회기의 코칭을 마친 후 바로 해당 코칭 과정을 정리하길 권한다.

셋째, 자신의 코칭이 적절하게 잘 진행되었는지 점검할 수 있는 '슈퍼비전'(supervision) 시간을 별도로 정해주는 것도 필요하다. 자신을 진정으로 지원하고 격려해 주는 다른 코치와 정기적으로 만나는 것이 코치의 성장과 발전에 도움이 된다.

마지막, 코치 자신을 위한 시간을 별도로 확보하는 것이 필요하다. 그래서 주당 자신의 코칭

9) 조성진(2020). 코칭과 경력개발. 경기: 양성원, 378.

시간을 미리 정해두고, 나머지 시간을 자신의 개발과 휴식에 할애하는 것이 필요하다. 코칭은 고도로 집중된 정신적 · 정서적 활동이고, 뇌의 활동이 많은 신체적인 활동이어서 상당히 많은 에너지가 소모된다. 따라서 코치에게는 코칭을 진행한 후에 별도의 휴식 시간이 필요하고, 건강관리에 필요한 적절한 활동을 영위하는 시간이 필요하다. 그리고 코칭을 마친 코치 자신을 인정하고 칭찬하며 스스로 격려하는 시간을 가져야 한다.

7. 코칭의 공간적 환경 조성하기

인간과 공간은 서로 영향을 주고받고 있으며, 인간은 어떤 공간을 적절하게 바꾸거나 조성함으로써 훨씬 나은 감정을 유지하고 삶의 질을 높일 수 있다. 그래서 크든 작든 하나의 공간은 인간의 행동에 많은 영향을 준다. 어빙 비더만(Biederman, I.)에 따르면, 아름다운 오늘, 숲, 경치와 같은 풍광을 볼 때, 엔도르핀과 관련된 신경세포가 활성화된다고 한다. 즉, 아름다운 풍광을 가진 공간에 있는 것만으로도 많은 양의 모르핀을 우리 뇌에 투여해 주는 것과 같은 효과가 있다.[10)]

어떤 관점에서든 최적의 공간을 조성하지 않을 경우, 그 공간이 인간의 상태를 좌지우지할 수 있다. 공간은 신체적 · 정신적 발달, 건강, 업무 능력 등에 영향을 주고, 인간관계에도 영향을 미친다. 특정한 공간에서 편안함을 느낄수록 타인과의 갈등이 줄어들고, 사회적 관계도 원만해진다. 따라서 코치는 고객이 가장 편안함을 느끼고, 자신의 얘기를 자유롭게 하도록 공간을 조성할 필요가 있다.

① 코칭 공간 조성

코칭을 진행할 때, 공간은 코칭의 품질에 직 · 간접적으로 영향을 끼친다. 대면 코칭을 진행할 때는 당연히 공간이 중요한 역할을 하지만, 전화 코칭을 진행할 때도 마찬가지이다. 어떤 형태의 코칭을 진행하든 코칭 공간을 조성하거나 결정할 때, 가장 먼저 주의해야 할 점은 코칭 진행에 방해가 되는 외부적인 잡동사니들을 원천적으로 제거하는 일이다. 이것은 자동차 소리, 전화벨 소리, 시끄러운 음악, 컴퓨터 자판 두드리는 소리, 잡담 등 코칭에 도움이 되지 않는 소음으로 작용하는 다양한 소리와 음향을 정리하는 것을 말한다. 이런 소음이 적절하게 차단되고, 고객이 편안함과 안락함을 느낄 수 있는 공간을 조성하는 것은 코칭의 품질에 큰 영향을 미친다.

이런 공간을 마련하여 코칭을 진행하기에 적절한 우호적인 공간을 조성할 재정적인 여유가

10) 범상규(2018). 공감의 심리학: 치유가 빨라지는 병실은 따로 있다. 공간정보, 19, 38-41에서 발췌, 재인용.

없다면, 이와 비슷한 조건을 갖춘 다른 외부 공간을 빌려서 코칭을 진행할 수 있다. 이때 코치는 임대할 공간이 앞서 언급한 외부적인 잡동사니들을 적절하게 차단해 주는지를 미리 점검할 필요가 있다. 즉, 코치가 고객의 이슈와 마음의 소리에 집중하기에 적절한 별도의 물리적 공간을 미리 마련하는 것이 좋지만, 상황이 여의치 않아 다른 공간을 활용해야 할 때는 코칭에 방해가 되는 잡음이나 소리를 차단할 방안을 함께 고려하는 것이 필요하다.

특히, 최고경영자나 임원을 대상으로 진행하는 코칭이나 비즈니스 코칭은 해당 고객이 근무하는 곳으로 방문하여 코칭을 진행하기도 하는데, 이때 코치는 코칭을 진행할 곳이 다른 구성원들에게 지장을 주지 않는지 사전에 점검하고 확인할 필요가 있다. 만일 그것이 코칭을 방해할 요인이 있는 공간이라면, 코치는 고객에게 그 이유를 정중하게 설명한 후에 외부의 다른 공간을 섭외하여 코칭을 진행하는 것이 바람직하다.

② 코치와 고객 간의 물리적 거리

코칭에서 코치와 고객 사이의 물리적 거리는 어느 정도가 적절한지에 관한 연구결과는 아직 없다. 다만 인간관계 거리를 제시한 예가 있어서 그것을 활용하면 특정 공간 내에서 코치와 고객 사이의 거리의 적정 여부를 판단하는 데 도움을 얻을 수 있다.

인류학자 에드워드 홀(Hall, E. T. Jr.)은 사람들은 일정한 공간(거리)이 필요하고, 다른 사람이 그 안에 들어오면 긴장과 위협을 느낀다며 4가지 유형을 구분하여 설명했다.[11] 즉, 자기방어 기능이 작용하는 가장 근접된 친밀한 거리, 개인적 거리, 사회적 거리, 그리고 공적 거리 순서로 확장된다고 제안하고 있다. 먼저, '친밀한 거리'(intimate distance zone)는 45㎝ 이내로, 연인이나 가족처럼 친밀도가 높은 관계인 동시에 맞붙어 싸우는 거리를 말한다. 모르는 사람이 지극히 사적인 거리인 1.2m 이내로 접근하면, 사람들은 긴장하고 스트레스를 받게 되며, 반대로 연인이나 가족처럼 사랑하는 사람이 이보다 멀어지면 오히려 관계가 멀어지는 것을 걱정하고 스트레스를 받게 된다. 다음, '개인적 거리'(personal distance zone)는 45㎝~1.2m로, 팔을 뻗었을 때 만큼의 길이이다. 이 거리는 친구 등 잘 아는 사람끼리 서로의 감정을 확인할 수 있는 거리이다. 다음, '사회적 거리'(social distance zone)는 1.2m~3.6m로, 사무적이고 공식적인 거리이다. 마지막으로, '공적인 거리'(public distance zone)는 3.6m 이상의 거리로, 위협을 받을 때 피할 수 있는 거리이다. 이 거리에서 사람들의 목소리는 커지고, 몸짓 등 비(非)언어적 의사소통으로 개인의 의사가 전달되고, 무대와 관객의 거리이기도 하며, 연설 등이 진행되는 거리이다. 공적 거리에 해당하는 공간은 비사교적이며, 연대감이 없어져 사적이기보다 공식적인 관계가 나타나는 공간이다.

---

11) 이에 관한 자세한 내용은 다음에 소개하는 책을 참조할 수 있다. 에드워드 홀(최효선 역, 2013). 숨겨진 차원. 서울: 한길사.

코칭에서 권장하는 고객과의 거리는 개인적 거리 정도이다. 코치와 고객 사이에 감정과 눈빛을 확인할 수 있는 거리이다. 따라서 코치는 개인적 거리 정도의 간격을 유지하면서 코칭을 진행하는 것이 바람직하다.

12.3 코칭 절차 2단계: 본 코칭(main-coaching)

이 단계는 본격적으로 코칭을 진행하는 시점이다. 코치는 적절한 질문, 헌신적 경청, 긍정적이고 지적인 피드백, 직관, 공감 등 다양한 코칭 기술을 활용하면서 고객과 함께 코칭 대화 절차에 따라 코칭을 진행해 나간다.

1. 코치의 태도

코치가 코칭을 원만하게 진행함으로써 궁극적으로 효과적으로 고객을 돕기 위해서는 그에게 관심을 기울이고 있다는 것을 가시적으로 보여 줄 필요가 있다. 이때 사용할 수 있는 몇 가지 비언어적 기술이 있는데, 각 단어의 머리글자를 따서 'SOLER'라고 한다.[12)]

① 코치와 고객은 서로 마주 본다: Squarely

코치는 고객에게 진심으로 관여하고 있다는 자세를 취해야 한다. 이런 자세는 '나는 당신과 함께 있다'. '당신에게 도움이 되고 싶다.'라는 뜻을 전달한다. 만일 고객에게 말하면서 고개를 다른 곳으로 돌리고 있다면, 그것은 고객에게 관심이 적다는 메시지를 전달하게 된다. 코치가 몸을 고객에게 바로 향하는 것은 말 그대로 고객에게 관심이 있다는 사실을 전달해 준다. 이때 고객이 자신을 정면으로 쳐다보는 것을 부담스럽게 느끼면, 코치가 약간 비스듬히 보아도 좋다. 중요한 것은 바라보는 각도가 아니라 코치가 보여주는 관심의 질이다.

12) 이 기술들은 상담 장면에서 상담자들이 관심을 기울여야 할 것으로 소개되고 있지만, 코칭 현장에서 활동하는 코치들도 갖추어야 할 기술이라고 생각하여 여기에서 소개하고자 한다. 김춘경 등(2017). 상담의 이론과 실제(제2판). 서울: 학지사. 46-47에서 발췌, 인용; 노안영(2018). 상담심리학의 이론과 실제(제2판). 서울: 학지사. 98-99에서 발췌, 인용; Eagan, G.(2010). The skilled helper: *A problem management and opportunity development approach to helping*(9th Ed.). Pacific Grove, CA: Brooks/Cole.

② 코치는 개방적인 자세를 취한다: Open

코치는 고객에게 자신이 마음의 문을 열고 있다는 메시지를 전달할 필요가 있다. 코치가 팔짱을 끼거나 다리를 꼬고 앉아 있는 것은 관심이나 도울 준비가 제대로 되어 있지 않다는 메시지를 고객에게 전달할 수 있다. 개방적인 자세는 코치가 고객이 하는 말에 마음을 열고 있다는 증거가 될 수 있다. 여기에서 '개방'이라는 말은 문자 그대로 받아들여도 좋고, 은유적으로 받아들여도 좋다. 다리를 꼬고 앉아 있다고 해서 고객에게 관심이 없다는 뜻은 아니다. 그러나 중요한 것은 '내가 지금 취하고 있는 자세는 내가 개방적이고 돕고 싶은 준비가 되었다는 사실을 고객에게 얼마나 잘 전달하고 있는가?'라고 자문해 보는 것이다. 코치가 고객에게 개방적인 마음을 갖고 있다면, 자세를 통해 그에게 코치의 마음 상태와 준비 정도를 보여주어야 한다.

③ 코치는 고객을 향해 몸을 기울이는 자세를 취한다: Leaning

코치는 고객을 향하여 몸을 약간 기울여서 그의 말에 관심을 기울이고 있다는 것을 나타내는 자세를 취해야 한다. 코치는 고객에게 관여하고 있다는 자연스러운 표시로 그를 향해 몸을 앞으로 기울인다. 이때 중요한 것은 상체의 움직임이다. 고객을 향해 몸을 앞뒤로 기울였다 뺐다 할 수 있다. 고객을 향해 코치의 몸을 약간 기울이는 것은 '나는 당신과 함께 있다.', '당신과 당신이 하는 말에 관심이 있다.'라는 뜻을 전달한다. 반대로 코치가 몸을 뒤로 젖히는 것은 '당신에게 별로 흥미가 없다.' 혹은 '따분하다.'라는 메시지를 주기 쉽다. 하지만 코치가 몸을 지나치게 앞으로 기울이거나 그런 자세를 너무 자주 취하면, 고객에게 부담을 주거나 친밀감을 강요하는 듯한 인상을 줄 수 있다. 넓은 의미에서 볼 때, 고객을 향해 몸을 기울이는 것은 그와의 의사소통을 촉진하는 일종의 신체적 유연성이나 반응성을 가리킨다. 그리고 신체적 유연성은 정신적 유연성을 반영하기도 한다.

④ 코치는 고객과 적절한 시선 접촉을 유지한다: Eye contact

코치가 고객과 좋은 시선 접촉을 유지한다는 것은 '당신과 함께 있다.', '당신에게 관심을 느끼고 있다.', '당신이 하는 말을 듣고 싶다.'라는 뜻을 전달해 준다. 물론 가끔 시선을 다른 곳으로 돌린다고 해서 문제가 되는 것은 아니다. 고객에게 너무 빤히 바라본다는 느낌을 주지 않으려면 가끔 눈을 돌릴 필요도 있다. 그러나 너무 자주 시선을 피한다면 고객과 함께 있거나 고객에게 코칭에 집중하지 않는다는 암시를 주거나, 코치가 무언가 불편하다는 인상을 심어 줄 수 있다.

⑤ 코치는 편안하고 이완된 자세를 취한다: Relaxed

편안한 자세는 두 가지 사실을 의미한다. 첫째, 조바심을 내거나 주의를 분산시키는 표정을 짓지 않는다. 그렇게 하면 고객은 무엇이 코치를 불편하게 하는지 의아하게 생각할 것이다. 둘째, 개인적 접촉과 표현의 도구인 몸짓을 편안하고 자연스럽게 한다. 이런 기술을 자연스럽게 사용하면, 내담자를 편안하게 해줄 수 있다.

코칭을 진행할 때 코치가 이런 자세와 태도를 지니는 것은 고객과의 관계 형성뿐만 아니라 원활한 코칭 과정 진행에 도움이 된다. 다만, 이런 자세와 행동은 고객의 성향이나 문화적 가치관에 따라 각기 다르게 인식될 수도 있다는 점도 함께 고려할 필요가 있다.

2. 정기적으로 중간 점검하기

코치는 자신이 진행하는 코칭 전반에 걸쳐 정기적인 중간 점검을 할 필요가 있다. 코칭은 한정된 시간 동안 이루어지는데, 중간에 그간의 성과를 점검해 보는 것은 효과적인 코칭을 진행하는 데 도움이 된다. 예컨대, 고객이 자신의 문제가 무엇인지 알고는 있지만, 그것을 해결하는 데 필요한 행동을 실행하지 않는다면, 고객이 정한 목표에 이를 수 없을 것이다. 고객이 무언가 행동을 취하고 있지만, 그것이 그가 세운 목표를 달성하기에 적절한 것인지 스스로 아직 인식하지 못한다면, 고객이 목표를 향해 달려갈 길은 더 남아 있는 것이다.

이런 상황이 발생한다면, 코치는 코칭의 초점을 더 명확히 하여 생산적인 방향으로 나아가기 위한 노력을 추가해야 한다. 이때 코치는 다음과 같은 질문들에 대해 대답할 필요가 있다.[13)]

- "나(코치) 자신은 코칭을 잘 진행하고 있는가?"
- "고객은 얼마나 잘하고 있는가?"
- "남은 시간 동안 합의한 목표에 도달하려면, 무엇을 해야 하는가?"
- "바람직한 코칭을 위해 앞으로 추가로 고려해야 할 사항은 무엇인가?"
- "고객은 현재까지 진행된 코칭에 대해 만족하고 있는가?" 등

12.4 코칭 절차 3단계: 사후 코칭(post-coaching)

코치는 고객이 설정한 목표를 만족스럽게 달성함으로써 그의 문제가 해결되었다는 데 상호

13) 이언 맥더모트 · 웬디 제이고(박정길 역, 2007). 코칭 바이블. 서울: 웅진윙스. 122에서 발췌, 인용.

동의할 때, 코칭을 종료할 수 있다. 다시 말하면, 고객이 이제 코치의 도움 없이 자신의 문제를 스스로 해결할 수 있다는 자신감을 지니게 될 때, 코칭은 종료된다. 물론 이전 단계 가운데 고객이 겪는 문제가 해결되지 않은 상태에서도 코칭이 별로 도움이 되지 않는다고 생각할 때, 고객인 코치와의 코칭을 언제든지 종료할 수 있다. 그러나 정상적인 절차에서 코칭을 종료한다는 것은 고객이 겪었던 미해결과제가 바라는 대로 잘 해결되어 코칭 관계를 마무리하는 것을 말한다.

코칭을 시작하기 전에 준비하는 과정이나 본 코칭 과정만큼 코칭 후의 과정을 잘 관리하는 것도 중요하다. 사후 코칭은 고객이 해결하려던 이슈가 완결된 다음에 주로 진행된다. 이때 코치는 고객이 코칭을 진행하는 과정에서 고객이 이룩한 것들을 칭찬하고 인정하며, 고객의 성과와 노력을 충분히 지지해 주는 것이 필요하다. 필요할 경우, 고객의 요구와 상황에 따라 여러 가지 조치를 할 수도 있다. 예컨대, 고객의 핵심 이해관계자들에게 객관적인 평가를 요청할 수도 있다.[14)]

그래서 사후 코칭은 '궁극적으로 고객이 현재 자신의 문제를 해결할 수 있는 해답을 효과적으로 찾고, 나아가 스스로 성장하고 발전할 수 있도록 계속해서 관심을 지니고 양육하는 일련의 후속 과정'을 말한다. 즉, 고객이 스스로 '자기코칭'(self coaching)을 할 수 있는 수준에 이르도록 코치가 효과적으로 돕는 후속 과정이다. 그런 차원에서 사후 코칭을 이른바 '팔로업 코칭'(follow up coaching)이라고도 할 수 있다.

12.5 코칭 슈퍼비전

1. 코칭 슈퍼비전의 필요성

코칭을 시작한 지 얼마 되지 않은 초보 코치는 실제로 코칭을 진행하다 보면, 자신이 배운 지식이나 기술을 적용하는 데 있어 다양한 어려움에 직면하게 된다. 때로는 자신이 직면한 문제를 자기성찰과 문헌을 통해 해결할 수도 있지만, 그렇지 못하는 때도 있다. 특히, 비공개적인 환경에서 진행되는 코칭의 속성상 코치가 필요한 피드백을 받는 것이 어려운 구조이다. 일정 기간 경험이 쌓이면 자신의 코칭을 정당화하게 되고, 자신이 내린 결정의 결과가 좋지 않아도 기존 코칭 방식을 잘 바꾸지 않은 경향도 있다. 이때 필요한 것이 바로 '코칭 슈퍼비전'

14) Gladis, S.(2007). Executive coaching builds steam in organization. *T+D*, 12.

(coaching supervision)이다.

초보 코치가 직면하는 다양한 어려움은 비슷한 경험을 통해 성숙한 선배 코치의 슈퍼비전을 통해 상당 부분 해결할 수 있다. 코치가 현장에서 직면하는 어려움들은 본인이 이해할 수도 있지만, 그렇지 못한 경우도 많다. 코칭의 궁극적인 목적이 고객의 문제 해결을 통한 성장과 발전 그리고 행복인데, 코치 자신이 미숙해서 그 목적에 어긋나는 결과를 초래할 수도 있다. 이때 슈퍼비전은 경험이 많은 선배 코치로부터 코칭과 관련된 지식과 경험을 전해 받는 것이라 할 수 있다. 즉, 코치는 슈퍼비전을 통해 자기인식(self awareness)을 향상하고, 전문적인 코칭 기술이나 기법을 습득하며, 코칭의 전체 과정에 대해 세밀하게 이해하고, 개별 고객의 사례에 대한 이해를 통해 전문적인 식견을 습득하게 된다. 최근 들어 코치 수가 급격하게 늘어나면서 고객들은 코치를 선택할 폭이 넓어져서 코칭 품질이 보증된 코치를 선택하려는 경향이 점점 뚜렷해지고 있다.

이처럼 코칭 분야의 속성과 코칭 품질과 관련된 최근의 경향을 모두 고려할 때, 코치 자신이 직면하는 문제를 해결함과 동시에 실제적인 코칭 기술 및 전략을 습득할 기회를 제공하는 코칭 슈퍼비전은 코치에게 꼭 필요한 과정이라 할 수 있다.

> "훌륭한 슈퍼비전은 사랑으로 두려움을 극복하는 실천이다. 잘못을 저지르는 것에 대한 두려움, 알지 못함에 대한 두려움, 다름에 대한 두려움 등을 자신감과 능력으로 변화시키기 위해서는 충분한 이해와 사랑이 필요하다." – 로빈 쇼헷 & 에릭 드 한

코칭에서 슈퍼비전이 필요한 이유를 자세하게 살펴보면, 다음과 같다.[15)]

첫째, 슈퍼비전은 코치를 위한 개인적인 지지 체계를 제공한다. 기본적으로 코칭은 코치에게 많은 것을 요구한다. 코칭을 진행하는 데 필요한 다양한 지식과 경험을 요구할 뿐만 아니라 코칭 과정에서 일어난 일과 관련해서 지나치게 개입 또는 관여하거나, 어떤 중요한 내용을 무시하고 넘어갈 수도 있다. 이런 과정에서 코치는 자신의 유용함을 의심할 수 있다. 슈퍼비전은 코칭에서 발생하는 어려운 점들을 극복하도록 도움으로써 코치를 개인적으로 지지해 주는 체계이다.

둘째, 슈퍼비전은 코치라는 직업의 불확실성을 줄이는 데 도움을 준다. 코치는 경찰관, 소방관, 의사 등 다른 사람을 돌보는 직업인들과 달리 특별한 장비가 필요치 않고 제복을 입을 필요가 없다. 그래서 자신을 스스로 상기하게 하는 장치가 상대적으로 부족해서 다른 직업군에 비해 역할의 불확실성에 대한 위험성이 훨씬 크다. 즉, 자신을 어디까지 노출해야 하는지, 자기

---

15) 조선경 · 김상복 · 최병현 역(2019). 코칭 · 컨설팅 슈퍼비전의 관계적 접근. 서울: 한국코칭수퍼비전아카데미. 17-19에서 발췌, 인용; De Haan, E.(2012). *Supervision in Action: A Relational Approach to Coaching and Consulting*. Open University Press; Bond, T.(1993). *Standards and ethics for counseling in action*. London: Sage.

가 받는 상처가 무엇인지, 자신도 모르게 상처를 줄 수 있다는 사실을 너무 쉽게 망각한다. 그래서 자신이 어떤 도움도 필요로 하지 않는 것처럼 행동할 수 있다. 하지만 항상 그럴 수 없다. 이 모든 것을 처리하기 위해서는 코치 자신과 비슷한 경험을 겪었을 뿐만 아니라 코치가 새로운 맥락에서 바라볼 수 있도록 도와주는 다른 전문 코치의 개입이 필요하다.

셋째, 슈퍼비전은 코치의 성장과 발전을 돕는다. 개별적으로 진행되는 복잡한 코칭 과정에서 코치가 객관성을 유지하는 일은 쉽지 않다. 따라서 그 과정에서 코치가 이전에 전혀 인식하지 않았던 일들이 얼마든지 발생하고, 의도하지 않았던 다른 일들도 탐지하게 된다. 그래서 코치에게 더 많은 학습이 필요하고, 계속해서 훈련을 받아야 한다. 슈퍼비전은 코치에게 필요한 추가적인 학습 기회를 제공하고, 자신을 성찰하는 의미 있는 기회를 제공한다. 코치는 이런 슈퍼비전을 통해 코치에게 필요한 품질 수준을 유지하고, 한 단계 더 성장하게 된다.

마지막으로, 슈퍼비전은 코치가 간과하기 쉬운 윤리적인 문제와 기준 등에 주의하도록 하는 기회를 제공한다. 슈퍼비전은 코치가 윤리적인 기준을 따르고, 자신이 책임지는 범위 내에서 확실한 변화를 가져오는 새로운 실천할 만한 지식을 쌓아가는 과정이다.

이상에서 살펴본 것처럼 슈퍼비전은 '코치가 다양한 코칭 기술과 기법을 배우고, 여러 가지 사례 이해를 위한 탐색과 절차에 관한 방법을 배우며, 코치 자신을 이해하는 것을 돕는 데 필요한 중요한 훈련 과정'이다. 즉, 슈퍼비전은 '코치의 교육, 지도, 자문 외에도 코치의 자기탐색, 자기이해, 자기성장을 돕는 특성을 가진 전문적인 훈련'이다. 코칭 슈퍼비전은 궁극적으로 고객에게도 도움을 줄 수 있는 장점이 있다.[16] 따라서 코치는 슈퍼비전을 통해 개인적인 문제에 대한 전문가로서의 관점과 시야를 넓히는 데 필요한 기회와 정보를 받는 것을 두려워하거나 회피하는 태도를 가져서는 안 된다. 슈퍼비전은 코치의 품질과 적합성을 보증하는 매우 중요한 도구이다.[17]

2. 코칭 슈퍼비전의 정의와 기능

1) 코칭 슈퍼비전의 정의

학자들에 따라 슈퍼비전을 각기 다르게 정의하고 있어서 합치되는 정의를 찾기 어렵다. 따라서 우리는 슈퍼비전에 관한 다양한 정의를 접할 수 있다. 사전적인 의미에서 슈퍼비전은 '교육활동의 전반에 걸쳐 교육 목표를 효과적으로 달성하기 위해 이루어지는 전문적이고 기술적

16) 탁진국(2019). 코칭심리학. 서울: 학지사. 320에서 발췌, 인용.
17) 조선경 외(2019). 코칭 · 컨설팅 슈퍼비전의 관계적 접근. 서울: 한국코칭수퍼비전아카데미. 21에서 발췌, 인용.

인 봉사활동'으로 정의할 수 있다.[18] 사회복지학, 상담학 등 각기 다른 학문 영역에서 활동하는 연구자들은 슈퍼비전에 대해 약간씩 다르게 정의하고 있다.

알프레드 카두신(Kadushin, A.)은 슈퍼비전을 '슈퍼비전을 받는 사람들의 현장 업무에 대한 책임을 수행하기 위해 슈퍼바이저와의 긍정적인 상호 작용 속에서 교육적 · 지지적 · 관리적 기능을 수행하여 기관의 정책과 절차에 따라 양적, 질적으로 최선의 서비스를 고객에게 전달하는 과정'이라고 정의했고,[19] 에릭 드 한(De Haan, E.)은 슈퍼비전을 '윤리적인 기준을 따르고 책임을 지는 범위 안에서 새로운 실천 지식을 쌓아가는 과정'이라고 정의했다.[20]

정의 자체로만 보면, 슈퍼비전은 다른 사람이 하는 일에 관해 책임을 갖고 지켜보는 감독하는 일이라는 의미가 있다. 하지만 감독한다는 것에 초점을 맞추면 몰래 감시하는 일로 오해할 수 있지만, 실제 현장에서는 정해진 절차에 따라 고객에게 최선의 서비스를 제공할 목적으로 수행되는 전문적인 활동을 의미한다. 그래서 사회복지학이나 상담학에서는 슈퍼비전이 중요한 활동으로 자리매김하고 있고, 코칭에서도 꼭 필요한 활동으로 인식되는 경향이 많아지고 있다. 여기까지 정리하면, 슈퍼비전은 인적 서비스를 제공하는 영역에서 선배 전문가와 맺은 관계 속에서 지식과 경험을 전해 받고, 배우는 성찰 과정이라고 할 수 있다.

한편, Bachkirova, Stevens와 Wills(2005)는 코칭 슈퍼비전을 '성찰, 평가, 전문성 공유를 통해 코치의 역량 개발과 슈퍼비전을 받는 자의 코칭 효율성 증대를 위해 전문적 지원을 제공하는 공식적 과정'이라고 정의했다.[21] Hawkins와 Schwenk(2006)는 코칭 슈퍼비전을 '코칭 슈퍼바이저의 도움을 통해 코치들이 코칭의 질을 향상시키고, 코칭 역량을 증진하며, 자신과 코칭 실무에 대한 지원을 받기 위해 참여하는 구조화된 공식적 과정'이라고 정의했다.[22] 또한, 국제코칭연맹(ICF)은 코칭 슈퍼비전을 '성찰 대화를 통해 코치의 역량을 계속해서 향상하고, 고객에게 도움을 주는 데 필요한 협력적 학습 과정'이라고 정의했다.[23]

앞에서 서술한 내용을 정리하면, 코칭 슈퍼비전은 코치의 코칭 역량 향상을 위한 것으로, 이를 통해 코치가 상대하는 고객에게 혜택이 돌아가도록 하는 것을 목표로 하는 전문적인 활동이라고 할 수 있다. 결국, 코칭 슈퍼비전을 받은 사람은 자신이 진행한 코칭 과정을 다시 한번

---

18) 국립국어원(2022). 표준국어대사전(http://stdict.korea.go.kr, 2022년 5월 접속)

19) Kadushin, A.(1976). *Supervision in Social Work*. New York: Columbia University Press.

20) De Hann, E.(2012). *Supervision in action: A relational approach to coaching and consulting supervision*. Open International Publishing Limited(조선경 외 역, 2019. **코칭-컨설칭 수퍼비전의 관계적 접근**. 서울: 한국코칭수퍼비전아카데미. 18-30에서 발췌, 인용).

21) Bachkirova, T., Stevens, P., & Wills, P.(2005). *Coaching supervision*. Oxford Brookes Coaching and Mentoring Society.

22) Hawkins, P., & Schwenk, G.(2006). *Coaching supervision: Maximizing the potential of coaching*. London: CIPD.

23) International Coaching Federation(2022). Coaching supervision(http://coachingfederation.org/credentials-and-standards/coach-supervision, 2022년 5월 접속)

되돌아보고, 잘 하는 부분은 무엇이고, 개선할 부분은 무엇인지를 성찰해 볼 기회를 가지는 것이다.

2) 코칭 슈퍼비전의 역할과 주요 기능

코칭 슈퍼비전은 기본적으로 코치들을 위한 하나의 품질보증과정이다. 이것은 외부에 코치가 적합한 전문가라는 확신과 통찰 및 적절한 기술들을 갖추었다는 것을 보여줄 수 있도록 설계된 과정이다. 코칭 슈퍼비전은 코치에게 성찰을 위한 구체적인 시간과 공간을 제공하고, 성찰의 깊이와 넓이를 더하게 한다. 이런 과정을 통해 코칭 슈퍼비전은 코치가 수행하는 일의 질적 수준을 높이고, 궁극적으로 코치가 고객을 도울 때 최고의 실력을 발휘하도록 돕는 데 목적을 둔다.[24]

나아가 코칭 슈퍼비전은 코칭 실습을 하는 중이거나 초보 코치가 코칭 교육과 훈련을 통해 지금까지 학습한 지식과 기술 등을 직접 고객에게 적용하면서 겪는 불안, 갈등, 의문 등을 해결하는 데 도움을 주는 것이다. 또한, 코치에게 자기에 대한 이해를 높여주고, 코칭 기술과 전략을 적용하는 데 있어 자신의 능력을 향상하는 기회를 제공한다.

코칭 슈퍼비전의 기능을 구체적으로 살펴보면, 다음과 같다.[25]

첫째, 코칭 슈퍼비전은 슈퍼비전을 받은 사람[26]의 자기계발을 돕는다. 코칭 슈퍼비전은 세심한 관찰을 통해 슈퍼비전을 받는 사람의 사례와 실무에 대해 객관적인 관점을 유지하도록 돕는 기능을 수행한다. 즉, 코칭 슈퍼비전을 받는 사람은 코칭 슈퍼비전을 통해 자신의 사례를 냉철하게 검토함으로써 자신이 잘한 것, 의심되는 것, 성공한 것과 실패한 것 등을 되돌아보며, 다음에는 어떻게 더 나은 방식으로 코칭을 수행할 수 있을지를 성찰한다. 그리고 자신이 진행한 코칭 사례에 대해 더 새롭고 객관적인 관점을 가지게 된다. 이런 과정을 통해 코칭 슈퍼비전을 받은 사람이 자신의 코칭 사례를 새로운 관점으로 보고 새로운 해법을 발견하도록 도움으로써, 그가 자신의 코칭 사례를 확장하는 데 도움을 준다.

둘째, 코칭 슈퍼비전은 그것을 받는 사람의 전문성을 확인하고 수호하도록 돕는다. 코칭 슈퍼비전을 통해 그것을 받는 사람은 고객과 진행한 코칭 과정에 관한 전반적인 탐색과 성찰을 통해 자신의 기술, 이해, 능력 등 전문가로서의 정체성을 확인할 수 있다. 코칭 슈퍼비전을 받는 사람은 이해관계자들과의 잠재적 갈등, 직업윤리, 관련 규정과 충돌할 가능성 등에 대해 솔

24) 조선경 외 역(2019). 코칭 · 컨설팅 슈퍼비전의 관계적 접근. 서울: 한국코칭수퍼비전아카데미. 24-26에서 발췌, 인용.

25) 조선경 외(2019). 앞의 책. 27-30에서 발췌, 인용.

26) 혹자는 코칭 슈퍼비전을 받는 사람을 '슈퍼바이지'(supervisee)라고 부르기도 한다. 하지만 이 책에서는 해당 용어를 적절한 한국어로 번역하기가 곤란하여 '슈퍼바이지'라는 외래어를 그대로 사용하기보다 그냥 '코칭 슈퍼비전을 받는 사람'이라는 표현을 사용하고자 한다.

직하고 명확하게 얘기함으로써 코치로서 자신이 할 일에 대해 분명한 경계심을 가지고, 고객과 코치 집단을 위한 책임감에 대해 숙고하는 계기를 가질 수 있다.

마지막으로, 코칭 슈퍼비전은 그것을 받는 사람의 양육을 돕는다. 코칭 슈퍼비전은 코치가 현재 진행 중인 사례에 대해 생각해 볼 시간과 공간을 갖도록 하며 평정심을 회복하고 안심하게 만들어 균형을 유지하도록 돕는다. 만일 어떤 코치가 정말로 진이 다 빠져버렸거나 일 때문에 스트레스를 받는 상황이라면, 코칭 슈퍼비전은 그가 균형을 회복하도록 돕는 기능을 수행한다. 이때 코칭 슈퍼바이저는 세심하고 지지적이며 용기를 북돋우는 개입을 통해 슈퍼비전을 받는 사람이 더 많은 에너지를 가지고 자신의 코칭 사례를 검토하도록 돕는다.

요약하면, 코칭 슈퍼비전의 기능은 코치의 과업인 코칭 기술, 사례 이해, 전문가의 역할, 정서적 자각 및 자기평가에 있어 코치가 성숙하도록 돕는 것이다.

이상에서 살펴본 코칭 슈퍼비전의 기능은 슈퍼비전을 받는 코치의 적극적인 자세와 슈퍼바이저의 전문적 역할이 결합할 때, 충분히 발휘될 것이다.

3. 코칭 슈퍼비전 참여자들의 역할

1) 코칭 슈퍼바이저의 역할

효과적인 코칭 슈퍼비전의 가장 큰 장애물은 슈퍼비전을 받는 사람이 슈퍼바이저로부터 판단이나 비난을 받을 것이라는 두려움이다. 그래서 코칭 슈퍼비전에 적절한 이슈를 모두 가져오지 않거나 너무 고통스럽고 수치스러워서 코칭 슈퍼비전 자체를 회피하거나 거부할 수 있다. 따라서 코칭 슈퍼바이저는 다음 내용에 초점을 맞추어 코칭 슈퍼비전을 진행할 필요가 있다.[27)]

- 코칭 슈퍼비전을 받는 사람이 마음을 편하게 갖도록 해야 한다.
- 정보 공유의 중요성에 관해 잘 설명하고, 그것을 분명하게 명시해야 한다.
- 알려지지 않은 것에 뛰어드는 것은 용기가 필요하다는 사실에 대해 감사를 표현해야 한다.
- 코칭 슈퍼비전을 받는 사람이 슈퍼비전 과정에 친숙해지도록 해야 한다.
- 가능한 안전하고 신뢰를 주며, 슈퍼비전을 받는 사람이 이해받는 느낌을 지니도록 하는 환경을 조성해야 한다.

이상에서 언급한 환경이 조성되지 않으면, 코칭 슈퍼비전을 받는 사람이 비판적인 피드백이나 도전으로부터 도움을 받기 어렵다. 따라서 훌륭한 코칭 슈퍼바이저는 배움(학습), 유연

27) 조선경 외 역(2019). 코칭 · 컨설팅 슈퍼비전의 관계적 접근. 서울: 한국코칭수퍼비전아카데미. 40에서 발췌, 인용.

함, 적절한 유머, 개인과 조직 이유에 대한 예민함을 지닌 채 다양한 관점을 조합하여 상황을 바라보는 자질이 필요하다.

한편, 선행연구에 따르면, 코칭 슈퍼바이저가 갖추어야 할 기본 기술 등 역량에는 다음과 같은 것들이 있다.[28)]

- 계약 체결
- 코칭 과정
- 개인 개발
- 일대일 관계
- 슈퍼비전 모델과 이론
- 코칭과 슈퍼비전에서 힘(power)에 대한 이해
- 복잡한 코칭 상황에 대한 슈퍼비전
- 집단 자원 활용, 집단 역학 이해, 집단 슈퍼비전의 경우 개인과 집단의 우선순위에 대한 고려

2) 코칭 슈퍼비전을 받는 사람의 역할

코칭 슈퍼비전에서는 코칭 슈퍼비전을 해주는 사람 못지않게 그것을 받는 사람의 역할이 더 필요하고 어렵다. 그것은 슈퍼비전을 진행할 때 자신이 공개한 사례를 슈퍼바이저와 함께 논의하는 것 자체가 쉽지 않지만, 더 어려운 것은 슈퍼비전 과정에서 생기는 모든 것을 더 깊이 성찰해야 한다는 점에서 그렇다. 때로는 어떤 것이 자신의 성찰을 가로막을 수 있고, 또 어떤 때는 돌파구를 마련하는 것이 무척 어려운 예도 있다. 따라서 코칭 슈퍼비전을 받는 사람들은 이 과정에서 생기는 여러 가지 도전들을 묵묵히 수용하는 마음 자세를 가지는 것이 중요하다. 이런 과정을 통해 코치는 자신의 행동을 개선하고, 자신이 진행하는 코칭 실무를 더 향상할 수 있다.

혹자는 코칭 슈퍼비전을 받는 사람이 다음과 같은 행동을 취할 것을 제안하고 있다.[29)]

- 문자 그대로 '깨어' 있고, 날카롭고 명확한 사고방식으로 재충전하라.
- 사실과 감정을 바탕으로 솔직하게 자기 자신에 관해 설명하라.
- 그 설명을 누리고 재정리하며 재구조화하되, 같은 자료를 가지고 새로운 관점과 결말을 생각하라.

---

28) 탁진국(2019). 코칭심리학. 서울: 학지사. 326에서 발췌, 재인용; Carrol, M.(2006). Key issues in coaching psychology supervision. *The Coaching Psychologist*, 2(1), 4-8.

29) 조선경 외 역(2019). 코칭 · 컨설팅 슈퍼비전의 관계적 접근. 서울: 한국코칭수퍼비전아카데미. 86, 108에서 발췌, 인용.

- 그 설명에서 당신(코치)의 행동과 고객의 행동, 그 행동의 결과와 관련된 사실과 감정을 비판적으로 바라보라.
- 슈퍼바이저가 제공하는 중단, 해석, 대안적 설명에 귀를 기울여라.
- 당신이 의심을 지니고 있고, 어떤 것들에 관해서는 잘 모르며, 때때로 꼼짝 못하게 된다는 것을 인식하고 받아들여라
- 확신을 지니고 새로운 의도와 행동을 선택하라.

결국, 코칭 슈퍼비전은 코치 자신의 '옳은' 성찰을 돕는 과정이다. 코치가 이미 진행한 코칭의 사례들을 바탕으로 자신의 관점이나 견해를 돌아봄으로써 새로운 통찰을 하도록 돕는 과정이다. 그렇다면 남은 것은 실제로 코칭 슈퍼비전을 어떻게 진행하는가일 것이다. 하지만 그 구체적인 내용을 소개하는 것은 이 책의 범위를 훨씬 넘어서는 것이다. 코칭 슈퍼비전을 더 알기 원한다면, 슈퍼바이저에게 직접 슈퍼비전을 받아보라고 권하고 싶다.

4. 코칭 슈퍼비전 모델

코칭 슈퍼비전이 진행되는 과정에 관한 연구나 그 모델에 관한 연구는 아직 드물다. 그것은 코칭 슈퍼비전의 중요성과 필요성에도 불구하고, 그에 관한 학술적 측면의 관찰이 덜 진행되었기 때문이다. 다만, 일부 선행연구에 따르면, 코칭 슈퍼비전은 상황(context), 과정(process), 그리고 성과(outcome)의 세 가지 요인으로 구성되었다고 소개되었다[30] 먼저, '상황'에는 코칭 슈퍼비전을 받으려는 사람이 갖는 기대감과 니즈(needs)가 포함된다. 이런 상황에서 코칭 슈퍼비전을 받고자 하는 사람과 코칭 슈퍼바이저 간의 코칭 슈퍼비전이 이루어지며, 이 '과정'에서 중요한 것은 코칭 슈퍼바이저의 경험과 행동이다. 물론 코칭 슈퍼비전을 받는 사람의 적극적이고 주도적인 역할과 행동도 중요하다. 마지막, '성과'는 코칭 슈퍼비전을 통해 나타나는 효과로, 코칭 슈퍼비전을 받는 사람의 성숙도와 자신감이 증대되며, 슈퍼바이저도 사례가 매번 달라서 새로운 내용을 학습할 수 있다는 장점이 있다.[31] 궁극적으로 코칭 슈퍼비전을 받는 사람의 역량이 향상되고, 나아가 코칭 슈퍼비전을 받는 코치로부터 코칭을 받는 고객에게도 개인적 · 조직적으로 도움이 된다. 이런 전체 과정을 그림으로 표현한 것이 [그림 12-1]이다.

30) 조선경 외 역(2019). 코칭 · 컨설팅 슈퍼비전의 관계적 접근. 서울: 한국코칭수퍼비전아카데미. 328에서 발췌, 인용; Passmore, J., & McGoldrick, S.(2009). Supervision, extra-vision or blind faith?: A grounded theory study of the efficacy of coaching supervising. *International Coaching Psychology Review*, 4(2), 145-161.

31) 국제코치연맹(ICF)의 연구에서도 코칭 슈퍼비전의 성과로, 자기인식 증대, 객관성(objectivity), 자신감 향상, 소속감 고취, 고립감 해소, 그리고 활용 가능한 자원이 풍부해짐을 들고 있다.

그림 12-1 코칭 슈퍼비전 모델

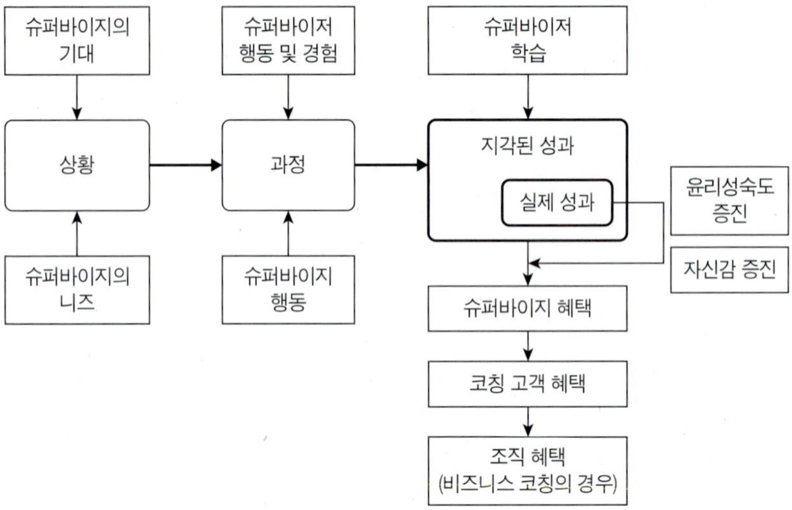

출처 : Passmore, J., & McGoldrick, S.(2009). Supervision, extra–vision or blind faith?: A grounded theory study of the efficacy of coaching supervising. *International Coaching Psychology Review*, 4(2), 145–161.

12.6 코칭 마케팅

1. 코칭 마케팅의 개념

"코칭 교육을 받고 코치 자격증도 취득했으니 이제 마케팅 활동을 해야 하는데, 어떻게 하는 것인가요?", "요즘 코칭 시장에서는 어떤 마케팅이 효과적인가요?"라는 말처럼 마케팅을 광고나 영업 활동으로 생각하는 경향이 없지 않다. 그러나 이런 인식은 빙산의 일각으로 마케팅을 바라보는 것이다. 마케팅은 상당히 다양한 활동이 포함된 총체적인 창조적 활동이다. 그러다 보니 오늘날 마케팅은 어떤 잠재적 욕구를 자극하여 표면상으로 이끄는 행위나 동기로서의 의미를 벗어나 일상의 행위에서도 마케팅이라는 용어가 등장하고 있다.[32]

사전적 의미로 마케팅(marketing)이란 '제품이나 서비스(용역)를 생산자로부터 소비자에

32) 위키백과사전(2022). 마케팅(http://ko.wikipedia.org, 2022년 6월 접속)

게 원활하게 이전하기 위한 모든 활동'을 말한다.[33] 이처럼 마케팅을 단순히 생산자와 소비자 사이의 재화와 용역의 교환행위라고 규정한다면, 그 역사는 인류의 경제 발전과 맥을 같이 한다. 전통적인 농업사회에서는 생산자와 소비자 간에 단순한 물물교환이 있었고, 산업사회에서는 대량생산과 대량판매가 있었으며, 현대와 같은 지식정보사회에서는 전자상거래가 있다.

마케팅 활동에서 중요한 것은 그 구성요소가 무엇이며, 그것이 어떤 역할과 작업을 하는가를 정확하게 파악하는 일이다. 마케팅 활동을 가능하게 하는 구성요소에 관한 점검과 분석이 부족하거나 도외시되면 마케팅 활동은 원활하게 전개되지 못한다. 따라서 마케팅 활동의 구성요소를 규명하여 이들 요소가 잘 작동하도록 하는 것이 마케팅 활동 전개의 필수적인 과업이다. 그러다 보니 마케팅의 개념은 주장하는 사람이나 단체에 따라 조금씩 차이를 보이지만, 기본적으로 욕구, 필요, 수요, 제품, 서비스, 가치, 만족, 교환, 시장을 핵심개념으로 하고 있다. 이런 관점에서 마케팅을 다시 정의하면, '마케팅 주체가 마케팅 내용을 생산하고, 마케팅 가격을 설정하여 마케팅 커뮤니케이션을 통해 알리고 마케팅 유통 경로를 통해 고객에게 재화와 용역을 구매하도록 하는 기업의 총체적 활동'이라고 정의할 수 있다.

요약하면, 마케팅은 판매행위를 어떻게 구성하고 전달할 것인지에 대한 모든 일련의 행위를 포함하며, 구체적으로 상품 개발, 포장, 패키징(packaging), 브랜드(brand), 유통, 광고, 홍보, 가격 결정, 인적 판매, 판촉 활동 등을 모두 포함한다. 이런 마케팅의 개념을 코칭 영역에 활용하면, '코칭 마케팅'(coaching marketing)이란 '코치(또는 코칭 기업)가 자신이 제공할 코칭 서비스를 생산하여 가격을 설정하고, 다양한 커뮤니케이션 방법과 유통 경로를 통해 고객에게 코칭 서비스를 구매하도록 하는 총체적 활동'이라고 정의할 수 있다.

본격적으로 코칭 마케팅에 대해 살펴보기 전에 마케팅과 관련된 몇 가지 핵심개념을 살펴보고,[34] 그런 개념이 코칭에 어떻게 적용될 수 있는지를 고려하는 것은 코칭 비즈니스의 전개에 있어 의미 있는 일이다.

1) 욕구, 필요, 수요

욕구(needs)는 '있어야 할 것이 없어지거나 모자란 상태'를 말한다. 배가 고프면 음식에 대한 욕구가 생기고, 추운 날에는 따뜻한 옷에 대한 욕구를 느낀다. 사람이 어떤 회사나 단체 등에 속하고자 하는 것은 안정에 대한 욕구이고, 사람들이 특정 상품이나 서비스를 구매하는 것도 욕구를 느끼기 때문이다. 나아가 자신이 어떤 일을 잘 하고 있고 대인관계를 잘 유지하고 있는

---

33) 국립국어원(2022). 표준국어대사전. 마케팅(http://stdict.korean.go.kr, 2022년 6월 접속)
34) 조성진 외(2020). 대학생들이 쉽게 할 수 있는 창업 실무. 경기: 양성원. 184-186에서 발췌, 인용.

지를 파악하기 어렵거나 무언가 바라는 대로 잘되지 않는다고 느낄 때, 사람들은 그것을 해결할 만한 무엇을 찾게 된다.

필요(wants)는 '욕구를 해소할 수 있는 제품이나 서비스에 대한 구체적인 바람'으로 문화, 사회, 전통에 따라 영향을 받는다. 예컨대, 배가 고플 때 한국 사람과 미국 사람이 먹으려는 음식에는 분명한 차이가 있다. 자신의 문제를 다른 사람에게 털어놓고 도움을 받고 싶을 때, 주로 친구나 동료, 가족이나 선생님 등을 찾아가지만, 그 대화의 상대는 사회와 시대가 변화함에 따라 전문적인 식견과 경험을 갖춘 사람들로 대체되는 경향이 있다. 이처럼 필요는 사람들이 처한 사회, 문화, 전통 등에 의해 형성되고, 시대의 흐름에 따라 변화된다.

수요(demands)는 '구매력에 의해 뒷받침되는 것'이다. 지금 자신의 지갑 속에 1만 원밖에 없다면, 멋진 레스토랑보다는 자신이 가진 돈으로 사 먹을 수 있는 음식을 파는 곳으로 발길을 돌릴 것이다. 대학생이 자신의 진로 문제 해결에 도움을 받기 위해 찾는 사람과 기업 임원이 겪는 이슈들을 함께 논의할 상대는 당연히 다를 수밖에 없다. 이처럼 수요는 소비자의 구매력에 의해 결정된다고 볼 수 있다. 따라서 어떤 제품이나 서비스를 제공하려는 사람들은 자신의 고객이 누구인지를 명확하게 분석하고, 그들의 구매력에 맞는 가격을 설정해야 할 것이다.

2) 제품, 서비스

대체로 사람들은 제품, 서비스, 상품 등의 용어를 서로 혼동해서 사용하지만, 그 뜻에는 명확한 차이가 있다. 먼저 제품과 서비스는 형태에 따라 구분된다. 제품이란 핸드폰, 자동차, 냉장고 등과 같이 공장에서 만들어진 유형의 상품을 의미하고, 서비스는 네이버(Naver)나 다음(Daum)의 검색 서비스, 미용실에서 제공하는 헤어컷(Haircut), 그리고 코치가 제공하는 코칭과 같은 무형의 아이디어나 상품을 말한다.

다음으로, 제품과 서비스는 소유권에 따라 구분되기도 한다. 예컨대, 노트북은 구매와 동시에 소유권이 넘어가지만, 미용실에서 제공하는 헤어컷(Haircut)이나 코치가 제공하는 코칭은 소유권이 이전되지 않는다. 제품과 서비스는 유·무형에 따라 구분되지만, 소비자의 욕구와 필요를 충족시켜 줄 수 있다는 점에서 상품이라는 공통점이 있다.

3) 가치, 만족

가치(value)란 '소비자가 지급하는 비용의 대가로 받는 혜택(benefits)'을 의미한다. 예컨대, 어떤 사람이 핸드폰을 교체해야 한다면, 삼성전자나 애플에서 생산하는 제품 가운데 자신의 욕구나 필요를 가장 잘 충족시켜 주는 것을 찾으면 된다. 여러 가지 종류의 핸드폰 가운데 그 사람에게 시간적 · 금전적 비용의 혜택이 가장 큰 상품을 선택할 것이다. 만일 코칭을 통해 애플사의 '아이폰'을 사용하던 사람이 삼성전자의 '갤럭시S'로 바꾸었다면, 그것은 그렇게 하는 것이 자신에게 가장 가치 있다고 생각했기 때문이다.

만족(satisfaction)은 '소비자의 욕구와 필요가 얼마나 충족되었는지를 의미하는 개념'이다. 만족은 구매 전에 가지고 있던 어떤 제품이나 서비스에 대한 기대와 그것을 구매함으로써 실제로 얻은 혜택이 얼마나 되는지를 비교한 결과에 따라 결정된다. 노트북을 새롭게 구매한 사람이 기대했던 것보다 실제 성과가 좋으면 만족할 것이고, 그렇지 않으면 불만족을 느낄 것이다. 마찬가지로 코칭을 받은 사람이 기대했던 것보다 자신이 느끼는 성과가 좋으면 만족할 것이고, 그렇지 않으면 코칭에 대해 불만족을 느낄 것이다.

4) 교환

교환(exchange)이란 '자신이 바라는 혜택을 얻기 위해 대가를 지급하고, 서로 주고받는 것'을 의미한다. 교환은 서로 간의 동의와 이익을 기본 전제로 한다. 예컨대, 어떤 사람이 100만 원을 주고 노트북을 구매한다면, 그 사람은 100만 원을 지급함으로써 자신의 생산성이 향상될 것으로 기대하기 때문이고, 노트북을 판매하는 사람은 이를 통해 수익을 창출할 수 있기 때문이다. 그런데 만일 어떤 사람이 100만 원짜리 노트북을 50만 원으로 구매하려 하다면 노트북은 판매되지 않을 것이고, 마찬가지로 50만 원짜리 노트북을 100만 원에 판매하려 한다면, 그 사람은 노트북을 구매하지 않을 것이다. 코칭에도 마찬가지 논리가 적용될 수 있다. 이처럼 교환 당사자들을 교환 이전의 상태보다 더 나은 상태로 만들어 줄 수 있을 때, 교환은 이루어진다.

교환에 있어 한 가지 더 고려할 것은 교환이 단기적인 의미의 거래(transaction)와 장기적 의미의 관계(relationship)를 모두 포함한다는 점이다. 최근의 마케팅은 단기적인 거래의 성격보다는 장기적인 관계 구축으로 변화하고 있다. 이런 점을 고려한다면, 코칭에서 고객을 어떤 태도와 자세를 가지고 바라보아야 할 것인지 분명해질 것이다. 코치와 고객이 코칭이라는 서비스를 매개로 거래 관계에 있다고 본다면, 코칭 마케팅은 가격을 기준으로 코칭 서비스를 교환하는 것에 불과한 단순한 행위에 불과할 것이다. 그러나 코칭은 고객이 자신의 문제를 스스로 해결하도록 지원함으로써 궁극적으로 고객이 성장하고 행복한 삶을 살도록 지원하는 과정이라면, 코칭 마케팅은 단순한 코칭 서비스 가격 산정과 홍보를 넘어 고객과 진정한 인간관계를 구축하는 것에 초점을 두는 활동이 되어야 할 것이다.

5) 시장

제품과 서비스가 교환되는 곳을 시장이라 한다. 예컨대, 우리가 잘 아는 동대문시장, 남대문시장, 그리고 전국 각 지역에 있는 중앙시장이 이에 속한다. 그런데 시장은 단지 물리적 공간에 국한되는 것이 아니라, 곡물 시장, 석유 시장, 자금 시장, 탄소 시장, 금융 시장, 사이버 시장, 그리고 코칭 시장처럼 구매자들의 집합 또는 소비자들의 집합을 의미하기도 한다. 일반적으로 가격은 이런 시장에서 결정된다.

2. 코칭 마케팅의 전개

여기에서 마케팅의 모든 세부사항에 대해 자세하게 살펴보는 것은 이 책의 주요한 목적이 아니다. 따라서 여기에서는 한 사람이 코칭 서비스를 시장에 내놓을 계획이거나 코치(또는 코칭 기업)가 이미 코칭 서비스라는 상품을 생산했다는 것을 전제로, 그 서비스를 시장에서 거래되도록 하는 데 초점을 맞출 것이다. 이런 차원에서 일반적인 마케팅 활동과 관련된 다양한 분석과 활동을 코치(또는 코칭 기업)에 적용하는 데 필요한 활동에 한정할 것이다.

다양한 제품과 서비스 가운데 코칭 서비스를 시장에 내놓기로 선택한 사람이라면, 허공 속에 그린 실험실 수준의 아이디어로는 한 걸음도 앞으로 나갈 수 없다. 코칭 서비스 제공이라는 아이디어가 고객에게 선택되어 구매되기 전까지는 그냥 아이디어일 뿐이다. 따라서 누군가가 가진 코칭 서비스가 시장에서 제 가격에 원활하게 구매되도록 하려면, 다양한 사전 준비와 적절한 활동이 필요하다.

> "훌륭한 아이디어가 훌륭한 제품으로 이어지는 데는 엄청난 양의 장인적인 노력이 포함되며, 그 훌륭한 아이디어를 전개하는 과정에서 아이디어 자체도 변화되고 성장한다. 처음 떠오른 아이디어는 그대로 구현되지 않는다. 아이디어 구현 과정에서 더 많은 것을 배우게 되고, 동시에 포기해야 하는 것이 수백 가지는 생긴다. 제품을 개발한다는 것은 이런 모든 문제와 부딪히면서 원하는 과정에 도달할 때까지 5,000가지 개념들을 계속 새롭고 다른 방식으로 끼워 맞추는 과정이다." – 스티브 잡스

눈에 보이는 유형의 제품을 생산하는 데도 엄청난 수고와 노력이 필요한데, 눈에 보이지 않는 무형의 서비스인 코칭을 제공하는 것은 그보다 더 많은 수고와 노력이 필요하다. 그런 차원에서 코치가 시작하려는 코칭은 더 창조적인 활동이다.

1) 시장 분석[35)]

코칭 관련 시장을 제대로 파악하기 위해서는 코칭 시장의 흐름과 코칭 수수료를 먼저 파악해야 한다. 그러기 위해서는 먼저 코칭 시장에 진입한 코치(또는 코칭 기업)들을 직접 만나보는 것이 필요하다. 인터넷 검색만으로 코칭 시장의 흐름과 코칭 서비스 소비자, 즉 고객의 요구사항을 파악하기 힘들다. 그 후 각종 자료 등을 추가로 탐색하면서 코칭 시장의 흐름을 파악해야 한다. 그 결과를 종합적으로 정리했다면, 코치(또는 코칭 기업)들과 의사소통을 하는 것이 필요하다.

그런 다음에는 자신이 제공하려는 코칭 서비스의 특성을 파악하는 작업이 필요하다. 하나의 제품이나 서비스(용역)에는 다양한 특성이 있다. 해당 제품이나 서비스에 따라 도입기, 성장기, 성숙기, 쇠퇴기에 놓여 있기도 하고, 유행에 따라 판매(또는 구매) 여부가 결정되기도 하며, 계절의 영향을 받기도 한다. 따라서 자신이 제공하려는 코칭 서비스가 어떤 특성을 가진 것인지를 다양한 각도에서 점검해 보아야 한다.

이런 기초 작업을 바탕으로 '3C 분석', 즉 소비자(고객, customer), 경쟁사(competitor), 자사(company)에 관한 분석을 진행해야 한다.

첫째, 소비자(고객)에 관한 조사가 필요하다. 이것은 누가(목표 고객), 무엇을(코칭의 종류), 왜(구매 동기), 어디서(유통 경로), 언제(구매 시기), 어떻게(구매 조건) 구매하는지를 5W1H 원칙에 따라 확인할 수 있다(〈표 12-2〉 참조).

둘째, 경쟁사에 관한 조사가 필요하다. 경쟁상대 조사는 온 · 오프라인을 모두 포함하여 진행해야 한다. 온라인상의 경쟁상대는 검색 엔진을 활용하여 찾아볼 수 있고, 오프라인의 경쟁상대는 온라인 검색 결과를 바탕으로 직접 발품을 팔아야 한다. 코칭은 서비스를 제공하는 것이어서 경쟁상대에 관한 조사가 쉽지 않지만, 가능한 모든 방법을 동원, 조사하여 꼼꼼하게 살펴보는 것이 중요하다. 그리고 할 수 있다면, 코칭 시장뿐만 아니라 유사 서비스를 제공하는 상담 관련 경쟁사를 조사하는 것도 코칭 시장의 경쟁력을 파악하는 데 큰 도움이 될 것이다. 이 과정에서 수집한 자료와 정보를 바탕으로 〈표 12-3〉과 같이 정리해 보면, 경쟁사에 관한 사항을 일목요연하게 볼 수 있다.

마지막으로, 자사에 관한 조사가 필요하다. 이것을 코칭 서비스를 제공하는 코치(또는 코칭 기업) 자신에 관한 조사를 다양한 기준으로 진행하는 것을 말한다. 자신이 제공하는 코칭 서비스의 경쟁력, 목표, 전략 방향, 가지고 있는 각종 자원의 규모, 현재 상황 등에 관해 냉정한 분석을 진행해야 한다. 이에 대한 구체적인 내용은 뒤에서 자세하게 논의하기로 한다.

---

35) 조성진 외(2020). 대학생들이 쉽게 할 수 있는 창업 실무. 경기: 양성원. 51-56에서 발췌, 인용.

표 12-2 코칭 서비스 소비자(고객) 조사 방법

구분		조사 내용
누가 (who)	누구에게 판매할 것인가?	시간, 공간, 자원의 제약으로 모든 고객에게 코칭 서비스를 제공할 수 없다. 전체 코칭 시장 중 목표 고객이 누구인지 확인해 본다.
무엇을 (what)	무엇을 구매하는가?	고객은 자신이 선호하는 코치, 코칭 기업, 희망 구매 가격 등을 알고 있다. 고객이 무엇을 구매하는지 확인해 본다.
왜 (why)	왜 구매하는가?	고객이 코칭 서비스를 구매하는 이유가 있다. 가격, 브랜드, 품질, 편의성 등 구매 욕구를 확인해 본다.
어디서 (where)	코칭 서비스의 유통 경로는 어떠한가?	지인의 소개, 광고 선전, 인터넷 검색 등 코칭 서비스의 구매 경로, 즉 유통 경로를 확인해 본다.
언제 (when)	언제 구매할 것인가?	코칭 고객은 언제, 어떤 때에, 어떤 경우에 코칭 서비스를 구매하는지 확인해 본다.
어떻게 (how)	구매 조건은 어떠한가?	코칭 서비스를 구매할 때 구매 조건은 어떤 것인지 확인해 본다.

표 12-3 경쟁사 조사

구분		특징	강점	약점
코칭 시장	A사			
	B사			
	C사			
유사 시장	A사			
	B사			
	C사			

2) 환경 분석[36]

여기에서 환경(circumstance)이란 코칭 비즈니스를 시작하는 데 있어 코치[37]의 사업에 영향을 미치는 경영 환경, 즉 코치의 내부와 외부의 사업 환경을 말한다. 코칭 비즈니스 전개에 영향을 미치는 경영 환경은 각종 법령의 신설, 완화 및 철폐에 따라 수시로 변화하고, 코칭 서비스에 대한 고객의 선호도, 유사 서비스의 성장과 쇠퇴 등에 따라 수시로 변화할 수 있다. 따라서 코치가 이런 수많은 변화에 능동적으로 대처하기 위해서는 자신이 지닌 고유한 역량(내부 환경)과 현재 코칭 시장 등을 포함한 변화 추이(외부 환경)를 정확하게 파악하는 능력이 필요하다. 이런 코칭 환경 분석이 중요한 이유는 첫째, 코칭 시장을 위협하는 것들을 사전에 감지하여 위험을 회피할 수 있고, 둘째, 시장 확대의 기회를 찾을 수 있기 때문이다.

정리하면, 환경 분석이란 코치가 가진 내부 역량과 외부 환경이 현재 상황에 적합한지를 파악하고 부족한 부분이 있는 경우, 이를 극복하는 대안을 미리 마련하여 코칭 비즈니스가 실패할 확률을 줄여나가는 작업이다. 이것은 내부 환경 분석과 외부 환경 분석으로 나누어 수행할 수 있다. 다시 그것을 바탕으로 SWOT 분석을 진행하고, 코칭 비즈니스 관련 전략을 세울 수 있다.

① 내부 환경 분석

내부 환경이란 '코치가 코칭 비즈니스를 영위하는 데 필요한 자원의 보유 여부, 정성적 · 정량적 보유량, 그리고 향후 특정 기간 내에 확보할 수 있는지의 가능성'을 말한다. 간단히 말해, '코칭 비즈니스 전개를 위해 코치가 가지고 있는 유 · 무형 자원의 보유 정도'를 말한다. 이것을 정확히 알 수 있을 때 더 정밀한 사업계획을 수립할 수 있다.

내부 환경의 요소에는 재무적 자원, 인적 자원, 실물 자원, 조직적 자원, 그리고 기술적 자원이 포함된다.

첫째, 재무적 자원은 코칭 비즈니스 창업에 필요한 자원과 6개월~1년 사이의 단기간에 자금을 동원할 수 있는 능력을 말한다. 현금, 주식, 차입 등을 통해 재무적 자원을 마련할 수 있다. 이때 법인 설립 자금, 인건비, 사무실 임대료, 통신 장비와 비품 구매, 사무용품 구매 등에 필요한 자금을 마련할 필요가 있다. 창업 초기에는 코치 본인의 자금 또는 지인으로부터 융통한 자금을 활용할 수 있지만, 코칭 비즈니스 규모가 커지면 주식 발행이나 사채, 대출을 통해 자금을 차입할 수도 있다. 재무적 자원은 이후에 설명될 다른 내부 자원의 근원이 되므로 창업 초기부터 철저하게 분석할 필요가 있다.

---

36) 조성진 외(2020). 대학생들이 쉽게 할 수 있는 창업 실무. 경기: 양성원. 63-84에서 발췌, 인용.

37) 여기에서 코치는 현재 상황에서 가장 많은 형태인 1인 기업(프리랜서)으로서 전문코치뿐만 아니라 코칭 서비스를 주요 아이템으로 삼아 비즈니스를 전개하고 있는 '코칭 기업'(coaching firm)을 함께 포함하여 논의를 전개한다.

둘째, 인적 자원은 코칭 비즈니스 전개에 필요한 인력을 말한다. 1인 코칭 기업의 경우에는 별로 고려할 것이 없지만, 2인 이상의 조직으로 구성된 코칭 기업을 구성할 때는 효과적인 인적 자원을 구성하는 것이 매우 중요하다. 재무적 자원이 충분한 경우에는 코칭 비즈니스에 필요한 다양한 인재를 영입하여 여유롭게 시작할 수 있지만, 현실적으로 그런 상황은 많지 않으므로 꼭 필요한 인력을 확보하기 위해 노력해야 한다. 이때 고려할 인력은 전문코치, 관리자, 라인(line)과 스태프(staff) 인력으로 구분하여 확보하고, 임금 수준을 고려하여 인력 수급 계획을 수립해야 한다.

셋째, 실물 자원은 코치가 코칭 비즈니스를 영위하는 데 필요한 유형 자원을 말하는 것으로, 건물, 시설, 장비, 원재료 등이 있다. 코치는 코칭 비즈니스를 시작하기에 적당한 공간을 확보하고 있는지 또는 확보할 수 있는지, 시설이나 장비를 보유하고 있는지 또는 효율적으로 적시에 확보할 수 있는지, 원재료를 조달할 능력을 자체적으로 가지고 있는지를 꼼꼼히 확인해야 한다. 대개 이런 실물 자원은 재무적 자원을 통해 구입 및 확보할 수 있다.

넷째, 조직적 자원은 코칭 비즈니스를 운영하는 데 필요한 정보 시스템,[38] 교육 · 훈련 체계, 품질 관리 절차, 조직 구조, 기업가정신, 기업 문화 등의 여건을 말한다. 재무적 자원을 바탕으로 인적 자원과 실물 자원이 확보되더라도 창업 이후 코칭 비즈니스를 순조롭게 진행하기 위해서는 시스템 차원의 지원이 필요하다. 따라서 창업 이전에 이와 관련된 여건 마련에 노력을 기울일 필요가 있다.

마지막, 기술적 자원은 코칭 비즈니스를 영위하는 데 필요한 기술적 요소를 말한다. 인증 코칭 프로그램,[39] 상표, 실용신안, 디자인 등 다양한 지적 재산이 이에 속한다. 특히, 자신이 사용할 코칭(교육) 프로그램이 타인의 지적 재산을 침범하지 않는지 반드시 확인해야 한다. 만일 자신의 코칭 비즈니스 아이템이 타인의 지적 재산에 저촉되는 경우에는 이를 우회하거나 회피할 수 있는 전략을 마련해야 한다. 기술적 자원 분석에서 중요하게 고려해야 할 사항은 코칭 서비스의 신뢰성이다. 코칭 비즈니스 전개 초기에 고객의 신뢰를 잃을 경우, 코칭 비즈니스를 제대로 전개하기도 전에 시장에서 사장되는 경우가 발생할 수 있다.

② 외부 환경 분석

외부 환경 분석을 위해 고려할 사항은 코치의 비즈니스에 직접 연관이 있는 것에 초점을 두되, 현재 트렌드(trend)보다 5년 이후의 사업 환경을 예측하도록 미래 지향적인 자료를 수집해

38) 정보 시스템에는 '전사적 자원관리'(Enterprise Resource Planning: ERP), '공급망 관리'(Supply Chain Management: SCM), '고객 관계 관리'(Customer Relationship Management: CRM) 등 다양한 경영지원 시스템이 포함된다.

39) 이것은 인증된 코칭 프로그램 교육을 수료한 후에 해당 프로그램의 사용 가능 여부나 코치 관련 단체에서 인증을 받은 코칭 프로그램(한국의 경우에는 ACPK 프로그램)을 보유하고 있는지에 관한 것을 말한다.

야 한다. 그리고 코치의 비즈니스 환경을 분석하는 데 직접 활용될 수 있는 자료로, 정확한 근거를 바탕으로 산출된 것이어야 한다. 이런 조건에 부합하는 자료를 바탕으로 분석된 외부 환경은 코치가 추진하려는 비즈니스의 당위성을 부여해 줄 뿐만 아니라 정확한 사업 방향을 마련하는 데 도움을 준다. 외부 환경은 크게 경제 환경, 정부 및 법적 환경, 시장 및 경쟁 환경, 공급자 환경, 기술적 환경 및 사회적 환경으로 나누어 분석할 수 있다.

첫째, 경제 환경 분석은 코치가 추진하는 비즈니스에 영향을 주는 경기 변동 상황(불황, 침체, 회복, 호황), 물가, 환율, 금리 등에 관한 것을 말한다. 이런 외부적 변수들은 코치의 비즈니스에 영향을 끼칠 뿐만 아니라 주요 고객 가운데 하나인 기업에 영향을 미치고, 결국 코칭 수요에도 영향을 미칠 수 있다. 이런 경제 환경 분석을 통해 코치는 코칭 비즈니스 창업과 확대 시기, 보유한 자금의 사용 시기 등을 정할 수 있다.

둘째, 정부 및 법적 환경 분석은 정부 방침이나 법적 규제 등과 관련된 것을 말한다. 일반적으로 아무리 좋은 비즈니스 아이템이더라도 정부 방침이나 법적 규제에 걸리는 경우, 사업 전개에 큰 위협이 될 수 있다. 반대로 정부에서 적극적으로 육성하려는 산업인 경우는 기회 요소로 작용하기도 한다. 현재 상황에서 코칭이 정부 방침과 직접적인 연관이 부족한 것이 사실이지만, 향후 코치의 고객이 될 수 있는 기업의 상황을 이해하는 차원에서 산업과 관련된 정부의 상황을 파악하는 것은 도움이 된다. 여하튼 코치의 관점에서 중장기적으로 정부의 어떤 시책과 상관관계가 있는지를 파악하고 기회를 포착하는 것도 중요하다. 이를 위해 산업 육성 또는 규제 정책, 기존 제도의 변경과 신규 제도의 신설 등과 관련된 부처 또는 관련 기관의 웹사이트를 수시로 확인, 파악해야 한다.

셋째, 시장 및 경쟁 환경 분석은 시장 규모, 성장성, 수요탄력성, 제품 수명주기 상의 위치 및 대체재의 위협 등에 관한 것을 말한다. 먼저, 코치는 비즈니스 초기에 사업 규모를 판단하기 위해 국내 시장 규모와 해외 시장 규모를 모두 파악해야 한다. 물론 코칭의 특성상 다른 제품이나 서비스와 달리 해외 시장에서의 코칭 비즈니스 전개가 쉽지 않아서 해외 시장 규모 파악의 필요성을 느끼지 않을 수 있지만, 장기적인 차원의 비즈니스 전개 측면에서 필요하다고 판단되면 그에 관한 분석을 진행할 수도 있다. 다음, 코치는 코칭 비즈니스의 현재 위치와 향후 사업의 성장 정도를 파악해야 한다. 성장성을 분석하는 데 유용한 방법은 동종업계에 종사하는 코치의 매출 실적 또는 영업 이익 증가율을 시계열로 조사, 분석하는 것이다. 다음, 수요탄력성을 분석하는 것이 필요한데, 이것은 고객의 소득 수준이나 코칭 서비스의 가격 변화에 따른 수요의 변화를 예측한 후에 적정한 수요량을 산정하는 것이다. 다음에는 코칭이 제품 수명주기 상에 어떤 위치에 있는지 파악하고, 현 단계에서의 생존 전략과 다음 단계에 관한 준비를 해야 한다. 다음에 남은 일은 현재 코치가 제공하는 코칭 서비스보다 품질, 가격, 부가 기능(혜택) 등의 차원에서 더 나은 가치를 제공하는 대체재가 있는지 파악하는 것이다.

넷째, 공급자 환경 분석은 다른 공급자로부터 원재료를 공급받는 경우와 관련된 사항을 말한다. 코칭 서비스의 특성상, 다른 제품이나 서비스와 달리 원재료를 공급받지 않지만, 만일 코치가 코칭 서비스 제공과 코칭 교육을 병행하며 비즈니스를 전개할 것이라면, 관련 코칭(교육) 프로그램과 관련된 공급 문제가 발생할 수 있다. 즉, 코치가 사용한 코칭(교육) 프로그램은 다양해서 그것의 품질이나 단가가 적절하지 않을 때는 언제든지 다른 공급자(파트너)를 찾을 수 있다. 따라서 코치는 본인이 제공하려는 서비스에 적절한 프로그램이 무엇인지 판단하고 이와 관련된 계획을 수립해야 한다.

다섯째, 기술적 환경 분석은 새로운 코칭 서비스가 생기거나 대체재가 출시될 가능성에 관한 것을 말한다. 다른 제품이나 서비스와 마찬가지로 코칭 서비스도 고객의 니즈(needs)를 적시에 충족시키는 것이 중요하다. 아무리 좋은 코칭 서비스와 관련된 것이더라도 고객이 필요하다고 생각하지 않는 것은 시장에서 외면당할 수 있다는 점을 유념해야 한다. 특히, 최근 들어 기존에 상담 영역에서 활동하던 분들이 코칭 시장에 진입하거나 코칭과 상담을 병행한 서비스를 출시하는 예가 있는데, 코치는 기술적 차원에서 이에 관한 분석을 진행할 필요가 있다.

마지막, 사회적 환경 분석은 인구 변화 정도, 연령대의 분포, 소득 수준의 변화, 가치관의 변화, 생활양식(life style) 등의 변화에 관한 것을 말한다. 이런 요소들에 관한 사회 전반적인 추세와 변화 정도를 파악하고, 그것이 코치의 비즈니스 운영에 어떤 영향을 미칠 것인지를 분석해야 한다.

이상에서 살펴본 내부 환경이 코치에게 강점과 약점의 요소로 작용한다면, 외부 환경은 비즈니스의 기회와 위협 요소로 작용하게 된다. 코치는 이 요소들을 정확하게 파악할수록 비즈니스에 성공할 확률이 높아짐을 인식해야 한다. 그런 차원에서 내 · 외부 환경과 관련된 요소들을 분석한 종합적인 결과를 활용하는 SWOT 분석기법을 살펴보는 것은 의미있는 일이다.

3. 환경 분석 결과를 활용한 SWOT 전략[40)]

1) SWOT 분석의 정의와 방법

SWOT 분석은 강점(strength), 약점(weakness), 기회(opportunity), 위협(threats)의 영문 앞글자를 합성한 것으로, 비즈니스에 있어서 경쟁자와 비교하여 내부 환경에 대한 강점과 약점, 외부 환경에 대한 기회와 위협 요인을 분석하여 사업 전략을 수립하기 위해 사용되는 분석기법을 말한다.

40) 조성진 · 황윤성 · 양승호(2020). 4차 산업혁명 시대의 진로 탐색과 취업 전략. 경기: 양성원. 117-129에서 발췌, 인용.

표 12-4 SWOT 분석 내용의 정리

구분	기회(opportunity)	위협(threats)
사회적 환경 (society)		
경쟁 환경 (competitor)		
경제 환경 (economy)		
정책적 환경 (politics)		
기술적 환경 (technology)		
정보 환경 (information		
고객 환경 (customer)		
구분	**강점(strength)**	**약점(weakness)**
인적 자원 (people)		
원재료 (material)		
자금 (money)		
정보력 (information)		
시간 활용 (time)		
자신(기업) 이미지 (image)		

기본적으로 SWOT 분석은 앞에서 내부와 외부 환경 분석을 통해 찾아낸 내용을 바탕으로 전략을 도출하는 형식을 띤다. 간단하게 3~4가지 요소를 기준으로 작성할 수도 있지만, 그 기준을 좀 더 세분화하면 더 정교한 SWOT 분석을 할 수 있다(〈표 12-4〉 참조). 따라서 새롭게 코칭 비즈니스를 전개하길 원하는 코치나 기존의 전문코치라도 이들 기준에 따른 SWOT 분석을 진행하는 것은 코칭 비즈니스의 성공을 위해 필요한 의미 있는 작업이다.

이 과정을 통해 코치의 SWOT 분석에 대한 사항을 정리했다면, 그 결과를 활용하여 향후 추진할 코칭 마케팅 전략을 비롯한 비즈니스 전략을 마련해야 한다. 앞서 정리한 강점, 약점, 기회, 위협을 각각 연결하면 4가지 전략을 도출할 수 있다(〈표 12-5〉 참조). 아래 네 가지 전략은 목적 달성의 중요성, 실행 가능성, 경쟁자와의 차별성 및 시의 적절성 등을 고려하여 수립해야 한다.

- SO 전략 : 강점을 활용하여 기회를 살리는 가장 공격적인 전략
- ST 전략 : 강점을 활용하여 위협이 될 요소를 회피하거나 최소화하는 것으로, 다양한 대안을 마련하는 다양화 전략
- WO 전략 : 약점을 보완하여 기회를 살리는 것으로, 불리한 상황을 바꾸고자 하는 방향 전환 전략
- WT 전략 : 약점을 보완하면서 위협을 회피하거나 최소화하는 것으로, 가장 방어적인 전략

SWOT 분석은 내부와 외부의 환경을 동시에 판단할 수 있다는 장점과 다양한 내용을 간단한 매트릭스(matrix)로 명료하게 나타낼 수 있다는 장점이 있는 반면에, 각각의 점검항목의 리스트를 정리하기 위해서는 다양한 관련 지식이나 정보를 확보해야 하고, 약점과 위협 요소에 관한 평가에 있어 관대해질 수 있다는 단점이 있다. 여하튼 코치는 코칭 비즈니스를 전개하기 전에 내부의 약점과 외부의 위협 요소를 냉철하게 파악하여 전략을 수립해야 한다.

표 12-5 SWOT 분석 결과에 따른 전략 수립

구분	기회(opportunity)	위협(threats)
강점(strength)	SO 전략	ST 전략
약점(weakness)	WO 전략	WT 전략

4. 시장 세분화 전략[41)]

1) 시장 세분화의 정의

시장 세분화란 모든 소비자(또는 고객)의 욕구가 달라서 하나의 제품이나 서비스만으로는 전체 고객의 욕구를 동시에 충족시켜 줄 수 없다는 가정 아래, '전체 시장을 일정한 기준을 활용하여 욕구가 유사한 몇 개의 시장으로 나누는 과정'이라고 정의할 수 있다. 구체적으로 보면, 욕구가 유사한 고객 집단별로 전체 시장을 나누고(segmentation), 기업의 목적 달성에 가장 적합한 고객 집단을 선택 혹은 목표로 삼아(targeting) 선택된 목표시장에서 차별적인 경쟁우위를 유지함으로써 자사 제품이나 서비스를 적절하게 위치시키는 전략(positioning)을 개발하는 이른바 'STP 과정'을 의미한다.

일반적으로 시장 세분화는 모든 제품이나 서비스를 대상으로 진행할 수 있지만, 여기에서 진행되는 논의는 궁극적으로 코칭 서비스 시장의 세분화에 집중하기로 한다.

2) 시장 세분화의 필요성

수십 년 전만 하더라도 일상생활에서 치약의 종류는 많지 않았다. 하지만 이제 치약의 종류는 충치 예방, 잇몸병, 치석 방지, 시림 방지, 성장기 어린이용까지 세분화하여 수십 가지가 넘는다. 이런 현상은 다양한 제품이나 서비스로 확대되고 있지만, 특히 소비재에서 더 크게 나타나고 있다. 이처럼 시장이 세분화하는 이유는 다음과 같다.

첫째, 고객의 삶의 질이 윤택해졌기 때문이다. 전반적으로 소득 수준이 높아져 어떤 제품이나 서비스를 소비하더라도 자신이 좋아하고 자신에게 맞는 것을 소비하는 형태로 바뀌었다. 이런 현상을 기업의 관점에서 보면, 하나의 제품이나 서비스로 여러 사람의 흥미나 마음을 동시에 끄는(appeal) 시대는 끝났음을 의미한다. 이제는 새로운 개념의 제품이나 서비스를 통해 고객의 필요를 충족시켜야 새로운 시장을 개척할 수 있게 되었다.

둘째, 시장에서 경쟁자가 많아졌기 때문이다. 시장에 공급되는 제품이나 서비스가 한정되어 만들어 팔기만 하던 공급자 우위의 시장에서는 굳이 시장을 세분화할 필요성을 느끼지 못했다. 하지만 경쟁자의 수 자체가 엄청나게 증가한 시장에서는 자신의 제품이나 서비스를 판매하기 위한 별도의 노력을 기울여야 하고, 필요하다면 경쟁자의 고객도 유입해야 하는 상황이 되었다. 만일 해당 제품이나 서비스 시장이 포화한 상태라면, 그동안 자사의 제품이나 서비스를 사용하지 않던 사람들까지 끌어들여야 하는 상황이 될 것이다. 이처럼 제품이나 서비스

---

41) 이상환 · 이재철(1998). 서비스 마케팅. 서울: 삼영사. 204-259에서 발췌, 인용; 조성진 · 황윤성 · 양승호(2020). 4차 산업혁명 시대의 진로 탐색과 취업 전략. 경기: 양성원. 117-129에서 발췌, 인용.

를 공급하는 사람의 상황에 따라 마케팅 활동은 달라지고, 시장을 세분해야 할 필요성은 증대된다.

마지막, 명확하게 차별화되지 않는 서비스의 본질적 특성 때문이다. 서비스가 가지는 무형적인 특성으로 인해 특정 서비스 제공자가 자신만의 독특한 서비스를 부각하는 차별적 요소가 부족한 것이 사실이다. 치열한 경쟁 속에서 경쟁우위를 획득할 기회를 얻기 위해서는 자신이 제공하는 서비스의 차별화를 도모할 필요가 있고, 그러기 위해서는 해당 서비스를 기대하는 시장을 세분화할 필요가 있다.

코칭 시장만 한정해서 보아도 코치가 모든 고객의 욕구를 충족시키기에는 한계가 있다. 따라서 코치는 전체 코칭 시장을 여러 개의 세분된 시장으로 나누고, 이들 각각의 세분 시장에 맞는 독특한 서비스를 제공하는 차별적 마케팅 접근법을 적용할 필요가 있다.

3) 서비스 시장 세분화 과정

시장 세분화 과정은 이질적인 시장을 특정한 동질적 시장으로 나누는 과정으로, 다음과 같은 4단계로 구분할 수 있다([그림 12-2] 참조).

- 시장 개념의 정의
- 세분화 기준이 되는 대안의 규명
- 세분화를 위한 최적 기준 선택
- 세분 시장 규명과 목표시장 선택

이와 같은 세분화 과정을 통해 특정 세분 시장이 목표로 선정되면, 다음 단계로 세분 시장에 대한 '포지셔닝'(positioning) 전략과 '마케팅 믹스'(marketing mix) 전략을 개발하는 과정으로 진행하면 된다.

① 적절한 시장 개념의 정의

시장을 구체적으로 세분화하기 위해서는 시장에 대한 확실한 개념을 정립해야 한다. 일반적으로 시장이란 구매자와 판매자 사이의 교환이 이루어지는 곳이다. 구체적으로 말하면, 시장은 '특정한 욕구를 지니고 있으며, 그 욕구를 충족시키기 위해 기꺼이 교환에 관여하려는 현재의 고객과 잠재적인 고객의 집합'이라고 정의할 수 있다.

이런 시장을 제도적 차원으로 분류하면 다음과 같이 6개로 나눌 수 있다.

첫째, 소비재 시장으로, 이 시장의 고객들은 그들의 최종 소비를 위해 제품이나 서비스를 구매한다. 둘째, 산업재 시장으로, 이 사장의 고객들은 다른 제품이나 서비스를 생산하기 위해

그림 12-2 서비스 시장 세분화 과정

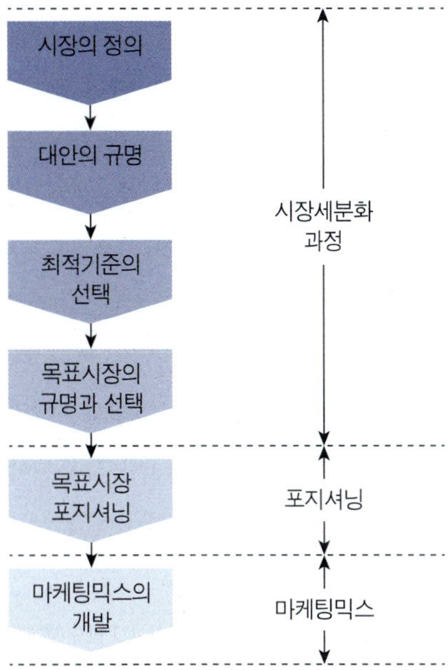

출처: 이상환 · 이재철(1998). 서비스 마케팅. 서울: 삼영사. 211에서 인용.

특정의 제품이나 서비스를 구매한다. 셋째, 정부 시장으로, 이 시장은 중앙정부와 지방자치단체로 구성되고, 이들은 주로 국민에 대한 봉사와 국방 등을 위해 제품과 서비스를 구매한다. 넷째, 재판매업자 시장으로, 도매상이나 소매상과 같이 어떤 제품이나 서비스를 구매하여 이것을 다른 시장에 판매하는 유통업자들로 구성된다. 다섯째, 기관 시장으로, 이 시장은 사립학교, 병원, 종교 단체, 자선 단체 등으로 구성되며, 이 시장의 구매자들은 자신들의 이익 창출을 위해 제품이나 서비스를 구매하지 않고, 단지 최종 사용만을 위해 구매한다. 마지막, 국제 시장으로, 이 시장은 다른 국가에 있는 고객들로 구성되며, 여기에는 앞에서 언급한 5개의 시장이 모두 포함된다.

코칭의 경우에는 재판매업자 시장을 제외하고 모든 형태의 시장이 존재한다고 볼 수 있다. 따라서 코치는 코칭 서비스 시장 세분화를 위해 이와 같은 기초적인 시장 개념을 정의하는 것에서 출발해야 한다. 이런 시장을 정의하기 위해서는 코칭 서비스를 제공하는 코치나 코칭 기업의 강점과 약점에 관한 내부적인 평가와 사용할 수 있는 자원에 대한 검토가 필요하다.

② 세분화의 기준이 되는 대안의 규명

시장 세분화 전략을 수행하기 위해서는 서비스와 관련된 요인들을 알아야 한다. 이런 것을

'시장 세분화 기준변수'라고 한다. 이것은 다시 서비스를 구매하는 고객의 특성과 관련된 변수들과 고객의 구매 행동과 관련된 변수들로 나눌 수 있다.

고객 특성 관련 변수로는 인구통계학적 변수, 사회경제적 변수, 심리적 변수와 지리적 변수가 있다. 인구통계학적 변수에는 나이, 성별, 가족 구성단위, 가족 생활주기 등이 있고, 사회경제적 변수에는 개인 또는 가족의 소득, 직업, 학력 등이 있다. 이 변수들은 특정 서비스에 대한 욕구나 선호 등과 상관관계가 높을 뿐만 아니라 변수들을 쉽게 측정할 수 있다는 점에서 널리 사용되고 있다. 심리적 변수로는 사회계층, 생활양식(Life style), 개성 등이 있고, 지리적 변수로는 거주 지역, 도시의 크기, 기후, 인구밀도 등의 변수를 주로 활용한다. 다음, 구매 행동 관련 변수로는 사용 기회, 사용 경험, 사용량, 브랜드 충성도, 추구 편익,[42] 촉진 반응[43] 등이 있다.

시장 세분화에서 유의할 것은 각각의 세분 시장은 측정할 수 있고, 접근 가능해야 한다는 점이다. 또한, 의미 있는 시장 규모와 차별적 반응의 요건을 갖추어야 한다는 점이다.

③ 세분화를 위한 최적의 기준 선택

시장을 세분화하는 데 유용하게 이용할 수 있는 여러 가지 변수에 대해 충분히 고려한 후에 할 일은 코칭 서비스 기업(개인)에 가장 적합한 하나 혹은 그 이상의 최적 세분화 기준을 선택하는 것이다. 만일 단일 기준으로 시장 세분화를 할 때 그 절차는 단순하지만, 소비자 욕구를 충족시키기에는 다소 부족할 수 있다. 반면 다수의 변수를 결합하여 시장을 세분화할 경우는 각 세분 시장에 대한 더 많은 정보를 획득할 수 있을 뿐만 아니라 이것을 기초로 목표 세분 시장의 욕구를 더 정확하게 충족시킬 수 있다.

④ 목표시장의 규명과 선택

시장을 나눈 후에 코치(코칭 기업)가 해야 할 일은 자신에게 가장 적합한 목표시장을 선택하는 것이다. 즉, 자신의 마케팅 노력을 투입할 시장의 범위를 결정해야 하는 일이다. 여기에서 목표시장이란 '서비스 제공자가 자신의 마케팅 노력을 특별히 기울이는 고객 집단'으로 정의할 수 있다.

시장을 세분화하다 보면 다양한 기회가 보이게 된다. 그러나 코치(코칭 기업)는 가용할 수 있는 자원, 즉 시간과 재정 문제 때문에 모든 시장을 공략할 수 없다. 선택과 집중은 비즈니스

---

42) 추구 편익(benefit sought)이란 한 가지 서비스에 대해서도 소비자들이 근본적으로 추구하는 편익은 서로 다를 수 있다는 가정하에서 시장을 세분화하는 방법으로, 어떤 특징을 가진 소비자가 특정 제품을 구매하는가에 초점을 맞추는 심리적 세분화와는 구별된다.

43) 촉진 반응에 의한 세분화란 특정 촉진 활동에 대한 소비자들의 반응을 기초로 시장을 세분화하는 것을 말하는데, 여기에서 반응이란 서비스를 제공하는 기업의 광고, 판매촉진, 진열이나 전시에 대한 소비자의 반응을 의미한다.

의 기본이다. 물론 시장 기회를 무시하는 것은 어렵고 고통스러운 일이다. 하지만 다양한 가능성을 남겨 놓으면 성공 확률도 높아질 수 있고, 최선으로 선택한 것이 잘못되는 것을 고려하면 차선책도 필요하다. 이때 시장 세분화 전략을 효과적으로 집행하기 위해서는 목표시장을 선택하기에 앞서 다음과 같은 7가지 기준을 적용해서 목표시장을 선정할 수 있다.

① 목표 고객의 지급 능력은 충분한가?

② 목표 고객이 판매 조직에 쉽게 접할 방법이 있는가?

③ 목표 고객이 구매할 수밖에 없는 이유는 무엇인가?

④ 협력업체와 함께 완제품을 당장 출시할 수 있는가?

⑤ 난공불락의 경쟁자가 비디고 있는가?

⑥ 세분 시장의 성공을 발판으로 다른 시장으로 진출할 수 있는가?

⑦ 가치관, 열정, 목표에 부합하는 시장인가?

목표시장 선정에서 주의할 점은 너무 큰 시장은 공략하기 어렵다는 점이다. 큰 시장에는 대기업과 세계적인 기업이 기다리고 있기 때문이다. 너무 벅찬 상대와 경쟁하는 것은 좋은 경험이 될 수 있지만 금방 포기해 버리고 말 것이다. 자신보다 조금 뛰어난 사람과 시합을 해야 경쟁 심리도 생기고 실력도 향상되는 것과 마찬가지 이치이다.

일단 시장에 진입하면 거기에서 다양한 세부 시장을 또 찾을 수 있다. 너무 작은 시장을 공략하는 것은 아닌지 걱정할 필요가 없다. 주어진 시간 동안 주어진 자원을 최적으로 사용하고 싶다면, 시장을 좁히고 좁혀야 한다. 다음 3가지 조건을 충족시킬 때까지 시장을 세분화해야 한다.

① 시장 내에 고객은 모두 유사한 서비스를 구매한다.

② 고객에 대한 영업 주기가 유사하고, 서비스에 대한 기대 가치도 비슷하다. 따라서 한 고객에게 적용한 영업 전략을 다른 고객에게도 적용해 추가적인 비용이나 노력 없이 큰 효과를 거둘 수 있다.

③ 고객 사이에는 입소문이라는 강력한 구매 기준이 존재한다. 만약 잠재 시장이 고객 간 소통이 이루어지지 않는 곳이라면, 고객을 유인하기 매우 어렵다.

4) 서비스 포지셔닝

① 서비스 포지셔닝의 개념과 필요성

세상의 모든 것은 변화한다. '세상에 변하지 않는 것은 없다.'라는 사실만이 유일한 사실이다. 당연히 기업을 둘러싼 환경도 변화한다. 새로운 기술이 나타나고, 예상하지 못했던 곳에서 경쟁자가 나타난다. 사회의 요구에 따라 법과 제도가 바뀌고, 소비자의 욕구와 선호도 변화해서 계속 새로운 서비스를 기대한다. 이런 변화의 흐름을 잘 파악하고 그에 맞는 서비스를 개발하는 기업은 생존하지만, 그렇지 못한 기업은 경쟁에서 도태한다. 변화 속에서도 꾸준히 살아남는 자가 누구인지 살펴보면, 자신만의 색깔이 분명하고 시대의 변화에 맞추어 색깔을 변화시키는 기업이나 개인이다. 이 색깔에 대한 것을 '포지셔닝'(positioning)이라고 한다.

포지셔닝이란 '서비스에 대해 어떤 행동을 취하는 것이 아니라 잠재고객의 마음속에 어떤 행동을 취하는 것'이다. 즉, '잠재고객의 마음속에 자사 서비스의 위치를 잡아주는 것'이 포지셔닝이다. 예컨대, 카카오톡, 페이스북, 밴드, 유튜브 등을 통상적으로 소셜미디어라고 부르지만, 각각은 나름의 포지셔닝을 가지고 있다. 카카오톡은 가까운 지인 위주의 커뮤니케이션 수단이고, 페이스북은 폭넓은 사람들과의 커뮤니케이션 수단이다. 밴드(Band)는 학교, 동아리, 모임 등 폐쇄적인 형태의 커뮤니케이션 수단이고, 유튜브는 동영상을 중심으로 하는 커뮤니케이션 수단이다. 중요한 것은 포지셔닝은 실제적인 성능이 아니라 사람들이 인식하는 영역에서 자리 잡은 개념이다.

오늘날 포지셔닝이 크게 주목을 받는 이유 가운데 하나는 현대인들은 커뮤니케이션의 홍수 속에 살기 때문이다. 광고를 비롯한 수많은 매체와 도구들이 각자 소비자들의 머리에 들어가기 위해 악착같이 커뮤니케이션 활동을 수행하고 있으며, 그 양은 기하급수적으로 증가하고 있다. 이에 대해 소비자들은 자신에게 전달되는 수많은 정보 가운데 대부분을 제거해 버리고, 자신의 이전 지식이나 경험에 일치하는 정보만을 선택적으로 수용한다. 이런 환경 속에서 코칭 서비스 제공자들이 고객들에게 선택되기 위한 유일한 수단은 선택한 작은 목표시장에 집중하여 메시지를 극도로 단순화하는 것이다. 이런 과업을 훌륭하게 수행할 수 있는 것이 포지셔닝이다.

② 서비스 포지셔닝의 방법

코치인 나는 고객들에게 어떤 포지션으로 인식되고 있는가? 우리 코칭 기업의 상품은 고객들에게 어떤 포지션으로 인식되고 있는가? 어떤 포지션을 점유해야 바람직한가? 더 긍정적이고 높은 포지션을 점유하려면 어떻게 해야 하는가? 이런 질문에 대한 대답을 찾는 과정이 포지셔닝이다. 분명한 것은 한 가지에 집중하여 고객의 머리 한 곳에 확실하게 들어가서 오랫동안 기억에 남는 것이 중요하다는 것이다. 그렇다면 고객의 머릿속에 가장 효과적으로 들어가는 방법은 무엇인가? 고객의 마음속을 파고들어 한 가지의 메시지를 심어야 한다. 그 메시지는 경쟁자들과 뚜렷하게 구별되는 것이어야 한다. 그러기 위해서는 한 가지에 초점을 맞추고, 나머지는 포기하는 용기가 필요하다.

다음과 같은 질문에 대답함으로써 포지셔닝 작업을 시작할 수 있다.

- 누구: 당신은 누구인가?
- 무엇: 당신이 하는 일은 어떤 것인가?
- 누구를 위해: 당신의 고객은 어떤 사람들인가?
- 니즈: 고객들의 특별한 요구는 무엇인가?
- 경쟁상대: 누가 진정한 경쟁자인가?
- 차별성: 경쟁자들과 무엇이 다른가?
- 그래서: 무엇이 이익인가? 고객이 오직 당신의 서비스에서만 찾을 수 있는 특별한 이익은 무엇인가?

이에 대한 대답들을 바탕으로 다음과 같은 단계를 통해 포지셔닝이 이루어진다.

- 1단계: 포지셔닝 실행 수준의 결정
- 2단계: 목표한 세분 시장이 중요시하는 주요한 속성의 규명
- 3단계: 포지셔닝 지도 작성
- 4단계: 포지셔닝 대안의 선택과 실행

첫 번째 단계는 어떤 수준에서 포지셔닝을 실행할 것인지를 결정하는 것이다. 여기에는 특정 서비스 산업, 조직체 전체, 일련의 서비스 군(群), 특정 서비스에 대한 포지셔닝과 같은 4가지 수준이 있다. 은행과 같이 복잡한 서비스를 제공하는 조직체의 경우에는 다양한 수준을 동시에 고려해야 하지만, 레스토랑이나 코칭과 같이 소규모 조직체로 운영되는 서비스의 경우에는 앞서 말한 4가지 수준 모두를 고려하지 않아도 된다.

두 번째 단계는 코칭과 관련된 여러 속성 가운데 특정 세분 시장 구성원들이 특히 중요시하는 일부 속성이 무엇인지를 규명하는 것이다. 고객이 코칭 서비스를 선택할 때 고려하는 속성이 무엇인지에 대해서는 코치나 코칭 기업이 별도의 작업을 진행해야 한다. 이때 중요한 속성 혹은 결정적인 속성을 찾아내는 가장 간단한 방법은 코칭 서비스를 이용하는 고객들을 만나서 이들에게 어떤 요소가 가장 중요한지를 직접 물어보는 것이다. 그런데 다양한 속성들의 중요도는 여러 가지 상황적 요소, 즉 서비스 사용 목적, 사용 시기, 구매 의사결정 단위 등에 따라 달라질 수 있다. 결국, 고객들은 코칭 서비스 구매 시에 이런 상황적 요소에 바탕을 둔 차별적인 인식을 기초로 자신 앞에 놓인 대안들을 평가하고 선택한다.

세 번째 단계는 포지셔닝 지도 위에 코칭 서비스를 제공하는 개인이나 기업 각각의 위치를 잡는 것이다. 일반적으로 고객에게 가장 중요하다고 생각되는 두 가지 속성을 이용한 '2차원 포지셔닝 지도'가 자주 사용된다. 이런 과정을 통해 코치나 코칭 기업의 위치뿐만 아니라 경쟁 기업의 서비스 위치도 파악할 수 있다. 또한, 전체 시장뿐만 아니라 세분화한 시장별로 더 상

세한 포지셔닝 지도를 작성함으로써 자사 서비스의 세분 시장별 위치를 규명할 수 있다.

마지막 단계는 자신의 현재 지위를 유지 · 강화할 것인지 아니면 이동시킬 것인지를 결정하는 것이다. 이때 활용할 대안은 3가지가 있는데, 현 위치를 강화하는 것, 미충족 시장의 위치를 선점하는 것, 다시 포지셔닝을 하는 것이다.

포지셔닝을 성공시키기 위해 유념해야 할 사항을 정리하면 다음과 같다.

첫째, 장기적인 비전을 지켜야 한다. 다음달에 할 것, 내년에 무엇을 할지 등과 같이 눈앞에 닥치는 것들을 헤쳐나가는 데 급급하기보다 먼 미래를 보고 방향을 잡아야 한다. 둘째, 담대한 용기가 있어야 한다. 선두의 자리를 차지한 개인이나 기업들은 대부분 경쟁상대가 발판을 굳히기 전에 주도권을 잡았거나, 정세가 유동적일 때 많은 돈을 투자한 기업들이다. 코칭 업계에서 선두 자리를 차지할 수 있는 것은 행운과 타이밍만이 아니라, 다른 경쟁자들이 머뭇거리고 있을 때 적극적으로 투자할 태도가 되어 있느냐에 달려 있다. 셋째, 객관적인 시각을 유지해야 한다. 포지셔닝에 성공하려면 철저하게 솔직해야 한다. 의사결정의 전체 과정에 걸쳐 주관성을 모두 배제해야 한다. 포지셔닝에 있어 가장 중요한 것은 자신이 제공하는 코칭 서비스를 객관적으로 평가하고, 그것을 잠재고객이나 소비자들이 어떻게 인식하고 있는지를 파악할 수 있는 능력을 키워야 한다는 점이다. 넷째, 단순화가 필요하다. 포지셔닝에 도움이 되는 것은 명백하고 단순한 아이디어뿐이다. 수많은 양의 커뮤니케이션 속에서 직설적으로 풀어놓은 단순한 언어로 간단하고 명료하게 콘셉트를 전하는 것이 성공의 관건이다. 마지막으로, 독특한 포지셔닝을 구축하기 위해서는 희생을 각오해야 한다. 포지셔닝의 본질은 희생이다. 포지셔닝에서는 작은 것이 더 아름답다. 자기가 독점할 수 있는 소규모 목표시장을 갖는 것이 서너 개의 경쟁자와 맞서야 하는 큰 시장을 갖는 것보다 낫다.

명확한 포지셔닝이 여러 가지 장점이 있는데도 꺼리는 이유는 한 가지에만 집중할 경우 많은 고객을 놓칠 것이라는 우려 때문이다. 하지만 실제로는 그렇지 않다. 사람들은 서로 다른 것을 연관지어 생각한다. 예컨대, 사람들은 매력적인 사람이 그렇지 않은 사람에 비해 더 똑똑하고, 친절하며, 정직하고, 신뢰할 수 있다고 생각하는 경향이 있다. 매력적이라는 한 가지 단서에 더 많은 다른 긍정적인 가치들을 서로 연관짓는 것이다.

그런데 뒤늦게 코칭 시장에 진입한 후발 주자들에게 포지셔닝은 한 가지 걱정거리를 제공한다. 즉, 이미 시장이 성숙해버림으로써 강력한 선두주자들이 코칭 시장에서 주요한 포지션을 선점해 득세하고 있다면, 적절한 포지셔닝 기회가 전혀 없을 수도 있다는 점이다. 그러나 여기에 포지셔닝의 묘미가 있다. 어떤 상황에서도 혹은 어떤 악조건에서도 나름대로 포지셔닝을 전개할 실마리는 존재한다. 시장을 정밀하게 세분하여 각 세분 시장별로 추구하는 혹은 중요시하는 속성들을 파악한 후, 이들 속성 가운데 아직도 충족하지 못한 상태로 남아 있거나 선발 기업에 의해 선점되지 않은 '틈새'를 발굴하여 그것을 경쟁우위로 삼는다면, 이것이 바로 포지셔닝이 되는 것이다.

궁극적으로 포지셔닝이란 차별화이며, 조직과 서비스, 그리고 목표시장에 적합하게 유효적절하게 이용하는 것을 말한다. 그리고 이런 차별화는 이미지나 커뮤니케이션과 같은 주관적인 기준에 바탕을 둘 수도 있고, 혹은 서비스, 과정, 인적 자원, 고객 서비스 등과 같은 객관적인 기준에 근거를 둘 수도 있다.

5. 서비스 마케팅 믹스 전략[44)]

1) 마케팅 믹스의 정의

마케팅 목표를 달성하기 위해서는 효과적인 마케팅 전략을 수립해야 하고, 효과적인 마케팅 전략을 수립하기 위해서는 각종 마케팅 도구를 어떻게 활용하며 동시에 이런 이용할 수 있는 마케팅 도구를 어떻게 조합하면 마케팅 목표 달성에 가장 유리할 것인가를 결정해야 한다. 이때 활용할 수 있는 마케팅 도구들을 결합하는 것을 '마케팅 믹스'(marketing mix)라고 한다. 구체적으로 마케팅 믹스는 '기업이 마케팅 목표 달성을 위해 통제할 수 있는 마케팅 변수들의 결합'이라고 정의할 수 있다.

대개 대다수 마케팅 종사자들은 맥카시(Edmund J. McCarthy) 교수가 제시한 제품(Product), 가격(Price), 유통(Place), 촉진(Promotion)이라는 이른바 '4P'를 마케팅 믹스의 구성요소로 간주해왔다.

2) 마케팅 실행을 위한 4P 전략

마케팅 믹스는 "마케팅을 통해 제품을 잘 팔려면 이를 위해 필요한 핵심 요소들을 골고루 신경을 써야 한다"라는 메시지를 전달하기 위해 탄생한 개념이다.[45)] 구체적으로 살펴보자.

① 제품 전략

사회가 발전할수록 고객의 욕구와 기대는 다양화한다. 예전에는 사회 구성원 대다수를 한두 가지 제품으로 충족시킬 수 있었지만, 이제는 다양한 제품으로 제각각의 특성을 가진 세분시장을 충족시켜야만 한다. 즉, 현대의 고객은 자신의 개성과 생활양식을 지지할 수 있는 제품

44) 이상환 · 이재철(1998). 서비스 마케팅. 서울: 삼영사. 262-271에서 발췌, 인용; 조성진 · 황윤성 · 양승호(2020). 4차 산업혁명 시대의 진로 탐색과 취업 전략. 경기: 양성원. 196-204에서 발췌, 인용.

45) 이상환 · 이재철(1998). 앞의 책. 262-271에서 발췌, 인용; 위키백과사전(2022). 마케팅 믹스(https://ko.wikipedia.org/wiki/, 2022년 6월 접속).

을 원하고, 또한 그것만을 소비한다. 코칭도 마찬가지이다. 따라서 코칭 서비스를 제공하는 개인이나 기업은 특정 고객의 기호와 욕망에 일치하는 제품 개념을 규명하고, 이를 구체화하는 일이 무엇보다 중요하다.

제품이란 효용의 묶음 또는 조합을 의미하며, 효용을 제공함으로써 구매하는 사람의 욕구나 필요를 충족시켜 줄 수 있는 모든 것이 제품의 범주에 속한다. 제품의 유형은 크게 핵심 제품, 유형 제품, 그리고 확장 제품으로 구분된다.

첫째, 핵심 제품은 가장 근본적인 차원으로, 고객이 제품을 구매함으로써 얻으려는 근본적인 서비스나 효용을 의미한다. 예컨대, 노트북을 구매한다면 '안정적인 문서 작성'이 핵심 혜택에 해당하고, 코칭 서비스를 구매한다면 '자신의 문제 해결을 통한 성장과 행복'이 핵심적인 혜택에 해당한다. 둘째, 유형 제품은 고객이 제품으로부터 추구하는 핵심적인 편익을 구체적인 물리적 속성들의 집합으로 유형화시킨 것이다. 예컨대, 핸드폰 신제품 박스를 개봉하는 순간부터 고객은 유형 제품을 경험하는 것이다. 마지막, 확장 제품은 유형 제품에 덧붙여 제공할 수 있는 개발, 보증, 사후 서비스, 설치 등과 같은 편익을 부가적으로 제공하는 개념이다. 예컨대, 자동차를 구매할 경우, 5년간 10만km를 보증하는 것이 이에 속한다.

한편, 사람에게 수명이 있는 것과 같이 제품에도 수명이 있다. 이것을 마케팅에서는 '제품수명주기'(product life cycle: PLC)라고 한다. 시장 개척과 시장 수용에 따라 도입기, 성장기, 성숙기, 쇠퇴기로 구분할 수 있다. 주기별 특성은 〈표 12-6〉과 같다.

표 12-6 제품수명주기별 특성

특성	도입기	성장기	성숙기	쇠퇴기
매출	낮음	급속 성장	최대 매출	매출 감소
고객당 비용	높음	평균	낮음	낮음
이익	적자	증대	최대	감소
고객	혁신 소비자	조기 수용자	중간 다수자	최후 수용자
경쟁자	소수	점차 증대	안정적 점차 감소	더욱 감소
마케팅 목표	제품인지도 향상과 사용 증대	시장점유율 극대화	시장점유율 방어와 이익 극대화	비용 절감과 투자액 회수

출처: 조성진 외(2020). 대학생들이 쉽게 할 수 있는 창업 실무. 경기: 양성원. 198에서 발췌, 인용.

② 가격 전략

가격이란 판매한 제품이나 서비스의 대가로서 구매하는 사람이 파는 사람에게 지급하는 금전적 가치이다. 가격은 고객에게 보내는 서비스의 신호로, 고객이 구매를 결정하는 중요한 요인 가운데 하나이다. 또한, 가격은 코칭 서비스 제공자의 시장점유율이나 수익을 결정하는 가장 직접적인 요인이기도 하다. 대체로 어떤 코칭 서비스의 가격은 그것을 생산하고 분배하는 데 소요된 비용 이하에서 결정될 수 없으며, 그렇다고 고객의 지급 능력을 초과한 수준에서 책정되어서도 안 된다. 다시 말해, 가격은 쌍방이 원만하게 수용할 수 있는 수준에서 결정되어야 한다. 또한, 코칭 서비스의 가격은 경쟁자에 대비한 상대적인 측면도 고려해야 한다. 왜냐하면, 이 상대적인 가격 수준도 판매 여부를 결정짓는 주요한 원인이 되기 때문이다.

가격은 서비스에 대한 수요, 원가 구조, 경쟁 서비스의 가격과 품질, 기업의 가격 목표, 법적 요인 등에 따라 영향을 받는다. 이것을 바탕으로 코칭 서비스 제공자는 가격 전략 수립 시 가격을 통해 달성하려는 목표가 무엇인지를 명확히 해야 한다. 가격을 결정하는 방법에는 고객 기반 가격 결정, 경쟁자 기반 가격 결정, 그리고 원가 기반 가격 결정 방법이 있다. 첫째, 고객 기반 가격 결정은 경쟁자와 비교할 수 없는 서비스를 제공할 수 있다는 의미가 들어 있는 것으로 오늘날 마케팅 패러다임과 가장 잘 부합하는 방식이다. 둘째, 경쟁자 기반 가격 결정은 경쟁자가 제공하는 서비스의 가격과 비교하는 것으로, 경쟁자보다 낮은 가격으로 결정하는 방식, 경쟁자보다 높은 가격으로 결정하는 방식, 경쟁자와 같은 가격으로 결정하는 방식이 있다. 끝으로 원가 기반 가격 결정은 코칭 서비스를 생산하는 데 들어간 원가에 일정액의 이익률을 더한 것으로, 가장 간단하면서도 쉬운 가격 결정 방법이다.

③ 유통 전략

고객의 욕구를 정확하게 파악한 서비스를 개발했더라도 고객이 원하는 시간과 장소에 정확하게 전달되지 않으면, 고객에게는 아무런 효용이 없다. 하지만 코칭 서비스는 이것을 생산한 사람으로부터 고객까지 저절로 옮겨지는 것이 아니다. 이것은 유통 경로를 통해 고객에게 전달되는데, 유통 경로란 코칭 서비스가 고객에게 전달되는 모든 과정에 참여하는 사람들 사이에 이루어지는 유기체적 통로이다.

최근 들어 유통 경로에 가장 큰 영향을 미치는 것은 인터넷을 통한 전자상거래의 발전이다. 물리적 형태와 장소라는 기존 시장 개념이 약화하면서 인터넷 거래를 통항 매출 증대 추세가 급증하고 있다. 따라서 코칭 서비스 제공자는 고객이 편하고 간단하게 원하는 제품을 얻을 수 있도록, 즉 고객의 편익을 고려한 유통 경로를 구축해야 한다.

④ 촉진 전략

촉진 전략은 고객들이 코칭 서비스를 구매하도록 유도할 목적으로, 해당 코칭 서비스에 대한 정보를 제공하거나 설득하는 노력 일체를 말한다. 촉진 전략은 '푸시(push) 전략'과 '풀(pull) 전략'으로 구분되며, 코칭 서비스 제공자는 자신의 마케팅 방향에 따라 '촉진 믹스'(promotion mix)의 구성을 달리할 수 있다. 푸시 전략은 브랜드에 대한 충성도가 낮고, 현장에서 구매가 결정되는 상황이 많으며, 판매 시점에 구매를 유도하는 전략이다. 이에 비해 풀 전략은 광고나 고객 판촉 등을 사용하여 고객에게 코칭 서비스 브랜드를 알려서 구매하도록 유도하는 전략이다.

구체적인 촉진 전략에는 광고, PR, 판매촉진, 인적 판매 등이 있다.

첫째, 광고는 코칭 서비스의 우수성을 효과적으로 목표 고객층에게 알리고, 코칭 서비스에 대한 수용성을 늘리기 위한 커뮤니케이션 방법으로 사용된다. 광고는 고객에게 정보를 전달하고 구매를 설득한다. 코칭 서비스나 브랜드에 대한 우호적인 태도를 형성하기도 하고, 고객의 생활방식에 변화를 주기도 한다. 그러나 광고는 일(一) 방향 커뮤니케이션이라는 점과 정보 전달력의 제한, 고객의 광고에 대한 신뢰가 낮다는 한계를 지니고 있다.

둘째, PR(public relations)은 코칭 서비스를 인쇄 매체나 방송 매체의 뉴스 등의 형태로 다루게 함으로써 구매를 자극하는 것이다. 코칭 서비스 제공자는 PR 활동을 통해서 자신이 제공하는 코칭 서비스에 관한 관심을 고조시키고, 우호적인 기업 이미지를 형성하며, 목표 고객에게 영향을 미칠 수 있다.

셋째, 판매촉진이란 즉각적인 구매를 자극하는 역할을 하는 것으로, 고객 판매촉진과 중간상 판매촉진이 있다. 고객 판매촉진에는 쿠폰, 가격 할인, 단골손님 보상, 무료 샘플(sample), 무료 사용, 경품, 추첨, 구매 시점 전시 및 실연, 리베이트(rebate) 등이 있다. 중간상 판매촉진에는 구매 공제, 상품 공제, 광고 공제, 전시 공제, 협동광고, 교육 및 프로그램 제공, 기념품 증정 등이 있다.

마지막, 인적 판매는 코칭 서비스를 제공하는 사람이 목표 고객과 직접 대면하여 자신이 제공하려는 코칭 서비스를 구매하도록 설득하는 커뮤니케이션을 말한다. 인적 판매 과정은 준비, 설득, 거래 및 관리의 과정을 거친다.

따라서 마케팅 관리자는 다양한 촉진 수단을 적절하게 섞어서 운영하고 관리함으로써 이들 간에 시너지 효과가 발생하도록 노력해야 한다.

3) 서비스 마케팅 믹스(7P 전략)

유형의 제품을 대상으로 개발된 마케팅 믹스 전략(4P 전략)은 서비스에도 성공적으로 적용될 수 있을 것처럼 보였고, 초기 서비스 관리자들은 이것을 가감 없이 실전에 적용했다. 그러나 서비스 산업이 급속히 성장하고 전혀 예측하지 못했던 서비스만의 문제들이 발생하자 서비스 경영자들은 기존의 마케팅 도구만으로는 부족하다는 인식을 하기 시작했다. 이런 과정에서 기존의 4P 전략 외에 서비스만의 독특한 특성을 고려한 추가적인 3P, 즉 서비스 참여자(participants), 서비스 과업 환경(physical evidence), 그리고 서비스 생산과정(process)을 마케팅 믹스에 포함해야 한다고 제안하고, 이것을 마케팅 믹스의 '7P 전략'이라고 부르고 있다.

① 서비스 참여자

서비스 참여자는 서비스가 생산되고 소비되는 곳에서 특정한 역할을 하는 모든 사람을 말한다. 따라서 여기에는 전체 종업원뿐만 아니라 서비스를 이용하는 고객 모두가 포함될 수 있다.

② 서비스 과업 환경

과업 환경은 서비스 마케팅 믹스에 있어 대단히 중요한 요소이다. 왜냐하면, 서비스 생산에는 꼭 필요한 장비나 기구가 있기 때문이다. 따라서 고객들은 이런 과업 환경을 보거나 이용하여 서비스를 구매하기 때문이다.

③ 서비스 생산과정

마케팅은 고객의 욕구에서 출발한다. 그래서 고객의 욕구에 바탕을 둔 서비스를 설계하기 위해서는 서비스의 생산과정과 전달방법에 대한 정확한 이해가 선행되어야 한다.

4) 코칭 마케팅 실행 사례

아마 지금까지 서술된 코칭 마케팅의 전반적인 내용을 잘 습득한 독자라면, 실제 코칭 마케팅을 어떻게 진개하는지 구체적인 사례에 대한 궁금증이 커질 것이다. 하지만 여기에서 그것을 모두 소개하고 서술하는 것은 이 책의 취지에서 다소 벗어난다. 더욱이 코칭 마케팅 사례는 코칭 기업과 개별적인 전문코치의 코칭 비즈니스와 관련된 핵심적인 내용이 포함되어 있어서 해당 사례를 공개하기가 쉽지 않을 것이다. 따라서 코칭 마케팅 사례를 구체적으로 관찰하여 소개하는 일은 쉬운 일이 아니다. 다만, 개별적인 전문코치에 따라 자신이 진행하는 코칭(교육) 프로그램에서 코칭 마케팅 사례를 소개하고 있으므로, 코칭 마케팅과 관련된 구체적인 사례를 배우기 원하는 독자라면, 해당 코칭 프로그램을 수강하길 바란다.

6. 마케팅 관리 개념의 변화[46)]

산업혁명을 거치고 사회가 급속하게 발전하면서 고객의 욕구와 기호도 변화했고, 이에 발맞추어 마케팅 관리의 개념도 변화했다. 물론 코칭 서비스의 경우에는 시장에서 거래되는 다

46) 조성진 등(2020). 대학생들이 쉽게 할 수 있는 창업 실무. 경기: 양성원. 187-188에서 발췌, 인용.

른 제품이나 서비스와 비교할 때, 최근에 출시된 것이어서 기존 마케팅 관리 개념의 변화를 그대로 적용하기에는 무리가 없지 않다. 하지만 코칭 서비스를 이용하는 고객을 기준으로 본다면, 그들은 코칭 서비스만 구매하는 것이 아니라 일상생활에서 수많은 제품과 서비스를 구매하는 사람들임을 명심해야 하고, 평소 자신들이 구매하는 제품이나 서비스에 관한 잣대를 코칭 서비스에도 같은 방법으로 적용하려 한다는 점을 잊지 말아야 한다. 그런 차원에서 기존 마케팅 관리상의 변화를 이해하는 것은 의미 있는 일이다.

지금까지 고객은 제품이나 서비스의 질을 판단하여 가장 큰 이익을 얻을 수 있는 의사결정을 했다면, 이제는 그 기준이 점차 상향 평준화되고 있다. 따라서 가격, 기술, 품질, 서비스 영역을 넘어 새로운 차별적인 요소를 만들어 내지 못하면, 시장에서 생존할 수 없는 시대가 되었다. 간단히 말해, 부가가치의 원천이 '양에서 질'에서 '질보다 감성'으로 진화하는 것이다. 앞으로는 고객에게 독창적이고 높은 감성적 부가가치를 제공해야만 경쟁에서 살아남을 수 있을 것이다.

전통적인 산업사회에서 4P로 정의되던 마케팅 믹스는 소비자 중심의 정보사회를 거쳐 경험경제 시대로 변화하면서 발전하고 있다. 4P(product, price, place, promotion)는 1960년 제롬 맥카시(McCarthy, E. J.) 교수가 생산자 중심의 산업화 사회에 접합하도록 제시한 개념이며, 4C(customer benefits, cost to customer, convenience, communication)는 필립 코틀러(Kotler, P.)가 정보화 시대에 맞도록 제시한 개념이다. 이에 비해 도널드 칼네(Calne, D.)는 감성 사회에 맞는 4E(evangelist, enthusiasm, experience, exchange)를 제시했다(〈표 12-7〉 참조).

표 12-7 마케팅 관리 개념의 변화

전통 산업사회(4P)	소비자 정보사회(4C)	경험경제 사회(4E)
• Product(제품) • Price(가격) • Place(유통) • promotion(촉진)	• Customer benefits(소비자 혜택) • Cost to customer(소비자 기회비용) • Convenience(편리성) • Communication(커뮤니케이션)	• Evangelist(고객 전도사) • Enthusiasm(열광) • Experience(체험/경험) • Exchange(교환)

CHAPTER

13 코치 되기

13.1 코치로서의 자기 관찰

지금까지의 내용을 읽고 관심이 생겼거나 주위에서 활동하고 있는 유능한 코치를 보았거나 직접 코치에게 코칭을 받아본 경험이 있는 사람들은 이제 한 사람의 직업인으로서 코치가 되는 것에 많은 관심을 가질 것이다. 필자의 경험에 따르면, 누구나 코치가 될 수 있지만, 아무나 코치가 되는 것은 아니다. 이 말은 대부분의 다른 모든 직업인에게도 적용될 것이다. 많은 수입을 올리는 전문적인 유급 코치를 주변에서 알아보는 것이 쉽다고 생각할지 모르지만, 현실은 그렇지 않다. 그렇다고 해서 코치가 되는 것이 매우 어렵거나 고액의 코칭 수입을 올리는 것이 불가능한 일은 아니다.

> "많은 코치가 일감을 구하거나 유료 고객을 찾으려고 고군분투하고 있다. 개인 코칭에서 성공하는 사람들은 대개 탁월한 마케팅 기술이 있고, 자신과 코칭 사업을 홍보하는 데 적극적이다. 대부분 자신이 코칭 역량이 출중하고 효과성이 입증되었으며 자신감이 있다는 것을 보여주는 능력이 있다. … (중략) … 기업은 코칭에 비싼 코칭료를 지급하는데, 대부분 경험 많고 유능한 코치를 찾지, 훈련도 별도 받지 않고 사업에 대한 전문지식도 없이 열정만 있는 신출내기 대학 졸업자를 찾지 않는다." – 게리 콜린스

이제 독자가 스스로 되돌아볼 시간이다. 코치가 되려는 사람으로서 어떤 태도를 지녀야 하고, 무엇을 갖추어야 할지, 어떤 내용을 보완할 것인지 등을 알아볼 필요가 있다. 이미 코치로서 활동하고 있다면, 여러 가지 차원에서 지금까지 진행된 자신의 활동을 전반적으로 되돌아볼 필요가 있다.

1. 코치가 지녀야 할 태도

지금까지 설명한 전체 내용을 충분히 이해했다면, 코칭의 상당 부분을 학습한 것이다. 이런 독자라면, 이미 예전과 다른 변화를 경험했을 것이다. 코칭에 대한 관심이 증가했거나 전문가로서 코치가 되고 싶은 마음이 생겼을 수도 있다. 자신의 주변에 코치로 활동하는 사람이 있거나 코치에게 직접 코칭을 받은 경험이 있는 사람이라면, 더욱 그럴 것이다.

그러나 코칭 기술을 배우고 익혔다고 해서 모든 사람이 코치가 되는 것도 아니다. 코치가 되겠다고 결심하는 것은 그렇게 어렵지 않다. 하지만 전문코치가 되어 코칭 비즈니스를 전개하기 위해서는 갖추어야 할 것이 있고, 거쳐야 할 절차가 있다.

코치가 되는 것은 각 개인의 의지와 열정에 달려 있다. 그러나 그에 앞서 코치로서 지녀야 할 올바르고 적절한 태도(attitude)를 갖추는 것이 선행되어야 한다. 태도는 한 사람이 세상에 접근하는 방식이고, 문제를 바라보는 시각이다. 즉, 어떤 일이나 상황 따위를 대하는 마음가짐 또는 관점을 말한다. 코치가 되고자 하는 사람의 내적 상태를 가장 잘 나타내는 것이 바로 '태도'이다. 대체로 태도는 행동(행위)에 가장 확실하게 영향을 미치고, 행위 또한 태도에 영향을 미친다. 또한, 가치관도 태도의 형성에 영향을 미친다.[1)]

따라서 코치가 되고자 하는 사람은 코칭 관련 일이나 상황에 대한 접근방식, 고객을 대하는 마음가짐, 동료 코치를 응대하는 양식, 그리고 코치로서 자신을 바라보는 관점 등 태도에 관한 자신만의 분명한 생각을 지니고 있어야 한다.[2)]

자신의 태도에 관한 점검을 마쳤다면, 다음에 할 일은 코치가 되려는 자신에게 던지는 질문에 대한 대답을 준비하는 것이다.

2. 코치가 되려는 자신에게 던지는 질문

코치가 되어 다른 사람을 돕기 바란다면, 코칭 기술을 배우고 익혀서 코치 자격증을 취득하기 전에 다음과 같은 질문에 관한 자신만의 대답을 지니고 있어야 한다. 해당 질문에 관한 자신만의 대답을 정리하다 보면, 코칭과 코치에 대한 생각, 코치가 되는 데 필요한 준비과정, 코치가 되는 데 활용할 수 있는 자원 등을 파악하는 데 도움이 될 것이다. 물론 이미 코치가 된 분이라도 지금까지의 자신을 되돌아보면서 다음 질문에 대답해 본다면, 코치로서 자기성찰과 재충전, 그리고 코치로서 한 단계 재도약하는 데 도움을 받을 것이다.

1) 박상언 · 정범구 · 김주엽 · 송계충(2020). **조직행위론**(제5판). 서울: 경문사. 80-90에서 발췌, 인용.

2) 조성진(2019). **코칭에센스**. 경기: 양성원. 176에서 발췌, 인용; 조성진(2020). **코칭과 경력개발**. 경기: 양성원. 204에서 발췌, 인용.

- "사람을 진심으로 존중한다는 것은 자신에게 어떤 의미인가?"
- "다른 사람을 돕는다는 것은 자신에게 어떤 의미가 있는 일인가?"
- "나는 코칭에 대해 진지하게 알아보기 위해 어떤 준비를 하고 있는가?"
- "내가 코치가 되기 위해 지금 바로 실천에 옮겨야 할 것은 무엇이라고 생각하는가?"
- "여러 가지 전문직 가운데 코치만의 매력은 무엇이라고 생각하는가?"
- "내가 활용할 수 있는 자원 가운데 코치가 되는 데 사용할 수 있는 것은 무엇인가?"
- "내가 코치가 되는 데 긍정적으로 작용할 나만의 강점은 무엇인가?" 등

이밖에도 코치로서 자신을 되돌아보는 데 도움이 되는 질문이 얼마든지 많다. 물론 이런 질문에 대답하지 못한다고 해서, 자신에게 코치가 되는 데 활용할 만한 자원이 부족하다고 해서, 코치가 되지 못하는 것은 아니다. 하지만 코치가 되기 전에 이런 질문들에 대한 자신만의 대답을 준비하는 것이 여러모로 도움이 된다는 것은 코치가 된 다음에 충분히 느낄 것이다.

다음에 할 일은 코칭 패러다임과 관련된 것들을 한 번 더 상기하는 것이다.

3. 코칭 패러다임으로의 전환[3)]

코치가 되기로 마음먹었다면, 이제 코칭 패러다임(coaching paradigm)으로 바꾸고 행동해야 한다. 코칭 패러다임이란 '코칭을 바라보는 관점, 코칭 고객에 대한 마음가짐, 그리고 코칭을 진행하는 접근방식 등에 대한 일종의 틀(framework)과 사고방식'이라고 정의할 수 있다. 이것은 앞으로 코치로서 활동하는 데 기준이 될 행동 양식의 밑거름이 될 것이고, 훌륭한 코치로서 성장하는 데 필요한 자양분이 될 것이다. 물론 이것은 코칭의 나침반이나 등대와 같은 역할을 하는 코칭 철학과 상당히 밀접한 관계가 있다.

구체적으로 다음과 같은 사항들이 코칭 패러다임과 관련된 것들이다.

첫째, 자신의 강점을 발견, 인정, 강화한다. 코칭은 긍정적인 패러다임에 입각한 서비스로서, 자신이 가진 약점과 한계보다 강점이나 장점에 더 초점을 맞춘다. 이것은 코치와 고객 모두에게 해당한다. 자신의 강점을 발견하고 그것을 인정하며, 할 수 있는 범위 내에서 순간마다 강점을 강화하는 방향으로 살아간다.

둘째, 고객이 잠재력을 발휘하도록 임파워먼트(empowerment)를 제공한다. 코치가 모든 것을 좌지우지한다는 생각을 버려야 한다. 고객에게 모든 권한을 주어야 한다. 그가 스스로 생각하도록 돕고, 스스로 자신의 상황을 인식하도록 도우며, 고객이 제기한 이슈를 해결하는 데 필

3) 조성진(2019). **코칭에센스**. 경기: 양성원. 179에서 발췌, 인용; 조성진(2020). **코칭과 경력개발**. 경기: 양성원. 205에서 발췌, 인용.

요한 실행방안을 찾을 때 조차도 고객에게 모든 권한을 위임해야 한다. 그래야 고객의 자발성이 한층 높아진다.

셋째, 고객의 가능성을 인정하고, 그것을 개발하도록 돕는다. 사람이라면 누구에게나 가능성과 잠재력이 있다는 생각을 항상 기억해야 한다. 코치에게 이슈를 가져온 고객에게도 가능성이 있음은 당연하다. 특히, 코치 자신보다 젊거나 어린 사람이 고객일 때, 그들을 가르치거나 코치 자신의 경험을 전수하면서 통제하려는 유혹에서 벗어나야 한다.

넷째, 고객이 자신의 문제를 스스로 해결하도록 돕는다. 코치는 고객이 스스로 자신의 문제를 해결하도록 돕는 것이 주요 임무라는 것을 항상 유념해야 한다. 이것은 코칭 철학의 가장 기본적이고 핵심적인 사항이다.

다섯째, 지속적인 성과향상을 추구하고, 그 과정에 다른 사람들을 참여시킨다. 코칭은 현재보다 더 나은 미래의 삶을 지향하는 과정이고, 계속해서 성과가 향상되는 것을 추구하는 과정이다. 그러나 코치나 고객을 막론하고 이 과정에서 혼자만의 역량과 노력으로 모든 것을 해결할 수 있다는 자만심을 갖는 것은 금물이다. 다른 사람과의 협력이 필요하고, 그것을 원활하게 진행하기 위해 원만한 대인관계를 갖는 것에도 관심을 두어야 한다.

여섯째, 상대방의 노력과 성장을 격려하고 칭찬한다. 코치는 무엇보다 고객이 이룩한 성장에 대해 많은 격려와 칭찬이 필요하다. 코치의 격려가 변화의 출발점이 되고, 코치의 칭찬이 성장의 디딤돌이 된다. 그래서 코치는 코칭 진행 과정뿐만 아니라 일상생활에서도 격려하고 칭찬하는 데 익숙하도록 자신을 연마해야 한다.

일곱째, 상대방의 말을 공감하고 이해하면서 경청한다. 공감과 경청은 일반적인 대화나 대인관계에서 중요한 역할을 한다. 당연히 코칭의 시작은 경청과 공감에서 시작한다고 해도 과언이 아니다. 현대인은 다른 사람의 말을 듣기보다 자신이 말하는 것을 더 원한다고 한다. 코치는 그런 현대인들의 말을 잘 경청하고 공감하는 동반자가 되어야 함을 항상 기억해야 한다.

여덟째, 상대방을 비판, 판단, 충고, 추궁하지 않는다. 대체로 수많은 불만과 불협화음, 그리고 갈등과 같은 부정적인 상황은 상대방을 자신의 기준대로 평가하고 판단하며 재단하는 데서 기인한다. 자신의 시각과 관점에서 보면 상대방을 비판하고 판단할 거리가 보이지만, 상대방의 눈과 기준에서 보면 공감과 이해할 거리가 먼저 보인다. 코치는 고객을 비판하고 추궁하면서 한쪽 구석으로 몰아세우는 사람이 아니라, 고객이 더 넓고 밝은 공간으로 나와서 활기차게 자신의 잠재력을 펼치도록 지지하는 사람이다.

아홉째, 문제 해결을 위해 다른 사람들과 효과적으로 협력한다. 코치가 가장 빠지기 쉬운 함정은 자신이 고객의 모든 것을 다 도울 수 있다는 착각에 빠지는 것이다. 코치는 고객의 문제해결, 성장과 발전, 그리고 더 나은 삶과 행복을 지향하는 과정에서 도움을 줄 수 있는 많은 전문가들과 협력할 필요가 있다.

마지막, 건강하고 균형 잡힌 생활을 유지한다. 고객의 건강한 삶을 도와주는 코치가 정작 자신은 건강하고 균형 잡힌 생활과 거리가 멀다면, 이 얼마나 이율배반적인가? 코치가 되려는 사람이나 코치는 자신의 전인적인 건강에 관심을 가져야 하고, 균형 잡힌 삶을 영위하는 데 필요한 노력을 기울여야 한다. 그런 차원에서 너무 많은 시간 동안 꽉 짜인 코칭 일정을 잡는 것을 지양해야 한다.

위에서 말한 10가지 코칭 패러다임에 관한 의견은 코치가 되려는 사람뿐만 아니라 이미 코치로서 활동하는 사람들도 항상 염두에 두어야 한다. 코치는 이런 패러다임 속에서 코칭을 진행하고 살아가도록 스스로 경계해야 한다. 이런 패러다임으로 잘 무장되었다면, 다음에 할 일은 수많은 코칭 분야에서 자신이 상대적으로 더 몰입할 전문 분야를 탐색하는 것이다.

4. 전문 코칭 분야 선정을 위한 자기 점검[4)]

일반적으로 개인 소득의 증가와 자아실현 욕구의 증가 등의 현상이 발생하면, 개인 서비스에 대한 수요가 계속해서 증가하는 경향을 보인다. 경영 현장에 한정해서 보아도 새로운 리더십에 대한 요구와 '사람 중심 경영'에 대한 관심이 눈에 띄게 높아지고 있다. 외국의 사례를 볼 때, 이런 추세라면 대체로 코칭에 대한 수요도 증가할 것으로 예상한다. 이런 흐름이 계속된다면 당연히 앞으로 더 많은 코치가 필요할 것이고, 더 많은 코치가 코칭 비즈니스를 시작하면서 새로운 코칭 분야가 속속 개척될 것이다.

코칭 비즈니스의 성장 조짐은 바람직하다고 볼 수 있지만, 이와 비례하여 코치들이 극복해야 할 과제 역시 같은 정도로 증가할 것이다. 코칭 비즈니스의 성장에 맞추어 코치 자신의 전문 코칭 분야를 어떻게 선정할 것인지는 코치에게 새로운 도전과제가 아닐 수 없다. 그래서 코치는 자신의 전문 코칭 분야를 선정하기 위해서 많은 사항을 점검해 보아야 한다. 나아가 코치는 자신에게 가장 이상적인 고객이 누구인지를 찾기 전에, 자신에게 다음과 같은 질문에 대답하는 과정이 선행되어야 한다.

- "자신이 가장 선호하는 분야는 무엇인가?"
- "자신이 어떤 전문 분야에 마음이 끌리는 이유는 무엇인가?"
- "자신은 어떤 분야에서 얼마만큼의 경험이 있는가?"
- "자신의 코칭을 매력 있게 만드는 요소에는 어떤 것이 있는가?"
- "자신만이 제공할 수 있는 다섯 가지 고급 서비스에는 어떤 것이 있는가?" 등

4) 조성진(2019). **코칭에센스**. 경기: 양성원. 181에서 발췌, 인용; 조성진(2020). **코칭과 경력개발**. 경기: 양성원. 206에서 발췌, 인용.

코치는 이런 질문들에 대해 대답하는 과정에서 자신이 관심을 가지는 특정 분야를 발견할 것이다. 이런 과정을 통해 자신만의 확실한 비전과 대답을 얻었다면, 해당 분야와 관련된 정보를 수집하고 마케팅 활동을 펴는 등 코칭 비즈니스를 전개할 수 있다. 이때 이미 코칭 비즈니스를 전개하고 있는 믿을 만한 선배 코치들에게 코칭을 받아보는 것도 좋은 방법이다.

5. 코치의 강점 발견과 역량 향상[5)]

1) 코치의 강점 발견과 역량 향상

코치가 고객의 인생 여정에 동행하고, 어려운 시간을 잘 극복하도록 안내하는 것은 매우 의미있는 일이다. 나아가 고객이 가치 있는 것을 생각하도록 자극하고, 인정받고 있다는 점을 느끼도록 해준다면, 코치는 이미 그들의 삶에 의미있는 영향을 끼치는 것이다. 이때 코치가 고객의 가능성을 발견하고 무한한 잠재력을 발휘하여 그의 성장을 효과적으로 지원할 수 있는 전문가이어야 한다. 이런 차원에서 코치는 자신이 어떤 코칭 역량을 갖추고 있는지 객관적으로 점검해 볼 필요가 있다. 특히, 코치의 핵심 역량은 자신을 알리는 마케팅 포인트와 바로 직결된다는 차원에서 가볍게 여겨서는 안 되는 중요한 요건이다.

혹자는 코치 자격증이 없는 사람도 얼마든지 코칭을 진행할 수 있다고 주장한다. 당연히 코치 자격증이 없거나 특정 분야의 전문가가 아니어도 코칭을 진행하여 효과를 만들 수 있다. 코칭은 기본적으로 고객이 자신의 문제를 스스로 해결하도록 돕는 과정이어서 이런 일은 얼마든지 가능하다. 따라서 모든 코치가 모든 전문분야를 섭렵할 필요는 없다.

하지만, 코치가 어떤 특정 분야의 전문적인 식견을 가지고 있다면, 그 분야의 문제를 해결하길 바라는 고객과 코칭을 진행할 때 큰 도움이 된다. 일단 그런 코치라면, 고객이 사용하는 용어와 그가 처한 환경을 쉽게 이해할 수 있어서 원활하게 의사소통을 할 수 있다. 그리고 다른 코치에 비해 고객이 겪고 있는 문제를 비교적 쉽게 파악할 수 있을 것이다. 나아가 코칭 비즈니스를 효과적으로 전개하기 위한 마케팅 등 여러 활동에서도 코치의 전문적인 식견과 핵심 역량은 큰 도움이 된다. 따라서 코치는 자신만의 강점을 발견하고 역량을 계발하며, 그것들이 더욱 강해지도록 최선의 노력을 다해야 한다.

그런 차원에서 코치는 자신의 핵심 역량을 파악하기 위해 자신에게 다음과 같이 질문하고, 그에 대한 자신만의 대답을 지니고 있어야 한다.

- "코치로서 내가 가지고 있는 특별한 장점은 무엇인가?"
- "나는 고객에게 어떤 특별한 이익을 줄 수 있는가?"

---

5) 조성진(2019). **코칭에센스**. 경기: 양성원. 184-185에서 발췌, 인용; 조성진(2020). **코칭과 경력개발**. 경기: 양성원. 207-208에서 발췌, 인용.

• "나는 어떤 분야에 전문적인 식견과 경험을 지니고 있는가?"
• "나는 어떤 분야에 대해 더 공부하고 연구할 필요가 있는가?"
• "나는 어떤 분야의 전문가와 항상 협력할 준비가 되어 있는가?" 등

여기서 하나 더 짚고 넘어갈 것이 있다. 코치가 특정 분야에서 전문적인 식견과 경험을 갖추었다고 해서 항상 바람직한 것은 아니라는 점이다. 코칭을 진행하는 동안 코치가 자신의 전문적인 식견과 경험을 함부로 활용하지 않도록 잘 통제하지 않는다면, 언제든지 예기치 않은 상황에 직면할 수도 있다. 전문적인 식견과 경험을 바탕으로 자신도 모르는 사이에 고객에게 해결책을 제안하거나 충고하거나 조언할 수 있기 때문이다.

코치가 전문적인 식견을 바탕으로 고객에게 해답을 제시하거나 조언하는 것은 진정한 의미에서 코칭이 아니다. 이처럼 코치가 가진 특정 분야의 전문적인 식견은 마치 양날의 칼과도 같아서 코칭에 약(藥)이 되기도 하지만, 잘못 활용하면 독(毒)이 될 수도 있다. 따라서 코치는 이 점을 항상 염두에 두어야 한다.

한편, 주디 산토스(Santos, J.) 코치는 성공적인 코칭 비즈니스를 전개하기 위해서는 훌륭한 코칭 수준을 갖는 것 이외에 다음과 같은 것들이 필요하다고 제안했다.[6)]

• 비즈니스에 대한 기본 지식과 이해
• 현실적인 사업계획을 세울 수 있는 능력
• 재정적인 기복이 있더라도 사업을 지속해 나갈 수 있는 충분한 초기 자본금 확보
• 부기, 세금, 사업과 관련된 행정 업무를 처리할 수 있는 능력
• 혼자 일하고 시간을 잘 관리할 수 있는 능력
• 홍보와 관련된 기술, 지식, 훈련
• 인터넷을 비롯한 기본적인 컴퓨터 프로그램 활용능력
• 공인된 코칭 훈련 수료증이나 그에 따르는 것들
• 코칭 비즈니스를 전개하는 도중에 장애물이 나타나더라도 계속한다는 결심

그 외에 코치가 다음 사항들에 대한 정보, 자료 그리고 자신만의 경험과 노하우를 갖추고 있는 것도 역량 강화에 도움이 된다.

• 코칭 관련 자료(학술 논문, 데이터, 잡지 등)를 확보, 공유하는 네트워크
• 다양한 코칭 프로그램을 보고 평가할 수 있는 안목
• 코칭 프로젝트나 코칭(교육) 프로그램 개발 작업에 직접 참여한 경험
• 코칭 관련 각종 제안서를 작성할 수 있는 능력 등

---

6) 게리 콜린스(양형주 · 이규창 역, 2011). 게리 콜린스의 코칭바이블. 서울: 한국기독학생회출판부. 392에서 발췌, 인용.

2) 교육과 훈련을 통한 역량 강화[7)]

코치는 비교적 최근에 생긴 직업이며, 하나의 안정된 직업으로서의 모습을 제법 갖추어 가는 중이다. 적어도 국내에서는 이미 주요 코치단체를 중심으로 코치 윤리 규정과 행동규칙 등을 마련하였고, 코치의 교육과 훈련에 관해서도 많은 경험이 축적되었으며, 이와 관련된 연구도 진행되고 있다.

유능한 코치가 되기 위해서는 계속해서 연습해야 하고, 새로운 습관을 만들며, 새로운 기술을 숙련해야 한다. 그리고 가능한 많은 사례를 경험하도록 끊임없이 코칭을 진행하는 것이 필요하다. 유능한 코치가 되려면, 연습 이외에 왕도는 없기 때문이다.

그리고 코치는 자신의 코칭 역량 강화에 도움이 된다면, 무엇이든 학습할 기회를 열어두는 것이 바람직하다. 코치는 완벽한 척하거나 완벽해지려고 애쓸 필요가 없다. 모르거나 잘못한 것이 있으면 솔직하게 인정하면 된다. 그리고 자신의 관점이나 현 상황을 고집하기보다 다른 의견과 생각에 마음의 문을 열어두면 된다. 나아가 자신의 부족한 부분을 채우기 위해 기꺼이 배우면 된다.

그렇다면 이제 남은 관심은 유능한 코치가 되기 위해 어떤 교육이나 훈련을 받아야 하는지에 관한 것이다. 코치가 배울 수 있는 가장 좋은 방법은 스스로 질문하는 것이다. 게리 콜린스는 이와 관련하여 다음과 같은 몇 가지 의미있는 질문을 던지고 있다.[8)]

- "많은 기관이 제공하는 훈련 프로그램 가운데 어떻게 좋은 프로그램을 신별하는가?"
- "널리 알려지고 수준 높은 인증 프로그램과 비용만 내면 수료증을 주는 프로그램을 어떻게 구분하는가?"
- "도대체 수료증이 필요하기는 한 것인가?"
- "수료증이 더 유능한 코치가 되는 데 과연 도움이 되는가?" 등

한국의 경우에는 여기에 몇 가지 현실적인 질문을 더 추가할 수 있다.

- "외국 프로그램을 번역하여 출시된 국내 프로그램들의 훈련비용은 과연 적절한가?"
- "외국 프로그램을 번역한 훈련 프로그램과 국내에서 개발된 훈련 프로그램 사이에 과연 의미있는 차이가 존재하는가?" 등

어떤 코칭 프로그램이든 매우 유용하다. 수료증을 발급하는 대부분의 코칭 훈련 인증기관에서 학습의 기회를 제공한다는 점은 가치 있는 일이다. 그리고 그곳에서 코칭 훈련을 마친 참

7) 조성진(2020). 코칭과 경력개발. 경기: 양성원. 208-210에서 발췌, 인용.
8) 게리 콜린스(양형주 · 이규창 역, 2011). 게리 콜린스의 코칭 바이블. 서울: 한국기독학생회출판부. 418에서 발췌, 인용.

가자들에게 수료증이나 인증서를 발급한다. 그러나 자신의 수료증이나 인증서를 자랑스러워 해도 고객이 그것을 중요하게 생각하지 않는다면, 코치는 다른 것을 통해 자신의 역량과 코칭 효과를 검증해야 하는 과제를 안게 된다.

그런 차원에서 코치는 코칭 훈련 외에 다양한 분야의 다른 훈련을 받을 필요가 있다. 신문, 방송, 인터넷 등 대중매체에서 소개하는 다양하고 검증된 프로그램을 기록해 두었다가 적절한 시기에 교육받는 것은 좋은 방법 가운데 하나이다. 코치가 이런 교육이나 훈련을 받아두면, 다양한 고객과 코칭을 진행할 때 더 유연하게 대처할 수 있는 역량과 여유를 가질 수 있다. 그리고 고객에게 더 나은 코칭 서비스를 제공할 수 있다.

〈표 13-1〉은 코치에게 필요한 지식이나 알아두면 좋은 것들이 무엇인지를 정리한 것이다. 아직 이 부분에 대한 자료와 정보가 참고하기에 충분할 만큼 축적되어 있지 않았다. 그래서 다른 분야의 경우[9]를 참고하고, 필자의 현장 코칭 활동 경험을 바탕으로 정리해 본 것이다. 물론 이에 대해 다른 의견을 지닌 사람들도 있고, 특히 기준이 높다고 생각하는 사람도 있을 수 있다. 그러나 코칭과 유사한 기능을 담당하는 상담이나 컨설팅 분야를 고려한다면, 이 정도의 수준은 유지해야 전문가로서 인정받을 수 있다고 생각한다.[10]

코칭 경험이 있든 없든, 코칭 역량을 증명해 줄 수 있는 증거가 있든 없든 코칭 사업을 시작할 수 있다. 극히 적은 코칭 훈련을 받았거나 스스로 코치라고 주장하는 사람이라도 자신을 열정적이고 설득력 있게 홍보하면 고객을 확보할 수 있다. 그러나 코치가 제대로 된 교육이나 훈련을 받지 못한 채 코칭을 진행한다면, 고객을 제대로 이해하지 못할 뿐만 아니라 결과적으로 그에게 해(害)를 끼칠 수 있다는 것을 잊어서는 안 된다. 코칭은 한 사람의 영혼을 다루는 소중한 인적 서비스이기 때문이다.

---

9) 미국경영학회 조직개발(organization development) 및 변화 분과는 40명 이상의 조직개발 실행자와 연구자들이 모여 작성한 조직개발 실행자들이 갖추어야 할 역량 목록을 작성한 바 있다. 이것은 조직개발 전문가들을 위해 개발된 것으로, 사회 변화와 의뢰자들의 다양한 요구에 제대로 대응하기 위해서는 해당 지식과 기술을 갖추는 것이 바람직하다고 설명하고, 상당한 시간과 노력을 들여 해당 역량을 갖출 것을 권장하고 있다. 김민수 · 김재구 · 이동명 · 이춘우 · 장재윤 공역(2011). **조직개발과 변화**. 서울: 한경사. 66-69에서 발췌, 인용; Cummings, T. G., & Worley, C. G.(2005). *Organizational Development & Change*(8th Ed.). Thomson South-Western. 49~53에서 발췌, 인용.

10) 최근 들어 코칭을 접목하는 분야와 영역이 급속하게 증가하고 있어서 그것들과 관련한 모든 지식을 언급하기에는 무리가 있다. 따라서 이 책에서는 그들 분야 가운데 경영학, 심리학, 사회학에 국한하여 언급하기로 하겠다. 다만, 향후 이에 관한 관심 있는 분들과 연구자들의 후속 연구와 논의가 있길 기대한다.

표 13-1 코치에게 필요한 지식과 역량

구분	기본 역량	핵심 역량
지식	• 심리학 일반 - 지각이론, 동기이론, 학습이론 - 행위와 태도의 변화, 개인의 의사결정 등 • 긍정심리학 - 행복, 긍정 정서, 성품과 강점, 몰입, 자아실현 등 • 조직행위 - 가치관, 태도, 정서, 성격과 역량 - 지각과 귀인, 동기부여, 스트레스 관리 - 직무 만족, 조직몰입, 조직시민행동 - 대인관계와 리더십, 목표 설정 - 갈등과 협상, 윤리 등 • 집단역학 - 집단의 역할, 집단 개발 단계 - 의사소통 과정, 의사결정 과정 - 리더십과 신뢰 등 • 조직이론 - 문제 해결과 의사결정 - 직무설계, 조직 구조 - 조직개발과 기법, 변화와 혁신 - 조직문화, 조직학습과 학습조직 - 시스템 이론, 상황 이론 등 • 조사 기법/통계학 - 중심화 경향, 분산 측정, 기초표본이론 - 기초실험설계, 표본 추정 통계 등 • 경영에 대한 기초 지식 - 개인 간의 의사소통 - 팀워크, 문제 해결, 프로젝트 관리 • 사회학/문화인류학 일반 - 집단 간 행동, 권력, 갈등, 의사소통 - 공식조직이론, 이(異) 문화 분석 - 비교가치론, 조직 환경, 환경과 기술 등	• 코칭 프로그램 개발 및 설계 - 코칭 철학, 코칭 시스템, 코칭 기술 - 코칭 대화 프로세스, 코칭 평가 - 성격 및 행동유형 검사 등 • 코칭 연구 - 현장 조사 기법, 인터뷰, 내용 분석 - 설문지 작성과 분석 - 현장실험연구 기법과 측정, 평가 종단적 자료 수집과 분석, 진단 - 학술 논문 및 자료 및 정보의 관리 등 • 코칭 마케팅 - 프로젝트 제안서 기획 및 작성 - 프로젝트 관리 및 보고 기법 등 • 개인의 자기계발 - 자기계발 기법과 관련 정보 수입, 평가 - 관련 교육훈련 프로그램 기획, 실시 등 • 조직개발과 변화 기법 - 조직개발 모델과 혁신 사례 - 감수성 훈련, 대인관계 향상 훈련 - 근로 생활의 질, 일-가정 균형 등 • 코치 인적자원관리 - 코치 양성 프로그램 개발 등

앤서니 그랜트(Grant, A. M.)는 라이프 코칭을 받으러 오는 고객의 25~52%는 심각한 정신 건강 문제를 안고 있을 가능성이 있고, 코칭 업계는 코치 훈련에서 정신 건강의 필수적인 부분을 다루어 코치가 이를 적절하게 인식하고 주의할 수 있도록 명시할 책임이 있다고 주장했다.[11] 그러나 정신 건강과 관련된 문제는 치료와 관련된 영역일 수도 있어서, 코치가 직접 해당

11) 게리 콜린스(양형주 · 이규창 역, 2011). 게리 콜린스의 코칭바이블. 서울: 한국기독학생회출판부. 417에서 인용; Grant, A. M.(2007). Reflection on Coaching Psychology. In J. O'Connor & A. Lages. *How Coaching Works*. London: A & C Black. 213에서 발췌, 인용.

영역의 치료를 다루는 의사나 다른 전문가에게 의뢰하는 것이 바람직하다. 코치는 어떤 고객이 꺼내놓은 문제나 그의 상태가 정신 건강과 관련된 것이어서 이와 관련된 전문 훈련을 받은 사람이 다루거나 치료해야 할 문제라고 판단되는 경우에는 기꺼이 해당 분야 전문가에게 협력을 요청하는 안목이나 용기를 갖출 필요가 있다.

이처럼 코치가 코칭에 도움이 되는 교육이나 훈련을 받아두면, 다양한 고객과 코칭을 진행할 때 좀 더 유연하게 대처할 수 있는 역량과 여유를 가질 수 있고, 고객에게 확실한 코칭 서비스를 제공할 수 있다.

13.2 코치가 되기 위한 실행계획 수립

앞 단계에서 코치가 되려는 자신에 대한 다양한 탐색과 관찰 과정이 진행되었다면, 이제 추가로 할 일은 실제로 코치가 되기 위한 실행계획을 수립하고, 그것을 실행하는 것이다. 이 과정에서 필요하다면 추가의 훈련을 받을 필요도 있다.

1. 코칭 전반에 관한 이해도 평가

앞서 설명한 코칭의 전반적인 내용을 잘 이해했다면, 현재 시점에서 할 일은 자신을 객관적으로 냉정하게 평가하는 것이다. 의욕만 앞선다고 해서 한 사람의 내면과 영혼을 다루는 코칭 서비스를 제공하는 코치가 되는 것은 아니다. 역량 있는 코치가 되기에 필요한 다양한 것들을 얼마나 학습하고 갖추었는지 등에 대해 냉정한 평가가 선행되어야 한다. 〈표 13-2〉는 이와 관련된 항목들을 스스로 평가하는 데 도움이 되도록 정리된 것이다.[12] 여기에 다른 항목들을 얼마든지 추가할 수 있다. 이때 주의할 점은 대체로 사람들은 자신을 과대평가하는 경향이 있다는 것을 유념하는 것이다. 현재 수준과 필요한 수준을 평가하는 기준은 다음과 같다.

12) 조성진(2019). 코칭에센스. 경기: 양성원. 188-189에서 발췌, 인용.

표 13-2 자신의 코칭 이해도 평가 항목

구분		현재 수준(○)과 필요수준(☆)					
		0	1	2	3	4	5
코칭에 대한 이해와 지식							
핵심 코칭 스킬	경청하기						
	공감하기						
	질문하기						
	피드백하기						
기타 코칭 스킬							
코칭 대화 절차 이해와 실습 정도							
코칭 절차							
코칭 스타일 파악(자신/고객)							
코칭 마케팅							

(보기) • 0점 : 전혀 모르는 상태
• 1점 : 관련 지식을 약간 알고 있고, 해당 기술을 약간 익힌 상태
• 2점 : 관련 지식을 보통 정도로 알고 있고, 해당 기술을 보통 정도로 익힌 상태
• 3점 : 관련 지식을 잘 알고 있고, 해당 기술을 많이 익힌 상태
• 4점 : 혼자 코칭을 진행할 수 있는 상태
• 5점 : 혼자 코칭을 진행할 수 있고, 다른 코치를 교육하고 양성할 수 있는 상태

위 기준에 따라 현재 자신의 수준을 냉정하게 평가하고, 필요한 수준과 그것을 비교하여 그 차이를 메우기 위한 별노의 전략을 수립해야 한다. 즉, 자신이 바라는 수준까지 높이기 위해 가까운 시일 내에 실행할 수 있는 구체적인 행동은 무엇인지 점검하고, 그것들을 실행할 계획을 별도로 수립해야 한다. 이것들은 머릿속에 기억하거나 말로만 하기보다 측정할 수 있는 지표로 구성하되, 눈으로 확인할 수 있도록 시각화하는 것이 바람직하다. 이 과정에서 필요하다면 선배 코치들의 도움을 받는 방법도 있다.

2. 자신의 코칭 스타일 파악

우리는 앞서 11장에서 코칭 스타일에 대해 살펴보았다. 코칭 스타일을 파악한다는 것은 코치나 고객의 성격, 태도와 행동유형, 가치관 등을 종합적으로 파악하는 것과 일맥상통한다. 그래서 코치 자신과 고객의 스타일을 파악하는 것은 자신과 고객을 이해하고, 고객의 행동을 예측하며, 나아가 코칭 관련 연구에도 활용될 수 있다는 이점이 있다는 차원에서 의미있는 일이라고 언급했다. 그러기 위해 현존하는 다양한 진단 도구가 활용된다는 것도 알았다.

여기에서 집중할 것은 고객보다 코치 자신의 코칭 스타일을 파악하는 것이다. 현재로서 이것에 관한 선행연구를 찾아보기는 쉽지 않다. 따라서 필자의 현장 코칭 경험에 의존할 수밖에 없다. 필자는 코치 자신이 어떤 스타일인지를 아는 것은 자신이 진행하는 코칭의 품질, 고객과의 관계 설정, 코칭 진행 분위기의 조성, 코칭 효과 발현, 코치의 스트레스 관리, 코치 자신의 통제, 코치라는 전문직업과의 적합성, 코치 활동의 지속 여부 등에 일정한 영향을 미칠 수 있다고 생각한다.

그런 차원에서 코치가 다음과 같은 몇 가지 사항을 점검하는 것은 의미있는 일이다.

첫째, 코치 자신이 어떤 유형의 코칭 스타일을 지니고 있는지 알아두어야 한다. 앞서 11장에서 소개한 다양한 성격유형이나 행동 진단과 관련된 검사를 진행한 후, 해당 결과를 바탕으로 코치 자신을 이해하는 것이 필요하다. 자신에 관한 여러 가지 정보를 바탕으로 평소 자신의 모습을 이해하되, 다른 사람과의 관계 속에서 어떤 경향을 보이는지를 미리 파악해 두는 것이 필요하다. 특히, 자신의 특성과 잘 맞는 스타일과 그렇지 않은 스타일을 미리 파악해 두는 것은 코칭 분위기 조성, 고객과의 관계 설정, 코칭 진행 전반에 도움이 된다. 다만, 향후 코치가 대응하기 쉽지 않거나 부딪힐 가능성이 있는 스타일의 고객을 만났을 때, 어떻게 행동할지를 예상해 보고, 관련 시나리오를 미리 작성해 보는 것도 도움이 될 것이다.

둘째, 자신이 지닌 코칭 스타일의 강점이나 장점은 무엇인지 파악해야 한다. 코치는 자신의 강점이나 장점을 파악하는 일에 관심을 두어야 한다. 그것을 바탕으로 코치 자신의 강점이나 장점을 잘 살리는 것은 코칭 전체 과정을 진행하는 데 도움이 될 뿐만 아니라 코칭 마케팅을 진행하는 데도 큰 도움이 된다. 이런 과정을 통해 얻은 자신감은 자부심으로 이어질 수도 있다. 그리고 다른 코치들과 협력할 때도 자신의 강점이나 장점을 잘 살려 시너지를 창출하는 것은 자신의 코칭 비즈니스의 결과를 더욱 풍성하고 의미있게 만들 것이다.

셋째, 코치로서 코칭을 진행할 때, 주의할 점은 무엇인지 파악해야 한다. 누구든 완벽한 사람은 있을 수 없다. 코치도 사람인 이상, 코칭을 준비하고 진행하는 전체 과정에서 원치 않는 일이 발생할 수 있다. 가능한 이런 일이 발생하지 않도록 자신의 주의할 점들을 잘 정리해 두는 것이 필요하다. 이때 자신이 관찰한 것과 동료 코치나 슈퍼바이저의 관점에서 관찰한 것을 함께 참고하는 것도 도움이 된다. 그런 결과를 바탕으로 코칭 전체 과정을 잘 적어둔 메뉴얼이나 예상 시나리오를 사전에 적어보는 것은 코치의 실수를 예방하는 데 큰 도움이 된다.

3. 코칭 마이크로 트레이닝

코칭을 진행할 때, 코치는 고객의 말을 주의 깊게 경청하면서 그가 말하는 의미와 감정, 원하는 것들을 알기 위해 상당한 노력을 기울여야 한다. 그리고 적절한 질문을 통해 고객이 가지고 있는 잠재력과 가능성을 최대한 발휘하도록 그의 생각을 자극할 수 있는 적절한 질문을 해야 한다. 그리고 이 과정에서 적절하고 바람직한 피드백을 구사해야 한다. 이 과정에서 코치가 취하는 태도와 자세는 코칭의 성공 여부에 많은 영향을 끼친다. 따라서 코치는 좋은 태도와 자세를 가지고 훌륭한 코칭을 진행하기 위해서는 계속해서 공부하고 연습해야 하며 훈련받아야 한다.

이처럼 코치들은 코치로서 자신의 탁월함을 달성하고 재능을 계발하며 코칭 수행상의 질을 높이기 위해 누군가에게 점검을 받을 필요가 있다. 그것이 코치의 슈퍼비전(supervision)이다. 슈퍼비전이란, '코치가 슈퍼비전을 해 줄 수 있는 코치와 만나 코칭 진행 상황 전반에 대한 사항을 검도하고, 질문하며 주의 깊게 의견을 공유하는 경험 학습'의 형태이다.[13)]

이때 슈퍼비전을 해주는 코치는 내부코치일 수도 있고, 외부의 전문코치일 수도 있는데, 그들이 효과적인 코칭에 필요한 의사소통 기술을 훈련하는 데 활용할 수 있는 방법으로 '마이크로 트레이닝'(micro-training)이 있다. 이것은 달성하고자 하는 성과 문제 정형화하기, 문제의 원인을 파악하고 진단하기, 비디오 감상, 역할연기 연습 등을 포함하는데, 대면 의사소통(face-to-face communication) 기술을 개발시키는 데 효과적인 것으로 증명되었다. 이 프로그램에서 가르치는 기술들과 구성요소들을 소개하면 다음과 같다.[14)]

1) 코칭 관련 핵심기술

코칭에서 자주 사용하는 핵심기술에는 경청, 공감, 질문, 그리고 피드백 등이 있다. 이것은 앞서 다른 여러 장에서 이미 설명했다. 여기에서는 그것들을 간단하게 회상한 다음, 실제로 코치가 현장에서 코칭을 진행할 때 꼭 확인해야 할 것을 상기시키고, 이런 기술들을 자유롭고 적절하게 구사하는지를 선배 코치나 슈퍼바이저와 살펴볼 기회를 갖길 권한다.

① 경청과 공감 기술

경청 기술은 고객이 대화에 참여하는 데 도움을 준다. 이때, 다음과 같은 구체적인 방법을 활용하면 고객과 신뢰를 형성할 수 있고, 나아가 의사소통을 원활하게 할 수 있다.

먼저, 가볍지만 편안하게 상체와 몸을 고객을 향하여 앞으로 기울인다. 고객과의 시선 접촉(eye contact)을 계속 유지하며, 이야기가 다른 방향으로 흐르지 않도록 이슈나 주제에 집중한다. 따스하고 자연스러운 목소리로 말하고, 고개 끄덕임, 눈으로 말하기, 단순한 음성 반응 등

13) Carroll, M.(2006). Key issues in coaching psychology supervision. *Coaching Psychology*, 2(1), The British Psychological Society.

14) Werner, J. M., & DeSimone, R. L.(2006). *Human Resources Development*. Thomson: South-Western. 387에서 발췌, 인용.

을 활용하면서 고객에게 충분한 지지를 보내준다.

고개 끄덕임은 매우 단순한 행동이지만, 상황과 맥락에 따라 매우 다양한 의미를 준다. 아무 때나 고개를 끄덕이는 것은 고객에게 경망스럽다거나 심지어 제대로 듣지 않는다는 느낌을 줄 수 있지만, 적절한 고개 끄덕임은 코치가 사려 깊은 경청을 하고 있다는 느낌을 줄 수 있다. 단순한 음성 반응은 "으흠, 으흠", "아~", "예, 그랬군요." 등과 같은 것으로 고객의 말을 이해한다는 의미의 표현이다. 코치가 이런 기술을 적절히 활용하면, 고객의 말을 경청하며 공감하고 있다는 느낌을 줄 수 있다.

② 질문 기술

질문은 코칭의 백미라고 할 정도로 가장 핵심적인 코칭 기술이다. 필자는 8장에서 개방(열린) 질문, 확대(확장) 질문, 긍정 질문 및 미래 질문을 사용할 것을 권장했다. 이 가운데 개방 질문(open question)은 고객이 자신의 의견을 얘기하고 공유하는 데 도움을 준다. 그리고 코칭을 진행하는 동안 다루고 있는 이슈를 정형화하고, 코칭 대화의 속도를 내는 데 도움을 준다.

코칭에서 코치가 사용하는 질문은 간결할수록 좋다. 복문이나 중문은 지양하는 것이 좋다. 코치의 질문 문장이 너무 길어지면 고객이 이해하는 데 어려움을 겪을 뿐만 아니라, 코치 자신도 무슨 말을 하고 있는지 모를 수도 있다. 만일 고객이 코치가 질문한 것을 제대로 듣지 못했거나 이해하지 못했다면, 코칭은 원활하게 진행되기 어렵다. 코치가 고객에게 건네는 질문이 고객에게 잘 전달되는지를 알 수 있는 확실한 징후 가운데 하나는 고객이 코치가 한 질문에 대해 되묻는지를 확인하면 된다. 만일 고객이 코치가 질문한 것을 제대로 듣지 못했거나 이해하지 못했다면, 고객은 코치에게 질문을 한 번 더 말해달라고 요청할 것이다. 이런 일이 자주 벌어진다면, 정말 끔찍한 상황이 전개될 것이다. 따라서 훈련 과정에서 코치는 자신의 질문이 고객에게 잘 전달되고 이해되는지를 주의해야 하고, 자신의 질문에 대한 고객의 반응에 항상 민감해야 한다. 이외에도 다양한 방법으로 코치의 질문이 적절한지를 알 수 있는데, 가장 확실한 방법은 자신의 질문에 대해 선배 코치나 슈퍼바이저의 슈퍼비전을 받는 것이다.

질문 기술을 연습할 때, 또 하나 중요한 것은 확대적인 질문이나 유도 질문은 사용하지 말아야 한다는 것이다. 이에 대해서는 8장에서 이미 언급했으므로 그 부분에 대한 기억을 되살리려면, 해당 부분을 재차 살펴보길 권한다.

③ 피드백해 주기

피드백은 긍정적이고 미래지향적인 차원에서 고객의 행동에 대해 구체적으로 표현함으로써 동기를 부여하는 것이다. 코치의 피드백은 고객이 정확하게 의사소통을 했는가에 대한 정보를 제공하는 역할을 한다. 피드백을 제공할 때는 판단하지 않는(non-judgemental) 태도를 지니고, 적절한 현재 진행형의 말을 사용하며, 고객이 통제할 수 있는 적당한 사항에 대해 피드백을 제공한다. 이때, 피드백은 고객에게 확실하고 명확한 데이터를 제공할 수 있다.

2) 코칭 진행에 도움이 되는 몇 가지 기술

코칭에서 자주 활용되는 핵심적인 기술 이외에 코치가 익히고 연습해야 할 많은 다른 기술이 있다. 그것들을 코칭 현장에서 효과적으로 활용하는지를 확인하는 것은 의미있는 일이다. 그 가운데 몇 가지 기술을 소개하고자 한다.

① 환언하기(paraphrasing)

이것은 코치가 고객이 말한 것을 다른 말로 바꾸어 간결하게 다시 말하는 것이다. 다시 말해, 고객의 말을 듣고 이해한 바를 그에게 다시 확인받는 것이다. 특히, 코치가 고객의 말을 제대로 이해하지 못했을 때는 그의 말을 요약, 바꾸어 말해 봄으로써 코치가 어느 정도 이해하고 있는지, 고객이 이야기를 계속 이어가도 좋은지를 확인할 수 있다.

이 코칭 기술은 고객이 자신의 이슈를 명확히게 하고, 코치가 자신을 이해하고 있으며, 계속 자신을 지지하고 있다는 것을 알도록 하는 데 도움을 준다. 이때 주의할 것은 사실(fact)에 근거한 것이어야 하며, 코치 자신의 판단이 개입되지 않도록 하는 것이다. 이 기술은 고객이 전달하려는 바가 분명하지 않을 때, 고객이 여러 가지 주제, 내용, 상황, 사건 등을 한꺼번에 말하고자 할 때, 고객이 무슨 말을 하고 있는지 혼돈에 빠졌을 때 적절하게 사용하면 도움이 된다.

② 느낌 반영하기(reflection feeling)

이것은 코치가 고객과의 대화에서 드러나는 생각이나 감정을 코치 자신이 다시 보여주면서 (reflect) 자신이 잘 따라가고 있음을 알려주는 것이다. 고객이 자신의 느낌을 표현하고 열린 의사소통을 할 수 있도록 강화하는 것이다. 이처럼 느낌 반영하기는 고객의 느낌을 정형화하고, 코치와 고객 사이의 신뢰를 형성하는 데 도움을 준다.

코치는 코칭을 진행하는 동안 고객의 이름이나 대명사를 활용하고, “당신의 느낌은 마치 ~~하게 들립니다.”라는 표현을 사용하여 중간 점검을 한다. 그리고 코치가 고객이 느낀 감정을 열거하면서 그의 느낌을 반영해 주고, “내가 맞게 이해했나요?”라는 표현 등을 사용하여 고객의 말을 정확하게 이해했는지 점검해야 한다.

③ 초점 맞추기(focusing)

초점 맞추기는 전적으로 코치가 제시한 이슈에 집중하는 것이다. 이것은 고객이 겪고 있는 잠재적인 어려움을 정형화하고, 그들 각각을 다루는 데 도움을 준다. 이를 통해 고객은 현재 상황과 자신이 달성해야 할 목표와의 차이(gap)를 분명하게 인식할 수 있다.

4. 코칭 역량 향상을 위한 실행목표

코치 역량 향상을 위한 방법은 다양하다. 중요한 것은 이런 것들을 아는 것과 실천하는 것은 별개의 문제라는 점이다. 코칭에서 중요한 것은 코치 자신의 역량 향상을 위해 실전에서 활용되는 다양한 기술을 습득하고 익혀서 자신의 것으로 만드는 것이다. 이것을 위해 해야 할 일은 각각의 목표를 수립하고, 그것을 실행하며, 그 상황을 점검하는 것이다. 여기에서는 코칭 실습, 코칭 자격취득, 그리고 코칭 비즈니스 전개에 초점을 맞추고, 그것을 진행하는 데 필요한 목표를 확인하며, 그것을 점검하는 방법을 소개하고자 한다.[15)]

1) 코칭 실습 목표

인증된 코칭 교육 프로그램을 마치는 순간, 모든 사람을 대상으로 바로 코칭을 진행하기는 쉽지 않다. 그런 차원에서 본격적인 코칭을 진행하기 전에 전체 코칭 과정을 실습해 보는 것은 상당히 의미있는 일이다. 이것은 코치의 코칭 역량을 향상하는 데 도움이 될 뿐만 아니라 현 제도하에서 코치 자격증을 취득하는 데도 도움이 되는 의미있는 일이다. 〈표 13-3〉은 코칭 실습 목표를 점검하는 데 도움이 되는 양식 가운데 하나이다. 이런 양식은 개인마다 다르고, 코칭 기업마다 다를 수 있다. 코칭 실습 대상자를 여러 가지 그룹으로 나누어 정리한다면, 이 표를 확장하여 사용하면 된다. 이때 유념할 것은 자신의 코칭 실습 대상이 되어 줄 다양한 영역에서 속한 사람들의 명단을 작성하는 것이다. 왜냐하면, 특정한 직군에 한정할 경우, 다양한 사람들이 겪는 여러 가지 이슈를 만날 수 있는 확률은 줄이기 때문이다.

2) 코치 자격취득 목표

현재 한국에서는 코치 자격증을 취득하지 않은 사람도 코칭을 진행하거나 코칭 비즈니스를 전개하는 데 별다른 제재나 문제는 없다. 하지만 코칭은 한 사람의 마음, 생활과 인생 전반, 그리고 영혼을 다루는 소중한 인적 서비스인 것은 틀림없다. 그렇다면 누구나 인정할 만한 전문적인 소양과 경험, 그리고 식견을 갖추었다고 인정받는 것은 의미있는 일이다. 그런 차원에서 코치 자격증을 취득하는 것에 의미를 부여할 수 있다. 이런 사실을 인정한다면, 코치 자격증을

---

15) 조성진(2019). 코칭에센스. 경기: 양성원. 192-193에서 발췌, 인용.

표 13-3 코칭 실습 목표

구분	성명	관계	직업	연락처	이메일주소	코칭 예정일
가족						
친척						
직장 동료						
선후배						
제자/학생						
동료 코치						

취득하는 것과 관련된 목표를 수립하는 것도 필요하다. 여기에서는 국내 코치 자격증 취득에 한정하여 논의를 전개하기로 한다.

〈표 13-4〉는 코치 자격을 취득하는 것과 관련된 목표를 수립하는 것을 예로 든 것이다. 개인적인 목표에 따라, 즉 취득하고자 하는 코치 자격증이 무엇인가에 따라 이 표는 얼마든지 수정될 수 있다. 예컨대, 〈표 13-4〉에 표시된 코치 자격증 취득에 필요한 교육시간과 코칭시간은 현재와 같지만, 중간 목표 지점을 몇 개로 나누어 해당 시간을 세분화하면 〈표 13-4〉는 얼마든지 달라질 수 있다. 즉, 이 표는 개인적인 목표, 상황 등을 고려한 일정에 따라 나누어질 수 있다.

표 13-4 코치 자격취득 목표

내용		달성 예정 일자
KAC	코칭 교육 20시간 달성	
	코칭 (실습) 시간 50시간 달성	
	코치 자격 인증시험(KAC) 응시	
KPC	코칭 교육 60시간 달성	
	코칭 (실습) 시간 200시간 달성	
	코치 자격 인증시험(KPC) 응시	
KSC	코칭 교육 150시간 달성	
	코칭 (실습) 시간 800시간 달성	
	코치 자격 인증시험(KSC) 응시	

3) 코칭 비즈니스 목표 및 실행 점검

우리나라의 상황에 한정해 보면, 인증 프로그램을 소지한 코칭 기업 또는 기관에서 코칭 교육을 받고 일정한 시간 동안 코칭 실습을 마치면, 다음에는 코치 자격증 취득에 도전하여 해당 시험에 합격하는 것이 통상적으로 코치가 되는 길이다. 그리고 코치 자격증을 취득한 다음에는 각종 코칭 프로젝트에 참여하거나 본격적으로 코칭 비즈니스를 전개하기도 한다. 물론 기업에 속한 코치의 경우에는 당장 코칭 비즈니스를 전개하기보다 사내 코치로서 코칭을 진행하는 경우가 일반적이다. 그리고 이런 과정에서 추가의 코칭 교육에 대한 필요성을 느끼면, 다른 코칭 프로그램을 수강하거나 대학원에 진학하여 코칭을 공부하거나 연구하는 예도 있다.

이처럼 코치가 자신의 코칭 서비스의 질과 품격을 높임으로써 경쟁력을 강화하는 것과 관련된 목표를 수립하는 것도 의미있는 일이다. 〈표 13-5〉는 이런 것과 관련된 몇 가지 사항을 정리한 것이다. 이것 역시 개인적인 상황과 목표 등에 따라 얼마든지 수정, 보완할 수 있다.

표 13-5 코칭 비즈니스 관련 목표 및 실행 점검 목록

내용		달성 예정 일자	실시 여부
1	(잠재) 고객 명단 작성하기		
2	무료 코칭 제공하기		
3	프로필 정리 및 작성하기		
4	자기소개서 작성하기		
5	관계망 구축하기		

6	유료 코칭 시작하기		
7	코칭 교육 시작하기		
8	코치 전업 전환 계획 세우기		
9	각종 커뮤니티 가입하기		
10	사무실 개설하기		
11	코칭 프로젝트 추진하기		
12	각종 인쇄물 제작하기		
13	추가 교육 · 훈련 수강하기		
14	코칭 스터디 그룹 결성하기		
15	코칭 프로그램 개발하기		
16	대학원 관련 정보 수집하기		
17			
18			
19			
20			

13.3 코치 자격증 취득 절차와 내용

1. 코치 자격의 중요성

현재 성공적으로 활동하는 코치들 가운데 표준화된 코치 인증 자격증이 없어도 자신의 경험과 식견을 바탕으로 성과를 내는 사람들도 있다. 그래서 코치 인증제도를 통한 코치 자격증의 필요성과 가치에 대한 찬반양론이 있는 것도 사실이다. 그러나 코칭 인증 자격증이 없거나 적절치 못한 수준의 자격을 가진 사람들을 포함하여 많은 사람이 코칭 분야에 종사하기 시작하면서, 표준적인 훈련과 인증절차에 대한 압력이 거세지고 있다.[16)]

16) 게리 콜린스(양형주 · 이규창 역, 2011). 게리 콜린스의 코칭 바이블. 서울: 한국기독학생회출판부. 384에서 발췌, 인용; Williams, P., & Anderson, S. K.(2006). *Law and Ethics in Coaching: How to Solve and Avoid Difficult Problems in Your Practice*. New York: Wiley.

"부분적으로는 코칭에 대한 학문적 관심이 증가한 결과, 코칭에 대한 기준이 상당히 격상하고 있다. 고객과 코칭 훈련을 받고자 하는 사람들은 코칭이 견고한 증거 중심 접근법을 가질 필요가 있다고 생각한다. 그러나 코칭이 진짜 직업이 되려면 가야 할 길이 한참 멀다. 여전히 진입장벽이 없는 상태다. 누구든 자신을 코치라 부를 수 있다. 더 혼란스러운 것은 자격요건을 갖추지 않고 전혀 훈련을 받지 않았어도 누구든지 코치 트레이너라고 자처할 수 있다는 점이다. 많은 코칭 훈련 기관들이 잘 하고 있지만, 아직 논의되지 않은 난점들이 있다." – 앤서니 그랜트

코칭은 급격한 사회 변화와 복잡한 관계 속에서 살아가고 있는 사람들이 자신의 업무와 문제를 스스로 해결할 수 있도록 돕는 전문적인 인적 서비스이다. 따라서 코치가 전문적인 교육과 훈련을 받아야 하는 것은 당연한 일이다. 그것을 평가하는 제도 중의 하나가 '코치인증시스템'(coach certification system)이다.

한국에 코칭이 본격적으로 도입된 지도 상당한 시간이 지났다. 그동안 국내 코칭 분야는 코치 양성기관(법인사업자, 개인사업자), 코칭 교과목을 수강한 학부생과 코칭 전공 대학원생, 코치 자격 취득자, 코칭 관련 단체나 학회의 회원, 코칭 관련 연구논문 등 여러 가지 기준으로 볼 때, 양적인 측면에서 주목할 만한 성장과 성과를 이루었다.[17]

그런데 이런 확산 추세 속에서 코치가 계속 양성·배출되고 있지만, 다른 한편에서 코치 자격의 공신력과 신뢰성 확보 문제가 계속해서 제기되는 것도 현실이다. 최근 들어 우리나라에서도 코칭이 빠른 속도로 퍼지고 전문코치가 많이 배출되면서 코치 인증제도와 코칭 프로그램 인증제도 등의 문제를 다각적으로 검토해야 한다는 주장이 제기되고 있다.[18] 나아가 고객에 대한 양질의 코칭 서비스 제공, 대부분의 선량한 코치와 대중들의 피해를 예방하는 차원에서 코칭 관련 등록 민간자격의 현황 및 자격관리 운영체제에 관한 전반적인 실태조사가 필요한 시점이 되었다. 이런 작업은 코칭 관련 민간자격의 전문화 및 체계화, 코칭 산업의 지속 가능한 발전을 위한 선(善)순환적 생태계 조성 등에 필요한 대안을 제시하는 데 소중한 토대가 될 것이다.[19]

한 분야의 자격은 직업적 정체성을 촉진하기 위해 관련 집단이 기울이는 자발적인 시도로, 자격취득에 필요한 최소 기준을 충족하였음을 확인하는 방법이다.[20] 일반인들이 어떤 사람이 자격을 취득했다는 사실을 확인하려는 이유는 그가 해당 기관의 훈련을 받고 일정한 검증과정

17) 조성진 · 정우석 · 허영숙 · 한혜정(2022). 국내 코칭 관련 민간자격의 현황과 발전 방안에 관한 연구: 민간 공인 코치 자격 인증체계와 시험과목을 중심으로. 융합코칭저널, 1(1), 31-59; 조성진 · 정이수(2018). 국내 코칭(Coaching) 연구 동향 및 향후 연구 방향: 진전(1995년~2017년)과 전망. 인적자원개발연구, 21(3), 249-313.

18) 조성진(2013). 대학생 코칭 프로그램 운영 효과 분석과 활성화 방향 모색: 3개 대학 4개 사례를 중심으로. 코칭능력개발지, 15(3), 244에서 발췌, 인용.

19) 조성진 외(2022). 위의 글, 32-33에서 발췌, 인용.

20) Corey G., Corey M. S., & Callanan, P.(2014). *Issues and Ethics in the Helping Professions*(8th Ed.). Cengage Learning(서경현 · 정성진 역. 2014. 상담 및 심리치료 윤리. 서울: 박영사)

을 거쳐 자격을 취득한 사람임을 공식적으로 확인할 뿐만 아니라 자격 미달자로부터 자신을 보호하기 위함이다.[21] 코치 자격 역시 마찬가지 의미를 지닌다.

코치 자격은 코칭 훈련을 받은 후 관련 절차를 거쳐 자격을 취득함으로써 단순히 '코치'라는 특정 직함을 부여하는 것 이상의 의미를 지니고 있다. 코칭은 한 사람의 존엄성과 가치를 포함한 영혼 전체를 다루는 분야로서, 해당 자격의 인정과 등록 및 발급 과정 전반에 걸쳐 상당한 주의를 기울일 필요가 있다.[22]

2. 국내 코치 자격인증 현황

1) 국내 자격 현황[23]

우리나라의 자격은 크게 국가자격과 민간자격으로 나누어진다. 전자는 국가가 주도하여 정부 해당 부처와 관련 시행기관에서 자격관리 업무를 진행하고 있고, 후자는 '한국직업능력연구원'(이하 '직능원'이라 약함)에서 관리하고 있다(〈표 13-6〉 참조). 민간자격은 다시 공인 민간자격과 등록 민간자격으로 구분된다.

표 13-6 한국의 국가자격 및 민간자격 현황

(기준 : 2021.8.31일 현재) (단위: 개)

구분		개수	주요 자격의 명칭
국가 자격		178	간호사, 건축사, 경영지도사, 공인중개사, 농산물품질관리사, 말 조련사, 변호사, 사회복지사, 아마추어무선기사, 약사, 의사, 자동차운전면허, 장제사, 정교사, 택시운전자격, 한국어교원 등
민간 자격	공인	96	디지털 포렌식 전문가, 병원 행정사, 상공회의소 IT+Q, 수화통역사, 신용 분석사, 실내디자이너, 실천예절지도사, 정보기술자격(ITQ)시험, 종이접기, 행정관리사, PC 정비사 등
	등록	1,376	KAC, KPC, 리더십 코칭 전문가, 식습관 코치, 전문코치, 진로코칭 지도사, 청소년 학습코칭, 학습코칭 지도사, 한국 디베이트 코치 등
합계		1,650	

출처 : 한국직업능력연구원(2021). 민간자격정보서비스(http://www.pqi.or.kr)에서 발췌, 정리.
(보기) 자격명칭은 해당 분야 전체 자격증 가운데 일상생활에서 흔히 접하는 자격 일부를 선정, '가나다' 순서로 정리.

21) 박종성 · 최윤정(2016). 민간자격 관리자의 민간자격 관리 · 운영 개선 방안 연구. 직업과 자격 연구, 5(2), 1-20.
22) 조성진 외(2022). 국내 코칭 관련 민간자격의 현황과 발전 방안에 관한 연구: 민간 공인 코치 자격 인증체계와 시험과목을 중심으로, 융합코칭저널, 1(1), 33에서 발췌, 인용.
23) 조성진 외(2022). 앞의 논문. 36-37에서 발췌, 인용.

먼저, 국가자격은 2021년 8월 31일 현재, 총 178개의 자격이 있으며, 간호사(한국보건의료인국가시험원), 경영지도사(한국산업인력공단), 공인중개사(한국산업인력공단), 농산물품질관리사(국립농산물품질관리원, 국립종자원, 지자체), 변호사(법무부), 의사(한국보건의료인국가시험원), 정교사(교육자격검정위원회), 자동차운전면허(도로교통공단) 및 한국어 교원(한국산업인력공단) 자격 등이 포함된다. 이들 자격은 정부(부처, 지자체) 또는 국가가 인정한 시행기관에서 해당 자격증을 관리한다.

다음, 민간자격은 직능원에서 관련 업무를 총괄하며, '공인 민간자격'과 '등록 민간자격'으로 구분된다. 전자는 2021년 8월 31일 현재, 디지털 포렌식 전문가, 병원 행정사, 수화통역사, 실내디자이너 등을 포함한 총 96개의 자격이 공인되어 있다. 코치(Coach)의 경우, 같은 기간 내, 국가가 인증하거나 공인한 민간자격은 하나도 없고, Korea Associate Coach(KAC), Korea Pro-Coach(KPC), 전문코치, 진로코칭 지도사 및 식습관 코치 등을 포함한 총 1,376개의 민간 코치 자격이 등록되어 있다. 이 가운데 스포츠와 관련된 코치 자격을 제외하면, 이 책에서 주로 논의하는 코칭을 진행하는 코치 자격은 총 1,335개인 것으로 확인되었다.

2) 국내 코치 민간자격 현황[24]

국내 민간자격을 관리하는 직능원의 '민간자격정보서비스'를 활용하여 '코치'(Coach), '코칭'(Coaching)이라는 단어를 입력한 후, 등록된 코칭(코치) 관련 자격을 검색했다. 그 결과, 2021년 8월 31일 현재, 스포츠 코치 민간자격을 포함하여 총 1,376개의 자격이 등록되어 있었다(〈표 13-7〉 참조). 이것은 전체 등록 민간자격 총개수(44,542개)의 3.1%로, 아주 적은 비중을 차지한다. 2008년 최초로 4개의 코치(코칭) 관련 등록 민간자격이 등록된 이후, 점점 증가하는 추세를 보였고, 2014년에는 코치(코칭) 명칭을 사용한 민간자격이 총 151개로 전년 대비 136% 증가했으며, 이후 비슷한 추세를 보이다가 2019년에는 1년 내 가장 많은 198개의 코치(코칭) 자격증이 등록되었다.

코치(코칭) 관련 등록 민간자격을 관리하는 기관(이하 '자격관리기관'이라 약함)을 살펴보면, (사)한국코치협회를 비롯하여 각종 단체((사)한국코칭심리협회, 한국아동요리지도자협회, 한국산업자격협회, 한국디베이트코치협회 등), 민간기업((주)휴넷, ㈜한국상담협회, (주)코리아애듀테인먼트), 대학교(연세대학교, 숭실사이버대), 학회(한국코칭학회, 한국발달지원학회 등), 학

---

24) 2008년 이전에 개설된 코치 자격도 있으나, 직능원 사이트에서는 2007년 민간자격 등록제 도입 이후에 등록된 코치(코칭) 관련 현황만 확인할 수 있었다. 최근까지의 현황을 포함하면 이 책에서 소개하는 내용보다 더 증가했을 것이다. 국내 코치 자격 현황에 대해서는 다음에 소개하는 논문을 참조할 수 있다. 조성진 외(2022). 국내 코칭 관련 민간자격의 현황과 발전 방안에 관한 연구: 민간 공인 코치 자격 인증체계와 시험과목을 중심으로. **융합코칭저널, 1**(1), 37-39에서 발췌, 인용.

표 13-7 코칭(코치) 명칭 사용 등록 민간자격 현황

(기준 : 2021.8.31일 현재) (단위: 개)

등록 연도	등록된 전체 민간자격				코치/코칭/Coach 명칭 사용 민간자격			
	등록	등록 폐지	등록 취소	누적	코치	코칭	Coach	계
2008	655	-	-	655	1	1	2	4
2009	380	-	-	1,035	2	-	-	2
2010	539	10	-	1,564	5	2	2	9
2011	1,053	2	-	2,615	13	16	-	29
2012	1,453	7	-	4,061	11	29	-	40
2013	2,748	36	-	6,773	18	46	-	64
2014	6,253	223	-	12,803	51	100	-	151
2015	6,521	1,400	11	17,913	35	130	-	165
2016	6,153	932	1	23,133	22	95	-	117
2017	6,302	1,357	1	28,077	44	107	1	152
2018	5,849	2,315	-	31,611	29	121	-	150
2019	6,869	1,856	-	36,624	43	155	-	198
2020	6,079	2,515	-	40,188	29	123	1	153
2021	4,899	545	-	44,542	45	97	-	142
합계	55,753	11,198	13	-	348	1,022	6	1,376

출처: 한국직업능력연구원(2021). 민간자격정보서비스(http://www.pqi.or.kr)에서 발췌, 정리.

원(세브루타학원), 출판사(최강출판사), 민간 운영 센터(한국힐링교육센터, 금산성폭력상담센터) 등 다양한 곳에서 코치 민간자격을 관리하는 것으로 나타났다.

코치(코칭) 민간자격을 코칭 고유의 특성, 매체 사용 여부 및 다른 인적 서비스(상담/컨설팅/멘토링)와의 융합 여부를 기준으로 다시 분류해 보면, 다른 모습을 관찰할 수 있다. 즉, 코칭 고유의 특성을 살린 코치(코칭) 자격 가운데 대화 중심의 코칭을 진행하는 것과 매체를 사용하여 코칭을 진행하는 것으로 구분하고,[25] 코치(코칭) 명칭을 사용하고 있으나 실제로는 상담, 컨설팅, 멘토링을 포함하거나 아예 코치(코칭) 명칭만을 사용하지만, 실제 내용은 코칭과 관련이 없는 것, 그리고 스포츠 코치(코칭)를 구분하는 것이다(〈표 13-8〉 참조). 이런 기준으로 코치(코

25) 국내에서 이들 간의 차이를 구분하는 특정한 기준은 아직 정해지지 않았다. 다만, 일부 연구자들은 해당 논문에서 다음과 같이 구분하고 있다. '대화 중심' 코치 자격은 대화 위주의 코칭을 진행하는 코치(코칭) 민간자격을 말하는 것이고, '매체 중심' 코치 자격은 음악, 미술, 음식, 에니어그램 등 매체나 특정 도구(진단지 포함) 등을 활용하여 코칭을 진행하는 코치(코칭) 자격을 말한다. 조성진 외(2022). 국내 코칭 관련 민간자격의 현황과 발전 방안에 관한 연구: 민간 공인 코치 자격 인증체계와 시험과목을 중심으로. 융합코칭저널, 1(1), 40.

칭) 민간자격을 구분하면 다음과 같은 특징을 발견할 수 있다.

표 13-8 성격별 코치(코칭) 민간자격 등록 현황 구분

(기준 : 2021.8.31일 현재) (단위: 개)

등록연도	코칭 고유의 특성을 살린 코치 자격		코칭 명칭을 사용하지만, 실제 상담/컨설팅 포함	스포츠 영역	계
	대화 중심	매체 중심			
2008	2	-	2	-	4
2009	1	-	1	-	2
2010	8	-	1	-	9
2011	16	4	9	-	29
2012	13	5	22	-	40
2013	11	2	50	1	64
2014	25	1	124	1	151
2015	14	2	147	2	165
2016	14	1	95	7	117
2017	18	-	132	2	152
2018	9	1	134	6	150
2019	9	-	180	9	198
2020	15	-	132	6	153
2021	15	1	119	7	142
합계	170	17	1,148	41	1,376

출처: 한국직업능력연구원(2021). 민간자격정보서비스(http://www.pqi.or.kr)에서 발췌, 정리.

첫째, 코칭 본연의 특성을 살린 코치(코치) 관련 민간자격은 총 187개로, 전체 코치(코칭) 민간자격의 13.6%를 차지하는 것으로 나타나 그 수가 의외로 적은 것을 확인할 수 있었다.

둘째, 코치(코칭) 명칭을 사용하지만, 실제로는 코칭의 개념을 정확하게 이해하고 있지 않거나 해당 자격의 직무 내용에 상담, 컨설팅 및 멘토링을 포함하는 코치 자격이 전체의 83.6%를 차지하는 것으로 나타났다. 이것은 2000년대 초반, 코칭이 기업 등을 중심으로 국내에 도입된 이래, 기관, 단체, 각급 학교 등으로 급속하게 확산한 흐름을 반영하는 것으로 볼 수 있었다. 즉, 코칭의 확산 추세에 맞추어 자격 명칭에 코칭(또는 코치)을 포함한 것이 상당히 많다는 점이 인상적이다.

마지막으로, 코치(코칭)라는 명칭을 사용한 민간자격이지만 실제로는 상담이나 컨설팅 성격의 서비스인 민간자격이 상당히 많은 현상은 실제 코치(코칭) 자격 취득자들 가운데 코칭 고

유의 개념을 정확하게 이해하고 있지 않거나 코칭과 상담(또는 컨설팅) 간의 차이를 제대로 이해하지 못한 채, 현장에서 코칭을 진행하는 코치들이 상당히 많을 수 있다는 것을 의미한다. 이런 현실은 결국 고객에게 잘못된 방식으로 코칭을 진행함으로써 궁극적으로 코칭 현장의 혼란을 가져올 수 있다는 점을 의미한다는 점에서 주의할 필요가 있다. 따라서 고객들에게 양질의 코칭 서비스를 안정적이고 계속해서 제공하기 위해서는 코치 자격 수준 향상을 통한 전문성 제고와 그에 발맞추어 코치의 역량을 배양할 필요가 있다.

3) 국내 코치 인력 배출실적 현황[26)]

국내에서 코치(코칭) 민간자격 인력 배출실적을 살펴보면, 코치(코칭) 자격 시장의 실체를 조금 더 확실하게 파악할 수 있다(〈표 13-9〉 참조). 스포츠 코치를 제외하고 코치(코칭) 명칭을 사용하는 등록 민간자격 총 1,335개의 등록자격 가운데, 이 책에서 소개하는 코칭 본연의 개념을 이해하고 대화나 매체(음악/미술/음식/에니어그램 등)를 활용하여 코칭을 진행하는 자격은, 총 187개로 전체의 14.0%를 차지하는 것으로 나타났다. 나머지 86.0%를 차지하는 코치 민간자격은 코칭에 상담과 컨설팅을 포함하고 있거나, 코치 명칭을 사용하지만 실제로는 코칭과 전혀 다른 내용의 서비스를 제공하는 자격이 포함되어 있었다.

코치(코칭) 명칭을 사용하는 등록 민간자격(스포츠 코치 제외) 가운데 실제로 해당 인력을 배출한 실적이 있는 자격은 총 444개로 전체의 33.6%에 불과한 것으로 나타났다. 이것은 코치(코칭) 자격을 등록한 자격관리기관이 상당히 많은데도, 실제로는 자격 등록만 한 채 관련 인력을 1명도 배출하지 않은 기관이 상당히 많다는 것을 의미한다. 이 가운데 코칭 본연의 개념을 이해하고 대화나 매체(음악/미술/음식/에니어그램 등)를 활용하여 코칭을 진행하는 자격은 총 77개로 전체의 17.3%를 차지한다. 그리고 나머지 82.7%의 코치(코칭) 민간자격에는 코칭에 상담과 컨설팅을 포함하고 있거나, 코치(코칭) 명칭을 사용하지만 실제로는 코칭과 다른 내용의 서비스를 제공하는 자격이 포함되어 있다.

한편, 배출인력을 기준으로 코치 배출실적이 있는 민간자격의 상황을 살펴보면, 코치 민간자격 시장의 실상을 더 파악할 수 있다. 2년 이상 일정 규모 이상의 코치를 배출한 실적이 있는 민간자격은 전체 코치 민간자격(총 1,335개) 가운데, 총 24개(0.02%)에 불과했다. 그리고 누적 인원 500명 이상의 코치를 배출한 민간자격은 총 21개(0.01%)에 불과한 것으로 나타났다(〈표 13-10〉 참조). 1명 이상의 코치를 배출한 민간자격(총 444개)을 기준으로 보아도, 연평균 100명 이상의 코치를 배출한 민간자격은 총 24개에 불과했고, 연인원 500명 이상의 코치를 배출한 민

26) 조성진 외(2022). 국내 코칭 관련 민간자격의 현황과 발전 방안에 관한 연구: 민간 공인 코치 자격 인증체계와 시험과목을 중심으로. 융합코칭저널, 1(1), 39-43에서 재인용.

간자격 역시 총 21개로 각각 0.5% 내외에 불과했다.

표 13-9 코치 인력 배출실적이 있는 자격 현황

(기준 : 2021.8.31일 현재) (단위: 개)

구분	등록된 자격 수				발급실적이 있는 자격 수			
	계	코치/코칭/Coach		상담/자문(컨설팅)	계	코치/코칭/Coach		상담/자문(컨설팅)
		대화 중심	매체 중심			대화 중심	매체 중심	
2008	4	2	-	2	4	2	-	2
2009	2	1	-	1	1	-	-	1
2010	9	8	-	1	6	5	-	1
2011	29	16	4	9	11	5	1	5
2012	40	13	5	22	15	6	4	5
2013	63	11	2	50	32	9	1	22
2014	150	25	1	124	76	14	-	62
2015	163	14	2	147	74	6	-	68
2016	110	14	1	95	57	9	1	47
2017	150	18	-	132	49	3	1	45
2018	144	9	1	134	55	6	-	49
2019	189	9	-	180	48	2	-	46
2020	147	15	-	132	16	2	-	14
2021	135	15	-	119	-	-	-	-
합계	1,335	170	17	1,148	444	69	8	367

출처: 한국직업능력연구원(2021). 민간자격정보서비스(http://www.pqi.or.kr)에서 발췌, 정리.

표 13-10 일정 규모 이상 배출실적이 있는 코치(코칭) 민간자격 현황

(기준 : 2021.8.31일 현재) (단위: 개)

자격 등록연도	연평균 100명 이상 코치(코칭) 인력 배출				누적 인원 500명 이상 코치(코칭) 인력 배출			
	계	대화 중심	매체 중심	자문(컨설팅)	계	대화 중심	매체 중심	자문(컨설팅)
2008	0	-	-	-	0	-	-	-
2009	1	-	-	1	0	-	-	-
2010	2	2	-	-	3	3	-	-
2011	0	-	-	-	1	-	-	1
2012	1	-	1	-	1	-	1	-

2013	1	1	-	-	3	2	1	-
2014	2	1	-	1	2	1	-	1
2015	3	1	-	2	2	1	-	1
2016	4	2	-	2	4	2	-	2
2017	3	0	-	3	2	-	-	2
2018	4	1	-	3	2	-	-	2
2019	3	-	-	3	1	-	-	1
2020	0	-	-	-	0	-	-	-
2021	0	-	-	-	0	-	-	-
합계	24	8	1	15	21	9	2	10

출처: 한국직업능력연구원(2021). 민간자격정보서비스(http://www.pqi.or.kr)에서 발췌, 정리함.

이와 같은 상황은 민간 코치 자격을 관리, 해당 인력을 배출하는 기관이 소수의 특정한 곳에 집중되어 있다는 것을 의미하고, 이것은 결국 등록 민간자격만 인정되는 한국의 코치 자격인증 상황이 아직 열악하다는 것을 의미한다. 코칭은 간단한 기술(skill)과 기법(technique)만으로 이루어진 것이 아니고, 사람을 바라보는 철학과 관점을 가지고 개인이나 조직의 문제를 다루되, 그 속에서 살아가는 한 사람의 정신이나 영혼 등과 관련된 이슈들을 총체적으로 다루는 전문적인 영역에 속하는 만큼, 현재 코치 자격의 인증과 관련된 실제 상황에 대해 해당 기관이나 국가에서 더 관심을 가지고 다각적으로 검토하고 보완할 필요가 있다.

2년 이상 일정 규모 이상(연평균 100명 이상, 누적 인원 500명 이상)의 코치를 배출한 실적이 있는 민간자격의 상황을 실제로 찾아보면, 이런 열악한 상황을 추가로 확인할 수 있었다. 즉, 몇 개의 민간자격 관리기관이 코치 자격 관련 시장을 선도하고 있는 실상을 더 확실하게 확인할 수 있었다(〈표 13-11〉 참조).[27)]

이 과정에서 몇 가지 특징을 발견할 수 있었다. 첫째, 단일 자격으로 가장 많은 코치(코칭) 인력을 배출한 민간자격은 (사)한국코칭심리협회가 관리하는 '청소년학습코칭'으로, 2017년부터 3년 동안 총 8,640명(합격률 94.5%)의 코치를 배출했다. 둘째, 연평균 인원을 기준으로 가장 많은 코치를 배출한 민간자격은 ㈜휴넷이 관리하는 '리더십코칭전문가'로, 2017년부터 4년 동안 매년 1,040.3명(합격률 98.9%)의 코치를 배출했다. 셋째, 가장 오랫동안 가장 많은 인원의 코치(코칭) 인력을 배출한 민간자격은 (사)한국코치협회가 관리하는 'Korea Associate Coach'(KAC)로, 2011년부터 2020년까지 10년 동안 총 6,371명(합격률 91.4%)의 코치를 배출했다. 마

27) 직능원 민간자격센터(담당자)에 따르면, 코치(코칭) 민간자격 취득자 수는 해당 자격관리기관에서 직접 입력하는 상황이어서 실제 수치와 차이가 있을 수 있으며, 미입력된 데이터가 존재할 수 있으므로 정확한 데이터는 해당 기관에 직접 문의해야 확인할 수 있다고 한다.

지막으로, 단일 기관에서 여러 종류의 코치 인력을 연인원 500명 이상 배출한 사례는 '㈜휴넷'으로, '학습코칭지도사', '커리어코칭지도사', '리더십코칭전문가', '어드바이스코치'와 같은 4개 분야의 코치를 배출한 것으로 나타났다. 다음으로 (사)한국코치협회, (사)한국코칭심리협회 및 한국상담코칭개발원이 각각 2개씩의 코치 자격과 관련된 인력을 배출한 것으로 나타났다.

표 13-11 일정 규모 이상 배출실적이 있는 코치(코칭) 민간자격 목록

(기준 : 2021.8.31일 현재) (단위: 명, 년, %)

연도	민간자격		자격관리기관	자격 배출 인원		배출기간	합격률
	명칭	성격		연평균	누적		
2009	식습관코치	자문	한국아동요리지도자협회	179.2	2,150	12	98.7
2010	Korea Pro-Coach	대화	(사)한국코치협회	136.8	1,368	10	53.7
	Korea Associate Coach	대화	(사)한국코치협회	637.1	6,371	10	91.4
	아동청소년라이프코치	대화	㈜이엠사회서비스교육개발원	78.6	808	10	97.3
2011	웃음코칭지도사	자문	국제에코스마일코칭협회	80.1	721	9	100.0
2012	한국디베이트코치	매체	한국디베이트코치협회	187.8	1,690	9	78.1
2013	독서코칭지도사	대화	(사)한국심성교육개발원	72.6	581	9	94.6
	진로코칭지도사	대화	㈜한국상담협회	277.1	1,940	7	86.6
	자기주도학습코치	대화	한국학습코칭센터	69.8	558	8	100.0
2014	디베이트코치	자문	글로벌리더십평생교육원	172	344	2	100.0
	전문코치	대화	한국코칭학회	285.2	1,711	6	100.0
	자기주도학습코칭지도사	자문	㈜한국교육진흥협회	91.7	550	6	98.0
2015	하브루타독서코칭지도사	자문	㈜코리아애듀테인먼트	174	1,044	6	100.0
	진로코칭지도사	대화	㈜한국평생교육진흥협회	175.3	701	4	80.4
	하부루타코칭지도사	자문	미래여성교육진흥원	120.3	331	3	91.7
2016	학습코칭지도사	자문	㈜휴넷	130.8	654	5	86.2
	커리어코칭지도사	대화	㈜휴넷	178	1,390	5	98.4
	웃음코칭지도사	자문	한국산업자격협회	282.8	1,131	4	100.0
	청소년학습코칭	대화	(사)한국코칭심리협회	2,880	8,640	3	94.5
2017	리더십코칭전문가	자문	㈜휴넷	1,040.3	4,161	4	98.9
	보드게임또래코치	자문	㈜행복한바오밥	105	420	4	89.4
	어드바이스코치	자문	㈜휴넷	517.5	2,070	4	97.9

2018	부모코칭지도사	대화	(사)한국코칭심리협회	130	260	2	100.0
	안전코칭지도사	자문	(사)대한산업안전협회	311	622	2	100.0
	부모코칭지도사	자문	㈜한솔교육	129	258	2	100.0
	노래코칭강사	자문	한국힐링교육센터	236.3	709	3	100.0
2019	웃음코칭지도사	자문	다누리인재교육컨설팅	118	236	2	100.0
	에니어그램전문코치	자문	한국상담코칭개발원	192	384	2	100.0
	미술심리상담코치	자문	한국상담코칭개발원	344	688	2	100.0

출처: 한국직업능력연구원(2021). 민간자격정보서비스(http://www.pqi.or.kr)에서 발췌, 정리.

주) 이와 관련된 정보는 관련 정보의 성격상 수시로 변하기 때문에 개괄적인 상황을 파악하려면, 특정 시점의 상황만을 확인할 수밖에 없다. 따라서 이와 관련된 가장 최근의 정보를 알고 싶다면, 앞의 사이트를 방문, 해당 정보를 확인하면 됨.

3. 국내 코치 자격취득 절차

앞서 서술했듯이, 현재 국내 코치 자격은 모두 한국직업능력연구원에서 관리하는 민간 등록자격이고, 개별적으로 그 민간자격을 인증하는 절차를 진행하는 기관이나 단체는 상당히 많다. 이 책에서 그것들을 모두 소개하는 것은 이 책의 근본적인 취지에 부합하지 않는다. 따라서 이 책에서는 가장 오랫동안 가장 많은 인원의 코치를 인증, 배출한 (사)한국코치협회의 사례만 소개하고자 한다.

(사)한국코치협회에서 주관하는 코치등급별 인증절차의 지원조건을 정리하면, 〈표 13-12〉와 같다.[28] 현재 해당 기관에서 관리하는 코치 자격은 모두 세 종류로, KAC(Korea Associate Coach), KPC(Korea Professional Coach), KSC(Korea Supervisor Coach)가 그것이다. 가장 낮은 등급인 KAC에서 시작해서 응시 지원조건이 점점 까다로워지고, 필요한 요소들의 기준이 높아지는 구조로 편성되어 있으며, 자격취득 후 일정한 기간이 지나야 차상위 자격등급의 시험에 지원할 수 있는 형태로 진행되는 것을 볼 수 있다. 이런 형태의 자격등급 진행은 코치의 전문성 제고와 코치로서의 경험 축적 등과 관련이 있는 것으로, 해외 코치 자격증도 명칭은 다르지만 유사한 진행 형태를 띠고 있다.

28) 한국코치협회(2023). 자격인증-코치인증-코치인증자격(http://kcoach.or.kr, 2023년 1월 접속)

표 13-12 코치 자격인증 지원요건(ACPK[29], 한국코치협회)

(기준: 2023년 1월 현재)

구분	KAC	KPC	KSC
지원 자격	코칭 교육 수료 및 코칭 (실습) 종료 후	KAC 취득 후 6개월 이상 경과	KPC 취득 후 1년 이상 경과
지원서	별도 지원 양식 작성, 제출		
교육 시간*	20시간	60시간	150시간
코칭 시간	50시간	200시간 (유료 40시간 필수)	800시간 (유료 500시간 필수)
멘토 코칭 받기	-	KAC 취득 후 2개월 이상 5시간	KPC 취득 후 3개월~1년 미만 10시간
1:1 코치더코치 받기	-	KAC 취득 후부터 5시간	KPC 취득 후부터 10시간
고객 추천서	2인 각 1통(총 2통)	2인 각 1통(총 2통)	-
코치 추천서 (실제 코칭 관찰 후)	KAC 2인 이상 각 1통(총 2통)	KPC 2인 이상 각 1통(총 2통)	KSC 2인 이상 각 1통(총 2통)
필기시험	온라인으로 실시	온라인으로 실시	에세이 제출
실기시험	실시(등급별 시간 각기 다름)		
코치 인증자격 기간	3년	5년	5년
코치 인증자격 연장 주기	3년 후 연장	5년 후 연장	5년 후 연장
자격 유지 보수 교육	30시간/3년	50시간/5년	50시간/5년
의무 사항	• 인증자격 유지를 위해 위해서는 협회 정회원 이상의 자격 유지 필요 • 각 코치 인증자격 취득 후, 자격 유지 보수 교육 필수		

*: KPC 응시를 위한 교육시간 60시간 가운데 '기본' 인증 프로그램은 최대 20시간 인증되고, '심화' 인증 프로그램 20시간 이수는 필수임. 나머지 20시간은 '심화' 또는 '역량 강화' 인증 프로그램 가운데서 선택할 수 있음.

그 밖에 독자들이 관심을 지닌 코치 자격의 지원조건 등을 확인하기 위해서는 해당 자격의 인증절차를 진행하는 기관이나 단체에서 관리하는 홈페이지를 방문하면, 각각의 세부 조건들을 파악할 수 있다.

29) 이것은 (사)한국코치협회가 인증하는 프로그램(Accredited Coaching in Korea: ACPK)을 말하는 것으로, 이들 프로그램 가운데 하나를 이수한 수료자들이 코치 자격시험에 지원하는 방법을 정리한 것이다. 또 다른 지원방법인 포트폴리오 지원 관련 조건은 (사)한국코치협회 홈페이지를 참조하면 확인할 수 있다. 한국코치협회(2023). 자격인증-코치인증-코치인증자격(http://kcoach.or.kr)

4. 국내 코치 인증제도의 과제와 전망[30)]

앞서 언급한 바와 같이, 국내 코치 민간자격은 코칭의 확산과 더불어 급증하는 추세에 있고, 2008년부터 2021년 8월 말까지 총 1,335개의 민간자격으로, 총 444개의 자격관리기관에서 총 160,174명(연간 11,441명)의 코치를 배출했다는 것을 확인했다. 이것을 같은 기간 동안 상담 인력 배출실적(총 403,787명/연평균 36,708명)과 비교하면,[31)] 상당히 빠른 추세이다. 즉, 국내 도입 시기와 현재 상황 등을 기준으로 코칭과 상담 분야를 비교하면, 코치 자격의 증가 속도가 엄청나게 빠르다고 할 수 있다.

하지만 코치 자격 인증 현황과 실체를 살펴보면, 다음과 같은 몇 가지 문제점과 과제를 확인할 수 있다.

첫째, 코치 인력 배출이 특정 자격관리기관에 편중되어 있었다. 총 1,335개의 코치 민간자격 관리기관 가운데 누적 인원 2,000명 이상의 코치를 배출한 기관은 (사)한국코치협회, (사)한국코칭심리협회, ㈜휴넷, 한국아동요리지도자협회라는 4곳에 불과했다. 이 가운데 전문코치들이 모인 단체는 (사)한국코치협회, (사)한국코칭심리협회에 불과했고, ㈜휴넷은 전문교육기업이었으며, 나머지 한 곳은 명칭에서 알 수 있듯이 이 책에서 논하는 코칭과는 다소 거리가 먼 단체였다. 이것은 결국 국내에서 코치 자격과 관련해서는 특정 단체 두 곳이 주도적으로 코치 인증 및 배출에 앞장서고 있다고 볼 수 있다.

둘째, 코치를 단 1명도 배출하지 않은 자격관리기관도 많았다. 코치 민간자격을 등록, 관리하는 자격관리기관(1,335개) 가운데 코치를 단 1명이라도 배출한 기관은 총 444개(34.2%)에 불과했다. 66%에 가까운 수의 자격관리기관이 자격만 등록한 채 활동하지 않거나 코치를 전혀 배출하지 않는다는 것은 코치 관련 자격관리기관의 관리 · 감독 차원에서 고민할 점이 적지 않다는 것을 의미한다. 즉, 한국직업능력연구원은 이 점에 주목하여 코치 관련 민간자격의 실정을 제대로 파악하고, 코치 자격의 전문성 제고 등과 관련하여 현실을 개선하는 방안을 마련할 필요가 있다.

셋째, 코칭 본연의 의미와 특징을 살리며 코칭을 진행하면서 해당 인력을 배출하는 기관은 극히 소수에 불과했다. 코치(코치) 명칭을 사용하는 민간자격이 많았지만(총 1,335개), 그 가운데 86%인 1,148개의 자격이 자문 또는 치료(상담/컨설팅/멘토링 등) 성격을 포함하는 민간자격이라는 점에 주목할 필요가 있다. 즉, 해당 민간자격의 직무 내용을 살펴보면, 실제로 코칭과 관련이 없는데도 코치(코칭)라는 명칭을 사용하여 민간자격으로 등록했거나, 코칭과 상담/컨

30) 조성진 외(2022). 국내 코칭 관련 민간자격의 현황과 발전 방안에 관한 연구: 민간 공인 코치 자격 인증체계와 시험과목을 중심으로. **융합코칭저널**, 1(1), 43-44에서 발췌, 인용.

31) 김인규 · 장숙희(2019). 국내 상담 관련 민간자격의 현황과 발전 방안. **교육종합연구**, 17(2), 43-61.

설팅/멘토링 간의 분명한 차이를 이해하지 못했거나 해당 서비스와 코칭을 융합하면서 코치(코칭) 명칭을 병기하여 사용하고 있었다. 코칭 분야의 관점에서 보면, 이런 현상은 고객들에게 혼란을 주기에 충분하다. 이 점을 개선하지 않는다면, 앞으로 이런 혼란은 계속될 것이고, 이것은 결국 코칭 문화의 확산과 코칭 산업의 활성화에 걸림돌로 작용할 수도 있어서, 코칭 업계 관계자들은 이에 관한 대책을 조속히 수립해야 한다고 생각한다.

마지막으로, 코칭 분야와 관련하여 공인된 민간자격이 1개도 없었다. 현재 파악된 총 1,335개의 코칭 관련 민간자격은 모두 '등록된' 자격이지 '공인된' 자격이 아니었다. '자격기본법'에 의해 민간자격을 신설하여 관리 · 운영하려는 국가 이외의 법인, 단체 또는 개인 '누구나' 주무부처 장관에게 등록하면 발급할 수 있는 자격이었다. 이런 현상은 코칭 관련 민간자격증이 과도하게 발급되는 주요 원인 가운데 하나라고 생각한다. 이것은 코칭 분야 민간자격을 총괄하는 책임기관이 없는 현실 속에서 코치 자격의 공신력 확보와 신뢰도 제고에 걸림돌이 되는 중요한 과제가 아닐 수 없다. 이것은 양질의 코칭 서비스를 담보하는 자격 기준의 부재, 코치 자격의 신뢰성과 안정성 확보, 코칭 산업의 지속 가능한 발전 등과 관련된 것이어서 향후 이에 대한 심도 있는 논의가 필요하다.

이상의 제반 현실을 바탕으로 볼 때, 현재 코치 민간자격 관리기관이나 코치들은 이런 문제점을 해결해야 하는 중요한 과제를 떠안을 수밖에 없다. 따라서 현재와 같은 코치(코칭) 자격 시장의 혼란, 자격 명칭에 코칭 개념(또는 조작적 정의)을 무분별하게 적용함으로 인해 발생하는 혼란 등의 현상을 해소하기 위해서는 코칭 개념 등을 포함한 이론적 체계를 마련하는 것이 필요하고, 그것을 기반으로 코치 자격 수준을 향상하고 전문성을 높이는 데 박차를 가할 필요가 있다. 그런 차원에서 현재 모든 코치 관련 민간자격 가운데 코치 배출실적이 가장 많은 일부 자격관리기관에서는 자신들이 배출하는 코치 자격 수준을 우선 '공인 민간자격'으로 높이는 방안을 고려하는 것이 시급하다. 이것은 코치들의 존재와 관련된 본질적이고 핵심적인 사항이 아닐 수 없다.

5. 국내 코치 자격 인증제도 개선의 필요성[32)]

직업의 전문화가 정착된 오늘날에는 다양한 방법으로 개인의 능력을 공식적으로 인정받는 것이 필요하다. 자격증을 취득하는 것이 가장 확실하고 공신력 있는 방법이다. 그리고 자격증을 취득하는 것은 어떤 분야에 대한 개인의 열정을 증명하는 척도가 되기도 한다. 따라서 개인들은 자신이 희망하는 직무와 직업을 갖는 데 어떤 자격증이 필요한지 미리 확인하고 준비하

32) 조성진 외(2022). 국내 코칭 관련 민간자격의 현황과 발전 방안에 관한 연구: 민간 공인 코치 자격 인증체계와 시험과목을 중심으로. 융합코칭저널, 1(1), 46-56에서 발췌, 인용.

는 것이 필요하다. 물론 자격증을 취득하는 것이 '100% 취업 보장'을 의미하는 것은 아니지만, 자신이 바라는 직업과 직무를 담당하는 데 필요한 자격증을 취득하거나 노후의 편안한 삶을 위해서 새로운 도전이 필요한 사람들에게 자격증을 취득하는 것은 자신의 경쟁력을 높이는 것임은 분명하다.[33]

이런 차원에서 코치 관련 민간자격은 해당 자격을 취득했거나 앞으로 취득하고 싶은 사람들에게 여러 가지 측면에서 매력적인 자격이 되어야 한다. 현재도 그렇지만, 미래에도 여전히 유용한 자격이어야 함에는 재론의 여지가 없을 것이다. 그런 차원에서 현재 코치 민간자격은 경쟁력과 매력 등의 차원에서 수준을 높일 필요가 있다. 이것은 코칭 산업의 성장과도 관련이 있고, 나아가 인적자원개발(HRD) 시장과의 협력 차원에서도 중차대한 일이라고 생각한다. 코치의 전문성 제고와 공신력 확보 차원에서 현재 '등록된' 민간자격에서 '공인된' 민간자격으로 격상시키는 시도를 해야 하고, 그것에 앞서 코칭학의 이론적 체계 구축과 코칭의 지속적인 대중화가 선행되어야 한다.

1) 일관된 코치 자격 검증 체계와 관련 제도의 확립 필요

현재와 같이 코치 관련 자격이 모두 '등록된' 민간자격인 상황에서는 해당 자격의 무분별한 난립과 폐해를 막을 수 없다고 생각한다. 코칭 자격취득 과정에서의 부실 교육과 자격관리기관의 사후 관리 소홀은 코치와 코칭 서비스의 질을 떨어뜨리는 결과를 초래할 것이며, 결국 코치 자격에 대한 신뢰성과 공신력에 나쁜 영향을 미치는 결과를 초래할 것이다. 이것은 민간자격을 제대로 관리하려는 정부의 목적에도 부합하지 않는다. 따라서 코치 자격과 관련된 엄격하고 정제된 검증 체계를 확립할 필요가 있다. 물론 이것은 현재 상황에서 코칭 업계 관련 종사자들의 합의가 전제되어야 할 것이다. 그 바탕 위에서 코치 인증과 관련된 제반 절차를 비롯한 자격취득 후 사후 관리를 포함한 정밀한 검증 체계가 마련되고, 해당 체계와 제도가 일관성 있게 유지 · 관리되어야 할 것이다.

이와 관련해서는 다양한 논의가 필요하겠지만, 우선 코치 민간자격 검정과정의 기준을 마련할 필요가 있고, 그것을 바탕으로 체계화된 검증절차에 대한 코칭 업계의 담론 형성이 선행되어야 한다. 이를 위해서는 코칭 관련 민간자격의 관리와 운영체계 전반에 관한 전문가 집단의 합의된 기준이 마련될 필요가 있다. 즉, 코칭 관련 민간자격의 등록 및 공인에 대한 엄격한 기준과 절차가 마련되어야 한다. 현재 우리나라 민간자격 등록 요건은 매우 간단해서 '누구나' 코칭 분야 민간자격을 등록할 수 있다. 그래서 민간자격 관리자로서 결격 사유(미성년자, 피성년후견인, 피한정후견인, 파산선고를 받은 자로서 복권되지 않은 자 등)만 없다면, 국가자격과 동

---

33) 조성진(2020). 코칭과 경력개발. 경기: 양성원. 413에서 발췌, 인용.

일 명칭이거나 국민의 생명 · 건강 · 안전 및 국방과 직결되는 분야가 아니라면, 어느 명칭으로도 자격을 등록할 수 있다.[34)]

이것은 정부의 규제 완화, 일자리 창출이라는 측면에서 바람직하지만, 국민의 생명 · 건강 · 안전 및 행복추구, 거시적 차원의 국가적 인적자원관리에 해당하는 사회적 · 공적 영역에 관련될 수도 있다는 점을 함께 고려할 필요가 있다. 이런 관점에서 코칭 분야도 정교한 관련 체계 및 제도 마련과 함께 자격의 신뢰도 제고를 위한 국가적인 관심이 필요하다. 이에 대한 코칭 전문가 집단의 담론 형성이 필요하다. 그러기 위해 충분하고 심도 있는 논의를 바탕으로 우선 코칭 관련 민간자격을 관리 · 운영할 수 있는 시스템을 구축하고, '국가직무능력표준'(NCS) 등을 활용한 자격검정기준, 검정방법, 검정과목, 응시자격, 출제 기준 및 절차, 검정계획 및 실행절차, 시험문제 관리 등에 관한 체계를 마련함으로써 코치 자격의 공신력과 신뢰성을 높여야 할 것이다.

이와 관련된 논의는 상당히 광범위하고 이해관계자가 많아서 단시일 내에 이루어지기 어려울 것이다. 하지만 현재와 같은 우려스러운 상황이 계속될수록 코치 자격에 대한 신뢰도는 높아지기 어려울 것이고, 결과적으로 코치 자격의 매력도는 하락할 것이다.

2) 코칭과 관련된 다양한 개념에 관한 담론 형성

이것은 코칭의 개념, 범위 및 분야에 관한 코칭 업계의 심도 있는 논의가 필요하다는 것을 말한다. 코치 관련 명칭을 사용하는 민간자격이 계속해서 급증하는 추세 속에서 2015~2020년 사이에 매년 150여 개의 코칭 관련 민간자격이 등록된 것으로 나타났다. 이것은 한편으로 코칭의 급속한 확산에 따른 대중들의 관심 증가를 반영하는 현상이어서 긍정적이라고 생각할 수 있지만, 다른 한편으로 코칭이라는 용어가 매우 광범위하게 사용되거나 무분별하게 사용되고 있다는 것을 의미하기도 한다. 2020년 8월 말을 기준으로 볼 때, 실제로 민간자격 명칭에 코치(또는 코칭)라는 용어를 사용하고 있지만, 코칭과 전혀 관계가 없거나 상담, 컨설팅 등의 개념을 혼용하는 코치 자격이 전체의 86%를 차지하는 것으로 나타났다. 이런 현상을 그대로 방치되는 한, 코칭과 다른 서비스와의 차이에 대해 고객들이 경험하는 혼란은 더욱 가중될 것이다.

이런 혼란은 일상적으로 스포츠 영역과 심리학 영역을 중심으로 사용되는 코칭(또는 코치)이라는 용어와 경영 현장 등에서 진행되는 코칭[35)] 사이의 경계가 불분명하기 때문이다. 이것

---

34) 박종성 · 이동임 · 김덕기 · 정지운 · 현지훈(2017). 민간자격 효용성 평가연구 III. 한국직업능력연구원.

35) 흔히 코칭학 연구자들이나 전문가들은 이것을 스포츠 코칭과 구별하여 '경영 코칭'(managerial coaching)이라고 부르기도 한다. 이에 관해서는 다음에 소개할 논문을 참조할 수 있다. 조성진 · 이준길(2020). 스포츠 인적자원 개발의 문제점과 개선 방향에 관한 질적 연구: 스포츠 코칭과 경영 코칭과의 접목을 중심으로. 코칭능력개발지, 22(2), 195-207.

은 코칭 업계의 내부적인 관점에서 코칭만의 고유함과 독특함을 제대로 알리지 못한 결과이기도 하고, 외부적으로는 상담, 컨설팅 및 멘토링 영역의 종사자들이 코칭의 확산 기류에 편승하여 자신들의 영역에 코칭(코치)이라는 명칭을 접목하여 사용한 결과이기도 하다. 만일 코칭의 정체성과 차별성이 제대로 정립된다면, 코칭 관련 민간자격 명칭에 다른 영역에서 사용되는 용어를 조합하여 사용하는 현상은 줄어들 것이다. 이런 차원에서 코칭학 연구자, 코칭 업계 관계자와 전문코치들을 중심으로 코칭의 정체성 확립과 다른 인적 서비스와의 차별화 등에 관련된 다양한 주제들에 대한 지속적이고 심도 있는 논의가 필요하다. 이런 작업이 보완되지 않으면, 궁극적으로 코칭 시장의 확대와 코칭 산업의 발전에도 바람직하지 않은 영향을 끼칠 것이다.

3) 코칭 전문가 양성을 위한 표준교육모델 개발 필요

코치(또는 코칭) 자격과 관련하여 응시자의 지식, 기술 및 태도를 평가하는 절차는 같지만, 일반적인 다른 자격검정방법, 즉 이론(필기)시험, 면접, 실습 및 코칭 수퍼비전(coaching supervision) 등의 요건을 모두 갖춘 코치 민간자격은 아직 없는 실정이다. 현재와 같이 코치 자격검정기준이 명확하지 않고, 이것을 관리・감독하는 정부(기관)의 관심도 없는 상태에서 일부 코치 민간자격의 난립은 코칭 서비스의 질을 떨어뜨리고, 코칭 전문가로서의 길을 모색하는 이들에게 혼란을 가중할 뿐이다. 특히, 코치는 사람에게 인적 서비스를 제공하는 전문직업인으로서 코칭 활동을 원활하게 수행하기 위해 인격적인 성숙과 전문적인 능력 등을 함께 갖추어야 한다는 점에서 코치 자격검정기준은 지금보다 더 명확하고 엄격해져야 한다.

이를 위해 코치는 인간에 대한 깊은 이해와 존중을 바탕으로 고객에게 최상의 서비스를 제공하는 전문가로서, 오랜 시간 코칭과 관련된 이론과 기술을 익히고, 고객을 이해할 수 있는 다양한 분야의 식견을 갖춘 전문가로 성장해야 한다. 하지만 현재와 같이 양적으로 수많은 코치 자격을 통해 코치가 배출되는 인증 과정에서 제공되는 교육수준과 실습 정도로는 이를 충족하기에 부족한 실정이다. 따라서 코칭 서비스의 대상인 고객(국민) 보호, 양질의 코칭 서비스 관리체계 구축, 코치의 전문성 제고 등을 위해 전문코치 양성을 위한 표준교육모델을 개발할 필요가 있다. 이런 것이 가능해지려면, 중・장기적으로 학부과정에 코칭 관련 학과의 신설, 대학원 학위과정의 표준화와 고도화, '코칭교육인증제' 도입 등과 같은 정책을 추진하는 것이 필요하다.

4) 코칭 학과 개설 국내 대학원의 학술적 차원의 역할 필요

국내의 경우, 대학원(석・박사학위) 과정에 코칭 학과가 계속해서 개설, 운영되는 것은 코치 자격의 수준 제고와 코칭 서비스의 질 향상 차원에서 의미있는 현상이라고 생각한다. 즉, 해당 학위 과정에서 코칭의 기초와 핵심사항 등에 관한 교과목, 코치가 갖추어야 할 코칭 역량과 관련된 교과목, 그리고 실제로 코칭을 진행하는 과정에서 필요한 사항 등에 관한 교과목을 개설하거나 실제 코칭 현장에서 활용되는 다양한 장르의 코칭 관련 교과목을 개설, 운영하는 것은 매우 고무적인 일이다. 게다가 해당 대학원마다 자신들이 특화하거나 차별화하기 위한 전략의 하나로, (사)한국코치협회와 협력하여 국내 코치 자격취득에 도움이 되는 코치 인증 프로그램을 개설, 운영하는 것은 주목할 만한 일이다.

하지만, 국내 대학원의 역할은 (사)한국코치협회에서 인증된 코칭 프로그램을 자신의 대학원에 개설하여 입학생들의 수요에 부응하는 것에 그쳐서는 안 된다. 한 발 더 나아가 코치 인증 프로그램 심사 기준에 관한 학술적 뒷받침, 해당 기준의 적절성 여부 판단, 코칭 프로그램에 꼭 포함되어야 할 사항 등에 관한 것들에 대한 학술적인 연구결과를 도출하는 데도 관심을 기울여야 할 것이다.

6. 해외 코치 자격취득 절차

앞서 국내 코치 자격취득 절차를 서술하는 과정에서도 언급했듯이, 모든 해외 코치 자격에 관한 것들을 소개하는 것은 이 책의 근본적인 목적에 적절하게 부합하지 않는다. 따라서 이 책에서는 현재 시점에서 가장 활발하게 활동하며 세계적으로 영향력을 행사하는 것으로 알려진 대표적인 해외 코치단체인 국제코치연맹(International Coach Federation: ICF)의 사례만 소개하고자 한다.[36]

국제코치연맹(ICF)에서는 자격 심사를 '특정 요건들에 대한 자격을 주고 증명하는 과정이자, 어떤 사람을 코치라고 부를 수 있는 신뢰성, 신용 혹은 권한의 근거로 사용되는 그런 자격 요건들의 적용'이라고 정의하고, 코치 자격증은 '지원자가 얻게 되는 권한, 자격, 권리, 그리고 특혜에 대한 증명 서류'라고 정의하고 있다.

이런 정의하에 국제코치연맹에서는 자격 심사 프로그램의 목적을 다음과 같이 규정하고, 코치 자격과 관련된 각종 심사를 진행하고 있다.[37]

- 전문코치와 코치 훈련 기관들의 자질과 실력에 대한 업계 규정과 최소 기준 확립

---

36) 이 책에서 제외된 해외 코치 훈련 프로그램과 자격인증 등에 관한 자세한 내용과 역사, 그리고 ICF의 자격의 의미와 그 역사, 단체의 성장과 발전 등에 관한 구체적인 내용에 관해서는 다음에 소개되는 책을 참조할 수 있다. Brock, V. G.(2012). *Sourcebook of Coaching History*. VB Coaching & Consulting(김경화 외 역, 2015. 코칭의 역사. 서울: 코쿱북스. 543-562, 641-648에서 발췌, 인용).

37) Brock, V. G.(2012). *Sourcebook of Coaching History*. VB Coaching & Consulting(김경화 외 역, 2015. 코칭의 역사. 서울: 코쿱북스. 553-554에서 발췌, 인용).

- 참여하는 코치 훈련 기관, 전문코치, 그리고 마스터 코치들이 업계 표준을 만족하거나 초과 달성하고 있으며, 이에 따라 계속해서 운영하고 있다는 것을 대중들에게 보장
- 전문 코칭 업계가 분명히 뚜렷한 하나의 업계이자 자율 규제 업종으로서 확립되었다는 것을 보장

국제코치연맹(ICF)에서는 현재 모두 세 종류의 코치 자격을 인증하고 있다(〈표 13-13〉 참조). ACC(Associate Certified Coach), PCC(Professional Certified Coach), MCC(Master Certified Coach)가 그것이다. 국내의 경우와 유사하게, 국제코치연맹의 코치 자격도 가장 낮은 등급인 ACC에서 시작해서 응시 지원조건이 점점 까다로워지고, 차상위 코치등급으로 올라갈수록 필요한 요소들의 기준이 높아지는 구조로 편성되어 있다. 코치등급별로 구체적인 자격요건과 필요한 서류 등에 관해서는 해당 홈페이지를 참고하기 바란다.

표 13-13 코치 자격인증 지원요건(ICF)

(기준: 2023년 1월 현재)

구분	ACC (Associate Certified Coach)	PCC (Professional Certified Coach)	MCC (Master Certified Coach)
교육 시간 (Education)	60시간	125시간	200시간
코칭 시간 (Experience)	100시간 (유료 75시간 필수) (최소 고객 수 8명)	500시간 (유료 450시간 필수) (최소 고객 수 25명)	2,500시간 (유료 2,250시간 필수) (최소 고객 수 35명)
멘토 코칭 (Mentor Coaching)	10시간 (3개월 이상 동안 진행하되, 3시간 1:1 코칭 필수)		
필기시험	온라인으로 실시		
실기시험	20~60분 실시 (등급별 시간 각기 다름)		

출처: International Coach Federation(2023). 'Become a Coach-Credentials & Paths'에서 발췌, 재정리.[38]

38) International Coach Federation(http://coachingfederation.org, 2023년 1월 접속)

13.4 코치의 자기관리

1. 코치의 자기관리 필요성

앞서 코칭 기술을 크게 의사소통 기술과 대인관계 기술로 나눈 적이 있다. 독자의 기억을 돕기 위해 잠시 언급하면 다음과 같다. 먼저, '의사소통 기술'(communication skill)은 주로 코치가 어떻게 듣고, 질문할 것이며, 어떤 방법으로 피드백을 해 주고, 직관을 어떻게 활용할 것인가 등에 관한 것이다. 이에 비해 '대인관계 기술'(interpersonal skill)은 코치가 어떤 태도로 코칭에 임하고, 고객과 어떤 관계를 설정할 것이며, 코치로서 자신을 어떻게 관리할 것인가 등에 관한 것이다.

대인관계 기술의 하나에 속하는 '자기관리 기술'(self-management skill)이란 '코치 자신이 보내는 메시지에 대해 귀를 기울이는 것과 코칭을 할 때, 어떤 태도로 대할 것인가 등에 관한 기술'이다. 이것은 코치가 자신의 존재가치를 파악하고, 나아가 고객과 신뢰 관계를 형성하며, 효과적인 코칭을 전개하는 데 있어 아주 중요한 기술이다. 특히, 코칭이 전개되는 동안에 코치가 고객에게 언어적 · 비언어적으로 전달하는 여러 가지 태도는 코칭의 성과를 결정짓는 중요한 요소이다.

일반적으로 우리는 자신의 가치관이 무엇인지 삶에서 진정으로 원하는 것이 무엇인지 알고 나면, 우리의 행동이 그것에 얼마나 잘 맞는지 살펴보고 그런 가치관에 따라 우리 자신을 얼마나 효율적으로 관리하고 있는지를 평가할 수 있다.[39] 자기관리라는 것은 말 그대로 코치가 자기 자신을 관리하는 것이다. 이것은 코치가 고객의 가능성을 믿고 그의 잠재의식 깊은 곳에 있는 해답을 스스로 찾을 수 있도록 지원하기 위해 코치 자신의 머리, 몸, 마음을 헌신적으로 제공할 준비를 하는 것을 의미한다. 또한, 코치 자신이 직면하는 장애물을 어떻게 극복하고, 코칭을 진행하는 동안 쏟은 에너지를 어떻게 회복할 것인가에 대한 것이다. 이런 준비가 제대로 되지 않은 코치는 고객의 얘기를 진심으로 들을 수 없으며, 원활한 코칭을 진행할 수 없다.

2. 자기관리의 내용

자기관리 기술의 초점은 코치의 머리, 마음 그리고 몸을 어떻게 관리하며, 소진된 에너지를 어떻게 회복할 것인가에 둘 수 있다. 코치에게 필요한 자기관리 기술에 관해서는 전문코치나

39) 이언 맥더모트 · 웬디 제이고(박정길 · 최소영 역, 2007). **코칭바이블**. 서울: 웅진윙스. 229에서 발췌, 인용.

연구자의 관점과 강조점에 따라 견해가 각기 다를 수 있지만, 여기에서는 그 가운데 몇 가지만 소개하고자 한다.[40)]

1) 코치의 머리 관리

이것은 코치 자신의 사고(thinking) 상태를 잘 관리하는 것을 말한다. 실제로 코칭을 진행할 때, 코치의 머릿속에는 여러 가지 생각이 스쳐 간다. 코치가 아무것도 생각하지 않는다는 것은 거의 불가능하다. 특히, 코치가 경청하는 것을 방해하는 것들이 많고, 때때로 고객이 말하는 동안에 다음 질문을 생각하기도 한다. 이런 모든 것들은 코치의 머리를 어지럽히고 원활한 코칭 진행을 방해하는 것들이다. 코치는 이런 상황이 발생하지 않도록 세심한 주의를 기울여야 한다. 코치가 자신의 머리를 효과적으로 관리하기 위해서는 다음의 세 가지 단계를 밟아야 한다.

① 계획하기

코치는 코칭을 진행하기 전에 자신의 상황을 파악하고, 어떻게 코칭을 진행해 갈 것인지를 계획한다. 이때 코치는 자신의 사고를 어지럽히고, 바람직한 코칭 환경을 저해하는 코치 내부의 잡동사니들을 제거하는 데 신경을 써야 한다. 그러기 위해서 우선 코치는 코칭을 진행하기 전에 음악을 듣거나 명상 등을 통해 잡념이나 딴생각 등을 제거하는 것을 권장한다. 다음에는 효과적으로 코칭을 진행할 수 있도록 주변 환경을 정리해야 한다. 고객이 약속을 잊지 않도록 사전에 점검하거나 미리 안내하는 것도 필요하다. 만일 코칭 시간이 다른 약속과 중복되거나 불가피한 일이 발생했다면, 고객에게 솔직하게 상황을 설명하고 양해를 구한 다음에 코칭 진행 여부를 결정하는 것이 바람직하다. 결과적으로 한 회기(session)의 코칭을 잘 마칠 수 있는 비결은 코치 자신이 진행할 코칭을 잘 계획하고 준비하는 것이다.

② 자각하기

이것은 앞의 단계에서 여러 가지 사전조치를 취했는데도 코치가 고객의 이야기를 듣는 동안 머리에 딴생각이 떠오른다면, 그것을 알아차리고 받아들이라는 것이다. 예컨대, 코칭을 진행하는 도중 '저 사람은 이런 얘기를 하고 싶은 것이 아닐까?'라는 생각이 떠올랐다면, '아, 내가 지금 이런 생각을 하고 있구나'라고 자신의 느낌을 객관적으로 포착하는 것이다. '코치가 코칭을 진행하는 도중 이런 생각을 하면 안 되는데 … '라며 계속 그것에 집착한다면, 코치는 혼란에 빠지게 되고, 결국 고객의 이야기를 더 경청할 수 없다. 생각이라는 것은 인간이 할 수 있는

40) 게리 콜린스(양형주 · 이규창 역, 2011). 게리 콜린스의 코칭바이블. 서울: 한국기독학생회출판부. 434-438에서 발췌, 인용; 에노모토 히데타케(황소연 역, 2004). 부하의 능력을 열두 배 키워 주는 마법의 코칭. 서울: 새로운 제안. 139-150에서 발췌, 인용.

자연스러운 행동 가운데 하나이기 때문에 코칭을 진행하는 도중에 생각했다고 해서 코치 스스로 너무 자학할 필요는 없다. 다만, 그 뒤의 행동에 주의하면 된다.

③ 포기하기

이것은 코치 자신의 머릿속에 떠오른 어떤 단어를 자각했다면, 그것을 과감하게 버리는 것이다. 간단히 말해, 신경 쓰지 않는다는 것이다. 생각이라는 것은 그것에 집착하지 않는 한, 어떤 것이든 사라지기 마련이다.

2) 코치의 마음 관리

이것은 코칭을 진행할 때, 코치 자신의 감정 상태와 고객을 응대하는 과정에서 일어나는 감정 상태를 모두 포함한다. 코치도 사람이므로 기분이 좋을 때가 있고, 나쁠 때도 있다. 기뻐서 흥분할 때도 있고, 슬퍼서 마음이 가라앉을 수도 있다. 이처럼 변화무쌍한 감정의 변화를 경험하는 것이 인간이다. 그러나 코칭을 진행하기 전에 어떤 마음가짐을 가질 것이며, 코칭을 진행하는 도중에 일어나는 감정을 어떻게 효과적으로 통제하느냐 하는 것은 아주 중요한 문제이다. 코치가 이것에 대한 별도의 준비를 하지 않으면 효과적으로 코칭을 진행하기 어려워진다. 코치가 지녀야 할 마음가짐과 감정 처리 방법에 대해 살펴보면 다음과 같다.

① 존중하는 태도 보이기

이것은 코치 자신이 보기에 고객이 형편없는 문제로 헤매고 있다는 생각이 들지라도, 그가 자신의 문제를 스스로 해결할 가능성을 가지고 있다고 존중하는 것이다. 앞에서 계속 언급했듯이, 코치는 고객이 자신의 문제를 스스로 해결할 수 있다는 긍정적인 태도를 지녀야 한다. 또한, 고객이 스스로 해답을 찾을 때까지 해결 가능성을 믿고 존중해 주어야 한다. 설사 고객이 내린 결론이 코치 자신의 가치관이나 신념과 다르다 할지라도 그 자체를 존중해 주어야 한다. 특히, 자신보다 경험이 부족하거나 나이가 적은 사람과 코칭을 진행할 때도 코치는 그 사람을 하나의 인격체로 존중해 주어야 한다.

② 긍정적으로 지지하기

이것은 코치가 고객의 생각이나 감정에 대해 공감하는 것을 말한다. 즉, 코치 자신의 고정관념이나 선입감에 사로잡히는 것이 아니라, 고객의 관점에서 그의 의견과 감정, 도출되는 대안들을 진심으로 지지하는 것이다. 코칭을 진행하는 동안 고객이 실행한 일들이 코치가 보기에 충분하지 않더라도, 고객의 노력에 대해 충분히 공감하고 지지해 주는 것을 말한다. 특히, 청소년들과 코칭을 진행할 때, 그들을 긍정적으로 지지하는 것은 상당히 중요하다. 하얀 도화지와 같은 청소년들의 마음과 그들의 가능성과 잠재력을 긍정적으로 바라보며 지지해 주는 것은 그들에게 큰 힘이 된다. 이런 긍정의 힘을 통해 청소년들의 마음 깊은 곳에 잠들어 있는 의식을 일깨우고, 그들의 잠재력을 마음껏 발휘하여 궁극적으로 그들이 원하는 것들을 성취할 수 있다면 얼마나 좋은 일인가!

③ 성실함을 보여주기

코칭은 사실 그렇게 간단한 과정이 아니다. 그러나 단 몇 회기의 코칭만으로도 한 사람의 인생에 있어 중요한 전환의 계기가 될 수 있는 만큼, 코치는 코칭을 진행하는 순간마다 최선을 다하고 성실해야 한다. 코치는 코칭에 방해되는 모든 요소를 사전에 잘 정리하고, 코칭이 진행되는 동안에도 최상의 상황을 유지하는 데 필요한 조치들을 취해야 한다. 특히, 고객과 행한 약속은 반드시 지켜야 하고, 그것을 성실하게 이행함으로써 신뢰감을 주어야 한다. 또한, 최상의 코칭 서비스를 제공하기 위해 코치 자신의 코칭 역량 개발을 위해서도 노력해야 한다.

④ 신뢰 형성하기

코칭에서 신뢰한다는 것은 고객이 원하는 목표에 도달할 수 있는 능력을 지니고 있음을 안다는 것이다. 그러나 고객은 코칭을 진행하는 동안 코치의 이해할 수 없는 태도 때문에 상처를 받고, 코치를 믿지 않을 수도 있다. 어떤 경우에도 이런 일이 발생하지 않도록 코치는 세심한 주의를 기울여야 한다. 기업 내에서 코칭을 진행할 경우의 예를 들어보면, 코치인 상사가 자신의 부하들에 관해 관심을 보여주고, 일관성을 유지하며, 성실하고 정직한 행동을 보여주고, 구성원들과 통제권을 나누어 가지며, 정확하고 열린 의사소통을 사용할 때, 구성원들은 관리자를 믿을 확률이 높다. 물론 다른 장르의 코칭에서도 신뢰는 중요한 요소이다. 어떤 분야의 코칭을 진행하든 신뢰를 쌓는다는 것은 효과적인 코칭을 진행하는 데 있어 아주 중요한 요소이다. 바꾸어 말하면, 신뢰가 형성되지 않는 한, 어떤 코칭도 진행하기 어렵다.

그런데 또 한 가지 유의할 것은 신뢰가 형성되어 코칭을 시작했다 하더라도 진행하는 동안에 생긴 코치의 잘못과 실수로 그동안 쌓였던 신뢰가 한순간에 무너질 수도 있다는 점이다. 특히, 같은 직장에서 근무하는 상사와 부하 간에 진행되는 코칭의 경우에 신뢰를 형성하지 못했다면, 이것은 아주 예민한 또 다른 문제들을 발생시킬 가능성이 있어서 코치는 이 점을 항상 염두에 두어야 한다.

이런 신뢰 형성은 외부 코치(external coach)를 영입하여 코칭을 진행할 때도 마찬가지로 중요하다. 외부 코치가 구성원들과 코칭을 진행하면서 나누었던 개인적인 대화들을 그 조직의 관리자나 경영자에게 공개하지 않는다는 것을 사전에 확인시켜 주는 것은, 외부 코치와 내부 고객 사이의 신뢰 형성에 매우 중요한 역할을 한다.

⑤ 불안 제거하기

코치가 코칭을 진행하기 전(前)이나 코칭을 진행하는 동안에 무언가 불안한 것이 있어 초조하다면, 그것을 반드시 없애버려야 한다. 코치가 코칭을 진행하기 전에 자신이 느끼고 있는 어떤 감정의 원인이 확실하지 않거나 원인은 확실하지만 이러지도 저러지도 못하는 상황이라면, 누군가에게 그 괴로운 심정을 털어놓는 방법이 효과적이다. 만약 그런 사람이 주위에 없다면, 종이에 자신의 마음을 담담하게 적어보는 방법도 좋다. 예컨대, 코치의 가정에 어떤 문제가 발생하여 그것을 시급하게 해결해야 할 상황이라면, 고객에게 양해를 구하고 그것을 먼저 해결하는 것이 좋은 방법이다.

⑥ 윤리적 책임감 지니기

코치에게 있어 윤리적 책임감은 매우 중요한 자세이다. 코치는 특별한 경우를 제외하고는 고객과 관련된 비밀을 유지하는 것에 대해 막중한 책임감을 지녀야 하고, 정직해야 하며, 편견이 없는 객관성을 유지해야 한다. 특히, 고객을 위한다는 명목으로 다른 분야(또는 영역)의 전문성을 갖추지 않은 채, 자신이 다른 영역의 서비스도 제공할 수 있는 것처럼 과장하거나 속이는 행위를 해서는 안 된다. 따라서 코치 자신이 고객의 이슈 해결에 도움을 줄 수 없을 때, 다른 영역의 전문가에게 기꺼이 도움을 청할 수 있는 용기가 있어야 한다. 특히, 국내에서는 다른 전문 영역의 서비스 범위를 침해하지 않아야 한다는 점을 항상 명심해야 한다. 간혹 일부 코치들의 경우 자신이 진행할 프로그램을 홍보할 때, 다른 전문 영역의 관할 범위에 속하는 '치유'(healing) 또는 '치료'(therapy)라는 용어를 사용하는 경우를 가끔 발견한다. 이것은 매우 위험한 결과를 초래할 수도 있어서 항상 조심해야 한다.

3) 코치의 몸 관리

코치가 자신의 몸을 잘 관리한다는 것은 단순한 건강관리 이외에 코칭을 진행하는 동안 코치가 취해야 할 자세까지 포함된다. 구체적으로 살펴보면 다음과 같다.

① 건강 관리하기

코칭은 상당한 에너지가 필요한 일이며, 고객의 감정 상태를 수시로 파악해야 하는 고도의 정신적 서비스이다. 따라서 코치는 효과적인 코칭을 진행하기 위해 항상 최상의 건강 상태를 유지해야 한다. 코치 자신의 몸 상태가 좋지 않거나 건강하지 않을 때는 고객의 얘기를 편안한 마음으로 들을 수 없다. 특히, 몸은 감정과 달리 말로써 남에게 털어놓을 수 있는 것도 아니고, 종이에 기록하여 관리할 수 있는 것도 아니다. 만일 코치가 건강 상태가 좋지 않아 효과적으로 코칭을 진행할 수 없는 상황이라고 판단되면, 사전에 약속한 코칭 회기(session)를 다음 회기로 연기하거나 조정하는 것이 현명하다.

② 자세 관리하기

이것은 주로 '대면 코칭'(face to face coaching)을 할 때, 코치의 관련된 자세를 말한다. 즉, 코치는 코칭을 진행할 때, 몸의 방향, 시선 처리, 표정 관리 등 자신이 가질 자세와 관련하여 많은 주의를 기울여야 한다. 여기에는 다음과 같은 자세들이 포함된다.

첫째, 코치는 자신의 몸과 얼굴을 고객 쪽으로 약간 기울여 향하게 하는 것이 좋다. 만일 고객이 열심히 얘기하고 있는 동안 코치가 다른 쪽으로 몸을 돌리고 있다면, 고객은 '아, 이 코치는 지금 내 이야기를 귀 기울여 듣고 있지 않는구나'라고 생각할 수 있기 때문이다.

둘째, 코치가 코칭을 진행할 때 팔짱을 낀다거나 다리를 꼬고 앉으면, 고객에게 불필요한 오해를 불러일으킬 수 있어서 가능한 이런 자세는 피하는 것이 좋다.

셋째, 코칭을 진행할 때 코치의 시선은 고객과 그 눈높이를 맞추는 것이 좋다. 코칭은 원하는 해답을 찾기 위해 코치와 고객이 서로 협력하는 과정이다. 협동적인 인간관계를 구축하기 위해서는 자세부터 대등하게 갖추도록 코치가 배려해야 한다. 고객을 째려보는 시선은 코칭에 전혀 도움이 되지 않는다. 고객에게는 따스한 눈길이 필요하다. 그리고 이야기 내용과 고객의 감정 상태에 따라 필요하다면, 고객이 코치의 시선을 피할 수 있도록 배려해 줄 필요도 있다.

마지막으로, 코치의 표정은 자연스러운 것이 좋다. 코칭을 진행하는 동안 코치의 표정이 너무 경직되어 있거나 험악한 표정을 짓고 있다면, 고객은 자신의 얘기를 허심탄회하게 털어놓기 어렵다. 그렇다고 일부러 과장된 미소를 지을 필요도 없다.

4) 소진된 에너지를 회복하는 방법

아무리 긍정적인 에너지에 바탕을 두고 진행하는 코칭이라 할지라도 코치는 많은 에너지를 소모하게 된다. 코치가 고객의 얘기에 집중하고, 적절한 질문을 하며, 고객에게 자신감을 불어넣는 일에 에너지를 쏟고 나면 소진되기 쉽다. 그래서 코치는 지속적인 자기관리를 위해 자신과 생산적인 대화를 나누는 방법을 배우거나, 자신의 내면에 좋은 영향을 줄 사람들을 주변에 두는 것도 좋다. 이와 관련하여 게리 콜린스는 다음과 같이 제안하고 있다.[41)]

---

41) 게리 콜린스(양형주 · 이규창 역, 2011). 게리 콜린스의 코칭바이블. 서울: 한국기독학생회출판부. 434-438에서 발췌, 수정한 후 정리한 것임.

- 한계선을 설정하고 유지하는 법을 배우라.
- 전화, 이메일, 문자, 무선 통신 기기를 절제하라.
- 하루 중 휴식, 긴장 완화, 산책, 운동을 위한 시간을 별도로 마련하라.
- 잠자리에 들기 전까지 일하는 것을 피하라.
- 일정을 단순화하고, 창의성과 생산성에 지장을 주고 에너지를 소진하는 것들을 제거하라.
- 독서, 음악 감상, 악기 연주, 다른 바람직한 활동을 통해 두뇌를 자극하는 시간을 확보하라.
- 당신을 충분히 지지하고, 함께 있으면 재미있으며, 일과 상관없는 사람들과 계속해서 교제하라.
- 자신을 성찰하고, 일기를 쓰며, 삶의 방향을 다시 정렬할 수 있는 시간을 자주 만들라.
- 책임감 있는 코치와 계속해서 연락하라.

5) 지속적 학습과 훈련

코치는 항상 학습하는 자세를 견지하고, 코칭과 관련된 폭넓은 지식을 수용하는 것에 대해 열린 자세를 가지고 있어야 한다. 폭넓은 독서와 학습을 바탕으로 인간의 모든 측면을 이해할 수 있는 능력을 갖추는 것이 중요하다. 그리고 코칭 기술이나 기법을 능숙하게 활용하도록 훈련하는 것은 당연하다. 나아가 자신의 코칭 역량을 향상하거나 고객을 효과적으로 돕는 데 필요하다면, 그와 관련된 전문적인 훈련을 받고 관련 자격증을 취득하는 것도 중요하다.

또한, 코칭과 관련된 전문적인 지식과 경험 등을 갖춘 선배 코치나 훌륭한 스승에게 훈련을 받음으로써 자신의 코칭 역량을 향상하는 것도 바람직한 방법이다. 특히, 코치가 자신의 코칭 역량 등 전반적인 지식과 기술 등에 관해 여러 관점에서 수시로 점검받을 수 있는 '슈퍼바이저 코치'(Supervisor Coach)와 적절한 관계를 유지하는 것이 필요하다. 나아가 자신의 코칭 역량 강화에 도움이 된다면, 상급학교에 진학하여 새로운 정보나 흐름을 파악하는 등 학문적인 훈련을 하는 것도 좋은 방법이다.

3. 코치가 직면하는 장애물

코칭을 진행할 때 나타나는 장애물이나 걸림돌은 고객에게만 해당하는 것이 아니다. 코치가 비교적 자기관리를 잘 하고 있는데도 자신 안에 잠복해 있는 장애물이 있을 수 있다. 앞서 코칭 기술을 언급할 때 논의한 장애물은 주로 경청에 국한된 장애물이다. 여기서 언급할 것은 코칭의 전체 과정에서 코치에게 나타날 수 있는 장애물이다. 코치들이 직면하는 장애물은 자신이 진행할 코칭에 대한 확신이 부족하여 발생하는 불안감과 코칭을 진행할 때 실수할지 모른다는 두려움이다.

선행연구에 따르면,[42] 코치가 확신이 부족하고 불안감과 내면의 그렘린[43]으로 인해 방해를 받으면 코칭 효과가 떨어지고 고객은 필요한 안내를 받지 못한다. 불안이 너무 크면 코치는 주의를 딴 데로 돌리고, 고객은 코칭 과정에서 진전을 멈추고 혼자가 되었다고 느낀다. 코치가 코칭 과정에서 저지를 수 있는 흔한 실수는 고객에게 무언가를 결정하고, 방향을 잡아주고 고객을 판단하거나, 나중에 후회할 제안을 하거나, 코칭을 하는 동안 마음이 산만하여 고객의 말에 집중하지 못하거나, 고객이 충분한 코칭을 받지 못했다고 느끼게 하는 것 등이다.

코치가 이런 장애물들을 효과적으로 극복하지 못하거나 장애물이 생길 수밖에 없는 상황을 연출한다면, 그가 진행하는 코칭은 고객에게 아무런 의미를 주지 못한다. 코칭은 코치와 대화를 통해 고객 자신의 문제를 스스로 해결할 수 있는 해결책을 찾도록 돕는 것이다. 그런데 코치가 자신의 판단 아래 무엇인가 제안을 하거나 조언을 한다면 코칭이 무슨 의미가 있으며, 어떤 일의 해결 방향을 잡아둔다면 컨설팅이나 상담과 다를 것이 없다. 코치가 코칭을 진행하는 동안 어떤 이유에서인지 산만하여 고객의 말을 경청하지 못한다면, 고객이 코치를 찾아온 이유는 이미 상실된 것이다. 더욱이 고객이 충분한 코칭을 받지 못했다고 느끼게 된다면, 계약서상에 명시된 코칭의 대가로 지급할 수수료를 제공할 아무런 이유가 없는 것이다. 따라서 코치는 앞서 말한 것들로 말미암아 고객에게 자신이 불안정하다는 것을 보여주지 않도록 스스로 잘 통제해야 한다. 그리고 실수하지 않도록 꾸준히 교육을 받고 훈련해야 한다.

그렇지만 코치가 실수할 수도 있다. 이때 코치가 취할 수 있는 최상의 방법은 실수를 인정하고 사과하며, 그것을 바르게 고친 다음 코칭을 다시 진행하는 것이다. 때에 따라서는 코칭 수수료(coaching fee)를 돌려주거나 고객의 동의가 있다면 다른 코치를 소개해 줄 수도 있다. 그러나 더 큰 문제는 코치가 자신의 실수를 인정하고 스스로 용서하지 못하거나 용서하지 않으려는 태도이다. 코치는 이런 경우가 발생하지 않도록 세심하게 주의해야 하지만, 필요할 경우 다른 코치에게 개입을 요청하여 도움을 청할 수도 있다. 또한, 다른 코치로부터 자신이 진행하는 코칭 전반에 걸쳐 별도의 슈퍼비전을 받는 용기 있는 자세도 필요하다. 즉, 다른 코치에게 도움을 받아 자신이 가야 할 방향을 다시 찾고, 장애물을 인식하고 그것을 극복하기 위한 구체적인 행동을 취해야 한다.

---

42) 게리 콜린스(양형주 · 이규창 역, 2011). 게리 콜린스의 코칭바이블. 서울: 한국기독학생회출판부. 293-297에서 발췌, 인용.

43) 그렘린(gremlin)은 항공기를 비롯한 기계류의 오작동을 일으킨다는 말썽꾼 같은 생명체다. 등에 가시가 돋고 눈이 크며 날카로운 이빨과 갈고리 같은 발톱이 있다고 한다. 이것은 1920년대 몰타, 중동, 인도에 주둔한 영국 왕립공군에서 유래한 전설에 등장한다. 사람의 내면에 생기는 일종의 장애물의 은유적인 표현으로 생각하면 된다. 이에 관한 다양한 사례와 설명은 다음에 소개하는 사전을 참조할 수 있다. 위키백과사전(2022). 그렘린(https://ko.wikipedia.org/wiki, 2022년 6월 접속).

PART

03

코칭학 연구와 코칭 산업

CHAPTER

14 코칭학의 연구방법

14.1 코칭과 코칭학

1. 코칭학의 필요성[1)]

코칭이 경영 전략의 하나로서 효과가 인정되어 경영 현장에 급속하게 퍼지면서 오늘날의 모습과 같은 형태로 진화하여 진행되기 시작한 것은 대략 1980년대 후반부터라고 보는 견해가 일반적이다.[2)] 혹자는 1940년대에 주목할 만한 경제적 성과를 보이면서 지식노동자의 부상과 리더십에 대한 관심이 증대하기 시작하면서 근대 코칭이 출현했고, 1970년대에 들어서면서 참여를 촉진하는 리더십에 대한 연구가 활발해지면서 코칭을 경영의 한 부분이 아니라 경영의 중심으로 인식하는 경향을 보였다고 주장하기도 한다.[3)] 여하튼 1970년대 후반에는 경영학 논문 속에서 코칭이 등장하기 시작했고, 1980년대 말에는 그동안의 '통제–명령–처방' 패러다임에서 벗어나 '인식–창조–권한 부여'라는 패러다임을 옹호하면서 코칭이 부상하기 시작했다. 비즈니스에 특화된 코칭 서적이 서점 서가를 채웠으며, 이런 경향은 2000년대 초반까지 이어졌다.

이제는 코칭이 교육 현장이나 일상생활 속으로 깊숙이 들어왔고, 수많은 연구자가 다양한 학문적 배경을 바탕으로 코칭을 본격적으로 연구하기에 이르렀다. 그런 연구 결과들이 축적되

1) 이 장에서 서술하는 많은 부분은 다음에 소개하는 논문에서 관련 내용을 참조할 수 있다. 조성진(2022). 코칭학, 무엇을 연구할 것인가?: 코칭학의 현재와 미래. 융합코칭저널, 1(1), 5-29.

2) Mclean, L. D.(2005). Organizational culture's influence on creativity and innovation: A review of the literature and implications for human resources development. *Advances in Development Human Resources*, 7(2), 226-246; Mulder, M.(1999). Case studies in performance improvement. *Advances in Development Human Resources*, 1(1), 83-94.

3) Brock, V. G.(2012). *Sourcebook of Coaching History*, VB Coaching & Consulting(김경화 외 역, 2015. 코칭의 역사. 서울: 코쿱북스. 175-185에서 발췌, 인용).

자 국내외에서 코칭 관련 연구 동향을 분석하는 논문들이 보고되기 시작했고,[4] 이제 코칭은 다양한 학문영역에서 주목받는 연구 주제가 되었다.

코칭의 급속한 확산과 그 현장 속에서 발생하는 여러 가지 현상과 경험 및 사례 등이 연구자들의 호기심을 자극했고, 그런 주제들에 관한 연구자들의 관심 증대는 코칭의 깊은 원리 등을 분석하려는 욕구를 불러일으켰다. 코칭이 유사한 인적 서비스로 인식되는 상담, 컨설팅 및 멘토링 등과 분명하게 다른 점들을 보이면서, 하나의 새로운 독자적인 영역으로 발돋움하기 시작했고, 코칭을 직업으로 삼는 전문가들이 세계적으로 배출되면서 개인과 기업 및 다양한 조직에서 적극적으로 활용하는 상황에 이르렀다.

유사 서비스와 다른 코칭만의 독득함과 고유함이 인정됨과 동시에 나아가 계속해서 힘을 발휘하고, 그것을 바탕으로 한 코칭의 확산 추세와 관련 주제들에 대한 학문적 호기심은 코칭과 관련한 이론적 토대 구축에 대한 갈망으로 이어지고 있다. 이런 국내외 흐름에 맞추어 우리나라와 각국의 대학교에서 코칭 관련 교과목이 속속 개설되고, 대학원에서 코칭 관련 학과가 개설되는 긍정적인 상황이 계속해서 전개되고 있다. 이런 고무적인 상황과 연구자들의 열망을 바탕으로 코칭을 학문적인 차원에서 연구하려는 도전적인 움직임이 계속되면서 '코칭학'(Coachology)의 출현에 관한 필요충분조건이 제법 갖추어졌다. 하지만 코칭에 관한 연구가 주로 코칭 효과에 한정되면서, 다른 학문 분야의 연구자들로부터 강한 도전을 받는 것도 현실이다. 이제는 적어도 코칭 현장과 코칭 연구자들에게 새로운 인식 전환이 필요한 시기이다.

2. 코칭 연구의 과거와 현재[5]

1) 코칭의 뿌리와 코칭 연구 추세

코칭의 뿌리는 인류 역사의 토양 깊숙한 부분까지 이르고,[6] 코칭은 다양한 학문에서 농축된 것들과 그것들이 펼쳐졌던 사회적 · 문화적 · 경제적 토양 위에서 키워졌다.[7] 대부분의 새로운

4) 조성진 · 정이수(2018). 국내 코칭 연구 동향 및 연구 방향: 진전(1995년~2017년)과 전망. 인적자원개발연구, 21(3). 249-314; Beattie, R. S., Kim, S., Hagen, M. S., Egan, T, M., Elinger, A. D., & Hamlin, R. G.(2014). Managerial coaching: A Review of the empirical literature and development of a model to guide future practice. *Advances in Development Human Resources*, 16(2), 184-201; Ellinger, A. D., & Kim, S.(2014). Coaching and human resources development: Examining relevant theories, coaching genres, and scales to advance research and practice. *Advances in Development Human Resources*, 16(2), 127-138.

5) 조성진 · 정이수(2018). 앞의 글. 249-314; 조성진(2022). 코칭학, 무엇을 연구할 것인가?: 코칭학의 현재와 미래. 융합코칭저널, 1(1), 7-10에서 발췌, 인용.

6) Brock, V. G.(2012). *Sourcebook of Coaching History*, VB Coaching & Consulting;(김경화 외 역, 2015. 코칭의 역사. 서울: 코쿱북스. 41에서 발췌, 인용).

7) Irene, F. S.(2003). *Introduction: Beginning a promising conversation*. In Stein, I. F., & Belsten, L. A.(Eds.). Proceedings of the First ICF Coaching Research Symposium. November 12, 2003 Denver, Colorado USA.

분야들이 이전의 지식으로부터 나오듯이, 코칭도 철학, 심리학, 교육학, 경영학 및 스포츠 등 현존하는 많은 이론체계에 뿌리를 두고 있다.

이런 추세에 맞추어 적어도 현재까지 진행된 코칭 연구에서는 다양한 학문에서 이미 발견된 신념, 가치 및 원칙들이 적절하게 원용되었고, 이런 경향은 지금까지 이어져 오고 있는 것으로 보인다. 그래서 혹자는 코칭학의 독자적 학문체계 구축에 관해 회의적인 시각을 보이는 것도 사실이다. 특히, 심리학자들을 중심으로 코칭은 심리학의 한 분야일 뿐, 독자적인 학문이 아니라는 인식이 팽배해 있는 것 같다. 그러나 이런 회의적인 인식은 학문의 발전과 진화에 관한 인류의 역사를 전면적으로 부정하는 것과 다르지 않다.

여하튼 코칭의 독특한 정체성을 부인하는 일부 주장과 상관없이 최근까지 코칭 영역에서 다양한 주제들에 관한 실증적인 연구가 이어졌고, 의미있는 연구결과들이 축적되고 있다. 적어도 한국에서는 2022년 말까지 500여 편 이상의 코칭 논문들이 발간된 것으로 추정된다.[8)]

2) 코칭 연구 개황[9)]

코칭 연구자들은 코칭과 관련된 연구결과물의 양적 증가에 따라 촉발된 또 다른 요구를 해소하는 시도를 해야 하는 상황에 이르렀고, 코칭 연구의 흐름과 경향을 이해하기 쉽게 정리하고 통합하는 연구를 시작했다. 국내보다 해외에서 먼저 코칭의 이론적 정교화를 위해 기존 선행연구들을 정리하고 분석하는 연구들이 수행되었다.[10)] 국내에서도 코칭 관련 연구 동향을 분석한 논문들이 보고되었다.[11)]

그런데 국내 코칭 연구 동향을 분석한 논문들이 의미있는 시사점을 제공했지만, 한계를 보

Mooresville, NC: Paw Print Press.

8) 한국교육학술정보원에서 운영하는 학술자원 제공 서비스인 '학술연구정보서비스'(Research Information Sharing Service: RISS)에서 사이트에서 '코칭', 'coaching'이라는 단어를 검색 주제어로 사용하여 검색하면, 대개 10,000여 편 이상의 논문이 추출된다. 하지만 그 가운데 스포츠 코칭에 관한 논문이 상당수 포함되어 있으므로, 이 책에서 주로 언급하는 코칭과 관련된 국내 논문은 대략 500여 편이 넘을 것으로 추정했다.

9) 조성진 · 정이수(2018). 국내 코칭 연구 동향 및 연구 방향: 진전(1995년~2017년)과 전망. **인적자원개발연구**, 21(3). 251-252에서 발췌, 인용; 조성진(2022). 코칭학, 무엇을 연구할 것인가?: 코칭학의 현재와 미래. **융합코칭저널**, 1(1), 7-10에서 발췌, 인용.

10) Beattie, R. S., Kim, S., Hagen, M. S., Egan, T, M., Elinger, A. D., & Hamlin, R. G.(2014). Managerial coaching: A Review of the empirical literature and development of a model to guide future practice. *Advances in Development Human Resources*, 16(2), 184-201; Ellinger, A. D., & Kim, S.(2014). Coaching and human resources development: Examining relevant theories, coaching genres, and scales to advance research and practice. *Advances in Development Human Resources*, 16(2), 127-138.

11) 성세실리아 · 조대연(2016). HRD 분야에서 코칭 관련 연구 동향 탐색: 2000년~2015년 국내 학술지 중심으로. **한국HRD연구**, 11(3), 1-24; 윤형식 · 도미향(2016). 한국의 코칭학 발전 방향에 관한 탐색적 연구. **코칭연구**, 9(1), 5-33; 이희경(2017). 코칭심리학의 연구 동향 탐색, **한국심리학회지: 코칭**, 1(1), 1-26; 정은미. 2009. 코칭에 관한 연구 경향 분석. **코칭연구**, 2(1), 23-43; 조성진 · 정이수(2018). 국내 코칭 연구 동향 및 연구 방향: 진전(1995년~2017년)과 전망. **인적자원개발연구**, 21(3), 249-314.

이기도 했다. 즉, 코칭 연구물의 연도별 출간 추이, 연구주제, 연구방법, 약간의 결과(종속)변수를 파악하는 데 도움을 주었지만, 논문마다 수집하여 분석한 결과물이 각기 다르고, 분석하는 기준과 관점도 각각 달라서 일관된 흐름을 파악하기 쉽지 않다. 예컨대, 성세실리아와 조대연(2016)은 코칭 연구 동향을 분석했으나 인적자원개발(HRD) 영역에 한정했다는 점이 아쉽고,[12] Kilberg(1996)는 임원 코칭(executive coaching)에 한정하여 분석했다는 한계가 있다.[13] 따라서 적절한 분석기준을 세우고 종합적인 관점에서 체계적으로 분석해야 하는 작업이 필요하다. 그런 차원에서 조성진과 정이수(2018)의 연구는 다양한 기준과 관점에서 선행 코칭 연구 동향을 분석했을 뿐만 아니라(〈표 14-1〉 참조), 향후 연구과제와 전망에 관한 관점을 함께 제시하고 있어서, 코칭학의 이론적 토대 구축과 관련된 의미있는 시사점을 제공했다는 점에서 주목할만하다.[14]

〈표 14-1〉 코칭 논문 현황 파악을 위한 분류 기준

구분	분류 기준	주요 연구내용
전반적 연구현황	연도별 논문 수	연도별 코칭 논문 편수
	연구 종류	개념연구, 경험연구, 메타 연구
	분석수준	개인 수준, 그룹 수준, 조직 수준, 다 수준
	연구주제	연구의 초점이 되는 세부 연구주제
	전반적 개념모형	연구자가 관찰한 코칭 효과 관련 변수의 종류
분석수준별 연구현황	결과변수 유형	개인·그룹·조직 수분별로 활용된 결과변수 유형
	결과변수 측정	결과변수의 측정 방식, 결과변수의 측정 주체
	연구설계	종단적 연구, 횡단적 연구
	연구 표본	자료 수집 대상이 되는 표본 유형(또는 조직 유형)
	연구형태(연구모델)	연구대상으로 삼은 변수 사이의 관계
	실증연구 분석결과	실증연구에서 결과변수와 관련된 매개·조절변수의 유형

출처: 조성진·정이수(2018). 국내 코칭 연구 동향 및 연구 방향: 진전(1995년~2017년)과 전망. 인적자원개발연구, 21(3). 254쪽에서 발췌, 정리.

조성진과 정이수(2018)의 연구 결과를 구체적으로 살펴보면, 비록 한국 상황에 한정된 것이

12) 성세실리아·조대연(2016). HRD 분야에서 코칭 관련 연구 동향 탐색: 2000년~2015년 국내 학술지 중심으로, 한국 HRD 연구, 11(3), 1-24.

13) Kilberg, R. R.(1996). Toward a conceptual understanding and definition of executive coaching. *Consulting Psychology Journal: Practice and Research*, 48(2), 134-144.

14) 조성진·정이수(2018). 국내 코칭 연구 동향 및 연구 방향: 진전(1995년~2017년)과 전망. 인적자원개발연구, 21(3), 249-314.

긴 하지만, 코칭학의 이론체계 구축과 관련된 현주소뿐만 아니라 미래의 과제와 전망에 관하여 몇 가지 의미있는 시사점을 도출할 수 있다.

첫째, 코칭 효과를 검증한 논문이 가장 많았고, 그 수가 꾸준히 증가하고 있다는 점이다. 코칭 효과를 검증하는 것이 코칭에서 가장 핵심적인 사항이고, 각종 현장에서 코칭을 도입할 명분을 제공하는 것이어서, 코칭 효과를 과학적 · 객관적으로 규명한다는 것은 코칭학의 본질과 연결되는 아주 의미 있는 일이다. 다만, 현재까지 진행된 선행연구를 볼 때, 특정 결과변수의 측정치 변화를 통해 코칭 효과를 단편적 · 일시적으로 분석했다는 점은 아쉽다. 따라서 향후 연구에서는 코칭 효과의 개념뿐만 아니라, 분석 범위를 더 넓혀서 코칭의 조직적 · 사회적 영향을 모두 포함하는 데까지 진전되어야 한다. 이런 작업은 코칭학의 토대 구축 차원에서 가장 핵심적이고 본질적인 작업의 하나가 될 것이다.

둘째, 코칭 프로그램 개발과 관련된 논문이 많다는 점이 인상적이다. 물론 이것은 한국적인 상황에서 그렇다는 것이지 해외의 연구들도 그렇다는 것은 아니다. 여하튼 코칭 프로그램은 개발자의 코칭 철학, 학문적 배경, 코칭 현장에서의 경험과 안목 등을 바탕으로 특정 대상자들에게 적용하기 위해 개발되었다는 점에서, 코칭의 외연 확산과 코칭학의 이론체계 구축에 중요한 작업의 하나이다. 특히, 이런 작업은 코칭에 관한 충분한 이해를 바탕으로 진행되는 것이고, 학술적인 검증을 거친 코칭 프로그램의 탄생이라는 점에서 코칭학의 기반을 굳건하게 하는 의미있는 일이다. 다만, 코칭 프로그램을 개발할 때, 반드시 포함되어야 할 요소들에 대한 경험적이고 객관적이며 합리적인 기준이 제시되어야 한다는 점에서, 향후 추가 연구가 필요하다.

셋째, 코칭 리더십에 관한 논문이 많다는 점도 독특하다. 이것들은 코칭 리더십과 다른 변수 간의 관계를 규명하거나 코칭 리더십의 일부 하위요소들을 밝힌 것들이 대부분이다. 이것은 조직 차원의 주요 관심사인 리더십과 코칭의 확산 현상이 서로 맞물려 나타난 현상으로, 향후 계속해서 주목되는 연구주제 가운데 하나이다. 다만, 아쉬운 점은 적어도 한국의 코칭 리더십에 관한 선행연구들에서는 특정인의 견해가 과학적이고 객관적인 사전 검증없이 그대로 수용되는 위험성을 내포하고 있다는 점이다.[15] 따라서 향후 코칭 리더십에 관한 다양한 주제들을 연구할 때는 이 점을 반드시 유념할 필요가 있다.

마지막으로, 코칭이 영향을 미치는 결과변수로 가장 많이 등장한 것은 자기효능감, 조직몰입, 직무만족, 직무성과, 의사소통능력 및 리더십인 것으로 나타났다. 최근에는 코칭 리더십과 회복 탄력성 간의 관계를 규명한 논문도 많이 등장하고 있다. 이것은 코칭이 개인, 집단 수준뿐만 아니라 조직 수준에서도 의미있는 일이라는 것을 대변하는 근거이다. 나아가 이것은 코

15) 조성진(2021). 코칭 리더십의 구성요소와 척도개발을 위한 탐색적 연구: 국내 학술지(2011년~2020년)를 중심으로. **한국융합학회논문지**, 12(11), 335-346; 조성진(2022). 국내 코칭 리더십 연구에 관한 비판적 고찰. **융합코칭저널**, 1(2), 5-33

칭 도입의 근거를 제시할 뿐만 아니라, 이미 학계에서 인정된 조작적 정의와 개념을 활용하여 코칭의 구체적인 효과를 증명했다는 점에서 의미가 있다. 이것들은 주로 양적인 실증연구를 통해 밝혀진 사실인데, 향후 질적 연구를 통해 그동안 기존 변수로 측정할 수 없었던 코칭 효과가 추가로 발견된다면, 코칭학의 이론체계는 더욱 굳건해질 것이다. 이런 작업은 코칭의 확산뿐만 아니라 코칭 연구의 외연 확대 차원에서도 반드시 권장되어야 할 점이다. 다만, 코칭 효과를 측정하는 방식이 응답자의 주관적인 측정치를 활용하는 방식에 치우친 점은 향후 코칭학의 이론체계 구축에서 반드시 극복되어야 할 과제가 아닐 수 없다.

이상에서 살펴본 바와 같이, 코칭과 관련된 수많은 연구가 이미 진행되었고, 상당히 의미있는 결과가 축적되었다는 점은 코칭학의 이론체계를 구축하는 데 있어 매우 고무적인 일이다. 하지만 추가로 규명해야 할 점과 극복해야 할 과제들이 아직도 적지 않다는 점은, 코칭학의 이론체계 확립 차원에서 반드시 넘어야 할 도전적인 과제가 될 것이다.

3. 새로운 학문 영역, 코칭학[16)]

1) 코칭학(Coachology)의 명명

국내외적으로 코칭의 확산 속도에 견주어 코칭 관련 선행연구가 많이 발표되었더라도, 그것이 코칭학의 이론체계 구축을 위해 적절한 만큼의 양과 깊이에 도달한 것은 아니다. 따라서 앞으로 코칭 연구자들이 수행하거나 해결해야 할 과제들이 여전히 적지 않다. 이런 것들이 분명하게 해소되고 적절한 분류체계에 따라 제대로 정리될 때, 코칭학의 이론체계는 더욱 굳건해질 것이다.

일반적으로 학(學, logy)은 '~론', '~설', '~학', '~과학' 등을 의미하는 접미사로, '… + logy' 혹은 '… + ology'의 형태로 이용한다. 예컨대, 신화학이라면 '신화'(myth)와 '학'(logy)을 합쳐 'mythology'라고 명명하는 것과 같은 이치이다.[17)] '… + logy'라는 형식의 말에는 수백 년 이상의 역사를 지닌 것에서부터 수년 정도의 역사밖에 지나지 않은 새로운 것까지 다양하다. 명사 뒤에 '론'이나 '학'을 붙이는 것만으로도 단어를 만들 수 있다. 그 가운데 내용이 충실하고 방법론이 정돈되어 '학'이나 '과학'에까지 도달하면, 사전에 게재되거나 대학의 학과로 설치하는 예도 있다. 코칭학(Coachology)의 경우는 아직 각종 사전에 등재되지 않았지만, 국내외에서 관련 선행연구들이 양적으로 제법 많이 축적되었고, 이미 국내외에서 학과 명칭에도 많이 등장했기 때문에 '학'이라는 접미사를 붙이는 것이 전혀 어색하지 않은 상황이다.

16) 조성진(2022). 코칭학, 무엇을 연구할 것인가?: 코칭학의 현재와 미래. 융합코칭저널, 1(1), 10에서 발췌, 인용.
17) 위키백과사전(2022). 학.(https://ko.wikipedia.org/, 2022년 2월 접속)

2) 코칭학의 분석 수준

사회과학은 근본적으로 사람의 행동과 그들의 행동에서 비롯된 다양한 사회현상을 연구하는 분야이다. 이때 사람을 연구하는 주된 마당인 분석 수준에 따라 심리학, 사회심리학, 사회학, 문화인류학 및 역사학 등으로 구분할 수 있다. 심리학은 개인을 분석 수준으로 삼고, 개인 자체의 행동과 관련된 것들에는 어떤 것이 있고, 그들과 어떻게 관련을 맺고 있는지에 관심을 둔다. 예컨대, 심리학은 개인의 가치관이나 능력, 성격, 태도, 감정, 지각, 동기부여 등이 개인의 행동과 어떻게 맺어져 있는지에 주목한다. 그래서 심리학은 주로 인간행동에 대한 미시적 접근법(micro approach)을 사용한다. 이에 비해 사회학과 사회심리학은 개인과 개인이 모여 집단을 이루면서 나타나는 계층이나 제도, 기술, 이념 등과 관련된 인간행동의 관계에 주목하고, 그런 관계들이 인간의 행동에 어떤 영향을 미치는지에 대해서 관심을 지닌다. 나아가 집단과 집단이 모인 조직이나 그 조직들이 모인 사회의 다양한 현상과 속성이나 한 조직이나 사회가 시간이 지나면서 만들어 내는 문화와 인간행동의 관계에 주목하는 것은 인류학의 몫이다. 이 가운데 어떤 부분에 관심을 두느냐에 따라 경제학, 정치학 등으로 나눌 수도 있다([그림 14-1] 참조).[18]

그림 14-1 분석 수준에 따른 사회과학의 분류와 코칭학

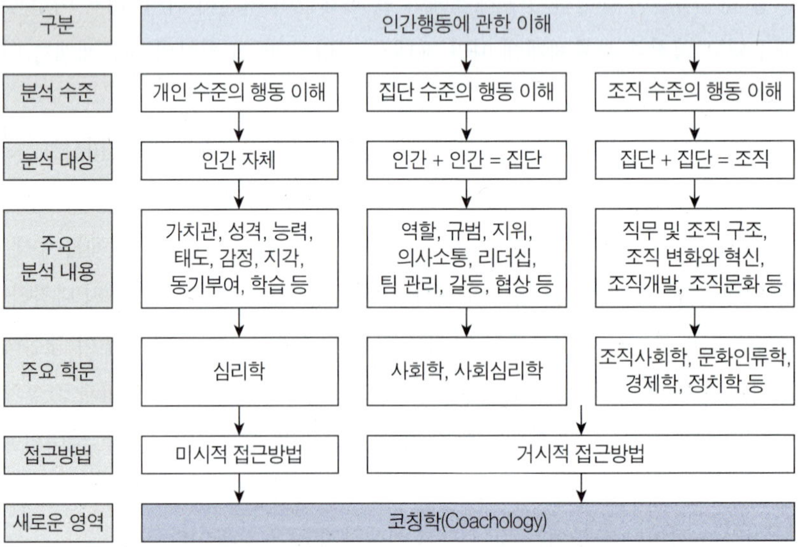

18) 박상언 · 정범구 · 김주엽 · 송계충(2020). 조직행위론. 서울: 경문사. 8-10에서 발췌, 인용.

코칭학에서 다루는 인간행동의 범위는 상당히 포괄적이다. 그래서 코칭학은 인간행동에 대한 전반적인 이해를 바탕으로 그가 속한 집단과 조직, 나아가 사회 속에서 발생하는 다양한 이슈와 현상을 다루는 학문이라고 볼 수 있다. 따라서 코칭학에서 어떤 이슈와 현상을 다룰 때, 분석할 수준을 어떻게 정하느냐에 따라 적용할 수 있는 이론과 측정방법 등이 달라질수 있다. 만일 그 수준이 일치하지 않으면, 관련 요인들 간의 관계를 잘못 해석할 수 있다.[19] 예컨대, '그룹 코칭과 조직구성원의 자기효능감, 리더십 및 조직혁신 간의 구조적 관계'에 관해 분석한다고 가정해 보자. 이 주제에는 개인, 집단 및 조직 수준의 변수(변인)가 모두 포함되어 있다. 이처럼 같은 주제 안에 각기 다른 분석 수준의 변수가 포함되어 있으면, 해당 변수 간의 관계를 잘못 해석할 수 있다. 따라서 연구자들이 코칭학을 연구할 때, 분석 수준을 어떻게 결정하는지는 중요한 선결과제가 될 수 있다. 그래서 연구설계 시점에서 어느 분석 수준에서 연구를 전개할 것인가를 미리 결정하는 것이 필요하다.

3) 코칭학의 학제적 성격[20]

코칭이 기술적인 수준의 절차(process)를 나열하는 단순한 도구(tool)에 국한되지 않고, 개인, 그룹 및 조직에 속한 사람들이 겪고 있는 다양하고 복잡한 과제와 관심사를 효과적으로 해결하는 체계적인 학문으로 승화되기 위해서는, 여러 학문에서 축적된 다양한 이론과 지식 및 경험을 비탕으로 한 '학제적 접근'(interdisciplinary approach)과 연구가 필요하다.

코칭은 기본적으로 개인(코치)과 개인(고객)이 상호작용하는 형식을 취하고 있고, 그들 사이에 선순환이 이루어지려면 상대방 즉, 인간에 대한 깊은 이해가 선행되어야 한다. 그리고 이런 과정에서 일어나는 다양한 내적 체험과 감정의 변화 등을 관찰하고, 자신이 원하는 것들을 스스로 해결하는 데 필요한 행동을 실천해야 한다. 그리고 코칭은 이런 과정에서 몸소 깨달은 의미있는 성찰을 통한 변혁적 성장을 도모하는 생산적이고 역동적인 과정이다. 따라서 이런 일련의 과정을 통해 일어나는 여러 가지 현상들을 제대로 이해하고, 그것이 가져다주는 의미있는 시사점과 통찰력을 정리하여 하나의 정형화된 이론을 만들고, 나아가 학문적 체계를 정립하기 위해서는 기존 학문의 연구결과와 이론을 활용할 필요가 있다.

그런 차원에서 실제로 코칭학 연구자들은 철학(인간관, 인본주의), 심리학(인지이론, 발달심

---

19) Dansereau, F., & Yammarino, F.(2000). Within and between analysis: The variant as an underlying approach to theory building and testing. In K. Klein & S. Kozlowski(Eds.). *Multilevel theory, research, and methods in organization: Foundations, extensions, and new directions*. 425-466. San Fransisco: Jossey-Bass; Klein, K. J., Dansereau, F., & Hall, R. J.(1994). Levels issues in theory development, data, and analysis. *Academy of Management Review*, 19(2), 195-229.

20) 조성진 · 정이수(2018). 국내 코칭 연구 동향 및 연구 방향: 진전(1995년~2017년)과 전망. 인적자원개발연구, 21(3), 288에서 발췌, 인용.

리, 신경 언어 프로그래밍, 긍정심리학), 사회학(사회심리, 조직사회학, 사회구성주의), 교육학(성인 학습, 모험교육, 구성주의) 등의 이론과 지식 등을 원용하고 있고, 경영학(인간의 태도 및 행위, 의사결정, 조직개발), 언어학(내러티브), 상담학(심리상담), 신경과학(신경 생물, 신경생리 심리학), 뇌 과학(뇌파), 복지학(직업사회복지) 등에서 축적된 연구결과와 경험을 활용하고 있다. 즉, 코칭은 다양한 학문과 직업이 어우러진 혼합체이고,[21] 코칭학(Coachology)은 통합 학문의 성격, 즉 학제적(interdisciplinary) 성격을 지니고 있다.

4) 코칭학의 한글 표기

국내에 한정하여 볼 때, 다른 학문 영역은 제쳐두고서라도 코칭과 관련된 영역인 심리학(心理學, Psychology), 사회학(社會學, Sociology), 교육학(教育學, Pedagogy), 경영학(經營學, Management), 상담(相談, Counseling) 등에서는 해당 학문(또는 영역)의 영문 표기를 한글 또는 한자어로 적절하게 번역하여 사용하고 있다. 아마 이것은 동북아에서 같은 한자(漢字) 문화권에 속하는 한국, 일본, 중국에서 나타나는 공통적인 현상이라 생각하다. 물론 컨설팅이나 멘토링의 경우에는, 한글로 적절하게 번역하지 않고, 외래어 표기명을 그대로 사용하고 있다.

필자의 개인적인 의견으로는, 국내에 코칭이 도입되어 지금과 같이 급속도로 확산하는 상황에서 이제 코칭과 관련된 제반 용어들을 적절한 한글 표기로 전환하는 문제에 대해서도 의견을 모을 때가 되었다고 생각한다. 가장 먼저 '코칭'(또는 코치)이나 '코칭학'에 대해서만이라도 한글로 표기하는 것에 관한 논의라도 시작할 것을 제안하고자 한다. 이것은 현실적으로 다음과 같은 장점이 있을 수 있기 때문이다. 첫째, 코칭과 가장 유사하다고 생각하는 상담(학)과 명칭 측면에서 가장 확연하게 구분되는 계기가 될 것이다. 둘째, 아예 상담(학)과 다른 한글 명칭을 사용함으로써 고객들의 혼동을 최소화할 수 있을 것이다. 셋째, 교육적 측면에서 코칭 관련 학과 명칭이나 교과목 명칭 등을 다르게 사용함으로써 코칭의 독자성과 정체성을 확립하는 데 이바지할 것이다. 마지막, 코치 관련 자격의 명칭에도 적용할 수 있어서, 해당 코치 자격의 정체성과 독자성을 확보하는 데 도움이 될 것이다.

코칭(학)을 한글로 번안하여 새로운 명칭을 부여하는 것은 같은 한자 문화권에 속하는 한국, 일본, 중국의 코칭 관계자들만 동의하면 쉽게 통용될 수 있다. 따라서 향후 이에 관한 3개국의 코칭학 연구자들과 현장의 코칭 전문가들이 함께 모여 코칭학의 한자(漢字) 표기에 관한 담론 형성이 필요하다. 그를 위해서는 먼저, 국내에서 이 문제에 관한 현직 전문코치들의 의견을 수렴하거나 코칭학 연구자들 간의 논의가 선행되어야 할 것으로 생각한다.

---

21) Brock, V. G.(2012). *Sourcebook of Coaching History*, VB Coaching & Consulting(김경화 등 역, 2015. 코칭의 역사. 서울: 코쿱북스. 42-52에서 발췌, 인용).

14.2 코칭 이론 개발을 위한 요소들

1. 이론의 중요성과 정의

1) 이론의 중요성

무엇인가를 알아가는 방식, 혹은 신념을 굳히는 방식에는 네 가지가 있다. 집착(tenacity), 권위, 직관, 또는 과학에 의존하는 방식이 그것이다.[22] 과학적 방식이란 우리의 신념이 우리들의 생각에 따라 영향을 받지 않는 그런 어떤 것, 어떤 외적 영구성(permanency)에 의해서 결정되는 방식을 말한다. 즉, 과학은 '적절한 실험이나 관찰을 통해 얻을 수 있는 자료를 기초로 하여, 주관을 넘어서 증명할 수 있고, 개인의 의견이나 선호로부터 독립된 지식의 획득을 목적으로 하는 지식 획득 방식'이다.[23]

이렇게 객관적 지식의 획득을 목적으로 하는 과학은 진실을 영원한 것이 아닌 잠정적인 것으로 받아들이는 '과학적 태도'를 그 핵심으로 삼고 있다. 과학의 세계에서는 오랫동안 많은 사람에 의해서 참으로 받아들여지던 진술도 새로운 '객관적' 자료에 의해서 거짓으로 판명되면, 바로 그 순간부터 과학이라는 지식창고에서 삭제되어 버린다. 따라서 어떤 진술에 대해서 그것이 참인지 거짓인지를 판명하고 재검토하는 일은, 과학이라는 지식체계를 쌓아가는 데 있어 꼭 필요한 핵심적인 절차이다.[24]

과학자들은 어떤 진술이 참인지 또는 거짓인지를 증명하고 판정을 내리기 위해서, 그들 서로가 인정하는 '연구방법'(research method)이라는 절차를 사용한다. 그래서 어느 한 학문이 과학이라는 이름으로 불리기 위해서 가장 먼저 기본으로 갖추어야 하는 것 가운데 하나가, 체계적으로 갖춰진 연구방법이다. 물론 코칭학도 사람이 살아가는 현장에서 일어나는 인간행동을 체계적이고 과학적으로 연구하는 사회과학의 한 분야로서, 연구자들이 인정하는 다양한 연구방법들을 발달시켜야 하는 중요한 시점에 와 있다.

이 책에서 코칭학의 연구방법에 대해서 살펴보는 것은 독자들을 코칭학 연구자들로 만들고자 하는 것이 아니라, 다양한 문헌에서 다루고 있는 연구내용들을 제대로 이해하고 소화해 낼 수 있는 안목을 길러주려는 것이다. 직접 연구를 수행하는 연구자가 아니라도 어떤 주장이나 견해를 제대로 이해하고 현실에 올바로 적용하기 위해서는, 그것이 참으로 받아들일 만큼의 이론인지 또는 그 주장이 지닌 한계는 무엇인지를 따져보는 능력이 필요할 것이기 때문이다.

22) Kerlinger, F. N.(1986). *Foundations of Behavioral Research*(3rd Ed.). New York: Holt, Rinhart and Winston. 6에서 발췌, 인용.

23) Hampel, C. G.(1965). *Aspects of Scientific Explanation*. New York: The Free Press.

24) 박상언 · 정범구 · 김주엽 · 송계충(2020). 조직행위론(제5판). 서울: 경문사. 46에서 발췌, 인용.

2) 이론의 정의

과학은 이론들의 묶음이다. 과학 안에 존재하는 모든 이해는 이론이라는 수단을 통해서 전달된다. 이론이라는 것은 "왜"라는 물음에 답하는 방식이다.[25] "왜 이런 일이 발생했는가?", "왜 사람들은 그렇게 행동하는가?", "왜 이 나라에서는 이런 문화가 발달하게 되었는가?", "왜 이번 여름은 유난히 덥나?" 이런 갖가지 질문에 대해서 사람들이 이해하도록 대답해 주는 방식이 이론이다. 코칭학도 하나의 사회과학으로서, 사람들이 일상생활과 삶을 영위하는 과정에서 왜 그렇게 행동하고 느끼는지에 대해서 설명해 주는 이론들의 묶음으로 구성되어 있고, 앞으로도 그럴 것이다.

이론이란 간단하게 말해서, '복잡한 현실을 인간의 인지적 능력이 수용할 수 있는 수준으로 단순화한 모형'이다.[26] 현실은 너무나 많은 것들이 서로 얽혀 있어서 어떤 이론이라도 그런 현실을 그대로 반영할 수도 없는 일이지만, 설사 현실을 정확하게 반영할 만큼 복잡한 이론이 가능하더라도 그 복잡성이 우리의 인지능력을 넘어선다면 쓸모없는 이론이 되고 만다. 따라서 이론은 충분히 단순하여 사람이 인지할 수 있는 수준이어야 하겠지만, 그렇다고 너무 단순해서 현실을 설명하거나 예측할 수 없을 정도여서는 안 될 것이다. "좋은 이론만큼 실제적인 것이 없다"(There is nothing so practical as a good theory)라는 레윈(Lewin, K.)의 명언도 이런 맥락에서 이해될 수 있을 것이다.[27]

2. 이론의 구성

이론이 정확하게 어떤 것인지에 대해서는 다양한 견해들이 있지만, 이론은 다음 네 가지 기본요소, 즉 개념(concepts), 변수(변인, variables), 진술(statements), 형식(formats)으로 구성되어 있다는 것에는 거의 동의하고 있다.[28] 따라서 이들 각각의 요소가 어떤 의미를 지니는지 알아보는 것이 이론을 이해하는 첫걸음이 될 것이고, 코칭 이론을 이해하거나 개발할 때도 도움이 될 것이다.

---

25) Turner, J. H.(1978). *The Structure of Sociological Theory*(Revised Edition). Homewood, Ill: Dorsey Press. 2에서 발췌, 인용.

26) 김인수(1999). 거시조직이론: 조직설계를 중심으로(개정판). 서울: 무역경영사. 30에서 발췌, 인용.

27) 박상언 · 정범구 · 김주엽 · 송계충(2020). 조직행위론(제5판). 서울: 경문사. 47에서 발췌, 재인용.

28) Turner, J. H.(1978). *The Structure of Sociological Theory*(Revised Edition). Homewood, Ill: Dorsey Press. 2에서 발췌, 인용.

1) 개념과 구성개념(concepts and construct)[29]

이론을 이루는 기초가 개념(concept)이다. 개념이란 '구체적인 현상들을 일반화함으로써 얻어지는 추상체로 정의되는 것'으로,[30] 예컨대 무게(weight)나 키(height)도 하나의 개념이다. 무겁다거나 가볍다고 관찰되는 것을 일반화하여 형성한 추상체가 '무게'이고, 크거나 작다고 관찰되는 것을 일반화하여 형성한 추상체가 '키'이다. 그리고 특정한 학습 관련 행동을 관찰하고 그런 행동들을 하나로 묶어서 용어로 표현한 성취(achievement)나 동기부여(motivation), 그리고 자신이 어떤 일을 해낼 수 있다고 생각하는 태도를 표현한 자기효능감(self-efficacy)도 개념의 일종이다.

개념은 정의(definition)를 통해서 구축된다. 정의란 '어떤 개념이 나타내는 현상에 대해 연구자들에게 알려주는 언어로 된 문장들, 논리학의 기호들, 또는 수학적인 부호 등과 같은 용어들의 체계'를 말한다.[31] 예컨대, '직무 만족'이라는 용어는 그것이 '개인이 직무의 특성을 평가하고 나서 자신의 직무에 대해서 느끼는 긍정적인 느낌'[32]이라고 정의될 때에만 의미를 지니게 되는 것이다.

개념은 그 개념을 사용하는 사람들에게 같은 뜻을 전달할 수 있어야 하지만, 가끔 언어로 표현되기 때문에 그 뜻이 사용하는 사람에 의해서 다양하게 해석될 가능성이 존재한다. 따라서 뜻이 매우 한정적인 기호나 부호 등으로 정의되는 것들, 예컨대 수학적 부호인 '+'는 그것을 사용하는 사람들 모두에게 같은 의미를 지니지만, '사랑', '몰입감'이나 '코칭'처럼 언어적 표현으로 정의되는 개념은 각각의 사람들에게 다양한 의미로 사용될 가능성이 크다.[33] 따라서 '코칭'이라는 개념이 이론의 틀 속에서 자리를 잡으려면, 적어도 그것을 연구하는 사람들에게는 가능하면 같은 의미를 지니도록 명료하게 정의될 필요가 있는 것이다.

구성개념(construct)이란 '특정의 과학적 목적을 위해 신중히, 그리고 의식적으로 고안되거나 채택된 개념'(a concept having been deliberately and consciously invented or adopted for a special scientific purpose)[34]이다. 그렇게 고안된 개념을 구성개념이라고 하는 이유는 과학자들이 자신들의 생각을 통해 결합, 구성한 것이며, 그와 같은 개념이 직접 식별되거나 관찰될 수

---

29) 박상언 외(2020). 조직행위론(제5판). 서울: 경문사. 48에서 발췌, 인용.

30) Kerlinger, F. N., & Lee, H. B.(2000). *Foundations of Behavioral Research*(4th Ed.). Orlando, FL: Harcourt Inc. 40에서 발췌, 인용.

31) Turner, J. H.(1978). *The Structure of Sociological Theory*(Revised Edition). Homewood, Ill: Dorsey Press. 2에서 발췌, 인용.

32) Robbins, S. P., & Judge, T. A.(2007). *Organizational Behavior*(12th Ed.). Upper Saddle River, NJ: Pearson Education, Inc. 79에서 발췌, 인용.

33) 박상언 외(2020). 위의 책. 48에서 발췌, 인용.

34) Kerlinger, F. N., & Lee, H. B.(2000). *Foundations of Behavioral Research*(4th Ed.). Orlando, FL: Harcourt Inc. 40에서 발췌, 인용.

있는 행동 차원으로서는 존재하지 않기 때문이다.[35] 일반적으로 구성개념은 일상에서 쓰이는 개념보다 더 추상적으로 정의되며, 그 유용성은 그 개념을 이용하여 얼마나 좋은 이론을 구축할 수 있느냐에 달려 있다.

개념과 구성개념이 상당히 중요하고 그것에 대해 충분한 인식이 되어 있지 않을 때, 염려스러운 일이 벌어질 수 있다는 사례는 이 책의 제2장 4절에서 국내 코칭 리더십 관련 연구 풍토를 언급하는 부분에서 소개한 바 있다. 특히 코칭학의 경우, 지금 코칭의 확산이라는 긍정적인 현실을 뒷받침해야 하는 실정을 고려하되, 이론체계를 확실하게 정립할 필요가 있는 시점이라는 차원에서, 코칭학에서 필수적이며 자주 사용되는 중요한 개념들에 대해서는 각별한 주의와 검토가 필요하다.

2) 변수(변인, variables)[36]

변수란 '연구자가 특별히 관심을 가지고 측정하고자 하는 구성개념'을 말한다. 이것은 구성개념이나 요인을 설명하는 구체적인 기본개념으로, 일정한 측정단위로 계량화가 가능하여 값을 가지게 되는데, 그 값이 적어도 두 개 이상이어야 한다. 구성개념은 그 추상성으로 인해 실제로 관찰할 수 없지만, 조작적으로 정의되면(operationally defined) 관찰할 수 있는 변수가 된다. 여기에서 조작적 정의(operational definition)란 '연구자가 구성개념을 측정하고 평가하는 데 필요한 행동이나 활동을 구체화함으로써 구성개념에 의미를 부여하는 것'을 말한다. 예컨대, 감정능력은 '감정지수'(EQ)로 조작적 정의를 내리고, 감정지수를 측정하는 도구를 사용하여 점수화한 다음, 이를 감정능력의 수준으로 삼는 것이다.

변수는 특성에 따라 분류변수(categorical variables), 측정변수(measured variables), 조작변수(manipulated variables)로 구분할 수 있다. '분류변수'란 두 개 이상의 범주로 나누어지는 변수로서, 성별(sex), 인종(race), 국적(nationality) 등이 그 예이다. '측정변수'란 시험, 설문지, 또는 다른 측정 도구로 대상물의 특성이 측정될 수 있는 변수를 지칭한다. 예컨대 키(height), 무게(weight), 불안감(anxiety), 권위주의(authoritarianism) 등이 이에 속한다. 그리고 실험연구에서 특정 변수의 효과를 알아보기 위해서 다른 상황을 통제하고 그 변수의 값만을 임의로 변화시켰을 때, 이를 '조작변수'라고 한다. 예컨대, 대학생을 대상으로 코칭의 효과를 알아보기 위해 다른 상황을 통제하고 실험군과 대조군으로 구분한 뒤, 실험군의 대상자에게만 코칭을 진행했을 때, 이 경우 코칭을 조작변수라고 한다.

35) Nunally, J. C.(1967). *Psychometric Theory*. New York: McGraw Hill. 85에서 발췌, 인용.
36) 박상언 외(2020). 조직행위론(제5판). 서울: 경문사. 49에서 발췌, 인용.

3) 진술(statements)[37]

과학이란 어떤 현상이 벌어졌는지를 서술하고, 그런 현상이 벌어진 이유를 설명한 다음, 그런 설명에 근거하여 앞으로 어떤 현상이 벌어지게 될 것인지를 예측하고자 하는 목적을 가진다. 그리고 이런 과학적 목적을 가능하게 하는 것이 이론이다. 어떤 현상에 대한 이론을 가짐으로써, 우리는 그 현상의 발생 이유를 설명할 수 있고, 미래에 대해서도 예측할 수 있게 되는 것이다.

어떤 현상에 대한 이론화는 발생한 현상과 관련이 있는 변수들 사이의 관계를 가상적으로 설정하여 진술하고(이런 진술을 '가설'(hypothesis)이라고 함), 그렇게 가상된 변수들 사이의 관계를 옳은 것으로 검증함으로써 가능해진다. 예컨대, 직무 만족 수준이 높은 사람들을 관찰해 보니 일반적으로 이들의 업무 성과가 높았다면, 이런 관찰을 토대로 '직무 만족 수준이 높으면 업무 성과도 높다'라는 가설을 설정할 수 있을 것이다.

4) 형식(formats)[38]

앞서 언급한 가설을 검증하기 위해 직무 만족과 업무 성과라는 구성개념을 측정 도구를 이용하여 변수화한 다음, 이들 사이의 관계를 구해본 결과, 두 변수 사이에 가상으로 설정했던 관계를 찾을 수 있었다면, 우리는 직무 만족이 업무 성과를 높인다는 이론을 수립할 수 있을 것이고, 이렇게 증명된 이론을 근거로 직무 만족을 높이면 업무 성과도 높아질 것이라는 예측을 할 수 있게 되는 것이다. 그리고 이렇게 증명된 이론들은 상호 간에 논리적이고 체계적인 과정을 거치면서 더 복잡한 이론체계로서의 형식을 갖추게 된다.

변수와 변수들 사이의 관계를 더 자세하게 살펴보기 위해 직무 만족과 업무 성과를 예로 들어 살펴보기로 한다.

① 상관관계

직무 만족과 업무 성과 사이에 관계는 있는데, 어떤 것이 원인이고 어떤 것이 결과인지 설명할 수 없을 때, 이 두 변수 사이에는 상관관계가 있다고 한다. 직무 만족이 높은 업무 성과를 가져온다는 설명도 가능하지만, 높은 업무 성과가 직무 만족을 가져온다는 설명도 얼마든지 가능하다. 즉, 어떤 것이 원인으로 작용하고 어떤 것이 결과인지를 판단할 수 없는 상황이라면, 이런 경우에 두 변수는 서로 관계에 있다. 즉 상관관계가 있다고 말한다. 이때 두 변수 사이의 관계는 '직선'으로 표시한다([그림 14-2] 참조).

---

37) 박상언 외(2020). 조직행위론(제5판). 서울: 경문사. 50에서 발췌, 인용.

38) 박상언 외(2020). 앞의 책. 50-54에서 발췌, 인용.

그림 14-2 직무 만족과 업무 성과 간의 상관관계

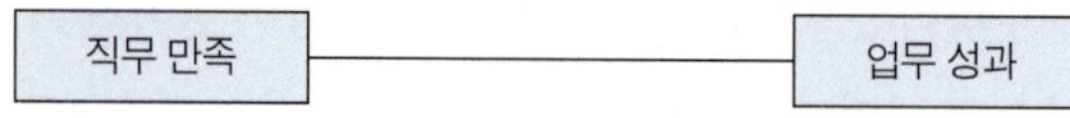

두 변수의 상관관계 여부는 상관분석이라는 통계기법을 통해 판정할 수 있다. 두 변수가 같은 방향으로 움직이면, 즉 직무 만족이 높아질 때 업무 성과도 같이 높아지거나 어느 한쪽이 낮아질 때 다른 쪽도 낮아지면 상관분석을 통해 얻은 상관계수가 '플러스'(+) 값을 가지며, 이런 경우에는 두 변수 사이에 '정'(正, 긍정적인)의 상관관계를 가진다고 한다. 그와 달리 두 변수가 서로 반대방향으로 움직일 때는 상관계수가 '마이너스'(−) 값을 가지며, 이런 경우에는 두 변수가 '부'(負, 부정적인)의 상관관계를 가진다고 판정한다. 한편, 특정한 유의 수준에서 상관계수가 의미있는 수준의 값을 가지지 못할 때는 두 변수 사이에 관계가 없다고 해석한다.

② 인과관계

과학이 궁극적으로 지향하는 것은 변수 간의 인과관계를 밝히는 것이다. 왜냐하면, 인과관계를 밝힘으로써 어떤 현상에 대한 더 나은 설명과 미래에 대한 더 놓은 예측력을 가질 수 있기 때문이다. 어떤 두 변수 사이에 원인과 결과의 관계를 지니는 것으로 판명되면, 두 변수가 인과관계를 지닌다고 말한다. 이때 원인이 되는 변수를 '독립변수'(independent variable)라고 부르고, 결과가 되는 변수를 '결과변수' 또는 '종속변수'(dependent variable)라고 부른다. 예컨대, 직무 만족이 업무 성과를 높인다고 하면, 직무 만족과 업무 성과는 인과관계를 지닌다고 말할 수 있다([그림 14-3] 참조).

변수들 사이에 인과관계를 식별하여 말할 수 있을 때는 '화살표'로 그런 인과관계를 표시하며, 일반적으로 독립변수가 종속(결과)변수에 영향을 미친다는 표현을 사용한다. 많은 연구가 설문지를 사용하여 이루어지는데, 설문지를 이용한 조사방법(survey method)은 상관관계만을 알아볼 수 있을 뿐이고, 확실한 인과관계를 찾아내기 위해서는 현재로서는 실험방법을 사용하는 것이 유일한 선택이다.

그림 14-3 직무 만족과 업무 성과 간의 인과관계

그림 14-4 직무 만족과 업무 성과 간의 관계에 있어 기분의 매개 효과

그림 14-5 코칭과 업무 성과 간의 관계에 있어 배려와 관심의 매개 효과

③ 매개변수

가끔 두 변수 사이에 다른 변수가 끼어들어 두 변수 사이의 관계에 영향을 미칠 수 있다. 예컨대, 직무 만족이 바로 업무 성과에 영향을 미치는 것이 아니라, 직무 만족이 '좋은 기분'(mood)을 이끌고, 좋은 기분이 다시 업무 성과를 높인다고 할 때, 좋은 기분은 직무 만족과 업무 성과 사이에서 두 변수의 관계를 '매개한다'라고 말한다. 이때 '좋은 기분'이라는 변수를 '매개변수'(intervening variable 또는 mediating variable)라고 부른다. 이 예에서는 '좋은 기분'이라는 매개변수를 상정함으로써 왜 직무 만족이 업무 성과를 높이는지에 대해서 더 명확하고 설득력 있는 설명이 가능해진다([그림 14-4] 참조).

코칭 현장의 예를 들어 설명해 보자. 어떤 연구자가 코칭을 받은 부하직원의 업무 성과가 높은 것을 발견하고, 실제 성과 정도를 비교하여 이것을 증명한 다음, 코칭을 받은 부하직원은 업무 성과가 뛰어나다고 주장했다. 이 연구자의 주장은 코칭을 받은 부하직원이 왜 업무 성과가 뛰어난지에 관해서는 설명해 주지 못한다. 이후에 상사인 코치가 코칭을 받은 부하직원에게 더 많은 관심과 배려를 보였기 때문이라는 사실을 발견하고 이를 매개변수로 삼았다면, 이 연구자는 코칭을 받은 부하직원의 업무 성과가 높은 이유를 훨씬 설득력 있게 제시할 수 있게 되는 것이다([그림 14-5] 참조).

④ 조절변수

조절변수(moderating variable)는 '다른 두 개의 변수 사이의 관계에 변화를 일으키는 변수'이다. 즉, 두 개의 변수들 사이 관계가 제3의 변수의 수준에 따라 변화하는 경우에, 이 제3의 변수를 조절변수라고 부른다. 예컨대, 직무 만족과 업무 성과 사이의 관계가 자동화의 수준에 따라 달라진다면, 자동화의 수준이 조절변수의 역할을 하게 된다. 자동화가 낮을 때는 직무 만족이

그림 14-6 직무 만족과 업무 성과 간의 관계에 있어 자동화 수준의 조절 효과

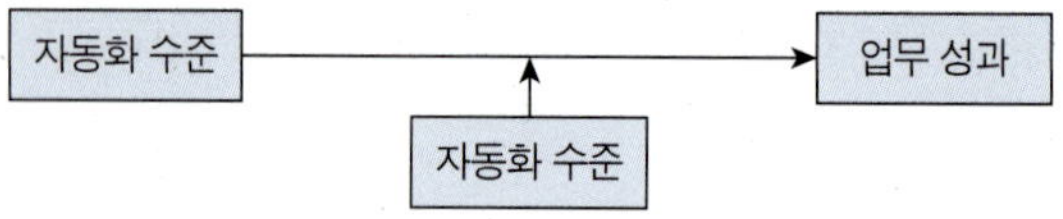

업무 성과에 긍정적인 영향을 미치지만, 자동화의 수준이 높아서 업무 성과가 자동화에 의해서 주로 결정된다면, 직무 만족이 업무 성과에 미치는 영향은 줄어들 것이다([그림 14-6] 참조).

⑤ 변수들 사이의 다양한 관계

어떤 변수들 사이의 관계를 더 확대하여 여러 가지 변수들을 동시에 고려한 경우를 생각해 볼 수 있다. [그림 14-7]은 변수 A, B, C, D, E 변수 다섯 개를 동시에 고려한 이론이다. A와 C는 상관관계를 가지고 있지만, B와 C는 인과관계를 지니고 있다. C는 독립변수 B와 종속변수 D 사이에 매개변수로 작용하고 있으며, E는 C와 D 사이에서 조절변수로 영향을 미치고 있다. 이런 관계들이 관찰이나 논리적인 연역에 따라 설정되었지만, 아직 검증을 거치지 않았을 때 이런 관계들을 가설이라고 한다. 이런 가설들이 검증을 마치고 증명이 되었을 때, 이론으로서 인정을 받게 된다.

다양한 변수들 사이의 관계를 다르게 설명할 수도 있다([그림 14-8] 참조). '독립변수'는 원인변수로서, 종속변수에 영향을 주거나 종속변수의 변화를 일으키는 변수로 가정된다. '통제변수'(control variable)는 종속변수에 영향을 미치지만, 그 영향을 반드시 제거해야 하는 변수를 말한다. '조절변수'는 독립변수와 종속변수 사이에서 관계의 방향과 정도에 영향을 주는 변수이다. 그리고 '매개변수'는 독립변수와 종속변수 사이에 존재하는 변수이다. 그래서 어떤 한 이론은 독립변수, 종속변수, 매개변수와 조절변수 사이의 관계에 대해 자세히 설명해야 한다. 이론은 이런 변수들이 어떻게, 왜 서로 연관되어 있는지에 대한 이유와 논리를 제공해 준다. 이론과 이론적 논리가 없다면, 네모난 틀과 화살표는 의미가 없다. 연구자는 하나의 논리로서 이런 변수들을 선택한 이유와 그들이 어떻게 관련되어 있는지를 설명할 수 있을 때, 이런 변수 간의 관계를 설명할 수 있다.

따라서 코칭 연구자들이 이론을 개발할 때는 이런 점을 분명히 인식하고, 연구의 숲속에서 방향을 잃지 않도록 노력해야 한다. 코칭학의 경우는 다른 학문 영역과 달리 아직 그 역사가 길지 않고, 코칭학만의 고유한 특성을 살린 독자적인 이론체계를 공고히 구축해야 하는 시점에 있는 만큼, 이론 개발에 있어 이상에서 논의한 요소들에 대한 확실한 논리와 체계를 마련해야 하는 과제를 해결해야 한다.

그림 14-7 A, B, C, D, E 변수 간의 다양한 관계

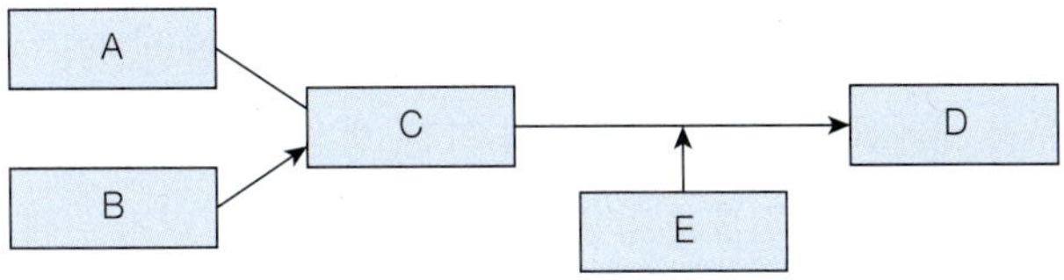

그림 14-8 A, B, C, D, E 변수 간의 다양한 관계

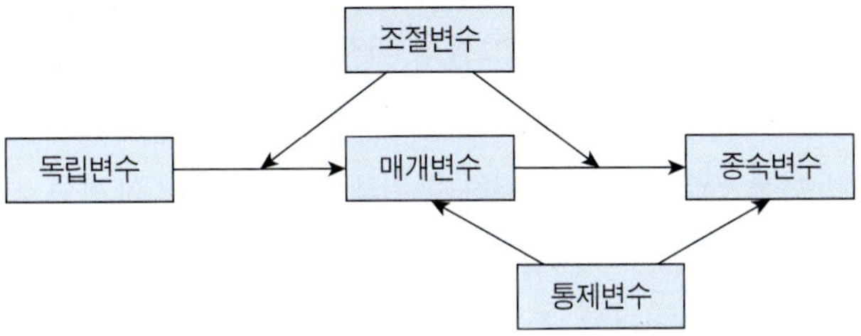

14.3 연구방법과 연구윤리

1. 과학적 방법과 코칭

일상생활이나 사회현상 혹은 학문 세계에서 어떤 고민이나 문제를 해결하거나 어떤 현상을 설명하는 데 필요한 지식을 획득하는 방법은 매우 다양하다. 즉, 사회적으로 오랫동안 형성된 선례나 관습 등에 따르거나 특정한 자격 혹은 권위가 있는 사람과 조직에 의존할 수도 있다. 그리고 사람이 지닌 감각이나 분명한 명제에 호소하거나 과학적인 방법을 활용할 수도 있다. 이런 방법들은 의문사항이나 문제를 해결하는 데 필요한 지식을 누가 어떻게 산출하며, 어떤 효과가 있는가에 따라 연구방법의 형태가 달라질 수 있다.[39)]

그런데 이들 방법 가운데 관습이나 전통에 의한 방법, 권위에 의한 방법과 직관에 의한 방

39) 김 렬(2011). 사회과학도를 위한 연구조사방법론. 서울: 박영사. 5-6에서 발췌, 재인용; 조성진(2022). 코칭학, 무엇을 연구할 것인가?: 코칭학의 현재와 미래. 융합코칭저널, 1(1), 17에서 인용: Kerlinger, F. N.(1986). *Foundations of Behavioral Research*(3rd Ed.). New York: Holt, Rinehart and Winston. 6-7에서 발췌, 인용.

법은 여러 가지 오류와 한계가 있다. 부정확한 관찰, 선택적 관찰 및 지나친 일반화 등이 그것이다. 그래서 결국 체계적으로 진행되는 과학적 방법을 사용하게 된다.[40] 이것은 자료의 형태, 논리적 전개 방법, 시간적 차원과 연구 목적에 따라 연구 유형이 달라진다. 코칭만의 독자적인 이론 형성이나 학문적 체계화를 위해서는 인간의 의견, 생각, 태도, 감정, 정서 및 행동 등과 관련된 학문에서 축적된 선행연구 결과를 활용할 수밖에 없다.[41] 그러기 위해서는 먼저 코칭 현장과 개별 코칭 장면에서 일어나는 다양한 행동, 감정 및 현상들에 관한 체계적 연구(systemic research)가 병행되어야 한다. 여기서 체계적인 연구는 연구대상이 되는 속성의 원인과 효과를 파악하고, 통제된 상황에서 과학적 증거가 되는 자료를 수집하며, 이것을 합리적으로 엄격한 방법으로 특정하고 해석하여 결론을 내리는 것을 말한다.[42]

코칭학 연구자들은, 코칭 전반에 관한 그들의 지식을 코칭 현장에서 발생한 문제에 관해서 설명하고 개선점을 제안하는 데 사용할 뿐만 아니라, 특정 코칭 현장에서 발생한 새로운 이슈의 내용을 파악하고 이를 근본적으로 해결하기 위해서 사전에 잘 설계된 연구를 수행할 때도 활용한다. 다시 말하면, 코칭학 연구자들은 과학적 방법(scientific method)을 활용하여 코칭에 관한 일반적 지식을 창출·축적하고, 특정 상황에서 발생한 문제점을 해결하기 위한 구체적 지식을 만들어 내야 한다. 어떤 것이 되었든, 코칭 현장에서 발생하는 인간행동에 관한 진실한 모습을 탐색하기 위해서는 엄격한 연구방법론(research methodology)이 필요하다.

전통적으로, 자연과학이나 공학을 연구하는 자들은 인간에 관한 과학적 연구 자체에 대해 회의적인 견해를 취해왔다. 인간은 어떤 물질 요소처럼 효과적으로 통제되거나 조작될 수 없는 존재여서, 인간행동에 관해 과학적으로 검증할 수 없다는 것이 그들의 주장이다. 이런 이유로 인해 행동과학 연구자들은 객관성을 담보하는 과학적 방법에 따라 연구를 진행하는 일을 매우 중요시해왔다.[43] 당연히 코칭학 연구자들도 이런 자세를 유지해야 할 것이다.

일반적으로 과학적 방법은 먼저 현실 세계의 현상, 또는 사실을 관찰하는 것에서부터 시작한다. 사실(facts)은 객관적 방법에 따라 얻어지는 부분적인 정보에 불과하다. 이런 부분적인 정보들을 반복하여 관찰하다 보면, 그런 객관적인 부분들 사이에 일정한 관계가 있다는 점을 관찰하게 된다.[44] 예컨대, 코칭을 받은 조직구성원이 업무 성과도 높다는 객관적인 사실을 반복된 관찰을 통해서 얻은 다음, 이런 관찰 결과를 귀납적 과정을 통해 "코칭은 구성원의 업무 성과를 높인다"라는 일반화된 잠정적 진술을 형성하게 된다.

---

40) 김 렬(2011). **사회과학도를 위한 연구조사방법론**. 서울: 박영사. 6-7에서 발췌, 인용; 조성진(2022). 코칭학, 무엇을 연구할 것인가?: 코칭학의 현재와 미래. **융합코칭저널**, 1(1), 17에서 발췌, 인용.

41) 조성진(2013). 코칭 연구를 위한 근거이론 방법론 적용에 관한 탐색적 연구. **코칭능력개발지**, 15(3), 247-259.

42) 김 렬(2011). 위의 책. 34-37에서 발췌, 인용.

43) 박상언 외(2020). **조직행위론(제5판)**. 서울: 경문사. 55에서 발췌, 인용.

44) 박상언 외(2020). 앞의 책. 55에서 발췌, 인용.

이렇게 얻어진 사실을 일반화하는 과정, 또는 기존의 이론을 바탕으로 그로부터 좀 더 특정화된 진술을 끌어내는 과정이 연역 과정이다. 즉, 코칭은 구성원의 업무 성과를 높인다는 일반 진술에서 '구성원에게 코칭을 진행할수록 업무 성과도 높아질 것'이라는 특화된 진술을 얻어낼 수 있는데, 이렇게 특화된 진술을 '가설'(hypothesis)이라고 한다.

하지만, 가설은 아직 검증되기 전의 예측일 뿐이다. 이 가설은 실제 조직구성원을 대상으로 코칭을 진행한 후에, 이들의 업무 성과가 실제로 어떻게 나타나는지, 오히려 코칭이 업무 성과에 지장을 초래하는 것은 아닌지 등의 검증 과정을 거치게 된다. 검증을 마친 결과, '코칭은 조직구성원의 업무 성과를 높인다'라는 가설이 진실로 검증되면, 이 검증을 마친 가설은 하나의 완성된 이론으로 코칭학의 이론들 속에 포함될 수 있게 되는 것이다.

어떤 학문을 과학이라고 규정하기 위해서는 그 학문 자체의 이론, 구성요인, 연구방법에 있어 현상을 설명하는 독자적 영역을 구성해야 한다.[45] 다시 말하면, 이론을 도출하는 과학적 방법은 문제 해결을 위한 체계적 접근을 통해 이론을 검토하고, 가설을 검증하는 절차를 거치며, 통제가 가능하고, 연구자의 가치 중립이 유지되며, 연구결과에 대해서 객관적이고 타당한 해석이 있다는 특징이 있다.[46] 이런 차원에서 코칭학은 현재 시점에서 많은 도전과 과제를 안고 있다.

1) 가설의 설정과 검증

가설(hypothesis)이란 '일반화된 사실이나 기존의 이론들을 바탕으로 연역적 과정을 거쳐 도출되는, 두 개 이상의 변수들(variables)과의 관계에 대한 가정적인 설명'이다.[47] 간단히 말하면, 가설은 연구를 유도하기 위해 만든 잠정적 진술이고, 선언적 문장이다. 가설은 이후에 검증과정을 거쳐 이론이 된다.

연구에 사용할 가설이 좋은 가설인지를 판단하려면, 다음과 같은 기준에 비추어 평가해야 한다.[48]

- 가설은 경험적으로 검증할 수 있어야 한다.
- 같은 연구 분야의 다른 가설이나 이론과 관련이 되어야 한다.
- 가설의 표현은 간단명료해야 한다.
- 가설은 연구 문제를 해결할 수 있어야 한다.

---

45) Borg, W., & Gall, M. D.(1989). *Educational Research*(5th Ed.). New York: Longman.
46) Kerlinger, F. N.(1973). *Foundations of behavioral research*(2nd Ed.). New York: Holt, Rinehart & Winston.
47) 박상언 외(2020). 조직행위론(제5판). 서울: 경문사. 56에서 발췌, 인용.
48) 가설의 평가 기준에 관한 자세한 내용은 다음에 소개하는 책을 참조할 수 있다. 채서일(2002). 사회과학조사방법론(제2판). 서울: 학현사. 82-83.

• 가설은 논리적으로 간결해야 한다.
• 가설은 계량적인 형태를 띠거나 계량화할 수 있어야 한다.
• 가설 검증의 결과는 가능한 광범위하게 적용될 수 있어야 한다.
• 너무나 당연한 관계를 가설로 세울 수 없다.

어떤 가설이 검증 과정을 거치려면, 먼저 변수들에 대한 '조작적 정의'(operational definition)가 이루어져야 한다. 조작적 정의란 '개념(concept), 또는 구성개념(construct)을 경험적이고 가시적으로 측정하기 위해서 본래의 속성을 모두 표현할 수 있는 변수로 전환하는 것'을 말한다. 즉, 조작적 정의는 측정을 위해 추상적인 개념을 현실 세계의 구체적인 현상과 연결하는 과정이다. 조작적 정의는 자연과학에서처럼 가시적인 현상이나 관찰할 수 있는 물리적인 대상과 직접 연결되는 경우에는 별다른 의미가 없겠지만, 사회과학에서처럼 관찰할 수 없는 개념들을 다룰 때는 매우 중요한 문제로 대두된다.[49]

조작적 정의를 거쳐 얻은 변수는 경험적인 대상(an empirical referent)을 가지고 있어야 한다. 이 과정에서 관심을 가진 변수가 측정할 변수일 때는 측정 수단(measures)이 결정된다. 예컨대, 코치의 업적 수준이라는 구성개념에 대한 조작적 정의는 한 코치가 일정 시간 동안 고객을 코칭한 횟수, 또는 일정 기간 판매된 매출액 등이 된다.

2) 측정 수단의 신뢰성과 타당성

코칭학을 포함한 행동과학에서는 어떤 연구결과를 분석하기 위해서는 자료가 필요하고, 자료를 얻기 위해서는 연구대상을 측정하는 측정 수단이 필요하다. 특히, 인간을 대상으로 하는 연구에서는 일반적으로 인간의 잠재적 특성, 비가시적 특성을 측정하기 때문에 직접 측정하는 것이 불가능하다. 그래서 검사를 사용하여 측정하게 되는데, 주로 설문지나 관찰표 등이 사용된다.[50] 이때 사용되는 측정 수단은 먼저 신뢰성과 타당성을 검증하는 절차가 필요하다.

보통 측정 수단의 신뢰성과 타당성은 [그림 14-9]에서 보는 바와 같이 탄착군으로 쉽게 설명할 수 있다. 즉, 신뢰성은 탄착군이 비슷한 위치에 서로 얼마나 가까이 모여 있는가와 관련된 것이고, 타당성은 목표(과녁)의 중앙에 얼마나 근접하여 탄착군을 형성하는가와 관련된 것이다. 바람직한 측정 수단은 당연히 신뢰성과 타당성이 높은 것이다. 신뢰성은 타당성을 위한 기본적인 전제조건이다. 즉, 신뢰성은 타당성을 위한 필요조건이지 충분조건은 아니다.[51] 그

49) 조작적 정의에 관한 자세한 설명은 다음에 소개하는 책을 참조할 수 있다. 채서일(2002). 사회과학조사방법론(제2판). 서울: 학현사. 195-199.
50) 성태제 · 시기자(2022). 연구방법론(제3판). 서울: 학지사. 69에서 발췌, 인용.
51) 채서일(2002). 위의 책. 214에서 발췌, 인용.

그림 14-9 신뢰성과 타당성

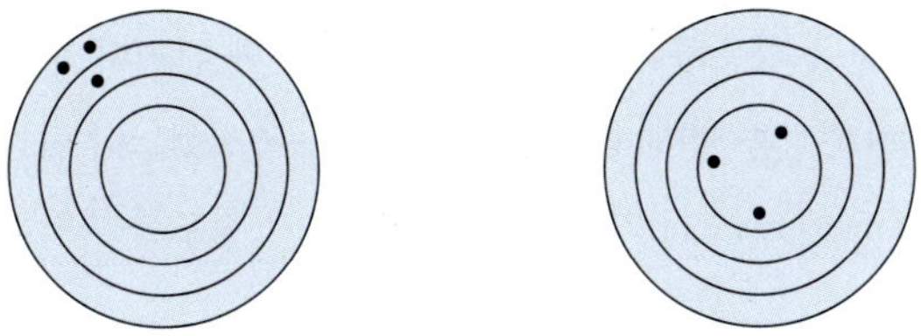

출처 : 박상언 외(2020). 조직행위론(제5판). 서울: 경문사. 57.

러므로 코칭학에서 사용되는 측정 수단을 활용하여 의미있는 연구결과를 얻으려면, 타당성은 물론이지만 측정 수단의 신뢰성이 높아야 한다. 그러나 측정 수단이 신뢰성이 높다고 해서 꼭 우리가 측정하고자 의도했던 것을 정확하게 측정하는 것은 아니다. 예컨대, 체중을 재는 데 사용되는 저울로, 실제보다 항상 5kg씩 더 나가는 것이 있다고 가정해 보자. 이 저울로 실제 체중이 65kg인 사람의 체중을 5분마다 한 번씩 총 50번을 측정했다. 결과는 모두 70kg인 것으로 나타났다. 이 경우에 그 저울은 정밀성과 일관성에 있어 신뢰성은 매우 높지만, 항상 5kg씩 초과해서 측정하고 있어서 정확한 체중을 측정하는 데는 타당하지 못한 측정 수단이 된다.

측정 수단의 신뢰성과 타당성을 측정하는 방법들은 이미 많이 개발되어 있다. 따라서 코칭학 연구자는 측정 수단을 활용하여 자신이 관심을 가진 변수의 값을 측정하기 전에 활용하려는 측정 수단이 신뢰성과 타당성을 충분히 갖추고 있는지를 검토해야 한다. 그렇지 않으면 이 책의 제2장 4절에서 언급한 코칭 리더십에 관한 국내 연구자들이 범한 오류를 반복하는 안타까운 상황이 계속될 수 있으니 이 점을 주의해야 한다.

① 신뢰성(reliability)

측정 수단의 신뢰성이란 '측정 결과에 오차가 들어 있지 않은 정도, 즉 변수에 대한 체계적 정보를 반영하고 있는 정도'를 말한다. 다시 말하면, 신뢰성이란 비교할 수 있는 독립된 측정 수단으로 대상을 측정했을 때, 결과가 비슷하게 되는 것을 말한다. 그래서 신뢰성이 높은 측정 수단이란 무엇인가를 정밀하게 또는 일관성 있게 측정하고 있음을 의미한다. 이런 차원에서 신뢰성은 안정성(stability), 일관성(consistency), 예측 가능성(predictability), 정확성(accuracy), 의존 가능성(dependability) 등으로 표현될 수도 있는 개념이다.[52]

52) 박상언 외(2020). 조직행위론(제5판). 서울: 경문사. 57에서 발췌, 인용: 채서일(2002). 사회과학조사방법론(제2판). 서울: 학현사. 241에서 발췌, 인용.

신뢰성이 지닌 의의는 어떤 조사결과에 대해 이것이 부정확한 측정 자료에서 우연히 발견된 것이 아니라는 결과에 대한 확신을 줄 수 있다는 점이다. 신뢰도를 정의하는 방법에는 같은 대상에 대해 같은 측정 수단을 활용하여 반복하여 측정했을 때 같거나 비슷한 결과를 얻는 정도, 측정 수단이 측정하려는 속성을 얼마나 진실에 가깝도록 측정했느냐 하는 정도, 그리고 측정에 있어 '측정오차'(error of measurement)가 얼마나 존재하는가 정도를 파악하는 방법이 있다.[53)]

② 타당성(validity)

행동과학에서는 어떤 대상을 측정할 때, 대상의 특성상 간접적으로 측정해야 하는 경우가 대부분이다. 이때 연구자가 어떤 사회현상을 측정할 때, 자기가 측정하려는 개념을 확실하게 측정했다는 확신을 가질 수 없는 경우가 많다. 이처럼 연구자가 측정하려는 개념을 얼마나 정확하게 측정했느냐 하는 문제가 타당성의 문제이다. 타당성은 측정 수단 자체가 측정하려는 개념이나 속성을 정확하게 반영할 수 있어야 한다는 것이고, 이는 측정하려는 개념을 어떻게 정의하였으며, 이 개념적 정의를 어떻게 조작적으로 정의했는가에 상당한 영향을 받는다.[54)]

측정 수단의 타당성이란 '원래 의도한 것을 정확하게 측정하고 있는 정도'를 말한다. 즉, 측정 수단이 측정하려는 변수를 제대로 측정해 내고 있는가의 정도를 의미한다. 타당성은 그 평가방법에 따라 내용 타당성(content validity), 기준에 의한 타당성(criterion-related validity), 개념 타당성(construct validity)으로 구분할 수 있다. 기준에 의한 타당성에는 예측 타당성(predictive validity)이 있고, 개념 타당성에는 집중 타당성(convergent validity), 판별 타당성(discriminant validity), 이해 타당성(nomological validity)이 있다.[55)]

3) 연구설계의 내적 타당성과 연구결과의 타당성

① 연구설계의 내적 타당성

연구설계(research design)란 '연구문제에 대한 해답을 얻기 위해 고안된 경험적 조사(empirical investigation)의 계획과 구조'를 말한다. 연구설계는 먼저 내적 타당성의 확보가 전제되어야 한다. 연구설계의 내적 타당성이란 연구모형이 제시하고 있는 가설대로, 종속변수의 값이 과연 독립변수의 영향을 받아서 변화한 것이 확실한 것인지를 묻는 것이다.[56)] 다시 말하면, 내적

53) 신뢰성에 관한 자세한 내용은 다음에 소개하는 책들을 참조할 수 있다. 강병서(2002). 인과분석을 위한 연구방법론. 서울: 무역경영사. 70-76; 성태제 · 시기자(2022). 연구방법론(제3판). 서울: 학지사. 195-220; 채서일(2002). 사회과학조사방법론(제2판). 서울: 학현사. 241-252, 253-267.

54) 채서일(2002). 앞의 책. 253에서 발췌, 인용.

55) 타당성에 관한 자세한 내용은 다음에 소개하는 책들을 참조할 수 있다. 강병서(2002). 위의 책. 66-70; 성태제 · 시기자(2022). 성태제 · 시기자(2022). 위의 책. 173-193; 채서일(2002). 위의 책. 253-267.

56) 박상언 · 정범구 · 김주엽 · 송계충(2020). 조직행위론(제5판). 서울: 경문사. 57-58에서 발췌, 인용.

타당성이란 종속변수의 측정 결과가 과연 독립변수의 변화 때문에 일어난 것인가에 관한 문제이다. 만약, 종속변수의 변화가 순수하게 독립변수의 영향에 의해서만 일어난 것이라면, 그 연구결과는 내적 타당도가 높다고 할 수 있다.

그래서 내적 타당도를 높이려면, 가능한 독립변수에 의한 효과만을 정확하게 추출할 수 있는 연구설계가 필요하다. 여기에는 '맥시민콘 정리'(maximincon principle)가 적용된다. 즉, 독립변수의 체계적 분산(systematic variance)을 최대화하고, 측정 수단의 낮은 신뢰성 등에서 오는 오차 분산(error variance)을 최소화하며, 종속변수에 영향을 미치는 바람직하지 않은 외생변수(extraneous variable)를 통제해야 한다.[57]

② 연구결과의 외적 타당성

연구결과는 외적 타당성(external validity)이 확보되어야 한다. 연구결과의 외적 타당성은 연구결과가 연구에 활용된 측정 수단, 연구대상, 그리고 연구 상황에 제한되지 않고, 다른 측정 수단, 연구대상이나 다른 상황에서도 보편성을 갖는지에 대한 것과 관련이 있다. 이것은 연구결과의 일반화와 관련된 문제로, 연구결과의 적용대상과 시간적 · 공간적 확장과 관련된 것이다.[58]

연구결과의 외적 타당성은 다음과 같은 경우에 확보된다.[59] 첫째, 연구에서 활용된 변수를 측정하는 데 활용된 측정 수단을 바꾸어도 같은 결과가 나올 때, 외적 타당성을 확보할 수 있다. 둘째, 어느 연구의 연구대상에서 나타난 결과가 다른 대상에 대해서도 일반화될 수 있어야 한다. 셋째, 연구결과가 다양한 상황에서도 재현될 수 있다면 외적 타당성은 높아진다.

일반적으로, 연구의 내적 타당성과 외적 타당성은 상충하는 역(逆) 상관관계를 가진다. 즉, 연구의 내적 타당성이 높으면, 외적 타당성이 떨어지는 경향을 보인다. 연구의 내적 타당성을 높이기 위해서는 그만큼 연구 목적에 적합하도록 변수들의 조작적 정의나 측정 수단을 명확하게 하고 외생변수를 더 철저하게 통제할 필요가 있는데, 이런 통제들이 연구 결과의 일반화에 걸림돌로 작용할 수 있기 때문이다. 간단하게 말하면, 명확화와 일반화의 수준이 같이 높아지기가 힘들다는 것이다.[60]

이런 거래적(trade-off) 관계는 과학자들에게 딜레마를 안겨준다.[61] 대개의 연구가 변수들

57) 박상언 · 정범구 · 김주엽 · 송계충(2020). 조직행위론(제5판). 서울: 경문사. 58에서 발췌, 인용.

58) 박상언 외(2020). 앞의 책. 58에서 발췌, 인용; 채서일(2002). 사회과학조사방법론(제2판). 서울: 학현사. 128에서 발췌, 인용.

59) 박상언 외(2020). 위의 책. 58-59에서 발췌, 인용.

60) 박상언 외(2020). 위의 책. 59에서 발췌, 인용.

61) 박상언 외(2020). 위의 책. 59에서 발췌, 인용; Aronson, E., & Carlsmith, J. M.(1968). Experimentation in Social Psychology. In G. Lindzey & E. Aronson(Eds.). *The Handbook of Social Psychology*. Reading, MA: Addison Wesley. 2, 1-79.

의 관계를 보다 정확하게 파악하게 해준다는 측면에서 내적 타당성을 더 강조하는 경향을 보이지만, 연구 목적에 따라 외적 타당성을 더 강조하는 연구방법을 사용할 수 있을 것이다. 하지만 바람직한 연구란 이 두 가지 타당성을 모두 반영하는 것이다. 이 근본적인 딜레마를 해결할 유일한 방법은 모든 것을 하나의 연구방법에 의존해서 연구를 진행하지 않는 것이다. 같은 연구주제에 대해 다른 연구방법을 활용하는 반복적인 연구를 진행한다면, 내적 타당성과 외적 타당성을 모두 극대화할 수 있을 것이다. 이것이 우리가 더 '과학적인' 진실에 다가서는 방법이다. 이 점은 당연히 코칭학 연구자들이 명심해야 할 중요한 인식이자 태도이다.

4) 연구설계의 내적 타당성과 외적 타당성을 저해하는 외생변수들

코칭학 연구자들이 연구설계를 하기 전에 우선 고려해야 할 사항 가운데 하나는 어떤 외생변수가 종속(결과)변수에 영향을 미칠 가능성이 있는지를 파악하고, 그것들을 통제 또는 제거하는 방안을 마련하는 것이다. 연구설계의 내적 타당성과 외적 타당성을 저해하는 외생변수에는 다음과 같은 것들이 있다.[62]

① 우발적인 특정 사건(history effect)

연구 기간 내에 연구자의 의도와는 관계없이 예상치 않게 발생한 행사나 천재지변 등 사건이 발생한 경우, 환경이 바뀜에 따라 연구결과가 다르게 나타날 수 있다.

② 성숙 효과(maturation effect)

연구 기간 가운데 연구대상의 특성이 변화함으로써 종속(결과)변수에 영향을 미치는 것을 말한다. 일반적으로 인간의 특성은 시간의 흐름에 따라 자연적으로 변화하는데, 이때 일어나는 연구대상자의 변화한 심리적 · 생리적 · 인구통계학적 · 경제적인 특성을 모두 포함한다.

③ 시험효과(testing effect)

이것은 두 번 이상의 검사를 진행하는 연구들에서 나타나는 현상으로, 독립변수의 투입 여부와 관계없이 사전 검사의 경험 자체가 사후에 진행되는 검사 결과에 영향을 미치는 것을 말한다.

62) 외생변수들에 대한 자세한 내용은 다음에 소개하는 책을 참조할 수 있다. 성태제 · 시기자(2022). **연구방법론**(제3판). 서울: 학지사. 251-255; 채서일(2002). **사회과학조사방법론**(제2판). 서울: 학현사. 129-136; Cambell, D. T., & Stanley, J. C.(1963). *Experimental and quasi-experimental designs for research*. Chicago: Rand McNally.

④ 측정 수단의 변화 효과(instrument variation effect)

이것은 측정 수단이 달라짐으로써 측정 결과에 영향을 미치는 것을 말한다. 예컨대, 측정하려는 내용이 개인의 사생활에 관한 것일 때, 직접 면접하는 방법으로 측정한 결과와 간접적인 관찰을 통해 측정한 결과 사이에 차이가 나타날 수 있다.

⑤ 통계적 회귀(statistical regression)

사전 검사 결과가 지나치게 낮은 대상에게 독립변수를 투입할 경우, 사후 검사 결과는 독립변수의 효과와 관계없이 평균 쪽으로 접근하려는 회귀 현상이 나타나는 것을 말한다. 즉, 같은 현상을 여러 번 측정하면, 그 값들이 평균치로 근접하려는 경향을 보인다는 것이다.

⑥ 편향된 표본 선정(selection bias)

표본을 잘못 선택하여 변수들 사이에 예상치 않은 관계가 나타나거나 실험집단과 통제집단 사이에 종속변수의 차이가 존재하는 것을 말한다. 이처럼 각 집단의 최초 상태가 달라서 실험효과의 왜곡 현상이 일어날 수도 있다.

⑦ 연구대상의 소멸

이것은 실험연구에서 자주 나타나는 문제로, 실험대상자들이 어떤 이유에서든 실험 도중에 이탈하여 실험에 참여하지 않는 것을 말한다. 이런 것으로 인해 실험결과의 왜곡 현상이 나타날 수 있다.

⑧ 확산 혹은 모방 효과(diffusion effect or imitation effect of treatment)

이것은 실험집단과 통제집단 사이의 의사소통을 통한 상호 작용이나 모방으로 인해 의도했던 집단 사이의 차이가 분명해지지 않게 되는 것을 말한다.

⑨ 인과 방향의 모호성

이것은 실험을 진행할 때, 모든 가능한 외생변수가 통제되었더라도 변수들 가운데 어느 것이 원인이고 어느 것이 결과인지 모를 때에 발생한다.

⑩ 호손 효과(Hawthorne effect)

이것은 연구대상이 연구의 목적을 알고 있거나 알게 될 때, 평상시와는 다르게 행동함으로써 연구결과에 영향을 미치는 것을 말한다.

⑪ 보상적인 대항

이것은 실제 실험에서 실험변수에 노출되지 않는 통제집단에 있는 연구대상자들이 실험집단에 있는 연구대상자들보다 더 나은 결과가 나타나도록 노력하는 현상을 말하는 것으로, '존 헨리 효과'(John Henry effect)라고도 한다.

⑫ 실망감으로 인한 자포자기

이것은 보상적인 대항과는 반대로 실험집단에서 제외되었다는 실망감으로 인해 통제집단의 구성원들 사이에서 포기하는 현상이 나타나는 것을 말한다.

⑬ 연구자 효과

이것은 연구자가 연구결과에 영향을 미치는 말이나 행동을 함으로써 연구대상자가 평상시와 다르게 행동하는 것을 말한다.

2. 연구설계의 전략

코칭 현장에서 발생하는 다양한 현상을 연구하려는 코칭학 연구자는 몇 개의 서로 다른 연구설계를 같이 사용하는 전략을 사용할 수 있다. 각 연구설계는 독특하고 고유한 장단점을 가지고 있다. 예컨대, 사례연구(case study)는 가설의 도출에는 유용하지만, 가설의 검증에서는 유용성 측면에서 제한적일 수밖에 없다. 실험실에서 진행하는 실험(laboratory experiment)은 내적 타당성 기준에서는 이상적이지만, 외적 타당성에는 부족함이 많다. 그러므로 코칭 현장에서 발생하는 어떤 현상을 연구하려는 연구자는, 단일 연구설계에 따라 1회 연구하기보다는 일련의 다중 연구설계에 의한 연구 전략을 사용하여 연구를 진행하는 것이 바람직하다.

양적 연구와 질적 연구는 각각 실증주의와 후기 실증주의라는 다른 철학적 배경을 근거로 하고 있어서 서로 다른 견해를 지니고 있다. 실증주의에 입각한 연구는 다량의 객관적인 자료에 의존하므로 '양적 연구'(quantitative research)라고 하고, 실험심리학자와 행동주의자에 의해 주도되었다. 양적 연구의 절차는 첫째, 가설을 설정하고, 둘째, 가설의 경험적 결과를 추론하기 위해 실제 상황이나 유사 상황을 만들며, 셋째, 해당 상황에서 자료를 수집하고, 마지막으로, 수집된 자료를 분석하여 가설이 참인지 거짓인지를 밝히는 단계를 거친다. 양적 연구의 예로는 설문지를 활용한 조사연구, 실험설계에 의한 실험연구, 점검표를 활용한 관찰연구 등을 들 수 있다. 양적인 자료에 의존하는 연구가 계속해서 발전하자 그 연구가 기계적이라는 비판이 제기되면서 후기 실증주의에 기반을 둔 '질적 연구'(qualitative research)가 출현하게 되었고, 인류학자와 사회학자에 의해 주도되었다. 질적 연구는 다양해서 연구절차의 기본 틀이 없는

것이 특징이다. 양적 연구와 질적 연구의 차이점을 비교하면 〈표 14-2〉와 같다.[63]

하지만, 양적 연구와 질적 연구는 서로 이질적인 것이 아니고, 연구 상황 및 자료의 특성에 따라 연속선 상에 놓고 조망하는 것이 바람직하다. 즉, 양적 연구에서 깊이 분석하지 못한 내용을 질적 연구가 보완해 줄 수 있고, 양적 연구는 주관적이기 쉬운 질적 연구의 연구 결과에 객관적인 근거를 제공하여 질적 연구를 보완할 수 있다. 특정한 연구방법이 다른 연구방법보다 무조건 더 좋은 방법이라는 주장은 연구의 특성을 파악하지 못한 데서 비롯된 것이다. 그런 차원에서 양적 연구와 질적 연구는 상호보완적인 관계라고 보는 것이 바람직하다.

코칭학 연구자가 복수의 연구설계를 동시에 적용하면서 연구를 진행하면, 연구결과가 유사할 때 그 결과의 타당성에 신뢰를 한층 더 할 수 있다. 예컨대, 설문조사법과 같은 계량적 연구방법과 참여자 관찰방법과 같은 질적 연구방법을 동시에 사용한다면, 복수의 연구방법들이 서로의 단점을 보완해 줄 수 있다. 그리고 연구결과가 같게 나왔을 때는 그 결론의 신뢰도를 높여 줄 뿐만 아니라, 연구결과가 달리 나왔을 때조차도 결과에 대한 풍부한 해석 가능성과 새

표 14-2 양적 연구와 질적 연구의 비교

구분	양적 연구	질적 연구
실재의 본질	• 객관적 실재를 형성하는 인간의 특성과 본질이 존재한다고 가정한다. 따라서 복잡한 패러다임에 관계된 변인들에 관한 연구가 가능	• 객관적 실재라고 일반화할 수 있는 인간의 속성과 본성은 없다고 가정한다. 따라서 단편적인 연구가 아닌 총체적인 연구의 필요성을 주장
인과관계	• 결과에 시간 차원에서 선행하거나 동시에 일어나는 원인이 실재	• 원인과 결과의 구분이 불가능
연구 목적	• 일반적 원칙과 법칙 발견 • 인과관계 혹은 상관관계 파악	• 특정 현상에 대한 이해 • 특정 현상에 대한 해석이나 의미의 차이 이해
연구대상	• 대표성을 갖는 많은 수의 표본 • 확률적 표집 방법을 주로 사용	• 적은 수의 표본 • 비확률적 표집 방법을 주로 사용
연구자와 연구대상과의 관계	• 연구자와 연구대상의 관계가 밀접하게 되면 연구결과가 왜곡될 수 있어서 일정한 거리 유지 • 가치 중립적	• 연구자와 연구대상이 서로 밀접한 관계 유지 • 가치 개입적
자료 수집	• 다양한 측정 수단 사용 • 구조화된 양적 자료 수집	• 연구자가 중요한 연구 도구 • 비구조화된 질적 자료 수집
자료 분석	• 통계적 분석(기술 통계, 추리 통계 방법 활용)	• 질적 분석(내용 분석) • 혹은 기술 통계 분석
연구방법의 예	• 설문지를 활용한 조사연구, 실험설계에 의한 실험연구, 점검표를 활용한 관찰연구 등	• 관찰법, 면접법을 활용한 사례 연구 • 문화 기술적 연구 등
일반화	• 일반화 가능	• 연구가 고유하므로 일반화시킬 수 없음

출처: 성태제 · 시기자(2022). 연구방법론(제3판). 서울: 학지사. 35에서 발췌, 인용.

63) 성태제 · 시기자(2022). 연구방법론(제3판). 서울: 학지사. 34-36에서 발췌, 인용

표 14-3 주요 연구 설계방법의 요약

구분	형태	장점	단점
자연적 관찰	개인적 경험(참여적 관찰), 개인 정보명세, 신문잡지, 임상 사례 연구, 기사적(記事的) 설명	내용성 풍부, 개인적 견해의 원천, 가설의 도출, 이론 구축의 원재료	선별적 관찰과 기억, 극적인 사건에의 편향적 초점, 독특한 사건을 보다 일반화할 수 있는 것과 분리하기 어려움, 계량적 분석 불가능
현장 조사연구	대면 면접, 설문지	연구자가 타인의 주관적 준거 틀을 평가할 수 있게 해 줄 다소의 계량분석 가능, 표준화된 양식 사용	연구대상자에 의한 각종 형태의 편견과 왜곡 때문에 생기는 그럴듯한 의사(疑似) 관계 가능성
객관적 지표사용 상관관계 현장연구	기록문서 사용, 연구자에 의한 개발된 측정 도구로부터 얻은 측정치, 자기보고식 측정치 및 기록문서, 측정 수단	모든 자료를 자기보고식으로 얻는 데서 오는 그럴듯한 의사(疑似) 관계의 가능성을 감소	인과관계를 추론하기 어려움
현장실험	가능한 비교 단위를 가지는 한 개 이상의 조직 단위에서 실험자가 초래한 변화, 대응되는 비교 단위가 없는 한 개 이상의 조직 단위에서 일어나는 자연적 실험이 초래한 변화	자연스러운 환경, 상당한 정도의 인과적 추론 가능	이런 연구를 허용하는 경우가 원하는 만큼 흔하지 않고, 대표성에 문제가 따를 수 있음, 다른 요인들을 여전히 통제하면서 변화가 완전한 효과를 보도록 시간을 두고 기다리기가 어려움
실험실 실험	조직변수의 시뮬레이션	통제, 혼돈 요인의 제거, 인과관계 추론 가능	실험대상의 반응, 윤리에 의해 제시된 한계, 특정 목적을 위한 환경의 인위성, 장기적 효과 연구에는 부적절, 외적 타당성 부족 문제

출처: 박상언 · 정범구 · 김주엽 · 송계충(2020). 조직행위론(제5판). 서울: 경문사. 60-61에서 발췌, 인용.

로운 연구 기회를 제공해 줄 수 있다는 장점이 있다. 예컨대, 상관관계 분석을 이용한 연구에서 유효한 것으로 증명된 코칭 리더십이 실험연구에서 그런 결과를 얻지 못한 연구가 있다면, 연구결과에 대한 신뢰도는 떨어지겠지만, 아마도 그 불일치를 해석하는 과정에서 흥미로운 사실이나 새로운 연구 기회를 찾을 수 있을지도 모른다.

주요 연구설계의 형태, 장점과 단점을 요약하여 정리하면, 다음 <표 14-3>과 같다.[64] 최근 들어 일부 학자들은 이 점에 착안하여 두 연구방법을 통합하기 위한 노력을 하고 있다. 이른바 통합방법연구인데, 이것은 연구의 여러 국면, 즉 연구 문제 설정, 자료 수집, 자료 분석 및 추론 등 연구의 여러 단계에서 두 가지 접근방법의 통합을 시도하는 것이다.[65] 일반적으로 통합방법연구를 위한 설계는 순차적 통합방법 설계(sequential mixed method designs), 병렬적/동시

64) 박상언 외(2020). 조직행위론(제5판). 서울: 경문사. 60-61에서 발췌, 인용.
65) 성태제 · 시기자(2022). 연구방법론(제3판). 서울: 학지사. 36-37에서 발췌, 인용.

적 통합방법 설계(parallel/simultaneous mixed method designs), 등위 통합방법 설계(equal status mixed method designs), 주-부 패러다임 혼합 설계(dominant-less dominant mixed method designs) 및 다층접근방법을 사용한 설계(designs with multilevel use of approaches)로 구분할 수 있다.[66] 연구단계와 각각의 단계별 연구 차원을 결합한 통합모형연구를 분류하면, 〈표 14-4〉와 같다.

모든 연구 목적에 부합하는 하나의 최선의 연구설계는 없다. 어떤 연구설계를 활용할 것인가는 연구에서 다루어지는 문제의 성격에 의해 결정되어야 한다. 연구자의 과거 경험이나 선호도, 또는 연구 자원을 먼저 고려한 후 연구 전략이 선택되고, 이어서 여기에 적합한 연구 문제들을 찾는 것은 바람직하지 못하다.[67] 따라서 연구자는 자신의 주장이나 이론, 방법만이 옳다는 생각을 버려야 하며, 사물이나 현상을 제3자의 관점에서 조망하는 자세를 지녀야 한다. 다양한 학문이 존재하듯이, 학문마다 제각기 독특한 연구방법이 존재할 수 있다.

표 14-4 연구단계와 연구 차원에 따른 연구모형의 분류

연구단계			연구모형
연구 문제 설정의 차원	자료 수집의 차원	분석 및 추론의 차원	
확인적 연구	양적 자료 수집	통계적 분석/추론	순수 양적 모형
	양적 자료 수집	질적 분석/추론	통합모형
	질적 자료 수집	통계적 분석/추론	통합모형
	질적 자료 수집	질적 분석/추론	통합모형
탐색적 연구	양적 자료 수집	통계적 분석/추론	통합모형
	양적 자료 수집	질적 분석/추론	통합모형
	질적 자료 수집	통계적 분석/추론	통합모형
	질적 자료 수집	질적 분석/추론	순수 질적 모형

출처: Tashakkori, A., & Teddie, C.(1998). *Mixed methodology: Combining qualitative and quantitative approaches*. Sage Publications. 57.

3. 코칭학 연구에서의 윤리 문제

코칭과 관련된 연구 목적이 아무리 선하고 훌륭하며 그 절차와 방법이 타당하더라도, 그 과정이나 결과가 다른 사람에게 피해를 주거나 사회적인 문제를 초래해서는 안 된다. 따라서 코

66) 이에 대한 자세한 설명은 다음 책을 참조할 수 있다. 성태제 · 시기자(2022). 연구방법론(제3판). 서울: 학지사. 37-38에서 발췌, 인용.

67) 박상언 외(2020). 조직행위론(제5판). 서울: 경문사. 60에서 발췌, 인용.

칭학 연구자는 여러 가지 피해 상황으로부터 연구대상을 보호할 수 있는 윤리적 기준과 법적 규제들을 고려해야 한다.

윤리(ethics)란 '우리들의 가치관을 유지하도록 도와주는 지침이며 원칙'이다. 코칭학 연구에서 윤리적 지침은 어떤 연구 목적이 가장 중요한지를 결정해 주고, 서로 갈등적인 관계를 지니는 가치와 목표 사이에서 조정 역할을 해 주며, 연구자가 지녀야 할 태도가 무엇인지를 인지하도록 도와준다. 그리고 윤리적 지침은 연구 진행 과정에서 해서는 안 되는 일을 말해줄 뿐만 아니라 꼭 해야 할 적극적인 책임이 무엇인지도 제시해 준다. 일반적으로 코칭학 연구자들이 연구 과정에서 부딪치는 두 가지 윤리 문제는 연구대상자들에 대한 윤리적 대우문제와 연구 전문직 윤리의 준수문제이다.[68]

1) 연구참여자들에 대한 윤리적 대우

코칭학 연구자들이 지켜야 할 윤리지침은 다음과 같다.

첫째, 연구에 참여한 대상자들로부터 사전에 '고지 동의'(告知 同意, informed consent)를 얻어야 한다는 원칙이다. 여기에서 고지 동의란 '연구에 참여한 대상자들에게 연구의 참여 여부 결정에 영향을 미칠 수 있는 모든 일을 사전에 알리고 참여 여부를 선택하도록 하는 절차'를 말한다. 연구참여자들에게 연구의 목적, 특징, 위험성이나 이로운 점에 대한 정보를 충분하게 제공하고, 그들의 자발적인 동의를 얻는 과정이 공식적으로 이루어져야 한다. 이때 제공되어야 하는 주요 요소는 다음과 같다.

- 연구의 목적과 절차에 대한 설명
- 연구대상이 받을 수 있는 모든 종류의 불이익
- 연구대상이 받을 수 있는 모든 종류의 이익
- 다른 절차를 선택했을 때 받을 수 있는 이익
- 절차와 관련된 모든 종류의 질문에 대한 응답
- 연구 참여는 자발적인 것이며, 원할 때는 언제든지 그만둘 수 있다는 진술

둘째, 연구에 참여하는 사람들에게 위해(危害)가 가해져서는 안 된다는 원칙이다. 이런 예에는 극단적인 인격 모독이나 고통, 죄의식, 스트레스, 또는 인간 상호 간 신뢰의 상실과 같은 것들이다.

---

68) 박상언 외(2020). 조직행위론(제5판). 서울: 경문사. 61-64에서 발췌, 인용; 성태제 · 시기자(2022). 연구방법론(제3판). 서울: 학지사. 419-423에서 발췌, 인용; Anderson, G.(1998). *Fundamentals of educational research*(2nd Ed.). Routledge Flamer, Taylor & Francis Inc.; Organ, D. W., & Hammer, W. C.(1982). *Organizational Behavior*. Plano, Texas: Business Publication, Inc. 30-49에서 발췌, 인용.

셋째, 연구에 참여한 대상자의 비밀 보장 및 사생활이 존중되고 보호되어야 한다는 원칙이다. 이것은 연구대상자의 개인적인 신상이 익명으로 처리되어, 연구 과정에서 밝혀진 연구대상자의 신상, 개인적인 태도, 의견, 습관, 특이사항 등에 대한 정보가 외부로 유출되지 않는다는 것을 의미한다. 또한, 연구대상자들이 자신의 사적 정보를 제공할 시간과 상황을 스스로 결정할 수 있도록 해야 한다는 것이다.

넷째, 연구에 참여한 대상자에 대한 기만(deception)과 관련된 원칙이다. 상황에 따라 연구 목적상 연구자가 연구대상자들에게 연구 목적을 속이거나, 연구 과정에 대한 적절한 정보를 주지 않은 때에 기만이 발생한다. 연구를 수행하는 과정에서 기만은 가능한 한 제거하도록 노력하되, 기만이 연구의 목적상 어쩔 수 없이 필요한 때는 연구자가 연구에 참여한 대상자들에게 꼭 실험 완료 후 완전한 사후설명(debriefing)을 해야 한다. 즉, 연구가 끝난 후에 실제 연구 목적에 관해 설명하고, 연구 과정에서 일어난 개인적인 사항에 대해서는 비밀로 하겠으며, 분석이 끝난 후에 조사결과를 알려주겠다는 것 등을 연구대상자에게 말해준다. 다음에 연구와 관련하여 질문을 받고 성실하게 답변해 주는 절차를 가지도록 한다.

다섯째, 연구대상자가 원한다면 언제든지 연구에 참여하는 것을 중단할 수 있는 권리가 존중되어야 한다는 원칙이다. 이것은 윤리적 측면이 침해되고 있다고 느낄 때, 연구대상자가 자신을 방어할 수 있도록 마련한 조치이다. 설문지에 응답하지 않는 것도 이런 권리에 기초한 것이라고 볼 수 있다.

여섯째, 연구자는 어떤 연구든 연구참여자가 겪는 손실이나 위험보다 더 많은 혜택이 연구참여자에게 돌아갈 수 있도록 해야 한다는 원칙이다.

마지막, 연구자는 연구참여자들의 문화적인 차이를 이해하고, 연구자의 문화 혹은 특정 가치나 이념을 강요하지 않도록 주의해야 한다는 원칙이다. 예컨대, 특정 문화의 유물이나 사진, 종교 등이 연구에 포함되지 않도록 해야 하며, 정중한 태도로 상대방의 문화를 이해하고 존중해야 한다. 특히, 다양한 국적의 사람들이 연구대상에 포함되는 경우, 언어적 장벽이나 문화적 차이를 극복한 상태에서 연구에 대한 사전 설명이 충분히 이루어져야 하며, 연구 결과도 연구참여자들에게 보고해야 한다.

2) 연구 전문직 윤리의 준수

전문직 종사자로서 코칭학 연구자가 지켜야 할 기본적 윤리는 연구의 객관성과 보고의 정직성이다. 과학적 연구의 본질은 사회 또는 자연현상에 대한 진리를 탐구하기 위해 단순한 의견이 아닌 체계적 관찰에 의존한다는 것이다. 따라서 관찰 자료를 연구 목적에 맞도록 조작한다는 것은 정확한 관찰에 근거한 과학적 발견이라는 믿음을 무너뜨리게 된다.

또한, 과학적 연구는 그 복합적 성격상, 한 사람의 연구자에 의해 완성될 수 있는 것이 아니다. 그러므로 여러 연구자의 연구결과가 정확하게 보고되고, 이것이 연구자들 사이에 공유되는 것이 대단히 중요하다. 그러나 국내외를 막론하고, 객관성을 잃은 연구, 조작된 자료를 보고하는 연구, 그리고 연구보고의 중요 부분을 '표절'(plagiarism)한 사례가 적지 않게 보고되고 있다. 표절은 타인의 출판물 가운데 일부를 그대로 도용하는 것으로, 부분출판[69]이나 이중출판[70]보다도 동료 연구자와 전문성에 더 심각한 피해를 주는 행위이다. 표절을 피하기 위해서는 연구에서 인용한 자료들은 모두 정확한 출처의 제시 및 인용 원칙을 준수해야 한다. 본문에서 각주 및 인용 표시를 통해 출처를 제시하는 것은 물론 참고문헌에서도 활용한 해당 저작물을 밝혀야 한다.

선행연구에 따르면, 국내 코칭 리더십 연구[71]와 관련하여 여기에서 언급한 잘못된 연구 관행이 나타났다는 것은 여러 가지 측면에서 매우 안타깝고 염려스러운 일이 아닐 수 없다.[72] 국내 코칭 리더십 연구에서 발생한 문제는 크게 세 가지로 요약할 수 있다. 첫째, 특정 해외 연구자가 적절한 절차를 거쳐 조작적으로 정의하지도 않은 개념을 '코칭 리더십'(coaching leadership)의 구성개념으로 오용, 치환하여 활용하고 있다는 점이고, 둘째, 특정 해외 연구자가 적절한 절차를 거쳐 검증하지도 않았고, 당연히 주장하지도 않은 코칭 리더십 '척도'(scales)를 그가 개발했다고 주장하며 오용하고 있다는 점이며, 마지막으로, 위 두 가지 오류와 관련된 사실을 적절하고 객관적인 검증절차를 통해 확인하지 않고 자신들의 논문에서 '그대로 인용하는' 잘못된 연구 관행이 현재까지 국내에서 계속되고 있다는 점이다.

이런 현상은 특정 국내 연구자들의 염려스러운 인식과 학문적 태도에 비롯되었다고 생각하지만, 그런 견해를 적절한 절차를 거친 확인 작업을 진행하지 않고 자신의 연구에서 그대로 답습하는 후발 연구자들의 무책임한 연구 태도로 인해 더욱 확산했다고 생각한다. 이것은 향후 잘못된 관행에 적당하게 편승할 후발 연구자들의 연구결과의 타당성과 신뢰성에 심각한 손상을 초래할 수 있고, 나아가 연구윤리와 건전한 국내 학술 풍토 조성에 엄청난 혼란을 초래할 수도 있는 문제라고 생각한다.[73] 특히, 앞에서 언급한 마지막 문제는 학위논문과 학술지 투고 논문의 심사 과정에서 잘못된 연구 관행이 적절한 장치를 통해 걸러지고 수정 · 개선되지 않음으로써 결과적으로 '연구 부정행위' 즉, 연구 윤리상의 문제를 일으켰고, 국내 코칭 리더십 연구

69) 부분출판(partial publication)은 수행된 연구 전체를 보고하는 것이 아니라, 연구를 '출판 가능한 최소단위'로 쪼개어 발표하는 것을 의미한다.

70) 이중출판(dual publication)은 같은 연구결과를 두 개 이상의 논문으로 출판하는 것을 말한다.

71) 이 책의 제2장 4절에 서술된 코칭 리더십을 언급한 부분에서 해당 국내 연구들의 문제점을 확인할 수 있다.

72) 이에 관한 자세한 내용은 다음 논문을 꼭 확인하기 바란다. 특히, 코칭 리더십과 관련된 주제를 연구하는 학자들은 해당 논문에서 언급한 잘못된 국내 연구 관행을 꼭 확인한 후에 자신의 연구를 진행할 필요가 있다. 조성진(2022). 국내 코칭 리더십 연구에 관한 비판적 고찰. **융합코칭저널**, 1(2), 5-33에서 발췌, 인용.

73) 조성진(2022). 앞의 논문. 22에서 발췌, 인용.

의 '블랙홀'(Black Hole)이 되고 있다는 점에서 심각한 문제라고 생각한다.

일반적으로 연구윤리에서는 '의심스러운 연구 수행' 또는 '부적절한 연구 수행'을 '연구 부정행위'(Questionable Research Practice: QRP)라고 한다. 여기에는 빈약한 연구설계도 포함되는데, 이것은 후속 연구자들의 수행을 방해하기 때문에 매우 유의해야 한다. 한 연구자의 연구 부정행위는 그런 연구 부정행위를 한 개인만이 아니라 그가 속한 연구 공동체, 나아가 국가의 신뢰를 실추시키고, 경쟁력을 떨어뜨린다.[74] 이런 차원에서 코칭학 연구자는 연구결과의 조작과 왜곡에 대한 유혹이 항상 주위에 맴돌고 있음을 똑바로 알아야 하며, 동시에 어떤 비용을 지급하더라도 객관적이고 정직한 과학자로서 남아 있을 준비가 되어 있어야 한다.

14.4 코칭학의 과제와 전망

국내외에서 코칭의 급속한 확산 속도에 비추어 볼 때, 코칭 관련 선행 연구가 많이 발표되었더라도 그것이 코칭학의 이론체계 구축에 충분할 만큼의 양과 깊이에 도달한 것은 아니다. 따라서 앞으로 코칭학 연구자들이 수행하거나 해결해야 할 과제들이 여전히 적지 않다. 물론 현재 시점에서 보아도, 코칭 이론(Coaching Theory)이 전혀 없는 것은 아니다. 예컨대, Cox 등(2018)은 자신들의 저서에서 코칭에 관한 다양한 이론적 기반에 관해 설명하면서 이것들이 코칭 영역에서 어떻게 적용되는지를 체계적으로 기술하고 있다.[75] 정신역학 접근법, 인지행동 코칭(Cognitive behavioural coaching), 해결 중심 접근법, 인간 중심 접근법, 게슈탈트(Gestalt) 접근법, 실존주의 코칭, 존재론적 코칭, 내러티브 코칭(Narrative coaching), 성인심리 발달과 코칭, 초인간적(Transpersonal) 접근법, 긍정심리학적 접근법, 교류분석 코칭 및 NLP(Neuro Linguistic Program) 접근법 등이 그것이다.[76] 다른 연구자들도 자기결정이론(Self determination theory), 동기이론(Motivation theory), 인본주의 이론(Humanistic theory), 사회적 시스템이론(Social system theory) 및 변혁적 학습이론(Transformative learning theory)을 코칭 이론의 하나로 제시하기도 한다.[77]

여하튼 앞서 언급한 이론들은 주요개념, 인간의 본질에 관한 가정, 그리고 변화의 과정과 방

74) 이인재(2021). 연구 진실성과 연구 부정행위. 감정평가학논집, 20(1), 113-127에서 발췌, 인용.

75) Cox, E., Bachkirova, T., & Clutterbuck, D.(2018). *The Complete Handbook of Coaching*(3rd Ed.). London: Sage Publication.

76) 이 이론들의 내용에 관해서는 이 책의 제2장을 참조할 수 있다.

77) 조성진(2022). 코칭학, 무엇을 연구할 것인가?: 코칭학의 현재와 미래. 융합코칭저널, 1(1), 11에서 발췌, 인용.

법 및 영향을 미치는 기법 등과 같은 핵심적이고 차별화된 특성을 포함하고 있어서, 코칭의 지적 기반을 풍부하게 만들고 있다. 하지만, 이런 것들은 주로 심리학적 지식에 바탕을 둔 것들이어서 코칭만의 독특한 정체성을 확립하는 데 필요한 자양분을 충분히 제공하기에는 여전히 부족하고, 심지어 코칭 영역에 새롭게 입문하는 분들을 혼란스럽게 하기도 한다. 따라서 코칭학의 이론체계가 제대로 구축·정립되려면, 코칭만의 독특한 정체성이 돋보이는 개념, 구성요인, 원리 및 실행 원칙 등이 새롭게 개발, 보충되어야 한다.[78] 이런 노력이 추가되고, 축적된 연구결과물이 적절한 분류 체계에 따라 정리될 때, 코칭학의 이론체계는 더욱 굳건해질 것이다. 이런 인식을 바탕으로 이하에서는 그 과제와 전망을 세 가지 측면으로 나누어 서술하고자 한다.

1. 학술적 측면의 과제와 전망

이하에서 서술될 모든 내용이 코칭학 차원에서는 학술적 측면에 속할 수 있다. 하지만 이 부분에서 소개할 내용은 그 가운데 코칭학의 이론적 체계 즉, 코칭의 학술적 측면에 속하는 것들은 코칭학의 이론체계 구축에 가장 핵심적이고 꼭 필요한 일이다. 코칭의 기본개념과 정의, 코칭의 성격, 코칭 철학, 코칭 심리, 코칭의 구성요인, 코칭 효과, 코칭 언어, 용어의 정리 및 표준화, 코칭 리더십 등을 규명하는 작업 등이 여기에 속할 것이다. 이들에 관한 의미있는 선행연구결과와 지혜, 그리고 앞으로 진행될 수많은 연구결과가 축적되면, 코칭학만의 이론이 탄생할 수 있고, 나아가 코칭학의 콘텐츠는 더 풍성해질 것이다. 이런 노력으로 인한 결과물이 계속해서 쌓인다면, 미래의 어느 시점에서 코칭학을 가칭 '기본 코칭학'(Fundamental Coachology)과 '응용 코칭학'(Applied Coachology) 등으로 구분할 수도 있을 것이다.[79]

1) 코칭의 개념과 성격[80]

어떤 새로운 학술적 개념이 등장했을 때 그것을 올바로 이해하려면, 그것의 개념(concept)과 구성개념(construct) 및 조작적 정의(operational definition)를 먼저 파악할 필요가 있다. 코칭도 마찬가지여서 그것을 잘 이해하고 효과적으로 적용하려면, 코칭의 정의에 관해 명확하게 파악해야 한다. 하지만 다른 학문 영역도 마찬가지겠지만, 코칭의 정의에 관하여 일치된 견해는 존재하지 않는다. 현재에는 다양한 학문적 배경을 지닌 학자나 연구자들, 그리고 각기 다른 사회적·경제적·문화적 배경과 전문지식을 지닌 전문코치들이 각자 다르게 코칭을 정의하고 있다. 따라서 코칭을 어떤 시각과 관점에서 바라보고, 코칭의 어떤 부분을 강조하느냐에 따

78) 조성진(2022). 코칭학, 무엇을 연구할 것인가?: 코칭학의 현재와 미래. 융합코칭저널, 1(1), 10-11에서 발췌, 인용.
79) 조성진(2022). 앞의 논문. 10-11에서 발췌, 인용.
80) 조성진(2022). 위의 논문. 11-12에서 발췌, 인용.

라 코칭에 관한 다양한 정의가 생길 수 있다. 다만, 향후 코칭을 어떻게 정의하든 코칭의 대상, 목적 및 방법 등 세 가지 요인은 꼭 포함해야 한다는 점을 기억할 필요가 있다.[81)]

한편, 코칭의 성격을 규명하고, 그것이 구체적으로 무엇을 의미하는지를 설명하는 것도 필요하다. 이것은 코칭의 정의와 함께 가장 기본적으로 연구해야 할 부분이다. 이 두 가지는 코칭이 다른 유사 서비스, 즉 상담, 컨설팅 및 멘토링 등과 비교할 때, 구체적으로 어떤 차이점이 있고, 어떤 독특한 점이 있는지를 설명할 때, 그 바탕이 되는 주요개념이자 코칭의 정체성을 설명하는 가장 기초적인 개념이 될 수 있기 때문이다.

선행연구에 따르면, 코칭의 성격을 네 가지로 서술하고 있다.[82)] 첫째, 코칭의 '통합성'(integrity)이다. 코칭은 둘 이상의 다른 관련 학문 분야의 연구 성과와 업적을 토대로 독자적인 학문 분야를 구축하려는 학제적 응용과학의 성격을 띠고 있다. 이것을 코칭의 포용성(magnanimity)이라 부르기도 한다. 둘째, 코칭의 '정체성'(identity)이다. 이것은 코칭만의 고유하고 독특한 특성을 말한다. 코칭이 한편으로 인간의 생각과 행동과 관련된 수많은 학문의 연구 성과들을 활용할 수밖에 없지만, 다른 한편으로 지금까지 독자적인 영역으로 자리매김하며 계속해서 확산, 발전하고 있는 것은 기존의 것만으로 설명되지 않는 독특함이 여전히 존재하기 때문이다. 셋째, 코칭의 '차별성'(differentiation)이다. 이것은 코칭의 정체성과 함께 코칭이 존재하는 핵심적인 특성이다. 이것은 비슷한 특성을 가진 인적 서비스인 상담, 컨설팅 및 멘토링 등과 확연하게 구분되는 코칭만이 가진 특성, 장점 및 강점이 무엇인지에 관한 것이다. 향후 그것을 구체적으로 규명하는 것은 매우 흥미로운 연구 주제가 되기에 충분하다. 마지막으로, 코칭의 '지속가능성'(sustainability)이다. 이것은 협의의 의미에서 코칭 효과의 지속성을 말하며, 광의로는 코칭이 개인 차원을 넘어 집단, 조직에까지 성과(performance)와 강한 영향(impact)을 끼치고, 나아가 사회 전반적으로 그것이 점점 커지고 넓어져 의미있는 영향력(influence)을 미치는 것을 말한다.

이런 차원에서 향후 코칭학 연구에서 코칭의 기본적인 개념과 성격이 구체적으로 무엇을 말하며, 실제로 어떤 것들이 그 증거인지를 광범위하게 조사하고 분석하는 것은 중요하고 핵심적인 과제가 될 것이다. 이 부분은 코칭학 연구자들이나 전문코치들의 다양한 학문적 배경이나 경험만큼 다양한 견해가 나올 수 있다. 그것은 한편으로는 일부 혼란을 가져와 염려스러울 수도 있지만, 다른 한편으로는 코칭학에 관한 풍부한 담론을 형성한다는 차원에서 바람직한 도전이 아닐 수 없다. 향후 이들 주제에 관한 도전적인 추가 연구가 꼭 진행될 필요가 있다.

---

81) Cox, E., Bachkirova, T., & Clutterbuck, D.(2018). *The Complete Handbook of Coaching*(3rd Ed.). London: Sage Publication.

82) 조성진 · 정우석 · 허영숙 · 한혜정(2022). 국내 코칭 관련 민간자격의 현황과 발전 방안에 관한 연구: 민간 공인 코치 자격 인증체계와 시험과목을 중심으로. 융합코칭저널, 1(1), 31-59에서 발췌, 인용.

2) 코칭의 구성요인[83)]

어떤 새로운 사물이나 사람이 무엇인지를 올바로 규정하려면, 그것이 무엇으로 구성되어 있는지를 파악하는 것이 기본적인 출발점이 되어야 한다. 예컨대, 집(주택)이 무엇인지를 설명할 때, 그 구성요인을 살펴보는 것과 마찬가지 이치이다. 이에 관한 국내외 연구자들의 논의가 활발하지 않지만, 관련 논의가 전혀 없는 것은 아니다. 필자는 '코칭의 구성요인'(factors of coaching)을 언급하면서, 그 속에 코칭 고객(Coaching client), 코치(Coach) 및 코칭 시스템(Coaching system)이 포함된다는 것을 제안했다.[84)] 이것들이 유기적으로 결합하여 상호작용하는 복합체를 코칭이라고 주장하면서, 이 세 가지 구성요인들이 모인 것을 '코칭의 구성 삼각형'(Construction triangle of coaching)이라고 명명했다. 즉, 이 세 가지 요인들이 유기적으로 상호작용하면서 코칭 효과를 만들어 낸다고 설명했다. 향후 이에 관한 건설적이고 다양한 형태의 논의가 이어지고 의미있는 담론이 형성된다면, 코칭학의 본질적인 부분에 대한 이론체계 구축에 큰 도움이 되리라 생각한다.

한편, 서로 균형을 이루면서 유기적으로 작용하는 코칭의 세 가지 구성요인들(factors)이 다시 각각 어떤 세부 요소들(elements)로 구성되어 있고, 그 세부 요소들이 각기 어떤 형태, 모습 및 상태 등으로 존재하는지, 이것들이 각각 어떤 크기나 강도로 작용하는지 등에 대해 살펴보는 것은 향후 코칭 연구자들이 관심을 가져볼 만한 매우 흥미로운 연구과제가 될 것이다. 코칭을 구성하는 세 가지 구성요인들의 세부 요소들을 찾는 것은 각각에 대한 깊은 관찰과 경험을 바탕으로 통찰이 필요한 고도의 연구 작업이 될 수도 있다. 예컨대, 고객이 존재하기 위한 중요한 요소들은 무엇인가? 어떤 요소를 갖춘 고객들이 코칭 장면에서 가장 효과적인 반응을 보이는가? 코치는 무엇으로 구성되며, 코치를 코치답게 하는 역량은 무엇인가? 코칭 시스템은 어떤 것으로 구성되어 있는가? 이들 세 가지 구성요인들은 각각 어떤 상호 작용을 하고, 그 상호작용의 결과는 무엇이며, 의미있는 코칭 효과를 창출하기 위해서 세 가지 구성요인이 갖출 최소한의 필요충분조건은 무엇인가? 이런 것들에 관한 연구결과는 코칭학의 깊이를 한층 더 깊게 하는 데 이바지할 것이며, 그 결과물들은 코칭학의 이론체계 구축에서 주요 자리를 차지할 수 있을 것이다.

국내외적으로 이 부분에 대한 구체적인 논의가 드물다. 하지만, 필자는 이에 관한 새롭고 흥미로운 제안을 했고, 이것은 해당 견해에 대한 찬반 의견을 떠나 코칭학의 발전을 위한 담론 제공의 사례를 제공했다는 점에서 주목할 만하다([그림 14-10] 참조).[85)] 즉, 필자는 앞서 서술한

---

83) 조성진(2022). 코칭학, 무엇을 연구할 것인가?: 코칭학의 현재와 미래. 융합코칭저널, 1(1), 13-14에서 인용.

84) 조성진(2008). 코칭ABC. 서울: 도서출판 심포지움. 50-55에서 발췌, 인용. 이에 관한 구체적인 내용은 이 책 제4장 1절에서도 상세하게 서술하고 있으니 참고하기 바란다.

85) 조성진(2019). 코칭의 구성개념에 관한 탐색적 연구. 한국인적자원개발학회 2019년 추계 학술대회 발표자료집에서 인용

그림 14-10 코칭의 구성 삼각형을 바탕으로 한 코칭의 구성개념

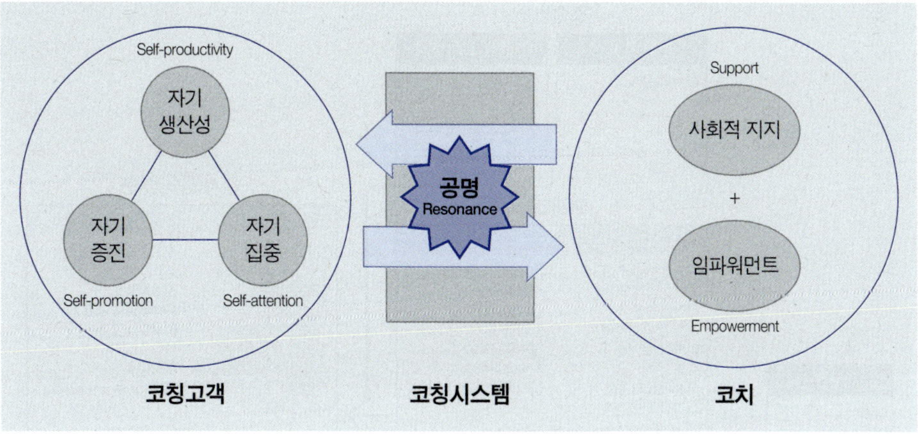

출처: 조성진(2019). 코칭의 구성개념에 관한 탐색적 연구. 한국인적자원개발학회 2019년 추계 학술대회 발표자료집.

가각의 코칭의 구성요인이 다시 어떤 세부 요소들로 구성되었는지에 대한 본인의 견해 일부를 소개한 것이다. 이것은 세부 요소들이 개별 구성요인 속에서 어떻게 서로 작용하고, 그것이 다시 다른 구성요인의 세부 요소들과 어떻게 연결될 수 있는지에 대한 아이디어를 제공했다는 점에서 의미가 있다. 당연히 후속 연구의 가능성을 엿볼 수 있는 흥미로운 제안이라고 생각한다.

이런 새로운 시도들에 대한 코칭학 연구자들의 생산적인 논의가 이어지고 관련 연구주제들에 관한 심도 있는 연구가 진행된다면, 코칭의 주요개념에 관한 담론이 형성될 것이며, 결과적으로 코칭학의 이론체계나 토대는 더욱 견고해질 것이다.

3) 코칭 효과[86)]

어떤 제품이나 서비스가 시장에 출시되면 그 효과를 기대하고 검증하는 것이 당연하듯이, 코칭 효과를 규명하려는 관심은 당연한 일이다. 따라서 코칭학 연구자들과 전문코치들은 코칭의 핵심적인 사항 가운데 하나인 코칭 효과(coaching effect)에 관해 분명히 인지해야 하고, 그것을 과학적이고 객관적으로 증명해야 한다. 이 일은 각각의 현장에서 코칭 진행의 명분이 되고, 코칭 교육이나 코칭 프로젝트의 출발점이 되기 때문이다.

간단히 말해, 코칭 효과란 '코칭 행위를 통해 나타나는 보람있고 의미있는 좋은 결과'를 말한

86) 조성진(2022). 코칭학, 무엇을 연구할 것인가?: 코칭학의 현재와 미래. 융합코칭저널, 1(1), 14-15에서 발췌, 인용; 조성진 · 정이수(2018). 국내 코칭(Coaching) 연구 동향 및 향후 연구 방향: 진전(1995년~2017년)과 전망. 인적자원개발연구, 21(3), 249-313에서 발췌, 인용.

그림 14-11 코칭 효과 측정을 위한 개념모형

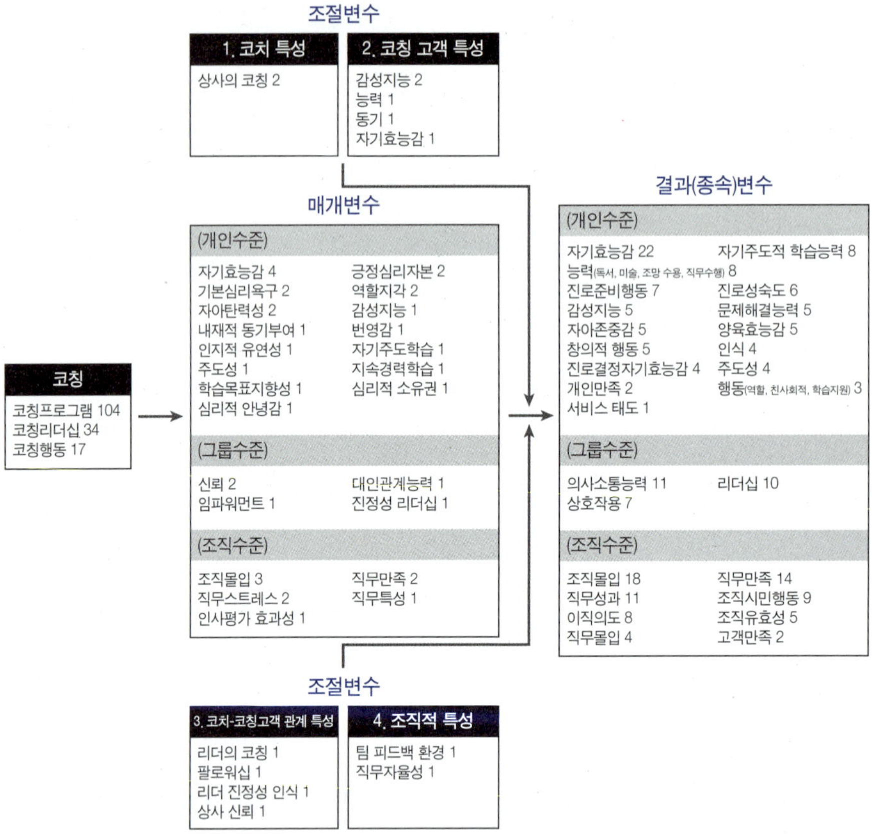

출처 : 조성진 · 정이수(2018). 국내 코칭 연구 동향 및 연구 방향: 진전(1995년~2017년)과 전망. 인적자원개발연구, 21(3), 269에서 발췌, 인용.

다. 그렇다면 핵심적인 관심은 코칭이 정말 효과가 있는지를 어떻게 확인할 수 있는가에 집중된다. 필자는 코칭 효과 측정에 활용된 다양한 변수들을 종합, 분류한 하나의 개념모형을([그림 14-11] 참조) 제안하기도 했다.[87] 물론 2018년 이후의 국내 코칭 관련 논문을 추가로 확인하면, [그림 14-11]에 포함될 변수들은 더 추가될 것이다.

코칭 효과를 검증하는 방법과 관련하여 다음과 같은 연구를 추가로 진행할 필요가 있다.

87) 조성진 · 정이수(2018). 국내 코칭(Coaching) 연구 동향 및 향후 연구 방향: 진전(1995년~2017년)과 전망. 인적자원개발연구, 21(3), 269에서 발췌, 인용.

① 코칭 효과 측정 방식의 객관화에 관한 연구

개인 · 그룹 · 조직 수준에서 코칭 효과를 확인하거나 연구자의 연구 목적에 맞는 코칭 효과 측정 방식(measurement of performance in coaching)에 대해 논의하는 개념적 연구를 시도해 볼 수 있을 것이다. 이런 코칭 효과 유형 및 측정 방식에 관한 개념적 연구는 향후 연구자들이 자신의 연구 목적 및 가설에 꼭 들어맞는 성과를 개념화하고 측정하는 데 유용한 지침이 될 수 있을 것이다. 다시 말하면, 코칭 효과 척도(scale of coaching effect)에 관한 개념 연구가 시급하다. 기존의 선행연구에서 코칭 효과는 고객의 주관적인 보고(또는 응답), 설문지, 360° 피드백, 실험에 의한 측정 및 코칭 후에 나타난 증거(evidence) 등을 통해 확인할 수 있었다. 이런 방법을 통해 코칭 효과를 규명한 학술적 연구들이 이미 많이 소개되었다. 즉, 개인 수준에서 진행된 선행연구에서 상사 또는 구성원 본인이 응답한 설문조사 결과를 활용한 사례가 많다. 물론 응답자의 자기보고식 설문조사의 한계를 보완하기 위해 '유사현장실험설계'(quasi-experimental field study)를 통해 코칭 효과를 측정한 연구들이 최근에 많이 보고되었지만, 이 역시 측정 주체의 인식에 바탕을 둔 주관적인 측정치라는 점에서 실제 구성원이 만들어 낸 직무성과 등과 같은 정량적 자료와는 괴리가 있다. 그리고 일부 선행연구 가운데 코칭 질문을 한 후 두뇌 영역별 뇌파 측정치라는 객관적인 결과를 분석, 코칭 효과를 검증한 논문이 있지만,[88] 이것만으로 코칭 효과 측정의 객관성을 모두 담보했다고 볼 수 없다.

그런 차원에서 이제는 코칭 효과를 대변하는 결과변수를 분석한 선행연구들 가운데 재무적 성과(financial performance)를 확인할 수 있는 정량적 성과자료를 측정, 분석한 연구가 보고되지 않았다는 점에 주목해야 한다. 코칭 효과를 말해주는 결과변수의 측정 방식과 관련하여 객관적인 성과변수를 활용하는 노력이 필요하다는 것이다. 객관적 결과 측정이란, 객관적인 정량 자료를 바탕으로 코칭 효과를 측정하는 것이다.

따라서 앞으로 코칭학 연구자들은 코칭을 도입한 기업 또는 학교 등 기관과의 협조를 통해 코칭을 받은 당사자 또는 그룹 및 조직의 성과 평가자료, 예컨대, 쉽게 확인할 수 있는 판매 현황이나 매출 및 영업실적과 함께 '투자자본수익률'(ROI: return on investment) 등과 같은 재무적 성과(financial performance)와 관련된 객관적 자료, 그리고 이직률 등과 같은 자료를 활용한 연구를 더 진행할 필요가 있다. 특히, 조직 내에서 코칭을 도입하려는 경우, 결과적으로 재무적 성과향상을 기대하는 최고경영자와 임원을 설득해야 하는 인사부서 실무자들에게 가장 큰 도움이 되는 것은, 정량적 지표로 환산된 코칭 효과이기 때문이다.

그런 차원에서 장기적으로 재무적 성과와 관련된 보관기록 자료(archival data) 등을 활용하려는 노력과 함께 다양한 기관에서 제공하는 패널 자료(panel data)를 활용하는 방법에도 관심

88) 임창현 · 심준영(2016). 코칭의 GROW 기법 진행 시 두뇌 영역별 뇌파 변화 및 특성 연구. 코칭능력개발지, 18(3), 75-85에서 발췌, 인용.

을 둘 필요가 있다는 의견[89]에 동의한다. 현재와 같이 객관적인 결과 측정치를 바탕으로 분석된 연구가 적다는 것은 코칭 효과 자체에 대한 강력한 도전이자 코칭학 체계 확립의 걸림돌이 될 수도 있다. 코칭 효과와 관련된 결과 측정의 객관성 제고는 코칭 연구자에게 핵심적인 과제가 아닐 수 없다. 이를 위해 중·장기적인 관점에서 개인, 그룹 및 조직의 객관적 성과지표 공개와 관련하여 최고경영자와 인사담당 부서장의 열린 마음과 관점 전환이 필요하다.

② 코칭 효과 작동 메커니즘 규명에 관한 연구

코칭 효과가 작동되는 메커니즘(mechanism)에 관한 개념적 연구에도 더 많은 관심이 필요할 것이다. 어떤 상황에서, 또는 어떤 메커니즘을 통해 코칭이 개인, 그룹 및 조직의 성과로 이어질 수 있는지에 대한 개념적인 연구는 의미있는 시도라 생각한다. 이를 위해 먼저 코칭이 어떤 과정과 경로를 거쳐 개인에게 영향을 미치는지를 알 수 있는 작동 메커니즘에 관해 추가의 연구가 필요하다.

코칭 효과를 발휘하거나 코칭이 전개되는 전체 과정의 내부적 메커니즘을 밝히려면, 코칭이 영향을 미치는 결과변수에 대한 분석만큼 매개변수와 조절변수에 관한 추가 연구가 필요하다. 다시 말하면, 코칭에 의해 영향을 받는 결과변수에 관한 연구들이 좀 더 실질적인 시사점을 제공해 주기 위해서는, 구성원 또는 그룹 수준의 행동이 무엇에 의해 향상되고 높낮이가 결정되는지를 규명하는 연구가 이루어져야 한다. 즉, 코칭을 진행하는 과정에서 코치 개인의 특성과 자질에 따라 코칭이 얼마나 달라지는지, 고객의 특성에 따라 코칭 효과가 얼마나 변화하는지, 코치와 고객 사이의 관계가 코칭 효과에 어떤 영향을 미치는지 등도 살펴볼 필요가 있고, 나아가 코칭을 도입하여 진행하는 조직 내 최고경영자의 개인적 특성(코칭에 대한 관심과 태도, 최고경영자 교체 여부, 인구통계학적 특성, 성격, 기질, 리더십 등)이나 조직의 특성(HRD · HRM 전략, 교육 · 경력개발에 관한 관심, 인적자본투자, 조직문화 등)도 코칭 효과에 영향을 미칠 수 있는 요인 즉, 조절변수임에도 불구하고 이에 대한 아직 연구가 활발하지 못한 실정이다.

89) 김기태 · 최병권(2017). 국내 인사 · 조직 분야의 성과변수 연구 동향 및 향후 연구 방향. 조직과 인사관리연구, 41(4), 1-57에서 발췌, 인용.

일부 선행연구에서 코치의 특성이나 특정 행동,[90] 고객의 특성,[91] 코치와 고객의 관계[92] 등에 따라 코칭 효과가 어떻게 나타나는지를 규명하긴 했지만, 그 영향들을 충분하게 파악한 정도라고 보기는 어렵다. 따라서 향후 이 부분에 관한 추가의 연구가 필요하다. 이처럼 코칭과 관련된 다양한 변수 사이의 선·후행 경로 또는 상관관계 및 효과의 높낮이 조절 정도를 충분할 정도로 밝히는 것은 코칭학의 이론적 체계 확립과 직결되는 아주 핵심적인 작업이다.

이때 선행변수로서 코칭과 결과변수 사이의 긍정적인 관계를 가정하는 기존 관행 또는 관점에서 벗어나 새로운 관점을 적용하거나 기존의 관행이나 가정에 반대되는 관점에서 연구를 시도해 볼 수도 있을 것이다. 이와 더불어 현재 시점에서 보고된 연구는 거의 없지만, 코칭에 영향을 미칠 것으로 예측되는 선행변수에 관해서도 더 많은 연구를 진행한다면, 코칭 효과 작동 메커니즘 분석이 좀 더 정교해질 것이다.

③ 분석수준별 연구 활성화

분석수준별로 다양한 연구가 진행될 필요가 있다.

첫째, 현재 시점에서 보면, 개인 수준의 관점에서 진행된 연구가 비교적 많다. 하지만 개인 수준에서 다양한 코칭 효과 유형을 고려하면서도 결과변수 사이의 상호 작용을 확인하거나 코칭이 결과변수에 영향을 미치는 과정에서 매개 역할을 하는 변수를 규명하는 연구도 진행할 필요가 있다. 예컨대, 구성원의 성과 유형에는 직무성과, 적응성과 및 역할 외 성과(extra- role

---

90) Gessnitzer, S., Schulte, E., & Kauffeld, S.(2016). I am going to succeed: The power of self-efficient language in coaching and how coaches can use it. *Consulting Psychology Journal: Practice and Research*, 68(4), 294-312; Ianiro, P. M., & Kauffeld, S.(2014). Take care of what you bring with you: How coaches' mood and interpersonal behavior sffect coach success. *Consulting Psychology Journal: Practice and Research*, 66(3), 231-257; Ladegard, G., & Gjerde, S.(2014). Leadership coaching, leader role-efficacy, and trust in subordinates: A mixed methods study assessing leadership coaching as a leadership development tool. *The Leadership Quarterly*, 25(4), 631-646; Sonesh, S, C., Coutlas, C. W., Marlow, S. L., Lacerenza, C. N., Reyes, D., & Salas, E.(2015). Coaching in the wild: Identifying factors that lead to success. *Consulting Psychology Journal: Practice and Research*, 67(3), 189-217.

91) Bozer, G., Sarras, J. C., & Santora, J. C.(2013). The role of coachee characteristic in executive coaching for effective sustainability. *Journal of Management Development*, 32, 277-294; Gessnitzer, S., Schulte, E., & Kauffeld, S.(2016). I am going to succeed: The power of self-efficient language in coaching and how coaches can use it. *Consulting Psychology Journal: Practice and Research*, 68(4), 294-312; Sonesh, S. C., Coutlas, C. W., Marlow, S. L., Lacerenza, C. N., Reyes, D., & Salas, E.(2015). Coaching in the wild: Identifying factors that lead to success. *Consulting Psychology Journal: Practice and Research*, 67(3), 189-217; Stewart, L. I., Palmer, S., Wilkin, H., & Kerrin, M.(2008). The influence of character: Does personality impact coaching success?. *International Journal of Evidence Based Coaching and Mentoring*, 6, 32-42.

92) Baron, L., & Morin, l.(2009). The impact of executive coaching on self-efficacy relared to management soft-skills. *Leadership & Organization Development Journal*, 31(1), 18-38; Boyce, L. A., Jackson, R. J., & Neal, L. J.(2010). Building successful leadership coaching relationship: Examining impact of matching criteria in a leadership coaching program. *Journal of Management Development*, 29(10), 914-931.

performance) 등 다양한 유형이 존재한다.[93] 그렇다면 구성원의 직무성과가 코칭을 통해 어떻게 영향을 받는지에 한정하여 관찰하고 분석하는 것이 아니라, 역할 외 성과 또는 적응성과를 함께 고려하거나 성과 유형 사이의 상호 작용을 확인하는 것도 흥미로운 연구 주제가 될 것이다. 또한, 코칭을 통해 성과가 향상된 구성원(고객)의 보상 수준이 실제로 많이 오르는지, 승진을 빠르게 하는지, 동료들로부터 시기나 질투를 받지는 않는지, 더 많은 업무를 수행함으로써 업무 과부하를 경험하는지 등과 같은 다양한 연구주제들을 분석할 수도 있을 것이다.

둘째, 그룹 수준의 관점에서 진행된 코칭 연구도 더 많이 진행될 필요가 있다. 현대의 조직 구조가 다양한 형태의 그룹(팀) 단위로 짜여 있고, 그 속에서 구성원들이 관계를 맺고 상호 작용을 하면서 업무를 진행하는 경우가 많다는 점에서 보면, 이 부문에 대한 코칭 연구가 더욱 활발하게 진행되어야 한다. 예컨대, 그룹 수준에서 코칭을 적용했을 경우, 그룹이 수행하는 과업의 종류에 따라 코칭 결과가 어떻게 달라지는지, 그룹의 유형과 특성에 따라 코칭 효과가 어떻게 달라지는지 등에 관한 연구도 이루어질 필요가 있다. 물론 현실적으로 조직 내에서 코칭을 도입할 경우, 대개 그룹 수준의 관점보다는 조직 수준의 관점에서(전사적으로) 진행되는 경우가 많거나, 최고경영자, 그리고 임원과 구성원의 성장과 발전에 초점을 맞추어 진행되는 경우가 많아서, 그룹 수준의 코칭 연구가 적을 수도 있다. 하지만 개인 차원에서 진행된 코칭의 효과가 팀이나 전체 조직에 미치는 효과가 미미할 수 있고, 조직 차원에서 진행된 코칭의 효과는 확산 속도가 느릴 수 있다는 점에서 보면, 그룹 수준의 코칭은 효과의 크기와 속도 면에서 앞의 두 경우와 다른 양상이 펼쳐질 수 있다. 이런 차원에서 그룹 및 팀 코칭에 대한 관심을 높이고, 병행하여 그룹 수준의 코칭에 대한 연구도 활성화될 필요가 있다.

마지막, 조직 수준에서도 더욱 다양하고 정교한 연구가 진행될 필요가 있다. 조직 내에서 구성원 및 그룹의 성과는 직무, 그룹(팀), 리더, 대인관계 등 다양한 상황적 특성에 따라 영향을 받을 수 있다는 점에서, 개인과 그룹의 성과에 영향을 주는 상황적 특성이 무엇인지를 규명하는 연구가 더 많이 수행되어야 할 것이다. 예컨대, 코칭을 받은 사람이 인지하고 객관적으로 측정되는 코칭 효과가 어떤 상황에서 향상되는지, 그와 관련된 요인이 있다면 무엇인지, CEO 특성이 어떤 영향을 미치는지, 조직 구조와 인적자원관리 시스템이 코칭 효과에 어떤 영향을 미치는지, 조직의 경영 전략이 코칭에 어떤 영향을 끼치는지 등에 관한 연구도 진행할 수 있을 것이다. 여기서 의미있는 결과를 발견한다면, 코칭은 최고경영자나 HRD · HRM 실무자들에게 조직 내에 도입해야 할 유용한 도구임이 다시 증명되는 것이다. 따라서 조직 수준에서 다양

93) Barksdale, K., & Werner, J. M.(2001). Managerial rating of in-role behaviors, organizational citizenship behaviors, and overall performance testing different of their relationship. *Journal of Business Research*, 51(2), 145-155; Sonesh, S, C., Coutlas, C. W., Marlow, S. L., Lacerenza, C. N., Reyes, D., & Salas, E.(2015). Coaching in the wild: Identifying factors that lead to success. *Consulting Psychology Journal: Practice and Research*, 67(3), 189-217.

한 상황적 요인을 고려하거나 각각의 상황적 요인을 다양하게 결합한 연구도 활성화될 필요가 있다.

④ 종단연구 활성화

개인, 그룹 및 조직 수준에서 종단적 설계(longitudinal design)에 바탕을 둔 연구를 통해 코칭이 결과변수에 어떤 영향을 미치는지를 규명하려는 노력이 요구된다. 예컨대, 한 사람의 행동이나 성과는 개인차, 일과 조직에 대한 태도나 동기 등에 영향을 받아서 형성되기 때문에, 이들 사이의 시간적 관계를 고려한 연구가 중요하다.[94] 현재 시점에서 국내 코칭 연구들에서 종단적 설계에 바탕을 둔 논문이 아직 한 편도 보고되지 않았다. 따라서 앞으로 개인 및 그룹 수준에서 코칭과 관련된 결과변수를 다루는 연구들은 종단적 설계에 바탕을 둔 연구를 진행할 필요가 있다.

⑤ 비가시적인 코칭 효과에 관한 연구

앞서 언급한 코칭 효과는 주로 눈에 보이는 성과를 확인한 것들이었다. 코칭이 한 사람의 성과와 삶의 질에 어떤 영향을 미치고, 구체적인 성과가 어떤 것인지를 모두 밝히는 것은 간단한 일이 아니어서 많은 시간이 소요된다. 나아가 코칭의 진정한 효과를 확인하기 위해서는 코칭 효과를 부분적으로 보는 것이 아니라 좀 더 전체적으로 파악해야 한다.[95] 따라서 앞으로는 코칭 효과를 규명할 때, 단순하게 눈에 보이는 것만을 확인하는 차원에서 벗어나 성과(performance), 영향(impact) 및 영향력(influence)까지 범위를 넓혀 분석할 필요가 있다.[96] 이것은 코칭학의 이론체계 구축에 있어 아주 중요한 작업이며, 중차대한 일이어서 소홀히 할 수 없는 연구주제이다. 즉, 코칭 효과를 측정하는 다양한 기법과 방법을 동원하고 개발하여 코칭 효과, 성과 및 영향력까지 측정하고, 그것의 의미를 분석함으로써 코칭의 존재 이유를 분명하고 정확하게 설명하는 연구를 추가로 진행할 필요가 있다.

94) 김기태 · 최병권(2017). 국내 인사 · 조직 분야의 성과변수 연구 동향 및 향후 연구 방향. 조직과 인사관리연구, 41(4), 37에서 발췌, 인용.

95) 에노모토 히데타케(황소연 역, 2007). 부하의 능력을 열두 배 키워주는 마법의 코칭. 서울: 새로운 제안. 176-183에서 발췌, 인용.

96) 필자는 앞서 협의의 의미에서 코칭 효과(coaching effect)의 지속성을 언급하면서, 광의로는 코칭이 개인 차원을 넘어 집단이나 조직의 성과(performance)를 내는 데 이바지함과 동시에 강한 영향(impact)을 끼치며, 나아가 사회 전반적으로 그것이 점점 커지고 넓어져 의미 있는 영향력(influence)을 미치는 것을 분석해야 한다고 말한 적이 있다. 이것은 코칭이 바람직하고 긍정적인 영향을 끼치는 것을 다양한 수준으로 나누어 분석할 필요가 있다는 점을 강조하는 것이다.

4) 코칭 언어(용어)의 정리 및 표준화[97)]

코칭은 코치와 고객이 구조화된 대화 절차를 통해 서로 대화를 이어가면서 진행하는 의사소통 활동이자 파트너십이다. 다시 말해, 코칭은 코치와 고객이 언어적 · 비언어적 표현을 통해 자신의 메시지를 상대방에게 전달하고, 궁극적으로 고객이 바라는 것을 이루도록 지원하는 과정이다. 이처럼 코칭은 다양한 언어적 표현이 사용되고, 여러 가지 코칭 기술(skill)이 활용되는 고도의 전문적인 대화이다. 이 과정에서 고객과 코치 사이에는 말, 의견이나 생각, 가치, 숨은 의도, 감정 및 정서 등 다양한 뜻과 함의를 지닌 메시지가 서로 오간다. 이런 것들은 경청, 공감, 질문 및 피드백과 같은 핵심적인 코칭 기술을 통해 이루어지는데, 이때 활용되는 대개의 표현은 언어의 형태로 전달되는 경우가 적지 않다. 즉, 코칭은 언어를 제외하고는 설명할 수 없는 활동이다.

따라서 코치는 비판, 판단, 충고 및 조언의 의미가 포함되지 않은 중립적 의미의 언어를 사용하고, 코칭에서 사용하지 말아야 할 표현이나 언어가 무엇인지를 먼저 파악해야 한다. 그런 차원에서 앞서 언급한 내러티브 코칭이나 NLP 접근법에서 발견된 것들이 활용될 수 있고, 코치가 사용하는 언어에 따라 고객의 반응이 어떻게 다른지를 파악할 수 있는 뇌과학의 방법론 등이 활용될 여지도 있다. 향후 연구에서 이와 관련된 의미있는 발견들이 추가로 확인된다면, 코칭에서 권장하는 언어, 대화 방법 및 절차 등에 관한 것들이 정리될 것이고, 코칭에서 자주 활용되는 용어에 관한 표준화 작업이 쉬워질 것이다. 이런 작업은 코칭학의 이론적 기반을 더 풍부하게 할 것이다.

5) 코칭 리더십에 관한 연구[98)]

코칭의 확산과 학문적 체계 수립을 위해서는 지금까지 진행된 연구결과물을 바탕으로 코칭과 리더십의 개념을 접목한 '코칭 리더십'(coaching leadership)에 대한 추가적인 연구가 필요한 실정이다.

팀이나 집단 수준에서 가장 관심있는 주제 가운데 하나가 리더십이다. 리더십은 '공동의 목표를 달성하기 위해 한 개인이 팀이나 집단 구성원들에게 영향력을 끼치는 과정'이다. 즉, 리더십은 구성원들이 변화를 통해 조직의 목표를 달성하도록 리더가 영향을 미치는 과정이다.[99)] 리더십의 이런 측면과 잘 연결되는 것이 코칭이다. 코칭 리더십(coaching leadership)은 종전의 지시 · 통제형 리더십 패러다임에서 벗어나 구성원 위주의 수평적인 의사소통에 초점을 맞추고,

97) 조성진(2022). 코칭학, 무엇을 연구할 것인가?: 코칭학의 현재와 미래. **융합코칭저널**, 1(1), 15-16에서 발췌, 인용.
98) 조성진(2022). 앞의 논문. 16-17에서 발췌, 인용.
99) Lussier, R. N., & Achua, C. F. 2015. *Leadership theory, application, skill, development*(2nd Ed.). Cengage Learning.

구성원이 스스로 문제를 해결하도록 지원하는 것에 주목하는 패러다임을 가지고 있다는 점에서 경영 현장 등에서 관심이 높아지고 있다.[100] 요약하면, 코칭 리더십은 '관리자가 코치로서 코칭을 통해 부하직원(고객)을 지원하며 영향력을 끼치는 것'이라고 간단하게 정의할 수 있고, 코칭 내용은 주로 업무와 직무 성과 등에 집중된다.[101]

코칭 리더십 관련 연구에서 가장 초점이 되는 것은 코칭 리더십의 효과, 코칭 리더십의 구성개념과 구성요소에 관한 논의이다. 전자에 관한 연구는 많이 진전되어 해당 연구결과들이 상당히 축적되었지만, 후자에 관한 연구는 그 중요성에도 불구하고 찾기가 쉽지 않은 실정이다. 여기서 주목할 것은 적어도 국내에서 코칭 리더십의 구성개념과 척도에 관련된 선행연구들을 살펴보면, 우려스러운 현상이 벌어지고 있다는 점이다. 즉, 코칭 리더십의 구성개념과 조작적 정의에 대한 과학적이고 객관적인 검증 과정을 거치지 않은 채 특정인의 견해를 분별 없이 거의 그대로 수용하거나 실제 코칭 현장과 괴리된 코칭 리더십의 구성요소가 그대로 인정되어 학술 논문으로 발간되는 안타까운 상황이 반복되고 있다.[102]

따라서 향후 코칭 리더십 관련 연구가 체계적으로 진행되려면, 효과 측정을 비롯하여 코칭 리더십의 구성개념과 구성요소에 관한 연구가 병행되어야 한다. 즉, 코칭 리더십이 독자적으로 정의될 수 있는 구성개념이고, 다른 리더십 개념과 구별되는 분명한 차이점이 있으려면, 이에 관한 정교한 연구를 진행함과 동시에 그 결과를 바탕으로 기존 리더십의 구성개념과 코칭 리더십 구성개념 사이의 공통점과 차이점을 명확하게 구분, 검증하는 후속연구가 진행될 필요가 있다. 특히, 코칭 리더십 효과를 제대로 검증하기 위해서는 코칭 리더십이 어떤 요소들로 구성되었는지를 과학적이고 객관적으로 파악하는 작업이 반복적으로 선행되어야 한다.[103] 그리고 이런 작업을 통한 연구결과들을 해외의 그것들과 계속 비교하면서 추가 연구를 진행할 필요가 있다. 당연히 이 작업은 실제 코칭 현장의 상황과 요청에 민감해야 하고, 현장의 상황을 제대로 설명해 주는 것이어야 한다. 아울러 코칭 리더십의 구성개념과 조작적 정의에 관한 제반 작업을 진행할 때, 코칭 리더십의 개념을 '코칭 행동'(coaching behavior)이나 '리더십 코칭'(leadership coaching)과 혼동하여 사용하지 않도록, 유사한 용어의 명확한 구분을 위한 개념적 연구도 함께 진행되어야 할 것이다.

---

100) 조성진(2020). 코칭과 경력개발. 경기: 양성원. 51-55에서 발췌, 인용.

101) 조성진(2021). 코칭 리더십의 구성요소와 척도개발을 위한 탐색적 연구: 국내 학술지(2011년~2020년)를 중심으로. 한국융합학회논문지, 12(11), 335-346에서 발췌, 인용.

102) 이에 관한 자세한 내용은 이 책의 제2장 4절의 내용과 다음에 소개하는 논문들을 참조할 수 있다. 조성진(2021). 앞의 논문. 335-346; 조성진(2022). 국내 코칭 리더십 연구에 관한 비판적 고찰. 융합코칭저널, 1(2), 5-33.

103) 이에 관한 자세한 논의는 다음에 소개하는 논문을 참조할 수 있다. 조성진(2021). 위의 논문.

6) 임원 코칭(executive coaching)에 관한 연구[104)]

한 조직 내에서 최고경영자나 임원의 역할은 상당히 중요하다. 그들의 역할과 임무는 개인과 그룹, 조직 전체의 성과에 영향을 미치는 것은 물론이고, 조직문화 형성에도 적지 않은 영향을 미친다. 그래서 최고경영자 자체가 한 기업이나 조직의 브랜드가 되는 경우가 많다. 이런 차원에서 해외 초일류기업에서는 최고경영자나 임원들에게 코칭 서비스를 제공하는 사례가 있다. 이런 경우, 최고경영자나 임원의 개인적 특성(인구통계학적 특성, 성격, 기질, 리더십 스타일 등)이나 코칭 참여도 등에 따라 코칭 효과가 얼마든지 달라질 수 있다.

물론 현재에도 글로벌 기업의 해외 법인장,[105)] 인수 · 합병된 중소기업 임원이나[106)] 일반 기업 임원들에게[107)] 코칭을 실시하고 그 효과를 분석한 국내 선행연구가 있지만, 분석방법과 연구대상자의 수적인 면에서 한계가 있다. 예컨대, 객관적으로 검증된 측정 수단(구조화된 설문항목)을 활용하지 않고 단순한 코칭 만족도를 측정한 결과를 분석했거나,[108)] 연구대상자의 수가 적고 연구자가 인지한 주관적인 측면에서 코칭 효과를 분석한 경우[109)]이다. 이들 연구와 달리, 중소기업 최고경영자(40명)의 코칭 리더십이 구성원(201명)의 조직몰입에 미치는 영향을 자기보고식 설문조사를 통해 분석한 연구가 있지만,[110)] 이견이 있는 일부 하위요소가 포함된 코칭 리더십 개념과 척도를 활용하고 있다는 점에서 한계가 있다.

임원 코칭의 경우, 대상자의 중요도 차원에서 일반 개인에 대한 코칭보다 더 많은 시사점을 제공할 수 있는 흥미로운 영역이다. 물론 최고경영자나 임원을 대상으로 코칭을 진행한다는 것이 전문코치들에게는 고도의 노력이 요구되는 부담되는 작업이고, 설사 코칭이 진행되더라도 결과 공개를 꺼리는 경우도 적지 않아 사례를 구하기가 쉽지 않지만, 더 많은 연구가 필요한 장르인 것은 분명하다. 그런 후에 해당 연구결과를 바탕으로 해외 연구[111)]와 비교하는 작업도 가능할 것이다. 따라서 앞으로 임원 코칭에 대한 더 다양하고 적극적인 연구가 필요한 시점이다.

---

104) 조성진(2021). 조성진 · 정이수(2018). 국내 코칭(Coaching) 연구 동향 및 향후 연구 방향: 진전(1995년~2017년)과 전망. **인적자원개발연구**, 21(3), 286-287에서 발췌, 인용.

105) 리상섭(2010). 한국 글로벌기업 A사의 해외 법인장 코칭 프로그램 운영 사례 연구. **HRD연구**, 12(4), 1-18.

106) 김현정(2014). 인수합병 이후 중소기업의 조직개발 사례: 그룹 코칭 기법 중심으로. **HRD연구**, 16(2), 113-143.

107) 배용관(2010). 행복지수에 기초한 '행복한 코칭' 방법론과 적용 사례. **코칭연구**, 3(2), 37-63.

108) 리상섭(2010). 위의 논문; 배용관(2010). 앞의 논문.

109) 김현정(2014). 위의 논문.

110) 한영수 · 박윤희(2015). 중소기업 최고경영자의 코칭 리더십이 구성원의 조직몰입에 미치는 영향. **코칭능력개발지**, 17(4), 193-204.

111) Grant, A. M., Cavanagh, M. J., Parker, H. M., & Passmore, J. 2010. The state of playing in coaching today: A comprehensive review of the field. In G. P. Hodgkinson & J. I. Ford(Eds.). *International review of industrial and organizational psychology*, 25, 125-167. New York: John Wiley & Sons, Ltd.

7) 코칭 관련 학제적 연구의 활성화[112)]

앞서 이 장의 앞부분인 코칭학의 성격을 언급한 지점에서 코칭학의 학제적 성격에 관해 서술한 적이 있다. 즉, 코칭은 철학, 심리학, 사회학, 교육학, 경영학, 언어학, 상담학(심리상담), 신경과학, 뇌 과학, 사회복지학 등에서 축적된 연구결과와 경험을 활용할 필요가 있다. 특히, 심리학이나 상담학(심리상담)의 경우에는 인간의 본질과 이해, 대화 기법이나 기술 등과 관련된 다양한 주제를 분석하는 과정에서 코칭학과 융합될 소지가 많다. 그리고 경영학은 비즈니스 코칭과 임원 코칭, 교육학은 학습 코칭, 사회복지학은 청소년 코칭이나 라이프 코칭 장르와 연결될 수 있는 많은 접점이 있다.

구체적으로 경영학 분야에 한정해 볼 때, 급변하는 세계화와 무한경쟁 속에서 기업 경쟁력 확보와 인재육성 지원 차원에서 경영학 연구자들의 코칭에 대한 관심이 필요한 시점이다. 특히, 인적자원개발(HRD)과 인적자원관리(HRM) 분야에서는 보다 진전되고 열린 관점에서 코칭을 바라보고 분석할 필요가 있다. 예컨대, 코칭 도입 시점에서 의사결정권자들이 가장 관심을 많이 가지는 코칭 효과에 대한 과학적인 분석, 그것을 담보할 수 있는 객관적이고 신뢰할 만한 코칭 프로그램의 선택과 질 관리, 기업 내 코칭 전문가의 양성 등을 통한 기업의 성장과 발전을 지원한다는 차원에서 경영학 연구자들의 코칭에 대한 관심 증대와 이를 바탕으로 한 질 높은 융·복합 연구가 더 많이 진행될 필요가 있다.

어떤 다른 학문의 주요 이슈와 코칭을 융·복합적으로 연구하는 작업은 궁극적으로 코칭학의 이론체계 정립에 효과적으로 이바지할 것으로 예상한다. 다만 어떤 다른 학문과 융합된 연구를 진행하든 코칭학의 정체성을 잊어서는 안 될 것이다.

2. 교육적 측면의 과제와 전망[113)]

현대에서 코치 훈련기관은 자신의 직장이나 개인 삶에 코칭을 활용하기 위해 또는, 개인을 전문코치로 훈련하기 위해 프로그램을 제공하는 학교를 의미한다.[114)] 학술적이지 않지만 잘 알려진 코치 훈련 학교는 토마스 레너드(Leonard, T.)와 존 휘트모어(Wjitmore, Sir J.), 에르하르트(Erhard, W.)를 중심으로 진행된 인간 잠재력 회복 운동에서 비롯되었다. 이처럼 코치를 훈련하는 프로그램은 1980년대 중반부터 있었고, 1990년대 후반에 그 수가 대폭 증가했다.[115)] 21세

112) 조성진 · 정이수(2018). 국내 코칭(Coaching) 연구 동향 및 향후 연구 방향: 진전(1995년~2017년)과 전망. 인적자원개발연구, 21(3), 288-289에서 발췌, 인용.

113) 조성진(2022). 코칭학, 무엇을 연구할 것인가?: 코칭학의 현재와 미래. 융합코칭저널, 1(1), 21-23에서 발췌, 인용.

114) Brock, V. G.(2012). *Sourcebook of Coaching History*, VB Coaching & Consulting(김경화 외 역, 2015. 코칭의 역사. 서울: 코쿱북스. 175-185에서 발췌, 인용).

115) Brock, V. G.(2012). 앞의 책. 473-495에서 발췌, 인용.

기에 접어들면서 대학들이 코치 관련 교육 시장에 본격적으로 진입했으며, 이론적인 모델 및 이론과 연결된 구조화된 교과목을 가르치기 시작했다. 특히, 대학원 과정은 코칭 분야의 업무를 수행하려는 사람들에게 필요한 학술적 훈련 과정을 제공하였다. 코치 자격 프로그램이 최초로 시작된 곳은 조지워싱턴대학이었고(1988년), 호주의 시드니대학은 코칭 심리학 석사학위를 수여하는 최초의 대학이 되었다(2000년). 이런 흐름은 2000년대 초반부터 한국에까지 이어져 많은 코치 훈련기관(또는 코칭 기업)이 생기고, 대학에서 코칭 관련 교과목을 개설, 운영하는 상황에 이르렀다.

이런 코칭 훈련기관의 확산과 대학 내 코칭 관련 학과의 개설 증가 추세는 다음에서 서술할 또 다른 연구과제를 우리에게 안겨주고 있다.

1) 국내 코칭 전문가 양성을 위한 표준교육모델 개발에 관한 연구[116)]

한국은 2002년 '코치 U'(Coach U) 프로그램이 도입되면서 많은 코치를 훈련하기 시작한 이래,[117)] 2022년 12월 말 현재, 국내 대표적인 코치단체인 (사)한국코치협회에서는 엄격한 심사와 프로그램 인증절차를 거친 총 167개의 코치 인증 프로그램(Accredited Coach Program in Korea: ACPK)이 운영되고 있을 정도로[118)] 코칭이 급속히 확산한 국가에 속한다. 한편, 대학에서는 2012년 최초로 코칭 교과목이 코칭 교육 프로그램으로서 인증된 이래(중부대학교, 「진로설계와 코칭리더십」), 2022년 12월 말 현재 총 12개의 코칭 프로그램이 인증, 운영되고 있으며,[119)] 10개 이상의 대학원에서 코칭 관련 학과가 개설, 운영되고 있다.[120)] 이런 증가 추세는 앞으로도 계속 이어질 것으로 예상한다.

이처럼 국내외를 막론하고 수많은 개인 코치 훈련기관, 학술 인증 프로그램이 만들어지면서 코칭의 지식 기반이 되는 것들이 많이 생산되었다. 하지만 해당 코칭 교육 프로그램이 코치를 훈련하고, 전문코치를 양성, 배출하는 데 과연 적절하고 유익한지에 대한 냉철하고 객관적인 분석은 아직 찾기 어렵다. 물론 모든 코칭 교육 프로그램을 동시에 비교하기에 적절한 합리적인 기준이 마련되고, 그 기준에 따라 해당 코칭 교육 프로그램이 인증되는지에 대해 근본적인 의문이 여전히 남아 있지만, 현재 시점에서 코칭 교육이 과연 적절하게 진행되고 있는지에 대해 비판적인 시각에서 검토할 필요가 있다고 생각한다.

---

116) 조성진(2022). 코칭학, 무엇을 연구할 것인가?: 코칭학의 현재와 미래. **융합코칭저널**, 1(1), 22에서 발췌, 인용.

117) Brock, V. G.(2012). *Sourcebook of Coaching History*. VB Coaching & Consulting(김경화 외 역, 2015. **코칭의 역사**. 서울: 코쿱북스. 399-402에서 발췌, 인용).

118) 한국코치협회(2022). 프로그램 인증(ACPK 프로그램 리스트, www.http://www.kcoach.or.kr, 2022년 12월 접속)

119) 한국코치협회(2022). 프로그램 인증(대학 프로그램, www.http://www.kcoach.or.kr, 2022년 12월 접속)

120) 조성진 · 정우석 · 허영숙 · 한혜정(2022). 국내 코칭 관련 민간자격의 현황과 발전 방안에 관한 연구: 민간 공인 코치 자격 인증체계와 시험과목을 중심으로. **융합코칭저널**, 1(1), 31-59에서 발췌, 인용.

코치는 인간에 대한 깊은 이해와 존중을 바탕으로 고객에게 최상의 코칭 서비스를 제공해야 하는 전문가이다. 당연히 오랫동안 코칭 관련 이론과 기술을 익히고, 고객을 이해하는 데 필요한 다양한 분야의 식견을 갖춘 전문가로 성장해야 한다.[121] 하지만 적어도 우리나라에서 운영되는 코치 민간자격 검정 과정이 이런 코치를 검증하고 배출하는 데 적절한지에 대해서는 의문이 없지 않다. 나아가 코치를 교육, 양성하는 과정에서 제공되는 교육수준, 실습, 코칭 슈퍼비전(coaching supervision) 등이 코치 자격의 공신력과 신뢰성을 담보하기에 충분한가에 관해서도 이론(異論)의 여지가 있다. 따라서 고객(국민)의 보호, 양질의 코칭 서비스 관리체계 구축, 코치의 역량 강화와 전문성 제고 등을 위해 표준교육모델을 개발할 필요가 있다. 지금은 코칭학 연구자들과 관련 전문가 집단이 이에 대한 충분한 담론 형성을 통해 관련 제도 마련에 힘써야 하는 상황이다. 향후 이와 관련된 이슈들도 코칭학 연구자의 연구 주제가 되기에 충분하다.

2) 코치 인증 프로그램의 평가 기준에 관한 연구[122]

현재 국내외적으로 코치를 훈련하는 데 활용되는 수많은 코치 인증 프로그램이 개설 운영되고 있다. 그것이 코치 훈련기관(또는 학교)이든 대학이든 전문코치를 양성 배출하는 데 핵심적인 역할을 하고 있다는 것은, 코치라면 누구나 알고 있는 사실이다. 이들 프로그램은 특정 국가 내에서 활동 중인 코치들이 모이거나 전 세계 코치들이 모인 단체의 내부 절차를 통해 적질성 여부를 평가받고 있다. 하지만 전문코치들이 모인 단체인 협회나 연맹이 많은데도 코칭 교육 프로그램 인증을 비롯한 개별 코칭 프로그램의 인증 심사 시 활용되는 기준이나 지침, 해당 기준이나 지침의 학술적인 근거, 코칭 산업의 윤리적인 면 등에 대한 하나의 일치된 규범이 있는지에 대해서 여전히 회의적인 시각이 있다.[123] 설사 그런 기준이 있더라도, 그것을 코칭 관련된 이해관계자 모두가 인정할 수 있는지에 대해서도 의견이 일치되어 있지 않다.

이와 같은 의문은 일부 학술적인 접근방법과 검증절차를 거쳐 개발된 코치 훈련 프로그램도 예외는 아니다. 선행연구에 따르면, 국내 코칭 관련 논문 가운데 코칭 효과를 검증한 것이 가장 많고, 다음으로 많은 수의 논문이 코칭 프로그램 개발에 관한 것이라는 점은 시사하는 바가 크다.[124] 이들 논문은 연구자 또는 프로그램 개발자가 코칭에 대한 철학과 안목 및 경험을

---

121) 조성진 외(2022). 코칭학, 무엇을 연구할 것인가?: 코칭학의 현재와 미래. **융합코칭저널**, 1(1), 22에서 발췌, 인용.
122) 조성진(2022). 앞의 논문. 23에서 발췌, 인용.
123) Brock, V. G.(2012). *Sourcebook of Coaching History*. VB Coaching & Consulting(김경화 등 역, 2015. **코칭의 역사**. 서울: 코쿱북스. 175-185에서 발췌, 인용).
124) 조성진 · 정이수(2018). 국내 코칭(Coaching) 연구 동향 및 향후 연구 방향: 진전(1995년~2017년)과 전망. **인적자원개발연구**, 21(3), 268에서 발췌, 인용.

바탕으로 특정 대상에게 적용할 수 있는 프로그램을 개발하고, 효과를 검증한 것들이다.[125] 이들 연구는 대개 프로그램 개발 과정부터 효과성 검증까지 긴 기간 동안 진행되는 쉽지 않은 과정을 거쳐 실험 · 관찰한 것을 서술한 것이고, 나름대로 코칭 프로그램의 신뢰도를 높이기 위해 학술적인 검증절차를 거쳤다는 점에서 주목할 만한 일이다.

하지만, 그런 과정을 거쳤다고 해서 해당 코칭 프로그램이 신뢰할 만한 기관으로부터 공식적으로 인증되었다는 것을 의미하는 것은 아닐 뿐만 아니라, 해당 프로그램을 이수하고 코치 자격을 취득한 것이 그들의 전문성과 신뢰도를 함께 담보하는 것과는 별개의 문제이다. 그렇다면 이것은 코치 인증 프로그램 절차 차원의 문제가 여전히 과제로 남아 있을 뿐만 아니라, 그것을 통해 배출된 코치들의 전문성이나 대외 신뢰도 등과 관련된 심각한 문제로 발전할 수 있는 위험을 여전히 내포한 상태로 남아 있는 것이다.

따라서 이에 대한 논의가 이제는 곧바로 시작되어야 하고, 충분한 시간을 두고 검토되어야 한다. 이것은 코칭학의 이론체계나 토대 구축 못지않게 중요한 과제이고, 코칭 산업의 활성화 차원에서도 꼭 해결해야 할 과제이다. 당연히 이와 관련된 여러 가지 주제들도 코칭 연구자들이 해결해야 할 과제가 아닐 수 없다.

3. 실용적 측면의 과제와 전망[126]

실용적 측면의 과제와 해결책은 앞서 언급한 학술적 측면의 그것들과 상보적인 관계에 있다. 코칭은 학술적 측면이 있지만, 그것은 언제나 코칭 현장과 항상 긴밀한 관계를 유지하는 실용적 측면 위에 굳건하게 서 있을 때 더 의미가 있다. 다시 말해, 머리와 가슴은 코칭학의 이론체계나 토대 구축에 두어야 하지만, 발은 항상 코칭 현장을 딛고 서 있어야 한다. 따라서 어떤 경우에도 코칭의 실용적인 측면을 가볍게 여겨서는 안 된다. 이런 차원에서 코칭의 실용적인 측면의 과제를 파악하고, 그것들을 어떻게 해결할 수 있을지 논의하는 것은 의미 있는 일이다.

---

125) 강기정(2009). 다문화가족 모(母)의 부모역량 강화를 위한 부모 코칭 경험 연구. **한국가족복지학**, 14(3), 111-125; 김혜연(2013b). 건강가정교육프로그램 개발에 관한 연구 : 최소치 향상 원리의 팀 성과 행동 코칭 모델의 적용과 평가. **대한가정학회지**, 51(6), 637-647; 나현숙 · 권영대 · 노진원(2013). 환자-의사 커뮤니케이션 개선을 위한 의사 코칭 모델 개발. **한국콘텐츠학회논문지**, 13(2), 331-340; 도미향(2016). 아동학대 예방을 위한 부모 인성 코칭 프로그램 개발. **코칭연구**, 9(2), 81-102; 박은화 · 이소희(2016). 영아기 어머니의 대화기술 향상을 위한 TREASURE Talk 코칭 모델의 활용 가능성 탐색에 관한 연구. **부모교육연구**, 13(1), 5-22; 변미옥 · 도미향(2016). 영유아교사의 인성함양을 위한 코칭 프로그램 개발. **코칭연구**, 9(4), 31-53; 이대겸 · 주용국 · 홍은실(2017). 해군부사관의 리더십 핵심역량 향상을 위한 코칭 프로그램 개발과 효과. **인적자원개발연구**, 20(4), 1-29; 이소희(2015a). TREASURE talk 코칭 모델 개발을 위한 연구(2). **코칭연구**, 8(1), 5-40; 주정(2017). 예비사회복지사를 위한 인성 코칭 학습프로그램 모형 개발에 관한 연구. **코칭연구**, 10(1), 67-91; 탁진국 · 임그린 · 정재희(2014). 행복증진을 위한 긍정심리기반 코칭 프로그램 개발 및 효과성 검증. **한국심리학회지 일반**, 33(1), 139-166.

126) 조성진(2022). 코칭학, 무엇을 연구할 것인가?: 코칭학의 현재와 미래. **융합코칭저널**, 1(1), 18-21에서 발췌, 인용.

1) 코치 자격의 공신력 확보와 신뢰성 제고 방안 관련 연구

직업의 전문화가 정착된 오늘날에는 다양한 방법으로 개인의 능력을 공식적으로 인정받는 것이 필요하다. 이와 관련된 여러 가지 방법 가운데 자격증을 취득하는 것이 가장 확실하고 공신력 있는 방법 가운데 하나이다. 그리고 어떤 자격이든 그것을 취득하길 바라는 사람이나 이미 취득한 사람들에게 매력적인 자격이 되어야 한다.[127] 하지만, 어떤 자격이 여전히 경쟁력과 매력이 있으며 계속해서 유용한지 등에 관해서는, 해당 자격마다 상황이 달라서 같은 선상에서 비교하기 힘들다.

코칭 분야의 자격에 대해서도 다양한 의견이 존재한다. 하지만, 가장 확실한 점은 현재 시점에서 코치에게 자격을 부여하는 것에 관해 모두가 인정하는 어떤 단일 기관도 존재하지 않는다는 것이다. 나아가 코치로서 개업하는 것에 관해 법적으로 요구하는 것은 어떤 것도 없다는 주장도 제법 확실한 사실이다.[128] 반대로 모든 코치가 반드시 심리학에 대한 기본적인 지식을 가지고 있어야 한다고 믿는 사람들도 있고, 코칭을 진행하는 품질과 관련이 있어서 어떤 형태의 진입장벽이 필요하다고 주장하는 사람들도 있다. 예컨대, 코칭과 관련된 이론과 개념, 코치로서 자신을 이해하는 것, 코칭 절차를 이해하는 것, 코칭 실무 등 코치로서 가장 기본적인 필수요소를 가지고 있어야 한다는 주장도 있다. 적어도 한국의 상황에서는 코치가 일정한 자격을 갖추어야 한다고 보는 견해가 지배적인 것으로 보인다.

선행연구에 따르면,[129] 국내 코치 민간자격은 코칭의 확산과 더불어 급증하는 추세에 있고, 2008년부터 2021년(8.31일 현재)까지 총 1,335개의 민간자격으로 총 444개의 자격관리기관에서 총 160,174명(연간 11,441명)의 코치를 배출했다는 것이 확인되었다. 같은 기간 동안 상담 인력 배출실적(총 403,787명/연평균 36,708명)과 비교하면,[130] 코치 배출인력의 증가 추세는 상당히 빠른 것이다. 즉, 국내 도입 시기와 현재 상황 등을 기준으로 코칭과 상담 분야를 비교하면, 코치 자격의 증가 속도가 엄청나게 빠르다고 할 수 있다. 하지만 코치 자격의 현황과 실체를 구체적으로 살펴보면, 다음과 같은 몇 가지 문제점과 과제를 확인할 수 있다.[131]

첫째, 한국의 코치 관련 자격은 모두 민간자격관리기관이 담당하는 등록된 민간자격이고, 국가가 공인한 코치 자격은 단 한 개도 없다.[132] 2021년 8월 말 현재, 파악된 총 1,335개의 코칭

---

127) 조성진(2020), **코칭과 경력개발**, 경기: 양성원. 413에서 발췌, 인용.

128) Brock, V. G.(2012). *Sourcebook of Coaching History*. VB Coaching & Consulting(김경화 외 역, 2015. 코칭의 역사. 서울: 코쿱북스. 175-185에서 발췌, 인용).

129) 조성진 · 정우석 · 허영숙 · 한혜정(2022). 국내 코칭 관련 민간자격의 현황과 발전 방안에 관한 연구: 민간 공인 코치 자격 인증체계와 시험과목을 중심으로. **융합코칭저널**, 1(1), 43-44에서 발췌, 인용.

130) 김인규 · 장숙희. 2019. 국내 상담 관련 민간자격의 현황과 발전 방안. **교육종합연구**, 17(2), 43-61.

131) 조성진 외(2022). 위의 논문. 43-44에서 발췌, 인용.

132) 조성진 외(2022). 위의 논문. 44에서 발췌, 인용; 한국직업능력연구원(2022). 민간등록자격(https://www.krivet.re.kr, 2022년 12월 접속)

관련 민간자격은 모두 '등록된' 자격이지 '공인된' 것이 아니다. 이것은 '자격기본법'에 의해 민간자격을 신설하여 관리 운영하려는 국가 이외의 법인단체 또는 개인이 주무 부처 장관에게 등록한 자격이다. 즉, 민간자격 관리자로서 결격 사유(미성년자, 피성년후견인, 피한정후견인, 파산선고를 받은 자로서 복권되지 않은 자 등)만 없다면, 국가 자격과 동일 명칭이거나 국민의 생명 · 건강 · 안전 및 국방과 직결되는 분야가 아니라면, 어떤 명칭으로도 코치 자격을 등록할 수 있다.[133]

이것은 코칭 관련 민간자격증이 과도하게 발급되는 주요 원인이고, 코칭 분야 민간자격을 총괄하는 책임기관이 없는 현실 속에서, 코치 자격의 공신력과 신뢰도에 부정적인 영향을 미칠 수도 있는 상황에까지 이르렀다. 그러다 보니 코칭이 사람의 마음과 영혼에 관한 서비스인데도 코치 자격의 난립과 폐해를 염려하는 상황에까지 이르렀다. 이처럼 민간 코치 자격 과정에서의 부실 교육과 자격관리기관의 사후 관리가 소홀한 점은, 궁극적으로 코치의 전문성 저하와 코칭 서비스 품질이 하락하는 결과를 초래할 것이다. 이것은 양질의 코칭 서비스를 담보하는 자격 기준의 부재, 코치 자격의 신뢰성과 안정성 확보, 나아가 코칭 산업의 지속 가능한 발전 등과 관련된 문제이기도 하다. 이런 것들이 복합적으로 작용하여 결과적으로 코치 자격에 관한 공신력과 신뢰성 제고에 나쁜 영향을 초래할 것이고, 이런 상황은 민간자격을 제대로 관리하려는 정부의 목적에도 부합하지 않는다.[134]

둘째, 코치 인력 배출이 특정 자격관리기관에 편중되어 있고, 코치를 단 1명도 배출하지 않은 자격관리기관도 많다. 먼저, 2021년 8월 말 현재, 총 1,335개의 코치 민간자격 관리기관 가운데 누적 인원 2,000명 이상의 코치를 배출한 기관은 (사)한국코칭심리협회, (사)한국코치협회, ㈜휴넷, 한국아동요리지도자협회라는 4곳에 불과하다. 또한, 코치 민간자격을 등록, 관리하는 자격관리기관(1,335개) 가운데 코치를 단 1명이라도 배출한 기관은 총 444개(34.2%)에 불과하다. 66%에 가까운 수의 자격관리기관이 자격만 등록한 채 활동하지 않거나 코치를 전혀 배출하지 않는다는 것은, 코치 관련 자격관리기관의 관리 · 감독 차원에서 고민할 점이 적지 않다는 것을 의미한다.

셋째, 코칭 본연의 의미와 특징을 살리면서 코칭을 진행하고 해당 인력을 배출하는 기관은 극히 소수에 불과하다. 코치(코치) 명칭을 사용하는 민간자격이 많지만(총 1,335개), 그 가운데 86%인 1,148개의 자격이 자문(상담/컨설팅/멘토링 등) 성격의 민간자격이라는 점에 주목할 필요가 있다. 해당 민간자격의 직무 내용을 살펴보면, 실제로 코칭과 관련이 없는데도 코치(코칭)라는 명칭을 사용하여 민간자격으로 등록했거나, 코칭과 상담/컨설팅/멘토링 간의 분명하고

133) 박종성 외(2018). 등록 민간자격 효용성 및 만족도 조사분석. 직업과 자격 연구, 7(1), 101-118에서 발췌, 인용.

134) 조성진 외(2022). 국내 코칭 관련 민간자격의 현황과 발전 방안에 관한 연구: 민간 공인 코치 자격 인증체계와 시험과목을 중심으로. 융합코칭저널, 1(1), 31-59에서 발췌, 인용.

미세한 차이를 이해하지 못하거나, 해당 서비스와 융합하면서 코치(코칭) 관련 명칭을 사용하고 있다. 코칭 분야의 관점에서 보면, 이런 현상은 고객들에게 혼란을 주기에 충분하다.

이상의 제반 현실을 바탕으로 볼 때, 현재 코치 민간자격 관리기관이나 코치들은 이런 문제점을 해결해야 하는 중요한 과제를 떠안을 수밖에 없다. 따라서 현재와 같은 코치(코칭) 자격 시장의 혼란, 코칭 개념(또는 조작적 정의)의 정체성과 관련된 혼돈 등의 현상을 해소하기 위해서는 코칭 개념 등을 포함한 이론적 체계를 마련하는 것이 필요하고, 그것을 기반으로 코치 자격 수준을 향상하고 전문성을 높이는 데 박차를 가할 필요가 있다.

그런 차원에서 코치 자격과 관련하여 엄격하고 정제된 검증 체계를 확립할 필요가 있다. 이를 위해 전문가 집단이 나서서 민간자격 관리와 운영체계 전반에 관한 합의된 기준을 마련할 필요가 있다. 이때 자격검정 기준, 검정방법, 검정과목, 응시 자격, 출제 기준 및 절차, 검정계획 및 실행절차, 시험문제 관리 등 전반적인 체계에 관한 담론 형성이 선행되어야 한다. 특히, 현재 시점에서 모든 코치 관련 민간자격 가운데 코치 배출실적이 가장 많은 일부 자격관리기관에서는 자신들이 배출하는 코치 자격 수준을 우선 '공인 민간자격'으로 높이는 방안을 고려하는 것이 시급하다. 이것은 코치들의 존재와 관련된 본질적이고 핵심적인 사항이 아닐 수 없다.

2) 국가 공인 코치 자격으로의 격상을 위한 조건들에 관한 연구

현재 시점에서 '자격기본법'에 따라 국가 공인 민간 자격시험의 경우에는, 대체로 해당 자격의 급수를 구분한 후에 해당 급수별로 필수과목과 선택과목을 지정하고 있으며, 해당 과목의 시험 점수에 하한선을 두어 자격증 합격 여부를 관리하고 있다.[135] 하지만, 민간 공인 코치 자격증과 관련된 제반 이슈에 관한 논의는 매우 드문데, 이것은 코칭 업계에서 해당 이슈에 관한 담론이 아직 형성되지 않았다는 것을 의미한다.

하지만, 이 문제는 코치 자격의 공신력과 전문성에 관한 중요한 문제여서 시급하게 논의해야 할 과제이고, 코치라는 직업의 장기적인 안정성 차원에서도 면밀하게 연구되어야 할 과제이다. 선행연구에 따르면, 코치 관련 공인 민간자격 인증시험의 교과목을 크게 필수과목과 선택과목으로 나누고, 필수과목으로 '코칭학개론', '코칭역량론' 및 '코칭방법론'이라는 3개 과목, 선택과목으로 '비즈니스 코칭', '커리어 코칭', '라이프 코칭' 및 '학습 코칭'이라는 4개 과목이 제시된 사례가 있다.[136] 그리고 각각의 시험과목에 어떤 내용을 포함할지에 대해 의견도 제시되었다(〈표 14-5〉 참조).

해당 과목의 세부적인 내용에 관해서는 전문코치, 코칭학 연구자 및 코칭 업계 관계자들의

135) 조성진 · 정우석 · 허영숙 · 한혜정(2022). 국내 코칭 관련 민간자격의 현황과 발전 방안에 관한 연구: 민간 공인 코치 자격 인증체계와 시험과목을 중심으로. 융합코칭저널, 1(1), 51-52에서 발췌, 인용.

136) 조성진 외(2022). 앞의 논문. 53-53에서 발췌, 인용.

의견과 그들이 처한 현실에 따라 각기 견해가 다를 것이다. 이에 관한 내용은 당연히 향후 시험과목 선정 및 해당 과목의 세부 내용에 관한 코칭학 연구자들의 후속 연구과제가 될 것이고, 그 결과를 바탕으로 코칭 관계자들의 숙의와 세밀한 조정 등이 필요할 것이다. 그리고 이런 과정은 코치 자격의 품격에 따라 법제화 과정이 필요한 것이어서, 정부 관계자, 민간자격을 총괄하는 '한국직업능력연구원'(Korea Research Institute for Vocational Education & Training: KRIVET), 국가 자격증 전반을 관리하는 '한국산업인력공단'(Human Resources Development Service of Korea: HRDK) 등과도 협의해야 하는 대규모 과제가 될 수도 있을 것이다.

표 14-5 코치 공인 민간자격시험 교과목(안)의 개요(안)

구분		교과목 개요	교과목의 세부 내용
필수	코칭학 개론	코칭의 기본개념과 원리 등을 코칭의 전반적인 사항을 개괄적으로 서술	• 코칭의 역사, 코칭의 개념(조작적 정의)과 특징, 코칭철학, 코칭 효과 • 코칭의 구성(코치/고객/코칭 시스템 개괄적 설명), 코칭의 종류(분류) • 핵심 코칭 기술, 코칭 진행절차, 코칭과 인접 서비스와의 차이 • 코칭의 학제적 접근(관련 이론) • 기타 코칭과 관련된 전반적인 사항 등
	코칭 역량론	코칭을 진행하는 코치에게 필요한 역량(지식/기술/태도)에 대한 전반적인 사항을 서술하되, 코칭 관련 기술(skill)에 관해 집중적으로 서술	• 핵심 코칭 기술을 포함하여 코칭 과정에서 활용되는 다양한 기술 • 코치로서 지녀야 할 태도와 윤리(코치윤리) • 인접 학문에서 통용되는 원리 가운데 코치의 역량 배양에 필요하다고 인정되는 제반 사항 • 코치 단체에서 필요하다고 인정하는 사항 • 기타 코칭 역량에 관한 것이라고 인정되는 사항 등
	코칭 방법론	실제로 코치가 각종 현장에서 코칭을 진행하는 방법과 과정 등에 관한 전반적인 사항을 서술	• 코칭 계약, 코칭 마케팅, 코칭 프로세스, 코칭 대화 프로세스, 코칭 시스템 • 코칭 스타일(고객의 성향별 접근방법과 응대 요령), 진단과 평가 • 코칭 슈퍼비전, 코칭 도구, 기타 코칭 진행방법에 관한 사항 등
선택(택2)	비즈니스 코칭	비즈니스(사업/경영)와 관련된 다양한 이슈에 관한 전반적인 사항과 실무 차원에서 필요한 사항에 관해 서술	• 경영 전반에 관한 사항(인사 · 조직/생산관리/마케팅/재무관리/경영 전략/국제무역/경영정보시스템 등) • 경제 및 산업구조 등 비즈니스를 둘러싼 상황 전반에 관한 개괄적인 사항 • 기타 비즈니스와 관련된다고 인정되는 사항과 실습에 관한 사항 등
	커리어 코칭	개인(집단)의 경력 관리 및 대인관계 등과 관련된 다양한 이슈에 관한 전반적인 사항과 실무 차원에서 필요한 사항에 관해 서술	• 경력개발 및 관리 전반에 관한 사항, 직장 내의 다양한 대인관계 등으로 인해 개인의 경력에 영향을 받는 것과 관련된 제반 사항 • 직업탐색 및 선택 등 직접 전반에 관한 사항(진로 탐색/선정, 전직, 이직, 은퇴 후 직업탐색 등) • 기타 커리어와 관련된다고 인정되는 사항과 실습에 관한 사항 등

선택(택2)	라이프 코칭	개인의 생애주기에 따라 발생하는 다양한 이슈에 관한 전반적인 사항과 실무 차원에서 필요한 사항에 관해 서술	• 개인의 발달과정에서 나타나는 다양한 행동과 현상 등과 관련된 사항 • 개인/집단/조직/사회 등의 형성 과정에서 나타나는 개인의 행동 및 그 결과와 관련된 제반 사항 • 개인의 사회화 과정(성장/관계/데이트/결혼/부부생활/신앙생활/노후의 삶 등)에 나타나는 다양한 이슈에 관한 사항 • 기타 개인의 인생살이와 관련된다고 인정되는 사항과 실습에 관한 사항 등
	학습 코칭	개인(집단)의 학습과 관련된 다양한 이슈에 관한 전반적인 사항과 실무 차원에서 필요한 사항에 관해 서술	• 학습에 관련된 다양한 개념과 원리 등에 관한 사항 • 개인(집단)의 학습 과정에서 발생하는 다양한 현상 등에 관한 제반 사항 • 인간의 뇌 가운데 학습에 연관되는 영역과 그와 관련된 다양한 임상학적 원리 및 결과 등에 관한 제반 사항 • 다양한 학습법에 관한 사항 • 기타 학습과 관련된다고 인정되는 사항과 실습에 관한 사항 등

출처: 조성진 · 정우석 · 허영숙 · 한혜정(2022). 국내 코칭 관련 민간자격의 현황과 발전 방안에 관한 연구: 민간 공인 코치 자격 인증체계와 시험과목을 중심으로. 융합코칭저널, 1(1), 52–53에서 발췌, 인용.

3) 코치 역량 강화를 통한 전문성 제고를 위한 연구[137)]

현대 조직에서는 그 형태가 어떻든 구성원의 역량(competency)은 해당 조직의 경쟁력과 밀접한 관련이 있어서 역량은 여전히 중요한 관심사이다. 이 점은 코칭 분야도 마찬가지이다. 코치로서 전문성을 갖추고 고객에게 질 높은 코칭 서비스를 제공함으로써 효과적으로 성공적인 코칭을 진행하기 위해, 역량은 모든 코치가 갖추어야 할 필수불가결한 요소이다.

일반적으로 역량은 '한 사람이 전문적인 위치에서 주어진 기능을 효과적으로 수행하기 위해 요구되는 능력, 행위, 태도 및 지식의 묶음'이라고 말한다.[138)] 간단히 말해, 역량은 어떤 일을 남보다 잘 해낼 수 있는 경쟁력을 말한다. 이 개념을 코칭에 적용하면, 코치가 갖추어야 할 코칭 역량(coaching competency)은 '코칭을 효과적으로 진행하는 데 필요한 가치, 태도, 지식 및 기술의 총합'이라고 말할 수 있다.

그렇다면 일반적으로 코치가 갖추어야 할 역량에는 어떤 것들이 포함되는가? 이에 관해서는 전문코치 단체나 학자들에 따라 다양한 의견이 제시될 수 있다. 한국코치협회(KCA)와 국제코치연맹(ICF) 등에서는 각각 몇 가지 코칭 역량을 제시하고 있다.[139)] 이때 중요한 것은 코치에

137) 조성진(2022). 코칭학, 무엇을 연구할 것인가?: 코칭학의 현재와 미래. 융합코칭저널, 1(1), 19-20에서 발췌, 인용.
138) 박상언 · 정범구 · 김주엽 · 송계충(2020). 조직행위론(제5판). 서울: 경문사. 149-150에서 발췌, 인용; Slocum, J. W., & Helliegel, D.(2007). *Fundamental of Organizational Behavior*(Inter Student Eds.). China: Thomson South-Western; Spencer, L. M., & Spencer, S. M.(1993). *Competence at Work*. NY: John Wiely & Sons. 19-89.
139) 한국코치협회(2022). 코칭 역량(http://www.kcoach.or.kr, 2022년 12월 접속); 국제코치연맹(2022). coaching competency(http://www.coachfederation.org, 2022년 12월 접속)

게 필요한 역량을 선별하는 데 활용될 합리적인 기준이 필요하다는 점이다. 코칭 연구자들의 헌신이 필요한 지점이 여기이다. 그리고 이 과정은 철저하게 과학적이고 객관적이어야 하며, 이런 과정을 통해 선별된 역량은 가능한 많은 코치가 동의하고 수긍해야 할 것이다. 물론 향후 시간이 흘러 여러 가지 상황이 변화하면, 고객의 요구와 사회의 변화 등을 고려한 새로운 역량이 제시될 수도 있다. 그 경우에도 코칭 역량이 객관적이고 합리적인 과정을 통해 선별되어야 한다는 기본 원칙에는 변함이 없을 것이다. 이런 진화 과정에서 발견된 원리, 원칙들과 농축된 지혜는 코칭학의 주요한 부분을 차지할 수 있어서, 코칭 역량과 관련된 작업은 지속적인 검토와 분석이 병행되는 끊임없는 과정이 될 것이다

4) 코칭 사례 발굴을 위한 협업체계 구축에 관한 연구

현재 시점에서 코칭학의 체계화를 위해 가장 시급하게 필요한 일 가운데 하나는, 코칭 현장에서 발생하는 현상과 일들을 분석하고, 그 속에서 일반적인 원칙이나 원리들을 발굴하며, 그것을 이론화하는 것이다. 또한, 코칭 효과가 작동하는 메커니즘에 관한 개념적 연구, 즉 어떤 상황에서 어떤 메커니즘을 통해 코칭이 개인 그룹 조직 및 사회적 성과로 이어지는가에 대한 분석이 필요하다. 간단히 말해, 코칭 메커니즘 속에서 어떤 일이 발생하는가에 관한 전반적인 검토가 필요하다.

이런 일들이 가능하기 위해 가장 먼저 확보해야 하는 것은 코칭 현장에서 매일 생산되는 다양하고 독특한 '코칭 사례'(coaching case)이다. 이것은 질병 예방을 위한 백신을 개발하기 위해 수많은 임상 사례가 필요한 것과 마찬가지이다. 코칭 사례들을 가장 손쉽게 확보할 수 있는 사람은 현장에서 활동 중인 전문코치들이다. 그런데 이런 사례들 속에 담겨 있는 다양한 형태의 현상 가운데서 일반적인 원리들을 추출하려면, 연구자의 분석 작업이 병행되어야 한다. 전문코치들이 매일 진행하는 코칭 과정에서 다양한 사례를 확보하고, 그 사례들 속에 면면히 흐르는 일반적인 원칙과 원리들을 탐색하고 분석하며, 관련 결과를 정리하여 코칭 이론으로 발전시키는 작업이 필요하다. 이 일은 코칭학의 이론체계 정립에서 가장 실속있고 중요한 핵심적인 작업 가운데 하나이다.

이런 차원에서 전문코치와 코칭학 연구자들의 협업이 무엇보다 필요하다. 따라서 전문코치와 코칭학 연구자는 각자 코치로서의 윤리와 연구자로서의 윤리가 허락하는 범위 내에서 효과적인 협업이 필요하다. 가능하다면 코칭을 시작하기 전인 설계 과정에서부터 양자 간의 협업에 관한 논의를 반영하는 것이 필요하고, 그런 내용을 고객이 작성하는 계약서에 명기하는 것도 필요하다. 이런 노력과 활동이 축적된다면, 코칭 메커니즘에서 발생하는 다양한 현상 속에서 코칭학의 이론체계나 토대 구축에 도움이 되는 수많은 원리, 가치 및 원칙들을 추가로 발굴

하는 데 큰 도움이 될 것이다.

5) 코치의 직업(또는 직무) 만족에 관한 연구

한 개인에게 있어 직업이란 다양한 의미를 지니고 있다. 생계유지와 삶에 꼭 필요한 물질적 자원을 정당하게 취득할 수 있게 하는 수단이고, 바람직한 사회적 역할을 하는 수단이다. 그리고 자신의 개성을 발휘하고 자아를 실현하는 수단이 되기도 한다. 이런 차원에서 직업을 선택한다는 것은 한 개인의 자아실현과 행복추구 등과 연관된 가장 중요한 의사결정 가운데 하나이다. 다시 말하면, 직업을 선택한다는 것은 한 개인의 삶의 질과 바로 연결되는 것이어서 신중하게 생각해야 할 일이다.[140)]

그런데 개인의 직업 선택은 이후의 업무 수행이나 직업(또는 직무) 만족과 직접적인 관련이 있는 것으로, 한 개인이 어떤 동기에 의해 직업을 선택하는가는 중요한 문제이다. 직업 선택 동기는 특정한 직업을 선택하는 데 있어 개인에게 영향을 주는 초기 조건, 동기, 힘 등에 관한 것이다.[141)] 구체적으로 한 개인이 직업을 선택할 때는, 자신의 인생 목표, 성격, 가치관, 흥미, 적성, 역량뿐만 아니라, 가정환경, 관심사항, 동기 등을 충분히 고려하여 그에 맞는 직업을 선택하는 것이 필요하다. 이런 것들에 관해 적절하게 고려하지 않은 상태에서 직업을 선택하게 된다면, 이후의 직업과 관련된 직무를 수행하는 일들에 대하여 적극적인 노력을 하지 않을 가능성이 있다. 이런 차원에서 어떤 사람이 직업의 하나로 코치를 선택한 동기, 그가 생각한 조건, 선택 후의 만족 등을 살펴보는 것은 여러 가지 차원에서 의미있는 일이다.

그러나 국내 코치들을 대상으로 그들의 직업(또는 직무) 만족에 관해 분석한 연구는 그리 많지 않다. 하지만 일부 선행연구에 따르면,[142)] 국내에서 활동 중인 코치들은 자신의 코칭 활동에 대해 대체로 만족하는 것으로 나타났고, 만족하는 가장 큰 이유는 코치로서 보람을 느낀다는 점이었으며, 반대로 코칭 수입이 적다는 점을 가장 불만족스럽게 생각하고 있었다. 즉, 국내 코치들은 코칭 활동을 통해 보람을 느껴 만족했지만, 경제적인 이유인 코칭 수입이 적은 점은 불만족의 가장 큰 이유였다.

국내에서 활동 중인 코치가 자신이 활동에 대해 가장 만족스럽게 생각하는 이유는 코치로

---

140) 조성진(2020). 코칭과 경력개발. 경기: 양성원. 303에서 발췌, 인용.

141) Park, S. M., & Word, J. (2012). Serving the mission: Organizational antecedents and social consequence of job choice motivation in the nonprofit sector. *International Review of Public Administration*, 17(3), 169-206; Ritz, A., & Waldner, C.(2011). Competing for future leaders: A study of attractiveness of public sector organizations to potential job applicants. *Review of Public Personnel Administration, 31*(3), 291-316; Robbins, S. P., & Judge, T. A.(2011). *Organizational behavior*(14th Ed.). Upper Saddle River, NJ: Pearson.

142) 조성진 · 이나영 · 최소은(2022). 한국 코칭 산업의 미래 예측을 위한 코치의 만족 수준과 전망에 관한 고찰. 융합코칭저널, 1(2), 35-64에서 발췌, 인용; 박미랑(2022). 전문코치의 직업선택 동기와 직무 만족과의 관계. 고려대학교 교육대학원 석사학위 논문.

서 보람을 느끼기 때문이라고 응답한 것은 여러 가지 이유가 있겠지만, 필자와 동료 코치들의 현장 코칭 경험에 비추어 보면, 고객의 변화와 성장을 가까이에서 직접 확인하고, 그것으로 인해 코치로서 보람을 느낄 수 있었기 때문이라고 생각한다. 그리고 코치의 불만족 요인 가운데 가장 큰 이유인 코칭 수입이 적은 데도 코치로서 계속 활동하는 것은, 아직 코치를 전업(full time)보다 부업(part time)으로 생각하는 코치들이 많은 현실과 관련이 있는 것으로 보인다. 사람은 자신의 직업에 대해 경제적 · 심리적 · 사회적으로 애착과 매력을 느낄 수 있어야 그 일에 계속해서 종사할 수 있고 능률도 올릴 수 있다.[143] 이런 차원에서 볼 때, 코치라는 직업은 자아실현 및 사회적 역할 분담이라는 기능은 잘 수행하고 있지만, 경제적 이유인 생계유지 차원에서는 아직 덜 매력적인 것으로 보인다.

따라서 향후 코칭 산업의 지속적인 활성화를 위해 코치의 만족 요인과 불만족 요인에 관한 심도있는 추가 분석이 필요하다. 장기적인 관점에서 직업 만족이라는 개념을 적용, 코치의 만족 정도를 정밀하게 분석할 필요가 있다. 직업 만족은 직업 활동에 대해 개인이 취하는 긍정적 · 부정적 반응과 태도를 포함하는 것으로, 일의 가치, 적성, 숙련 등과 근무환경, 임금, 장래성과 같은 여러 요인에 대한 의견이 결합하여 형성되며,[144] 개인의 신념, 가치, 욕구 등의 수준이나 차원에 따라 변화할 수 있다.[145]

이런 차원에서 볼 때, 국내에서 활동 중인 코치들이 자신의 활동에 대해 만족하는 비율이 50%를 넘지 않는다는 점, 오랫동안의 활동과 훈련, 엄격한 심사 과정을 거쳐 자격을 취득한 '한국수퍼바이저코치'(Korea Supervisor Coach: KSC)의 불만족 비율이 높다는 점, 코치로서 보람을 느끼는 것과 코칭 수입 간의 상관(또는 인과)관계 분석이 필요하다는 점, 코치라는 직업을 선택하는 데 있어 내재적 동기와 외재적 동기가 강할수록 직무 만족 수준이 높다는 점 등에 주목할 필요가 있다. 그리고 향후 그 이유에 관한 정교한 추가 연구와 분석을 계속해서 진행할 필요가 있다. 나아가 장기적인 관점에서 전문코치의 만족 수준을 향상하기 위해 개인이나 코칭 산업 관계자들 모두 코칭 수입 증대를 위한 다양한 방안을 마련하고, 그것을 강력하게 실천하는 노력이 필요하다. 당연히 이 부분도 코칭학 연구자들이 연구해야 할 주요 주제 가운데 하나라고 할 수 있다.

---

143) 조성진(2020). 코칭과 경력개발. 경기: 양성원. 231에서 발췌, 인용.

144) 정광호 · 김태일(2003). 공공부문 조직과 민간기업 조직의 직무만족도 비교분석: 한국노동패널연구(KLIPS) 자료를 중심으로. 한국정책학회보, 12(3), 1-29에서 발췌, 인용.

145) McCormick, E. J., & Tiffin, J.(1974). *Industrial Psychology*(6th Ed.). Englewood Cliffs: Prentice-Hall; Schermerhorn, J. R., Hunt, J. G., & Osborn, R. N.(1997). *Organizational Behavior*. New York: John Wiley and Sons, Inc.

4. 메타 연구와 비교 연구

1) 실증연구 축적과 메타 연구[146]

국내에 코칭이 도입된 지 얼마 되지 않은 짧은 기간 내에 코칭 관련 연구물이 급증했다는 것은 매우 바람직하다. 하지만 이것은 오히려 코칭 연구 흐름에 대한 전체적인 이해를 어렵게 만들고, 연구결과를 통합하여 정책 대안을 제안하거나 코칭 현장에서 활동하는 전문코치들에게 도움이 되는 방향을 제시하는 데 어려움을 줄 수도 있다. 그래서 코칭 관련 연구물이 급증하는 상황에서 코칭 연구에 대한 동향 분석(trend analysis)이나 메타 연구(meta research)와 같이 코칭 연구의 전체적인 흐름과 통합적 결론을 제시할 수 있는 연구가 필요하다.

동향 분석은 특정 학문 분야나 특정 주제에 관해 관련 논문이나 문헌 등의 내용, 연구방법 및 연구결과의 전체적인 흐름을 분석하는 것이다. 그러나 이 방법은 연구자마다 수집하는 연구결과물에서 차이가 있고, 그로 인해 결론이 달라지는 한계가 있다.[147] 이를 보완하는 것이 '메타 분석'(Mata Analysis)이다. 메타 분석은 '특정 연구 분야의 일반화된 지식을 체계화하기 위해 개별적 실증연구 결과들을 종합한 접근방법'을 의미하며, '개별적 실증연구 결과들을 통계적으로 요약, 분석, 추론하고, 연구결과들 사이의 변동성을 설명하는 분석방법'이다.[148] 여기에는 실험연구나 상관관계연구 등의 양적 연구에서 수집된 '효과 크기'(effect size)를 분석하는 '양적 메타 분석'과 연구자가 체계적인 방법으로 수집된 질적 연구 텍스트에 대한 해석, 분석 및 결과를 통합하는 '질적 메타 분석'이 있다. 과거에는 전자의 방법이 많이 활용되었으나 최근에는 사회 연결망 분석을 적용한 저자 인용 관계 분석, 주제연결망 분석, 요구 분석과 델파이 조사를 통한 동향 분석, 측정 도구 일반화 등과 같은 방법이 많이 활용되고 있다.[149]

이런 흐름을 코칭 연구에 접목해 보면, 지금까지 축적된 연구결과물과 앞으로 쌓일 연구물들을 다양한 방법을 활용한 메타 연구, 즉 코칭 효과를 검증한 양적 연구에서 수집된 효과 크기를 분석하는 양적 메타 연구, 코칭 효과에 관한 인터뷰 및 소감문 등의 내용을 분석한 결과를 통합하는 질적 메타 연구, 각 코칭 논문에서 인용된 저자들 간의 관계를 밝히는 저자 인용 관계 분석 및 코칭 주제연결망 분석 등이 앞으로 꾸준히 진행되어야 할 것이다. 이런 점에서 코칭 관련 메타 연구는 코칭의 이론적 체계 확립을 위해 필수적인 과정이 아닐 수 없다. 따라서 코

146) 조성진 · 정이수(2018). 국내 코칭(Coaching) 연구 동향 및 향후 연구 방향: 진전(1995년~2017년)과 전망. 인적자원개발연구, 21(3), 285-286에서 발췌, 용.

147) 현영섭 · 김우철(2017). 평생교육 분야 메타 연구의 동향: 국내 학술지 게재 논문을 대상으로. 교육종합연구, 15(4), 145-182에서 발췌, 인용.

148) 김용겸(2010). 우리나라의 경영학 관련 주요 학회지에 게재된 메타 분석 연구현황. 대한경영학회지, 23(4), 1833-1858에서 발췌, 인용.

149) 현영섭 · 김우철(2017). 위의 논문. 145-182에서 발췌, 인용.

칭학 연구자의 또 다른 연구주제는 축적된 코칭 관련 연구물 가운데 적절한 범위를 정해서 연구결과들의 흐름이나 추세, 공통으로 발견되는 것들, 비판적 고찰을 통한 시사점 등을 정리하는 작업을 적절한 기간 간격으로 진행하는 것이 될 수도 있다.

2) 해외 연구와의 비교 연구[150)]

국내 코칭 연구 관련 동향 분석은 해외에서 진행된 그것과 같은 선상에서 논의될 때 더욱 의미가 있어서, 해외 코칭 연구에 대한 동향 분석(또는 메타 분석)과 비교하여 분석하는 연구를 진행할 필요도 있다.

그동안 국내에서 보고된 코칭 관련 연구물의 양적 증가 속도는 해외의 그것과 비교해도 손색이 없을 정도이다. 서구에서 코칭이 시작된 시기라고 이해되는 1985~1994년 사이에 발간된 코칭 논문은 총 24편(연평균 2.4편)이고, 그 후 10여 년이 지난 1995~2003년 11월까지 보고된 코칭 논문은 총 78편(연평균 8.6편)이었다.[151)] 이에 비하면, 국내에 코칭이 도입된 지 10여 년이 지난 시점인 2010~2014년 사이에 보고된 코칭 논문이 총 137편(연평균 27.4편), 2015~2017년 사이에 발간된 논문이 총 132편(연평균 44.0편)이라는 것은 매우 놀랄 만한 일이다. 양적인 측면에서 인상적인 수치가 아닐 수 없다.

하지만 질적인 면까지 종합적으로 고려한 최종적인 판단은 같은 기준으로 해외 코칭 연구를 비교, 분석한 다음에 이루어져야 할 것이다. 따라서 이 부분에 대한 코칭학 연구자들의 추가 연구가 진행되어야 하고, 필요하다면 국내외 연구자들이 협업할 필요가 있다.

5. 코칭학의 이론체계 구축

앞서 서술한 과제들을 포함하여 현재까지 진행된 코칭 연구 상황을 일목요연하게 정리한 것이 [그림 14-12]이다. 현재 진행된 연구 상황이나 앞으로 진행될 추가 연구들과 새롭게 등장한 해결 과제와 관련된 연구주제들의 우선순위나 세부 내용에 따라, [그림 14-12]는 추후 얼마든지 달라지고 수정 · 보완될 수 있을 것이다. 하지만 어느 하나도 예외로 두거나 소홀히 다룰 수 없는 의미있는 연구과제들이다. 이것들은 코칭학의 이론체계나 토대 구축 과정에서 꼭 해결해야 할 연구과제들이고, 이런 것들을 원활하게 수행했을 때 코칭학은 하나의 독립적인 학문으로 굳건하게 자리 잡을 것이다.

150) 조성진 · 정이수(2018). 국내 코칭(Coaching) 연구 동향 및 향후 연구 방향: 진전(1995년~2017년)과 전망. 인적자원개발연구, 21(3), 287-288에서 발췌, 인용.

151) Grant, A. M., & Cavanagh, M. J.(2004). Toward a profession of coaching: Sixty five years of progress and challenges for the future. *International Journal of Evidence Based Coaching and Mentoring*, 2(1), 7-21에서 발췌, 인용.

그림 14-12 코칭학의 체계와 토대 구축을 위한 과제의 진행 방향

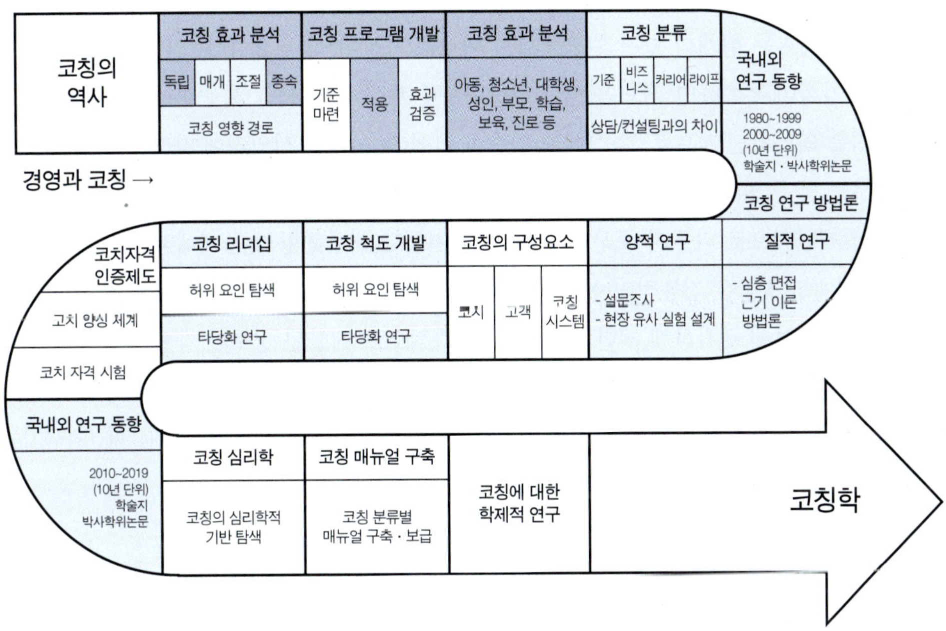

출처: 조성진(2018). 코칭이 자기존중감, 진로결정 자기효능감 및 진로준비행동에 미치는 영향. 한국인적자원개발학회 2018년 춘계 학술대회 발표자료집. 216에서 발췌, 인용.

어떤 지식이건 적절하고 유효한 연구를 이론과 실행에 적용하여 도출한 정보이다. 그것이 다른 관련 분야에서 온 것인지, 코칭에서 온 것인지는 중요하지 않다. 따라서 코칭학도 앞으로 얼마든지 성장하고 발전할 수 있는 학문 영역이다.

> "더 넓은 학문적 지식에 기초한 코칭 방법론을 개발하는 광범위한 훈련을 하는 코치의 수가 확실히 증가하고 있다. 실제로 코칭은 학제 간 방법론을 점점 더 수용하고 있으며, 다양한 전문적 배경을 가진 사람들이 코치로 활동하고 있다."[152]

> "코칭은 아직도 성장하고 있는 학문이다. 코칭이 직면하는 많은 도전은 코칭이 아직 성장기라는 것을 의미한다. 새롭게 떠오르는 모든 전문 영역이 그렇듯이, 실행은 탄탄한 이론과 실증이 기반보다 앞서는 경향이 있다. 코칭에 있어 연구가나 이론가를 위한 도전 가운데 하나는 아이디어나 연구물을 공유하도록 촉진하는 유효한 체계를 발전시켜왔다는 것이다. 이 분야의 핵심으로 떠오르고 있는 저널들

152) Stober, D. R., & Grant, A. M.(Eds.)(2006). *Evidence-Based Coaching Handbook: Putting best practices to work for your clients*. Hoboken, NJ: Wiley.

은 코칭이 인간발달과 행복, 그리고 생산성에 관련된 여러 분야의 학문에 기초하고 있다는 것을 인정한다."[153]

필자의 견해로는 현재의 코칭 연구에서는 새로운 가설이 꼭 필요하다. 일반적으로 학문에서 새로운 가설이 부족하면, 활력을 잃고 확증편향을 보이게 된다.[154] '확증편향'은 인간의 인지적 편향성을 의미하는 것으로, '자신에게 익숙한 가설(태도)이나 선입견에 따라 정보를 선별하여 수용하는 것'을 의미한다. 한 개인이나 전문코치가 확증편향을 가지면, 활용할 수 있는 다양한 정보를 객관적으로 다루지 못하게 된다. 연구자들도 확증편향의 문제에서 역시 자유로울 수 없다. 현재 코칭학은 전통적인 심리학이나 서구의 시각에서 개발된 코칭 이론에서 다룰 수 있는 정보와 가설에 심각하게 제한되어 있고, 결과적으로 제한된 정보와 가설의 확증을 위한 반복 연구에 머물러 있다. 이런 풍토에서 벗어난다면 연구자들이 가설을 창출할 기회가 증가할 것이다. 즉, 현재와 같이 코칭 현장에서 일어나는 다양한 현상과 결과들을 볼 때, 연구자들이 탐색할 수 있는 가설의 수는 기하급수적으로 증가할 것이다.

따라서 코칭학의 이론적 체계 구축을 위해서는 코칭 현장에서 활동하는 전문코치들, 코칭학 연구자들, 코칭을 주요 아이템으로 비즈니스를 전개하는 코칭 기업들, 그리고 코치 연합체 등이 함께 모여 의미있는 담론을 형성하는 작업을 조속히 진행해야 한다. 이것은 코칭학과 관련된 산(産)·학(學)·연(硏) 협력체계를 구축하는 작업과 밀접한 관계가 있다. 이에 관한 구체적인 논의는 제15장에서 추가될 것이다.

153) Grant, A. M., Cavanagh, M. J., Parker, H. M., & Passmore, J.(2010). The state of play in coaching today: A comprehensive review of the field. In Hodgkinson, G. P., & Ford, J. K.(Eds.). *International Review of Industrial and Organizational Psychology*, Vol. 25, pp. 125.167. New York, NJ: Wiely.

154) Snyder, M., & Swann, W. B., Jr.(1977). When actions reflect attitudes: The Politics of impression management. *Journal of Personality and Social Psychology*, 34(5), 1034-1042; 임성택(2015). 학부모 심리학의 제안: 그 가능성과 의의. 학부모연구, 2(1), 33에서 발췌, 인용.

15.1 국내외 코칭 관련 기관과 단체

현대적 의미의 코칭이 보급, 급속도로 확산하기 시작하면서 1990년대 초반 이후 코칭과 관련된 기관, 협회 등이 우후죽순으로 생기기 시작했고, 이들은 다양한 방법과 헌신적인 모습으로 코칭의 확산에 이바지했다. 이들의 활동 과정을 부분적이나마 살펴보는 것은 현재 세계에 걸쳐 코칭이 어떤 형태로 전개되는지를 파악하는 데 도움이 될 뿐만 아니라, 향후 코칭의 지속적인 확산과 나아가 코칭 산업의 미래를 전망하는 데도 도움이 된다.

> "1990년대 초반 이래로 코칭 전문 기관, 협회 및 저널의 확산은 현기증이 날 정도의 빠른 속도뿐만 아니라 코치와 전문 영역의 증가, 그리고 지리적인 영향권의 지속적인 확장으로도 증명된다."[1] – 비키 브룩

따라서 이 책에서는 국내외 코치 관련 단체와 기관의 역사 및 현황에 대해 살펴보되,[2] 대표적인 단체와 기관을 선별하여 관련 사항을 개괄적으로 살펴보고자 한다.

1. 해외 코칭 관련 기관과 단체

해외에서 코치 훈련 프로그램을 제공하는 훈련기관과 코칭 전문 단체(협회)에 관해 선행 문헌들을 중심으로 간략하게 소개하고자 한다.

1) Brock, V. G.(2012). *Sourcebook of Coaching History*. VB Coaching & Consulting(김경화 외 역, 2015. 코칭의 역사. 서울: 코쿱북스. 471에서 발췌, 인용).

2) 국내외 코치 관련 단체와 기관의 역사, 주요 현황에 관해서는 다음에 소개하는 책의 한 부분을 참조할 수 있다. Brock, V. G.(2012). 앞의 책. 473-709.

1) 코치 훈련기관[3]

코치 훈련기관이란 '자신의 직장이나 개인 삶에 코칭을 활용하거나 개인을 전문코치로 훈련하기 위해 프로그램을 제공하는 학교'를 말한다. 이들 기관을 1990년을 기준으로 구분하고,[4] 먼저 1990년 이전의 코치 훈련 기관(기업)을 정리하면, 〈표 15-1〉과 같다. 대체로 1980년대에 설립된 이들 코치 훈련기관들은 각기 차별화된 훈련 프로그램을 제공했다. 이들 훈련 프로그램은 '코칭 트레이닝'이라는 용어를 사용하고 있지만, 그것은 오늘날 우리가 알고 있는 코치가 되는 길을 가르치기보다 일상생활에 필요한 몇 가지 기술의 훈련이라는 의미로 사용되었다.[5] 어하튼 그 시기에 프로그램들을 개발, 보급한 선구자들은, 이후 시기에 코치 훈련기관을 설립한 자들을 훈련생으로 받아 양육함으로써 결과적으로 코칭 발전에 이바지했다.

〈표 15-1〉 1990년 이전의 코치 훈련기관

기관 명칭	설립 연도	설립자	주요 활동 내용
Actors Information project	1979	제어 패드 외	배우들의 경력 관리 전반의 서비스 제공
Results Unlimited	1980	지니 디츨러	코칭 서비스 제공
Performance Consultant	1980	휘트모어 외	스포츠 코치 양성, 비즈니스에 '이너게임' 적용
Peer Resources	1981	레이 카 외	코칭 자원 개발 지원, 동료 멘토 교육 제공
Alexander Corporation	1986	그레이엄 알렉산더	비즈니스 코칭에 주력
Hudson Institute	1986	프레드릭 허드슨 외	'인생 지도 전략' 세미나 진행
New Venture West	1986	제인스 플래허티	코칭 과정 진행
Success Unlimited Network	1987	테리이 벨프, 샐리 맥기	라이프 코칭, 전문코치 훈련 프로그램 제공

출처: Brock, V. G.(2012). *Sourcebook of Coaching History*. VB Coaching & Consulting(김경화 외 역, 2015. 코칭의 역사. 서울: 코쿱북스. 473-509에서 발췌, 재정리함).

우리가 알고 있는 코치 훈련 프로그램을 최초로 개발, 보급한 기관은 1990년 이후에 많이 설립되었다(〈표 15-2〉 참조). 그 기관들은 현재 전문코치들이 많이 배우고 확산하는 프로그램의 원조라고 볼 수 있는 것들과 깊은 연관이 있고, 세계적으로 코칭을 확산하는 데 크게 이바지한

3) Brock, V. G.(2012). *Sourcebook of Coaching History*. VB Coaching & Consulting(김경화 외 역, 2015. 코칭의 역사. 서울: 코쿱북스. 473-509에서 발췌, 인용).

4) 『*Sourcebook of Coaching History*』의 저자인 비키 부룩은 1990년을 기준으로 삼은 정확한 근거를 이 책에서 제시하지 않았다. 다만, 필자의 견해로는 그 시기에 개발, 훈련된 프로그램은 오늘날 우리가 알고 있는 코칭 훈련 프로그램의 성격과 정확하게 일치하여 '코칭 훈련 프로그램'이라고 부르기에는 다소 미흡한 부분이 있지만, 오늘날 코칭 훈련 프로그램의 기초적인 자료를 제공하거나 아이디어와 영감 등을 제공했다는 점에서 의미가 있다고 생각한다. 그런 차원에서 그 시기의 훈련 프로그램들을 나열, 설명하고 있는 것으로 짐작한다.

5) Brock, V. G.(2012). 위의 책. 474에서 발췌, 인용.

기관이라고 볼 수 있다. 특히, 토마스 레너드(Leonard, T.)가 설립한 'Coach U'와 로라 휘트워스(Whitworth, L.), 헨리 킴지-하우스(Kimsey-House, H.)와 카렌 킴지-하우스(Kimsey-House, K.)가 설립한 '코치훈련연구소'(CTI)는 치열한 경쟁을 하면서[6] 세계적으로 전문코치의 양성과 코칭의 확산에 이바지하고 있다.

〈표 15-2〉 1990년 이후의 코치 훈련기관

기관 명칭	설립연도	설립자	주요 활동 내용
Coach U	1992	토마스 레너드	코치 훈련을 위한 36개 교육과정 제공
The Coaches Training Institute (CTI)	1992	로라 휘트워스 외	Co-Active 코칭 프로그램 제공
Academy for Coach Training (ACT)	1995	프랜 피셔	코치 인증 연수과정(Living Your Vision) 개시
Top Human Ltd.	1996	에바 웡	코치 훈련(체험) 프로그램 제공(9개월)
Coach 21 Co Ltd.	1997	마모루 이토	'Coach U'의 라이센스 기업으로 프로그램 제공
College of Executive Coaching	1999	제프리 아우어바흐	코칭으로 사람을 돕는 심리학자를 위한 프로그램 제공

출처: Brock, V. G.(2012). *Sourcebook of Coaching History*. VB Coaching & Consulting(김경화 외 역, 2015. 코칭의 역사. 서울: 코쿱북스. 473-509에서 발췌, 재정리함).

21세기에는 코칭과 관련된 개인 훈련기관과 정규 교육기관에서 수백 개 이상의 코치 훈련 프로그램이 설립, 보급되었다. 이런 프로그램들은 한국, 일본, 인도, 콜롬비아, 아이슬란드 등에서 여러 가지 방법으로 다양한 장르의 전문코치를 양성하는 데 이바지하고 있다.[7]

2) 코칭 관련 전문단체(협회)[8]

대개 코칭 관련 전문 단체(또는 협회)는 코칭 분야의 정체성을 확립하고, 회원들의 권익을 보호하며, 대중에게 코칭을 홍보하여 인지도를 올림으로써 사회에서 코칭을 이해하도록 돕는 데 이바지하기 위해 설립된다. 1990년까지 코칭 관련 전문단체는 없었지만, 오늘날에는 코칭과 관련된 수많은 전문단체(또는 협회)가 있다.[9] 이 모든 단체의 설립 과정과 관련된 역사를 자

6) 이 두 기관의 설립 과정, 프로그램 개발, 코칭 프로그램 확산 등에 관한 구체적인 일화를 알기 위해서는 다음에 소개하는 책을 참조할 수 있다. Brock, V. G.(2012). *Sourcebook of Coaching History*. VB Coaching & Consulting(김경화 외 역, 2015. 코칭의 역사. 서울: 코쿱북스. 484-491).

7) Brock, V. G.(2012). 앞의 책. 508에서 발췌, 인용.

8) 코칭과 관련된 여러 단체(또는 협회)의 설립과 역사, 이바지한 사람들, 활동 내용 등에 관한 자세한 내용은 다음에 소개하는 책의 한 부분을 참조할 수 있다. Brock, V. G.(2012). 위의 책. 510-636.

9) Brock, V. G.(2012). 위의 책. 512에서 발췌, 인용.

세하게 살펴보는 것은 이 책의 목적이나 취지에 맞지 않다. 따라서 여기에서는 많은 코칭 관련 단체 가운데 대표적인 소수의 단체에 관해서만 간략하게 소개하고자 한다.[10)]

① 전문 · 개인코치협회(Professional and Personal Coaches Association: PPCA)

이 단체는 1995년 11월에 미국에서, 회원 자격을 가진 코치들이 모여 결성된 전문협회로, 세계적으로 코칭의 발전을 도모하기 위해 설립되었다. 샌디 바일러스(Vilas, S.), 로라 휘트워스(Whitworth, L.), 프랜 피셔(Fisher, F.), 다이애나 드링, 브리즈 카라일(Carlile, B.), 데이비드 매튜 프라이어(Prior, D. M.) 등이 창립 이사로서 참여했고, 초대 회장은 샌디 바일러스였다. 다양한 형태의 회원들(전문 회원 코치, 경력 회원 코치, 회원 코치, 제휴 회원)이 있었고, 헌장 제정, 코칭 관련 저널(「Being in Action」) 창간, 윤리지침 제정, 연례 콘퍼런스 개최 등의 활동을 했지만, 1997년 12월 31일에 ICF와 통합되었다.

② 국제코치연맹(International coach Federation: ICF)

이 단체는 1995년에, 미국의 대표적인 코치 훈련기관인 'Coach U'의 실립사 토마스 레너드(Leonard, T.)가 주도하여 해당 기관의 학생이나 졸업생들을 위주로 설립되었다. 1997년 12월 31일에 PPCA와 통합했고, '코칭 직종의 온전함을 구축하고, 지원하며, 보존하기 위해 존재하는 개인 및 비즈니스 코치들을 위한 비영리 전문 조직'으로 변경되면서, 발전을 거듭해 왔다. 무료 전자 소식지인 「Coaching News」 발행, 무료 소식지 「Coaching World」 대체 발행, 인증과 자격 심사[11)]와 관련된 프로그램 전개, 인증 코치 교육프로그램(Accredited Coach Training Program: ACTP) 심사, 전 세계에 걸친 지부 개설 지원, 연례 국제 콘퍼런스 개최 등과 관련된 활동을 전개하고 있다.

---

10) 여기에서 국제 코칭 관련 단체의 설립과 해산 등의 역사와 이 과정에서 역할을 한 주요 인물들을 일부나마 간략하게 소개하는 것은 그 단체의 리더십이 이후에 소개할 한국 코칭 기업의 설립, 코치단체의 창립에 일정한 역할과 영향력을 행사함으로써 결과적으로 한국 코칭 업계의 전체적인 흐름을 이해하는 데 일정한 관련이 있다는 필자의 판단에 따른 것이다.

11) ICF에서 정의하는 인증이란 '교육과정의 수료와 함께 주어지는 자격, 자질, 그리고 특혜의 정확성 혹은 사실성 혹은 효력을 증명하고 역량 기준의 획득을 입증하는 행위'를 말하며, 자격 심사는 '특정 요건들에 대한 자격을 주고 증명하는 과정이나 어떤 사람을 코치라고 부를 수 있는 신뢰성, 신용, 혹은 권한의 근거로 사용되는 자격요건들의 적용'이라고 정의된다. 그리고 코치 자격증은 '지원자가 얻게 되는 권한, 자격, 권리 그리고 특혜에 대한 증명 서류'를 말한다. Brock, V. G.(2012). *Sourcebook of Coaching History*. VB Coaching & Consulting(김경화 외 역, 2015. 코칭의 역사. 서울: 코쿱북스. 553에서 발췌, 인용).

③ 기타 코칭 협회[12)]

앞서 소개한 가장 큰 국제 코치단체 외에 먼저 북미 지역에서 설립된 코치단체(협회)들은 〈표 15-3〉과 같다. 이들 단체는 국제코치연맹(ICE)과 협력하거나 자신들만의 고유한 목적을 실현하기 위해 코치단체를 설립, 운영하고 있다.

〈표 15-3〉 북미 지역의 코치단체들(협회)

단체(협회) 명칭	설립 연도	주요 활동 내용
미국코칭협회(ACA) American Coaching Association	1995 (미국)	주의력 결핍 장애(ADD) 코치들을 위한 훈련 프로그램 및 커뮤니티 제공
전문코치·멘토협회(PCMA) Professional Coaches & Mentors Association	1996 (미국)	회원인 코치와 멘토들의 상호 지원, 배움, 나눔의 가치를 나누는 단체로 각종 관련 활동 전개
전국비즈니스코치협회(NABC) National Association of Business Coaches	1997 (미국)	소규모 기업과 법인들을 위한 비즈니스 코치들의 영리적인 연합
코치훈련기구협회(ACTO) Association of Coach Training Organizations	1999 (미국)	ICF 인증위원회 활동을 하는 8개 코치 훈련기구의 협력을 위해 연합하여 설립된 비영리 법인
국제코칭협회(IAC) International Association of Coaches	2003 (미국)	코치 인증, 코칭 교육기관 인가, 전문평가위원회, 코치 정보센터 등과 관련된 것들을 제공하는 비영리 코치 단체
세계비즈니스코치협회(WABC) Worldwide Association of Business Coaches	2002 (캐나다)	세계적으로 비즈니스 코칭을 개발, 발전시키고, 홍보함으로써 비즈니스 리더십을 통합하는 법인
국제코치기구컨소시엄(ICCO) International Consortium of Coaching in Organizations	2004 (미국)	코칭 관련 개인 회원, 조직, 협회, 전문기업들이 느슨하게 결합한 실행단체 간의 컨소시엄(비영리 법인)
AD/HD코칭발전연구소(IAAC) Institute for Advancement of AD/HD Coaching	2005 (미국)	전 세계에서 AD/HD 코칭의 완전함을 정의하고 보호하며, 전문성을 지지하고, AD/HD 코칭에 대한 지속적인 교육과 자격 심사, 인증 및 온리 기준을 제공

출처: Brock, V. G.(2012). *Sourcebook of Coaching History*. VB Coaching & Consulting(김경화 외 역, 2015. 코칭의 역사. 서울: 코쿱북스. 573-603에서 발췌, 재정리함).

영국을 비롯한 유럽에서도 5개 코치 협회들이 설립되어 각자의 비전과 고유한 목적을 달성하기 위해 활발히 활동한 것으로 알려졌다(〈표 15-4〉 참조).[13)] 단체 회원의 수나 활동 지역 등

12) 앞서 소개한 주요 국제 코치 단체와 별개로 결성된 코치들의 전문단체(협회)에 관한 자세한 내용은 다음에 소개하는 책의 한 부분(제12장)을 참조할 수 있다. Brock, V. G.(2012). *Sourcebook of Coaching History*. VB Coaching & Consulting(김경화 외 역, 2015. 코칭의 역사. 서울: 코쿱북스. 573-603).

13) 영국을 포함한 유럽 지역에서 결성된 코치들의 전문단체(협회)에 관한 자세한 내용은 다음에 소개하는 책의 한 부분(제12장)을 참조할 수 있다. Brock, V. G.(2012). 앞의 책. 603-616.

을 기준으로 볼 때, 북미를 중심으로 전 세계적인 지역으로 활동 영역을 넓힌 국제코치연맹(ICF)에 비해서는 상대적으로 활동 범위가 넓지 않다. 그래서 우리나라 코치들에게 이들 유럽 코치단체는 덜 알려져 있다. 하지만 '유럽멘토링 · 코칭위원회'(EMCC)와 같이 출범 초기에 회원에 있어서, 학자들과 현장 실무자들 간에 균형을 맞추는 시도를 한 점은 인상적이다. 한편, 1995년에 스웨덴에서 창립된 '북유럽코치연맹'(NCF)은 요한 탠드버그(Tandberg, J.) 등을 중심으로 콘퍼런스 개최, ICF 지사 개설 등 활발한 활동을 전개했지만, 2005년에 ICF와 통합했다.

그밖에 비영어권 국가로는 '일본코치협회'(Japan Coach Association: JCA)가 1999년에 설립되었고, '중국코치협회'(China Coach Association: CCA)는 에바 웡(Wong, E.)에 의해 2003년에 설립되었다. 이 두 단체는 일본과 중국에 있는 유일한 전문코치 관련 협회이다.[14)]

〈표 15-4〉 유럽 지역의 코치 단체들(협회)

단체(협회) 명칭	설립연도	주요 활동 내용
유럽멘토링 · 코칭위원회(EMCC) European Mentoring and Coaching Council	1992 (영국)	코칭과 멘토링 관련 학자, 상담가, 회사, 공공 서비스 기관들 사이의 제휴로 탄생, 관련 연구 및 서비스 제공
북유럽코치연맹(NCF) Nordic Coach Federation	1999 (스웨덴)	스칸디나비아 국가들에서 활동하는 개인 코치 및 비즈니스 코치들을 위한 비영리 단체, 2005년에 ICF와 통합
유럽코칭연구소(ECI) European Coaching Institute	1999 (영국)	코치 교육을 제공하는 회사들과 개인 코치들을 위한 중립적 · 비영리적 인증 기관. 2010년 ICC*로 개명
코칭협회(AC) Association for Coaching	2002 (영국)	코치들, 코치 교육/서비스 지공, 코칭 문화 구축에 관여한 기업들을 위한 독립적인 비영리 전문 기관
전문경영자코칭 · 수퍼비전협회(APECS) Association for Professional Executive Coaching and Supervision	2005 (영국)	경영자 코칭에 대한 전문적인 기준 수립, 비즈니스 상황에서 경영자 코칭에 대한 감독 등을 목표로 학위를 수여하는 비영리 단체

출처: Brock, V. G.(2012). *Sourcebook of Coaching History*. VB Coaching & Consulting(김경화 외 역, 2015. 코칭의 역사. 서울: 코쿱북스. 603-616에서 발췌, 재정리함).

주) *: ECI는 2010년 1월에 'International Institute of Coaching'(ICC)로 개명함. Brock, V. G.(2012). 앞의 책. 610에서 발췌, 인용.

일본에서의 코칭은 미국 코치 훈련기관에서 훈련을 받은 코치들이 해당 훈련기관의 허가를 받은 코칭 프로그램을 전파하는 전통을 바탕으로 확산했다. 1997년에 마모루 이토는 일본에서 'Coach U' 프로그램을 제공하는 '코치 21'이라는 회사를 설립하여 코칭을 확산했고, 'CTI'에서 훈련받은 에노모토 히데타케는 2005년에 해당 기관의 프로그램을 일본 내에 도입, 확산하는 데 주도적인 역할을 했다.

14) Brock, V. G.(2012). *Sourcebook of Coaching History*. VB Coaching & Consulting(김경화 외 역, 2015. 코칭의 역사. 서울: 코쿱북스. 394-399, 616에서 발췌, 인용).

중국에서의 코칭은 다른 양상으로 출발했다. 즉, 중국에서의 코칭은 서양의 경영 원칙과 고대 동양철학을 융합하여 중국 환경에 맞춘 코칭 프로그램을 개발, 적용했던 웡(Wong, E.)과 룽(Leung)이 1996년에 홍콩에 설립한 '탑 휴먼'(Top Human)이 출발점이 되었다. 그들은 1997년, 도교 사상을 기반으로 한 '탑 휴먼 트레이닝'(프로그램)을 중국으로 가져갔고, 웡은 2003년에 중국코치협회를 설립하는 데 주도적인 역할을 했으며, 2007년 중국 당국에 의해 체포되기 전까지 중국 본토 전역에 10개의 '탑 휴먼' 사무실과 500명의 직원이 근무했다.

2. 국내 코칭 관련 기관과 단체

여기에서는 국내에서 코치 훈련 프로그램을 제공하는 훈련기관과 코칭 전문단체(협회)를 중심으로 간략하게 소개하고자 한다.

1) 코칭 관련 전문단체(협회)[15]

한국에서 활동하는 대표적인 코칭 관련 전문단체는 2003년에 설립된 (사)한국코치협회(Korean Coach Association: KCA)이다. (사)한국코치협회는 '21세기 지식 정보화 사회의 생존요건인 변화와 혁신의 물결 속에서, 새로운 경영 및 커뮤니케이션 기법인 코칭의 보급 및 저변 확대를 통하여, 개인의 성장과 기업 등 조직의 성과향상을 통한 사회 발전과 국가 경쟁력 강화에 이바지함을 목적'으로 설립된 비영리 법인이다.[16] 지난 20여 년 동안 코치 및 코칭 프로그램 인증, 코칭 역량 강화를 위한 다양한 프로그램 운영, 사회공헌과 코칭 문화 보급 사업 등 다양한 사업을 전개한 결과, '대전 · 충청지부'(2007년 12월 설립, 현재 대전지부) 설립을 시작으로 2022년 12월 말 현재, 전국에 6개 지부와 해외에 1개 지부를 두고 있으며, 인증 코칭 프로그램이 150여 개 이상이 되고, 인증 코치가 10,000여 명이 넘을 정도로 코칭 보급과 코칭 문화 확산에 이바지해 왔다.

그밖에 활발하게 활동하는 단체로 2016년에 설립되어 청소년 학습 코칭 등과 관련된 활동을 하는 (사)한국코칭심리협회(Korea Coaching Psychology Association: KCPA) 등이 있다.[17]

---

15) 한국 코칭 업계의 역사에 관해서는 다음에 소개하는 책을 참조할 수 있다. Brock, V. G.(2012). *Sourcebook of Coaching History*. VB Coaching & Consulting(김경화 외 역, 2015. 코칭의 역사. 서울: 코쿱북스. 400-401).

16) (사)한국코치협회(2023). 설립 목적 및 연혁(http://kcaoch.or.kr, 2023년 1월 접속)

17) (사)한국코칭심리협회(2023). 협회 소개(http://ikcpa.or.kr, 2023년 1월 접속))

2) 코치 훈련기관

국내 코치 훈련기관들은 대개 2000년대 초반, 미국 코치 훈련 기관에서 개발, 운영 중이던 코칭 프로그램을 라이선스 계약 체결 후에 도입하여 보급, 확산하는 데 앞장섰다. 이런 역할의 선두에 선 사람이 김경섭과 폴 정(Jeong, P.)이었다.[18] 그리고 그들과 함께 일했거나 그들이 개설한 코칭 프로그램을 이수한 졸업생들이, 현장에서 축적한 코칭 경험들을 바탕으로 독자적인 코칭 프로그램을 개발한 후에, 자신들의 인적 네트워크 등을 바탕으로 코칭 기업을 설립, 코칭 비즈니스를 전개하면서 국내에서의 코칭 문화가 급속도로 확산했다.

한국에서는 개별 코칭 기업의 코칭 프로그램 이수자들이 다양한 형태의 코칭 기업을 운영하면서, 자신들이 개발한 코칭 프로그램을 (사)한국코치협회의 프로그램 인증(ACPK) 과정을 거친 후에 시장에서 선보이면서 코칭 프로그램을 보급하고 있다. 적어도 한국은 전 세계 코칭 역사에 있어서, 몇몇 선두기업과 수많은 후발기업의 열정과 헌신적인 노력 덕분에, 가장 빠른 기간 내에 코치라는 전문직업이 성공적으로 자리 잡은 사례에 속한다고 볼 수 있다.

해당 기업들의 구체적인 운영 내용과 코칭 프로그램을 자세하게 소개하는 것은 이 책의 본질적인 취지에서 벗어난다. 따라서 해당 기업들이 운영하는 코칭 프로그램 등에 관해 구체적으로 서술하지 않을 것이다. 다만, 해당 기업들이 개설한 홈페이지를 방문하면, 코칭 프로그램을 비롯한 다양한 사항들에 관한 현황을 확인할 수 있다.[19]

그밖에 특정 단체에 속하지 않으면서 개별적으로 코칭을 보급하고 확산하는 데 이바지한 선구적인 개인들도 있겠지만, 그분들의 역사적인 활동 내용 등에 대해서는 문서 등으로 알려진 바가 없어서, 이 책에서 함께 기술하지 못함을 매우 안타깝게 생각한다. 한국 코칭의 발전을 위해 선구적인 역할을 마다하지 않은 숨은 기여자들의 노력과 헌신에 경의를 표한다.

---

18) 한국에서 이 두 선구자의 활동 상황을 포함한 한국 코칭 업계의 역사에 관해서는 다음에 소개하는 책을 참조할 수 있다. Brock, V. G.(2012). *Sourcebook of Coaching History*. VB Coaching & Consulting(김경화 외 역, 2015. 코칭의 역사. 서울: 코쿱북스. 400-401).

19) 한국 내 주요 코칭 기업들의 홈페이지를 기준으로 설립 연도 순서로 소개하면 다음과 같다. 아시아코칭센터(www.asiacoach.co.kr); 한국리더십센터그룹(www.eklc.co.kr); CMOR KOREA(www.cmoe.co.kr); 인코칭(www.incoaching.com); 하우코칭(www.howcoach.com); 코칭경영원(www.coachingi.com); CiT코칭연구소(www.citkorea.co.kr).

15.2 코칭 산업의 전망

1. 코칭의 확산

코칭의 등장에 관해서는 이 책의 제1장에서 언급했다. 간단하게 되짚어보면, 20세기 후반 포스트모더니즘 시대에 등장한 코칭은 급변하는 사회경제적 환경 속에서 잉태하여 심리학, 경영학, 스포츠는 물론 교육학과 성인학습 등을 포함한 다양한 다른 학문의 자양분 속에서 성장했다.[20] 그리고 수십여 년이 지난 지금, 코칭은 비즈니스 영역뿐만 아니라 개인의 일상생활과 관련된 이슈를 다루는 데까지 왔고, 코칭을 직업으로 하는 전문가들이 속속 배출되어 각 영역에서 활발하게 활동하고 있다. 그래서 주변에서 코치를 만나는 것은 그리 어려운 일이 아니다.

선행연구에 따르면, 세계적인 관점에서 코칭의 등장과 현재의 확산, 그리고 미래를 '티핑 포인트'(tipping point)[21]와 '혁신 확산 곡선'[22]이라는 두 가지 개념을 원용한 개념적 모형으로 설명했다.[23] 다시 말하면, 종(bell) 모양의 정규 분포 곡선을 가진 '혁신 확산 곡선'의 개념을 원용하여, 새로운 현상의 등장과 이에 대한 적응과정을 설명했다. 먼저, 코칭의 등장과 확산 과정

---

20) Brock, V. G.(2012). *Sourcebook of Coaching History*. VB Coaching & Consulting(김경화 외 역, 2015. **코칭의 역사**. 서울: 코쿱북스. 710에서 발췌, 인용).

21) '티핑 포인트'(tipping point)란 간단히 말해, 튀어 오르는 지점을 말한다. 2002년에 출간된 말콤 글래드웰(Gladwell, M. T.)의 저서에서 언급된 개념으로, 어떤 사회 현상이나 광고 마케팅에 대해 대중의 반응이 한순간에 폭발적으로 늘어날 때를 가리키는 말이다. 이 개념을 코칭에 원용한다면, 코칭에 대한 대중의 관심이 폭발적으로 증가하거나 코칭의 확산을 촉진하는 시스템이 작동되거나 임계점에 도달하기 위한 꾸준한 동력이 있을 때라고 볼 수 있다. 이에 관한 자세한 설명은 다음에 소개하는 책을 참조할 수 있다. Gladwell, M.(2002). *The Tipping Point: How Little Things Can Make a Big Difference*. New York, NY: Back Bay Books(김규태 역, 2020). **티핑 포인트: 작은 아이디어는 어떻게 빅트렌드가 되는가**. 서울: 김영사).

22) 이것은 2003년, 로저스(Rogers, E. M.)가 심리학 및 사회과학 분야의 혁신 확산에 관한 연구들을 체계적으로 정리, 혁신이 채택되는 전체 과정을 설명하기 위해 제시한 '혁신확산이론'(Innovation Diffusion Theory: IDT)에서 소개된 것으로, 일반적으로 정규 분포 곡선으로 표현된다. 여기에서 혁신이란 새로운 혁신의 매개체가 되는 관행, 아이디어, 사물, 미디어, 기술 등을 말한다. 이런 것들이 사회에 등장할 때, 수용자가 사용하는 목적과 이유를 알아볼 수 있는 이론으로서, 교육학, 사회학, 농업, 마케팅, 정보기술 등과 관련된 학문 영역에서 널리 적용되고 있다. 이 이론에서는 개인이나 조직이 혁신을 최초로 인식하고, 그에 관한 자신의 태도를 형성하며, 궁극적으로 혁신을 채택하거나 거부할 것이라고 결정하고, 자신의 결정에 대해 확신하게 되는 전체적인 과정을 잘 설명하고 있다. 그리고 혁신 확산에 주요한 영향을 미치는 요인들로, 혁신(innovation), 의사소통 채널(communication channel), 시간(time), 사회 체계(social system)를 들었고, 사회 구성원들을 혁신 성향을 기준으로 '혁신가'(innovators), '초기 채택자'(early adopters), '초기 대다수'(early majority), '후기 대다수'(late majority), '혁신 지체자'(laggards)와 같은 다섯 개 집단으로 구분하여 설명했다. 이에 관한 자세한 내용은 다음에 소개하는 문헌들을 참조할 수 있다. 김대원(2022). 로보어드바이저 서비스 이용자의 만족과 지속이용 의도에 관한 연구: 혁신확신이론의 통합적 접근. **로고스경영연구**, 20(2), 162; Rogers, E.(2003). *Diffusion of Innovations*(5th Ed.). New York, NY: Free Press(s (김영석 · 강내원 · 박현구 역, 2005. **개혁의 확산**. 서울: 커뮤니케이션북스).

23) 코칭의 등장과 확산과 관련된 개념적 모형에 관해서는 다음에 소개하는 글과 책을 참조할 수 있다. Brock, V. G.(2008). *Grounded Theory on the Roots and Emergence of Coaching*. Unpublished Ph, D. dissertation. Maui, HI: International University of Professional Studies. 481; Brock, V. G.(2012). 위의 책. 712-715.

을 '코칭 등장 곡선'으로 설명했고, 그것에 관한 코칭 현장에서의 근거들을 제시했다. 예컨대, 1985년 이후 코칭 관련 창시자와 전달자 그룹, 그리고 영향력 행사자 그룹의 출현, 코칭 관련 서적의 출간 급증, 다양한 코칭 방법론 등장이 그 증거들이다. 다음, 2000년 이후의 또 다른 혁신과 진화 과정을 '탁월함의 곡선'으로 설명하면서, 그 예로 코칭 관련 학술 연구가 시작되어 코칭 이론과 모형이 등장한 것을 제시했다. 탁월함의 곡선이 끝날 것으로 예상하는 2025년 무렵 이후에는 또 다른 곡선 모형이 등장할 것으로 예상했고, 그 정도는 코칭 현장의 내적 요인과 코칭 현장을 둘러싼 외적 요인인 사회경제적 요소에 의해 결정될 수 있다고 예상했다.

이런 큰 흐름을 바탕으로 국내 코칭의 확산 현상도 '혁신 확산 곡선'으로 설명할 수 있다. 2000년대 초반, 기업의 비즈니스 영역을 중심으로 도입된 코칭은 2003년 (사)한국코치협회가 결성되어 활동하면서 점차 그 범위를 넓혀 확산했고, 개인의 경력과 관련된 이슈를 다루는 '커리어 코칭', 학습과 관련된 문제를 다루는 '학습 코칭', 그리고 개인의 일상생활이나 삶에 관련된 이슈를 다루는 장르인 '라이프 코칭'으로 확대되었다. 이런 과정에서 2012년 코치라는 직업이 '한국표준직업분류'(Korean Standard Classification of Occupations: KSCO)에 등재되었으며,[24] 각급 대학에는 코칭 교과목이 개설되었고, 나아가 대학원에서 코칭 관련 학과가 개설, 운영되는 속도가 빨라졌다.[25] 이런 추세 속에서 코칭과 관련된 주제를 다룬 연구결과가 속속 발표되어 양적인 측면에서 괄목할 만한 성장세를 나타냈으며,[26] 2020년 8월 말 현재, 코치 자격취득자 수가 16만 명을 넘어선 것으로 나타났다.[27] 이런 국내 코칭의 확산 및 발전 추세는 후술할 코칭 프로그램의 인증 등과 긴밀하게 연결되어 있다.

2. 코칭 프로그램의 개발과 인증

1) 코칭 프로그램 개발의 중요성

코칭의 확산은 코칭 프로그램의 개발과 깊은 관계가 있고, 이것은 다시 해당 코칭 프로그램의 인증절차와도 긴밀한 관계가 있다. 다시 말하면, 코칭의 확산과 그것을 바탕으로 한 코칭 산업의 발전은 전적으로 코칭 프로그램의 개발과 보급, 그리고 그에 따른 양질의 전문코치 배출과 아주 밀접한 관계에 있다고 할 수 있다.

---

24) 이 분류표(분류코드)에 따르면, 비즈니스코치(27119), 커리어코치(27112), 라이프코치(42930)가 각각 등재되어 있다. 통계청(2012). 한국표준직업분류(http://kssc.kostat.go.kr); 조성진(2013). 대학생 코칭 프로그램 운영 효과 분석과 활성화 방향 모색: 3개 대학 4개 사례를 중심으로. **코칭능력개발지**, 15(3), 235에서 발췌, 인용.

25) 도미향 · 이정은(2020). 국내 · 외 대학의 코칭 교육과정 분석. **코칭연구**, 13(2), 31-51.

26) 조성진 · 정이수(2018). 국내 코칭(Coaching) 연구 동향 및 향후 연구 방향: 진전(1995년~2017년)과 전망. **인적자원개발연구**, 212(3), 249-313에서 발췌, 인용.

27) 조성진 · 정우석 · 허영숙 · 한혜정(2022). 국내 코칭 관련 민간자격의 현황과 발전 방안에 관한 연구: 민간 공인 코치 자격 인증체계와 시험과목을 중심으로. **융합코칭저널**, 1(1), 31-59에서 발췌, 인용.

그런 차원에서 코칭 프로그램 개발과 관련된 다양한 사항들에 대해 살펴보는 것은 의미 있는 일이다. 그런데 앞서 이 책의 제5장에서 잠시 언급했듯이, 지금까지 코칭 프로그램을 개발하는 방법에 관해 본격적으로 깊이 연구한 국내외 문헌들이 드물다. 어떤 코칭 프로그램을 개발하고 그 효과를 검증한 논문들을 많이 출간되고 있지만, 개발된 코칭 프로그램들의 근간을 흐르는 기본 원리를 언급하거나 해당 기준들을 제시한 선행연구들을 찾기 힘들다. 따라서 여기에서는 코칭 프로그램 개발과 관련된 일부 선행연구, 필자의 현장 코칭 경험과 코칭 프로그램 개발 경험 등을 바탕으로 코칭 프로그램 개발에 필요한 것들이 무엇이고, 그 절차가 어떤 것인지 등에 관해 언급하고자 한다.

2) 코칭 프로그램 개발에 필요한 것들

일부 선행연구와 필자의 현장 코칭 경험을 바탕으로 코칭 프로그램을 개발하는 데 필요한 것들을 정리하면 다음과 같다. 이에 관한 적절한 선행연구들이 아직 없는 실정이고, 실제 코칭 현장에서 다루어지는 모든 코칭 프로그램의 인증 요건을 구체적으로 확인하기 어려운 상황에서 제시한 것이어서, 부분적으로 한계가 없지 않다. 당연히 현재까지 이에 관한 코칭 업계의 합의된 견해는 없지만, 앞으로 이에 관한 논의가 필요하다는 차원에서 정리해 본 것이다.

코칭 프로그램을 개발하기 위해서는 전문코치나 코칭학 연구자들이 다음에 언급한 요소들에 관한 자신의 견해를 미리 준비할 필요가 있다. 관련 자료들을 모아두거나 평소에 자신이 생각한 의견이나 타인의 견해들을 정리해 둘 필요가 있다.

- 코칭 프로그램의 목적과 방향
- 코칭 교육시간
- 코칭 철학
- 코칭의 기초와 원리
- 코칭 용어에 관한 조작적 정의
- 코칭 모델(Coaching Model): 중요하게 생각하는 핵심가치들의 조합
- 코칭 대화 절차 모델(Coaching Conversation Process Model)
- 코칭 기술
- 코칭 진행 절차(Coaching Process)
- 코칭 스타일
- 코치 자격취득 과정 안내
- 코칭 마케팅
- 코치(코칭) 윤리
- 기타: 코칭 실습 방법, 코칭 마이크로 트레이닝 등

여기에서는 이 책의 앞부분에서 다룬 부분을 제외하고, 코칭 프로그램 개발 과정에서 핵심적인 역할을 하는 몇 가지 사항에 관해 집중적으로 서술하고자 한다. 위에 언급한 요소들 가운데 코칭 프로그램 개발에서 반드시 포함되어야 할 것들에 관한 일치된 견해는 아직 없다. 하지만 필자의 연구와 현장 코칭 경험에 따르면, 코칭 프로그램의 목적과 방향, 코칭 철학, 코칭 모델, 코칭 대화 절차 모델, 코칭 기술, 코치(코칭) 윤리는 코칭 프로그램에 반드시 포함되어야 할 핵심적인 요소라고 생각한다. 하나씩 차례대로 살펴보면 다음과 같다.

① 코칭 프로그램의 목적과 방향

기존의 코칭에 관한 다양한 접근방법들은 각기 서로 다른 철학과 방법론에 기초하고 있지만, 상호 배타적인 것은 아니었다. 즉, 각각의 코칭 접근법은 특유의 강점을 지니고 있고, 그것들이 잘 적용되는 상황이 있다고 볼 수 있다.[28] 그리고 코칭 프로그램 개발자는 필요와 목적에 따라 각각의 코칭 접근법을 다양한 방법으로 융합하여 사용할 수도 있다.

먼저, 여러 분야에서 개발된 코칭을 목적에 따라 분류해 보면, 〈표 15-5〉와 같이 요약하여 정리할 수 있다. 여기에서 소개된 접근방법은 앞서 코칭 이론에서 소개된 것도 있고, 현재 진행되는 코칭 접근법에도 다른 것들이 다소 포함되어 있다.[29] 하지만, 그것들은 기본적으로 코칭의 접근방법에 따라 특성이 다르고, 코칭의 궁극적인 목적이 다를 수 있다는 것을 보여주는 좋은 예이다. 따라서 코칭 프로그램 개발자들은 자신이 개발하려는 코칭 프로그램이 어떤 접근방법을 기초로 진행되는지 정하되, 어떤 특성을 지향하는지를 미리 결정할 필요가 있다. 그리고 개발자의 관점에서 필요하다면, 각기 다른 특성을 가진 접근방법들을 융합하여 사용할 수도 있고, 몇 가지 접근법을 혼용하되 자신만의 새로운 관점을 포함하여 코칭 프로그램을 개발할 수도 있다. 당연히 여기에서 소개된 것과 별개로 전혀 새로운 접근방법을 바탕으로 개발할 수도 있다. 어떤 접근방법을 선택할 것인지는 전적으로 코칭 프로그램 개발자의 안목과 선택에 달려 있다.

---

28) 조성진 · 송계충(2010). 코칭 효과 연구를 위한 코칭 프로그램 개발과 평가. 인적자원개발연구, 13(81). 38에서 발췌, 인용

29) 필자의 견해로는 코칭의 최종 결과를 치료(healing)하는 것을 목적으로 하는 접근방법들은 대개 심리학에 바탕을 둔 것들로서, 이 책에서 초점을 두는 '코칭'과는 여러 면에서 다를 수 있다. 하지만, 코칭 프로그램 개발을 시작할 때 접근하는 방법을 소개한다는 차원에서 여기에서 다루었음을 이해하기 바란다.

〈표 15-5〉 코칭의 목적과 특성에 따른 접근방법의 구분[30)]

코칭 접근방법	코칭의 목적	특성			참고문헌[31)]
		방법	초점(중심)	결과	
인본주의	인간의 성장과 변화	비지시적	개발	치료	Stober(2006)
행동주의	인간행동의 변화	지시적	해결	성과(업적)	Peterson(2006)
성인발달	인간의 성숙한 발달과 성장	지시적	개발	치료	Berger(2006)
성인학습	경험 기반 자기주도적 학습	비지시적	개발	치료	Cox(2006)
긍정심리학	강점에 기반을 둔 희망과 행복	지시적	개발	치료	Kauffman(2006)
모험교육	모험 기반 학습을 통한 성장	지시적	개발	성과(업적)	Kemp(2006)
체계적 틀	체계 인식을 통한 성장과 성과	비지시적	개발	치료	Cavanagh(2006)
목표 지향	자기규제를 통한 성과 목표 달성	비지시적	해결	성과(업적)	Grant(2006)

출처: Ives, Y.(2008). What is 'Coaching'? An Exploration of Conflicting Paradigms. *International Journal of Evidence Based Coaching and Mentoring*, 6(2), 102에서 발췌, 재정리.

② 코칭 철학

코칭 프로그램 개발의 목적과 방향이 결정되면, 다음에 할 일은 자신이 개발할 코칭 프로그램의 바탕이 되는 '코칭 철학'을 정하는 일이다. 이것은 집을 지을 때, 터 파기와 기초공사에 해당하는 부분이라고 생각하면 이해하기 쉬울 것이다. 코칭 철학은 자신이 개발하려는 코칭 프로그램의 기본적인 성격과 특성의 기초가 될 뿐만 아니라, 다른 코칭 프로그램과의 차별점에 대한 선언적인 의미가 있어서 오랫동안 고민하고 숙고하여 정하는 것이 필요하다. 다시 말하면, 개발자가 어떤 코칭 철학의 바탕 위에서 프로그램을 전개할 것인가에 따라 코칭 프로그램의 전체적인 모습과 형태가 달라질 수 있어서, 이 부분에 대해서는 개발자의 분명한 의도와 색깔을 드러낼 필요가 있다. 코칭 철학은 다음에 소개하는 코칭 모델과 함께 코칭 프로그램의 정

30) Ives, Y.(2008). What is 'Coaching'? An Exploration of Conflicting Paradigms. *International Journal of Evidence Based Coaching and Mentoring*, 6(2), 102에서 발췌, 인용

31) Berger, J.G.(2006), Adult Development Theory and Executive Coaching Practices. In Stober, D., & Grant, A. M.(Eds.), *Evidence-Based Coaching Handbook: Putting Best Practices to Work for Your Clients*. New York, NY : Wiley, 77-102; Cavanagh, M.(2006). Coaching from a Systemic Perspective: A Complex Adaptive Conversation. In Stober, D., & Grant, A. M.(Eds.). op. cit. 313-354; Cox, E.(2006). An Adult Learning Approach to Coaching. In Stober, D., & Grant, A. M.(Eds.). ibid. 193-218; Grant, A. M.(2006). An Integrative Goal-focused Approach to Executive Coaching. In Stober, D., & Grant, A. M.(Eds.). ibid. 153-192; Kauffman, C.(2006). Positive Psychology: The Science at the Heart of Coaching. In Stober, D., & Grant, A. M.(Eds.). ibid. 219-254; Kemp, T.(2006). An Adventure-based Framework for Coaching. In Stober, D., & Grant, A. M.(Eds.). ibid, 277-312; Peterson, D. B.(2006). People are Complex and the World is Messy: A Behavior-based Approach to Executive Coaching. In Stober, D., & Grant, A. M.(Eds.). ibid. 51-76; Stober, D.(2006), Coaching from the Humanistic Perspective. In Stober, D., & Grant, A. M.(Eds.). ibid. 17-50.

체성이 되고, 마케팅 차원에서 보면 브랜드(brand)가 될 수도 있다.

현재 코칭 현장에서 자주 언급되는 코칭 철학에 관해서는 이 책의 제5장에서 자세하게 언급했으니 해당 부분을 참고하기 바란다. 해당 내용에서 적절한 것을 찾기가 쉽지 않으면, 개발자 자신이 강조하는 인간관, 삶의 철학 및 신념 등을 포함하면 될 것이다.

③ 코칭 모델

코칭 프로그램 개발자가 만들고자 하는 프로그램의 기초공사가 코칭 철학이라면, 코칭 모델은 그 위에 세우는 골격이나 뼈대 및 대들보와 같은 것이다. 이것은 자신이 개발하는 코칭 프로그램에서 강조하는 핵심가치들(core values)의 조합이라고 볼 수 있다. 물론 이 부분을 자신이 개발하는 코칭 프로그램에서 제외할 수도 있지만, 그러면 다른 코칭 프로그램과의 차별성이 돋보이지 않을 뿐만 아니라, 프로그램의 구체적인 부분을 구성할 세부 사항들을 결정하는 데 어려움을 겪을 수도 있다. 따라서 코칭 프로그램 개발자들은 자신이 개발하려는 코칭 프로그램에서 강조하려는 핵심가치를 가능한 3~5개 정도로 선택하고, 해당 핵심가치들의 근거에 관한 자료들을 충분히 확보하고 정리하여, 그것들에 대한 논리를 개발해 둘 필요가 있다.

코칭 모델은 앞서 언급한 코칭 철학과 함께, 어떤 프로그램의 정체성과 차별점을 확인할 수 있는 가장 중요한 역할을 하는 것이어서, 코칭 프로그램 개발자들은 코칭 모델 개발에 많은 에너지를 투여할 필요가 있다. 한편, 자신이 배우거나 활용하려는 코칭 프로그램을 선택하려는 전문코치들은 해당 코칭 프로그램의 코칭 모델을 확인하는 것이, 가장 손쉽게 프로그램을 선택하는 방법 가운데 하나이다.

④ 코칭 대화 절차 모델

이것은 실제로 코칭 대화를 풀어나가는 절차나 순서에 대한 것으로, 전문코치들이 실제 코칭에서 가장 자주 활용하는 실질적인 도구이다. 이것은 마치 어떤 사람이 외출할 때 자신이 입고 나갈 옷을 선택하는 것이나, 유명한 요리사가 요리할 때 사용할 칼을 선택하는 것과 마찬가지이다. 그래서 이것은 자신이 개발하려는 코칭 프로그램이 다른 것들과 어떻게 다른지를 보여줄 수 있는 가장 손쉬운 방법 가운데 하나가 된다. 현재 통용되는 코칭 프로그램을 보면, 대개 4~6단계로 구성되는 것이 일반적이다. 이것은 전문코치가 코칭을 진행하기 전에 꼭 숙지해야 하는 것이어서 단계가 너무 길거나 복잡하면, 실제로 코칭을 진행할 때 곤란을 겪을 수도 있다.

개발자가 코칭 프로그램을 개발할 때, 다른 코칭 프로그램에서 이미 개발, 사용하는 코칭 대화 절차의 단계를 표현한 '명칭'을 사전에 확인할 필요가 있다.[32] 이것은 해당 프로그램의 저작

32) 이에 관해서는 이 책의 10장에서 소개한 내용을 다시 확인하기 바란다. 그리고 필요하다면, 시중에 보급된 기존 코칭 프로그램을 소개하는 책이나 자료를 구매하거나 해당 코칭 프로그램을 직접 배우는 방법도 있다.

권 등 법적 권한과 관련된 것이어서 꼭 사전에 확인해 두어야 한다. 이와 달리 코칭 대화 절차를 새롭게 개발하지 않고 다른 개발자가 이미 개발한 모델을 사용할 때는, 최초 개발자나 해당 프로그램의 사용 권한을 가진 사람이나 단체로부터 반드시 사전승인을 받는 절차를 거쳐야 한다.

⑤ 코칭 기술

이것은 자신이 개발하려는 코칭 프로그램에서 자주 사용하는 코칭 기술들(skills)을 말한다. 이것에 관해서는 이미 이 책의 6장에서 9장에 걸쳐 자세하게 서술하고 있어서 해당 내용을 다시 확인하면 도움이 될 것이다. 그리고 코칭 프로그램 개발자는 자신이 알고 있는 코칭 기술이나 다른 코칭 프로그램에서 사용되는 기술들을 총망라하여 살펴본 다음, 자신의 프로그램에 어떤 기술들을 포함할 것인지에 대해 결정하면 된다.

다만, 이때 유의해야 사항은 어떤 기술을 포함할지에 따라 자신이 개발하려는 코칭 프로그램이 다른 인적 서비스(특히, 상담)와 같거나 달라질 수도 있다는 점이다. 즉, 상담(심리)에서 자주 사용되는 전문적인 기술을 자신이 개발하려는 코칭 프로그램에 포함한다면, 해당 코칭 프로그램의 성격이 모호해질 수도 있다. 물론 앞서 설명한 코칭 철학이나 코칭 모델에서도 개발자의 선택 여부에 따라 코칭의 정체성과 다른 프로그램이 탄생할 염려가 있지만, 특히 코칭 기술은 그런 염려를 더욱 가중할 수 있다. 따라서 코칭 프로그램 개발자는 코칭 기술 가운데 어떤 것을 자신의 코칭 프로그램에 포함할지를 선택하는 데 있어, 상당히 신중하게 접근할 필요가 있다.

⑥ 코치(코칭) 윤리

이것은 전문직업인이 될 코치가 지켜야 할 윤리를 말하는 것으로, 코칭 프로그램 개발자는 이에 관한 내용을 반드시 포함해야 한다. 어떤 것들을 포함할 것인지에 대해서는 코칭 프로그램을 개발한 후에, 어떤 코치단체를 통해 해당 프로그램의 인증절차를 거칠 것인가에 따라 달라질 수 있다. 하지만 어떤 코칭 프로그램이든 기본적으로 포함해야 할 코치(코칭) 윤리가 있는데, 그것은 이미 이 책 제4장에서 서술했기 때문에 해당 내용을 참조하기 바란다.

특히, 코치라는 직업은 전문 영역으로서, 한 사람의 삶과 생활방식, 사생활, 그리고 다루는 주제에 따라서는 개인의 정신세계나 영혼과 관련된 것이기 때문에, 관련 단체에서는 상당히 엄격한 윤리 규정을 두고 있다. 이것은 비즈니스와 관련된 코칭에서도 마찬가지로 적용된다. 코치(코칭) 윤리는 단기적인 측면에서 볼 때 코칭 프로그램 인증과 관련된 것이고, 장기적인 측면에서는 코칭 산업의 확산과 직결되는 문제이어서 결코 가볍게 생각해서는 안 된다.

이상에서 언급한 몇 가지 핵심적인 사항들은 개발되는 코칭 프로그램에 꼭 포함해야 하는 것들이고, 이것은 코칭 프로그램 소비자들이 해당 코칭 프로그램을 선택할 때 활용되는 주요한 기준이 될 수도 있다. 따라서 독자들이나 전문코치가 되려는 사람들이 코칭 프로그램을 선택할 때, 앞서 언급한 사항들을 기준으로 비교표를 만들어 보고, 신중하게 자신의 목적과 상황 등에 적합한 프로그램을 선택하는 것이 필요하다. 특히, 국내의 경우에 어떤 코칭 프로그램은 표면적으로는 코칭을 언급하고 있지만, 실제로는 코칭과 전혀 관련이 없는 프로그램이거나, 적절한 과정을 거쳐 개발되지 않았거나 엄격한 인증 과정을 거치지 않은 것도 있기 때문이다.

3) 개발된 코칭 프로그램의 인증

국내외 전문코치나 코칭 연구자들에 의해 개발된 코칭 프로그램은, 각각의 교육과정을 통해 예비 코치들이나 기존 전문코치들에게 보급되고 있고, 이것들은 국내외 코칭 확산 과정에서 큰 역할을 하고 있다. 필자도 20년 전에 어떤 교육과정에 개설된 인증된 코칭 프로그램을 배우면서 코칭의 매력을 알게 되었고, 코치 자격인증과정을 통해 코치의 길로 접어든 경험이 있으며, 현재까지 수많은 후배 코치들을 양성하고 있다.

그러나 개발된 코칭 프로그램이라고 해서 무조건 코칭 시장에서 용인되는 것은 아니고, 적절한 검증과정을 거쳐야 한다. 그런 차원에서 국내외의 대표적인 코치단체라고 할 수 있는 (사)한국코치협회(KCA)와 국제코치연맹(ICF)에서 적절한 절차를 거쳐 개발된 코칭 프로그램을 인증하는 제도를 진행함으로써, 해당 프로그램들의 전문성과 신뢰성을 확보하는 데 이바지하는 것은 매우 의미 있는 일이라 생각한다. 이에 관해서는 이미 이 책의 제13장에서 비교적 자세하게 언급했기 때문에 여기서 재차 서술하는 것은 생략한다.

다만, 국내 코칭 인증제도의 문제점과 그것을 해결하는 대책 수립 등의 문제는 이것들이 국내 코칭 확산과 직결되는 문제이어서, 조속히 코칭 업계 관련자들의 담론 형성과 연대가 필요하다는 점을 재차 강조하고 싶다. 코치 인증과 관련된 전문성과 신뢰성 제고에 필요한 노력을 하지 않는다면, 그것은 분명하게 국내에서 코칭의 지속적인 확산에 있어 걸림돌로 작용할 것이기 때문이다. 다시 말하면, 프로그램 인증 관련 질적 수준 강화, 코칭 프로그램의 인증 과정에 대한 객관성, 공정성, 투명성 확보 등에 관한 총체적인 논의는 결과적으로 코칭 프로그램의 신뢰성 제고, 배출되는 코치의 전문성 제고와 직결되는 문제이고, 나아가 코칭 산업의 확산과 매우 밀접한 관계에 있는 과제이기 때문에 이에 관한 논의 진행은 빠를수록 바람직하다.

3. 코칭 프로젝트의 활성화

코치의 수입 증대와 코칭 확산 등 기타 여러 가지 차원에서 추진할 만한 방안 가운데 하나는, '코칭 프로젝트'(Coaching Project)의 활성화이다. 국내의 경우, 코칭이 현재와 같이 급속히 확산했더라도 여전히 코칭이 무엇인지, 어떤 장점이 있는지, 그리고 상담과 어떤 차이가 있는지 등에 관해 잘 모르는 일반인들이 적지 않다. 이런 상황에서 코칭의 지속적인 확산, 코치 관련 단체의 사회적 기여와 자신들의 정체성에 관한 적극적인 홍보, 그리고 전문코치들의 수입 증대 차원에서 코칭 관련 단체나 전문코치들이 다양한 '코칭 프로젝트'를 기획, 실행하는 것은 궁극적으로 코칭의 확산이나 코칭 산업의 성장 차원에서 시도해 볼 만한 의미 있는 일이다.

하지만 안타깝게도 국내의 경우, 이 부분에 관한 사항을 구체적으로 연구한 선행연구를 찾기는 힘들지만, 기존의 부분적인 자료나 필자의 평소 경험과 견해 등을 바탕으로 간단하게 언급하고자 한다.

1) 코치단체들의 프로젝트 활성화 필요

국내 코치단체들의 설립 목적은 해당 협회마다 각각 다양할 테지만, 어떤 단체이든 코칭의 활성화와 확산에 관해 전혀 관심이 없는 단체란 존재할 수 없다. 어떤 코치 관련 단체든 궁극적으로 코칭이 바람직한 방향으로 확산하길 바랄 텐데, 그것을 가능하게 하는 여러 가지 방안 가운에 코칭 프로젝트를 기획, 실행하는 것은 여러 가지 측면에서 효과적인 방법이다.

물론 (사)한국코치협회도 다양한 공익사업이나 비즈니스 코칭 사업 전개 등 프로젝트 성격의 이벤트를 기획, 실행하고 있지만, 지금보다 더 적극적으로 추진할 필요가 있다. 정부나 지방자치단체가 추진하는 각종 사업 공모에 제안서를 제출하는 방법도 있고, 다른 기관이나 각급 학교 등과 협력하여 진행하는 등 얼마든지 시도할 만한 방법들이 있다. 전자에 속하는 프로젝트 가운데 하나가 고용노동부의「지역 · 산업 맞춤형 일자리 창출 사업」중 '교육훈련 지원사업' 부문에 대전광역시 서구와 관련 단체가 응모하여 선정되었던 '라이프 코치(Life Coach) 양성 사업'이다.[33] 이것은 코칭이 인적자원개발 차원에서 효과적인 방법일 뿐만 아니라 사회적 기능도 수행할 수 있다는 점을 보여주었던 좋은 사례라고 할 수 있다.

이처럼 다양하게 진행할 수 있는 코칭 프로젝트들은 그에 참석하는 전문코치들의 수익 증대에도 도움이 되지만, 지역사회나 일반인들에게 코칭을 홍보할 수 있다는 차원에서 향후 더 적극적으로 개발하여 실행할 필요가 있는 방법이다.

33) 해당 사업의 수행 결과를 자세하게 분석한 내용은 다음에 소개하는 논문을 참조할 수 있다. 조성진(2017). 코칭을 활용한 인적자원개발: 대전광역시 서구의 라이프코치 양성 사례를 중심으로. 인적자원개발연구, 20(4), 159-185.

2) 개인들이 진행하는 코칭 프로젝트

코칭 관련 단체가 진행하는 대규모 프로젝트도 의미가 있지만, 전문코치가 개인적인 자격으로 다양한 프로젝트를 진행하는 것도 여러 가지 측면에서 도움이 된다. 물론 지금도 전국에서 활동하는 많은 전문코치가 다양한 형태의 크고 작은 프로젝트를 진행하고 있겠지만, 전문코치들은 앞으로 더 많은 코칭 프로젝트를 기획하여 실행할 필요가 있으며, 코치 관련 단체는 이런 방법을 보다 적극적으로 권장할 필요가 있다. 특히, 코칭을 받고 싶어도 여러 가지 제약과 정보 부재 등으로 인해 코칭을 접할 수 없는 사람들에게 다가갈 수 있는 좋은 방법이 코칭 프로젝트이다. 이런 점에서 전문코치들은 개별적인 개인을 대상으로 마케팅 전략을 전개하기 어렵다면, 이런 코칭 프로젝트를 기획하여 실행함으로써 자신의 활동 영역을 확장하는 데 활용할 필요가 있다.

특히, 정부나 지방자치단체의 경우 지방보조금을 활용할 수 있는 다양한 지원사업을 해마다 진행하고 있어서, 이런 제도를 활용한 공익 성격의 코칭 프로젝트를 기획한다면, 좋은 효과를 도출할 만한 기회가 적지 않다. 예컨대, 중고교생의 진로 지도나 대학생의 취업 지원, 마을공동체 지도자 양성, 초(超) 고령화 시대에 대비한 인력 양성, 그리고 군인이나 '자립 준비 청년'[34]들을 위한 커리어 코칭과 라이프 코칭 등은 공공 성격의 코칭 프로젝트로 진행하기에 좋은 요소들을 가지고 있다.

코칭은 상담과 다른 장점이 분명히 있고, 일반인들이 상담실을 찾아가 상담을 받는 것에 대해 거부감을 지니는 데서 자유로울 수 있는 이점이 있어서, 다양한 프로젝트를 통해 개인의 삶의 문제를 해결하고 행복을 증진하는 데 이바지할 수 있다. 따라서 코치들은 자신이 관련된 분야나 거주하는 지역에서 다양한 프로젝트를 개발, 코칭의 확산에 이바지할 뿐만 아니라 코칭 수입의 증대도 도모할 필요가 있다.

---

34) 아동복지법에 따르면, 만 18세에 달하였거나 보호 목적이 달성되었다고 인정되어, 보호조치가 종료되었거나 해당 보호시설에서 퇴소하게 되는 아동을 '보호 종료 아동'으로 불렀다. 하지만 정부는 2021년 7월 13일 관계부처 협동으로 이들에 대한 지원강화 방안을 발표하면서, 이들을 능동적인 주체적인 존재로 바라본다는 의미에서 '자립 준비 청년'으로 부르기 시작했다. 2022년부터 자립 준비 청년의 보호시설 퇴소 시점을 본인의 의사에 따라 만 18세에서 만 24세까지 연장할 수 있게 되었다.

4. 코칭 산업의 전망

1) 기업의 생산 활동과 산업[35)]

기업의 생산 활동은 한 나라 경제에서 가장 핵심적인 역할을 담당한다. 기업은 노동과 자본을 비롯한 여러 가지 생산요소를 기술적으로 결합하여 나라의 경제에 필요한 재화와 용역을 공급하는 중추적인 기능을 하게 된다. 또한, 기업으로부터 공급된 재화와 용역(서비스)은 시장을 통해 소비자에게 공급되며, 이런 생산과 소비 활동이 곧 한 나라 경제의 근간을 형성하게 된다. 개별 기업의 생산 활동은 구체적으로 어떤 산업에서의 생산 수준을 결정하게 되고, 각 산업의 생산을 모두 통합하면 국민 경제의 총공급이 된다. 한편, 수요는 소비자의 소득과 선호에 따라 결정되며, 시장을 통하여 총공급과 총수요가 일치되는 수준에서 거시적인 국민 경제의 균형이 달성된다. 따라서 직접 생산을 담당하는 기업의 규모, 행태, 목표 등은 물론 이들 기업이 모여서 구성되는 산업의 구조와 조직, 그리고 시장의 기능 등이 모두 국민 경제의 성과를 결정하는 중추적 기능을 담당하게 된다.

기업들이 모인 특정 산업의 성격을 파악하기 위해서는 각 산업의 구조, 행태 및 성과 등 여러 가지 요소들을 파악하고, 그것을 둘러싼 공공정책과 그에 대한 기업의 대응 등을 종합적으로 함께 살펴보아야 한다.[36)] 구체적으로 살펴보면 다음과 같다.

첫째, 해당 산업의 시장 구조와 그에 따른 기업의 조직 구조를 살펴보아야 한다.[37)] 이것은 기업 수, 기업 규모의 분포, 제품 차별화, 진입의 조건 등을 바탕으로 해당 산업이 완전경쟁 상황인지, 아니면 불완전경쟁(과점, 독점, 독점적 경쟁) 상황인지를 파악해야 한다. 예컨대, 시장 지배력[38)]의 원천과 평가, 기업의 전략적 상호 작용에 따른 시장의 구체적인 양상 등을 파악해야 한다.

둘째, 해당 산업 내 기업의 행태를 파악해야 한다. 즉, 해당 산업에 속한 개별 기업이 시장 지배력을 획득, 유지, 확대, 행사하기 위한 행동(가격 전략, 광고 등 마케팅 전략, 타사에 대한 전

---

35) 정갑영 · 김동훈 · 최윤정(2016). **산업조직론**. 서울: 박영사. 3에서 발췌, 인용; 한종희(2019). **산업조직론: 전략과 정책**. 경기: 교보문고. 12에서 발췌, 인용.

36) 특정 산업의 다양한 활동을 '사회적 수요'(social demand)와 조화를 이룩할 수 있게 하는 문제를 연구하는 경제학의 한 분야를 '산업조직론'(Industrial Organization)이라고 한다. 그에 관한 전반적인 내용에 관해서는 다음에 소개하는 책들을 참조할 수 있다. 정갑영 외(2016). 앞의 책; 한종희(2019). 앞의 책.

37) 시장 구조는 규모의 경제와 같은 기술 특성 또는 기업의 전략적 행동에 따라 결정된다. 한편, 기업 구조는 시장을 통한 거래와 기업 내부 거래에 뜨는 거래 비용의 상대적 크기에 따라 결정된다고 볼 수 있다. 한종희(2019). 위의 책. 13에서 발췌, 인용.

38) 시장 지배력은 기술혁신에 따른 특허권, 연구개발을 통한 품질 또는 비용 우위, 자연 독점에 의한 정부의 진입 규제, 네트워크 효과, 규모의 경제, 표준화 등과 같은 수요 및 공급 특성, 필수요소의 확보, 담합 또는 경쟁자 배제 등을 통해 획득할 수 있다. 한종희(2019). 위의 책. 13에서 발췌, 인용.

략적 대응, 담합이나 합병 등)과 관련된 제반 양상을 구체적으로 살펴보아야 한다.

셋째, 해당 산업 내 개별 기업의 성과를 파악해야 한다. 특정 산업 내에 있는 개별 기업의 이윤, 자원 배분의 효율성, 형평, 기술 진보, 제품 개발 및 투자 등에 관한 세부사항을 파악해야 한다. 대부분 시장은 같거나 유사한 상품이나 서비스를 공급하는 소수의 기업이 경쟁하는 과점(oligopoly) 형태를 띠고 있다. 과점 시장에서 한 기업의 수익은 자신의 선택뿐만 아니라 다른 기업의 선택에 따라 달라진다.

마지막, 특정 산업에서 시장 지배력 남용과 같은 경쟁 제한 행위와 이에 대한 정부의 대응을 파악해야 한다. 예컨대, 독과점 규제, 공정거래의 촉진, 공기업의 규제 등에 관한 것들이 이에 속한다.

이런 차원에서 볼 때, 코칭 산업은 다른 산업에 비해 이런 구체적인 양상까지 파악할 수 있을 정도로 성장한 것은 아니다. 따라서 앞서 언급한 산업의 구체적인 모습을 파악하는 데 필요한 세부사항을 다루기에는 현실적으로 무리가 있다. 다만, 현재 시점에서 코칭 산업을 분석하거나 향후 코칭 산업의 발전 양상과 정도 등을 파악하기 위해서는 여타 산업과 유사한 방법으로 코칭 시장을 분석할 필요가 있다는 점만 강조하고자 한다.

앞으로 이 책에서 코칭 산업을 언급할 때는 온전한 의미에서의 산업 분석이라기보다 현재 상황에서 코칭과 관련된 시장의 양상을 부분적으로 살펴본 것임을 미리 밝혀둔다. 코칭 산업의 온전한 모습을 분석하는 것에 관해서는 향후 후발 연구자들의 노력과 헌신을 기대한다.

2) 코칭 산업의 이해

최근의 각종 문헌에서는 여러 나라에서 코칭 산업이 새로운 분야로서 급속한 성장과 확산을 보여주는 산업이라고 언급하고 있다. 선행연구에 따르면, 1999년에 벌써 미국에 기반을 둔 글로벌 1,000대 기업의 93%, 그리고 미국 밖에 있는 글로벌 1,000대 기업의 65%가 임원 코칭(executive coaching)을 실시했던 것으로 나타났다.[39] 예컨대, 「이코노미스트」는 글로벌 조직을 갖춘 기업들이 2003년에 1억 달러 이상의 금액을 구성원들에게 코칭을 제공하는 데 투자했고, 그 수치는 2005년까지 2억 달러를 넘어설 것으로 예상한다고 보고했다. 특히, 임원 코칭은 대규모 조직 내에서 전문경영인을 양성하는 방안의 하나로 활용되는데, 여러 코칭 장르 가운데 가장 급성장하는 장르라고 언급했다.[40] 또한, 영국의 2005년 통계에 의하면, 664개 조사 대상 조직 가운데 거의 90%가 코칭을 정규 프로그램으로 활용하고 있으며, 그 가운데 2/3에 해당하

39) Bono, J.E., Purvanova, R.K., Towler, A.J., & Peterson, D.B.(2009). A Survey of Executive Coaching Practices. *Personnel Psychology*, 62, 361-404에서 발췌, 인용; 조성진 · 송계충(2010). 코칭 효과 연구를 위한 코칭 프로그램 개발과 평가. **인적자원개발연구**, 13(1). 28에서 발췌, 인용.

40) 고윤승(2014). 코칭 산업의 이해. **한국과학예술포럼**, 17. 19에서 발췌, 재인용.

는 조직에서 외부 전문코치를 초빙하고 있는 것으로 나타났다.[41)]

선행연구에 따르면, 코칭의 대중적인 인기 상승과 코칭 서비스를 제공하는 전문코치 수(인원)의 증가를 고려할 때, 코칭 산업은 성숙 단계에 도달했고, 이것은 서로 관련된 세 가지 힘을 바탕으로 촉진되었다고 볼 수 있다.[42)] 첫째, 코치들 사이에서 코칭의 실행 배경이 되는 이론적 근거에 대한 이해와 실험할 만한 경험적 모델(experimental test model)이 증가했다는 점 둘째, 심리학, 정신의학, 성인학습, 조직 변화와 발전 등과 같은 전문 영역의 지식과 경험들이 개인 코치들의 수준을 향상했다는 점 셋째, 적절한 자격을 갖춘 코치로 인식되지 않았던 경영 및 인적자원 분야의 전문가들의 코칭 관련 지식이 증가했던 점들이 복합적으로 작용하여 코칭 산업이 성숙하는 결과로 나타났다.

그러나 이런 문헌들에서 주장하는 단편적인 내용만으로 코칭 산업의 특성을 규명하기에는 여러 가지 차원에서 부족함이 있다. 코칭 산업의 특성을 제대로 파악하기 위해서는 코칭이 진행되는 구조를 먼저 이해할 필요가 있다.

3) 코칭 비즈니스 전개 구조의 특징

코칭 비즈니스는 대개 전문코치 개인이 코칭 서비스를 제공하는 개인 서비스 형태로 이루어진다. 그들 가운데 기업 출신 최고경영자와 임원이나 관리자, HR 전문가나 스탭 등 경영 분야에서 활동하는 사람이 가장 많지만, 심리학자, 상담가, 정신(심리) 치료요법 의사, 법조인, 전문 기술자, 기자, 기업 전문 강사, 컨설턴트, 전직 교수나 교사, 목사, 교육 분야 프리랜서 등과 같은 직업적 · 학술적 배경을 가진 사람들도 적지 않다.[43)] 어떤 기업의 구성원으로서 내부코치로 활동하는 사례도 있지만, 몇몇 전문코치들은 코칭 훈련을 위한 기관이나 기업을 설립하고, 동료 코치들과 함께 코치 풀(pool)을 형성하거나 특정 코칭 프로젝트를 함께 진행한 후에 해당 수익을 배분하는 형태로 기업을 운영하기도 한다. 그러나 코칭 기업에 속하는 전문코치들은 코칭 현장에서 활동하는 전체 코치들 가운데 극소수에 불과하다. 대부분 코치는 개인의 능력

41) Hamlin, R.G., Ellinger, A.D., & Beattie, R.S.(2008). The Emergent 'Coaching Industry' : A Wake-up Call for HRD Professionals. *Human Resource Development International*, 11(3), 287-305; 조성진 · 송계충(2010). 위의 논문. 28에서 발췌, 인용.

42) Grant, A. M., & Cavanagh, M. J.(2004). Toward a profession of coaching: Sixty-five years of progress and challenges for the future. *International Journal of Evidence based Coaching and Mentoring*, 2(1), 8-21에서 발췌, 인용.

43) Bono, J. E., Purvanova, R. K., Towler, A. J., & Peterson, D. B.(2009). A Survey of Executive Coaching Practices. *Personnel Psychology*, 62; Brooks, I., & Wright, S.(2007). A Survey of executive coaching practices in New Zealand. *International Journal of Evidence Based Coaching and Mentoring*, 5(1); Sanson, M.(2006). Executive coaching : An international analysis of supply of executive coaching services. Dissertation of the University of St. Gallen, Uk; 한국코치협회(2014). 한국 코칭 산업 동향.

과 경험, 활동 가능한 범위 안에서 코칭을 진행하거나 코칭 훈련을 진행함으로써 수익이 발생하는 구조 속에서, 비즈니스를 진행하는 개인사업자인 경우가 많다.

이런 형태가 다른 산업에 비해 하나의 산업으로 발전하기에 쉽지 않은 구조적 측면의 한계이기도 하지만, 그렇다고 해서 산업으로서의 성장할 가능성이 전혀 없는 것은 아니다. 그 가능성은 코칭이 확산, 진행되는 세계 각국에서 전문코치의 수(인원)가 급증하는 현상만으로 충분히 짐작할 수 있다.[44] 하지만 코칭에 종사하는 사람들의 수(인원)적인 증가나 추이만으로 코칭 산업 전반을 전망할 수 없다. 여기에는 추가되거나 포함되어야 할 다양한 요인이나 지표가 있다. 이것에 대해서는 다른 산업의 예를 참고하는 것이 도움이 될 것이다.

4) 코칭 산업의 체계적인 전망을 위한 과제

통상적으로 어떤 산업에 대한 전망은 해당 산업의 동향지표들을 바탕으로 이루어진다. 예컨대, 우리나라 제조업과 서비스업을 망라하는 종합적인 산업 동향은 '주요산업동향지표'로 알 수 있다. 이것은 산업통계분석[45] 틀을 활용하여 다양한 산업통계를 종합적으로 집대성한 전문적 통계를 모아놓은 것이다. 이에 따르면, 각각의 산업별 통계에서는 최근까지의 국내 경기 동향, 생산, 수요, 고용, 수출입 등 실물 부문에서의 동향 및 성과 변화 등을 파악할 수 있다.[46] 서비스업도 항목별 산업분류표의 하나에 속해 있고, '유통 서비스', '생산자 서비스', '사회 서비스' 및 '개인 서비스'로 구분되어 있으며, 다시 '개인 서비스'의 기타 항목에는 '협회 및 단체'(업종코드번호 94), '기타 개인 서비스업'(업종코드번호 96) 등이 포함되어 있다.

따라서 한 산업의 전망은 앞에서 언급한 산업 동향에 나타나는 다양한 지표를 바탕으로 파악할 수 있고, 해당 지표의 변화를 바탕으로 그 산업의 성장과 관련된 미래를 예측하는 것이 일반적이다. 예컨대, 다음의 기사는 2022년 반도체 산업의 전망에 관한 내용 일부를 인용한 것이다.

> "2022년 글로벌 반도체 시장은 2021년 역대 실적으로 인한 역(逆) 기저 효과 영향에도 불구하고 주요 시장조사기관들은 전년 대비 약 7.5% 성장할 것으로 전망하고 있다. 반도체 시장은 2021년도 5,837억 불에서 2025년도 7,235억 불로 연평균 8.8% 성장할 것으로 전망되며, 2025년까지 반도체 수요처별 연평균 성장률은 자동차(15.7%), 서버 및 저장장치(12.9%) 분야에서 크게 증대되고, PC는 성장세가 다소 둔화(1.5%)할 전망이다. … (중략) … 메모리반도체 시장은 2021년도 1,692억 불에서 2025년도 2,306억 불로 연평균 12.5% 성장할 것으로 전망되며 2025년까지 메모리반도체 수요처별 연평균 성장률은 유선통신(39.4%), 자동차(20.7%), 스마트 폰(18.6%) 분야에서 크게 성장할 것으로 전망

44) 국내외 전문코치 수(인원)를 파악하기 위해서는 한국코치협회(http://kcoach.or.kr), 국제코치연맹(http://coacofederation.org) 등의 단체가 운영하는 홈페이지를 참조할 수 있다.

45) 더 자세한 산업통계는 산업통상자원부 주관 아래 산업연구원이 운영 · 관리하는 '산업통계분석 시스템'(Industrial Statistics Analysis System; ISTANS) 사이트(www.istans.or.kr)에서 제공하고 있다.

46) 산업연구원(2022). 주요산업동향지표. 주요산업동향, 41호(2022년 6월). 3-4에서 발췌, 인용.

된다. … (중략) 시스템반도체 시장은 2021년도 3,263억 불에서 2025년도 3,843억 불로 연평균 7.3% 성장할 것으로 전망되며, 2025년까지 시스템반도체 수요처별 연평균 성장률은 자동차(14.5%), 서버 및 저장장치(13.2%), 산업용(10%) 분야에서 크게 성장할 것으로 전망된다."[47]

하지만 안타깝게도 현재 수준에서 코칭 산업과 관련하여 이런 전망에 도움이 되는 기본 자료도 부족하거니와 관련 선행연구도 없는 실정이다. 국제코치연맹(ICF)에서 간헐적으로 코칭 산업 동향에 대해 발표했지만, 앞에서 언급한 산업 동향 관련 지표나 인용 기사처럼, 실제 시장의 자료를 바탕으로 통계기법을 활용한 의미 있는 분석 내용은 아니었다. 물론 한국에서도 (사)한국코치협회 산하 기구에서 '코칭 산업 동향'이라는 이름으로 간헐적으로 관련 현황을 파악한 적이 있으나(〈표 15-6〉 참조), 전반적으로 국내 코칭 산업의 전망이 낙관적이라는 단순한 결과만 내놓았을 뿐, 그 내용이 객관적이고 정교해서 한국 코칭 산업의 전체적인 동향과 전망을 구체적으로 파악하는 데 도움을 줄 정도는 아니었다. 최근의 선행연구에서도,[48] 국내에서 활동 중인 코치들은 향후 코칭 전망에 대해 대체로 낙관적으로 보았고, 라이프 코칭과 비즈니스 코칭이 가장 전망 있는 코칭 장르라고 응답한 것으로 발표되었지만, 이것 역시 개별 코치들에 대한 설문조사 결과이지 앞서 언급한 산업별 동향과 같이 다양한 자료를 바탕으로 분석한 결과가 아니라는 점에서 여전히 아쉬운 점이 있다.

〈표 15-6〉 코칭 산업 관련 조사 현황

일자	주관	표본 수	조사방법	내용
2011.10.~2011.11	한국코치협회 연구위원회	91명	온라인	한국코칭산업동향
2014.12.~2015.01	한국코치협회 기업코칭연구회	124명	온라인	한국코칭산업동향
2015.09.~2015.09	한국코치협회	210명	온라인	한국코칭산업동향
2016.09.~2016.12	한국코치협회 코칭연구개발위원회	107명	온라인	코칭 현황 분석

출처: 조성진 · 이나영 · 최소은(2022). 한국 코칭 산업의 미래 예측을 위한 코치의 만족 수준과 전망에 관한 고찰. 융합코칭저널, 1(2), 35-64에서 발췌, 인용.

이처럼 현실적으로 서비스 시장에서 코칭이 여전히 진행되고 있는데도 코칭 산업의 전망을 제대로 파악하기 어려운 현재와 같은 상황은, 코칭 산업의 현주소를 말하는 것 같아서 매우 안타깝다. 이런 차원에서 국내외적으로 전문코치들을 포함한 코칭 업계, 코칭 단체와 기관, 코칭 연구자들은 이 점에 관해 심도 있는 논의를 진행할 필요가 있으며, 코칭 산업의 전망에 도움이

47) 이정호(2022). 반도체 소재 · 부품 · 장비 산업 동향. 기술과 혁신, 2022SUS 9/10월호(vol. 455).

48) 부분적이긴 하지만 한국 코칭 산업의 미래를 전망할 수 있는 실마리를 제공했다는 점에서 의미가 있다고 보는 해당 논문에 관한 자세한 내용은 다음을 참조할 수 있다. 조성진 · 이나영 · 최소은(2023). 한국 코칭 산업의 미래 예측을 위한 코치의 만족 수준과 전망에 관한 고찰. 융합코칭저널, 1(2), 35-64.

되는 지표를 계속해서 개발하고 해당 지표의 변화 추이를 발표하는 등 각고의 노력이 필요하다고 생각한다.

5) 코칭의 미래와 코칭 산업

급속히 변화하는 시대에 미래를 예견하는 것은 쉬운 일이 아니다. 다만, 확실한 것은 변화의 속도가 점점 빨라질 것이라는 점이다. 어쩌면 필자가 지금 쓰고 있는 내용도 독자가 읽을 때쯤이면 이미 낡은 것이 될지도 모르겠다. 하지만 코칭의 선구자들과 선배 코치들의 조언과 지혜를 살펴보면, 코칭이 나아갈 미래의 방향을 예견하고 코칭 산업의 미래를 짐작하는 데 도움이 될 것이다. 코칭학 분야의 탁월한 연구자인 게리 콜린스는 2009년에 집필한 그의 저서에서 코칭의 미래를 다음과 같이 예견했다.[49)]

- 코칭은 더 많이 알려지고, 더 많이 수용될 것이다.
- 더 좋은 코칭 훈련 프로그램과 더 많은 자료가 나올 것이다.
- 코치는 첨단기기의 발전으로 편의를 누릴 것이다.
- 코칭은 점차 리더십의 기초가 될 것이다.
- 코칭은 두 사람 사이의 관계에서 팀, 집단, 동료들로 확장될 것이다.
- 코칭이 직업 영역을 넘어 관계의 주요 흐름이 될 것이다.

우리는 지금 그가 예견한 것들 가운데 많은 것이 오늘날 현실로 이루어졌다는 것을 쉽게 확인할 수 있다. 여기에서 확실한 것은 코칭의 미래는 긍정적이고, 계속해서 진화하고 발전한다는 점이다. 코칭과 관련된 영역에 종사하는 모든 사람의 노력으로 인해 미래의 어느 시점에서 코칭은 개인 서비스 영역에서 단순한 기법이나 도구 차원을 넘어 '하나의 산업'으로 자리 잡을 날이 꼭 올 것이다.

---

49) 게리 콜린스(양형주 · 이규창 역, 2011). 게리 콜린스의 코칭 바이블. 서울: 한국기독학생회출판부. 429-433에서 발췌, 인용.

15.3 코칭 산업의 발전 방향

1. 코칭 산업계의 과제 해결을 위한 제언

국내에 코칭이 도입된 지 상당한 시간이 지났다. 사람의 성장 단계에 비유하면, 이제 청년의 시기에 접어들었고, 본격적으로 자신의 가치관과 철학을 바탕으로 스스로 사회생활을 영위해 나가야 할 시기가 되었다고 말할 수 있다. 코칭 산업은 분명하게 하나의 독자적인 산업으로 자리매김할 필요가 있다. 하지만, 국내외적으로 코칭 산업에 대한 긍정적인 전망에도 불구하고, 코칭 산업 관계자들이 해결해야 할 과제는 적지 않다. 앞서 이 책의 제14장에서 서술한 코칭학의 과제에서 언급한 내용의 상당 부분이 코칭 산업계에서 해결해야 할 과제와 긴밀한 관계에 있다.

따라서 그에 관한 국내외 선행연구가 드문 상황에서 앞서 언급한 내용 일부를 여기에서 다시 언급할 수밖에 없다. 다만, 앞서 언급한 것 가운데 코칭 산업의 발전을 위해 해결해야 할 과제들을 다시 정리하는 의미에서 간단하게 서술한 다음, 필자의 현장 코칭 사례들, 관련 단체의 활동 경험, 그리고 코칭학 연구자로서의 연구결과 등을 바탕으로 국내 코칭 산업계가 해결해야 할 과제에 대해 두 가지 차원에서 관련 아이디어를 제언하고자 한다. 즉, 코칭 산업계 내부에서 자체적으로 해결해야 할 과제들과 외부의 자원들과 연결하거나 협력해야 할 과제들로 나누어 제안하고자 한다.

1) 코칭 산업계 내부적인 차원의 과제

먼저, 코칭 산업계 내부적인 차원에서 노력할 것들을 제시하면, 다음과 같다.

첫째, 전문코치의 공신력 확보과 신뢰성 제고와 관련된 과제들을 적극적으로 추진, 해결해야 한다. 어떤 직종이든 '개인 서비스'를 제공하는 산업의 경우, 가장 먼저 갖추어야 할 핵심적인 사항은 해당 서비스의 품질 향상과 그것이 외부로부터 신뢰를 받을 수 있는 공신력을 지니는 것이다. 이것은 서비스의 전문성 제고와 연결되는 문제이고, 일자리 창출과 직결되는 중요한 문제이다. 특히, 어떤 서비스가 사람의 일상생활과 직접 관련이 있고, 그가 하는 일(과업)의 성과나 조직 내의 다양한 일이나 상황 등과 관련이 있는 서비스라면, 그 일을 하는 직업인이 전문성과 공신력을 갖추는 것은 필수불가결한 요건이다. 이런 차원에서 현재 민간등록 자격인 코치 자격의 국가 공인자격으로의 승격 추진이라는 과제는 조속히 해결되어야 급선무가 될 것이다.

둘째, 코치들의 전문성 제고를 위한 코칭 역량 강화와 관련된 과제는 끊임없이 추진해야 한다. 앞서 코치가 갖추어야 할 코칭 역량(coaching competency)은 '코칭을 효과적으로 진행하는 데 필요한 가치, 태도, 지식 및 기술의 총합'이라고 말했다. 물론 이에 관한 구체적인 내용은 국내외 코치단체에서 권장하는 것에 따라 얼마든지 다를 수 있고, 해당 코칭 역량에 관한 명칭이나 정의도 다를 수 있다. 하지만 어떤 단체든 전문코치로서 갖추어야 할 구체적인 역량을 제시하지 않는 경우는 없다. 그 가운데 핵심은 실제 코칭을 효과적으로 잘 진행하느냐와 그 결과를 평가하는 기준을 마련하는 것이다. 그래서 코치단체들은 그런 역량을 확인하는 자료의 하나로, 자격시험에 도전하는 지원자들의 '코칭 (진행) 실적'을 반드시 제출하도록 요구하고 있다.

그런데 여기에서 고려해 볼 수 있는 것은 코치의 전문성을 갖추는 데 필요한 코칭 실적을 수시로 검증하는 절차를 제도화하는 것이다. 즉, 국내에 한정해 볼 때, 현재와 같이 어떤 자격시험에 도전하는 지원자가 스스로 진행한 코칭 실적을 정해진 양식에 적어 제출한 후에, 그것을 심사위원이 어떤 절차와 기준에 따라 검증하는 것이 아니라, 해당 단체(또는 협회)에서 평상시에도 수시로 코칭 실적을 일괄하여 관리하는 제도를 마련할 필요가 있다. 여기에서 그 구체적인 방법을 제안하는 것은 이 책의 취지를 벗어날 수가 있어서 추후 추가 연구과제로 남겨두고자 한다.

셋째, 코칭 관련 자료들을 모은 'Data-Base' 체계를 구축하는 것이다. 이것은 앞서 언급한 다양한 코칭 사례(또는 실적)뿐만 아니라 코칭과 코치 및 코칭 기업 등에 관련된 모든 자료를 일정한 기준에 따라 축적하는 것을 말한다. 그 후에 그것들을 분석하려는 기준에 따라 구분하고 분류하면, 상당히 유용한 추가 자료들을 얻을 수 있을 것이다. 이 작업은 코칭과 관련된 정기적인 설문조사의 대상이 될 '패널'(panel)을 구축하는 것과 밀접한 관계가 있어서 국내 코칭 산업의 전체적인 상황을 파악하는 데 큰 도움이 될 것이다. 당연히 코칭학 연구자들이 이 자료들을 다양하게 활용한다면, 그 속에서 코칭 관련 원칙과 원리들을 탐색, 분석할 수 있을 것이며, 그 과정에서 농축된 연구결과들은 코칭 이론으로 발전시키는 데 중요한 역할을 할 것이다. 이런 것들을 통해 전문코치와 코칭 연구자들의 협업체계를 갖춘다면, 코칭 메커니즘 속에서 코칭학의 이론체계 구축에 도움이 되는 수많은 것들을 추가로 발굴하는 데 큰 도움이 될 것이다.

넷째, 코치의 만족 요인을 찾고 그것을 향상하는 데 필요한 일을 계속해서 진행하는 것이다. 이것은 코치 개인과 코치 단체에 있어 모두 중요한 과제이다. 사람은 자신의 직업에 대해 경제적 · 심리적 · 사회적으로 애착과 매력을 느낄 수 있어야, 그 일에 계속해서 종사할 수 있고 능률도 올릴 수 있다.[50] 먼저, 코치 개인은 자신에게 영향을 준 동기에 따라 스스로 선택한 직업인 이상, 코치라는 직업에서 만족감을 얻는 데 필요한 노력과 시도를 해야 한다. 그에 필요한 최소한의 노력도 하지 않은 채, 수입이 증대하거나 보람이 생기길 바라는 것은 무리한 기대이다. 이것은 코치를 전업으로 생각하든 부업으로 생각하든 마찬가지이다. 다음으로, 코치단체

50) 조성진(2020). 코칭과 경력개발. 경기: 양성원. 231에서 발췌, 인용.

는 자신의 회원인 코치들의 권익을 보호하고, 적절한 프로젝트 및 사업 등을 진행함으로써 일자리 창출이 가능하도록 필요한 노력을 해야 한다. 회원의 유지와 성장은 단체의 가장 핵심적인 존재 이유이고, 그들로부터 일정한 금액의 회비를 받는 이상, 회원인 코치들을 위한 유효한 활동들을 적극적으로 진행해야 한다. 선행연구 결과에 따르면, 코치라는 직업이 자아실현 및 사회적 역할 분담이라는 기능은 어느 정도 수행하고 있지만, 경제적 이유인 생계유지 측면에서는 아직 덜 매력적인 것으로 보인다고 지적한 것은 되새겨보아야 하는 점이다.[51] 코치가 스스로 직업인으로서 만족해야 협회의 회원으로 계속 남아 있을 것이기 때문이다. 따라서 향후 코칭 산업의 지속적인 활성화를 위해 코치의 만족 요인과 불만족 요인에 관한 심도 있는 추가 분석이 필요하다.

다섯째, 코칭 수수료에 관한 표준 가격제(The standard price in coaching)를 도입하는 것이다. 일반적으로 표준 가격이란, '일부 생산물에 대해서 생산자들이 가격을 조절할 때 기준이 되도록 국가 기관에서 정한 좋은 가격'을 말한다.[52] 현재 코칭 수수료(coaching fee)는 전문코치 개인이 자유롭게 정해서 계약서에 명기하고 있다. 하한선도 없고 상한선도 없이 전적으로 전문코치의 개인 의사에 따라 정하고 있어서, 이것이 코칭 시장에서 혼란을 초래할 수 있는 측면이 있다. 실제로 최근에는 코칭 수수료가 상당히 낮은 선에서 정해지고 있고, 이것은 코치의 전체 수입에 영향을 주고 있다는 현장의 목소리가 점점 강해지고 있다. 따라서 일정한 수준에서 코칭 수수료의 표준 가격을 정할 필요가 있고, 이와 관련된 과제는 코치단체가 나서서 해야 하는 일이라고 생각한다. 필자는 코치등급별로 코칭 수수료를 정하되, 해당 등급의 코치가 받을 수 있는 최소한의 하한선을 정하고, 코치들에게 해당 가격을 지킬 것을 권고하는 표준 가격제도를 실시할 것을 제안하는 것이다. 그리고 그것이 가능하도록 '표준원가시스템'(standard cost system)을 비롯한 표준 가격제도 시행과 관련된 세부적인 사항에 관해서는 추후 추가 연구가 필요하다고 생각한다.

마지막으로, 코칭 산업의 성과 및 발전을 확인할 수 있는 객관적인 지표를 개발하는 것이다. 앞서 코칭 산업의 전망과 관련한 부분에서 잠시 언급했듯이, 현재 국내에는 코칭 산업의 현황과 전망을 파악하는 기초 자료가 될 만한 지표가 거의 없는 실정이다. 이것은 코칭 산업이 국가적 차원에서 볼 때, 의미 있는 산업으로서 지표를 관리할 만한 수준에 도달하지 않았기 때문이라고 생각한다. 하지만 코칭 업계에 종사하는 사람들로서는 그와 상관없이 자체적인 성장과 발전 정도를 확인, 평가할 수 있는 지표 개발에 소홀해서는 안 된다. 이런 지표가 아직 개발되지 않았다는 것은 코칭 산업이 제대로 관리되고 있지 않다는 것을 외부에 알려주는 신호가 될

51) 이에 관한 자세한 내용을 알기 위해서는 다음에 소개하는 논문을 참조할 수 있다. 조성진 · 이나영 · 최소은(2022). 한국 코칭 산업의 미래 예측을 위한 코치의 만족 수준과 전망에 관한 고찰. **융합코칭저널**, 1(2), 35-64.

52) 국립국어원(2023). 표준 가격. **표준국어대사전**(https://stdict.korean.go.kr/search/, 2023년 1월 접속)

수 있기 때문이다. 이와 관련된 세부사항에 대해서도 역시 추가 연구가 필요하다.

2) 코칭 산업계 외부와 협력할 차원의 과제

코칭 산업은 외부와의 적절한 협력 관계를 유지해 가는 것이 필요하다. 현재 국내에서 자격과 관련된 부분은 전적으로 국가 기관에 의해 해당 업무와 절차가 진행되고 있다. 향후 코치와 코칭 업계의 역할이 확대되고 결과적으로 지위가 높아지기 위해서는, 정부를 비롯한 지방자치단체, 외부 기관들과 긴밀한 관계를 유지해 나가야 한다. 여기에서는 그와 관련된 과제들을 살펴보면 다음과 같다.

첫째, 코치 자격의 국가 공인자격으로의 승격을 추진해야 한다. 현재 국내에서 자격은 크게 국가자격과 민간자격으로 구분하여 관리되고 있다. 여러 가지 현실적인 조건과 여건 등을 종합적으로 고려하더라도, 단기간에 국가자격으로 승격되기에는 다소 무리가 있다. 그렇다면 그 대안으로 고려할 수 있는 것이, 먼저 현재의 코치 자격을 '민간 공인자격'으로 격상시키는 방안이다. 현재 시점에서 '자격기본법'에 따라 국가 공인 민간 자격시험의 경우에는 대체로 해당 자격의 급수를 구분한 후에, 해당 급수별로 필수과목과 선택과목을 지정하고 있으며, 해당 과목의 시험 점수에 하한선을 두어 자격증 합격 여부를 관리하고 있다.[53] 따라서 조속한 시기에 이와 관련된 작업에 착수하는 것이 필요하다. 이것은 코치 자격의 공신력과 전문성에 관한 중요한 문제이고, 코치라는 직업의 장기적인 안정성 차원에서도 면밀하게 연구되어야 할 과제이다. 그것을 위해 전문코치, 코칭학 연구자 및 코칭 업계 관계자들의 의견을 수렴하고 코치 자격관리기관과 코치단체 등과 협력하여 이에 필요한 담론을 형성할 필요가 있다. 나아가 필요하다면, 한국직업능력연구원, 한국산업인력공단 등과도 협력할 필요가 있으며, 이와 관련된 세부사항에 관한 정밀한 추가 연구가 필요하다.

둘째, 코치 자격 관련 기관에 관한 엄격한 관리 · 감독이 필요하다. 현재 국내에서 이에 관한 업무는 한국직업능력연구원(KRIVET)에서 담당하고 있다. 선행연구에 따르면, 2021년 8월 말 현재, 총 1,335개의 민간자격으로 총 444개의 자격관리기관에서 총 160,174명(연간 11,441명)의 코치를 배출했지만, 전체의 66%에 가까운 수의 자격관리기관이 자격만 등록한 채 활동하지 않거나 코치를 전혀 배출하지 않은 것으로 확인되었다.[54] 이처럼 코치 인력이 16만여 명 이상으로 급증할 정도로 해당 인력의 숫자가 늘어났고, 1년에 단 한 명의 코치를 배출하지 않은 기관도 900여 개에 가깝다는 점 등을 함께 고려할 때, 코치의 질적 수준과 대국민 코칭 서비스의 질 관리 차원에서 해당 단체(협회)의 자정 노력에만 맡기기에는 적지 않은 문제점을 드러낼 가능

53) 조성진 · 정우석 · 허영숙 · 한혜정(2022). 국내 코칭 관련 민간자격의 현황과 발전 방안에 관한 연구: 민간 공인 코치 자격 인증체계와 시험과목을 중심으로. 융합코칭저널, 1(1), 51-52에서 발췌, 인용.

54) 조성진 · 정우석 · 허영숙 · 한혜정(2022). 앞의 논문. 31-59에서 발췌, 인용.

성이 있어서, 국가(기관) 차원에서 적극적으로 관리해야 하는 시점이라고 생각한다. 따라서 한국직업능력연구원 등은 이 점에 주목하여 코치 관련 민간자격의 실정을 제대로 파악하고, 코치 자격의 전문성 제고 등과 관련하여 현실을 개선하는 방안을 마련할 필요가 있다.

셋째, 코칭과 관련된 정부 차원의 관리기관을 설립할 필요가 있다. 예컨대, (가칭)'한국코칭문화진흥원'을 설립하여 대국민 코칭 관련 서비스 업무를 총괄, 진행할 필요가 있다. 만일 이런 기관이 설립된다면, 기존에 한국직업능력연구원에서 담당하는 코치 자격 관련 업무 등 관련 업무 일체를 이관하고, 코칭과 관련된 추가 업무를 개발, 진행할 필요가 있다. 그리고 이곳에서 국민의 정신적 · 정서적 · 신체적 건강 등을 위한 사전 예방 차원에서, 코칭을 통해 국민 개개인과 특정 조직에서 발생하는 이슈들을 해결한다면, 사회적 손실과 비용 발생을 감소시키고, 결과적으로 국민의 회복 탄력성을 높이고 건강성을 유지하는 데 큰 도움을 줄 것이다. 나아가 사회적 약자를 비롯한 공익 차원의 인적 서비스 사업 즉, 군인들의 전반적인 경력 관리, 대학생들의 취업 · 진로 지도, '자립준비청년'[55]과 NEET(Not in Education, Employment, and Training: NEET) 청년[56]의 사회 진출 지원, 경력단절 여성의 재취업, 베이비 붐 세대의 은퇴 후

그림 15-1 코칭 산업의 발전을 위한 과제

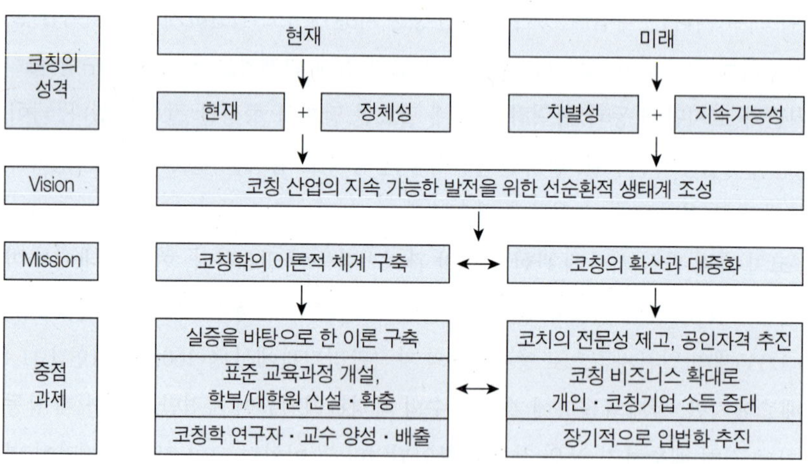

출처: 조성진 외(2022). 국내 코칭 관련 민간자격의 현황과 발전 방안에 관한 연구. 융합코칭저널, 1(1), 31-59에서 발췌, 인용.

55) '자립준비청년'이란 보호 대상 아동이 만 18세에 이르렀거나 보호 목적이 달성되었다고 인정되어, 보호조치가 종료되었었거나 해당 시설에서 퇴소하게 되는 아동을 말한다. 정부가 2021년 7월 31일 관계부처 합동으로 보호 종료 아동 지원강화 방안을 발표하면서 원래 '보호 종료 아동'을 가리키던 용어를 이렇게 변경한 것이다.

56) 김기헌(2017). 한국 청년 니트(NEET)의 정의와 결정요인. 한국노동연구원보고서 패널 워킹 페이퍼, 제8호(12월), 1-14.

재취업 및 고령 노인의 말벗 프로젝트 등과 관련된 업무를 담당하도록 하는 방향으로 선구적 인식 전환이 필요하다.

이상에서 언급한 과제들 이외에 추가적인 과제는 얼마든지 발굴할 수 있고, 적절한 절차에 따라 해당 과제들을 추진할 수 있다. 이런 과제들을 그림으로 정리한 것이 [그림 15-1]이다.

2. 코칭 관련 산 · 학 · 연 협력체계 구축

코칭 관련 민간자격이 난립하는 상황에서 발생하는 여러 문제점을 해소하고, 코치 민간자격의 공신력과 신뢰성을 확보함으로써 고객(국민)에게 양질의 코칭 서비스를 제공하기 위해서는 코칭 업계의 선제적 대응이 필요하다. 그러려면 코칭 관련 기관(단체) 간의 협력을 위한 단일기구 설립, 코칭 정책 전문가의 양성, 코칭의 사회적 책무에 대한 담론 형성, 코칭 정책과 사업을 총괄하는 국가 차원의 조직(또는 기구) 설립 등 국내에서 코칭 산업의 발전을 위해 필요한 일들을 주도적으로 추진할 필요가 있다. 그래서 이런 일들을 효과적으로 추진하기 위한 산 · 학 · 연 협력체계를 구축할 필요가 있다. 코칭 훈련기관, 코치 관련 단체(또는 협회), 코칭 관련 학과를 개설, 운영하는 대학교, 코칭 관련 연구/개발에 힘쓰는 연구자들이 모인 협력체계를 구축하여 진행할 필요가 있다.

이런 과정이 원활하게 진행된다면, 코칭 업계와 산업에 있어서 선순환적 생태계가 조성될

그림 15-2 코칭 산업의 발전을 위한 선순환적 생태계 조성

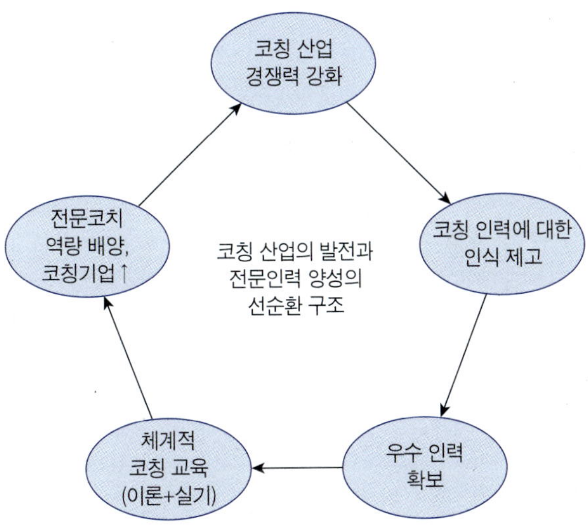

출처: 조성진 외(2022). 국내 코칭 관련 민간자격의 현황과 발전 방안에 관한 연구. **융합코칭저널**, 1(1), 56에서 발췌, 인용.

것이고, 코칭 산업은 국내외적으로 활성화될 것이다. 이런 노력의 결과는 일차적으로 전문코치의 수입 증대로 이어질 것이고, 다양한 국내외적 프로젝트를 병행한다면 장기적으로 코칭 업계의 사회적 역할도 충실하게 감당할 수 있을 것이다. 이런 절차와 노력이 의미 있는 수준으로 진행된다면, 중·장기적으로 코칭 산업의 지속 가능한 발전을 위한 선순환적 생태계가 계속해서 유지될 것이고([그림 15-2] 참조), 이것은 다시 고객(국민)들의 코칭 서비스에 대한 수요 증대로 귀결될 것이다.

한국코치협회(KCA) 코칭 역량 해설

(사) 한국코치협회

I. 개요

II. KCA 코칭 역량 해설

I. 개요

1. 추진 배경

(사)한국코치협회는 2003년 설립 이후 한국의 대표적인 코칭 기관으로서 코칭의 확산과 정착에 기여해왔다. 2021년 자격 인증 코치 일만 명을 배출함으로써 코칭의 대중화를 위한 기틀을 마련하였으며 나아가 대한민국을 넘어 세계로 K-Coaching의 영역을 확장하기 위하여 코칭 역량 개발을 추진하였다.

2017년 인증위원회 산하에 코칭 실무자와 역량 전문가로 구성된 역량 TF를 발족하여 코칭 역량에 관한 연구를 시작했다. 다양한 문헌 조사와 설문 소사, 그리고 현장 전문가들의 의견을 수렴하여 2021년 KCA 코칭 역량을 제정하였다. 이를 기반으로 '글로벌 인증기관으로 도약'하기 위한 협회의 비전을 달성하는 출발점으로 삼고자 한다.

KCA 코칭 역량은 한국인의 문화와 정서를 반영하여 코치다움과 코칭다움을 기반으로 8가지 역량으로 정립하였다. 새롭게 제정된 코칭 역량을 통해 코치들의 코칭 서비스 품질을 높이고 유사 영역과의 차별성과 코칭의 고유한 전문성을 확보하여 코치의 직업적 위상을 높이는 데 크게 기여할 것으로 기대한다.

2. 추진 경과

- 2017. 1. 23: (사)한국코치협회 정기 총회에서 코칭 역량 제정 사업계획 보고 및 승인
- 2017. 10. 16: 코칭 역량 제정 추진팀 구성
- 2018. 9. 7: 코칭 역량 결과보고 및 전문가 간담회
- 2018. 10. 31: KCA 코칭 역량 표준 모델(안) 발표(제15회 대한민국 코치대회)
- 2019. 6. 3: KCA 코칭 역량 제정 TF 1기 발족
- 2020. 6. 13: KCA 코칭 역량 제정 TF 1기 완료
- 2020. 8. 10: KCA 코칭 역량 제정 TF 2기 발족
- 2021. 5. 7: KCA 코칭 역량 신뢰도와 타당도 통계 분석
- 2021. 7. 15: KCA 코칭 역량(안) 이사회 보고 및 승인
- 2021. 8. 12: KCA 자격 인증기관 및 코칭펌 대상 KCA 코칭 역량 설명회
- 2021. 9. 1: (사)한국코치협회 회원 대상 KCA 코칭 역량 설명회
- 2021. 10. 16: (사)한국코치협회 홈페이지에 KCA 코칭 역량 공지

3. KCA 코칭 역량 모델

- 형상: 마차(Coach)의 수레바퀴(Wheel) 상징
- 색상: 코치다움은 나무의 뿌리 상징
  코칭다움은 나무의 잎 상징

4. KCA 코칭 역량 체계

1) KCA 코칭 역량군

- 코치다움: 코치로서 개인의 삶과 코칭 현장에서 코칭 윤리를 실천하며, 자기 인식과 자기 관리를 바탕으로 전문 계발을 해 나가는 것
- 코칭다움: 코칭 현장에서 고객과 관계를 구축하고, 적극 경청과 의식 확장을 통해 고객의 성장을 지원하는 것

2) KCA 코칭 역량

(1) 윤리 실천

① 정의: (사)한국코치협회에서 규정한 기본 윤리, 코칭에 대한 윤리, 직무에 대한 윤리, 고객에 대한 윤리를 준수하고 실천한다.

② 핵심 요소

- 기본 윤리
- 코칭에 대한 윤리
- 직무에 대한 윤리
- 고객에 대한 윤리

③ 행동 지표

- 코치는 기본 윤리를 준수하고 실천한다.
- 코치는 코칭에 대한 윤리를 준수하고 실천한다.
- 코치는 직무에 대한 윤리를 준수하고 실천한다.
- 코치는 고객에 대한 윤리를 준수하고 실천한다.

(2) 자기 인식

① 정의: 현재 상황에 대한 민감성을 유지하고 직관 및 성찰과 자기 평가를 통해 코치 자신의 존재감을 인식한다.

② 핵심 요소

- 상황 민감성 유지
- 직관과 성찰
- 자기 평가
- 존재감 인식

③ 행동 지표

- 지금 여기의 생각, 감정, 욕구에 집중한다.
- 생각, 감정, 욕구가 발생하는 배경과 이유를 감각적으로 알아차린다.
- 직관과 성찰을 통해 자신의 생각, 감정, 욕구가 미치는 영향을 인식한다
- 자신의 특성, 강약점, 가정과 전제, 관점을 평가하고 수용한다.
- 자신의 존재를 인식하고 신뢰한다.

(3) 자기 관리

① 정의: 신체적, 정신적, 정서적 안정 및 개방적, 긍정적, 중립적 태도를 유지하며 언행을 일치시킨다.

② 핵심 요소

- 신체적, 정신적, 정서적 안정
- 개방적, 긍정적, 중립적 태도
- 언행 일치

③ 행동 지표

- 코치는 코칭을 시작하기 전에 신체적, 정신적, 정서적 안정을 유지한다.
- 코치는 다양한 코칭 상황에서 침착하게 대처한다.
- 코치는 솔직하고 개방적인 태도를 유지한다.
- 코치는 긍정적인 태도를 유지한다.
- 코치는 고객의 기준과 패턴에 관한 판단을 유보하고 중립적인 태도를 유지한다.
- 코치는 말과 행동을 일치시킨다.

(4) 전문 계발

① 정의: 코칭 합의와 과정 관리 및 성과 관리를 하고 코칭에 필요한 관련 지식, 기술, 태도 등의 전문 역량을 계발한다.

② 핵심 요소

- 코칭 합의
- 과정 관리
- 성과 관리
- 전문 역량 계발

③ 행동 지표

- 고객에게 코칭을 제안하고 협의한다.
- 고객과 코칭 계약을 하고, 코칭 동의와 코칭 목표를 합의한다.
- 코칭 과정 전체를 관리하고 이해관계자를 포함한 고객과 소통한다.
- 고객과 합의한 코칭 주제와 목표에 대한 성과를 관리한다.
- 코칭에 필요한 관련 지식, 기술, 태도 등의 전문 역량을 계발한다.

(5) 관계 구축

① 정의: 고객과의 수평적 파트너십을 기반으로 신뢰감과 안전감을 형성하며 고객의 존재를 인정하고 진솔함과 호기심을 유지한다.

② 핵심 요소

- 수평적 파트너십
- 신뢰감과 안전감
- 존재 인정
- 진솔함
- 호기심

③ 행동 지표

- 코치는 고객을 수평적인 관계로 인정하며 대한다.
- 고객과 라포를 형성하여 안전한 코칭 환경을 유지한다.
- 고객에게 긍정 반응, 인정, 칭찬, 지지, 격려 등의 언어를 사용한다.
- 고객의 특성, 정체성, 스타일, 언어와 행동 패턴을 알아주고 코칭에 적용한다.
- 코치는 고객에게 자신의 생각, 느낌, 감정, 알지 못함, 취약성 등을 솔직하게 드러낸다.
- 코치는 고객의 주제와 존재에 대해서 관심과 호기심을 유지한다.

(6) 적극 경청

① 정의: 고객이 말한 것과 말하지 않은 것을 맥락적으로 이해하고 반영 및 공감하며, 고객 스스로 자신의 생각, 감정, 욕구, 의도를 표현하도록 돕는다.

② 핵심 요소
– 맥락적 이해
– 반영
– 공감
– 고객의 표현 지원
③ 행동 지표
– 고객이 말한 것과 말하지 않은 것을 맥락적으로 헤아려 듣고 표현한다.
– 눈 맞추기, 고개 끄덕이기, 동작 따라하기, 어조 높낮이와 속도 맞추기, 추임새 등을 하면서 경청한다.
– 고객의 말을 재진술, 요약하거나 직면하도록 돕는다.
– 고객의 생각이나 감정을 이해하며, 이해한 것을 고객에게 표현한다.
– 고객의 의도나 욕구를 이해하며, 이해한 것을 고객에게 표현한다.
– 고객이 자신의 생각, 감정, 의도, 욕구를 표현하도록 돕는다.

(7) 의식 확장
① 정의: 질문, 기법 및 도구를 활용하여 고객의 의미 확장과 구체화, 통찰, 관점 전환과 재구성, 가능성 확대를 돕는다.
② 핵심 요소
– 질문
– 기법과 도구 활용
– 의미 확장과 구체화
– 통찰
– 관점 전환과 재구성
– 가능성 확대
③ 행동 지표
– 긍정적, 중립적 언어로 개방적 질문을 한다.
– 고객의 상황과 특성에 따라 침묵, 은유, 비유 등 다양한 기법과 도구를 활용한다
– 고객의 말에서 의미를 확장하도록 돕는다.
– 고객의 말을 구체화하거나 명료화하도록 돕는다.
– 고객이 알아차림이나 통찰을 하도록 돕는다.
– 고객이 관점을 전환하거나 재구성하도록 돕는다.
– 고객의 상황, 경험, 사고, 가치, 욕구, 신념, 정체성 등의 탐색을 통해 가능성 확대를 돕는다.

(8) 성장 지원
① 정의: 고객의 학습과 통찰을 정체성과 통합하고, 자율성과 책임을 고취한다.

고객의 행동 전환을 지원하고, 실행 결과를 피드백하며 변화와 성장을 축하한다.

② 핵심 요소

- 정체성과의 통합 지원
- 자율성과 책임 고취
- 행동 전환 지원
- 피드백
- 변화와 성장 축하

③ 행동 지표

- 고객의 학습과 통찰을 자신의 가치관 및 정체성과 통합하도록 지원한다.
- 고객이 행동 설계 및 실행을 자율적이고 주도적으로 하도록 고취한다.
- 고객이 실행 계획을 실천할 수 있는 후원 환경을 만들도록 지원한다.
- 고객이 행동 전환을 지속하도록 지지하고 격려한다.
- 고객이 실행한 결과를 성찰하도록 돕고, 차기 실행에 반영하도록 지원한다.
- 고객의 변화와 성장을 축하한다.

II. KCA 코칭 역량 해설

1. 윤리 실천

1) 정의

(사)한국코치협회에서 규정한 기본 윤리, 코칭에 대한 윤리, 직무에 대한 윤리, 고객에 대한 윤리를 준수하고 실천한다.

2) 핵심 요소 및 행동 지표 설명

(1) 기본 윤리

➤ **코치는 기본 윤리를 준수하고 실천한다.**

(사)한국코치협회 소속 코치는 고객의 잠재력을 극대화하고 최상의 가치를 실현하도록 돕기 위해 부단한 자기 성찰과 끊임없이 공부하는 평생 학습자가 되어야 하며, 자신의 전문 분야와 삶에서 고객의 롤모델이 되어야 한다. 국제적으로 코칭 활동을 할 때는 해당 국가의 코치 윤리규정도 존중하며 코칭에 임한다.

(2) 코칭에 대한 윤리

➤ **코치는 코칭에 대한 윤리를 준수하고 실천한다.**

코치는 코칭할 때 고객을 충분히 이해하고 수용하고 지지하는 태도를 보여야 하며, 코치와 (사)한국코치협회의 명예와 신용을 해치는 행위를 하지 않아야 한다. 코치는 고객에게 코칭을 안내하거나 홍보할 때, 코칭을 통해 얻을 수 있는 성과를 의도적으로 과장하거나 축소하는 등의 부당하거나 근거가 없는 주장을 하지 않아야 하며, 자신의 경력, 실적, 역량, 개발 프로그램, 저술 및 활동 내용 등에 관하여 과대하게 선전하거나 광고하지 않아야 한다.

코치는 고객이 자신 이외의 코치 또는 다른 접근 방법(심리치료, 컨설팅 등)이 더 유효하다고 판단될 때 고객과 상의하고 변경을 하도록 촉구하며, 코칭에 도움이 되는 다양한 접근법을 존중하고 수용하며, 이에 기여한 다른 사람들의 노력이나 공헌을 존중하고 인정한다.

코치로서 코칭에 관한 연구 활동을 할 때 코치는 전문적인 근거와 과학적인 기준 그리고 개인 정보 보호법 등 관련 법률에 준거하여 연구하고 보고서나 논문을 작성해야 한다. 또 연구를 할 때 고객과 관련자에게 허가나 동의를 얻어서 참가자가 불이익을 받지 않도록 해야 한다.

(3) 직무에 대한 윤리

➤ **코치는 직무에 대한 윤리를 준수하고 실천한다.**

코치는 어떤 상황에서도 친절하고 성실하게 최선을 다해 고객을 대해야 하며, 자신의 능력, 기술, 경험을 정확하게 인식하여 자신이 다룰 수 있는 범위 내에서 코칭을 구사하고 적용한다.

코치는 코칭 진행에 지장을 주는 개인적인 문제를 인식하도록 노력하고, 그것이 코칭에 영향을 미친다고 판단할 경우 코칭의 일시 중단이나 종료하는 것이 적절한지 등을 결정하고 고객과 협의한다. 또 코치는 코칭 중에 고객이 내리는 모든 결정을 존중한다.

코치는 코칭 시작하기, 즉 최초의 세션 이전에 코칭의 본질, 비밀을 지킬 의무의 범위, 지급 조건 및 그 외의 코칭 계약 조건을 고객이 충분히 이해하도록 설명한 다음 계약을 체결하며, 코칭 중 어느 시점에서도 고객이 자유롭게 코칭을 종료할 권리가 있음을 알린다.

코치는 고객이나 고객이 될 가능성이 있는 사람에게 코치와 코칭에 대해 오해를 부를 우려가 있는 정보를 전달하거나 개인적인 충고를 하지 않아야 하며, 고객과의 이해관계나 성적 관계를 포함한 어떠한 부적절한 거래 관계도 하지 않으며, 개인적, 직업적, 금전적인 이익을 위해 의도적으로 고객을 이용하지 않는다.

코치는 고객이 고객 자신이나 타인에게 위험을 미칠 의사를 분명히 밝혔을 경우 관련 법이 정한 대로 조치하며, (사)한국코치협회 윤리위원회에 전달하고 필요한 절차를 밟는다.

(4) 고객에 대한 윤리

➤ **코치는 고객에 대한 윤리를 준수하고 실천한다.**

코치는 법이 요구하는 경우를 제외하고 고객의 정보에 대한 비밀을 지키며, 고객의 이름이나 그 외의 고객 특정 정보를 공개하거나 발표하려면 미리 고객의 동의를 얻어야 하며, 보수를 지급하는 사람, 이를테면 기업의 코칭 담당자나 대표자가 고객 정보를 원할 때 반드시 고객의 동의를 얻어야 한다. 만일 고객이 동의하지 않으면 관련 법에 따라 비밀을 준수한다.

코치는 코칭 실시에 관한 모든 작업 기록을 정확하게 작성, 보존, 보관, 파기한다. 보존 시 고객 정보가 유출되지 않도록 유의하며, 고객과 약속을 한 경우 그 기간이 지나면 자료를 파기한다.

코치는 자신과 고객의 이해가 대립하지 않도록 노력하여야 한다. 만일 이해가 대립하거나 발생할 우려가 있을 때, 코치는 그것을 고객에게 숨기지 않고 분명하게 전달하고 고객과 함께 좋은 대처 방법을 검토하고 해결방안을 찾는다.

코치는 코칭 관계를 해치지 않는 범위 내에서 코칭 비용을 금전이 아닌 서비스, 물품 또는 다른 금전적인 것으로 상호 교환할 수 있다.

2. 자기 인식

1) 정의

현재 상황에 대한 민감성을 유지하고 직관 및 성찰, 자기 평가를 통해 코치 자신의 존재감을 인식한다

2) 핵심 요소 및 행동 지표 설명

(1) 상황 민감성 유지

➢ 지금 여기의 생각, 감정, 욕구에 집중한다.

코치는 자신의 말과 행동에 영향을 미치는 내적 상태, 즉 생각, 감정, 욕구를 살펴서 알아차린다. 코치는 기본적으로 고객의 생각, 감정, 욕구에 관심을 두고 공감하지만, 코치 자신의 내적 상태가 자신도 모르게 코칭에 영향을 줄 수 있으므로 코칭 과정 내내 주의를 기울여야 한다.

생각, 감정, 욕구는 상호 연결되어 있으며 일반적으로 욕구에 의해 감정이 생기며 감정이 생각으로 구체화한다. 또는 생각이 감정을 자극하고 감정이 욕구를 유발하기도 한다. 코치는 이와 같은 내적 상태의 상호 연관성을 이해하고 지금 여기에서 일어나는 생각, 감정, 욕구에 대해 민감성을 지닌다.

➢ 생각, 감정, 욕구가 발생하는 배경과 이유를 감각적으로 알아차린다.

코치는 자신의 말과 행동에 영향을 미치는 생각, 감정, 욕구가 어떤 맥락에서 발생하였으며 심리적 요인이 무엇인지 감각적으로 알아차린다. 감각적이라는 것은 그 배경과 이유에 대한 이성적인 판단 이전에 느낌으로 알아차릴 수 있음을 의미하는데, 코치의 생각, 감정, 욕구가 특정 상황에서 반복해서 발생하는 심리적 패턴일 수 있으므로 경험했던 기억을 살려 신체적 느낌으로 알아차릴 수 있어야 한다.

이러한 내적 상태는 고객의 말과 행동에 대한 코치의 반응으로 심리적 방어기제가 작동한 것일 수 있으므로 코치는 평소에 자신의 방어기제에 관한 탐구가 필요하다. 방어기제는 고객에 대한 코치의 판단에서 비롯되므로 코치는 늘 판단 보류 상태에서 고객을 대해야 하며 자신의 심리적 반응을 인식해야 한다.

(2) 직관과 성찰

➢ 직관과 성찰을 통해 자신의 생각, 감정, 욕구가 미치는 영향을 인식한다.

코치는 자신의 생각, 감정, 욕구가 코칭의 내용과 흐름 그리고 고객에게 어떤 영향을 미치는지 직관과 성찰을 통해 알아차린다. 직관은 판단이나 추리 등의 사유 작용을 거치지 않고 대상을 직접 파악하는 작용을 말하는데 코치 자신에 대한 지속적인 모니터링을 통해 가능해진다. 코치는 자신의 내적 상태가 코칭에 영향을 미친다고 직관적으로 알게 되면 즉시 성찰하여 그 내용을 인식해야 한다.

코치의 내적 상태가 코칭 과정에 미치는 영향은 적지 않으므로 코치는 항상 코칭 상황을 지켜보는 자신의 메타인지를 활용할 수 있어야 한다.

(3) 자기 평가

➢ **자신의 특성, 강약점, 가정과 전제, 관점을 평가하고 수용한다.**

코치는 자신의 말과 행동 그리고 생각, 감정, 욕구에 영향을 미치는 자신의 특성, 강약점, 가정과 전제, 관점에 대해 고객과 코칭 상황에 비추어 그 적절성을 평가하고 결과를 수용한다. 이는 코치 고유의 특성과 강약점, 가정과 전제, 관점에 대한 절대적인 평가가 아닌 개별 코칭 현장에 필요한 적합성 평가와 수용을 의미한다

특성이란 성격적 특성과 행동 특성을 의미하며, 강약점 역시 성격적 측면과 행동적 측면의 강점과 약점을 의미한다. 가정과 전제, 관점은 코치의 선입견으로 작용하거나 고객의 생각을 유도할 수 있으므로 수시로 점검해야 한다.

(4) 존재감 인식

➢ **자신의 존재를 인식하고 신뢰한다.**

코치는 자신의 상태에 대한 전반적인 인식과 지금 여기 코치로서 존재한다는 인식을 확실히 하고 그 존재 방식을 신뢰한다. 코칭에 임하는 코치의 존재 방식은 코치의 말과 행동 그리고 생각, 감정, 욕구의 내용과 작동 방식에 따라 드러나므로 이에 대한 성찰과 신뢰는 코치 자신에 대한 본질적인 신뢰로 이어진다.

코치로서의 존재감에 대한 자기 인식과 자기 신뢰가 미약하면 고객을 신뢰하지 못하게 되고 결과적으로 고객에게 신뢰받지 못하게 된다. 자기 신뢰가 바탕이 되어야 코치는 고객을 위해 자신의 말과 행동을 유연하게 최적화할 수 있다.

3. 자기 관리

1) 정의

신체적, 정신적, 정서적 안정 및 개방적, 긍정적, 중립적 태도를 유지하며 언행을 일치시킨다.

2) 핵심 요소 및 행동 지표 설명

(1) 신체적, 정신적, 정서적 안정

➢ **코치는 코칭을 시작하기 전에 신체적, 정신적, 정서적 안정을 유지한다.**

'자신의 전문 분야와 삶에 있어서 고객의 롤모델이 되어야' 하는 코치는 자신의 신체적, 정신적, 정서적 최적 상태를 알고, 그에 대한 기본 원칙과 행동지침을 실천하며, 정기적으로 자신의 상태를 점검하고 관리한다. 자신의 개인 상황이나 문제에서 벗어나 고객과의 코칭 대화에 전념하도록 안정적 상태를 유지한다. 코칭 세션을 시작하기 전에 준비 절차에 따라 자신의 상태와 환경을 점검하고, 압박이나 장애를 처리한 다음에 코칭 세션을 시작한다.

➢ 코치는 다양한 코칭 상황에서 침착하게 대처한다.

코치는 용기와 겸손함으로 위험을 감수할 수 있고, 고객의 저항과 거절에 유연하게 대응한다. 까다롭고 위태로운 상황이 벌어질 수 있음을 예측하고 대안을 마련하여 대처한다. 정기적으로 멘토 코칭을 받으며 성찰, 학습 및 성장 계획을 세우고 실천한다.

(2) 개방적, 긍정적, 중립적 태도

➢ 코치는 솔직하고 개방적인 태도를 유지한다.

코치는 진심이 아닌 의례적인 표현이나 일방적으로 반응하지 않고, 자신이 발견한 진실과 직관을 알아차리고, 감정, 상충하는 욕구와 생각에 대하여 자신에게 솔직해야 한다. 비판이나 실패를 두려워하지 않으며, 솔직하고 비판 없이 자기를 평가한다. 열린 마음으로 다양한 관점, 새로운 인식, 가능성, 다른 방식과 행동지침을 탐색한다.

➢ 코치는 긍정적인 태도를 유지한다.

불확실한 상황이나 어려운 상황에서도 낙관적이고 희망적인 미래에 집중하며, 진전과 향상을 이루는 방향으로 전환한다. 실패를 하나의 과정이나 상황으로 받아들이고 전체 시스템에서 가능성을 넓히고 창조성을 촉진하도록 도전하며, 부정적 생각이나 행위 안에 숨겨진 긍정적 의도를 밝히는 데 초점을 맞춘다

➢ 코치는 고객의 기준과 패턴에 관한 판단을 유보하고 중립적인 태도를 유지한다.

코치는 자신과 내면 대화 및 개인적인 판단에서 벗어나 자신의 인식을 전환하여 온전히 고객과 함께하며 코칭 대화에 집중한다.

(3) 언행일치

➢ 코치는 말과 행동을 일치시킨다.

코치는 자신의 의도와 말을 정렬하여 모호하게 말하지 않으며, 언어와 비언어적 표현을 자연스럽게 통합한다. 중요한 메시지를 명료하고 구체적으로 정리하여, 듣는 사람과 상황에 맞추어 전달한다. 코치는 말한 것이 행동으로 반영되어 현실로 나타나도록 하고, 자신이 하기로 한 것은 지키며 스스로 책임을 다한다.

자신의 말과 행동의 불일치를 경계하고 성찰하며 개선한다. 외부 관찰자나 멘토 코치에게 주도적으로 피드백을 요청하고, 그 내용을 반영하여 평생학습자로서 끊임없는 학습과 성장을 실천한다.

4. 전문 계발

1) 정의

코칭 합의와 과정 관리 및 성과 관리를 하고 코칭에 필요한 관련 지식, 기술, 태도 등의 전문 역량을 계발한다.

2) 핵심 요소 및 행동 지표 설명

(1) 코칭 합의

➢ 고객에게 코칭을 제안하고 협의한다.

고객에게 코칭을 소개하고 코칭을 받아보도록 권유하는 활동을 제안이라고 한다. 제안은 구두나 문서로 할 수 있다. 고객의 이슈, 요구사항, 현황 등을 파악한 다음 어떻게 제안할지 구상하는 것이 바람직하다. 제안에는 제안 배경, 코칭 주제와 범위, 코칭 규모, 코칭 기간, 코칭 전개 프로세스, 기대효과, 차별화된 코칭 특장점, 코칭 비용, 코치 소개, 기타 잠재 고객의 상황에 따른 내용으로 구성한다. 고객에게 제안한 뒤, 제안 내용을 중심으로 코칭 주제와 범위, 코칭 기간, 코칭 방법, 코칭 규모, 코칭 비용, 기타 코칭에 필요한 조건 등을 협의하고 설명한다.

➢ 고객과 코칭 계약을 하고, 코칭 동의 및 코칭 목표를 합의한다.

고객 또는 고객사와 협의를 거쳐 계약을 체결할 때 고객이 계약서를 제시하거나 코치가 계약서를 제시하는 방법 중에서 선택할 수 있다. 이때 코치가 계약서를 제시하는 경우 (사)한국코치협회의 표준계약서를 활용할 수 있다. 계약을 하면 계약자와 의사결정자, 고객 등 이해관계자와 사전에 회합하고, 코칭에 대한 공감대를 형성하는 것이 바람직하다. 코칭 과정에서 고객의 참여도를 높이고 코칭 성과를 높이기 위하여 코칭을 시작하기 전에 고객과 코칭 동의서를 작성하는 것이 무엇보다 중요하다. 코칭 동의서를 작성하면서, 코칭을 마무리했을 때 코칭 성과를 평가하는 기준이 되는 코칭 목표를 코치와 고객이 함께 협의 및 합의하는 과정을 밟는다.

(2) 과정 관리

➢ 코칭 과정 전체를 관리하고 이해관계자를 포함한 고객과 소통한다.

고객은 실제로 코칭받는 고객과 주변의 이해관계자로 구분할 수 있다. 계약자, 의사결정자, 후원자를 통칭하여 이해관계자라고 한다. 코칭을 일회기가 아닌 다회기로 진행하는 경우, 코치는 코칭을 진행하는 동안 코칭 보고서를 작성하여 고객 및 이해관계자와 공유하는 것이 바람직하다. 이때 코치는 고객에게 코칭 보고서를 이해관계자와 공유하게 됨을 미리 알리고 동의를 구해야 한다. 이는 비밀유지 규정과 연결되기 때문이다.

(3) 성과 관리

➢ 고객과 합의한 코칭 주제 및 목표에 대한 성과를 관리한다.

코치는 고객과 합의한 코칭 목표를 기준으로 코칭을 진행하고 코칭을 마무리하면 코칭 성과를 평가하고 코칭 성과 보고서를 작성한다. 될 수 있으면 코칭 성과 보고회를 통해 고객 및 이해관계자와 함께 코칭 성과를 공유하는 것이 바람직하다. 코칭 성과 보고회에서 사후 지원 여부와 지원 사항을 협의하는 것이 바람직하다.

(4) 전문 역량 계발

➢ **코칭에 필요한 관련 지식, 기술, 태도 등의 전문 역량을 계발한다.**

코칭에 필요한 전문 역량에 적용되는 다양한 이론과 개념, 그리고 기법 등이 있다. 또 다양한 종류의 코칭이 있다. 이를 체계적으로 잘 습득하여 전문 역량을 계발하는 것이 필요하다.

5. 관계 구축

1) 정의

고객과의 수평적 파트너십을 기반으로 신뢰감과 안전감을 형성하며 고객의 존재를 인정하고 진솔함과 호기심을 유지한다.

2) 핵심 요소 및 행동 지표 설명

(1) 수평적 파트너십

➢ **코치는 고객을 수평적인 관계로 인정하며 대한다.**

코치는 고객을 상하관계가 아닌 수평적 존재로 인정하며 대하는 것으로, 상호 이익 증대를 목적으로 상하관계가 아닌 동반자적인 계약 관계를 말한다. 코치는 코칭 세션 중 일방적이고 지시적인 태도가 아닌 고객을 수평적인 관계로써 존재를 인정하며, 중요한 결정 시 고객이 선택하고 결정하도록 요청한다. 지시나 명령, 단정 언어, 컨설팅이나 가르치려는 태도, 충고나 훈계하는 언어 사용을 지양한다.

(2) 신뢰감과 안전감

➢ **고객과 라포를 형성하여 안전한 코칭 환경을 유지한다.**

코치가 고객 중심의 코칭 관계를 만들어 가기 위해서는 신뢰감과 안전감이 바탕을 이루어야 한다. 라포 형성은 코칭 관계의 핵심이며, 코칭의 모든 단계에서 활용되는 것으로 고객과의 관계를 맺고 유지하는 데 기초가 되는 중요한 코칭 기술이다. 코치는 라포를 통해 코칭 세션 중 고객에게 신뢰감과 안전감을 주어 최적의 코칭 환경을 조성하여야 한다. 라포 형성을 위해 공감, 반영, 인정, 칭찬 등의 기법을 사용한다.

➢ **고객에게 긍정 반응, 인정, 칭찬, 지지, 격려 등의 언어를 사용한다.**

코치는 고객과의 관계에서 믿는 마음과 편안하며 위험하지 않다는 느낌을 들게 하여야 한다. 이를 위해 코치는 고객에게 긍정 반응, 인정, 칭찬, 지지, 격려, 신뢰 등의 언어를 상황에 맞게 사용하여야 한다. 코치는 고객에게 지지와 공감, 관심을 보여주어야 하며, 코칭 세션 중 고객에게 집중하고 관찰하며 적절한 반응을 유지하여야 한다. 그렇지만 상대와 비교하는 언어, 판단, 비평, 강요, 당연시하는 언어 사용은 지양해야 한다.

(3) 존재 인정

➤ **고객의 특성, 정체성, 스타일, 언어와 행동 패턴을 알아주고 코칭에 적용한다.**

코치는 고객을 있는 그대로 존중하고 진정성 있게 대함으로써 코칭 과정에서 고객의 고유한 재능, 통찰, 노력을 인정하고 존중하여야 한다. 또 코칭 대화 중 고객의 특성, 정체성, 스타일, 언어 패턴을 알아주고 이를 코칭에 적용하여야 한다. 코칭 시 매 순간 춤추듯이 고객과 연결하고 자연스럽고 물 흐르듯 코칭 대화를 한다. 그렇지만 고객과의 코칭 관계에서 코치의 주관적인 판단, 평가, 해석은 지양해야 한다.

(4) 진솔함

➤ **코치는 고객에게 자신의 생각, 느낌, 감정, 알지 못함, 취약성 등을 솔직하게 드러낸다.**

고객과의 관계에서 코치가 자신이 경험하고 느낀 바를 있는 그대로 내보이는 것을 말하는 것으로, 코치는 고객과 신뢰를 구축하기 위해 자신의 생각, 느낌, 감정, 알지 못함을 솔직하게 표현하여야 한다. 진솔함은 어떠한 비평과 해석을 개입하지 않는 것으로 코치는 단지 자신이 보는 그대로 말하는 것이다. 진정한 코칭 관계는 기분을 맞추어 주는 것이 아니라 진솔한 대도를 바탕으로 이루어진다. 코치가 진실을 말하는 용기가 있을 때 고객도 올바르게 대처하는 기술을 익힌다. 코치는 고객이 이해할 수 있는 언어와 적절한 은유를 사용하여 설명해야 한다. 전문적인 용어 사용은 최소화하고 실제적이며 고객에게 맞는 언어를 사용할 때 고객은 코칭 대화 내용을 잘 이해할 수 있다.

(5) 호기심

➤ **코치는 고객의 주제와 존재에 대해서 관심과 호기심을 유지한다.**

코칭에서 호기심은 코치와 고객이 서로 협력하여 꾸밈없이 살펴보고 무엇을 발견할지 관심을 갖고 탐구함으로써 고객의 삶 속 깊은 영역으로 들어가게 한다. 코치는 심문하는 사람이 아니므로 탐구하는 과정은 고객 입장에서 이루어져야 한다. 코치는 코칭 세션 중 고객의 주제와 고객의 존재에 관해서 관심과 호기심을 보여야 한다.

6. 적극 경청

1) 정의: 고객이 말한 것과 말하지 않은 것을 맥락적으로 이해하고 반영 및 공감하며, 고객 스스로 자신의 생각, 감정, 욕구, 의도를 표현하도록 돕는다.

2) 핵심 요소 및 행동 지표 설명

(1) 맥락적 이해

➤ **고객이 말한 것과 말하지 않은 것을 맥락적으로 헤아려 듣고 표현한다.**

고객은 '내 마음을 알아주는 코치'를 최고의 코치로 생각한다. 대화로 이루어지는 코칭 과정에서 고객은 마음에 있는 모든 것을 표현하지 못할 수 있다. 그런 상황에서 고객이 미처 표현하지 못한 것까지 코치가 이해하고 알아준다면 코치에 대한 고객의 믿음은 높아질 수밖에 없다.

맥락적으로 이해하기 위해 코치는 자신의 신념이나 가치관을 철저히 배제하고 고객의 이야기에만 집중해야 한다. 특히 코치의 어설픈 추측이나 추론은 맥락적 이해에 큰 걸림돌이 된다.

코치는 고객의 생각과 감정, 의도, 욕구 및 신념 등 고객을 충분히 이해하고 있어야 한다. 그뿐만 아니라 고객이 처한 상황, 과제에 대한 고객의 관점과 입장까지 고려할 수 있어야 한다.

(2) 반영

➢ 눈 맞추기, 고객 끄덕이기, 동작 따라 하기, 어조 높낮이와 속도 맞추기, 추임새 등을 하면서 경청한다.

코치는 고객의 말에 적절한 반응을 보임으로써 경청하고 있음을 나타낸다. 이러한 행동들은 코치로서 열린 마음으로 고객에게 관심을 보일 때 자연스럽게 나오는 것들이다.

이런 행동을 할 때, 코치는 다음 몇 가지에 주의를 기울여야 한다.

① 눈맞춤을 한다면서 고객을 지나치게 빤히 쳐다보는 것은 바람직하지 않다.

② 고개 끄덕이기와 동작 따라 하기: 적절한 타이밍이 중요하다. 아무 때나 고개를 끄덕이거나 동작을 따라 하는 것은 오히려 고객에게 불쾌감을 준다. 또 동작을 따라 할 때 지나친 표현을 주의해야 한다.

③ 추임새: 지나친 추임새는 고객의 이야기를 방해할 수 있다.

➢ 고객의 말을 재진술, 요약하거나 직면하도록 돕는다.

재진술과 요약하기에는 두 가지 목적이 있다. 첫째, 코치 자신이 고객의 말을 제대로 이해했는지를 고객에게 확인하기 위함이다. 둘째, 고객 스스로 자신을 돌아보고 생각, 감정, 의도, 욕구 등을 정리할 수 있게 도움을 주기 위함이다.

재진술에는 고객이 말한 것을 그대로 이야기해주는 반복하기, 고객이 말한 것을 유사한 단어로 표현하는 바꾸어 말하기, 그리고 고객이 이야기한 내용을 간략하게 묶고 정리하여 핵심적인 생각과 감정을 전달해주는 요약하기 등이 있다. 코치가 재진술할 때는 되도록 고객이 의식하지 못할 정도로 자연스럽게 하는 것이 좋다. 코치의 재진술이 고객의 말보다 많거나 과장된 단어를 포함하는 것은 바람직하지 못하다.

코치는 고객의 말과 행동에서 합리적이지 못한 점이나 모순을 발견할 때 직면을 사용한다. 구체적으로 고객의 말과 행동이 다르거나, 고객의 말과 생각이 다르거나, 고객의 말과 감정이 다를 때 사용한다. 예를 들면, 높은 자존감을 가진 아이로 성장했으면 하는 마음을 가진 부모가 아이의 사소한 것까지 간섭하면서 잔소리를 하는 경우다. 직면을 사용하는 또 다른 예로, 본인이 생각하는 것과 주변 사람들의 생각이 다를 때이다. 부하직원들에게 변화에 둔감하면서 고집이 세다는 평가를 받는 리더가 본인의 장점이 경청이라고 생각하는 경우다. 이러한 직면을 사용할 때,

코치는 매우 유의해야 한다. 자칫 잘못하면 코치가 고객을 가르치려고 한다는 느낌을 줄 수 있다. 무엇보다 코치에 대한 신뢰가 높지 않은 상황에서의 직면은 코치에 대한 불신으로 이어질 수 있다.

(3) 공감

➤ **고객의 생각이나 감정을 이해하며, 이해한 것을 고객에게 표현한다.**

공감이란 고객의 관점을 통해서 세상을 보는 것이다. 그럼으로써 코치는 고객의 패러다임뿐만 아니라 그들의 생각과 감정도 이해할 수 있게 된다. 코치는 마치 고객의 안경을 쓰고 사물을 바라보는 것과 같이, 고객의 세상을 바라보는 마음의 틀을 이용하여 고객의 생각과 감정을 이해해야 한다.

공감은 단순히 고객의 생각과 감정을 이해하는 데에 그치지 않고 이해한 것을 표현해주는 것까지 포함한다.

공감 과정에서 동정이나 동일시가 되지 않도록 주의해야 한다.

동정은 고객 관점이나 입장에 서지 않으면서 걱정만 하는 것이다. 반면에 고객과의 동일시는 동정과는 반대로, 코치가 고객과 감정적으로 지나치게 얽히면서 그 상황에 빠져버리는 것을 말한다.

➤ **고객의 의도나 욕구를 이해하며, 이해한 것을 고객에게 표현한다.**

코치가 고객의 입장과 관점에서 세상을 바라볼 때, 코치는 겉으로 드러난 고객의 말과 행동을 통해 고객의 마음속에 있는 의도와 욕구를 읽을 수 있다. 코치가 어떠한 선입견이나 편견도 없이 고객의 마음의 들여다보아야 고객의 의도와 욕구를 이해할 수 있다.

공감은 단순히 고객의 의도와 욕구를 이해하는 데에 그치는 것이 아니라 이해한 것을 표현해주는 것까지 포함한다. 코치는 고객의 말과 행동에서 어떤 의도와 욕구를 읽고 이해했는지를 고객에게 전달하면서 필요하다면 왜 그렇게 이해했는지에 관해 설명해야 한다.

(4) 고객의 표현 지원

➤ **고객이 자신의 생각, 감정, 의도, 욕구를 표현하도록 돕는다.**

코치의 다음과 같은 행동은 고객이 자신의 생각, 감정, 의도, 욕구를 표현하도록 돕는다.

첫째, 진심으로 듣는다. 코치가 고객의 이야기를 대충 들으면 안 된다. 고객은 코치가 진심으로 듣는지, 대충 듣는지 직감적으로 알 수 있다. 코치도 고객에게 진심으로 듣고 있음을 표현해야 한다. 고객과 눈 맞추기, 고개 끄덕이기, 동작 따라하기, 어조 높낮이와 속도 맞추기, 추임새 넣기 등을 통해 고객에게 지속해서 신호를 보내야 한다.

둘째, 끝까지 듣는다. 코치는 고객의 말을 중간에 차단하지 않아야 한다. 고객이 어떤 이야기를 하더라도 도중에 끊어서는 안 된다. 코치로서 무엇인가 하고 싶은 말이 있다면 고객의 말이 끝나고 난 다음에 해야 한다.

셋째, 판단하지 않는다. 코치 자신의 내면 기준으로 고객을 판단하지 않는다. 코치가 자신의 가치관이나 신념 등으로 고객을 판단하는 순간, 코치는 고객에게 조언하거나 충고하는 실수를 할 수 있다.

코치가 고객의 말을 판단하지 않으면서 진심으로 끝까지 듣는 것은 쉽지 않다. 다음과 같은 여러요인이 방해하기 때문이다. 고객의 말을 평가하고 조언하려는 마음을 가지는 것, 선입견과 편견을 가지고 고객의 말을 듣는 것, 고객의 말을 들으면서 머릿속으로 자신이 해야 할 말을 생각하는 것, 지나친 동정심을 가지고 고객의 말을 듣는 것, 고객을 피상적으로 이해하는 것, 피로, 졸음, 공상 등으로 인해 고객에 집중하지 못하는 것 등이다.

7. 의식 확장

1) 정의

질문, 기법 및 도구를 활용하여 고객의 의미 확장과 구체화, 통찰, 관점 전환과 재구성, 가능성 확대를 돕는다.

2) 핵심 요소 및 행동 지표 설명

(1) 질문

➢ **긍정적, 중립적 언어로 개방적 질문을 한다.**

코칭의 본질은 자각과 책임을 불러일으키는 것이다. 자각과 책임감을 일깨우는 가장 좋은 수단은 질문이다. 코칭에서는 폐쇄적 질문보다 개방적 질문이 훨씬 효과적이다. 부정적, 판단적 언어는 지양하고 가능한 긍정적, 중립적 언어를 사용한 긍정, 미래, 확대 등의 의미를 담은 개방적 질문을 하는 것이 바람직하다. 개방적 질문은 일반적으로 누가, 언제, 무엇을, 어떻게 등과 같은 의문사로 시작하는 열린 질문이다. '왜'는 종종 비난의 의미를 함축하고 방어적 대답을 끌어내므로 지양하는 것이 좋다. 질문은 코치가 아닌 고객의 관심과 사고를 따라가는 것이 원칙이다. 고객은 그의 관심 영역을 코치가 집중하여 다룬다고 느낄 때 책임감이 더욱 커진다.

(2) 기법과 도구 활용

➢ **고객의 상황과 특성에 따라 침묵, 은유, 비유 등 다양한 기법과 도구를 활용한다.**

코칭 시작 전 코치는 고객에 대한 성격 진단, 리더십 진단, 다면 인터뷰 등 다양한 방법을 통해 고객이 처한 상황과 특성을 어느 정도 파악할 수 있다. 코칭을 진행하면서 고객에 집중하여 관찰하면 고객에 대한 이해가 더 깊어질 수 있다. 고객의 표면에 드러난 이슈에 머물지 않고 내면에 잠재된 이슈까지 끌어내려면 고객의 신념, 가치관, 정체성 등을 확인해야 한다. 고객 상황과 특성에 맞춰 대화 중간에 적절히 침묵을 활용하면 대화의 깊이, 완급 및 강약을 조절할 수 있다. 상징이나 이미지 등을 활용한 은유 기법과 사물, 동식물 등에 비유하는 기법은 고객이 객관적으로 자기를 관찰하고 성찰하는 데 도움을 줄 수 있다.

(3) 의미 확장과 구체화

➢ 고객의 말에서 의미를 확장하도록 돕는다.

고객의 말은 고객의 의식적, 무의식적 생각이 밖으로 표현된 것이다. 고객이 표현한 말과 함께 목소리, 몸짓 등에 집중하여 관찰하고 맥락에 맞춰 질문하면 고객이 가진 생각의 크기, 수준, 범위 등을 확산할 수 있다. 고객이 현재 말하는 수준이 표면적인 이슈에 머물러 있거나 과제에 대한 수단, 방법 차원에서 벗어나지 못하고 있다면 코치는 그 이면을 탐색할 수 있는 질문을 통해 고객의 생각 수준을 가치 탐색이나 궁극적인 목적 탐색 등으로 확장할 수 있도록 도울 수 있다. 고객의 말을 경청하고 맞춤화된 좋은 질문을 한다면 고객이 미처 알지 못한 잠재적 욕구를 파악할 수 있음은 물론 고객 내면의 가치관과 정체성을 확인하는 데 도움을 줄 수 있다.

➢ 고객의 말을 구체화하거나 명료화하도록 돕는다.

코치는 고객의 말에서 의미를 확장하도록 돕는 한편, 그 의미를 수렴하여 더 구체화하고 명료화하는 작업도 필요하다. 질문은 기본적으로 광범위하게 시작하여 깔때기처럼 차차 그 범위를 좁혀가는 것이 원칙이다. 코치가 고객에게 더 구체적인 대답을 요구하면 고객의 초점과 관심이 계속 유지된다. 고객이 적극성을 보이게 하려면 중요한 핵심 요소들이 그의 의식에 들어가도록 코치가 더 깊고 구체적으로 파고 들어가는 것이 중요하다.

(4) 통찰

➢ 고객이 알아차림이나 통찰을 하도록 돕는다.

코칭에서 알아차림은 자신과 자신을 둘러싼 주변 환경에 대한 자각, 인식, 의식 등을 의미한다. 통찰은 거기에 '아하'라는 새로운 깨달음을 더하는 것이다. 코칭을 통해서 고객이 얻을 수 있는 중요한 유익은 알아차림과 통찰이다. 알아차림과 통찰을 통해 고객은 변화와 성장을 위한 발걸음을 뗄 수 있다. 코치는 고객의 알아차림과 통찰을 돕기 위해 기본적으로 질문을 사용하며 고객 상황과 특성에 따라 침묵, 은유, 비유 등의 다양한 기법과 도구 등을 활용한다.

(5) 관점 전환과 재구성

➢ 고객이 관점을 전환하거나 재구성하도록 돕는다.

관점은 세상을 바라보는 사고의 틀이라고 할 수 있다. 관점 전환은 세상을 바라보는 사고의 틀을 바꾼다는 의미이다. 패러다임 전환, 상자 밖의 생각, 역지사지 등이 관점 전환과 맥락을 같이 한다. 고객이 가진 관점이 고객이 추구하는 삶의 목적과 한 방향으로 정렬되어 있지 않다면 이를 재구성하여 새롭게 설정할 수 있도록 돕는다. 코치는 평소 깊은 사유를 바탕으로 고객을 관찰하고 고객에게 질문을 던져 고객이 관점을 전환하고 사고의 틀을 재구조화하도록 돕는다.

(6) 가능성 확대

➢ 고객의 상황, 경험, 사고, 가치, 욕구, 신념, 정체성 등의 탐색을 통해 가능성 확대를 돕는다.

코치는 고객과의 코칭 과정 전반에 걸쳐 항상 호기심을 유지하고 고객의 상황, 경험, 사고, 가치, 욕구, 신념, 정체성 등이 고객이 추구하는 삶의 목적과 일치되는지, 한 방향으로 정렬이 잘 되어 있는지 관찰하고 탐색한다. 코칭 중 고객 삶의 목적과 맞지 않거나 도움이 되지 않는 부분이 발견되면 고객 스스로 알아차리거나 통찰할 수 있는 질문을 하여 궁극적으로 고객의 삶이 긍정적인 변화와 성장을 할 수 있게 돕는다. 실행과 목표 달성 가능성을 확대하기 위해서는 고객이 궁극적으로 달성하였을 때의 이미지를 생생하게 상상하게 하고 그를 통해 행동으로 옮길 것을 끌어내는 것이 효과적이다.

8. 성장지원

1) 정의

고객의 학습과 통찰을 정체성과 통합하고, 자율성과 책임을 고취한다.

고객의 행동 전환을 지원하고, 실행 결과를 피드백하며 변화와 성장을 축하한다.

2) 핵심 요소 및 행동 지표 설명

(1) 정체성과의 통합 지원

➢ **고객의 학습과 통찰을 자신의 가치관 및 정체성과 통합하도록 지원한다.**

학습은 배우고 익히는 것이며, 통찰은 그것에서 새로운 발견과 깨달음을 찾는 것이다. 코치는 고객이 코칭을 통하여 얻은 학습과 통찰을 자신의 정체성과 가치관에 통합하게 함으로써 실행력을 강화하고 지속적인 변화와 성장을 이룰 수 있게 지원한다.

(2) 자율성과 책임 고취

➢ **고객이 행동 설계와 실행을 자율적이고 주도적으로 하도록 고취한다.**

코치는 고객이 목표를 수립하고 그 목표를 이루기 위한 실행 방법을 설계하고 실행하는 과정에서 고객 스스로 생각하고 판단하여 결정하도록 고취한다. 이는 고객 스스로 선택하고 선택한 것에 책임을 지도록 지지하고 격려한다는 뜻이다. 인간은 타인의 강압이 아닌 자신의 자율성에 기반을 둔 내적 동기에 따라 행동할 때 자기 실현 경향성이 훨씬 더 높아진다.

(3) 행동 전환 지원

➢ **고객이 실행 계획을 실천할 수 있는 후원 환경을 만들도록 지원한다.**

고객이 코칭을 통하여 새로운 학습과 통찰이 일어나더라도 그것이 실천으로 이어지지 않으면 의미가 없다. 학습과 통찰이 실천으로 연결되고 실천을 통한 성과 창출을 경험할 때 고객은 비로소 지속적인 변화와 성장 가능성을 실감할 것이다. 코칭 과정에서 고객의 실행력을 높이기 위해 코치는 고객 스스로 후원환경을 만들도록 지원하는 것이 중요하다. 후원환경을 만든다는 것은 실천과 점검 등 모든 것을 고객 혼자서 하게 하지 않고 관련 이해관계자와 협력 관계를 맺으라는 뜻이다. 실행 과정에서 예상되는 장애는 누구의 도움을 받아 헤쳐갈 것인지, 실행의 가속도를 높이기 위해서는 누구의 지지와 격려가 필요한지 등 코치는 고객 스스로 체계적인 후원환경을 구축하도록 지원하는 것이 바람직하다.

➢ **고객이 행동 전환을 지속하도록 지지하고 격려한다.**

코치는 실천 과정에서 고객의 행동 전환을 가능하게 한 동기와 성공 요소를 활성화하여 행동 변화의 지속성을 유지하도록 지지하고 격려하는 것이 중요하다. 행동 전환이 지속되려면 무엇보다 고객의 내적 동기에 의한 자율적 실천 행동이 이루어져야 한다. 고객이 하는 행동이 궁극적으로 그의 삶의 목적에 어떻게 연결되는지, 얻을 수 있는 가치는 무엇인지, 정말 고객의 삶을 즐겁고 재미있게 하는지 등을 확인하고 지지, 격려해야 한다.

코치는 고객이 계획한 실행 과제를 성공적으로 수행했을 때는 그 과정에서의 노력과 성과를 인정, 칭찬 등을 통해 지지한다. 만약 실행 계획을 달성하지 못했거나 실패했을 경우에는 실패를 통해 얻은 교훈을 확인하고 다음 시도에서는 성공할 수 있도록 격려한다.

(4) 피드백

➢ **고객이 실행한 결과를 성찰하도록 돕고, 차기 실행에 반영하도록 지원한다.**

코치는 실행 결과에 대해 고객과 함께 점검하고 실천 과정을 성찰할 수 있도록 도우며, 성찰을 통해 알게 된 긍정적 요소를 강화하고 부정적 요소를 제거하여 다음 실행의 성공 가능성을 높일 수 있도록 지원한다. 고객이 실행하면서 성찰한 것을 차기 실행에 반영하도록 돕기 위해서는 코칭 세션과 세션 간, 그리고 세션 종료 시 고객이 실행한 것을 직접 요약, 정리하게 하고 그 과정에서 알아차린 것을 표현하도록 요청하는 것이 효과적이다. 코치의 피드백은 고객의 긍정적인 변화 성장과 미래 가능성에 초점을 맞추는 것이 중요하다. 고객 자신이 받는 피드백이 고객의 성장과 발전을 바라는 코치의 선한 의도에서 나온 것이라 느낄 때 고객 스스로 긍정적으로 피드백을 수용하고 차기 실행에 적극적으로 적용하게 될 것이다

(5) 변화와 성장 축하

➢ **고객의 변화와 성장을 축하한다.**

코치는 실행 과정에서 관찰한 고객의 노력을 격려하고, 성공적인 결과를 함께 기뻐하며, 고객 스스로 주체가 되어 이루어 낸 변화와 성공을 축하한다. 코치는 코칭 전체 과정 동안 고객의 언어, 행동, 가시적인 성과 등은 물론 고객의 의식, 태도, 가치, 신념 등 내재적인 변화와 성장을 함께 알아차리는 것이 중요하다. 코치가 고객의 작은 성취 하나, 행동 변화 하나도 놓치지 않고 감지하고 고객이 새롭게 알아차린 것을 그때 그때 인지하고 축하한다면 코칭 자체가 즐거운 이벤트가 될 것이다. 코치는 마지막 코칭 세션이 끝나면 코칭 전반에 대한 평가를 하고 마무리한다. 고객 스스로 학습하고 실행하고 성찰한 내용을 이해관계자들과 함께 공유하고 그들에게 변화와 성장에 대한 따뜻한 격려와 지지를 받고 상호 축하하는 자리로 마무리하면 더할 나위 없이 좋다.

한국코치협회(KCA) 코칭 역량 해설

발행일 2022년 6월 1일

발행처 (사)한국코치협회 서울시 강남구 테헤란로 124 삼원타워 8층
TEL: 02) 563-8798 FAX 02) 563-9182 www.kcoach.or.kr

찾아보기
INDEX

ㄱ

ㅅ

ㅇ

ㅊ

ㅋ

저자소개
AUTHOR

조성진

현재 중부대학교 학생성장교양학부 교수로 재직 중이다. 충남대에서 경제학사(경제학), 경제학석사(일반경제학)/경영학석사(인사 및 조직), 그리고 경영학박사(인사 및 조직) 학위를 취득하였다. 현재, 한국융합학회 초대회장으로 활동하고 있고, 한국인적자원개발학회 감사와 부회장을 오랫동안 역임했으며, 한국인사관리학회, 한국인사조직학회, 그리고 한국코칭학회 이사를 역임했다. LG전자에 재직했고, 대전광역시 인사위원회와 지방보조금심의위원회 위원, (재)대전정보문화산업진흥원 이사를 역임했다.

'한국인증코치'(KAC, 2004년)를 시작으로, 현재 '한국수퍼바이저코치'(KSC, 2012년)를 비롯한 국내외 9개 코치 자격을 가지고 있고, 2015년에는 (사)한국코치협회가 수여하는 '올해의 코치상'(The Coach of the Year 2015)을 수상했으며, 2020년에는 코칭 관련 논문으로 (사)한국인적자원개발학회가 수여하는 질적 연구 최우수상인 '화당상'을 수상했다. 그밖에 창업과 관련된 벤처캐피탈리스트 자격, 진로 및 감정노동과 관련된 4개의 자격을 가지고 있다.

『코칭ABC』, 『진로설계와 코칭리더십』, 『코칭에센스』, 『코칭과 경력개발』 등 코칭 관련 저서와 진로, 창업, 인성 분야 등의 저서 및 공저가 있으며, 국내외 학술대회에서 40여 편의 코칭, 리더십 및 인적자원 관련 논문을 발표하였다. 그리고 10개의 코칭 및 리더십 프로그램을 개발, 교육한 경험이 있고, 코칭과 소프트웨어 분야 인력 개발 등을 위한 다양한 영역의 프로젝트 10여 개를 기획, 실행한 실적을 가지고 있다.

주요 관심사는 코칭, 리더십, 감정노동, 커뮤니케이션, 조직문화, 창업, 사회적 경제, ESG 등이며, 이와 관련된 연구를 비롯한 다양한 프로젝트 기획 및 실행 등과 관련된 활동에 매진하고 있다. 최근에는 자립준비청년의 사회적 · 심리적 지원을 위한 코칭 프로그램 개발을 위해 추가의 노력을 기울이고 있고, 특히 해외 한인 동포들의 리더십 향상, 이문화 적응 및 세대 간 의사소통 등을 위한 코칭 프로그램 개발과 관련하여 미국 America Evangelical University, LA 라온코칭센터, 한국코치협회 미국 지부 등과 협력하고 있다.

코칭학: 지평, 실제 그리고 연구

2023년 4월 27일 초판 인쇄
2023년 5월 12일 초판 발행

저 자 조성진

발행인 김사설

발행처 도서출판 **창명**
12946 경기도 하남시 미사대로 540 AA동 8층 33호(한강미사2차)
전화 (031)795-1214 팩스 (031)5175-8033
이메일 kimsaseol@hanmail.net

출판등록 2016년 5월 20일
등록번호 제131-93-14552호

정가 53,000원 ISBN 979-11-88109-28-9